전문 네트워크 엔지니어가 되는 첫 단추!

시스코 네트워크 CCNA 자격증 공인 학습 가이드

합격을 위한 학습·준비·연습의 모든 것

CCNA 라우팅&스위칭 ICND2 200-105

웬델 오돔(CCIE® NO. 1624) 집필 | 진강훈 감역 | 민명기, 박상우, 김나래, 이소연 번역

www.cyber.co.kr

시스코 네트워크 CCNA 자격증 공인 학습 가이드

CCNA Routing & Switching ICND2 200-105

Authorized translation from the English language edition, entitled CCNA ROUTING AND SWITCHING ICND2 200-105 OFFICIAL CERT GUIDE, 1st Edition, 9781587205798 by ODOM, WENDELL, published by Pearson Education, Inc, publishing as Cisco Press, Copyright © 2017 Pearson Education, Inc.

All rights reserved. No part of this book may be reproduced or transmitted in any form or by any means, electronic or mechanical, including photocopying, recording or by any information storage retrieval system, without permission from Pearson Education, Inc. KOREAN language edition published by Sung An Dang, Inc., Copyright © 2017.

이 책의 어느 부분도 BM 주식회사 성안당 발행인의 서면 동의 없이 전기적, 기계적, 사진 복사, 디스크 복사 또는 다른 방법으로 복제하거나 정보 재생 시스템에 저장하거나 또는 다른 방법으로 전송할 수 없습니다.

한국어판 판권 소유: BM 주식회사 성안당

© 2017 BM 주식회사 성안당 Printed in Korea.

:: CCNA 라우팅 스위칭 ICND2 200-105 공인 학습 가이드

웬델 오돔(Wendell Odom)과 기여 저자 스콧 호그(Scott Hogg)

저작권 2017 피어슨 에듀케이션 주식회사(Pearson Education, Inc.)

출판:
시스코 프레스(Cisco Press)
800 East 96th Street
Indianapolis, IN 46240 USA

모든 권리는 저작권자에게 있다. 리뷰에 간략한 인용문을 포함하는 것을 제외하고, 이 책의 어떠한 부분도 출판사의 서면 허가 없이 복사, 녹화, 또는 정보 저장 및 추출 시스템을 포함한 전자적인 또는 기계적인 수단을 사용하여 재생산하거나 전송할 수 없다.

미국에서 인쇄됨
1쇄 발행 2016년 7월
LCCN: 2016936746
ISBN-13: 978-1-58720-579-8
ISBN-10: 1-58720-579-3

경고 및 면책 조항

이 책은 CCNA 라우팅과 스위칭 인증 시험을 위한 시스코 ICND2 200-105 정보를 제공하기 위해 고안되었다. 이 책을 최대한 정확하고 완전하게 만들기 위해 최선의 노력을 기울였지만, 보증 또는 적합성이 암시된 것은 아니다.

정보는 기본적으로 '있는 그대로' 제공된다. 저자, 시스코 프레스, 그리고 시스코 시스템즈 주식회사는 이 책에 포함된 정보나 디스크, 프로그램 사용으로 인해 발생하는 손실이나 손해와 관련해 개인이나 단체에 대한 책임이나 의무를 지지 않는다.

이 책에서 언급된 의견은 저자에게 달려 있으며, 시스코 시스템즈 주식회사의 것이 아니다.

상표 인지

본 책에 언급된 모든 상표권 또는 서비스 표시 용어는 적절하게 대문자로 표기되었다. 시스코 프레스와 시스코 시스템즈 주식회사는 이 정보에 대한 정확성을 입증할 수 없다. 이 책의 용어 사용은 어떠한 상표권이나 서비스 표시의 유효성에 영향을 미치는 것으로 간주되어서는 안 된다.

독자의 피드백

이 책의 품질을 향상시킬 수 있는 방법에 대한 의견이 있거나 필요에 더 맞게 고치려면, feedback@ciscopress.com으로 이메일을 통해 연락할 수 있다. 메시지에 책 제목과 ISBN을 함께 포함하는 것을 잊지 않도록 한다.

∷ 저자 소개

웬델 오돔(Wendell Odom, CCIE No. 1624(명예))은 1981년부터 네트워킹 업계에 종사해 왔다. 그는 네트워크 엔지니어, 컨설턴트, 시스템 엔지니어, 강사, 그리고 코스 개발자로 일했으며, 현재 인증 학습 도구를 쓰고 제작하는 일을 하고 있다. 이 책은 피어슨의 일부 제품의 27번째 에디션이며, 그는 시스코 프레스의 모든 CCNA 라우팅 및 스위칭과 CCENT 인증 학습 가이드 에디션의 저자이다. 그는 네트워킹 기초부터 다년간 CCENT, CCNA R&S, CCNA DC, CCNP ROUTE, CCNP QoS, 그리고 CCIE R&S의 학습 가이드를 주제로 책을 썼다. 그는 유명한 피어슨 네트워크 시뮬레이터 개발을 도왔다. 또한 학습 도구, 블로그(http://www.certskills.com) 등의 다른 자료들을 관리한다.

∷ 기여 저자 소개

스캇 호그(Scott Hogg)는 CCIE No. 5133, CISSP No. 4610을 보유하고 있으며, 글로벌 테크놀로지 리소스 주식회사(GTRI, Global Technology Resources, Inc.)의 최고 기술 책임자이다. 스캇은 시스코 프레스 책『IPv6 Security』의 저자이다. 그는 Roccky Mountain IPv6 Task Force(RMv6TF)의 창립 멤버이자 Infoblox IPv6 Center of Excellence(COE)의 멤버로, 시스코 챔피언이다. 또한 IPv6, SDN, Cloud, 그리고 시큐리티를 포함한 주제 발표자이자 작가이다.

∷ 기술 감수자 소개

오브리 아담스(Aubrey Adams)는 서호주 퍼스의 시스코 네트워킹 아카데미 강사이다. 오브리는 통신 설계 경험을 바탕으로, 전자 공학 및 관리 분야의 자격을 갖추고 있으며, 컴퓨팅과 교육 분야의 졸업 학위 및 업계 인증에 속해 있다. 그는 관련 직업 및 교육 훈련 분야와 대학 과정의 광범위한 영역을 가르쳤다. 2007년부터 오브리는 비디오, 시뮬레이션 및 온라인 제품을 포함한 피어슨 교육 및 시스코 프레스 출판물을 기술 검토했다.

엘런 비어(Elan Beer)는 CCIE No. 1837로, 수석 컨설턴트와 데이터센터 아키텍처 및 멀티 프로토콜 네트워크 디자인 전문 시스코 강사이다. 지난 27년간 그는 네트워크를 설계하고, 데이터센터 아키텍처, 라우팅과 스위칭 부분의 수천 명의 업계 전문가들을 교육했다. 또한 인터네트워크의 설계 및 문제 해결, 데이터센터와 네트워크 감사 수행, 그리고 고객의 장단기 설계 목표에 도움을 주는 대규모 전문적인 서비스에 중요한 역할을 했다. 특히 엘런은 그의 국제 고객들을 통해 네트워크 아키텍처에 대한 글로벌 인식을 가지고 있다. 엘런은 그의 전문 기술을 이용해 말레이시아, 북미, 유럽, 호주, 아프리카, 중국 및 중동의 데이터센터 및 인터네트워크를 설계하고 장애 처리를 처리했다. 가장 최근에 그는 서비스 프로바이더 기술뿐만 아니라 데이터 센터 디자인, 설정, 그리고 장애 처리에 중점을 두며 프로젝트를 진행해왔다. 1993년에 엘런은 Cisco Certified System Instructor(CCSI) 인증을 최초로 취득했으며, 1996년에는 시스코 시스템의 최고 기술 인증인 Cisco Certified Internetworking Expert(CCIE) 역시 최초로 취득했다. 그 이후, 그는 전 세계적으로 수많은 대규모 데이터센터 및 통신 네트워킹 프로젝트에 참여했다.

∷ 헌사

삶에서 우리가 함께 하는 모든 것의 대부분인 나의 훌륭한 아내, 크리스 오돔에게.
사랑해, 여보.

∷ 감사 인사

브렛 바토(Brett Bartow)는 이 책 관련 출판자와 편집 담당 중역으로서 재직했다. 우리는 20개 이상의 책을 공동 작업했다. 프로젝트를 진행하기 위한 일반적인 지혜와 훌륭한 의사 결정 외에도, 그는 모든 새로운 앱을 DVD/Web에 추가하는 원동력을 발휘했다. 항상 그랬듯, 브렛은 함께 일하기에 즐거운 사람이었고, 전체 공인 학습 가이드 시리즈의 방향을 결정하는 데 일임을 담당했다. 이 책을 쓰는 과정에서 우리는 시스코와 협력했다. 시스코 프레스 책을 내기 위해 피어슨과 함께 한 시스코의 다양한 분들께 특별한 감사의 말을 전한다. 특히 Greg Cote(그레그 코테), Joe Stralo(조 스트랄로), Phil Vancil(필 밴실)은 이 책을 작업하는 동안 큰 도움이 되었다.

드류 컵(Drew Cupp)은 개발 편집자로서 평소대로 훌륭하게 자기 분야를 처리했다. 그는 꽤 높은 스트레스와 높은 강도의 시간 동안 이 책을 위한 일을 맡았고, 우수성을 발휘했다. 큰 그림을 유지하면서 작은 부분으로 뛰어 들어가고, 온라인/DVD 요소 작업을 맡아준 드류에게 고마움을 전한다.

오브리 아담스(Aubrey Adams)와 엘런 비어(Elan Beer) 모두 『ICND1 100-105 학습 가이드』와 마찬가지로 이 책의 기술 편집자로서 훌륭한 업무를 수행했다. 이 책은 짧은 시간에 긴 내용의 초점을 유지하며, 새로운 주제로 조금 더 많은 도전 과제를 제시한다. 이 책의 모든 새로운 부분에 대해 읽고 생각하기 위해, 이 작은 기술 부분을 찾아내고 어떤 부분을 내가 더 작업해야할 지 말해주기 위해 많은 시간을 들인 오브리와 엘런에게 많은 고마움을 전한다. 정말, 두 사람 덕분에 훨씬 나은 책이 되었다.

행크 프레스턴(Hank Preston)은 시스코 시스템즈의 서비스 아키텍트로서 IT를 맡고 있으며, 시스코 프레스 CCNA Cloud CLDADM 210-455 학습 가이드의 공동 저자로 클라우드 컴퓨팅(27장)을 쓰기 전 조사할 때 귀중한 도움을 주었다. 행크는 시스코 고객이 클라우드 컴퓨팅을 구현하도록 도왔던 그의 훌륭한 경험을 기반으로 나의 이해를 도왔다. 행크가 27장을 쓴 것은 아니지만, 그의 통찰력은 확실히 그 장을 보다 현실적으로 만들었다.

핵심 주제 복습과 같은 DVD 및 온라인 도구에 대해 리사 매튜(Lisa Matthews)에게 매우 고맙다. 그 작업에는 ICND1 책의 새로운 수학과 관련된 많은 앱을 포함할 뿐만 아니라 복습 도구로써 DVD와 이 책의 웹 사이트에 있는 다양한 새로운 기능도 포함된다. 열심히 일해준 리사에게 고맙다.

나는 생산이라는 마술 지팡이를 좋아한다. 짜잔, 질문 덩어리와 사족으로 된 워드 파일이 기계로 들어가고, 이 아름다운 책으로 튀어 나왔다. 이 마술을 만들어준 산드라 슈뢰더(Sandra

Schroeder), 토냐 심슨(Tonya Simpson), 그리고 모든 생산팀에게 고마움을 전한다. 나의 문법, 형편 없는 단어 선택, 그리고 수동태 문장을 고치는 것부터 설계하고 함께 맞추는 것까지, 그들이 다 했다. 모두 정리해서 쉽게 보이게 만들어주어 고맙다. 그리고 토냐, 같은 시간 대에 많은 요소들을 가지고 두 권의 책을 관리하기 위한 '기회'를 다시 한번 가졌다. 서커스 무대에서 저글링 하듯 묘기를 부리는 작업은 반복되었지만, 훌륭하고 아름답게 마무리했다. 이 전체 생산 과정을 또 관리해주어 감사한다.

이 책의 그림은 디자인된 것으로 중요한 부분이며, 아이디어를 전달하기 위해 어떻게 그림을 사용할 것인지 선택하는 데 많은 주의를 기울였다. 마이크 타나마치(Mike Tanamachi)는 일러스트레이터이자 마인드 리더로 훌륭하게 그림 파일들을 제작하고 완성했다. 마이크에게 고맙다!

나는 서트스킬 프로페셔널(Certskills Professional)의 크리스 번즈(Chris Burns) 없이 이 책의 타임라인을 맞추지 못했을 것이다. 크리스는 마인드 맵 과정을 맡았으며, 나의 블로그에 추가된 관련 랩 개발 과정의 큰 부분을 책임졌다. 특정 장들과 관련된 다양한 작업을 하고, 내가 부담이 될 만한 모든 것들을 넘겨 받아서 내가 책에 집중할 수 있도록 했다. 크리스, 정말 고마워!

션 윌킨스(Sean Wilkins)는 나의 책 중 하나로 여태까지 그가 해 본 역할 중 가장 큰 역할을 했다. 피어슨의 CCNA 시뮬레이터로 오랫동안 공동 협력자였고, 뒤에서 많은 기술 작업을 했다. 션의 노력 없이 제 시간에 책이 나올 수 없었다. 훌륭한 작업을 마친 션에게 고맙다!

제안을 내고 가능한 오류를 지적해준 독자, 특히 시스코 학습 네트워크에서 온라인으로 게시하는 사람들에게 특별히 고마움을 전한다. 의심의 여지 없이, 직접적으로 받은 의견들과 CLN에 참여함으로써 '엿들은' 의견은 이 에디션을 더 나은 책으로 만들었다.

때때로 이 도전적인 라이프스타일에 숨을 쉴 수 있게 도와주는 나의 멋진 아내 크리스(Kris)에게도 고마움을 전한다. 나는 이 여정을 당신과 함께 걷는 것이 정말 좋다. 나의 딸 한나(Hannah)에게도, 그리고 내 삶의 주인이신 예수 그리스도께 고마움을 느낀다.

:: 역자 소개

진강훈 | 현 시스코시스템즈 코리아 SE팀 상무, 전체 감역 담당

네이버 카페(후니의 쉽게 쓰는 네트워크 이야기(http://cafe.naver.com/hoonycafe) 운영)

저서: 『후니의 쉽게 쓴 시스코네트워킹』

『승열이와 후니의 시스코 보이스네트워킹』(성안당)

감수: 『마스터링 TCP/IP 입문편』(성안당)

『CCNA Routing & Switching』(영진닷컴)

민명기 | 시스코시스템즈 코리아 커머셜시스템엔지니어 매니저, CCIE(#9431)

1995년 쌍용정보통신에서 네트워크 엔지니어로 입사하면서 유/무선네트워크 관련 다양한 프로젝트를 수행하였다. 2011년 시스코 시스템즈 코리아로 자리를 옮겨 네트워크 컨설팅 엔지니어로서 네트워크 분석, 설계 등의 컨설팅 업무를 수행하였고, 이후 커머셜 사업부에서 데이터센터 관련 SDN/가상화/클라우드 영역에서 네트워크 엔지니어로 활동하였다.

박상우 | 시스코시스템즈 코리아 커머셜 시스템 엔지니어, CCIE(#12879)

2000년에 인네트에 입사하여 KT, SK텔레콤 등의 주요 통신 사업자 네트워크 설계, 구축 등의 업무를 담당하였고, 2006년 시스코시스템즈 코리아 공공팀 시스템 엔지니어로 입사하여, 한전, 도로공사 등의 주요 공공 담당 엔지니어로 근무하였다. 현재는 시스코 코리아 커머셜팀에서 기업, 대학, 병원, 공공 분야에서 라우팅&스위칭 전문 엔지니어로 근무 중에 있다.

김나래 | 시스코시스템즈 코리아 커머셜 시스템 엔지니어

2009년에 시스코저팬에 신입사원으로 입사하여 통신 사업자 담당팀, 매니지먼트 솔루션팀에서 통신사업자, 유통, 제조, 공공, 금융 등 다양한 일본 고객을 접하며 라우팅, 스위칭, 매니지먼트 솔루션 관련 경험을 쌓고 2012년에는 시스코시스템즈 코리아로 이동하여 무선랜 솔루션 담당 엔지니어로 활동하고 있다. 학교, 병원, 공공, 일반 기업 등 다양한 고객의 무선랜 네트워크 디자인 및 구축에 도움을 제공하고 있다.

이소연 | 시스코시스템즈 코리아 커머셜 시스템 엔지니어

호주에서 시스코 파트너 사 엔지니어로 네트워크 업계에 발을 디뎠다. 현재는 시스코시스템즈 코리아 커머셜 시스템 엔지니어로 라우팅, 스위칭, 무선 및 데이터센터 부분을 담당하고 있으며, 주로 공공/학교/병원 등 다양한 영역에서 활동하고 있다. 시스코 WISE(Women in Science and Engineering) 멤버로 활동 중이며, SE로 성장하기 위한 멘티들에게 그동안의 국내외 경험을 바탕으로 멘토링도 진행하고 있다.

역자 서문

역자는 현직 시스코 엔지니어들로서, 라우팅 및 스위칭 기술에 대한 풍부한 경험을 토대로 이 책을 번역하였다. 이를 통해, 실제 현장에서 사용하는 용어들을 독자가 충분히 학습하고, 향후 영어로 된 원서를 접했을 때에도 거리감이 없도록 원서의 의미를 살려 번역하는 데 중점을 두었다.

네트워크의 기술이 발전함에 따라, 초급 엔지니어들이 시대의 흐름에 뒤쳐지지 않도록 ICND1 (100-105), ICND2 (200-105), CCNA (200-125)에 새로운 내용이 추가 되었다. 개정된 부분 중 가장 흥미로운 내용은 다음과 같다.

7장 후반부터 나오는 클라우드 컴퓨팅, SDN 및 네트워크 프로그래머빌리티는 지금까지의 CCNA 자격 시험에서는 다루지 않던 새로운 내용이다. 이는, 최근에 화두가 되고 있는 내용이니만큼 시험에서뿐만 아니라 전체적인 지식의 정리 및 향후 기술의 발전 방향까지도 알 수 있으리라 생각된다. 다만 APIC-EM의 경우, 시스코에서 새롭게 DNA(Digital Network Architecture) 솔루션의 일부로 포함시키면서 내부의 앱이나 연동하는 소프트웨어에 변화가 있으므로 시스코 코리아 홈페이지(www.cisco.com/kr)의 업데이트된 내용도 꾸준히 찾아보길 바란다.

CCNA(Cisco Certified Network Associate) 라우팅 & 스위칭 자격 획득을 통해 고급 엔지니어가 되는 첫 발을 디디고, 이 책의 다양한 예제와 트러블슈팅으로 공부한다면 어려움 없이 네트워크 관련 실무를 수행할 수 있으리라 믿는다.

이 책의 번역을 시작했을 때, 시스코 엔지니어로서 부끄럽지 않은 책이 나올 수 있도록 단어 하나 하나에도 고민하며 많은 밤을 지새웠던 기억이 떠오른다. 『후니의 쉽게 쓴 시스코 네트워킹』의 저자이자 현재 시스코 코리아 기술 총괄이신 진강훈 상무님의 세심한 감역을 통해, 초보 엔지니어가 좀 더 쉽게 읽을 수 있도록 도와 주신 부분에 대해 다시 한 번 감사 드린다. 더불어, 좋은 책을 번역할 기회를 주신 성안당 출판사 관계자 여러분들께 고마움의 말씀을 전한다.

옮긴이 일동

목차 미리 보기

서론 24
당신의 학습 계획 44

PART I • 이더넷 LAN 2

Chapter 1: 이더넷 VLAN 구축 4
Chapter 2: 스패닝 트리(Spanning Tree) 프로토콜 개념 36
Chapter 3: 스패닝 트리 프로토콜(Spanning Tree Protocol) 구현 66
Chapter 4: LAN 장애 처리(Troubleshooting) 98
Chapter 5: VLAN 트렁킹 프로토콜 124
Chapter 6: 기타 LAN 주제들 150
Part I 리뷰 174

PART II • IPV4 라우팅 프로토콜 178

Chapter 7: OSPF 개념 이해 180
Chapter 8: IPv4용 OSPF 구현 208
Chapter 9: EIGRP 개념 이해 242
Chapter 10: IPv4 기반의 EIGRP 구현 266
Chapter 11: IPv4 라우팅 프로토콜 장애 처리 298
Chapter 12: 외부 BGP 구현 328
Part II 리뷰 356

PART III • WAN(Wide-Area Networks) 358

Chapter 13: 포인트-투-포인트 WAN 구현 360
Chapter 14: 이더넷 및 MPLS를 이용한 사설 WAN 398
Chapter 15: 인터넷 VPN으로 사설 WAN 구성하기 424
Part III 리뷰 476

PART IV • IPv4 서비스: ACL과 QoS 478

Chapter 16: 기본 IPv4 액세스 컨트롤 리스트(ACL) 480
Chapter 17: 고급 IPv4 액세스 컨트롤 리스트(ACL) 504
Chapter 18: QoS(서비스 품질) 536
Part IV 리뷰 568

PART V • IPv4 라우팅과 문제 해결 570

Chapter 19: LAN에서의 IPv4 라우팅 572
Chapter 20: FHRP를 위한 HSRP 구현 598
Chapter 21: IPv4 라우팅 문제 해결 622
Part V 리뷰 646

PART Ⅵ • IPv6 648

Chapter 22: IPv6 라우팅 동작과 장애 처리 650
Chapter 23: IPv6를 위한 OSPF 구현하기 676
Chapter 24: IPv6 네트워크에서 EIGRP 구현하기 708
Chapter 25: IPv6 ACL 730
Part Ⅵ 리뷰 758

PART Ⅶ • 기타 760

Chapter 26: 네트워크 관리 762
Chapter 27: 클라우드 컴퓨팅 804
Chapter 28: SDN과 네트워크 프로그래머빌리티 840
Part Ⅶ 리뷰 864

PART Ⅷ • 최종 준비 866

Chapter 29: 최종 리뷰 868

PART XI • 부록들 886

부록 A 숫자 참조표 888
부록 B CCNA ICND2 200-105 시험 업데이트 892
용어 사전 893

알파벳 색인 930

DVD 부록

부록 C: 사전 점검 퀴즈 정답들
부록 D: [16장 기본 IPv4 액세스 컨트롤 리스트] 연습문제
부록 E: 마인드맵 솔루션
부록 F: 학습 플래너 – 엑셀 시트
부록 G: RIPv2를 갖춘 IPv4 루트 학습
부록 H: 프레임릴레이 개념 이해하기
부록 I: 프레임릴레이 구현
부록 J: IPv4 트러블슈팅 툴즈
부록 K: 이전 버전의 주제
부록 L: 시험 항목 상호 참조

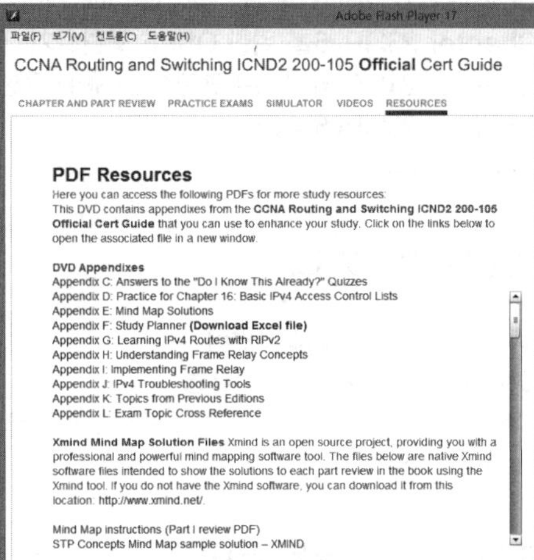

▲ DVD 부록 실행 PDF Resources 메뉴 화면

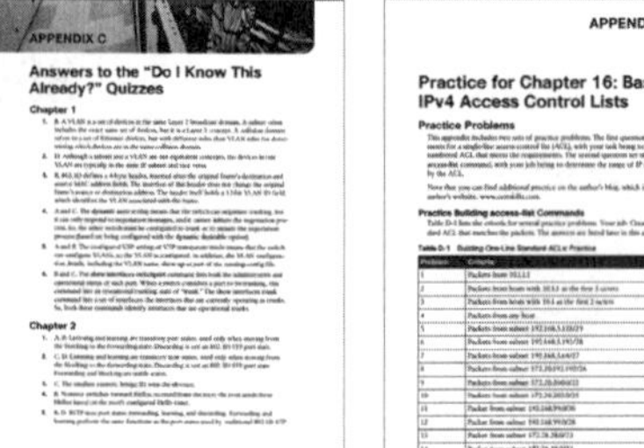

▲ 부록 C ▲ 부록 D

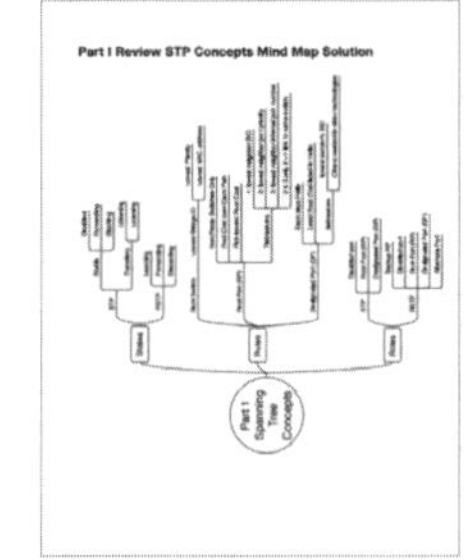

▲ 부록 E

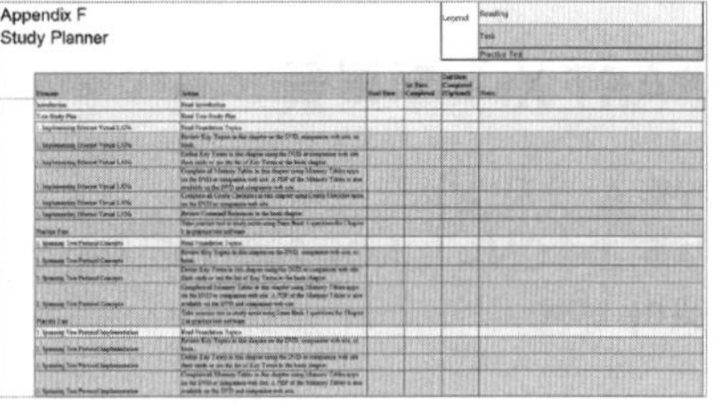

▲ 부록 F

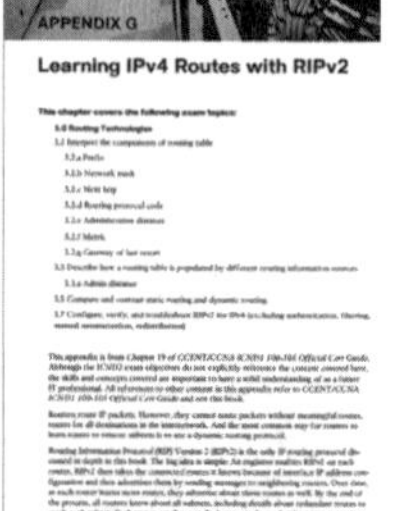

▲ 부록 G

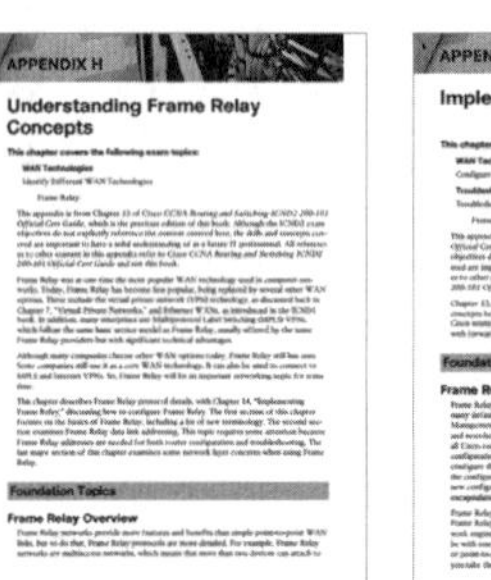

▲ 부록 H

▲ 부록 I

▲ 부록 J

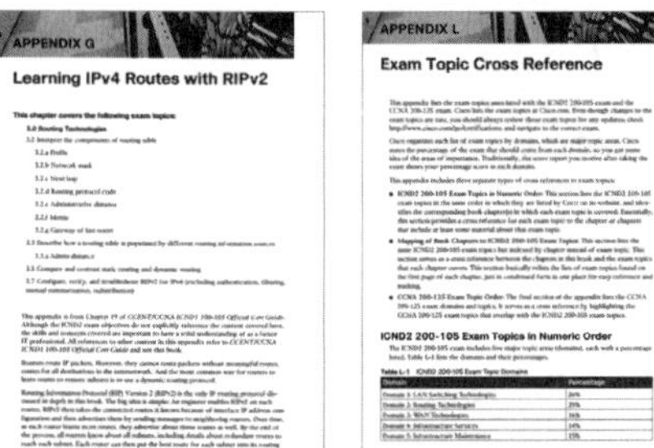

▲ 부록 K ▲ 부록 L

목차

서론 24
당신의 학습 계획 44

PART I • 이더넷 LAN • 2

Chapter 1 이더넷 VLAN 구축 4

사전 점검 퀴즈 5
핵심 주제 7
VLAN 개념 7
트렁킹을 이용한 멀티스위치 VLAN 생성하기 8
VLAN 태깅 개념 10
802.1Q와 ISL VLAN 트렁킹 프로토콜 11
VLAN 사이의 데이터 전송 12
L3 스위치의 패킷 라우팅 15
VLAN과 VLAN 트렁킹 설정 및 검증 16
VLAN 생성 및 인터페이스에 액세스 VLAN 할당 16
VLAN 설정 예 1: 전체 VLAN 구성 17
VLAN 설정 예 2: 더 짧은 VLAN 설정 20
VLAN 트렁킹 프로토콜 21
VLAN 트렁킹 설정 22
전화기와 연결된 인터페이스 구성 28
데이터와 음성 VLAN 개념 28
데이터와 음성 VLAN 구성 및 증명 30
요약: 스위치의 IP 전화 포트 32
챕터 리뷰 33

Chapter 2 스패닝 트리(Spanning Tree) 프로토콜 개념 36

사전 점검 퀴즈 37
핵심 주제 39
스패닝 트리 프로토콜(IEEE 802.1D) 39
스패닝 트리의 필요성 39
IEEE 802.1D 스패닝 트리의 역할 42
스패닝 트리의 작동 방식 43
STP 브릿지 ID와 헬로 BPDU 45
루트 스위치 선출 45
각 스위치의 루트 포트 선택 47
각 LAN 세그먼트에서 지정 포트 선택 50
STP 구성 영향과 변경 51
STP 구성에 영향을 주기 위해 구성 변경하기 51
STP 토폴로지에 영향을 주는 상태 변경 시 대처 52
STP 토폴로지에 영향을 주는 스위치의 반응 52
STP에 따른 인터페이스 상태 변화 54
RSTP(Rapid STP, IEEE 802.1w) 개념 55
STP와 RSTP 비교 56
RSTP와 교체(루트) 포트 역할 57
RSTP 상태와 과정 59
RSTP와 백업(지정) 포트 역할 60
RSTP 포트 타입 61
추가 STP 기능 61
이더채널 62
포트패스트(PortFast) 63
BPDU 가드 63
챕터 리뷰 64

Chapter 3 스패닝 트리 프로토콜(Spanning Tree Protocol) 구현 66

사전 점검 퀴즈 67
핵심 주제 69
STP 구현 69
STP 모드 설정 70
STP 개념과 STP 설정 옵션 연결 70
Per-VLAN 설정값 71
브릿지 ID와 시스템 ID 익스텐션 71
Per-VLAN 포트 코스트 73
STP 설정 옵션 요약 73
STP 운영 검증 74
STP포트 코스트 설정 76
루트 선출에 영향을 주는 우선순위 설정 79
추가 STP 기능 구현 81
포트패스트와 BPDU 가드 설정 81
이더채널 설정 84
수동 이더채널 설정 84
동적 이더채널 설정 87
RSTP 구현 88
카탈리스트 스위치에서 STP 모드 확인하기 89

RSTP 포트 역할 92
RSTP 포트 상태 93
RSTP 포트 타입 94
챕터 리뷰 95

Chapter 4 LAN 장애 처리 (Troubleshooting) 98

사전 점검 퀴즈 99
핵심 주제 100
STP 장애 처리 100
루트 스위치 결정 100
루트 스위치가 아닌 스위치의 루트 포트 결정 102
루트 포트를 선택할 때 STP 판단 근거(Tiebreakers) 103
시험에서 루트 포트 문제를 공략하기 위한 제안 104
각 LAN 세그먼트의 DP 결정 105
시험에서 지정 포트 문제를 공략하기 위한 제안 106
STP 수렴 107
2계층 이더채널 장애 처리 107
채널-그룹 명령어의 잘못된 옵션 107
이더채널에 인터페이스를 추가하기 전 설정 확인 109
스위치 전송부(Data Plane) 전송 분석 111
MAC 테이블의 STP 영향 예측 112
MAC 테이블에 미치는 이더채널 영향 예측 113
들어오는 프레임의 VLAN 선택 115
VLAN과 VLAN 트렁크 장애 처리 115
잘못된 액세스 VLAN 설정 116
액세스 VLAN 미설정 또는 비활성화 117
트렁킹 운영 상태 불일치 118
트렁크에서 지원하는 VLAN 목록 불일치 120
트렁크의 네이티브 VLAN 불일치 122
챕터 리뷰 122
참조 명령어 123

Chapter 5 VLAN 트렁킹 프로토콜 124

사전 점검 퀴즈 125
핵심 주제 127
VLAN 트렁킹 프로토콜(VTP) 개념 127
기본 VTP 운영 127
VTP 데이터베이스 동기화 129
두 개의 스위치 간에 VTP가 작동하기 위한 요구 사항 132
VTP 버전 1과 버전 2 132
VTP 가지치기(Pruning) 133
VTP 기능 요약 134
VTP 설정과 검증 135
VTP 사용: 서버와 클라이언트 설정 135
스위치의 데이터베이스 동기화 검증 137
VTP와 그와 관련된 설정 저장 140
VTP 사용 피하기 142
VTP 장애 처리 142
VTP가 동기화되지 않는 이유 알아내기 143
VTP 설정 시 흔한 거부 144
네트워크에 스위치를 추가할 때의 문제 145
챕터 리뷰 147
참조 명령어 148

Chapter 6 기타 LAN 주제들 150

사전 점검 퀴즈 151
핵심 주제 153
IEEE 802.1x를 통한 액세스 보안 153
AAA 인증(Authentication) 155
AAA 로그인 과정 156
TACACS+와 RADIUS 프로토콜 156
AAA 설정 예 157
DHCP 스누핑(Snooping) 160
DHCP 스누핑 기본 160
DHCP 기반 공격 예 161
DHCP 스누핑 작동 방식 162
DHCP 스누핑 기능 요약 164
스위치 스태킹(Stacking) 및 섀시 통합(Chassis Aggregation) 165
스태킹이 없는 전통 액세스 스위칭 165
액세스 계층 스위치의 스위치 스태킹 166
하나의 논리 스위치로서 스위치 스택 작동 168
시스코 FlexStack과 FlexStack-Plus 169
섀시 통합(Chassis Aggregation) 169
분배/코어 스위치의 고가용성 170
섀시 통합을 통한 디자인 및 가용성 향상 171
챕터 리뷰 172

Part I 리뷰 174

PART II • IPV4 라우팅 프로토콜 • 178

Chapter 7 OSPF 개념 이해 180

사전 점검 퀴즈 180
핵심 주제 183
동적 라우팅 프로토콜 기능 비교 183
라우팅 프로토콜의 기능 183
내부 라우팅 프로토콜과 외부 라우팅 프로토콜 185
IGP 비교 186
IGP 라우팅 프로토콜 알고리즘 186
메트릭(Metrics) 187
다른 IGP 비교 188
관리 거리(Administrative Distance) 189
OSPF 개념과 운용 190
OSPF 전체보기 191
토폴로지 정보와 LSA 191
다익스트라(Dijkestra) SPF 계산으로 최상의 경로 찾기 192
OSPF 네이버 형성 193
OSPF 네이버 기본 193
네이버를 연결 및 라우터 ID 학습 194
네이버 간 LSDB 교환 196
네이버와 LSA 완전히 교환 196
네이버와 LSDB 관리 197
이더넷 링크에서 지정 라우터 사용 198
SPF로 최상 경로 계산 200
OSPF Area디자인 202
OSPF Area 203
Area가 SPF 계산 시간을 줄이는 방법 204
OSPF Area 디자인 장점 205
챕터 리뷰 206

Chapter 8 IPv4용 OSPF 구현 208

사전 점검 퀴즈 209
핵심 주제 211
Single Area OSPFv2 구현 211
OSPF Single Area 설정 212
OSPF 네트워크 명령어와의 일치 214
OSPFv2 Single Area 검증 215
OSPF 라우터 ID 설정 219
OSPF 패시브 인터페이스 220
Multi Area OSPFv2 구현 223
Single Area 설정 224
Multi Area 설정 225
Multi Area 설정 검증 227
ABR 각 인터페이스의 올바른 Area 검증 227
어떤 라우터가 DR이고 BDR인지 검증하기 228
Area 간 OSPF 경로 검증 229
추가 OSPF 기능 230
OSPF 기본 경로 230
OSPF 메트릭(코스트) 233
인터페이스 대역폭에 기반한 코스트 설정 233
높은 참조 대역폭의 필요성 235
OSPF 부하 분산(Load Balancing) 235
OSPFv2 인터페이스 설정 236
OSPFv2 인터페이스 설정 예 236
OSPFv2 인터페이스 설정 검증 237
챕터 리뷰 239
참조 명령어 240

Chapter 9 EIGRP 개념 이해 242

사전 점검 퀴즈 242
핵심 주제 244
EIGRP와 거리 벡터 라우팅 프로토콜 244
EIGRP 소개 244
기본 거리 벡터 라우팅 프로토콜 기능 246
거리와 벡터의 개념 246
전체 업데이트 메시지 및 스플릿 호라이즌 248
라우트 포이즈닝 250
향상된 DV 프로토콜인 EIGRP 251
EIGRP는 필요한 경우 부분 업데이트 메시지를 보낸다 252
EIGRP는 헬로 메시지를 이용하여 네이버 상태를 유지한다 252
내부 라우팅 프로토콜 기능 정리 253
EIGRP 개념 및 동작 254
EIGRP 네이버 254
EIGRP 토폴로지 정보 교환 255
라우팅 테이블을 위한 최적 경로 계산 256
EIGRP 메트릭 계산 256
계산된 EIGRP 메트릭의 예 257
시리얼 링크의 대역폭에 대한 주의사항 259
EIGRP 수렴 260
FD 및 RD 261
EIGRP 석세서와 FS 262
질의와 응답 과정 264
챕터 리뷰 265

Chapter 10 IPv4 기반의 EIGRP 구현 266

사전 점검 퀴즈 266
핵심 주제 269
EIGRP의 주요 설정과 검증 269
EIGRP 설정 269
와일드카드 마스크를 이용한 EIGRP 설정 271
EIGRP 핵심기능 검증 272
EIGRP가 활성화된 인터페이스 찾기 273
EIGRP 네이버 상태 표시 276
IPv4 라우팅 테이블 표시 277
EIGRP 메트릭, 석세서, FS 278
EIGRP 토폴로지 테이블 확인 279
석세서 경로 찾기 281
FS 경로 찾기 282
FS 경로를 이용한 수렴 285
메트릭 구성 요소 살펴보기 286
기타 EIGRP 설정 방법 287
다수의 EIGRP 경로에 대한 부하 분산 287
EIGRP 메트릭 계산 조정 289
오토 서머리 및 불연속 클래스풀 네트워크 291
클래스풀 네트워크 경계에서의 오토 서머리 291
불연속 클래스풀 네트워크 293
챕터 리뷰 294
참조 명령어 296

Chapter 11 IPv4 라우팅 프로토콜 장애 처리 298

사전 점검 퀴즈 298
핵심 주제 299
라우팅 프로토콜 장애 처리 개요 299
라우팅 프로토콜이 활성화된 인터페이스 300
EIGRP 인터페이스 장애 처리 302
동작하는 EIGRP 인터페이스 점검 302
EIGRP인터페이스에 관한 문제 점검 305
OSPF 인터페이스 장애 처리 307
네이버 관계 311
EIGRP 네이버 확인 점검 312
EIGRP 네이버 장애 처리 예 314
OSPF 네이버 장애 처리 316
area 불일치 찾기 318
중복된 OSPF 라우터ID 찾아내기 319
OSPF헬로와 데드 타이머 불일치를 찾아내기 321
다른 OSPF 관련 사항 323
OSPF 프로세스 멈추게 하기 323
불일치된 MTU 설정 325
챕터 리뷰 325
참조 명령어 326

Chapter 12 외부 BGP 구현 328

사전 점검 퀴즈 328
핵심 주제 331
BGP 개념 331
BGP로 경로 광고 332
내부 및 외부 BGP 333
BGP를 이용한 최상 경로 선택 334
eBGP와 인터넷 엣지(Edge) 335
인터넷 엣지 디자인과 용어 335
인터넷에 엔터프라이즈 공공 프리픽스 광고하기 337
ISP로부터 기본 경로 학습 338
eBGP 설정 및 검증 339
BGP 설정 개념 340
링크 주소를 이용한 eBGP 네이버 설정 341
eBGP 네이버 검증 342
관리적으로 네이버 비활성화 344
네트워크 명령어로 BGP 테이블 엔트리 주입 345
클래스풀 네트워크를 위한 경로 주입 345
ISP에 서브넷 광고하기 349
정적 폐기 경로로 하나의 프리픽스 광고하기 350
ISP로부터 기본 경로 학습 352
챕터 리뷰 353
참조 명령어 354

Part II 리뷰 356

PART III • WAN(Wide-Area Networks) • 358

Chapter 13 포인트-투-포인트 WAN 구현 360

사전 점검 퀴즈 360
핵심 주제 363
HDLC 전용 회선 WAN 363
1계층 전용 회선 363
전용 회선의 물리적 구성 요소 364
CSU/DSU의 역할 367
실습을 위한 WAN 회선 구성하기 367
HDLC를 사용한 2계층 전용 회선 368
HDLC 설정하기 370
PPP를 사용한 전용 회선 373
PPP 개념 374
PPP 프레이밍 374
PPP 제어 프로토콜 374

PPP 인증 375
PPP 설정 377
PPP CHAP 설정 378
PPP PAP 설정 380
멀티링크의 PPP 구현 381
멀티링크 PPP 개념 383
MLPPP 설정 384
MLPPP 확인 385
시리얼 링크 장애 처리 388
1계층 문제 해결 389
2계층 문제 해결 389
Keepalive 문제 390
PAP와 CHAP의 인증 실패 391
3계층 문제 해결 392
챕터 리뷰 394
참조 명령어 395

Chapter 14 이더넷 및 MPLS를 이용한 사설 WAN 398

사전 점검 퀴즈 399
핵심 주제 401
메트로 이더넷 401
메트로 이더넷 물리적 설계 및 토폴로지 402
이더넷 WAN 서비스 및 토폴로지 403
이더넷 라인 서비스(Point-to-Point) 404
이더넷 랜 서비스(Full Mesh) 405
이더넷 트리 서비스(Hub and Spoke) 406
메트로 이더넷을 사용하는 3계층 디자인 407
E-Line 서비스를 통한 3계층 디자인 407
E-LAN 서비스를 통한 3계층 디자인 408
E-Tree 서비스를 통한 3계층 디자인 409
이더넷 가상 회선 대역폭 프로파일 410
사용된 데이터(대역폭)에 대한 요금 부과 411
폴리싱 및 셰이핑으로 트래픽 제어 412
Multiprotocol Label Switching(MPLS) 413
MPLS VPN의 물리적인 디자인과 토폴로지 415
MPLS와 QoS 416
MPLS 3계층 VPN 417
MPLS VPN을 사용한 OSPF Area 설계 419
EIGRP를 사용한 라우팅 프로토콜 고려 사항 421
챕터 리뷰 422

Chapter 15 인터넷 VPN으로 사설 WAN 구성하기 424

사전 점검 퀴즈 424
핵심 주제 427
인터넷 액세스 및 인터넷 VPN 기초 427
인터넷 액세스 427
디지털 가입자 회선 428
케이블 인터넷 429
무선 WAN(3G, 4G, LTE) 430
광(Fiber) 인터넷 액세스 431
인터넷 VPN 기초 431
IPSec을 통한 사이트-투-사이트 VPN 433
SSL VPN 434
GRE 터널과 DMVPN 436
GRE 터널 개념 436
GRE 터널을 통한 라우팅 436
보안되지 않은 네트워크를 통한 GRE 터널 438
GRE 터널 구성하기 441
GRE 터널의 확인 443
GRE 터널의 문제 해결 446
터널 인터페이스 및 인터페이스의 상태 446
터널 인터페이스의 3계층 문제 449
ACL 및 보안 문제 449
DMVPN을 사용한 멀티포인트 인터넷 VPN 451
PPP over Ethernet 454
PPPoE 개념 454
PPPoE 설정 456
PPPoE 설정: 다이얼러와 1계층 457
PPPoE 설정: PPP와 2계층 458
PPPoE 설정: 3계층 458
PPPoE 설정 요약 459
PPPoE 랩 연습에 대한 간략한 설명 460
PPPoE 검증 461
다이얼러와 버추얼-액세스 인터페이스 바인딩 검증 462
버추얼-액세스 인터페이스 설정 검증 464
PPPoE 세션 상태 검증 466
다이얼러 인터페이스 3계층 상태 검증 466
PPPoE 문제 해결 467
단계⓪ 단계 1을 시작하기 전 상태 468
단계① 1계층 설정 후 상태 470
단계② 2계층(PPP) 설정 후 상태 471
단계③ 3계층(IP) 설정 후 상태 472
PPPoE 문제 해결 요약 472
챕터 리뷰 473
참조 명령어 474

Part III 리뷰 476

PART Ⅳ • IPv4 서비스: ACL과 QoS • 478

Chapter 16 기본 IPv4 액세스 컨트롤 리스트 (ACL) 480

사전 점검 퀴즈 481
핵심 주제 483
IP ACL 기초 483
ACL 위치와 방향 483
패킷 부합(Matching) 484
부합 시 수행하는 동작 485
IP ACL의 종류 485
표준 번호 IPv4 ACL 486
IP ACL의 리스트 규칙 486
부합 확인 규칙과 명령어 구문 488
정확한 IP 주소에 부합 489
와일드카드를 이용한 주소의 일부분에 부합 489
이진수 와일드카드 마스크 491
서브넷에 부합되기 위한 와일드카드 마스크 계산 491
모든 주소에 부합 492
표준 IP ACL 구현 492
표준 번호 ACL 예 1 493
표준 번호 ACL 예 2 495
문제 해결 및 검증 팁 497
표준 IP ACL의 응용 연습 498
access-list 명령어 작성 연습 498
ACL로부터 주소 범위의 역 엔지니어링 499
챕터 리뷰 501
이 장을 위한 추가 연습 502
참조 명령어 502
연습 문제 정답 503

Chapter 17 고급 IPv4 액세스 컨트롤 리스트 (ACL) 504

사전 점검 퀴즈 505
핵심 주제 507
확장 번호 IP ACL 507
프로토콜, 출발지 IP, 목적지 IP에 부합 507
TCP와 UDP 포트 번호에 부합 509
확장 IP ACL 설정 512
확장 IP ACL: 예 1 512
확장 IP ACL: 예 2 514
access-list 명령어 작성 연습 515
명칭 ACL과 ACL 편집 516
명칭 IP ACL 516
일련번호를 이용한 ACL 편집 518
번호 ACL 설정 vs. 명칭 ACL 설정 520
ACL 구현 시 고려 사항 521
IPv4 ACL 문제 해결 523
네트워크상에서 ACL 동작 분석 523
ACL 문제 해결 명령어 525
이슈 예: IP 주소의 출발지와 목적지가 뒤바뀜 526
단계 3D와 3E: 일반적인 구문 실수 527
이슈 예: 진입 ACL이 라우팅 프로토콜을 필터링하는 경우 528
라우터가 생성시킨 패킷과 ACL 상호 작용 529
로컬 ACL과 라우터의 Ping 529
라우터가 자신의 Serial 인터페이스의 IPv4 주소로 Self-Ping 실행 530
라우터가 자신의 이더넷 인터페이스의 IPv4 주소로 self-ping 실행 531
챕터 리뷰 532
참조 명령어 533
연습 문제 정답 534

Chapter 18 QoS(서비스 품질) 536

사전 점검 퀴즈 537
핵심 주제 539
QoS 소개 539
QoS: 대역폭, 지연, 지터, 손실 관리 539
트래픽의 종류 540
데이터 애플리케이션 541
음성 및 비디오 애플리케이션 542
이 책에서 언급된 QoS 544
스위치와 라우터의 QoS 544
분류 및 마킹 545
분류의 기본 545
부합(분류)의 기초 546
라우터에서 ACL과 NBAR 를 이용한 분류 547
IP DSCP 및 이더넷 CoS 마킹 549
IP 헤더 마킹 549
802.1Q 이더넷 헤더의 마킹 550
기타 마킹 필드 551
신뢰 경계(trust boundary)의 정의 551
DiffServ에서 제안하는 마킹 값 552
EF(Expedited Forwarding) 553
AF(Assured Forwarding) 553
CS(Class Selector) 554
혼잡 관리(큐잉) 554
라운드 로빈 스케줄링(우선순위 결정) 555
LLQ(Low Latency Queuing) 556
데이터, 음성, 비디오를 위한 우선 순위 결정 전략 558

- **셰이핑과 폴리싱** 559
  - 폴리싱(policing) 559
    - 폴리싱이 사용되는 곳 560
  - 셰이핑(Shaping) 562
    - 음성과 비디오에 알맞은 셰이핑 시간 간격 설정하기 563
- **혼잡 회피** 564
  - TCP 윈도잉의 기본 564
  - 혼잡 회피 도구 566
- **챕터 리뷰** 566

PART Ⅳ 리뷰 568

PART V • IPv4 라우팅과 문제 해결 • 570

Chapter 19 LAN에서의 IPv4 라우팅 572

- **사전 점검 퀴즈** 573
- **핵심 주제** 575
- **라우터의 802.1Q 트렁크를 이용한 VLAN 라우팅** 575
  - ROAS 설정 576
  - ROAS 검증 579
  - ROAS 문제 해결 581
- **3계층 스위치의 SVI를 이용한 VLAN 라우팅** 582
  - 스위치 SVI를 사용한 라우팅 설정 582
  - SVI를 이용한 라우팅 검증 584
  - SVI를 사용한 라우팅 문제 해결 585
- **3계층 라우티드 포트를 이용한 VLAN 라우팅** 588
  - 스위치에서의 라우티드 인터페이스 구현 588
  - 3계층 이더채널 구현 591
  - 3계층 이더채널 문제 해결 595
- **챕터 리뷰** 595
  - 참조 명령어 596

Chapter 20 FHRP를 위한 HSRP 구현 598

- **사전 점검 퀴즈** 599
- **핵심 주제** 601
- **FHRP와 HSRP 개념** 601
  - 네트워크에서 이중화의 필요성 601
  - FHRP(First Hop Redundancy Protocol)의 필요성 603
  - FHRP의 세 가지 솔루션 605
  - HSRP 개념 605
    - HSRP 페일오버(Failover) 606
    - HSRP 부하 분산 607
- **HSRP 구현** 609
  - 기본 HSRP 설정과 검증 609
  - 우선 순위와 선점에 따른 HSRP 액티브 역할 612
  - HSRP 버전 614
- **HSRP 문제 해결** 616
  - HSRP 설정 확인 616
  - HSRP 설정 오류 시 증상 617
- **챕터 리뷰** 620
  - 참조 명령어 621

Chapter 21 IPv4 라우팅 문제 해결 622

- **사전 점검 퀴즈**(생략됨) 623
- **핵심 주제** 623
- **호스트와 기본 라우터 간의 문제** 623
  - 호스트의 IPv4 설정으로 기반으로 하는 근본 원인 623
    - IPv4 설정이 정확히 일치되는 확인 624
    - 잘못된 마스크로 인하여, 서브넷에 접근 불가 625
    - DNS 문제의 일반적인 근본 원인 627
    - 잘못된 기본 라우터 IP 주소 설정 628
  - 기본 라우터 설정에 근거한 근본 원인 629
    - DHCP 이슈 629
    - 라우터 LAN 인터페이스와 LAN 이슈 631
- **라우터 간의 라우팅 패킷 문제** 633
  - 가장 상세한(specific) 경로에 일치되어 IP 전달 634
    - show ip route와 서브넷 계산을 이용하여 최적 경로 찾기 634
    - 최적 경로를 찾기 위해 show ip route address 명령어 사용 636
    - show ip route 명령어 레퍼런스 637
  - 잘못된 주소 계획으로 인한 라우팅 문제 638
    - VLSM 사용 여부 인식 638
    - VLSM을 사용하지 않을 때의 경로 겹침 638
    - VLSM 사용 시 겹침 640
    - 겹치는 VLSM 서브넷 설정 641
  - 문제 해결 주제에 관련된 조언 642
    - 라우터 WAN 인터페이스 상태 643
    - ACL을 통한 패킷 필터링 643
- **챕터 리뷰** 644

PART V 리뷰 646

PART VI • IPv6 • 648

Chapter 22 IPv6 라우팅 동작과 장애 처리 650

사전 점검 퀴즈 650
핵심 주제 651
일반적인 IPv6 동작 651
유니캐스트 IPv6 주소와 IPv6 서브넷팅 651
호스트에 주소 지정 654
스테이트풀 DHCPv6 654
스테이트리스 주소 자동 설정(SLAAC) 655
라우터 주소와 정적 경로 설정 656
라우터상에 IPv6 라우팅과 주소 설정 656
라우터에서의 IPv6 정적 경로 657
IPv6 연결 검증 658
IPv6 호스트 연결 검증 658
라우터에서의 IPv6 검증 660
IPv6 장애 처리 663
일부 호스트로만 핑이 되는 상황 664
호스트에서 기본 라우터로의 ping 실패 665
DNS에서 요구하는 기능을 사용하여 발생되는 문제 667
호스트가 IPv6 설정을 받지 못함: 스테이트풀 DHCP 문제 668
호스트가 IPv6 설정을 받지 못함: SLAAC 문제 669
Traceroute가 몇 개의 홉을 거쳐가지만 실패 670
라우팅은 정상적이지만, Traceroute는 여전히 실패하고 있는 상황 672
챕터 리뷰 673
참조 명령어 674

Chapter 23 IPv6를 위한 OSPF 구현하기 676

사전 점검 퀴즈 677
핵심 주제 679
IPv6용 OSPFv3 679
IPv6 라우팅 프로토콜 버전 및 프로토콜 679
OSPF로 듀얼 스택을 구현하기 위한 두 가지 옵션 680
OSPFv2와 OSPFv3의 내부 구조 681
OSPFV3 설정 682
기본 OSPFv3 설정 682
3개의 내부 라우터에서의 Single-Area 설정 684
Area Border 라우터에서의 Multiarea 설정 추가 686
기타 OSPFv3 설정 687
경로 결정에 영향을 주는 OSPFv3 인터페이스 값 설정 687
OSPF 부하 분산 688
기본 경로 삽입 689
OSPFv3 검증과 장애 처리 690
OSPFv3 인터페이스 691
OSPFv3 인터페이스 검증 692
OSPFv3 인터페이스 문제 해결 692
OSPFv3 네이버 694
OSPFv3 네이버 검증 694
OSPFv3 네이버 문제 해결 695
OSPFv3의 LSDB와 LSA 698
IPv6 MTU 이슈 699
OSPFv3 메트릭과 IPv6 경로 701
OSPFv3 인터페이스 코스트 및 메트릭 검증 701
OSPFv3로 추가된 IPv6 경로 문제해결 704
챕터 리뷰 705
참조 명령어 706

Chapter 24 IPv6 네트워크에서 EIGRP 구현하기 708

사전 점검 퀴즈 708
핵심 주제 711
IPv6 EIGRP 설정 711
IPv6 EIGRP 기본 설정 711
IPv6 EIGRP 설정 예 712
IPv6 EIGRP의 다른 설정 715
IPv6 EIGRP 경로 선정에 영향을 주는 대역폭과 지연 설정 715
EIGRP 부하 분산 716
EIGRP 타이머 717
IPv6 EIGRP 검증 및 장애 처리 718
IPv6 EIGRP 인터페이스 719
IPv6 EIGRP 네이버 721
IPv6 EIGRP 토폴로지 데이터베이스 723
IPv6 EIGRP 경로 725
챕터 리뷰 727
참조 명령어 728

Chapter 25 IPv6 ACL 730

사전 점검 퀴즈 731
핵심 주제 733
IPv6 ACL 기초 733
IPv4 ACL과 IPv6 ACL의 유사점과 차이점 733
ACL의 장소와 방향 734
IPv6 필터링 정책 735
ICMPv6 필터링 시 주의점 735
IPv6 ACL의 기능 736
IPv6 ACL 제한 사항 737
터널링된 트래픽 부합 737

IPv4 와일드카드 마스크와 IPv6 프리픽스 길이 737
ACL 로깅 738
라우터가 생성하는 패킷 738
표준 IPv6 ACL 설정 738
확장 IPv6 ACL의 설정 742
확장 IPv6 ACL의 예 745
IPv6 ACL 명령어 설정 연습 747
다른 IPv6 ACL 주제들 748
암묵적인 IPv6 ACL 규칙 748
ICMPv6 NDP의 필터링과 부작용의 예 748
ICMPv6 NDP 메시지 필터링을 피하는 방법 753
IPv6 ACL의 암묵적인 필터링 정리 754
IPv6 관리 제어 ACL 754
챕터 리뷰 755
참조 명령어 756
이전 연습 문제 정답 757

PART Ⅵ 리뷰 758

PART Ⅶ • 기타 • 760

Chapter 26 네트워크 관리 762

사전 점검 퀴즈 762
핵심 주제 765
SNMP(Simple Network Management Protocol) 765
SNMP의 개념 765
SNMP 변수 읽고 쓰기: SNMP Get과 Set 766
SNMP 통지: 트랩과 알림 766
MIB(Management Information Base) 767
SNMP의 보안 768
SNMPv2c의 구현 770
Get과 Set에 대한 SNMPv2c 설정 770
트랩과 알림에 대한 SNMPv2c 설정 772
SNMPv2c 동작 검증 773
SNMPv3 구현 775
SNMPv3 그룹 776
SNMPv3 사용자, 암호, 암호화 키 778
SNMPv3 검증 780
SNMPv3 통지(트랩과 알림)의 구현 781
SNMPv3 설정 정리 783
IP SLA(Service Level Agreement) 784
IP SLA 개요 785
기본 IP SLA ICMP 에코 설정 786
IP SLA 카운터를 사용한 장애 처리 787
IP SLA 이력을 사용한 장애 처리 789
SPAN 791
SPAN의 개념 791
네트워크 분석기를 사용할 때 SPAN의 필요성 792
SPAN 세션의 개념 793
로컬 SPAN의 설정 795
장애 처리를 위한 SPAN 세션 매개변수 798
SPAN 소스를 제한하기 위한 선택 798
챕터 리뷰 799
참조 명령어 801

Chapter 27 클라우드 컴퓨팅 804

사전 점검 퀴즈 805
핵심 주제 807
클라우드 컴퓨팅의 개념 807
서버 가상화 807
시스코 서버 하드웨어 807
서버 가상화 기초 808
가상화된 호스트에서의 가상 스위치를 사용한 네트워킹 810
물리 데이터 센터 네트워크 811
가상화된 데이터 센터에서의 워크플로 812
클라우드 컴퓨팅 서비스 814
사설 클라우드 815
공공 클라우드 816
클라우드와 'As a Service' 모델 817
IaaS(Infrastructure as a Service) 818
SaaS(Software as a Service) 819
개발 플랫폼 PaaS 820
클라우드 서비스로의 WAN 트래픽 흐름 821
공공 클라우드로 연결되는 기업 WAN 연결 821
인터넷을 사용하는 공공 클라우드 서비스로의 접근 821
인터넷의 공공 클라우드 연결 시 장점 및 단점 822
공공 클라우드로의 사설 WAN과 인터넷 VPN 접근 823
사설 WAN을 이용한 클라우드 연결의 장점과 단점 824
인터클라우드 익스체인지 825
공공 클라우드 WAN 옵션의 장점과 단점 정리 826
시나리오: 지사와 공공 클라우드 827
이메일 SaaS로의 이전 시 트래픽 플로의 이동 827
인터넷과 사설 WAN을 사용한 지사 829
가상 네트워크 기능과 서비스 830
가상 네트워크 기능: 방화벽과 라우터 830
DNS 서비스 832
주소 할당 서비스와 DHCP 834
NTP 836
챕터 리뷰 837

Chapter 28 SDN과 네트워크 프로그래머빌리티 840

사전 점검 퀴즈 841
핵심 주제 843
SDN과 네트워크 프로그래머빌리티 기초 843
데이터, 제어, 관리부 843
전송부(Data Plane) 843
제어부(Control Plane) 844
관리부(Management Plane) 845
시스코 스위치 전송부의 내부 845
컨트롤러와 네트워크 아키텍처 846
컨트롤러와 중앙 제어 846
사우스바운드 인터페이스 849
노스바운드 인터페이스 850
SDN 아키텍처 정리 852
네트워크 프로그래머빌리티와 SDN의 예 853
오픈 SDN과 OpenFlow 853
OpenDaylight 컨트롤러 854
시스코 오픈 SDN 컨트롤러 855
시스코 ACI(Application Centric Infrastructure) 855
시스코 APIC-EM(APIC Enterprise Module) 857
세 가지 예 비교 860
시스코 APIC-EM 패스 트레이스 ACL 분석 애플리케이션 860
APIC-EM 패스 트레이스 앱 860
APIC-EM 패스 트레이스 ACL 분석 툴의 타이밍과 시험 주제 861
챕터 리뷰 862

PART Ⅶ 리뷰 864

PART Ⅷ • 최종 준비 • 866

Chapter 29 최종 리뷰 868

시험에 관한 조언 868
시스코 자격 시험 사용 지침서를 사용하여 질문 유형 확인 868
문제의 수에 따른 시간 배분 고려 869
시간 체크 방법 제안 870
기타 예비 시험 관련 제안 871
시험 당일을 위한 조언 871
불합격 시 시험 후의 한 시간 확보 872
시험 검토 873
모의 시험 응시 874
ICND2 또는 CCNA R&S 시험 응시 연습 875
시험 문제에 어떻게 답변하는지에 관한 조언 875
다른 모의 시험 응시 877
문제 복습을 통한 지식의 갭 확인 877
핸즈온 CLI 실습 879
파트 리뷰의 마인드 맵 확인 880
랩 실습 880
시험 응시 준비가 되었는지의 여부 평가 (그리고 시험 점수의 오류) 881
합격 실패 후의 학습 제안 882
기타 학습 과제 884
마지막 계획 884

PART Ⅸ • 부록들 • 886

부록 A 숫자 참조표 888
부록 B CCNA ICND2 200-105 시험 업데이트 892
책의 제품 페이지에서 항상 최신 정보 얻기 892
기술적인 내용 892
용어 사전 893
알파벳 색인 930

DVD 부록

부록 C: 사전 점검 퀴즈 정답들
부록 D: [16장 기본 IPv4 액세스 컨트롤 리스트] 연습문제
부록 E: 마인드맵 솔루션
부록 F: 학습 플래너 - 엑셀 시트
부록 G: RIPv2를 갖춘 IPv4 루트 학습
부록 H: 프레임릴레이 개념 이해하기
부록 I: 프레임릴레이 구현
부록 J: IPv4 트러블슈팅 툴즈
부록 K: 이전 버전의 주제
부록 L: 시험 항목 상호 참조

이 책에 사용된 아이콘

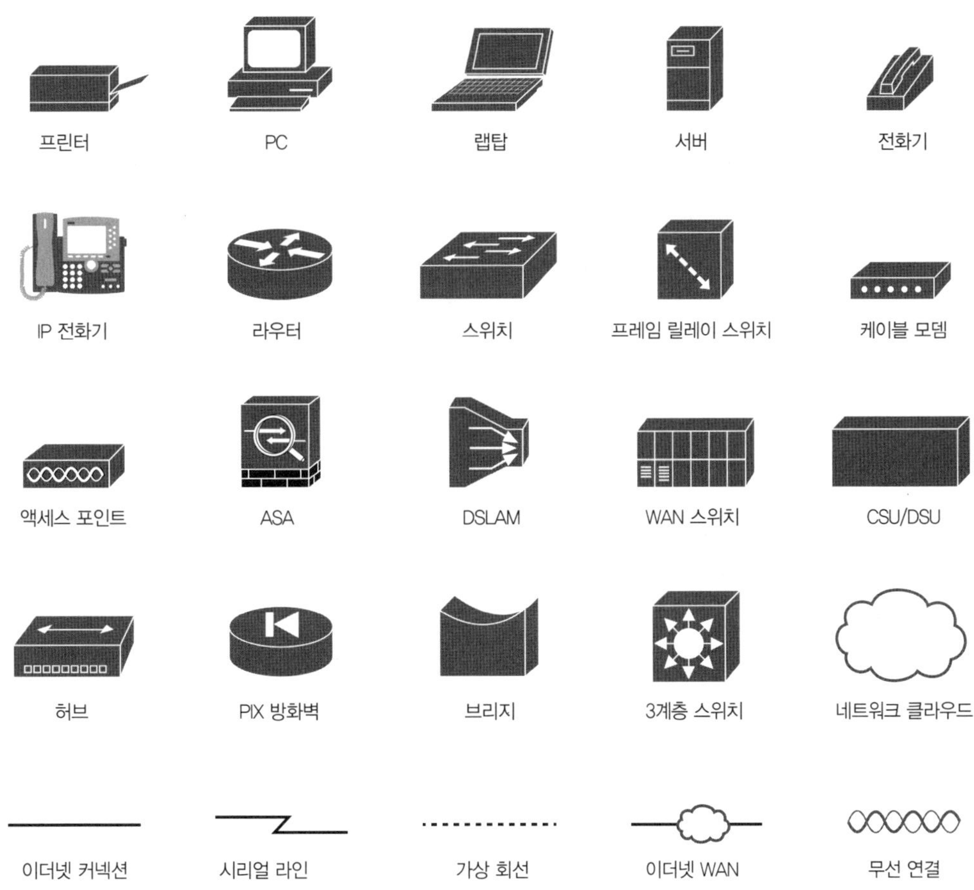

명령어 구문 규칙

이 책에서 명령어 구문을 표시하는 데 사용되는 규칙은 IOS 명령어 레퍼런스에서 사용되는 규칙과 동일하다. 명령어 레퍼런스는 다음과 같이 규칙을 설명한다:

- 굵은 글씨체는 보여주는 것과 같이 문자 그대로 입력된 명령어나 키워드를 나타낸다. 실제 설정 예제나 결과(일반 명령어 구문이 아닌)에서, 굵은 글씨체는 사용자가 수동으로 입력한 명령어(**show** 명령어와 같은)를 나타낸다.
- 이탤릭체는 당신이 넣는 실제 값에 대한 부분을 나타낸다.
- 세로 막대(|)는 대체적인, 상호 배타적인 요소를 구분한다.
- 대괄호 [ ]는 선택적인 요소를 나타낸다.
- 중괄호 { }는 필수 선택을 나타낸다.
- 대괄호 안의 중괄호 [{ }]는 선택적인 요소 내의 필수 선택 사항을 나타낸다.

서론

∷ 시험 정보

축하한다! 이 서론을 읽고 있다면 시스코 자격증을 취득하기로 이미 결정한 상태일 것이다. 네트워킹 산업 분야의 기술 엔지니어로서 성공하고 싶다면 시스코를 알아야 한다. 시스코는 라우터와 스위치 분야에서 매우 높은 시장 점유율을 보이고 있으며, 일부 시장에서는 80퍼센트 이상의 점유율을 가지고 있다. 전 세계의 많은 지역과 시장에서 네트워킹하면 시스코를 떠올린다. 따라서 네트워크 엔지니어로서 진지하게 생각한다면, 시스코 자격증은 아주 일리가 있다.

CCENT와 CCNA R&S를 취득하기 위한 시험

시스코는 CCENT 및 CCNA 라우팅 및 스위칭 인증, 그리고 관련된 100-105 ICND1과 200-105 ICND2, 200-125 CCNA 시험에 대한 변경 사항을 2016년 초에 발표했다. 시스코 인증을 처음 접하는 대부분의 사람들은 CCENT 또는 CCNA 라우팅 및 스위칭(CCNA R&S)을 시작한다. 그러나 인증에 대한 경로가 처음에는 분명하지 않다.

CCENT 인증은 ICND1 시험 통과, 한 개의 단계만 요구된다. 충분히 간단하다.

시스코는 CCNA R&S 인증을 취득하기 위해 [그림 I-1]에서 보여주는 것과 같이 ICND1과 ICND2 시험 모두를 통과하거나 CCNA 시험을 통과하거나 두 가지 옵션을 제공한다. 두 경로 모두 같은 시험 주제를 다루지만, 두 개의 시험을 보는 경로는 하나가 아닌 두 시험에 걸쳐 적용된다. 두 시험 과정을 거치면서 CCENT 자격증을 수령할 수 있지만, 하나의 시험(200-125) 옵션을 거치는 경우 수령하지 않는다.

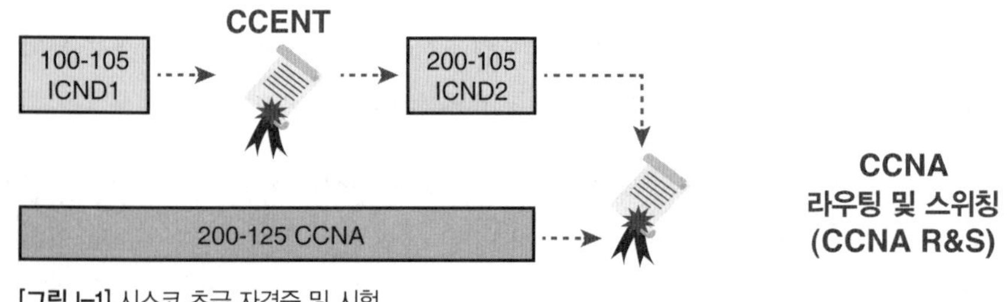

[그림 I-1] 시스코 초급 자격증 및 시험

시스코는 자사 웹 사이트 일부에서 버전 3(간단히 V3)으로 부른다. 역사적으로, 200-125 CCNA R&S 시험은 1998년부터 표시되어 일곱 번째 분리된 시험 버전(다른 시험 번호를 가진)이다. 정보를 찾거나 포럼을 사용할 때, 그리고 시험을 등록할 때 올바른 시험을 참조하기 위해서, 그림에서 표시된 대로 올바른 시험 번호를 사용해야 한다.

시험의 질문 유형

ICND1, ICND2, CCNA R&S 시험의 형식은 일반적으로 비슷하다. 시험 센터에서, 당신은 PC가 있는 조용한 방에 앉는다. 시험 타이머가 시작되기 전, PC에서 몇 가지 다른 작업을 할 기회가 있다. 예를 들면, PC와 시험 엔진이 제대로 작동하는지 확인하기 위한 샘플 퀴즈를 풀 수 있다. 일반적인 수준의 PC 조작 능력을 지니고 있다면 시험 응시에 아무런 문제가 없을 것이다. 시험 질문 유형은 다음과 같다.

- 단답형(Multiple-choice, single-answer)
- 다지선다형(Multiple-choice, multiple-answer)
- 테스트렛(Testlet, 하나의 시나리오에 여러 개의 선다형 문제)
- 드래그 앤 드롭(Drag-and-drop)
- 시뮬레이션 랩(Sim, Simulated lab)
- 심렛(Simlet)

Cisco.com으로 이동한 후, 시스코 인증 시험 튜토리얼을 사용해 최대한 많은 것을 배우는 시간을 만들어야 한다. 이 도구는 시스코가 시험에서 질문할 수 있는 각 질문 유형을 보여준다. 이 목록의 처음 네 가지 유형의 질문은 표준화 된 시험 또는 학교 시험에서 볼 수 있어 익숙하지만 마지막 두 유형은 IT 시험과 특히 시스코 시험에서 일반적이다. 두 유형 모두 네트워크 시뮬레이터를 사용해 질문하므로 응시자는 이러한 시스코 장비를 제어하고 사용할 수 있어야 한다. 특히:

- **시뮬레이션 랩(Sim) 질문:** 네트워크 토폴로지, 랩 시나리오를 보고, 장비에 액세스할 수 있다. 당신은 설정으로 문제를 해결해야 한다.
- **심렛(Simlet) 질문:** 이 유형은 시뮬레이션(sim)과 테스트렛(testlet) 질문 유형을 결합한 것이다. 시뮬레이션 질문과 같이, 네트워크 토폴로지, 랩 시나리오를 보고 장비에 액세스할 수 있다. 그러나 테스트렛과 같이 여러 개의 선다형 질문을 보게 될 것이다. 설정을 변경/수정하는 대신, 네트워크의 현재 사태에 대한 질문에 대답한다.

이 두 가지 질문 유형을 시뮬레이터와 함께 사용하는 이유는 시스코가 당신의 설정 기술과 검증 및 장애 처리 기술을 테스트 할 수 있게 하기 위함이다.

CCNA 시험에 나오는 내용

학창 시절, 선생님이 곧 시험이 있다는 것을 알려줄 때마다 누군가는 "무슨 내용이 나오나요?"라고 묻곤 했다. 심지어, 대학에 다닐 때도 시험에 나올 내용에 관해 더 많은 정보를 얻으려고 노력했다. 그 이유는 시험 범위 중 집중할 부분과 그렇지 않은 부분을 알기 위해서였다.

당신은 다음 두 개의 소스(이 책과 시스코 웹 사이트)에서 시험 내용을 찾을 수 있다.

시스코 주관 시험 주제

먼저, 시스코는 그들의 인증 시험의 각각에 대한 구체적인 주제를 세계에 공표한다. 모든 시스코 인증 시험에 대해, 시스코는 대중에게 주제의 다양성과 각 주제에 대해 필요한 지식과 기술의 종류를 가감 없이 알려주고자 한다. http://www.cisco.com/go/certification에 들어가서 CCENT와 CCNA 라우팅 및 스위칭 페이지를 시험 주제가 나올 때까지 둘러본다.

이 책은 부록 L, '시험 주제 상호 참조'에 있는 같은 시험 주제를 나열한다. 이 PDF 부록은 두 개의 상호 참조를 나열한다: 하나는 시스코 웹 사이트에 있는 순서로 나열된 시험 주제이고, 다른 하나는 각 장에 포함된 시험 주제와 연관된 이 책의 장들을 나열한 것이다.

시스코는 단순히 나열하는 것(예를 들어, IPv4 어드레싱) 이상으로 당신이 공부해야만 하는 주제에 대해 깊이 있게 제공한다. 첫 시험 주제들은 요구되는 기술 수준을 묘사하는 한 개 또는 그 이상의 동사에 관한 것이다. 예를 들어 CCENT와 CCNA R&S 모두에 있어 가장 중요한 것 중 하나인 다음을 보자:

IPv4 어드레싱과 서브네팅 설정, 검증 및 장애 처리

이 시험 주제에는 세 개의 동사(설정, 검증, 그리고 장애 처리)가 있다. 따라서 당신은 IPv4 주소와 서브넷을 설정할 수 있을 뿐만 아니라 그 설정이 잘 작동하는지 검증하고, 작동하지 않을 때 문제를 해결할 수 있을 만큼 충분히 이해해야 한다. 이 세부 사항들은 함축되어 있기 때문에 개념을 이해하고 다른 지식을 가져야 할 필요가 있다. 시험 문제는 당신이 설정, 검증, 그리고 장애 처리를 할 수 있는지 여부를 평가한다.

시스코 시험 주제는 시스코가 시험에 요구하는 주제 및 기술 수준의 명확한 목록을 제공한다. 그러나 시험 주제 목록은 특정 수준의 깊이만을 제공한다. 예를 들어, ICND1 100-105 시험 주제는 41개의 우선 시험 주제(동사가 있는 주제)가 있고, 기술 분야에 대한 더 자세한 정보를 제공하는 추가 하위 주제가 있다. 매우 유용하지만, 시험 주제 목록은 나열하면 이 책의 약 5페이지를 차지할 정도로 길다.

시험 주제를 읽는 것뿐만 아니라 각 인증 및 시험에 대한 시스코 웹 페이지에 나열된 시험 주제 위에 있는 짧은 자료를 읽어라. 점수가 매겨지지 않은 항목의 사용에 대한 고지 사항, 그리고 시스코가 시험을 위한 일반적인 지침을 설정하기 위해 시험 주제를 어떻게 의도하는지 봐야 한다.

이 책의 시험 주제

이 책은 ICND2 200-105 시스코 주관 시험 주제에 대한 완벽한 학습 시스템을 제공한다. 이 책의 모든 주제는 직접적으로 ICND2 시험 주제에 연관되어 있거나 일부 시험 주제에 대한 추가적인 기본 배경 지식을 제공한다. 이 책의 범위는 시험 주제에 의해 정의된다.

CCNA R&S 인증과 CCNA를 위한 CCNA 200-125 단일 시험 과정을 보다 더 고려하는 사

람들을 위해, 이 책은 CCNA 시험 주제의 거의 절반을 다루고 있다. CCENT/CCNA ICND1 100-105 공인 학습 가이드(ICND1 100-105 시험 주제 포함)는 CCNA 200-125 시험에 나열된 주제의 반을 다루며, 이 책(ICND2 200-105 시험 주제 포함)은 나머지 반을 다룬다. 즉, 내용은 CCNA = ICND1 + ICND2이다.

:: 책의 기능

이 책(CCENT/CCNA ICND1 100-105 공인 학습 가이드 포함)은 간단한 기술 서적 이상을 알려준다. 이 책은 효과적으로 배울 수 있도록 설계된 학습 시스템을 제공할 뿐만 아니라 시험을 통과하는데 필요한 기술을 향상시키도록 돕는다. 때문에 기술을 소개하는 장에서 그 장의 4분의 3은 기술에 대한 것이고, 나머지 4분의 1은 관련된 학습 기능에 관한 것으로 구성했다.

각 장의 '핵심 주제' 절은 시험의 주제에 대해 설명하고 다양하고 풍부한 예제를 보여준다. 또한 비교를 위해 목록과 표, 그림을 광범위하게 사용한다. 이에 따라 각 장의 주요 주제를 강조하면서 학습의 우순 순위에 따라 먼저 마스터해야 하는 내용을 알 수 있다.

이 절의 나머지에서는 이러한 책의 기능에 대해 설명한다. 이 책은 장별로, 파트별로(한 파트는 여러 개의 장을 포함한다), 그리고 책의 마지막에서 최종 리뷰를 하는 것으로 구성되어 있다.

장의 기능 및 각 장을 사용하는 방법

이 책의 각 장은 한 주제 영역에 대한 짧은 코스를 포함하며, 다음과 같이 정리되어 있다:

- **사전 점검 퀴즈:** 각 장은 장에 들어가기 전 퀴즈로 시작한다.
- **핵심 주제:** 각 장의 핵심 내용 절의 제목이다.
- **챕터 리뷰:** 이 절은 개념을 기억하고, 아이디어를 연결하고, 이 장의 기술 기반 내용을 연습하는 데도움을 주는 유용한 학습 과제 목록을 포함한다.

[그림 I-2]는 각 장이 이 세 가지 요소를 어떻게 사용하는지 보여준다. '사전 점검(DIKTA)' 퀴즈로 시작하며, 점수로 이미 많이 알고 있는지 잘 모르는지를 판단하고, 핵심 주제(즉, 이 장의 기술 내용)를 읽는 방법을 결정한다. 핵심 주제를 끝내면, 챕터 리뷰 과제를 사용해서 설정, 검증, 장애 처리로 사실과 기술에 대한 기억을 마스터하는 과정을 시작한다.

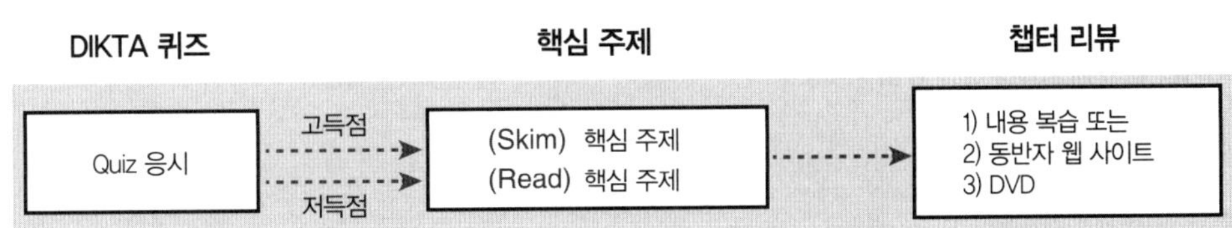

[그림 I-2] 각 장을 통해 첫 번째 통과를 위한 세 가지 기본 과제

이 세 가지 기능 외에도, 각 '챕터 리뷰' 절은 다음을 포함해서 다양한 기능들이 있다:

- **핵심 주제 리뷰:** '핵심 주제' 절에서, 핵심 주제 아이콘은 가장 중요한 항목 옆에 나타나며, 최종 리뷰와 숙달을 위한 목적이다. 물론 모든 내용이 중요하지만, 일부는 배우는 것이 더 중요하거나 숙달하기 위해 더 검토가 필요하기 때문에 이러한 항목은 핵심 주제로 표시한다. '핵심 주제 복습' 절은 표에 핵심 주제를 나열함으로써 항목별로 복습할 수 있다.
- **메모리 테이블 완성:** 중요한 정보 표를 읽는 대신, 일부 표는 메모리 표로써 표시되었다. 이러한 표는 DVD와 안내 웹 사이트에 있는 메모리 표 앱(Memory Table app)에 있다. 이 앱은 일부 내용이 빠진 표를 보여주고, 완성된 표를 보여주는데, 이는 학습한 부분에 대한 기억을 돕는다.
- **핵심 용어 정의:** 모든 용어에 대한 공식적인 정의를 처음부터 작성할 필요는 없다. 하지만, 시험 문제를 이해하고 답하기에 충분하도록 용어를 이해할 필요가 있다. 이 절은 이 장의 주요 용어를 나열한다. 각 용어를 잘 이해하고, DVD 용어집을 사용해서 머릿속의 정의와 대조해 보라.
- **랩:** 많은 시험 주제는 '설정', '검증' 그리고 '장애 처리' 동사를 사용한다. 이 모든 것들은 라우터나 스위치의 CLI(Command-line interface)에서 연습해야 하는 기술을 의미한다. 챕터 리뷰는 이러한 다른 도구들에 대해 설명한다. 소개하는 절 '실습 기술 쌓기'는 당신의 옵션에 대해 논의한다.
- **명령어 레퍼런스:** 일부 장에서는 많은 수의 라우터와 스위치 명령어를 다룬다. 이 절은 그 장에 사용된 명령어와 설명에 대한 레퍼런스 표를 포함한다. 이 표를 참조로 사용하고, 공부용으로도 사용해라. 표의 한 개의 열을 가리고 머릿속으로 얼마나 기억하고 완성하는지 보라.
- **DIKTA 문제 리뷰:** 이 장에서 DIKTA 질문에 다시 답하는 것은 사실을 검토하는 유용한 방법이다. 각 파트의 마지막에 오는 파트 리뷰는 DIKTA 질문을 복습하는 것을 권장한다. 파트 리뷰는 또한 컴퓨터로 선다형 질문에 대답하는 것을 추가적으로 연습하기 위해 이 책과 함께 제공되는 피어슨 IT 인증 연습 테스트(PCPT, Pearson IT Certification Practice Test) 시험 소프트웨어를 사용하는 것을 권장한다.

파트 기능과 파트 리뷰 사용 방법

이 책은 일곱 개의 파트로 장들을 구성한다. 각 파트는 관련된 장을 포함한다. [그림 I-3]은 그 파트의 제목을 나열하고, 이러한 파트의 장들을 장 번호로 구분한다.

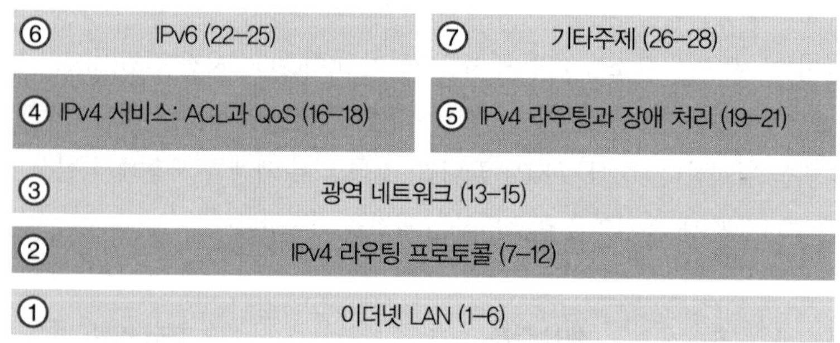

[그림 1-3] 책 파트와 해당 장 번호

각 책의 파트는 '파트 리뷰' 절로 끝나며, 각 장의 끝에 있는 '챕터 리뷰' 절과 유사하게 학습 및 복습 활동 목록이 있다. 그러나 파트 리뷰는 여러 개의 장을 완료한 다음 위치하기 때문에, 파트 리뷰는 큰 규모의 작업에서 아이디어를 모으는 데 도움이 되는 몇 가지 작업이 포함되어 있다. 다음 목록은 챕터 리뷰에서 언급한 유형 외의 각 파트 리뷰에 추가된 과제 유형을 설명한다:

- **파트 리뷰 질문 답하기:** 이 책은 시험 소프트웨어와 질문 데이터베이스가 함께 제공된다. 하나의 데이터베이스에는 파트 리뷰를 위해 특별히 작성된 질문이 들어 있다. 이러한 질문들은 여러 아이디어를 함께 연결하고, 여러 장의 주제에 대해 생각하게 돕고, 시험에서 도전적인 분석 문제를 위해 필요한 기술을 쌓게 하는 데 이롭다.
- **마인드 맵:** 마인드 맵은 그래픽 구성도구로써 많은 사람들이 개념들이 서로 어떻게 어울리는지를 학습하고 처리할 때 유용하게 사용한다. 마인드 맵을 생성하는 과정은 머릿속의 연결을 구축하는 데 도움을 준다. 이 파트 리뷰 요소는 여러 방법으로 마인드 맵을 사용한다. 개념과 관련 설정 명령어를 연결하기 위해, **show** 명령어와 관련 네트워킹 개념을 연결하기 위해, 심지어는 용어들을 연결하기 위해 사용한다(마인드 맵에 대한 더 많은 내용은 이 소개 뒷부분의 '마인드 맵' 부분을 살펴본다).
- **랩:** 각 '파트 리뷰' 절은 랩 장비로 연습해야 하는 랩의 종류, 이 학습 단계와 복습 단계에서 더욱 적절한 랩으로 안내한다(랩 옵션에 대한 더 많은 내용은 나중에 나오는 절 '실습 기술 쌓기' 부분을 확인해라).

이 과제 외에도, 많은 '파트 리뷰'는 '챕터 리뷰'에서 언급된 책 기능(DIKTA 퀴즈 문제 반복, 핵심 주제 복습, 더 많은 랩 연습하기)을 통해 다른 과제들을 수행할 수 있다.

최종 리뷰

29장 '최종 리뷰'은 시험을 치르기 전, 최종 준비로 가장 잘 활용할 수 있는 준비 작업들을 나열했다. 이 장은 시험에 통과하는 것을 돕기 위해 기술 연습, 시험 문제에 대답하기 연습, 그리고 취약점 드러내기로 세 방향으로 접근하는 데 중점을 둔다. 이를 위해, 29장에서는 챕터 리뷰와 파트 리뷰 요소에 대해 논의된 것과 동일한 방법을 사용하고, 보다 다양하고 복잡한 연습 질문 모음을 제시한다.

다른 기능

각 핵심 장의 기능 외에도 이 책에는 전체적으로 다음과 같은 추가 학습 자료가 있다:

- **DVD 기반 연습 시험:** 안내 DVD는 강력한 피어슨 IT 인증 연습 테스트(PCPT) 시험 엔진을 포함한다. 이 책에 포함된 DVD와 정품 인증 코드를 사용하여 ICND2 시험과 CCNA 시험을 시뮬레이션으로 볼 수 있다(『CCENT/CCNA ICND1 100-105 공인 학습 가이드』에서 DVD로 모의 ICND1과 CCNA R&S 시험을 볼 수 있다).
- **CCNA ICND2 시뮬레이터 라이트:** 피어슨의 베스트셀러 CCNA 네트워크 시뮬레이터의 라이트 버전은 현재 시스코 CLI를 경험할 수 있는 방법을 제공한다. 실제 장비를 구입하거나 전체 시뮬레이터를 구입해서 CLI 학습을 시작할 필요가 없다. 이 책의 뒷면에 있는 DVD에서 설치하기만 하면 된다.
- **전자책(eBook):** 이 책의 전자책 버전을 얻는 데에 관심이 있다면, 책 뒷면의 DVD 포켓에 들어있는 쿠폰 카드에 특별 제안을 포함했다. 이 제안은 『CCNA 라우팅 및 스위칭 ICND 200-105 공인 학습 가이드』 프리미엄 에디션 eBook과 연습 테스트를 기존 가격에서 70퍼센트 할인된 가격으로 구입할 수 있게

한다. 컴퓨터에서 읽기 위한 PDF, 태블릿이나 모바일 장비, 또는 누크(Nook)나 다른 전자책 리더에서 읽기 위한 EPUB, 그리고 킨들 고유 버전인 Mobi 세 가지 버전의 전자책 외에도, 연습 테스트 문제와 향상된 연습 테스트 기능을 제공받을 수 있다.

- **멘토링 비디오:** 이 책에 포함된 DVD는 OSPF, EIGRP, EIGRP 메트릭, PPP, CHAP에 대한 4개의 다른 강의 비디오를 포함한다.
- **안내 웹 사이트:** 웹 사이트 http://www.ciscopress.com/title/9781587205798은 복잡한 시험 주제를 더욱 명확히 하는 최신 자료를 게시한다. 이 사이트를 정기적으로 방문해 저자가 작성한 시험에서 문제를 일으킬 만한 주제에 대한 더 깊은 통찰력을 제공하는 새로운 게시물을 확인하라.
- **PearsonITCertification.com:** 웹 사이트 http://www.pearsonitcertification.com은 모든 IT-인증과 관련해 좋은 자원이다. 업계 최고의 저자와 강사가 제공하는 훌륭한 CCNA 기사, 비디오, 블로그, 그리고 다른 시험 준비 도구를 확인하라.
- **CCNA 시뮬레이터:** 더 많은 실습을 찾고 있다면, CCNA 네트워크 시뮬레이터를 구매하는 것을 고려할 수 있다. 당신은 피어슨의 http://pearsonitcertification.com/networksimulator나 기타 상점에서 소프트웨어의 복사본을 구매할 수 있다. 학습을 돕기 위해서, 시뮬레이터의 각 랩을 CCNA 학습 가이드의 특정 부분에 일치되는 맵핑 가이드를 만들었다. 안내 웹 사이트의 Extras 탭에서 이 맵핑 가이드를 무료로 얻을 수 있다.
- **저자의 웹 사이트와 블로그:** 나는 CCENT와 CCNA를 공부할 때 유용했던 도구와 링크를 호스트하는 웹 사이트를 유지하고 있다. 이 사이트는 당신의 랩을 구성하는 데 도움을 주는 정보, 이 책의 각 장 및 ICND1 책에 해당하는 학습 페이지, CCENT 기술 블로그 및 CCNA 기술 블로그에 대한 링크가 나열되어 있다. http://www.certskills.com에서 시작해, 특정 블로그에 대한 페이지를 위한 블로그 탭을 클릭하고, 이 책에 관련된 랩이 있는 페이지의 링크를 클릭해라.

중요한 새로운 기능: 복습 애플리케이션

이 책에서 가장 중요한 새로운 기능은 많은 챕터 리뷰 활동을 위한 학습 앱의 추가이다. 과거에는 모든 챕터 리뷰 활동이 책의 장 또는 DVD 전용 부록만을 사용했다. 독자는 내용이 유용하지만, 정적이라고 평가했다.

이 책과 『CCENT/CCNA ICND1 100-105 공인 학습 가이드』는 대규모 상호적인 애플리케이션을 가진 최초의 시스코 프레스 학습 가이드이다. 기본적으로 '챕터 리뷰' 절에서 할 수 있는 대부분의 모든 활동은 이제 애플리케이션으로 할 수 있다. 이 앱은 이 책과 함께 제공되는 DVD와 책의 안내 웹 사이트에서 찾을 수 있다. DVD의 '장과 파트 리뷰' 탭 아래에서 찾을 수 있다.

이러한 앱을 사용하면 다음과 같은 이점이 있다:

- **더 간편한 사용법:** 부록의 사본을 인쇄하고 종이로 작업하는 대신, 이 새로운 앱은 사용하기 쉽고, 반복하기 쉬운 경험을 제공한다.
- **편리성:** 5분 ~ 10분의 여유 시간이 있을 때, 책의 웹 사이트로 가서 최근에 끝낸 장 중의 하나를 복습하라.

- **책/DVD와의 독립성:** 이 앱은 DVD 외에도 책의 안내 웹 사이트에도 있기 때문에, 책이나 DVD를 가지고 다니지 않아도 복습 활동을 어디에서나 할 수 있다.
- **촉각 학습자들에게 유용함:** 계속해서 정적인 페이지를 보는 것은 지루할 수 있다. 촉각 학습자들은 앱에 답변을 입력하거나 탐색할 앱 내부를 클릭하는 동적인 활동을 통해 학습에 더욱 집중할 수 있다.

우리의 심층적인 독자 설문조사는 챕터 리뷰 도구를 사용하는 독자는 좋아하지만, 모두가 일관되게 사용하지는 않는다는 것을 보여준다. 따라서 우리는 이 복습 도구를 사용하는 사람 수를 늘리고 싶었고, 그 도구들을 더욱 유용하고 흥미롭게 만들고 싶었다. [표 I-1]은 이러한 새 애플리케이션과 동일한 내용을 다루는 기존 책 기능을 요약했다.

기능	기존	앱
핵심 주제	목록 표를 찾기 위해 페이지를 넘겨야 한다.	주요 주제 표 앱
설정 확인 목록	주요 주제의 다양한 유형 중 하나일 뿐이다.	설정 확인 목록 앱
메모리 테이블	두 개의 정적인 PDF 부록(완성할 수 있게 만든 빈 표와 완성된 표)	메모리 테이블 앱
핵심 용어	각 '챕터 리뷰' 절에 나열되어 있으며, 책 뒤쪽의 용어집에 나온다.	용어 플래시 카드 앱
IPv4 ACL 연습	연습 문제가 있는 정적 PDF 부록(D)	부록에 나열된 것과 동일한 문제를 묻는 상호적인 앱
다른 연습	부록(I-K), 연습 문제와 답	문제 유형에 따른 다양한 앱

[표 I-1] 기존 및 앱 옵션 모두 있는 책 기능

이 책의 전자 요소를 얻는 방법

전통적으로 모든 장 복습 활동은 책 장과 부록을 사용하며, 부록은 종종 DVD에 위치해 있다. 하지만 그 내용의 대부분은 유용하지만 정적이다.

인쇄된 책을 구입하고 DVD 드라이브가 있는 경우, 당신은 DVD에 있는 모든 내용을 보유하게 된다. DVD를 회전시키고 모든 내용을 탐색하기 위해 디스크 메뉴(자동으로 시작해야 하는)를 사용해라.

인쇄된 책을 구매했으나 DVD 드라이브가 없는 경우, 시스코 프레스 웹 사이트에서 책을 등록함으로써 DVD 파일을 가져올 수 있다. 그렇게 하기 위해서는 간단히 http://www.ciscopress.com/register로 가서 인쇄된 책의 ISBN 9781587205798을 입력하라. 책을 등록한 후, 계정 페이지로 간 다음 등록된 제품(Registered Products) 탭을 클릭하라. 그곳에서 책의 안내 웹 사이트에 액세스 하기 위한 액세스 보너스 콘텐츠(Access Bonus Content) 링크를 클릭하라.

당신이 CCNA 라우팅 및 스위칭 ICND2 200-105 공인 학습 가이드 프리미엄 에디션 전자책과 연습 테스트를 시스코 프레스에서 구매했다면, 책은 자동으로 당신의 계정 페이지에 등록

된다. 간단히 당신의 계정 페이지로 가서 등록된 제품 탭을 클릭하고, 책의 안내 웹 사이트에 액세스 하기 위해 액세스 보너스 콘텐츠 링크를 클릭하라.

다른 서점에서 전자책을 구매했다면, 전자책의 가장 마지막 페이지에는 책을 등록하고 안내 웹 사이트에 액세스 하는 방법에 대한 지침이 포함되어 있다. 이 단계들은 인쇄된 책을 구입했으나 DVD 드라이브가 없는 사람들을 위해 이전에 언급된 단계와 동일하다.

:: 책 구성, 장 및 부록

이 책은 1장부터 28장까지 28개의 핵심 장과 29장 '최종 리뷰' 장으로 구성되어 있다. 각 핵심 장은 ICND2 시험 주제의 하위 집합을 다룬다. 핵심 장은 절들로 구성되어 있다. 핵심 장은 다음 주제를 다룬다:

- **Part I: 이더넷 LAN**
  - **1장 '이더넷 VLAN 구축':** VLAN 트렁킹을 포함해서 VLAN을 둘러싼 개념과 설정을 설명한다.
  - **2장 '스패닝 트리 프로토콜 개념':** IEEE 스패닝 트리 프로토콜(STP)의 개념과 일부 스위치 인터페이스가 이중화된 스위칭 LAN을 계속해서 도는 루핑으로 인한 프레임을 방지하기 위해 인터페이스를 차단하는 방법에 대해 논의한다.
  - **3장 '스패닝 트리 구현':** 시스코 스위치에서 STP를 설정하고 검증하는 방법을 보여준다.
  - **4장 'LAN 장애 처리':** 가장 일반적인 LAN 스위칭 문제와 네트워크 문제를 해결할 때 이러한 문제를 찾는 방법에 대해 다룬다. 이 장은 STP/RSTP, 2계층 이더채널, LAN 스위칭, VLAN, 그리고 VLAN 트렁킹에 대한 장애 처리 주제를 포함한다.
  - **5장 'VLAN 트렁킹 프로토콜:** VTP(VLAN Trunking Protocol)를 사용해서 여러 개의 시스코 스위치에서 VLAN을 정의하고 광고하기 위한 설정, 검증, 장애 처리하는 방법을 보여준다.
  - **6장 '기타 LAN 주제들':** 이 책의 마지막 장으로써, 특히 LAN에 대해 802.1x, AAA 인증, DHCP 스누핑, 스위치 스태킹, 그리고 섀시 통합(Chassis Aggregation)을 포함하는 다양한 소규모 주제를 논의한다.
- **Part II: IPv4 라우팅 프로토콜**
  - **7장 'OSPF 개념 이해':** OSPF(Open Shortest Path First) 프로토콜의 기본 동작을 소개하고, 링크 상태 기본 사항, 네이버 관계, 링크 상태 데이터 플러딩, 그리고 최저 비용 메트릭에 기반한 경로 계산에 중점을 둔다.
  - **8장 'IPv4용 OSPF 구현':** 이전 장에서 논의한 개념을 사용하고, 동일한 기능을 설정하고 검증하는 방법을 보여준다.
  - **9장 'EIGRP 개념 이해':** IPv4 EIGRP(EIGRPv4, Enhanced Interior Gateway Routing Protocol)의 기본 동작을 소개하고, EIGRP 네이버 관계, EIGRP가 메트릭을 계산하는 방법, 그리고 얼마나 빨리 다른 후속 경로로 수렴하는지에 중점을 둔다.
  - **10장 'IPv4 기반의 EIGRP 구현':** 이전 장에서 논의한 개념을 사용하고, 동일한 기능을 설정하고 검증하는 방법을 보여준다.

- **11장 'IPv4 라우팅 프로토콜 장애 처리':** OSPF 예제와 EIGRP 예제를 번갈아 가며 IPv4 라우팅 프로토콜의 가장 일반적인 문제를 해결한다.
- **12장 '외부 BGP 구현':** BGP(Border Gateway Protocol)의 기본과 엔터프라이즈와 ISP 간 사용에 대해 살펴보며, 제한된 디자인에서 BGP를 설정, 검증, 그리고 장애 처리하는 방법을 보여준다.

■ Part III: 광역 네트워크

- **13장 '포인트-투-포인트 WAN 구현':** 전용회선 WAN을 구축하는 방법의 핵심 개념과 이 링크의 흔한 데이터 링크 프로토콜인 HDLC와 PPP의 기본을 설명한다.
- **14장 '이더넷 및 MPLS를 이용한 사설 WAN':** 다른 메트로 이더넷 서비스를 통해 이더넷을 사용하는 WAN 서비스를 구축하는 개념과 MPLS(Multiprotocol Label Switching) VPN 사용에 대해 설명한다.
- **15장 '인터넷 VPN으로 사설 WAN 구성하기':** 여러 개의 엔터프라이즈 사이트 간에 사설 WAN을 만들기 위해 인터넷을 사용하는 것과 관련된 몇 가지 기술에 대해 다양한 개념적인 자료와 일부 설정과 검증 주제를 공부한다.

■ Part IV: IPv4 서비스: ACL과 QoS

- **16장 '기본 IPv4 Access Control Lists':** 라우터가 패킷을 전송하지 않도록 표준 IP ACL이 출발지 IP 주소를 기반으로 패킷을 필터링하는 방법을 살펴본다.
- **17장 '고급 IPv4 Access Control Lists':** 명칭 ACL과 번호가 매겨진 ACL모두, 그리고 표준 및 확장 IP ACL 모두를 살펴본다.
- **18장 'QoS(Quality of Service)':** QoS의 광범위한 주제와 관련된 모든 넓고 다양한 개념을 논의한다.

■ Part V: IPv4 라우팅과 장애 처리

- **19장 'LAN 환경에서의 IPv4 라우팅':** ROAS(Router on a Stick), SVI를 사용한 3계층 스위칭, 라우티드 포트(roueted ports)를 사용한 3계층 스위칭, 3계층 이더채널(EtherChannels)을 포함해서 VLAN 간에 라우팅할 수 있는 다양한 방법을 설정 및 장애 처리 수준에서 보여준다.
- **20장 'FHRP를 위한 HSRP 구현':** FHRP(First Hop Redundancy Protocol)의 필요성, 그리고 구체적으로 HSRP(Hot Standby Router Protocol)의 설정, 검증, 장애 처리하는 방법에 대해 논의한다.
- **21장 'IPv4 라우팅 문제 해결':** 가장 일반적인 IPv4 문제와 장애 처리 시 이러한 문제의 근본 원인을 찾는 방법을 알아본다.

■ Part VI: IPv6

- **22장 'IPv6 라우팅 동작과 문제 해결':** ICND1 책에서 논의된 것과 같이 IPv6를 복습한다. 그런 다음 IPv6 라우팅과 관련된 가장 일반적인 문제를 보여주고, 근본 원인을 찾기 위해 이러한 문제를 해결하는 방법에 대해 논의한다.
- **23장 'IPv6 OSPF 구현':** OSPFv3와 IPv6 라우팅 프로토콜로서의 사용법을 탐구하고, 기존 설정, 검증, 그리고 장애 처리 항목을 보여준다.
- **24장 'IPv6 EIGRP 구현':** 9장에서 논의된 IPv4에 기반한 EIGRP 개념을 사용하고, 이 같은 개념이 IPv6 기반 EIGRP에 적용되는 방법을 보여준다. 그런 다음 IPv6 기반 EGRIP 설정, 검증, 장애 처리 방법을 보여준다.
- **25장 'IPv6 Access Control Lists':** IPv4 ACL과 IPv6 ACL 간의 유사점과 차이점을 살펴본 다음 IPv6 ACL 설정, 검증, 장애 처리 방법을 알아본다.

■ Part VII: 기타 주제

- **26장 '네트워크 관리':** 시스코가 ICND1에 넣지 않기로 한 몇 가지 네트워크 관리 항목, 즉 SNMP, IP SLA, SPAN에 대해 논의한다.
- **27장 '클라우드 컴퓨팅':** 시스코의 새로운 기술 주제 중 하나로, 기존 CCNA R&S에 벗어나는 주제에 대한 두 장 중 하나이다. 이 장은 기본 개념에 대해 설명한 다음 클라우드 컴퓨팅이 일반적인 엔터프라이즈 네트워크에 미치는 영향에 대해 소개한다.
- **28장 'SDN과 네트워크 프로그래머빌리티':** 기존 CCNA R&S 주제에서 벗어나는 다른 장으로 SDN(Software Defined Network)과 네트워크 프로그래머빌리티(programmability)가 일반적인 엔터프라이즈 네트워크에 미치는 영향과 관련된 개념과 용어에 대해 논의한다.

■ Part VIII: 최종 준비

- **29장 '최종 리뷰':** 이 책의 핵심 부분을 끝마치고 난 다음 최종 준비를 위한 계획을 제안한다. 특히 책에서 사용 가능한 많은 학습 옵션을 설명한다.

■ Part IX: 부록(인쇄에서)

- **부록 A '숫자 참조 표':** 여러 숫자 정보 표를 나열하는데, 2진수 – 10진수 변환 표와 2의 제곱수 목록을 포함한다.
- **부록 B 'CCNA ICND2 200-105 시험 업데이트':** 저자가 중간 버전의 책 내용을 추가할 수 있는 공간이다. 이 부록의 최신 PDF 버전을 항상 온라인으로 확인하라. 부록에는 다운로드 지침이 나와 있다.
- **용어집:** 1장부터 28장까지 '핵심 용어' 부분에 나열된 모든 용어에 대한 정의가 포함되어 있다.

■ Part X: DVD 부록

다음 부록은 이 책과 함께 제공되는 DVD에서 디지털 형식으로 사용할 수 있다:

- **부록 C '사전 점검' 퀴즈 정답':** 1장부터 28장까지의 모든 문제에 대한 설명을 포함한다.
- **부록 D '16장:** 기본 IPv4 Access Control Lists 연습'은 CCENT/CCNA ICND1 100-105 공인 학습 가이드의 부록 I의 복사본이다.
- **부록 E '마인드 맵 솔루션':** 모든 파트의 끝에 있는 마인드 맵 활동에 대한 샘플 답안의 이미지를 보여준다.
- **부록 F '학습 플래너':** 주요 학습 이정표가 있는 스프레드시트로, 학습하면서 진행 상황을 추적할 수 있다.
- **부록 G 'RIPv2를 사용한 IPv4 경로 학습':** 라우터가 함께 라우팅 프로토콜을 사용해서 각 서브넷의 모든 최상 경로를 찾는 방법을 설명한다. 이 장은 또한 IPv4로 사용할 RIPv2 라우팅 프로토콜을 설정하는 방법을 보여준다(이 부록은 ICND1 중 19장의 복사본이며, ICND2의 편의를 위해 포함되었다).
- **부록 H '프레임 릴레이 개념 이해':** 라우터 간 프레임 릴레이 WAN을 구축하는 방법에 대해 설명하고, 설정보다는 프로토콜과 개념에 중점을 둔다(이 장은 이 책의 이전 버전의 오래된 시험 주제를 다룬 장이며, 관심이 있을 사람들을 위해 포함되었다).
- **부록 I '프레임 릴레이 구현':** 부록 H에서 논의한 개념을 사용하고, 이와 같은 기능을 설정, 검증, 장애 처리하는 방법을 보여준다(이 장은 이 책의 이전 버전의 오래된 시험 주제를 다룬 장이며, 관심이 있을 사람들을 위해 포함되었다).

- **부록 J 'IPv4 장애 처리 도구':** 라우팅 문제를 찾기 위해 두 가지 핵심 장애 처리 도구인 ping 및 traceroute 명령어를 사용하는 방법을 보여준다(이 부록은 ICND2의 23장의 복사본이며, ICND2의 편의를 위해 포함되었다).
- **부록 K '이전 버전의 주제':** 이전 버전의 CCNA 시험에 출제된 주제에 대한 정보 모음이다. 이 시험 문제는 더 이상 나오지 않겠지만, 개념은 여전히 CCENT 또는 CCNA 인증을 가진 사람들에게 흥미롭다.
- **부록 L '시험 주제 상호 참조':** 각 시험 목표가 이 책의 어디에 있는지 찾게 해주는 일부 표를 제공한다.

이 책의 ICND1 장

ICND1과 ICND2 학습 가이드의 현재 에디션에서, 나는 일부 장들을 두 책에서 사용할 수 있도록 설계했다. 이러한 장들은 두 시험 모두에서 적용되는 시험 주제를 보여준다.

- 1장 '이더넷 VLAN 구축' (ICND 100-101 책의 11장)
- 16장 '기본 IPv4 Access Control Lists' (ICND 100-101 책의 25장)
- 17장 '고급 IPv4 Access Control Lists' (ICND 100-101 책의 26장)
- 21장 'IPv4 라우팅 문제 해결' (ICND 100-101 책의 24장)

필자는 두 책을 모두 읽거나 ICND2 학습 가이드만을 공부하거나 상관 없이 모든 학습자에게 도움이 되도록 위에서 소개한 네 장을 구성했다. 시스코는 전통적으로 CCNA R&S로 가는 두 개의 시험을 치르는 과정을 구성하는 두 시험 사이에 겹치는 일부 주제가 있으며, 현재의 시험도 예외는 아니다. 따라서 ICND1 100-101 책을 이미 읽은 독자는 이 책의 위 4개 장을 빠르게 훑어볼 수 있다. 만약 ICND1 100-101 책을 읽지 않았다면, 이 책에서 당신이 필요한 모든 자료를 얻을 수 있다.

DVD 부록에서 찾을 수 있는 추가 내용

DVD의 여러 부록 즉 G, H, I, J, K는 ICND2 200-105 시험 주제 외의 추가 내용을 포함한다. 이 짧은 단락에서는 그 이유에 대해 설명한다.

먼저, 두 개의 부록은 시스코가 시험을 발표했을 때 전환을 돕기 위해 있다. 부록 G(RIP에 관련)와 J(ping과 traceroute 관련)는 ICND1 100-105 책의 두 챕터를 복사한 것이며, ICND1 100-105 시험 주제의 일부이다. 이 두 챕터는 시스코가 2016년에 ICND1 100-105와 ICND2 200-105 시험을 발표한 시점 이전부터 오랫동안 공부해온 학습자에게 특히 유용할 것이다. 또 ICND2 200-105학습 가이드를 구매했으나 ICND1 100-105를 구매하지 않은 독자를 위해 부록 G와 J를 포함시켰다.

다른 세 개의 부록은 수업을 위해 이 책을 사용하는 강사와 인증보다는 기술적인 면에 관심이 있는 독자들을 위해 포함했다. 부록 H, I, K는 현재 더 이상 시험 주제로 언급되지 않는 내용이 포함되어 있다. 부록 H와 I는 이 책의 이전 에디션의 프레임 릴레이에 대한 챕터의 완전 복사본이며, 부록 K는 현재 에디션을 만들 때 이 책의 이전 버전에서 다루지 않은 일부 주제를 편집한 것이다. 이 자료는 학습 코스를 재정비하려는 강사들에게, 또 광범위하게 지식을 축적하고자 하는 사람들에게 유용할 것이다.

ICND2 200-105 시험이나 CCNA R&S 200-125 시험을 위해 이 추가 부록(G부터 K까지)을 사용할 필요는 없다. 다만, 학습자의 흥미와 지적 욕구를 위해 이 부분을 포함시켰다.

참조 정보

이 단락은 이 책의 다른 곳에서 참조할 수 있는 몇 가지 주제가 포함되어 있다. 이 책을 처음 사용할 때 읽을 수 있지만, 이 주제를 건너뛰고 나중에 다시 참조할 수 있다. 특히, 이 부분의 마지막 페이지에는 시스코 프레스와 연락하는 방법을 포함해서 여러 연락처 정보를 소개한다.

피어슨 IT 인증 연습 시험 엔진 설치와 질문

이 책에는 다른 시스코 프레스 책과 마찬가지로, 이 책과 관련된 일부 시험 문제를 사용할 수 있는 권리와 함께 피어슨 IT 인증 연습 시험(PCPT) 소프트웨어 사용 권리를 포함한다. PCPT는 각 질문에 대한 대답과 설명을 볼 수 있는 학습 모드에서 질문에 답하는 옵션, 실제 시험 조건을 모방한 모의 시험을 치르는 옵션, 그리고 플래시 카드 모드로 문제를 보는 옵션으로 모든 답변을 제거하고 기억을 통해 질문에 답변하는 등 많은 옵션이 있다.

가장 첫 장에서부터 사용할 수 있도록 PCPT를 설치해야 한다. 이 책의 파트 리뷰 절은 PCPT 사용하기를 구체적으로 요구하며, PCPT를 이용해서 DIKTA 챕터 퀴즈도 풀 수 있다.

> **NOTE** 이 책에 관련된 시험 사용 권한은 정품 인증 코드를 기반으로 한다. 종이책의 경우, 코드는 책 뒤 쪽의 DVD 슬리브에 있다(CCNA 라우팅 및 스위칭 ICND2 200-105 공인 학습 가이드, 프리미엄 에디션 전자책과 연습 테스트 구매를 위한 70% 할인 쿠폰을 찾으려면 시험 인증 코드가 적힌 종이를 뒤집어 보아라). 시스코 프레스 웹 사이트에서 프리미엄 에디션 전자책과 연습 테스트를 직접 구매한 고객은, 구매 후 계정 페이지에 인증 코드가 입력된다. 킨들 에디션을 구매한 고객은 아마존(Amazon)에서 직접 액세스 코드가 제공될 것이다. 만약 다른 공급지에서 전자책 버전을 구입했다면, 연습 테스트는 포함되지 않는데, 이는 다른 제조사는 고유한 액세스 코드를 판매할 수 없기 때문이다. 정품 인증 코드를 분실하지 않도록 주의한다.

이 책의 PCPT 시험 데이터베이스

이 책에는 연습 문제 모음을 가져올 수 있게 허용하는 인증 코드를 포함한다. 질문들은 다른 시험이나 시험 데이터베이스에서 온다. PCPT 소프트웨어를 설치하고 인증 코드를 입력하면, PCPT 소프트웨어는 모든 시험 데이터베이스의 최신 버전을 다운로드 한다. 그리고 ICND2 서적만으로는 당신은 6개의 다른 '시험' 또는 6개의 '질문 모음'을 얻을 수 있으며, 이는 [그림 I-4]에 나열된 것과 같다.

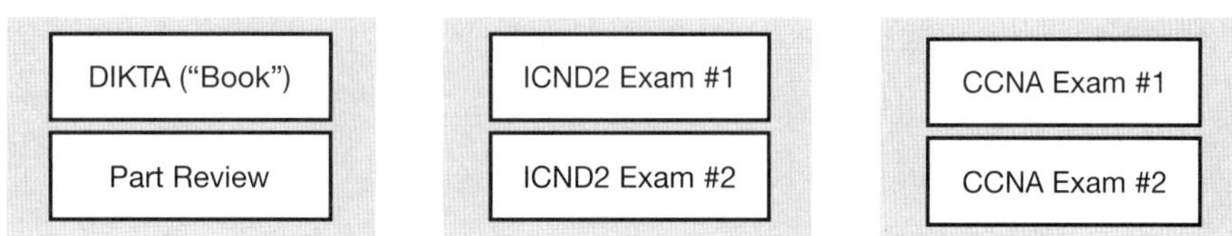

[그림 I-4] PCPT 시험/시험 데이터베이스와 사용할 시점

학습 모드와 연습 시험 모드 모두에서 언제든지 이 시험 데이터베이스를 선택, 사용할 수 있다. 그러나 많은 사람들은 책 전체를 읽은 후 시험 복습 시간까지 일부 시험을 남겨두는 것이 가장 이상적이라고 한다. [그림 I-4]는 다음에 나와 있는 계획을 제안하는 예이다.

- 파트 리뷰 동안, 해당 파트에서 학습 모드로 DIKTA 문제를 복습하기 위해 PCPT를 사용하라.
- 파트 리뷰 동안, 학습 모드를 사용해서 해당 파트 리뷰를 위해 특별히 만들어진 질문(파트 리뷰 질문)을 사용하라.
- 나머지 시험은 이 책의 마지막에 있는 '최종 리뷰'와 함께 사용하기 위해 아껴라. 만약 ICND2 시험을 준비한다면, 이 연습 시험을 사용하지만, 만약 CCNA 시험이라면 이 시험을 사용하라.

PCPT 내에서 두 가지 모드를 제공하는데, 학습 모드와 시험 연습 모드이다. 학습 모드에서, 정답을 바로 볼 수 있어서 주제를 조금 더 쉽게 공부할 수 있다. 또한 시험 데이터베이스에서 질문의 하위 집합을 선택할 수 있다. 예를 들면, 이 책의 한 파트의 한 챕터에만 해당하는 질문을 볼 수 있다.

PCPT 연습 모드는 실제 시험과 비슷한 시험 이벤트를 연습할 수 있게 한다. 이 모드는 모든 장에서 미리 정해진 수의 질문을 제한 시간 안에 답해야 한다. 이후 점수를 확인할 수 있다.

장이나 파트별로 DIKTA 질문만 보는 방법

대부분의 장들은 DIKTA 퀴즈로 시작한다. 당신은 각 장을 시작하기 위해 퀴즈를 풀고, 추가 연습을 위해 복습할 수 있다. '파트 리뷰' 절에서 제안된 것과 같이 같은 파트의 모든 장들에 대한 질문을 반복한다.

DIKTA 퀴즈를 책에서 인쇄된 대로 사용할 수도 있고, PCPT 소프트웨어를 사용할 수도 있다. 이 책은 질문들이 나열되어 있고, 퀴즈의 다음 페이지에 문자 답이 있다. DVD의 부록 C는 설명과 함께 답변이 나열되어 있으며, PDF로 편리하게 보관할 수 있다.

이러한 질문들에 대해 PCPT를 사용하는 것은 몇 가지 이점이 있다. 이것은 시험 소프트웨어에서 질문을 읽는 방법에 대해 조금 더 연습할 수 있게 한다. 또한 질문에 대한 설명은 PCPT 소프트웨어에서 쉽게 찾을 수 있다.

PCPT 소프트웨어 내의 이러한 DIKTA 질문을 보기 위해서는, PCPT가 인쇄된 책 내의 질문을 참조하는 방식인 '책 질문'을 선택할 필요가 있다. 그런 다음 모든 장의 선택을 취소하고(한 번 클릭으로), 다음과 같이 하나 또는 그 이상의 장을 선택한다.

단계 ① PCPT 소프트웨어를 시작한다.

단계 ② 메인(홈) 메뉴에서, 이 책을 위한 CCNA Routing and Switching ICND2 200-105 Official Cert Guide와 같은 이름을 가진 항목을 선택하고 Open Exam을 클릭한다.

단계 ③ 나타나는 다음 창 상단에 몇 가지 시험이 나열된다. ICND2 Book Question 박스를 체크하고, 다른 박스의 체크를 지운다. 이것은 '책 질문(즉, 각 장의 시작에 있는 DIKTA 질문)'을 선택한다.

단계 ④ 같은 창에서, 화면의 아래쪽을 클릭해 모든 목표(장)의 선택을 취소한다. 그 다음 복습하고 있는 부분의 장 옆에 있는 박스를 체크한다.

단계 ⑤ 창의 오른쪽의 다른 옵션을 선택한다.

단계 ⑥ 질문들을 복습하기 위해 Start를 클릭한다.

파트 리뷰 질문을 보는 방법

이 책과 함께 제공되는 시험 데이터베이스는 파트 리뷰 과정 동안 학습을 위해 만들어진 질문의 데이터베이스를 포함한다. DIKTA 질문은 사실에 더 초점을 맞추고 해당 장에 포함된 내용들을 알고 있는지 여부를 결정하는 데 도움을 준다. 파트 리뷰 질문은 대신 일반적인 실제 시나리오에 이러한 내용들을 적용하는 데 중점을 두고, 실제 시험 질문들처럼 보이게 한다.

이 질문들을 보기 위해서, DIKTA/책 질문에서 한 것과 같은 과정을 따르되, 책 데이터베이스 대신 파트 리뷰 데이터베이스를 선택한다. PCPT는 이 데이터베이스에 '파트 리뷰 질문'이라는 분명한 이름을 가지고 있다.

:: 마인드 맵

마인드 맵은 다양한 목적으로 사용할 수 있는 시각적인 구성 도구이다. 그러므로 메모 형식으로 마인드 맵을 사용할 수 있다.

또한 마인드 맵을 사용해서 뇌가 개념을 구성하는 방법을 향상시킬 수 있다. 마인드 맵은 뇌와 아이디어 간의 관계를 개선한다. 학습 영역에 대해 생각하는 시간과 마인드 맵으로 생각을 구성하는 시간을 갖는다면, 기존 인지 네트워크를 강화하면서 새로운 연결 고리를 찾는 과정을 모든 참조 프레임에 적용할 수 있다.

즉, 마인드 맵은 학습한 것을 내면화하는 작업에 도움이 된다.

각 마인드 맵은 빈 종이 또는 마인드 맵핑 애플리케이션의 빈 창으로 시작한다. 그런 다음 중심 주제 아이디어를 추가해 다양한 방향으로 가지를 뻗어나갈 수 있게 한다. 가지들은 작은 개념, 아이디어, 명령어, 그림 등 표현해야 할 모든 것을 포함한다. 그룹화 할 수 있는 개념은 서로 가까이 붙인다. 이 책의 목적을 위해서 대부분의 마인드 맵은 두세 단계를 넘어가지는 않지만, 필요에 따라 가지를 확장시킬 수 있다.

> **NOTE** 많은 책에서 마인드 맵을 다뤘지만, 토니 부잔(Tony Buzan)은 마인드 맵을 형식화하고 대중화하는 데 공로를 세웠다. 그의 웹 사이트 http://www.tonybuzan.com에서 마인드 맵에 대해 더 배울 수 있다.

예를 들어, [그림 I-5]는 ICND1의 Part VIII의 IPv6 내용의 일부를 출력하기 시작하는 샘플 마인드 맵을 보여준다. IPv6 주소 개념을 복습할 때 이러한 형식의 마인드 맵을 'IPv6 어드레싱'이라는 큰 주제로 시작해서 무작위로 용어나 아이디어를 적어 내려가면서 생성할 수 있다. 머릿속에서 정리를 시작하기 때문에, 선을 그어 아이디어를 연결하고, 재구성하는 과정을 통해 결국 아이디어의 구성이 일리가 있다고 생각하는 지점에 도달하게 된다.

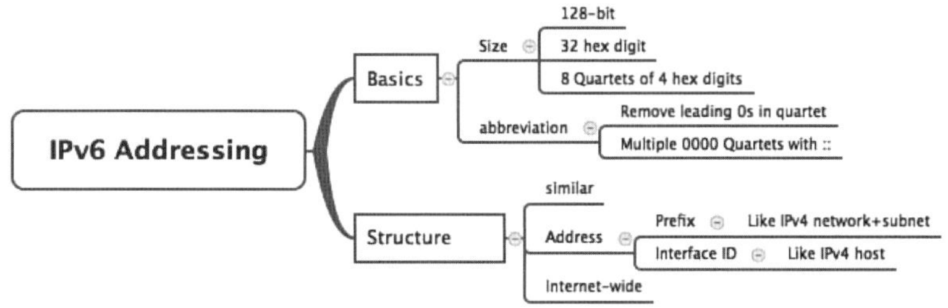

[그림 I-5] 샘플 마인드 맵

마인드 맵은 호불호가 갈리지만 이 책에서 제안되는 가장 효과적인 학습 도구이다. 나는 개인적으로 마인드 맵을 통해 새로운 분야를 학습할 때, 뚜렷한 진전이 있었다. 나처럼 당신이 이 도구를 사용해 보고 학습에 잘 적용되는지 확인하길 바란다.

마지막으로 마인드 맵핑 도구로써 빈 종이이나 마인드 맵 전용 애플리케이션을 사용할 수 있다. 나는 Mac에서 'Mind Node Pro'를, 윈도/리눅스/OS X용 무료 버전인 ' XMIND'로 샘플 마인드 맵을 제작한다.

실습 기술 쌓기

시스코 라우터와 스위치에서는 특히 시스코 CLI를 사용하는 기술이 필요하다. CLI는 문자 기반의 명령-대답 사용자 인터페이스로, 장비(라우터나 스위치)가 응답으로 메시지를 표시한다.

시험 시뮬레이션과 심렛 질문에 대답하기 위해서, 많은 명령어를 알고 있어야 하며, 이러한 명령어를 사용하기 위해 CLI에서 올바른 위치로 이동할 수 있어야 한다.

이 절은 책에 포함된 옵션을 살펴보고, 책 외부의 랩 옵션에 대해 간단히 설명한다.

설정 랩(Config Lab) 연습

일부 라우터와 스위치 기능은 여러 개의 설정 명령어를 필요로 한다. 습득할 필요가 있는 기술 중 일부분은 어떤 설정 명령어가 함께 작동하는지, 어떤 것이 필수이며, 어떤 것이 선택사항인지를 기억하는 능력이다. 따라서 도전 수준은 하나의 명령어에서 올바른 변수를 선택하는 것 이상이다. 일반적으로 여러 장비에서 어떤 조합의 명령어를 사용해야 할지 선택해야 한다. 그리고 이런 종류의 일에 능숙해 지기 위해서는 연습이 필요하다.

설정 랩 기능은 이 책의 에디션의 새로운 기능으로써 소개되는데, 해당 연습을 제공하는 데 도움을 준다. 각 랩은 샘플 랩 토폴로지와 몇 가지 요구 사항을 보여주는데, 당신은 각 장비에 무엇을 설정할지 결정해야 한다. 샘플 설정은 그 다음에 보여준다. 즉, 당신이 할 일은 설정을 만들고 나서 주어진 설정과 당신의 설정을 비교하는 것이다.

또한 이 에디션은 처음으로 이 책의 내용을 외부뿐만 아니라 저자의 블로그 사이트에서도 제공한다. ICND1이나 ICND2 정보(두 개의 다른 블로그)를 위해 설정 랩 기능에 액세스 하려면, 나의 블로그(blog.certskills.com)에 들어가 클릭하면 된다.

- **blog.certskills.com/ccent/ Wendell's CCENT(ICND1):** 메뉴에서, Hands On > Config Lab으로 이동
- **blog.certskills.com/ccna/ Wendell's CCNA(ICND2):** 메뉴에서, Hands On > Config Lab으로 이동

두 블로그 모두 시험을 통과하는 데 도움을 줄 것이다. 설정 랩 포스트는 요약된 것과 같이 이미지로 보여짐을 기억해라.

[그림 I-6] 저자의 블로그에 있는 설정 랩 로고

이러한 설정 랩에는 다음과 같은 몇 가지 장점이 있다:

- **자유로운 형식과 신속한 반응:** 웹 브라우저나 휴대 전화, 태블릿 등 어디서든 할 수 있으며 책이나 DVD에서 자유롭다.
- **여가를 활용하는 디자인:** 각 랩은 당신이 텍스트 편집기에 타이핑 하거나 또는 답을 종이에 쓰는 경우

5분에서 10분 정도 연습할 수 있게 디자인되었다.

- **연습과 반복 학습에 이점:** 기본 설정을 활용해 효율적으로 연습할 수 있다. 또는 연습 도중 난관에 봉착하면, 주제를 확인하고 되돌아가서 부족한 지식을 채울 수 있다. 어느 경우든, 양쪽 모두 시험에 대비하는 길이다.
- **블로그 형식:** 저자에 의해 쉽게 추가되거나 변경될 수 있으며, 독자의 질문이나 의견을 쉽게 받을 수 있다.
- **자체 평가:** 최종 리뷰의 일부로, 모든 설정 랩을 어떠한 도움 없이 자신 있게 할 수 있어야 한다.

블로그는 이러한 설정 랩 포스트를 책의 장에 의해 구성했기 때문에, 챕터 리뷰와 파트 리뷰 모두에서 이것들을 쉽게 사용할 수 있다. 이 복습 절에 대한 세부 소개는 '당신의 학습 계획'을 참조하라.

피어슨 네트워크 시뮬레이터 라이트로 빠른 시작

기술을 습득하는 방법을 결정하는 것은 처음에 약간 두려울 수 있다. 좋은 뉴스는 무료이면서 CLI를 연습할 수 있는 첫 번째 단계인 이 책과 함께 제공되는 피어슨 'NetSim Lite'를 설치하고 사용하는 것이 있다.

이 책은 바로 시스코 CLI를 연습할 수 있는 방법을 제공하는 피어슨의 베스트셀러 CCNA 네트워크 시뮬레이터의 라이트 버전을 함께 제공한다. 실제 장비를 구입하거나 전체 시뮬레이터를 구입해서 CLI 학습을 시작할 필요가 없다. 이 책의 뒷부분에 있는 DVD에서 'NetSim Lite'만 설치하면 된다.

NetSim Lite의 최신 버전은 이 책의 Part II와 관련 있는 랩을 포함한다. Part I은 개념만을 포함하고, Part II가 명령어를 사용하는 첫 번째 부분이다. 따라서 CLI의 기본을 배우기 위해 'NetSim Lite'를 사용하는 것은 좋은 출발이다.

물론 DVD에 'NetSim Lite'가 포함된 이유는 전체 제품 구입을 유도하는 제작사의 숨은 의도가 있다. 비록 풀 패키지를 사용하지 않더라도, 여러 옵션을 두고 당신이 고민하는 동안에 여전히 'NetSim Lite'로 학습할 수 있다.

> **NOTE** ICND1과 ICND2 책은 각각 다른 버전의 Sim Lite 제품을 포함하고 있으며, 각 랩은 책 내용에 일치된다. 만약 두 책을 모두 샀다면, 두 Sim Lite 제품을 모두 설치해야 한다.

피어슨 네트워크 시뮬레이터

설정 랩과 피어슨 네트워크 시뮬레이터 라이트는 모두 특정 요구 사항을 만족하고, 책과 함께 제공된다. 그러나 이외에 더 필요한 도구가 있다.

이 책과 함께 할 랩 작업에 최선의 옵션은 피어슨 네트워크 시뮬레이터의 유료 버전이다. 이 시뮬레이터 제품은 시스코 라우터 및 스위치를 시뮬레이션하므로, CCENT 및 CCNA R&S 인증을 학습할 수 있다. 하지만 더 중요한 것은, 다수의 유용한 랩 연습을 제공함으로써 시험 학습에 중점을 둔다. 독자 설문조사 결과, 시뮬레이터를 책과 함께 사용하는 학습 과정과 이를 통한 효율적인 학습 효과에 대한 만족도가 대단히 높다.

물론, 당신은 스스로 결정을 내리고 모든 옵션을 고려해야 한다. 고맙게도 이 책에 포함된 피어슨 네트워크 시뮬레이터 라이트 제품을 통해 전체 시뮬레이터 제품의 작동 방식에 대한 훌륭한 아이디어를 얻을 수 있다. 둘 다 동일한 기본 코드와 똑같은 사용자 인터페이스 및 랩 유형을 사용한다. 라이트 버전을 사용해 보고, 풀 버전을 확인하라. CCENT만을 위한 풀 버전과 CCNA R&S만을 위한 풀 버전(CCENT 제품의 모든 랩을 포함하고 추가로 ICND2 부분을 위한 다른 랩)이 있다.

시뮬레이터와 책은 출시 시기가 다르다. 2016년 동안 구매가 가능한 시뮬레이터 버전은 지난 시험 버전(ICND1 100-101, ICND2 200-101, CCNA 200-120)을 위해 만들어진 시뮬레이터였다. 이 제품은 ICND1 100-105와 ICND2 200-105 책의 CLI 주제 중 대략 80%를 포함한다. 따라서 그 기간 동안 시뮬레이터는 여전히 매우 유용하다.

연습을 위해 강조하자면, 챕터를 학습하거나 파트를 복습하는 동안 랩을 하고자 할 때 시뮬레이터는 이 책의 랩 구성과 일치돼 있음을 알 수 있다. 시뮬레이터의 사용자 인터페이스에서 'Sort by Chapter' 탭을 보면 된다. 그러나 2016년에, 수 개월 동안 사용 가능한 시뮬레이터는 이전 에디션이므로 랩과 책의 구성을 설명하는 PDF를 다시 참조해야 할 필요가 있다. http://www.ciscopress.com/title/9781587205798에서 이 PDF를 찾을 수 있다.

더 많은 랩 옵션

풀 버전의 피어슨 네트워크 시뮬레이터를 사용하지 않기로 결정했다 하더라도, 여전히 다양한 실습 경험이 필요하다. CLI 상호 작용을 가능한 많이 연습하기 위해 일부 랩 환경을 사용하는 계획을 세워야 한다.

먼저, 실제 시스코 라우터와 스위치를 사용할 수 있다. 새 것 또는 중고를 살 수도 있고, 회사에서 빌릴 수도 있다. 유료로 임대할 수도 있다. 만약, 제대로 된 여러 장비를 가지고 있다면, 나의 블로그에 있는 설정 랩 연습을 하거나 책의 예제를 재생산해 볼 수 있다.

시스코는 가상 환경에서 라우터 및 스위치 운영체제(OS) 이미지를 실행할 수 있는 가상화 제품을 제공한다. 이 도구는 VIRL(Virtual Internet Routing Lab)로 랩 토폴로지를 만들어 그 토폴로지를 시작하고, 실제 라우터와 스위치 OS를 연결한다. 자세한 내용은 http://virl.cisco.com을 확인하라.

또한 시스코 러닝 랩(Cisco Learning Lab)이라고 불리는 제안을 통해 시스코로부터 가상 시스코 라우터와 스위치 랩 포드(pod)를 임대할 수도 있다.

앞에서 언급한 모든 옵션은 비용이 들지만, 다음의 두 옵션은 일반적인 사용자에게 무료이나 각각 문제점을 가지고 있다. 먼저 'GNS3'는 VIRL과 비슷하게 작동하며, 실제 시스코 IOS를 실행하는 가상 환경을 만든다. 그러나 'GNS3'는 시스코 제품이 아니며, 법적인 이유로 IOS 이미지를 제공하지 않는다.

시스코는 또한 학습 도구로써 잘 작동하는 '시뮬레이터 시스코 패킷 트레이서(Cisco Packet Tracer)'를 만들었다. 그러나 시스코는 현재 패킷 트레이서를 일반인이 아닌 시스코 네트워킹 아카데미 과정에 등록한 사람들만 사용하도록 했다. 따라서 당신이 시스코 아카데미에 소속되어 있다면 패킷 트레이서를 사용할 수 있다.

이 책은 이 중 어떤 옵션을 사용해야 할지 추천하지 않으므로 사전에 실습 계획을 잘 세워야 한다. 분명한 것은 시험에 대비하기 위해 시스코 CLI를 연습해야 한다는 점이다.

추가 정보

이 책에 대해 의견이 있으면 http://www.ciscopress.com을 통해 제출할 수 있다. 웹 사이트에 가서 '문의하기'를 선택하고, 메시지를 입력하라.

시스코는 수시로 CCNA 인증에 영향을 주는 정보를 변경할 수 있다. 최신 세부 정보를 확인하기 위해 자주 http://www.cisco.com/go/ccna와 http://www.cisco.com/go/ccent를 방문하라.

CCNA ICND2 200-105 공인 학습 가이드는 CCNA 라우팅 및 스위칭 인증을 취득하는 데 도움을 준다. 이것은 시스코에서 허가한 유일한 출판사의 CCNA 및 ICND2 책이다. 시스코 프레스는 이 책이 CCNA 인증을 취득하는 데 도움이 된다고 확신하지만, 전적으로 당신에게 달려 있다! 나는 당신이 잘 해낼 것이라고 믿는다.

당신의 학습 계획

당신은 이 책을 방금 받았고, 아마도 소개 부분을 벌써 읽었거나 빠르게 훑어보았을 것이다. 그러면서 지금 여기서부터 읽어야 할지 또는 1장 '이더넷 VLAN 구축'으로 가야할지 궁금해 하고 있을 것이다.

ICND1 100-105, ICND2 200-105, 그리고/또는 CCNA 200-125 시험을 위한 공부 계획을 어떻게 세울지 잠깐 멈추고 이 절을 읽어보도록 한다. 이 여정을 시작하기 전 어떻게 공부할지 몇 가지의 키 포인트를 이 절을 통해서 잠시(15분 정도) 생각해 본다면 학습을 진행하는 데 한결 수월할 것이다.

:: 시스코 인증 시험에 대한 간략한 관점

시스코는 ICND1, ICND2, 그리고 CCNA R&S 시험 통과 기준을 꽤 높여 설계했다. 누구든지 도전하거나 합격할 수 있지만, 이것은 단순히 가이드북을 재빨리 읽고 돈을 내고 응시하는 것 이상의 많은 것을 요구한다는 뜻이다.

이 시험의 과제는 다양한 주제로 이루어져 있다. 즉, 많은 개념과 시스코 장비들을 사용하기 위한 많은 명령어를 포함한다. 이렇게 지식을 평가하는 것 외에 기술에 대한 깊은 이해를 요구하기까지 한다. 당신은 네트워크에서 실제로 어떤 일이 일어나는지 분석하고 예측할 수 있어야만 한다. 또한 네트워크가 제대로 작동되지 않을 때 어떻게 문제를 풀어야 할지 준비하고 있어야 한다. 이 시험의 더 어려운 질문들은 직소(jigsaw) 퍼즐처럼 작동하지만, 5개의 퍼즐 조각 중 4개는 방에 있지 않은 것과 같다. 이 퍼즐을 풀기 위해서는, 없는 퍼즐 조각들을 머릿속으로 다시 만들어야 한다. 이처럼 당신은 각 네트워킹의 개념을 알고, 그 개념들이 어떻게 함께 동작하는지 기억해야 한다.

예를 들어, Open Shortest Path Version 2(OSPFv2)가 네이버(neighbor)를 맺고 있는 다른 라우터와 관계를 형성하는 데에 실패했을 때 장애 처리하는 것과 같이, ICND2 시험은 많은 장애 처리 주제를 포함하고 있다. 하지만 실제 시험과 비슷한 문제들은 우리에게 왜 라우터가 경로를 가지고 있지 않은지, 그리고 그 증상을 보면서 OSPF 네이버와 관련한 근본적인 원인이 있을지도 모른다고 유추할 것이다. 즉, [그림 1]의 흰 부분이 표현하고 있듯, 직소 퍼즐의 몇 개 퍼즐 조각처럼 당신이 무엇을 알아야 하는지에 대한 몇 가지 아이디어를 찾을 수 있다. 이후 당신은 IP 라우팅과 OSPF 이론에 대한 지식을 문제에 적용해야 한다.

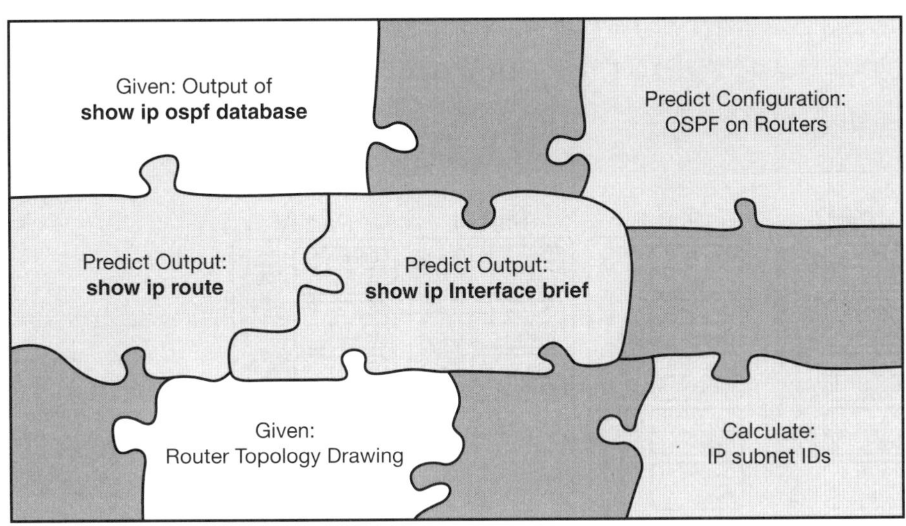

[그림 1] 분석 기술로 퍼즐 조각 맞추기

이러한 기술은 읽고 기억하는 것보다 더 많은 것을 경험하게 함으로써 시험에 대비하게 만든다. 물론, 그전에 다양한 시험 주제들이 서로 어떻게 연결되어 있는지 파악하기 위해 이 책을 열심히 읽으면서 학습해야 한다. 이에 도움이 되고자 책의 많은 부분이 네트워킹 퍼즐을 해결하는 기술을 쌓는 데 도움이 되는 부분과 연습 문제 등을 제공한다.

학습 계획의 5단계

분명 어려운 시험임에도 불구하고, 많은 사람들이 합격한다. 모든 내용을 읽고 기억하는 것뿐만 아니라 합격하기 위해 무엇을 준비해야 할까? 기술을 향상시켜야 한다. 개념과 개념을 머릿속으로 연결해야 한다. 시스코 장비를 통해 배우는 네트워킹 세계로 들어가기 전에, 이러한 당신의 여정에 도움을 주기 위해 기술들을 보다 효과적으로 구축하고 연결하는 다섯 가지 주요 계획 단계를 제공한다.

단계 ① 파트와 장의 용어에 대해 생각하라

학습 계획의 첫 단계는 당신이 목표로 하는 과제의 크기와 성격에 대해 올바르게 사고하는 것이다. 책을 하나의 과제로 생각할 수 없을 정도로 두꺼운 이 책을 보고 낙담할 수 있다. 또한 자리에서 900페이지가 넘는 책을 한꺼번에 모두 읽을 수 없다. 이 경우, 과제를 잘게 잘게 나누어야 한다. 다행히도 이 책은 내용별로 구획이 명확하게 구분돼 있으며 광범위한 복습 활동을 제공하도록 디자인되었다. 단순한 읽기 중심의 책이 아니라 학습 시스템에 더 가깝다고 말할 수 있다.

이에 따라 학습 계획의 첫 번째 단계는 두꺼운 한 권의 책이 아니라 일곱 부분으로 시각화하는 것이다. 그리고 나서 다시 각 부분을 평균 4개의 장으로 시각화한다. 당신의 학습 계획은 각 파트의 장들을 공부하고, 그 다음 [그림 2]에서 보여주는 것과 같이 다음 파트로 넘어가기 전에 그 파트의 자료를 복습한다.

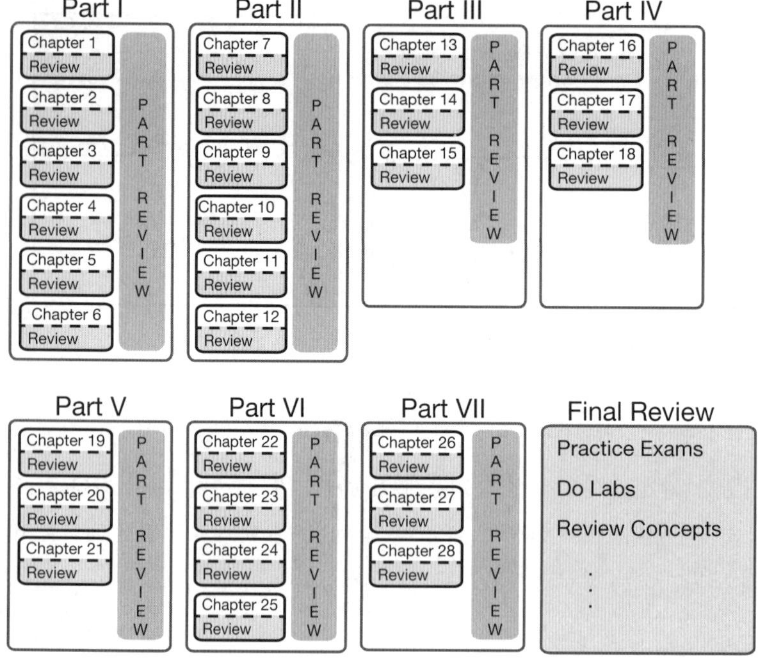

[그림 2] 파트 리뷰와 함께 각각 평균 4개의 장을 가진 7개의 파트

이제, 당신의 계획은 다음과 같다:

- **1개의 큰 과제:** 이 책의 모든 내용을 읽고 마스터하라.
- **7개의 중간 과제/책:** 파트를 읽고 마스터하라.
- **4개의 작은 과제/파트:** 장을 읽고 마스터하라.

단계 ② 장 중심의 공부 습관을 형성하라

가장 중요한 부분이라 여겨지는 두 번째 단계는 각 장을 같은 과정으로 접근하는 것이다. 먼저 읽고, 다음 장으로 넘어가기 전에 학습하는 것을 말한다.

각 장은 [그림 3]에서 보는 바와 같이, 세 부분으로 동일하게 디자인되어 있다. 사전 퀴즈('사전 점검 퀴즈' 또는 간단히 'DIKTA 퀴즈'라 부른다)는 핵심 주제라고 불리는 각 장의 핵심 부분을 빠르게 훑거나 읽는데 얼마나 많은 시간을 보낼지 결정하는 데 도움이 된다. '챕터 리뷰'는 복습에 대한 지침을 제공한다.

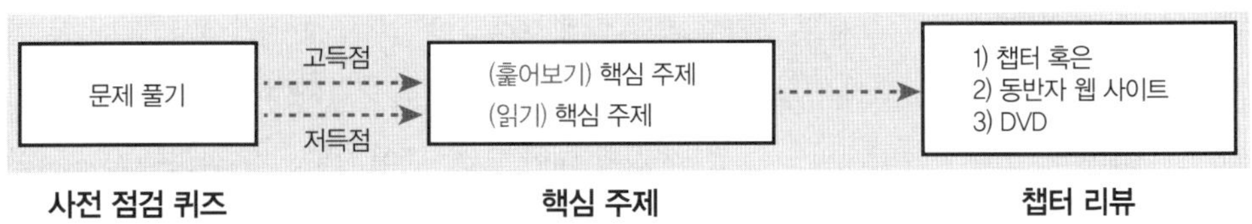

[그림 3] 각 장에 대한 제안된 접근법

책 페이지 구성을 살펴보면, 내용이 긴 장은 몇 부분 되지 않는다. 핵심 주제를 기준으로 한 장은 평균 22페이지로 설계되었다. 합리적인 적정 페이지를 유지함으로써, 1회 또는 2회로 짧게 한 장을 학습할 수 있다. 새로운 장을 시작할 때, 각 장을 완전히 마칠 수 있다는 생각을 갖고 1회든 2회든 학습해야 한다. 만약 충분한 시간이 없다면, 그 장의 주요 주제부터 살펴본다. 각 장은 보통 두세 개의 주제가 있으므로 주제별로 짧은 시간을 효율적으로 활용할 수 있다.

'챕터 리뷰'는 시험 당일 성공을 판가름하는 아주 중요한 부분이다. 각 장을 마칠 때마다 복습을 하고, 시험을 앞두고 다시 한번 이 부분을 복습하는 것으로 알찬 시험 준비가 된다. 그러므로 장이 끝날 때마다 '챕터 리뷰'를 하고 뒤로 미루지 말아야 한다. 당신의 머릿속의 지식과 핵심 주제의 기술을 심화시키고, 용어를 기억하면서 개념을 서로 연결시키는 첫 단계이기 때문이다. 다음 목록은 '챕터 리뷰' 절에서 볼 수 있는 대부분의 활동들을 설명한다:

- 핵심 주제 리뷰
- 핵심 용어 리뷰
- DIKTA 문항 답변
- 랩 실습
- 메모리 테이블 리뷰
- 설정 체크리스트 리뷰
- 명령어 참조 표 리뷰

더 자세한 내용은 이 다음 절의 '웹과 DVD에서 리뷰 활동 찾기'를 확인한다.

단계 ③ 주요 일정에 책의 파트 이용

연구에 따르면 개념과 기술을 완전히 습득하려면, 반복적인 학습이 중요하다. 각 장의 마지막에 있는 '챕터 리뷰'는 이러한 학습의 첫 번째 복습 단계이며, 각 파트의 '파트 리뷰'는 두 번째 단계의 복습이다.

각 파트의 마지막에서 찾을 수 있는 파트 리뷰 요소를 사용해서, 각 파트의 마지막에 있는 파트 리뷰를 위한 시간을 할당해야 한다. 파트 리뷰는 한 장을 공부하는 이상으로 많은 시간을 할애해야 한다. 따라서 시간 계획의 관점으로 놓고 보면, '파트 리뷰'는 또 다른 한 장이라고 생각하는 편이 좋다.

[그림 4]는 이 책의 파트 구성을 색상으로 구분해 보여준다. Part Ⅱ, Ⅳ, Ⅴ는 IPv4와 관련 있다. 파트 Ⅰ, Ⅲ은 각각 LAN, WAN과 관련 있다. 마지막으로 IPv6에 대한 Part Ⅵ, 기타 주제(네트워크 관리, 클라우드, 네트워크 프로그래밍)에 대한 Part Ⅶ이 있다. 각 파트는 2 ~ 4쪽의 '파트 리뷰'로 끝나며, 어떤 도구와 활동을 하는지에 대해 적혀 있다.

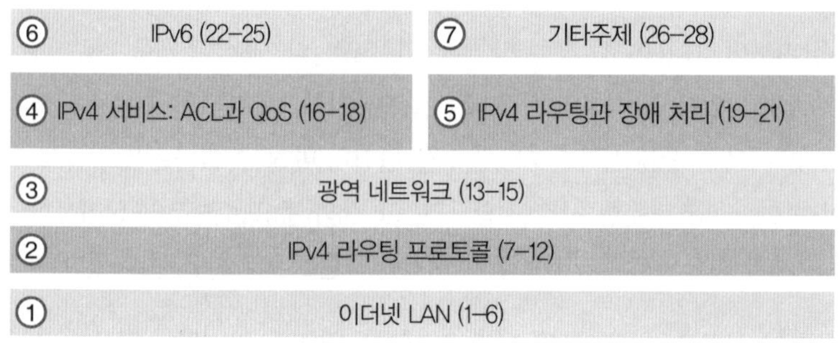

[그림 4] 주요 이정표로서의 파트 구성

'챕터 리뷰'와 '파트 리뷰'는 몇 가지 다른 점이 있다. 우선 '챕터 리뷰'는 많은 내용을 제공하는 경향이 있어서, 당신의 머릿속에 지식의 특정 부분을 추가하거나 특정 기술을 연습하는 데에 집중한다. '파트 리뷰' 활동은 정보를 주는 대신 실생활이나 실제 시험과 같은 활동들이 주류를 이룬다. 그러므로 정보가 없는 빈 공간을 당신의 지식과 기술로 채워야 한다. 이러한 활동으로 당신은 부족한 부분을 찾고, 놓친 부분을 확인하면서 보다 세세하게 시험 준비를 할 수 있는 셈이다.

'파트 리뷰'는 '챕터 리뷰'에서 사용되는 도구뿐만 아니라 다음과 같은 도구를 추가적으로 사용한다.

- **마인드 맵**
- **PCPT를 통한 파트 리뷰 문항**
- **랩**

또한, 책의 각 부분을 완성하기 위해서 목표 날짜(와 보상 또한)를 설정하는 것도 고려하라. 휴식을 계획하고, 가족과 시간을 보내는 것은 물론 운동을 하고, 좋은 음식을 먹으며 학습 의욕을 유지할 수 있도록 신경 써야 한다.

단계 ④ 29장 '최종 리뷰'로 기술을 개선하고 약점을 찾아라

네 번째 단계는 책 전체를 위한 과제이다. 책을 모두 끝내고 시험을 치르는 사이 무엇을 해야 할지를 위해, 마지막 29장 '최종 리뷰'에 설명된 세부 사항을 따르라.

'최종 리뷰' 장은 두 가지 목적이 있다. 먼저, 시험에서 조금 더 복잡한 문제에 답하기 위해 필요한 분석 기술을 향상시키는 데 도움이 된다. 많은 문제들은 개념, 설정, 검증, 그리고 장애 처리에 대한 개념을 연결하도록 요구한다. 시험 날짜에 가까워질수록, 읽을 부분은 주는 대신 다른 활동은 늘어난다. 이 장의 과제는 이러한 기술을 더 발전시키기 위한 활동을 제공한다.

'최종 리뷰' 장의 과제는 응시자의 취약점을 찾아내는데 도움을 준다. 아주 어려운 시험 문제를 반복적으로 제공해서, 당신이 알고 있는 지식 간의 틈을 찾아 낸다. 대부분의 질문은 가장 흔한 실수와 오해를 시험하기 위한 목적으로 디자인되었고, 실제 시험에서 흔하게 경험하는 함정의 일부를 피할 수 있게 도와준다.

단계⑤ 목표 설정 및 진행 상황 추적

다섯 번째 학습 계획 단계는 학습 노력의 전체 일정에 걸쳐 있다. 이 책을 읽고 학습 과제의 나머지를 시작하기 전에, 계획을 만들고, 목표를 세우고, 진행 상황을 추적하는 시간을 가져라.

과제 목록을 만드는 것은 당신의 성격에 좌우되지만, 목표 설정은 이 시험을 준비하는 모든 사람을 도울 수 있다. 목표 설정을 하기 위해서, 당신이 어떤 과제를 계획해야 하는지 알 필요가 있다.

NOTE 이 절을 읽고 시험 공부 이외의 목표를 설정하고 한다면, 내가 쓴 당신의 네트워킹 경력 계획에 대한 블로그 시리즈를 참조하라: http://blog.certskills.com/ccna/tag/development-plan/

자세한 과제 목록을 사용할 필요는 없다. 장마다 있는 '챕터 리뷰'와 파트마다 있는 '파트 리뷰'의 모든 과제를 적을 수도 있고, 그리고 29장 '최종 리뷰'의 과제를 적어도 된다. 혹은 주요 과제를 나열하는 것만으로도 충분할 수 있다.

그렇지만 장마다 최소한 두 부분, '핵심 주제'와 각 장의 끝에 있는 '챕터 리뷰' 부분은 추적해야 한다. 물론 '파트 리뷰'와 '최종 리뷰'의 과제를 나열하는 것도 잊지 말아라. [표 1]은 Part I의 예를 보여준다.

요소	과제	목표 날짜	첫 번째 완료 날짜	두 번째 완료 날짜(옵션)
1장	핵심 주제 읽기			
1장	챕터 리뷰 과제 하기			
2장	핵심 주제 읽기			
2장	챕터 리뷰 과제 하기			
3장	핵심 주제 읽기			
3장	챕터 리뷰 과제 하기			
4장	핵심 주제 읽기			
4장	챕터 리뷰 과제 하기			

요소	과제	목표 날짜	첫 번째 완료 날짜	두 번째 완료 날짜(옵션)
5장	핵심 주제 읽기			
5장	챕터 리뷰 과제 하기			
6장	핵심 주제 읽기			
6장	챕터 리뷰 과제 하기			
파트 1 리뷰	파트 리뷰 활동 하기			

[표 1] 계획표의 예 발췌

> **NOTE** 이 책과 함께 제공되는 DVD의 부록 F '학습 플래너'에는 이 책의 과제에 대해 [표 1]과 같은 완전한 계획 확인 목록을 포함하고 있다. 이 표는 목표한 날짜와 완료한 과제를 적기 위해 파일을 업데이트하고 저장할 수 있다.

당신의 학습을 관리하는 방법으로 목표 날짜를 사용하고, 만약 날짜를 놓치더라도 낙심하지 않는 방법으로 사용하라. 할 수 있는 적당한 날짜를 정해야 한다. 목표를 정할 때 얼마나 빨리 읽는지, 목차에 나열된 것과 같이 각 장의 '핵심 주제' 부분의 길이에 대해 생각해야 한다. 만약, 계획한 것보다 빨리 과제를 마쳤을 때, 다음 목표 날짜를 조금 당긴다.

날짜를 놓쳤더라도, 각 장의 마지막에 있는 과제를 건너 뛰지 말아라! 대신, 당신의 계획에 영향을 주는 것(실생활, 약속 등)이 무엇인지 생각해보고, 목표를 수정하거나 공부를 조금 더 열심히 해라.

첫 번째 장을 시작하기에 앞서 할 일

이제 당신은 책에 대한 훌륭한 학습 계획의 이면에 있는 큰 개념을 이해하는 데 도움이 되는 몇 가지 추가 활동을 위해 시간을 좀 더 써야 한다. 이 절을 마치기 전, 순조로운 출발을 위해 지금부터 초기 몇 장까지 나와 있는 과제들을 미리 살펴본다.

웹 및 DVD에서 리뷰 활동 찾기

이 책의 이전 에디션은 장에 의존한 복습 활동과 DVD에 있는 PDF 부록을 사용했다. 또 일부 활동은 PCPT 시험 소프트웨어를 기반으로 했다.

이번 에디션은 이외에 많은 앱을 사용할 수 있게 제공하는 첫 번째 시스코 프레스 학습 가이드이다. 소개 절의 '중요한 새로운 기능: 리뷰 애플리케이션'은 그 이유에 대해 자세히 설명한다.

나는 당신이 복습 앱을 찾고 탐색하기 위해 책의 웹 사이트에 들어가서 접근하기를 권유한다. 또한, DVD를 실행해 복습 앱을 찾아라. 두 방법 모두 장별로, 파트별로 복습 활동을 구성했다.

이 책은 이 책의 지침과 일치하는 PDF 부록과 함께 기존의 복습 방법도 포함한다. 예를 들어, 모든 핵심 주제는 웹 사이트에서도 이 책의 페이지를 넘겨서 복습할 수 있다. 각자에게 맞는 것을 선택하면 된다.

어떤 시험을 선택할 것인가: 두 개의 시험 혹은 하나의 시험

CCNA 라우팅과 스위칭 인증을 받으려면, 한 개 시험 또는 두 개 시험 과정 둘 중에 하나를 선택해야 한다. 다음은 내 의견이지만, 오랫동안 독자의 의견을 바탕으로 무엇을 선택할 지 제안한다. 만약 다음과 같다면, 한 개의 시험 과정을 고려할 수 있다:

- 이전 경험이나 공부를 통해 주제의 반 정도를 잘 알고 있다.
- 당신은 혼자 학습하는 것에 탁월하다.

그렇지 않다면, 나는 두 개의 시험을 치르는 것이 더 낫다고 생각한다. 먼저, 한 개의 시험만 보더라도 비용적인 혜택이 없다. 자국의 ICND1, ICND2, CCNA 시험 가격을 찾아 비교하라. 첫 번째 시도에 시험을 통과한다고 가정하면, 전통적으로 ICND1 + ICND2와 CCNA의 비용은 똑같다. 또 각 시험에 한번씩 떨어진다고 가정해도 비용은 같다.

이제 주제의 개수를 고려해보자. 내용면에서 봤을 때, CCNA = ICND1 + ICND2이다. 따라서 두 과정 모두 같은 내용을 학습해야 한다.

학교의 예를 들어보자. 한 학기의 자료로 시험을 치를 것인가, 아니면 한 해 동안 공부해서 시험을 치를 것인가? 후자가 더 많은 자료를 공부해야 하므로 시험 준비하는 것이 전자보다 어렵다고 할 수 있다. 그러므로 두 개의 시험을 치르는 것이 낫다고 볼 수 있다.

마지막으로, 두 개의 시험 과정은 시스코 시험을 경험하지 못한 응시자에게 도움이 된다는 것이다. 나는 당신이 많은 시스코 시험에 통과하길 바란다. 두 개의 시험 과정은 첫 시험 응시를 앞당기며, 이 경험은 어떤 학습 툴로도 가르쳐 줄 수 없는 자신만의 것이기 때문이다.

200-125 CCNA 시험을 치르기 위한 학습 옵션

두 가지 시험 과정을 공부하는 것에는 분명한 접근법이 있다. ICND1 시험을 위해 ICND1 책을 보고, ICND2 시험을 위해 ICND2 책을 보면 된다. 간단하다.

만약 200-125 CCNA R&S 시험을 치를 계획이라면, 몇 가지 옵션이 있다. 먼저, 200-125 CCNA 시험은 ICND1과 ICND2 책을 합한 주제를 다룬다는 것을 분명히 해야 한다. 따라서, ICND1과 ICND2 책 모두를 사용하는 것은 200-125 CCNA R&S 시험을 모두 포함한다. 여기서 궁금한 점은, 두 책의 각 부분을 언제 읽어야 하는가다. 한 개의 시험 과정 옵션을 선택했을 때 두 가지 적절한 옵션이 있다.

- ICND1 책을 완전히 끝내고, ICND2 책으로 넘어간다.
- [그림 5]에서 보여주는 것과 같이, ICND1과 ICND2 책 사이를 주제에 따라 앞뒤로 이동한다.

첫 번째 옵션은 꽤 분명하지만, 두 번째 옵션은 모호한 면이 있다. [그림 5]는 ICND1의 이더넷 부분을 완료한 다음, ICND2 이더넷 부분을 학습하는 계획을 보여준다. 비슷하게, ICND1의 IPv4 부분을 완료한 다음, ICND2, 그리고 두 책의 IPv6 부분을 보고, 책의 마지막 부분을 본다.

개인적으로, 나는 ICND1 책을 완전히 끝내고, ICND2 책으로 넘어가는 것이 좋다고 생각한다. 그렇지만 많은 경험을 가진 사람들을 위해, [그림 5]의 학습 계획이 대안이 될 수 있다.

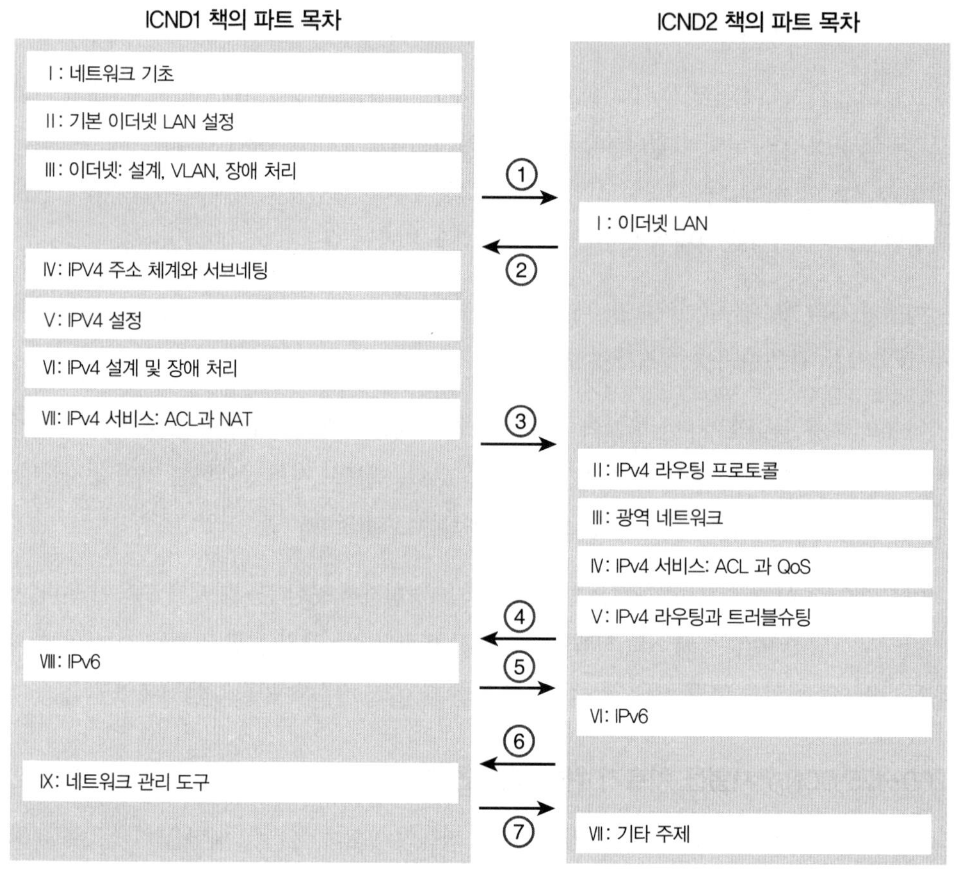

[그림 5] CCNA를 위한 학습 계획 대안: 파트별로 책 사이 이동하기

시작하기 앞서 소소한 과제들

소프트웨어를 설치하고 일부 PDF를 찾고 하는 등 몇 가지 추가 과제를 해야 한다. 당신은 이 과제들을 지금 할 수도, 초기에 몇 장을 보는 도중 휴식 시간에 할 수도 있다. 그러나 서둘러 하는 것을 추천한다. 설치 상의 어려움이나 필요한 도구를 찾아 해결하는 시간을 벌 수 있다.

시스코 러닝 네트워크(Cisco Learning Network, http://learningnetwork.cisco.com)에 무료로 가입하고, CCENT/CCNA R&S 학습 모임에 가입하라. 이 모임을 통해 ICND1 시험, ICND2 시험, CCNA R&S 시험에 관한 주제를 논의하는 데 참여할 수 있다. 이 모임의 메시지를 분리된 폴더에 보내도록 이메일을 따로 필터링해라. 당신이 모든 이메일의 포스트를 읽는데 시간을 보내지 않았더라도, 틈틈이 흥미로운 포스트들을 찾아볼 수 있다(또는 CLN 웹 사이트에서 포스트를 검색하면 된다).

소개 절에서 '이 책에서 전자 요소를 얻는 방법'에서 설명한 대로, 이 책의 전자 요소를 탐색하라. PCPT와 심 라이트(Sim Lite) 소프트웨어 설치가 여기에 포함된다.

또한 소개에서 나열된 대로 나의 블로그를 찾고, 나중에 공부할 때 쉽게 찾을 수 있게 설정 랩(Config Labs)에 나열된 페이지를 즐겨찾기 해둔다(URL은 http://blog.certskills.com/ccna/category/hands-on/config-lab이다).

:: 지금 시작하기

짧지만 관리할 수 있는 많은 과제들로 이뤄진 첫 번째, 1장을 시작하자. 1장은 ICND1 책의 일부 주제와 중복된다. 즐거운 시간이 되기를 바란다!

:: 피어슨 IT 인증 사이트에 접속하는 법

❶ 부록 DVD를 실행한 후(자동 실행 또는 start.exe 클릭) 우측 상단의 PRACTICE EXAMS를 클릭하면 우측 상단에서 'Install Practice Exam' 하단의 WINDOWS와 WINDOWS XP를 선택할 수 있다. 운영체제에 맞게 선택하면 피어슨 IT 모의 테스트 엔진 설치 마법사가 실행된다.

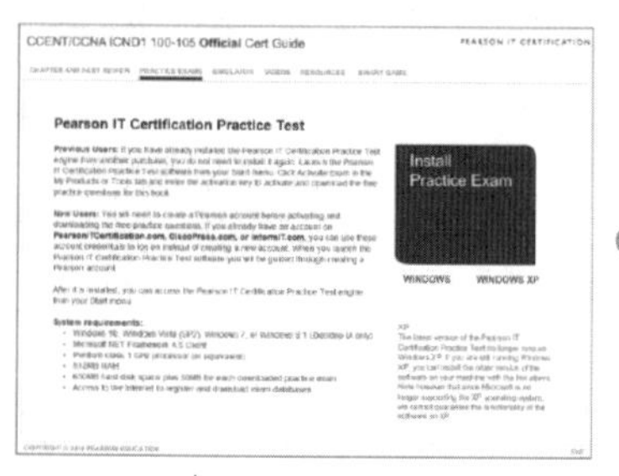

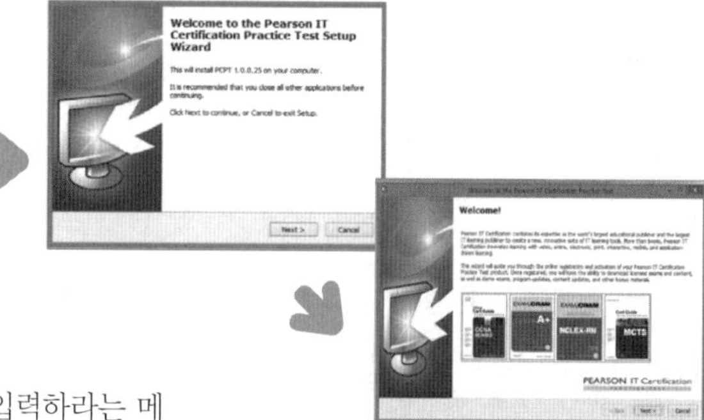

❷ 설치를 진행하면 아이디와 패스워드를 입력하라는 메시지가 뜬다. 피어슨 IT 인증 사이트(http://www.pearsonitcertification.com)에 기존 회원이 아니라면 새로 만들기 기능(create an account)으로 간단히 이메일 아이디와 패스워드, 영문 이름과 성을 입력하면 만들어진다.

❸ 피어슨 IT 인증 사이트(http://www.pearsonitcertification.com)에서 formats > Practice Tests 하단에 'Access the online platform'을 클릭하면 로그인 아이디를 묻는다.

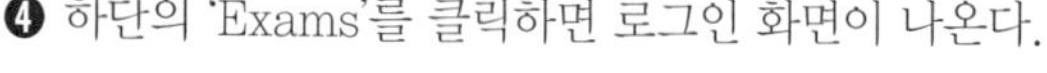

❹ 하단의 'Exams'를 클릭하면 로그인 화면이 나온다.

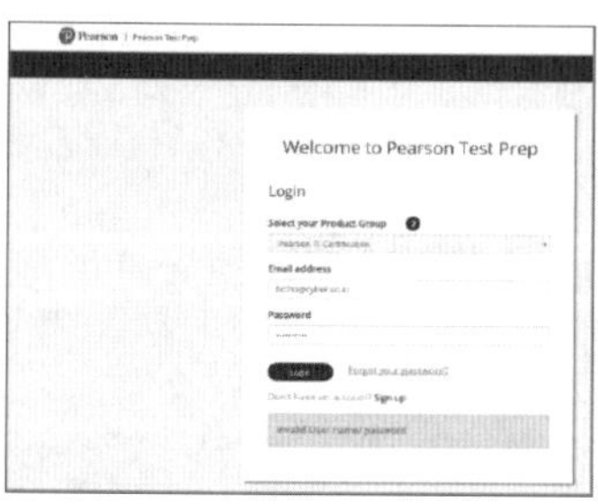

❺ 기존의 ICND1 회원인 경우 'Activate New Product' 버튼을 클릭한다.

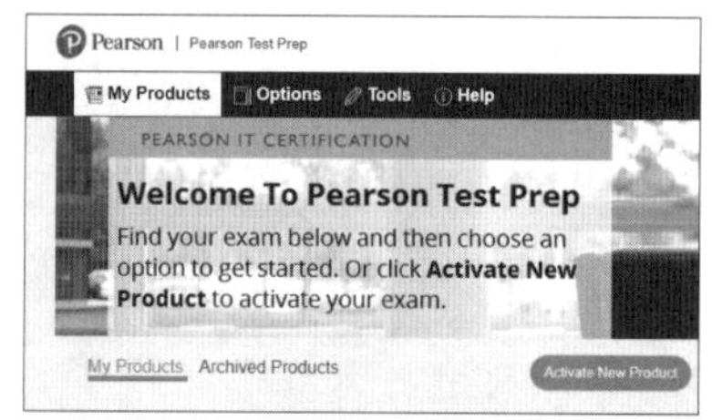

❻ 부록 DVD 패키지 안의 설명서에 인쇄된 Activation code를 입력한다.

❼ 문제에 접속하여 풀어본다.

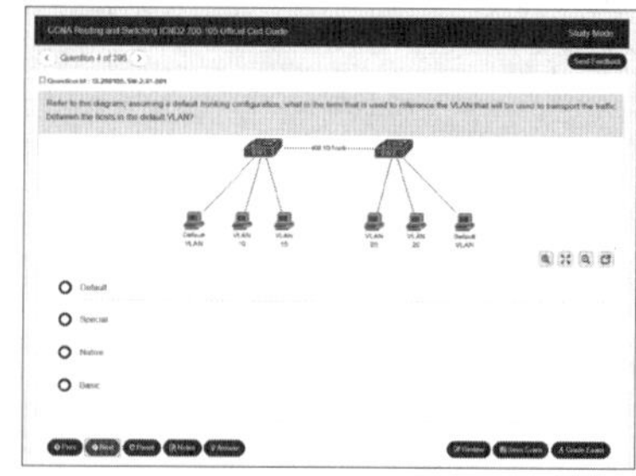

시스코 네트워크 CCNA 자격증 공인 학습 가이드

CCNA Routing and Switching ICND2 200-105

CCNA R&S 시험 주제의 반인 ICND1은 이더넷 LAN과 LAN 스위칭의 기본에 대해 소개한다. ICND2 학습 가이드의 1부는 LAN과 LAN 스위칭에 대한 6개 이상의 장으로 지식을 쌓는다.

1부는 두 가지 주요 주제, 스패닝 트리 프로토콜(STP)와 VLAN 트렁킹 프로토콜(VTP)을 각각 설정, 검증, 장애 처리 단계로 깊이 있게 논의한다. 2장과 3장은 STP에 꽤 깊게 들어가는데, 기본 설정 기술을 요하는 스위치 기능인 STP이지만, 검증과 장애 처리를 완벽하게 습득하기 위해서는 많은 생각을 요한다. 5장은 VTP와 스위치의 네트워크 주변에 VLAN 설정을 광고하는 데에 사용되는 방법, 그리고 장애 처리까지 깊게 논의한다.

STP와 VTP에 주요 초점을 맞추는 것 외에도, 6장은 새로운 주제 모음(802.1x, AAA 인증, DHCP 스누핑, 그리고 스위치 스태킹)을 소개한다.

완전히 새로운 자료(2, 3, 5, 6장)에 네 장이 초점을 맞추는 것 외에, 1장과 4장은 CCNA R&S 시험의 절반인 ICND1에서 배운 것으로 대부분을 당신이 기억한다면 편안하게 생각할 수 있는 일부 주제를 다시 보게 된다. 1장은 VLAN과 VLAN 트렁킹으로, ICND1과 ICND2 주제에서 겹친다. 그래서, 이 책은 두 책에 있는 같은 챕터를 포함한다. CCENT/CCNA INCD1 100-105 공식 학습 가이드를 이미 읽었다면, 특히 그 책의 11장을 읽었다면, 이 책의 1장을 복습으로 사용해라. 당신이 세부 사항을 기억하는지 확인하고 장을 빠르게 넘어가라.

Part I

이더넷 LAN

Chapter 1: 이더넷 VLAN 구축

Chapter 2: 스패닝 트리 프로토콜의 개념

Chapter 3: 스패닝 트리 프로토콜 구현

Chapter 4: LAN 장애 처리

Chapter 5: VLAN 트렁킹 프로토콜

Chapter 6: 기타 LAN 주제

Part I 리뷰

CHAPTER 1

이더넷 VLAN 구축

이 장은 다음 시험 주제를 다룬다.

1.0 LAN 스위칭 기술

1.1 VLAN(일반/ 확장 범위) 스패닝 멀티플 스위치 설정, 검증 그리고 장애 처리

1.1.a 액세스 포트(데이터와 음성)

1.1.b 디폴트 VLAN(default VLAN)

1.2 인터스위치 연결 상태 구성, 증명 그리고 장애 처리

1.2.a 트렁크에 VLAN 더하고 빼기

1.2.b DTP와 VTP(v1&v2)

가상 LAN(VLAN)은 스위치 논리의 많은 부분에 영향을 준다. 프레임 전송은 VLAN마다 일어난다. MAC 학습은 MAC 테이블 엔트리를 더하고, 이러한 엔트리는 VLAN에 포함되어 있다. 더욱이 이 책의 Part I에 초점이 맞추어져 있는 스패닝 트리 프로토콜(STP)도 종종 per-VLAN으로 일어난다.

이 장에서는 얼마나 많은 스위치의 코어 기능이 VLAN의 내용에서 작동하는지 볼 것이다. 이 장은 첫 번째 절에서 개념으로 주제를 나누고, 나머지 반에서는 설정과 검증을 다룬다. 주제는 VLAN, VLAN 트렁킹, VLAN 간 라우팅, 음성과 데이터 VLAN을 포함한다(4장 'LAN 장애 처리'는 장애 처리 관점에서 이 주제의 일부을 다시 설명한다).

ICND1 학습 가이드 독자를 위해, 이 장은 ICND1 100-105 학습 가이드의 11장과 동일하다. ICND1과 ICND2 시험 모두 이 장 대부분의 내용에 해당하는 시험 주제를 포함한다. 두 책 간에 중복되는 시험 주제를 위해 똑같은 장을 사용하므로, 이 주제들을 잘 안다면 이 장을 빨리 넘겨도 된다. 그렇지 않다면, 다시 시작하는 것이 좋다.

QUIZ 사전 점검 퀴즈

사전 점검 퀴즈(지문 또는 PCPT 소프트웨어 사용)를 풀어보면 이 장을 읽고 이해하는 데 시간이 얼마나 걸릴 것인지 가늠할 수 있다. 정답은 퀴즈 다음 페이지 하단에 있으며, 퀴즈 정답에 대한 자세한 설명은 DVD 부록 C와 PCPT 소프트웨어에 담겨 있다.

핵심 주제	문항
VLAN 개념	1-3
VLAN과 VLAN 트렁킹 설정 및 검증	4-6

[표 1-1] 핵심 주제와 관련된 사전 점검 퀴즈 문항

1. LAN에서 사용되는 다음 용어 중에서 VLAN과 가장 비슷한 개념의 용어는 무엇인가?

a. 충돌 도메인
b. 브로드캐스트 도메인
c. 서브넷
d. 단일 스위치
e. 트렁크

2. 어떤 스위치에 세 개의 VLAN이 설정되어 있다고 가정하자. 세 개의 VLAN에 있는 모든 호스트에서 TCP/IP를 사용해야 한다고 할 때 필요한 IP 서브넷은 몇 개인가?

a. 0
b. 1
c. 2
d. 3
e. 제공된 정보로는 답을 말할 수 없다.

3. 스위치 SW1은 802.1Q 트렁킹을 사용해서 스위치 SW2에게 프레임을 보내고 있다. 다음 중 어떤 정답이 SW1이 SW2에게 프레임을 전송하기 전에 어떻게 이더넷 프레임을 변화시키거나 더하는지 설명하고 있는가?

a. 4바이트의 헤더를 넣고 MAC 주소를 변경한다.
b. 4바이트의 헤더를 넣고 MAC 주소를 변경하지 않는다.
c. 완전히 새로운 이더넷 헤더 뒤로 기존 프레임을 암호화한다.
d. 위 정답이 모두 틀리다.

4. 스위치 2에 연결되어 있는 스위치 1의 Fa0/5 인터페이스에 트렁킹을 위해 **dynamic auto** 매개 변수가 설정되어 있다고 가정하자. 스위치 2를 설정할 때 트렁킹이 제대로 돌아가도록 만들기 위해 어떻게 설정해야 하는가? (2개를 고르시오)

a. **on**

b. **dynamic auto**

c. **dynamic desirable**

d. **access**

5. 시스코에서 스위치가 방금 도착했다. 이 스위치에는 VLAN, VTP, 기타 설정이 아무 것도 되어 있지 않다. 엔지니어가 설정 모드로 가서 **vlan 22** 명령어와 **name Hannahs-VLAN** 명령어를 실행했다. 아래의 항목 중에서 사실인 것은? (2개를 고르시오)

a. **show vlan brief** 명령어의 실행 결과에 VLAN 22가 표시된다.

b. **show running-config** 명령어의 실행 결과에 VLAN 22가 표시된다.

c. 이 과정에서 VLAN 22가 만들어지지 않는다.

d. 최소한 하나의 인터페이스가 할당되기 전까지는 스위치에서 VLAN 22가 생기지 않는다.

6. 다음 중 어떤 명령어가 현재 스위치에서 VLAN 트렁크로 동작하고 있는 인터페이스들이 트렁킹 되었는지 구분할 수 있는가?

a. **show interfaces**

b. **show interfaces switchport**

c. **show interfaces trunk**

d. **show trunks**

핵심 주제

VLAN 개념

VLAN을 이해하기 전에, 당신은 LAN에 대한 정의를 확실히 내릴 수 있어야 한다. 예를 들어, 한가지의 관점에서, LAN은 한 장소에 있는 모든 사용자 단말, 서버, 스위치, 라우터, 케이블, 무선 AP를 모두 포함한다. 그러나 LAN에 대한 좁은 정의는 VLAN의 개념 이해를 도울 수 있다.

LAN은 같은 브로드캐스트 도메인에 있는 모든 장비를 포함한다.

브로드캐스트 도메인은 LAN으로 연결되어 있는 모든 장비들을 포함하고, 이 안에 있는 장비가 브로드캐스트 프레임을 전송하면, 다른 모든 장비가 그 프레임의 복사본을 수신한다. 그래서 한 관점에서는 LAN과 브로드캐스트 도메인은 기본적으로 같은 것이라고 생각할 수 있다.

VLAN 없이, 스위치는 모든 인터페이스가 동일한 브로드캐스트 도메인에 속한다고 간주한다. 즉, 스위치에서 한 스위치 포트에 브로드캐스트 프레임이 들어오면, 스위치는 다른 모든 포트에 브로드캐스트 프레임을 뿌린다. 이러한 논리라면, 두 개의 다른 LAN 브로드캐스트 도메인을 만들기 위해서는 [그림 1-1]에서 보는 것처럼 두 개의 이더넷 LAN 스위치를 구매해야 한다.

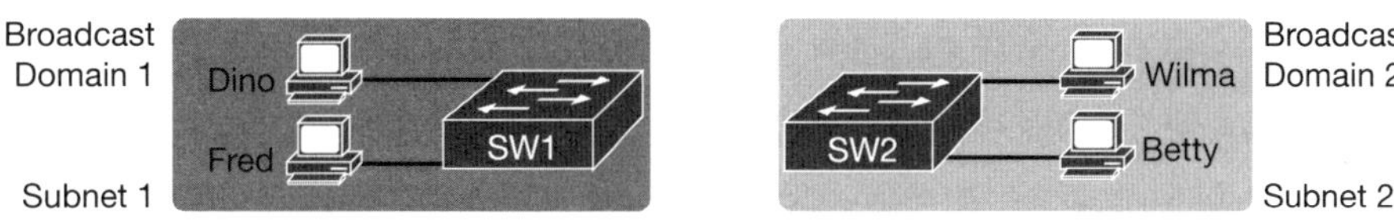

[그림 1-1] 두 개의 물리적인 스위치와 VLAN 없이 두 개의 브로드캐스트 도메인 생성

VLAN의 도움으로, 하나의 스위치에서 두 개의 브로드캐스트 도메인을 만들기 위해 [그림 1-1]처럼 디자인한 것과 같은 목적을 달성할 수 있다. VLAN을 사용해서, 스위치에서 일부 인터페이스를 하나의 브로드캐스트 도메인에, 일부 인터페이스로 또 다른 브로드캐스트 도메인에 둬서, 여러 개의 브로드캐스트 도메인을 만들 수 있다. 스위치에서 만들어진 이런 각각의 브로드캐스트 도메인을 VLAN(가상 LAN)이라고 부른다.

예를 들어, [그림 1-2]에서는, 하나의 스위치가 두 개의 VLAN을 만들고, 각각의 VLAN 안에 있는 포트들은 완전하게 분리해서 취급한다. VLAN 1에 있는 스위치는 디노(Dino)로부터 보내지는 프레임을 VLAN 2에 있는 윌마(Wilma)나 베티(Betty)에게 절대 전송하지 않을 것이다.

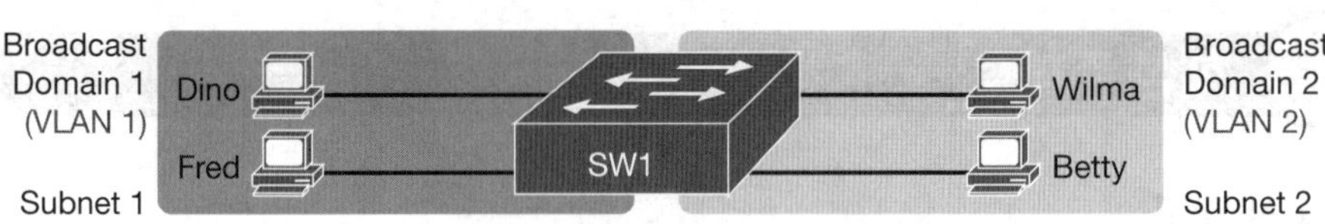

[그림 1-2] 하나의 스위치와 VLAN으로 두 개의 브로드캐스트 도메인 생성

캠퍼스 LAN은 적은 단말을 사용하는 많은 VLAN을 이용해서 종종 다양한 방향으로 LAN이 향상되게 돕는다. 예를 들어, 한 VLAN의 한 호스트로부터 보내진 브로드캐스트는 다른 VLAN의 호스트가 아닌 그 VLAN 안에 있는 다른 모든 호스트가 받고 처리한다. 하나의 브로드캐스트 프레임을 받는 호스트의 숫자를 제약하는 것은, 불필요한 브로드캐스트를 처리하는 호스트의 숫자를 줄인다. 그것은 또한 어떠한 한 호스트로부터 보내진 프레임을 더 적은 호스트가 보기 때문에, 보안 위험을 줄인다. 다음 리스트는 작은 브로드캐스트 도메인(VLAN) 생성을 선택하는 가장 흔한 이유이다.

- 각 브로드캐스트 프레임을 받는 장비들의 숫자를 줄임으로써 각 장비들의 CPU 오버헤드를 줄이기 위해 사용한다.
- 브로드캐스트, 멀티캐스트, 알 수 없는 유니캐스트와 같은 스위치 플러딩 프레임 복사본을 받는 호스트의 숫자를 줄임으로써 보안의 위험을 줄이기 위해 사용한다.
- 중요한 데이터를 보내는 호스트를 다른 VLAN에 할당함으로써 그 호스트의 보안을 향상시키기 위해 사용한다.
- 물리적인 위치 대신, 부서 또는 함께 일하는 그룹을 이용해서 그룹 사용자를 더욱 유연한 디자인으로 생성하기 위해 사용한다.
- 하나의 액세스 스위치에 VLAN을 제한시킴으로써 스패닝 트리 프로토콜(STP)을 위한 작업을 줄이기 위해 사용한다.

이 장은 더 깊게 VLAN의 이유에 대해 설명하지는 않는다. 하지만, 대부분의 엔터프라이즈 네트워크에서는 VLAN을 꽤 사용하는 것을 알 수 있다. 이 장의 나머지 부분에서는 어떤 설정을 요구하는지를 포함하여 여러 개의 시스코 스위치에서 어떻게 VLAN이 동작하는지 더 자세히 알아본다. 그 목적을 달성하기 위해, 다음 절에서는 VLAN 트렁킹, 하나의 LAN 스위치 이상에 존재하는 VLAN을 설치할 때 어떤 기능이 필요로 하는지에 대해 살펴본다.

트렁킹을 이용한 멀티스위치 VLAN 생성하기

한 개의 스위치에 VLAN 구성하기는 아주 적은 노력을 필요로 한다. 간단하게 각 포트에게 그 포트가 할당되어 있는 VLAN 숫자를 설정해 주면 된다. 여러 개의 스위치에서는, 스위치 사

사전 점검 퀴즈 정답

1 B **2** D **3** B **4** A, C **5** A, B **6** B, C

이에서 어떻게 트래픽이 전송되는지에 대한 추가적인 개념을 고려해야만 한다.

여러 개의 연결된 스위치들이 있는 네트워크에서 VLAN을 사용할 때, 그 스위치는 스위치들끼리 연결하는 'VLAN *트렁킹(trunking)*'을 사용할 필요가 있다. VLAN 트렁킹은 보내는 스위치에서 트렁크로 보내기 전에 프레임에 다른 헤더를 붙여 보내는 'VLAN 태깅(tagging)'이라고 불리는 프로세스를 사용하게 한다. 이 추가 트렁킹 헤더는 VLAN *식별자*(VLAN ID) 필드를 포함하고 있어서, 보내는 스위치에서는 그 특정 VLAN ID를 가진 프레임을 연동할 수 있고, 받는 스위치에서는 각 프레임이 어떤 VLAN을 가지고 있는지 알 수 있다.

[그림 1-3]은 트렁킹을 사용하지 않지만, 여러 개의 스위치에 존재하는 VLAN을 보여주고 있는 예이다. 먼저, 이 디자인은 두 개의 VLAN(VLAN 10과 VLAN 20)을 사용한다. 각 스위치는 각 VLAN에 할당된 두 개의 포트를 가지고 있고, 그래서 각 VLAN은 두 개 모두의 스위치에 존재한다. 두 개의 스위치 사이에서 VLAN 10의 트래픽을 전송하기 위해서는, 디자인은 두 스위치 간에 VLAN 10에 완전히 속해 있는 링크를 포함하고 있어야 한다. 이와 같이, 스위치 간 VLAN 20 트래픽을 지원하기 위해서, 이 디자인은 스위치 간에 VLAN 20에 완전히 속해 있는 두 번째 링크를 사용해야 한다.

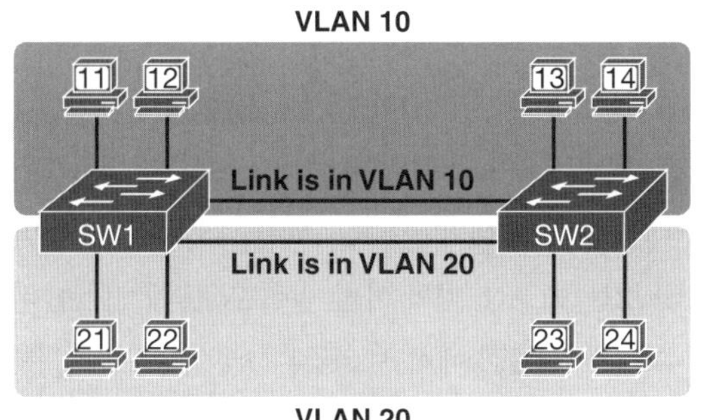

[그림 1-3] VLAN 트렁킹 없는 멀티스위치 VLAN

[그림 1-3]의 디자인은 완벽하게 동작한다. 예를 들어, VLAN 10번에 있는 PC11은 PC14에게 프레임을 보낼 수 있다. 그 프레임은 SW1으로 흐르고, 위에 있는 VLAN 10에 있는 링크를 통해 SW2로 넘어간다.

[그림 1-3]에 보이는 디자인은 동작하지만, 이것이 간단하게 확장이 잘 되지는 않는다. 이것은 각 VLAN을 지원하기 위해 스위치 간 하나의 물리적인 링크를 요구한다. 만약 디자인이 10개 또는 20개의 VLAN을 필요로 한다면, 스위치 간 10개 또는 20개의 링크가 필요하게 되고, 이 링크를 사용하기 위해 각각의 스위치에 10개 또는 20개의 포트가 필요하게 된다.

VLAN 태깅 개념

VLAN 트렁킹은 필요로 하는 만큼의 VLAN을 지원할 수 있게 스위치들 간에 하나의 링크를 만든다. VLAN 트렁크로, 스위치는 그 링크를 모든 VLAN들의 파트인 것처럼 취급한다. 동시에 그 트렁크는 트래픽을 분리 보관하고, 그래서 VLAN 10의 프레임이 VLAN 20의 장비에 가지 않게 하며 반대의 경우도 마찬가지이다. 각 프레임은 트렁크를 통과하면서 VLAN 번호에 의해 식별되기 때문이다. [그림 1-4]는 두 개의 스위치 사이에 하나의 물리적인 링크를 보여 준다.

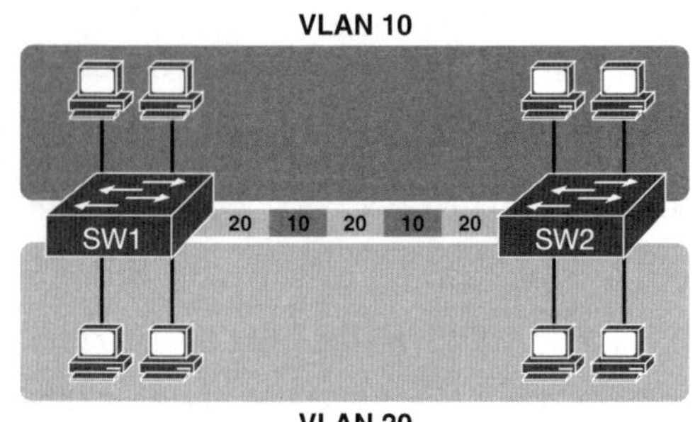

[그림 1-4] 트렁킹을 통한 멀티스위치 VLAN

트렁킹 사용은 이더넷 프레임에 작은 헤더를 붙임으로써 하나의 물리적인 연결을 통해 여러 개의 VLAN으로부터 프레임들이 통과할 수 있게 한다. [그림 1-5]는 **단계①** 에서 PC11이 Fa0/1 인터페이스에 브로드캐스트 프레임을 보낸다. 이 프레임을 플러드하기 위해, 스위치 SW1은 스위치 SW2에게 브로드캐스트 프레임을 전송해야 한다. 그러나 SW1은 프레임이 VLAN 10의 일부이고, 프레임을 받고 나면 SW2는 VLAN 20이 아닌, VLAN 10에게만 플러드해야 한다고 SW2에게 알려줄 필요가 있다. 그래서 **단계②** 에서 보여주는 것처럼, 프레임을 보내기 전에 SW1은 기존 이더넷 프레임에 10이라는 VLAN ID를 넣은 VLAN 헤더를 붙인다.

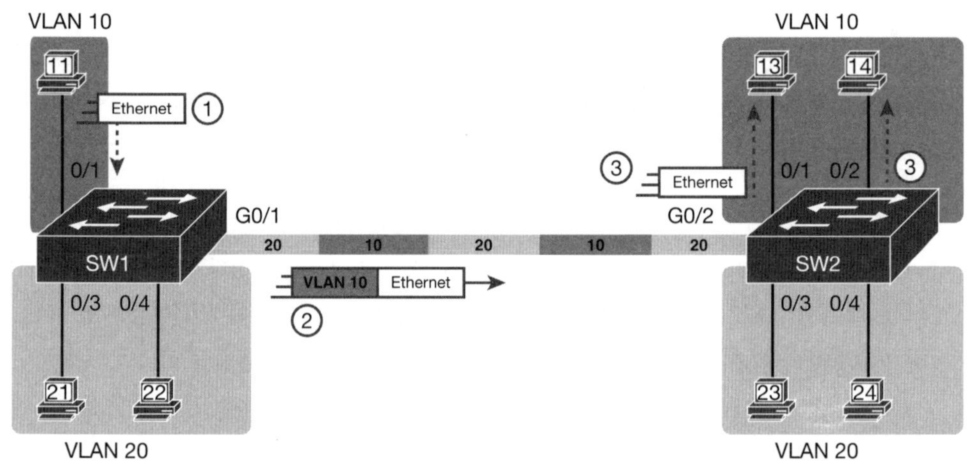

[그림 1-5] 두 스위치 간의 VLAN 트렁킹

SW2가 프레임을 받으면, 그것은 프레임이 VLAN 10에 있다는 것을 이해한다. SW2는 그러면 VLAN 헤더를 제거하고, VLAN 10의 인터페이스에 오리지널 프레임을 보낸다(**단계③**).

다른 예로, VLAN 20에 있는 PC21이 브로드캐스트를 보내는 상황을 고려해 보자. SW1 Fa0/4(VLAN 20에 그 포트가 있기 때문에)를 통해 브로드캐스트를 보내고, Gi0/1(왜냐하면 트렁크이기 때문에, 이것은 여러 개의 다른 VLAN을 지원한다는 의미이다)로 내보낸다. SW1 은 프레임에 20이라는 VLAN ID를 포함한 트렁킹 헤더를 붙인다. SW2는 프레임이 VLAN 20에 속해 있다는 것을 결정한 후 트렁킹 헤더를 떼어내는데, 이렇게 함으로써 SW2는 프레임을 VLAN 10에 속해 있는 포트 fa0/1과 fa0/2로 보내는 것이 아닌, VLAN 20에 속해 있는 포트 fa0/3과 fa0/4에 포워드해야 하는 것을 알 수 있다.

802.1Q와 ISL VLAN 트렁킹 프로토콜

시스코는 수년 동안 인터-스위치 링크(ISL, Inter-Switch Link)와 IEEE 802.1Q 두 가지 트렁킹 프로토콜을 지원하고 있다. 시스코는 802.1Q보다 오래 전에 ISL을 만들었는데, 그 이유 중 하나는 IEEE가 VLAN 트렁킹 표준을 정의하지 않았었기 때문이다. 시간이 지난 후, IEEE는 트렁킹을 하기 위한 다른 방식으로 정의된 802.1Q 표준을 완료했다. 오늘날 802.1Q가 가장 많이 쓰는 트렁킹 프로토콜이 되면서 시스코는 심지어 이 책의 예에 사용되는 카탈리스트 2960 스위치를 포함해서 새로운 LAN 스위치 모델 일부에도 ISL을 지원하지 않는다.

VLAN ID를 가지고 각 프레임에 ISL과 802.1Q를 모두 태그하지만, 세부 사항은 모두 다르다. 802.1Q는 [그림 1-6]의 윗부분에서 보이는 것과 같이, 기존 프레임의 이더넷 헤더에 추가 4바이트 802.1Q VLAN 헤더를 넣는다. 802.1Q 헤더 안의 필드는, 이 책에서 논의하는 주제를 위해 단지 802.1Q 헤더 안에 있는 12비트의 VLAN ID 필드만 신경쓴다. 이 12비트 필드는 이론적으로 최대 2^{12}(4,096)개의 VLAN을 지원하지만, 실제로는 최대 4,094개를 지원한다(802.1Q와 ISL 모두 두 개의 값(0과 4,095)을 포함해서 12비트 VLAN ID를 태그한다).

Key Topic

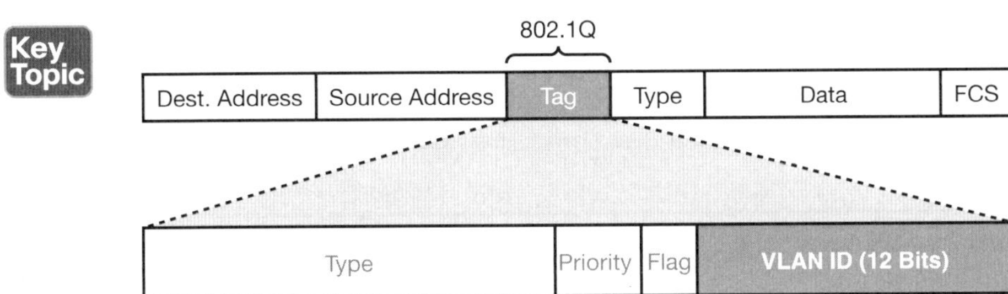

[그림 1-6] 802.1Q 트렁킹

시스코 스위치는 VLAN ID(1-4094) 에서 일반 범위와 확장 범위로 나누어진다. 모든 스위치는 1부터 1005까지 일반 범위 VLAN을 사용할 수 있다. 일부 스위치만이 1006부터 4094까지의

VLAN ID를 가진 확장된 범위 VLAN을 사용할 수 있다. 어떤 스위치가 확장된 범위 VLAN을 사용하는지에 대한 규칙은 다음 장의 'VLAN 트렁킹 설정'에서 간략하게 논의될 VLAN 트렁킹 프로토콜(VTP) 설정에 따라 다르다.

802.1Q는 또한 각 트렁크에 네이티브 VLAN(기본으로 VLAN 1 사용)으로써 하나의 특별한 VLAN ID를 정의한다. 정의에 의해, 802.1Q는 네이티브 VLAN의 프레임에 802.1Q 헤더를 붙이지 않는다. 트렁크의 반대 방향의 스위치가 802.1Q 헤더가 없는 프레임을 받으면, 받는 스위치는 프레임이 네이티브 VLAN이라는 것을 안다. 이 행동 때문에, 두 개의 스위치는 어떤 VLAN을 네이티브 VLAN으로 할 것인지 동의해야만 한다.

802.1Q 네이티브 VLAN은 몇 가지 흥미로운 기능을 제공하는데, 주로 트렁킹을 이해하지 못하는 장비들을 연결할 수 있게 지원하는 일이다. 예를 들어, 시스코 스위치는 802.1Q 트렁킹을 이해하지 못하는 스위치와 연결될 수 있다. 그 시스코 스위치는 트렁킹 헤더가 없는 네이티브 VLAN의 프레임을 보낼 수 있고, 다른 스위치는 그 프레임을 이해할 수 있다. 네이티브 VLAN 개념은 최소한 한 개의 VLAN(네이티브 VLAN)으로 트래픽을 보낼 수 있는 텔넷으로부터 스위치의 도달 가능성과 같은 기본 개념을 허용하는 능력을 제공한다.

VLAN 사이의 데이터 전송

수많은 VLAN을 포함한 캠퍼스 LAN을 생성한다면, 일반적으로 여전히 모든 장비가 다른 장비에 데이트를 보낼 수 있어야 한다. 다음 주제에서는 이 VLAN 사이에서 어떻게 데이터를 보내는지에 대해 논의할 것이다.

먼저, LAN 스위치의 몇 가지 카테고리에 대한 용어를 알고 있으면 도움이 될 것이다. 『ICND1 학습 가이드』에 서술된 모든 이더넷 스위치 기능은 OSI 2계층 프로토콜에 의해 정의된 설명과 논리를 사용한다. 예를 들어, ICND1 학습 가이드에서는 많은 장에서 어떻게 LAN 스위치들이 2계층 개념에서 이더넷 프레임을 받는지, 이더넷 MAC 주소를 보는지, 다른 인터페이스로 어떻게 이더넷 프레임을 보내는지에 대해 논의한다. 이 장은 다른 2계층 개념인 브로드캐스트 도메인으로서 VLAN의 개념에 대해 이미 논의했다.

『ICND1 학습 가이드』에서 일부 LAN 스위치는 설명된 대로 작동하지만, 일부 LAN 스위치는 더 많은 기능을 가지고 있다. 2계층 논리를 기반으로 데이터를 보내는 LAN 스위치를 종종 *2계층 스위치(L2 스위치)*라고 부른다. 그러나 일부 다른 스위치는 3계층 프로토콜에 의해 정의된 추가적인 논리를 사용해서 라우터와 같은 기능을 수행할 수 있다. 이러한 스위치들을 멀티 계층 스위치 또는 *3계층 스위치(L3 스위치)*라고 부른다. 이 절에서는 L2 스위치를 사용할 때 VLAN 간의 데이터가 어떻게 보내지는지 먼저 논의하고, L3 스위치를 어떻게 사용할 것인지 알아보며 간단히 마무리한다.

캠퍼스 LAN 디자인에서 VLAN을 포함시키면, VLAN의 장비들은 같은 서브넷 상에 있어야만 한다. 같은 디자인 논리로, 다른 VLAN의 장비들은 다른 서브넷 상에 있어야 한다. 예를 들어, [그림 1-7]에서, 왼쪽의 VLAN 10에 있는 두 개의 PC는 서브넷이 10이다. 오른쪽에 위치한 다른 VLAN(20)에 있는 PC 두 대는 다른 서브넷(20)을 사용한다.

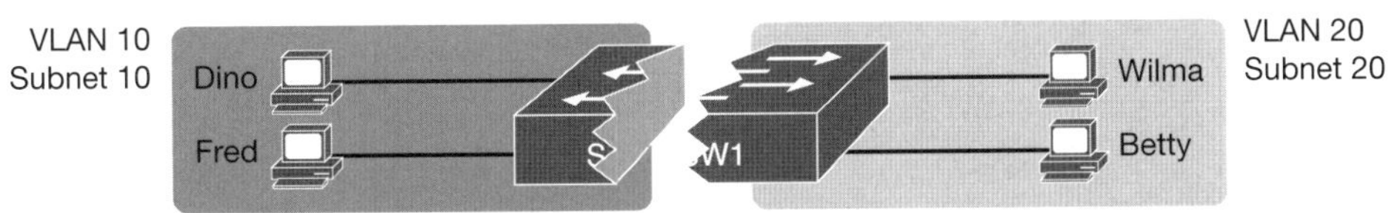

[그림 1-7] L2 스위치는 VLAN 간에 라우트하지 않는다.

> **NOTE** 이 그림은 서브넷 숫자가 산만하지 않도록 서브넷을 '서브넷 10'과 같이 일반적으로 지칭한다. 또한 서브넷 숫자는 VLAN 숫자와 동일한 번호일 필요가 없다.

[그림1-7]의 L2 스위치는 두 개의 VLAN 간에 데이터를 전송하지 않는다는 것을 강조하기 위해 스위치가 두 개로 쪼개어진 것을 보여준다. 몇 개의 포트가 VLAN 10으로 설정되고, 다른 것들은 VLAN 20으로 설정된다면, 스위치는 트래픽이 보내지는 두 개의 다른 스위치와 같이 작동한다. 사실, VLAN의 목적은 하나의 VLAN에 있는 트래픽을 다른 VLAN으로부터 분리시키고, 다른 VLAN으로 프레임이 새는 것을 방지함에 있다.

예를 들어, VLAN 10에 있는 디노(Dino)가 이더넷 프레임을 보낼 때, SW1이 L2 스위치라면, 그 스위치는 오른쪽에 있는 VLAN 20에 프레임을 전송하지 않을 것이다.

L2 스위치가 VLAN 밖으로 프레임을 전송하지 않는다 하더라도, 전체로서 네트워크는 트래픽을 각각의 VLAN으로 들여보내거나 밖으로 내보내는 것을 지원해야 한다. 데이터 전송을 위해 VLAN으로 들여보내거나 밖으로 내보내는 일은 라우터를 통한다. 두 개의 VLAN 간에 2계층 이더넷 프레임을 스위칭하는 대신에, 네트워크는 두 개의 서브넷 간에 3계층 패킷을 전송해야만 한다.

바로 앞에서 있는 2계층과 3계층 부분을 잠시 다시 읽고 고민하는 시간을 가져보자. 2계층 논리는 L2 스위치가 VLAN 간에 2계층 프로토콜 데이터 유닛(L2PDU)을 보내는 것을 허용하지 않는다. 그러나 라우터는 그들에게 일반적인 일로써 서브넷 간에 3계층 PDU(L3PDU) 패킷을 전송할 수 있다.

[그림 1-8]은 서브넷 10과 20 간에 패킷을 전송할 수 있는 것을 보여준다. 이 그림은 [그림 1-7]과 같은 2개의 다른 VLAN으로 나누어지고, 똑같은 VLAN과 서브넷 안에 있는 같은 PC를 가지고, 똑같은 관점의 L2 스위치를 보여준다. 이제 라우터 R1은 하나의 물리적인 LAN 인터페이스가 스위치에 연결되어 있고 VLAN 10에 할당된다. 두 번째 물리적인 인터페이스도 스

위치에 연결하고 VLAN 20에 할당된다. 각 서브넷에 연결된 인터페이스로, 서브넷 간 IP 패킷 전송을 라우터가 하는 동안, L2 스위치는 VLAN 내의 프레임을 계속 전송할 수 있다.

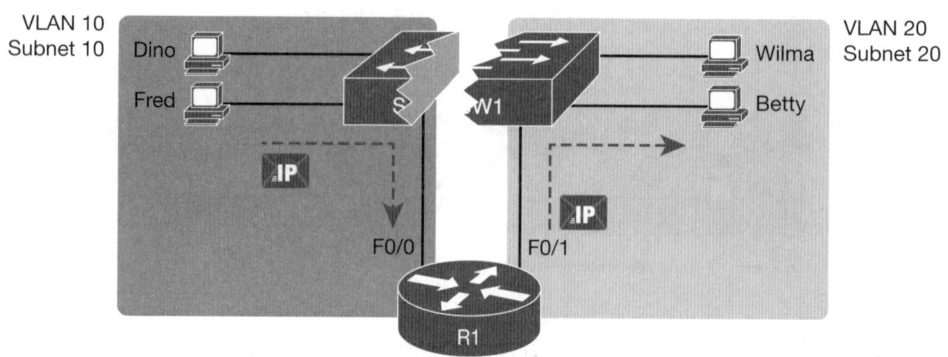

[그림 1-8] 두 개의 물리적인 인터페이스 상의 두 VLAN 간 라우팅

이 그림은 하나의 VLAN과 서브넷에 있는 프레드(Fred)로부터 다른 곳에 있는 베티(Betty)로 IP 패킷이 전송되는 것을 보여준다. L2 스위치는 두 개의 다른 2계층 이더넷 프레임을 전송한다: 하나는 VLAN 10에서 프레드로부터 R1의 F0/0 인터페이스로, 다른 하나는 VLAN 20으로, R1의 F0/1 인터페이스로부터 베티까지다. L3의 관점에서, 프레드는 디폴트 라우터(R1)에게 IP 패킷을 보내고, 다른 인터페이스(F0/1)에서 R1은 베티가 있는 다른 서브넷으로 패킷을 내보낸다.

[그림 1-8]에서 보여주는 디자인이 작동하는 동안, VLAN마다 하나씩, 너무 많은 물리적인 인터페이스를 사용한다. 훨씬 적게 비용이 들고 선호되는 옵션은 스위치와 라우터 사이에 모든 VLAN을 지원하면서도 하나의 물리 링크만이 요구되는 VLAN 트렁크다. 트렁킹은 두 개의 스위치 간, 라우터와 스위치 간, 또는 심지어 서버 하드웨어와 스위치 간에도 작동한다.

[그림 1-9]는 [그림 1-8]과 동일하게 프레드로부터 베티에게 패킷을 보내는 똑같은 디자인 발상을 보여준다. 다른 점은, 이제 R1은 각 VLAN마다 다른 링크를 사용하는 것 대신 VLAN 트렁킹을 사용한다.

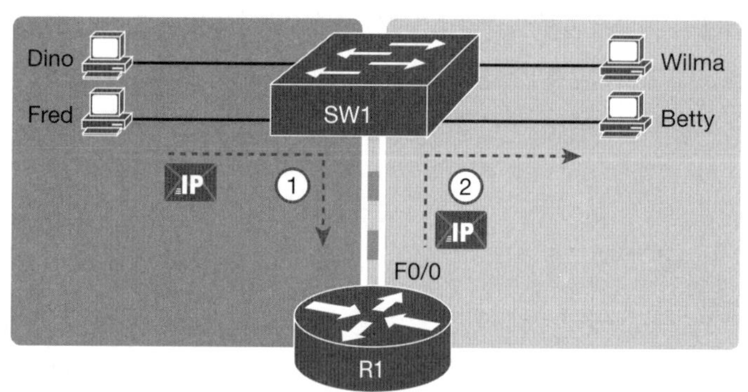

[그림 1-9] 라우터의 트렁크를 사용해서 두 VLAN 간 라우팅

> **NOTE** 라우터가 LAN 스위치와 한 개의 물리적인 연결을 가지고 있기 때문에, 이 디자인은 종종 'ROAS, 라우터-온-어-스틱(router-on-a-stick)'이라 불린다.

용어에 대해 간략하게 설명하자면, 많은 사람들이 [그림 1-8]과 [그림 1-9]의 개념을 'VLAN 간 패킷 전송'으로 묘사한다. 당신은 그 문장을 사용해도 되고, 사람들은 당신이 무엇을 말하는지 알 것이다. 그러나 이 문장은 3계층 개념인 '라우팅 패킷'과 2계층 개념인 'VLAN'을 언급하기 때문에, 문자 그대로는 사실이 아니다. 이것은 글자 그대로 '각 2계층 VLAN에게 맵핑된 서브넷과 함께, 3계층 서브넷 간 3계층 패킷 라우팅'을 길게 사용하는 대신, 단지 'VLAN 간 라우팅'과 같이 단어를 줄여 사용한 것뿐이다.

L3 스위치의 패킷 라우팅

물리 라우터를 사용한 패킷 라우팅은, 심지어 [그림 1-9]에서 보여준 라우터-온-어-스틱(ROAS)의 VLAN 트렁크를 사용해도, 여전히 뚜렷한 문제가 있다면 그것은 성능이다. 물리적인 링크는 얼마나 많은 비트가 라우팅 될 수 있는지 상한선을 두고, 조금 덜 비싼 라우터는 덜 효과적이고 트래픽 양을 따라잡기 위한 충분히 큰 숫자의 초당 패킷(pps)을 라우팅 할 수 없을지 모른다.

궁극적인 솔루션은 LAN 스위치 하드웨어 내의 라우팅 기능으로 옮겨간다. 제조사들은 한참 전부터 L2 스위치의 하드웨어와 소프트웨어 기능을 합치기 시작했고, 여기에 L3 라우터를 더해, *멀티계층 스위치*라고도 알려진 *L3 스위치*라고 불리는 제품을 만들고 있다. L3 스위치는 L2 스위치처럼 작동하게 설정될 수도 있고, 또는 L2 스위칭과 L3 라우팅 모두를 할 수 있게 설정될 수도 있다.

오늘날 많은 중견 또는 큰 사이즈의 엔터프라이즈 LAN은 L3 스위치를 캠퍼스에서 서브넷(VLAN) 간에 패킷을 전송할 수 있게 하기 위해 사용한다.

이러한 개념으로, L3 스위치는 본래 L2 LAN 스위치와 L3 라우터에 기반한 두 개의 장비와 거의 똑같이 작동한다. 사실, [그림 1-8]에서 보여주는 개념과 L2 스위치와 L3 라우터 각각의 패킷 플로를 이해하고, 이 기능들이 한 장비 안에서 일어난다고 상상해보면, L3 스위치가 하는 일에 대한 일반적인 개념을 이해할 수 있다. [그림 1-10]은 L2 스위치 기능과 별도의 L3 라우팅 기능을 하는 하나의 L3 스위치를 보여주는 오버레이를 통해 [그림1-8]의 많은 세부사항들을 반복하면서 정확한 개념을 보여준다.

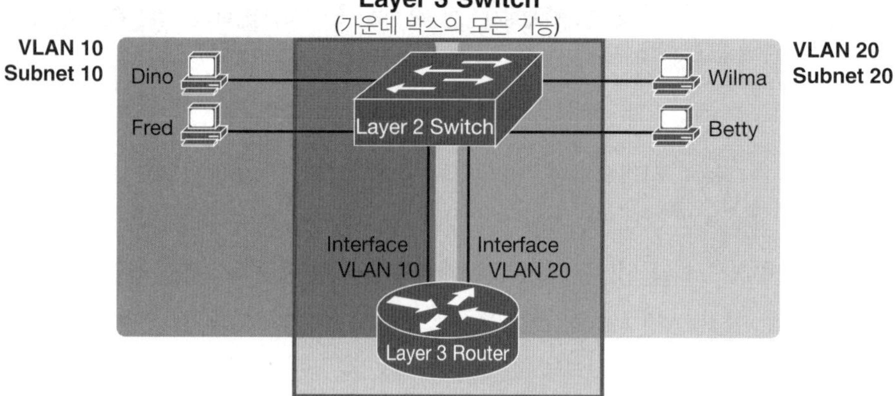

[그림 1-10] 멀티레이어 스위치: 하나의 장비에서 L3 라우팅과 함께 L2 스위칭

이 장에서는 VLAN 간(더 정확하게 VLAN의 서브넷 간) IP 패킷 라우팅 필수 개념을 소개했다. 19장 'LAN의 IPv4 라우팅'은 라우터-온-어-스틱과 외부 라우터를 사용한 디자인을 어떻게 설정하는지 보여준다. 이 장은 VLAN과 VLAN 트렁크를 설정하고 검증하는 것으로 주의를 돌린다.

VLAN과 VLAN 트렁킹 설정 및 검증

시스코 스위치를 작동시키기 위해 별도의 설정을 하지 않아도 된다. 시스코 스위치를 구입하고 케이블링을 해서 장비를 설치하고, 전원을 올리면 스위치는 작동한다. 설정하지 않아도 스위치는 잘 돌아가며, 심지어 스위치를 서로 연결할 때도 별도의 설정이 필요 없다. 그러나 하나 이상의 VLAN이 필요하면서부터 상황은 달라진다. 하지만 이것은 대부분의 엔터프라이즈 네트워크에 일반적으로 적용되는 특징이다.

이 장의 두 절에서는 'VLAN 설정'을 자세히 설명한다. 첫 번째 절에서는 VLAN 트렁킹을 사용하지 않는 스위치 인터페이스인 '액세스 인터페이스' 설정을 볼 것이다. 두 번째 절에서는 VLAN 트렁킹을 사용하는 인터페이스 설정을 보여줄 것이다.

VLAN 생성 및 인터페이스에 액세스 VLAN 할당

이 절에서는 VLAN 생성 방법, VLAN에 이름 붙이는 방법, VLAN에 인터페이스 할당하는 방법을 설명한다. 기본적인 세부 사항에 중점을 두기 위해 이 절의 예에서는 한 대의 스위치를 사용하므로 VLAN 트렁킹은 필요하지 않다.

시스코 스위치에서 특정 VLAN에 프레임을 전달하기 위해 스위치에 VLAN이 있는 것으로 설정되어야 한다. 추가적으로, 스위치에는 트렁킹 되어 있지 않은 인터페이스가 있어야 하며, 이를 액세스 인터페이스(access interface)라 한다. 액세스 인터페이스는 VLAN이나 VLAN을 지원하는 트렁크에 할당되어야 한다. VLAN을 생성하고 액세스 인터페이스에 VLAN을 할당하는 설정 단계는 다음과 같다(트렁크 설정에 대해서는 'VLAN 트렁킹 설정' 절에서 다룬다).

단계 ① 새로운 VLAN을 설정하는 단계는 다음과 같다.

Ⓐ 설정 모드에서 **vlan** *vlan-id* 전역 설정 명령어를 사용해서 VLAN을 생성하고 VLAN 설정 모드로 이용한다.

Ⓑ VLAN 구성 모드에서 **name** *name* 명령어를 사용해서 VLAN 이름을 나열한다. 만약 설정하지 않으면, VLAN 이름은 VLAN*ZZZZ*가 되며, 여기서 *ZZZZ*는 4자리의 10진수로 된 VLAN ID이다.

단계 ② 각각의 액세스 인터페이스(하나의 VLAN에 속해 있지만 트렁크가 아닌 인터페이스)에 다음과 같은 단계를 따른다.

Ⓐ 원하는 인터페이스에서 전역 설정 모드의 **interface** *type number* 명령어를 사용해 인터페이스 설정 모드로 이동한다.

Ⓑ 인터페이스 설정 모드의 **switchport access vlan** *id-number* 명령어를 사용해서 해당 인터페이스와 연계된 VLAN 번호를 명시한다.

Ⓒ (옵션) 인터페이스 설정 모드의 **switchport mode access**를 사용해서 포트를 항상 트렁크가 아닌 액세스 모드로 작동하게 한다.

위의 항목이 많아 보일 수 있지만, 하나의 스위치의 프로세스는 꽤 간단하다. 예를 들어, 만약 VLAN 11, 12, 13 세 개의 VLAN에 스위치 포트들을 넣고 싶다면, **`vlan 11, vlan 12, vlan 13`** 세 개의 **`vlan`** 명령어만 추가하면 된다. 그리고 각 인터페이스에 적절한 VLAN을 할당하기 위해 **`switchport access vlan 11`**(또는 12나 13)을 추가하면 된다.

NOTE *디폴트 VLAN*(시험 주제에서 보여준) 용어는 **switchport access vlan** *vlan-id* 명령어의 기본 설정을 가리키는 것이며, 기본값은 VLAN ID 1이다. 즉, 기본적으로 각 포트는 액세스 VLAN 1에 할당된다.

VLAN 설정 예 1: 전체 VLAN 구성

[예 1-1]의 설정 과정에서는 새로운 VLAN을 추가하고 추가된 VLAN에 액세스 인터페이스를 할당한다. [그림 1-11]은 예에서 사용한 네트워크로서, 한 대의 LAN 스위치(SW1)와 세 개의 VLAN(1, 2, 3)이 있으며, 각 VLAN에는 두 대의 호스트가 있다. 예를 보면 VLAN 2와 여기에 속한 인터페이스에는 2단계 과정이 상세하게 적용되어 있는 것을 알 수 있고, VLAN 3에 대한 설정은 미뤄졌으며, 이는 다음 예에서 진행한다.

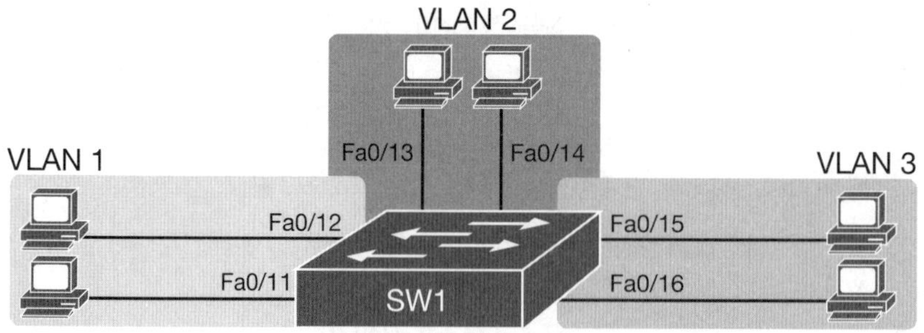

[그림 1-11] 하나의 스위치와 세 개의 VLAN을 가진 네트워크

```
SW1# show vlan brief
VLAN Name                             Status    Ports
---- -------------------------------- --------- -------------------------------
1    default                          active    Fa0/1, Fa0/2, Fa0/3, Fa0/4
                                                Fa0/5, Fa0/6, Fa0/7, Fa0/8
                                                Fa0/9, Fa0/10, Fa0/11, Fa0/12
                                                Fa0/13, Fa0/14, Fa0/15, Fa0/16
                                                Fa0/17, Fa0/18, Fa0/19, Fa0/20
                                                Fa0/21, Fa0/22, Fa0/23, Fa0/24
                                                Gi0/1, Gi0/2
1002 fddi-default                     act/unsup
1003 token-ring-default               act/unsup
1004 fddinet-default                  act/unsup
1005 trnet-default                    act/unsup
! 위의 VLAN 2와 3는 아직 존재하지 않는다. 아래에는 VLAN 2에 할당 된 Freds-vlan이라는 이름의
! VLAN 2가 추가되었다.

SW1# configure terminal
Enter configuration commands, one per line.  End with CNTL/Z.
SW1(config)# vlan 2
SW1(config-vlan)# name Freds-vlan
SW1(config-vlan)# exit
SW1(config)# interface range fastethernet 0/13 - 14
SW1(config-if)# switchport access vlan 2
SW1(config-if)# switchport mode access
SW1(config-if)# end

! 아래의 show running-config 명령어는 인터페이스 Fa0/13과 Fa0/14 의 인터페이스 하위명령어를 나열한다.
! interfaces Fa0/13 and Fa0/14.
SW1# show running-config
! Many lines omitted for brevity
! Early in the output:
vlan 2
 name Freds-vlan
!
! 간략화를 위한 더 많은 라인 생략
```

```
interface FastEthernet0/13
 switchport access vlan 2
 switchport mode access
!
interface FastEthernet0/14
 switchport access vlan 2
 switchport mode access
!

SW1# show vlan brief

VLAN Name                             Status    Ports
---- -------------------------------- --------- -------------------------------
1    default                          active    Fa0/1, Fa0/2, Fa0/3, Fa0/4
                                                Fa0/5, Fa0/6, Fa0/7, Fa0/8
                                                Fa0/9, Fa0/10, Fa0/11, Fa0/12
                                                Fa0/15, Fa0/16, Fa0/17, Fa0/18
                                                Fa0/19, Fa0/20, Fa0/21, Fa0/22
                                                Fa0/23, Fa0/24, Gi0/1, Gi0/2
2    Freds-vlan                       active    Fa0/13, Fa0/14
1002 fddi-default                     act/unsup
1003 token-ring-default               act/unsup
1004 fddinet-default                  act/unsup
1005 trnet-default                    act/unsup

SW1# show vlan id 2
VLAN Name                             Status    Ports
---- -------------------------------- --------- -------------------------------
2    Freds-vlan                       active    Fa0/13, Fa0/14

VLAN Type  SAID       MTU   Parent RingNo BridgeNo Stp  BrdgMode Trans1 Trans2
---- ----- ---------- ----- ------ ------ -------- ---- -------- ------ ------
2    enet  100010     1500  -      -      -        -    -        0      0

Remote SPAN VLAN
----------------
Disabled

Primary Secondary Type              Ports
------- --------- ----------------- ------------------------------------------
```

[예 1-1] VLAN 설정 및 인터페이스 할당 예

이 예는 **show vlan brief** 명령어로 시작한다. 이 명령어의 실행 결과를 보면, 다섯 개의 삭제 불가능한 VLAN이 기본적으로 설정되어 있음을 확인할 수 있으며, 모든 인터페이스는 다섯 개의 VLAN 중에 VLAN 1에 할당되어 있다(VLAN1은 지워질 수 없지만, 사용 가능하다. VLAN

1002-1005는 지울 수 없으며, 오늘날 액세스 VLAN으로 사용된다). 첫 번째 명령어의 결과에 의하면, 특히 2960 스위치에는 24개의 패스트 이더넷 포트(Fa0/1~ fa0/24)와 두 개의 기가비트 이더넷 포트(Gi0/1 ~ Gi0/2)가 있으며, 모든 포트가 VLAN 1에 할당되어 있다.

그 다음에 VLAN2를 생성하고 VLAN2에 fa0/13과 fa0/14 인터페이스를 할당하는 과정을 볼 수 있다. 특히 예에서는 **interface range** 명령어를 사용했으며, 이 명령어의 범위에 속한 두 인터페이스에 **switchport access vlan 2** 인터페이스 하위 명령어가 적용되었다. **Show running-config** 명령어의 실행 결과에서 그 내용을 확인할 수 있다.

설정을 추가한 후에 새로운 VLAN을 확인하기 위해, 예에서는 **show vlan brief** 명령어를 반복했다. Fred-vlan이라는 이름의 VLAN 2가 추가되었음을 알 수 있고, 이 VLAN에 Fa0/13과 Fa0/14 인터페이스가 할당되었음을 보여준다. 그 다음 **Show vlan id 2** 명령어는 VLAN2에 Fa0/13과 Fa0/14가 할당되었음을 확인한다.

[예 1-11]에서는 액세스 포트로 작동해야 하는 여섯 개의 스위치 포트를 사용한다. 즉, 각 포트는 트렁킹이 아니어야 하고, **switchport access vlan** *vlan-id* 명령어를 이용해서 하나의 VLAN에 할당되어야만 한다. 그러나 [예 1-1]에서 설정한 것처럼, 스위치는 기본적으로 트렁킹을 협상할 수 있게 되어 있으며, 액세스 인터페이스로서 작동할지, 트렁크 인터페이스로 작동할지 결정하기 때문에, 이 인터페이스들은 트렁크 포트가 되기 위해 협상할 수 있다.

항상 액세스 포트로 작동하는 포트들은 인터페이스 하위 명령어인 **switchport mode access**를 추가할 수 있다. 이 명령어는 이 인터페이스는 오직 액세스 인터페이스만 허용한다고 말해준다. 다음 절인 'VLAN 트렁킹 설정'에서 트렁킹 사용 여부를 협상할 수 있게 하는 명령어에 대해 더 자세하게 논의할 것이다.

> **NOTE** 이 책은 다른 VLAN 설정 예 또한 공부할 수 있는 비디오를 제공한다. 비디오는 DVD에서 찾을 수도 있고, 도우미 웹 사이트에서도 찾을 수 있다.

VLAN 설정 예 2: 더 짧은 VLAN 설정

[예 1-1]에서는 옵션으로 들어가는 여러 설정 명령어를 살펴봤으며, 실제보다 조금 더 길어졌다. 이에 [예 1-2]에서는 [그림 1-11]에서 보여주는 것과 같이 VLAN 3을 추가하는 과정을 보여주면서 훨씬 더 짧은 설정 방법을 제시한다. 이 예의 시작 시점에 SW1은 VLAN 3에 대해서 아무 것도 알지 못한다.

```
SW1# configure terminal
Enter configuration commands, one per line.  End with CNTL/Z.
SW1(config)# interface range Fastethernet 0/15 - 16
SW1(config-if-range)# switchport access vlan 3
% Access VLAN does not exist. Creating vlan 3
SW1(config-if-range)# ^Z

SW1# show vlan brief

VLAN Name                             Status    Ports
---- -------------------------------- --------- -------------------------------
1    default                          active    Fa0/1, Fa0/2, Fa0/3, Fa0/4
                                                Fa0/5, Fa0/6, Fa0/7, Fa0/8
                                                Fa0/9, Fa0/10, Fa0/11, Fa0/12
                                                Fa0/17, Fa0/18, Fa0/19, Fa0/20
                                                Fa0/21, Fa0/22, Fa0/23, Fa0/24
                                                Gi0/1, Gi0/2
2    Freds-vlan                       active    Fa0/13, Fa0/14
3    VLAN0003                         active    Fa0/15, Fa0/16
1002 fddi-default                     act/unsup
1003 token-ring-default               act/unsup
1004 fddinet-default                  act/unsup
1005 trnet-default                    act/unsup
```

[예 1-2] 더 짧은 VLAN 설정 예(VLAN 3)

[예 1-2]에서 스위치는 **vlan** *vlan-id* 전역 설정 명령어를 실행할 때와 같이 VLAN을 동적으로 생성한다. 이를 위해서 **switchport access vlan** 인터페이스 하위 명령어는 현재 설정되지 않은 VLAN을 참조한다. 이 예에서 SW1은 처음에 VLAN 3을 알지 못한다. **switchport access vlan 3** 인터페이스 하위 명령어가 사용되었을 때, 스위치는 VLAN 3이 존재하지 않는다는 것을 안다. 예의 음영 처리된 부분에서 볼 수 있듯이 스위치는 기본 이름인 VLAN0003을 사용해서 VLAN 3을 생성했다. VLAN을 생성하기 위해 어떤 추가 단계도 요구되지 않았다. **show vlan brief** 명령어의 실행 결과에서 회색 음영이 들어간 부분을 보면 스위치에 VLAN 3이 만들어졌고, Fa0/15와 Fa0/16 인터페이스가 VLAN 3에 속해 있음을 알 수 있다.

VLAN 트렁킹 프로토콜

더 많은 설정 예를 보기에 앞서, 시스코 프로토콜과 도구인 VLAN 트렁킹 프로토콜(VTP)에 대해 알아야 한다. VTP는 시스코 스위치에 있는 고유의 도구로, 이는 **vlan** *number* 명령어로 하나의 스위치에서 구성된 각각의 VLAN을 광고해서, 그 캠퍼스 안에 있는 다른 스위치들이 그 VLAN에 대해서 알게 한다. 그러나 여러 이유로 많은 엔터프라이즈는 VTP를 사용하지 않는다.

각 스위치는 서버, 클라이언트, 트랜스페어런트 세 모드에서 작동한다. 스위치는 VTP를 사용하고 싶을 때 동적으로 VLAN 설정 정보를 광고하기 위한 목적으로, VTP 서버나 클라이언트 모드 둘 중에 하나를 사용한다. 그러나 많은 시스코 스위치와 IOS 버전이 있어서, VTP는 시스코 스위치에서 완전하게 비활성화되지 않는다. 대신, 스위치는 VTP 트랜스페어런트 모드를 사용해서 VTP를 비활성화시킨다.

5장 'VLAN 트렁킹 프로토콜'에서는 VTP를 어떻게 사용할지에 대해 논의한다. 1장부터 4장까지는 대부분 VTP를 무시한다. 그렇게 하기 위해, 이 책에서 사용된 모든 예는 스위치가 **vtp mode transparent** 전역 명령어를 통해 VTP 트랜스페어런트 모드를 사용하게 되어 있거나, **vtp mode off** 전역 명령어를 활용해서 비활성화하게 설정되었다. 두 가지 옵션 모두 관리자가 일반 범위와 연장 범위 VLAN 모두 설정하는 것을 허용하며, 스위치의 running-config 파일에는 **vlan** 명령어가 나열되어 있다.

마지막으로, 실전에서 만약 당신이 실제 스위치 또는 시뮬레이터로 랩 연습을 한다면, VLAN에서 특이한 결과를 볼 텐데, 그러면 **show vtp status** 명령어를 사용해서 VTP 상황을 확인하라. 만약 당신의 스위치가 VTP 서버 혹은 클라이언트 모드를 사용하고 있다면 아래와 같은 것을 찾을 것이다:

- 서버 스위치는 일반 범위(1-1005)에서만 VLAN을 설정할 수 있다.
- 클라이언트 스위치는 VLAN을 설정할 수 없다.
- 서버와 클라이언트 모두 다른 스위치로부터 새로운 VLAN을 학습할 수 있으며, VTP 때문에 다른 스위치들에 의해 그들의 VLAN이 지워지는 것을 볼 수 있다.
- **show running-config** 명령어는 어떤 **vlan** 명령어도 나열하지 않는다.

만약 랩에서 가능하다면, ICND2 시험 주제를 공부할 때 어떻게 VTP가 작동하는지에 대해 중점을 둘 때까지 스위치에서 VTP 트랜스페어런트 모드로 바꾸거나 VTP를 무시하도록 설정하라.

> **NOTE** 5장에서 설명될 VTP 작동 방법을 알기 전까지 실제 사용되고 있는 네트워크에 연결된 VTP 설정을 변경하지 말라.

VLAN 트렁킹 설정

만약 단지 정적으로 트렁킹을 설정한다면, 두 개의 시스코 스위치 간 트렁킹 설정은 매우 간단하다. 예를 들어, 두 개의 시스코 2960 스위치가 서로 연결되어 있고, ISL이 아닌 802.1Q만 지원한다고 가정하자. 당신은 글자 그대로 각각의 링크에 있는 스위치 인터페이스에 하나의 인터페이스 하위 명령어 **switchport mode trunk**를 넣고, 각 스위치가 아는 모든 VLAN을 지원하는 VLAN 트렁크를 생성하면 된다.

1

그러나 시스코 스위치의 트렁킹 설정은 트렁킹 설정을 동적으로 협상하기 위한 여러 가지 옵션을 포함해서 많은 옵션을 포함한다. 설정은 이미 정의된 다른 설정이 될 수도 있고, 또는 아래와 같이 스위치 설정을 협상하게 할 수도 있다:

- **트렁킹의 종류**: IEEE 802.1Q나 ISL을 선택하거나 협상을 통해 사용할 트렁킹을 선택
- **관리 모드(administrative mode)**: 항상 트렁킹할 것인지, 항상 트렁킹하지 않을 것인지, 아니면 협상할 것인지를 선택

먼저, 트렁킹의 종류를 살펴보자. ISL과 802.1Q를 지원하는 시스코 스위치는 DTP(Dynamic Trunking Protocol)를 사용해서 어떤 종류를 사용할 지 협상할 수 있다. 만약 두 스위치 모두 두 가지 프로토콜 모두 지원한다면, 두 스위치는 ISL을 사용하지만, 그렇지 않은 경우 두 스위치에서 모두 지원하는 트렁킹을 사용한다. 오늘날 많은 시스코 스위치는 오래된 ISL 트렁킹 프로토콜을 지원하지 않는다. 두 가지 종류 모두 지원하는 스위치들은 트렁킹 종류를 설정하거나, 협상하기 위한 DTP 를 허용하기 위해 **switchport trunk encapsulation** {**dot1q** | **isl** | **negotiate**} 하위 명령어를 사용한다.

DTP는 내부 스위치 포트의 관리자 모드에 의해 안내됨으로써 링크의 두 개의 장비가 트렁크로 모두 사용하는 것인지 협상할 수 있다. 관리자 모드는 트렁킹이 사용 여부에 대한 설정값을 나타낸다. 각 인터페이스는 현재 인터페이스에서 일어나고 있는 것을 나타내는 운영 모드(operational mode)를 가지고 있으며, 이는 다른 장비와의 DTP의 협상에서 선택되었을 수 있다. 시스코 스위치는 **switchport mode** 인터페이스 하위 명령어를 사용해서 관리 트렁킹 모드를 [표 1-2]에서 보여주는 것과 같이 정의한다.

명령어 옵션	설명
access	항상 액세스(nontrunk) 포트로 기능하게 한다.
trunk	항상 트렁크 포트로 기능하게 한다.
dynamic desirable	협상 메시지를 보내고 협상 메시지에 응답하며, 이 과정을 통해 트렁킹의 사용 여부를 동적으로 선택한다.
show mac address-table	트렁크 협상 메시지가 오기를 기다리며, 협상 메시지에 반응해 트렁킹의 사용 여부를 협상한다.

[표 1-2] switchport mode 명령어의 트렁킹 관리 모드 옵션

예를 들어, [그림 1-12]와 같이 두 대의 스위치가 있다고 가정하자. 이 그림은 [그림 1-11]의 네트워크를 확장한 것이다. 즉, 새로운 스위치인 SW2에 트렁크가 있으며, SW2의 포트가 VLAN 1과 VLAN 3에 속한다. 이제, 두 스위치의 기가비트 이더넷 링크가 트렁크를 이룬다. 여기서 트렁크는 기본적으로 동적으로 형성하지 않는데, 그 이유는 두 개의 2960 스위치 모두 관리 모드의 *dynamic auto*로 되어 있기 때문이다. 즉, 이는 두 스위치 중 어느 스위치도 트렁크 협상 과정을 시작하지 않음을 의미한다. 한 스위치의 협상을 시작할 수 있는 *dynamic desirable* 모

드를 사용하는 것으로 바꿈으로써 2960은 802.1Q만 지원하기 때문에 스위치는 트렁킹, 특히 802.1Q를 사용하도록 협상한다.

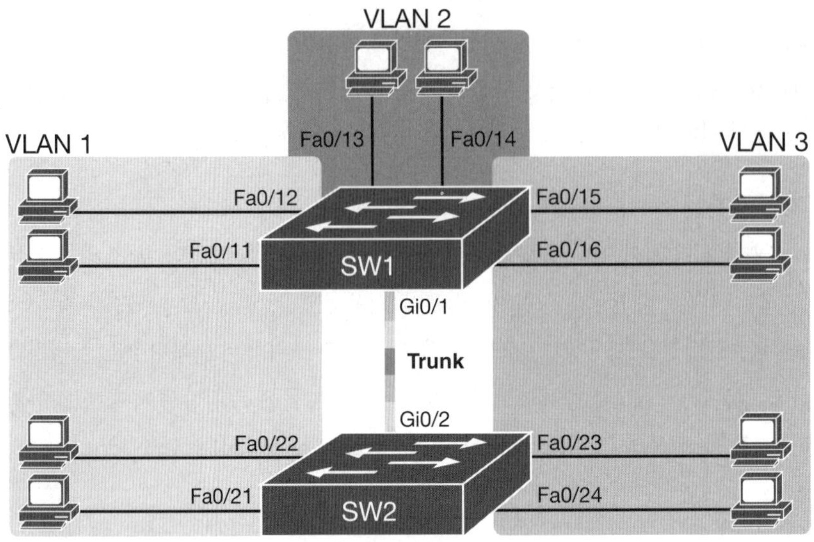

[그림 1-12] 두 스위치와 세 개의 VLAN을 가진 네트워크

[예 1-3]은 [그림 1-12]의 두 개 스위치의 기본 설정에서 트렁크되어 있지 않음을 보여주는 것으로 시작한다.

```
SW1# show interfaces gigabit 0/1 switchport
Name: Gi0/1
Switchport: Enabled
Administrative Mode: dynamic auto
Operational Mode: static access
Administrative Trunking Encapsulation: dot1q
Operational Trunking Encapsulation: native
Negotiation of Trunking: On
Access Mode VLAN: 1 (default)
Trunking Native Mode VLAN: 1 (default)
Administrative Native VLAN tagging: enabled
Voice VLAN: none
Access Mode VLAN: 1 (default)
Trunking Native Mode VLAN: 1 (default)
Administrative Native VLAN tagging: enabled
Voice VLAN: none
Administrative private-vlan host-association: none
Administrative private-vlan mapping: none
Administrative private-vlan trunk native VLAN: none
Administrative private-vlan trunk Native VLAN tagging: enabled
```

```
Administrative private-vlan trunk encapsulation: dot1q
Administrative private-vlan trunk normal VLANs: none
Administrative private-vlan trunk private VLANs: none
Operational private-vlan: none
Trunking VLANs Enabled: ALL
Pruning VLANs Enabled: 2-1001
Capture Mode Disabled
Capture VLANs Allowed: ALL

Protected: false
Unknown unicast blocked: disabled
Unknown multicast blocked: disabled
Appliance trust: none

! 간결함을 위해 라인 일부 생략
SW1# show interfaces trunk
SW1#
```

[예 1-3] 처음(기본) 상태: SW1과 SW2 간의 트렁킹이 되어 있지 않음

먼저, [예 1-3]의 시작 지점에 있는 **show interfaces switchport** 명령어 결과에서 음영된 부분을 보자. 결과는 기본 관리자 모드 옵션이 'dynamic auto'로 되어 있음을 보여준다. SW2도 'dynamic auto'로 기본 설정되어 있기 때문에, 이 명령어는 SW1의 운영 상태를 트렁킹이 아니라는 의미의 'access'로 보여준다. 'Dynamic auto'는 두 개의 스위치 모두 상대 스위치가 협상 시작을 기다린다는 것을 말한다. 세 번째로 음영된 라인에서는 2960 스위치가 802.1Q 트렁킹 종류만 지원하는 것을 보여준다. 이때 ISL과 802.1Q 모두 지원하는 스위치는 이 값이 기본 'negotiate'로 보여주며, 이는 그 타입의 암호화가 협상되었다라는 말이다. 마지막으로 운영 트렁킹 종류는 'native'로 표시되는데, 이는 802.1Q native VLAN을 의미한다.

예의 마지막에서는 **show interfaces trunk** 명령어 결과를 보여주는데, 아무 결과도 출력되지 않는다. 이 명령어는 현재 트렁크로 작동하고 있는 모든 인터페이스, 즉 VLAN 트렁킹을 현재 사용하고 있는 인터페이스에 대한 정보를 보여준다. 인터페이스가 나오지 않는 것으로 보아, 이 명령어는 스위치 간 링크가 트렁킹이 아니라는 것을 확인해 준다.

다음으로, 트렁킹을 활성화한 새로운 설정을 보여주는 [예 1-4]를 보자. 이 예에서는 SW1은 다른 장비를 기다리지 말고, 스위치가 바로 협상을 하고 시작하도록 하는 명령어인 **switchport mode dynamic desirable** 명령어를 설정했다. 이 명령어가 들어가자마자 인터페이스가 내려갔다 올라오는 로그 메시지가 뜨는데, 이것은 인터페이스가 액세스 모드에서 트렁크 모드로 변환되었을 때 나타난다.

```
SW1# configure terminal
Enter configuration commands, one per line.  End with CNTL/Z.
SW1(config)# interface gigabit 0/1
SW1(config-if)# switchport mode dynamic desirable
SW1(config-if)# ^Z
SW1#
%LINEPROTO-5-UPDOWN: Line protocol on Interface GigabitEthernet0/1,
  changed state to down
%LINEPROTO-5-UPDOWN: Line protocol on Interface GigabitEthernet0/1,
  changed state to up
SW1# show interfaces gigabit 0/1 switchport
Name: Gi0/1
Switchport: Enabled
Administrative Mode: dynamic desirable
Operational Mode: trunk
Administrative Trunking Encapsulation: dot1q
Operational Trunking Encapsulation: dot1q
Negotiation of Trunking: On
Access Mode VLAN: 1 (default)
Trunking Native Mode VLAN: 1 (default)
! 간략화를 위한 라인 생략

! 이전의 다음 명령은 하나의 빈 출력 행을 나열했다. 이제는 1개의 운영 트렁크에 대한 정보를 나열한다.
SW1# show interfaces trunk

Port        Mode         Encapsulation  Status        Native vlan
Gi0/1       desirable    802.1q         trunking      1

Port        Vlans allowed on trunk
Gi0/1       1-4094

Port        Vlans allowed and active in management domain
Gi0/1       1-3

Port        Vlans in spanning tree forwarding state and not pruned
Gi0/1       1-3

SW1# show vlan id 2
VLAN Name                             Status    Ports
---- -------------------------------- --------- ----------------------
2    Freds-vlan                       active    Fa0/13, Fa0/14, G0/1

VLAN Type SAID      MTU   Parent RingNo BridgeNo Stp  BrdgMode Trans1 Trans2
---- ---- -------- ----- ------ ------ -------- ---- -------- ------ ------
2    enet 100010    1500  -      -      -        -    -        0      0
```

```
Remote SPAN VLAN
----------------
Disabled

Primary Secondary Type              Ports
------- --------- ----------------- ------------------------------------
```

[예 1-4] SW1에서 Dynamic Auto에서 Dynamic Desirable로 변경

트렁킹이 이제 작동되는지 확인하기 위해서, [예 1-4]의 가운데에 있는 **show interfaces switchport** 명령어가 있다. 참고로, 이 명령어는 여전히 운영 옵션과 함께 설정한 값이라는 것을 보여주는 관리자 옵션을 보여주고 있고, 이것이 현재 스위치가 작동하고 있다는 것을 보여준다. 여기에선, SW1이 운영 트렁킹 암호화인 dot1Q 트렁크의 운영 모드를 요청하고 있다.

예의 마지막에서는 **show vlan id 2** 명령어로 G0/1이 이제 트렁킹 운영 상태라는 것을 확인해주는 결과를 보여준다.

시험에서는, **show interfaces switchport** 명령어의 결과에 관리자 모드가 들어있다는 것을 깨닫고 멈출 수 있게 준비되어야만 하고, 링크가 이러한 설정에 기반해서 트렁크로 운영되고 있는지 여부를 알아야 한다. [표 1-3]은 설정한 값으로부터 나오는 관리 모드와 예상하는 운영 모드(트렁크 또는 액세스)의 조합을 보여준다. 이 표는 왼쪽은 링크의 한쪽 끝에 사용된 관리 모드를, 표에서 위쪽은 링크의 다른 쪽 끝에 사용된 관리 모드이다.

관리 모드	Access	Dynamic auto	Trunk	Dynamic desirable
access	access	access	do not use[1]	access
dynamic auto	access	access	trunk	trunk
trunk	do not use[1]	trunk	trunk	trunk
dynamic desirable	access	trunk	trunk	trunk

[1] 두 스위치의 양끝에 'access'와 'trunk'를 설정하면, 문제가 발생하므로 이 조합은 피한다.

[표 1-3] 관리 모드에 따른 운영 모드 예상 값

마지막으로, 트렁크 설정에 대해 논의하는 것을 마치기 전에, 시스코는 더 나은 보안을 위해 대부분의 포트에서 트렁크 협상 비활성화를 권고하고 있다. 스위치의 대부분의 포트는 사용자와 연결하기 위해 사용된다. 이러한 습관 때문에, **switchport nonegotiate** 인터페이스 하위 명령어를 사용해 DTP 협상을 함께 비활성화시킬 수 있다.

전화기와 연결된 인터페이스 구성

IP 전화기 세계에서는 전화기가 이더넷 네트워크에 연결하기 위해 이더넷 포트를 사용하고, 그래서 그것들은 IP 패킷을 통해 음성 트래픽을 송수신하기 위해 IP를 사용한다. 그것이 작동하게 하기 위해서는 스위치의 이더넷 포트가 액세스 포트처럼 작동해야 하지만, 동시에 그 포트는 트렁크와 같은 방식으로 작동해야 한다. 이 장의 마지막 주제는 이러한 큰 개념을 다룬다.

데이터와 음성 VLAN 개념

IP 전화기가 나오기 전에, PC는 전화기와 함께 같은 책상에 있어야 했다. 전화는 UTP 케이블링을 사용하고, 종종 음성 스위치 또는 PBX(Private Branch Exchange)라고 불리는 음성 장치에 연결해서 사용한다. 물론 PC는 UTP(Unshielded Twisted-pair) 케이블을 사용해서 가장 가까운 배선함(또는 음성 스위치로 사용되는 배선함)에 있는 일반적인 LAN 스위치에 연결한다.

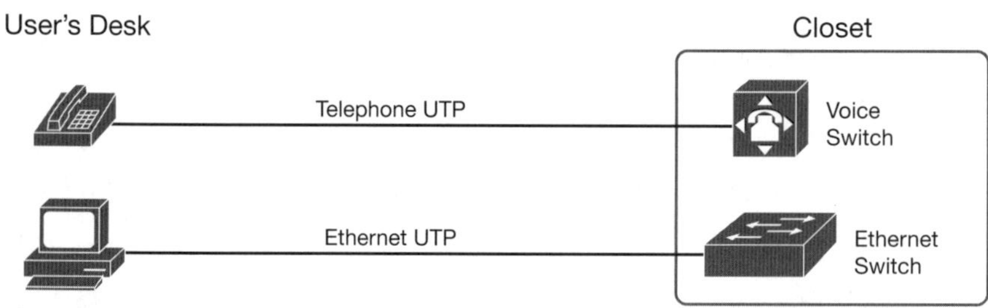

[그림 1-13] IP 전화기 이전: PC, 전화기, 각각 한 개의 케이블, 두 개의 다른 장비로 연결됨

'IP 전화기'는 전화기가 IP 패킷 데이터 일부를 이용해 음성을 보내고 받는 IP 패킷을 적용하는 네트워킹의 지점을 의미한다. 그 전화기는 다른 단말 장비들처럼, 이더넷이나 Wi-Fi를 이용해서 네트워크에 연결되어 있다. 이 새로운 IP 전화기는 이더넷 케이블과 전화기에 있는 이더넷 포트를 사용해서 IP 네트워크에 연결한다. 그런 다음 전화기는 전화 설정 및 PBX의 기능을 대신하는 소프트웨어로 IP 네트워크를 통해 통신했다(이 IP 텔레포니 제어 기능을 수행하는 시스코의 현재 제품은 CUCM(Cisco Unified Communication Manager)이라고 부른다).

이미 설치된 전화 케이블링에서 이더넷을 지원하는 UPT 케이블을 필요로 하는 새로운 IP 전화기로 이전하는 것이 문제가 되는 사무실이 있다. 특히:

- IP 전화기가 아닌 오래된 전화기는 종종 100-Mbps 또는 1000-Mbps 이더넷을 지원하지 않는 UTP 케이블 카테고리를 사용한다.
- 대부분의 사무실은 배선함(wiring closet)에서 각 책상으로 이어지는 단일 UTP 케이블을 사용하지만, 이제는 두 개의 장비(PC와 새로운 IP 전화기) 둘 다 배선함에서 각 책상으로 케이블이 필요하다.
- 모든 책상에 새로운 케이블을 설치하는 것은 비싸고, 더 많은 스위치 포트가 필요하다.

이 문제를 해결하기 위해, 시스코는 각 전화기에 작은 세 개의 포트 스위치를 내장했다.

IP 전화기는 가장 초기 IP 전화기 제품부터 전화기 아래 쪽에 작은 LAN 스위치를 포함한다. [그림 1-14]는 배선함 케이블이 내장된 스위치의 물리 포트에, PC는 다른 물리 포트에 짧은 패치 케이블로, 전화기 내부 CPU는 내부 스위치 포트에 연결되는 기본 케이블링을 보여준다.

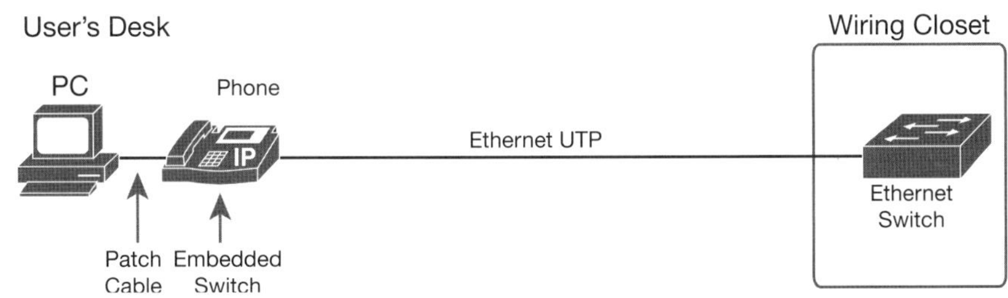

[그림 1-14] IP 전화기와 케이블링, 한 개의 케이블, 그리고 통합된 스위치

오늘날 대부분의 회사를 포함해서 IP 전화를 사용하는 곳은 각 액세스 포트에서 두 개의 장치를 가진다. 시스코의 IP 전화 디자인의 모범 사례는 하나의 VLAN에 이 전화기들을 놓고, 다른 VLAN에 PC를 위치한다. 이렇게 하기 위해서 스위치 포트는 액세스 포트(PC 트래픽을 위해서)나 트렁크(전화기의 트래픽을 위해서)처럼 조금 작동해야 한다. 하나의 포트에 두 VLAN을 정의하는 설정은 다음과 같다:

- 데이터 VLAN: 액세스 포트의 액세스 VLAN과 같은 개념과 설정으로 책상 전화기에 연결된 장치(일반적으로 사용자 PC)에서 트래픽을 전송하기 위해 해당 링크의 VLAN으로 정의된다.
- 음성 VLAN: 전화기의 트래픽을 전송하기 위해 해당 링크에 정의된 VLAN이다. 이 VLAN의 트래픽은 일반적으로 802.1Q 헤더를 가지고 태그된다.

[그림 1-15]는 IP 전화기를 지원하는 두 VLAN의 디자인을 보여준다.

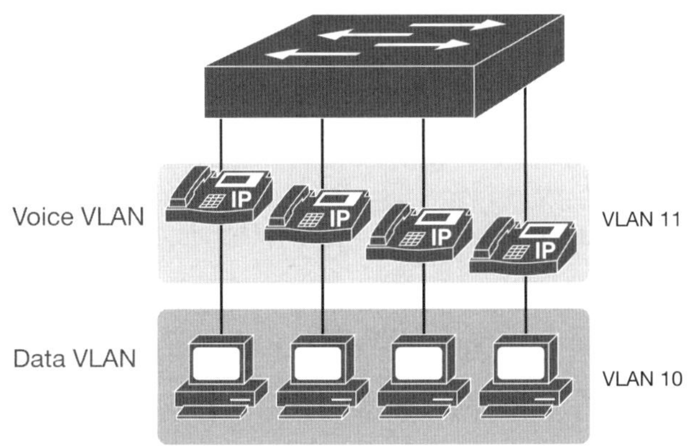

[그림 1-15] VLAN 10 내의 데이터와 VLAN 11 내의 전화기가 있는 LAN 디자인

데이터와 음성 VLAN 구성 및 증명

계획된 음성과 데이터 VLAN ID를 알고 있으면, IP 전화기를 지원하도록 스위치 포트를 설정하는 것은 쉽다. 그것들이 설정되고 나면 **show** 명령어를 이해하는 것은 어려울 수 있다. 포트는 다수의 방식으로 액세스 포트와 같이 작동한다. 그러나 대부분의 설정 옵션을 사용하면, 그 링크가 링크의 두 VLAN의 프레임을 지원하기 위해, 음성 프레임은 802.1Q 헤더를 가지고 흐른다. 하지만, 이것은 다른 **show** 명령어 결과를 만든다.

[예 1-5]는 예를 보여준다. 이 경우, 네 개의 스위치 포트 F0/1-F0/4 모두 기본 설정으로 시작한다. 설정은 새로운 데이터와 음성 VLAN을 추가한다. 이 예는 그런 다음 네 포트를 모두 액세스 포트로 설정하고, IP 전화에 대해 논의할 때 데이터 VLAN이라고 불렀던 액세스 VLAN을 정의한다. 마지막으로 설정은 **switchport voice vlan 11** 명령어를 포함하며, 이는 그 포트에서 음성 VLAN이 사용된다는 것을 정의한다. 이 예는 F0/1-F0/4 포트를 사용해서 [그림 1-15]와 일치한다.

```
SW1# configure terminal
Enter configuration commands, one per line.  End with CNTL/Z.
SW1(config)# vlan 10
SW1(config-vlan)# vlan 11
SW1(config-vlan)# interface range FastEthernet0/1 - 4
SW1(config-if)# switchport mode access
SW1(config-if)# switchport access vlan 10
SW1(config-if)# switchport voice vlan 11
SW1(config-if)#^Z
SW1#
```

[예 1-5] 전화기가 연결된 포트에 음성과 데이터 VLAN 설정

> **NOTE** ICND1 책의 33장 '장비 관리 프로토콜'에서 논의한 CDP는 음성 액세스 포트와 시스코 IP 전화기를 작동하기 위해 인터페이스에서 활성화되어야 한다. CDP는 기본적으로 활성화되어 있어서, 설정은 보여지지 않는다.

다음은 쉬운 복습과 공부를 위한 설정 단계 세부 사항을 나열한 것이다.

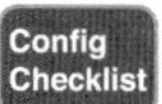

단계 ① 전역 설정 모드에서 vlan *vlan-id* 명령어를 사용해서 만약 스위치에 없다면, 데이터와 음성 VLAN을 생성해라.

평소와 같이 데이터 VLAN을 액세스 VLAN처럼 설정하라:

Ⓐ 인터페이스 설정 모드로 들어가기 위해 전역 설정 모드의 interface *type number* 명령어를 사용해라.

Ⓑ 데이터 VLAN을 정의하기 위해 인터페이스 설정 모드의 **switchport access vlan** *id-number* 명령어를 사용해라.

Ⓒ 이 포트를 항상 액세스 모드(즉, 트렁크가 아닌)로 만들기 위해 인터페이스 설정 모드에서 **switchport mode access** 명령어를 사용해라.

단계 ③ 음성 VLAN ID를 설정하기 위해 인터페이스 설정 모드의 **switchport voice vlan** *id-number* 명령어를 사용해라.

[예 1-5]와 같이 설정된 스위치 포트의 상태를 검증하는 것은 이 장의 전에서 순수 액세스 포트와 순수 트렁크 포트 설정에서 본 것과 비교해 다른 결과를 보여준다. 예를 들어, **show interface switchport** 명령어는 액세스 포트의 여러 세부 사항을 포함해 인터페이스 작동의 세부 사항을 보여준다. [예 1-6]은 [예 1-5]에서 추가한 설정 후의 포트 F0/4에 대한 이러한 세부 사항을 보여준다.

```
SW1# show interfaces FastEthernet 0/4 switchport
Name: Fa0/4
Switchport: Enabled
Administrative Mode: static access
Operational Mode: static access
Administrative Trunking Encapsulation: dot1q
Operational Trunking Encapsulation: native
Negotiation of Trunking: Off
Access Mode VLAN: 10 (VLAN0010)
Trunking Native Mode VLAN: 1 (default)
Administrative Native VLAN tagging: enabled
Voice VLAN: 11 (VLAN0011)
! 나머지 결과값은 간결함을 위해 생략되었다.
```

[예 1-6] 데이터 VLAN(액세스 VLAN)과 음성 VLAN 검증

결과 앞부분에서 음영 처리된 세 줄을 보면, 이 모든 세부 사항은 액세스 포트와 비슷하게 보여야 한다. **switchport mode access** 설정 명령어는 액세스 포트가 되도록 관리 모드를 정적으로 설정했고, 그래서 포트는 물론 액세스 포트로 작동한다. 또한 세 번째에 음영 처리된 줄에서 보여주듯이, **switchport access vlan 10** 설정 명령어는 액세스 모드 VLAN을 정의한다.

네 번째에 음영 처리된 줄은 새로운 작은 정보를 보여준다. 이 경우, **switchport voice vlan 11** 명령어로 설정된 음성 VLAN ID이다. 결과의 이 작은 줄은 이 장에 있는 이전 액세스 포트 예제 결과와 다른 유일한 부분이다.

이러한 포트는 트렁크 포트라기보다 조금 더 액세스 포트와 같이 작동한다. 사실, **show interface** *type number* **switchport** 명령어는 대담하게 '작동 모드: 정적 액세스'라고 선언한

다. 하지만, 다른 **show** 명령어에서는 그 음성 프레임에 태깅한 802.1Q를 사용하는 것에 대해 극히 일부만 나타낸다.

앞에서 언급 했듯이, **show interfaces trunk** 명령어(즉, 명령어 가운데에 특정 인터페이스를 포함하지 않는 명령어)는 스위치에서 작동하는 트렁크를 표시한다. IP 전화 포트를 사용하면, 그 포트는 그 링크들이 트렁크로서 취급되지 않음을 보여주는 트렁크 목록에 나타나지 않는다. [예 1-7]은 이와 같은 예를 보여준다.

그러나 **show interfaces trunk** 명령어의 가운데에 지정된 인터페이스를 사용하는 것은 [예 1-7]에서 보여주는 것과 같이, 일부 추가 정보를 나열한다. 이 경우, **show interfaces F0/4 trunk** 명령어는 상태가 not-trunking이지만, VLAN 10과 11은 트렁크에 허용된다(일반적으로 액세스 포트에서, 액세스 VLAN만이 이 명령어의 결과에 있는 'VLANs allowed on the trunk'에 나열된다).

```
SW1# show interfaces trunk
SW1# show interfaces F0/4 trunk

Port        Mode             Encapsulation  Status        Native vlan
Fa0/4       off             802.1q         not-trunking  1

Port        Vlans allowed on trunk
Fa0/4       10-11

Port        Vlans allowed and active in management domain
Fa0/4       10-11

Port        Vlans in spanning tree forwarding state and not pruned
Fa0/4       10-11
```

[예 1-7] 허용된 VLAN 목록과 활성화된 VLAN의 목록

요약: 스위치의 IP 전화 포트

IP 전화와 스위치 설정에 관한 이 작은 주제에는 작고 다양한 함정들과 사소한 사항들을 포함하고 있다. 기억해야 할 가장 중요한 항목은 다음과 같다:

- 시작으로 이 포트들을 일반 액세스 포트와 같이 설정한다. 정적 액세스 포트로 설정하고, 액세스 VLAN을 할당한다.
- 음성 VLAN을 정의하기 위해 한 줄의 명령어를 추가한다(**switchport voice vlan** *vlan-id*).
- **show interfaces** *type number* **switchport** 명령어 결과에서 음성 VLAN ID에 대한 언급은 있지만, 다른 새로운 사실은 없다.

- **show interface** *type number* **trunk** 명령어의 결과에서 음성과 데이터(액세스) VLAN ID를 살펴본다.
- **show interfaces trunk** 명령어에 나열된 것처럼, 작동하는 트렁크 목록에서 포트가 나열될 것이라고 기대하면 안된다.

챕터 리뷰

시험을 잘 보기 위해 중요한 한 가지 핵심은 시간 간격을 두고 복습하는 것이다. 이 장을 복습하기 위해 책과 DVD 또는 관련 있는 웹 사이트의 대화형 도구를 이용할 수 있다. [표 1-4]에는 핵심 복습 내용과 그 내용을 찾을 수 있는 위치를 표시하였다. 두 번째 칸에 복습 완료 날짜를 기록한다.

리뷰 항목	완료 날짜	사용 자료
핵심 주제 리뷰		책, DVD/웹 사이트
핵심 용어 리뷰		책, DVD/웹 사이트
DIKTA 문항 답변		책, PCPT
랩 실습		블로그
메모리 테이블 리뷰		책, DVD/웹 사이트
설정 체크리스트 리뷰		책, DVD/웹 사이트
명령어 참조 표 리뷰		책

[표 1-4] 리뷰 확인

핵심 주제 리뷰

핵심 주제	설명	쪽 번호
그림 1-2	기본 VLAN 개념	8
리스트	VLAN의 사용 이유	9
그림 1-5	VLAN 트렁킹의 구성도	10
그림 1-6	802.1Q 헤더	11
그림 1-9	Router-on-a-stick을 이용한 VLAN간 라우팅	14
그림 1-10	3계층 스위치를 이용한 VLAN 간 라우팅	16
표 1-2	**switchport mode** 명령어의 옵션	23
표 1-3	**switchport mode** 명령어로 설정할 때 예상되는 트렁킹 결과	27
리스트	데이터 VLAN과 음성 VLAN의 정의	29
리스트	데이터와 음성 VLAN 개념/설정/검증 정리	32~33

[표 1-5] 1장의 핵심 주제

핵심 용어

802.1Q, 트렁크(trunk), 트렁킹 관리 모드(trunking administrative mode), 트렁킹 운영 모드(trunking operational mode), VLAN, VTP, VTP 트랜스페어런트(transparent) 모드, 3계층 스위치, 액세스 인터페이스(access interface), 트렁크 인터페이스(trunk interface), 데이터(data) VLAN, 음성(voice) VLAN

참조 명령어

[표 1-6] 과 [표 1-7]에는 이 장에서 다룬 설정 및 검증 명령어를 정리하였다. 간단한 복습 차원에서, 표의 왼쪽 부분을 가리고 오른쪽 설명 부분을 보면서 명령어를 어느 정도 잘 기억하고 있는지 가늠해본다. 그 다음 반대로 오른쪽 설명 부분을 가리고 왼쪽 명령어 부분만 보면서 각 명령어에 대한 설명을 기억해보자.

명령어	설명
Vlan *vlan-id*	VLAN을 설정하고 CLI를 VLAN 설정 모드에 두는 전역 설정 명령어.
Name *vlan-name*	VLAN 이름을 정의하는 VLAN 하위 명령어.
[no] shutdown	VLAN을 활성화(no shutdown) 또는 비활성화(shutdown) 하는 하위 명령어.
[no] shutdown vlan *vlan-id*	VLAN모드의 하위 명령어인 [no] shutdown과 동일한 영향이 있는 전역 설정 명령어.
vtp mode {server | client | transparent | off}	VTP 모드를 정의하는 전역 설정 명령어.
switchport mode {access | dynamic {auto | desirable} | trunk}	인터페이스의 트렁킹 관리 모드를 설정하는 인터페이스 하위 명령어.
switchport access vlan *vlan-id*	하나의 VLAN에 있는 인터페이스에 정적인 설정을 하는 인터페이스 하위 명령어.
switchport trunk encapsulation {dot1q | isl | negotiate}	트렁킹이 설정되었거나 협상으로 되어 있음을 가정하고, 어떤 트렁킹 타입을 사용할지 정의하는 인터페이스 하위 명령어.
switchport trunk native vlan *vlan-id*	트렁크 포트를 위한 native VLAN을 정의하는 인터페이스 하위 명령어.
switchport nonegotiate	VLAN 트렁킹 협상을 비활성화시키는 인터페이스 하위 명령어.
switchport voice vlan *vlan-id*	포트에 음성 VLAN을 정의하는 인터페이스 하위 명령어. 스위치가 이 VLAN 에서 프레임에 대해 802.1Q 태깅을 사용함을 의미함.
switchport trunk allowed vlan {add | all | except | remove} *vlan-list*	허용된 VLAN을 정의하는 인터페이스 하위 명령어.

[표 1-6] 1장에서 다룬 설정 명령어

명령어	설명
show interfaces *interface-id* switchport	관리 설정, 운영 상태에 관련된 모든 인터페이스 정보를 보여준다.
show interfaces *interface-id* trunk	트렁크를 통해 전달될 수 있는 VLAN 리스트(다른 인터페이스는 제외)를 포함해 트렁크로 작동하는 모든 정보를 보여준다.
show vlan [brief | id *vlan-id* | name *vlan-name* | summary]	VLAN에 관한 정보를 보여준다.
show vlan [*vlan*]	VLAN 정보를 보여준다.
show vtp status	VTP 설정과 상태 정보를 보여준다.

[표 1-7] 1장에서 다룬 EXEC 명령어

CHAPTER 2

스패닝 트리(Spanning Tree) 프로토콜 개념

이 장은 다음 시험 주제를 다룬다.

1.0 LAN 스위칭 기술

1.3 STP 프로토콜 설정, 검증, 장애 처리

1.3.a STP 모드(PVST+와 RPVST+)

1.3.b STP 루트 브릿지 선출

1.4 STP 관련 추가 특징 설정, 검증, 장애 처리

1.4.a 포트패스트

1.4.b BPDU 가드

1.5 이더채널 설정, 검증, 장애 처리(2계층/3계층)

1.5.a 정적

1.5.b PAGP

1.5.c LACP

스패닝 트리 프로토콜(STP)은 LAN에 링크를 추가할 때 생기는 문제들을 해결하는 동시에, 링크 이중화 설치의 장점을 더한 이더넷 LAN을 허용한다. LAN 디자인에 링크 이중화(redundancy)를 사용하는 것은 몇 개의 링크 또는 심지어 스위치 전체가 장애가 나도 LAN이 작동할 수 있게 허용한다. 적절한 LAN 디자인은 충분한 이중화를 추가해야 하며, 이로써 단일 장애 지점이 LAN 장애를 일으키지 않게 한다. STP는 다른 문제를 일으키지 않고, 이중화를 사용하는 디자인을 허용한다.

STP는 어떻게 스위치의 전달 논리가 작동하는지에 대한 다양한 측면에 영향을 미친다. 왜냐하면, 시스코는 STP 시험 주제를 CCNA 라우팅 스위칭 시험의 반인 ICND2에 넣었고, ICND1 학습 가이드에 있는 모든 자세한 예는 LAN에 있는 이중 링크를 보여주는 것을 꺼렸다. 이 ICND2 책에서는, LAN 예의 대부분은 이중화를 포함하고 있다. 따라서 이중화 링크를 가지고 있는 LAN과 어떻게 STP와 관련 기능이 LAN 에 작동하게 하는지에 대해 생각하는 동시에, ICND1 책에서 읽었던 LAN에 대한 것들에 대해 다시 생각할 필요가 있다.

이 장은 세 가지 절로 구성되어 있다. 첫 번째 절은 STP 대부분의 타입에 적용되는 코어 STP에 대해 나와 있다. STP는 상당 기간 동안 발전하고 변화했고, RSTP(Rapid STP)는 주된 개선이 되었다. 첫 번째 절은 RSTP 논리가 추가되지 않은 STP 개념에 대해 보고, 두 번째 절에서는 RSTP 개념에 대해 자세히 볼 것이다. 마지막 절은 포트패스트(PortFast), BPDU Guard, 이더채널(EtherChannel) 같은 STP의 최적화,

보안 기능에 대해 논의할 것이다.

이 장의 시험 주제를 위해서 알아둘 게 있다면, 모두 세 가지(설정, 검증, 그리고 장애 처리) 동작을 사용한다. 이 장은 어느 특정 주제에 대해 깊이 들어가지 않지만, 대신에 이러한 기능에 대해 이해할 수 있도록 기초를 다짐으로써 3장, 4장에서 설정, 검증, 그리고 장애 처리에서 철저히 대비할 것이다.

QUIZ 사전 점검 퀴즈

아래의 사전 점검 퀴즈(지문 또는 PCPT 소프트웨어 사용)를 풀어보면 이 장을 읽고 이해하는 데 시간이 얼마나 걸릴 것인지 가늠할 수 있다. 정답은 퀴즈 다음 페이지 하단에 있으며, 퀴즈 정답에 대한 자세한 설명은 DVD 부록 C와 PCPT 소프트웨어에 담겨 있다.

핵심 주제	문항
스패닝 트리 프로토콜(IEEE 802.1D)	1-4
Rapid STP(IEEE 802.1w) 개념	5, 6
추가 STP 기능	7

[표 2-1] 핵심 주제와 관련된 사전 점검 퀴즈 문항

1. 다음의 IEEE 802.1d 포트 상태 중에서 STP 수렴이 완료됐을 때 안정적으로 사용되는 상태는 무엇인가? (2개를 고르시오)

a. 차단(Blocking)
b. 전달(Forwarding)
c. 청취(Listening)
d. 학습(Learning)
e. 포기(Discarding)

2. STP 수렴 과정 중에 임시로 사용되는 IEEE 802.1d 포트 상태는 무엇인가? (2개를 고르시오)

a. 차단(Blocking)
b. 전달(Forwarding)
c. 청취(Listening)
d. 학습(Learning)
e. 포기(Discarding)

3. 다음에 제시된 브릿지 ID를 갖는 스위치가 동일한 네트워크에 있다고 가정할 때 루트로 선출되는 브릿지 ID는 무엇인가?

a. 32769:0200.1111.1111
b. 32769:0200.2222.2222
c. 4097:0200.1111.1111
d. 4097:0200.2222.2222
e. 40961:0200.1111.1111

4. 루트가 아닌 브릿지나 스위치가 802.1d STP 헬로 BPDU 메시지를 전송하는 횟수를 결정하는 것은?

a. 스위치에 설정되어 있는 헬로 타이머에 의해 결정된다.
b. 루트 스위치에 설정되어 있는 헬로 타이머에 의해 결정된다.
c. 항상 2초이다.
d. 스위치는 루트 스위치에서 받은 BPDU에 반응하는데, 루트 BPDU를 받은 후 2초 안에 또 다른 BPDU를 전송한다.

5. 다음에 제시된 RSTP 포트 상태 중에서 전통적인 802.1D STP와 같은 이름과 목적을 가지는 포트 상태는 무엇인가? (2개를 고르시오)

a. 차단(Blocking)
b. 전달(Forwarding)
c. 청취(Listening)
d. 학습(Learning)
e. 포기(Discarding)

6. RSTP는 같은 스위치의 다른 포트가 비활성화되는 경우 다른 포트를 사용할 수 있게 STP 개념에 덧붙였다. 다음 중 다른 포트의 역할을 가져오기를 기다리는 것을 설명한 것은? (2개를 고르시오)

a. Alternate port가 루트 포트가 되는 것을 기다린다.
b. Backup port가 루트 포트가 되는 것을 기다린다.
c. Alternate port가 designated port가 되는 것을 기다린다.
d. Backup port가 designated port가 되는 것을 기다린다.

7. 인터페이스가 물리적으로 액티브 되자마자 인터페이스를 전달 상태로 만드는 STP 특징은 무엇인가?

a. 스패닝 트리 프로토콜 (Spanning Tree Protocol)
b. 이더채널(EtherChannel)
c. 루트 가드(Root Guard)
d. 포트패스트(PortFast)

핵심 주제

:: 스패닝 트리 프로토콜(Spanning Tree Protocol, IEEE 802.1D)

2

이중화 링크가 있는 LAN에 스패닝 트리 프로토콜(STP, Spanning Tree Protocol)이 없으면 이더넷 프레임이 무한 루프에 빠질 수 있다. STP가 활성화되어 있으면, 일부 스위치들은 포트를 차단하고, 이 포트가 프레임을 전달하지 않게 한다. STP는 아래 두 개의 목적을 기준으로 어떤 포트를 차단할 지 선택한다:

- VLAN의 모든 장비는 다른 모든 장비에게 프레임을 보낼 수 있다. 다른 말로, STP는 너무 많은 포트를 차단하지 않으며, 다른 부분의 LAN 일부분만 차단한다.
- 프레임은 짧은 생애를 가지고 있으며, 네트워크를 무한적으로 돌지 않는다.

STP는 균형을 맞추고, 네트워크를 돌고 도는 프레임 루프가 발생하는 문제를 발생시키지 않고 각 장비에 프레임이 도착하도록 허용한다.

STP는 스위치가 프레임을 보내거나 사용자 트래픽을 받기 전에 각 인터페이스에 추가적인 확인을 추가함으로써 프레임이 루프에 빠지지 않도록 예방한다. 그 확인은 다음과 같다. 만약 포트가 VLAN에서 STP 전달 상태이면, 일반적으로 사용한다. 그러나 만약 STP 차단 상태인 경우 그 VLAN에 있는 인터페이스에 모든 사용자 트래픽을 차단하고, 사용자 트래픽을 주고받지 못하게 한다.

이러한 STP 상태는 당신이 이미 알고 있는 스위치 인터페이스에 대한 다른 정보를 바꾸지는 않는 점을 기억해야 한다. 그 인터페이스의 연결/끊어짐 상태는 바뀌지 않는다. 인터페이스의 운영 상태인 액세스 또는 트렁크 포트인지도 바뀌지 않는다. STP는 기본적으로 인터페이스를 비활성화시키는 차단 상태인 이 STP 상태를 추가하는 것이다.

많은 방식으로, 이 두 개의 문단은 STP가 무엇을 하는 것인지 정리한다. 그러나 STP가 어떻게 작동하는지에 대한 자세한 사항은 꽤 많은 공부와 연습을 필요로 한다. 이 장의 첫 번째 주요 절은 STP의 필요성에 대해 설명하는 것으로 시작하며, 프레임이 루프에 빠지는 문제를 해결하기 위해 STP가 무엇을 하는지에 대한 기본 개념에 대해 이야기한다. 그 다음 STP의 목적을 달성하기 위해 STP가 어떤 스위치 포트를 차단시키는지 살펴본다.

스패닝 트리의 필요성

STP는 이더넷 LAN에서 세 가지 일반적인 문제를 방지한다. 이 세 문제는 모두 하나의 사실에 대한 부작용으로써 일어난다. STP 없이, 일부 이더넷 프레임은 네트워크를 오랜 시간 동안 (수 시간, 수 일, 만약 LAN 장비와 링크가 절대 장애가 나지 않는다면, 말 그대로 영원히) 돌아다닌다. 기본적으로 시스코 스위치는 STP를 운용하지만, 당신은 STP를 비활성화시킬 수 있다. 당신이 무엇을 하는지 정확히 알지 않는 이상, 비활성화시키지 마라!

하나의 루프에 빠진 프레임은 브로드캐스트 스톰(broadcast storm)을 야기시킨다. 브로드캐스트 스톰은 어떤 종류의 이더넷 프레임(브로드캐스트 프레임, 멀티캐스트 프레임, 또는 알 수 없는 목적지를 가진 유니캐스트)이 LAN에 무한 루프를 돌 때이다. 브로드캐스트 스톰은 한 프레임의 복사본으로 모든 링크를 포화 상태로 만들고, 필요한 프레임을 밀어내며, PC가 너무 많은 브로드캐스트 프레임을 처리하게 만듦으로써 단말 성능에 현저하게 영향을 준다.

이 현상이 어떻게 일어 나는지 이해를 돕기 위해, [그림 2-1]은 밥(Bob)이 브로드캐스트 프레임을 보내는 네트워크 예제를 보여준다. 점선은 STP가 존재하지 않을 때 어떻게 스위치가 프레임을 전달하는지 보여준다.

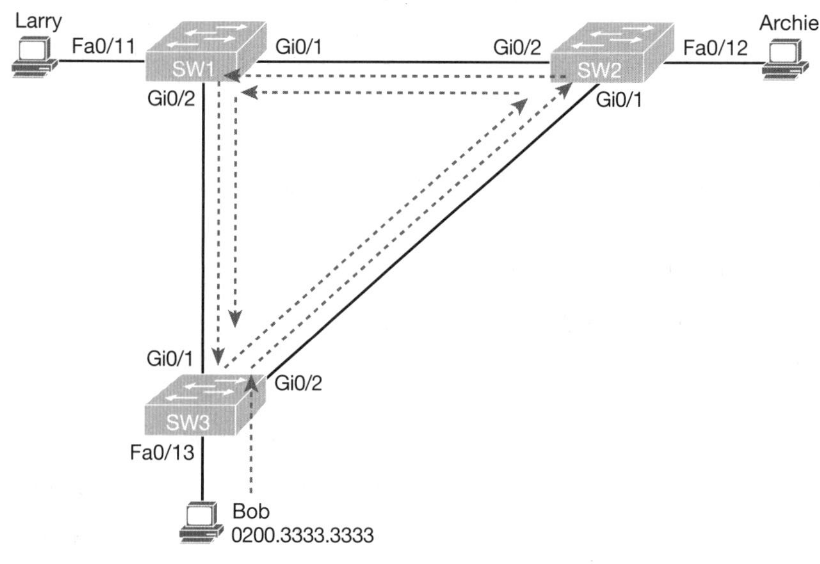

[그림 2-1] 브로드캐스트 스톰

> **NOTE** 밥(Bob)의 오리지널 브로드캐스트는 SW3이 기존 프레임의 복사본을 Gig0/1로 보낼 수 있는 것처럼 다른 방향으로도 전달될 수 있다. 어수선함을 줄이기 위해서 [그림 2-1]에서는 그 프레임을 보여주지 않는다.

LAN 스위치를 기억하는가? 그 논리는 프레임이 도착한 인터페이스를 제외하고 같은 VLAN 안의 모든 인터페이스에 브로드캐스트를 플러드하는 것을 말한다. [그림 2-1]에서, 이는 SW3은 SW2로 밥의 프레임을 전달하고, SW2는 SW1에게 프레임을 전달하고, SW1은 SW3으로 다시 프레임을 전달하고, SW3은 SW2로 다시 그것을 전달한다.

사전 점검 퀴즈 정답

1 A, B **2** C, D **3** C **4** B **5** B, D **6** A, D **7** D

브로드캐스트 스톰이 발생되면, [그림 2-1]과 같은 것은 무엇인가가 변화하기 전까지 즉, 누군가가 인터페이스를 비활성화하든, 스위치를 재시작하든 또는 루프를 없애기 위해 무엇인가를 했든지 계속 루프를 돈다. 그리고 같은 현상이 반대 방향으로도 일어난다는 것을 기억해라. 밥이 오리지널 프레임을 보낼 때, SW3은 SW1에게 복사본을 전달하고, SW1은 SW2로 전달하는 식이다.

2

이 스톰은 MAC 주소 테이블 불안정성이라고 불리는 감지하기 힘든 문제를 발생시킨다. MAC 테이블 불안정성은 스위치의 MAC 주소 테이블이 계속 변화하는 것을 의미하며, 이는 같은 출발지 MAC을 가진 프레임이 다른 포트에 도착하기 때문이다. 예를 들어, [그림 2-1]에서 SW3은 그림의 아래에 위치한 포트 Fa0/13에 연계된 밥의 MAC 테이블 엔트리를 가지고 출발한다.

0200.3333.3333 Fa0/13 VLAN 1

하지만, 루핑을 돌고 있는 프레임이 SW2를 거쳐, SW1로 간 다음에 SW3의 Gig0/1 인터페이스로 돌아올 때 이루어지는 스위치 학습 과정을 생각해 보자. SW3은 '음…. 출발지 MAC 주소가 0200.3333.333이고 Gig 0/1 인터페이스로 들어왔군. 내 MAC 테이블을 업데이트 해야겠어'라고 생각한다. 이것은 SW3의 엔트리에 Fa0/13 대신 Gig0/1 인터페이스에 다음과 같이 기록된다.

0200.3333.3333 Gig0/1 VLAN 1

이 시점에서, SW3 자신은 프레임을 밥의 MAC 주소로 제대로 전달하지 못한다. 그 순간, 만약 프레임이 밥을 목적으로 하는 SW3에 도달한다면 – 다른 프레임이 그러면 루프에 빠지는 문제가 생김 – SW3은 더 많은 혼잡을 생성하면서 SW1로 프레임을 잘못 전달한다.

브로드캐스트 스톰에서 프레임이 루프에 빠지는 것은 여러 개의 복사된 프레임이 목적지에 도달하는 세 번째 문제 또한 야기한다. 밥(Bob)이 래리(Larry)에게 프레임을 보내지만, 어느 스위치도 래리의 MAC 주소를 모른다고 가정하자. 스위치는 알려지지 않은 목적지 유니캐스트 MAC 주소로 프레임을 플러딩한다. 밥이 래리의 MAC 주소를 목적지로 프레임을 보낼 때, SW3은 SW1과 SW2 모두에게 복사본을 보낸다. SW1과 SW2는 또한 프레임을 플러딩하고, 이는 프레임의 복사본이 루프에 빠지는 것을 야기한다. SW1은 또 래리에게 Fa0/11을 통해 각 프레임의 복사본을 보낸다. 그 결과, 래리는 여러 개의 프레임 복사본을 받게 되고, 만약 더 이상의 만연한 네트워킹 문제가 없다면 이것은 애플리케이션 오류라는 결과를 낼 수 있다.

[표 2-2]는 이중화 링크가 있는 LAN에 STP가 사용되지 않는 경우에 발생할 수 있는 세 가지 문제를 요약했다.

문제	설명
브로드캐스트 스톰	동일한 링크에 프레임을 반복 전달해서, 링크 가용량의 상당 부분을 소모한다.
MAC 주소 불안정성	프레임 루프로 인해, 스위치의 MAC 주소 테이블이 부정확한 엔트리로 계속 업데이트 되며, 이는 프레임이 의도치 않은 곳으로 보내진다.
프레임이 여러 번 전송	프레임 루프의 부작용으로 인해, 의도한 호스트에게로 프레임 한 개의 여러 복사본이 전달되어 호스트의 혼란을 초래한다.

[표 2-2] 이중화 LAN에 STP를 사용하지 않을 때 일어날 수 있는 문제

IEEE 802.1D 스패닝 트리의 역할

STP는 각 스위치 포트를 전달 상태 또는 차단 상태로 놓음으로써 루프를 방지한다. 전달 상태의 인터페이스는 프레임을 전달하고 받는 등 일반적으로 동작한다. 그러나 차단 상태의 인터페이스는 STP 메시지와 다른 오버헤드 메시지를 제외하고는 어느 프레임도 처리하지 않는다. 차단 상태의 인터페이스는 사용자 프레임을 전달하지 않고, 받는 프레임의 MAC 주소도 배우지 않으며, 받은 사용자 프레임도 처리하지 않는다.

[그림 2-2]는 간단한 STP 트리로, SW3의 포트 하나를 차단 상태로 놓음으로써 [그림 2-1]에서 보여준 문제를 해결했다.

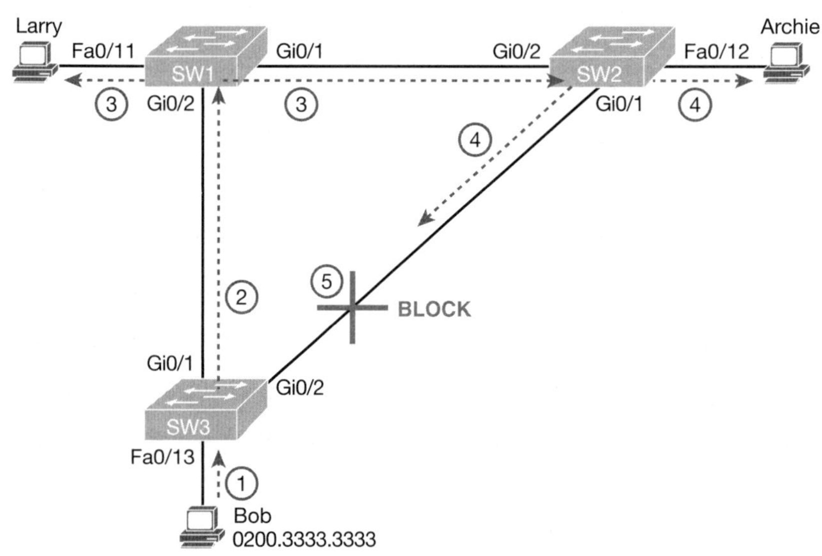

[그림 2-2] STP가 하는 일: 루프를 끊기 위해 포트를 막는다.

다음 그림의 단계에서 보여주는 것과 같이, 이제 밥(Bob)이 브로드캐스트 프레임을 보내, 프레임은 루프를 돌지 않는다.

단계 ① 밥이 SW3에게 프레임을 보낸다.

단계 ② SW3은 SW3의 Gi0/2가 차단 상태이기 때문에 SW2로 가는 Gi0/2가 아닌 SW1에만 프레임을 전달한다.

단계 ③ SW1은 Fa0/11과 Gi0/1 모두에게 프레임을 플러딩한다.

단계 ④ SW2는 Fa0/12와 Gi0/1 모두에게 프레임을 플러딩한다.

단계 ⑤ SW3은 프레임을 물리적으로 받았지만, SW3의 Gi0/2 인터페이스가 차단 상태이기 때문에 SW2로부터 온 프레임은 무시한다.

2

[그림 2-2]에 있는 STP 토폴로지에서, 스위치는 이 VLAN의 트래픽에 대해 SW2와 SW3 사이의 링크를 사용할 수 없으며, 이것은 STP의 작은 부작용에 해당한다. 그러나 두 링크 중 하나가 장애가 나는 경우, STP는 이 상황을 수렴해 SW3이 Gi0/2 인터페이스의 상태를 차단에서 전달로 변경한다.

NOTE STP 수렴(STP convergence)은 스위치가 LAN 토폴로지에서 어떤 변화가 있음을 총괄적으로 감지하고, 어떤 포트가 차단 상태가 되고 어떤 포트가 전달 상태가 되어야 하는지 결정하는 과정이다.

이것은 각 포트가 전달 또는 차단 상태로 놓임으로써 STP가 무엇을 하는지에 대한 설명을 마친다. 더 흥미로운 질문과 이해를 위해 STP가 어떻게, 그리고 왜 그러한 결정을 했는지 학습하는 것이다. 스위치의 각 인터페이스를 차단 또는 전달 상태로 만들기 위해 STP는 이를 어떻게 관리할까? 그리고 네트워크 장애 시 이중화 링크 사용의 장점을 가져오기 위해 STP는 어떻게 차단 상태를 전달 상태로 변화시키기 위해 어떻게 수렴을 하는가? 다음 절들에서는 이 질문들에 대한 답을 한다.

스패닝 트리의 작동 방식

STP 알고리즘은 프레임을 전달하는 인터페이스들의 스패닝 트리를 만든다. 전달 인터페이스의 트리 구조는 각각의 이더넷 링크로 오가는 하나의 경로를 만든다. 이는 나무의 뿌리부터 각각의 잎으로 성장하는 나무처럼, 삶에서 하나의 경로를 추적하는 것과 같다.

NOTE STP는 LAN 스위치가 존재하기도 전에 만들어졌다. 그 당시에는 이더넷 브릿지가 STP를 사용했으나, 오늘날에는 스위치가 STP를 구현하면서 브릿지와 같은 역할을 하고 있다. 하지만, 많은 STP는 여전히 브릿지에 의해 정의되고 있다. STP의 목적을 위해 이 장에서는 *브릿지*와 *스위치*를 동의어로 간주한다.

STP를 사용한 과정을 종종 STA(Spanning-Tree Algorithm)라고 부르고, 여기서 전달 상태가 돼야 할 인터페이스를 선택한다. 전달 상태로 선택되지 못한 다른 인터페이스들은 STP가 해당 인터페이스들을 차단 상태로 설정한다. 다시 말해, STP는 어떤 인터페이스가 전달 상태여야 하는지 고르고, 나머지 인터페이스들은 모두 차단 상태로 둔다.

STP는 인터페이스를 전달 상태로 둘지 여부를 선택하는 데에 다음 세 가지 기준을 사용한다.

- STP는 루트 스위치를 선출한다. STP는 루트 스위치에서 작동 중인 모든 인터페이스를 전달 상태에 둔다.
- 루트가 아닌 각 스위치는 자신의 포트 중 하나가 자신과 루트 스위치 사이에 최소 관리 코스트(Least Administrative Cost)라고 가정한다. 이 코스트는 스위치의 '루트 코스트'라고 부른다. STP는 그 포트를 최소 루트 코스트 경로의 일부로 두고, 전달 상태에서 이를 스위치의 RP(Root Port)라고 한다.
- 많은 스위치는 같은 이더넷 세그먼트에 연결될 수 있지만, 현대의 네트워크에서는 일반적으로 두 개의 스위치는 각각의 링크에 연결한다. 같은 링크에 연결되어 있는 다른 스위치들과 비교해서 가장 낮은 루트 코스트를 가지고 있는 스위치는 전달 상태가 된다. 이 스위치는 지정 스위치(Designated Switch)라고 부르며, 그 세그먼트에 연결되어 있는 스위치의 인터페이스는 *지정 포트(Designated Port(DP))*라고 한다.

> **NOTE** 루트 스위치가 작동 중인 모든 인터페이스를 전달 상태로 두는 진짜 이유는 모든 인터페이스가 DP가 되기 때문이지만, 루트 스위치의 작동 중인 인터페이스가 프레임을 전송할 것이라고 기억하면 쉽다.

다른 모든 인터페이스들은 차단 상태에 있게 된다. [표 2-3]은 STP가 포트를 전달 또는 차단 상태에 두는 이유에 대해 요약한다.

Key Topic

포트의 상태	STP 상태	설명
루트 스위치의 모든 포트	전달(Forwarding)	루트 스위치는 연결된 세그먼트에서 항상 지정 스위치이다.
루트 스위치가 아닌 각 스위치의 루트 포트	전달(Forwarding)	루트 스위치(가장 낮은 루트 코스트)에 도달하기 위해 최소 코스트를 가진 스위치를 통한 포트이다.
각 LAN의 지정 포트	전달(Forwarding)	세그먼트에 헬로를 전달하는 스위치로, 가장 낮은 루트 코스트를 가지고 있고 그 세그먼트에서 지정 스위치이다.
작동 중인 그 밖의 모든 포트	차단(Blocking)	이 포트는 사용자 프레임이나 이 인터페이스에서 전달을 위해 받은 프레임도 전달하는 데에 사용되지 않는다.

[표 2-3] STP: 전달 또는 차단의 이유

> **NOTE** STP는 연결 상태의 작동하는 인터페이스만 고려한다. 작동하지 않는 인터페이스(예를 들어, 케이블이 설치되지 않은 인터페이스)나 관리상의 목적으로 셧다운 된 인터페이스에서 STP는 비활성 상태(disabled state)가 된다. 따라서, 이 절에서는 작동 중인 포트(working ports)에 대한 용어를 STP가 인터페이스를 전달 상태로 둔 경우 프레임을 전달할 수 있는 인터페이스에 사용한다.

STP 브릿지 ID와 헬로 BPDU

스패닝 트리 알고리즘(Spanning-Tree Algorithm)은 루트 스위치가 될 스위치 선출로 시작한다. 이 선출 과정을 잘 이해하기 위해, 스위치 간에 보내지는 STP 메시지뿐만 아니라, 각 스위치를 고유하게 구별하기 위해 사용되는 ID의 개념과 형식에 대해 이해할 필요가 있다.

2

*STP BID(STP Bridge ID)*는 각 스위치의 고유한 8바이트 값이다. 브릿지 ID는 2바이트의 우선순위 필드(priority field)와 6바이트의 시스템 아이디(System ID)로 구성되며, 시스템 ID는 각 스위치의 유니버설(새겨진, burned-in) MAC 주소에 기반한다. 새겨진 MAC 주소를 사용하는 것은 각 스위치의 브릿지 ID는 고유하다는 것을 보장한다.

STP는 *BPDU(Bridge Protocol Data Units)*라고 불리는 스위치가 서로 정보를 교환하는 데에 사용하는 메시지를 정의한다. 가장 흔한 BPDU는 헬로 BPDU라고 불리며, 보내는 스위치의 BID를 포함한 많은 정보를 보여준다. 고유한 BID를 보여줌으로써, 스위치는 어떤 스위치가 어떤 헬로 BPDU를 보냈는지 말할 수 있다. [표 2-4]는 헬로 BPDU에 있는 주요 정보를 보여준다.

필드	설명
루트 브릿지 ID	현재 헬로 BPDU의 송신자가 루트 스위치라고 믿는 스위치의 브릿지 ID
송신자의 브릿지 ID	헬로 BPDU를 보내는 스위치의 브릿지 ID
송신자의 루트 코스트	이 스위치와 현재 루트 사이의 STP 코스트
루트 스위치의 타이머 값들	헬로 타이머, 최대 수명(MaxAge) 타이머, 전달 지연(Forwarding Delay) 타이머가 포함된다.

[표 2-4] STP 헬로 BPDU 필드

다음 절들에서 STP가 전달 상태에 둘 인터페이스를 선택하는 3단계 방법을 설명할 것이기 때문에, 당분간은 [표 2-4]의 처음 세 항목만 염두에 두기 바란다. 다음은 STP 과정의 3단계를 살펴보자.

루트 스위치 선출

스위치들은 루트 스위치를 BID와 BPDU를 기반으로 선출한다. 루트 스위치는 BID의 가장 낮은 숫자 값을 가진 스위치이다. 두 부분으로 구성된 BID는 우선순위 필드 값으로 시작하기 때문에, 기본적으로 가장 낮은 우선순위를 가진 스위치가 루트 스위치가 된다. 예를 들어, 한 스위치의 우선순위 값이 4096이고, 다른 스위치의 우선순위가 8192라면, 각 스위치에 BID를 생성하기 위해 어떤 MAC 주소를 사용했는지와 상관 없이, 우선순위 4096값을 가진 스위치가 선출된다.

만약 BID의 우선순위가 같다면, BID의 가장 낮은 MAC 주소 부분을 가진 스위치가 루트가 된다. 스위치는 BID의 두 번째 부분을 선출된다. (새겨진) MAC 주소를 사용하기 때문에, 더 이상의 연장전은 필요하지 않을 것이다. 따라서 만약 우선순위가 같은 경우, 한 스위치가 BID의 부분으로 0200.0000.0000 MAC 주소를 사용하고, 다른 스위치가 0911.1111.1111을 사용한다면, 첫 번째 스위치(MAC 0200.0000.0000)가 루트 스위치가 된다.

STP가 루트 스위치를 선출하는 방식은 정치적인 선거와 다를 것이 없다. 이 과정은 모든 스위치가 루트 BID로서 자신의 BID를 보여주는 헬로 BPDU를 보냄으로써 자신이 루트임을 주장하는 것으로부터 시작한다. 만약 스위치가 더 나은(낮은 값의) BID를 가진 헬로를 들으면, 스위치는 자신이 루트라고 광고하는 것을 멈추고, 우수 헬로(Superior Hello)를 전달하기 시작한다. 이 헬로는 더 나은 스위치, 즉 루트로서 더 나은 스위치의 BID를 가진 스위치에서 보내진다. 결국 모두가 어떤 스위치가 가장 좋은(가장 낮은) BID를 가지고 있는지 동의하고, 모두가 그 선출된 스위치를 지지한다.

> **NOTE** 더 나은 헬로는 보이는 루트의 BID가 더 나음(숫자가 더 낮음)을 의미하고, 이는 *우수 헬로(Superior Hello)*라고 불린다. 더 나쁜 헬로는 보이는 루트의 BID가 좋지 못함(숫자가 높음)을 의미하고, 이는 *열등한 헬로(Inferior Hello)*라고 불린다.

[그림 2-3]은 루트 선출 과정의 시작을 보여준다. 이 그림에서는 SW1은 자신이 루트라고 광고하고 있으며, SW2와 SW3 또한 동일하다. 그러나 SW2는 SW1이 더 나은 루트임을 알게 되고, SW2는 SW1에서 온 헬로 BPDU를 전달한다. 그래서 이 시점에서, 그림은 SW1이 루트라고 주장하고 있으며, SW2는 그에 동의하고, SW1이 루트로 되어 있는 SW1의 헬로 BPDU를 전달한다. 하지만 SW3은 여전히 자신이 최고라고 주장하며, SW3의 BID가 루트로 되어 있는 헬로 BPDU를 전달한다.

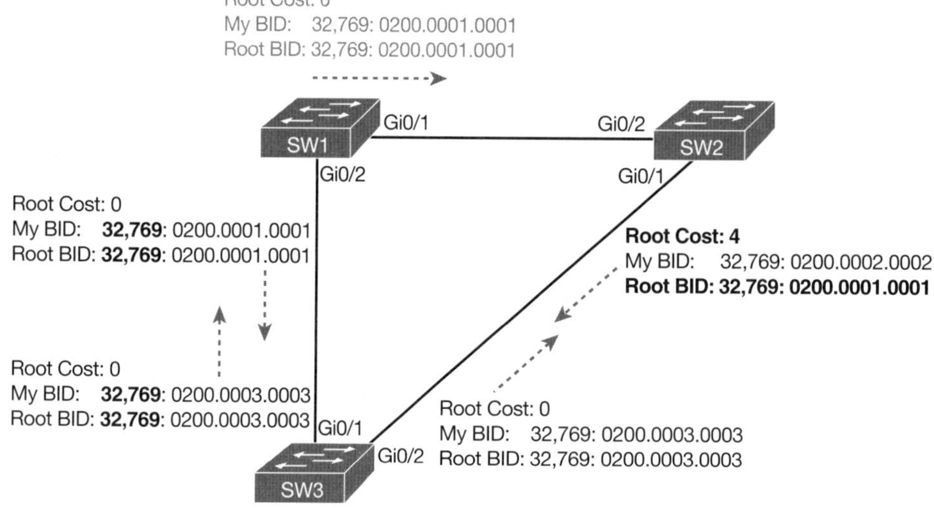

[그림 2-3] 루트 선출 과정의 시작

[그림 2-3]에는 여전히 두 후보자 SW1과 SW3이 존재한다. 그럼, 누가 이길까? BID부터 시작하면, 낮은 우선순위 스위치가 이기고, 만약 동일하다면, 더 낮은 MAC 주소가 이길 것이다. 그림에 보이듯이, SW1은 SW3(32769:0200.0003.0003)보다 더 낮은 BID(32769:0200.0001.0001)를 가지고 있고, 그래서 SW1은 승리한다. SW3은 이제 SW1이 더 나은 스위치임을 믿는다. [그림 2-4]는 스위치들에 의해 보내진 헬로 메시지들의 결과를 보여준다.

2

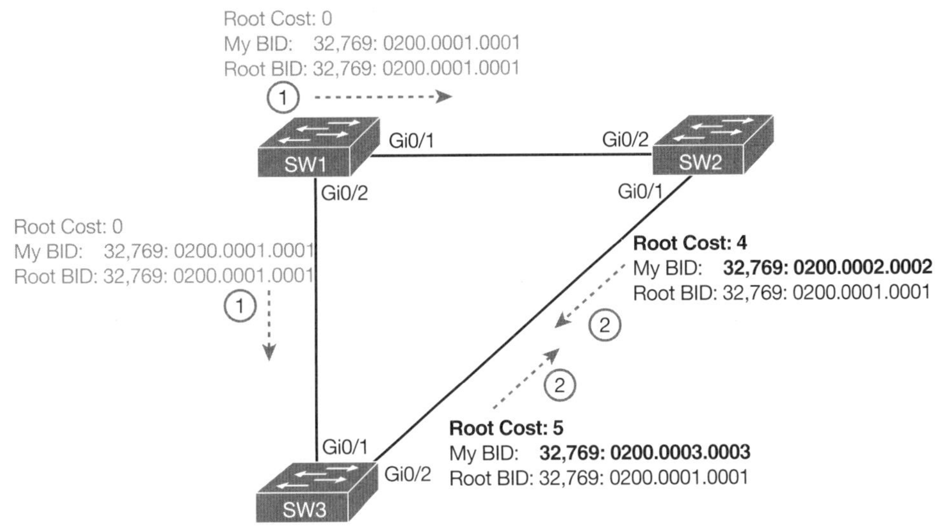

[그림 2-4] SW1이 선출됨

선출이 끝나고 나면, 루트 스위치만이 STP 헬로 BPDU 메시지를 계속 보낸다. 다른 스위치들은 헬로 BPDU를 받고, 송신자의 BID 필드(와 루트 코스트 필드)를 업데이트 하고, 헬로 BPDU를 다른 인터페이스로 전달한다. 그림은 이 사실을 반영했으며, **단계①** 에서 SW1은 헬로 BPDU를 보내고, **단계②** 에서 SW2와 SW3은 다른 인터페이스로 각각 전달한다.

요약하자면, 루트 선출은 각 스위치가 루트가 되기 위해 주장하는 것을 통해 시작되며, 가장 좋은 스위치는 숫자가 가장 낮은 BID를 기반으로 선출된다. BID의 구성 부분으로 내려가서 보면, 비교는 아래와 같이 이루어진다.

- 가장 낮은 우선순위
- 만약 우선순위가 동일하다면, 가장 낮은 스위치 MAC 주소

각 스위치의 루트 포트 선택

STP 과정의 두 번째 단계에서는 루트 스위치가 아닌 각 스위치는 하나의 *루트 포트(Root Port)*를 선택하게 된다. 스위치의 RP는 루트 스위치(가장 작은 루트 코스트)에 도달하기 위해 가장 작은 STP 코스트를 가진 인터페이스이다.

루트 스위치에 도달하기 위한 스위치의 코스트에 대한 개념은 인간에게서도 쉽게 볼 수 있다. 루트 스위치가 있는 네트워크 다이어그램을 봐야 한다. 이는 각 스위치 포트에 연계된 STP 코스트를 보여주며, 논의되고 있는 루트 스위치가 아닌 스위치를 정의한다. 스위치는 물론 네트워크 다이어그램에서 보는 것과는 다른 과정을 사용하지만, 다이어그램을 사용하는 것은 개념 학습을 쉽게 한다.

[그림 2-5]는 마지막에 보았던 몇 개의 그림에서 본 똑같은 세 개의 스위치를 보여주고 있다. SW1은 이미 루트로서 선출되었고, 그림은 SW3의 관점에서 코스트를 고려하고 있다.

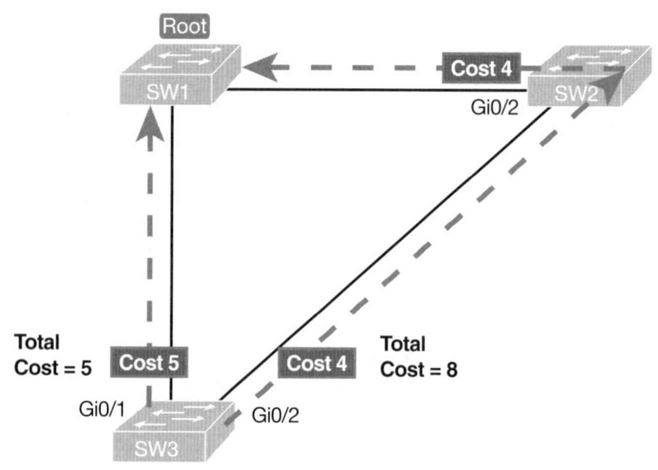

[그림 2-5] Sw3에서 루트(SW1)까지 어떻게 사람이 STP 코스트를 계산하는가

SW3은 루트 스위치로 프레임을 보내기 위한 두 개의 가능한 물리 경로가 있다. 그 경로는 왼쪽의 직접적인 경로와 스위치 SW2를 통한 오른쪽의 간접적인 경로이다. 코스트는 프레임이 경로를 통해 흘렀다면, *프레임이 나온 스위치 포트의 코스트 합*이다(계산에서 인바운드 포트는 무시한다). 보이는 것처럼, SW3의 G0/1 포트의 직접 경로를 통한 코스트는 총 5이고, 다른 경로는 총 8이다. SW3은 Gi0/1 포트를 루트 포트로 뽑을 것이며, 이는 최소 코스트 경로의 부분이 루트 스위치로 프레임을 보내는 포트이기 때문이다.

스위치들은 다른 과정을 사용하지만 같은 결론에 도달한다. 대신, 그것들은 받았던 각 헬로 BPDU에 있는 루트 코스트에 로컬 인터페이스 STP 코스트를 더한다. VLAN마다 각 인터페이스에는 정숫값이 할당되어 있으며, STP 에서는 STP 토폴로지에 추가할 인터페이스를 선택하기 위해서 이 정수를 사용한다. 이 스위치들은 각 네이버로부터 받은 헬로 BPDU에서처럼, 네이버의 루트 코스트 또한 본다.

[그림 2-6]은 [그림 2-5]와 같은 토폴로지와 STP 코스트를 가지고, 스위치들이 어떻게 가장 좋은 루트 코스트를 계산하고 루트 포트를 선택하는지 보여주는 예다. SW3의 STP는 두 개의

가능한 경로를 통해 그림에 표시된 코스트에 광고된 헬로 메시지의 코스트를 더하면서 루트에 도달할 수 있는 코스트를 계산한다.

2

잠깐만 이 과정에 집중해보자. 루트 스위치는 루트 코스트가 0이라고 적힌 헬로 BPDU를 보낸다. 이는 자기 자신에게 도달하는 루트 코스트 값이 0이라는 것이다.

다음, 그림의 왼쪽을 보자. SW3은 SW1이 보낸 헬로 BPDU 로부터 받은 코스트(0)를 접수했고, 그 헬로 BPDU를 받은 인터페이스의 코스트(5)를 추가했다. SW3이 그 포트(Gi0/1)를 통해 루트 스위치에 도달하기 위해 계산한 값은 5이다.

오른편에서, SW2는 루트에 도달하기 위한 가장 좋은 코스트는 4임을 깨닫는다. 그래서 SW2가 SW3으로 헬로 BPDU를 전달할 때, SW2는 루트 코스트를 4로 기입한다. SW3 포트 Gi0/2의 STP 코스트는 4이고, 그러면 SW3은 Gi0/2로 나가는 루트로 가는 총 코스트를 8로 측정한다.

[그림 2-6]에 그려진 과정의 결과는, SW3은 RP로 Gi0/1을 선택하는데, 그 이유는 그 포트를 통해 루트 스위치로 도달하기 위한 코스트(5)가 다른 포트(Gi0/2, 코스트 8)보다 작기 때문이다. 비슷하게, SW2는 RP로 코스트가 4인 Gi0/2를 선택한다(SW1에서 광고된 코스트 0과 SW2의 Gi0/2 인터페이스 코스트 4를 더함). 각 스위치는 루트 포트를 전달 상태로 둔다.

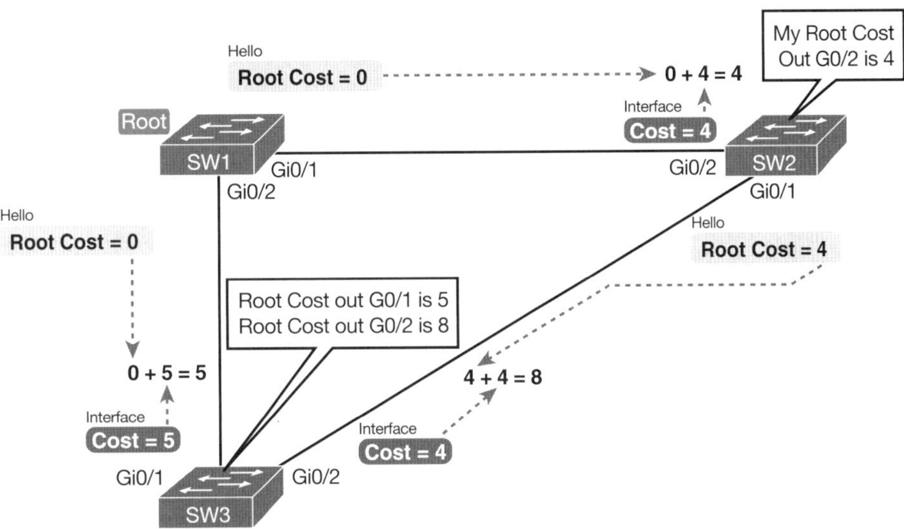

[그림 2-6] SW3에서 루트로 어떻게 STP가 실제로 코스트를 계산하는가

조금 더 복잡한 토플로지에서는 루트 포트 선택이 아주 명확하지 않을 것이다. 4장 'LAN 장애 처리'에서는 루트 코스트가 동일할 때 최종 결정하는 방법을 포함해서 조금 더 복잡한 예를 논의할 것이다.

각 LAN 세그먼트에서 지정 포트 선택

STP 토폴로지를 선택하기 위한 STP의 마지막 단계는 각 LAN 세그먼트의 지정 포트를 선택하는 것이다. LAN 세그먼트로 가장 낮은 코스트의 헬로를 광고하는 스위치 포트가 각 LAN 세그먼트의 지정 포트(DP, Designated Port)가 된다. 루트가 아닌 스위치가 헬로를 전달할 때 헬로의 코스트 필드(cost field)에는 루트에 도달하기 위한 코스트가 값으로 들어간다. 세그먼트에 연결되어 있는 모든 스위치 중에서 루트에 도달하기 위해 코스트가 더 낮은 스위치가 해당 세그먼트의 DP가 된다.

예를 들어, 이전 [그림 2-4]에서는 SW2와 SW3 모두에서 오는 헬로 메시지의 굵은 글씨로 세그먼트에서 DP 선택이 된 것을 보여준다. SW2와 SW3 모두 루트 스위치에 도달하기 위해 모두 각자의 값을 가지고 있다(SW2는 코스트 4, SW3은 코스트 5). SW2는 가장 낮은 코스트를 가지고 있고, 그래서 SW2의 Gi0/1 포트는 이 LAN 세그먼트에서 지정 포트이다.

모든 DP는 전달 상태가 되고, 이 경우에는 SW2의 Gi0/1 인터페이스는 전달 상태가 될 것이다.

만약 광고된 코스트가 모두 같은 경우, 스위치는 더 낮은 BID를 가진 스위치를 선택함으로써 승부를 가린다. 이 경우, SW2(BID가 32769:0200.0002.0002)는 SW3(BID가 32769:0200.0003.0003)을 이길 것이다.

NOTE 오늘날 흔한 경우는 아니지만, 어떤 경우에는 승부를 가리기 위해 추가적으로 두 번의 판단 근거가 필요하다. 허브에 연결되어서 스위치는 두 개 혹은 그 이상의 인터페이스를 동일한 충돌 도메인에 연결할 수 있다. 이 경우, 스위치가 본인의 BPDU를 듣게 된다. 그래서 만약 스위치가 자신과 같은 값을 가진다면, 두 개의 판단 근거가 사용된다. 낮은 인터페이스 STP 우선순위가 먼저 사용되고, 이것이 동일하다면, 낮은 내부 인터페이스 번호가 사용된다.

[그림 2-3]부터 [그림 2-6]까지 보여준 예의 세 개의 스위치에서 전달 상태가 될 이유가 없는 유일한 인터페이스는 SW3의 Gi0/2 포트이다. 이제 STP 과정이 완료됐다. [표 2-5]에는 각 포트 상태와 그 이유를 요약했다.

스위치 인터페이스	상태	인터페이스가 전달 상태인 이유
SW1, Gi0/1	전달	인터페이스가 루트 스위치라서, 그 링크의 DP가 되었다.
SW1, Gi0/2	전달	인터페이스가 루트 스위치라서, 그 링크의 DP가 되었다.
SW2, Gi0/2	전달	SW2의 루트 포트이다.
SW2, Gi0/1	전달	SW3을 향하는 LAN 세그먼트의 DP이다.
SW3, Gi0/1	전달	SW3의 루트 포트이다.
SW3, Gi0/2	차단	루트 포트도 아니고, 지정 포트도 아니다.

[표 2-5] 각 인터페이스의 상태

STP 구성 영향과 변경

스위치는 STP를 한번 사용하고 영원히 사용하지 않는 것이 아니다. 스위치는 변화를 계속 지켜보고 있다. 이런 변화들은 링크나 스위치 장애, 또는 지금 사용되고 있는 새로운 링크가 될 수도 있다. 설정은 STP 토폴로지가 바뀌는 방향으로 변화할 수 있다. 이 절에서는 LAN에서 설정하거나 장비나 링크의 상태 변화를 통해서 STP 토폴로지를 변화시키는 것들에 대해 간단히 논의할 것이다.

2

STP 구성에 영향을 주기 위해 구성 변경하기

네트워크 엔지니어는 STP 설정을 변경해서 STP가 주어진 LAN에서 선택하는 것을 변경하도록 할 수 있다. 엔지니어가 사용 가능한 두 가지 주된 도구는 브릿지 ID와 STP 포트 코스트를 변경하는 것이다.

스위치가 기본 BID를 생성하는 데에 두 가지 방법이 있다. 하나는 기본 우선순위 값을 가져오는 것이고, 다른 하나는 스위치 하드웨어에서 가져온 유니버설 MAC 주소를 추가하는 것이다. 그러나 엔지니어들은 일반적으로 어떤 스위치가 루트가 될지 선택하고 싶어 한다. 3장 'STP 구현'은 스위치로 만들기 위해 기본 BID 설정을 무시하고 어떻게 시스코 스위치를 설정하는지 보여준다.

포트 코스트는 포트당, VLAN당 기본값을 가지고 있다. 이 포트 코스트를 설정할 수도 있고, 기본값을 사용할 수도 있다. [표 2-6]은 IEEE에서 권고된 기본 포트 코스트를 나열한 것이다. 시스코 스위치의 IOS는 1998년에 802.1D로 정의된 기본값을 오랫동안 사용했다. 새로운 기준은 10Gbps보다 빠른 링크를 사용 할 때 유용하며, 각 스위치에 하나의 설정 명령어(spanning-tree pathcost method long)만 추가해서 사용할 수 있다.

이더넷 속도	IEEE 코스트: 1998년 이전	IEEE 코스트: 2004년 이후
10Mbps	100	2,000,000
100Mbps	19	200,000
1Gbps	4	20,000
10Gbps	2	2000
100Gbps	N/A	200
1Tbps	N/A	20

[표 2-6] IEEE에 의한 포트 코스트 기본값

STP가 활성화되면, 액세스 포트에서도 작동하고 있는 모든 스위치 인터페이스는 STP 전달 또는 차단 상태가 될 것이다. 스위치는 STP를 사용하지 않는 호스트나 라우터에 연결된 스위치 인터페이스로도 헬로를 전달할 것이다. LAN 세그먼트에서 헬로를 보내는 하나의 장비이기

때문에, 스위치는 그 LAN 세그먼트에서 가장 적은 코스트 헬로를 보내고, 그 스위치를 그 LAN 세그먼트의 지정 포트로 만든다. 그래서 STP는 지정 포트를 선택하는 과정의 결과대로 작동 중인 액세스 인터페이스를 전달 상태로 둔다.

STP 토폴로지에 영향을 주는 상태 변경 시 대처

엔지니어가 모든 STP 설정을 마치고 나면, STP 토폴로지는 안정된 상태로 들어가야 하고 네트워크 토폴로지가 변하지 않는 이상, 변하지 않아야 한다. 이 절에는 네트워크가 안정되어 있을 때 진행 중인 STP가 어떻게 운영되는지에 대해 살펴보고, 그 다음 STP가 변화가 있었을 때 새로운 토폴로지를 어떻게 수렴하는지 살펴볼 것이다.

기본적으로 루트 스위치는 새로운 헬로 BPDU를 2초마다 보낸다. 루트 스위치가 아닌 각 스위치는 헬로에 나열된 항목을 변경한 후에만 모든 DP에서 이 헬로를 전달한다. 이 스위치는 로컬 스위치의 계산된 루트 코스트에다가 루트 코스트를 입력한다. 이 스위치는 또한 '송신자 브릿지 ID' 필드를 자신의 브릿지 ID로 입력한다(루트의 브릿지 ID 필드는 변경되지 않는다).

수신된(그리고 변경된) 헬로를 모든 DP로 전달함으로써 모든 스위치는 약 2초마다 헬로를 계속 수신한다. STP 토폴로지에서 아무것도 변경되지 않았을 때 다음 단계는 안정적인 상태 운영을 요약한 것이다.

단계 ① 루트 스위치는 루트 코스트가 0인 헬로 BPDU를 만들어서 가동 중인 모든 인터페이스(전달 상태인 인터페이스)로 이를 보낸다.

단계 ② 루트가 아닌 스위치는 그들의 루트 포트에서 헬로 BPDU를 수신한다. 자신의 브릿지 ID를 송신자의 BID로 목록에 올리기 위해 헬로를 변경하고 루트 코스트를 기입한 후, 스위치는 그 헬로를 모든 지정 포트로 전달한다.

단계 ③ 변화가 있을 때까지 **단계①**과 **단계②**를 반복한다.

각각의 스위치는 루트로 가는 경로가 여전히 작동한다는 것을 알기 위해 루트로부터 받는 주기적인 헬로에 의존한다. 스위치가 헬로를 받지 못하거나 다른 세부 사항을 가지고 있는 헬로를 받을 때 무엇인가가 잘못된다. 그러면 스위치는 스패닝 트리 토폴로지 변경 과정을 시작한다.

STP 토폴로지에 영향을 주는 스위치의 반응

많은 이유로, 수렴 과정은 세 개의 타이머 사용을 필요로 한다. 모든 스위치는 루트에 적힌 주기적인 헬로 BPDU 메시지로 루트 스위치에 명시된 대로 타이머를 사용한다. [표 2-7]은 그 타이머들에 대해 설명되어 있다.

타이머	기본값	설명
헬로(Hello)	2초	루트에서 만들어진 두 헬로 사이의 시간 간격이다.
최대 수명(MaxAge)	10번의 헬로	헬로 청취 중단 후부터 STP 토폴로지 변경을 시작하기 전까지 스위치가 대기하는 시간이다.
전달 지연(Forward Delay)	15초	인터페이스가 차단에서 전달 상태로 변경될 때 나타나는 과정을 지연시키는 시간이다. 포트는 전달 지연 타이머에 의해 정의된 시간 동안, 잠정적으로 청취 상태에 머물고, 그 다음에 잠정적인 학습 상태로 간다.

[표 2-7] STP 타이머

만약 스위치가 헬로 타임 이내에 예상하고 있던 헬로 BPDU를 받지 못했다면, 스위치는 계속해서 정상적인 상태를 유지한다. 만약 최대 수명 시간 안에도 헬로가 나타나지 않았다면, 스위치는 STP 토폴로지를 변경하는 단계를 밟는다. 기본값으로, 최대 수명은 20초이다(2초의 기본 헬로 타이머 값의 10번). 따라서 스위치는 반응하기 전에 헬로 청취 없이 20초를 기다린다.

최대 수명이 지난 후, 스위치는 다른 스위치에서 받은 모든 헬로에 기반해서 반드시 모든 STP 선택을 다시 해야 한다. 이것은 어떤 스위치가 루트 스위치가 될지 재평가하는 것이다. 만약 로컬 스위치가 루트가 아닌 경우, RP를 선택해야 한다. 그리고 이것은 다른 링크의 각각이 DP가 될지 여부를 결정한다. [그림 2-7]은 SW3의 Gi0/2가 차단된 상태로 똑같이 익숙한 그림처럼 보이지만, SW1의 Gi0/2 인터페이스가 방금 멈추었다.

SW3은 Gi0/1에서 예상하던 헬로를 받지 못했기 때문에 변화에 반응을 보인다. 그러나 SW2는 Gi0/2 인터페이스에서 우수 헬로를 주기적으로 받고 있기 때문에 반응할 필요가 없다. 이 경우, SW3은 헬로의 청취 없이 최대 수명 시간이 지날 때 반응하거나 또는 SW3이 Gi0/1에 오류가 발생했다는 것을 알았을 때 반응한다.

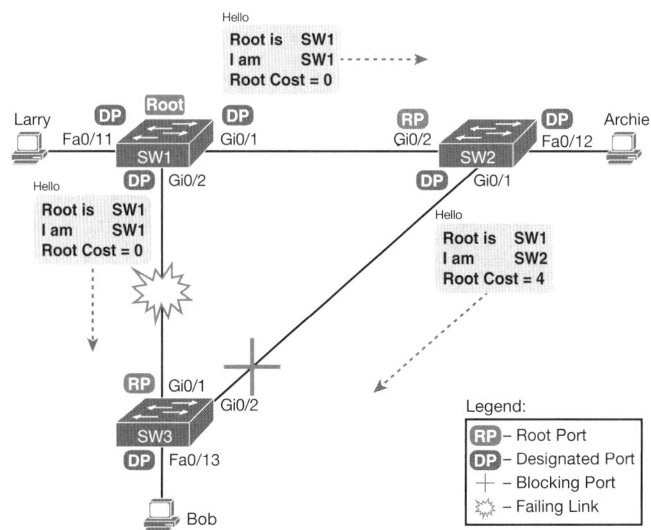

[그림 2-7] SW1-SW3 링크가 끊어지기 전 초기 STP 상태

2

이제 SW3은 루트 스위치 선택을 재평가하는 것을 시작하는 것으로 반응한다. SW3은 SW2로부터 여전히 헬로를 받고 있고, 이는 루트(SW1)에서 전달된 것이다. SW1은 여전히 SW3 보다 낮은 BID를 가지고 있는데, 그렇지 않았다면, SW1은 루트가 되지 않았을 것이다. 그래서, SW3은 SW1이 여전히 가장 좋은 스위치이며 SW3이 루트가 아니라고 결정한다.

그 다음, SW3은 RP 선택을 재평가한다. 이 시점에서, SW3은 Gi0/2 하나의 인터페이스에서만 헬로를 받는다. 계산된 루트 코스트가 무엇인지에 관계 없이, Gi0/2는 SW3의 새로운 RP가 된다([그림 2-5]와 [그림 2-6] 에서부터 STP 코스트는 변화가 없었던 것으로 간주하고, 코스트는 8이다).

SW3는 다른 인터페이스들에 DP 역할을 재평가한다. 이 예에서, 실질적인 작업은 할 필요가 없다. SW3은 Fa0/13 인터페이스가 이미 DP였고, 이 포트에 다른 스위치가 연결되지 않았기 때문에 계속 DP가 된다.

STP에 따른 인터페이스 상태 변화

STP는 역할과 상태의 개념을 사용한다. 루트 포트나 지정 포트와 같은 역할은 어떻게 STP가 LAN 토폴로지를 분석하는지와 관계가 있다. 전달이나 차단과 같은 상태는 스위치가 프레임을 보내야 할지 받아야 할지 말해준다. STP 수렴일 때는 스위치가 새로운 포트 역할을 정하고, 그 포트 역할은 전달 또는 차단의 상태를 정한다.

스위치는 바로 전달 상태에서 차단 상태로 옮겨갈 수 있지만, 차단 상태에서 전달 상태로 변하는 데에는 약간의 시간이 필요하다. 예를 들어, 스위치가 이전에 포트 G0/1을 RP 역할로 사용했을 때, 그 포트는 전달 상태였을 것이다. 수렴 후, 스위치는 바로 그 포트를 차단 상태로 바꿀 수 있기 때문에 G0/1은 RP도, DP도 될 수 없을 수 있다.

포트가 이전에 차단 상태였고 전달 상태로 변해야 할 때, 스위치는 먼저 포트를 두 개의 중간 인터페이스 상태로 놓는다. 이 임시 상태는 일시적인 루프를 방지하는 데 도움을 준다.

- **청취**(Listening): 차단 상태와 같이, 인터페이스는 프레임을 전달하지 않는다. 이 기간 동안 스위치는 오랫동안 MAC 주소로부터 프레임을 받지 못한 MAC 테이블 엔트리를 제거한다. 이 오래된 MAC 테이블 엔트리는 일시적인 루프를 발생시킬 수 있기 때문이다.
- **학습**(Learning): 학습 상태의 인터페이스는 여전히 프레임을 전달하지 않지만, 스위치는 인터페이스에 수신된 프레임의 MAC 주소 학습을 시작한다.

STP는 인터페이스 상태를 차단에서 청취, 학습, 전달 순으로 변경한다. STP는 기본값으로 15초로 설정된 전달 지연 타이머와 동일한 시간만큼 인터페이스를 각각 임시 상태에 둔다. 그 결과, 차단에서 전달 상태로 변경하기 위한 인터페이스에서 발생되는 수렴 이벤트는 차단에서 전달 상태로 변경하기 위해 30초를 필요로 한다. 더불어, 스위치는 인터페이스를 차단에서 전달로 변경하기 전에 최대 수명 시간을 기다려야 할 수 있다.

예를 들어, [그림 2-3]부터 [그림 2-6]에서 보여준 최초 STP 토폴로지에서 어떤 일이 일어나는지 따라가다가, [그림 2-7]에서는 SW1과 SW3의 링크가 끊어진 것을 볼 수 있다. 만약 SW1이 단순히 SW3에게 헬로 메시지를 보내지 않는 것이고, 그 두 사이에 링크가 끊어지지 않았다면, SW3은 반응하기 전에 최대 수명 시간을 기다린다(기본값 20초). SW3은 사실 STP의 역할을 빠르게 선택하지만, 인터페이스 Gi0/2에서 청취와 학습 상태로 각각 15초씩 기다린다. 수렴 지연 시간은 총 50초가 된다.

2

[표 2-8]은 스패닝 트리의 다양한 인터페이스 상태를 요약한 것이다.

Key Topic

상태	데이터 프레임을 전달하는가?	받은 프레임을 기반으로 MAC을 학습하는가?	임시 상태인가 또는 안정 상태인가?
차단	아니오	아니오	안정
청취	아니오	아니오	임시
학습	아니오	예	임시
전달	예	예	안정
비활성	아니오	예	안정

[표 2-8] IEEE 802.1D 스패닝 트리 상태

RSTP(Rapid STP, IEEE 802.1w) 개념

기존 STP는 그 시대의 네트워크들과 네트워크 장비들에 대한 주어진 추정치에 잘 작동했다. 그러나 시간이 지남에 따라 다른 컴퓨팅이나 네트워킹 표준과 같이 하드웨어와 소프트웨어 역량은 발전하고, 이러한 역량의 이점을 가져오기 위해 새로운 프로토콜이 나왔다. STP에서는 IEEE 802.1w 표준으로 소개된 RSTP(Rapid Spanning Tree Protocol)가 오랜 기간 동안 가장 눈에 띄는 발전 중에 하나이다.

RSTP에 대해 자세히 알아보기 전에, 이해를 돕기 위해 표준 멤버들을 살펴보자. 802.1w는 실제로 802.1D 표준의 개정안이었다. 802.1D는 1998년(이전에도 몇 번) 공표되었다. 802.1D의 1998 버전 뒤에, IEEE는 2001년에 802.1w 개정을 공표했다. 그 후, IEEE 802.1 위원회는 2004년에 802.1D를 업데이트를 하면서 802.1w 개정 세부 사항을 802.1D-2004 표준 안에 포함시켰다.

왜 이것을 알아야 하는가? 때때로 사람들은 기존 RSTP 이전 규칙인 STP를 STP 용어로 사용한다. 일부은 이제 STP를 RSTP를 포함하는 802.1D 표준안의 일부를 의미하는 것으로 사용한다. 그러므로 실제로 누군가가 STP를 사용할 때 무엇을 말하는지, 또 RSTP 개념이 포함된 STP를 의미하는지 아닌지 확실히 해야 한다. 이 문제를 해결하고자 이 책은 기존 STP 규칙을 STP로, RSTP는 802.1w로부터 소개된 새로운 것으로 사용할 것이다.

> **NOTE** IEEE는 표준을 판매하지만, 'Get IEEE 802' 프로그램을 통해서, 무료로 현재 802 표준 PDF를 받을 수 있다. RSTP 802.1w에 대해 알고자 하면, 802.1D를 다운로드받아 RSTP 섹션을 보면 된다.

이제 이 장에서는 RSTP에 대해 자세히 알아볼 것이다. RSTP와 STP 간에는 비슷한 점이 많은데, 이 절에서는 이 두 개를 비교하고 대조할 것이다. 그 다음, 이 절의 남은 부분에서는 STP에서는 발견되지 않는 RSTP의 독특한 개념 즉, 교체 루트 포트, 다른 포트 상태, 백업 포트, RSTP에 의해 사용되는 포트 역할 등을 설명할 것이다.

STP와 RSTP 비교

RSTP(802.1w)는 STP(기존 802.1D)와 많은 면에서 비슷하게 작동한다.

- 동일한 매개 변수와 판단 근거로 루트 스위치를 선출한다.
- 루트 스위치가 아닌 스위치의 루트 포트를 같은 규칙으로 선출한다.
- 각 LAN 세그먼트에서 같은 규칙으로 지정 포트를 선출한다.
- 각 포트를 전달이나 차단 상태로 둔다. RSTP에서는 차단 상태를 포기 상태로 부른다.

사실 RSTP는 STP와 거의 동일하게 작동하고, 모두 같은 네트워크에 사용될 수 있다. RSTP와 STP 스위치는 같은 네트워크에 배치될 수 있으며, RSTP 기능을 지원하는 스위치에서 RSTP 기능이 작동하고, STP만 지원하는 스위치에서는 기존 802.1D STP 기능이 작동한다.

이러한 비슷한 기능에도 불구하고, IEEE에서 RSTP를 새로 정의한 가장 큰 이유는 수렴 때문이다. STP의 수렴 시간은 모든 지연 시간을 따라야 할 때 기본 설정 50초로 매우 길다. RSTP는 토폴로지 변경이 일어날 때 네트워크 수렴 시간이 대개 몇 초(느린 상황에서는 약 10초) 내로 이루어지게 개선되었다.

IEEE 802.1w RSTP 변경과 STP 타이머 대기 시간을 지양하는 방식을 추가한 IEEE 802.1D STP는 전달 상태에서 차단 상태로 그리고 그 반대도 동일하게 빠르게 변경할 수 있다. 특히, STP에 비해 RSTP는 다음과 같은 상황에서 스위치 타이머가 만료될 때까지 대기하는 것을 피할 수 있는 여러 경우를 정의한다.

- 전달 상태에 도달하기 위한 대기 시간 없이, 루트 포트를 대체하기 위한 새로운 메커니즘 추가(일부 조건에서)
- 전달 상태에 도달하기 위한 대기 시간 없이, 지정 포트를 대체하기 위한 새로운 메커니즘 추가(일부 조건에서)
- RSTP가 꼭 기다려야 하는 상황에서 대기 시간 감소

예를 들어 링크가 살아있지만, 헬로 BPDU가 단순히 포트에 주기적으로 도착하지 않는다면, STP는 최대 수명 시간만큼 스위치가 기다리는 것을 필요로 한다. STP는 최대 수명 타이머를 헬로 타이머 10개로 기본 정의하거나 20초로 정의하는데, RSTP는 헬로 타이머 3개로 정의해 최대 수명 타이머를 줄인다.

2

이 메커니즘에 대해 이해하기 위한 가장 좋은 방법은 RSTP 교체 포트와 백업 포트가 어떻게 작동하는지 보는 것이다. RSTP는 '교체 포트(alternate port)'라는 용어를 사용하는데, 이는 만약 루트 포트가 고장 나면 루트 포트로 사용할 수 있는 스위치의 다른 포트를 말한다. '백업 포트(Backup Port)' 개념은 로컬 스위치의 지정 포트의 백업 포트를 제공하나, 사실상 현대 네트워크 디자인에서는 거의 발생하지 않는 토폴로지에만 적용된다. 그러나 양쪽 모두 RSTP의 동작을 이해하는데 도움이 된다. [표 2-9]는 이러한 RSTP 역할에 대해 나열했다.

기능	포트 역할
루트 스위치가 아닌 스위치에서 루트에 도달하는 가장 좋은 경로를 가진 포트이다.	루트 포트 (Root port)
루트 포트가 고장 났을 때 루트 포트를 대신한다.	교체 포트 (Alternate port)
충돌 도메인으로 전달하도록 지정된 스위치 포트이다.	지정 포트 (Designated port)
지정 포트가 고장 났을 때 지정 포트를 대신한다.	백업 포트 (Backup port)
관리상 비활성화된 포트이다.	비활성화된 포트 (Disabled port)

[표 2-9] 802.1w RSTP에서 포트 역할

RSTP와 교체(루트) 포트 역할

STP에서는 각각의 루트 스위치가 아닌 스위치의 한 포트가 STP 루트 포트(RP) 역할을 한다. RSTP도 RP 선택을 위해 동일한 규칙을 사용해서 STP와 동일하게 통신한다. RSTP는 그 후 한 단계 과정이 더 있는데, 이는 가능한 RP들을 따로 *교체 포트(Alternate ports)*라고 식별하는 것이다.

교체 포트가 되기 위해서는 RP와 교체 포트 모두 같은 루트 스위치를 인지하고 헬로를 받아야 한다. 예를 들어 [그림 2-8] 에서, SW1은 루트이다. SW3은 G0/1 과 G0/2 두 개의 포트에서 헬로 BPDU를 받을 것이다. 두 헬로 모두 SW1의 브릿지 ID(BID)가 루트 스위치라고 보여주며, 따라서 루트 포트가 아닌 어느 포트도 교체 포트가 되기 위한 기준을 만족하지 못한다. 이 경우 SW3은 G0/1을 루트 포트로 뽑고, G0/2를 교체 포트로 만든다.

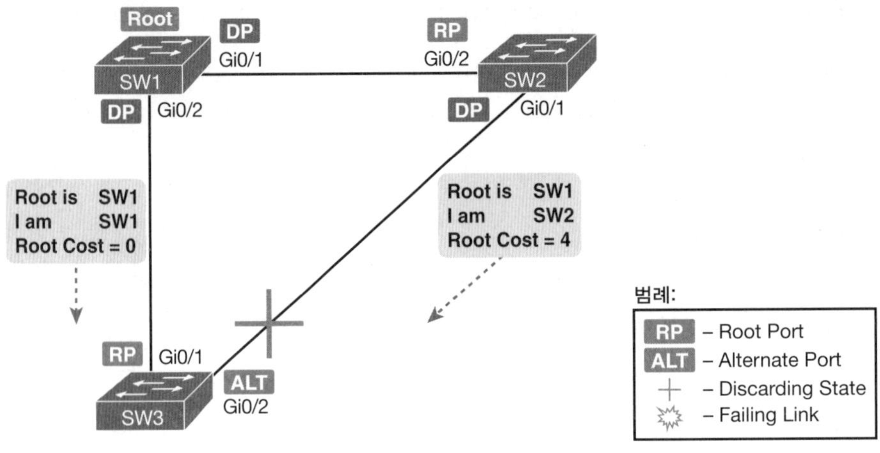

[그림 2-8] SW3이 G0/2를 교체 포트로 만드는 예

교체 포트는 기본적으로 루트 포트를 위한 차선책으로 볼 수 있다. 교체 포트는 다른 중간 RSTP 상태 대기 필요 없이, 기존 루트 포트를 대부분 매우 빠르게 인계할 수 있다. 예를 들어, 루트 포트가 고장 나거나 기존 루트 포트에 헬로 수신이 멈추었을 때, 스위치는 기존 루트 포트의 역할과 상태를 다음과 같이 바꾼다. (a) 루트 포트에서 비활성화 포트로 역할 변경, 그리고 (b) 전달 상태에서 STP의 차단 상태와 동일한 포기 상태로 변경한다. 그 다음, 타이머의 대기 없이 스위치는 교체 포트의 역할을 루트 포트로, 상태를 전달 상태로 변경한다.

특히, 새로운 루트 포트는 학습 상태와 같이 다른 상태에서 시간을 소비할 필요가 없으며, 대신 전달 상태로 바로 넘어간다.

[그림 2-9]는 RSTP 수렴의 예를 보여준다. 이 그림에서 보여주는 고장이 있기 전에, SW3의 루트 포트는 SW1(루트 스위치)과 바로 연결되어 있다. 그리고 그림의 **단계①** 에서 보여주듯 SW3과 SW1 간 링크가 고장 난다.

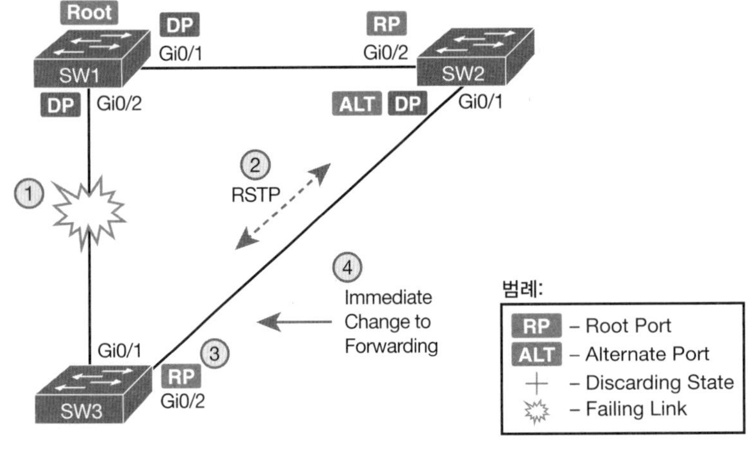

[그림 2-9] SW3 G0/1 고장 시 수렴 이벤트

이제 [그림 2-9]의 단계를 자세히 살펴보자.

단계 ① SW1과 SW3 간 링크가 고장 나서, SW3의 현재 루트 포트(Gi0/1)가 고장 난다.

단계 ② SW3과 SW2는 SW3이 기존 교체 포트(Gi0/2)에서 루트 포트로 전환되는 것을 확인하기 위해 RSTP 메시지를 교환한다. 이 행동은 SW2가 필요한 MAC 테이블 엔트리를 초기화시킨다.

단계 ③ SW3에서 G0/1은 비활성화되고, G0/2는 루트 포트 역할이 된다.

단계 ④ SW3에서 G0/2는 학습 상태 없이 바로 전달 상태가 되며, 이는 RSTP가 이 변경이 루프를 생성하지 않을 것이라는 것을 알고 있는 것이라는 하나의 사례이다.

SW3이 G0/1 인터페이스가 고장 났다는 것을 알아차리자마자, 그림에 나와있는 과정은 아주 짧게 이루어진다. 어떤 과정에서도 타이머에 의존하지 않고, 그 과정이 끝나자마자 수렴은 끝난다(이 특정 수렴 예는 랩에서는 1초 정도 걸린다).

RSTP 상태와 과정

이전 예에서 RSTP의 모든 사항을 다룬 것이 아니다. 하지만 RSTP 상태와 내부 과정에 대해 충분히 보여주었다.

STP와 RSTP 모두 *포트 상태*를 사용하지만, 몇 가지 차이점이 있다. 먼저, STP와 비교해서 RSTP는 학습과 전달 상태를 동일한 목적으로 가지고 있다. 그러나 RSTP는 청취 목적을 정의하지 않고, 불필요하다고 여긴다. 마지막으로, RSTP는 차단 상태를 포기 상태로 이름을 변경해서 사용하며, 쓰임에 대해 살짝 재정의 하고 있다.

RSTP는 802.1D에서 두 가지 상태(비활성화와 차단)로 정의하고 있는 포기 상태를 사용한다. 차단은 인터페이스가 물리적으로 작동하지만, STP/RSTP가 루프를 방지하기 위해 트래픽을 전달하지 않는 것과 같은 분명한 상태를 말한다. STP의 비활성화 상태는 인터페이스가 관리상의 목적으로 비활성화되어 있다는 것을 의미한다. RSTP는 이 두 상태를 하나의 포기 상태로 합친 것이다. [표 2-10]은 STP와 RSTP 상태를 기능별로 비교한 것이다.

기능	802.1D 상태	802.1w 상태
포트가 관리적으로 비활성화되어 있다.	비활성	포기
들어오는 데이터 프레임을 무시하고 전달하지 않는 안정적인 상태이다.	차단	포기
MAC 학습과 전달이 없는 중간 상태이다.	청취	미사용
MAC 학습은 하지만 전달하지 않는 중간 상태이다.	학습	학습
MAC 학습과 데이터 프레임의 전달을 허용하는 안정적인 상태이다.	전달	전달

[표 2-10] 포트 상태 비교: 802.1D STP와 802.1w RSTP

RSTP는 또한 수렴을 빠르게 하기 위해 몇 가지 과정과 메시지 내용(STP와 비교해서)을 변경한다. 예를 들어, STP는 청취와 학습 상태에서 일정 시간(전달 지연 시간)을 모두 대기한다. 동시에 스위치는 MAC 테이블 엔트리에 시간이 지났음을 기록한다. 토폴로지가 변경될 때 존재하는 MAC 테이블 엔트리는 실제로 루프를 초래할 수 있다. STP 사용 시, 스위치들은 BPDU 메시지를 이용해서 토폴로지가 변경되었다고 서로 통신하며, 전달 지연 타이머를 이용해 MAC 테이블 엔트리를 처리한다. 이 엔트리를 지우는 것은 좋지만, 이것은 전달 지연 시간(기본 각 15초)을 위해 청취와 학습 상태 모두에서 대기해야 하는 상황을 초래한다.

RSTP는 타이머에 의존하는 것을 피하고, 수렴을 빠르게 한다. RSTP 스위치는 토폴로지가 변경되었다고 메시지를 이용해서 서로 이야기한다. 이러한 메시지는 또한 이웃한 스위치가 MAC 테이블의 내용을 지워 대기 없이 모든 잠정적인 루프 유발 엔트리를 제거한다. 그 결과, RSTP는 [그림 2-9]의 예에서 보여주는 것과 같이 학습 상태를 사용하지 않고, 대기 없이 기존 포기 포트가 전달 상태로 바로 변경되는 것과 같은 많은 시나리오를 생성한다.

RSTP와 백업(지정) 포트 역할

RSTP 백업 포트는 새로운 포트 역할이다. RSTP 교체 포트는 RSTP가 스위치의 루트 포트를 빠르게 변경하는 방식을 만든다. RSTP 백업 포트도 RSTP가 일부 LAN에서 스위치의 지정 포트를 빠르게 변경하는 방식을 만든다. 백업 포트의 필요성은 조금 혼란스러울 수 있는데, 이는 오늘날과 조금 다르게 디자인 된 곳에서만 나타나기 때문이다. 반드시 허브를 사용해야 하고, 스위치가 한 개 이상의 포트를 같은 충돌 도메인에 연결할 수 있기 때문이다.

[그림 2-10]은 SW3과 SW4 모두 같은 허브에 연결되어 있는 예다. SW4의 포트 F0/1은 지정 포트로 선출되었다. 같은 충돌 도메인에 연결된 SW4의 다른 포트 F0/2는 백업 포트의 역할을 한다. 백업 포트로는 만약 현재 지정 포트가 고장 난다면, SW4는 빠른 수렴으로 백업 포트를 사용할 수 있다. 예를 들어, SW4의 F0/1 인터페이스가 고장 났다면 SW4는 포기 상태에서 전달 상태로 변경하는 대기 시간 없이 F0/2를 지정 포트 역할로 변경할 수 있다.

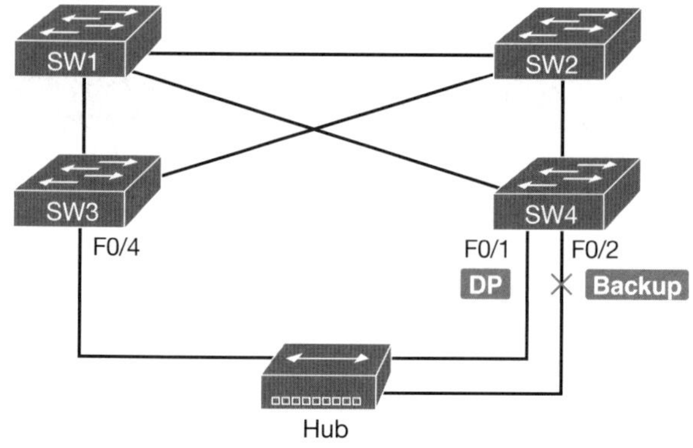

[그림 2-10] RSTP 백업 포트 예

RSTP 포트 타입

마지막 RSTP 개념은 일부 RSTP가 다른 포트 타입과 이 포트들을 연결하는 링크를 참조하기 위해 사용하는 용어와 관련된 것들을 포함하고 있다.

2

먼저, [그림 2-11]의 기본 그림을 보자. 이것은 두 개의 스위치 간 몇 개의 링크를 보여준다. RSTP는 이 링크를 점대점(Point-to-Point) 링크로, 그 포트들은 *점대점(Point-to-Point) 포트*로 고려하는데, 이는 그 링크가 두 장비(점)를 정확하게 연결하기 때문이다.

RSTP는 점대점 포트를 두 개의 카테고리로 분류한다. 두 개의 스위치에 연결된 점대점 포트는 네트워크의 가장자리가 아니며, 단지 점대점 포트라고 불린다. 네트워크의 가장자리에 있는 하나의 PC나 서버와 같은 단말 장비에 연결되어 있는 포트는 대신 *점대점 엣지 포트(point-to-point edge ports)* 또는 간단하게 *엣지 포트(edge ports)*라고 부른다. [그림 2-11]에서, PC에 연결된 SW3의 스위치 포트는 엣지 포트이다.

마지막으로, RSTP는 허브에 연결된 포트를 표현하는데 '공유된(shared)'이라는 용어를 정의한다. 공유된(shared)은 허브가 공유된 인터넷을 생성하는 사실로부터 만들어진 용어이며, 허브는 또한 연결된 스위치 포트를 반이중으로 사용하게 한다. RSTP는 모든 반이중 포트가 허브에 연결되어 있다고 가정하고, 반이중을 사용하는 포트를 공유된 포트로 여긴다. RSTP 수렴은 모든 점대점 포트에 비교해서 공유된 포트에서 더 느리게 이루어진다.

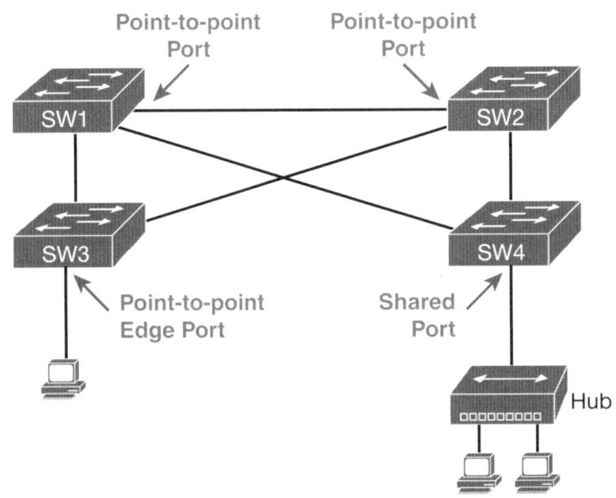

[그림 2-11] RSTP 링크 타입

:: 추가 STP 기능

지금까지 3장에서 논의될 추가 설정과 STP 작동을 검증하기 위한 유용한 많은 것들을 배웠다. 다음 장으로 넘어가기 전에, 이 장의 마지막 절에서는 간단하게 STP가 더 잘, 그리고 더욱 안전하게 작동하게 만드는 것에 관련된 몇 가지 주제(이더채널, 포트패스트, BPDU 가드)를 소개할 것이다.

이더채널

STP의 수렴 시간을 줄이는 가장 좋은 방법 중 하나는 수렴이 일어나지 않게 만드는 것이다. 하나의 포트나 케이블에 장애가 발생했을 때 STP 수렴이 필요 없게 하는 방법이 '이더채널(EtherChannel)'이다.

이더채널은 한 쌍의 스위치 사이에 있는 동일한 속도의 여러 병렬 세그먼트를 최대 8개까지 이더채널로 묶는다. 이 스위치는 STP와 관련해서 이더채널을 하나의 인터페이스와 동일하게 여긴다. 그 결과, 만약 하나의 링크에서 장애가 발생해도, 최소한 하나의 링크가 살아 있으면, STP 수렴은 일어나지 않는다. 예를 들어, [그림 2-12]는 익숙한 세 대의 스위치로 구성된 네트워크를 보여주지만, 여기서는 각 쌍의 스위치 간에 두 개의 기가바이트 이더넷으로 연결되어 있다.

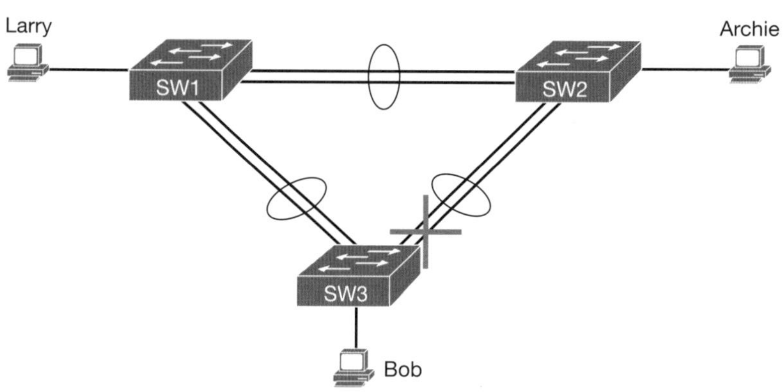

[그림 2-12] 스위치 간 두 세그먼트 이더채널

이더넷 링크 쌍이 이더채널로 설정되어 있다면, STP는 각 이더채널을 하나의 링크로 여긴다. 즉, STP 수렴이 일어나기 위해서는 같은 스위치에 연결된 두 개의 링크 모두 장애가 나야 한다는 말이다. 이더채널 없이 만약 두 개의 스위치 간에 병렬 링크가 있다면, STP는 하나의 링크를 제외하고 모두 차단한다. 이더채널을 사용하면, 모든 병렬 링크를 동시에 살려서 작동시킬 수 있으며, 동시에 STP 수렴 횟수를 줄일 수 있고, 이는 결국 네트워크 가용성 향상으로 이어진다.

스위치가 이더채널로 프레임을 보내기 위해 전송 판단을 할 때, 스위치는 논리적으로 어떤 물리 포트가 프레임을 보낼 것인가 하는 한 가지 추가 단계를 밟는다. 스위치는 각 프레임을 위한 인터페이스를 뽑기 위한 로드-밸런싱(load-balancing) 논리가 있는데, 이는 그 채널에 살아 있는 모든 링크로 트래픽을 분산시키기 위함이다. 그 결과, 이더채널을 사용하는 LAN 디자인은 STP 수렴 횟수를 줄이면서, 스위치 간 사용 가능한 대역폭을 더 많이 사용할 수 있게 한다.

이더채널은 여기서 설명하고 있는 2계층 이더채널일 수도 있고, 19장 'LAN에서의 IPv4 라우팅'에서 논의되는 3계층 이더채널일 수도 있다. 2계층 이더채널은 스위치가 2계층 스위칭 논리를 사용한 이더채널을 통해 프레임을 주고 받으면서, 스위치를 스위치 포트로 사용하는 링크를 묶는 것이다. 3계층 이더채널도 링크를 묶지만, 이더채널을 통해 패킷을 주고 받을 때 3계층 논리를 사용한다. 이 책 Part I의 이더채널은 따로 적어두지 않는 이상 2계층 이더채널을 나타낸다.

포트패스트(PortFast)

포트패스트는 스위치에서 차단 상태에서 전달 상태로, 청취나 학습 상태를 바로 넘어서, 변경하는 것을 허용한다. 그러나 포트패스트를 안전하게 활성화시킬 수 있는 포트는 당신이 그 포트가 브릿지, 스위치 또는 다른 STP를 사용하는 장비와 연결되지 않았다는 것을 알고 있는 포트뿐이다. 그렇지 않다면, 포트패스트 사용은 루프를 발생시킬 수 있는 위험이 있고, 학습과 청취 상태와 같은 다양한 것들이 의도적으로 불가해진다.

포트패스트는 최종 사용자 장비에 연결할 때 가장 적절하다. 최종 사용자 장비가 연결되어 있는 포트에서 포트패스트를 활성화하면, 최종 사용자가 PC를 켤 때, 스위치 포트가 STP 전달 상태로 넘어가고, PC NIC이 활성화되자마자 트래픽을 전달할 수 있게 된다. 포트패스트가 없을 경우에, 각 포트는 스위치에서 대상 포트가 DP라는 것을 확인할 때까지 기다려야 하고, 인터페이스 상태가 청취 상태와 학습 상태를 지날 때까지 기다린 다음에야 전달 상태로 들어갈 수 있다.

포트패스트는 엣지 포트에서 가장 많이 사용되는 기능이다. 사실, RSTP는 포트패스트 개념을 일부 포함하고 있다. 당신은 아마도 RSTP 포트 타입에서, 특히 점대점 엣지 포트 타입에서, [그림 2-11]에서 언급된 것을 기억할 수 있을 것이다. 프로토콜 디자인에서, RSTP는 학습 상태를 건너뛰고 이런 점대점 엣지 타입 포트를 빠르게 수렴하고, 이는 사실 시스코가 포트패스트로 기존에 소개한 개념과 같다. 실제로, 시스코 스위치는 포트에 포트패스트를 활성화시킴으로써 RSTP 점대점 엣지 포트를 활성화시킨다.

BPDU 가드

STP는 LAN에서 몇 가지 다른 타입의 위험 노출을 야기시켰다. 예를 들면 아래와 같다.

- 공격자는 낮은 STP 우선순위 값을 가진 포트들 중 하나를 통해 스위치에 연결할 수 있고, 루트 스위치가 될 수 있다. 새로운 STP 토폴로지는 바라던 토폴로지에 비해 더 나쁜 성능을 가진다.

- 공격자는 여러 개의 포트, 여러 개의 스위치에 꽂아서 루트가 되고, LAN에 많은 양의 트래픽을 전달한다. 네트워킹 직원이 알아차리지 않는 이상, 공격자는 LAN을 통해 보내지는 많은 양의 데이터 프레임을 LAN 분석기를 사용해 복사할 수 있다.
- 사용자는 잘 모르고 STP를 사용하지 않는 싼 가격의 사용자 LAN 스위치를 사고 연결해서 LAN을 위협할 수 있다. STP 기능이 없는 이러한 스위치는 루프를 발생시키는 어느 포트든 차단시킬 수 없다.

시스코 BPDU 가드 기능은 만약 포트에서 어느 BPDU를 받았다면, 포트를 비활성화시킴으로써 이러한 문제들을 무효화시키는 데 도움을 준다. 그래서, 이러한 기능은 액세스 포트로만 쓰고, 다른 스위치를 절대 연결하지 않을 포트에 특히 유용하다.

추가로, BPDU 가드 기능은 포트패스트의 문제를 방지하는 데 도움이 된다. 포트패스트는 다른 LAN 스위치는 안되고, 사용자 장비에 연결되어있는 액세스 포트에만 활성화시켜야 한다. 같은 포트에 BPDU 가드를 적용하면 이는 말이 되는데, 만약 다른 스위치가 이런 포트에 연결된다면, 루프가 만들어지기 전에 로컬 스위치가 그 포트를 비활성화시킬 수 있기 때문이다.

챕터 리뷰

시험을 잘 보기 위해 중요한 한 가지 핵심은 시간 간격을 두고 반복적으로 복습하는 것이다. 이 장의 내용을 복습하기 위해 책과 DVD에 있는 툴 또는 본 저서와 관련 있는 웹 사이트의 대화형 도구를 이용할 수 있다. 자세한 사항은 '당신의 학습 계획' 내용을 참조하자. [표 2-11]에는 핵심 복습 내용과 그 내용을 찾을 수 있는 위치를 표시하였다. 학습 진행 과정을 잘 추적하려면, 두 번째 칸에 복습 완료 날짜를 기록한다.

리뷰 항목	완료 날짜	사용 자료
핵심 주제 리뷰		책, DVD/웹 사이트
핵심 용어 리뷰		책, DVD/웹 사이트
DIKTA 문항 답변		책, PCPT
메모리 테이블 리뷰		책, DVD/웹 사이트

[표 2-11] 리뷰 확인

핵심 주제 리뷰

핵심 주제	설명	쪽 번호
표 2-2	이중화 링크를 사용하는 LAN에서 STP를 사용하지 않을 때 생기는 세 가지 주요 문제를 나열	42
표 2-3	스위치가 인터페이스를 전달 상태 또는 차단 상태로 놓는지에 대한 이유를 나열	44
표 2-4	헬로 BPDU 메시지의 가장 중요한 항목을 나열	45
리스트	루트 스위치 선출에 대한 논리	47
그림 2-6	스위치가 루트 코스트를 계산하는 방법	49
표 2-6	다양한 인터페이스 속도에 대해 기존과 현재 기본 STP 포트 코스트	51
단계 리스트	안정적인 상태의 STP 운영 설명 요약	52
표 2-7	STP 타이머	53
리스트	청취와 학습 상태에서 무엇이 일어나는지 정의	54
표 2-8	802.1D 요약	55
리스트	802.1D STP와 802.1w RSTP 간 비슷한 점	56
표 2-9	802.1w 포트 역할 나열	57
표 2-10	802.1D와 802.1w의 포트 상태 비교	59

[표 2-12] 2장의 핵심 주제

핵심 용어

차단 상태(blocking state), BPDU 가드, 브릿지 ID(bridge ID), BPDU(Bridge Protocol Data Unit), 지정 포트(designated port), 이더채널(EtherChannel), 전달 지연(forward delay), 전달 상태(forwarding state), 헬로 BPDU(Hello BPDU), IEEE 802.1D, 학습 상태(learning state), 청취 상태(listening state), 최대 수명(MaxAge), 포트패스트(PortFast), 루트 포트(root port), 루트 스위치(root switch), 루트 코스트(root cost), 스패닝 트리 프로토콜(Spanning Tree Protocol, STP), RSTP(Rapid STP), IEEE 802.1w, 대체 포트(alternate port), 백업 포트(backup port), 포기 포트(disabled port), 포기 상태(discarding state)

CHAPTER 3

스패닝 트리 프로토콜(Spanning Tree Protocol) 구현

이 장은 다음 시험 주제를 다룬다.

1.0 LAN 스위칭 기술

1.3 설정, 검증, 그리고 STP 프로토콜 장애 처리

1.3.a STP 모드(PVST+와 RPVST+)

1.3.b STP 루트 브릿지 선출

1.4 설정, 검증, 그리고 STP 관련 추가 기능 장애 처리

1.4.a 포트패스트

1.4.b BPDU 가드

1.5 설정, 검증, 그리고 (2계층/3계층) 이더채널 장애 처리

1.5.a 스태틱

1.5.b. PAGP

1.5.c LACP

IOS 기반의 LAN 스위치들은 기본적으로 각 VLAN의 모든 인터페이스에 STP가 활성화되어 있다. 그러나 중간에서 큰 사이즈의 이더넷 LAN에서 작업하는 네트워크 엔지니어들은 주로 최소한 일부의 STP 설정을 하고 싶어 한다. 첫 번째로 가장 중요한 것은, 시스코 IOS 스위치는 전통적으로 RSTP보다 STP를 기본적으로 사용하고, 수렴이 빠른 RSTP로 간단하게 업그레이드 할 수 있다. 한두 개의 스위치보다 많은 스위치를 가진 대부분의 LAN에서, 네트워크 엔지니어들은 대게 그것이 전통적인 STP이든, RSTP이든 간에 STP에 의한 결정을 하는 데 영향을 미치고 싶어 한다. 그 선택은 예를 들면, 어떤 스위치가 루트 스위치가 되고, 모든 포트가 물리적으로 작동할 때 어떤 스위치 포트가 차단되거나 포기상태가 될 것인지 예측할 수 있는 것이다. 또한 그 설정은 정할 수 있는데, 이는 링크나 스위치에 장애가 생겼을 때, 네트워크 엔지니어가 이런 경우 STP 토폴로지를 예상할 수 있게 한다.

이 장에서는 SPT의 설정과 검증에 대해 논의한다. 첫 번째 주된 절에서는 각 설정 명령어에 의해 현재 STP 상태에 주는 영향을 **show** 명령어를 통해 보며, 어떻게 VLAN마다 다른 설정을 변경하는지에 대한 이야기를 엮어갈 것이다. 이러한 설정은 STP와 RSTP 모두에게 영향을 주지만, 예는 RSTP보다는 전통적인 802.1D STP를 사용하는 스위치를 사용한다. 두 번째 절은 2장에서 언급한 포트패스트, BPDU 가드 그리고 2계층 이더채널과 같은 추가 STP 기능을 어떻게 설정하는지 보여줄 것이다. 이 장의

마지막 절은 한 개의 명령어로 간단히 RSTP를 활성화시키는 방법을 보고, RSTP와 STP를 사용했을 때 **show** 명령어 결과값의 다른 점과 비슷한 점을 볼 것이다.

QUIZ 사전 점검 퀴즈

아래의 사전 점검 퀴즈(지문 또는 PCPT 소프트웨어 사용)를 풀어보면 이 장을 읽고 이해하는 데 시간이 얼마나 걸릴 것인지 가늠할 수 있다. 정답은 퀴즈 다음 페이지 하단에 있으며, 퀴즈 정답에 대한 자세한 설명은 DVD 부록 C와 PCPT 소프트웨어에 담겨 있다.

핵심 주제	문항
STP 구현	1-3
추가 STP 기능 구현	4
RSTP 구현	5, 6

[표 3-1] 핵심 주제와 관련된 사전 점검 퀴즈 문항

1. 2960 스위치에서 브릿지 ID의 값을 변형하는 명령어는 다음 중 무엇인가? (2개를 고르시오)

a. **spanning-tree bridge-id** *value*

b. **spanning-tree vlan** *vlan-number* **root** {**primary** | **secondary**}

c. **spanning-tree vlan** *vlan-number* **priority** *value*

d. **set spanning-tree priority** *value*

2. 시스코 스위치에서 **show spanning-tree** 명령어를 실행해 다음과 같은 결과가 나왔다.

```
Bridge ID  Priority    32771  (priority 32768 sys-id-ext 3)
           Address     0019.e86a.6f80
```

위와 같은 실행 결과를 낸 스위치와 관련해 설명한 아래의 항목 중에서 맞는 말은?

a. 내용은 VLAN 1에 대한 STP 인스턴스에 관한 것이다.

b. 내용은 VLAN 3에 대한 STP 인스턴스에 관한 것이다.

c. 명령어의 실행 결과는 이 스위치가 루트 스위치일 가능성이 없다는 것을 확인한다.

d. 명령어의 실행 결과는 스위치가 현재 루트 스위치라는 것을 확인한다.

3. 스위치의 G0/1 인터페이스는 VLAN 1-10을 지원하는 트렁크이며, 자동으로 협상된 100Mbps 속도를 가진다. 스위치는 현재 기본 STP 설정값을 가지고 있다. 다음 중 어떤 행동이 스위치가 VLAN 3에 있는 이 인터페이스의 STP 코스트를 19로 사용하게 하는가? (2개를 고르시오)

a. **spanning-tree cost 19**

b. **spanning-tree port-cost 19**

c. **spanning-tree vlan 3 port-cost 19**

d. 추가 설정 없음

4. 엔지니어가 G0/1과 G0/2 인터페이스를 같은 2계층 이더채널로 묶었다. 다음 용어 중 어떤 것이 설정 명령어에 들어갔을까?

a. **EtherChannel**

b. **PortChannel**

c. **Ethernet-Channel**

d. **Channel-group**

5. 시스코 스위치의 **show spanning-tree** 명령어의 결과값의 첫 7줄을 검토해라:

```
SW1# show spanning-tree vlan 5
VLAN0005
  Spanning tree enabled protocol rstp
  Root ID    Priority    32773
             Address     1833.9d7b.0e80
             Cost        15
             Port        25 (GigabitEthernet0/1)
             Hello Time   2 sec  Max Age 20 sec  Forward Delay 15 sec
```

이 명령어 결과값이 가져온 스위치에 대해 맞는 것은 다음 중 무엇인가? (2개를 고르시오)

a. 루트 스위치의 MAC 주소는 1833.9d7b.0e80이고, 로컬 스위치가 루트이다.

b. 로컬 스위치의 MAC 주소는 1833.9d7b.0e80이고, 이것은 루트가 아니다.

c. 이 스위치는 RSTP가 아닌 STP를 사용한다.

d. 이 스위치는 RSTP를 사용한다.

6. 다음 결과값은 IOS를 사용하는 시스코 스위치로부터 추출한 **show spanning-tree** 명령어의 마지막 줄을 보여준다.

```
SW1# show spanning-tree vlan 10
! 라인 생략
Interface           Role Sts Cost      Prio.Nbr Type
------------------- ---- --- --------- -------- ------------------------
Fa0/1               Desg FWD 100       128.1    P2p Edge
Fa0/2               Desg FWD 19        128.2    Shr
Gi0/1               Desg FWD 4         128.25   P2p
Gi0/2               Root FWD 4         128.26   P2p
```

모든 정답은 인터페이스에 대해 언급하고, 왜 나열된 STP포트 타입이 되었는지에 대한 이유와 함께 결과값의 타입 열을 적어놓았다. 해당 인터페이스가 그 STP 포트 타입이 된 이유에 대해 맞게 나열된 것은 다음 중 무엇인가? (2개를 고르시오)

a. Fa0/1은 P2p Edge이며, 이는 **spanning-tree rstp edge** 인터페이스 하위 명령어 때문이다.

b. Fa0/2는 Shr이며, 이는 Fa0/2가 하프 듀플렉스를 사용하기 때문이다.

c. Gi0/1은 P2p이며, 이는 VLAN 트렁크이기 때문이다.

d. Gi0/2는 P2p이며, 이는 스위치가 Shr 또는 P2p Edge로 만들 이유가 없기 때문이다.

핵심 주제

STP 구현

시스코 IOS 스위치는 기본적으로 RSTP 대신 STP(IEEE 802.1D)를 사용하며, 이는 효율적인 기본 설정값이다. 시스코 스위치 몇 개를 구입해서 이중화 토폴로지에 이더넷 케이블로 연결할 수 있으며, STP는 프레임의 루프를 막는다. 또 어떤 설정값도 변경하지 않아도 된다!

3

아무 설정 없이 STP가 작동하더라도, 대부분 중간부터 큰 사이즈까지의 캠퍼스 LAN은 몇 개의 STP 설정으로부터 이익을 얻는다. 스위치는 스위치의 가장 낮은 새겨진 MAC 주소에 기반해 루트를 선택하는데, 이는 기본적으로 모든 스위치가 같은 STP 우선순위를 사용하기 때문이다. 더 나은 옵션으로, 루트가 예상될 수 있게 스위치를 설정하는 것이다.

예를 들어, [그림 3-1]은 두 개의 분배 계층 스위치(D1과 D2)를 가진 전통적인 LAN 디자인 모델을 보여준다. 이 디자인은 사용자와 연결되는 수십 개의 액세스 계층 스위치를 가질 수 있으며, 이 그림은 3개의 액세스 스위치(A1, A2, A3)만 보여준다. 다양한 이유로, 대부분의 네트워크 엔지니어는 분배 계층 스위치를 루트 스위치로 만든다. 예를 들어, 더 낮은 우선순위를 가지게 함으로써 D1을 루트 스위치로 설정하고, D2를 다음 낮은 우선순위를 가지게 설정하면, D1이 장애가 났을 때 루트가 될 수 있다.

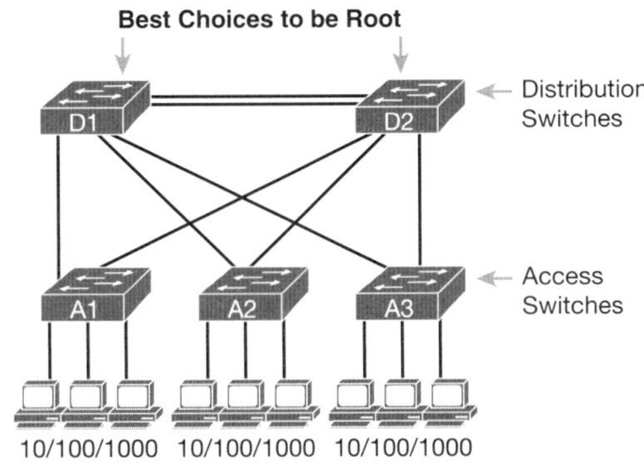

[그림 3-1] 일반적인 설정 선택: 분배 스위치를 루트 스위치로 만들기

이 장의 첫 번째 절은 어떻게든 STP 설정과 관련된 다양한 주제에 대해 확인한다. 이는 2장의 개념을 이 장의 설정 선택과 연결하는 방식으로 STP 설정 옵션에 대해 보기 시작한다. 그 다음에, 이 절에서는 다른 설정을 변경하기 전에 기본 STP 설정을 검증하는 목적의 일부 **show** 명령어에 대해 소개할 것이다.

사전 점검 퀴즈 정답

1 B, C **2** B **3** A, D **4** B **5** A, D **6** B, D

STP 모드 설정

2장에서는 802.1D STP가 하나의 VLAN에서 어떻게 작동하는지에 대해 설명했다. 이제 이 장에서는 시스코 스위치에서 STP 설정에 대해 집중할 것이다. 첫 번째 질문 중 하나는 어떤 STP가 LAN에서 사용될 것인가이다. 이에 대한 답변을 하기 위해서는 배경에 대해 먼저 조금 알아야 한다.

1990년에 IEEE는 IEEE 802.1D 표준으로써 STP를 표준화하는 첫 발표를 했다. 날짜에 조금 견해를 붙이자면, 시스코는 그 당시에 LAN 스위치를 팔지 않았고, virtual LAN은 존재하지 않았다. LAN은 여러 개 VLAN 대신, 그곳에는 하나의 브로드캐스트 도메인과 하나의 STP 인스턴스만 있었다. 그러나 VLAN의 추가와 LAN 스위치의 소개는 STP를 추가하고 연장시킬 필요성을 만들었다.

오늘날, 시스코 IOS 기반 LAN 스위치는 이러한 역사를 반영하는 세 가지 STP 설정 모드를 사용할 수 있게 허용한다. 이 장의 첫 두 절은 802.1D STP에서 시스코 전용으로 개선된, *Per-VLAN* 스패닝 트리 플러스(PVST+ 또는 PVSTP라고 불림)라고 불리는 모드를 사용한다. per-VLAN이라는 이름의 일부는 802.1D와 다르게, PVST+는 VLAN당 다른 STP 토폴로지를 생성한다는 의미를 던진다. PVST+는 또한 포트패스트를 소개했다. 시스코 스위치는 종종 기본 글로벌 명령어인 **spanning-tree mode pvst**를 사용해서 기본 STP 모드로 PVST+를 사용한다.

시간이 지나면서, 시스코는 RSTP를 사용하기 위해 일어나는 두 개의 STP 모드를 포함해서 RSTP 지원도 추가했다. 기본적으로 하나의 모드가 PVST+를 사용하고, *Rapid PVST+*라고 불리는 모드와 함께 RSTP 논리를 사용하도록 업그레이드한다. 이 모드는 전역 명령어 **spanning-tree mode rapid-pvst**로 활성화 된다. 시스코 IOS 기반 스위치는 멀티플 스패닝 트리(MST, Multiple Spanning Tree or Multiple Instance of Spanning Tree)라고 불리는 세 번째 모드를 지원한다. MST는 **spanning-tree mode mst** 명령어를 통해 활성화되며, 이 책에서는 언급만 하고 논의하지 않는다. CCNP 스위치 시험에서 MST에 대해 자세히 다룰 것이다.

STP 개념과 STP 설정 옵션 연결

2장의 STP 작동에 대해 자세히 다시 생각해보면, STP는 대부분의 결정에 BID와 STP 포트 코스트, 두 가지 타입의 숫자를 사용한다. 이 두 가지 숫자에 집중하고, STP가 뒤에서 무엇을 하는지 다음 요약을 살펴보자.

- BID의 숫자가 작은 스위치를 BID를 사용해서 루트 스위치로 선출한다.
- 각각 루트 스위치가 아닌 스위치가 각자의 루트 포트(RP)를 선택할 때, 루트에 도달하기 위한 각 경로의 총 STP 코스트를 사용한다.
- 스위치가 각 LAN 세그먼트에서 어떤 스위치 포트가 지정 포트(DP)가 될지 결정할 때,

STP 포트 코스트에 기반으로 한 각 스위치의 루트 코스트를 사용한다.

- 놀랍지도 않지만, 시스코 스위치는 스위치의 BID와 STP 포트 코스트를 설정할 수 있게 하며, 이는 스위치가 STP에서 결정을 할 때 영향을 준다.

Per-VLAN 설정값

BID와 STP 포트 코스트의 설정에 도움을 주는 것을 넘어, 시스코 스위치는 VLAN마다 두 개의 설정값을 지원한다. 기본적으로 시스코 스위치는 RSTP(802.1w)가 아닌 Per-VLAN 스패닝 트리 플러스(PVST+)라고 불리는 시스코 전용 기능과 함께 IEEE 802.1D를 사용한다. PVST+(오늘날에는 약자로 간단히 PVST라고 종종 쓰임)는 각 VLAN에서 다른 STP 인스턴스를 만든다. 그래서 조정이 가능한 STP 변수를 보기 전에, PVST+의 기본 이해가 필요한데, 이는 설정값이 각 STP 인스턴스마다 다를 수 있기 때문이다.

PVST+는 STP에서 로드-밸런싱 툴을 제공한다. 다른 VLAN에 몇 가지 STP 설정 변수를 다르게 바꿈으로써, 엔지니어는 다른 VLAN에서 스위치가 다른 RP와 DP를 선택하게 할 수 있다. 그 결과, 일부 VLAN의 트래픽은 하나의 트렁크로 전달되고, 다른 VLAN의 트래픽은 다른 트렁크로 전달될 수 있다.

[그림 3-2]는 기본 개념을 보여준다. SW3의 경우, 홀수 VLAN 트래픽은 왼쪽 트렁크(Gi0/1)를 통해 전달되게 하고, 짝수 VLAN 트래픽은 오른쪽 트렁크(Gi0/2)를 통해 전달되게 한다.

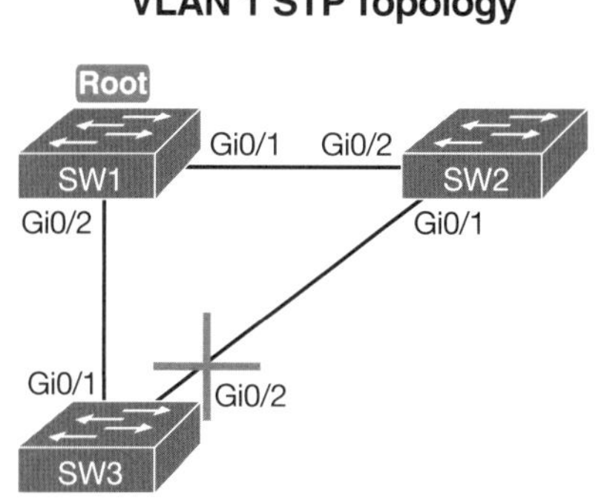

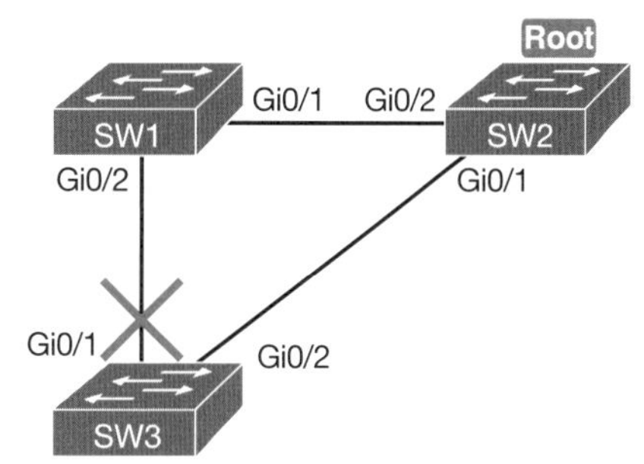

[그림 3-2] PVST+로 로드 밸런싱

다음 몇 페이지는 기본 PVST+ 모드를 사용할 때, 어떻게 각 VLAN당 BID와 STP 포트 코스트의 설정을 변경하는지 자세하게 볼 것이다.

브릿지 ID와 시스템 ID 익스텐션

본래, 스위치의 BID는 스위치의 2바이트 우선순위와 6바이트 MAC 주소를 합해 만든 것이다. 나중에 IEEE는 규칙을 변경해서, [그림 3-3]에서 보여주는 것처럼 기존 우선순위 필드를,

4비트 우선순위 필드와 12비트의 시스템 ID 익스텐션(VLAN ID를 나타내는 값)이라고 불리는 서브필드, 두 개로 나누었다.

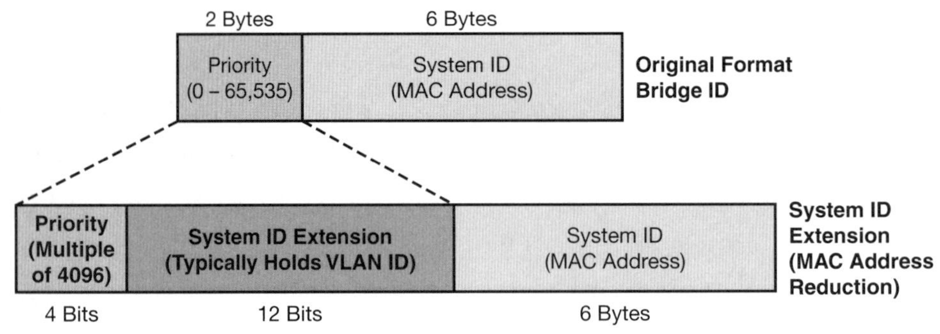

[그림 3-3] STP 시스템 ID 익스텐션

시스코 스위치는 BID를 설정할 수 있게 하지만, 우선순위 부분뿐이다. 스위치는 시스템 ID로 새겨진 MAC 주소를 넣는다. 이것은 또한 12비트 시스템 ID 익스텐션 필드에 VLAN의 VLAN ID 를 넣는다. 네트워크 엔지니어에 의해 설정 가능한 부분은 4비트 우선순위 필드뿐이다.

그러나, 우선순위 필드에 숫자를 넣어서 설정하는 것은 시스코 라우터나 스위치 설정에서 가장 이상한 부분 중 하나이다. [그림 3-3]의 맨 위에 보여주듯이, 우선순위 필드는 원래 0부터 65,535까지의 십진수를 나타내는 16비트 숫자였다. 역사 때문에, 현재 설정 명령어(**spanning-tree vlan** *vlan-id* **priority** *x*)는 0부터 65,535까지의 십진수 숫자를 요구한다. 하지만, 이 범위 안의 숫자만으로는 충분하지 않고 0, 4,096, 8,192, 12,288부터 61,440까지 4,096의 배수를 사용해야 한다.

스위치는 설정된 값을 기초로 첫 4비트 BID를 맞춘다. 0부터 61,440까지 4,096의 배수를 허용하는 16비트가 되면서, 각각은 첫 4비트에 0000, 0001, 0010 등 1111까지 다른 이진수 값을 가진다. 스위치는 설정된 값인 첫 4비트에 기반해서 실제 4비트 우선순위를 설정한다.

역사와 설정이 BID 우선순위 개념을 조금 난해하게 만들었을 수도 있지만, BID에 추가 12비트가 있는 것은 VLAN ID를 확인하는 데에 사용되기 때문에 실전에서 잘 활용된다. 1부터 4,094까지의 VLAN ID 범위는 12비트를 요구한다. 시스코 스위치는 VLAN ID를 시스템 ID 익스텐션 필드에 넣어 두고, 이로 인해 각 스위치는 VLAN마다 다른 BID를 가질 수 있다.

예를 들어, VLAN 1부터 4까지 설정된 스위치가 있다고 가정하자. 기본 우선순위가 32,768이고, VLAN 1의 STP 우선순위는 32,769, VLAN 2의 우선순위는 32,770, VLAN 3의 우선순위는 32,771 등이다. 그래서 당신은 기본 우선순위(**spanning-tree vlan** *vlan-id* **priority** *x* 명령어를 통해 설정)와 VLAN ID를 더한 16비트의 우선순위를 볼 수 있다.

NOTE 시스코 스위치는 시스템 ID 익스텐션을 사용하는 버전의 브릿지 ID를 사용해야만 하며, 이는 비활성화될 수 없다.

Per-VLAN 포트 코스트

각 스위치 인터페이스는 2장의 [표 2-6]에 나열된 IEEE 권장에 의해 per-VLAN STP 코스트가 정해져 있다. 여러 개의 속도를 지원하는 인터페이스에서, 시스코 스위치는 실제 속도 코스트를 기준으로 한다. 그래서 만약 인터페이스가 낮은 속도를 사용하게 협상한다면, 기본 STP 코스트는 낮은 속도를 반영한다. 만약 인터페이스가 다른 속도를 사용하게 협상한다면, 스위치는 STP 포트 코스트도 다이내믹하게 반영한다.

3

대신에, 스위치의 STP 포트 코스트를 **spanning-tree** [**vlan** *vlan-id*] **cost** *cost* 인터페이스 서브명령어로 설정할 수 있다. 이 명령어를 종종 트렁크에서 볼 수 있는데, 트렁크의 코스트 설정은 스위치의 루트 코스트에 영향을 주지만, 액세스 포트의 STP 코스트 설정에는 그렇지 않기 때문이다.

명령어 그 자체로는, VLAN ID를 포함할 수도 있고 아닐 수도 있다. 명령어는 VLAN당 코스트를 설정하기 위해 트렁크의 **vlan** 변수가 필요한 것이다. 트렁크에서, 만약 명령어가 VLAN 변수를 생략한다면, 이것은 **spanning-tree vlan** *x* **cost** 명령어를 통해 코스트가 설정되지 않은 모든 VLAN에 STP 코스트를 설정한다.

STP 설정 옵션 요약

[표 3-2]는 BID 와 포트 코스트 모두 기본 설정값을 요약하고, 이 장에서 다룰 추가 설정 명령어도 나열한다.

설정	기본값	기본값을 변경하기 위한 명령어
브릿지 ID 우선순위	기본: 32,768	spanning-tree vlan *vlan-id* root {primary | secondary} spanning-tree vlan *vlan-id* priority *priority*
인터페이스 코스트	10Mbps: 100 100Mbps: 19 1Gbps: 4 10Gbps: 2	spanning-tree vlan *vlan-id* cost *cost*
포트패스트	비활성화	spanning-tree portfast
BPDU 가드	비활성화	spanning-tree bpduguard enable

[표 3-2] STP 기본값과 설정 옵션

다음, 설정 절은 간단한 네트워크에서 이러한 추가 설정을 어떻게 바꾸고, STP 운영을 확인하는지 보여줄 것이다.

STP 운영 검증

어떻게 설정을 변경하는지 보기 전에, 몇 가지 STP 검증 명령어를 보자. 이 명령어를 먼저 보는 것은 기본 STP 설정을 강화하는 데 도움을 줄 것이다. 특히, 이 절의 예는 [그림 3-4]에서 보여주는 네트워크를 사용한다.

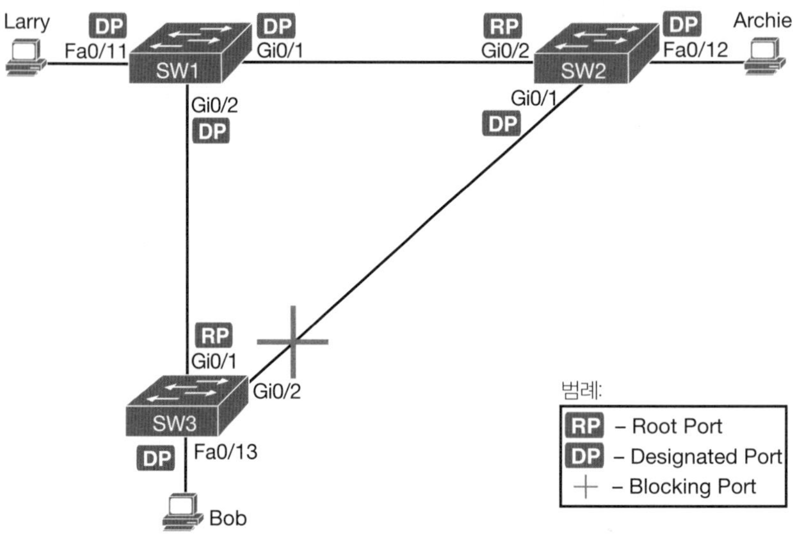

[그림 3-4] STP 설정을 위한 샘플 LAN과 검증 예

[예 3-1]은 STP에 유용한 **show spanning-tree vlan 10** 명령어와 함께 논의를 시작한다. 이 명령어는 루트 스위치의 확인과 로컬 스위치의 설정값을 나열한다. [예 3-1]은 다음 예에서 설명하는 것처럼, SW1과 SW2 모두에서의 결과값을 보여주고 있다.

```
SW1# show spanning-tree vlan 10

VLAN0010
  Spanning tree enabled protocol ieee
  Root ID    Priority    32778
             Address     1833.9d7b.0e80
             This bridge is the root
             Hello Time   2 sec  Max Age 20 sec  Forward Delay 15 sec

  Bridge ID  Priority    32778  (priority 32768 sys-id-ext 10)
             Address     1833.9d7b.0e80
             Hello Time   2 sec  Max Age 20 sec  Forward Delay 15 sec
             Aging Time  300 sec

Interface           Role Sts Cost      Prio.Nbr Type
------------------- ---- --- --------- -------- ----------------------
```

```
Fa0/11              Desg FWD 19         128.11   P2p Edge
Gi0/1               Desg FWD 4          128.25   P2p
Gi0/2               Desg FWD 4          128.26   P2p
```

```
SW2# show spanning-tree vlan 10

VLAN0010
  Spanning tree enabled protocol ieee
  Root ID    Priority    32778
             Address     1833.9d7b.0e80
             Cost        4
             Port        26 (GigabitEthernet0/2)
             Hello Time   2 sec  Max Age 20 sec  Forward Delay 15 sec

  Bridge ID  Priority    32778  (priority 32768 sys-id-ext 10)
             Address     1833.9d7b.1380
             Hello Time   2 sec  Max Age 20 sec  Forward Delay 15 sec
             Aging Time  300 sec

Interface           Role Sts Cost      Prio.Nbr Type
------------------- ---- --- --------- -------- ----------------------
Fa0/12              Desg FWD 19        128.12   P2p
Gi0/1               Desg FWD 4         128.25   P2p
Gi0/2               Root FWD 4         128.26   P2p
```

[예 3-1] SW1과 SW2에서 기본 STP 변수를 가진 STP 상태

[예 3-1]은 SW1에서 **show spanning-tree vlan 10** 명령어 결과값으로 시작한다. 이 명령어는 먼저 세 가지 그룹의 주요 메시지를 나열한다. 먼저 루트 스위치에 관한 메시지 그룹이 있고, 그 다음에는 로컬 스위치에 관한 메시지 그룹, 마지막으로 인터페이스 역할과 상태 정보가 있다. 이 경우, SW1은 자신의 BID를 루트 스위치로 나타내고 있고, 심지어 VLAN 10 STP 토폴로지에서 SW1이 이제 루트라는 것을 확인하는 '이 브릿지는 루트입니다(This bridge is the root)'라는 특정 문장도 있다.

이제 [예 3-1]의 아래 부분에 있는 SW2의 음영 표시된 줄을 비교해 보자. SW2는 SW1의 BID 세부 사항을 나열하고 루트로 되어 있다. 즉, SW2는 SW1이 루트로 선출되었음에 동의하는 것이다. SW2는 'This bridge is root'라는 문구를 나열하지 않고, 루트 BID에 대한 세부 사항 뒤에 자신의(다른) BID 세부 사항을 나열한다.

결과값은 몇 가지 기본값을 확인한다. 각 스위치는 분리된 숫자 32778로 BID의 우선순위 부분을 나열한다. 이 값은 기본 우선순위 값인 32768에 VLAN 10을 더한 총 32778로부터 온 값이다. 결과값은 또한 패스트이더넷과 기가비트 이더넷 인터페이스의 인터페이스 코스트를 기본값 19와 4로 각각 보여준다.

show spanning-tree 명령어 결과값의 마지막은 트렁크, STP 포트 역할, 포트 상태, VLAN의 각 인터페이스를 나열한다. 예를 들어 SW1에서, 결과값은 세 개의 인터페이스를 나열하며, 지정 포트(DP)로 Desg의 역할을, 전달 상태의 FWD 상태를 나열한다.

[예 3-1]은 좋은 STP 정보에 대해 많이 보여주지만, [예 3-2]에서 보여주는 다른 두 개의 명령어는 BID 정보를 요약해서 보여준다. 먼저 **show spanning-tree root**는 각 VLAN에서 루트의 BID를 나열한다. 이 명령어는 로컬 스위치의 루트 코스트와 루트 포트와 같은 다른 세부 사항도 보여준다. 명령어 **show spanning-tree vlan 10 bridge**는 BID의 구성 요소를 나눈다. 이 예에서는 SW2의 우선순위가 기본값인 32768로 보여지고, VLAN 10의 10, 그리고 MAC 주소가 나타난다.

```
SW2# show spanning-tree root

                                        Root    Hello Max Fwd
Vlan                   Root ID          Cost    Time  Age Dly  Root Port
---------------- -------------------- ------- ----- --- ---  ---------
VLAN0001         32769 1833.9d5d.c900      23     2   20  15    Gi0/1
VLAN0010         32778 1833.9d7b.0e80       4     2   20  15    Gi0/2
VLAN0020         32788 1833.9d7b.0e80       4     2   20  15    Gi0/2
VLAN0030         32798 1833.9d7b.0e80       4     2   20  15    Gi0/2
VLAN0040         32808 1833.9d7b.0e80       4     2   20  15    Gi0/2

SW2# show spanning-tree vlan 10 bridge

                                                  Hello  Max  Fwd
Vlan                         Bridge ID            Time   Age  Dly  Protocol
--------------- ------------------------------ -----  ---  ---  ------
VLAN0010         32778 (32768,  10) 1833.9d7b.1380    2    20   15   ieee
```

[예 3-2] 루트 스위치 및 스위치 SW2의 로컬 스위치 BID 나열

[예 3-2]의 명령어(**show spanning-tree** [**vlan** *x*] **root**와 **spanning-tree** [**vlan** *x*] **bridge**) 모두 VLAN 옵션을 가지고 있었음을 주목해라. VLAN없이는 각 명령어는 VLAN마다 한 줄씩 나열하며, VLAN을 넣으면 같은 내용이지만 하나의 VLAN에 대한 것만 나열된다.

STP 포트 코스트 설정

STP 포트 코스트를 변경하는 것은 인터페이스 하위 명령어 **spanning-tree** [**vlan** *x*] **cost** *x*를 필요로 한다. 어떻게 작동하는지 보여주기 위해 [그림 3-4]의 네트워크 변화에 대해 다음 예를 고려해보자.

[그림 3-4]로 돌아가서, 기본 설정은 SW1이 루트가 되고, SW3은 G0/2 인터페이스를 차단한다. 이 그림을 간단하게 살펴보면, 기가비트 인터페이스의 기본 STP 코스트는 4를 기본으로 해서, [그림 3-5]에서 보여주는 것과 같이, SW3은 루트에 도달하기 위해서 코스트가 4와 8인 경로를 찾았다.

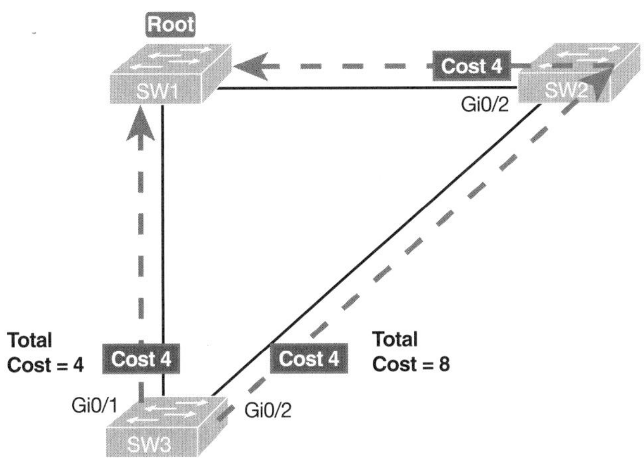

[그림 3-5] 기본으로 현재 루트 코스트 4를 가진 SW3의 분석

포트 코스트가 변경되었다는 것을 보여주기 위해, 다음 예는 G0/1 포트 코스트를 더 높게 설정해서 SW3의 G0/2 포트가 루트에 도달하는 경로가 더 나아지게 하는 SW3의 설정 변경을 보여준다. [예 3-3]은 또한 다른 흥미로운 영향을 보여준다.

```
SW3# debug spanning-tree events
Spanning Tree event debugging is on
SW3# configure terminal
Enter configuration commands, one per line.  End with CNTL/Z.
SW3(config)# interface gigabitethernet0/1
SW3(config-if)# spanning-tree vlan 10 cost 30
SW3(config-if)# ^Z
SW3#
*Mar 11 06:28:00.860: STP: VLAN0010 new root port Gi0/2, cost 8
*Mar 11 06:28:00.860: STP: VLAN0010 Gi0/2 -> listening
*Mar 11 06:28:00.860: STP: VLAN0010 sent Topology Change Notice on Gi0/2
*Mar 11 06:28:00.860: STP[10]: Generating TC trap for port GigabitEthernet0/1
*Mar 11 06:28:00.860: STP: VLAN0010 Gi0/1 -> blocking
*Mar 11 06:28:15.867: STP: VLAN0010 Gi0/2 -> learning
*Mar 11 06:28:30.874: STP[10]: Generating TC trap for port GigabitEthernet0/2
*Mar 11 06:28:30.874: STP: VLAN0010 sent Topology Change Notice on Gi0/2
*Mar 11 06:28:30.874: STP: VLAN0010 Gi0/2 -> forwarding
```

[예 3-3] STP 포트 코스트 조정과 전달 상태로 전환 관찰

이 예는 SW3에서 **debug spanning-tree events** 명령어로 시작한다. 이 명령어는 스위치에게 STP가 인터페이스의 역할이나 상태에 변화를 줄 때 로그 메시지를 생성하라고 말한다. 이 메시지는 설정의 결과로 위 예에서 보여준다.

다음, 이 예는 VLAN 10에서 SW3의 포트 코스트를 30으로 변경하기 위한 설정을 **spanning-tree vlan 10 cost 30** 인터페이스 하위 명령어를 통해 보여준다. 그림에서 보면, SW3의 G0/1을 통한 루트 코스트는 이제 4 대신 30이 됐다. 그 결과, SW3의 루트에 도달하기 위한 최선의 코스트는 8이고, SW3의 G0/2는 루트 포트이다.

디버그 메시지는 SW3의 STP가 행동 뒤에 무엇을 생각하고 있는지 시시각각 말해준다. 첫 다섯 디버그 메시지는 이 경우에 사용자가 구성 모드에서 빠져 나온 후 바로 표시된 것으로, 밀리세컨드까지 거의 동시에 일어났다. 특히, G0/1은 전송 상태였다가 바로 차단 상태로 변한다. 인터페이스 G0/2는 차단 상태였다가 최소한 이 메시지에 의하면, 바로 전송 상태가 되지 않고 청취 상태로 변한다.

이제 G0/2가 학습 상태로 변하는 디버그 메시지를 살펴보고 나면, 다음 메시지는 드디어 전달 상태에 도달한다. 이 메시지 간의 시간은 얼마나 길었는가? 이 경우, 메시지의 시간 기록은 15초가 걸렸다고 보여준다. 이 실험에서는 스위치가 기본 전달 지연(15초) 설정을 사용했고, 그래서 이 디버그 메시지는 STP가 차단에서 전달 상태로 변경되는 단계를 확인한다.

만약 코스트를 설정할 때 디버그를 활성화시키지 않았다면, 나중에 **show** 명령어를 통해 SW3이 G0/2 포트를 RP로 사용하고 있는 것을 확인할 수 있다. [예 3-4]는 SW3에서 **show spanning-tree vlan 10** 명령어를 통해 새로운 루트 포트와 루트 코스트를 포함해서 새로운 STP 포트 코스트 설정값을 보여주고 있다. G0/2는 이제 루트 포트로 되어 있는 것을 주목해라. 결과의 위쪽에 SW3의 루트 코스트는 8이라고 되어 있고, 이는 [그림 3-5]에서 보여주는 분석과 일맥상통한다.

```
SW3# show spanning-tree vlan 10

VLAN0010
  Spanning tree enabled protocol ieee
  Root ID    Priority    32778
             Address     1833.9d7b.0e80
             Cost        8
             Port        26 (GigabitEthernet0/2)
             Hello Time   2 sec  Max Age 20 sec  Forward Delay 15 sec

  Bridge ID  Priority    32778  (priority 32768 sys-id-ext 10)
             Address     f47f.35cb.d780
             Hello Time   2 sec  Max Age 20 sec  Forward Delay 15 sec
```

```
        Aging Time  300 sec

Interface           Role Sts Cost      Prio.Nbr Type
------------------- ---- --- --------- -------- ----------------------
Fa0/23              Desg FWD 19        128.23   P2p
Gi0/1               Altn BLK 30        128.25   P2p
Gi0/2               Root FWD 4         128.26   P2p
```

[예 3-4] 새로운 STP 상태 및 SW3의 설정

루트 선출에 영향을 주는 우선순위 설정

다른 큰 STP 설정 옵션은 스위치의 우선순위를 바꿈으로써 루트 선출에 영향을 주는 것이다. 우선순위는 명쾌하게 **spanning-tree vlan** *vlan-id* **priority** *value* 전역 설정 명령어로 설정하며, 스위치의 우선순위에 기반한다. 이 명령어는 4,096의 배수인 변수를 요구한다.

그러나 시스코는 특정 우선순위 값을 설정하는 옵션보다 더 나은 설정을 제공한다. 대부분의 디자인에서, 네트워크 엔지니어는 모든 스위치가 살아있을 때 루트가 되는 것 하나와 만약 첫 번째 스위치가 장애가 났을 때 인계 받는 스위치 하나, 총 두 개의 스위치를 루트로 뽑는다. 스위치 IOS는 이런 개념을 **spanning-tree vlan** *vlan-id* **root primary**와 **spanning-tree vlan** *vlan-id* **root secondary** 명령어로 지원한다.

spanning-tree vlan *vlan-id* **root primary** 명령어는 스위치가 당장 루트 스위치가 되기에 충분하게 낮은 우선순위 값을 설정하도록 한다. 이 스위치는 VLAN 에서 현재 루트를 보고, 루트의 우선순위를 본다. 그런 다음, 로컬 스위치는 루트로서 인계 받을 수 있도록 우선순위 값을 선택한다.

시스코 스위치는 기본값으로 32,768을 사용한다는 것을 기억하고, 이 명령어는 다음과 같이 기본 우선순위를 선택한다.

- 만약 현재 루트가 기본 우선순위 값이 24,576보다 높으면, 로컬 스위치는 기본값 24,576을 사용한다.
- 만약 루트의 기본 우선순위 값이 24,576이거나 그보다 낮으면, 로컬 스위치는 기본 우선순위 값을 4096의 배수에서 결과값이 로컬 스위치가 루트가 될 수 있을 때까지 가장 큰 값을 설정한다.

만약 첫 번째 스위치가 장애가 나는 경우, 인계 받아야 하는 스위치는 **spanning-tree vlan** *vlan-id* **root secondary** 명령어를 사용한다. 이 명령어는 **spanning-tree vlan** *vlan-id* **root primary**와 거의 동일하나, 첫 번째 스위치보다는 우선순위 값이 나빠야 하고, 다른 스위치보다는 좋아야 한다. 이 명령어는 현재 루트의 현재 우선순위 값과 관계없이 스위치의

기본 우선순위 값을 28,672로 설정한다.

예를 들어, [그림 3-4]와 [그림 3-5]에서, 다양한 명령어에서 보여주듯이 SW1은 루트 스위치였고, 세 개 스위치 모두 기본 우선순위 값인 32,768로 설정되어있었다. [예 3-5]는 SW2를 첫 번째 루트로, SW1을 두 번째 루트로 만들게 설정한 다음 역할이 하나에서 다른 곳으로 움직이는 것을 보여줄 것이다. 이 명령어는 SW2가 우선순위 값으로 24,576을 가지고, SW1이 기본 우선순위 값 28,672를 가지고 있는 것을 보여줄 것이다.

```
! 먼저, SW2에서:
SW2# configure terminal
Enter configuration commands, one per line.  End with CNTL/Z.
SW2(config)# spanning-tree vlan 10 root primary
SW2(config)# ^Z
```

```
! 다음으로, SW1은 자신을 백업하도록 구성된다.
SW1# configure terminal
Enter configuration commands, one per line.  End with CNTL/Z.
SW1(config)# spanning-tree vlan 10 root secondary
SW1(config)# ^Z
SW1#

! 다음 명령어는 로컬 스위치(SW1)의 BID를 보여준다.
SW1# show spanning-tree vlan 10 bridge

                                                   Hello  Max  Fwd
Vlan                         Bridge ID             Time   Age  Dly  Protocol
------------- ------------------------------- ----- --- --- -------
VLAN0010        28682 (28672,  10) 1833.9d7b.0e80   2    20   15    ieee

! 다음 명령어는 루트의 BID(SW2)를 보여준다.
SW1# show spanning-tree vlan 10 root

                                          Root     Hello Max Fwd
Vlan                   Root ID            Cost     Time  Age Dly  Root Port
---------------- ------------------ --------- ----- --- ---  -----------
VLAN0010            24586 1833.9d7b.1380        4     2    20  15   Gi0/1
```

[예 3-5] SW2를 루트 프라이머리, SW1을 루트 세컨더리로 만들기

두 개의 **show** 명령어는 각 스위치에서의 우선순위 값의 결과를 명확하게 보여준다. 먼저, **show spanning-tree bridge** 명령어는 로컬 스위치의 BID 정보를 나열하며, **show spanning-tree root** 명령어는 루트의 BID와 로컬 스위치의 루트 코스트와 루트 포트(이 스위치가 루트 스위치가 아니라고 가정할 때)를 나열한다. 따라서, SW1은 **show spanning-tree**

bridge 명령어로 우선순위 값 28,682(기본 28,672와 VLAN 10)와 함께 자신의 BID를 나열한다. SW1에서는 여전히 **show spanning-tree root** 명령어로 VLAN 10의 루트 우선순위 값이 기본 24,576과 VLAN 10의 10을 더한 24,586을 결과로 보여준다.

대안으로, 우선순위를 특정 값으로 설정할 수도 있다. SW1은 **spanning-tree vlan 10 priority 28672** 명령어를 사용할 수 있고, SW2는 **spanning-tree vlan 10 priority 24576** 명령어를 사용할 수 있다. 이 특정 상황에서, 두 가지 옵션은 같은 STP 운영 결과를 가져온다.

추가 STP 기능 구현

이 장의 첫 번째 절은 **spanning-tree mode pvst**의 기본 전역 명령어를 가정해서 PVST+만 사용한 예를 보여주었다. 동시에 첫 번째 절에서 보여주는 모든 설정 명령어에서, STP 운영에 영향을 주는 명령어는 STP와 RSTP 운영 모두에 영향을 준다.

이 책의 세 개의 주요 절의 두 번째인 이 절은, 이제 STP와 RSTP가 더 잘 작동하게 하는 유용한 추가 기능들에 대해 논의하는 것으로 이동한다.

포트패스트와 BPDU 가드 설정

포트패스트(PortFast)와 BPDU가드 기능은 어느 인터페이스에서나 쉽게 설정할 수 있지만, 두 가지 다른 설정 옵션이 있다. 한 옵션은 몇 개의 포트에만 이 기능들을 활성화시켰을 때 제일 잘 작동할 때이고, 다른 옵션은 거의 모든 액세스 포트에 이 기능들을 활성화시켰을 때 제일 잘 작동할 때이다.

먼저, 한 번에 하나의 포트에만 이 기능들을 활성화시킬 때에는 **spanning-tree portfast**와 **spanning-tree bpduguard enable** 인터페이스 하위 명령어를 사용하면 된다. [예 3-6]은 이 과정을 SW3의 F0/4에 두 가지 기능을 활성화시키는 것을 예로 보여준다(또한, 다른 스위치가 연결된 포트에 포트패스트를 사용하는 것은 심각한 문제를 일으킬 수 있다고 긴 경고 메시지가 IOS에서 포트패스트를 활성화시킬 때 나온다).

```
SW3# configure terminal
Enter configuration commands, one per line.  End with CNTL/Z.
SW3(config)# interface fastEthernet 0/4
SW3(config-if)# spanning-tree portfast
%Warning: portfast should only be enabled on ports connected to a single
 host. Connecting hubs, concentrators, switches, bridges, etc... to this
 interface  when portfast is enabled, can cause temporary bridging loops.
 Use with CAUTION
```

```
%Portfast has been configured on FastEthernet0/4 but will only
 have effect when the interface is in a non-trunking mode.

SW3(config-if)# spanning-tree bpduguard ?
  disable  Disable BPDU guard for this interface
  enable   Enable BPDU guard for this interface

SW3(config-if)# spanning-tree bpduguard enable
SW3(config-if)# ^Z
SW3#
```

[예 3-6] 하나의 인터페이스에 포트패스트와 BPDU 가드 활성화

[예 3-7]은 포트패스트와 BPDU 가드 모두 설정한 인터페이스에 대한 간략한 정보를 보여준다. 물론, **show running-config** 명령어(보이지 않음)가 [예 3-6]의 설정 명령어를 확인할 수 있다. [예 3-7]의 **show spanning-tree interface fastethernet 0/4 portfast** 명령어는 해당 인터페이스의 포트패스트 상태를 보여준다. 여기서 만약 포트패스트가 설정되었고 인터페이스가 살아 있다면, 상태가 enabled로 표시된다. **show spanning-tree interface detail** 명령어 다음 결과의 거의 마지막 줄에 포트패스트와 BPDU 가드가 활성화되어 있다고 적혀있다. 이 명령어는 만약 두 개의 기능이 활성화되어 있지 않다면, 아래 음영처리된 줄도 결과에 나오지 않았을 것이다.

```
SW3# show spanning-tree interface fastethernet0/4 portfast
VLAN0104             enabled

SW11# show spanning-tree interface F0/4 detail
 Port 4 (FastEthernet0/4) of VLAN0001 is designated forwarding
   Port path cost 19, Port priority 128, Port Identifier 128.4.
   Designated root has priority 32769, address bcc4.938b.a180
   Designated bridge has priority 32769, address bcc4.938b.e500
   Designated port id is 128.4, designated path cost 19
   Timers: message age 0, forward delay 0, hold 0
   Number of transitions to forwarding state: 1
   The port is in the portfast mode
   Link type is point-to-point by default
   Bpdu guard is enabled
   BPDU: sent 1721, received 0
```

[예 3-7] 포트패스트와 BDPU 가드 설정 확인

포트패스트와 BPDU 가드는 모든 인터페이스에 기본적으로 비활성화되어 있고, 사용하려면 각 인터페이스는 [예 3-6]에서와 같이 인터페이스 하위 명령어를 필요로 한다. 다른 방안으로,

두 개 기능 모두 글로벌하게 활성화시킬 수도 있다. 그런 다음, 그 기능이 비활성화돼야 하는 인터페이스에 하위 명령어를 사용할 수 있다.

이 기능들을 글로벌에서 기본적으로 변경이 가능한 것은 인터페이스 하위 명령어를 필요로 하는 숫자를 줄일 수 있다. 예를 들어, 48개의 액세스 포트와 2개의 업링크를 가지고 있는 액세스 계층 스위치에서, 48개의 액세스 포트 모두에 포트패스트와 BPDU 가드 모두 활성화시킬 예정이다. 이 모든 48개의 포트에 인터페이스 하위 명령어를 요구하기보다는 글로벌하게 이 기능을 활성화한 다음 두 개의 업링크 포트에 그 기능을 비활성화할 수 있다.

3

[표 3-3]은 포트패스트와 BPDU 가드 모두 글로벌하게, 그리고 인터페이스마다 활성화하고 비활성화하는 명령어를 요약했다. 예를 들어, 글로벌 명령어 **spanning-tree portfast default**는 포트에 **spanning-tree portfast disable** 인터페이스 하위 명령어가 설정되어 있지 않는 이상 모든 인터페이스가 포트패스트를 기본적으로 사용하게 바꾼다.

동작	글로벌하게	하나의 인터페이스
포트패스트 비활성화	no spanning-tree portfast default	spanning-tree portfast disable
포트패스트 활성화	spanning-tree portfast default	spanning-tree portfast
BPDU 가드 비활성화	no spanning-tree portfast bpduguard default	spanning-tree bpduguard disable
BPDU 가드 활성화	spanning-tree portfast bpduguard default	spanning-tree bpduguard enable

[표 3-3] 글로벌하게, 인터페이스별로 포트패스트와 BPDU 가드를 활성화하고 비활성화하는 명령어

[예 3-8]은 다른 새로운 명령어 **show spanning-tree summary**를 보여준다. 이 명령어는 일부 STP 변수와 포트패스트, BPDU 가드 기능을 포함한 현재의 글로벌 설정을 보여준다. 이 결과는 포트패스트와 BPDU 가드가 글로벌하게 활성화되어 있는 스위치에서 나온 것이다.

```
SW1# show spanning-tree summary
Switch is in pvst mode
Root bridge for: none
EtherChannel misconfig guard is enabled
Extended system ID           is enabled
Portfast Default             is enabled
PortFast BPDU Guard Default  is enabled
Portfast BPDU Filter Default is disabled
Loopguard Default            is disabled
UplinkFast                   is disabled
BackboneFast                 is disabled
Configured Pathcost method used is short
```

```
Name                 Blocking Listening Learning Forwarding STP Active
-------------------- -------- --------- -------- ---------- ----------
VLAN0001                    3         0        0          2          5
-------------------- -------- --------- -------- ---------- ----------
1 vlan                      3         0        0          2          5
```

[예 3-8] 포트패스트와 BPDU 가드를 위한 글로벌 설정 상태 표시

이더채널 설정

2장에서 소개한 것으로 돌아가서, 두 개의 이웃한 스위치는 각각의 사이에 여러 개의 병렬 링크를 이더채널이라고 부르는 하나의 논리적인 링크로서 취급할 수 있다. STP는 각각의 물리적인 링크 대신 이더채널을 운영하고, 그래서 STP는 주어진 VLAN에 대해서 전체 논리적인 이더채널을 전달하거나 차단한다. 그 결과, 전달 상태의 스위치는 이더채널의 모든 물리적인 링크로 트래픽을 분산시킬 수 있다. 이더채널이 없으면, 두 개의 스위치 간에 하나의 병렬 링크만이 트래픽을 전송할 수 있게 허용되고, 나머지는 STP에 의해 차단된다.

> **NOTE** 이 장의 이더채널은 19장 'LAN에서의 IPv4 라우팅'에서 논의되는 3계층 이더채널이 아니라 2계층 이더채널을 의미한다.

이더채널은 가장 도전적인 스위칭 기능 중에 하나일 것이다. 먼저 설정은 여러 개의 옵션이 있고, 어떤 옵션들이 같이 잘 작동하는지 세부 사항을 기억해야 한다. 두 번째로, 스위치는 채널의 모든 링크에 맞추기 위해 다른 인터페이스의 다양한 설정을 필요로 하는데, 이러한 설정에 대해 잘 알아야 한다.

이 절은 정확한 이더채널 설정에 집중할 것이다. 4장의 '2계층 이더채널 장애 처리' 절은 이더채널이 작동하는 것을 허용하기 전에 스위치에서 확인해야 하는 모든 다른 설정값을 포함해서 이더채널에서 일어날 수 있는 많은 문제들을 볼 것이다.

수동 이더채널 설정

이더채널을 설정하는 가장 간단한 방법은 각 스위치의 각 물리 포트에 **on** 키워드를 붙여서 정확한 **channel-group** 설정 명령어를 더하는 것이다. **On** 키워드는 스위치가 이더채널에 물리 인터페이스를 넣게 한다.

그러나 설정과 검증에 앞서, 당신은 이더채널, 포트채널, 채널그룹 세 가지 용어를 유사어로 사용하기 시작해야 한다. 이상하게도 IOS는 **channel-group** 설정 명령어를 사용하지만, 상태를 표시하기 위해서는 **show etherchannel** 명령어를 사용한다. 그런 다음, **show** 명령어 결과에는 'EtherChannel'이나 'Channel-group' 모두 사용하지 않고 대신 'PortChannel'이라는 용어로 보여준다. 그러므로 예에서 이 세 개의 용어에 특별히 더 집중하도록 하라.

단계 ① 채널에 추가하기 위해 해당 채널에 있어야 할 각 물리 인터페이스 아래 인터페이스 설정 모드에서 **channel-group** *number* **mode on** 명령어를 더한다.

단계 ② 같은 스위치에서 모든 명령어에 같은 숫자를 사용하지만, 이웃 스위치의 채널 그룹 숫자는 달라야 한다.

[예 3-9]는 [그림 3-6]에서 보여주는 것과 같이 스위치 SW1과 SW2 사이의 두 개의 링크를 가진 간단한 예를 보여준다. 설정은 SW1의 두 개의 인터페이스는 채널그룹 1에 들어가있고, 다음 두 개의 **show** 명령어에서 보여준다.

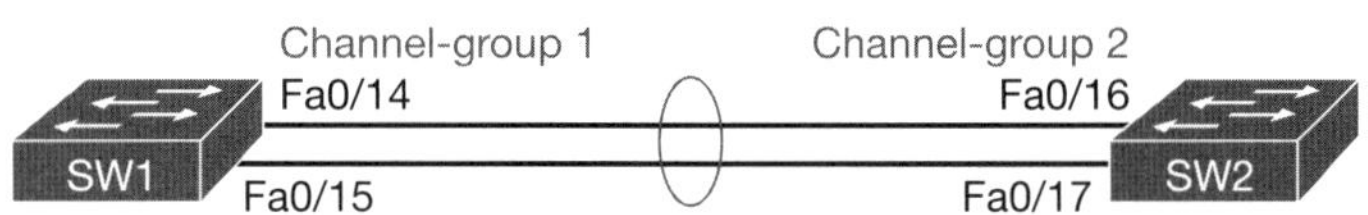

[그림 3-6] 이더채널 예에서 사용된 샘플 LAN

```
SW1# configure terminal
Enter configuration commands, one per line.  End with CNTL/Z.
SW1(config)# interface fa 0/14
SW1(config-if)# channel-group 1 mode on
SW1(config)# interface fa 0/15
SW1(config-if)# channel-group 1 mode on
SW1(config-if)# ^Z

SW1# show spanning-tree vlan 3

VLAN0003
  Spanning tree enabled protocol ieee
  Root ID     Priority     28675
              Address      0019.e859.5380
              Cost         12
              Port         72 (Port-channel1)
              Hello Time    2 sec  Max Age 20 sec  Forward Delay 15 sec

  Bridge ID  Priority     28675  (priority 28672 sys-id-ext 3)
              Address      0019.e86a.6f80
              Hello Time    2 sec  Max Age 20 sec  Forward Delay 15 sec
              Aging Time 300

Interface        Role Sts Cost      Prio.Nbr Type
---------------- ---- --- --------- -------- --------------------------
Po1              Root FWD 12        128.64   P2p Peer(STP)

SW1# show etherchannel 1 summary
```

```
Flags:  D - down        P - bundled in port-channel
        I - stand-alone s - suspended
        H - Hot-standby (LACP only)
        R - Layer3      S - Layer2
        U - in use      f - failed to allocate aggregator

        M - not in use, minimum links not met
        u - unsuitable for bundling
        w - waiting to be aggregated
        d - default port


Number of channel-groups in use: 1
Number of aggregators:           1

Group  Port-channel  Protocol    Ports
------+-------------+-----------+-----------------------------------
1      Po1(SU)          -        Fa0/14(P)    Fa0/15(P)
```

[예 3-9] 이더채널 설정 및 모니터링

예의 두 개 **show** 명령어 결과를 보는 시간을 가져보자. 먼저, **show spanning-tree** 명령어는 PortChannel1의 축약인 Po1 인터페이스로 보여진다. 이 인터페이스는 **channel-group** 명령어가 변수 1을 사용했기 때문에 존재한다. STP는 더 이상 물리 인터페이스 F0/14와 F0/15에서 작동하지 않으며, 대신 PortChannel1 인터페이스에서 작동한다. 따라서 인터페이스가 결과에 나타나는 것이다.

다음, **show etherchannel 1 summary** 명령어의 결과에 주목해라. 이것은 'Port-channel'을 제목으로, Po1이 아래에 있다. 이것 또한 포트 F0/14와 F0/15 모두 각각 (P)가 쓰여져 있다. 위에 의하면, P는 포트채널에 의해 묶인 포트를 의미하며, 이 코드는 설정 확인을 모두 통과했고, 이 채널에 포함되는 것이 유효하다는 것을 의미한다.

> **NOTE** 시스코는 이더채널 용어를 이 절에서 논의된 개념으로 사용한다. 스위치에서 설정된 것을 의미하기 위해서 시스코는 **port-channel** 명령어 키워드를 사용한 포트채널 용어를 사용한다. 기술을 이해하기 위한 목적으로는 이러한 용어를 유의어로 취급해도 괜찮다. 하지만, 포트채널과 이더채널의 용어 사용에 집중하는 것은 IOS가 두 개 모두 사용하기 때문에 이 절의 예를 풀어나가는 데 도움이 될 것이다.

동적 이더채널 설정

시스코 스위치는 스위치가 특정 링크가 이더채널의 일부가 될지 여부를 협상할 수 있도록 허용하는 두 개의 다른 프로토콜을 지원한다. 기본적으로, 설정은 특정 채널그룹 숫자를 위한 프로토콜을 활성화시킨다. 이 시점에서, 스위치는 이웃 스위치로부터 메시지를 주고받기 위한 프로토콜을 사용하고, 그들의 설정값이 모든 확인을 통과했는지 확인한다. 만약 주어진 물리 링크가 통과했다면, 링크는 이더채널에 추가되고 사용될 것이지만, 그렇지 않은 경우, 상태를 다운(down)으로 두고 설정 불일치가 해결되기 전까지 사용하지 않을 것이다.

시스코 스위치는 시스코 우선 PAgP(Port Aggregation Protocol)와 IEEE 표준 802.3ad에 기반한 IEEE 표준 LACP(Link Aggregation Control Protocol)를 지원한다. 이 두 개의 차이점이 약간 존재하더라도 여기에서 깊이 논의하기 위해, 그것들은 협상이라는 모두 같은 업무를 수행한다. 그래서 설정 확인을 통과한 링크만이 실제 이더채널에서 사용될 수 있다.

두 개의 프로토콜을 설정하기 위해서, 스위치는 **channel-group** 설정 명령어를 각 스위치에서 사용하지만, 이 키워드는 '이 프로토콜을 사용하고 협상을 시작하라' 또는 '이 프로토콜을 사용하고 다른 스위치가 협상을 시작할 때까지 기다리라'는 것을 의미한다. [그림 3-7]에서 보이는 것처럼, **desirable**과 **auto** 키워드는 PAgP를 활성화하고, **active**와 **passive** 키워드는 LACP를 활성화한다. 이러한 옵션들로, 최소한 한쪽은 협상을 시작한다. 즉, PAgP에서는, 최소한 둘 중 한 쪽은 꼭 **desirable**을 사용해야 하고, LACP에서는 둘 중 한쪽은 **active**를 사용해야만 한다.

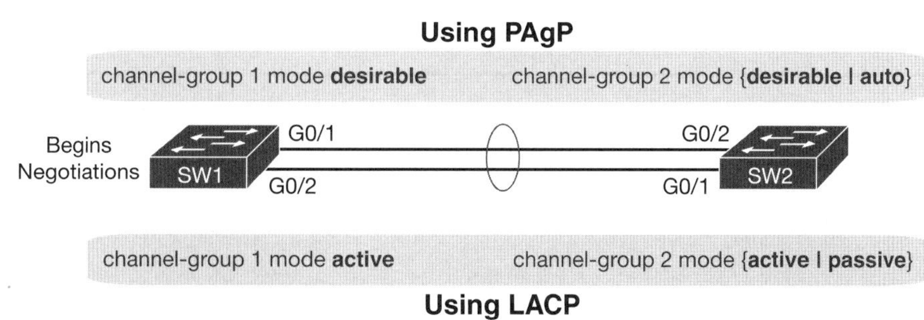

[그림 3-7] 올바른 이더채널 설정 조합

> **NOTE** 한쪽 끝에 **on** 변수를 사용하고, 다른 쪽에 **auto**나 **desirable**(또는 LACP에서는 **active**나 **passive**)를 이웃 스위치에 사용하지 말아라. PAgP나 LACP 모두 **on** 옵션을 사용하지 않고, 그래서 다른 한 쪽에 PAgP나 LACP 옵션을 사용하고 **on**을 사용하는 설정은 이더채널이 작동하는 것을 막을 수 있다.

예를 들어 [그림 3-7]에서 보여주는 디자인에서, 두 개의 스위치에서 두 개의 물리 인터페이스 모두 **channel-group 2 mode desirable** 인터페이스 하위 명령어를 사용해서 설정되었다고 가정해보자. 그 결과, 두 개의 스위치는 협상할 것이고, 이더채널을 만들 것이다. [예 3-10]은 이 설정의 검증을 **show etherchannel 2 port-channel** 명령어로 보여준다. 이 명령어는 어떤 프로토콜이 사용되었는지(PAgP, **desirable** 키워드가 설정되어 있기 때문) 확인하고, 그 채널의 인터페이스를 나열한다.

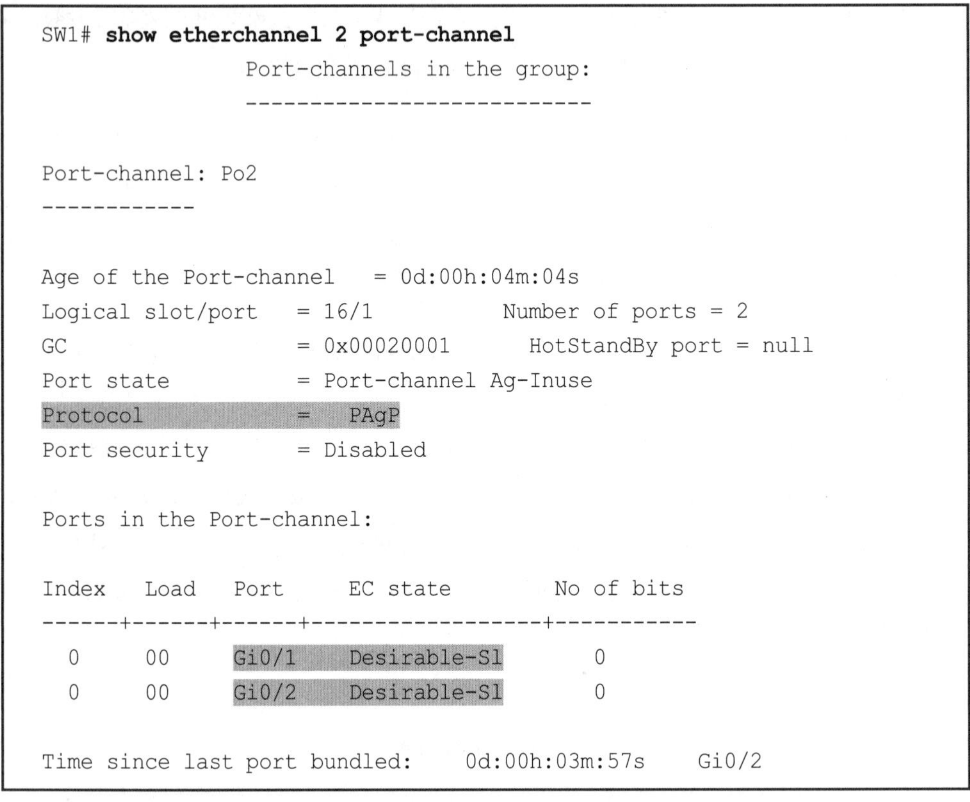

```
SW1# show etherchannel 2 port-channel
                Port-channels in the group:
                ---------------------------

Port-channel: Po2
------------

Age of the Port-channel   = 0d:00h:04m:04s
Logical slot/port   = 16/1          Number of ports = 2
GC                  = 0x00020001      HotStandBy port = null
Port state          = Port-channel Ag-Inuse
Protocol            =   PAgP
Port security       = Disabled

Ports in the Port-channel:

Index   Load   Port     EC state        No of bits
------+------+------+------------------+-----------
  0     00     Gi0/1    Desirable-Sl       0
  0     00     Gi0/2    Desirable-Sl       0

Time since last port bundled:    0d:00h:03m:57s    Gi0/2
```

[예 3-10] 이더채널 검증: PAgP Desirable 모드

RSTP 구현

STP에서 RSTP로 이전하기 위해서 해야 할 것은 모든 스위치에서 전역 명령어 **spanning-tree mode rapid-pvst**를 설정하는 것이다. 그러나 시험 준비를 위해서는, 특히 심렛 질문을 준비하기 위해서는 다양한 **show** 명령어를 통해 익히는 것이 좋다. 이러한 질문들은 **show** 명령어 결과를 설정 보기를 허락하지 않은 채로 해석하는 것을 요구할 수 있고, STP와 RSTP를 사용할 때 **show** 명령어 결과는 매우 비슷하다.

이 장의 세 번째이자 마지막 장은 카탈리스트 스위치 설정과 검증 명령어에서 보이는 STP와 RSTP의 유사점과 차이점에 집중한다. 이 절은 RSTP 설정과 검증을 설명하며, 어떻게 RSTP 기능을 확인하는지 강조한다.

카탈리스트 스위치에서 STP 모드 확인하기

시스코 카탈리스트 스위치는 **spanning-tree mode** 전역 설정 명령어에 의해 정해진 일부 STP 모드에서 작동한다. 이 명령어의 값에 기반해서, 스위치는 802.1D STP 또는 802.1w RSTP를 [표 3-4]에서 보는 것과 같이 사용한다.

Key Topic

스패닝 트리 모드 명령어의 변수	STP 사용 또는 RSTP?	명령어 결과에 나열되는 프로토콜	설명
Pvst	STP	ieee	기본 설정; per-VLAN 스패닝 트리 인스턴스
rapid-pvst	RSTP	rstp	PVST와 유사하지만, 각 STP 인스턴스에 대해 STP 대신 RSTP 규칙을 사용한다.
mst	RSTP	mst	여러 개의 RSTP 인스턴스를 생성하지만, 하나의 VLAN당 하나의 인스턴스를 필요로 하지 않는다.

[표 3-4] 시스코 카탈리스트 STP 설정 모드

시스코 카탈리스트 스위치가 RSTP를 사용하는지 여부를 알아내기 위해서는, 정보의 두 가지 타입을 보면 된다. 먼저, [표 3-4]의 왼쪽 열에 표기된 설정을 볼 수 있다. 또한, 일부 **show** 명령어는 전역 설정 명령어 **spanning-tree mode**의 설정을 위한 STP프로토콜을 나타낸다. **rstp** 또는 **mst**의 프로토콜은 RSTP가 사용하는 모드의 하나를 의미하며, **ieee**의 프로토콜은 STP를 사용할 때 나타나는 모드로 볼 수 있다.

결과의 예를 보기 전에, [그림 3-8]의 토폴로지를 다시 보자. 이 장의 남은 RSTP 예는 이 토폴로지를 사용한다. 이 장의 RSTP 예들에서는 보이는 것처럼 SW1이 루트가 되고, SW3의 포트 하나(G0/2)가 차단된다.

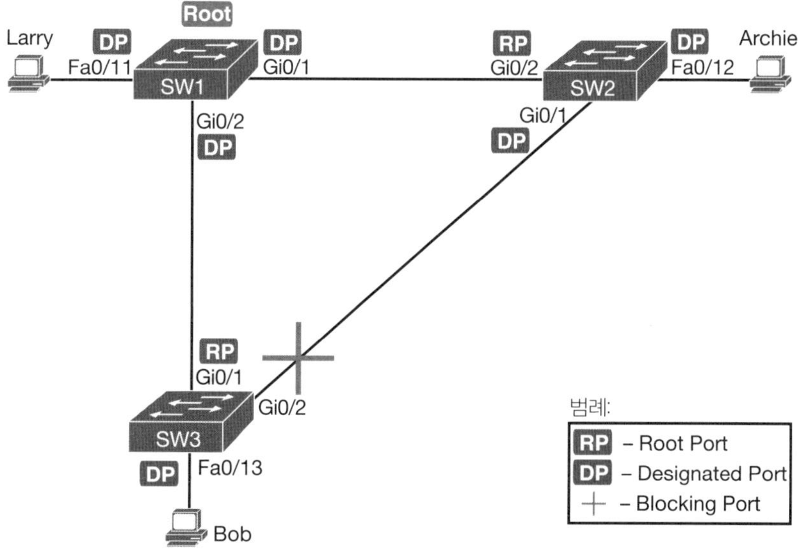

[그림 3-8] STP와 RSTP 예를 위한 네트워크 토폴로지

첫 번째 예는 모든 스위치가 802.1D STP를 사용하고 기본 설정인 **spanning-tree mode pvst**를 사용하고 있는 VLAN 10에 집중한다. 이 설정은 그 이름의 per-VLAN 부분인 VLAN 당 STP 인스턴스를 생성하며, 802.1D STP를 사용한다. 각 스위치는 포트를 PC에 연결하고 VLAN 10에 놓고, 포트패스트와 BPDU 가드를 모두 활성화시킨다. [예 3-11]은 SW3에서 SW1의 F0/11과 SW2의 F0/12 포트에 각각 설정한 똑같은 인터페이스 하위 명령어 설정을 예로 보여준다.

```
SW3# show running-config interface Fastethernet 0/13

Building configuration...

Current configuration : 117 bytes
!
interface FastEthernet0/13
 switchport access vlan 10
 spanning-tree portfast
 spanning-tree bpduguard enable
end
```

[예 3-11] 스위치 SW3의 샘플 설정

이 시점에서, 세 개의 스위치는 802.1D STP를 사용하고 있는데, 이는 모두 PVST 모드를 기본으로 사용하고 있기 때문이다. [예 3-12]는 STP가 사용되고 있다는 작고 직접적이지 않은 단서로 STP가 작동함을 증명하는 것을 보여준다.

```
SW3# show spanning-tree vlan 10

VLAN0010
  Spanning tree enabled protocol ieee
  Root ID    Priority    32778
             Address     1833.9d7b.0e80
             Cost        4
             Port        25 (GigabitEthernet0/1)
             Hello Time   2 sec  Max Age 20 sec  Forward Delay 15 sec

  Bridge ID  Priority    32778  (priority 32768 sys-id-ext 10)
             Address     f47f.35cb.d780
             Hello Time   2 sec  Max Age 20 sec  Forward Delay 15 sec
             Aging Time  300 sec
```

```
Interface           Role Sts Cost     Prio.Nbr   Type
------------------- ---- --- -------- --------   ---------------------
Fa0/13              Desg FWD 19        128.13    P2p Edge
Gi0/1               Root FWD 4         128.25    P2p
Gi0/2               Altn BLK 4         128.26    P2p


SW3# show spanning-tree vlan 10 bridge

                                                 Hello  Max  Fwd
Vlan                        Bridge ID             Time  Age  Dly  Protocol
---------- --------------------------------  ---  ---  ---   ---------
VLAN0010   32778 (32768,  10) f47f.35cb.d780   2    20   15   ieee
```

[예 3-12] 스위치 SW3에서 802.1D STP 사용을 확인하는 결과

예에서 강조된 부분은 IEEE의 STP 프로토콜이며, 이는 STP가 사용되고 있다는 것을 의미한다. ieee라는 용어는 본래 IEEE 802.1D STP 표준에서 참조된다.

RSTP를 사용하기 위해 이 작은 네트워크를 이전시키려면, **spanning-tree mode rapid-pvst** 명령어로 설정한다. 이것은 per-VLAN 스패닝 트리 인스턴스를 계속 사용하지만, 각 STP 인스턴스에 RSTP 논리를 적용한다. [예 3-13]은 세 개의 모든 스위치에 **spanning-tree mode rapid-pvst** 명령어를 설정한 후 [예 3-12]에서 보여주는 같은 두 개의 명령어 결과값을 보여준다.

```
SW3# show spanning-tree vlan 10

VLAN0010
  Spanning tree enabled protocol rstp
  Root ID     Priority    32778
              Address     1833.9d7b.0e80
              Cost        4
              Port        25 (GigabitEthernet0/1)
              Hello Time   2 sec  Max Age 20 sec  Forward Delay 15 sec

  Bridge ID   Priority    32778  (priority 32768 sys-id-ext 10)
              Address     f47f.35cb.d780
              Hello Time   2 sec  Max Age 20 sec  Forward Delay 15 sec
              Aging Time  300 sec

Interface         Role Sts Cost      Prio.Nbr Type
----------------- ---- --- --------- -------- ------------------------
Fa0/13            Desg FWD 19        128.13   P2p Edge
Gi0/1             Root FWD 4         128.25   P2p
Gi0/2             Altn BLK 4         128.26   P2p
```

```
SW3# show spanning-tree vlan 10 bridge

                                                  Hello Max  Fwd
Vlan                         Bridge ID            Time  Age  Dly  Protocol
------------ -------------------------------- -----  ---  ---  ------
VLAN0010     32778 (32768,  10) f47f.35cb.d780    2     20   15    rstp
```

[예 3-13] 스위치 SW3에서 802.1w RSTP 사용을 확인하는 결과

[예 3-12]의 802.1D STP 결과와 [예 3-13]의 802.1w RSTP 결과 간에 다른 점을 살펴보자. 문자 그대로, 한 가지 차이점이 있다면 나열된 두 개의 명령어 각각의 결과에 위치한 한 곳에 ieee 대신 rstp가 있는 것이다. 이런 경우, rstp는 **spanning-tree mode rapid-pvst** 전역 설정 명령어에 의한 것이며, 이는 RSTP 사용을 의미한다.

RSTP 포트 역할

RSTP는 STP에 교체 포트와 백업 포트 두 개의 포트 역할을 추가한다. [예 3-14]는 교체 포트의 역할의 예를 보여주기 위해, 스위치 SW3에서 **show spanning-tree vlan 10** 명령어로부터 발췌한 것이다. 이전에 보여준 [그림 3-8]에서와 같이, SW3은 루트 스위치가 아니며, G0/1은 루트 포트, G0/2는 교체 포트이다.

```
SW3# show spanning-tree vlan 10
! 간결함을 위해 결과 일부 생략
Interface           Role Sts Cost      Prio.Nbr Type
------------------- ---- --- --------- -------- ----------------------
Fa0/13              Desg FWD 19        128.13   P2p Edge
Gi0/1               Root FWD 4         128.25   P2p
Gi0/2               Altn BLK 4         128.26   P2p
```

[예 3-14] SW3의 루트 포트와 교체 포트 역할을 확인하는 결과

좋은 소식은, 결과가 어떤 포트가 루트 포트(Gi0/1)이고 어떤 포트가 교체 루트 포트(Gi0/2)인지 명확하게 보여준다는 것이다. 알아야 할 하나는 Altn은 *교체(Alternate)*의 약자라는 점이다.

카탈리스트 스위치의 STP와 RSTP 결과에 대해 조금 더 자세히 알아보자! 시스코 카탈리스트 스위치는 종종 STP를 사용하고 RSTP를 사용하지 않을 때에도 교체 포트와 백업 포트를 결과에 보여줄 때가 있다. 교체 포트와 백업 포트의 개념은 RSTP 개념이다. 스위치는 RSTP를 사용

할 때 이러한 개념을 적용해 단지 더 빠르게 수렴할 뿐이다. 하지만, STP를 사용하고 RSTP를 사용하지 않을 때, **show** 명령어 결과는 만약 RSTP가 사용되면 어떤 것이 교체 포트와 백업 포트가 되는지 확인하기 위해 나타난다.

왜 이런 하찮은 것에 신경 써야 할까? RSTP 교체 포트가 있는 결과를 보는 것은 그 스위치가 RSTP를 사용하고 있다는 것을 확인해주지 않는다. 그래서 시험에서 이런 가정을 하지 않아야 한다. 스위치가 RSTP를 사용하고 있음을 확인하려면, 당신은 **spanning-tree mode** 명령어의 설정을 보거나 또는 [표 3-4]에 요약된 것과 같은 프로토콜을 봐야만 한다.

3

예를 들어, [예3-12]와 [예 3-14]의 결과를 비교해보자. [예 3-12]는 스위치가 PVST 모드를 사용하고 있다는 것만 제외하고 같은 SW3, 같은 변수에 대한 결과를 보여주는데, 이는 STP가 사용되었다는 것을 의미한다. STP에 기반해서 [예 3-12]의 결과는 교체 포트 개념이 STP 개념이 아니고 RSTP 개념임에도 불구하고, SW3의 G0/2의 교체를 의미하는 Altn으로 표시하고 있다.

RSTP 포트 상태

RSTP는 STP와 비교해, STP 포트 상태인 비활성화와 차단을 대체해서 사용하는 것으로 포기 상태라는 하나의 새로운 포트 상태를 추가한다. 당신은 STP보다는 RSTP를 사용해서 스위치를 설정한 다음에 차단 상태를 보는 것이 아닌 포기 상태를 볼 것이라 생각할 수 있다. 하지만, 시스코 카탈리스트 스위치 결과는 기본적으로 새로운 용어인 *포기(discarding)*를 무시하고, 기존에 사용하던 용어인 *차단(blocking)*을 대신 사용한다.

예를 들어, 가장 최근의 RSTP 예(예 3-14)로 돌아가 SW3의 포트 G0/2에 대한 줄을 살펴보자. 그런 다음 말머리에 상태를 뜻하는 STS가 있는 열을 보자. 결과에서 G0/2는 BLK 또는 차단(blocking)을 나타낸다. 이론적으로 SW3은 RSTP를 사용하기 때문에, 포트 상태는 포기 상태가 되어야 하지만, 스위치 IOS는 오래된 표기방식인 BLK를 차단으로 계속 사용한다.

작은 증거를 하나 더 들자면, **show spanning-tree vlan 10 interface gigabitethernet0/2 state** 명령어는 STP 또는 RSTP 상태를 스펠링을 풀어서 보여준다. [예 3-15]는 이 명령어를 SW3에서 인터페이스 G0/2에 대해 보여준다. RSTP 용어인 discarding 대신에 blocking이라는 용어의 스펠링을 모두 써서 보여주고 있는 것을 확인할 수 있다.

```
SW3# show spanning-tree vlan 10 interface gigabitEthernet 0/2 state
VLAN0010              blocking
```

[예 3-15] RSTP 스위치인 SW3은 계속 오래된 Blocking 용어를 사용한다.

RSTP 포트 타입

시스코 카탈리스트 스위치는 현재 듀플렉스(전이중 또는 반이중)와 포트패스트 기능이 활성화되어있는지 여부, 두 개의 포트 설정에 의해 RSTP 포트 타입을 확인한다. 먼저 전이중(풀 듀플렉스)은 스위치가 포트 타입 점대점을 사용하게 하고, 반이중(하프 듀플렉스)은 스위치가 공유된 포트 타입을 사용하게 한다. 포트패스트를 활성화시키는 것은 스위치가 그 포트를 엣지 포트로 취급하게 한다. [표 3-5]는 이 조합을 요약한 것이다.

타입	현재 듀플렉스 상태	스패닝트리 포트패스트가 설정되어 있는가?
Point-to-point	전이중(Full)	아니오
Point-to-point edge	전이중(Full)	예
Shared	반이중(Half)	아니오
Shared edge[1]	반이중(Half)	예

[1] 시스코는 루프 발생을 피하기 위해 이 조합 사용을 권고하지 않는다.

[표 3-5] RSTP 포트 타입

[예 3-16]의 **show spanning-tree** 명령어를 포함해서 몇 가지 명령어의 결과에서 RSTP 포트 타입을 쉽게 찾을 수 있다. [예 3-16]은 [그림 3-8]에서는 나와 있지 않지만 SW2의 F0/18 포트에 허브를 연결한 것으로, 스위치 SW2의 결과를 나열한 것이다. [예 3-16]의 결과는 점대점 포트(P2p로 표시)와 함께 공유 포트(Shr로 표시)가 나열되도록 허브가 추가되었다.

```
SW2# show spanning-tree vlan 10

VLAN0010
  Spanning tree enabled protocol rstp
  Root ID    Priority    32778
             Address     1833.9d7b.0e80
             Cost        4
             Port        26 (GigabitEthernet0/2)
             Hello Time   2 sec  Max Age 20 sec  Forward Delay 15 sec

  Bridge ID  Priority    32778  (priority 32768 sys-id-ext 10)
             Address     1833.9d7b.1380
             Hello Time   2 sec  Max Age 20 sec  Forward Delay 15 sec
             Aging Time  300 sec

Interface           Role Sts Cost      Prio.Nbr Type
------------------- ---- --- --------- -------- ----------------------
Fa0/12              Desg FWD 19        128.12   P2p Edge
Fa0/18              Desg FWD 19        128.18   Shr
```

```
Gi0/1               Desg FWD 4          128.25    P2p
Gi0/2               Root FWD 4          128.26    P2p
```

[예 3-16] RSTP 포트 타입

시험 준비로는, [예 3-16]에 있는 음영 부분 결과에 대해 포트 타입 세부사항은 STP와 RSTP 모두 사용할 때 결과값에 나온다는 이상한 사실을 기억해라. 예를 들면, PVST 모드로 설정하고 STP를 사용했을 때 SW3에서 나온 결과를 보여주는 [예 3-12]를 확인해보아라. 타입열은 점대점과 엣지 인터페이스라고 보여준다.

3

챕터 리뷰

시험을 잘 보기 위해 중요한 한 가지 핵심은 시간 간격을 두고 반복적으로 복습하는 것이다. 이 장의 내용을 복습하기 위해 책과 DVD에 있는 툴 또는 본 저서와 관련 있는 웹 사이트의 대화형 도구를 이용할 수 있다. 자세한 사항은 '당신의 학습 계획' 내용을 참조하자. [표 3-6]에는 핵심 복습 내용과 그 내용을 찾을 수 있는 위치를 표시하였다. 학습 진행 과정을 추적하려면, 두 번째 칸에 복습 완료 날짜를 기록한다.

리뷰 항목	완료 날짜	사용 자료
핵심 주제 리뷰		책, DVD/웹 사이트
핵심 용어 리뷰		책, DVD/웹 사이트
DIKTA 문항 답변		책, PCPT
메모리 테이블 리뷰		책, DVD/웹 사이트
설정 체크리스트 리뷰		책, DVD/웹 사이트
랩 실습		블로그

[표 3-6] 리뷰 확인

핵심 주제 리뷰

핵심 주제	설명	쪽 번호
그림 3-1	어떤 스위치가 루트가 되게 해야 하는지에 대한 일반적인 디자인 선택	69
그림 3-2	PVST+의 부하 분산(로드 밸런싱)의 개념적인 시각	71
그림 3-3	STP 우선순위 필드의 시스템 ID 확장의 형식을 보여줌	72
표 3-2	STP 옵션 설정값 및 관련 설정 명령어에 대한 기본 설정	73
리스트	**spanning-tree root primary** 명령어가 새로운 기본 STP 우선순위를 뽑는 방법에 대한 두 가지 논리	79

핵심 주제	설명	쪽 번호
리스트	수동으로 이더채널을 설정하기 위한 단계	85
표 3-4	스위치의 STP 모드를 설정하는 명령어	89
문단	**show** 명령어 결과에서 대체 포트를 보는 핵심 문장은 스위치가 RSTP를 사용한다는 것을 의미하지 않음.	93

[표 3-7] 3장의 핵심 주제

핵심 용어

Rapid PVST+, PVST+, 시스템 ID 확장, PAgP, LACP, 포트채널(PortChannel), 채널-그룹(Channel-group)

참조 명령어

[표 3-8]과 [표 3-9]에는 이 장에서 다룬 설정 및 검증 명령어를 정리하였다. 간단한 복습 차원에서, 표의 왼쪽 부분을 가리고 오른쪽 설명 부분을 보면서 명령어를 어느 정도 잘 기억하고 있는지 가늠해본다. 그 다음 반대로 오른쪽 설명 부분을 가리고 왼쪽 명령어 부분만 보면서 각 명령어에 대한 설명을 기억해보자.

명령어	설명
spanning-tree mode {pvst | rapid-pvst | mst}	STP 모드로 설정하기 위한 전역 설정 명령어
spanning-tree [vlan *vlan-number*] root primary	이 스위치를 루트 스위치로 바꾸기 위한 전역 설정 명령어. 스위치의 우선순위는 명령어가 실행될 때 현재 루트 브릿지의 우선순위보다 4096 낮거나 또는 24,567 중 더 낮은 값으로 변경됨.
spanning-tree [vlan *vlan-number*] root secondary	이 스위치의 STP 기본 우선순위를 28,672로 설정하는 전역 설정 명령어
spanning-tree [vlan *vlan-id*] {priority *priority*}	특정 VLAN에 대해 이 스위치의 브릿지 우선순위를 변경하는 전역 설정 명령어
spanning-tree [vlan *vlan-number*] cost *cost*	STP 코스트를 설정된 값으로 변경하는 인터페이스 하위 명령어
spanning-tree [vlan *vlan-number*] port-priority *priority*	해당 VLAN의 STP 포트 우선순위를 변경하는 인터페이스 하위 명령어(0부터 240까지, 16씩 증가).
channel-group *channel-group-number* mode {auto | desirable | active | passive | on}	인터페이스에 이더채널을 활성화시키는 인터페이스 하위 명령어
spanning-tree portfast	인터페이스에 포트패스트를 활성화시키는 인터페이스 하위 명령어
spanning-tree bpduguard enable	인터페이스에 BPDU 가드를 활성화시키는 인터페이스 하위 명령어
spanning-tree portfast default	액세스 인터페이스의 포트패스트에 대한 스위치의 기본값을 비활성화에서 활성화로 변경하는 전역 명령어

spanning-tree portfast bpduguard default	액세스 인터페이스의 BPDU 가드에 대한 스위치의 기본값을 비활성화에서 활성화로 변경하는 전역 명령어
no spanning-tree portfast default	포트패스트의 전역 설정을 비활성화하는 전역 명령어
no spanning-tree portfast bpduguard default	BPDU 가드의 전역 설정을 비활성화하는 전역 명령어
spanning-tree portfast disable	인터페이스에 포트패스트를 비활성화하는 인터페이스 하위 명령어
spanning-tree bpduguard disable	인터페이스에 BPDU 가드를 비활성화하는 인터페이스 하위 명령어

[표 3-8] 3장에서 다룬 설정 명령어

명령어	설명
show spanning-tree	각 포트의 상태를 포함해서 스위치에서 STP 상태에 대한 세부 사항 나열.
show spanning-tree interface *interface-id*	특정 포트에 대한 STP 정보만 나열.
show spanning-tree vlan *vlan-id*	특정 VLAN에 대한 STP 정보 나열.
show spanning-tree [vlan *vlan-id*] root	각 VLAN의 루트 또는 특정 VLAN에 대한 정보 나열.
show spanning-tree [vlan *vlan-id*] bridge	각 VALN 또는 특정 VLAN에 대한 로컬 스위치 STP 정보 나열.
show spanning-tree summary	기본 포트패스트와 BPDU 가드 설정, 그리고 어떤 스위치가 루트 스위치인지와 VLAN에 대한 스위치의 전역 STP 설정 나열.
debug spanning-tree events	스위치가 STP 토폴로지 변경에 대해 정보 메시지를 제공하도록 함.
show spanning-tree interface *type number* portfast	나열된 인터페이스에 포트패스트에 대한 상태 메시지를 한 줄에 나열.
show etherchannel [*channel-group-number*] {brief | detail | port | port-channel | summary}	이 스위치의 이더채널 상태에 대한 정보 나열.

[표 3-9] 3장에서 다룬 EXEC 명령어

CHAPTER 4

LAN 장애 처리(Troubleshooting)

이 장은 다음 시험 주제를 다룬다.

1.0 LAN 스위칭 기술

1.0 VLAN(일반/연장 범위) 스패닝 멀티플 스위치 설정, 검증, 그리고 장애 처리

1.1.a 액세스 포트(데이터와 음성)

1.1.b 디폴트 VLAN

1.2 인터스위치 연결 상태 설정, 검증, 그리고 장애 처리

1.2.a 트렁크에 VLAN 추가 및 제거

1.2.b DTP와 VTP(v1&2)

1.3 STP 프로토콜 설정, 검증, 그리고 장애 처리

1.3.a STP 모드(PVST+와 RPVST+)

1.3.b STP 루트 브리지 선출

1.5 (2계층/3계층) 이더채널 설정, 검증, 그리고 장애 처리

1.5.a 정적

1.5.b PAGP

1.5.c LACP

1.7 일반적인 액세스 계층 위협 완화 기술 설명

1.7.c 디폴트가 아닌 네이티브(Native) VLAN

이 장에서는 첫 세 장에서 LAN 주제에 대해 깊게 논의하며, 장애 처리 관점에서 몇 가지 선행돼야 할 주제에 대해 논의한다.

어느 네트워킹 주제에서 장애 처리는 설정과 검증에 대해 생각하는 것에 비해 다른 방향으로 생각을 해야 한다. 설정과 검증에 대해 생각할 때는 기본 디자인에 대해 생각하고, 어떻게 기능을 올바르게 설정했는지 배우고, 그 설정이 정말 제대로 작동하고 있는지 검증하는 방법을 배우는 것이 도움이 된다. 그러나 장애 처리를 어떻게 하는지 배우기 위해서는 디자인이 잘못되었거나 좋은 디자인에 설정이 제대로 되지 않았을 때 증상에 대해 생각해 볼 필요가 있다. 당신이 어떤 특정한 실수를 했을 때 나타나는 증상은 무엇인가? 이 장은 흔히 하는 실수에 대해 알아보고, 이 실수들을 찾기 위해 **show** 명령어로 상태를 확인하고 해결하는지 볼 것이다.

이 장은 네 개의 절로 나눠진다. 첫 번째 절은 가장 큰 주제인 STP 장애 처리다. STP는 프로토콜과 같이 장애가 나는 것이 아니다. STP는 디자인된 것과 같이 작동하지 않을 수 있고, 그래서 주어진 과제는 어떻게 STP가 현재 작동하는지 찾고, 그런 다음 설정이 어떻게 올바른 디자인을 구현하게 만드는지 확인한다. 두 번째 절은 이더채널의 동적인 형성을 막는 다양한 작은 잠재적인 문제들을 가지고 있는 2계층 이더채널로 옮겨간다.

이 장의 세 번째 절은 VLAN, 트렁크, STP, 그리고 이더채널을 고려해서 LAN 스위치에서 이더넷 프레임의 전송부 전송에 집중한다. 같은 절에서는 이러한 기능을 고려하여 스위치의 2계층 전송 논리에 대해 복습한다. 네 번째이자 마지막 절은 VLAN과 트렁킹 문제에 대해 검토하고, 이 문제들이 스위치 전송에 어떻게 영향을 미치는지 검토한다.

이 장의 앞쪽에 나열된 시험의 몇 가지 세부 주제들은 이 장에서 논의되지 않는다. 이 장은 VTP의 기본 기능 이상(VTP는 5장에서 자세히 다룬다) 또는 19장에서 논의될 3계층 이더채널에 대해 논의하지 않는다.

QUIZ 사전 점검 퀴즈

이 책에 있는 장애 처리의 일부은 특정 주제에 대한 장애 처리에 대해 논의할 뿐만 아니라 일부 중요한 주제를 요약하고 복습하는 도구로써 제공한다. 이 장은 그러한 장 중 하나이며, 그 결과 당신의 현재 지식 수준과 상관없이 이 장을 읽어보는 것은 유용할 것이다. 따라서, 이 장은 '사전 점검 퀴즈'를 포함하지 않는다. 그러나 이 책에서 다루고 있는 'IPv4 라우팅 기능 장애 처리'에 대해 특히 자신이 있다면, 바로 '챕터 리뷰'로 가도 좋다.

핵심 주제

STP 장애 처리

STP 문제는 많은 수험자가 두려워하는 부분이다. STP는 하나의 규칙이 동일하게 끝나는 경우 타이브레이커(tiebreakers)를 포함해서, 많은 규칙을 사용한다. STP에 대한 풍부한 경험이 없으면 자신의 대답에 불신하는 경향이 있다. 또한 네트워킹 업무 관련자라 할 지라도 STP가 잘 작동하기 때문에, STP 장애 처리를 자주 경험하지 못할 수 있다. 종종 STP 장애 처리는 STP가 그 역할을 하지 못하는 장애에 대한 것이 아니라, STP가 디자인한 것과 다르게 다른 루트 스위치 또는 다른 루트 포트(RP) 등으로 작동되는 것에 대한 것이다. 극히 드물게, STP 장애 처리는 STP가 루프를 방지하지 못하고 장애가 난 경우 시작한다.

이 절에서는 STP 규칙에 대해 복습하고, 몇 가지 중요한 장애 처리 포인트를 강조할 것이다. 특히, 이 절은 STP가 결정을 내리는 타이브레이커에 대해 자세히 볼 것이다. 또한 "어떤 스위치가 루트 스위치인가?"와 같은 문제에 답하는 것에 대해 어떻게 접근할 지 실전 제안을 만들 것이다.

루트 스위치 결정

STP 루트 스위치를 결정하는 것은 당신이 모든 스위치의 BID를 알고 있다면 가장 낮은 값을 고르기만 하니 매우 쉽다. 만약 질문이 일부 **show** 명령어 결과에서 흔히 보이는 것과 같이, 우선순위와 MAC 주소를 따로 나열하고, 가장 낮은 우선순위를 가진 스위치를 고르거나 만약 동일하다면, 더 낮은 MAC 주소 값을 고르면 된다.

더 명확하게 하기 위해, STP는 루트 스위치 선출을 위해 타이브레이커를 가지고 있지도, 필요하지도 않다. BID는 BID의 마지막 48비트로 스위치의 유니버설 MAC 주소를 사용한다. 이 MAC 주소는 전 세계에서 유일하며, 그래서 똑같은 BID는 절대 있을 수 없으며 타이브레이커도 필요 없다.

시험에서, 루트 스위치에 대해 묻는 질문이 한 묶음의 BID를 나열하고 어떤 것이 '최선'인지 묻는 것처럼 간단하지 않을 수 있다. 가능성이 높은 것은 넣고 싶은 어느 **show** 명령어를 넣어야 하는 시뮬레이터(sim) 질문이거나, 한 개나 두 개의 명령어로부터 나온 결과를 나열한 다지선다 질문이다. 그러면 당신은 나머지를 알아내기 위해 STP 알고리즘을 적용해야 한다.

시뮬레이터를 사용한 시험 문제를 마주하거나 모니터에 결과만 나와 있다면 다음과 같이 스위치에서 배제하는 간단한 계획을 사용해라:

단계 ① 스위치의 리스트나 다이어그램으로 시작하고, 가능한 루트 스위치를 모두 고려하라.

단계 ② 루트 스위치는 RP를 가지지 않기 때문에 RP를 가진 모든 스위치를 제외하라(**show spanning-tree**, **show spanning-tree root**).

단계 ③ 항상 **show spanning-tree**를 시도해본다. 왜냐하면 이것은 로컬 스위치가 루트 스위치인지 결과의 다섯 번째 줄에 "이 스위치가 루트 스위치입니다"라고 직접적으로 확인하기 때문이다.

단계 ④ 항상 **show spanning-tree root**를 시도해본다. 왜냐하면 만약 이 로컬 스위치가 루트라면 RP 열이 비어 있는 것으로 간접적으로 로컬 스위치가 루트 스위치임을 확인하기 때문이다.

단계 ⑤ 시뮬레이터를 사용할 때, 스위치를 마구잡이로 선택하기보다 RP를 쫓아라. 예를 들어 만약 SW1에서 시작했다면, SW1의 G0/1은 RP이고, SW1의 G0/1 포트의 끝 쪽 스위치를 본다.

단계 ⑥ 시뮬레이터를 사용할 때, **show spanning-tree vlan** *x*를 몇 개의 스위치에서 사용하고 루트 스위치, RP, 그리고 지정 포트(DP)를 기록한다. 이 전략은 대부분의 STP 정보를 빠르게 보여줄 것이다.

많은 사람들이 무시하는 이 리스트 중 한 단계는 RP를 가진 스위치를 배제하는 발상이다. 루트 스위치는 RP를 가지고 있지 않고, 그래서 RP를 가진 스위치는 그 VLAN에서 루트 스위치가 되지 않음으로써 배제될 수 있다. [예 4-1]은 일부 LAN에서 스위치 SW2의 두 개의 명령어를 보여주는데, 이는 SW2가 RP를 가지고 있으며 루트 스위치가 아님을 확인한다.

```
SW2# show spanning-tree vlan 20 root

                                        Root Hello Max Fwd
Vlan                    Root ID         Cost  Time Age Dly  Root Port
---------------- ------------------ --------- ----- --- ---  ---------
VLAN0020          32788 1833.9d7b.0e80       4     2  20  15  Gi0/2

SW2# show spanning-tree vlan 20

VLAN0020
  Spanning tree enabled protocol ieee
  Root ID    Priority    32788
             Address     1833.9d7b.0e80
             Cost        4
             Port        26 (GigabitEthernet0/2)
             Hello Time   2 sec  Max Age 20 sec  Forward Delay 15 sec

  Bridge ID  Priority    32788  (priority 32768 sys-id-ext 20)
             Address     1833.9d7b.1380
             Hello Time   2 sec  Max Age 20 sec  Forward Delay 15 sec
             Aging Time  15  sec
```

4

```
Interface           Role Sts Cost      Prio.Nbr Type
------------------- ---- --- --------- -------- ----------------------
Gi0/1               Desg FWD 4         128.25   P2p
Gi0/2               Root FWD 4         128.26   P2p
```

[예 4-1] 루트 포트를 가지고 있는 것을 기반으로 스위치를 루트로서 제외한다.

두 개의 명령어 모두 SW2의 G0/2 포트가 RP라는 것을 확인하고, 만약 이 권고를 따른다면, 시뮬레이션 질문에서 봐야 할 다음 스위치는 SW2의 G0/2 인터페이스의 다른 쪽 끝에 있는 스위치일 것이다.

루트 스위치가 아닌(nonroot) 스위치의 루트 포트 결정

show 명령어의 결과를 볼 수 있을 때 스위치의 RP를 결정하는 것은 꽤 쉽다. 최근 본 [예 4-1]과 같이, **show spanning-tree**와 **show spanning-tree root** 모두 로컬 스위치가 루트 스위치가 아닐 것이라고 가정하고 로컬 스위치의 루트 포트를 나열한다. 루트 스위치까지 도달하는 몇 개의 타이브레이커가 필요하면서, 경로의 루트 코스트를 기반으로 해서 스위치가 어떻게 RP를 선택하는지 생각하게 하는 시험 문제는 꽤 도전적이다.

복습으로 각 루트 스위치가 아닌 스위치는 VLAN에 각각 하나의 RP를 가지고 있다. RP를 선택하기 위해서 스위치는 들어오는 BPDU(Bridge Protocol Data Units)를 청취한다. 받은 각각의 헬로에서, 스위치는 들어오는(헬로가 받아진) 인터페이스의 코스트로 그 헬로 BPDU 안에 있는 코스트를 스위치에 더한다. 그 총합은 그 경로를 지난 루트 코스트이다. 가장 낮은 루트 코스트가 선택되고, 로컬 스위치는 루트 코스트 경로가 가장 작은 부분인 로컬 포트를 루트 포트로 사용한다.

길게 설명했지만, 2장의 [그림 2-8]에서 묘사된 것과 동일한 개념이다.

대부분의 사람들은 네트워크 다이어그램과 조금 다른 알고리즘으로 어떤 STP가 선택될지 분석할 수 있다. 헬로 메시지 등에 대한 것에 생각하기보다 루트 스위치와 루트 스위치가 아닌 스위치 간에 모든 나가는 포트 코스트의 합과 같은 질문으로 접근해본다. 비슷한 예를 조금 틀어서 반복하면, [그림 4-1]은 루트 코스트의 계산을 보여주고 있다. SW3의 Gi0/1 포트는 아직 다른 값의 코스트가 설정되지 않았다.

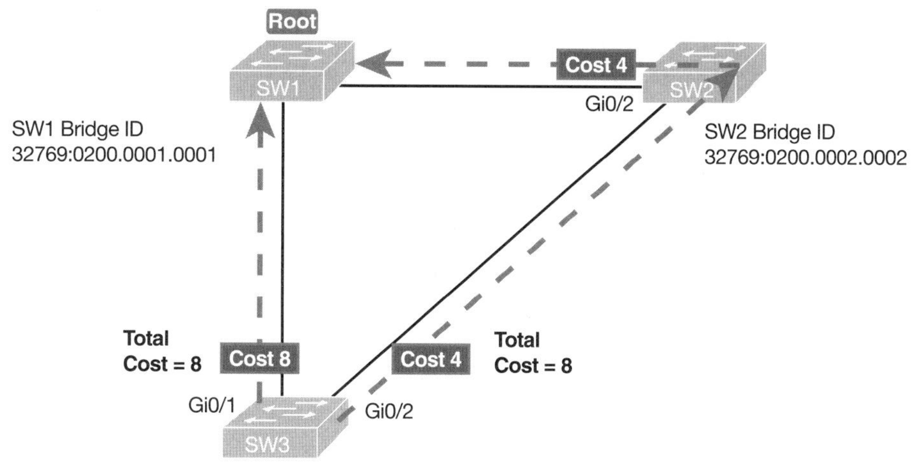

[그림 4-1] SW3의 루트 코스트 계산이 동일함으로 끝남

루트 포트를 선택할 때 STP 판단 근거(Tiebreakers)

[그림 4-1]은 루트 스위치가 아닌 SW3으로부터 루트 스위치인 SW1로 각각 나가는 인터페이스의 STP 코스트를 더하는 과정을 쉽게 보여주고 있다. 이것은 또한 일부러 타이브레이커에 대해 말하기 위해 동일하게 보여주고 있다.

스위치가 자신의 루트 포트를 선택할 때, 첫 번째 선택은 가장 작은 루트 코스트 경로 부분인 로컬 포트이다. 이 코스트가 같으면, 스위치는 가장 낮은 BID를 가진 이웃에 연결된 포트를 뽑는다. 보통 이 타이브레이커가 승부를 가리지만, 항상 그런 것은 아니다. 따라서 완벽함을 위해서는 스위치가 사용하는 순서대로 세 개의 타이브레이커(판단 근거)는 다음과 같다.

❶ 이웃 브리지 ID가 가장 낮은 것을 선택한다.

❷ 이웃 포트 우선순위가 가장 낮은 것을 선택한다.

❸ 이웃 내부 포트 넘버가 가장 낮은 것을 선택한다.

(스위치는 타이브레이커에 대해 생각할 때 동일한 루트 경로만을 고려한다.)

예를 들어, [그림 4-1]은 SW3가 루트가 아니고, 루트에 도달하는 두 개의 동일한 루트 코스트 8을 가지고 있는 경로를 가지고 있는 것을 보여주고 있다. 첫 번째 타이브레이커는 이웃의 가장 낮은 BID이다. SW1의 BID 값은 SW2의 것보다 낮고, 그래서 SW3은 G0/1 인터페이스를 이 경우 RP로 선택한다.

마지막 두 RP 타이브레이커는 [그림 4-2]에서 보여주는 것과 같이 두 개의 스위치가 각각 여러 개의 링크로 연결되어있을 때만 사용된다. 이런 경우, 스위치는 같은 이웃 스위치로부터 하나 이상의 포트에서 헬로를 받고, 그러면 BID가 동일하다.

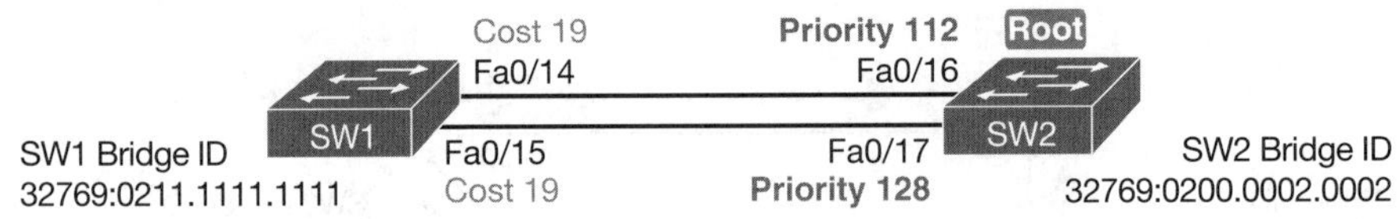

[그림 4-2] 루트 포트의 마지막 두 타이브레이커를 위해 요구되는 토폴로지

이 특정 예에서, SW2는 루트가 되고, SW1은 RP를 선택해야 한다. SW1은 각각 19로 포트 코스트가 동일하고, 그래서 각 경로를 통한 SW1의 루트 코스트는 19로 동일하다. SW2는 SW1에 연결된 각 링크로 헬로를 보내는데, 모두 SW2의 BID를 가지고 있기 때문에 SW1은 SW1의 이웃 BID에 기반해서 판단할 수 없다. 그럼, SW1은 다른 타이브레이커로 넘어간다.

> **NOTE** 실제 상황에서, 대부분의 엔지니어는 이 두 개의 링크를 이더채널에 넣는다.

다음 타이브레이커는 각 이웃 스위치 인터페이스에 이웃 스위치의 포트 우선순위인 설정 가능한 옵션이다. 시스코 스위치 포트는 기본으로 128로 설정되어 있고, 범위는 0부터 255로, 여태까지와 동일하게 낮은 숫자가 좋은 것이다. 이 예에서는, 네트워크 엔지니어가 SW2의 F0/16 인터페이스를 **`spanning-tree vlan 10 port-priority 112`** 명령어로 설정했다. SW1은 이웃이 위쪽 링크에 우선순위 112를, 아래쪽에는 128을 가지고 있다는 것을 학습하고, 그래서 SW1은 위(F0/14) 인터페이스를 루트 포트로 사용한다.

기본값 때문에 종종 벌어지는데, 만약 포트 우선순위가 동일하다면, STP는 이웃의 내부 포트 넘버링에 기반한다. 시스코 스위치는 스위치의 각 인터페이스를 확인하기 위해 내부 정수를 할당했다. 루트가 아닌 스위치는 헬로 메시지에 표시되어 있는 네이버(neighbor)의 내부 포트 숫자가 가장 낮은 것을 확인하고 더 낮은 숫자에 기반해서 RP를 선택한다.

시스코 스위치는 명확한 넘버링을 사용한다. Fa0/1이 가장 낮은 숫자이고, 다음 Fa0/2, 그 다음이 Fa0/3 등이다. [그림 4-2]에서 SW2의 Fa0/16은 Fa0/17보다 낮은 내부 포트 숫자를 가진다. SW1은 헬로 안에 있는 이 숫자들을 학습하고, SW1은 Fa0/14를 RP로 사용한다.

시험에서 루트 포트 문제를 공략하기 위한 제안

RP에 대해 생각하게 하는 시험 문제는 당신이 어디를 봐야 하는지 알고, 몇 개의 주요 명령어의 결과가 있다면 쉬울 수 있다. 그러나 조금 더 개념적인 문제일수록 각 경로를 지나가는 루트 코스트를 계산해야 하고, 다른 **show** 명령어와 연관해서 개념을 함께 사용해야 한다. 다음 리스트는 시험에서 어떻게 STP 문제를 다루어야 하는지에 대한 몇 가지 제안 사항이다.

❶ 가능하다면, show spanning-tree와 show spanning-tree root 명령어를 보아라. 두 개의 명령어 모두 루트 포트와 루트 코스트를 보여준다([예 4-1] 참조).

❷ **show spanning-tree** 명령어는 두 곳에서 코스트를 보여주는데, 하나는 루트 스위치에 대한 부분의 위쪽 루트 코스트, 그리고 인터페이스 부분의 아래쪽 인터페이스 코스트이다. 아래쪽에 있는 코스트는 인터페이스의 코스트이지, 루트 코스트가 아님을 주의한다!

❸ 스위치 루트 코스트를 계산해야 하는 곳의 문제들은:

a. 기본 코스트 값을 암기해라: 10Mbps는 100, 100Mbps는 19, 1Gbps는 4, 10Gbps는 2이다.
b. 인터페이스에서 기본 코스트를 다시 설정하는 **spanning-tree cost** 설정 명령어의 증거를 찾아라. 기본 코스트가 사용되었다고 가정하지 말아라.
c. 기본 코스트가 사용되었다는 것을 알았을 때, 가능하다면, 실제 속도도 함께 확인해 보아라. 시스코 스위치는 최대 속도가 아닌 현재 속도에 기반해 STP 코스트 기본값을 설정한다.

4

각 LAN 세그먼트의 DP 결정

각 LAN 세그먼트는 그 세그먼트에서 지정 포트(DP) 역할을 하는 한 개의 스위치를 가지고 있다. STP를 심지어 사용하고 있지도 않은 장비에 연결하는 스위치가 연결된 세그먼트에서 스위치는 그 링크에서 헬로를 보내는 장비이기 때문에 항상 선택된다. 그러나 두 개의 스위치 간 링크는 어떤 것이 DP가 되어야 하는지 밝히기 위해 조금 더 작업을 필요로 한다.

단계 ① 같은 LAN 세그먼트에 연결된 스위치들에서는, 그 링크에서 보낸 헬로에서 광고된 것과 같이 루트에 도달하기 위한 가장 낮은 코스트를 지닌 스위치가 그 링크의 DP가 된다.

단계 ② 만약 스위치 간의 코스트가 동일하다면, 가장 낮은 BID를 가진 스위치는 DP가 된다.

예를 들어, [그림 4-3]을 보자. 이 그림은 루트, RP 그리고 DP와 각각의 RP를 통해 루트에 도달하기 위한 각 스위치의 최소 코스트를 표시해 놓았다.

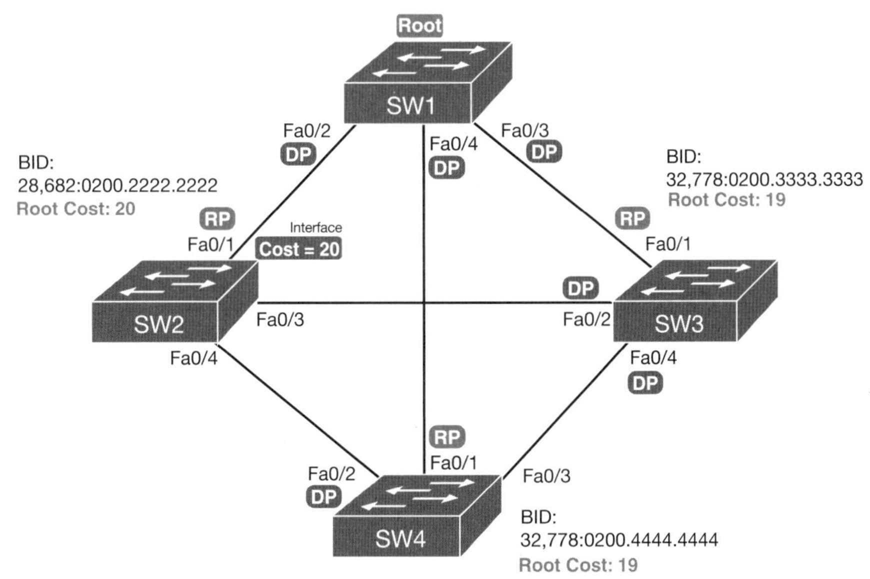

[그림 4-3] DP 고르기

- **SW2-SW4 세그먼트:** SW2의 루트 코스트 20에 비교해서 SW4의 루트 코스트가 19이므로, SW4가 선출된다.
- **SW2-SW3 세그먼트:** SW2의 루트 코스트 20에 비해서, SW3의 루트 코스트가 19이므로, SW3이 선출된다.
- **SW3-SW4 세그먼트:** SW3과 SW4의 루트 코스트가 19로 동일하다. SW3이 더 좋은(낮은) BID 값을 가지고 있기 때문에 선출된다.

흥미롭게도, SW2는 심지어 더 나은(낮은) BID 값을 가지고 있지만, SW3과 SW4로 가는 링크에서 DP로 선출되지 못한다. DP 타이브레이커는 가장 낮은 BID를 사용하지 않고, 첫 DP 항목은 가장 낮은 루트 코스트를 사용했고, SW2의 루트 코스트는 SW3과 SW3의 루트 코스트보다 높다.

> **NOTE** 한 개의 스위치는 한 개의 충돌 도메인에 두 개 또는 그 이상의 인터페이스에 연결할 수 있고, 만약 허브가 사용되었다면 DP가 되는 것을 완료할 수 있다. 이런 상황에서, 같은 스위치의 두 개의 다른 스위치 포트가 동일하고, DP 선택은 RP 선택에 사용되었던 같은 두 개의 마지막 타이브레이커(가장 낮은 인터페이스 STP 우선순위와 만약 이것이 같은 경우, 가장 낮은 내부 인터페이스 숫자)를 사용한다.

시험에서 지정 포트 문제를 공략하기 위한 제안

RP에 대해 묻는 시험 문제에서, DP에 대해 생각하게 만드는 시험 문제는 만약 당신이 어디를 봐야 하는지 알고, 일부 주요 명령어의 결과가 있다면 쉬울 수 있다. 그러나 조금 더 개념적인 문제일수록, 당신은 DP를 선택하기 위한 항목들 - 먼저, 경쟁하고 있는 스위치의 루트 코스트, 그 다음 만약 루트 코스트가 동일하다면 더 나은 BID - 에 대해 더 생각해 봐야 한다.

다음 항목은 주어진 DP 문제를 깊게 파고들 때 기억하고 있어야 할 몇 가지 팁이다. 일부은 RP를 찾기 위한 제안과 반복되지만, 완벽하게 하기 위해 아래 항목은 각각의 개념을 포함하고 있다.

❶ 가능하다면, **show spanning-tree** 명령어의 결과 마지막 부분의 인터페이스 리스트 부분을 봐라. 그런 다음, 역할(Role) 열을 보고, DP가 있는지 확인하기 위해 Desg를 본다.

❷ **show spanning-tree** 명령어로 스위치의 루트 코스트를 직접적으로 확인해라. 하지만 조심해라! 이 명령어는 두 곳에 코스트가 나열되어 있는데, 루트에 대한 부분의 위쪽에 있는 것만이 루트 코스트이다.

❸ 스위치의 루트 코스트를 계산해야 하는 문제에서는 다음과 같이 해라:

  a. 기본 코스트 값을 암기해라: 10Mbps는 100, 100Mbps는 19, 1Gbps는 4, 10Gbps는 2이다.

  b. 인터페이스에서 기본 코스트를 다시 설정하는 **spanning-tree cost** 설정 명령어의 증거를 찾아라. 기본 코스트가 사용되었다고 가정하지 말아라.

  c. 기본 코스트가 사용되었다는 것을 알았을 때, 가능하다면, 실제 속도도 함께 확인해 봐라. 시스코 스위치는 최대 속도가 아닌 현재 속도에 기반해 STP 코스트 기본값을 설정한다.

STP 수렴

STP는 RP와 DP를 각각 전송 상태로 놓고, RP도 아니고 DP도 아닌 포트는 차단 상태로 놓는다. 이 상태들은 몇 일, 몇 주 또는 몇 달 동안 유지될 수도 있다. 하지만, 어느 시점에서 몇 개의 스위치나 링크가 장애가 나고, STP 코스트를 바꾸는 링크의 속도가 변할 수 있으며, 또는 STP 설정이 변경될 수 있다. 이러한 현상들은 스위치가 그들의 RP와 DP가 바뀔 수 있는 STP 알고리즘을 다시 반복하게 할 수 있다.

변경에 의해서 STP가 수렴할 때, 모든 포트가 상태를 변경해야 하는 것은 아니다. 예를 들어, 전송 상태의 포트가 만약 계속 전달 상태이어야 한다면, 그것은 계속 전달 상태를 유지한다. 차단 상태가 계속 필요한 포트는 계속 차단 상태이다. 하지만, 포트가 상태를 변경해야 할 때에는 다음과 같은 규칙에 기반해서 일들이 일어난다.

- 동일한 STP 상태에 있어야 하는 인터페이스에는 아무런 변화가 필요하지 않다.
- 전달 상태에서 차단 상태로 변경이 필요한 인터페이스에서는 스위치가 차단 상태로 바로 변경한다.
- 차단 상태에서 전송 상태로 변경해야 하는 인터페이스에서는 스위치가 먼저 인터페이스를 학습 상태로 옮기고 그 다음 청취 상태로 옮긴다. 각각의 시간은 전달 지연 타이머에 지정된 시간(기본 15초)이 걸린다. 그런 다음에 인터페이스는 전달 상태가 된다.

차단 상태에서 전달 상태로 변경될 때 몇 가지 추가 단계를 필요로 하기 때문에, 이러한 변경에 대한 개념적인 질문에 대답하기 위해 준비되어 있어야 한다. 준비하기 위해, 2장의 'STP 토폴로지에 영향을 주는 상태 변경에 따른 반응' 절을 복습해라.

2계층 이더채널 장애 처리

이더채널은 특히 몇 가지 이유에서 장애 처리가 어려움을 증명한다. 먼저, 올바른 설정을 맞추기 위해 조심해야 하고, 올바른 조합이 있는 것보다 올바르지 않은 설정 조합이 더 많다. 두 번째로, 스위치가 채널에 물리 링크를 더하기 전에, 많은 인터페이스 설정은 로컬 스위치와 이웃 스위치 모두의 물리 링크와 일치해야 한다. 이 장의 두 번째 절에서는 이 두 문제를 해결해 갈 것이다.

채널-그룹 명령어의 잘못된 옵션

3장에서 '이더채널 설정'이라고 적힌 절은 **channel-group** 명령어에서 작동하는 설정을 나열했다. 이러한 규칙은 하나의 이더채널에 다음과 같이 요약된다.

❶ 로컬 스위치에서, 모든 물리 인터페이스의 **channel-group** 명령어는 모두 같은 채널-그룹 숫자를 사용해야 한다.

❷ 채널-그룹 숫자는 이웃하는 스위치와는 다를 수 있다.

❸ **on** 키워드를 사용하면, 두 스위치 모두의 연관된 인터페이스에 사용해야 한다.

❹ **desirable** 키워드를 한쪽 스위치에 사용하면, 스위치는 PAgP를 사용하고, 다른 스위치는 **desirable** 또는 **auto**를 사용해야만 한다.

❺ **active** 키워드를 한쪽 스위치에 사용하면, 스위치는 LACP를 사용하고, 다른 스위치는 **active** 또는 **passive**를 사용해야만 한다.

이러한 규칙은 올바른 설정 옵션을 요약하지만, 이 옵션들은 실제로 더 많은 잘못된 선택을 남긴다. 다음 항목들은 이더채널이 작동하지 않는 결과를 가져오는데도 불구하고, 스위치가 허용하는 잘못된 설정을 보여준다. 다음 항목들은 물리 인터페이스 설정을 기반으로 한 스위치와 다른 스위치 설정을 비교했다. 각 항목은 설정이 왜 잘못됐는지 나열되어 있다.

- 한 개의 스위치에 **on** 키워드를 설정하고, 다른 스위치에 **desirable**, **auto**, **active** 또는 **passive**를 설정한다. **on** 키워드는 PAgP나 LACP를 활성화시키지 않고, 다른 옵션들도 PAgP나 LACP에 의존하지 않는다.
- 두 스위치 모두에 **auto** 설정을 한다. 두 개 모두 PAgP를 사용하지만, 모두 다른 스위치가 협상을 시작하기를 기다린다.
- 두 스위치 모두에 **passive** 설정을 한다. 두 개 모두 LACP를 사용하지만, 다른 스위치가 협상을 시작하기를 기다린다.
- 한 개의 스위치에 **active** 키워드를 설정하고, 다른 스위치에 **desirable** 또는 **auto**를 설정한다. **active** 키워드는 LACP를 사용하는 반면, 다른 키워드는 PAgP를 사용한다.
- 한 개의 스위치에 **desirable** 키워드를 설정하고, 다른 스위치에 **active** 또는 **passive**를 설정한다. **desirable** 키워드는 PAgP를 사용하는 반면, 다른 키워드는 LACP를 사용한다.

[예 4-2]는 위의 마지막 항목의 예를 보여준다. 여기서 SW1의 두 개 포트(F0/14와 F0/15)가 **desirable** 키워드로 설정되었고, 연결된 SW2의 Fa0/16과 Fa0/17은 **active** 키워드로 설정되었다. 이 예는 다음 예에 기입된 것처럼 장애에 대한 상태 정보를 말해 준다.

```
SW1# show etherchannel summary
Flags:  D - down        P - bundled in port-channel
        I - stand-alone s - suspended
        H - Hot-standby (LACP only)
        R - Layer3      S - Layer2
        U - in use      f - failed to allocate aggregator

        M - not in use, minimum links not met
        u - unsuitable for bundling
        w - waiting to be aggregated
        d - default port
```

```
Number of channel-groups in use: 1
Number of aggregators:           1

Group  Port-channel  Protocol    Ports
------+-------------+-----------+-----------------------------------
1      Po1(SD)         PAgP      Fa0/14(I)   Fa0/15(I)

SW1# show interfaces status | include Po|14|15
Port      Name               Status       Vlan       Duplex  Speed  Type
Fa0/14                       connected    301          a-full  a-100 10/100BaseTX
Fa0/15                       connected    301          a-full  a-100 10/100BaseTX
Po1                          notconnect   unassigned   auto    auto
```

[예 4-2] 서로 다른 포트 채널 프로토콜을 사용하는 잘못된 설정

위의 예에서 **show etherchannel summary** 명령어부터 시작한다. 코드 D는 채널 자신이 다운되어 있음을 의미하고, S는 채널이 2계층 이더채널이라는 것을 의미한다. 코드 I는 포트채널로부터 물리 인터페이스가 완전히 독립적(stand-alone)으로 작동하는 것을 의미한다. 그 다음, 명령어 결과 아랫부분에 2계층 이더채널인 포트채널 1(Po1)이 F0/14와 F0/15가 독립적인 인터페이스(I)로 다운 상태(SD)라는 것이 음영처리되어 있다.

흥미롭게도 문제가 설정 실수였기 때문에, 두 개의 물리 인터페이스는 마치 포트채널이 존재하지 않는 것처럼 여전히 독립적으로 작동한다. 예의 마지막 명령어는 PortChannel 1 인터페이스가 다운되어 있는 동안, 두 개의 물리 인터페이스가 연결 상태에 있다는 것을 보여준다.

> **NOTE** 시험에서 이더채널 문제에 대한 제안 사항은 잘못된 설정 옵션 전부를 암기하기보다, 올바른 설정 옵션 항목들에 집중해라. 그런 다음 주어진 문제의 설정과 알고 있는 올바른 설정을 비교해서 다른 점을 확인하고, 그 곳에서부터 풀어라.

이더채널에 인터페이스를 추가하기 전 설정 확인

channel-group 명령어가 모두 올바르게 설정되었다 하더라도, 다른 설정값이 문제를 일으킬 수 있다. 이 마지막 주제는 그러한 설정값과 그것의 영향에 대해 다룬다.

먼저, 로컬 스위치는 이더채널의 일부로 설정되어 있는 새로운 각 물리 인터페이스를 확인한다. 이 새로운 물리 인터페이스 설정은 기존 링크의 설정과 동일해야만 한다. 그렇지 않다면, 채널에 있는 허락되고 작동하는 인터페이스 항목에 스위치는 새로운 링크를 추가하지 않는다. 즉, 물리 인터페이스는 포트채널의 일부로서 설정되어 남아있지만, 종종 작동하지 않는 상태가

되고, 채널의 부분으로 사용되지 않고 있다.

스위치가 체크하는 항목은 다음을 포함하고 있다:

- 속도
- 듀플렉스
- 작동하고 있는 액세스 또는 트렁킹 상태(모두 액세스이거나 모두 트렁크)
- 만약 액세스 포트라면, 액세스 VLAN
- 만약 트렁크 포트라면, VLAN 리스트 허용(**switchport trunk allowed** 명령어마다)
- 만약 트렁크 포트라면, 네이티브 VLAN
- STP 인터페이스 설정

게다가 스위치는 이웃 스위치의 설정을 체크한다. 이를 위해, 스위치는 PAgP 또는 LACP(만약 이미 사용하고 있다면)를 사용해야 하고, 만약 수동 설정을 사용하고 있다면 CDP(Cisco Discovery Protocol)를 사용해야 한다. 이웃은 STP 설정을 제외하고 모든 변수가 위 항목과 맞아야 한다.

예를 들어, SW1과 SW2가 다시 하나의 이더채널에 두 개의 링크를 사용한다. 이더채널을 설정하기 전에, SW1의 F0/15는 F0/14와 다른 STP 포트 코스트가 주어진다. [예 4-3]은 올바른 **channel-group** 명령어를 설정한 다음, 스위치가 이 이더채널에 F0/14와 F0/15 사용 여부를 결정하고 있을 때 본 것이다.

```
*Mar  1 23:18:56.132: %PM-4-ERR_DISABLE: channel-misconfig (STP) error detected on
  Po1, putting Fa0/14 in err-disable state
*Mar  1 23:18:56.132: %PM-4-ERR_DISABLE: channel-misconfig (STP) error detected on
  Po1, putting Fa0/15 in err-disable state
*Mar  1 23:18:56.132: %PM-4-ERR_DISABLE: channel-misconfig (STP) error detected on
  Po1, putting Po1 in err-disable state
*Mar  1 23:18:58.120: %LINK-3-UPDOWN: Interface FastEthernet0/14,
changed state to down
*Mar  1 23:18:58.137: %LINK-3-UPDOWN: Interface Port-channel1, changed
state to down
*Mar  1 23:18:58.137: %LINK-3-UPDOWN: Interface FastEthernet0/15,
changed state to down

SW1# show etherchannel summary
Flags:  D - down        P - bundled in port-channel
        I - stand-alone s - suspended
        H - Hot-standby (LACP only)
        R - Layer3      S - Layer2
        U - in use      f - failed to allocate aggregator
```

```
        M - not in use, minimum links not met
        u - unsuitable for bundling
        w - waiting to be aggregated
        d - default port


Number of channel-groups in use: 1
Number of aggregators:           1

Group  Port-channel  Protocol    Ports
------+-------------+-----------+-----------------------------------
1      Po1(SD)            -      Fa0/14(D)   Fa0/15(D)
```

[예 4-3] 맞지 않는 STP 코스트로 인한 이더채널의 로컬 인터페이스 장애

예의 상단 메시지는 어느 스위치가 인터페이스 설정 일치 여부를 결정할 때 상태를 나타낸다. 이 경우는, SW1이 STP 코스트가 다름을 인식했다. SW1은 F0/14와 F0/15를 사용하지 않고, 심지어 그것들을 err-disabled 상태로 둔다. 스위치는 포트채널 또한 err-disabled 상태로 둔다. 그 결과, 포트채널은 물론 물리 인터페이스 또한 작동하지 않는다.

이 문제를 해결하기 위해서는 같은 STP를 사용하게 물리 인터페이스를 다시 설정해야만 한다. 더불어 포트채널과 물리 인터페이스는 모두 err-disabled 상태로부터 복구하기 위해 **shutdown**을 한 다음, **no shutdown** 해야 한다(포트채널에 **shutdown**과 **no shutdown** 명령어가 적용될 때, 이것은 물리 인터페이스에도 동일하게 명령어가 적용된다. 그러므로 포트채널 인터페이스에 **shutdown**/**no shutdown**을 해라).

:: 스위치 전송부(Data Plane) 전송 분석

STP와 이더채널은 모두 스위치의 전송 논리가 사용할 수 있는 것에 영향을 준다. STP는 일부 포트를 차단 상태(STP) 또는 포기 상태(RSTP)로 둬, 어떤 인터페이스를 전송부가 심지어 고려해야 하는지도 제한하고, 이는 간단하게 전송부가 그 포트를 사용하지 않게 하도록 한다. 이더채널은 전송부가 MAC 테이블에 있는 이더채널에 있는 근본적인 물리 인터페이스를 사용하지 않게 하면서, 전송부에게 스위치의 MAC 주소 테이블에서 새로운 포트를 사용하도록 준다.

이 장의 짧은 세 번째 절은 전송부 논리의 STP와 이더채널의 영향, 스위치의 MAC 주소 테이블에 대해 알아볼 것이다.

MAC 테이블의 STP 영향 예측

[그림 4-4]에서 보여주는 작은 LAN을 고려해보자. LAN은 3개의 이중화가 된 스위치만 가지고 있고, 다음 예를 위한 몇 가지를 만들기 위해 충분히 크다. LAN은 두 개의 VLAN 1과 2를 지원하고, 엔지니어는 SW3이 두 VLAN에서 각각 다른 포트를 막도록 STP를 설정했다. 그 결과, VLAN 1 트래픽은 SW3에서부터 SW1로 흘러가고, VLAN 2에서는 트래픽이 SW3에서 SW2로 흐를 것이다.

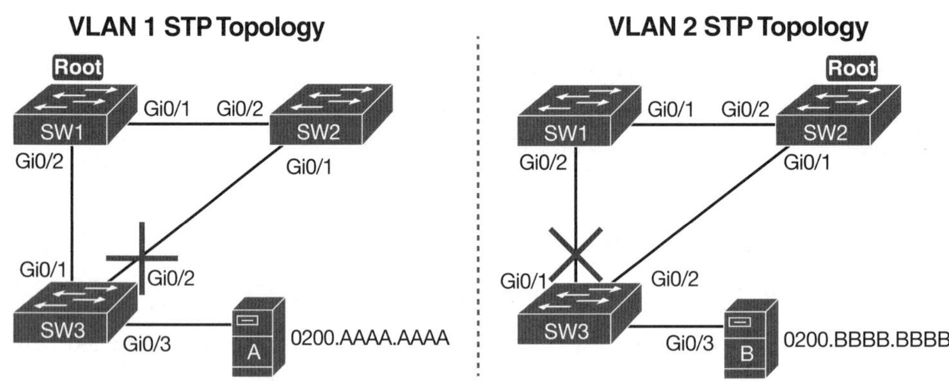

[그림 4-4] 같은 물리적인 LAN을 위한 두 개의 다른 STP 토폴로지와 두 개의 다른 VLAN

[그림 4-4]와 같은 다이어그램을 보는 것은 전달 경로를 명확하게 만든다. 이 그림은 트래픽 경로를 나타내지만, 해당 경로는 스위치 MAC 학습에 의해 결정된 것이며, STP가 차단 또는 포기 상태로 설정된 포트에 의해 영향을 받는다.

예를 들어, [그림 4-4]에서 VLAN 1의 STP 토폴로지를 보자. STP는 한 스위치의 포트를 차단시키는 것이지, 링크의 두 끝 모두 차단시키는 것이 아님을 기억하자. 그래서 VLAN 1의 경우, SW3의 G0/2 포트는 차단이지만, SW2의 G0/1은 그렇지 않다. 하지만 링크의 한 끝의 포트를 차단함으로써, 링크의 어느 장비로부터 일어나는 어떤 MAC 학습을 효과적으로 막을 수 있다. 즉, 다음과 같은 이유로 SW3은 G0/2 포트에서 MAC 주소를 배우지 않고, SW2는 G0/1 포트에서 MAC 주소를 배우지 않는다.

- **SW2는 G0/1에서 MAC 주소를 배우지 않음:** SW3-SW2 트렁크의 차단 쪽(SW3)에서, SW3은 SW2로 가는 링크에 프레임을 보내지 않고, 그래서 SW2는 SW2의 G0/1의 MAC 주소 학습으로부터 절대 프레임을 받지 못할 것이다.
- **SW3은 G0/2에서 MAC 주소를 배우지 않음:** SW3-SW2트렁크의 차단되지 않은 쪽(SW2)에서, SW2는 그 포트로 프레임을 플러드할 것이다. SW3는 이 프레임을 받지만, SW3이 차단되어 있기 때문에, SW3은 받은 프레임을 무시하고 그들의 MAC 주소를 배우지 않는다.

논의를 고려하면, [그림 4-4]에서 서버 A와 B의 MAC 주소에 대해 세 스위치의 MAC 테이블 엔트리를 예측할 수 있는가? 스위치 SW2에서, 서버A 엔트리는 VLAN 1에 있고, 이는 그림과 맞추면 옆에 있는 SW1을 가리키는 SW2의 G0/2 포트에서 가져왔을 것이다. 하지만 서버 B에 대한 SW2의 엔트리는 VLAN 2에 있고, SW2의 G0/1 포트에서 가져오고, 다시 이는 그림과 동일하다. [예 4-4]는 확인 차원에서 SW1과 SW2의 MAC 테이블을 보여준다.

```
SW1# show mac address-table dynamic
          Mac Address Table
-------------------------------------------


Vlan    Mac Address       Type        Ports
----    -----------       --------    -----
  1     0200.AAAA.AAAA    DYNAMIC     Gi0/2
  2     0200.BBBB.BBBB    DYNAMIC     Gi0/1
```

```
SW2# show mac address-table dynamic
          Mac Address Table
-------------------------------------------


Vlan    Mac Address       Type        Ports
----    -----------       --------    -----
  1     0200.AAAA.AAAA    DYNAMIC     Gi0/2
  2     0200.BBBB.BBBB    DYNAMIC     Gi0/1
```

[예 4-4] SW1과 SW2의 동적 MAC 주소 테이블 엔트리 검증

MAC 테이블에 미치는 이더채널 영향 예측

대부분의 디자인은 스위치 간에 여러 개의 링크를 사용하고, 이 링크들은 이더채널의 일부로 설정된다. 이것은 MAC 전송 논리에 무엇을 할까? 요약하면, 스위치는 MAC 주소 테이블에 있는 포트채널 인터페이스를 사용하지, 이더채널에 묶여있는 물리 인터페이스를 사용하지 않는다. 구체적으로 아래와 같다.

- MAC 학습(learning): 포트채널의 일부인 물리 인터페이스에 받은 프레임들은 포트채널 인터페이스에 도착한 것으로 간주한다. 그래서 MAC 학습은 MAC 주소 테이블에 물리 인터페이스를 추가하기보다 포트채널 인터페이스를 추가한다.
- MAC 전송(forwarding): 전송 과정은 MAC 주소 테이블이 일치할 때 나가는 인터페이스로 포트채널을 찾는다. 그런 다음, 그 포트채널에 설정된 로드-밸런싱(load-balancing) 선호에 따라 스위치는 나가는 물리 인터페이스를 선택하는 추가 단계를 거쳐야만 한다.

예를 들어, 각 스위치 쌍 간에 두 개 링크의 포트 채널이 있는 [그림 4-4]에 업데이트된 [그림 4-5]를 보자. VLAN 1에서 스위치 SW3이 또 차단되어 있지만, 이번에는 SW3의 포트채널

3 인터페이스에 차단되어 있다. 그렇다면 각 스위치에서 어떤 MAC 테이블 엔트리를 볼 수 있을 것이라 예상하는가? 유사하게 VLAN 2에서 SW3의 포트채널 2 인터페이스에 차단되어 있다면, 어떤 MAC 테이블 엔트리를 볼 것이라 예상하는가?

어떤 포트에 어떤 엔트리가 존재하는지의 논리는 [그림 4-4] 근처 이전 예의 논리에 반영되었다. 이 경우, 인터페이스는 그저 포트채널 인터페이스가 되는 것이다. [예 4-5]는 [예 4-4]와 같이 같은 두 개의 스위치 SW1과 SW2에서, 같은 **show mac address-table dynamic** 명령어를 보여준다(길이를 줄이기 위해서, MAC 테이블 결과는 [그림 4-5]에서 서버 두 대의 엔트리에 대해서만 보여준다).

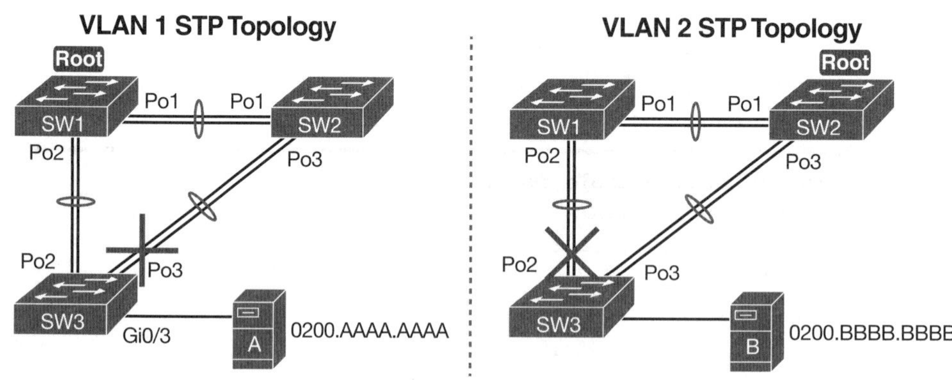

[그림 4-5] 스위치 간 포트채널을 이용한 VLAN 토폴로지

```
SW1# show mac address-table dynamic
          Mac Address Table
-------------------------------------------

Vlan    Mac Address       Type        Ports
----    -----------       --------    -----
  1     0200.AAAA.AAAA    DYNAMIC     Po2
  2     0200.BBBB.BBBB    DYNAMIC     Po1
```

```
SW2# show mac address-table dynamic
          Mac Address Table
-------------------------------------------

Vlan    Mac Address       Type        Ports
----    -----------       --------    -----
  1     0200.AAAA.AAAA    DYNAMIC     Po1
  2     0200.BBBB.BBBB    DYNAMIC     Po3
```

[예 4-5] 포트채널 포트가 나열된 SW1과 SW2의 MAC 테이블

스위치는 많은 로드-밸런싱 옵션 중 하나를 사용하여 [예 4-5]에서 보여준 것과 같이 MAC 테이블 엔트리를 일치시킨 후에 사용할 실제 인터페이스를 선택한다. 기본적으로, 시스코 2계층 스위치는 종종 기본적으로 출발지 MAC 주소에 기반한 밸런싱 방법을 사용한다. 특히, 스위치는 출발지 MAC 주소의 낮은 순서(MAC 주소를 썼을 때 가장 오른쪽에 있는)의 비트를 본다. 이 접근은 사용되고 있는 출발지 MAC 주소에 기반해서 밸런싱이 어느 정도 고르게 퍼지는 확률을 높인다.

들어오는 프레임의 VLAN 선택

스위치 전송부 전송의 분석을 정리하기 위해, 이 절은 대부분 우리가 이미 논의한 주제를 복습하면서 중요한 부분을 강조한다. 주제는 간단하게 다음과 같다. 스위치에 프레임이 들어올 때 어떤 프레임이 어떤 VLAN인지 어떻게 알 수 있는가? 이 질문에 대답하기 위해 필요한 모든 정보를 보았지만, 복습할 시간이 필요하다.

먼저 일부 인터페이스는 트렁크이고 이 경우, 프레임은 들어오는 트렁킹 헤더에 VLAN ID를 달고 도착한다. 다른 경우, 프레임은 트렁킹 헤더를 가지고 들어오지 않는데, 그 스위치는 로컬 설정을 봐야만 한다. 하지만 MAC 주소 테이블을 확인할 때, 스위치가 도착지 MAC 주소와 프레임 VLAN ID를 맞춰볼 것이기 때문에, 스위치가 VLAN ID를 결정하는 방법을 아는 것은 중요하다.

다음 항목은 어떻게 스위치가 들어오는 프레임과 VLAN ID를 연관시키는지에 대한 핵심 사항을 정리하고 복습한다.

단계 ① 만약 액세스 포트라면, 프레임을 설정된 액세스 VLAN에 연관시킨다(**switchport access vlan** *vlan_id*).

단계 ② 만약 포트가 음성 포트이거나 IP 전화기와 전화기에 연결된 PC(또는 다른 데이터 장비)를 가지고 있다면:

- Ⓐ 데이터 장비로부터 온 프레임(**switchport access vlan vlan_id** 명령어로)을 설정된 액세스 VLAN과 연관시킨다.
- Ⓑ 전화기로부터 들어온 프레임(**switchport voice vlan vlan_id** 명령어로 설정된)을 802.1Q 헤더의 VLAN ID와 연관시킨다.

단계 ③ 만약 포트가 트렁크라면, 프레임의 태깅된 VLAN을 알아내고, 만약 태그되어 있지 않다면, 들어오는 인터페이스의 네이티브 VLAN ID(**switchport trunk native** *vlan_id*)를 사용해라.

VLAN과 VLAN 트렁크 장애 처리

스위치의 데이터 플레인 전송 과정은 일부분 VLAN과 VLAN 트렁킹에 의존한다. 스위치가 특정 VLAN에 프레임을 전송하기 전에, 스위치는 VLAN과 VLAN이 살아 있다는 것에 대해 알고 있어야만 한다. 그리고 VLAN 트렁크로 스위치가 전송할 수 있기 전, 트렁크는 그 트렁크로 그 VLAN이 지날 수 있도록 허용해야만 한다.

이 장의 마지막 절은 특히 프레임 스위칭 과정에 영향을 주는 VLAN과 VLAN 트렁킹 문제에 대해 집중할 것이다. 그 문제는 다음과 같다:

단계 ① 모든 액세스 인터페이스와 할당된 액세스 VLAN을 확인하고, 만약 잘못된 경우 올바른 VLAN으로 재할당한다.

단계 ② VLAN이 모두 존재하는지(VTP 로 설정했거나 배웠거나)와 그것들이 각 스위치에 활성화되어 있는지 확인한다. 만약 그렇지 않다면, 필요한 것과 같이 문제를 해결하기 위해 VLAN을 설정하고 활성화시켜라.

단계 ③ 스위치 트렁크의 양 끝에서 허용된 VLAN 목록을 확인하고, 허용된 VLAN의 목록이 똑같음을 확인하라.

단계 ④ 하나의 스위치는 트렁크로 작동하고, 이웃 스위치는 트렁크로 작동하지 않는 결과를 발생시키는 잘못된 설정값을 확인해라.

단계 ⑤ 트렁크가 관리적으로 트렁크에서 지원되는 VLAN을 제거하지 않았는지 각 트렁크에서 허용된 VLAN을 확인해라.

잘못된 액세스 VLAN 설정

각 액세스 인터페이스가 올바른 VLAN에 할당된 것을 확인하기 위해서, 엔지니어는 간단히 어떤 스위치 인터페이스가 트렁크 인터페이스 대신에 액세스 인터페이스인지 각 인터페이스에 할당된 액세스 VLAN을 확인하고 문서와 비교해서 확인하면 된다. [표 4-1]에 나열된 **show** 명령어는 이 과정에 특히 도움이 될 것이다.

EXEC 명령어	설명
show vlan brief show vlan	각 VLAN과 그 VLAN에 할당된 인터페이스를 나열한다(하지만 작동하고 있는 트렁크는 포함하지 않는다).
show vlan id *num*	VLAN의 액세스와 트렁크 포트를 모두 나열한다.
show interface *type number* switchport	인터페이스의 액세스 VLAN과 음성 VLAN, 추가로 설정되고 작동하는 모드(액세스 또는 트렁크)를 확인한다.
show mac address-table	연관된 VLAN을 포함해서 MAC 테이블 엔트리를 나열한다.

[표 4-1] 액세스 포트와 VLAN에서 찾을 수 있는 명령어

가능하다면, 이 단계를 **show vlan**과 **show vlan brief** 명령어로 시작해라. 왜냐하면 그 명령어들은 알고 있는 모든 VLAN과 각 VLAN에 할당된 액세스 인터페이스들을 나열하기 때문이다. 하지만 이 두 명령어는 작동 트렁크를 나열하지 않음을 염두에 둔다. 결과는 현재 트

링킹이 아닌 다른 인터페이스들은 그 인터페이스들이 작동 상태이건 작동하지 않는 상태이건 상관 없이 나열하지 않는다.

만약 **show vlan**과 **show interface switchport** 명령어가 특정 시험 문제에서 불가능하다면, **show mac address-table** 명령어도 액세스 VLAN을 확인할 수 있다. 이 명령어는 MAC 주소, 인터페이스, 그리고 VLAN ID를 포함한 각 엔트리와 함께 MAC 주소 테이블을 나열한다. 만약 시험 질문에 스위치 인터페이스가 한 개의 장비에 연결되어 있다면, 당신은 그 특정 액세스 인터페이스를 나열하는 하나의 MAC 테이블 엔트리만 봐야 한다. 동일한 항목에 대해서 나열된 VLAN ID는 액세스 VLAN을 확인한다(당신은 트렁킹 인터페이스에 이런 가정을 만들 수 없다).

4

액세스 인터페이스와 연관된 VLAN을 확인한 후, 만약 인터페이스가 잘못된 VLAN에 할당되어 있으면, 올바른 VLAN ID에 할당하기 위해 **switchport access vlan** *vlan-id* 인터페이스 하위 명령어를 사용해라.

액세스 VLAN 미설정 또는 비활성화

스위치는 (a) 알지 못하는 VLAN에 프레임을 전송하지 않는다. 왜냐하면 VLAN이 설정되지 않았거나 VTP를 학습하지 않았거나, (b) VLAN을 알고 있지만 비활성화(shut down) 되어 있기 때문이다. 이 장은 스위치가 특정 VLAN이 존재하는지 알고, 만약 존재한다면 VLAN이 셧다운 상태인 것을 확인하는 가장 좋은 방법을 요약한다.

먼저 스위치에 VLAN 존재 여부 문제에서, VLAN은 두 가지 방법으로 **vlan** *number* 전역 설정 명령어를 사용하거나 또는 VTP를 사용해서 다른 스위치로부터 배워서 스위치에 정의될 수 있다. 5장 'VLAN 트렁킹 프로토콜'은 VTP와 다른 VLAN을 학습하기 위해 어떻게 VTP가 스위치에 사용될 수 있는지 논의한다. 이 논의에서는, 스위치가 VLAN에 대해서 알 수 있는 유일한 방법은 로컬 스위치에서 **vlan** 명령어를 사용하는 것이라고 간주한다.

다음 **show vlan** 명령어는 항상 스위치가 알고 있는 VLAN의 모든 리스트를 나열하지만, **show running-config** 명령어는 그렇지 않다. VTP 서버와 클라이언트로 설정된 스위치는 running-config 파일이나 startup-config 파일에 **vlan** 명령어를 나열하지 않는다. 이런 스위치에서는 **show vlan** 명령어를 사용해야 한다. VTP 트랜스페어런트 모드를 사용하게 설정되거나 비활성화된 스위치는 설정 파일에 **vlan** 설정 명령어를 나열한다(스위치의 현재 VTP 모드를 학습하기 위해 **show vtp status** 명령어를 사용한다).

스위치에 VLAN이 존재하지 않는다는 것을 확인한 후, 문제는 단순히 VLAN의 설정 필요일 수 있다. 만약 그렇다면, 1장에서 자세하게 다룬 VLAN 설정 과정을 따른다.

VLAN이 존재하더라도, VLAN이 살아 있는지 여부를 검증해야만 한다. **show vlan** 명령어는 현재 상태에 따라 active 또는 act/lshut으로 VLAN 상태값을 두 개 중 하나로 나열할 것이다. act/lshut은 VLAN이 셧다운이라는 의미이다. VLAN을 셧다운하는 것은 그 스위치의 VLAN만을 비활성화시키고, 그래서 스위치는 그 VLAN에서 프레임을 전송하지 않는다.

스위치 IOS는 어떤 것을 비활성화(**shutdown**)하고 활성화(**no shutdown**)하는 것에 비슷한 설정 방법을 제공한다. [예 4-6]은 전역 명령어 [**no**] **shutdown vlan** *number*를 사용하고 그 다음 VLAN 모드 하위 명령어 [**no**] **shutdown**을 사용하는 방법을 보여준다. 예는 각각 VLAN 10과 20을 활성화하고 비활성화하는 전역 명령어와 VLAN 하위 명령어를 사용해서 각각 VLAN 30과 40을 활성화하고 비활성화하는 것을 보여준다.

```
SW2# show vlan brief

VLAN Name                             Status    Ports
---- -------------------------------- --------- -------------------------------
1    default                          active    Fa0/1, Fa0/2, Fa0/3, Fa0/4
                                                Fa0/5, Fa0/6, Fa0/7, Fa0/8
                                                Fa0/9, Fa0/10, Fa0/11, Fa0/12
                                                Fa0/14, Fa0/15, Fa0/16, Fa0/17
                                                Fa0/18, Fa0/19, Fa0/20, Fa0/21
                                                Fa0/22, Fa0/23, Fa0/24, Gi0/1
10   VLAN0010                         act/lshut Fa0/13
20   VLAN0020                         active
30   VLAN0030                         act/lshut
40   VLAN0040                         active
SW2# configure terminal
Enter configuration commands, one per line.  End with CNTL/Z.
SW2(config)# no shutdown vlan 10
SW2(config)# shutdown vlan 20
SW2(config)# vlan 30
SW2(config-vlan)# no shutdown
SW2(config-vlan)# vlan 40
SW2(config-vlan)# shutdown
SW2(config-vlan)#
```

[예 4-6] 스위치에서 VLAN 활성화와 비활성화

트렁킹 운영 상태 불일치

트렁킹은 올바르게 설정될 수 있고, 그래서 두 개의 스위치가 모두 같은 VLAN 세트에 프레임을 전송할 수 있다. 그러나 트렁크는 잘못 설정될 수 있고, 이는 일부 다른 결과를 초래한다. 일부 경우에, 두 스위치는 모두 그들의 스위치를 트렁크로 사용하지 않는 것으로 결론 지을 수 있다. 이외에도 다른 하나는 그렇지 않은 반면에 하나의 스위치가 인터페이스가 트렁킹으로 잘

되어 있다고 믿는 경우도 있다.

두 스위치 모두 트렁킹이 아니라는 결과에서, 가장 흔한 잘못된 설정은 링크의 두 스위치에 **switchport mode dynamic auto** 명령어를 사용한 것이다. 'auto'라는 단어는 우리로 하여금 트렁크가 자동으로 될 것이라고 생각하게 하지만, 이 명령어는 두 개 모두 'automatic'과 'passive'이다. 그 결과, 두 스위치는 수동적으로 링크의 다른 장비가 협상을 시작하기를 기다린다.

이렇게 특별히 잘못된 설정은, 두 스위치에서 **show interfaces switchport** 명령어는 두 개 모두 관리자 상태(auto)이고, 두 스위치는 'static access' 포트로 작동하고 있다는 사실을 확인한다. [예 4-7]은 이 명령어의 결과에 이 부분을 음영처리했다.

```
SW2# show interfaces gigabit0/2 switchport
Name: Gi0/2
Switchport: Enabled
Administrative Mode: dynamic auto
Operational Mode: static access
Administrative Trunking Encapsulation: dot1q
Operational Trunking Encapsulation: native
! 간결함을 위해 결과 일부 생략
```

[예 4-7] 운영 트렁킹 상태

잘못된 트렁킹 설정의 다른 결과는, 한 스위치는 '트렁크'로 작동하는데, 다른 스위치는 'static access' 상태일 때이다. 이 이벤트의 조합이 일어나면, 인터페이스는 조금 작동한다. 각 끝의 상태는 up/up 또는 connected이다. 네이티브 VLAN의 트래픽은 실제로 성공적으로 전달된다. 그러나 VLAN 의 나머지 모든 트래픽은 그 링크를 건너지 않는다.

[그림 4-6]은 한쪽은 트렁크를 사용하고 한쪽은 그렇지 않은 잘못된 설정을 보여준다. 트렁크인 쪽(이 경우 SW1)은 **switchport mode trunk** 명령어를 이용해서 트렁킹을 항상 활성화한다. 그러나 이 명령어는 다이내믹 트렁킹 프로토콜(DTP) 협상을 비활성화시키지 않는다. 이 특정 문제를 발생시키기 위해서, SW1은 **switchport nonegotiate** 명령어를 이용해 DTP 협상을 비활성화시킨다. SW2의 설정은 또한 DTP에 의존한 트렁킹 옵션을 사용함으로써 문제를 만드는데 협조한다. SW1은 DTP를 비활성화시켰기 때문에, SW2의 DTP 협상은 결렬되고, SW2는 트렁크가 되지 않는다.

이 경우, SW1은 트렁크로서 G0/1 인터페이스를 취급하고, SW2는 G0/2를 액세스 포트(트렁크가 아닌)로 취급한다. 그림의 **단계①**에서 보여지듯, 예를 들어 SW1은 VLAN 10에 프레임을 전송할 수 있다. 그러나 SW2는 G0/2 포트를 액세스 포트로 취급하기 때문에, 802.1Q 헤더를 가지고 도착한 프레임을 불법이라고 볼 것이다. 그래서 SW2는 그 포트에 도착하는 802.1Q 프레임을 버린다.

이 문제의 가능성을 보기 위해서, 트렁크의 양 쪽의 운영 상태를 항상 확인하라. 트렁킹과 관련된 사실을 확인하기 위해 가장 좋은 명령어는 **show interfaces trunk**와 **show interfaces switchport**이다.

Key Topic

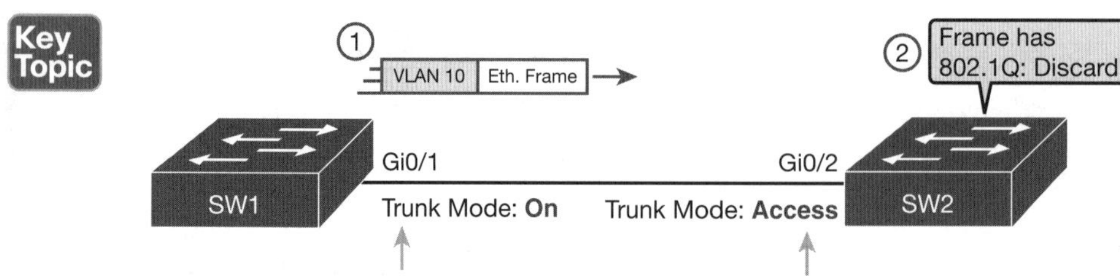

[그림 4-6] 트렁킹의 운영 상태가 서로 다름

> **NOTE** 솔직히 말하자면, 실제로는 이러한 설정을 피하라. 그러나 스위치는 이러한 유형의 실수를 막지 못하기 때문에 당신이 준비돼야 한다. 1장의 [표 1-3]에서 어떤 조합이 잘 되고, 어떤 조합이 완전히 배제되어야 하는지([그림 4-6]에서 보여주는 조합과 같은) switchport trunk 명령어의 옵션을 요약했다.

트렁크에서 지원하는 VLAN 목록 불일치

시스코 스위치의 VLAN 트렁크는 정의되고 살아있는 모든 VLAN에 트래픽을 전송할 수 있다. 그러나 특정 트렁크는 많은 다른 이유로 정의되거나 살아있는 VLAN에 트래픽을 전송할 수 없을 수 있다. 특정 트렁크가 현재 지원하는 VLAN이 어떤 것인지, 그리고 왜 스위치가 그 트렁크 포트의 VLAN에 프레임을 전송하지 않는 이유를 확인하는 방법을 알아야 한다.

이 단계의 첫 번째 카테고리는 현재 작동하는 트렁크 정보만 나열하는 **show interfaces trunk** 명령어를 사용해 쉽게 끝낼 수 있다. 이 명령어로 시작하기 가장 좋은 곳은 트렁크를 통해 트래픽이 전송되고 있는 VLAN이 나열되어 있는, 결과의 마지막 부분이다. 이 명령어에서 이 VLAN의 마지막 목록이 되기 위한 VLAN은 다음 항목을 만족해야 한다.

- VLAN은 로컬 스위치에서 존재하고 액티브 상태이어야 한다(**show vlan** 명령어로 볼 수 있다).
- VLAN은 트렁크의 allowed VLAN list에서 제거되지 않았다(**switchport trunk allowed vlan** 인터페이스 하위 명령어로 설정된다).
- VLAN은 트렁크로부터 VTP를 제거하지 않았다(이것은 VTP 기능으로 5장에서 다루므로 이 절에서는 무시하고 5장에서 논의할 때까지 미룬다. 이것은 단지 **show** 명령어 결과가 언급하기 때문에 여기에 나열되어 있다).

■ 트렁크는 VLAN에서 STP 전달 상태이다(**show spanning-tree vlan** *vlan-id* 명령어에서 볼 수 있다).

[예 4-8]은 **show interfaces trunk** 명령어의 결과 마지막 부분이 음영된 예를 보여준다. 이 경우, 트렁크는 VLAN 1과 4의 트래픽만 전송한다.

```
SW1# show interfaces trunk

Port        Mode          Encapsulation  Status        Native vlan
Gi0/1       desirable     802.1q         trunking      1

Port        Vlans allowed on trunk
Gi0/1       1-2,4-4094

Port        Vlans allowed and active in management domain
Gi0/1       1,4

Port        Vlans in spanning tree forwarding state and not pruned
Gi0/1       1,4
```

[예 4-8] 허용된 VLAN 목록과 활성화된 VLAN의 목록

이 명령어 결과의 마지막 부분에 VLAN이 빈 것은 문제가 생겼다는 것을 의미하지만은 않는다. 사실 [예 4-8] 전에 많은 이유로 VLAN은 정당하게 트렁크로부터 리스트에서 제외되었을 수 있다. 그러나 주어진 시험 문제에서는 왜 그 VLAN 트래픽이 트렁크로 전송되지 않았는지 알고, 특정 이유를 확인하기 위해 결과의 안을 자세히 보기 위해서 유용할 수 있다.

show interface trunk 명령어의 결과는 각각 분리된 제목 밑에 세 개의 다른 VLAN 목록을 만든다. 이 세 개의 목록은 왜 트렁크로 VLAN이 전송되지 않는지에 대한 이유의 진전을 보여준다. [표 4-2]는 각 목록 앞에 오는 제목을 요약하고, 스위치가 각 목록에 VLAN의 포함 여부를 결정하는 이유에 대해 설명했다.

목록 위치	제목	이유
첫째	VLANs allowed	VLAN 1–4094에서 switchport trunk allowed 명령어로 제거된 것 제외.
둘째	VLANs allowed and active…	첫 번째 목록에서 로컬 스위치에 정의되지 않은 VLAN(즉, vlan 전역 설정 명령어가 없거나 VTP로 스위치가 VLAN을 학습하지 않았다). 또한 셧다운 모드에 있는 VLAN도 제외.
셋째	VLANs in spanning tree…	두 번째 목록에서 그 인터페이스에 대해 STP 차단 상태에 있는 VLAN 제외, 트렁크로부터 VTP 제거된 VLAN도 제외.

[표 4-2] show interfaces trunk 명령어의 VLAN 목록

트렁크의 네이티브 VLAN 불일치

다른 트렁킹 주제에 대해 간단하게 언급하고 마무리하자면, 이 단계에서 트렁크의 네이티브 VLAN 설정을 확인해야 한다. 불행하게도, **switchport trunk native vlan** *vlan-id* 명령어를 사용해서 네이티브 VLAN ID는 트렁크 다른 쪽의 다른 VLAN과 설정될 수 있다. 만약 네이티브 VLAN이 이웃하는 두 개의 스위치에 따라 다르면, 스위치는 프레임을 한 개의 VLAN을 떠나 다른 곳으로 들어가게 한다.

예를 들어, 만약 스위치 SW1이 802.1Q 트렁크로 네이티브 VLAN 1을 사용해서 프레임을 보낸다면, 네이티브 VLAN에서 일반적으로 하는 것처럼 SW1은 VLAN 헤더를 붙이지 않는다. 만약 스위치 SW2가 802.1Q 헤더가 존재하지 않는 것을 알고 프레임을 받았다면, SW2는 그 프레임이 SW2의 설정된 네이티브 VLAN의 일부라고 간주한다. 만약 SW2가 VLAN 2를 트렁크의 네이티브 VLAN이라고 생각하게 설정되었다면, SW2는 VLAN2로 프레임을 전송하고 받으려고 시도할 것이다.

챕터 리뷰

시험을 잘 보기 위해 중요한 한 가지 핵심은 시간 간격을 두고 반복적으로 복습하는 것이다. 이 장의 내용을 복습하기 위해 책과 DVD에 있는 툴 또는 본 저서와 관련 있는 웹 사이트의 대화형 도구를 이용할 수 있다. 자세한 사항은 '당신의 학습 계획' 내용을 참조하자. [표 4-3]에는 핵심 복습 내용과 그 내용을 찾을 수 있는 위치를 표시하였다. 학습 진행 과정을 추적하려면, 두 번째 칸에 복습 완료 날짜를 기록한다.

리뷰 항목	완료 날짜	사용 자료
핵심 주제 리뷰		책, DVD/웹 사이트
메모리 테이블 리뷰		책, DVD/웹 사이트

[표 4-3] 리뷰 확인

핵심 주제 리뷰

핵심 주제	설명	쪽 번호
리스트	시험 문제를 위해 루트 스위치 찾는 전략	101
리스트	시험 문제를 위해 루트가 아닌 스위치의 루트 포트 찾는 전략	104~105
리스트	시험 문제를 위해 지정 포트를 찾는 전략	105
리스트	지정 포트로서 질문을 볼 때의 제안	106
리스트	STP 수렴 행동 요약	107

핵심 주제	설명	쪽 번호
리스트	2계층 이더채널 장애를 초래하는 설정 조합 목록	107~108
리스트	인터페이스가 이더채널에 포함되기 위해 같은 스위치의 다른 인터페이스들과 일치해야 하는 인터페이스 설정	110
리스트	들어오는 프레임에 사용되는 VLAN을 결정하는데 사용되는 스위치 논리	115
리스트	VLAN 및 VLN 트렁크 검사의 잠재적인 문제	116
표 4-1	포트에 할당된 액세스 VLAN을 확인하는 명령어	116
그림 4-6	트렁크 양 끝의 일치하지 않는 트렁크 운영 상태에 도달하도록 스위치를 잘못 구성하는 방법	120
표 4-2	show interfaces trunk 명령어의 VLAN 목록	121

[표 4-4] 4장의 핵심 주제

4

참조 명령어

이 장에서 몇 가지 예를 보여주지만, 모든 명령어는 1장과 3장에서 이미 소개되었으므로, 이 절은 명령어 참조 표를 포함하지 않는다. 명령어 참조 표는 1장과 3장을 참고하라.

CHAPTER 5

VLAN 트렁킹 프로토콜

이 장은 다음 시험 주제를 다룬다.

1.0 LAN 스위칭 기술

1.2 인터스위치 연결 설정, 검증 그리고 장애 처리

1.2.a DTP와 VTP(v1&v2)

엔지니어들은 종종 VLAN 트렁킹 프로토콜(VTP)과 사랑에 빠지거나 싫어하게 된다. VTP는 유용한 목적을 제공하고, 스위치들에 [**no**] **vlan** *vlan-id* 명령어의 설정을 분배한다. 그 결과, 엔지니어들은 하나의 스위치에 **vlan** 명령어를 설정하고, 나머지 스위치들은 자동으로 같은 명령어로 설정된다.

안타깝게도 VTP 자동 업데이트 능력은 위험할 수 있다. 예를 들어, 엔지니어가 하나의 스위치에서 VLAN을 지웠을 때, 그 명령어가 다른 스위치들의 VLAN을 지웠다는 것을 알아차리지 못한다. 그리고 VLAN 삭제는 스위치는 그 스위치에 정의되지 않은 VLAN에 프레임을 전송하지 않는다는 전송 논리에 영향을 준다.

이 장은 VTP의 개념부터 장애 처리까지 논의한다. 첫 번째 절은 VTP 개념을 두 번째 절은 어떻게 VTP를 설정하고 검증하는지 보여줄 것이다. 세 번째 절은 일부 엔지니어가 VTP를 사용하지 않게 하는 위험에 대한 논의와 함께 문제 해결 과정을 안내한다(사실, ICND1 공인 학습 가이드북의 VLAN 설정 논의 전체는 VTP가 VLAN 설정을 학습하고 광고하는 것으로부터 VTP를 효과적으로 비활성화시키는 VTP 트랜스페어런트 모드를 사용하고 있는 것까지를 가정한다).

VTP를 언급하는 시스코 시험 주제는 또한 DTP일 수 있다. 1장 '이더넷 VLAN 구현'은 어떻게 동적 트렁킹 프로토콜(DTP)이 VLAN 트렁킹 협상에 사용되는지 논의했다. 이 장은 DTP에 대해서는 다루지 않으며, 그것은 1장에 남겨놓도록 할 것이다.

QUIZ 사전 점검 퀴즈

아래의 사전 점검 퀴즈(지문 또는 PCPT 소프트웨어 사용)를 풀어보면 이 장을 읽고 이해하는 데 시간이 얼마나 걸릴 것인지 가늠할 수 있다. 정답은 퀴즈 다음 페이지 하단에 있으며, 퀴즈 정답에 대한 자세한 설명은 DVD 부록 C와 PCPT 소프트웨어에 담겨 있다.

핵심 주제	문항
VLAN 트렁킹 프로토콜(VTP) 개념	1, 2
VTP 설정과 검증	3, 4
VTP 장애 처리	5, 6

[표 5-1] 핵심 주제와 관련된 사전 점검 퀴즈 문항

5

1. 다음의 VTP 모드 중에서 스위치에 VLAN 설정을 허용하는 것은 무엇인가? (2개를 고르시오)

- **a.** 클라이언트(Client)
- **b.** 서버(Server)
- **c.** 트랜스페어런트(Transparent)
- **d.** 동적(Dynamic)

2. 엔지니어가 실험실에 세 개의 스위치(SW1, SW2, SW3)를 연결하기 위해 계획을 세우고 있다. 스위치에 연결하기 전에, 그는 VTP 도메인 이름과 비밀번호를 일치시키고, 모든 세 개의 스위치를 VTP 서버로 설정하고 시작했다. 그리고 그는 각 스위치에 몇 개의 VLAN을 설정하는데, 그래서 스위치 SW3은 개정 번호 10을, 스위치 SW2는 개정 번호 6을, 스위치 SW1은 개정 번호 8을 가지고 있다. 그러고 나서 엔지니어는 스위치를 먼저 SW1은 SW2에, SW2를 SW3에, 그리고 SW3을 SW1에 트렁크로 붙였다. 스위치 SW1은 VLAN 1에서 STP 루트 스위치로 선출되었다. 어떤 VLAN 설정 데이터베이스가 사용되었는지 다음 중 가장 정확하게 진술한 답변과 그 이유는 무엇인가?

- **a.** 연결된 첫 스위치 간에 가장 높은 개정 번호를 가지고 있기 때문에, 스위치 SW1의 모든 데이터베이스가 사용되었다.
- **b.** VTP는 STP와 동일한 선출 논리를 사용하기 때문에, 스위치 SW1의 모든 데이터베이스가 사용되었다.
- **c.** SW3이 가장 높은 개정 숫자를 가지고 있기 때문에 SW3의 모든 데이터베이스가 사용되었다.
- **d.** SW2가 가장 낮은 개정 숫자를 가지고 있기 때문에, SW2의 모든 데이터베이스가 사용되었다.

3. 엔지니어가 두 개의 이웃하는 스위치에서 **`show vtp status`** 명령어의 결과를 비교하고 있다. 한 스위치 SW1은 VTP 서버로, 다른 스위치 SW2는 VTP 클라이언트로 작동한다. 명령어 결과에서 어떤 항목이 동기화가 완료되었다는 것을 확인할 수 있는가? (2개를 고르시오)

- **a.** 두 개 모두 같은 'last updater' IP 주소와 시간을 나열한다.
- **b.** 두 개 모두 이웃의 MAC 주소를 나타내고, 'synchronized' 단어를 나열한다.

c. SW2(클라이언트)는 'synchronized with server' 문구를 나열한다.

d. 두 개 모두 같은 개정 번호를 나열한다.

4. 스위치 SW1, SW2, SW3, SW4는 모두 VTP 버전 1을 사용해서 각각 VTP 서버, 클라이언트, 트랜스페어런트, 그리고 꺼짐으로 설정되었다. 주니어 엔지니어가 각각의 스위치에서 CLI로 직접 두 개의 명령어(**vlan 200**과 **vlan 2000**)를 설정하려고 한다고 말했다. 다음 중 어떤 스위치에서 어떤 명령어가 거부되었는지 맞게 쓰여진 것은? (2개를 고르시오)

a. **vlan 2000**은 SW1에서 거절될 것이다(VTP 서버).

b. **vlan 200**은 SW2에서 거절될 것이다(VTP 클라이언트).

c. **vlan 200**은 SW3에서 거절될 것이다(VTP 트랜스페어런트).

d. **vlan 200**은 SW1에서 거절될 것이다(VTP 서버).

5. 두 개의 이웃하고 있는 LAN 스위치는 운영되고 있는 802.1Q 트렁크와 연결되어 있다. 스위치 SW1은 **vtp mode client**, **vtp domain fred** 그리고 **vtp version 2** 명령어로 설정되었다. SW1은 다른 VTP 설정 명령어가 설정되어 있지 않다. 다음 중 왜 트렁크의 다른 쪽에 있는 스위치 SW2가 스위치 SW1과 VLAN 데이터베이스와 동기화되지 않는지 가능한 이유를 나열했는가? (2개를 고르시오)

a. SW2에 **vtp version 1** 명령어가 설정되었다.

b. SW2에 **vtp password G0BeeZ** 명령어가 설정되었다.

c. SW2에 **vtp domain Fred** 명령어가 설정되었다.

d. SW2에 **vtp mode client** 명령어가 설정되었다.

6. SW1과 SW2는 운영 트렁크를 통해서 연결된다. 엔지니어는 VLAN 설정 변경 내용을 알기 위해 VTP를 사용한다. 엔지니어가 SW1에서 새로운 VLAN으로 VLAN 44를 설정하지만 SW2는 이 새로운 VLAN을 학습하지 못한다. 아래의 항목에는 SW2와 SW2의 설정 사항을 적어 두었다. 이 중에서 SW2가 VLAN 44를 학습하지 못하는 근본 이유가 아닌 것은 무엇인가? (2개를 고르시오)

a. VTP 도메인 이름을 각각 larry와 LARRY로 설정했다.

b. VTP 패스워드를 각각 bob과 BOB으로 설정했다.

c. VTP 가지치기를 한 곳에는 활성화하고, 다른 한 곳에는 비활성화했다.

d. VTP 모드를 서버와 클라이언트로 각각 설정했다.

VLAN 트렁킹 프로토콜(VTP) 개념

시스코-자체 VLAN 트렁킹 프로토콜(VTP)은 어떤 시스코 스위치가 VLAN 설정 정보를 교환할 수 있는지를 통해 의미를 제공한다. 특히, VTP는 VLAN ID와 VLAN 이름에 기반한 각 VLAN의 존재를 알린다.

이 장의 첫 절에서는 VTP의 주요 기능에 대해 논의하고, VTP 구현(두 번째 절)과 VTP 장애 처리(세 번째 절)를 차례로 이어나갈 것이다.

기본 VTP 운영

5

당신이 두 개의 새로운 호스트를 추가해야 할 때와 존재하지 않았던 새로운 VLAN에 이 호스트를 넣어야 할 때, 네 개의 스위치가 있는 작은 네트워크에서 어떤 일이 일어나는지에 대해 잠깐 생각해보자. [그림 5-1]은 이 이 주요 설정 개념에 대해 보여주고 있다.

먼저, 스위치는 VLAN에서 프레임을 전송할 수 있어야 하고, 그 VLAN은 그 스위치에 정의되어야만 한다는 것을 기억하라. 이 경우, **단계①** 에서는, 두 개의 분배 스위치와 두 개의 액세스 계층 스위치로 이루어진 총 네 개의 스위치에 있는 VLAN 10의 독립적인 설정을 보여준다. 1장에서 논의한 규칙(VTP 트랜스페어런트 모드로 가정하고)으로, 모든 네 개의 스위치는 **vlan 10** 명령어로 설정되어야 한다.

단계② 는 디자인에 따라, 각 액세스 포트가 VLAN 10에 들어가게 설정하기 위한 추가 단계이다. 즉 VLAN을 만들고 나서, 각 포트는 **switchport access vlan 10** 명령어로 서버 A와 B에서 보이는 것처럼 VLAN에 추가되어야 한다.

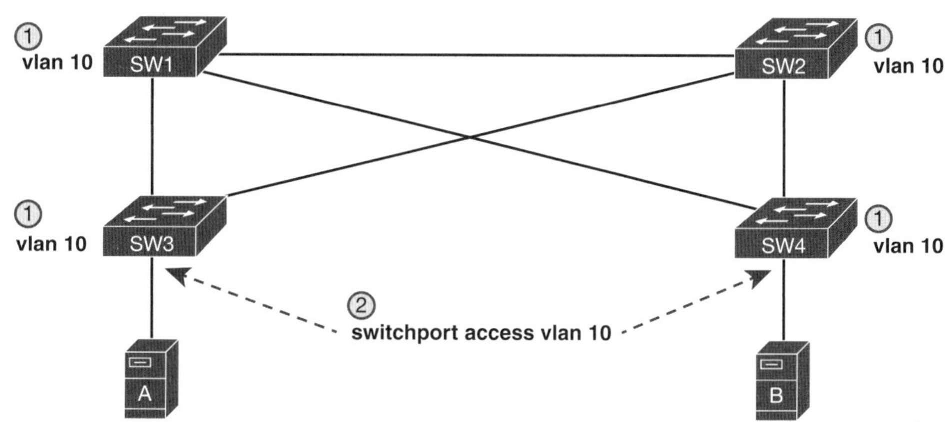

[그림 5-1] 같은 LAN에서 VLAN 10 지원을 추가하는 명령어

VTP가 예정된 목적으로 사용될 때, VTP는 엔지니어가 한 개의 스위치에만 VLAN(**vlan 10** 명령어로)을 생성하고 그 다음 VTP가 자동으로 다른 스위치들에게 그 설정을 업데이트하게 허용한다.

VTP는 스위치가 VLAN 설정 정보를 교환하기 위해 사용할 수 있는 2계층 메시지 프로토콜이다. 스위치가 VLAN 설정을 **vlan** *vlan-id* 명령어를 포함해서 바꿀 때, VTP는 모든 스위치들이 동일한 VLAN ID와 VLAN 이름을 포함할 수 있도록 VLAN 설정을 동기화하게 만든다. 이 과정은 각 스위치가 주기적인 VTP 메시지를 보내는 것이 라우팅 프로토콜과 약간 비슷하다. 그러나 라우팅 프로토콜은 IP 네트워크에 대한 정보를 광고하는 반면, VTP는 VLAN 설정을 광고한다.

[그림 5-2]는 [그림 5-1]에서 사용된 같은 시나리오에서 어떻게 VTP가 작동하는지 보여주는 하나의 예이다. [그림 5-2]는 새로운 VLAN 10의 필요로 시작하고, 두 개의 서버는 그 VLAN에 추가된다. 단계① 에서 네트워크 엔지니어는 **vlan 10** 명령어로 스위치 SW1에 VLAN을 생성한다. SW1은 단계② 에서 보여주듯이 다른 스위치들에게 새로운 VLAN 설정을 광고하기 위해 VTP를 사용한다. 여기서 다른 세 개의 스위치는 **vlan 10** 명령어를 사용할 필요가 없다는 것을 주목해라. 단계③ 에서, 네트워크 엔지니어는 액세스 포트에 **switchport access vlan 10** 명령어를 설정해야만 하는데, 이는 VTP는 인터페이스와 액세스 VLAN 설정에 광고하지 않기 때문이다.

VTP는 **vlan** *vlan-id* 명령어, **name** *vlan-name* 하위 명령어, 그리고 몇 개의 VTP 명령어를 광고한다. 특히 중요한 것은 VTP는 특정 VLAN(**switchport access vlan** *vlan-id*)의 액세스 포트와 연관된 명령어는 광고하지 않으므로 여전히 각 스위치에서 설정될 필요가 있다는 점이다.

또한 역사적인 이유로, VTP는 VTP 서버와 클라이언트를 VLAN 1부터 1005까지 사용하도록 제약하고 있다. 이 VLAN ID 범위는 표준 범위 VLAN으로 알려져 있으며, 디폴트 액세스 VLAN인 VLAN 1을 포함하고, 각 포트의 디폴트 네이티브 VLAN을 포함한다. 표준 범위는 네 개의 VLAN이 예약되고 있는 것으로 끝나는데, 이는 1002부터 1005이며, 역사적인 이유로 예약되어 있다. VTP 서버는 다른 표준 VLAN ID(2-1001)로 설정할 수 있으며, 이를 광고할 수 있다.

사전 점검 퀴즈 정답

1 B, C **2** C **3** A, D **4** A, B **5** B, C **6** A, B

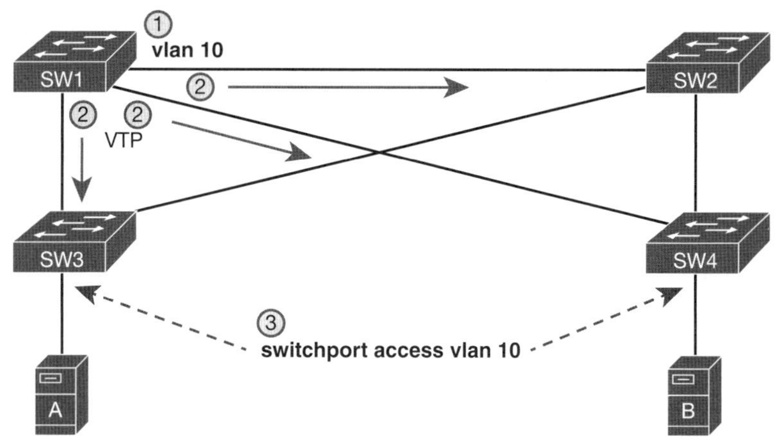

[그림 5-2] VTP로 vlan 10 명령어를 분배한다.

5

스위치가 VTP 트랜스페어런트 모드이거나 또는 VTP 비활성화인 경우, IOS 스위치는 VLAN ID 범위를 4094까지 확장시키는데, 이 확장 범위 VLAN을 사용할 수 있다.

VTP 데이터베이스 동기화

VLAN 설정 정보를 선언하거나 배우기 위해 VTP를 사용하려면, 스위치는 VTP 서버 모드나 클라이언트 모드를 사용해야만 한다. 세 번째 VTP 모드인 트랜스페어런트 모드는 스위치에게 VLAN 정보를 배우거나 광고하지 않도록 하는데, 이는 최소한 VTP 목적으로, VTP 트랜스페어런트 모드가 그곳에 있지 않은 것처럼 효과적으로 만들기 위해서이다. 다음 주제는 VTP 서버나 클라이언트로 작동하는 스위치에 의해 사용되는 메커니즘을 공부할 것이다.

VTP 서버는 네트워크 엔지니어가 VLAN(그리고 관련 명령어)을 CLI를 통해 생성할 수 있게 허용하는 반면에, VTP 클라이언트는 네트워크 엔지니어가 VLAN을 만들 수 있게 허용하지 않는다. 당신은 지금까지 많은 **vlan** *vlan-id* 인스턴스를 만났다. 이 명령어는 스위치에 새로운 VLAN을 생성하는 것이다. VTP 서버는 VLAN을 생성하기 위해 이 명령어를 계속 사용할 수 있게 허용하지만, VTP 클라이언트 모드로 놓여있는 스위치는 **vlan** *vlan-id* 명령어를 거부한다. VTP 클라이언트 스위치는 VLAN을 생성할 수 없기 때문이다.

이러한 주요 차이점을 기억하고, VTP 서버는 일반적인 명령어를 통해 VLAN(과 관련 설정) 생성을 허용한다. 서버는 그 후 VLAN 트렁크를 통해 설정 정보를 광고한다. 전체적인 흐름은 다음과 같이 작동한다:

① 각 트렁크에 VTP 메시지를 보내고 그것들을 받는 것을 듣는다.

② 로컬 VTP 변수와 트렁크에서 수신된 VTP 메시지에 선언된 VTP 변수를 확인하라.

③ 만약 VTP 변수가 일치한다면, 두 스위치 간의 VLAN 설정 데이터베이스 동기화를 시도하라.

NOTE VLAN 트렁킹 프로토콜 이름은 앞에 적힌 목록의 1번에서와 같이, 이 프로토콜이 구체적으로 VLAN 트렁크를 통해 작동한다는 사실에 기반한다.

올바르게 설정하면, 똑같은 VLAN 정보의 설정을 모으기 위해서 VTP는 모든 스위치가 같은 관리적인 VTP 도메인, 같은 도메인 이름과 패스워드를 가지고 있는 스위치 세트에 있게 만든다. 시간이 지남에 따라, VLAN 설정은 매번 VTP 서버에서 변경되고, VTP에 있는 다른 스위치들은 이 설정 변경을 자동으로 학습한다.

VTP는 많은 작은 정보들로써 VLAN 설정을 생각하지 않고, 하나의 VLAN 데이터베이스로서 생각한다. 설정 데이터베이스는 서버가 VLAN 설정을 바꿀 때마다 1씩 증가하는 설정 개정 번호를 가지고 있다. VTP 동기화 과정은 각 스위치가 가장 좋은(높은) 개정 번호를 가진 *VLAN 설정 데이터베이스*를 확실히 사용하고 있는지에 달려 있다.

[그림 5-3]은 어떻게 VLAN 설정 데이터베이스 개정 번호가 작동하는지 보여주는 예로 시작한다. 예의 시작 부분에서, 모든 스위치는 개정 번호 3을 가진 VLAN 데이터베이스를 사용하도록 수렴되었다. 그리고 나서 예는 아래를 보여준다.

① 네트워크 엔지니어는 스위치 SW1에 **`vlan 10`** 명령어로 새로운 VLAN을 정의한다.

② VTP 서버인 SW1은 VLAN 설정 데이터베이스를 3에서 4로, VTP 개정 번호를 변경한다.

③ SW1은 SW2에게 VLAN 설정 데이터베이스의 새로운 VTP 개정 번호에 대해 이야기하는 과정을 시작하기 위해 VLAN 트렁크를 통해 VTP 메시지를 보낸다.

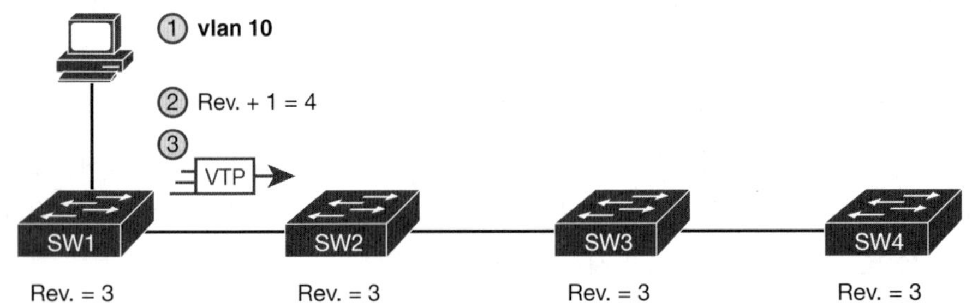

[그림 5-3] 스위치 SW1에 VLAN 10 추가, 모두 개정 번호 3을 가지고 시작한다.

이 시점에서, 스위치 SW1만이 가장 높은 개정 번호(4)로, 가장 좋은 VLAN 설정 데이터베이스를 가지고 있다. [그림 5-4]는 [그림 5-3]에서 멈춘 과정 다음 몇 단계를 보여준다. SW1로부터 VTP 메시지를 수신하면, [그림 5-3]의 **단계③**에서 보여주는 것과 같이, [그림 5-4]의 **단계④**, SW2는 새로운 LAN 데이터베이스를 사용하기 시작한다. **단계⑤**는 그 결과, SW2는 이제 VLAN 10에 대해 알고 있다는 사실을 강조한다. SW2는 그리고 나서 VTP 메시지를 트렁크를 통해 다음 스위치 SW3으로 보낸다(단계⑥).

VTP가 네 개 모든 스위치에서 제대로 작동하고 있으면, 모든 스위치는 결국에 VTP로 알려진 것과 같이 VTP 개정 번호 4로, 정확히 똑같은 설정을 사용하게 될 것이다.

[그림 5-4]는 VTP 클라이언트와 서버 간 주요 유사성의 좋은 예를 보여준다. 두 개 모두 다른 스위치로부터 받는 VTP 메시지로부터 VLAN 데이터베이스를 배우고 업데이트할 것이다. [그림 5-3]과 [그림 5-4]에서 보여주는 과정은 스위치 SW2, SW3, SW4가 VTP 클라이언트이거나 서버, 어느 조합이어도 동일하게 작동한다. 이런 시나리오에서 VTP 서버는 스위치 SW1로 오직 한 개여야 하고, **`vlan 10`** 명령어가 설정돼야 한다. VTP 클라이언트는 이 명령어를 거절한다.

5

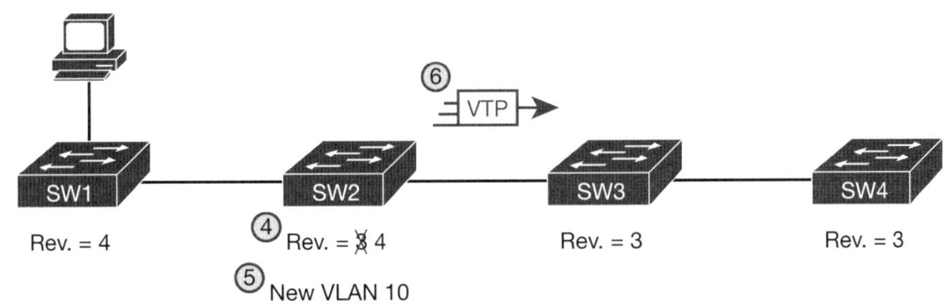

[그림 5-4] 스위치 SW1에서 VLAN 10 추가, 모두 개정 번호 3을 가지고 시작한다.

예를 들어 [그림 5-5]에서, 스위치 SW2와 SW4가 VTP 클라이언트이고, SW3이 VTP 서버라고 가정해보자. [그림 5-3]과 [그림 5-4]에서 논의된 같은 시나리오에서, 새로운 VLAN 설정 데이터베이스는 전 그림에서 묘사한 것과 동일하게 전파된다. SW2(클라이언트), SW3(서버), SW4(클라이언트)가 모두 개정 번호 4를 가진 새로운 데이터베이스를 이용하고 배운다.

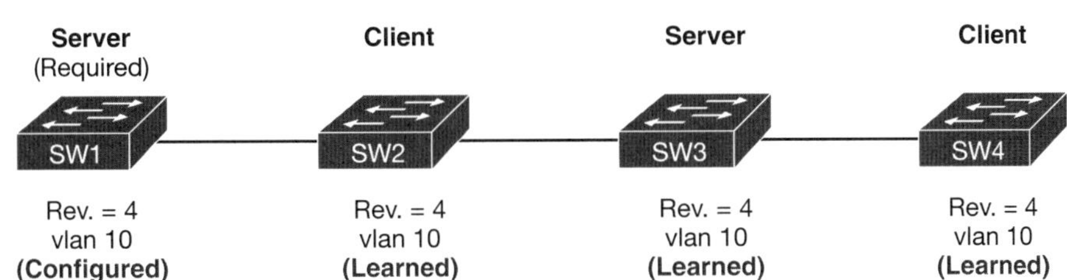

[그림 5-5] 안정된 상태, VTP 개정 번호 4, 모든 스위치가 VLAN 10을 알고 있다.

> **NOTE** 어느 서버가 VLAN 설정을 바꾸고 모든 VTP 스위치가 새로운 설정을 배움으로써 끝내는 과정은 모든 스위치가 같은 VLAN ID와 이름을 알게 하는 결과를 가져오는데, 이것을 'VTP 동기화(synchronization)'라 부른다.

VTP 동기화가 끝난 후, VTP 서버와 클라이언트는 5분마다 주기적인 VTP 메시지를 보낸다. 만약 아무 변화가 없다면, 메시지는 계속 같은 VLAN 데이터베이스 개정 번호를 보여주고, 아무 변화도 일어나지 않는다. VTP 서버 중에서 설정 변경이 있을 때, 스위치는 VTP 개정 번호를 1씩 증가시키고, 다음 VTP 메시지는 새로운 VTP 개정 번호를 선언한다. 그래서 전체 VTP 도메인(클라이언트와 서버)은 새로운 VLAN 데이터베이스를 사용하기 위해 동기화한다.

두 스위치 간에 VTP가 작동하기 위한 요구 사항

VTP 클라이언트와 서버가 다른 VTP 클라이언트나 서버 스위치와 연결되었을 때, 시스코 IOS는 그 두 스위치가 이웃 스위치로부터 받은 VTP 메시지를 처리하기 전에 다음 세 가지 사실을 요구한다.

- 스위치 간 링크는 VLAN 트렁크(ISL 또는 802.1Q)로 작동해야 한다.
- 두 개의 스위치는 대소문자를 구분하는 VTP 도메인 이름이 일치해야 한다.
- 만약 최소한 둘 중 하나의 스위치가 설정되었다면, 두 개의 스위치는 모두 같은 대소문자를 구분하는 VTP 패스워드가 설정되어야 한다.

엔지니어는 VTP 스위치 그룹 즉, 도메인을 만들어야 할 때 VTP 도메인 이름을 사용하며, 이때 VLAN 설정은 자동으로 처리된다. 이렇게 하기 위해, 엔지니어는 하나의 VTP 도메인에 한 세트의 스위치를 설정하고, 또 다른 VTP 도메인에 또 다른 세트의 스위치를 설정할 수 있다. 하나의 도메인에 있는 스위치는 다른 도메인에 있는 스위치로부터 오는 VTP 메시지를 무시할 것이고, 반대 방향도 마찬가지일 것이다.

악의적인 공격자가 VLAN 설정을 변경할 수 있는데, VTP 패스워드 메커니즘을 사용하면 이를 막을 수 있다. 패스워드 자체는 평문으로 전송되지 않는다.

VTP 버전 1과 버전 2

시스코는 세 개의 VTP 버전을 지원하며 버전 이름을 1, 2, 3으로 구분한다. 흥미롭게도, 현재 ICND2/CCNA 시험 주제는 버전 1과 2만 언급하고 3은 생략한다. 버전 3은 버전 1과 2에 더 많은 역량과 기능을 추가했고, 그 결과 조금 더 복잡하다. 버전 1과 2는 거의 비슷하며, 버전 2는 버전 1에 몇 가지 특정 기능 업데이트를 제공한다. 예를 들어, 버전 2는 토큰 링(Token Ring)이라고 불리는 LAN 타입 지원을 추가했는데, 하지만 토큰 링은 더 이상 시스코 제품 라인에서 찾을 수도 없다.

오늘날 VTP 설정, 검증, 그리고 장애 처리 목적을 위해서, 버전 1과 2에는 의미 있는 차이점이 없다. 예를 들어, 두 개의 스위치에서 하나는 VTP 버전 1, 다른 하나는 VTP 버전 2를 사용해서 둘 다 VTP 서버로 설정될 수 있고, 서로 VTP 메시지를 교환하고 학습한다.

VTP 버전 1과 2의 차이점 중 하나는 VTP 트랜스페어런트 모드 스위치의 행동에 대한 것일 수 있다. 디자인에 따르면, VTP 트랜스페어런트 모드는 스위치가 다른 스위치들과 동기화되지 않게 허용하는 것을 의미하지만, VTP 메시지를 VTP 서버와 클라이언트로 보내기 위함이다. 즉, 트랜스페어런트 모드 스위치는 서버와 클라이언트의 동기화라는 VTP의 목적이 분명하다. 서버와 클라이언트로부터 보내진 VTP 메시지를 전달하기 위한 트랜스페어런트 모드 스위치에 대한 조건 중 하나는 VTP 버전이 서로 맞아야 한다는 것이다.

VTP 가지치기(Pruning)

기본적으로, LAN 스위치에서 시스코 IOS는 트렁크를 통해 설정된 VLAN에 있는 프레임이 지나갈 수 있게 허용한다. 스위치는 각 액티브 상태의 VLAN의 브로드캐스트(그리고 목적지를 알 수 없는 유니캐스트)를 이런 트렁크에 플러드한다.

그러나 VTP 사용은 네트워크의 일부에 너무 많은 플러드된 트래픽을 초래할 수 있다. VTP는 VTP 도메인에 있는 서버와 클라이언트 스위치에게 VTP 서버에 설정된 새로운 VLAN을 광고한다. 그러나 이것이 프레임 전송일 때, 모든 스위치로 프레임을 플러드할 이유가 없을 수도 있는데, 왜냐하면 일부 스위치는 특정 VLAN에 있는 장비에 연결되어 있지 않을 수 있기 때문이다. 예를 들어, 캠퍼스 LAN에 100개의 스위치가 있고 VLAN 50에 있는 모든 장비는 3개에서 4개 정도의 스위치밖에 없을 수 있다. 그러나 만약 VTP가 모든 스위치에게 VLAN 50을 광고한다면, VLAN 50의 브로드캐스트는 100개의 스위치에 플러드될 수 있다.

브로드캐스트의 흐름을 관리할 수 있는 하나의 솔루션은 다양한 VLAN 트렁크에서 허용된 VLAN 목록을 수동으로 설정하는 것이다. 그러나 이것은 수동 설정 과정을 필요로 한다. 더 나은 옵션은 VTP가 동적으로 어떤 스위치가 각 VLAN에 액세스 포트를 가지고 있지 않다는 것을 결정하게 허용하고, 플러딩을 제한하기 위해 적절한 트렁크로부터 이러한 VLAN을 가지치기(제거) 하는 것이다. VTP 가지치기는 적절한 스위치 트렁크 인터페이스가 그 VLAN의 프레임을 플러드하지 않는 것이다.

NOTE 4장 'LAN 장애 처리'의 '트렁크에서 지원하는 VLAN 목록 불일치' 절에서, 스위치가 허용된 VLAN 목록을 포함해서 VLAN에 프레임을 전송하지 않는 다양한 이유에 대해 논의한다. 이 절 또한 VTP 가지치기를 간단히 언급한다.

[그림 5-6]은 VTP 가지치기 기능을 더욱 명확하게 만드는 디자인의 예를 보여준다. 그림에서 VLAN 10과 20, 두 개의 VLAN이 사용되었다. 그러나 스위치 SW1만이 VLAN 10에서 액세스 포트를 가지고 있고, SW2와 SW3만이 VLAN 20에서 액세스 포트를 가지고 있다. 이런 디자인에서, VLAN 20의 프레임은 왼쪽의 스위치 SW1로 플러드될 필요가 없고, VLAN 10의 프레임도 오른쪽의 스위치 SW2와 SW3으로 플러드될 필요가 없다.

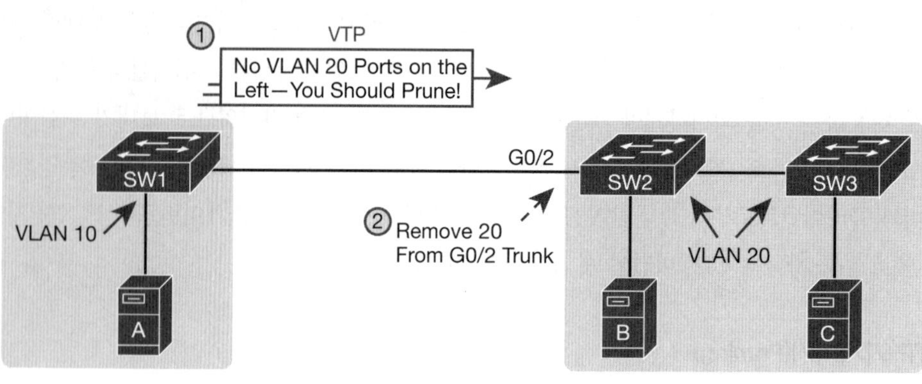

[그림 5-6] VTP 가지치기 예

[그림 5-6]은 SW2의 G0/2 트렁크로부터 VTP 가지치기 VLAN 10 결과를 두 단계로 나타낸다.

단계 ① SW1은 VTP로부터 VLAN 20에 대해 알고 있지만, 스위치 SW1은 VLAN 20의 액세스 포트가 없다. 따라서 SW1은 VLAN 20의 데이터 프레임을 더 이상 받지 않기 위해 SW2에게 SW1은 VLAN 20을 가지치기한다고 선언한다.

단계 ② 스위치 SW2의 VTP는 G0/2 트렁크로부터 VLAN 20을 가지치기한다. 그 결과, SW2는 SW로 G0/2 트렁크를 통해 VLAN 20 프레임을 더 이상 플러드하지 않을 것이다.

VTP 가지치기는 플러드된 트래픽을 제한함으로써 가용한 대역폭을 증가시킨다. VTP 가지치기는 VTP 사용에서 두 가지 가장 설득력 있는 이유 중 하나이다. 다른 이유는 VLAN 설정을 쉽고 일관성 있게 만드는 것이다.

VTP 기능 요약

[표 5-2]는 세 가지 VTP 모드의 비교 개요를 제공한다.

기능	서버	클라이언트	트랜스페어런트
ISL이나 802.1Q로만 VTP 메시지를 보낸다.	예	예	예
VLAN의 CLI 설정을 허용한다.	예	아니오	예
일반 범위 VLAN(1–1005)을 사용할 수 있다.	예	예	예
확장 범위 VLAN(1006–4095)을 사용할 수 있다.	아니오	아니오	예
더 높은 개정 번호가 있는 VTP 메시지를 받았을 때 자신의 설정 데이터베이스를 동기화한다.	예	예	아니오
5분마다 주기적인 VTP 업데이트를 생성하고 보낸다.	예	예	아니오
받은 VTP 업데이트를 진행하지 않지만, 받은 VTP 업데이트를 다른 트렁크로 전송한다.	아니오	아니오	예

[표 5-2] VTP 기능

:: VTP 설정과 검증

VTP 설정은 몇 개의 간단한 과정만을 필요로 하지만, VTP는 실수로 잘못된 구성 선택을 하거나 악의적인 공격에 의해 중요한 문제들을 일으킬 수 있는 힘을 가졌다. 이 장의 두 번째 절에서는 VTP 설정을 올바르게 하는 것과 작동을 검증하는 것에 집중한다. 세 번째 절은 위험한 시나리오를 피하기 위해 조심하는 것을 포함해서 VTP 장애 처리를 볼 것이다.

VTP 사용: 서버와 클라이언트 설정

VTP를 설정하기 전, 네트워크 엔지니어는 몇 개의 선택을 할 필요가 있다. 특히 엔지니어가 VTP 기능을 사용하고 싶어하고, 그 엔지니어는 어떤 스위치가 같은 VTP 도메인에 있어야 할지, 즉, 이 스위치들이 서로에게 VLAN 설정 정보를 배우는 것을 결정해야 한다고 가정하자. VTP 도메인 이름이 결정되어야 하고, 옵션 사항이기는 하지만 VTP 패스워드도 권고된다(스위치 이름과 패스워드는 모두 대소문자를 구분한다). 엔지니어는 또한 어떤 스위치가 서버가 되어야 할지(주로 이중화를 위해 최소한 두 개), 어떤 스위치가 클라이언트가 되어야 할지 정해야 한다.

계획 단계가 끝나고 나면, VTP 설정을 위해 다음 단계가 사용된다.

Config Checklist

- 단계 ① 스위치에서 서버 또는 클라이언트로 VTP를 활성화시키기 위해 전역 설정 모드에서 **vtp mode** {**server** | **client**} 명령어를 사용해라.
- 단계 ② 클라이언트와 서버 모두에, 대소문자를 구분하는 VTP 도메인 이름을 설정하기 위해 전역 설정 모드에서 **vtp domain** *domain-name* 명령어를 사용해라.
- 단계 ③ (옵션) 클라이언트와 서버 모두에, 대소문자를 구분하는 패스워드를 설정하기 위해 전역 설정 모드에서 **vtp password** *password-value* 명령어를 사용해라.
- 단계 ④ (옵션) 서버에서, domain-wide VTP 가지치기 선택을 하기 위해 **vtp pruning** 전역 설정 명령어를 사용해라.
- 단계 ⑤ (옵션) 클라이언트와 서버 모두에서, 로컬 스위치가 VTP 버전 1 또는 2를 사용하게 하는 **vtp version** {**1** | **2**} 명령어를 전역 설정 모드에서 사용해라.

다음 설정 예에서 사용할 네트워크로, [그림 5-7]은 각 스위치의 현재 VTP 설정을 가진 LAN을 보여준다. 이 절의 예의 시작 부분에서, 두 개의 스위치는 모두 기본 VTP 설정으로 VTP 서버 모드에 null 도메인 이름과 패스워드를 가지고 있었다. 이 기본 설정에서는 두 스위치 간에 링크가 트렁크여도, VTP는 작동하지 않는다.

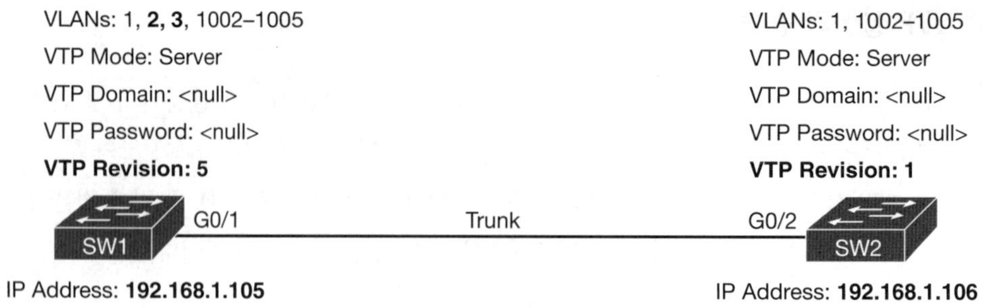

VLANs: 1, **2, 3**, 1002–1005
VTP Mode: Server
VTP Domain: <null>
VTP Password: <null>
VTP Revision: 5

VLANs: 1, 1002–1005
VTP Mode: Server
VTP Domain: <null>
VTP Password: <null>
VTP Revision: 1

SW1 G0/1 — Trunk — G0/2 SW2

IP Address: **192.168.1.105**

IP Address: **192.168.1.106**

[그림 5–7] VTP 예를 위한 기본 설정

그림에서 보면, 스위치는 VTP 설정을 넘어 관련된 설정이 없다. SW1은 두 개의 추가 VLAN(VLAN 2와 3)에 대해 알게 설정되었다. 더불어 두 스위치는 모두 IP 주소가 설정되어 있고, 이는 다음 보여줄 **show** 명령어 결과에 유용하게 사용될 것이다.

이 스위치에서 VTP를 사용하고, VLAN 설정 데이터베이스를 동기화 하면, [그림 5–8]은 [그림 5–7]과 거의 동일하지만 새로운 설정값을 굵은 글씨로 보여준다. 여기서 두 개의 스위치는 같은 VTP 도메인 이름과 패스워드를 사용한다. 스위치 SW1은 VTP 서버가 되기 위해 기본값을 가지고 있는 반면, 스위치 SW2는 VTP 클라이언트로 설정되어 있다. 이제 VTP 도메인과 패스워드가 일치하고, 두 개의 스위치 간에 트렁크가 있으나 두 스위치는 VTP를 성공적으로 사용할 것이다.

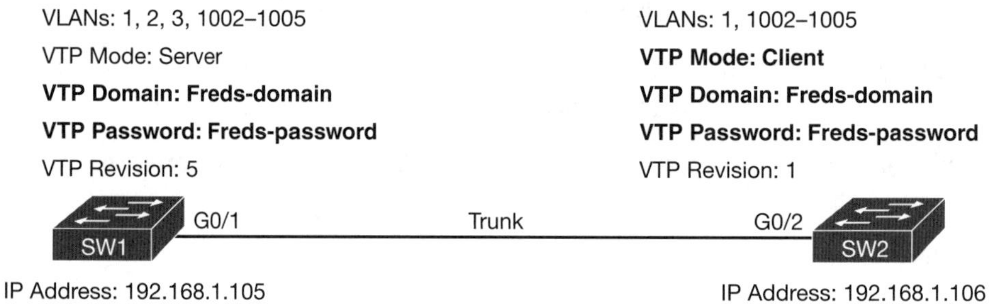

VLANs: 1, 2, 3, 1002–1005
VTP Mode: Server
VTP Domain: Freds-domain
VTP Password: Freds-password
VTP Revision: 5

VLANs: 1, 1002–1005
VTP Mode: Client
VTP Domain: Freds-domain
VTP Password: Freds-password
VTP Revision: 1

SW1 G0/1 — Trunk — G0/2 SW2

IP Address: 192.168.1.105

IP Address: 192.168.1.106

[그림 5–8] [예 5–1]을 위해 계획된 새로운 VTP 설정값

[예 5–1]은 각각의 스위치에 추가된 [그림 5–8]의 설정을 보여준다.

```
! IOS는 아래 나열된 각 VTP 명령어 이후 최소한 한 개의 정보 메세지를 생성한다.
! 이 결과들은 저자에 의해 추가된 문자가 아니고 IOS에 의해 생성된 것이다.
SW1# configure terminal
Enter configuration commands, one per line.  End with CNTL/Z.
SW1(config)# vtp mode server
Setting device to VTP SERVER mode
```

```
SW1(config)# vtp domain Freds-domain
Changing VTP domain name from NULL to Freds-domain
SW1(config)# vtp password Freds-password
Setting device VLAN database password to Freds-password
SW1(config)# vtp pruning
Pruning switched on
SW1(config)# ^Z
```

```
! 이제 SW2로 넘어간다.
SW2# configure terminal
Enter configuration commands, one per line.  End with CNTL/Z.
SW2(config)# vtp mode client
Setting device to VTP CLIENT mode.
SW2(config)# vtp domain Freds-domain
Domain name already set to Freds-domain.
SW2(config)# vtp password Freds-password
Setting device VLAN database password to Freds-password
SW2(config)# ^Z
```

[예 5-1] 기본 VTP 클라이언트와 서버 설정

각 스위치의 설정 명령어를 공부하는 데에 시간을 들여야 한다. 또 도메인 이름과 패스워드, 대소문자 구분, 일치를 살펴봐야 한다. 클라이언트로서 SW2는 **vtp pruning** 명령어가 필요하지 않은데, 이는 VTP 서버 가지치기가 그 도메인 전체에서 사용이 될지 여부를 지시하기 때문이다.

스위치의 데이터베이스 동기화 검증

[그림 5-1]에서 보여주는 것처럼 VTP 설정은 얼마 걸리지 않는다. VTP에서 일어나는 가장 흥미로운 것은 이것이 동적으로 학습하고, 어떻게 VTP가 그 학습을 성취하는가이다. 예를 들어, [그림 5-7]에서는 스위치 SW1이 VLAN 설정 데이터베이스에 개정 번호 5를 가지고 있는 반면에, SW2는 개정 번호 1을 가지고 있는 것을 보여준다. [예 5-1]에서 보여주듯이 한번 설정되면, 다음 논리가 SW1과 SW2 간에 VTP 메시지를 교환하면서 일어난다.

❶ SW1과 SW2는 VTP 메시지를 교환한다.

❷ SW2는 자신의 개정 번호(1)가 SW1의 개정 번호 5보다 낮다(나쁘다)라는 것을 인식한다.

❸ SW2는 받은 SW1의 VLAN 데이터베이스를 복사하고 자신의 VLAN(과 관련된) 설정을 업데이트한다.

❹ SW2의 개정 번호도 또한 개정 번호 5로 업데이트된다.

두 개의 이웃하는 스위치가 VLAN 데이터베이스를 동기화했다는 것을 확인하기 위해서는 **show vtp status** 명령어를 사용해라. [예 5-2]는 시작으로 더 낮은 개정 번호(1)를 가진 스위

치 SW2에서 이 명령어를 먼저 보여주고, SW2는 스위치 SW1의 VLAN 설정 데이터베이스와 동기화할 것이다. 이 예는 **show vtp status** 명령어 결과를 스위치 SW2에서 먼저 보여주고, 그 다음 스위치 SW1에서 보여준다.

```
! 먼저, VTP 클라이언트인 SW2의 결과를 보면, 이전에는 버전이 1이었는데 이제 5임을 확인할 수 있다.
SW2# show vtp status
VTP Version capable             : 1 to 3
VTP version running             : 1
VTP Domain Name                 : Freds-domain
VTP Pruning Mode                : Enabled
VTP Traps Generation            : Disabled
Device ID                       : bcc4.938b.a180
Configuration last modified by 192.168.1.105 at 2-21-16 11:45:33
Local updater ID is 192.168.1.105 on interface Vl1 (lowest numbered
VLAN interface found)

Feature VLAN:
--------------
VTP Operating Mode              : Client
Maximum VLANs supported locally : 1005
Number of existing VLANs        : 7
Configuration Revision          : 5
MD5 digest                      : 0xF3 0x07 0x44 0xA4 0xDE 0x82 0xCD
0xB0
                                  0x9E 0x8F 0x0B 0xD1 0xFD 0xE7 0xE7
0xB3
```

```
! 이제 SW1에서 보면, 음영처리된 모든 부분은 스위치 SW2와 일치한다.
! SW1으로 돌아가서, 아래의 모든 결과는 SW2와 동일한 버전 정보를 보여준다.
! 즉, 두 스위치는 VLAN 데이터베이스를 동기화했다는 것이다.
SW1# show vtp status
VTP Version capable             : 1 to 3
VTP version running             : 1
VTP Domain Name                 : Freds-domain
VTP Pruning Mode                : Enabled
VTP Traps Generation            : Disabled
Device ID                       : bcc4.938b.e500
Configuration last modified by 192.168.1.105 at 2-21-16 11:45:33
Local updater ID is 192.168.1.105 on interface Vl1 (lowest numbered
VLAN interface found)

Feature VLAN:
--------------
```

```
VTP Operating Mode                 : Server
Maximum VLANs supported locally    : 1005
Number of existing VLANs           : 7
Configuration Revision             : 5
MD5 digest                         : 0xF3 0x07 0x44 0xA4 0xDE 0x82 0xCD 0xB0
                                      0x9E 0x8F 0x0B 0xD1 0xFD 0xE7 0xE7 0xB3
SW1# show vtp password
VTP Password: Freds-password
```

[예 5-2] 스위치 SW2의 VLAN 데이터베이스가 개정 번호 5로 업데이트된 것을 보여준다.

이 예는 두 스위치가 VTP로 인해서 같은 VLAN 설정 데이터베이스를 사용하게 동기화되었다는 것을 확인시켜주는 두 가지 사실을 보여준다.

- 'Configuration last modified by…'라고 적힌 음영 처리된 줄은 같은 IP 주소와 시간을 보여준다. SW1과 SW2는 정확히 같은 주소 192.168.1.105([그림 5-8]에 의하면, 192.168.1.105는 스위치 SW1이다)를 가진 스위치를 보여준다. 또한, 로컬 스위치를 의미하는 'Local updater ID is 192.168.1.105…'로 나타나는 SW1의 문자는 192.168.1.105인 것을 기억해라. 두 스위치가 같은 IP 주소와 시간을 보여준다는 사실은 그들이 같은 데이터베이스를 사용하고 있다는 것을 확인한다. 이 경우 스위치 SW1인 192.168.1.105가 사용되었다.
- 두 스위치에 나열된 'Configuration Revision: 5' 또한 그들이 같은 VLAN 데이터베이스를 사용하고 있다는 것을 확인한다.

NOTE VTP와 함께 NTP를 사용하는 것은 유용할 수 있다. 그러면, 이웃 스위치에서 **show vtp status** 명령어의 시간도 동일하게 표기된다.

이 두 개의 사실 외에도, **show vtp status** 명령어는 데이터베이스를 주고받는 데에 성공하기 전에 두 개의 이웃한 스위치가 일치해야만 하는 일부 주요 정보를 보여준다. [예 5-2]에서 스위치 SW1의 결과에 음영 처리된 부분은 아래와 같다.

- 두 개 모두 같은 도메인 이름(Freds-domain)을 사용한다.
- 두 개 모두 같은 MD5 숫자를 가지고 있다.

스위치가 모두 버전 1이나 버전 2를 사용하도록 설정하는 것이 좋지만, 버전이 맞지 않아도 VTP 서버와 클라이언트가 VTP 설정 데이터베이스를 교환하는 것을 막지 않는다.

목록의 마지막 항목인 MD5 해시는 조금 설명이 필요하다. **show vtp status** 명령어 결과에서 보여주는 것처럼, 스위치의 VTP는 도메인 이름과 VTP 패스워드를 가지고 MD5 숫자를 만들기 위해 MD5를 적용한다. 만약 도메인 이름이나 패스워드가 일치하지 않으면, MD5 숫자도 일치하지 않으며, 두 스위치는 VTP로 VLAN 설정을 교환하지 않을 것이다([예 5-2]의 마지막 부분은 평문 VTP 패스워드를 나열하는 **show vtp password** 명령어의 예를 보여준다).

스위치가 알고 있는 VLAN을 나열하는 명령어는 VTP가 작동하고 있다는 사실 또한 확인한다. VTP 클라이언트나 서버가 새로운 설정 데이터베이스를 이웃에게서 학습하면, VLAN 리스트는 그 이웃과 정확하게 일치해야 한다.

예를 들어 [그림 5-8]에서 제안된 설정으로, [예 5-1]에서 보여주듯이, VTP 서버 SW1은 VLAN 1, 2, 3, 디폴트 VLAN 1002-1005로 시작하는 반면, 스위치 SW2는 기본 VLAN 1과 1002-1005에 대한 것만 알고 있다. [예 5-3]은 스위치 SW2에서 **show vlan brief**의 결과를 보여주고, VLAN 2와 3에 대해서 이제 알고 있다는 것을 확인시킨다. 여기서 스위치 SW2는 VLAN ID뿐만 아니라, VLAN의 이름도 학습했다는 점에 주목해라.

```
SW2# show vlan brief

VLAN Name                             Status    Ports
---- -------------------------------- --------- -------------------------------
1    default                          active    Fa0/1, Fa0/2, Fa0/3, Fa0/4
                                                Fa0/5, Fa0/6, Fa0/7, Fa0/8
                                                Fa0/9, Fa0/10, Fa0/11, Fa0/12
                                                Fa0/13, Fa0/14, Fa0/15, Fa0/16
                                                Fa0/17, Fa0/18, Fa0/19, Fa0/20
                                                Fa0/21, Fa0/22, Fa0/23, Fa0/24
                                                Gi0/1
2    Freds-vlan                       active
3    VLAN0003                         active
1002 fddi-default                     act/unsup
1003 token-ring-default               act/unsup
1004 fddinet-default                  act/unsup
1005 trnet-default                    act/unsup
```

[예 5-3] 스위치 SW2가 이제 VLAN 2와 3에 대해 안다.

VTP와 그와 관련된 설정 저장

흥미롭게도 VTP가 VLAN과 VTP 설정을 동기화하더라도, 스위치가 자신의 VLAN 설정 데이터베이스를 동기화 했다면 **show running-config** 명령어만 가지고는 찾을 수 없다. VTP는 VTP 서버나 클라이언트의 running-config 파일이나 startup-config 파일에 설정 명령어를 두지 않는다. 대신, VTP 서버와 클라이언트 모드 스위치는 **vtp** 설정 명령어와 일부 VLAN 설정 명령어를 플래시의 vlan.dat 파일에 저장한다. 이 설정 명령어와 설정값을 검증하기 위해

show vtp status와 **show vlan** 명령어를 사용한다.

[그림 5-9]는 예로 세 개의 주요 VTP 명령어(**vtp mode**, **vtp domain**, **vtp password**)와 VLAN 10을 생성하는 **vlan 10** 명령어를 보여준다. 대조적으로 이것은 **switchport access vlan 10** 인터페이스 하위 명령어를 보여준다. 물론 VTP 서버와 클라이언트에서, **switchport vlan 10** 명령어만 running-config와 startup-config 파일의 일부가 될 것이다.

Running-config

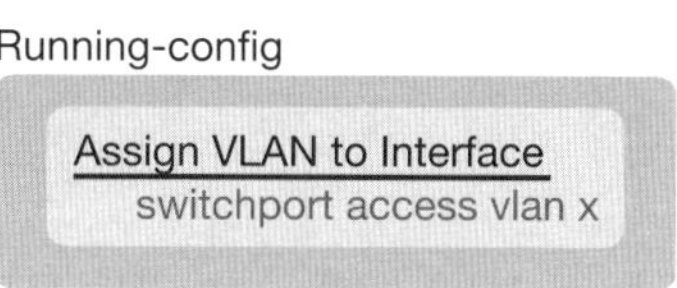

VLAN.dat

[그림 5-9] VTP 설정이 저장되는 장소: VTP 클라이언트와 서버

vlan.dat 파일의 내용을 보여주는 **show running-config** 명령어와 동일한 것은 없다. 대신 **show vtp**와 **show vlan** 명령어로 VLAN과 VTP에 대한 정보를 볼 수 있다. 참고할 수 있도록 [표 5-3]은 VLAN 관련된 설정 명령어와 VTP 서버나 클라이언트가 명령어를 저장하는 장소, 명령어 설정값을 어떻게 볼 수 있는지에 대해 나열한다.

설정 명령어	저장 장소	보는 방법
vtp domain	vlan.dat	show vtp status
vtp mode	vlan.dat	show vtp status
vtp password	vlan.dat	show vtp password
vtp pruning	vlan.dat	show vtp status
vlan *vlan-id*	vlan.dat	show vlan [brief]
name *vlan-name*	vlan.dat	show vlan [brief]
[no] shutdown vlan *vlan-id*	running-config	show vlan [brief]
switchport access vlan *vlan-id*	running-config	show running-config, show interfaces switchport
switchport voice vlan *vlan-id*	running-config	show running-config, show interfaces switchport

[표 5-3] VPT 클라이언트와 서버가 VLAN 관련 설정을 하는 장소

VTP 트랜스페어런트 모드(**vtp mode transparent**)나 VTP 비활성화(**vtp mode off**)를 사용하는 스위치는 [표 5-3]의 모든 명령어를 running-config와 start-up config 파일에 저장한다.

어떻게 VTP가 설정을 저장하는지에 대한 흥미로운 부작용은 실험실에서 VTP 클라이언트와 서버 스위치를 사용하고 당신이 모든 설정을 기본 VTP와 VLAN 설정으로 사용하고 싶을 때, **erase startup-config** 명령어보다 더 많은 것을 해야만 한다. 만약 startup-config 를 지우고 스위치를 다시 시작한다면, 스위치는 모든 구성을 플래시에 있는 vlan.dat 파일에 저장하고 있는 VTP 설정과 모든 VLAN 설정을 기억할 것이다. 스위치를 다시 시작하기 전에 이러한 설정을 지우려면 vlan.dat 파일을 삭제해야 하며, 이때 명령어 **delete flash:vlan.dat** 등을 사용할 수 있다.

VTP 사용 피하기

VTP 역사의 대부분 동안, VTP 사용을 피하기 위한 옵션으로 VTP 트랜스페어런트 모드가 존재해왔다. 즉, 각 스위치는 기본적으로 VTP를 사용하기 위해 세 가지 모드(서버, 클라이언트, 트랜스페어런트) 중 하나를 사용해야 한다.

트랜스페어런트 모드에서 스위치는 받은 VTP 메시지에 기반한 VLAN 데이터베이스를 업데이트하지 않으며, 트랜스페어런트 모드 스위치의 VLAN 데이터베이스에 기반해서 다른 스위치들이 그들의 데이터베이스를 업데이트하도록 하지 않는다. 스위치에 의해 VTP가 행동을 취하는 하나는, 하나의 트렁크로 받은 VTP 메시지를 다른 VTP 클라이언트와 서버를 허용하는 다른 모든 트렁크로 잘 작동하게 하기 위해 전송하는 것이다.

VTP 트랜스페어런트 모드를 설정하는 것은 간단하다: **vtp mode transparent** 명령어를 전역 설정 모드에서 하면 된다.

시스코는 결국 **vtp mode off** 전역 명령어로 VTP 비활성화 옵션을 추가했다. 트랜스페어런트 모드를 사용할 때와 비교해서 하나의 주요 다른 점은 **vtp mode off**를 사용하는 스위치는 VTP 메시지를 전송하지 않는 것이다. 요약하자면, 만약 스위치가 VTP를 무시하지만 다른 스위치로부터 받은 VTP 메시지를 전송하기를 바라면, 트랜스페어런트 모드를 사용해라. 만약 스위치가 VTP를 무시하고, 어떤 VTP 메시지도 전송하지 않기를 바란다면, VTP를 비활성화시켜라.

:: VTP 장애 처리

VTP 장애 처리는 모두 간단하고 동시에 까다로울 수 있다. 어떤 VTP가 동기화에 실패했는지에 대한 문제를 처리하기 위해서, 당신은 짧은 점검 목록을 작성해서 설정과 상태 문제를 찾아 해결할 수 있다. 완전히 다른 방향에서 보면, VTP가 동기화할 수 있지만 잘못된 스위치의 VLAN 데이터베이스를 사용해서 나쁜 결과를 가져올 수 있다. 이 마지막 절은 VTP가 동기화하지 않는 이유의 장애 처리를 바로 보고, 나쁜 결과를 가져오는 VTP 동기화의 위험에 대한 몇 가지 상황에 대해서도 볼 것이다.

VTP가 동기화되지 않는 이유 알아내기

VTP 장애 처리는 그 시점에 이웃하는 스위치의 쌍으로 분류할 수 있다. 스위치를 가진 VTP 도메인에서 두 개의 이웃하는 스위치를 찾는다. 그 다음 이 두 개의 스위치가 VTP가 동기화하는 것을 허용하게 하는 요구 사항을 맞출 수 없는지 여부를 확인하고, 문제를 해결한다. 이후 VTP 도메인을 통해 VTP가 작동하는지 모든 쌍에서 확인한다.

장애 처리 과정은 기본부터 시작해야 한다. 당신이 LAN 토폴로지에 대해 배우고, 조사하기 위해서 이웃하는 스위치를 찾고 선택해야 한다. VLAN 목록을 확인하거나 **show vtp status** 명령어의 정보를 봄으로써, 어떤 네이버(이웃)가 동기화되거나 그렇지 않은지 여부를 결정할 필요가 있다. 동기화되지 않은 이웃하는 스위치의 쌍은 설정값의 목록을 문제가 해결될 때까지 보면 된다.

5

다음 목록은 VTP 설정 문제를 찾기 위한 자세한 과정으로, 더욱 쉬운 공부와 참조를 위해 목록으로 정리했다.

단계 ① 스위치 이름, 토폴로지(어떤 인터페이스가 어떤 스위치에 연결되었는지 포함), 스위치 VTP 모드를 확인한다.

단계 ② 두 개의 이웃하는 VTP 클라이언트 또는 서버이고, **show vlan** 명령어로 VLAN 데이터베이스가 다른 스위치들의 쌍을 확인한다.

단계 ③ 데이터베이스가 다른 두 개의 이웃하는 스위치 쌍의 각각에, 다음을 검증하라.

Ⓐ VTP 메시지는 트렁크를 통해서만 흐르기 때문에, 두 개의 스위치 사이에 최소한 한 개의 작동 가능한 트렁크가 존재해야 한다(**show interfaces trunk**, **show interfaces switchport**, **show cdp neighbor** 명령어를 사용하라).

Ⓑ 스위치는 (대소문자 구분) VTP 도메인 이름이 있어야 한다(**show vtp status**).

Ⓒ 만약 설정되어 있다면, 스위치는 같은 (대소문자 구분) VTP 패스워드를 가지고 있어야 한다(**show vtp password**).

Ⓓ MD5 숫자도 두 스위치 모두에서 같은 도메인 이름과 패스워드가 설정되었다는 증거로 같아야 한다(**show vtp status**).

Ⓔ VTP 가지치기는 같은 도메인에서 모든 서버에 활성화되거나 비활성화되어야 하며, 두 개의 서버가 다른 가지치기 설정을 가진 것은 동기화 과정을 막지 못한다.

단계 ④ **단계③**에서 각 스위치 쌍에서 확인된 것으로, 트렁킹 문제를 장애 처리하거나 스위치를 도메인 이름과 패스워드를 일치하게 다시 설정함으로써 문제를 해결한다.

당신은 동기화를 막을 수 있다고 생각되는 몇 개의 관련된 명령어를 VTP가 가지고 있다고 생각할 수 있지만, 그렇지 않다. VTP 동기화에 문제를 일으키지 않는 VTP에 대한 다음 사실을 기억하라.

- VTP 가지치기 설정이 이웃 스위치와 일치하지 않는다(실제 VTP 네트워크에서는 모든 스위치에 같은 설정을 사용하는 것이 좋더라 하더라도).
- 동기화를 위해 VTP 버전이 VTP 서버와 클라이언트 중 어느 조합의 이웃하는 두 스위치 간에 일치하지 않는다.
- VTP가 동기화되었는지 결정할 때, VLAN의 관리적인 상태(**shutdown vlan** *vlan-id* 전역 설정 명령어와 VLAN 설정 모드의 **shutdown** 명령어에 의한)는 VTP에 의해 통신되지 않는다. 따라서, 두 개의 이웃하는 스위치는 한쪽에는 셧다운되어 있고 다른 한쪽에는 액티브 상태인 같은 VLAN에 대해서 알 수 있다.

VTP 설정 시 흔한 거부

VTP 클라이언트는 VLAN을 추가하거나 삭제하거나 이름을 주는 설정을 전혀 할 수 없다. VTP 서버(VTP 버전 1과 2를 사용할 때)는 표준 숫자 VLAN과만 작동하게 제한된다. 이 짧은 주제는 그림에도 불구하고 이러한 VLAN을 추가하려고 시도할 때 보이는 에러 메시지를 볼 것이다. 이것은 단지 메시지가 어떻게 보이는지 알게 하기 위함이다.

[예 5-4]는 VTP 클라이언트인 스위치(SW3)의 결과를 보여준다. **vlan 200** 명령어의 거부를 먼저 보자. 결과는 사용자가 **vlan 200** 명령어를 실행했고, IOS는 스위치가 VTP 클라이언트라는 에러 메시지를 보여주는 것으로 명확하다.

```
SW3# configure terminal
Enter configuration commands, one per line.  End with CNTL/Z.
SW3(config)# vlan 200
VTP VLAN configuration not allowed when device is in CLIENT mode.
SW3(config)# vlan 2000
SW3(config-vlan)# exit
% Failed to create VLANs 2000
Extended VLAN(s) not allowed in current VTP mode.
%Failed to commit extended VLAN(s) changes.
SW3(config)#
```

[예 5-4] VTP 클라이언트와 서버에 vlan 명령어 시도

예의 중간에서 몇 가지 이상한 점을 볼 수 있다. 먼저, **vlan 200** 명령어는 즉시 거부된다. 두 번째, **vlan 2000** 명령어도 거부되지만, 바로 되지는 않는다. 이상한 논리의 꼬임에서, IOS는 실제로 사용자가 VLAN 설정 모드를 빠져나갈 때까지 확장 모드 VLAN 설정을 시도하거나 추가하지 않는다. **exit** 명령어가 실행되면, IOS는 세 개의 음영 처리된 에러 메시지를 실행한다. 모든 메시지는 VLAN 2000이 생성되지 않았다는 것을 확인한다.

VTP 서버에서 **vlan 200** 명령어는 받아들여질 수 있지만, **vlan 2000** 명령어는 예에서 보

여주는 것과 같은 과정으로 거부될 것이다.

네트워크에 스위치를 추가할 때의 문제

VTP는 몇 달 동안 잘 작동될 수 있다. 그런데 어느 날, 헬프데스크는 대규모 사용자 그룹이 더 이상 네트워크를 사용할 수 없다는 전화를 받는다. 추가 검토 후, 캠퍼스의 거의 모든 VLAN이 삭제된 것으로 보인다. 스위치는 여전히 현재 삭제된 VLAN을 참조하는 **switchport access vlan** 명령어로 많은 인터페이스를 가지고 있다. 시스코 스위치는 존재하지 않는 VLAN에 프레임을 전달하지 않기 때문에, 현재 삭제된 VLAN에 있는 어떤 장비도 작동하지 않는다.

VTP는 이전 단락에서 설명한 만연한 LAN 문제를 일으킬 수 있으므로, VTP를 사용할 때 주의해야 한다. 이러한 종류의 문제는 새 스위치가 기존 네트워크에 연결될 때 발생할 수 있다. 이 문제가 우연히 발생했든, 서비스 거부(DoS) 공격이든, 근본적인 원인은 다음과 같다:

두 개의 이웃하는 스위치는 먼저 트렁크로 연결될 때, 그리고 VTP로 동기화하기 위한 모든 요구 사항을 충족시키는 경우, 더 낮은 개정 번호를 가진 스위치는 더 높은 개정 번호를 가진 이웃으로부터 VLAN 데이터베이스를 수용한다.

특히 앞의 구문은 어떤 스위치가 서버 또는 클라이언트인지, 또는 어떤 스위치가 더 오래 사용한 스위치이고 새롭게 추가된 스위치인지에 대해 아무것도 말하지 않는다. 즉, 서버 또는 클라이언트가 더 높은 개정 번호를 가지고 있는지 여부는 상관이 없고, 두 개의 스위치는 더 높은 개정 번호로 VLAN 데이터베이스를 사용해 수렴한다. 어떤 스위치가 클라이언트 또는 서버가 될지, 또는 어떤 스위치가 네트워크에서 새로운 스위치이고 어떤 스위치가 이전에 설정된 스위치에 대한 논리는 없다.

새로운 스위치를 연결할때 높은 개정 번호를 사용하는 이 VTP 동작은 꽤 강력한 영향을 미친다. 예를 들어, 누군가가 CCNA R&S 시험을 공부하고 있으며, 회사의 작은 랩실의 장비를 사용하고 있다고 가정해보자. 랩은 프러덕션 (실제 사용되고 있는) 네트워크로부터 격리된 몇 개의 스위치가 있다. 즉, 스위치에는 프러덕션 네트워크에 연결된 링크조차도 없다. 하지만 엔지니어가 프로덕션 환경에서 사용되는 VTP 도메인 이름과 패스워드를 알고 있기 때문에, 랩에서 설정할 때, 엔지니어는 같은 VTP 도메인 이름과 패스워드를 사용한다. 프로덕션 네트워크에 랩 스위치가 연결되지 않았기 때문에, 이것은 (아직) 문제를 일으키지 않는다(실생활에서 랩 장비는 다른 VTP 도메인 이름과 패스워드를 사용해라!).

같은 엔지니어는 랩에서 CCNA 공부 및 테스트를 계속하면서, VLAN 구성을 많이 변경한다. 각 변경은 VLAN 설정 데이터베이스 개정 숫자를 1씩 올린다. 결국, 랩 스위치는 높은 VTP 설정 개정 숫자를 가지고, 프러덕션 스위치의 그것보다 더 높아진다. 하지만 랩은 여전히 격리되어 있기 때문에 여전히 문제가 없다.

위험이 보이는가? 이제는 누군가 실험실 스위치에서 프러덕션 스위치로 링크를 연결하고 트렁크로 만들면서 모든 게 일어난다. 예를 들어, 다른 엔지니어가 랩에서 다른 테스트를 하기로 하고, 랩에 있는 VTP 상태를 프러덕션 스위치와 비교해서 확인할 생각이 없다. 두 번째 엔지니어가 랩에 들어와서 랩 스위치를 프러덕션 네트워크에 연결한다. 그 링크는 트렁크를 협상하고, 랩 스위치와 프러덕션 스위치 간에 동기화를 하고, 그리고 두 스위치는 랩 스위치의 설정 데이터베이스가 더 높은 개정 번호를 가지고 있다는 것을 확인한다.

이 시점에서 VTP는 VLAN 데이터 베이스를 동기화하는 자신의 일을 시작하지만, 불행하게도 VTP는 랩의 VLAN 설정을 뿌리고 프러덕션 VLAN을 삭제한다.

실생활에서, 기존에 있던 VTP 도메인에 새로운 스위치를 설치할 때 이런 문제 발생 가능성을 줄이는 몇 가지 방법이 있다. 특히 기존 VTP 도메인에 새로운 스위치를 연결하기 전에, 다음 방법 중 하나를 사용하여 새 스위치의 VTP 개정 번호를 0으로 재설정하라.

- VTP 트랜스페어런트 모드로 새로운 스위치를 설정하고, VTP 클라이언트나 서버 모드로 다시 설정한다.
- 새로운 스위치의 플래시 안의 vlan.dat 파일을 지우고 스위치를 다시 부팅하라(vlan.dat 파일에는 개정 번호를 포함해서 스위치의 VLAN 데이터베이스가 들어 있다).

새로운 스위치를 설치하기 전에 VLAN 데이터베이스 개정 번호를 재설정하는 제안 외에도, 모범 사례라 불리는 몇 가지 다른 VTP 규칙을 사용하면 VTP의 함정을 피할 수 있다.

- VTP를 사용하지 않는다면, 각 스위치를 트랜스페어런트 모드(**vtp mode transparent**) 또는 오프 모드(**vtp mode off**)로 사용하라.
- VTP 서버와 클라이언트 모드를 사용하는 경우, VTP 패스워드를 사용해라. 기본 설정(서버 모드, 패스워드 설정 없음)을 사용하는 스위치는 프러덕션 네트워크에 트렁크로 연결되었을 때, 실수로 프러덕션 LAN 데이터베이스를 실수로 덮어쓰지 않는다.
- 랩에서 VTP를 사용한다면, 항상 프러덕션에서 사용하는 것과 다른 도메인 이름과 패스워드를 사용해라.
- 알려진 트렁크를 제외한 모든 인터페이스에 **switchport mode access**와 **switchport nonegotiate** 명령어로 트렁킹을 비활성화시키고, 트렁크의 동적 설정을 방지함으로써 VTP 공격을 방지한다.

공격자가 VTP를 사용해서 DoS 공격을 시도할 가능성이 있다. 대부분의 포트에서 트렁킹 협상을 방지하는 것은 공격자가 시도할 기회조차 크게 줄일 수 있다. 또한 모든 스위치에 VTP 패스워드를 사용하면, 공격자가 공격자의 스위치와 프러덕션 스위치 간에 트렁킹을 작동하게 만들었다 하더라도, 공격자는 피해를 입히기 위해 패스워드를 알아야만 한다. 물론, 트랜스페어런트 모드와 VTP 비활성화 사용은 그런 위험을 완전히 없앤다.

챕터 리뷰

시험을 잘 보기 위해 중요한 한 가지 핵심은 시간 간격을 두고 반복적으로 복습하는 것이다. 이 장의 내용을 복습하기 위해 책과 DVD에 있는 툴 또는 본 저서와 관련 있는 웹 사이트의 대화형 도구를 이용할 수 있다. 자세한 사항은 '당신의 학습 계획' 내용을 참조하자. [표 5-4]에는 핵심 복습 내용과 그 내용을 찾을 수 있는 위치를 표시하였다. 학습 진행 과정을 추적하려면, 두 번째 칸에 복습 완료 날짜를 기록한다.

리뷰 항목	완료 날짜	사용 자료
핵심 주제 리뷰		책, DVD/웹 사이트
핵심 용어 리뷰		책, DVD/웹 사이트
DIKTA 문항 답변		책, PCPT
랩 실습		블로그
메모리 테이블 리뷰		책, DVD/웹 사이트
설정 체크리스트 리뷰		책, DVD/웹 사이트
명령어 참조 표 리뷰		책

[표 5-4] 리뷰 확인

핵심 주제 리뷰

핵심 주제	설명	쪽 번호
리스트	두 스위치 간에 VTP가 작동하게 하기 위한 요구 사항	132
표 5-2	VTP 기능 요약	134
그림 5-9	VTP 클라이언트와 서버 스위치가 설정을 저장하는 장소에 대한 설명	141
표 5-3	명령어 목록과 VTP 클라이언트와 서버가 이런 명령어를 저장하는 장소	141
리스트	VTP를 위한 장애 처리 확인 목록	143
리스트	VTP 모범 사례	146

[표 5-5] 5장의 핵심 주제

핵심 용어

VLAN 설정 데이터베이스, 설정 개정 번호(configuration revision number), vlan.dat, VTP, VTP 클라이언트 모드, VTP 가지치기(pruning), VTP 서버 모드, VTP 트랜스페어런트 모드, VTP 동기화

참조 명령어

[표 5-6]과 [표 5-7]에는 이 장에서 다룬 설정 및 검증 명령어를 정리하였다. 간단한 복습 차원에서, 표의 왼쪽 부분을 가리고 오른쪽 설명 부분을 보면서 명령어를 어느 정도 잘 기억하고 있는지 가늠해본다. 그 다음 반대로 오른쪽 설명 부분을 가리고 왼쪽 명령어 부분만 보면서 각 명령어에 대한 설명을 기억해보자.

명령어	설명
vtp domain *domain-name*	VTP 도메인 이름을 정의하는 전역 설정 명령어
vtp password *password*	VTP 패스워드를 정의하는 전역 설정 명령어
vtp mode {server | client | transparent | off}	VTP 모드를 정의하는 전역 설정 명령어
vtp version {1 | 2}	VTP 버전을 설정하는 전역 설정 명령어
[no] vtp pruning	VTP 서버에게 모든 스위치가 VTP 가지치기를 사용하도록 알리는 전역 설정 명령어
[no] shutdown vlan *vlan-id*	로컬 스위치에서만 나열되는 VLAN을 관리상 비활성화(만약 no 옵션을 사용한다면, 활성화)하는 전역 설정 명령어

[표 5-6] 5장에서 다룬 설정 명령어

명령어	설명
show vlan [brief | id *vlan-id* | name *vlan-name* | summary]	VLAN에 대한 정보 나열
show vlan [*vlan*]	VLAN 정보 표시
show vtp status	VTP 설정과 상태 정보 나열
show vtp password	로컬 스위치의 현재 VTP 패스워드 나열

[표 5-7] 5장에서 다룬 EXEC 명령어

5

CHAPTER 6

기타 LAN 주제들

이 장은 다음 시험 주제를 다룬다.

1.0 LAN 스위칭 기술

1.6 스위치 스태킹 및 섀시 통합(Chassis Aggregation) 이점 설명

1.7 일반적인 액세스 계층 위협 완화 기술 설명

1.7.a 802.1x

1.7.b DHCP 스누핑(snooping)

5.0 인프라 유지 관리

5.4 TACAS+ 및 RADIUS와 함께 AAA를 사용한 장치 관리 설명

이 책과 ICND1 100-105 시험 가이드에는 14개의 장이 LAN 관련 주제를 다룬다. 이 장은 그중 마지막으로 일부 작은 주제들로 LAN과 관련된 토론을 마무리한다.

이 장은 세 가지 보안 주제로 시작한다. 첫 번째 절은 스위치가 장치의 전송 프레임을 LAN으로 전송하기 전에 사용자 이름과 패스워드를 제공하도록 요구함으로써 LAN에 대한 사용자 액세스를 보호하는 메커니즘을 정의하는 IEEE 802.1x를 다룬다. 이 도구는 공격자가 네트워크에 액세스하지 못하도록 네트워크를 보호한다. 두 번째 절인 'AAA 인증'에서는 네트워크 장치 보안에 대해 논의하고, 외부 인증 서버와의 사용자 이름/패스워드 로그인을 요구함으로써 라우터와 스위치 CLI 액세스를 보호한다. 세 번째 절인 'DHCP 스누핑(snoopin)'에서는 스위치가 DHCP 메시지 및 기능의 장점을 취하는 보안 공격을 차단하는 방법에 대해 알아본다. DHCP 메시지를 보면서, 비정상적인 방법으로 DHCP가 사용되는 것을 알면 DHCP는 특정 DHCP 메시지를 단순히 여과해서 공격을 막을 수 있다.

이 장의 마지막 4개 절은 스위치 스태킹(stacking)과 섀시 통합(chassis aggregation)과 같은 여러 스위치를 하나의 스위치처럼 작동하게 하는 두 개의 유사한 디자인 도구를 볼 것이다. 스위치 스태킹을 사용하면 서로 가까이에 있는 같은 스위치 세트(동일한 랙의 동일한 벽장, 일반적으로 동일한 랙의 같은 부분)를 케이블로 연결한 다음 하나의 스위치처럼 작동한다. 스위치 스택을 사용하는 것은 스위치 관리 작업량이 크게 줄어들고, 네트워크에서 사용되는 제어 및 관리 프로토콜의 오버헤드가 줄어든다. 스위치 섀시 통합은 동일한 이점을 많이 가지고 있는데, 이는 조금 더 종종 분배 또는 코어 스위치 기능으로 지원되고, 스위치 스태킹은 더 일반적으로 액세스 계층 스위치 기능으로 지원된다.

이 장의 모든 섹션은 동사 '설명(describe)'을 일치시키는 시험 주제를 다루기 때문에 도구의 상세 설정보다는 기본 설명에 집중한다. 일부 주제는 주제를 설명하기 위한 수단으로 일부 설정을 보여주겠지만, 이 장은 기능을 설정하는 능력보다는 기본을 이해할 수 있도록 돕는다.

QUIZ 사전 점검 퀴즈

아래의 사전 점검 퀴즈(지문 또는 PCPT 소프트웨어 사용)를 풀어보면 이 장을 읽고 이해하는 데 시간이 얼마나 걸릴 것인지 가늠할 수 있다. 정답은 퀴즈 다음 페이지 하단에 있으며, 퀴즈 정답에 대한 자세한 설명은 DVD 부록 C와 PCPT 소프트웨어에 담겨 있다.

핵심 주제	문항
IEEE 802.1x를 통한 액세스 보안	1
AAA 인증	2
DHCP 스누핑	3–4
스위치 스태킹 및 샤시 통합	5

[표 6-1] 핵심 주제와 관련된 사전 점검 퀴즈 문항

1. IEEE 802.1x에서, LAN 스위치는 일반적으로 어떤 역할을 하는가?

a. 인증 서버

b. 요청자

c. 트랜스레이터

d. 인증자

2. 다음 중 RADIUS에 해당하지 않는 TACACS+에 해당하는 답변은 무엇인가?

a. 프로토콜은 전송할 암호를 암호화한다.

b. 전송 프로토콜로 UDP를 사용한다.

c. 여러 사용자가 서로 다른 CLI 명령어의 하위 집합을 사용하는 권한을 부여한다.

d. RFC에 의해 정의되었다.

3. 엔지니어가 DHCP 스누핑을 구현하기로 결정했다. 네트워크에는 주로 2계층 스위치, 멀티계층 스위치(즉, 2계층 및 3계층 스위칭을 모두 수행) 및 라우터로 작동하는 장치가 포함된다. 다음 중 DHCP 스누핑을 구현할 수 있는 장치는 무엇인가? (2개를 고르시오)

a. 2계층 스위치

b. 라우터

c. 멀티계층 스위치

d. LAN 허브

4. 2계층 스위치(SW1), 라우터, DHCP 서버 및 3대의 PC(PC1, PC2 및 PC3)와 같은 여러 장치에 2계층 스위치 SW2가 연결된다. 모든 PC는 DHCP를 사용해서 IP 주소를 임대해야 한다. 네트워크 엔지니어는 스위치 SW2에서 DHCP 스누핑을 구현한다. 엔지니어에게 알려지지 않은 공격자는 PC3을 사용하고 있다. 다음 중 무엇이 나열된 장비에 연결된 포트에 대해서 SW2의 DHCP 스누핑 트러스트 상태 구성인가? (2개를 고르시오)

a. 라우터에 연결된 포트는 신뢰할 수 없다.

b. 스위치 SW1에 연결된 포트는 신뢰할 수 없다.

c. PC1에 연결된 포트는 신뢰할 수 없다.

d. PC3에 연결된 포트는 신뢰할 수 있다.

5. 네트워크 엔지니어는 4개의 2960-X 스위치를 사용하고, 시스코의 FlexStack 또는 FlexStack-Plus 스태킹을 사용하여 스위치 스택을 생성한다. 이제 프레임 전달과 같은 데이터 플레인 기능과 STP와 VTP와 같은 제어 플레인 기능, 그리고 텔넷과 SSH 지원과 같은 관리 플레인 기능을 고려해보자. 스택이 연결되고 작동하면, 다음 중 네 개의 스위치 스택이 작동하는 방식은 어느 것인가?

a. 스택은 전송부 기능을 위한 하나의 스위치 역할을 하며, 제어 및 관리 플레인 기능을 위한 스위치는 분리한다.

b. 스택은 데이터 플레인 및 제어 플레인 기능을 위한 하나의 스위치 역할을 하며, 관리 플레인 기능을 위한 스위치는 분리한다.

c. 스택은 데이터 플레인, 제어 플레인, 관리 플레인 기능을 위한 하나의 스위치 역할을 한다.

d. 스택은 데이터, 제어, 또는 관리 플레인 기능을 위한 하나의 스위치로 작동하지 않으며, 대신 만약 하나의 업링크가 장애가 난 경우 백업 업링크를 제공한다.

IEEE 802.1x를 통한 액세스 보안

일부 엔터프라이즈 LAN에서, LAN은 케이블이 각 책상 그리고 모든 칸막이 및 모든 사무실에서 사용되게 구축된다. 만약 새로운 사무실로 옮길 때, 당신이 해야 하는 것은 단지 당신의 PC에서 벽에 있는 RJ-45 소켓으로 짧은 패치 케이블을 꽂아 네트워크에 연결하면 된다. 부팅되고 나면, 당신의 PC는 네트워크의 어디에나 패킷을 보낼 수 있다. 보안은 예를 들면 서버에 로그인 할 때 액세스를 시도하는 장비에서 주로 발생한다.

위에서 설명한 대로 많은 네트워크가 작동한다. 이 방법은 네트워크가 종점과 종점이 연결돼 있는 고속도로처럼 작동하는 것으로 본다. 즉, 효율이 높고 장치에 쉽게 연결할 수 있도록 네트워크를 구축할 수 있다. 그러나 네트워크 서버에 모두가 연결할 수 있게 하기 위해 LAN 액세스를 모두에게 허용하는 것은, 공격자가 접근해 보안에 침입하거나 시도하게 허용한다. 이러한 것은 안전하지 않다. 예를 들어, 물리적으로 접근 가능한 어느 공격자가 그의 노트북을 꽂아서, 내부 네트워크에 연결된 모든 서버를 부당하게 이용하는 도구를 사용할 수 있다.

6

오늘날 많은 회사들은 네트워크의 안전을 확보하고 있다. 물론 회사는 LAN을 구축하고, 케이블들을 모든 회의실과 사내 책상에 연결하기 시작한다. 그렇지만 사용자 PC는 예외다. PC를 사용하려면, LAN 스위치가 사용자에 의해 네트워크에 다른 메시지를 보내는 것을 허용하기 전에 보안 과정을 거쳐야 한다.

스위치는 LAN 포트의 안전한 접근을 위해 IEEE 표준 802.1x를 사용한다. 이 기능을 설정하기 위해서 LAN 스위치는 802.1x를 활성화하게 설정해야 한다. 추가적으로 IT 직원은 인증, 권한 부여, 계정(AAA, Authentication Authorization and Accounting) 서버를 구현해야 한다. AAA 서버(일반적으로 '트리플 A' 서버라고 부른다)는 사용자 이름과 암호를 저장하고 있으며, 사용자가 입력한 정보가 올바른지 결정하는 것은 AAA 서버이다.

구현되고 나면, [그림 6-1]과 같이 LAN 스위치는 802.1x 인증자 역할을 한다. 802.1x 인증자(authenticator)로서 스위치는 802.1x로 일부 포트를 활성화되게 설정할 수 있으며, 대부분의 액세스 포트는 최종 사용자에게 연결된다. 802.1x로 포트를 활성화시키는 것은 포트가 처음에 올라올 때, 스위치는 모든 들어오는 트래픽(802.1x이 아닌)을 걸러낸다. 802.1x는 먼저 그 장비를 사용하는 사용자를 인증해야 한다.

사전 점검 퀴즈 정답

1 D **2** C **3** A, C **4** B, C **5** C

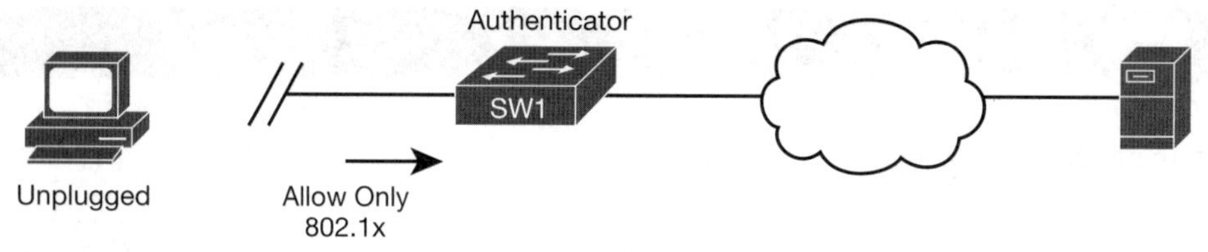

[그림 6-1] AAA 서버와 함께 802.1x 인증자로서 스위치, PC는 아직 연결되지 않음.

스위치는 주로 802.1x를 사용해서 최종 사용자에게 연결하는 액세스 포트를 설정하지만, 트렁크 포트나 물리적으로 더 안전한 네트워크의 일부에 연결되어 있는 포트와 같은 IT 제어 장치에 연결된 포트에는 802.1x를 활성화시키지 않는다.

802.1x 인증 과정은 [그림 6-2]의 흐름과 같이 작동한다. PC가 연결되고 포트가 살면, 스위치는 802.1x 메시지를 사용해서 PC에게 사용자 이름/패스워드를 제공하게 요청한다. PC 사용자는 해당 정보를 제공해야만 한다. 이 과정이 작동하기 위해서, 최종 사용자 단말은 요청자(supplicant)라고 불리는 802.1x 클라이언트를 사용해야 한다. 많은 OS는 802.1x 요청자를 포함하고 있기 때문에, 이것은 단지 OS 설정의 일부로 보여질 수 있다.

[그림 6-2]에서 **단계③** 과 **단계④** 에서, 스위치는 사용자 이름과 암호 조합이 맞는지 찾아내기 위해 사용자를 인증하고 있다. 802.1x 인증자 역할을 하는 스위치는 AAA 서버에게 제공된 사용자 이름과 암호 조합이 맞는지 요청하고, AAA 서버가 그에 대한 회신을 한다. 만약 사용자 이름과 암호가 올바르다면, 스위치는 그 포트에 권한을 부여한다. 만약 사용자 이름/암호 확인이 사용자 이름/암호가 올바르지 않거나 어느 이유로든 진행에 실패하게 되면, 포트는 권한을 부여하지 않은 상태로 남는다. 사용자는 이 시도를 계속 다시 할 수 있다.

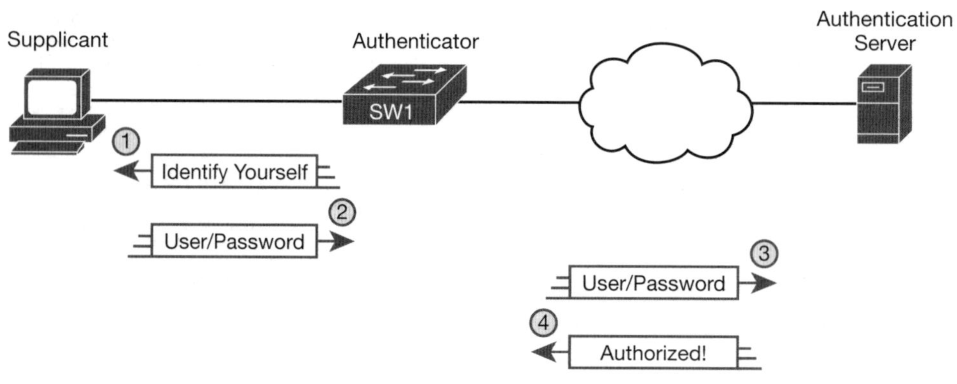

[그림 6-2] 일반적인 802.1x 인증 과정

[그림 6-3]은 802.1x EAP(Extensible Authentication Protocol)에 의해 사용되는 주요 프로토콜 중 하나의 예를 보여줌으로써 이 주제를 정리한다. 스위치(인증자)는 자신과 IP, UDP를 사용하는 AAA 서버 간에 RADIUS를 사용한다. 그러나 802.1x는 이더넷 프로토콜로, IP와 UDP를

사용하지 않는다. 802.1x는 RADIUS AAA 서버로 일부 인증 정보를 교환하기를 원한다. 이를 위한 해결책은 [그림 6-3]에서 보여주는 것과 같이, EAP를 사용하는 것이다.

Key Topic

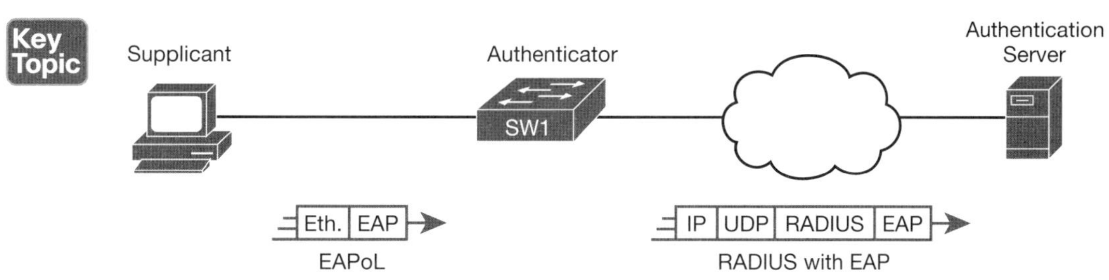

[그림 6-3] 802.1x에서 EAP와 Radius 프로토콜 흐름

그림에서와 같이, EAP 메시지는 다른 유형의 메시지로 요청자에서 인증 서버로 흐른다. 요청자(최종 사용자 단말)에서 스위치로의 흐름은 EAP 메시지를 암호화해서 이더넷 프레임에 직접 전송하는데, 이를 *EAP over LAN(EAPoL)*이라고 부른다. 인증자(스위치)로부터 인증 서버의 흐름은 IP 패킷으로 흐른다. 사실, 이것은 RADIUS 프로토콜(RFC 2865)에 의해 사용되는 일반적인 메시지와 거의 비슷하다. RADIUS 프로토콜은 IP와 UDP 헤더를 가진 UDP 애플리케이션과 같이 작동하며, 그림에서 보여주는 것과 같다.

지금까지 LAN과 관련한 일부 세부 사항과 용어를 설명했는데, 다음 목록을 통해 전체 과정을 요약한다:

- AAA 서버는 사용자 이름과 암호로 설정되어야 한다.
- 각 LAN 스위치는 스위치를 인증자로 설정하기 위해서, AAA 서버의 IP 주소를 설정하기 위해서, 그리고 요구되는 포트에 802.1x를 활성화하기 위해서, 802.1x를 활성화해야 한다.
- 사용자는 AAA 서버에 존재하는 사용자 이름/암호 조합을 알고 있어야 하며, 그렇지 않으면 어느 장비에서도 네트워크에 액세스 할 수 없다.

AAA 인증(Authentication)

ICND1 100-105 시험 가이드는 장치 관리, 특히 네트워크 장비를 보호하는 방법에 대해 자세히 논의한다. 그러나 이러한 CCNA R&S 시험 주제의 ICND1에 표시된 장비의 반 정도는 네트워킹 장비에 로그인하는 것을 보호하기 위해 로컬에서 설정된 정보를 사용한다.

스위치의 로컬에 설정된 사용 자이름과 암호를 사용하는 것은 관리적인 문제를 일으킬 수 있다. 예를 들어, 각 스위치와 라우터는 이 장비에 로그인을 필요로 하는 모든 사용자에 대한 설정이 필요하다. 모범 보안 사례는 암호를 주기적으로 바꾸라고 말하지만, 몇 백 개의 장비에 로그인해서 암호를 변경하는 일은 큰 작업이라서 암호가 오랫 동안 유지되는 경우가 많다.

더 나은 옵션은 외부 AAA 서버를 사용하는 것이다. AAA 서버는 모든 사용자 이름/암호 쌍을 모아서 보호한다. 스위치와 라우터는 여전히 AAA 서버를 참조하기 위해 로컬 보안 설정을 필요로 하지만, 사용자 이름/암호가 중앙집중식으로 존재하고, 관리자의 일을 크게 줄이며, 암호가 주기적으로 바뀔 수 있는 기회가 많아져서 더욱 보안이 강화된다. 이는 또한, 어떤 사용자가 어떤 장비에 언제 로그인 했는지 추적하고, 사람들이 퇴사함에 따라 액세스를 취소하기 쉽다.

이 짧은 절은 네트워킹 장비가 AAA 서버를 사용할 수 있는 방법의 기본에 대해 논의한다.

AAA 로그인 과정

먼저 AAA를 사용하기 위해, 사이트는 시스코의 ACS(Cisco Access Control Server)와 같은 AAA 서버를 설치하고 설정할 필요가 있다. 시스코 ACS는 당신의 서버(물리 또는 가상)에 설치할 수 있는 AAA 소프트웨어이다.

네트워킹 장비는 장비에게 AAA 서버를 사용하라고 말하는 새로운 설정이 각각 필요하다. 설정은 AAA 서버의 IP 주소를 가리키고, TACACS+ 또는 RADIUS 중 어떤 AAA 프로토콜을 사용해야 하는지 정의한다. 설정은 TCP(TACACS+) 또는 UDP(RADIUS) 포트를 사용하기 위한 자세한 사항을 포함한다.

인증을 위해 AAA 서버가 사용될 때, 스위치(또는 라우터)는 간단히 AAA 서버에게 사용자 이름과 암호가 허용되는지를 묻는 메시지를 보내고, AAA 서버는 이에 대답한다. [그림 6-4]는 사용자가 먼저 그의 사용자 이름/암호를 제공하면 스위치가 AAA 서버에게 요청하고, 서버가 스위치에게 해당 사용자 이름/암호가 유효하다는 회신을 하는 예를 보여준다.

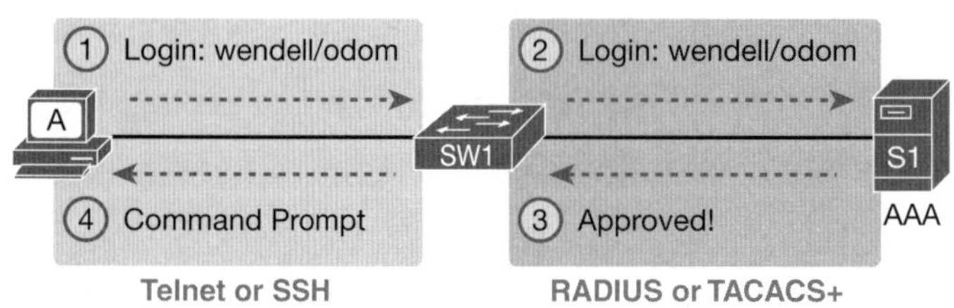

[그림 6-4] 외부 AAA 서버를 통한 기본 인증 과정

TACACS+와 RADIUS 프로토콜

[그림 6-4]가 일반적인 개념을 보여주는 동안, 정보는 몇 개의 다른 프로토콜로 흐른다는 점에 주목해라. 왼쪽에서, 사용자와 스위치 또는 라우터 간의 연결은 텔넷 또는 SSH를 사용한다. 오른쪽 스위치와 AAA 서버는 일반적으로 RADIUS 또는 TACACS+ 프로토콜을 사용하는데, 두 개 모두 네트워크를 통과하는 동안 암호를 암호화한다.

AAA 서버는 권한 부여와 계정 기능도 제공한다. 예를 들어 네트워킹 장비에서, IOS는 사용자가 특정 CLI 명령어의 하위 집합만 사용할 수 있도록 설정될 수 있다. 따라서 기본적으로 두 단계의 권한(사용자 모드와 권한 모드)을 가지는 대신에, 각 장비는 사용자별로 명령어 권한 설정 모음을 설정할 수 있다. 또는 이러한 세부 사항은 각 장비에 자세한 사항을 설정하는 대신에, AAA 서버에 중앙 집중적으로 설정될 수 있다. 그 결과, 다른 사용자는 다른 명령어의 하위 집합을 사용할 수 있게 허용되며, 각 장비에 힘겹게 반복 설정하는 대신, AAA 서버에 요청해 식별한다(TACACS+는 이 특정 명령어 권한 기능을 지원하지만, RADIUS는 그렇지 않다).

[표 6-2]는 TACACS+와 RADIUS의 기본 기능을 비교하고 있다.

기능	TACACS+	RADIUS
주로 사용되는 곳	네트워크 장비	사용자
전송 프로토콜	TCP	UDP
인증 포트 번호	49	1645, 1812
프로토콜이 암호를 암호화함	예	예
프로토콜이 전체 패킷을 암호화함	예	아니오
CLI 하위 집합 명령어를 각 사용자에게 권한을 주는 기능 지원	예	아니오
정의된 곳	시스코	RFC 2865

[표 6-2] TACACS+와 RADIUS 비교

AAA 설정 예

라우터나 스위치가 AAA 서버를 사용하게 하는 방법을 배우는 것은 어려울 수 있다. AAA는 일부 새로운 명령어 학습을 요구한다. 그 외에도 AAA 활성화는 실제로 라우터에서 로그인 인증을 위해 사용하고 있던 규칙을 변경한다. 예를 들어 AAA 활성화 이후, 콘솔 라인에 더 이상 **login** 명령어를 추가할 수 없다.

시험 주제는 AAA 기능에 대해 설정, 검증, 또는 장애 처리 대신 '설명'이라는 문구를 사용한다. 그러나 스위치나 라우터에서 AAA를 이해하려면, 설정 사례를 공부하는 것이 도움이 된다. 다음 주제는 변수나 결과를 검증하거나 명령어 확인 목록을 기억하는 것에 대해 걱정하는 대신, AAA 설정 뒤에 있는 큰 개념에 중점을 둔다. 목표는 스위치나 라우터의 AAA가 로그인 보안 변경을 하는 방법을 보여주고 도와주기 위함이다.

NOTE 이 책과 ICND1 시험 가이드를 통해, 로그인 보안 세부 사항은 스위치는 보조(auxiliary) 포트가 없고, 라우터는 종종 있다는 것만 제외하고 라우터와 스위치 모두에 동일하게 이루어진다. 하지만 설정은 라우터와 스위치 모두에 동일하게 이루어지므로 이 절에서 로그인 보안에 대해 스위치를 언급하면, 라우터에도 같은 개념이 적용된다.

ICND1 시험 가이드에서 ICND1을 위한 스위치 로그인 보안에 대해 배운 모든 것은 기본 전역 명령어 **no aaa new-model**의 이해라고 가정한다. 즉, 당신은 설정에 **aaa new-model** 전역 명령어를 추가하지 않았다. AAA 설정은 **aaa new-model** 명령어를 요구하고, 이 하나의 전역 명령어는 그 스위치가 로그인 보안을 하는 방법을 변경한다.

aaa new-model 전역 명령어는 AAA 서비스를 로컬 스위치(또는 라우터)에 활성화시킨다. 이는 심지어 기존에는 수용되지 않았고, CLI에서 물음표로 도움을 받을 때 보이지 않았던 새로운 명령어를 활성화시킨다. **aaa new-model** 명령어는 또한 일부 기본 로그인 인증 설정을 변경한다. 그래서 새로운 명령어에 대해 기존의 간단한 로그인 보안을 사용하는 것과 더 나은 방식을 비교할 때 경계선으로 생각해라.

스위치에 **aaa new-model** 명령어를 설정한 후, 각 AAA 서버를 정의할 필요가 있고, 거기에 더해 AAA 그룹이라고 적절히 이름 지어진 하나 또는 그 이상의 AAA 서버 그룹을 설정해야 한다. 각 AAA 서버에 대해, [그림 6-5]의 가운데에서 보는 것과 같이, IP 주소와 키를 설정하고, 옵션으로 사용되는 TCP 또는 UDP 포트 번호를 설정한다. 그런 다음 [그림 6-5]의 아래 부분에서 보는 것과 같이, AAA 서버의 각 그룹에 서버 그룹을 만들어서 하나 또는 그 이상의 AAA 서버를 그룹화한다(다른 설정값은 AAA 서버보다는 AAA 서버 그룹에 참조된다).

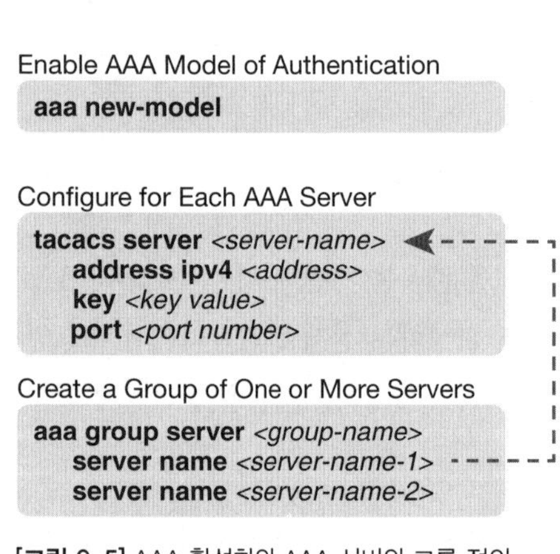

[그림 6-5] AAA 활성화와 AAA 서버와 그룹 정의

[그림 6-5]의 설정 개념은 AAA 인증 설정의 완료된 작업이 아니다. IOS는 논리의 나머지 부분을 연결하기 위해 다음 추가 논리를 사용한다:

- IOS는 콘솔, VTY, 그리고 AUX 포트로 로그인 인증을 하며, 기본적으로 **aaa authentication login default** 전역 명령어 설정에 기반한다.
- **aaa authentication login default** *method method2*... 전역 명령어는 사용되는 AAA 그룹을 참조하는 것을 포함해서 다른 인증 방법을 나열한다([그림 6-5] 아래쪽 참조).
- 이 방법은 다음을 포함한다: 정의된 AAA 서버의 AAA 그룹, 로컬에서 설정된 사용자 이

름/암호 목록을 의미하는 **local**, 그리고 **password** 라인 하위 명령어에 의해 정의된 암호를 사용하기 위한 **line**.

기본적으로, 콘솔이나 VTY 라인에서 로그인 인증으로 AAA를 사용하고자 할 때, 가장 간단한 옵션은 **aaa authentication login default** 명령어를 사용하는 것이다. [그림 6-6]은 이 명령어를 보여주며, 여러 개의 인증 방법을 나열한다. 스위치는 첫 번째 방법을 시도하고, 만약 그 방법이 최종 답변을 회신하면, 그 과정이 끝난다. 그러나 만약 이 방법이 가능하지 않다면, 로컬 장비의 IOS는 다음 방법으로 넘어간다.

[그림 6-6] 기본 로그인 인증 규칙

로그인 인증으로 몇 가지 방법을 최소한 정의하는 것은 좋다. 예를 들어, 첫 번째 방법이 AAA 그룹으로 각 엔지니어가 각 장비에 그들 고유의 사용자 이름과 암호를 가지고 로그인하게 한다. 그러나 당신은 IP 네트워크가 문제가 있고 AAA 서버가 스위치로 패킷을 보내지 못하는 것 때문에 엔지니어가 로그인에 실패하는 것을 원치 않을 것이다. 그래서 백업 로그인 방법(명령어에 나열된 두 번째 방법)을 사용하는 것이 좋다.

[그림 6-7]은 세 가지 명령어의 예를 보여준다. 이 세 명령어는 같은 AAA 그룹(WO-AAA-Group)을 참조한다. 이 그림에서 ①로 표시된 명령어는 근시안적인 접근 방식이며, AAA그룹과 하나의 인증 방법만 사용한다. 그림에서 명령어 ②는 AAA와 두 번째 방법(**local**)의 두 가지 인증 방법을 사용한다(이 명령어의 **local** 키워드는 로컬 스위치에서 설정된 로컬 **username** 명령어를 참조한다). 명령어 ③은 키워드 로그인 후 첫 번째 방법으로 AAA 그룹을 다시 사용한다. 이것은 IOS에게 암호를 서브 명령어로 사용하도록 하는 것이다.

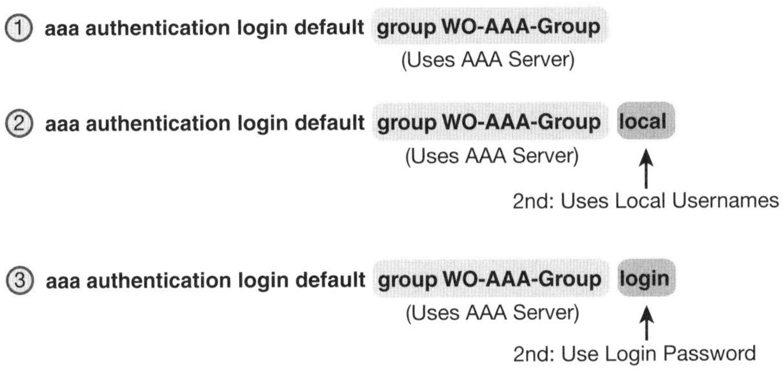

① **aaa authentication login default group WO-AAA-Group**
(Uses AAA Server)

② **aaa authentication login default group WO-AAA-Group local**
(Uses AAA Server)
2nd: Uses Local Usernames

③ **aaa authentication login default group WO-AAA-Group login**
(Uses AAA Server)
2nd: Use Login Password

[그림 6-7] AAA 로그인 인증 방법 조합의 예

∴ DHCP 스누핑(Snooping)

현대 네트워크에 존재하는 위험 유형을 이해하기 위해서, 당신은 먼저 규칙을 이해해야 한다. 그런 다음 공격자가 다른 방식으로 이러한 규칙을 이용하는 방법에 대해 생각해 봐야 한다. 일부 공격자는 해를 끼칠 수 있고, 서비스 거부(DoS) 공격을 할 수 있다. 또는 공격자는 다른 공격을 준비하기 위해 데이터를 모으는 것일 수 있다. 목표가 무엇이든, 네트워킹에서 배우는 모든 프로토콜과 기능에 대해서, 공격자가 이러한 기능을 악용해서 이익을 취할 수 있다.

시스코는 특정 프로토콜 DHCP에 기반한 공격을 완화하는 데에 집중하는 현재 CCNA R&S 시험에 시험 주제를 하나 추가하기로 선택했다. DHCP는 대부분의 기업, 가정 그리고 서비스 제공자에 사용되는 매우 흔한 프로토콜이 되었다. 그 결과, 공격자는 DHCP를 악용한 방법을 찾았다. DHCP의 위험을 완화시키는 데 도움이 되는 한 가지는 'DHCP 스누핑'이라는 LAN 스위치 기능을 사용하는 것이다.

이 장의 세 번째 절은 DHCP 스누핑의 기본을 다룬다. 주 개념으로 시작해서, 공격자가 DHCP를 악용해서 이익을 취할 수 있는 방법에 대한 한 예를 보여준다. 마지막 절은 DHCP 스누핑에 사용되는 논리를 설명한다.

DHCP 스누핑 기본

스위치에서의 DCHP 스누핑은 방화벽이나 ACL과 많은 방식에서 비슷하게 작동한다. 이것은 모든 포트 또는 일부 포트(설정에 따라)에 들어오는 메시지를 모두 볼 것이다. 이것은 DHCP 메시지를 보고, DHCP가 아닌 메시지를 통과시키지만 무시한다. DHCP 메시지에 대해서, 스위치의 DHCP 스누핑 논리는 메시지를 허용하거나 폐기하는 두 선택을 하게 만든다.

명확하게 하기 위해, DHCP 스누핑은 라우터 기능이 아닌 L2 스위치 기능이다. 특히, 2계층 스위칭을 수행하는 스위치는 그 스위치가 L2 스위치로만 작동하는지 멀티계층 스위치로 작동하는지 여부와 상관 없이, 모두 일반적으로 DHCP 스누핑을 지원한다. DHCP 스누핑은 같은 VLAN에 있는 장비 사이에서 수행돼야 한다. 3계층 라우터보다는 L2 스위치의 역할이다.

DHCP 스누핑의 첫 번째 큰 개념은 신뢰할 수 있는 포트(trusted ports)와 신뢰할 수 없는 포트(untrusted ports)에 대한 것이다. 이를 이해하기 위해서는, 하나의 스위치에 연결될 수 있는 모든 장비에 대해 잠시 생각해 봐야 한다. 이는 라우터, 서버, 스위치, 또는 심지어 다른 스위치도 포함한다. 이것은 PC와 같은 최종 사용자 단말도 포함한다. 결국 최종 사용자 장비에 연결되는 무선 액세스 포인트도 포함한다. [그림 6-8]은 대표적인 것을 보여준다.

Key Topic

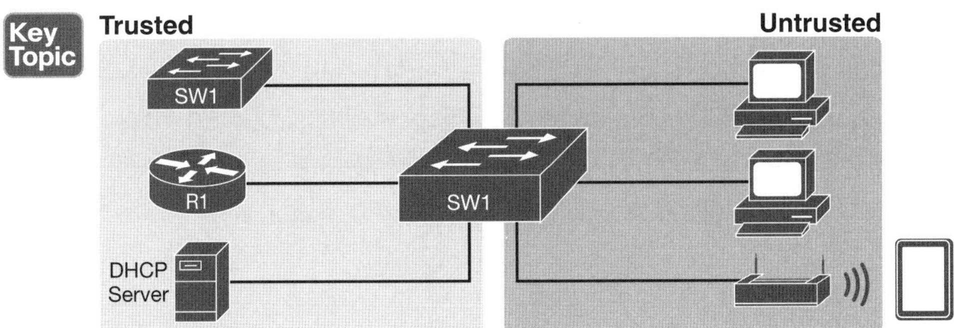

[그림 6-8] DHCP 스누핑 기본: 클라이언트 포트는 신뢰할 수 없다.

DHCP 스누핑은 최종 사용자 장비를 신뢰할 수 없으며, IT 팀의 제어 안에 있는 장비는 조금 더 신뢰할 수 있다는 가정으로 시작한다. 그러나 신뢰할 수 없는 포트의 장비에서도 여전히 DHCP를 사용한다. 대신, 포트를 DHCP 스누핑에 대해서 신뢰할 수 없게 만드는 것은 다음을 의미한다:

> *들어오는 DHCP 메시지를 보고, 신뢰할 수 없는 포트에서 일반적이지 않다고 간주되므로 공격의 일부가 될 수 있다고 간주되는 것은 폐기하라.*

DHCP 기반 공격 예

전체적인 과정을 보여주기 위해 [그림 6-9]는 가장 오른쪽에 있는 합법적인 사용자의 PC와 가장 왼쪽에 합법적인 DHCP 서버를 보여준다. 그러나 공격자는 LAN에 그의 노트북을 연결했고, DHCP 공격을 시작했다. PC1의 첫 번째 DHCP 메시지는 LAN 브로드캐스트이고, 공격자의 PC도 이러한 LAN 브로드캐스트를 PC1과 같은 DHCP 클라이언트로부터 받을 것임을 기억해라(이 경우, PC1은 공격자가 공격을 하는 동안 IP 주소를 임대하려고 하고 있다고 가정한다).

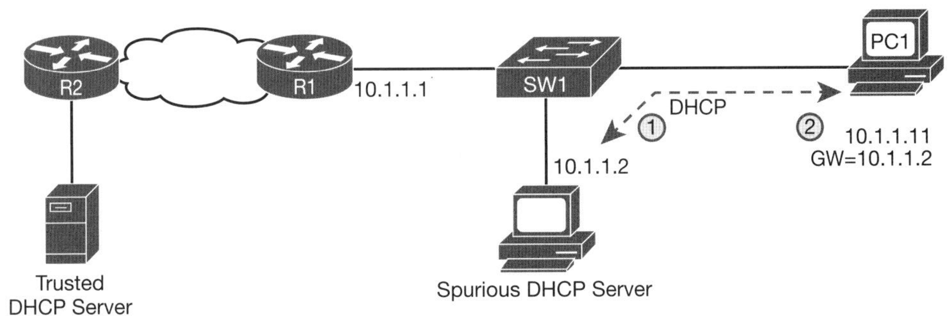

[그림 6-9] DHCP 공격이 올바른 IP 주소를 제공하지만 잘못된 디폴트 게이트웨이를 제공한다.

이 예에서, 공격자에 의해 생성되고 사용되는 DHCP 서버는 실제로 PC1에게 올바른 서브넷에 올바른 마스크를 가지고, 사용할 수 있는 IP 주소를 임대한다. 왜 그런가? 공격자는 PC1이 작동하기를 원하지만, 한 가지 함정이 있다. PC1에 할당된 디폴트 게이트웨이는 R1의 주소인 10.1.1.1이 아닌 10.1.1.2로, 공격자의 PC 주소이다. 이제 PC1은 네트워크에 연결하기 위해 모든 것을 다 했다고 생각하고, 실제로 그렇다. 하지만 이제 PC1에서 보내는 모든 패킷은 공격자의 PC를 통해 먼저 흐르고, [그림 6-10]에서 보여주는 것과 같이 중간자 공격(man-in-the-middle)을 생성한다.

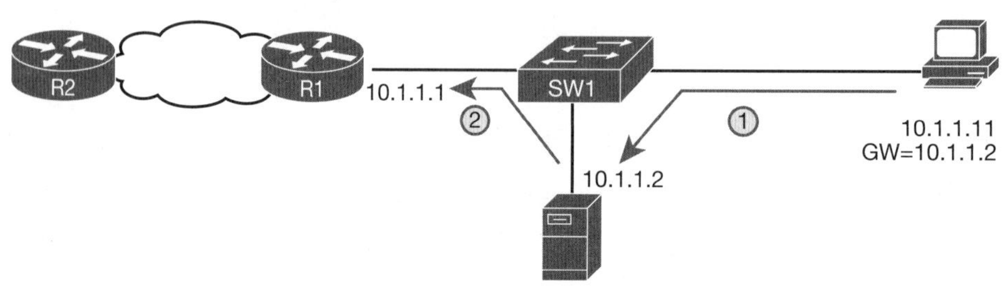

[그림 6-10] 불행한 결과: DHCP 공격은 중간자 공격(Man-in-the-middle)으로 이끈다.

그림의 두 단계는 DHCP가 완료된 후 데이터 흐름을 보여준다. 서브넷에서 나가려는 트래픽의 경우, PC1은 디폴트 게이트웨이인 10.1.1.2로 패킷을 전송하는데, 이것은 공격자에게 일어난다. 공격자는 R1에게 패킷을 전송한다. PC1 사용자는 이전과 같이 모든 애플리케이션에 연결할 수 있지만, 이제는 공격자가 PC1에서 보내는 모든 것의 복사본을 보관할 수 있다.

DHCP 스누핑 작동 방식

앞의 예는 하나의 공격만을 보여준다. 일부 공격은 추가 DHCP 서버(가짜(spurious) DHCP 서버라고 불림)를 사용하고, 일부 공격은 DHCP 클라이언트 기능을 사용해서 많은 다른 방식으로 나타난다. DHCP 스누핑은 어떻게 DHCP가 작동하고 DHCP 사용에 일반적이지 않은 메시지를 여과하는 것을 고려한다.

DHCP 스누핑은 일부 설정값이 필요하다. 먼저, 엔지니어는 글로벌하게 스위치에 또는 VLAN에 의해 DHCP 스누핑을 활성화해야 한다(즉, 일부 VLAN에는 활성화시키고, 다른 것에는 하지 않는다). 활성화되고 나면, 모든 포트는 신뢰할 수 있다고 설정될 때까지 신뢰할 수 없다고 간주된다.

다음, 일부 스위치 포트는 신뢰할 수 있다고 설정될 필요가 있다. 합법적인 DHCP 서버에 연결된 스위치 포트는 신뢰되어야 한다. 또한 다른 스위치나 라우터에 연결된 포트도 신뢰되어야 한다. 왜 그런가? 신뢰할 수 있는 포트는 기본적으로 네트워크에서 합법적인 DHCP 서버로부터 메시지를 받을 수 있는 포트이다. 네트워크에서 합법적인 DHCP 서버는 잘 알려져 있다.

간단히 복습으로, ICND1 시험 가이드는 일반적인 DHCP 임대 과정(DISCOVER, OFFER, REQUEST, ACK [DORA])에 사용되는 DHCP 메시지를 설명했다. 이러한 DHCP 메시지와 다른 DHCP 메시지의 경우, 메시지는 일반적으로 DHCP 클라이언트나 서버로부터 보내지지만 두 개 모두에서는 아니다. DORA 메시지에서, 클라이언트는 DISCOVER와 REQUEST를 보내고, 서버는 OFFER와 ACK를 보낸다. DHCP 서버만이 DHCP OFFER와 ACK 메시지를 보낼 수 있다는 것을 알고, DHCP 스누핑은 신뢰할 수 있는 포트의 들어오는 OFFER와 ACK 메시지를 허용하지만, 만약 신뢰할 수 없는 포트에 들어오면 이 메시지들을 걸러낸다.

따라서 DHCP 스누핑의 첫 번째 규칙은 스위치가 신뢰할 수 있는 DHCP 서버의 합법적인 메시지가 도착할 수 있는 포트를 신뢰하게 하는 것이다. 반대로, 포트를 신뢰할 수 없게 둠으로써 스위치는 들어오는 DHCP 서버 전용 메시지를 폐기하는 선택을 한다. [그림 6-11]은 이러한 점을 요약하고, 합법적인 DHCP가 왼쪽에 신뢰할 수 있다고 표시된 포트에 있다는 것을 보여준다.

Key Topic

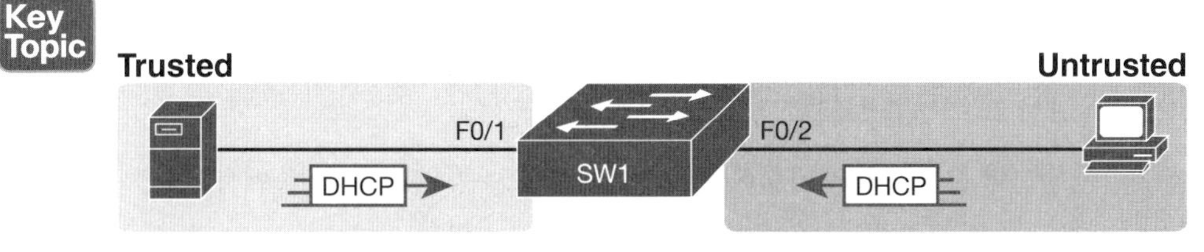

DHCP **All** Messages: **Approved!**

DHCP **Server** Messages: **Rejected!**
DHCP **Client** Messages: **Check Binding Table**

[그림 6-11] DHCP 스누핑을 위한 규칙 요약

신뢰할 수 없는 DHCP 포트의 논리는 조금 더 어려워진다. 기본적으로 신뢰할 수 없는 포트는 실제 사용자 집단으로, 모두 DHCP에 많이 의존하고 있다. 이러한 포트는 또한 DHCP로 네트워크에 공격을 시도하는 일부 사람을 포함하며, 당신은 어떤 신뢰할 수 없는 포트가 합법적인 사용자이고 네트워크 공격자인지 예측할 수 없다. 그래서 DHCP 스누핑 기능은 항상 DHCP 메시지를 보고, DHCP 바인딩 테이블에 일부 상태 정보를 보관해서, DHCP 메시지가 폐기되어야 할 때를 결정할 수 있다.

DHCP 바인딩 테이블은 각각의 성공적인 IPv4 주소의 임대 정보의 주요 부분을 나열한 것이다. 신뢰할 수 없는 포트에 받는 각 새로운 DHCP 메시지는 DHCP 바인딩 테이블과 비교할 수 있고, 만약 스위치가 DHCP 메시지와 바인딩 테이블과 비교할 때 충돌이 일어나면 스위치는 메시지를 폐기한다.

조금 더 구체적으로 이해하기 위해, 먼저 DHCP 바인딩 테이블에 하나의 엔트리를 구축한 스위치를 보여주는 [그림 6-12]를 보자. 이 간단한 네트워크에서, 오른쪽의 DHCP 클라이언트는 왼쪽의 DHCP 서버로부터 IP 주소 10.1.1.11을 임대한다. 스위치의 DHCP 스누핑 기능은

포트(인터페이스 F0/2, 스위치에 의해 VLAN 11에 할당)에 대한 정보와 함께 DHCP 메시지 정보를 조합하고, DHCP 바인딩 테이블에 넣는다.

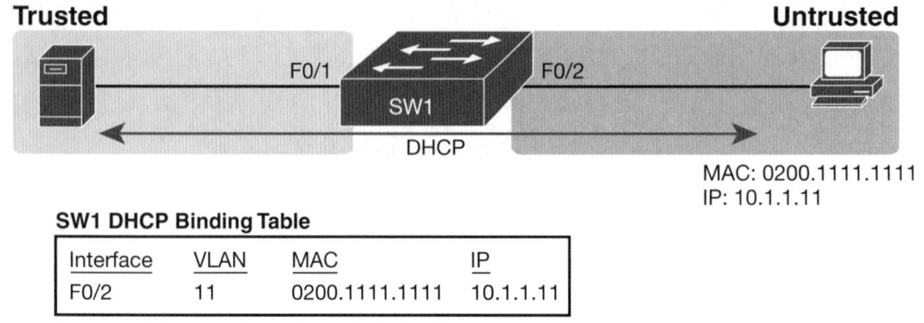

Interface	VLAN	MAC	IP
F0/2	11	0200.1111.1111	10.1.1.11

[그림 6-12] DHCP 스누핑에 의해 쌓아진 DHCP 바인딩 엔트리로 DHCP 클라이언트 정당화

이 DHCP 바인딩 테이블 때문에, DHCP 스누핑은 이제 같은 IP 주소(10.1.1.11) 또는 같은 MAC 주소(2000.1111.1111)를 다른 스위치 포트의 다른 클라이언트가 사용하지 못하게 막는다 (많은 DHCP 클라이언트 공격은 합법적인 호스트로서 같은 IP 주소와 MAC 주소를 사용한다).

논리에 기반한 방화벽 같은 규칙 필터링과는 달리, DHCP 스누핑은 인터페이스에서 DHCP 메시지의 속도 제한 숫자를 설정할 수 있다. 예를 들어, 신뢰하지 않는 인터페이스에서 들어오는 DHCP 메시지의 속도를 제한함으로써, DCHP 스누핑은 합법적인 DHCP 서버에 과부하되거나 가능한 DHCP IP 주소 공간을 모두 소비하게 설계된 DoS 공격을 예방할 수 있다.

DHCP 스누핑 기능 요약

DHCP 스누핑은 특히, DHCP가 네트워크의 중요한 부분이기 때문에 위험을 줄이는 데 도움을 줄 수 있다. 다음 목록은 시험 공부를 쉽게 하기 위한 DHCP 스누핑에 대한 핵심 부분을 요약한다.

- **신뢰할 수 있는 포트:** 신뢰할 수 있는 포트는 모든 들어오는 DHCP 메시지를 허용한다.
- **신뢰할 수 없는 포트, 서버 메시지:** 신뢰할 수 없는 포트는 서버 메시지라고 간주되는 모든 들어오는 메시지를 폐기한다.
- **신뢰할 수 없는 포트, 클라이언트 메시지:** 신뢰할 수 없는 포트는 클라이언트 메시지라고 간주되는 메시지에 더 복잡한 논리를 적용한다. 그들은 각 들어오는 DHCP 메시지가 가지고 있는 DHCP 바인딩 정보와 충돌하는지 여부를 확인하고, 만약 그렇다면 DHCP 메시지를 폐기한다. 만약 메시지가 충돌하지 않는다면, 스위치는 메시지를 통과하게 허용하는데, 일반적으로 새로운 DHCP 바인딩 테이블 엔트리의 추가 결과가 된다.
- **속도 제한:** 선택적으로 초당 또는 포트당 받은 DHCP 메시지의 숫자를 제한한다.

∷ 스위치 스태킹(Stacking) 및 샤시 통합(Chassis Aggregation)

시스코는 고객이 시스코 스위치를 여러 스위치가 아닌 하나의 스위치로 협력해서 작동하도록 설정할 수 있는 몇 가지 옵션을 제공한다. 이 장의 마지막 절은 이러한 기술의 두 주요 부분인 액세스 계층 스위치에 주로 관련이 있는 '스위치 스태킹'과 분배와 코어 스위치에서 흔하게 찾을 수 있는 '샤시 통합'에 대해 논의한다.

스태킹이 없는 전통 액세스 스위칭

잠시 동안, 당신이 층수 많은 여러 채의 오피스 빌딩으로 구성된 새로운 캠퍼스에 대해 모든 장비를 주문할 책임이 있다고 상상해 보자. 당신은 아마도 그 공간과 설계도를 보고 사람들과 컴퓨터의 위치에 대해 생각하기 시작할 것이다. 각 와이어링 클로짓(wiring closet)에서 몇 개의 이더넷 포트가 필요한지 생각하는 시점이다.

오늘날 하나의 와이어링 클로짓에서 150개의 포트가 필요한데, 당신은 200개까지 수용 가능한 충분한 스위치 포트 용량을 구축하고 싶다고 가정하자. 어느 정도 크기의 스위치를 사야 하는가? 최소한 200개 포트가 있는 스위치를 하나만 사서 와이어링 클로짓에 넣고 싶은가? (이 책은 다양한 스위치 사양들에 대해 논의하지 않는다. 그러나 당신은 한 스위치에 몇 백 개의 포트가 있는 LAN 스위치를 살 수 있다.) 또는 최소한 각각 100개 이상의 포트가 있는 한 쌍의 스위치를 구매할 것인가? 아니면 각각 24개의 액세스 포트가 있는 8개 또는 9개의 스위치를 구매할 것인가?

적은 수의 큰 스위치를 사용하는 것은 장단점이 있고 그 반대도 마찬가지이다. 이러한 요구를 충족시키기 위해서, 시스코와 같은 제조사는 다양한 범위의 포트 밀도를 제공한다. 그러나 스위치 스태킹이라고 불리는 스위치 기능은 두 개 모두의 장점을 제공한다.

스위치 스태킹의 이점을 이해하기 위해서는, [그림 6-13]에서 보여주는 일반적인 LAN 디자인을 상상해보자. 이 그림은 개념적인 디자인을 보여주며, 두 개의 분배 스위치와 네 개의 액세스 계층 스위치를 보여준다.

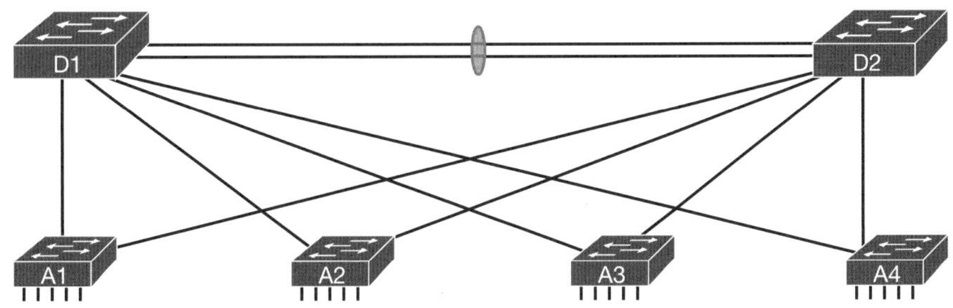

[그림 6-13] 전형적인 캠퍼스 디자인: 액세스 스위치와 두 분배 스위치

6

나중에 있을 비교를 위해, 여기서 몇 가지를 강조하고자 한다. 액세스 스위치 A1부터 A4는 모두 다른 장비로 작동한다. 네트워크 엔지니어는 각각 설정해야만 한다. 그들은 관리를 위해 IP 주소가 필요하다. 그들은 각각 CPD, STP 그리고 어쩌면 VTP를 사용한다. 그들은 각각 MAC 주소 테이블이 있고, 각각 그 MAC 주소 테이블에 기반해서 이더넷 프레임을 전송한다. 각 스위치는 아마 아주 비슷한 설정을 갖고 있지만, 설정과 모든 기능은 분리되어 있다.

이제 [그림 6-13]에는 나와 있지 않지만, 이 같은 네 개의 액세스 스위치를 물리적으로 같은 와이어링 클로짓 또는 같은 랙에 있다고 상상해보자. 이 경우, 모든 네 개의 액세스 스위치가 같은 클로짓의 같은 랙에 위치하고 있다고 가정하자. 빌딩의 바닥에 있는 모든 케이블은 모두 와이어링 클로짓으로 가며, 각 케이블은 네 스위치 중 일부 포트로 연결된다. 각 스위치는 1RU(Rack Unit)로 1.75인치 일 것이며, 그들은 서로 다른 스위치 위에 위치한다.

액세스 계층 스위치의 스위치 스태킹

이 시나리오는 말 그대로 스위치를 서로 쌓아 올린 것이다. 스위치 스태킹 기술은 네트워크 엔지니어가 물리적인 스위치의 스택을 하나의 스위치로 작동하게 만드는 것을 허용한다. 예를 들어, 만약 스위치 스택이 [그림 6-13]의 네 개의 스위치로 이루어졌으면, 다음이 적용된다:

- 스택은 한 개의 관리 IP 주소를 가진다.
- 엔지니어는 텔넷이나 SSH로 여러 개의 스위치가 아닌 한 개의 스위치(한 개의 관리 IP 주소)에 연결한다.
- 한 개의 설정 파일은 네 개의 물리적인 스위치의 모든 인터페이스를 포함한다.
- STP, CDP, VTP는 여러 개가 아닌 하나의 스위치에서 작동한다.
- 스위치 포트는 만약 모두 같은 스위치라면 존재한다.
- 하나의 MAC 주소 테이블이 있고, 모든 물리 스위치의 모든 포트가 참조된다.

이 목록은 모든 가능한 스위치 기능에 대해 한참 더 길지만, 요점은 스위치 스태킹은 마치 그들이 하나의 큰 스위치의 일부인 것처럼 스위치를 작동하게 하는 것이다.

이렇게 하기 위해서, 스위치는 특별한 네트워크로 함께 연결되어야 한다. 네트워크는 표준 이더넷 포트를 사용하지 않는다. 대신, 스위치는 *스태킹 포트*라고 불리는 특별한 하드웨어 포트를 사용한다. 시스코 FlexStack과 FlexStack-Plus 스태킹 기술로, 스태킹 모듈은 한 스위치에 넣어야 하며, 스태킹 케이블로 연결되어야 한다.

NOTE 시스코는 오랜 시간 동안 그것들을 모두 다 참조하는 것을 피하기 위해 몇 개의 스위치 스태킹 기술을 만들었으며, 이 절은 시스코의 FlexStack과 FlexStack-Plus를 묘사한다. 이러한 스태킹 기술은 많이 사용되는 2960-S, 2960-X, 그리고 2960-XR 스위치 제품군에서 서로 다른 각도로 지원된다.

[그림 6-14]에서 보여주는 것과 같이, 스태킹 케이블은 스위치 간에 원을 만든다. 즉, 스위치는 시리즈로 연결되고, 마지막 스위치는 다시 첫 번째와 연결된다. 각 링크에 전이중(풀 듀플렉스)을 사용함으로써, 스태킹 모듈과 케이블은 스택에서 물리적인 스위치 간에 데이터를 전송하는 두 개의 경로를 생성한다. 스위치는 스위치들 간에 프레임을 전송하거나 오버헤드 기능을 수행하기 위해 이러한 연결을 사용한다.

각 스태킹 모듈은 다른 스위치의 스태킹 모듈에 연결할 수 있는 두 포트를 가지고 있다. 예를 들어, 만약 네 개의 스위치가 2960XR 스위치라면, 각각은 하나의 스태킹 모듈이 필요하고, 보이는 것처럼 네 개의 스위치를 연결하기 위해 총 네 개의 케이블이 필요하다. [그림 6-15]는 [그림 6-14]에서 같은 개념을 보여주지만, 사진에서는 그림의 왼쪽에 있는 스태킹 케이블을 보여준다.

Key Topic

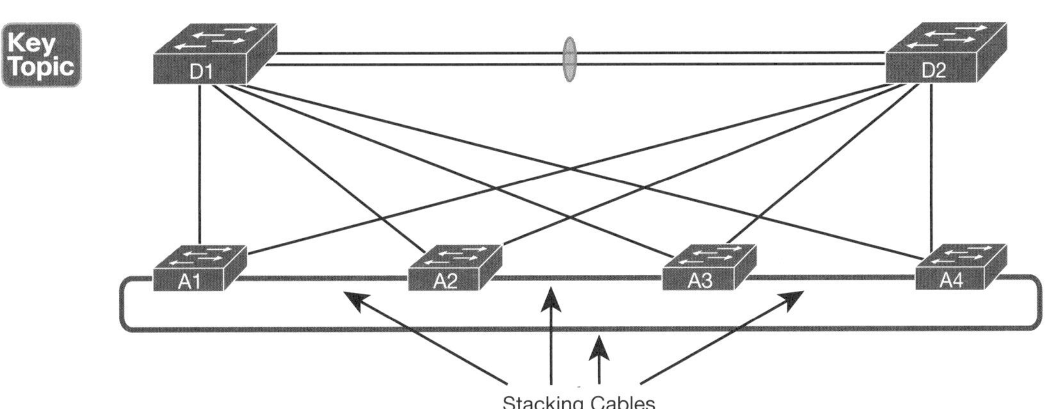

[그림 6-14] 같은 랙에 있는 액세스 스위치 간의 스태킹 케이블

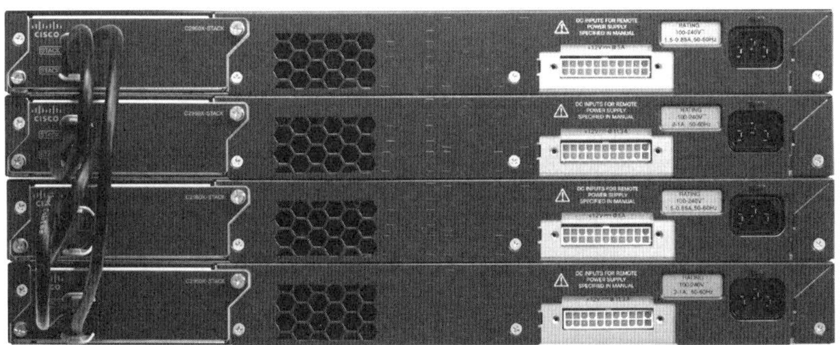

[그림 6-15] 네 개의 2960X 스위치가 왼쪽에 스태킹 케이블로 연결된 사진

당신은 스위치 스택이 문자 그대로 같은 랙에 있는 스위치의 스택이라고 생각해야 한다. 스태킹 케이블은 스위치들이 같은 방의 같은 랙에 같이 있을 것을 예상해서 짧다. 예를 들어, 시스코는 0.5, 1 그리고 3미터 스태킹 케이블을 이 절의 마지막에 더 깊게 논의할 플렉스스택(FlexStack)과 플렉스스택-플러스(FlexStack-Plus) 스태킹 기술에 제공한다.

하나의 논리 스위치로서 스위치 스택 작동

스위치 스택으로, 스위치는 하나의 논리 스위치로 작동한다. 이 용어(논리 스위치)는 명확하게 물리 스위치가 있지만 하나의 스위치로서 함께 작동한다는 것을 강조한다.

이것들이 모두 작동하게 하기 위해서, 하나의 스위치는 스택 마스터로 작동하고 나머지 스위치들을 제어한다. 스태킹 케이블에 의해 생긴 링크는 물리 스위치들이 통신할 수 있게 허용하지만, 스택 마스터는 작업을 제어한다. 예를 들어 만약 물리 스위치를 1, 2, 3, 4로 번호를 준다면, 프레임이 스위치 4에 도착하고 스위치 3의 링크로 나가야 할 수 있다. 만약 스위치 1이 스택 마스터라면, 스위치 1, 3, 4는 스택 링크를 통해서 프레임을 전송하기 위해서 통신할 필요가 있다. 하지만 스택 마스터인 스위치 1은 프레임을 어디로 전송할지 선택하기 위해 MAC 주소 테이블을 일치시켜야 한다.

[그림 6-16]은 스위치 스택이 하나의 논리 스위치로 작동하는 방법의 LAN 디자인 영향에 초점을 맞춘다. 이 그림은 네 개의 액세스 스위치와 분배 스위치 간에 케이블링을 변경하지 않은 디자인을 보여준다. 이전에, 각각 나눠진 액세스 스위치는 분배 계층의 각 분배 스위치에 하나씩 연결된([그림 6-13] 참조) 두 링크를 가지고 있었다. 그 케이블링은 변함이 없다. 그러나 하나의 논리 스위치로 작동하는 것은, 스위치 스택은 각 분배 스위치에 네 개의 업링크를 가지고 하나의 스위치로서 작동하는 것이다. 각 네 개의 링크를 이더채널로 묶는 작은 설정을 추가하면, [그림 6-16]에서 보여주는 디자인을 가지게 된다.

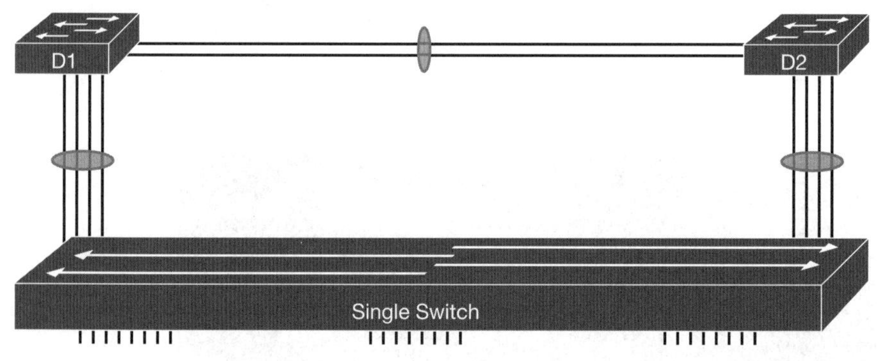

[그림 6-16] 스택은 하나의 스위치와 같이 작동한다.

스택은 또한 운영을 간단하게 한다. 예를 들어, 이 예에서 4개의 물리 액세스 스위치에 액세스 포트를 가진 VLAN에 대한 STP 토폴로지 범위를 상상해 보라. 그 스패닝 트리(Spanning Tree)는 6개의 스위치 모두를 포함할 것이다. 하나의 논리 스위치로 작동하는 스위치 스택을 사용하는 것은 같은 VLAN에서 이제 STP 토폴로지에 세 개의 스위치만 있는 것이며, 이는 훨씬 이해하고 예측하기 쉽다.

시스코 FlexStack과 FlexStack-Plus

스위치 스택에 대한 개념을 마무리하기 위해, 이 마지막 주제는 일부 시스코의 플렉스스택(FlexStack)과 플렉스스택-플러스(FlexStack-Plus)의 일부 옵션을 볼 것이다.

시스코의 스태킹 기술은 시스코가 스태킹을 특정 하드웨어를 필요로 하는 제품의 기능으로 포함시킬 것을 요구한다. 시스코는 2960으로 시작하는 모델 번호로 새로운 시리즈를 구축한 오랜 역사를 가지고 있다. 시스코의 문서에 따르면, 시스코는 2960-S 모델 시리즈 소개의 일부로 'FlexStack'이라는 하나의 스태킹 기술을 만들었다. 시스코는 후에 플렉스스택을 강화한 'FlexStack-Plus'를 2960-X와 2960-XR 모델 시리즈의 제품에 추가했다. 스위치 스태킹이 미래의 디자인을 지원하게 하기 위해, 스태킹 하드웨어도 시간이 지남에 따라 발전되는 추세이며, 이는 [표 6-3]에서 FlexStack과 FlexStack-Plus 간의 비교표에서도 볼 수 있다.

비교 항목	FlexStack	FlexStack-Plus
소개된 연도	2010	2013
스위치 모델 시리즈	2960-S, 2960-X	2960-X, 2960-XR
양방향(전이중)으로 한 개 스택 링크 속도	10Gbps	20Gbps
한 스택에 스위치의 최대 숫자	4	8

[표 6-3] 시스코의 플렉스스택과 플렉스스택-플러스 옵션의 비교

샤시 통합(Chassis Aggregation)

샤시 통합은 여러 개의 스위치를 한 개의 스위치로써 작동시키게 만드는 데 사용되는 다른 시스코 용어이다. 큰 그림에서 보면, 스위치 스태킹은 액세스 계층을 위한 스위치로, 시스코에 의해 종종 사용되고 제공된다. 샤시 통합은 분배나 코어 계층에 있는 조금 더 성능이 좋은 스위치들에 사용된다. 주요 다른 점을 요약하자면, 샤시 통합은:

- 일반적으로 분배 또는 코어 스위치로서 사용되는 상위 스위치에 사용된다.
- 특별한 하드웨어 어댑터를 필요로 하지 않고, 이더넷 인터페이스를 사용한다.
- 두 스위치를 합한다.
- 논리적으로 더 복잡하지만 기능적이다.

샤시 통합의 큰 개념은 여러 개의 스위치가 하나의 스위치같이 작동되는 스위치 스택과 동일하며, 이는 가용성과 디자인 이점을 준다. 하지만 샤시 통합의 원동력은 LAN에 대한 고가용성 디자인에 관한 것이다. 이 절은 코어와 분배 계층의 고가용성에 대한 큰 개념을 주기 위해 일부를 다룬다.

> **NOTE** 이 절은 샤시 통합의 일반적인 개념을 보지만, 구체적인 구현에 대한 추가 문서는 cisco.com에서 6500과 6800 시리즈 스위치에서 지원되는 시스코의 Virtual Switching System(VSS)을 검색해라.

분배/코어 스위치의 고가용성

샤시 통합 없이도, 분배와 코어 스위치는 고가용성을 필요로 했다. 다음 몇 페이지는 분배와 코어 스위치로 사용하기 위해 구축된 스위치가 샤시 통합 없이도 가용성을 향상시킬 수 있게 돕는 방법을 볼 것이다.

중형에서 대규모 엔터프라이즈 캠퍼스 LAN을 둘러 보면, 일반적으로 분배와 코어 스위치보다 더 많은 액세스 스위치들을 찾을 수 있을 것이다. 예를 들어, 한 층당 네 개의 스위치를 가지고 있고, 한 빌딩이 10층이라고 하면, 모두 40개의 액세스 스위치가 있다. 이런 빌딩은 아마 한 쌍의 분배 스위치만을 가지고 있을 것이다.

그리고 왜 분배 스위치는 하나가 아니고 두 개여야 하는가? 만약 디자인이 하나의 분배 스위치만을 사용하고 장애가 났다면, 빌딩의 어떤 장비도 네트워크의 나머지에 도달하지 못하기 때문이다. 그렇다면 왜 네 개나 여덟 개는 안 되는가? 그 이유는 비용과 복잡성 때문이다. 하나의 빌딩에 한 쌍의 분배 스위치는 고가용성과 낮은 비용/복잡성의 적절한 균형을 제공한다.

일반적인 분배와 코어 스위치의 가용성 기능은 네트워크 디자이너들에게 단지 두 분배와 코어 스위치로 뛰어난 가용성 디자인을 생성하게 허용한다. 시스코는 일반적인 분배/코어 스위치를 이중화한다. 예를 들어, [그림 6-17]은 일반적인 샤시 기반 시스코 스위치를 나타낸다. 이는 라인 카드(line card), 즉 이더넷 포트를 가진 카드를 사용할 수 있는 슬롯이 있다. 이것은 두 개의 프레임과 패킷 전송을 하는 수퍼바이저 카드를 가지고 있다. 또한 두 개의 전원 공급 장치가 있으며, 각각은 원한다면 다른 변전소로부터 전원을 공급하게 연결할 수 있다.

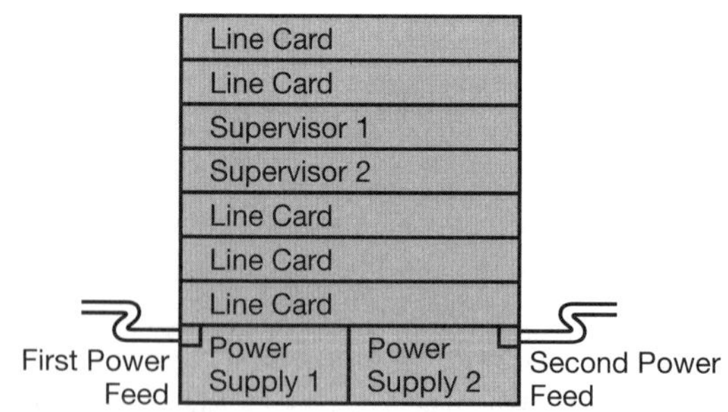

[그림 6-17] 모듈러 형식의 시스코 분배/코어 스위치 내의 일반적인 라인 카드 배열

[그림 6-18]에서 보여주는 것과 같이, 와이어링 클로짓에 서로 옆에 있는 두 개의 분배 스위치를 상상해 보자. 디자인은 주로 두 스위치를 이더채널로 연결한다. 더 나은 가용성을 위해,

이더채널은 다른 라인카드로부터 포트를 사용할 수 있고, 만약 한 라인 카드가 일부 하드웨어 장애로 인해 장애가 나면, 이더채널은 여전히 작동한다.

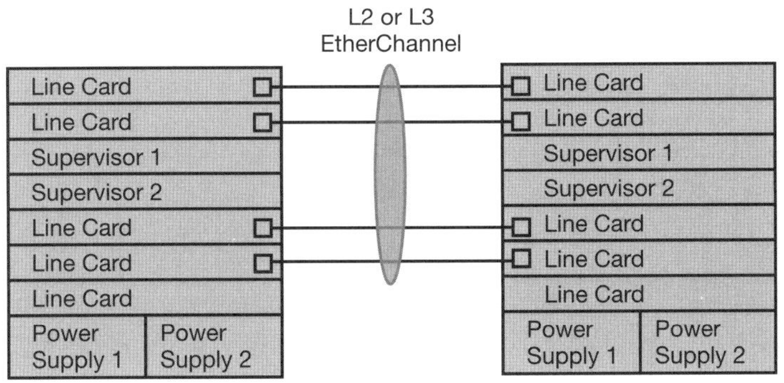

[그림 6-18] 이더채널 사용과 다른 라인 카드

샤시 통합을 통한 디자인 및 가용성 향상

다음으로, 샤시 통합을 한 쌍의 분배 스위치에 추가하는 것의 효과를 고려해보자. 효과면에서, 두 스위치는 스위치 스태킹과 같이 하나의 스위치로 작동한다. 샤시 통합이 이루어지는 방법의 세부 사항은 다르다.

[그림 6-19]는 비교를 보여준다. 왼쪽에는 두 분배 스위치가 독립적으로 작동하고, 오른쪽은 두 분배 스위치가 합쳐져 있다. 두 케이스 모두 각 분배 스위치가 하나의 2계층 링크로 독립적으로 작동하는, 즉 스위치 스태킹을 사용하지 않는, 액세스 계층 스위치 A1과 A2에 연결되어 있다. 따라서 왼쪽과 오른쪽 예의 차이점 하나는 오른쪽의 분배 스위치는 스위치 통합을 사용한다는 점이다.

그림의 오른쪽은 액세스 계층 스위치로 가는 하나의 스위치로 나타나는 통합 스위치를 보여준다. 실제로 업링크가 두 개의 다른 스위치에 연결되더라도, '멀티샤시 이더채널(MEC, Multichassis EtherChannel)'이라고 부르는 기능을 통해 이더채널로 설정될 수 있다.

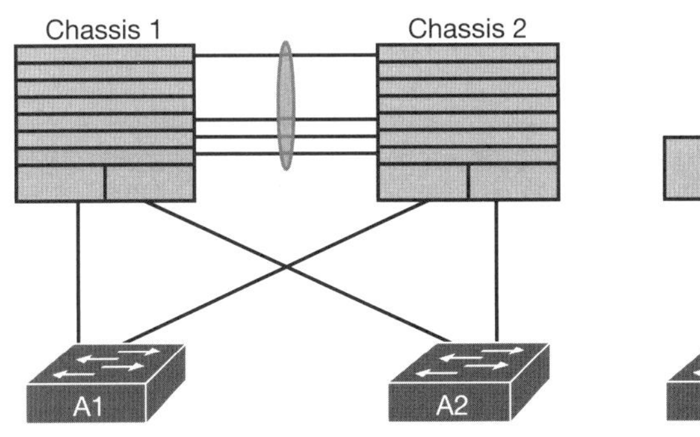

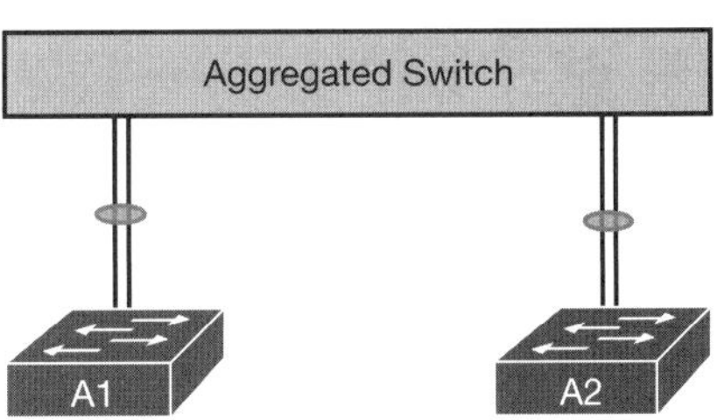

[그림 6-19] 통합된 분배 스위치의 디자인 장점

다음 목록은 스위치 통합의 이점을 설명한다. 많은 이점은 스위치 스태킹 논의와 비슷하게 들릴 것이다. 차이점은 액티브/액티브 전송부(data plane)와 관계가 있다.

- **멀티샤시 이더채널**(MEC): 두 개의 물리 스위치 간에 이더채널을 사용한다.
- **액티브/스탠바이 컨트롤 플레인**: 한 쌍의 컨트롤 플레인 프로토콜(STP, VTP, 이더채널, ARP, 라우팅 프로토콜)에 대해 하나의 스위치와 같이 작동하기 때문에, 제어부에 대해 더 운영이 더 쉽다.
- **액티브/액티브 데이터 플레인**: 액티브 상태의 2계층과 3계층이 두 스위치의 수퍼바이저를 전송하면서, 두 스위치에 있는 수퍼바이저의 기능을 전달할 수 있다. 스위치는 이 과정을 지원하기 위해 MAC과 라우팅 테이블을 동기화한다.
- **하나의 스위치 관리**: 액티브 스위치에서 관리 프로토콜(텔넷, SSH, SNMP)을 실행함으로써 관리 프로토콜의 운영을 간단하게 할 수 있다. 설정은 스탠바이 스위치와 자동으로 동기화한다.

마지막으로, 하나의 네트워크에서 샤시 통합과 스위치 스태킹을 함께 사용하는 것은 디자인에 있어 많은 이익을 가져온다. [그림 6-13]으로 돌아가 보자. 이것은 두 개의 분배 스위치와 네 개의 액세스 스위치가 모두 독립적으로 작동하고, 각 액세스 스위치에서 각 분배 스위치로 하나의 업링크가 있는 것을 보여준다. 만약 당신이 네 개의 액세스 스위치에 스태킹을 활성화시키고, 두 개의 분배 스위치에 대해 샤시 통합을 활성화시키면, [그림 6-20]에서 보여주는 것과 같은 토폴로지가 생긴다.

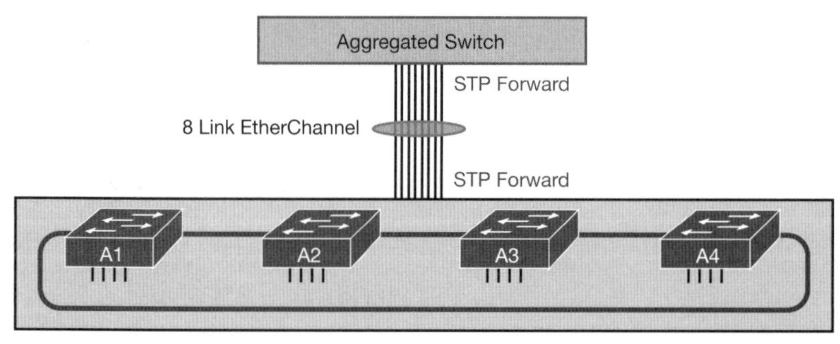

[그림 6-20] 6개의 스위치를 두 개와 같이 만들기

챕터 리뷰

시험을 잘 보기 위해 중요한 한 가지 핵심은 간격을 두고 반복적으로 복습하는 것이다. 이 장의 내용을 복습하기 위해 책과 DVD 또는 관련 있는 웹 사이트의 대화형 도구를 이용할 수 있다. 자세한 사항은 '당신의 학습 계획' 내용을 참조하자. [표 6-4]에는 핵심 복습 내용과

그 내용을 찾을 수 있는 위치를 표시하였다. 학습 진행 과정을 추적하려면, 두 번째 칸에 복습 완료 날짜를 기록한다.

리뷰 항목	완료 날짜	사용 자료
핵심 주제 리뷰		책, DVD/웹 사이트
핵심 용어 리뷰		책, DVD/웹 사이트
DIKTA 문항 답변		책, PCPT
메모리 테이블 리뷰		책, DVD/웹 사이트

[표 6-4] 리뷰 확인

핵심 주제 리뷰

핵심 주제	설명	쪽 번호
그림 6-3	IEEE 802.1x에 의해 사용된 프로토콜	155
표 6-2	TACACS+와 RADIUS 비교	157
그림 6-8	개념: DHCP 스누핑에 대해 신뢰할 수 있는, 그리고 신뢰할 수 없는 포트	161
그림 6-11	DHCP 스누핑 여과 행동 요약	163
리스트	DHCP 스누핑에 대한 주요 핵심	164
리스트	공통된 시스코 스위치 스택 기능	166
그림 6-14	스위치 스태킹 케이블링	167
표 6-3	플렉스스택과 플렉스스택-플러스 비교	169
리스트	스위치 통합의 주요 기능	172

[표 6-5] 6장의 핵심 주제

핵심 용어

FlexStack, FlexStack-Plus, 스태킹 모듈(stacking module), 스태킹 케이블(stacking cable), 스위치 스태킹(switch stacking), 샤시 통합(chassis aggregation), 멀티샤시 이더채널(Multichassis EtherChannel), 신뢰할 수 있는 포트(trusted port), 신뢰할 수 없는 포트(untrusted port), DHCP 바인딩 테이블, DHCP 스누핑(snooping), AAA 서버, 확장 가능한 인증 프로토콜(EAP, Extensible Authentication Protocol), EAP over LAN(EAPoL), 요청자(supplicant), 인증자(authenticator)

Part I 리뷰

[표 P1-1]의 체크리스트와 함께 파트 리뷰 과정을 추적하기 바란다. 각 과제의 상세 내용은 아래 표를 따른다.

활동	첫 번째 끝낸 날짜	두 번째 끝낸 날짜
모든 DIKTA 질문 반복		
파트 리뷰 질문 답하기		
주요 주제 리뷰		
STP 개념 마인드 맵 생성		
용어 마인드 맵 생성		
카테고리별로 명령어 마인드 맵 생성		
랩 실습		

[표 P1-1] Part I 리뷰 체크리스트

모든 DIKTA 질문을 반복하라

이 항목에 대해서는, 이 파트의 모든 장들의 사전 점검 퀴즈를 PCPT 소프트웨어를 사용해서 답해본다. PCPT 소프트웨어에서 어떻게 이 파트의 DIKTA 문제만 보여주게 할 수 있는지 배우기 위해 이 책 소개의 '장 또는 파트별로 DIKTA 질문만 보는 방법' 절을 보라.

파트 리뷰 문제를 풀어라

이 항목에 대해서는, PCPT 소프트웨어를 사용해서 책의 이 파트를 위한 파트 리뷰 질문에 답한다. 더 자세한 사항은 이 책의 소개 부분 '파트 리뷰 문제 보는 방법' 절을 참고한다.

핵심 주제를 리뷰하라

DVD나 동반자 웹 사이트 상의 핵심 주제(Key Topics) 애플리케이션을 이용하거나 장들을 검색함으로써 이 파트 안에 있는 모든 장들의 핵심 주제를 리뷰한다.

STP 개념 마인드 맵 생성

스패닝 트리 프로토콜(STP)은 머릿속에 정리하기 어려울 수 있는 많은 개념들을 정의한다. 이를 위해 마인드 맵을 작성한다. 어떻게 개념을 정리할지에 대한 제안은 다음과 같다:

- **규칙**: 이 절은 스위치가 선택을 할 때의 규칙을 포함할 수 있다. 예를 들어, 루트 스위치를 선택하기 위해 스위치가 사용하는 규칙이 있다.

- **역할**: STP는 규칙과 역할을 정의한다. 역할을 예로 들면, 루트 포트 역할이 있다.
- **상태**: 예를 들면, 전달 또는 차단 상태.

이러한 각 절을 802.1D STP와 802.1w RSTP에 기반해서 세부 정보를 나눌 수 있다.

용어 마인드 맵 생성

이 파트의 장은 다른 주제들로 다양하게 구성돼 있다. 지난 장들을 다시 보거나 메모를 보지 않고, 책의 Part I로부터 당신이 기억하는 모든 용어들을 마인드 맵으로 만들어본다. 당신이 할 일은 다음과 같다:

- 이 책의 Part I에서 당신이 기억하는 모든 용어를 생각하라.
- **용어들을 다음과 같이 정리하라**: VLAN, VLAN 트렁크, STP, VTP, AAA, 802.1x, DHCP 스누핑, 스위치 스태킹/통합
- 마인드 맵에 당신이 기억하는 모든 용어를 쓴 다음, 1장부터 6장까지 주요 용어 목록을 리뷰하라. 당신의 마인드 맵에 당신이 잊은 용어를 추가하라.

카테고리별로 명령어 마인드 맵 생성

이 책의 Part I은 설정과 EXEC 명령어를 모두 소개했다. 다음 목록의 명령어를 각 카테고리별로 하나의 마인드 맵(또는 큰 마인드 맵의 한 부분으로)으로 작성하라:

VLANs, 802.1Q 트렁킹, STP/RSTP, 이더채널, VTP

각 카테고리마다 모든 설정 명령어와 EXEC 명령어(대부분 **show** 명령어)를 생각한다. 각 카테고리마다 EXEC 명령어와 설정 명령어를 그룹으로 나눈다. [그림 P1-1]은 스위치의 IPv4 명령어의 예를 보여준다.

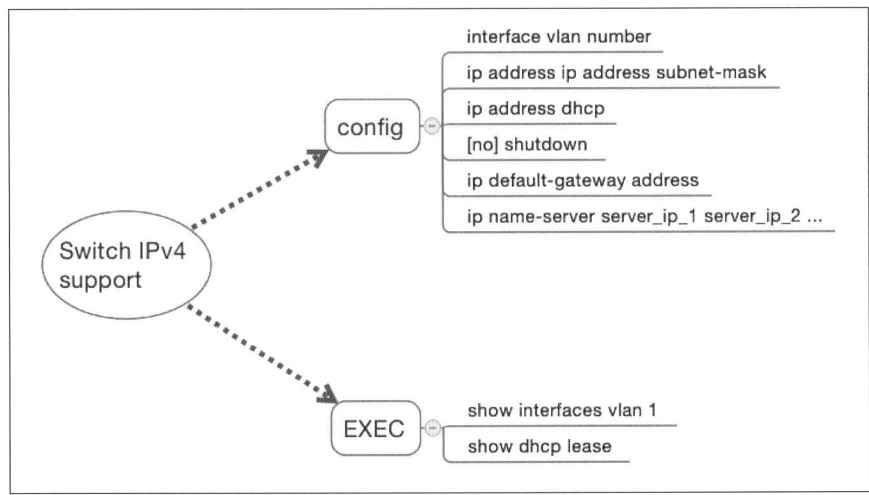

[그림 P1-1] 샘플 명령 마인드 맵

> **NOTE** 마인드 맵에 대해 더 많은 정보를 알고 싶다면, 소개 부분의 '마인드 맵에 대하여' 절을 참조한다.

(DVD의) 부록 E '마인드 맵 솔루션'은 마인드 맵 정답 예를 나열한다. 만약 종이 대신 마인드 맵 소프트웨어를 선택해야 한다면, 마인드 맵 파일이 어디에 저장되어 있는지 기억해야 할 수 있다. [표 P1-2]는 이 파트 리뷰를 위한 마인드 맵과 그 파일 이름들이 저장된 곳을 보여준다.

맵	설명	저장한 곳
1	STP 개념 마인드 맵	
2	용어 마인드 맵	
3	명령어 마인드 맵	

[표 P1-2] Part I 리뷰를 위한 마인드 맵 설정

실습

만약 아직 하지 않았다면, 이 장의 명령어들로 사용하고 실험하기 위해 어떤 실습 도구를 사용할지 결정해야 한다. 이 장의 예를 다시 생성하고, 모든 **show** 명령어를 시도 해 보아라. **show** 명령어는 심렛 질문을 대답하기 위해 매우 중요하다.

- **심 라이트(Sim Lite)**: 당신은 이 책의 일부 실습과 CLI와 친숙해지기 위해 피어슨 네트워크 시뮬레이터 라이트(Pearson Network Simulator Lite)를 사용할 수 있다. ICND2 Lite 제품의 모든 실습은 책의 이 파트에 있는 주제에 대한 것이며, 이는 이러한 실습을 공부하고 CLI에 대해 배울 수 있게 한다.
- **피어슨 네트워크 시뮬레이터(Pearson Network Simulator)**: 만약 풀 버전의 피어슨 CCNA 시뮬레이터를 사용한다면, 책의 이 파트에 있는 주제들과 관련해서 더 많은 설정 시나리오와 장애 처리 시나리오 실습에 집중할 수 있다. 이러한 유형의 실습은 더 큰 주제의 모음을 포함하고, 파트 리뷰 활동으로써 잘 작동한다(어떤 실습이 책의 이 파트 주제에 대해 다루는지 찾는 방법에 대한 자세한 사항은 소개에 있다).
- **컨피그 랩**: 빈 시간을 활용해 글쓴이의 블로그에서 이 책의 랩 설정 부분을 리뷰하거나 반복한다. http://blog.certskills.com/ccna에 들어가 Hands-On > Config Lab으로 이동하면 된다.

TCP/IP 네트워크는 IP 경로를 필요로 한다. Part II는 IPv4 라우팅 프로토콜에 집중해서 여섯 개의 장으로 ICND2의 범위 안에서 논의한다.

이 파트의 첫 네 개 장은 OSPF 버전 2와 EIGRP에 대해 자세하게 전달한다. 7장은 OSPFv2 개념으로 시작하고, 8장에서 OSPFv2 구현의 자세한 사항(설정과 검증)을 다룬다. 9장과 10장에서 EIGRP를 다루는데, 9장은 개념, 10장은 실행을 자세하게 살펴본다.

11장은 이전 4개의 장과 관련 있는 두 주제 OSPFv2와 EIGRP 라우팅 프로토콜의 장애 처리에 대해 논의한다. 모두 다른 프로토콜이더라 하더라도, EIGRP와 OSPFv2 장애 처리는 비슷한 논리와 확인 사항을 요구하는데 이를 자세히 알아본다.

마지막으로 CCNA R&S 시험 역사상 처음으로 시스코는 시험 주제에 BGP를 훨씬 많이 추가했다. 12장은 Part II를 엔터프라이즈와 ISP 간에 사용되는 외부 BGP(eBGP)에 대해 논의하며 마무리한다. 이 논의는 기본 개념, 설정, 검증을 포함한다.

Part II

IPV4 라우팅 프로토콜

Chapter 7: OSPF 개념 이해

Chapter 8: IPv4 OSPF 구현

Chapter 9: EIGRP 개념 이해

Chapter 10: IPv4 기반의 EIGRP 구현

Chapter 11: IPv4 라우팅 프로토콜 장애 처리

Chapter 12: 외부 BGP 구현

Part II 리뷰

CHAPTER 7

OSPF 개념 이해

이 장은 다음 시험 주제를 다룬다.

2.0 라우팅 기술
2.2 거리 벡터 프로토콜과 링크-상태 라우팅 프로토콜의 비교와 대조
2.3 내부와 외부 라우팅 프로토콜 비교와 대조
2.4 IPv4의 OSPFv2 Single Area와 Multi Area 설정, 검증 그리고 장애 처리(인증, 필터링, 수동 경로 요약, 재분배, 스터브(stub), 가상-링크 그리고 LSA 제외)

비슷한 흐름을 가진 네 개의 장의 시리즈로 이 장을 시작한다. OSPF(Open Shortest Path First)와 EIGRP(Enhanced Interior Gateway Protocol)는 오늘날 기업에서 가장 많이 사용되는 IPv4 라우팅 프로토콜이다. 이 장에서는 OSPF 개념을 소개하고 OSPF 구현에 대한 자세한 사항을 다룬다. 9장과 10장은 EIGRP에 대해 동일하게 진행한다.

특히, 이 장은 OSPF 버전 2(OSPFv2) 개념을 면밀히 살펴볼 것이다. OSPFv2는 20년 이상을 이어온 것으로 IPv4 라우트를 광고하는 데 가장 흔하게 사용되는 OSPF 버전이다. 또 CCNA R&S 이론 대부분에서 사용되고 있는 OSPF이다.

이 장은 세 개의 절이 있다. 첫 번째 절은 라우팅 프로토콜에 대한 전반적인 내용을 다루고, 내부와 외부 라우팅 프로토콜과 기본 라우팅 프로토콜 기능과 용어를 정의한다. 이 정보는 ICND 시험 가이드와 조금 중복된다. ICND1과 ICND2 시험 가이드 시험에 이 주제를 포함하고 있기 때문이다. 두 번째 절은 OSPF 네이버 관계와 데이터베이스 교환, 그리고 경로 계산 통해 OSPFv2가 작동하는 방법을 알아본다. 세 번째 절은 일부 OSPF 디자인 문제를 보면서 마무리한다.

QUIZ 사전 점검 퀴즈

사전 점검 퀴즈(지문 또는 PCPT 소프트웨어 사용)를 풀어보면 이 장을 읽고 이해하는 데 시간이 얼마나 걸릴 것인지 가늠할 수 있다. 정답은 퀴즈 다음 페이지 하단에 있으며, 퀴즈 정답에 대한 자세한 설명은 DVD 부록 C와 PCPT 소프트웨어에 담겨 있다.

핵심 주제	문항
동적 라우팅 프로토콜 기능 비교	1-3
OSPF 개념과 운용	4, 5
OSPF Area 디자인	6

[표 7-1] 핵심 주제와 관련된 사전 점검 퀴즈 문항

1. 다음 중 어떤 라우팅 프로토콜이 링크-상태 논리를 사용하는 것을 고려하는가?

a. RIPv1
b. RIPv2
c. EIGRP
d. OSPF

2. 다음 중 기본적으로 링크 대역폭의 영향을 적어도 부분적으로 받는 메트릭을 사용하는 라우팅 프로토콜은 무엇인가? (2개를 고르시오)

a. RIPv1
b. RIPv2
c. EIGRP
d. OSPF

3. 다음 중 VLSM을 지원하는 내부 라우팅 프로토콜은 무엇인가? (3개를 고르시오)

a. RIPv1
b. RIPv2
c. EIGRP
d. OSPF

4. 두 개의 라우터는 OSPFv2를 사용하고, 네이버를 맺어 모든 LSA를 교환했다. 그 결과, 라우터 R1은 OSPF를 배운 경로들을 라우팅 테이블에 나열하고 있다. 다음 중 R1이 어떤 IP 경로를 IP 라우팅 테이블에 추가해야 할지 선택하기 위해, 어떻게 최근에 배운 LSA를 사용하는지 가장 잘 묘사한 것은 무엇인가?

a. 각 LSA는 라우팅 테이블에 복사되기 위해 경로를 나열한다.
b. 일부 LSA는 라우팅 테이블에 복사되기 위해 경로를 나열한다.
c. 경로를 계산하기 위해 일부 SPF를 LSA에 대비해서 일치시킨다.
d. 어떤 경로를 추가할지 정할 때 R1은 LSA를 전혀 사용하지 않는다.

5. 다음의 보기 중 어느 상태가 두 개의 OSPF 네이버 간에 토폴로지 교환이 완료되었을 때를 예측하는가?

a. 양방향(2-Way)
b. 완전 상태(Full)

7

c. Up/Up

d. Final

6. 15개의 라우터와 40개의 서브넷을 가지고 OSPFv2를 사용하는 중소형 네트워크를 가진 회사가 있다. 다음 중 어느 것이 multiarea(다중 지역) 디자인과 반대로 single area(단일 지역)를 사용하면서 얻게 되는 장점인가?

a. 대부분의 라우터에 프로세싱 오버헤드를 줄인다.

b. 한 링크의 상태 변경은 모든 라우터에서 SPF가 돌지 않아도 되게 한다.

c. 간단한 계획과 운용

d. 경로 요약을 허용하고, IP 라우팅 테이블의 크기를 줄인다.

핵심 주제

동적 라우팅 프로토콜 기능 비교

라우터가 라우팅 테이블에 IP 경로를 추가하는 방법은 세 가지이다. 하나는 직접 연결 경로, 두 번째는 정적 경로, 세 번째는 동적 라우팅 프로토콜을 사용해 학습된 경로다. 좀 더 깊이 논의하기 전에 몇 가지 관련 용어와 라우팅 프로토콜(routing protocol), 라우티드 프로토콜(routed protocol), 라우터블 프로토콜(routable protocol)의 개념을 명확히 정의한다. 이 용어들의 개념은 어렵지 않으나 용어가 비슷하고 많은 문서에서 세 용어를 정확하게 사용하지 않기 때문에, 다소 혼란이 있다. 각 용어는 다음과 같이 정의된다:

- **라우팅 프로토콜**: 라우터가 경로를 학습하는 데 필요한 메시지, 규칙, 알고리즘이 정의되어 있다. 라우팅 정보를 교환하고 분석한다. 각 라우터는 각 서브넷에 대한 최상의 경로를 선택(경로 선택)하고, 최상의 경로를 IP 라우팅 테이블에 저장한다. 이 예로는 RIP, EIGRP, OSPF, BGP가 있다.
- **라우티드 프로토콜과 라우터블 프로토콜**: 두 용어 모두 패킷 구조와 논리적인 어드레싱을 정의하는 프로토콜을 이른다. 라우터는 이 프로토콜을 이용해서 패킷을 전달하거나 라우팅한다. 라우터는 라우티드 또는 라우터블 프로토콜에 의해 정의된 패킷을 전송한다. 예를 들면, IP 버전 4(IPv4) 또는 IP 버전 6(IPv6)가 있다.

7

> **NOTE** 경로 선택(Path Selection)이라는 용어가 라우팅 프로토콜에서 진행되는 작업의 일부를 가리키기도 하며, 경로 선택 과정에서 라우팅 프로토콜은 최상의 경로를 선택한다.

라우팅 프로토콜(OSPF와 같은)과 라우티드 프로토콜(IP와 같은)은 다르지만, 매우 밀접하게 함께 작동한다. 라우팅 과정은 IP 패킷을 전달하지만, 만약 패킷의 목적지 주소와 일치하는 경로가 IP 라우팅 테이블에 없으면, 라우터는 패킷을 버린다. 라우터는 라우팅 프로토콜을 이용해서 가능한 모든 경로를 학습하고 이를 라우팅 테이블에 추가해서 라우팅 과정에서 IP와 같은 라우터블 프로토콜을 전달하거나 라우팅할 수 있어야 한다.

라우팅 프로토콜의 기능

시스코 IOS 소프트웨어가 지원하는 여러 IP 라우팅 프로토콜들의 일반 기능은 다음과 같다:

❶ 이웃한 다른 라우터들로부터 IP 서브넷에 관한 라우팅 정보를 학습한다.

❷ IP 서브넷 관련 라우팅 정보를 이웃한 다른 라우터들에게 알린다.

❸ 한 서브넷에 여러 개의 경로가 있을 경우, 메트릭을 근거로 최상의 경로를 선택한다.

❹ 링크 오류 등의 이유로 네트워크 토폴로지가 변경될 때 이에 반응해 일부 경로에 오류가 발생했다는 것을 알리고, 새로운 최상의 경로를 찾는다(이 과정을 수렴(convergence)이라고 한다).

NOTE 이웃한 라우터는 다른 라우터와 같은 WAN 링크나 같은 이더넷 LAN과 같은 동일한 링크에 연결한다.

[그림 7-1]은 앞의 네 기능 중 세 가지 예를 보여준다. R1과 R3은 모두 R2로부터 172.16.3.0/24 서브넷에 대한 경로를 학습한다(첫 번째 기능). R3이 R2로부터 172.16.3.0/24에 대한 경로를 학습한 후, R3은 R1에게 경로를 광고한다(두 번째 기능). 그 다음 R1은 172.16.3.0/24에 도달하기 위해 학습한 두 개의 경로를 보고 하나를 선택해야 한다. 하나는 R2로부터 온 메트릭 1인 경로이고, 다른 하나는 R3으로부터 온 메트릭 2인 경로이다. R1은 메트릭이 더 낮은 R2 경로를 선택한다(세 번째 기능).

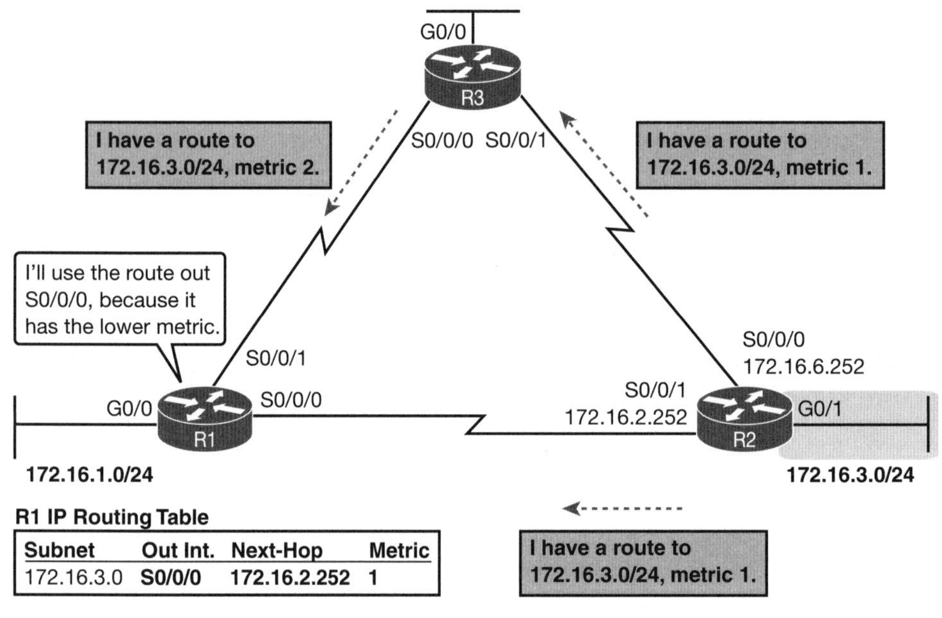

[그림 7-1] 라우팅 프로토콜의 4개의 기본 기능 중 3개

수렴(Convergence)은 위에서 이야기한 라우팅 프로토콜 기능 중에서 네 번째 기능이다. 수렴은 라우터나 링크에 오류가 생기거나 라우터가 다시 켜졌을 때, 즉 토폴로지에 변화가 생겼을 때 발생하는 과정을 이르는 용어이다. 무언가가 변경되었을 때 네트워크에서 사용할 수 있는 최상의 경로가 바뀔 수 있다. 수렴 과정이 발생하면, 모든 라우터는 무언가가 변경되었다는 것을 파악하고, 변경 관련 정보를 모든 라우터에게 알린다. 이때 모든 라우터는 각 서브넷에 대한 최상의 경로를 선택한다. 루프에 빠지지 않고 신속하게 수렴하는 능력은 어떤 IP 라우팅 프로

사전 점검 퀴즈 정답

1 D **2** C, D **3** B, C, D **4** C **5** B **6** C

토콜을 선택할 것인지 판단할 때 가장 중요한 고려 사항 중 하나이다.

[그림 7-1]에서, R1과 R2 사이의 링크에 오류가 있을 경우에 수렴이 일어날 것이다. 이 경우에 R1은 172.16.3.0/24 서브넷에 대한 예전의 경로인 R2를 직접 통과하는 경로를 더 이상 사용하지 않고 R3으로 패킷을 보낸다.

내부 라우팅 프로토콜과 외부 라우팅 프로토콜

IP 라우팅 프로토콜을 크게 두 가지로 분류할 수 있다. 하나는 *IGP(Interior Gateway Protocol)*이고, 다른 하나는 *EGP(Exterior Gateway Protocol)*이며, 다음과 같이 정의한다.

- IGP: 단일 AS(autonomous system) 안에서 사용할 용도로 만들어진 라우팅 프로토콜이다.
- EGP: 다른 AS(autonomous system) 사이에서 사용할 용도로 만들어진 라우팅 프로토콜이다.

NOTE IGP와 EGP에 'Gateway'라는 단어가 들어 있는 이유는 라우터가 '게이트웨이'라고도 불리기 때문이다.

7

이 정의들은 새로운 용어 AS(Autonomous System)를 사용한다. AS는 관리와 통제가 단일 조직에서 이루어지는 네트워크이다. 예를 들어, 한 회사에 의해 생성되고 비용을 내는 네트워크는 아마도 하나의 AS일 것이고, 하나의 학교 시스템에 의해 만들어진 네트워크도 하나의 AS일 것이다. 다른 예로는, 국가나 자치주의 여러 부처를 포함하는데, 각기 다른 정부 기관은 자체 네트워크를 구축할 수 있다. 각 ISP 또한 일반적으로 하나의 AS가 된다.

일부 라우팅 프로토콜은 하나의 AS 안에서 잘 작동된다. 따라서 이러한 라우팅 프로토콜을 IGP라고 부른다. 이와는 반대로, 다른 AS에 있는 라우터들 사이에서 경로를 교환하도록 설계된 라우팅 프로토콜을 EGP라고 한다. 오늘날 BGP(Border Gateway Protocol)는 EGP에서만 사용된다.

각 AS에는 번호가 할당될 수 있으며, 이 번호를 ASN(AS *number*)이라고 부른다. 공인 IP 주소와 같이 IANA(Internet Assigned Numbers Authority, http://www.iana.org)는 ASN 할당 권한을 통제하고, 다른 조직에게 권한을 위임한다. 예를 들어, 북미의 경우에 ARIN(American Registry for Internet Numbers, http://www.arin.net)이 공인 IP 주소 범위와 ASN을 할당한다.

[그림 7-2]는 전 세계 인터넷을 축약해서 보여준다. 그림은 자체 네트워크 내에서 IGP(OSPF와 EIGRP)를 사용하는 두 개의 엔터프라이즈와 세 개의 ISP를 보여주며, ASN 간에 BGP를 사용하는 것을 보여준다.

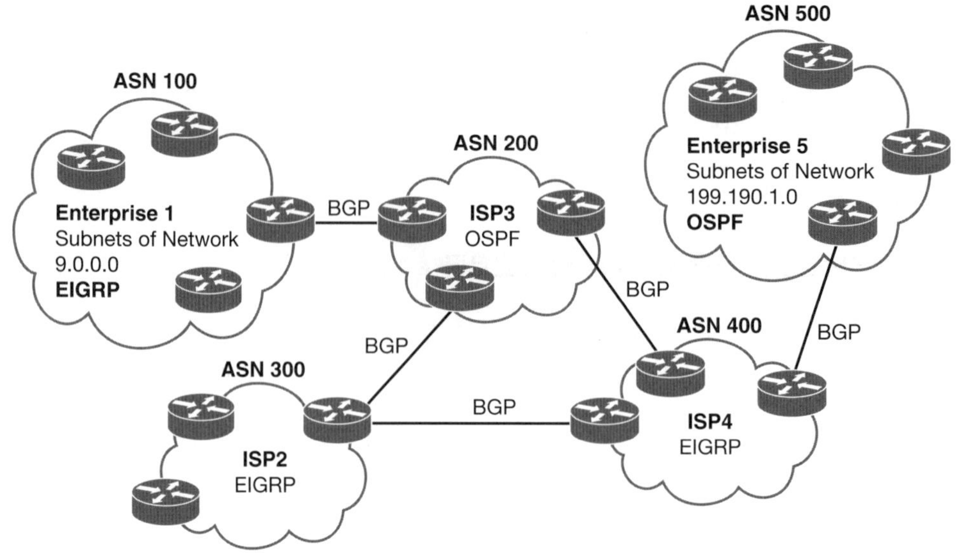

[그림 7-2] IGP와 EGP 사용을 위한 장소 비교

IGP 비교

기업 네트워크에 IGP를 선택할 때 여러 옵션이 있지만, 오늘날 대부분의 회사는 OSPF 또는 EIGRP를 사용한다. 이 책은 두 라우팅 프로토콜 모두에 대해 논의하는데 7장과 8장은 'OSPF'를, 9장과 10장은 'EIGRP'를 다룬다. 이 두 프로토콜에 대해 자세히 알아가기 전에, 다음 절은 먼저 각 IGP, OSPF와 EIGRP 비교, 그리고 몇 가지 다른 IPv4 라우팅 프로토콜의 주요 목적에 대해 살펴본다.

IGP 라우팅 프로토콜 알고리즘

라우팅 프로토콜의 기본 알고리즘에서는 라우팅 프로토콜의 작업 방법을 결정한다. *라우팅 프로토콜 알고리즘(Routing Protocol Algorithm)*은 모든 경로의 학습, 각 서브넷에 대한 최상의 경로 선택, 인터네트워크의 변화에 따른 수렴을 해결하기 위해 여러 라우팅 프로토콜에서 사용되는 논리와 과정을 이르는 용어다. IGP 라우팅 프로토콜과 관련해 세 개의 주요 알고리즘이 있다.

- 거리 벡터(Distance Vector, 가끔 만든 사람의 이름을 따서 '벨만 포드(Bellman-Ford)'라고도 한다.)
- 고급 거리 벡터(Advanced Distance Vector, 종종 '밸런스드 하이브리드(Balanced Hybrid)'라고도 한다.)
- 링크-상태(Link-state)

역사적으로 볼 때 거리 벡터 프로토콜이 1980년대 초반에 가장 먼저 만들어졌다. 가장 먼저 널리 사용된 IP 거리 벡터 프로토콜은 RIP였으며, 얼마 후에 시스코가 자사 전용 프로토콜인

IGRP(Interior Gateway Routing Protocol)를 발표했다.

1990년대 초반에 이르러 거리 벡터 프로토콜의 다소 느린 수렴 속도와 라우팅 루프 가능성이 지적되면서, 새로운 알고리즘이 사용된 새로운 대체 라우팅 프로토콜의 개발이 진행됐다. 거리 벡터 프로토콜의 주요 문제를 해결할 수 있는 링크-상태 프로토콜로 OSPF(Open Shortest Path First)와 IS-IS(Intermediate System to Intermediate System)가 나왔다. 이들은 약간 비쌌는데, 라우터에 추가 CPU와 메모리를 필요로 했으며, 네트워크 엔지니어들로부터 더 많은 계획을 요구했기 때문이다.

OSPF가 소개될 때와 거의 동시에 시스코는 시스코 전용 라우팅 프로토콜인 EIGRP(Enhanced Interior Gateway Routing Protocol)를 발표했다. EIGRP는 IGRP 프로토콜의 일부 기능을 사용했다. EIGRP도 다른 링크 상태 라우팅 프로토콜처럼 거리 벡터의 일부 문제를 해결하고 더 나아가서 네트워크 구축 계획 수립을 덜 수립하게 할 수 있도록 했다. 시간이 지나면서, EIGRP는 고유한 종류의 라우팅 프로토콜로 분류됐다. 그러나 이것은 링크-상태보다는 거리 벡터 기능을 더 사용했고, 그래서 흔히 고급 거리 벡터 프로토콜(advanced distance vector protocol)로 분류한다.

7

메트릭(Metrics)

라우팅 프로토콜은 메트릭(Metric)이 가장 낮은 경로를 선택해서 서브넷에 도달할 최상의 경로를 정한다. 예를 들어, RIP은 라우터와 목적지 서브넷 사이에 있는 라우터의 개수, 즉 홉(Hop)을 사용한다. OSPF는 링크 대역폭에 기반한 코스트로 경로의 끝과 끝의 각 인터페이스에 속한 코스트를 합한다. [표 7-2]는 CCNA 시험에 나오는 주요 IP 라우팅 프로토콜과 각 프로토콜에 적용되는 메트릭을 설명한다.

IGP	메트릭	설명
RIPv2	홉 카운트	라우터와 목적지 서브넷 사이에 있는 라우터 개수(홉)이다.
OSPF	코스트	경로의 모든 링크에 대한 모든 인터페이스의 코스트를 합한 값으로, 코스트의 기본값은 인터페이스의 대역폭을 근거로 정해진다.
EIGRP	대역폭과 지연	경로에 있는 각 인터페이스의 누적 지연과 경로의 가장 느린 링크를 기반으로 계산된다.

[표 7-2] IP IGP 메트릭

이전 RIP(Routing Information Protocol)에 의해 사용된 메트릭과 EIGRP에 의해 사용된 메트릭을 간단하게 비교하는 것은 왜 OSPF와 EIGRP가 RIP을 능가했는지에 대한 통찰력을 보여준다. [그림 7-3]은 왼쪽 네트워크에서 라우터 B가 서브넷 10.1.1.0으로 가는 두 개의 가능한 경로를 가지고 있는 것을 보여준다. 하나의 경로는 매우 느린 64-Kbps 링크를 통한 짧은 경로이고, 다른 하나는 두 개의 높은 속도(T1) 링크를 통한 긴 경로이다.

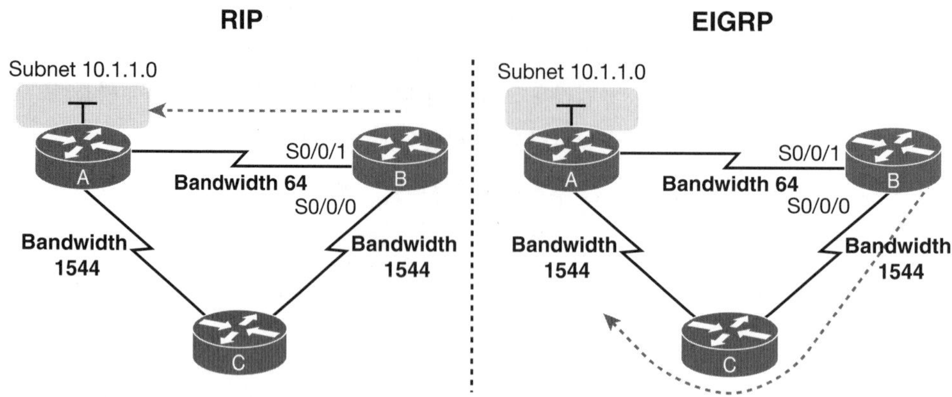

[그림 7-3] RIP과 EIGRP 메트릭 비교

그림의 왼쪽은 이 네트워크의 RIP 결과를 보여준다. 홉 카운트를 이용해서 라우터 B는 라우터 A로 바로 가는 한 홉 경로를 B의 S0/0/1 인터페이스를 통해 학습한다. B 또한 C를 통해, B의 S0/0/0 인터페이스를 통해 두 홉 경로를 학습한다. 라우터 B는 더 낮은 홉 카운트를 가진 경로를 선택하는데, 이는 더 느린 속도를 가진 링크로 가게 한다.

그림의 오른쪽은 더 나은 메트릭을 기반으로 하는 EIGRP에 의해 만들어진 틀림없이 더 나은 선택을 보여준다. EIGRP가 나은 선택을 하게 하기 위해서, 엔지니어는 실제 링크 속도와 실제 링크 속도를 일치하도록 올바르게 설정해야 하고, 이렇게 함으로써 EIGRP는 더 빠른 경로를 선택할 수 있게 된다(**bandwidth** 인터페이스 하위 명령어는 인터페이스의 실제 속도를 변경할 수 없다. 이것은 단지 인터페이스가 사용할 속도가 무엇인지를 IOS에게 알려줄 뿐이다).

다른 IGP 비교

일부 다른 IGP 비교도 만들어질 수 있다. 그러나 일부 주제는 특정 라우팅 프로토콜의 기본 지식을 더 요구하거나, 다른 기능들은 이 책에서 아직 다루지 않는다. 이번에는 이 절은 몇 개의 추가 비교 포인트를 소개하고, 이 책의 마지막 부분까지 상세 부분은 다루지 않는다.

라우팅 프로토콜은 그들이 클래스리스인지 클래스풀 라우팅 프로토콜인지에 따라 다르다. 클래스풀 라우팅 프로토콜은 VLSM(Variable-length Subnet Masks)을 지원하고 메시지에 서브넷 마스크를 포함하는 라우팅 프로토콜 메시지를 보냄으로써 수동 경로 요약을 지원한다. 반면에, 일반적으로 이전 클래스풀 라우팅 프로토콜은 라우팅 업데이트 메시지에 마스크를 보내지 않는다. [표 7-3]은 주요 IGP 비교 포인트를 요약했다.

기능	RIPv1	RIPv2	EIGRP	OSPF	IS-IS
클래스리스/ 업데이트에 마스크 보냄/ VLSM 지원	아니오	예	예	예	예
알고리즘(DV, 고급 DV, LS)	DV	DV	Advanced DV	LS	LS
수동 요약 지원	아니오	예	예	예	예
시스코 전용	아니오	아니오	예[1]	아니오	아니오
라우팅 업데이트가 멀티캐스트 IP 주소로 전송	아니오	예	예	예	-
수렴	느림	느림	빠름	빠름	빠름

[1] 시스코가 EIGRP를 만들고, 시스코 전용으로 오랫동안 가지고 있었다 하더라도, 시스코는 2013년에 Information RFC로 EIGRP를 게시하기로 정했다. 이것은 시스코가 프로토콜에 대한 권리를 가지면서 다른 제조사도 EIGRP를 구현할 수 있게 허용한다.

[표 7-3] 내부 IP 라우팅 프로토콜 비교

관리 거리(Administrative Distance)

많은 기업과 조직은 하나의 라우팅 프로토콜을 사용한다. 그러나 경우에 따라 어떤 회사는 여러 개의 라우팅 프로토콜을 사용해야 할 때가 있다. 가령, 두 회사가 정보 교환을 위해 두 회사의 네트워크를 연결할 경우에 라우팅 정보를 교환할 필요가 있다. 한 회사가 RIP을 사용하고, 다른 회사가 EIGRP를 사용할 경우에 최소한 한 대의 라우터에서는 RIP과 EIGRP를 둘 다 사용해야 한다. 이 상태에서 라우터는 RIP에 의해 학습한 경로를 EIGRP로 광고하고, 반대로 EIGRP에 의해 학습한 경로를 RIP으로 광고할 수 있다. 이러한 과정을 재분배(Route Redistribution)라고 한다.

네트워크 토폴로지에 따라 두 개의 라우팅 프로토콜이 동일한 서브넷에 대한 경로를 학습할 수 있다. 하나의 라우팅 프로토콜이 동일한 서브넷에 대해 여러 개의 경로를 학습할 때 메트릭에 따라 어느 경로가 최상의 경로인지 알 수 있다. 그러나 다른 두 개의 라우팅 프로토콜이 동일한 서브넷에 대한 경로를 학습할 경우에는 이야기가 달라진다. 왜냐하면 라우팅 프로토콜의 메트릭이 다른 정보를 기반으로 하기 때문에 IOS는 메트릭을 비교할 수 없다. 가령, RIP에서는 10.1.1.0 서브넷에 대한 경로를 메트릭 1로 학습할 수 있지만 EIGRP에서는 같은 서브넷에 대한 경로를 메트릭 2, 195, 416으로 학습할 수 있다. 이 상황에서 EIGRP가 더 좋은 경로일 수도 있고, 아닐 수도 있다. 간단하게 두 메트릭을 비교할 수 있는 근거가 없다.

다른 라우팅 프로토콜에 의해 학습된 경로 중에서 어떤 것을 선택해야 할 때, IOS는 관리 거리(Administrative Distance)라는 개념을 사용한다. 관리 거리는 한 라우터에서 전적으로 신뢰할 수 있는 라우팅 프로토콜을 상징하는 숫자이다. 숫자가 작을수록 더 좋은, 즉 더 신뢰할 수 있는 라우팅 프로토콜이 된다. 예를 들어, RIP은 기본 관리 거리가 120이고, OSPF는 110, EIGRP는 90이다. OSPF와 EIGRP를 사용할 때, 라우터는 OSPF 경로 대신 EIGRP 경로를 믿는다(최소한 기본적으로). 관리 거리 값은 한 개 라우터에 설정되며, 다른 라우터들과 교환되지 않는다. [표 7-4]는 여러 경로의 관리 거리 값을 정리한 것이다.

경로 종류	관리 거리
직접 연결	0
정적	1
BGP(외부 경로)	20
EIGRP(내부 경로)	90
IGRP	100
OSPF	110
IS-IS	115
RIP	120
EIGRP(외부 경로)	170
BGP(내부 경로)	200
DHCP 기본 경로	254
사용 불가	255

[표 7-4] 기본 관리 거리

> **NOTE** show ip route 명령어는 각 경로의 관리 거리를 나열하며, 대괄호 안에 있는 두 숫자 중 첫 번째 숫자는 관리 거리이고, 두 번째 숫자는 메트릭이다.

표는 기본 관리 거리를 보여주지만, IOS는 특정 프로토콜, 특정 경로, 심지어 정적 경로(static route)를 설정할 수 있다. 예를 들어, **ip route 10.1.3.0 255.255.255.0 10.1.130.253** 명령어는 기본 관리 거리 1을 가진 정적 경로이지만, **ip route 10.1.3.0 255.255.255.0 10.1.130.253.210** 명령어는 같은 정적 경로이지만 관리 거리 210을 가진다. 따라서 라우팅 프로토콜이 경로를 찾지 못했을 때만 사용하는 정적 경로에 더 높은 관리 거리를 주도록 만들 수 있다.

OSPF 개념과 운용

라우팅 프로토콜은 기본적으로 라우터가 경로를 학습하도록 정보를 교환하는 것이다. 라우터들은 서브넷과 이 서브넷으로 가는 경로, 그리고 각 경로가 다른 것과 비교해서 얼마나 좋은지에 대한 메트릭 정보를 학습한다. 라우팅 프로토콜은 각 서브넷으로 가는 가장 좋은 경로를 선택하고, IP 라우팅 테이블을 구축한다.

OSPF와 같은 링크-상태 프로토콜은 그들이 교환하는 정보의 특성과 라우터가 한번 배운 정보로 수행하는 것과는 조금 다른 접근 방식을 취한다. 다음(두 번째) 절에서는 링크-상태 프로토콜, 특히 OSPF에 초점을 맞춘다.

이 절에서는 링크-상태 광고(Link-state Advertisements)라는 데이터 구조에서 네트워크에 대한 데이터를 교환해서 OSPF가 수행하는 작업의 개요를 설명한다. 그리고 나서, 다음 논의는 OSPF 작동 방식의 세 가지 기본 부분에 대해 자세히 설명할 것이다. 어떻게 OSPF 라우터가 네이버 관계를 사용하는지, 어떻게 라우터가 LSA를 네이버와 교환하는지, 그리고 어떻게 라우터가 모든 LSA를 학습한 후 최상의 경로를 계산하는지에 대해 설명할 것이다.

OSPF 전체 보기

링크 상태 프로토콜은 몇 가지 주요 단계로 IP 경로를 구축한다. 먼저, 라우터는 네트워크에 대한 많은 정보(라우터, 링크, IP 주소, 상태 정보 등)를 함께 구축한다. 그 다음 라우터는 정보를 플러드하고, 그래서 모든 라우터들이 같은 정보를 알게 한다. 이 시점에서, 각 라우터는 모든 서브넷으로 가는 경로를 계산할 수 있지만, 이것은 모두 각 라우터의 자체 관점이다.

토폴로지 정보와 LSA

링크-상태 라우팅 프로토콜을 사용하는 라우터는 인터네트워크에 대한 모든 세부 사항을 집합적으로 모든 다른 라우터에게 알릴 필요가 있다. 모든 라우터의 플러딩 과정이 끝나고 나면, 인터네트워크의 모든 라우터는 인터네트워크에 대해서 정확히 똑같은 정보를 갖게 된다. 모든 라우터에 많은 세부 정보를 플러딩하는 것은 많은 일처럼 여겨지고, 거리 벡터 라우팅 프로토콜과 관련이 되어 있는 것처럼 보이는데, 실제로 그렇다.

가장 많이 사용되는 링크-상태 IP 라우팅 프로토콜인 OSPF(Open Shortest Path First)는 LSA 및 LSDB(Link-State Database)를 사용해서 토폴로지 정보를 구성한다. [그림 7-4]는 이런 아이디어를 보여준다. 각 LSA는 네트워크 토폴로지에 대한 특정 정보가 포함된 데이터 구조이다. LSDB는 간단히 라우터에 알려진 모든 LSA의 모음이다. OSPF를 사용하는 라우터에 CLI에서, **show ip ospf database** 명령어는 LSDB의 각 LSA의 정보 일부를 나열하는 방식으로 라우터의 LSDB에 대한 정보를 보여준다.

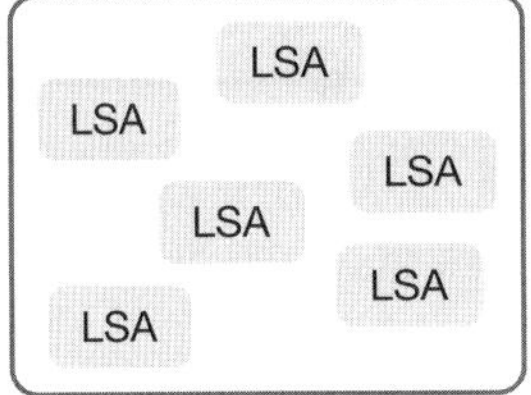

[그림 7-4] LSA와 LSDB 관계

[그림 7-5]는 R8이 자신의 라우터 LSA를 만들고 플러딩하는 과정의 일반적인 개념을 보여준다. 라우터 R8의 라우터 LSA는 라우터 자신을 서브넷 172.16.3.0/24의 존재를 포함해서, 그림 오른쪽에 보이는 것과 같이 설명한다([그림 7-5]는 실제로 R8의 라우터 LSA에서 서브넷 정보만 보여준다).

[그림 7-5]는 기본 플러딩 프로세스를 보여주는데, R8이 자신의 원래 LSA를 보내고, 다른 라우터들은 그 LSA를 모든 라우터가 복사본을 가지고 있을 때까지 전송함으로써 플러딩한다. 플러딩 과정은 LSA가 원 안에서 플러드되지 않게 루프를 방지하는 방법을 가지고 있다. 기본적으로 다른 이웃에게 LSA를 보내기 전에, 라우터는 "이 LSA를 가지고 있습니까?"라고 물어서 통신하고, 그런 다음 이웃이 그 LSA를 가지고 있다면 플러딩하지 않는다.

플러드가 되면, 라우터는 특정 LSA를 때때로 다시 플러드한다. 라우터는 일부 정보가 변경되었을 때(예를 들면, 링크가 업이나 다운 상태가 되었을 때) LSA를 다시 플러드한다. 그들은 각 LSA의 수명 타이머(Aging Timer, 기본 30분)를 근거로 LSA를 다시 플러딩한다.

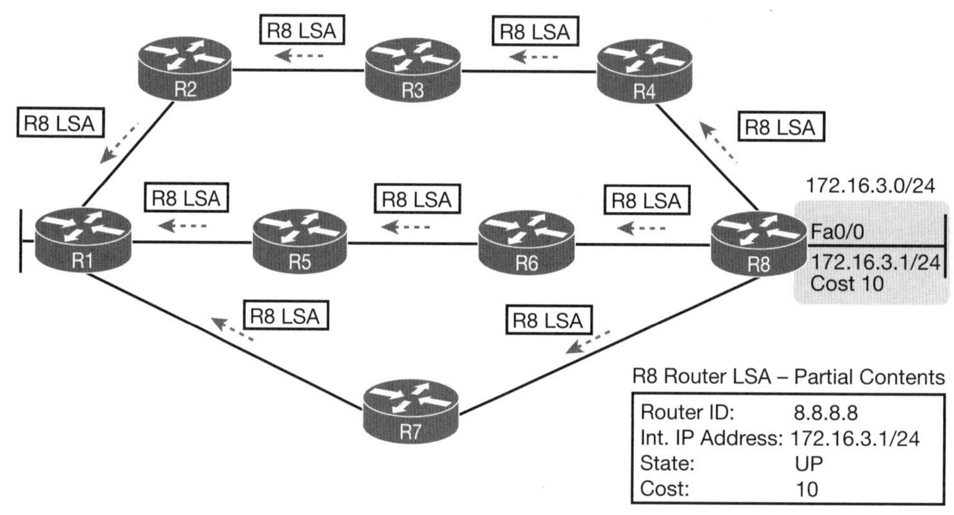

[그림 7-5] 링크-상태 라우팅 프로토콜을 사용한 LSA 플러딩

다익스트라(Dijkestra) SPF 계산으로 최상의 경로 찾기

링크-상태 플러딩 과정에 의해 모든 라우터의 메모리에는 동일한 LSDB 복사본이 저장된다. 그러나 플러딩 과정만으로는 IP 라우팅 테이블에 어떤 경로를 추가할 것인지 라우터가 학습하지 못한다. LSDB의 정보가 상세하고 유용하지만 목적지에 대한 각 라우터의 최상의 경로를 확실히 명시하지는 못한다.

경로를 구축하기 위해서, 링크-상태 라우터는 계산을 해야 한다. 감사하게도, 우리는 이 계산을 알 필요가 없다! 그러나 모든 링크 상태 프로토콜은 LSDB를 처리하기 위해 수학 알고리즘 유형을 사용하는데, 이를 다익스트라 SPF(Dijkstra Shortest Path First)라고 부른다. 이 알고리즘은 LSDB를 계산으로 분석하고, 로컬 라우터가 IP 라우팅 테이블에 추가해야 하는 경로(서브넷 번호와 마스크, 나가는 인터페이스, 넥스트홉 라우터 IP 주소를 가진 경로)를 구축한다.

이제 큰 개념을 알았으니, 다음 몇 가지 주제들은 OSPF 라우터가 LSA를 교환하고 경로를 계산하는 작업을 수행하는 세 가지 주요 단계를 공부할 것이다. 그 세 가지 단계는

- **네이버 관계 형성:** 이웃하는 라우터가 LSDB를 교환할 수 있도록 생성된 같은 데이터 링크로 연결된 두 라우터의 관계
- **데이터베이스 교환:** 모든 라우터가 같은 LSA를 학습하도록 이웃 라우터에게 LSA를 보내는 과정
- **최상의 경로 추가:** LSDB의 로컬 복사본에서, SPF를 독립적으로 실행하는 각 라우터의 프로세스는 최상의 경로를 계산하고 이를 IPv4 라우팅 테이블에 추가한다.

OSPF 네이버 형성

이 장에서 OSPF에 대해 배우는 모든 것 중에서 OSPF 네이버 개념은 시스코 라우터에서 OSPF를 설정하고 장애 처리하는 방법과 가장 관련이 있다. 라우터를 이웃하는 라우터로 만드는 방식으로 OSPF를 설정하고, LSA 교환 과정과 뒤에서 일어나는 최상의 경로를 계산하는 것도 중시해야 한다. 이 절은 OSPF 네이버의 개념에 대해 논의한다.

OSPF 네이버 기본

OSPF 네이버는 OSPF를 둘 다 사용하고 동일한 데이터 링크에 있는 라우터이다. 이 책에서 지금까지 논의된 데이터 링크 기술은, 즉 두 개의 라우터가 같은 VLAN에 연결되고 OSPF 네이버가 되거나 또는 시리얼 링크 끝의 두 라우터가 OSPF 네이버가 된다.

두 라우터는 OSPF 네이버가 되기 위해 동일한 링크 상에 단순히 존재하는 것 이상을 해야 한다. 그들은 OSPF 메시지를 보내고 네이버가 되는 것에 동의해야 한다. 그러기 위해 라우터는 OSPF 헬로 메시지를 보내고, 이웃에게 자신들을 소개한다. 두 이웃하는 라우터가 서로 호환되는 OSPF 변수를 가지고 있다고 가정하면, 두 라우터는 네이버 관계를 형성하고, 이것은 **show ip ospf neighbors** 명령어 결과에 나타난다.

OSPF 네이버 관계는 또한 이웃 라우터가 지금 패킷을 라우팅 하기에 좋은 옵션이 아닐 때 OSPF가 알 수 있도록 알려준다. R1과 R2가 네이버 관계를 형성하고, LSA를 학습하고, 다른 라우터를 통해 패킷을 보내는 경로를 계산했다고 가정하자. 몇 달 뒤, R1은 R2와의 네이버 관계가 장애가 났다고 인지한다. R2에 연결된 장애가 난 링크는 R1이 반응하게 한다. R1은 R1에서 R2로의 링크에 기존에 의존했던 LSA를 다시 플러드하고, R1은 자신의 경로를 다시 계산하기 위해 SPF를 실행한다.

마지막으로, OSPF 네이버 모델은 새로운 라우터를 동적으로 발견할 수 있게 허용한다. 즉, 새로운 라우터는 네트워크에 모든 라우터를 재구성하지 않고도 추가될 수 있다. 대신에 라우터의 인터페이스에서 OSPF 활성화를 설정하면 그 라우터는 이러한 네이버 라우터가 설치될 때 마다 새로운 이웃으로부터 오는 헬로 메시지에 반응할 것이다.

네이버를 연결 및 라우터 ID 학습

새로운 이웃 관계가 형성되는 OSPF 헬로 과정은, 당신이 새로운 집으로 이사가고 다양한 이웃들을 만나는 것과 비슷하다. 밖에서 당신이 그들을 만났을 때, 다가가 인사를 하고, 서로의 이름을 알게 될 것이다. 대화를 조금 이어나가면서 당신은 그 이웃이 대화할 상대인지, 아니면 인사만 나눌 상대인지에 대한 첫인상을 형성한다.

비슷하게, OSPF에서도 이러한 과정은 OSPF 헬로 메시지라고 불리는 메시지로 시작한다. 그 헬로는 각 라우터의 고유한 이름이나 OSPF를 위한 식별자로 사용되는 라우터의 *라우터* ID(RID)를 나열한다. 마지막으로, OSPF는 헬로 메시지의 정보를 여러 번 검사해서 두 라우터가 네이버를 형성해야 하는지 확인한다.

OSPF RID는 32비트 숫자이다. 그래서 대부분의 명령어 결과는 점으로 된 숫자(DDN, Dotted Decimal Number)로 나열한다. 또한 기본적으로, IOS는 OSPF RID를 활성 인터페이스 IPv4 주소에 기반해서 선택하는데, 그 이유는 편리한 32비트 번호이기 때문이다. 그러나 OSPF RID는 8장 'IPv4를 위한 OSPF 구현'의 'OSPF 라우터 ID 설정' 절에서 다루는 대로, 직접적으로 설정될 수 있다.

라우터가 OSPF RID를 선택하고 일부 인터페이스가 업 상태가 되자 마자, 라우터는 OSPF 네이버를 만날 준비가 된다. OSPF 라우터는 만약 그들이 같은 서브넷에 연결되어 있다면 (CCENT 및 CCNA 시험에서 다루지 않는 다른 특별한 경우), 네이버를 형성할 수 있다. 다른 OSPF 사용 라우터를 발견하기 위해, 라우터는 멀티캐스트 OSPF 헬로 패킷을 각 인터페이스에 보내고, 이 인터페이스에 연결된 다른 라우터들로부터 OSPF 헬로 패킷을 받기를 원한다. [그림 7-6]은 이 기본 개념을 보여준다.

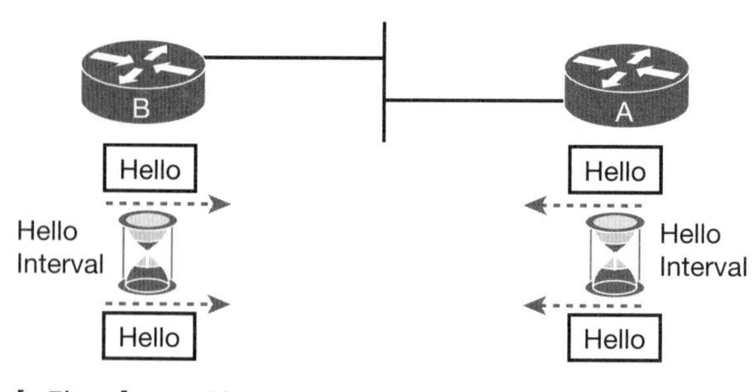

[그림 7-6] OSPF 헬로 패킷

라우터 A와 B는 모두 LAN으로 헬로 메시지를 보낸다. 그들은 헬로 타이머 설정에 기반해서 일정한 간격으로 헬로 메시지를 계속 보낸다. 헬로 메시지는 다음 기능들을 가지고 있다:

- 헬로 메시지는 IP 프로토콜 타입 89로, IP 패킷 헤더를 따른다.
- 헬로 패킷은 멀티캐스트 IP 주소 224.0.0.5로 보내지며, 멀티캐스트 IP 주소는 모든 OSPF를 사용하는 라우터를 목표로 한다.
- OSPF 라우터는 헬로 패킷을 받고 새 이웃에 대해 알기 원하는 IP 멀티 캐스트 주소 224.0.0.5로 보낸 패킷을 수신 대기한다.

조금 더 자세히 살펴보면, [그림 7-7]은 OSPF 네이버 관계 초기 형성에 사용된 몇 가지 네이버 상태를 보여준다. 그림은 중앙의 헬로 메시지와 그림의 왼쪽과 오른쪽 가장자리에 결과로 보이는 이웃 상태를 보여준다. 각 라우터는 네이버를 보는 방법에 대한 OSPF 상태 변수를 유지한다.

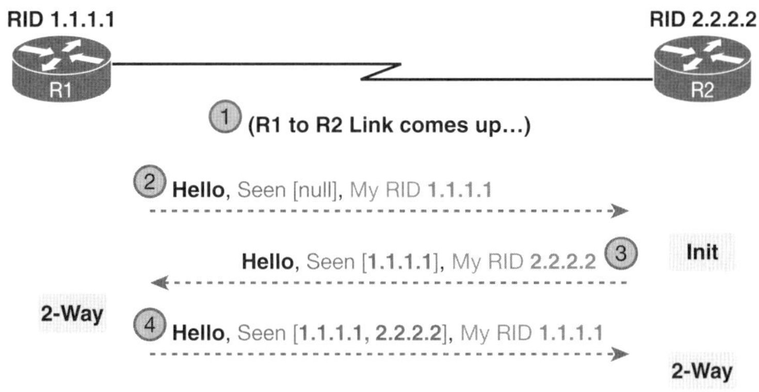

[그림 7-7] 이른 네이버 상태

그림에 있는 단계를 따르면, 시나리오는 링크 다운으로 시작되므로, 라우터는 OSPF 네이버로서 서로에 대해 알지 못한다. 그 결과, 그들은 상태 정보가 네이버로서 없고, **show ip ospf neighbor** 명령어의 결과에 서로를 보이지도 않는다. **단계②** 에서 R1은 첫 헬로를 보내고, R2는 R1을 OSPF 라우터로서 R1의 존재를 학습한다. 이 시점에서, R2는 R1을 이닛(init)의 임시 시작 상태의 이웃으로 나열한다.

이 프로세스는 **단계③** 에서도 R2가 헬로를 전송하면서 계속된다. 이 메시지는 R1에게 R2가 존재하며, 이것은 R1이 init 상태에서 빠르게 양방향(2-way) 상태로 이동할 수 있게 한다. **단계④** 에서, R2는 R1로부터 다음 헬로를 받고, R2 또한 양방향 상태로 이동할 수 있다.

양방향 상태는 특히 OSPF에서 중요하다. 이에 따라 다음 주요 사실은 맞다.:

- 라우터가 네이버로부터 헬로를 받았고, 이웃에 의해 보이게 되는 것과 같은 이웃 라우터의 RID가 나열되어 있다.
- 라우터는 네이버로부터 받는 헬로의 모든 변수를 문제가 없는지 확인한다. 라우터는 이웃이 되고 싶어 한다.
- 만약 두 라우터가 모두 서로에게 양방향 상태에 도달하면, 그것은 두 라우터가 모두 네이버가 되기 위한 OSPF 설정 요구 사항이 충족되었다는 의미이다. 효과적으로 이 시점에서, 그들은 모두 네이버이고, 서로에게 LSDB를 교환할 준비가 되었다.

네이버 간 LSDB 교환

OSPF 네이버 관계를 형성하는 한 가지 목적은 두 네이버가 자신의 데이터베이스를 교환할 수 있게 하는 것이다. 다음 주제는 OSPF 데이터베이스 교환의 세부 사항 중 일부를 공부한다.

네이버와 LSA 완전히 교환

OSPF 네이버 상태 양방향은 라우터가 네이버와 LSDB를 교환할 수 있다는 것을 의미한다. 즉, LSDB 교환을 양방향으로 시작할 준비가 되었다는 것이다. 그래서, 점대점(포인트-투-포인트) 링크의 두 라우터가 양방향 상태에 도달하면, 바로 데이터베이스 교환 과정으로 이동할 수 있다.

이 데이터베이스 교환 과정은 일부 OSPF 메시지와 여러 임시 네이버 상태와 관련이 될 수 있다. 이 장은 몇 가지 메시지와 데이터 베이스 교환이 완료된 최종 상태, 완전 상태(Full State)에 대해 자세히 설명한다.

두 라우터가 데이터베이스 교환을 결정한 후, 그들은 단순히 전체 데이터베이스 내용을 보내는 것이 아니다. 먼저, 그들은 LSA의 모든 세부 사항이 아니라 각각의 데이터베이스에 있는 LSA 목록을 서로에게 알려준다(목록을 체크리스트라고 생각해라). 그런 다음, 각 라우터는 어떤 LSA를 이미 가지고 있는지 확인하고, 그 다음 다른 라우터에게 아직 모르는 LSA만 요청한다.

예를 들어, R1은 10개의 LSA 목록 체크리스트를 보냈다(OSPF 데이터베이스 설명 또는 DD, 패킷을 사용해서). R2는 자신의 LSDB를 확인하고, 10개의 LSA 중 6개를 찾았다. 그래서 R2는 R1에게(링크 상태 요청 패킷을 사용해서) 추가 4개의 LSA를 보내라고 요청한다.

감사하게도, 대부분의 OSPFv2 작업은 이러한 특정 프로토콜 단계에 대한 자세한 지식을 필요로 하지 않는다. 하지만 용어의 일부는 자주 사용되므로, 기억해야 한다. 특히, 네이버 간에 LSA를 보내는 OSPF 메시지는 LSU(Link-State Update) 패킷이라고 불린다. 즉, LSU 패킷은 LSA(Link-state Advertisements)라고 불리는 데이터 구조를 가지고 있다. LSA는 패킷이 아니고, LSDB 안에 있는 데이터 구조이며, 토폴로지를 설명한다.

[그림 7-8]에서는 이러한 용어와 과정 중 일부를 일반적인 예와 함께 사용한다. 이 이야기는

[그림 7-7]에서 보여준 예에서 따온 것으로, [그림 7-8]은 라우터 R1과 R2 사이에서 데이터베이스 교환 과정의 예를 보여준다. 가운데는 프로토콜 메시지를 보여주고, 바깥쪽 항목은 과정의 다른 지점에서의 네이버 상태를 보여준다. 특히 아래 두 항목에 집중해라:

- 라우터는 LSU 패킷 안의 LSA를 교환한다.
- 끝나면, 라우터는 완전 상태에 도달하고, 이는 그들의 LSDB 내용을 완전히 교환했다는 의미이다.

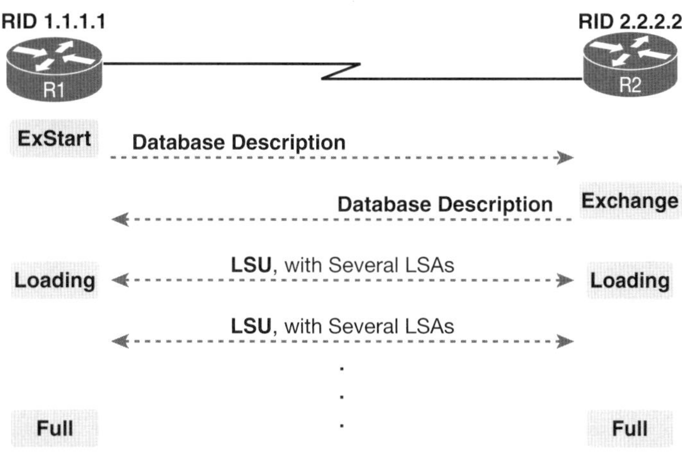

[그림 7-8] 데이터베이스 교환 예, Full state(완전 상태)로 마무리

네이버와 LSDB 관리

두 이웃이 완전한 상태가 되면, OSPF 정보를 교환하기 위해 모든 초기 작업을 수행했다. 그러나 네이버는 여전히 네이버 관계를 유지하기 위해 계속 작은 작업을 수행해야 한다.

먼저, 라우터는 헬로 메시지와 두 개의 관련 타이머인 헬로 주기(Hello Interval)와 데드 주기(Dead Interval)를 이용해서 네이버 관계를 모니터링한다. 라우터는 각 네이버에게 헬로 주기마다 헬로를 보낸다. 각 라우터는 각 네이버에게서 헬로 주기에 기반한 헬로를 받을 것을 예상하고, 만약 네이버가 데드 주기(기본적으로, 헬로 주기의 4배) 동안 조용하다면 헬로의 손실이 네이버 형성 실패를 의미한다.

다음으로 라우터는 토폴로지가 변경될 때도 반응해야 하는데, 네이버는 이 과정에서 핵심적인 역할을 한다. 무언가가 변경되면, 하나 또는 그 이상의 라우터는 하나 또는 그 이상의 LSA를 변경한다. 이때 라우터는 각 네이버에게 변경된 LSA를 플러드해야 하고, 그래야 네이버가 그들의 LSDB를 변경할 수 있다.

예를 들어, LAN 스위치의 전원이 끊어져서 라우터의 G0/0 인터페이스의 상태가 up/up에서 down/down으로 장애가 난다. 이 라우터는 라우터의 G0/0이 다운 상태로 보이게 LSA를 업데이트한다. 라우터는 그런 다음 이웃하는 라우터들에게 LSA를 보내고, 그들은 다시 모든 라우터가 동일한 LSDB 복사본을 가지고 있을 때까지 그들의 이웃하는 라우터로 보낸다. 각 라우터의 LSDB는 본래 라우터의 G0/0 인터페이스가 장애가 났다는 사실을 반영하고, 라우터는 그러면 이 장애가 난 인터페이스에 의해 영향을 받는 경로들을 다시 계산하기 위해 SPF를 실행한다.

이웃 스위치에 의해 세 번째 관리 작업은 네트워크가 완전히 안정화 되었을 때에도 때때로 각 LSA를 다시 플러딩하는 것이다. 기본적으로, LSA를 만드는 각 라우터는 변화가 없을 때에도 (기본적으로) 30분마다 LSA를 다시 플러딩해야 하는 의무를 가지고 있다(각 LSA는 LSA가 생성되었을 때에 기반한 각각의 타이머를 가지고 있어서, 네트워크가 LSA 플러딩으로 과부하가 걸리는 큰 이벤트는 생기지 않는다).

다음 목록은 더 쉽게 복습할 수 있도록 다음 세 가지 관리 작업을 요약한 것이다.

- 헬로 주기를 기반으로 헬로 메시지를 보내고 데드 주기가 만료되기 전에 헬로를 수신해서 네이버 상태를 유지한다.
- 각 이웃하는 라우터에 변경된 LSA를 플러드한다.
- 수명이 다하면 변경되지 않은 LSA를 다시 플러드한다(기본 30분).

NOTE 만약 LSA 자체에 대해 더 자세히 알고 싶으면, 부록 K의 '(OSPFv2) 링크 상태 광고' 절의 몇 가지 사항을 참조한다.

이더넷 링크에서 지정 라우터 사용

OSPF는 일부 인터페이스 유형에서 다르게 작동하는데, 특히 점대점과 이더넷 링크를 비교한다. 특히 이더넷 링크에서, OSPF는 같은 서브넷에 있는 라우터 중 하나를 *지정된 라우터(DR)*로 선출한다. DR은 점대점 링크와 다른 규칙을 사용해서 데이터베이스 교환 과정 작동 방식에 핵심적인 역할을 한다. [그림 7-9]는 같은 이더넷 VLAN에 있는 5개의 OSPFv2 라우터를 보여준다. 이 5개의 OSPF 라우터는 하나의 라우터를 DR로 작동하게 선출하고, 다른 한 라우터를 백업 DR(BDR)로 선출한다. 이 그림에서는 A와 B를 DR과 BDR로 보여주는데, 이더넷에 하나씩 있어야 한다는 이유는 없다.

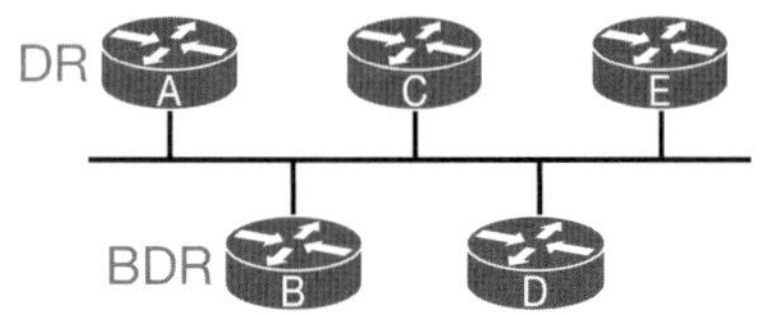

[그림 7-9] DR과 BDR로 선출된 라우터 A와 B

이더넷 링크의 데이터베이스 교환 과정은 동일한 VLAN과 서브넷에 있는 모든 라우터 쌍 사이에서 발생하지 않는다. 대신 DR과 다른 라우터에서 일어나는데, DR이 다른 모든 라우터가 각 LSA의 복사본을 갖도록 한다. 즉, 데이터베이스 교환은 [그림 7-10]에서 보여주는 흐름으로 일어난다.

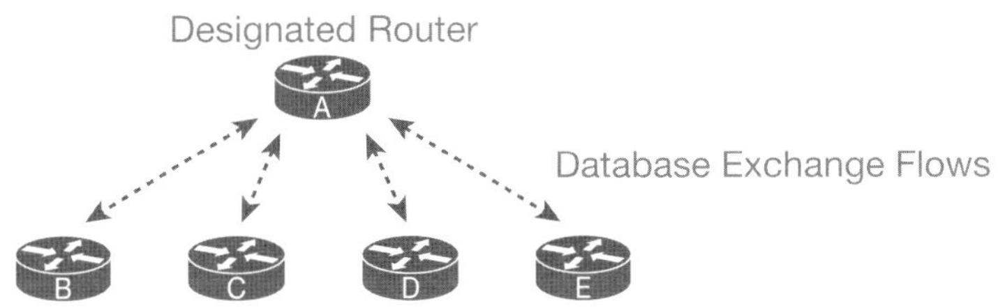

[그림 7-10] 이더넷에서 DR과의 데이터베이스 교환

DR은 데이터베이스 교환 프로세스에서 매우 중요하기 때문에, OSPF는 BDR 개념을 사용한다. BDR은 DR의 상태를 보고, DR이 장애가 난 경우 대신한다(DR이 장애가 났을 때, BDR이 대신하고 새로운 BDR이 선출된다).

약간의 이론 설명으로 당신은 조금 지쳐 있을지 모르지만, 결국 이 이론은 실제로 라우터에서 **show** 명령어로 볼 수 있는 것을 보여준다. DR과 BDR은 모두 LAN에서 다른 모든 OSPF 라우터들과 전체 데이터베이스 교환을 수행하기 때문에, 모든 이웃과 완전 상태(full state)에 도달한다. 그러나 OSPF에서 DROthers라고 불리는 DR이나 BDR이 아닌 라우터는 절대 완전 상태에 도달하지 못하는데, 이는 이들이 서로 데이터베이스를 교환하지 않기 때문이다. 그 결과, 이러한 라우터들에서 **show ip ospf neighbor** 명령어는 일부 이웃을 나타내며, 영구적으로 완전 상태가 아닌 양방향 상태를 나타낸다.

예를 들면, [그림 7-10]의 이더넷 LAN에서 정상적으로 작동하는 OSPF의 라우터 C에서 **show ip ospf neighbor** 명령어는 다음을 보여줄 것이다:

- 두 이웃 라우터(A와 B, 각각 DR과 BDR)와 완전 상태(완전한 인접, fully adjacent)
- 두 이웃 라우터(D와 E)와 양방향 상태(인접, adjacent)

일부 이웃이 완전 상태에 도달하고, 일부는 그렇지 않은 LAN 상의 OSPF 네이버에 대한 다른 동작은 두 가지 추가 OSPF 용어, 완전한 인접(fully adjacent)과 인접(adjacent)을 사용한다. 완전한 인접은 LSDB를 직접적으로 교환한 후 완전 인접한 네이버는 완전 상태에 도달한다. 인접 네이버는 양방향 상태를 유지하려고 하고 완전 상태로 절대 도달할 수 없는 정확하게 말하면 'DROther 라우터'이다. [표 7-5]는 이러한 주요 개념과 OSPF 상태와 관련된 용어를 정리한다.

네이버 상태	인접 용어	의미
양방향 (2-way)	인접 (Adjacent)	네이버는 보이는 라우터 목록에서 로컬 라우터의 RID를 나열한 헬로를 보낸다. 또한 이는 네이버 검증 확인이 모두 통과했음을 의미한다. 만약 두 이웃 라우터가 DROther 라우터라면, 네이버는 이 상태로 남아있어야 한다.
완전 (Full)	완전한 인접 (Fully adjacent)	인터페이스가 정상 동작 중 두 라우터는 정확히 동일한 LSDB 세부 정보를 알고, 완전히 인접했으며, 이는 LSDB 내용 교환을 완료했음을 의미한다.

[표 7-5] 안정적인 OSPF 네이버 상태와 의미

SPF로 최상 경로 계산

OSPF LSA는 유용한 정보를 포함하지만, 라우터가 IPv4 라우팅 테이블에 추가해야 하는 특정 정보를 포함하지 않는다. 즉, 라우터는 LSDB의 정보를 IPv4 라우팅 테이블의 경로로 복사할 수 없다. LSA는 각각 직소 퍼즐의 일부와 비슷하다. 따라서, 라우팅 테이블에 어떤 경로를 추가해야 하는지 알기 위해서는 각 라우터가 해당 라우터의 관점에서 최상의 경로를 선택하기 위해 일부 SPF(Shortest Path First: 최단 경로 우선 알고리즘)를 계산해야 한다. 라우터는 그 후 라우팅 테이블에 각 경로(서브넷 숫자와 마스크, 나가는 인터페이스, 그리고 넥스트홉 라우터 IP 주소를 가진 경로)를 추가한다.

엔지니어는 SPF가 계산하는 방법에 대해 자세히 알 필요는 없지만, SPF가 최상의 경로로 선택할 경로를 예측하는 방법은 알아야 한다. SPF 알고리즘은 서브넷에 대한 모든 경로를, 즉, 라우터로부터 목적지 서브넷까지 가능한 모든 경로에 대해서 계산한다. 만약 한 개 이상의 경로가 존재한다면, 라우터는 메트릭을 비교하여 가장 좋은(낮은) 메트릭 경로를 선택해서 라우팅 테이블에 추가한다. SPF 계산은 복잡할 수 있지만, 네트워크 다이어그램, 라우터 상태 정보, 그리고 간단한 덧셈이 가능한 엔지니어는 각 경로에 대한 메트릭을 계산하고 SPF가 무엇을 선택할지 예측할 수 있다.

OSPF가 경로를 식별하면, OSPF는 다음과 같이 경로에 대한 메트릭을 계산한다.

경로에서 나가는 모든 인터페이스에 대한 OSPF 인터페이스 코스트의 합

[그림 7-11]은 R1에서 그림의 아랫부분에 있는 서브넷 X(172.16.3.0/24)까지 가능한 세 가지 경로를 보여준다.

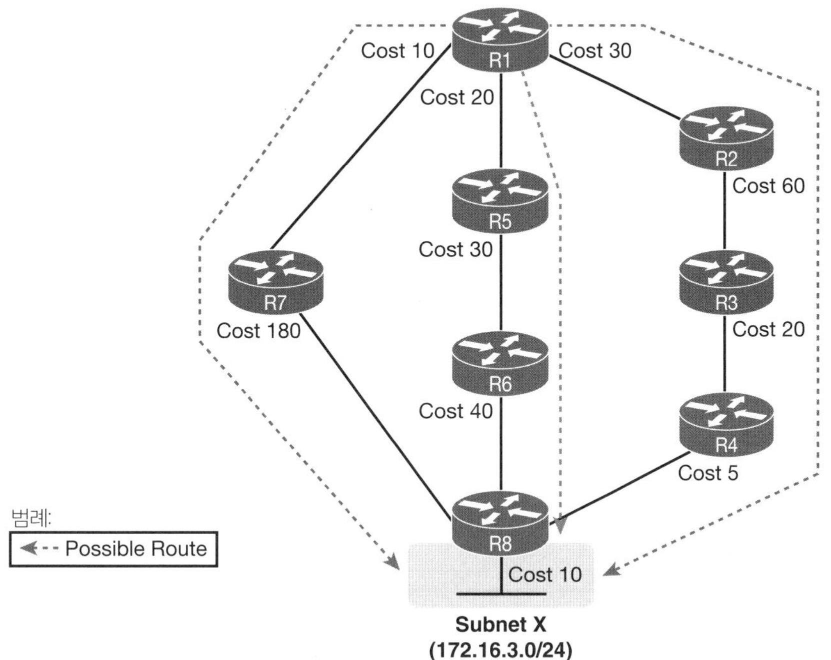

[그림 7-11] 172.16.3.0/24로 향하는 R1의 경로를 찾기 위한 SPF 트리

> **NOTE** OSPF는 각 경로에서 나가는 인터페이스(만)의 코스트를 고려한다. 경로에서 들어오는 인터페이스에 대한 코스트는 추가하지 않는다.

[표 7-6]은 [그림 7-11]에서 보여주는 세 경로를 누적 코스트와 함께 나열한다. R1에서 172.16.3.0/24로 가는 최상 경로는 R5를 통과하는 것으로 시작한다.

경로	[그림 7-11]에서 위치	누적 코스트
R1-R7-R8	왼쪽	10 + 180 + 10 = 200
R1-R5-R6-R8	중간	20 + 30 + 40 + 10 = 100
R1-R2-R3-R4-R8	오른쪽	30 + 60 + 20 + 5 +10 = 125

[표 7-6] R1에서 172.16.3.0/24로 가는 세 가지 대체 경로 비교

LSDB에 대한 SPF 알고리즘의 분석 결과로, R1은 서브넷 172.16.3.0/24로 가는 경로를 넥스트홉 라우터가 R5인 것으로 라우팅 테이블에 추가한다.

실제 OSPF 네트워크에서, 엔지니어는 각 인터페이스의 OSPF 코스트를 파악해서 동일한 과정을 수행할 수 있다. 네트워크 다이어그램으로 무장한 엔지니어는 모든 경로를 검사할 수 있고, 코스트를 추가하며, 각 경로의 메트릭을 예측할 수 있다.

> **NOTE** OSPF는 Area 디자인에 따라 다른 과정을 사용해서 코스트를 계산한다. [그림 7-11] 근처의 예는 Single Area 디자인을 사용할 때 가장 일치하는 OSPF 논리이다. OSPF Area는 다음 절에서 바로 살펴본다.

OSPF Area 디자인

OSPF는 디자인 문제에 대해 조금만 생각하면 네트워크에 사용할 수 있다. 모든 라우터에 OSPF를 켜고, 모든 인터페이스를 같은 Area(일반적으로 Area 0)에 넣으면 작동한다! [그림 7-12]는 이런 네트워크의 예를 11개의 라우터와 모든 인터페이스가 Area 0에 들어가 있는 것으로 보여준다.

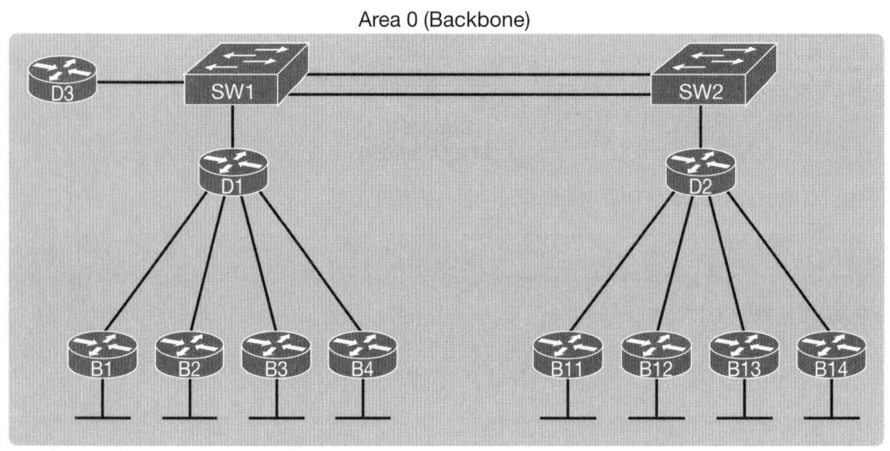

[그림 7-12] Single Area OSPF

큰 OSPFv2 네트워크는 Single Area 디자인으로는 부족하다. 예를 들어, 11개가 아니고 900개의 라우터와 몇천 개의 서브넷을 가지고 있는 기업 네트워크를 생각해보자. 결과적으로, 모든 토폴로지 데이터에서 SPF 알고리즘을 실행하는 CPU 시간은 길어진다. 그 결과, OSPFv2 수렴 시간(네트워크에서 변화에 반응하는 데 필요한 시간)은 느려질 수 있다. 라우터는 RAM이 부족할 수도 있다. 추가적인 문제는 다음과 같다:

- 더 큰 토폴로지 데이터베이스는 각 라우터에서 더 많은 메모리를 필요로 한다.
- 더 큰 토폴로지 데이터베이스를 SPF 알고리즘으로 처리하는 것은 토폴로지 데이터베이스의 크기가 기하급수적으로 증가하는 처리 능력이 필요하다.
- 인터네트워크(업 상태에서 다운 상태 또는 다운에서 업 상태)의 어느 곳에서나 하나의 인터페이스 상태 변경은 SPF를 모든 라우터에서 다시 실행하게 한다.

솔루션은 하나의 큰 LSDB를 가지고 OSPF Area를 이용해서 여러 개의 작은 LSDB로 나누는 것이다. 각 Area에서 각 링크는 하나의 Area에 배치된다. SPF는 Area 내부의 토폴로지와 그

Area의 토폴로지에서만 복잡한 계산을 수행한다. 예를 들어 1,000개의 라우터와 2,000개의 서브넷을 가진 인터네트워크를 100개의 Area로 나누면, 평균적으로 한 Area당 10개의 라우터와 20개의 서브넷을 가진다. 라우터에서 SPF 계산은 1,000개의 라우터와 2,000개의 링크가 아닌, 약 10개의 라우터와 20개의 링크에 대한 토폴로지만 처리하면 된다.

그래서 OSPF가 여러 Area를 사용해야 할 필요가 있기 전에 네트워크는 얼마나 커야 하는가? 정답이 없다. 왜냐하면 SPF 과정의 동작은 주로 CPU 처리 속도, RAM 크기, LSDB 크기 등에 따라 달라지기 때문이다. 일반적으로 수십 대가 넘는 라우터에서는 Area들을 사용하는 데에 이득이 있으며, 수 년 동안 일부 문서에서는 실제로 Area를 사용해야 하는 구분선으로 50대의 라우터를 표기한다.

다음 몇 페이지에서는 왜 Area가 더 큰 OSPF 네트워크에서 더 잘 작동하는지에 대한 이유와 함께 OSPF Area 디자인이 작동하는 방식에 대해 설명한다.

OSPF Area

OSPF Area 디자인은 몇 가지 기본 규칙을 따른다. 이 규칙을 적용하기 위해서, 라우터와 모든 인터페이스를 포함한 인터네트워크를 깨끗하게 그리는 것으로 시작한다. 그 다음, 다음과 같이 각 라우터의 인터페이스에 대해 Area를 선택해라.

- 동일한 Area 안에 동일한 서브넷에 연결된 모든 인터페이스를 배치한다.
- Area는 인접해야 한다.
- 일부 라우터는 Area 내부에 있을 수 있으며, 모든 인터페이스는 Single Area에 할당된다.
- 일부 라우터는 ABR(Area Border Routers)일 수 있고, 이는 일부 인터페이스가 백본(Backbone) Area에 연결되고, 일부는 백본이 아닌 Area에 연결되었기 때문이다.
- 모든 백본이 아닌 Area는 Backbone Area(Area)에 연결되어야 하며, 최소한 하나의 ABR이 Backbone Area와 백본이 아닌 Area에 모두 연결되어 있어야 한다.

[그림 7-13]은 하나의 예를 보여준다. 일부 엔지니어는 11개의 라우터와 링크를 모두 보여주는 네트워크 다이어그램으로 시작한다. 왼쪽에는 엔지니어가 네 개의 시리얼 링크를 배치하고, LAN은 지점 라우터 B1부터 B4까지에 연결된 Area 1에 배치한다. 비슷하게, 지점 라우터 B11부터 B14까지의 링크와 그들의 LAN을 Area 2에 배치한다. 두 Area 모두 Backbone Area, Area 0에 연결이 필요로 하기 때문에, D1과 D2의 LAN 인터페이스를 D3과 함께 Area 0에 배치해서 Backbone Area를 만든다.

또한, 이 그림에는 몇 가지 중요한 OSPF Area 디자인 용어를 보여준다. [표 7-7]은 이러한 용어와 관련 용어가 있으며, 이중 그림에서 사용된 용어에 더 집중해야 한다.

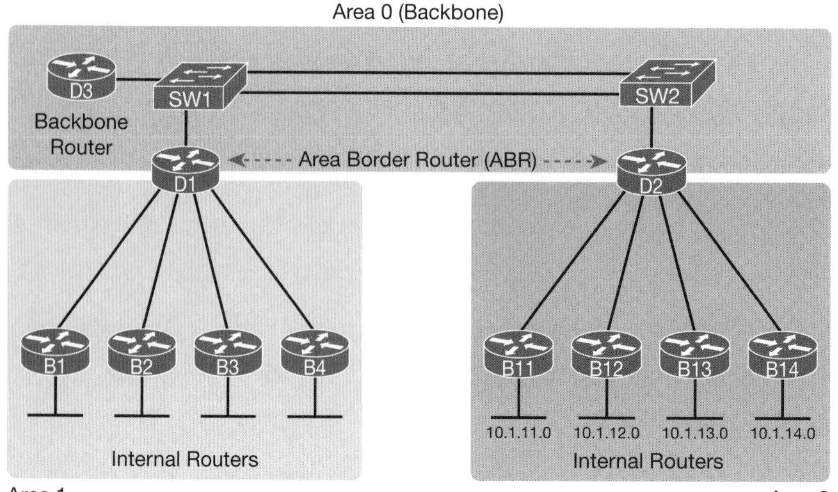

[그림 7-13] ABR로서 D1과 D2를 가진 세 개의 OSPF area

용어	설명
ABR(Area Border Router)	인터페이스가 Backbone Area와 적어도 하나 이상의 Area에 연결된 OSPF 라우터이다.
백본 라우터	Backbone Area(ABR 포함)에 연결된 라우터
내부 라우터	하나의 Area(Backbone Area가 아닌)에 있는 라우터
Area	라우터 모음과 같은 자세한 LSDB 정보를 공유하는 링크이지만, 효율적으로 사용하기 위해 다른 Area에 있는 라우터에게는 공유하지 않는 링크.
Backbone Area	모든 다른 area가 연결되어야만 하는 특별한 OSPF area – area 0
Area 내 경로	라우터로서 같은 area 안에 있는 서브넷으로 가는 경로
Area 간 경로	라우터를 포함하지 않는 area 안에 있는 서브넷으로 가는 경로

[표 7-7] OSPF 디자인 용어

Area가 SPF 계산 시간을 줄이는 방법

[그림 7-13]은 간단한 Area 디자인과 Area에 관련된 몇 가지 용어를 보여주지만, Area의 성능과 이점은 보여주지 않는다. 어떻게 Area가 SPF가 하는 일을 줄여줄 수 있는지 이해하기 위해, Area 디자인의 결과로 Area 내부의 LSDB에 대한 변경 사항을 이해해야 한다.

SPF는 대부분의 처리 시간을 모든 토폴로지 세부 정보, 즉 라우터와 라우터를 연결하는 링크를 처리하는 데에 사용한다. Area는 SPF의 일을 줄여주는데, 왜냐하면 [그림 7-14]의 왼쪽에서 보이는 것처럼 주어진 Area에서, LSDB는 그 Area 안의 라우터와 링크만 나열하기 때문이다.

LSDB가 적은 토폴로지 정보를 가지고 있는 동안, 이것은 여전히 모든 Area의 모든 서브넷에 대한 정보를 가지고 있고, 그래서 각 라우터는 모든 서브넷에 대해 IPv4 경로를 만들 수 있다.

따라서, Area 디자인에서 OSPFv2는 다른 Area의 서브넷에 대해 아주 간단히 요약된 정보를 사용한다. 이 LSA는 다른 Area에 대한 토폴로지 정보를 포함하지 않고, 그래서 그들은 많은 SPF 과정을 요구하지 않는다. 대신 이러한 서브넷은 ABR에 연결된 서브넷처럼 표시된다(이 경우, ABR D1).

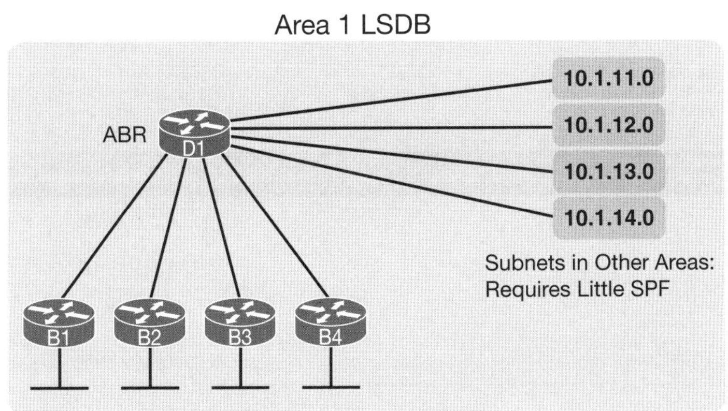

[그림 7-14] 작은 Area 1 LSDB 개념

OSPF Area 디자인 장점

요약하자면, Single Area OSPF 디자인을 사용하면 더 작은 OSPF 네트워크에서 잘 작동한다. 이것은 추가된 복잡성을 피하고, 네트워크를 운영하기에 살짝 쉽게 만든다. 이는 또한 계획 작업에 노력이 덜 필요한데, 어느 누구도 네트워크의 어느 부분이 어떤 Area에서 끝날지 계획하지 않아도 되기 때문이다.

여러 Area를 사용하면 대규모 네트워크의 경우 여러 면에서 OSPF 운영을 향상시킨다. 다음 목록은 더 큰 OSPF 네트워크에서 여러 Area를 사용하는 것과 관련한 핵심 포인트를 요약한 것이다.

- Area당 LSDB가 작을 수록 더 작은 메모리를 필요로 한다.
- Area당 LSDB가 작은 경우, SPF 알고리즘 계산에 있어 더 작은 CPU 자원을 소비하며, CPU 과부하를 줄이고 수렴 시간을 줄일 수 있다.
- 네트워크의 변경(예를 들면, 링크 장애와 복구)은 링크가 변경된 Area에 연결된 라우터에서만 SPF 계산이 필요하므로, SPF를 다시 실행해야 하는 라우터 수를 줄일 수 있다.
- Area 사이에 광고되는 정보의 양이 줄어들기 때문에, LSA 전송에 필요한 대역폭을 줄일 수 있다.

챕터 리뷰

시험을 잘 보기 위해 중요한 한 가지 핵심은 시간 간격을 두고 반복적으로 복습하는 것이다. 이 장의 내용을 복습하기 위해 책과 DVD에 있는 툴 또는 본 저서와 관련 있는 웹 사이트의 대화형 도구를 이용할 수 있다. 자세한 사항은 '당신의 학습 계획' 내용을 참조하자. [표 7-8]에는 핵심 복습 내용과 그 내용을 찾을 수 있는 위치를 표시하였다. 학습 진행 과정을 추적하려면, 두 번째 칸에 복습 완료 날짜를 기록한다.

리뷰 항목	완료 날짜	사용 자료
핵심 주제 리뷰		책, DVD/웹 사이트
핵심 용어 리뷰		책, DVD/웹 사이트
DIKTA 문항 답변		책, PCPT
메모리 테이블 리뷰		책, DVD/웹 사이트

[표 7-8] 리뷰 확인

핵심 주제 리뷰

핵심 주제	설명	쪽 번호
리스트	IP 라우팅 프로토콜의 기능	183~184
리스트	IGP와 EGP의 정의	185
리스트	IGP 라우팅 프로토콜 유형	186
표 7-2	IGP 메트릭	187
표 7-3	IGP 기능 비교	189
리스트	OSPF 양방향 상태에 대한 주요 사실	196
표 7-5	OSPF 네이버 상태 핵심	200
항목	OSPF가 경로에 대해 코스트를 계산하는 방법 정의	200
그림 7-11	여러 개의 경쟁 경로에 대한 코스트 계산 예	201
리스트	OSPF Area 디자인 규칙	203
그림 7-13	용어와 함께 OSPF Multi Area 디자인 예	204
표 7-7	OSPF 디자인 용어와 정의	204

[표 7-9] 7장의 핵심 주제

핵심 용어

수렴(convergence), SPF(Shortest Path First) 알고리즘, 거리 벡터(distance vector), 내부 게이트웨이 프로토콜(interior gateway protocol, IGP), 링크-상태(link-state), 링크-상태 광고(LSA), 링크 상태 데이터베이스(LSDB), 메트릭(metric), 양방향 상태(2-way state), 완전 상태(full state), ABR(Area Border Router), 지정 라우터(designated router, DR), 백업 지정 라우터(BDR), 완전한 근접(fully adjacent), 헬로 주기(Hello Interval), 데드 주기(Dead Interval), 링크-상태 업데이트, 네이버(neighbor), 라우터 ID(RID), 토폴로지 데이터베이스(topology database), 내부 라우터(internal router), Backbone Area

CHAPTER 8

IPv4용 OSPF 구현

이 장은 다음 시험 주제를 다룬다.

2.0 라우팅 기술

2.4 IPv4용 Single Area 및 Multi Area OSPFv2 설정, 검증 및 장애 처리(인증, 필터링, 수동 요약, 재분배, 스터브, 가상 링크 및 LSA 제외)

7장 'OSPF 개념 이해'는 개념을 소개했고, 이 장은 OSPFv2(Open Shortest Path First), 즉 IPv4에서 사용되는 OSPF의 구현 세부 정보로 이동한다. 이 장은 OSPFv2 기능의 다양성을 설정하고 검증하는 방법에 대해 볼 것이다.

이 장에서는 다양한 구성 옵션에 대해 다루고, 세 개의 주요 절에 대해 들어간다. 첫 번째 절에서는 Single Area를 사용한 기본 OSPFv2 설정과 검증 방법에 대해 보여준다. Single Area에서, 모든 인터페이스는 하나의 Area에 있고, 그 사실은 **show** 명령어의 결과에서 정보 목록의 종류에 영향을 준다. 또한, 첫 번째 절은 OSPF **network** 명령어를 이용한 기존 OSPFv2 구성을 사용한다. 두 번째 절은 첫 번째 절과 동일한 설정 및 검증을 반복하지만, Multi Area OSPF 디자인에서 진행한다.

이 장의 세 번째 절은 다양한 OSPFv2의 공통 기능을 살펴본다. 이 기능들은 시스코 라우터에서 OSPFv2를 활성화시키는 방법과 완전히 다른 방법을 포함한다. OSPF 기본 경로 설정, OSPF 메트릭(metrics) 설정, 그리고 OSPF 로드 밸런싱(load balancing, 부하 분산)을 포함한다.

마지막으로, 이 페이지의 윗부분에 있는 시험 주제를 다시 읽는 시간을 가져라. 시험 주제는 특정 OSPF 주제를 제외한다.

QUIZ 사전 점검 퀴즈

아래의 사전 점검 퀴즈(지문 또는 PCPT 소프트웨어 사용)를 풀어보면 이 장을 읽고 이해하는 데 시간이 얼마나 걸릴 것인지 가늠할 수 있다. 정답은 퀴즈 다음 페이지 하단에 있으며, 퀴즈 정답에 대한 자세한 설명은 DVD 부록 C와 PCPT 소프트웨어에 담겨 있다.

핵심 주제	문항
Single Area OSPFv2 구현	1–3
Multi Area OSPFv2 구현	4, 5
추가 OSPFv2 기능	6, 7

[표 8-1] 핵심 주제와 관련된 사전 점검 퀴즈 문항

1. **router ospf 1**의 명령어에 이어서 나오는 다음 **network** 명령어 중에서 10.1.1.1, 10.1.100.1, 10.1.120.1 IP 주소가 설정된 인터페이스에서 OSPF를 사용하도록 라우터에게 지시하는 것은 무엇인가?

a. **network 10.0.0.0 255.0.0.0 area 0**

b. **network 10.0.0.0 0.255.255.255 area 0**

c. **network 10.0.0.1 0.0.0.255 area 0**

d. **network 10.0.0.1 0.0.255.255 area 0**

2. **router ospf 1**의 명령어에 이어서 나오는 다음 **network** 명령어 중에서 10.1.1.1, 10.1.100.1, 10.1.120.1 IP 주소가 설정된 인터페이스에서 OSPF를 사용하도록 라우터에게 지시하는 것은 무엇인가?

a. **network 10.1.0.0 0.0.255.255 area 0**

b. **network 10.0.0.0 0.255.255.0 area 0**

c. **network 10.1.1.0 0.x.1x.0 area 0**

d. **network 10.1.1.0 255.0.0.0 area 0**

e. **network 10.0.0.0 255.0.0.0 area 0**

3. 인터페이스 serial 0/0에 연결된 OSPF 네이버 목록을 보여주는 명령어는 다음 중 어느 것인가? (2개를 고르시오)

a. **show ip ospf neighbor**

b. **show ip ospf interface brief**

c. **show ip neighbor**

d. **show ip interface**

e. **show ip ospf neighbor serial 0/0**

4. 라우터 R1, R2, R3은 내부 라우터이고 각각 Area 1, 2, 3에 있다. 라우터 R4는 ABR로 Backbone Area(0)과 Area 1, 2, 3에 연결되어 있다. 다음 중 라우터 R4의 설정에서, 다른 세 개의 라우터로부터 ABR로 만들게 하는 다른 점을 설명한 것은 무엇인가?

a. **abr enable** 라우터 하위 명령어

b. 단일 백본이 아닌 Area를 나타내는 **network** 라우터 하위 명령어

c. Backbone Area를 포함한 Multi Area를 나타내는 **network** 라우터 하위 명령어

d. OSPF 이웃 라우터들의 인터페이스는 다른 Area에 있는 반면에, 라우터가 Area 0에 인터페이스를 가지고 있다.

5. 엔지니어는 라우터 R1에 연결해서 **show ip ospf neighbor** 명령어를 실행했다. 네이버 2.2.2.2의 상태는 FULL/DBR로 표시된다. BDR이 의미하는 것은 무엇인가?

a. R1은 ABR(Area Backbone Router)이다.

b. R1은 백업 지정 라우터(Backup Designated Router)이다.

c. 라우터 2.2.2.2는 ABR이다.

d. 라우터 2.2.2.2는 BDR이다.

6. 엔지니어가 OSPF 설정 모드에서 **network** 명령어를 사용하는 전통적인 OSPFv2 설정을 사용하는 대신에 OSPFv2 인터페이스 설정을 사용하는 것으로 이전하려고 한다. 다음 중 새로운 설정에서 어느 것이 인터페이스에 Area 숫자를 설정하는 명령어인가?

a. 인터페이스 설정 모드에서 **area** 명령어

b. 인터페이스 설정 모드에서 **ip ospf** 명령어

c. 인터페이스 설정 모드에서 **router ospf** 명령어

d. 인터페이스 설정 모드에서 **network** 명령어

7. 다음 중 라우터에서 OSPFv2를 사용할 때, 라우터가 IPv4 라우팅 테이블에 추가할 IPv4 경로에 영향을 미치지 않는 구성은 무엇인가?

a. **auto-cost reference-bandwidth**

b. **delay**

c. **bandwidth**

d. **ip ospf cost**

Single Area OSPFv2 구현

OSPF 설정에서 필수 단계는 많지 않다. 그러나 옵션으로 선택할 수 있는 단계는 상대적으로 많다. 대규모 IP 인터네트워크에서는 더 복잡할 수 있겠지만 OSPF의 설계 방향이 정해지면 각 라우터의 인터페이스마다 OSPF를 활성화하고 해당 인터페이스를 적절한 Area에 포함시키는 등의 간단한 설정만 진행하면 된다.

이 절에서는 Single Area OSPF 인터네트워크를 사용하는 여러 가지 설정 예를 보여준다. 이러한 예에 이어서, 내용은 추가 선택 가능한 설정값을 다룬다. 다음에 정리되어 있는 항목에서는 이 장에서 다뤘던 설정 단계를 요약하고, 주요 명령어를 간략하게 설명한다.

단계 ① 특정 OSPF 과정으로 OSPF 설정 명령어로 들어가기 위해 **router ospf** *process-id* 전역 명령어를 사용해라.

단계 ② (옵션) 다음을 수행해서 OSPF 라우터 ID를 구성해라.

Ⓐ 라우터 ID를 정의하기 위해 **router-id** *id-value* 하위 명령어를 사용해라.

Ⓑ 루프백 인터페이스에 IP 주소를 설정하기 위해, **interface loopback** *number* 전역 명령어와 **ip address** *address* **mask** 명령어를 사용해라(작동 중인 모든 루프백의 가장 높은 IP 주소를 선택한다).

Ⓒ 인터페이스 IP 주소에 의존해라(작동 중인 모든 루프백이 아닌 가장 높은 IP 주소를 선택한다).

단계 ③ 라우터 하위 명령어인 **network** *ip-address wildcard-mask* **area** *area-id* 명령어를 하나 또는 그 이상 사용하고, 설정된 주소와 마스크가 일치하는 모든 인터페이스에서 OSPFv2를 활성화하기 위해, 지정된 Area의 인터페이스에 OSPF를 활성화한다.

단계 ④ (옵션) 만약 이웃하는 라우터가 이 인터페이스에 찾아지지 않는다면, OSPF 인터페이스를 passive로 설정하기 위해 **passive-interface** *type number* 라우터 하위 명령어를 사용해라.

OSPFv2 설정에 조금 더 시각적인 관점을 위해, [그림 8-1]은 주요 OSPF 설정 명령어들 간의 관계를 보여준다. 그 구성은 구성의 한 부분에 라우팅 과정을 생성하며, 간접적으로 각 인터페이스에 OSPF를 활성화시킨다. 이 설정에서는 OSPF가 활성화된 인터페이스의 이름을 지정하지 않고, 대신 OSPF **network** 명령어를 인터페이스 **ip address** 명령어와 비교해서 일부 논리를 IOS에 적용하는 것을 요구한다. 다음 예에서는 이 논리에 대해 자세히 논의한다.

사전 점검 퀴즈 정답

1 B **2** A **3** A, E **4** C **5** D **6** B **7** B

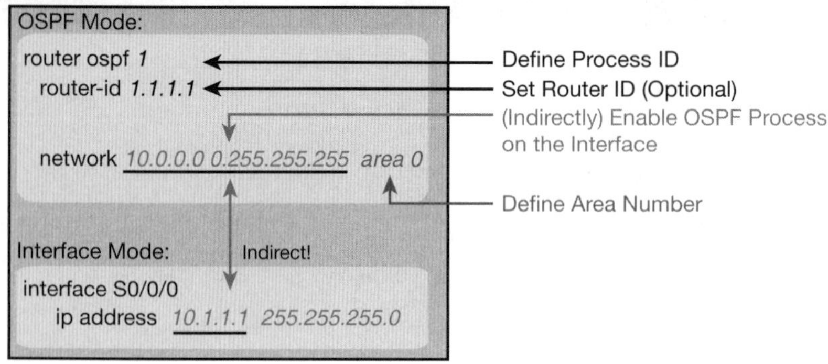

[그림 8-1] OSPFv2 설정의 구조

OSPF Single Area 설정

[그림 8-2]는 Single Area OSPF 설정 예에 사용될 샘플 네트워크를 보여준다. 모든 링크는 Area 0에 있다. 디자인은 4개의 라우터로, 각각은 한 개 또는 두 개의 LAN과 연결되어 있다. 그러나 그림 위쪽의 라우터 R3과 R4는 동일한 두 개의 VLAN/서브넷으로 연결되고, 라우터들은 이 VLAN과도 각각 네이버 관계를 형성할 것이다(디자인의 위에 있는 두 개의 스위치는 L2 스위치로 작동한다).

[예 8-1]은 OSPF에 대해 자세하게 보기 전에, 라우터 R3에서 IPv4 주소 설정을 보여준다. 설정은 R3의 G0/0 인터페이스의 802.1Q 트렁킹을 활성화하고, 각 서브 인터페이스에 IP 주소를 할당한다(보여지지는 않지만, 스위치 SW3은 그 이더넷 링크의 다른 쪽에 트렁킹을 설정했다).

```
interface GigabitEthernet 0/0.341
 encapsulation dot1q 341
 ip address 10.1.3.1 255.255.255.128
!
interface GigabitEthernet 0/0.342
 encapsulation dot1q 342
 ip address 10.1.3.129 255.255.255.128
!
interface serial 0/0/0
 ip address 10.1.13.3 255.255.255.128
```

[예 8-1] R3의 IPv4 주소 설정(VLAN 트렁킹 포함)

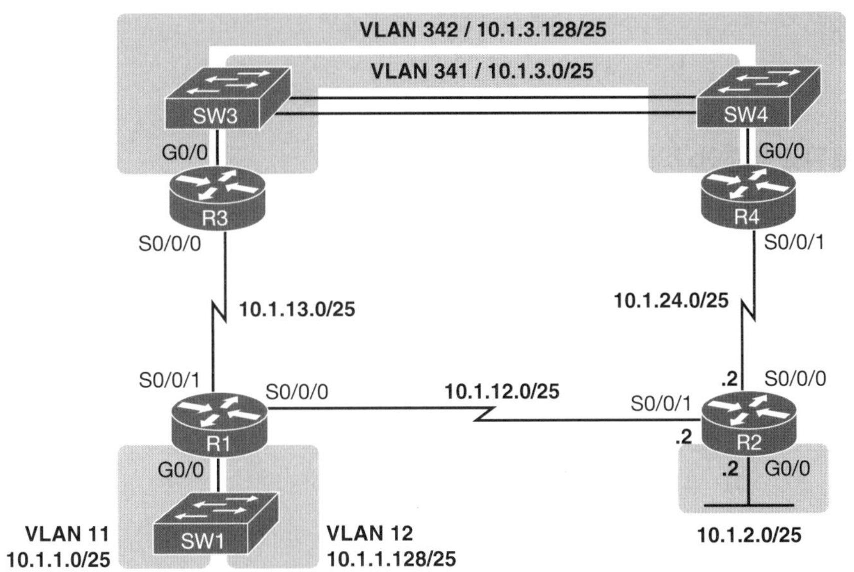

[그림 8-2] OSPF Single Area 설정을 위한 샘플 네트워크

R3의 Single Area 설정을 시작하면서 [예 8-2]에서 보여주는 것처럼, [그림 8-2]에 보이는 모든 인터페이스에 OSPF를 활성화한다. 먼저 **router ospf 1** 전역 명령어는 사용자를 OSPF 설정 모드에 배치하고, OSPF *프로세스 ID*를 설정한다. 이 숫자는 로컬 라우터에서 고유할 필요가 있으며, 다른 프로세스 ID를 사용함으로써 하나의 라우터에서 여러 개의 OSPF 프로세스를 라우터가 지원하게 한다(**router** 명령어는 프로세스들을 구분하기 위해 *프로세스 ID*를 사용한다). 이 *프로세스 ID*는 각 라우터마다 일치할 필요는 없지만, 1부터 65,535 사이의 정수로 사용할 수 있다.

```
router ospf 1
 network 10.0.0.0 0.255.255.255 area 0
```

[예 8-2] R3에서 하나의 **network** 명령어를 이용한 OSPF Single Area 설정

이 예에 대해 일반적으로 말하자면, OSPF **network** 명령어는 라우터가 **network** 명령어의 첫 두 변수가 일치하는 로컬 인터페이스를 찾게 하는 명령어이다. 그리고 나서 일치하는 각 인터페이스에 대해, 라우터는 이 인터페이스들에 OSPF를 활성화시키고, 이웃 라우터들을 찾아 이웃 관계를 생성한 다음, **network** 명령어에 있는 Area에 그 인터페이스를 할당한다(Area는 정수 또는 점으로 구분된 숫자로 구성할 수 있지만, 이 책에서는 Area 숫자를 정수로 설정하는 습관이 있다. 정수 Area 숫자는 0부터 4,294,967,295 범위이다).

[예 8-2]의 특정 명령어에 대해서, 일치하는 인터페이스는 모두 Area 0에 할당된다. 그러나 첫 두 변수, IP 주소와 와일드카드 마스크 변수 값 10.0.0.0과 0.255.255.255는 설명이 필요

하다. 이 경우, 이 명령어는 라우터 R3에 대해 보이는 세 개의 인터페이스 모두에 일치하는데, 그 이유는 다음 주제에서 설명한다.

OSPF 네트워크 명령어와의 일치

첫 번째 예에서 보여준 전통적인 OSPFv2 설정을 이해하는 열쇠는 OSPF **network** 명령어를 이해하는 것이다. OSPF **network** 명령어는 일치하는 것을 찾기 위해 이 명령어의 첫 번째 변수와 로컬 라우터의 각 인터페이스 IP 주소를 비교한다. 그러나 **network** 명령어의 전체 숫자를 인터페이스의 전체 IPv4 주소에 비교하기보다 라우터는 옥텟(octet)의 하위 집합을 다음과 같이 와일드카드 마스크에 기반해서 비교할 수 있다.

- Wildcard 0.0.0.0: 4개의 옥텟 모두 비교. 즉, 숫자는 정확하게 일치해야 한다.
- Wildcard 0.0.0.255: 첫 3개의 옥텟만 비교. 숫자를 비교할 때 마지막 옥텟은 무시하라.
- Wildcard 0.0.255.255: 첫 2개의 옥텟만 비교. 숫자를 비교할 때 마지막 2 옥텟은 무시하라.
- Wildcard 0.255.255.255: 첫 1개의 옥텟만 비교. 숫자를 비교할 때 마지막 3 옥텟은 무시하라.
- Wildcard 255.255.255.255: 아무것도 비교하지 않음. 이 와일드카드 마스크는 모든 주소가 **network** 명령어와 일치할 것이다.

기본적으로 옥텟에서 와일드카드 마스크 값이 0인 것은 IOS에게 만약 숫자가 일치하면 비교하고, 255 값은 IOS가 숫자를 비교할 때 그 옥텟은 무시하라고 말하는 것이다.

network 명령어는 와일드카드 마스크 때문에 많은 유연한 옵션을 제공한다. 예를 들어, 라우터 R3에서는 많은 **network** 명령어가 사용될 수 있는데, 일부는 모든 인터페이스와 일치하고, 일부는 인터페이스의 하위 집합과 일치한다. [표 8-2]는 옵션의 예를 메모와 함께 보여준다.

명령어	명령어의 논리	일치하는 인터페이스
network 10.1.0.0 0.0.255.255	10.1로 시작하는 인터페이스 IP 주소와 일치	G0/0.341 G0/0.342 S0/0/0
network 10.0.0.0 0.255.255.255	10으로 시작하는 인터페이스 IP 주소와 일치	G0/0.341 G0/0.342 S0/0/0
network 0.0.0.0 255.255.255.255	모든 인터페이스 IP 주소와 일치	G0/0.341 G0/0.342 S0/0/0
network 10.1.13.0 0.0.0.255	10.1.13으로 시작하는 인터페이스 IP 주소와 일치	S0/0/0
network 10.1.3.1 0.0.0.0	하나의 IP 주소와 일치: 10.1.3.1	G0/0.341

[표 8-2] R3의 OSPF **network** 명령어의 예와 예상되는 결과

와일드카드 마스크는 자신의 인터페이스에 일치시키는 규칙을 로컬 라우터에 제공한다. 예를 들면, [예 8-2]는 R2이 **network 10.0.0.0 0.255.255.255 area 0** 명령어를 사용하는 것을 보여준다. 하지만, 와일드카드 마스크는 많은 다른 가능한 OSPF 설정을 허용한다. 예를 들면 같은 인터네트워크에서, 라우터 R1과 R2는 [예 8-3]에서 보여주는 설정을 사용하고, 다른 두 개의 와일드 마스크를 사용한다. 두 라우터 모두, [그림 8-2]에서 보여주는 모든 인터페이스에 OSPF가 활성화되어 있다.

```
! 다음은 R1 설정으로, 하나의 network 명령어가 세개의 모든 인터페이스에 OSPF를 활성화 시킨다.
router ospf 1
 network 10.1.0.0 0.0.255.255 area 0
```

```
! 다음은 R2 설정으로, 인터페이스마다 하나의 network 명령어를 사용한다.
router ospf 1
 network 10.1.12.2 0.0.0.0 area 0
 network 10.1.24.2 0.0.0.0 area 0
 network 10.1.2.2 0.0.0.0 area 0
```

[예 8-3] 라우터 R1과 R2에서 OSPF 설정

마지막으로, 이진수의 와일드카드 마스크가 0의 깨지지 않은 문자열과 다른 하나의 2진수 1들을 가지는 동안, 다른 와일드카드 마스크 값도 사용될 수 있다. 기본적으로, 16장 '기본 IPv4 ACL'(ICND1 시험 가이드의 25장)의 '서브넷에 일치하게 올바른 와일드카드 마스크 찾기' 절에서 논의한 것과 같이, 그것은 서브넷의 모든 IP 주소를 일치시키기 위해 사용될 수 있는 모든 와일드카드 마스크를 포함한다. 예를 들면, 마스크 0.255.255.0은 허용되지 않는다.

> **NOTE** network 명령어의 첫 두 변수는 주소와 와일드카드 마스크이다. 규칙에 따라, 만약 와일드카드 마스크 옥텟이 255이면, 일치하는 주소 옥텟은 0으로 설정되어야 한다. 흥미롭게도 IOS는 실제로 이 규칙을 위반하는 네트워크 명령어를 수용하지만, 그러면 해당 주소의 옥텟을 running-config 파일로 넣기 전에 0으로 변경한다. 예를 들어, IOS는 **network 1.2.3.4 0.0.255.255**로 시작하는 입력된 명령어를 **network 1.2.0.0 0.0.255.255**로 변경한다.

OSPFv2 Single Area 검증

7장에 언급한 것과 같이, OSPF 라우터는 3단계 과정을 사용해서 IP 라우팅 테이블에 OSPF로 학습한 경로를 추가한다. 먼저, 그들은 이웃 관계를 형성한다. 그런 다음 LSA를 구축하고 플러드해서 같은 Area에 있는 각 라우터가 같은 LSDB 복사본을 가지고 있게 한다. 마지막으로, 각 라우터는 SPF 알고리즘을 사용해서 독립적으로 자신의 IP 경로를 계산하고 라우팅 테이블에 추가한다.

show ip ospf neighbor, **show ip ospf database**, 그리고 **show ip route** 명령어는 각각 이 세 가지 단계에 대한 정보를 보여준다. OSPF를 검증하기 위해, 당신은 같은 순서를 사용할 수 있다. 또는 간단히 IP 라우팅 테이블을 확인하거나 만약 경로가 올바르게 표시되면 OSPF는 작동했을 것이다.

예를 들어, 먼저, 라우터 R3에 알려진 이웃 목록을 [예 8-1], [예 8-2], 그리고 [예 8-3]의 구성으로부터 확인한다. R3은 시리얼 링크를 통해 R1과 한 개의 이웃 관계를 가지고 있다. 이것은 또한 R4와 두 라우터 모두 연결된 다른 VLAN을 통해 두 이웃 관계를 가지고 있다. [예 8-4]는 세 개를 모두 보여준다.

```
R3# show ip ospf neighbor

Neighbor ID     Pri   State       Dead Time   Address         Interface
1.1.1.1           0   FULL/  -    00:00:33    10.1.13.1       Serial0/0/0
10.1.24.4         1   FULL/DR     00:00:35    10.1.3.130
GigabitEthernet0/0.342
10.1.24.4         1   FULL/DR     00:00:36    10.1.3.4
GigabitEthernet0/0.341
```

[예 8-4] [그림 8-2]의 라우터 R3의 OSPF 네이버

결과의 자세한 사항은 몇 가지 중요한 사실을 언급하고 있고, 대부분의 사람들에게 이런 경우 오른쪽에서 왼쪽으로 작업하는 것이 가장 잘 작동한다. 예를 들어, 제목을 살펴보면:

- Interface: 이것은 이웃에 연결된 로컬 라우터의 인터페이스를 나타낸다. 예를 들면, 이 목록의 첫 이웃은 R3의 S0/0/0 인터페이스를 통해 도달할 수 있다.
- Address: 이것은 해당 링크에 이웃 라우터의 IP 주소를 나타낸다. 똑같이 이 첫 번째 이웃에 대해서, R1은 이웃 라우터이며, IP 주소 10.1.13.1을 사용한다.
- State: 많은 상태가 존재하지만 이 장에서 논의하는 자세한 사항으로, 이 경우 FULL은 제대로 잘 작동하고 있는 상태이다.
- Neighbor ID: 이것은 이웃 라우터의 라우터 ID이다.

다음으로, [예 8-5]는 R3의 LSDB의 내용을 보여준다. 흥미롭게도, Single Area 디자인으로 인터네트워크에서 OSPF가 올바르게 작동할 때 모든 라우터는 같은 LSDB 내용을 가진다. 따라서 [예 8-5]의 **show ip ospf database** 명령어는 정확하게 일치하는 정보를 보여줘야 하며, 네 개의 라우터 중 어느 라우터에서 보는 것과는 상관이 없어야 한다.

```
R3# show ip ospf database
```

```
        OSPF Router with ID (10.1.13.3) (Process ID 1)

                Router Link States (Area 0)

Link ID         ADV Router      Age         Seq#       Checksum Link count
1.1.1.1         1.1.1.1         498         0x80000006 0x002294 6
2.2.2.2         2.2.2.2         497         0x80000004 0x00E8C6 5
10.1.13.3       10.1.13.3       450         0x80000003 0x001043 4
10.1.24.4       10.1.24.4       451         0x80000003 0x009D7E 4

                 Net Link States (Area 0)

Link ID         ADV Router      Age         Seq#       Checksum
10.1.3.4        10.1.24.4       451         0x80000001 0x0045F8
10.1.3.130      10.1.24.4       451         0x80000001 0x00546B
```

[예 8-5] [그림 8-2]의 라우터 R3의 OSPF 데이터베이스

이 책의 목적에 맞게, 이 명령어 결과의 세부 사항에 대해 걱정할 이유가 없다. 그러나 이해를 위해, LSDB는 같은 Area에 있는 각각의 라우터에 대해 '라우터 링크 상태'(Type 1 Router LSA)를 나열해야 한다.

다음, [예 8-6]은 **show ip route** 명령어로 R3의 IPv4 라우팅 테이블을 보여준다. 이것은 연결된 경로와 OSPF 경로 또한 보여준다. [그림 8-2]를 다시 한번 보고, R3에 로컬로 연결되지 않은 서브넷을 보아라. 그리고 나서 [예 8-5]의 결과에 있는 경로를 보아라.

```
R3# show ip route
Codes: L - local, C - connected, S - static, R - RIP, M - mobile, B - BGP
       D - EIGRP, EX - EIGRP external, O - OSPF, IA - OSPF inter area
       N1 - OSPF NSSA external type 1, N2 - OSPF NSSA external type 2
       E1 - OSPF external type 1, E2 - OSPF external type 2
! 간결함을 위해 범례선 생략


     10.0.0.0/8 is variably subnetted, 11 subnets, 2 masks
O        10.1.1.0/25 [110/65] via 10.1.13.1, 00:13:28, Serial0/0/0
O        10.1.1.128/25 [110/65] via 10.1.13.1, 00:13:28, Serial0/0/0
O        10.1.2.0/25 [110/66] via 10.1.3.130, 00:12:41, GigabitEthernet0/0.342
                     [110/66] via 10.1.3.4, 00:12:41, GigabitEthernet0/0.341
C        10.1.3.0/25 is directly connected, GigabitEthernet0/0.341
L        10.1.3.1/32 is directly connected, GigabitEthernet0/0.341
C        10.1.3.128/25 is directly connected, GigabitEthernet0/0.342
```

```
L        10.1.3.129/32 is directly connected, GigabitEthernet0/0.342
O        10.1.12.0/25 [110/128] via 10.1.13.1, 00:13:28, Serial0/0/0
C        10.1.13.0/25 is directly connected, Serial0/0/0
L        10.1.13.3/32 is directly connected, Serial0/0/0
O        10.1.24.0/25
           [110/65] via 10.1.3.130, 00:12:41, GigabitEthernet0/0.342
           [110/65] via 10.1.3.4, 00:12:41, GigabitEthernet0/0.341
```

[예 8-6] [그림 8-2]의 라우터 R3에서 OSPF에 의해 IPv4 경로 추가

먼저, 이 결과로부터 확인된 큰 개념을 보자. 왼쪽의 코드 'O'는 OSPF로부터 학습된 경로를 식별한다. 결과는 이런 IP 경로 다섯 개를 나열한다. [그림 8-2]에서, 라우터 R3에서 연결된 서브넷이 아닌 다섯 개의 서브넷이 존재한다. 다이어그램에서 연결되지 않은 경로와 OSPF 경로의 내용을 빠르게 보면, 이것은 OSPF로 학습한 모든 경로 여부를 빠르게 확인할 수 있다.

다음, 첫 번째 경로(서브넷 10.1.1.0/25로 가는)를 보자. 이것은 서브넷 ID와 마스크를 나열하며, 서브넷을 식별한다. 먼저 110은 해당 경로의 관리 거리이다. 이 예의 모든 OSPF 경로는 기본 110을 사용한다. 두 번째 숫자 65는 이 경로에 대한 OSPF 메트릭이다.

추가적으로, **show ip protocols** 명령어는 또한 얼마나 많은 라우팅 프로토콜이 작동하고 있는지 빠르게 볼 수 있는 명령어이다. 이 명령어는 라우터에서 작동하고 있는 각 IPv4 라우팅 프로토콜에 대한 메시지 그룹을 나타낸다. [예 8-7]은 라우터 R3으로부터 가져온 예다.

```
R3# show ip protocols
*** IP Routing is NSF aware ***

Routing Protocol is "ospf 1"
  Outgoing update filter list for all interfaces is not set
  Incoming update filter list for all interfaces is not set
  Router ID 10.1.13.3
  Number of areas in this router is 1. 1 normal 0 stub 0 nssa
  Maximum path: 4
  Routing for Networks:
    10.0.0.0 0.255.255.255 area 0
  Routing Information Sources:
    Gateway         Distance      Last Update
    1.1.1.1              110      06:26:17
    2.2.2.2              110      06:25:30
    10.1.24.4            110      06:25:30
  Distance: (default is 110)
```

[예 8-7] R3에서 show ip protocol 명령어

결과는 몇 가지 흥미로운 사실을 보여준다. 첫 번째 강조된 줄은 **router ospf 1** 전역 설정 명령어의 변수를 반복한다. 두 번째 강조된 줄은 다음 절에서 더 논의할 R3의 라우터 ID를 가리킨다. 세 번째 강조된 줄은 더 많은 설정을 반복하고, OSPF 하위 명령어 **network 10.0.0.0 0.255.255.255**의 변수를 나열한다. 마지막으로, 이 예의 마지막에 음영 처리된 줄은 라우터 ID에 의해 알려진 OSPF 라우터 목록 이전에 표제로 역할을 한다.

OSPF 라우터 ID 설정

OSP에는 많은 추가 기능이 있지만, 대부분의 OSPF를 사용하는 엔터프라이즈 네트워크는 각 라우터의 OSPF 라우터 ID 설정을 선택한다. OSPF를 사용하는 라우터는 제대로 작동하기 위해 라우터 ID(RID)를 가지고 있어야 한다. 기본적으로, 라우터는 RID로 인터페이스 IP 주소 사용을 선택한다. 그러나 많은 네트워크 엔지니어는 각 라우터의 라우터 ID를 선택하는 것을 선호하는데, 그렇게 하면 **show ip ospf neighbor**와 같은 명령어의 결과에서 라우터 ID를 더 잘 인식할 수 있다.

RID를 선택하기 위해, 시스코 라우터는 라우터가 다시 시작하고 OSPF 프로세스를 불러올 때 다음 과정을 사용한다.

❶ 만약 **router-id** *rid* OSPF 명령어가 설정되었다면, 그 값은 RID로 사용된다.

❷ 만약 루프백 인터페이스에 IP 주소가 설정되었고, 그 인터페이스의 상태가 업이라면, 라우터는 이 루프백 인터페이스 중 가장 높은 숫자를 가진 IP 주소를 선택한다.

❸ 라우터는 인터페이스 상태 코드(첫 번째 코드)가 Up인 다른 모든 인터페이스에서 가장 높은 숫자를 가진 IP 주소를 선택한다(즉, up/down 상태의 인터페이스는 라우터 ID를 선택할 때 포함된다).

첫 번째 및 세 번째 기준은 RID가 설정되었거나, 작동하고 있는 인터페이스의 IP 주소를 가져오는 것으로 즉시 이해가 간다. 하지만, 이 책은 두 번째 단계에서 언급한 *루프백 인터페이스*의 개념에 대해서 아직 설명하지 않았다.

루프백 인터페이스는 가상의 인터페이스로 **interface loopback** *interface-number* 명령어를 이용해 설정될 수 있으며, *interface-number*에는 정숫값이 들어간다. 루프백 인터페이스는 관리적인 목적을 위해 셧다운 시키지 않는 이상 'Up/Up' 상태를 항상 유지한다. 예를 들어, **interface loopback 0** 명령어에 이어 **ip address 192.168.200.1 255.255.255.0** 명령어를 설정하면 루프백 인터페이스가 생성되고 설정된 IP 주소가 지정된다. 루프백 인터페이스는 하드웨어에 독립적이기 때문에 IOS가 구동되는 동안 업/업 상태를 항상 유지하고, OSPF RID에 의해 항상 잘 작동하는 인터페이스로 만든다.

[예 8-8]은 [예 8-4]와 [예8-5]에서 **show** 명령어 결과의 생성 전에, 라우터 R1과 R2에 존재했던 설정을 보여준다. R1은 직접적인 방법으로 라우터 ID를 설정하고, 반면에 R2는 루프백 IP 주소를 사용했다.

```
! 먼저 R1 설정
router ospf 1
 router-id 1.1.1.1
 network 10.1.0.0 0.0.255.255 area 0

! 다음 R2 설정
!
interface Loopback2
 ip address 2.2.2.2 255.255.255.255
```

[예 8-8] OSPF 라우터 ID 설정 예

각 라우터는 OSPF가 초기화될 때 OSPF RID를 선택하는데, 이는 라우터가 부팅할 때 또는 CLI 사용자가 OSPF 프로세스(**clear ip ospf process** 명령어와 함께)를 멈추고 다시 시작할 때 일어난다. 따라서 만약 OSPF가 올라오면, 그 후에 설정이 OSPF RID에 영향을 주거나, RID를 바로 변경하지 않는 방식으로 변경된다. 대신, OSPF는 OSPF 프로세스가 다시 시작할 때까지 기다린다.

[예 8-9]에서는 [예 8-8]의 설정이 완료된 후, 그리고 라우터가 다시 시작된 후 R1에서 **show ip ospf** 명령어의 출력 값을 보여주는데, 이것은 OSPF 라우터 ID가 변경된 것이다.

```
R1# show ip ospf
 Routing Process "ospf 1" with ID 1.1.1.1
! 간결함을 위해 결과값 일부 생략
```

[예 8-9] 현재 OSPF 라우터 ID 확인

OSPF 패시브 인터페이스

OSPF가 인터페이스에 활성화되면, 라우터는 이웃하는 OSPF 라우터를 찾고 네이버 관계를 형성하려고 시도한다. 그렇게 함으로써, 라우터는 OSPF 헬로 메시지를 주기적인 시간 간격(헬로 주기라고 부른다)으로 보낸다. 라우터는 또한 다른 가능성 있는 이웃으로부터 들어오는 헬로 메시지를 청취한다.

때때로, 라우터는 인터페이스에서 이웃 라우터들과 네이버 관계를 형성할 필요가 없다. 종종 특정 링크에 다른 라우터가 존재하지 않으며, 라우터는 이러한 반복적인 OSPF 헬로 메시지를 계속 보내지 않아도 된다.

라우터가 일부 인터페이스에서 이웃 라우터를 찾을 필요가 없을 때, 엔지니어는 두세 가지의 설정 옵션이 있다. 먼저 아무것도 하지 않음으로써, 라우터가 계속 메시지를 보내고 CPU 사이클과 노력의 일부를 낭비하는 것이다. 다른 방법은 엔지니어가 인터페이스를 OSPF 패시브 인터페이스로서 설정할 수 있고, 라우터가 다음을 하게 하는 것이다:

- 인터페이스에 OSPF 헬로 보내기를 중단한다.
- 인터페이스에서 받는 헬로를 무시한다.
- 인터페이스를 통해 네이버 관계를 형성하지 않는다.

인터페이스를 패시브로 만듦으로써, OSPF는 인터페이스를 통해 네이버 관계를 형성하지 않지만, 그 인터페이스에 연결된 서브넷에 대해 여전히 광고한다. 즉, OSPF 설정은 인터페이스에 OSPF를 활성화시키고(**network** 라우터 하위 명령어를 사용해서), 그리고 인터페이스를 패시브로 만든다(**passive-interface** 라우터 하위 명령어를 사용해서).

인터페이스를 패시브로 설정하기 위해서는 두 개의 옵션이 존재한다. 먼저, 라우터 설정 모드에서 OSPF 프로세스의 설정을 하기 위해 다음 명령어를 추가할 수 있다.

passive-interface *type number*

다른 방법으로 그 설정에서 모든 인터페이스가 기본적으로 패시브가 되도록 기본 설정을 변경한 다음, 패시브가 될 필요가 없는 모든 인터페이스에 **no passive-interface** 명령어를 추가한다.

passive-interface default
no passive interface *type number*

예를 들어, [그림 8-2]의 인터네트워크에서(Single Area 설정 예에서 사용되었던), 그림의 왼쪽 아래에 있던 라우터 R1은 LAN 인터페이스가 VLAN 트렁킹으로 설정되었다. 두 VLAN 모두에 연결되어 있는 하나의 라우터는 R1뿐이고, 따라서 R1은 이 서브넷에서 OSPF 이웃 라우터를 찾지 않을 것이다. [예 8-10]은 두 LAN 서브 인터페이스를 OSPF에 패시브로 만들게 하기 위한 두 개의 다른 설정을 보여준다.

```
! 먼저, 각 서브인터페이스를 직접 패시브로 만든다.
router ospf 1
 passive-interface GigabitEthernet0/0.11
 passive-interface GigabitEthernet0/0.12

! 또는, 디폴트 설정을 패시브로 변경하고, 다른 인터페이스를 패시브가 아니게 만든다.
```

```
router ospf 1
 passive-interface default
 no passive-interface serial0/0/0
 no passive-interface serial0/0/1
```

[예 8-10] [그림 8-2]에서 R1과 R2에서 패시브 인터페이스 설정

실제 인터네트워크에서, 설정을 선택하는 스타일은 최소한의 명령어를 요구하는 옵션들을 줄일 수 있다. 예를 들어, 20개의 인터페이스를 가지고 그 중 18개가 OSPF에 패시브인 라우터에서, **passive-interface default** 명령어를 사용해서 기본값을 패시브로 바꿀 때 설정 명령어가 훨씬 적게 들어간다. 만약 20개의 인터페이스 중 2개만 패시브가 되어야 한다면, 모든 인터페이스가 패시브가 될 필요가 없게 기본값을 설정하고, 계속 설정을 짧게 유지해라.

흥미롭게도, OSPF는 인터페이스가 패시브인지 아닌지를 찾기 위해 **show** 명령어를 사용하는 것이 조금 어렵다. **show running-config** 명령어는 설정을 바로 보여주지만, 만약 활성화 모드(enable mode)로 들어가서 이 명령어를 사용할 수 없다면, 두 가지 사실을 기억해라:

- **show ip ospf interface brief** 명령어는 OSPF가 활성화된 모든 인터페이스를 나열하고, 이는 *패시브 인터페이스를 포함*한다.
- **show ip ospf interface** 명령어는 인터페이스가 수동이라는 언급을 한 줄에 나타낸다.

[예 8-11]은 [예 8-10]의 위에서 보여준 설정과 함께 라우터 R1의 두 명령어를 보여준다. 서브인터페이스 G0/0.11과 G0/0.12는 모두 **show ip ospf interface brief**의 결과에서 up으로 보여준다.

```
R1# show ip ospf interface brief
Interface    PID   Area            IP Address/Mask    Cost  State Nbrs F/C
Gi0/0.12     1     0               10.1.1.129/25      1     DR    0/0
Gi0/0.11     1     0               10.1.1.1/25        1     DR    0/0
Se0/0/0      1     0               10.1.12.1/25       64    P2P   0/0
Se0/0/1      1     0               10.1.13.1/25       64    P2P   0/0

R1# show ip ospf interface g0/0.11
GigabitEthernet0/0.11 is up, line protocol is up
  Internet Address 10.1.1.1/25, Area 0, Attached via Network Statement
  Process ID 1, Router ID 10.1.1.129, Network Type BROADCAST, Cost: 1
  Topology-MTID    Cost    Disabled    Shutdown      Topology Name
        0           1         no          no            Base
  Transmit Delay is 1 sec, State DR, Priority 1
  Designated Router (ID) 10.1.1.129, Interface address 10.1.1.1
  No backup designated router on this network
```

```
  Timer intervals configured, Hello 10, Dead 40, Wait 40, Retransmit 5
    oob-resync timeout 40
    No Hellos (Passive interface)
! 간략화를 위한 라인 생략
```

[예 8-11] 패시브 인터페이스 나열

Multi Area OSPFv2 구현

Multi Area에서 라우터를 설정하는 것은 Single Area에서 OSPFv2를 설정하는 것과 거의 같다. 다른 점 하나가 있다면, 설정이 다른 Area의 각 ABR의 인터페이스에 배치된다는 것이다. OSPFv2의 검증 및 운영에서 다른 점들이 있다.

이 장의 두 번째 절은 Multi Area와 Single Area를 대조하기 위한 두 번째 설정 모음을 제공한다. 새로운 시나리오는 [그림 8-3]과 [그림 8-4]를 기반으로 한 Multi Area OSPF 디자인의 라우터 설정을 보여준다. [그림 8-3]은 인터네트워크 토폴로지와 서브넷 ID를 보여주고, [그림 8-4]는 Area 디자인을 보여준다. [그림 8-3]은 전체 IPv4 주소를 적기 보다, 혼잡을 줄이기 위해, 각 인터페이스 근처에 각 라우터의 IPv4 주소의 마지막 옥텟을 나열했다.

[그림 8-4]에 표시된 Area 디자인에 대해 생각할 시간을 갖고, ABR을 보아라. R1만이 Backbone Area에 연결되어 있다. 다른 세 개의 라우터는 Single Area에 있는 내부 라우터들이다. 따라서 네 개의 라우터 중 세 개는 Single Area 설정을 가지고 있으며, 모든 인터페이스는 하나의 Area에 있다.

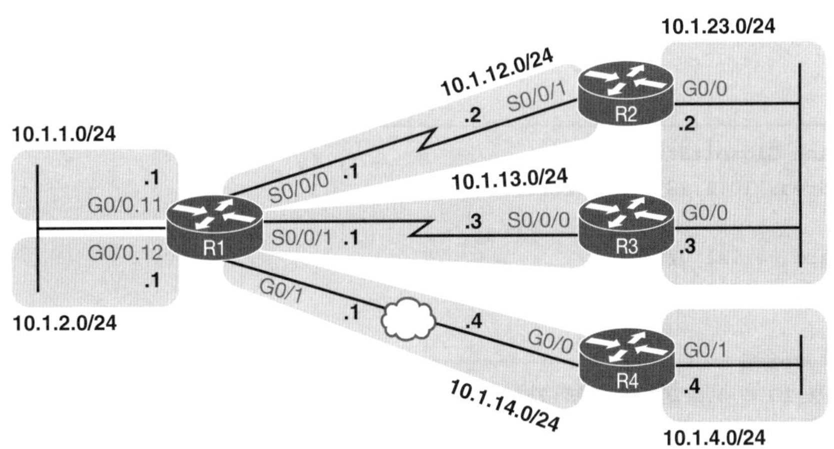

[그림 8-3] Multiarea OSPF를 위한 서브넷 설정 예

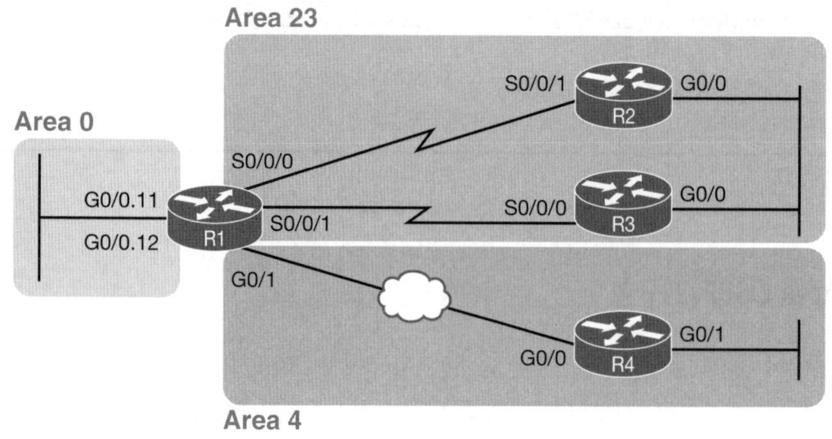

[그림 8-4] Multiarea OSPF 설정을 위한 Area 디자인 예

이 절의 예는 당신에게 보여주기 위해 다양한 설정 옵션을 사용한다. 옵션들은 다른 방식으로 OSPF RID를 설정하는 방법, OSPF **network** 명령어로 와일드카드 마스크를 설정하는 방법, 그리고 인터페이스에 다른 OSPF 라우터가 없는 곳에 패시브 인터페이스 사용하는 방법을 포함한다.

Single Area 설정

[예 8-12]는 R2에서 OSPF와 IP 주소 설정을 보여주는 것으로 설정 예를 시작한다. R2는 Area 23에서 내부 라우터로 작동하고, 이는 설정은 하나의 Area(23)에만 참조한다는 것을 의미한다. 설정은 R2의 RID를 **router-id** 명령어로 2.2.2.2로 직접 설정한다. 그리고 R2가 두 인터페이스 모두에서 이웃하는 라우터를 찾아야 하기 때문에, 어느 쪽도 패시브로 만들 수 없어서 R2의 설정은 패시브 인터페이스를 나열하지 않는다.

```
interface GigabitEthernet0/0
 ip address 10.1.23.2 255.255.255.0
!
interface serial 0/0/1
 ip address 10.1.12.2 255.255.255.0
!
router ospf 1
 network 10.0.0.0 0.255.255.255 area 23
 router-id 2.2.2.2
```

[예 8-12] R2의 OSPF 설정, Area 23에 두 인터페이스 배치

[예 8-13]은 R3과 R4 모두에 설정의 일부 명령어를 다시 보는 것을 계속한다. R3은 **network** 명령어로 두 인터페이스를 모두 Area 23에 배치하고, 루프백 인터페이스를 이용해서

RID를 3.3.3.3으로 설정하고, R2와 같이, 어느 인터페이스도 패시브로 설정할 수 없다. R4 설정은 다소 다르다. 두 인터페이스 모두 Area 4에 위치하고 있고, RID를 루프백이 아닌 인터페이스(G0/0, OSPF RID 10.1.14.4)에 기반해서 설정하고, 해당 링크에 다른 OSPF 라우터가 없기 때문에 R4의 G0/1 인터페이스를 패시브로 만든다(OSPF RID를 설정하는 방법에 다른 방법을 사용하는 선택은 단순히 설정 옵션의 다양성을 보여주기 위해서다).

```
! 먼저, R3에서
interface GigabitEthernet0/0
 ip address 10.1.23.3 255.255.255.0
!
interface serial 0/0/0
 ip address 10.1.13.3 255.255.255.0
!
interface loopback 0
 ip address 3.3.3.3 255.255.255.0
!
router ospf 1
 network 10.0.0.0 0.255.255.255 area 23
```

```
! 다음, R4에서
interface GigabitEthernet0/0
 description R4 will use this interface for its OSPF RID
 ip address 10.1.14.4 255.255.255.0
!
interface GigabitEthernet0/1
 ip address 10.1.4.4 255.255.255.0
!
router ospf 1
 network 10.0.0.0 0.255.255.255 area 4
 passive-interface GigabitEthernet0/1
```

[예 8-13] R3과 R4에서 OSPF Single-Area 설정

Multi Area 설정

Multi Area 설정을 가지는 유일한 라우터는 둘 이상의 Area에 참조가 되는 설정 덕분에, ABR이다([그림 8-4]에서 보여주는 것과 같이). 이 디자인에서는, 라우터 R1만이 세 개의 다른 Area에 있는 인터페이스를 가진 ABR로 작동한다. [예 8-14]는 R1의 OSPF 설정을 보여준다. 이 설정은 R1이 ABR이 된다는 것에 대한 언급이 없다. 대신, 이것은 여러 개의 **network** 명령어를 사용하고, 몇 개의 인터페이스를 Area 0에, 일부은 Area 23에, 일부은 Area 4에 배치한다.

```
interface GigabitEthernet0/0.11
 encapsulation dot1q 11
 ip address 10.1.1.1 255.255.255.0
!
interface GigabitEthernet0/0.12
 encapsulation dot1q 12
 ip address 10.1.2.1 255.255.255.0
!
interface GigabitEthernet0/1
 ip address 10.1.14.1 255.255.255.0
!
interface serial 0/0/0
 ip address 10.1.12.1 255.255.255.0
!
interface serial 0/0/1
 ip address 10.1.13.1 255.255.255.0
!
router ospf 1
 network 10.1.1.1 0.0.0.0 area 0
 network 10.1.2.1 0.0.0.0 area 0
 network 10.1.12.1 0.0.0.0 area 23
 network 10.1.13.1 0.0.0.0 area 23
 network 10.1.14.1 0.0.0.0 area 4
 router-id 1.1.1.1
 passive-interface GigabitEthernet0/0.11
 passive-interface GigabitEthernet0/0.12
```

[예 8-14] 라우터 R1의 OSPF Multiarea 설정

이 예에서는 강조된 **network** 명령어에 초점을 맞춘다. 다섯 개 명령어 모두 와일드카드 마스크 0.0.0.0을 사용하는데, 그래서 각 명령어는 나열된 IP에 특정 일치를 필요로 한다. 만약 이 **network** 명령어를 라우터 R1의 다양한 인터페이스와 비교한다면, 당신은 설정이 Area 0의 서브인터페이스 G0/0.11과 G0/0.12에, Area 23의 두 개의 시리얼 인터페이스에, Area 4의 R1의 G0/1 인터페이스에 OSPF를 활성화시키는 것을 볼 수 있다.

> **NOTE** 많은 네트워크는 OSPF **network** 명령어에서 0.0.0.0 와일드카드 마스크를 사용하는 습관을 가지고 있다. 이는 [예 8-14]에서 보여주듯이 각 인터페이스의 IP가 정확히 일치하는 것을 요구한다. 이 설정 스타일은 어떤 인터페이스가 어떤 **network** 명령어와 정확하게 일치하는지 더 명확하게 보여주게 만든다.

마지막으로 R1의 설정은 또한 RID를 직접적으로 설정하고, 두 LAN 서브인터페이스를 수동으로 만든다.

그래서 Single-area와 multiarea OSPF 설정에 가장 큰 차이점은 무엇인가? 실질적으로 없다. multiarea에서 한 가지 차이점은 ABR의 **network** 명령어는 다른 Area를 나열한다는 것이다.

Multi Area 설정 검증

다음 몇 페이지에서는 이 장에서 소개한 몇 가지 새로운 OSPF 기능을 확인하는 방법을 볼 것이다. [그림 8-5]는 참조를 위해 가장 중요한 OSPF 검증 명령어를 요약한다.

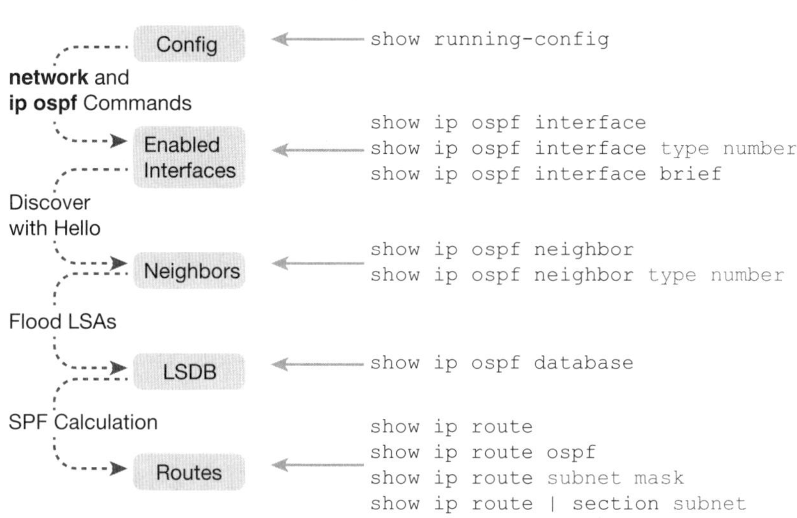

[그림 8-5] OSPF 검증 명령어

이 절은 다음 주제를 볼 것이다:

- ABR 인터페이스가 올바르게(여러 개의) Area에 있는지 검증하기
- 멀티 액세스 링크에서 어떤 라우터가 DR과 BDR인지 찾기
- LSDB를 간단하게 보기
- IPv4 경로 표시

ABR 각 인터페이스의 올바른 Area 검증

Multi Area 구성을 사용해서 설정을 감독하는 가장 쉬운 방법은 인터페이스를 잘못된 OSPF Area에 배치하는 것이다. 몇 가지 명령어는 OSPF Area을 언급한다. **show ip protocols** 명령어는 기본적으로 간접적으로 인터페이스와 Area를 식별하는 **OSPF network** 설정 명령어를 다시 나열하는 것이다. 또한, **show ip ospf interface**와 **show ip ospf interface brief** 명령어는 직접적으로 인터페이스에 설정된 Area를 보여준다. [예 8-15]는 이 명령어들의 더 간단한 버전의 예를 보여준다.

```
R1# show ip ospf interface brief
Interface    PID   Area            IP Address/Mask    Cost  State Nbrs F/C
Gi0/0.12     1     0               10.1.2.1/24        1     DR    0/0
Gi0/0.11     1     0               10.1.1.1/24        1     DR    0/0
Gi0/1        1     4               10.1.14.1/24       1     BDR   1/1
Se0/0/1      1     23              10.1.13.1/24       64    P2P   1/1
Se0/0/0      1     23              10.1.12.1/24       64    P2P   1/1
```

[예 8-15] OSPF가 활성화된 인터페이스를 청취하고 OSPF Area 매칭

결과에서 Area와 관계해 첫 번째 열의 인터페이스와 세 번째 열에 있는 Area를 보아라. 또한 이 예로, 설정이 디자인과 일치하는지 확인하기 위해 [그림 8-3]과 [그림 8-4]에서 이 정보를 확인해 보아라.

어떤 라우터가 DR이고 BDR인지 검증하기

일부 **show** 명령어는 어떤 면에서 DR과 BDR을 식별한다. 사실, [예 8-15]에서 **show ip ospf interface brief** 명령어 결과는 로컬 라우터의 상태를 나열하고, R1 두 인터페이스에서 DR이고, G0/1 인터페이스에서 BDR이라는 것을 보여준다.

[예 8-16]은 DR과 BDR을 식별하는 다른 예를 보여주는데, 여기에서 생각을 한번 하게 한다. **show ip ospf interface** 명령어는 인터페이스마다 OSPF 설정에 대한 자세한 결과를 나열한다. 이러한 자세한 사항은 RID와 DR과 BDR의 IP 주소를 포함한다. 동시에 **show ip ospf neighbor** 명령어는 이웃 라우터의 DR과 BDR 역할에 대한 요약된 정보를 나열한다. 이 명령어는 로컬 라우터의 역할에 대해 아무것도 이야기하지 않는다.

```
R4# show ip ospf interface gigabitEthernet 0/0
GigabitEthernet0/0 is up, line protocol is up
  Internet Address 10.1.14.4/24, Area 4, Attached via Network Statement
  Process ID 1, Router ID 10.1.14.4, Network Type BROADCAST, Cost: 1
  Topology-MTID    Cost    Disabled    Shutdown      Topology Name
        0           1         no          no            Base
  Transmit Delay is 1 sec, State DR, Priority 1
  Designated Router (ID) 10.1.14.4, Interface address 10.1.14.4
  Backup Designated router (ID) 1.1.1.1, Interface address 10.1.14.1
!
! 간결함을 위해 라인 생략
R4# show ip ospf neighbor

Neighbor ID  Pri  State      Dead Time  Address       Interface
1.1.1.1        1  FULL/BDR   00:00:33   10.1.14.1     GigabitEthernet0/0
```

[예 8-16] R1-R4 이더넷의 DR과 BDR 찾기(R4에서)

먼저, **show ip ospf interface** 명령어 결과로 강조된 줄에 초점을 맞추자. 이는 DR을 R4인 RID 10.1.14.4로 보여준다. 또한, BDR을 R1인 1.1.1.1로 보여준다.

예의 마지막은 R4의 **show ip ospf neighbor** 명령어로 R4의 네이버 RID 1.1.1.1(R1)을 가진 한 개의 이웃 라우터를 보여준다. 이 명령어는 현재 상태를 FULL/BDR로 표시하면서, 네이버 1.1.1.1(R1)을 포함한 네이버 상태의 R4의 개념을 나열한다.

FULL 상태는 R4가 R1과 LSDB를 완전하게 교환했다는 것을 의미한다. BDR은 이웃 라우터(R1)가 BDR로 작동하고, R4(이 링크의 유일한 다른 라우터)가 DR로 작동하는 것을 의미한다.

[예 8-16]은 또한 DR/BDR 선출 결과를 보여주며, 더 높은 RID를 가진 라우터가 선출된다. 규칙은 다음과 같이 작동한다:

- 링크가 올라오면, 만약 그 서브넷의 두 개(또는 그 이상)의 라우터가 각각 서로의 헬로 메시지를 보내고 받으면, 그들은 DR과 BDR을 선출한다. 더 높은 OSPF RID가 DR이 되고, 두 번째로 높은 RID가 BDR이 된다.
- 선출이 끝나면, 서브넷에 더 좋은(높은) RID를 가지고 있는 새로운 라우터가 들어오더라도 DR 또는 BDR 역할을 가져가지 않는다.

이 경우, 같은 이더넷의 라우터 R1과 R4는 각각 서로의 헬로를 청취한다. RID 1.1.1.1을 가진 R1은 R4의 10.1.14.1보다 낮은 RID 값을 가지고 있다. 그 결과, R4(10.1.14.1)는 DR 선출에서 승리한다.

8

Area 간 OSPF 경로 검증

마지막으로, 이 모든 OSPF 이론과 **show** 명령어는 만약 라우터가 IPv4 경로를 학습하지 못하면 소용이 없다. 이 경로를 검증하기 위해서, [예 8-17]은 R4의 IPv4 라우팅 테이블을 보여준다.

```
R4# show ip route
Codes: L - local, C - connected, S - static, R - RIP, M - mobile, B - BGP
       D - EIGRP, EX - EIGRP external, O - OSPF, IA - OSPF inter area
       N1 - OSPF NSSA external type 1, N2 - OSPF NSSA external type 2
       E1 - OSPF external type 1, E2 - OSPF external type 2
       i - IS-IS, su - IS-IS summary, L1 - IS-IS level-1, L2 - IS-IS level-2
       ia - IS-IS inter area, * - candidate default, U - per-user static route
       o - ODR, P - periodic downloaded static route, H - NHRP, l - LISP
       + - replicated route, % - next hop override

      10.0.0.0/8 is variably subnetted, 9 subnets, 2 masks
O IA     10.1.1.0/24 [110/2] via 10.1.14.1, 11:04:43, GigabitEthernet0/0
O IA     10.1.2.0/24 [110/2] via 10.1.14.1, 11:04:43, GigabitEthernet0/0
```

```
C       10.1.4.0/24 is directly connected, GigabitEthernet0/1
L       10.1.4.4/32 is directly connected, GigabitEthernet0/1
O IA    10.1.12.0/24 [110/65] via 10.1.14.1, 11:04:43, GigabitEthernet0/0
O IA    10.1.13.0/24 [110/65] via 10.1.14.1, 11:04:43, GigabitEthernet0/0
C       10.1.14.0/24 is directly connected, GigabitEthernet0/0
L       10.1.14.4/32 is directly connected, GigabitEthernet0/0
O IA    10.1.23.0/24 [110/66] via 10.1.14.1, 11:04:43, GigabitEthernet0/0
```

[예 8-17] 라우터 R4에서 OSPF 경로 검증

이 예는 두 세 개의 OSPF에 특히 흥미로운 새로운 코드를 보여준다. 평소와 같이, 왼쪽의 문자 한 개는 경로의 출처를 식별하며, O는 OSPF를 의미한다. 또한 IOS는 Area 간 경로를 IA 코드로 표시한다(예는 Area 내 OSPF 경로를 나열하지 않지만, 이러한 경로는 IA 코드로 간단하게 축약될 수 있다. 이전 [예 8-6]은 일부 Area 내 OSPF 경로를 나열한다). 또한 R4는 이 예에서 사용된 토폴로지에서, 두 개의 연결된 경로와 다섯 개의 Area 간 OSPF 경로로, 총 7개의 서브넷 모두로 가는 경로를 가지고 있다.

추가 OSPF 기능

지금까지 이 장에서는 OSPF **network** 명령어를 사용하는 전통적인 설정을 사용하는 가장 일반적인 OSPF 기능에 집중했다. 세 개의 절 중 이 마지막 절은 매우 자주 쓰이지만 추가 OSPFv2 설정 기능으로, 다음과 같다:

- 기본 경로
- 메트릭
- 로드 밸런싱(부하 분산)
- OSPF 인터페이스 설정

OSPF 기본 경로

일부 경우에, 라우터는 기본 경로를 사용함으로써 이익을 취할 수 있다. ICND1 시험 가이드는 18장에서 정적 기본 경로 설정에 대해, 20장에서 DHCP로 배우는 기본 경로에 대해, 그리고 19장에서 RIP으로 기본 경로를 광고하는 것 등 많은 것을 자세히 보여주었다. 동일한 이유로, OSPFv2를 사용하는 네트워크는 OSPF를 이용해서 기본 경로를 광고할 수 있다.

라우팅 프로토콜을 사용해 기본 경로를 광고하는 가장 일반적인 경우는 기업의 인터넷 연결과 관련이 있다. 전략적으로, 엔터프라이즈 엔지니어는 다음과 같은 디자인 목표를 사용한다:

- 모든 라우터는 회사 내의 서브넷에 대한 특정 경로를 학습한다. 기본 경로는 이 목적지로

패킷을 전송할 때 필요하지 않다.

- 하나의 라우터는 인터넷에 연결되며, 인터넷을 향하는 기본 경로를 가진다.
- 모든 라우터는 인터넷으로 가는 모든 트래픽에 사용되는 기본 경로를 동적으로 학습해야 하고, 그래서 인터넷으로 향하는 모든 패킷이 인터넷에 연결된 하나의 라우터로 이동한다.

[그림 8-6]은 특정 OSPF 설정으로 OSPF가 기본 경로를 광고하는 방법을 보여준다. 이 경우, 회사는 라우터 R1에 ISP를 연결했다. 그 라우터는 ISP 라우터의 넥스트홉 주소를 가진 정적 기본 경로(목적지 0.0.0.0 마스크 0.0.0.0)를 가지고 있다. 그리고 나서, OSPF **default-information originate** 명령어(단계②) 사용은 라우터가 OSPF를 사용해서 원격 라우터(B1과 B2)에 기본 경로를 광고하게 한다.

> **NOTE** [그림 8-6]의 예는 정적 기본 경로를 사용하지만, DHCP로 ISP에서 학습한 기본 경로나, 12장 '외부 BGP 구현'을 논의하는 외부 BGP(eBGP)에서 학습한 기본 경로로 사용될 수도 있다.

Key Topic

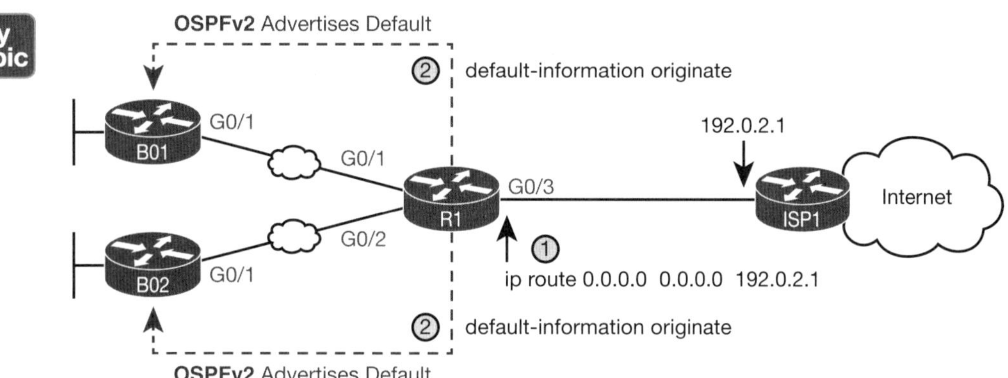

[그림 8-6] 기본 경로를 만들고 플러드하기 위해 OSPF 사용

[그림 8-7]은 [그림 8-6]에 있는 OSPF의 광고의 결과인 기본 경로를 보여준다. 가장 왼쪽에서, 지점 라우터는 R1로 향하는 OSPF로 배운 기본 경로를 가지고 있다. R1은 또한 ISP로 향하는 모든 인터넷에 연결된 트래픽을 전송하기 위해 ISP 라우터로 향하는 기본 경로를 필요로 한다.

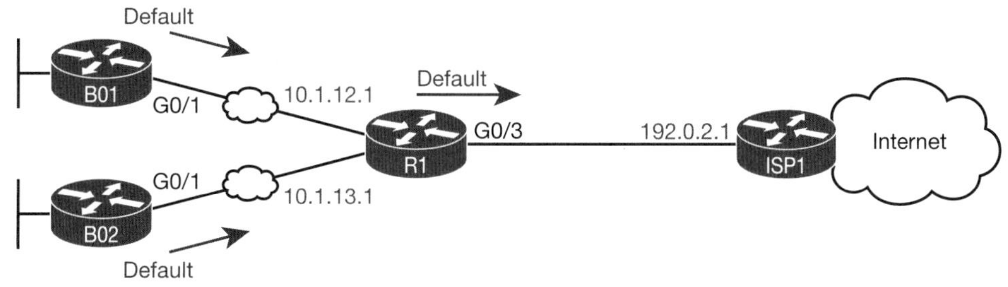

[그림 8-7] default-information originate 명령어로부터의 기본 경로 결과

8

마지막으로, 이 기능은 라우터가 이 기본 경로를 시작할 때 엔지니어가 제어할 수 있게 한다. 먼저 R1은 정적 기본 경로로 정의되었든, DHCP로 ISP에서 학습했든, 또는 eBGP와 같은 라우팅 프로토콜로 ISP에서 학습했든, 기본 경로가 필요하다. **default-information originate** 명령어는 그 다음, R1에게 자신의 경로가 작동될 때 기본 경로를 광고하게 하고, 자신의 기본 경로가 실패했을 때도 기본 경로를 광고하게 한다.

> **NOTE** 흥미롭게도, default-information originate always 라우터 하위 명령어는 라우터의 기본 경로가 작동하거나 하지 않는 것과 상관 없이, 라우터에게 기본 경로를 항상 광고하도록 한다.

[예 8-18]은 R1과 지점 라우터 B01 모두에 기본 경로에 대한 세부 정보를 보여준다. 라우터 R1부터 시작하면, 이 경우에, 라우터 R1은 DHCP를 이용해서 ISP로부터 G0/3 인터페이스에 IP 주소를 학습한다. R1은 그리고 나서 **show ip route static** 명령어 결과에서 강조된 것과 같이, 넥스트홉 주소로 ISP 라우터의 IP 주소인 192.0.2.1로 기본 경로를 만든다.

```
! 다음 명령어는 라우터 R1에서 출력된다. 기본 경로에 스태틱 코드를 눈여겨 보아라.
R1# show ip route static
Codes: L - local, C - connected, S - static, R - RIP, M - mobile, B - BGP
! 간략화를 위해 범례의 나머지 생략

Gateway of last resort is 192.0.2.1 to network 0.0.0.0

S*     0.0.0.0/0 [254/0] via 192.0.2.1
```

```
! 다음 명령어는 라우터 B01에서 출력된다. 디폴트로 외부 라우트 코드를 눈여겨 보아라.
B01# show ip route ospf
Codes: L - local, C - connected, S - static, R - RIP, M - mobile, B - BGP
       D - EIGRP, EX - EIGRP external, O - OSPF, IA - OSPF inter area
       N1 - OSPF NSSA external type 1, N2 - OSPF NSSA external type 2
       E1 - OSPF external type 1, E2 - OSPF external type 2
! 간략화를 위해 범례의 나머지 생략

Gateway of last resort is 10.1.12.1 to network 0.0.0.0

O*E2   0.0.0.0/0 [110/1] via 10.1.12.1, 00:20:51, GigabitEthernet0/1
       10.0.0.0/8 is variably subnetted, 6 subnets, 2 masks
O         10.1.3.0/24 [110/3] via 10.1.12.1, 00:20:51, GigabitEthernet0/1
O         10.1.13.0/24 [110/2] via 10.1.12.1, 00:20:51, GigabitEthernet0/1
```

[예 8-18] 라우터 R1과 B01의 기본 경로

라우터 R1의 명령어에 초점을 계속 맞추고, R1은 결국 기본 경로, 즉 0.0.0.0/0으로 가는 경로를 가진다. 라우터에 의해 현재 사용되고 있는 기본 경로를 나타내는 'Gateway of last resort'는 ISP 라우터 IP 주소인 192.0.2.1을 넥스트홉 IP 주소로 가리킨다(자세한 내용은 [그림 8-7]을 참조하라).

예의 중간 아래를 다음으로, 라우터 BO1의 OSPF로 배운 기본 경로를 보자. BO1은 경로를 0.0.0.0/0으로 나열한다. 이 경우의 넥스트홉 라우터는 10.1.12.1인데, 이는 같은 WAN 링크에 있는 라우터 R1의 IP 주소를 나타낸다. 가장 왼쪽의 코드는 O*E2인데, 이 의미는 OSPF로 배운 기본 경로, 그리고 자세하게 외부 OSPF 경로라는 것을 의미한다. 마지막으로, BO1의 디폴트 게이트웨이 설정은 넥스트홉 라우터 10.1.12.1을 사용한 OSPF로 배운 기본 경로를 사용한다.

OSPF 메트릭(코스트)

앞서 7장의 'SPF로 최상의 경로 계산' 절은 각 목적지 서브넷에 대해 최상의 메트릭을 가진 경로를 선택하고, 각 경로의 메트릭을 SPF로 계산하는 방법을 논의했다. OSPF 라우터는 모든 인터페이스에서 OSPF 인터페이스 코스트를 바꿈으로써 그 선택에 영향을 줄 수 있다.

시스코 라우터는 OSPF 인터페이스 코스트를 바꾸기 위해 두 가지 다른 방법을 허용한다. 한 가지 직접적인 방법은 코스트를 **ip ospf coxst** *x* 인터페이스 하위 명령어를 사용해서 설정하는 것이다. 다른 방법은 IOS가 수식에 의해 기본 코스트를 선택하지만, 수식으로 입력을 변경하게 하는 것이다. 이 두 번째 방법은 조금 더 생각과 관리를 요구하고, 다음 주제에서 초점을 맞출 것이다.

8

인터페이스 대역폭에 기반한 코스트 설정

기본 OSPF 코스트 값은 실제로 몇 가지 이유로 조금 혼란스러울 수 있다. 그러면, 그 잠재적인 혼란을 극복하기 위해, 이 절은 몇 가지 예로 시작한다.

먼저, IOS는 인터페이스의 OSPF 코스트를 선택하기 위해 다음과 같은 수식을 사용한다. IOS는 인터페이스의 대역폭을 분모에 두고, 설정 가능한 OSPF 값을 분자에 두고 이를 참조 대역폭(Reference Bandwidth)이라고 부른다.

참조 대역폭(Reference_Bandwidth) / 인터페이스 대역폭(Interface_Bandwidth)

이 수식으로, 다음과 같은 일련의 논리가 발생한다:

❶ 더 높은 인터페이스 대역폭, 즉 더 빠른 대역폭은 계산에서 더 낮은 값을 산출한다.

❷ 결과값이 낮은 숫자는 인터페이스에 낮은 코스트를 제공한다.

❸ 낮은 코스트를 가진 인터페이스는 최상의 경로를 계산할 때 OSPF에 의해 주로 사용된다.

이제 예를 들어보자. 기본 대역폭을 참조로 해서, 100,000Kbps와 동일한 100Mbps로 설정했다고 가정하자(다음 나오는 예는 분수를 사용하지 않기 위해 Kbps 단위를 사용한다). **show interfaces** 명령어 결과에서 각각 1,544Kbps, 10,000Kbps(10Mbps), 그리고 100,000Kbps(100Mbps)로 보여주듯이 시리얼, 이더넷, 그리고 패스트이더넷 인터페이스의 인터페이스 대역폭은 기본 값으로 가정한다. [표 8-3]은 IOS가 일부 인터페이스 예의 OSPF 코스트 계산하는 방법의 결과를 보여준다.

인터페이스	인터페이스 기본 대역폭(Kbps)	수식(Kbps)	OSPF 코스트
시리얼	1,544Kbps	100,000/1,544	64
이더넷	10,000Kbps	100,000/10,000	10
패스트 이더넷	100,000Kbps	100,000/100,000	1

[표 8-3] 기본 대역폭 설정의 OSPF 코스트 계산 예

[예 8-19]는 기본 OSPF(대역폭 참조)와 기본 인터페이스 대역폭 설정에 기반해서, R1의 OSPF 인터페이스의 코스트 설정을 보여준다.

```
R1# show ip ospf interface brief
Interface    PID   Area          IP Address/Mask     Cost  State Nbrs F/C
Gi0/0.12     1     0             10.1.2.1/24         1     DR    0/0
Gi0/0.11     1     0             10.1.1.1/24         1     DR    0/0
Gi0/1        1     4             10.1.14.1/24        1     BDR   1/1
Se0/0/1      1     23            10.1.13.1/24        64    P2P   1/1
Se0/0/0      1     23            10.1.12.1/24        64    P2P   1/1
```

[예 8-19] OSPF 인터페이스 코스트 확인

이러한 인터페이스에 OSPF 코스트를 바꾸기 위해서는, 엔지니어는 간단히 인터페이스의 대역폭을 설정하기 위해 **bandwidth** *speed* 인터페이스 하위 명령어를 사용할 필요가 있다. 인터페이스 대역폭은 1계층 전송 속도를 변경하는 것이 아니고, 대신 다른 목적으로 라우팅 프로토콜 메트릭 계산을 포함해서 사용된다. 예를 들면, 만약 시리얼 인터페이스에 기본 참조 대역폭으로 **bandwidth 10000** 명령어를 추가한다면, 시리얼의 인터페이스 OSPF 코스트는 100,000/10,000 = 10으로 계산될 것이다.

만약 기본 메트릭 결과의 계산이 분수가 된다면, OSPF는 가까운 정수로 내림한다. 예를 들어, 예는 인터페이스 S0/0/0의 코스트를 64로 보여준다. 계산은 기본 시리얼 인터페이스 대역폭 1.544Mbps와 참조 대역폭 100Mbps으로 100/1.544 = 64.7668394로 계산되며, OSPF는 64로 내림한다.

높은 참조 대역폭의 필요성

이 기본 계산은 네트워크에서 가장 빠른 링크가 100Mbps에서 작동하는 동안 잘 작동한다. 기본 참조 대역폭은 100으로 설정하고, 즉 100Mbps(100,000Kbps)이다. 그 결과 기본 설정으로, 가장 낮은 OSPF 코스트가 1이기 때문에, 더 빠른 라우터 인터페이스는 [표 8-4]에서 보여주는 것처럼, 같은 OSPF 코스트로 마무리지어진다.

인터페이스	인터페이스 기본 대역폭(Kbps)	수식(Kbps)	OSPF 코스트
패스트 이더넷	100,000Kbps	100,000/100,000	1
기가비트 이더넷	1,000,000Kbps	100,000/1,000,000	1
10 기가비트 이더넷	10,000,000Kbps	100,000/10,000,000	1
100 기가비트 이더넷	100,000,000Kbps	100,000/100,000,000	1

[표 8-4] 같은 OSPF 코스트를 가진 더 빠른 인터페이스

이 문제와 기본 코스트 계산 변경을 피하기 위해, 당신은 참조 대역폭을 **auto-cost reference-bandwidth** *speed* OSPF 모드 하위 명령어로 변경할 수 있다. 이 명령어는 Mbps(Megabits per second)의 값으로 설정한다. [표 8-4]에서 보여주는 문제를 피하기 위해, 참조 대역폭 값을 네트워크에서 가장 빠른 링크 속도와 일치하게 설정해라. 예를 들면, **auto-cost reference-bandwidth 10000**은 10Gbps 속도까지 수용할 수 있다.

8

> **NOTE** 시스코는 OSPF 참조 대역폭을 엔터프라이즈 네트워크의 모든 OSPF 라우터들에게 동일하게 설정하는 것을 권고한다.

편리한 공부를 위해, 다음 목록은 라우터가 OSPF 인터페이스 코스트를 설정하는 방법을 위한 규칙을 정리한 것이다.

❶ **ip ospf cost** *x* 인터페이스 하위 명령어를 사용해서, 1에서 65,535 사이의 값으로 코스트를 분명하게 설정해라.

❷ **bandwidth** *speed* 명령어로 인터페이스 대역폭을 변경해라. speed는 Kbps(Kilobits per second)의 숫자가 된다.

❸ 라우터 OSPF 하위 명령어 **auto-cost reference-bandwidth** *ref-bw*를 사용해서 참조 대역폭을 변경해라. 단위는 Mbps(Megabits per second)이다.

OSPF 부하 분산(Load Balancing)

라우터가 하나의 서브넷에 도달하기 위한 몇 가지의 경로의 각각의 메트릭을 계산하기 위해 SPF를 사용할 때, 하나의 경로는 가장 낮은 메트릭을 가지고 있을 수 있고, 그래서 OSPF는 그

경로를 라우팅 테이블에 추가한다.

그러나 한 서브넷에 여러 개의 경로에 대한 메트릭이 동일하다면, 라우터는 **maximum-path** *number* 라우터 하위 명령어의 설정에 기반해서 라우터는 여러 개의 같은 코스트의 경로를 라우팅 테이블(기본적으로 4개의 다른 경로)에 추가할 수 있다. 예를 들면, 만약 인터네트워크가 네트워크의 일부 부분에 6개의 가능한 경로를 가지고 있다면, 엔지니어는 이 경로를 모두 사용하고 싶을 수 있는데, 이때 라우터는 **router ospf** 아래에 **maximum-path 6** 하위 명령어를 설정될 수 있다.

더 어려운 개념은 라우터가 이러한 여러 개의 경로를 사용하는 방법과 관련이 있다. 라우터는 패킷 단위로 패킷의 부하를 분산할 수 있다. 예를 들어, 만약 라우터가 같은 서브넷에 대해 세 개의 같은 코스트 OSPF 경로를 라우팅 테이블에 가지고 있다면, 라우터는 첫 번째 경로로 하나의 패킷을 보내고, 다음 패킷은 두 번째 경로로, 그 다음 패킷은 세 번째 경로로, 그리고 그 다음 패킷은 다시 첫 번째 경로로 보낼 수 있다. 또는 부하 분산은 목적지 IP 주소를 기반으로 이루어질 수 있다.

maximum-paths 기본 설정은 라우터 플랫폼에 따라 다를 수 있다.

OSPFv2 인터페이스 설정

새로운 인터페이스 스타일의 OSPF 설정은 대부분의 모든 기능에 대해 한 기능만 빼고, 이전 스타일과 동일하게 작동한다. 이 인터페이스 설정은 **ip ospf** 인터페이스 하위 명령어로 인터페이스에 OSPF를 직접 활성화시키지만, 전통적인 OSPFv2 설정은 인터페이스에서 OSPFv2를 활성화시키고 OSPF 설정 모드에서 간접적으로 **network** 명령어를 사용했다. 이 장에서 설명하는 나머지 OSPF 기능들은 OSPFv2 인터페이스 설정 사용으로 변경되지 않는다.

기본적으로 **network** 명령어를 사용한 간접적인 논리를 가지고 인터페이스를 일치시키는 대신, 각 인터페이스에 인터페이스 하위 명령어를 설정함으로써 인터페이스에 OSPFv2를 직접적으로 활성화시킨다.

OSPFv2 인터페이스 설정 예

OSPF 인터페이스의 설정이 작동하는 방식을 보여주기 위해, 이 예는 기본적으로 **network** 명령어를 사용하는 전통적인 OSPFv2 설정을 사용하는 이 책에서 보여준 이전 예를 반복한다. 따라서 OSPFv2 인터페이스 설정을 보기 전에, [그림 8-3]과 [그림 8-4], [예 8-12]와 [예 8-13], [예 8-14]를 다시 돌아보는 시간을 가지자. 복습을 마쳤으면, 참조하기 쉽게, [그림 8-8]은 [그림 8-4]를 다음 인터페이스 설정 예에서 참조를 위해 반복한다.

[예 8-12], [예 8-13], [예 8-14]의 이전 설정으로부터 변환하려면, 간단히 다음을 따르라:

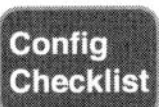

단계 ① **network** 명령어를 삭제하기 위해 OSPF 설정 모드에서 **no network** *network-id* **area** *area-id* 하위 명령어를 사용하라.

단계 ② 그리고 OSPF가 작동되어야 하는 각 인터페이스 아래 인터페이스 설정 모드에서 올바른 OSPF 프로세스(process-id)와 올바른 OSPF Area 숫자로, 한 개의 **ip ospf** *process-id* **area** *area-id* 명령어를 추가하라.

예를 들어, [예 8-12]는 Area 23에 모두 위치한, 라우터 R2의 두 인터페이스에 OSPF가 활성화된 하나의 **network** 명령어를 가지고 있다. [예 8-20]의 설정은 새로운 스타일의 교체를 보여준다.

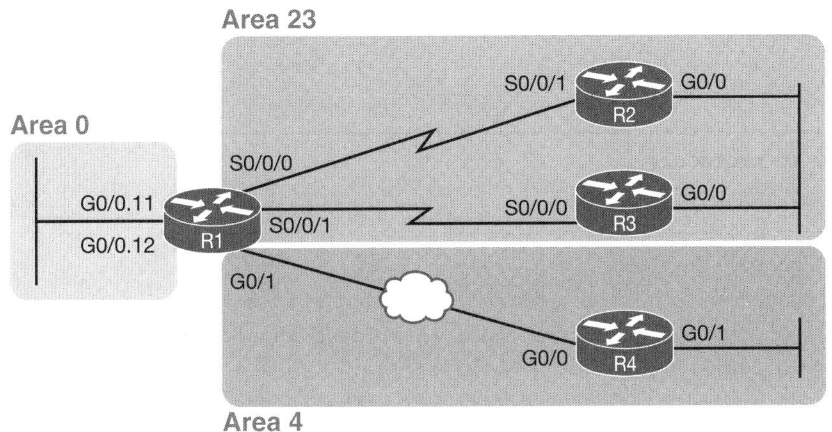

[그림 8-8] 다음 OSPF 예에서 사용된 Area 디자인

```
interface GigabitEthernet0/0
 ip address 10.1.23.2 255.255.255.0
 ip ospf 1 area 23
!
interface serial 0/0/1
 ip address 10.1.12.2 255.255.255.0
 ip ospf 1 area 23

router ospf 1
 router-id 2.2.2.2
! 경고 - network 명령어는 여기 없다.
```

[예 8-20] 라우터 R2의 신규 설정 방식

OSPFv2 인터페이스 설정 검증

OSPF는 새 스타일의 설정을 사용하든, 이전 스타일의 설정을 사용하든, 동일한 방식으로 작동한다. OSPF Area 디자인은 같은 방식으로 이웃 관계를 형성하고, 동일한 방식으로 라우터가 DR과 BDR이 되는 것을 협상하는 등 동일하게 작동한다. 그러나 자세히 보면, 새로운 OSPFv2 설정을 사용할 때 몇 가지 작은 다른 점들을 명령어 결과에서 볼 수 있을 것이다.

show ip protocols 명령어는 [예 8-21]에서 보여주는 것과 같이, 대부분의 라우팅 프로토콜 설정을 조금 다른 방식으로 다시 나열한다. 새로운 스타일의 설정을 사용하면, 예에서 음영 처리된 것과 같이 결과에는 새로운 스타일의 **ip ospf** *process-id* **area** *area-id* 명령어로 설정된 인터페이스 목록이 나열되고 "Interfaces Configured Explicitly" 문구를 나열한다. 이전 스타일을 사용하면, 결과는 **network** 명령어에서 'network'를 뺀 모든 내용을 나열한다. 다음 두 예에서, R2는 이전 [예 8-20]에서 보여주는 것과 같이 OSPF 인터페이스 설정을 사용하도록 재설정되었고, 반면에 이전 [예 8-13]의 설정에 따라 라우터 R3은 여전히 이전 스타일의 **network** 명령어를 사용하고 있다.

```
R2# show ip protocols
*** IP Routing is NSF aware ***

Routing Protocol is "ospf 1"
  Outgoing update filter list for all interfaces is not set
  Incoming update filter list for all interfaces is not set
  Router ID 2.2.2.2
  Number of areas in this router is 1. 1 normal 0 stub 0 nssa
  Maximum path: 4
  Routing for Networks:
  Routing on Interfaces Configured Explicitly (Area 23):
    Serial0/0/1
    GigabitEthernet0/0
  Routing Information Sources:
    Gateway         Distance      Last Update
    3.3.3.3              110       00:04:59
    1.1.1.1              110       00:04:43
  Distance: (default is 110)
```

```
! 아래는 R3와 다른 부분만 보여준다.
R3# show ip protocols
! 시작 부분은 간결함을 위해 생략됨
  Routing for Networks:
    10.0.0.0 0.255.255.255 area 23
! 마지막 부분은 간결함을 위해 생략됨
```

[예 8-21] show ip protocols 결과에서 다른 점: 기존과 신규 방식의 OSPFv2 설정

기본적으로, **show ip protocols** 명령어 결과는 설정의 스타일에 따라 다르다. 결과는 인

터페이스 설정을 사용할 때 인터페이스를 다시 나열하거나 **network** 명령어를 사용한다면, **network** 명령어를 다시 나열하는 것으로 나타난다.

다음, **show ip ospf interface** [*interface*] 명령어는 OSPF가 활성화되어 있는 인터페이스에 OSPF 설정에 대해 자세한 사항을 나열한다. 결과는 또한 이전 또는 새로운 설정 스타일로 인터페이스가 OSPF에 대해 활성화되었는지 여부에 대해서 미묘하게 참조한다. [예 8-22]에서 보는 것과 같이, R2의 새로운 스타일 인터페이스 설정은 강조된 글자로 "Attached via Interface Enable"로 결과가 나왔고, 반면에 R3의 이전 스타일 설정은 "Attached via Network Statement"라고 나열한다.

```
R2# show ip ospf interface g0/0
GigabitEthernet0/0 is up, line protocol is up
  Internet Address 10.1.23.2/24, Area 23, Attached via Interface Enable
  Process ID 1, Router ID 22.2.2.2, Network Type BROADCAST, Cost: 1
  Topology-MTID    Cost    Disabled    Shutdown      Topology Name
        0           1         no          no            Base
  Enabled by interface config, including secondary ip addresses
  Transmit Delay is 1 sec, State DR, Priority 1
  Designated Router (ID) 2.2.2.2, Interface address 10.1.23.2
  Backup Designated router (ID) 3.3.3.3, Interface address 10.1.23.3
```

```
! R3과 다른 부분만 보여준다.
R3# show ip ospf interface g0/0
GigabitEthernet0/0 is up, line protocol is up
  Internet Address 10.1.23.3/24, Area 23, Attached via Network Statement
! 마지막 부분은 간결함을 위해 생략됨
```

[예 8-22] OSPFv2 인터페이스 설정 후 show ip ospf interface 결과에서 다른 점

이 명령어의 더 요약된 버전은 **show ip ospf interface brief** 명령어로, 설정이 전통적인 **network** 명령어를 사용하거나 다른 방식의 인터페이스 설정인 **ip ospf** 인터페이스 하위 명령어로 설정하거나 상관없이 변하지 않는다.

챕터 리뷰

시험을 잘 보기 위해 중요한 한 가지 핵심은 시간 간격을 두고 반복적으로 복습하는 것이다. 이 장의 내용을 복습하기 위해 책과 DVD에 있는 툴 또는 본 저서와 관련 있는 웹 사이트의 대화형 도구를 이용할 수 있다. 자세한 사항은 '당신의 학습 계획' 내용을 참조하자. [표 8-5]에는 핵심 복습 내용과 그 내용을 찾을 수 있는 위치를 표시하였다. 학습 진행 과정을 추적하려면, 두 번째 칸에 복습 완료 날짜를 기록한다.

리뷰 항목	완료 날짜	사용 자료
핵심 주제 리뷰		책, DVD/웹 사이트
핵심 용어 리뷰		책, DVD/웹 사이트
DIKTA 문항 답변		책, PCPT
랩 실습		블로그
설정 체크리스트 리뷰		책, DVD/웹 사이트
명령어 참조 표 리뷰		책

[표 8-5] 리뷰 확인

핵심 주제 리뷰

핵심 주제	설명	쪽 번호
리스트	OSPF 와일드카드 마스크 예와 의미	211
예 8-4	show ip ospf neighbor 명령어 예	216
리스트	라우터 ID 설정 규칙	219
리스트	OSPF 인터페이스가 수동일 때 IOS가 취하는 행동	221
예 8-14	MultiArea OSPFv2 설정 예	226
그림 8-5	많이 쓰이는 OSPF show 명령어와 일반적인 목적	227
예 8-15	show ip ospf interface brief가 Multi Area의 인터페이스를 보여주는 예	228
그림 8-6	OSPF default-information originate 명령어에 의해 취하는 행동	231
리스트	OSPF 인터페이스 코스트 설정을 위한 규칙	235
예 8-22	OSPF 인터페이스 설정으로 show ip ospf interface 결과 다른 점	239

[표 8-6] 8장의 핵심 주제

핵심 용어

참조 대역폭(reference bandwidth), 인터페이스 대역폭(interface bandwidth), 최대 경로(maximum paths)

참조 명령어

[표 8-7]과 [표8-8]에는 이 장에서 다룬 설정과 검증 명령어를 정리하였다. 간단한 복습 차원에서, 표의 왼쪽 부분을 가리고 오른쪽 설명 부분을 보면서 명령어를 잘 기억하고 있는지 가늠해본다. 그 다음 반대로 오른쪽 설명 부분을 가리고 각 명령어에 대한 설명을 기억해보자.

명령어	설명
router ospf *process-id*	나열된 프로세스에 대한 OSPF 설정 모드로 들어간다.
network *ip-address wildcardmask* area *area-id*	라우터 하위 명령어로 주소/와일드카드 조합에 일치하는 인터페이스에 OSPF를 활성화하고 해당 인터페이스를 OSPF Area에 할당한다.
ip ospf *process-id* area *area-number*	인터페이스 하위 명령어로 인터페이스에 OSPF를 활성화시키고 특정 OSPF Area에 할당한다.
ip ospf cost *interface-cost*	인터페이스 하위 명령어로 인터페이스에 적절한 OSPF 코스트 값을 설정한다.
bandwidth *bandwidth*	인터페이스 하위 명령어로 인터페이스에 대역폭(Kbps)을 직접 설정한다.
auto-cost reference-bandwidth *number*	라우터 하위 명령어로 인터페이스 대역폭을 바탕으로 OSPF 코스트 값을 계산하기 위해 사용되는 참조_대역폭/인터페이스_대역폭 공식의 분자 값을 지정한다.
router-id *id*	수동으로 라우터 ID를 설정하는 OSPF 명령어이다.
interface loopback *number*	전역 명령어로 루프백 인터페이스를 생성하고 해당 인터페이스로 인터페이스 설정 모드로 안내한다.
maximum-paths *number-of-paths*	라우팅 하위 명령어로 라우팅 테이블의 동일 코스트 경로의 최대 개수를 지정한다.
passive-interface *type number*	라우터 하위 명령어로 인터페이스를 OSPF에 수동으로 만들고, 이는 OSPF 프로세스가 인터페이스에 도달 가능한 이웃 라우터들과 네이버 관계를 형성하지 않음을 의미한다.
passive-interface *default*	OSPF 하위 명령어로 인터페이스에 OSPF 기본 설정을 액티브 대신 수동으로 변경한다.
no passive-interface *type number*	OSPF 하위 명령어로 OSPF를 해당 인터페이스나 서브인터페이스에 액티브가 되게 한다.
default-information originate [always]	OSPF 하위 명령어로 OSPF가 라우터가 기본 경로를 가지고 있는 동안(또는 만약 always 옵션이 설정되면, 항상 광고하도록) OSPF 기본 경로를 만들고 광고한다.

[표 8-7] 8장에서 다룬 설정 명령어

명령어	설명
show ip ospf	OSPF 라우터 ID, 라우터가 연결된 Area, 그리고 각 Area의 인터페이스 숫자를 포함해서, 라우터에서 작동 중인 OSPF 프로세스에 대한 정보를 나열한다.
show ip ospf interface brief	패시브 인터페이스를 포함해서 OSPF 프로토콜이 활성화(network 명령어에 기반해서)되어 있는 인터페이스들을 나열한다.
show ip ospf interface [*type number*]	헬로와 데드 타이머를 포함해서, 모든 인터페이스 또는 나열된 인터페이스에서 OSPF 운영에 대한 설정, 상태, 및 카운터의 긴 부분을 나열한다.
show ip protocols	라우팅 프로토콜 변수와 현재 타이머 값을 보여준다.
show ip ospf neighbor [*type number*]	현재 상태를 포함해서 이웃 라우터 ID에 의해 식별된 이웃 라우터에 대한 간단한 결과를 이웃 라우터 당 한 줄로 나열한다. 옵션으로, 결과를 지정된 인터페이스의 이웃으로 제한한다.
show ip ospf neighbor *neighbor-ID*	show ip ospf neighbor detail 명령어와 동일한 결과를 나타내지만, 이웃 RID에 의한 지정된 이웃 라우터만 나열된다.
show ip ospf database	LSA 당 한 줄의 결과로, 데이터베이스의 LSA의 요약을 나열한다. 이는 LSA 유형(첫 번째 유형 1, 그 다음 유형 2 등)에 의해 구성된다.
show ip route	모든 IPv4 경로를 나열한다.
show ip route ospf	OSPF에 의해 배운 라우팅 테이블의 경로를 나열한다.
show ip route *ip-address mask*	나열된 서브넷/마스크의 경로의 자세한 설명을 보여준다.
clear ip ospf process	OSPF 프로세스, 네이버 관계를 재설정하고, 프로세스가 OSPF RID 선택한다.

[표 8-8] 8장에서 다룬 EXEC 명령어

CHAPTER 9

EIGRP 개념 이해

이 장은 다음 시험 주제를 다룬다.

2.0 라우팅 기술

2.2 거리 벡터와 링크 상태 라우팅 프로토콜 비교 및 대조

2.3 내부와 외부 라우팅 프로토콜 비교 및 대조

2.6 IPv4 기반의 EIGRP 설정, 검증 및 문제 해결(인증, 필터링, 수동 서머리, 재분배, 스터브 제외)

이 장에서는 IPv4 라우팅 프로토콜 중 차선책인 향상된 인테리어 게이트웨이 라우팅 프로토콜, EIGRP에 대해 심도 있게 살펴본다. 시스코 고유의 라우팅 프로토콜인 EIGRP는 OSPF와 비교하여 Area를 참조할 필요가 없는 중요한 차이점이 있지만 대부분 OSPF와 유사한 설정 명령어를 사용한다. 하지만 EIGRP는 일부 향상된 거리 벡터(DV) 로직을 사용하고, 링크 상태(LS) 로직은 사용하지 않는다. EIGRP 설정 전에 라우팅 프로토콜과 EIGRP가 어떻게 동작하는지 좀 더 세부적으로 설명하고자 한다.

이 장은 크게 두 개의 주요 절로 구분된다. 첫 번째 절은 RIPv2의 몇 가지 기본 특성을 좀 더 향상된 EIGRP 특성과 비교하여 거리 벡터 개념을 설명한다. 두 번째 절에서는 EIGRP 네이버, 라우팅 정보 교환 그리고 도달 가능한 서브넷에 대한 최적 경로 계산을 포함한 EIGRP의 세부적인 동작에 대해 알아본다.

QUIZ 사전 점검 퀴즈

아래의 사전 점검 퀴즈(지문 또는 PCPT 소프트웨어 사용)를 풀어보면 이 장을 읽고 이해하는 데 시간이 얼마나 걸릴 것인지 가늠할 수 있다. 정답은 퀴즈 다음 페이지 하단에 있으며, 퀴즈 정답에 대한 자세한 설명은 DVD 부록 C와 PCPT 소프트웨어에 담겨 있다.

핵심 주제 섹션	문제
EIGRP와 거리 벡터 라우팅 프로토콜	1–3
EIGRP 개념과 동작	4–6

[표 9–1] 핵심 주제와 관련된 사전 점검 퀴즈 문항

1. 다음의 거리 벡터 기능 중 정상적인 안정된 조건 하에서 전체 라우팅 테이블을 광고하지 않고 단지 알려진 경로의 서브셋만 광고하여 라우팅 루프를 방지하는 기능은 어떤 것인가?

a. 라우트 포이즈닝(Route poisoning)

b. 포이즌 리버스(Poison reverse)

c. DUAL

d. 스플릿 호라이즌(Split horizon)

2. 거리 벡터 기능 중에서 경로 실패시 무한 메트릭 경로를 광고하여 라우팅 루프를 방지하는 기능은 무엇인가?

a. 다익스트라 SPF(Dijkstra SPF)

b. DUAL

c. 스플릿 호라이즌(Split horizon)

d. 라우트 포이즈닝(Route poisoning)

3. 라우터 A와 B는 EIGRP를 사용한다. 어떻게 라우터 A가 라우터 B의 상태를 검사하여 라우터 B 장애시 이를 인지하고 반응하는지 제대로 설명한 것은 다음 중 무엇인가?

a. A는 B의 정상 동작 상태 확인을 위해 주기적인 EIGRP 헬로 메시지를 수신한다.

b. A는 B의 정상 동작 상태 확인을 위해 주기적인 EIGRP 업데이트 메시지를 수신한다.

c. EIGRP 네이버 타이머를 기반으로 B의 IP 주소로 주기적인 Ping을 보낸다.

d. 정답 없음

4. 가능한 기본값을 모두 사용할 때 EIGRP 메트릭 계산에 영향을 주는 요소는 다음 중 무엇인가? (2개를 고르시오)

a. 대역폭(Bandwidth)

b. 지연 시간(Delay)

c. 부하(Load)

d. 신뢰성(Reliability)

e. MTU

f. 홉 수(Hop Count)

5. EIGRP의 FD(feasible distance) 개념을 제대로 설명한 것은 다음 중 무엇인가?

a. 경로의 FD는 FS 경로의 메트릭으로 계산한다.

b. 경로의 FD는 석세서(successor) 경로의 메트릭으로 계산된다.

c. FD는 네이버 관계를 형성한 라우터 관점에서 본 경로의 메트릭이다.

d. FD는 서브넷에 도달하기 위해 개별적으로 사용 가능한 경로와 관련이 있는 EIGRP 메트릭이다.

6. EIGRP에서 보고된 거리 즉, RD(reported distance)의 개념을 제대로 설명한 것은 다음 중 무엇인가?

a. 경로의 RD는 FS 경로의 계산된 메트릭이다.

b. 경로의 RD는 석세서(successor) 경로의 계산된 메트릭이다.

c. 경로의 RD는 네이버 라우터의 관점에서 본 경로의 메트릭이다.

d. 경로의 RD는 서브넷에 도달하기 위해 개별적으로 사용 가능한 경로와 관련이 있다.

EIGRP와 거리 벡터 라우팅 프로토콜

IPv4의 오랜 역사는 수많은 내부 게이트웨이 프로토콜(IGP)의 경쟁 관계로 이루어져 있다. 각각의 IPv4 IGP는 링크 상태와 거리 벡터 같은 근본적인 라우팅 프로토콜 알고리즘을 포함하여 서로 다른 길을 걸어왔다. 이 장의 첫 번째 절에서는 EIGRP가 어떻게 거리 벡터 라우팅 프로토콜과 어느 정도까지 유사하게 동작하는지 살펴보고 이와 동시에, EIGRP가 그 어느 카테고리에도 속하지 않음을 알아볼 것이다.

특히, 첫 번째 절에서는 EIGRP가 일반적인 다른 IPv4 라우팅 프로토콜과 비교하여 어느 위치에 있는지 살펴본다. 그리고 이 절에서는 RIP에서 구현되는 기본적인 DV 개념에 대해 설명한다. 간단한 RIP(Routing Information Protocol)을 이용하여 기본 개념을 배우면 심도 있는 DV 개념 이해에 도움이 된다. 이 절은 RIP과 달리 EIGRP가 얼마나 효율적으로 DV 특성을 이용하는지에 대한 설명으로 끝을 맺는다.

EIGRP 소개

역사적으로 얘기하자면, 첫 번째 IPv4 라우팅 프로토콜은 DV 로직을 사용했다. RIP 버전 1(RIPv1)이 IP 라우팅 프로토콜로 가장 먼저 널리 사용되었으며, [그림 9-1]과 같이 시스코 고유의 내부 게이트웨이 라우팅 프로토콜(IGRP)은 좀 더 늦게 소개되었다.

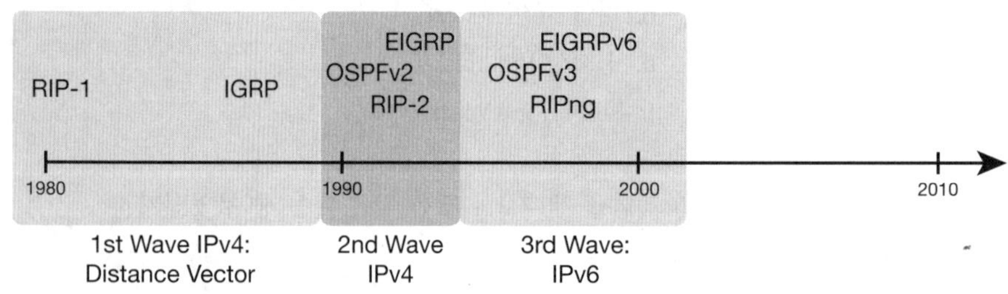

[그림 9-1] IP IGP 연대기

1990년대 초기, IPv4 세상은 비즈니스와 기술적 요인들로 인해 좀더 진보된 라우팅 프로토콜의 두 번째 물결을 향해 움직였다. RIPv1과 IGRP는 1980년대 기술 수준에 맞는 훌륭한 선택이었지만, 몇 가지 기술적인 한계를 갖고 있었다.

사전 점검 퀴즈 정답

1 D **2** D **3** A **4** A, B **5** B **6** C

1990년대의 기업 네트워크에서는 TCP/IP의 폭발적인 성장과 대중화로 더 나은 라우팅 프로토콜이 필요하게 되었다. 많은 기업들은 제조사 중심의 네트워크에서 벗어나 라우터, 랜 그리고 TCP/IP로 구축된 네트워크를 향해 걸어가고 있었다. 이러한 비즈니스는 라우팅 프로토콜에 더 나은 메트릭과 수렴을 포함하여 보다 향상된 성능을 요구하였다. 이 모든 요인들이 RIP 버전 2(RIPv2), OSPF와 EIGRP 등의 IPv4 내부 라우팅 프로토콜의 새로운 물결을 선보이기에 이르렀다.

오늘날에도, EIGRP와 OSPF는 현대 기업 네트워크에서 사용할 수 있는 IPv4 라우팅 프로토콜로서 가장 중요한 두 경쟁자로 남아 있다. RIPv2는 불확실한 홉 카운트 메트릭과 느린 수렴 시간으로 인해 하락의 길을 걷게 되었고, 오늘날 대부분의 기업 네트워크에서 EIGRP 또는 OSPF가 전반적으로 사용되고 있다.

네트워크 엔지니어는 이렇게 많은 IPv4 라우팅 프로토콜 중에서 가장 적합한 라우팅 프로토콜을 어떻게 선택할 것인가? EIGRP에 대한 다음 두 가지 키 포인트를 엔지니어가 고려하도록 하여 EIGRP를 선택하여 사용할 수 있도록 해보자.

- EIGRP는 회선 대역폭과 회선 지연 시간을 기반으로 한 강력한 메트릭을 이용하여, 라우터가 최적의 경로를 선택할 수 있도록 해준다.
- EIGRP는 빠른 수렴 능력을 갖고 있어서, 네트워크에서 어떠한 변화가 발생하였을 때 EIGRP는 루프 구조가 없는 최적 경로를 찾아 사용할 수 있도록 해준다.

9

예를 들어, RIP은 홉 수를 기본 메트릭으로 사용하는데, 여기서 홉 수란 목적지 서브넷과 로컬 라우터 사이에 있는 라우터의 수를 의미한다. 홉 수 메트릭은 RIP이 느린 회선이라 할지라도 가장 적은 홉 경로를 선택하도록 되어있다. 따라서 RIP은 최적의 경로를 선택해야 할 때 가장 나쁜 경로를 선택할 경우도 있는 것이다. EIGRP의 메트릭 계산은 느린 경로에 대해 높은 메트릭 값을 주어서 그 경로를 회피하도록 하는 수학 공식을 사용한다.

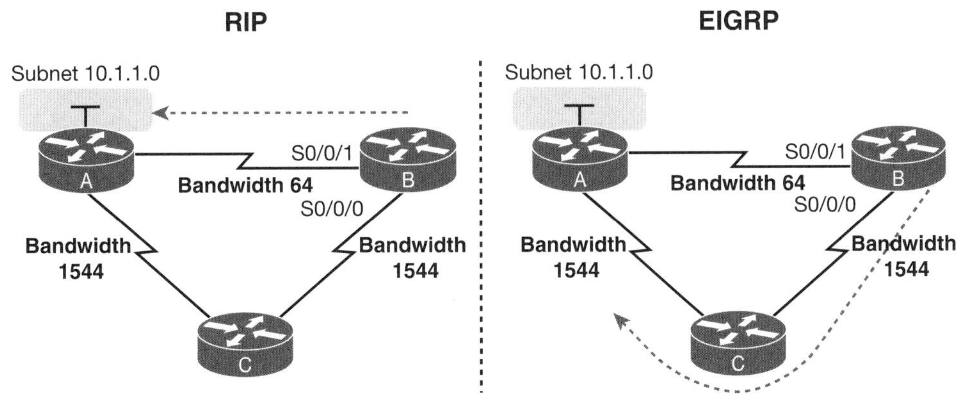

[그림 9-2] EIGRP는 10.1.1.0 서브넷에 도달하기 위해 길지만 최적의 경로를 선택한다.

전통적으로 1990년대에 처음으로 소개된 EIGRP는 2013년에 이르기까지, 시스코 고유의 프로토콜이라는 하나의 큰 부정적인 요소를 지니고 있었다. 이런 이유로, 시스코의 EIGRP를 사용하기 위해서는 반드시 시스코 라우터를 사야만 했다. 하지만, 이후 흥미로운 변화가 있었다. 시스코는 EIGRP를 Informational RFC에 등록하여 배포하였다. 이는 다른 제조사들도 EIGRP를 구현할 수 있음을 의미한다. 과거에는 많은 기업들이 미래에 필요한 라우터 하드웨어 구매 시 어떤 라우터 제조사를 선택할 것인지에 대한 구매 선택폭을 넓히기 위해 EIGRP 보다는 OSPF를 선택했었다. 하지만 향후에는 시스코에서 라우터를 구매하든, 다른 제조사에서 라우터를 구매하든, 구매한 모든 라우터에서 EIGRP를 구현할 수 있게 되었다.

오늘날, EIGRP와 OSPF는 IPv4 내부 라우팅 프로토콜을 위한 가장 훌륭한 선택사항으로 남아 있다. 두 프로토콜은 모두 빠른 수렴 시간을 자랑하며, 두 프로토콜 모두 경로 선택 시 회선 속도를 고려하여 계산하는 메트릭을 사용한다. EIGRP는 매우 간단한 설정 방법을 제공한다. 다수의 합리적인 네트워크 엔지니어들은 수년 간 OSPFv2를 써야 할 지 아니면 EIGRP를 써야 할 지 결정하기 위해 비교를 끊임없이 해왔다.

기본 거리벡터 라우팅 프로토콜 기능

EIGRP는 DV 라우팅 프로토콜과 LS 라우팅 프로토콜의 어느 범주에도 속하지 않지만, DV 프로토콜에 가장 근접하게 일치한다. 다음 주제는 DV 프로토콜이 어떻게 동작하는지에 대해 설명하기 위해 원래 RIP으로 구현되었던 DV 라우팅 프로토콜의 기본 사항에 대해 설명한다. 특히, 다음의 예는 RIP의 간단한 홉 카운트 메트릭을 이용하는 경로를 보여준다. 이러한 메트릭은 오늘날 실제 네트워크에서는 좋지 않은 옵션이지만 EIGRP의 보다 복잡한 메트릭보다는 훨씬 간단한 옵션이다.

거리와 벡터의 개념

*거리 벡터(distance vector)*란 라우터가 각 경로에 대해 알고 있는 것을 말한다. 라우터가 서브넷에 도달하기 위한 경로에 대해 학습하는 프로세스가 끝날 즈음 라우터가 알게 되는 것은 거리(메트릭)와 넥스트홉 라우터, 그리고 경로(벡터 또는 방향)에 대해 이용할 출구 인터페이스 관련 정보이다.

[그림 9-3]은 RIP을 통해 학습한 벡터와 거리를 모두 보여준다. 이 그림은 R1이 일부 IPv4 경로를 학습하게 하는 RIP 메시지의 흐름을 보여준다. 특히 서브넷 X에 도달하기 위한 3가지 경로에 대해 설명한다.

- R2를 경유하는 4개의 홉 경로
- R5를 경유하는 3개의 홉 경로
- R7을 경유하는 2개의 홉 경로

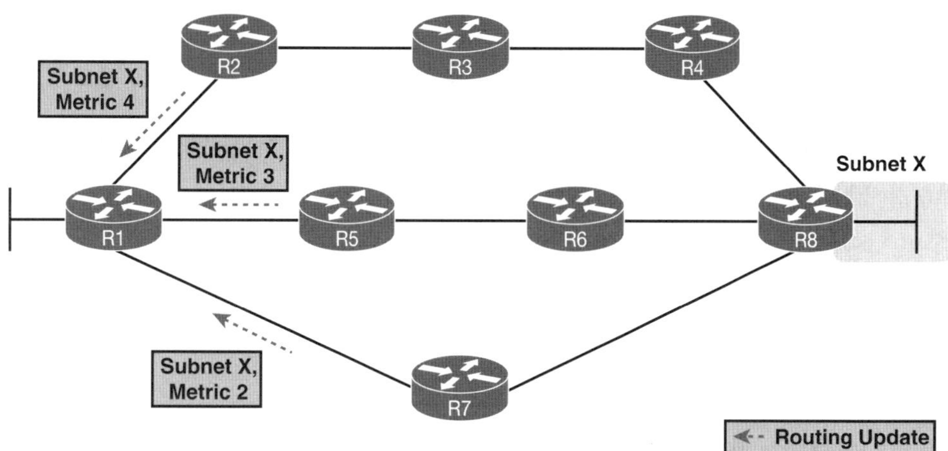

[그림 9-3] DV 프로토콜을 이용하여 학습한 정보

DV 프로토콜은 서브넷에 도달 가능한 경로에 대해 두 가지 정보 – 거리(메트릭) 및 벡터(넥스트홉 라우터) – 를 학습한다. 이 경우, R1은 서브넷 X에 도달하기 위한 3개의 경로를 학습하게 된다. 단일 서브넷에 대해 하나의 경로만 존재하는 경우 라우터는 하나의 경로를 선택한다. 이와 같이 3개의 가능한 경로가 있을 경우에 R1은 넥스트홉 라우터로 R7을 경유하는 경로를 선택한다. 왜냐하면, 그 경로가 가장 낮은 RIP 메트릭을 갖기 때문이다.

[그림 9-3]은 RIP 업데이트를 통해 R1이 경로를 어떻게 학습하는지를 보여주지만, [그림 9-4]는 R1의 거리 벡터 로직을 좀더 잘 보여준다. R1은 각각 3개의 경로를 알고 있다.

- 거리(Distance): 가능한 경로의 메트릭
- 벡터(Vector): 가능한 경로에 대한 넥스트홉 라우터를 기반으로 한 방향

R1은 네트워크에 대한 다른 토폴로지 정보를 알지 못한다. LS 프로토콜과는 달리 RIP의 DV 로직은 넥스트홉 라우터와 메트릭 정보만 알고 있을 뿐, 전반적인 토폴로지에 대해서는 모른다.

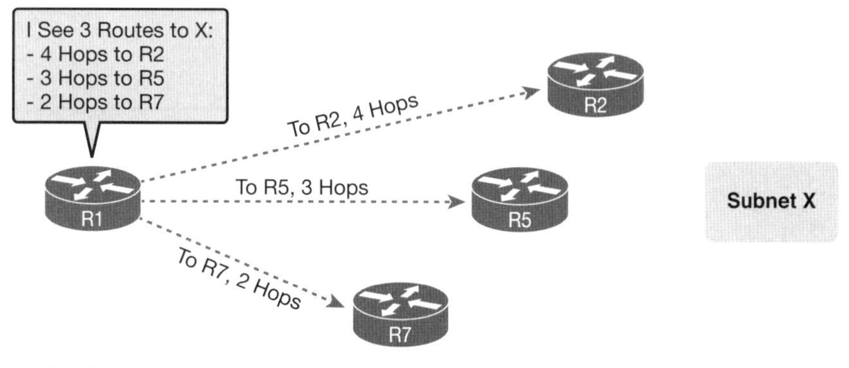

[그림 9-4] DV 개념의 그래픽 표현

전체 업데이트 메시지 및 스플릿 호라이즌

DV 라우팅 프로토콜은 인접 라우터 간에 메시지 교환이 필요한 몇 가지 기능을 갖고 있다.

첫째, 라우터는 일부 메시지 안에 라우팅 정보를 넣어 보내야 하므로 발신 라우터가 인접 라우터에게 라우팅 정보를 광고할 수 있다. 예를 들어, [그림 9-3]에서 R1은 경로 학습을 위해 RIP 메시지를 수신한다. 7장에서 설명했듯이 OSPF는 이러한 메시지를 링크 상태 업데이트(LSU)라고 부르고, RIP과 EIGRP는 모두 이 같은 메시지를 *업데이트(update) 메시지*라고 부른다.

또한 라우터는 각 인접 라우터가 계속 작동하고 있는지 모니터링 해야 한다. 라우터는 각 인접 라우터와 정기적으로 메시지를 주고 받음으로써 이를 수행한다. 인접 라우터에 장애가 발생했을 때 이를 신속하게 인지함으로써, 라우터는 가능한 모든 경로를 사용할 수 있도록 좀더 신속하게 수렴할 수 있다.

모든 라우팅 프로토콜은 인접 라우터 상태를 모니터링 하기 위해 몇 가지 메커니즘을 사용한다. OSPF는 비교적 짧은 시간 간격(인터페이스에서 기본 10초 사용)으로 헬로 메시지를 사용한다. EIGRP는 헬로 메시지와 프로세스도 사용한다. 그러나 RIP과 같은 기본 DV 프로토콜은 별도의 헬로 메시지 유형을 사용하지 않고 동일한 업데이트 메시지를 사용하여 라우팅 정보를 알리고 인접 라우터의 동작 상태 여부를 인지한다. 다시 말하면, 라우팅 정보를 광고하는 기능과 네이버 상태를 모니터링 하는 기능은 동일한 업데이트 메시지로 수행된다.

RIP과 같은 이전의 기본 DV 라우팅 프로토콜은 비교적 짧은 시간 간격을 기반으로 정기적인 *전체 라우팅 업데이트(Full Update)*를 보낸다. 전체 업데이트는 경로의 변경 여부와 관계없이 라우터가 1개 이상의 RIP 업데이트 메시지를 사용하여 모든 경로를 알리는 것을 의미한다. *주기적인 업데이트(Periodic Update)*란 라우터가 짧은 시간(RIP의 경우 30초)을 기준으로 메시지를 보내는 것을 말한다.

[그림 9-5]는 두 개의 라우터, 세 개의 LAN 서브넷 및 한 개의 WAN 서브넷이 있는 네트워크에서 이 개념을 보여주고 있다. 이 그림은 라우터 2대의 전체 라우팅 테이블과 각 라우터가 보낸 주기적인 전체 업데이트를 포함하여 보여준다.

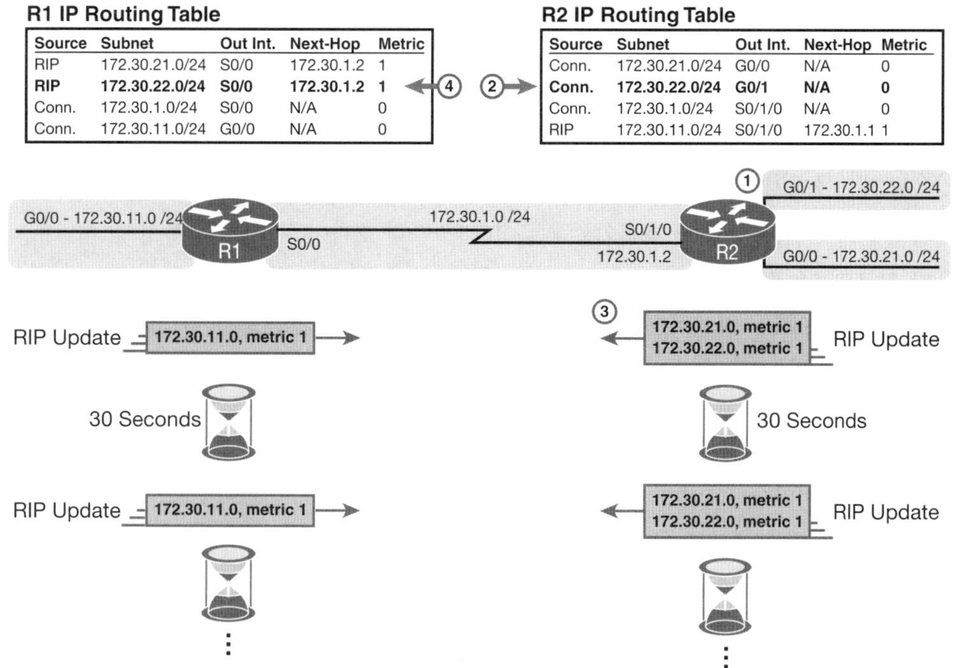

[그림 9-5] 일반적인 정상 상태에서의 RIP 동작: 스플릿 호라이즌을 통한 전체 업데이트

이 그림은 많은 정보를 보여주므로, 시간을 투자하여 자세하게 읽어봐야 한다. 예를 들어, R2의 G0/1 인터페이스에 연결된 172.30.22.0/24 서브넷에 대해 라우터 R1이 학습한 내용을 살펴보자.

① R2 인터페이스 G0/1은 IP 주소를 갖고 있으며, up/up 상태이다.

② R2는 인터페이스 G0/1에서 172.30.22.0/24에 대한 연결 경로를 R2의 라우팅 테이블에 추가한다.

③ R2는 172.30.22.0/24에 대한 경로를 메트릭 값을 1로 하여 R1에 광고한다. 즉, 이 서브넷에 도달하기 위한 R1의 메트릭은 1(홉 수 1)이 된다.

④ R1은 172.30.22.0/24 서브넷에 대한 경로를 추가하고, RIP으로 학습한 메트릭 값 1인 경로로 표시한다.

단계④ 에서 학습한 경로에 대해 좀 더 집중해서 살펴보자. 이는 R1의 라우팅 테이블 중에 굵게 표시된 경로로, R2를 통해 학습한 172.30.22.0/24 서브넷에 대한 경로다. R1은 해당 인터페이스에서 업데이트를 받기 때문에 R1의 로컬 S0/0 인터페이스를 외부 연결용 인터페이스로 표시한다. 또한 R2의 시리얼 IP 주소 172.30.1.2를 넥스트홉 라우터로 표시하는데 이것은 R1이 경로를 학습한 IP 주소이기 때문이다.

다음은 그림 아래 부분을 살펴보자. 이 부분은 인접 라우터 상태를 모니터링 하기 위해 사용하는 RIP 업데이트 메시지를 보여주고 있다. 라우터는 30초 타이머를 기반으로 정확히 동일한 업데이트 메시지를 반복하여 송수신한다. 이 네트워크에서 RIP을 사용하면서 1년 동안 아무것도 바뀌지 않는다면, 라우터는 매 30초마다 동일한 라우팅 정보를 계속 반복하여 업데이트하게 된다. 왜 그럴까? 라우터는 설정된 시간 동안 업데이트 메시지를 받지 못하면 로컬 라우터는 자동으로 인접 라우터에 장애가 난 것으로 인지하기 때문이다.

마지막으로, 그림은 스플릿 호라이즌(split horizon)의 예를 보여준다. 두 라우터는 모두 IP 라우팅 테이블에 네 개의 서브넷을 나타내지만 RIP 업데이트 메시지에는 네 개의 서브넷이 보이지 않는다. 이유는 스플릿 호라이즌 때문이다. 스플릿 호라이즌은 DV의 특성 중 하나로, 라우팅 프로토콜을 통해 인터페이스로 전송되는 업데이트에 일부 경로 정보를 전송하지 않도록 하는 기능을 말한다. 다시 말하면, 라우팅 정보를 수신한 동일 인터페이스로는 동일한 라우팅 정보를 전송하지 않는 것을 말하며 이를 통해 라우팅 루프를 방지할 수 있다.

스플릿 호라이즌은 글로 읽어서 개념을 파악하기는 어렵기 때문에, 관련 예를 통해서 이해하는 게 훨씬 쉬울 것이다. [그림 9-6]은 [그림 9-5]에 이어 동일한 예를 보여주지만, R1의 S0/0 인터페이스를 통해 R2로 전송되는 R1의 RIP 업데이트 메시지에 초점을 두고 있다. 이 그림에서, R1의 라우팅 테이블 중 색으로 표시된 세 개의 경로가 있는데 모두 S0/0 인터페이스를 출구 인터페이스로 표시하고 있다. RIP 업데이트를 S0/0 인터페이스로 보내려고 할 때, 스플릿 호라이즌 규칙에 의해 R1은 색으로 표시된 경로를 광고하지 않는다. 왜냐하면, 세 개의 경로 모두 S0/0을 출구 인터페이스로 표시하기 때문이다. S0/0을 출구 인터페이스로 표시하지 않은 굵게 표시된 경로만 S0/0을 통해 RIP 업데이트에 포함하여 전송할 수 있다.

Key Topic

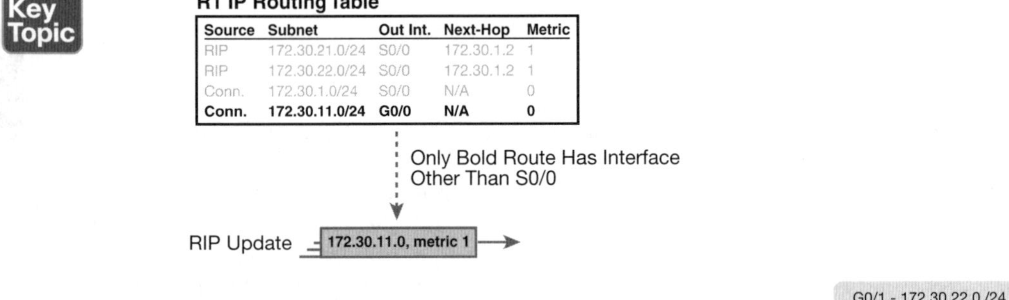

[그림 9-6] R1은 스플릿 호라이즌으로 인해 세개의 경로를 광고하지 않는다.

라우트 포이즈닝

DV 프로토콜은 모든 라우터가 가능한 모든 수단을 동원하여, 가능한 신속하게 경로에 장애가 발생했음을 인지하도록 하여 라우팅 루프가 발생하지 않도록 돕는다. 이러한 기능 중 하나인 *라우트 포이즈닝(route poisoning)*은 모든 라우터가 경로에 문제가 발생하였음을 알도록 해준다.

라우트 포이즈닝은 특정 경로에 장애가 발생했음을 광고하는 기능인데, *인피니티(infinity)*라는 특수한 무한 메트릭 값을 사용한다. 라우터는 무한 메트릭 값으로 학습한 경로는 장애가 발생하여 도달할 수 없는 경로로 간주한다. [그림 9-7]은 R2의 G0/1 인터페이스에 장애 발생 시, RIP을 사용한 라우트 포이즈닝의 예를 보여주고 있다. 이것은 R2의 172.30.22.0/24 경로에 장애가 났음을 의미한다. RIP에서는 무한 값을 16으로 설정한다.

[그림 9-7]은 다음의 프로세스를 보여주고 있다.

① R2의 G0/1 인터페이스에 장애 발생.

② R2는 라우팅 테이블에서 172.30.22.0/24 서브넷의 직결 경로를 삭제한다.

③ R2는 172.30.22.0 서브넷에 대해 무한 메트릭 값(RIP의 경우 16임)을 적용하여 광고한다.

④ 다른 여타 조건에 따라, R1은 즉시 172.30.22.0에 대한 경로를 라우팅 테이블에서 삭제하거나, 그 경로를 삭제하기 전 몇 분 동안 사용할 수 없는 상태로 표시한다(무한 메트릭 값).

이러한 프로세스의 종결로, 라우터 R1은 172.30.22.0/24 서브넷을 향한 기존 경로에 장애가 났음을 확인하여, R1이 IP 경로에 대해 루핑을 발생시키지 않도록 한다.

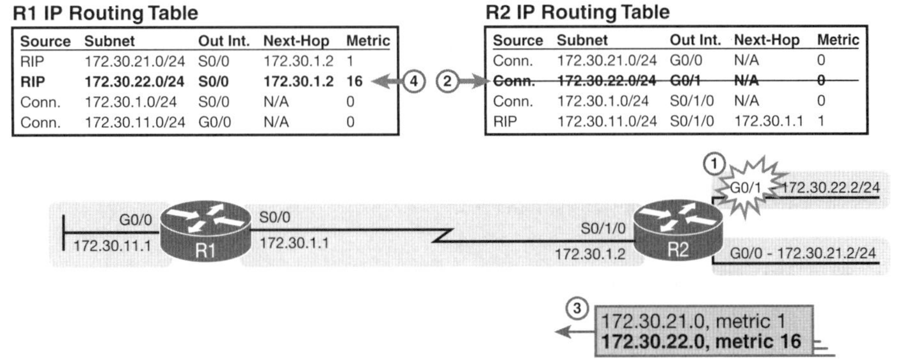

[그림 9-7] 라우트 포이즈닝

각 라우팅 프로토콜에는 무한 메트릭에 대한 자체 정의가 있는데, RIP은 그림과 같이 16을 무한 메트릭 값으로 사용한다. 15는 사용 가능한 경로의 유효한 메트릭 값이다. EIGRP는 더 큰 메트릭 옵션을 사용하여 $2^{32}-1$을 무한대로(약 40억 이상) 오랫동안 사용해왔다. OSPFv2는 $2^{24}-1$을 무한대로 사용한다.

향상된 DV 프로토콜인 EIGRP

EIGRP는 DV 프로토콜과 유사하게 동작하지만, 다른 라우팅 프로토콜과는 다르게 동작한다. 지난 수년 동안 다양한 시스코 문서와 책(저자의 저서 포함)에서는 EIGRP를 균형 잡힌 하이브리드 라우팅 프로토콜이라고 하는 자체 카테고리로 분류하거나 일종의 향상된 DV 프로토콜로 그 성격을 규정지었다.

EIGRP에 어떤 레이블을 붙였는지에 관계없이, 프로토콜은 RIP과 같은 여느 거리 벡터(DV) 프로토콜처럼 작동하는 몇 가지 기능을 사용한다. 다음 페이지에서 RIP과 EIGRP의 유사점과 차이점에 대해 설명한다.

EIGRP는 필요한 경우 부분 업데이트 메시지를 보낸다

EIGRP는 주기가 짧은 업데이트 타이머를 사용하지 않고, RIP처럼 모든 경로를 포함한 전체 업데이트를 주기적으로 전송하지 않는다. EIGRP는 라우터가 라우팅 정보를 학습할 때, 그 경로에 대한 정보를 한번 전송하고, 그 후로는 부분 업데이트만 전송한다.

EIGRP 부분 업데이트(partial updates)는 경로와 관련된 신규 또는 변경된 정보를 표시해주는 EIGRP 업데이트 메시지이다. 예를 들어, 라우터 인터페이스에 장애가 나서 일부 경로가 영향을 받게 되면, 라우터는 즉각적인 부분 업데이트 메시지를 인접한 다른 EIGRP 라우터로 전송하여 새로운 정보로 갱신하도록 한다. 또는 신규 경로가 사용 가능하게 되면, 라우터는 신규 경로에 대해서만 부분 업데이트를 전송한다. 이 업데이트 메시지는 전체 업데이트가 아니라 변경된 정보나 신규 정보만 포함한 메시지다.

이러한 개념은 한 Area 내에서 링크 상태 광고(LSA)를 한번 전송하는 OSPF의 규칙과 약간 비슷하다. 그러나 OSPF LSA를 생성하는 라우터는 30분 주기로 LSA를 다시 전송하는 반면, EIGRP는 라우팅 정보를 다시 보내지 않는다. 예를 들어, EIGRP 경로에 대한 라우팅 정보가 1년 동안 변경되지 않으면, EIGRP는 경로에 대해 첫 광고한 이후 1년 동안 업데이트 메시지에서 해당 경로에 대해 문자 그대로 업데이트하지 않는다.

EIGRP는 헬로 메시지를 이용하여 네이버 상태를 유지한다

EIGRP는 주기가 짧은 타이머를 기반으로 전체 또는 부분 업데이트 메시지를 보내지 않으므로, EIGRP 네이버 상태 모니터링을 위해 업데이트 메시지에 의존하지 않는다. 따라서 OSPF와 동일한 기본 개념을 사용하여, EIGRP는 헬로 메시지를 사용한다. EIGRP 헬로 메시지 및 프로토콜은 각 라우터가 주기적으로 각 인터페이스에서 헬로 메시지를 전송해야 하므로 모든 EIGRP 라우터들이 라우터가 여전히 동작 중임을 알 수 있도록 정의한다.

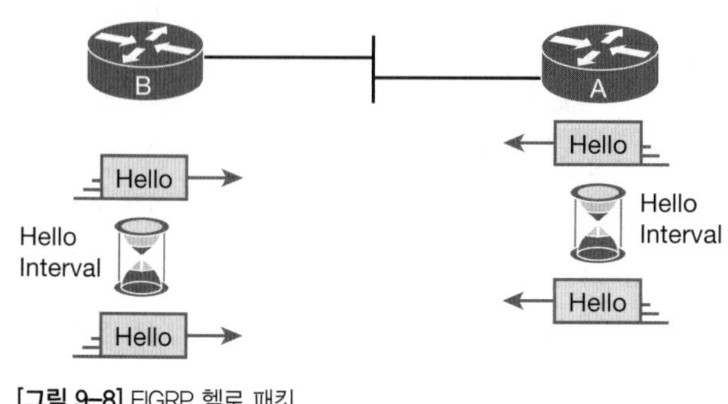

[그림 9-8] EIGRP 헬로 패킷

일반적으로, EIGRP 네이버는 동일한 헬로 인터벌(Hello Interval)을 사용하는데, 이것은 각 EIGRP 헬로 메시지 사이의 시간 간격을 의미한다. 라우터는 또한 홀드 인터벌(Hold Interval)이라는 시간 내에 네이버로부터 헬로 메시지를 수신해야 하며, 기본 홀드 인터벌 시간은 헬로 인터벌의 세 배이다.

예를 들어, R1과 R2가 모두 헬로와 홀드 인터벌에 대해 각각 기본 설정값인 5초와 15초를 사용한다고 가정하자. 정상적인 조건에서 R1은 홀드 인터벌(15초) 이내에, 매 5초마다 R2로부터 헬로 메시지를 수신하게 되며, 홀드 인터벌(15초) 이내에 헬로 메시지를 수신하지 못하면 R1은 R2에 대해 장애가 발생한 것으로 인지한다. R2에 장애가 발생하면, R2가 더 이상 헬로 메시지를 보내지 않게 되고, R1은 R2로부터 헬로를 수신하지 않고 15초가 지나면, R2가 아닌 다른 라우터로 신규 경로를 선택할 수 있다.

흥미롭게도, EIGRP는 두 개의 인접 라우터가 동일한 헬로 및 홀드 인터벌을 사용하도록 요구하지 않지만, 모든 라우터에서 동일한 헬로 및 홀드 인터벌 값을 사용하는 것이 좋다. 안타깝게도, 인접 라우터에서 서로 다른 설정을 사용할 수 있는 유연성으로 인해 헬로 및 홀드 인터벌이 잘못 설정돼 인접 라우터가 제대로 작동하지 않을 수도 있기 때문이다. 예를 들어, R2가 헬로/홀드 인터벌을 각각 30/60으로 변경하고, R1이 헬로/홀드 인터벌을 5/15초로 유지하면 R1은 정상적인 기준으로 R2가 장애 상태라고 판단한다. R2는 매 30초마다 헬로 메시지를 전송하지만, R1은 15초 홀드 인터벌 내에 메시지를 수신할 수 있을 것으로 기대하고 있기 때문이다.

내부 라우팅 프로토콜 기능 정리

[표 9-2]에서는 RIPv2, EIGRP 및 OSPFv2에 대하여 이 장에서 설명했던 기능을 정리했다. 표에 이어, 이 장의 두 번째 주요 절이 시작되는데, 이 절에서는 EIGRP가 어떻게 동작하는지 자세히 설명한다.

기능	RIPv2	EIGRP	OSPFv2
메트릭 변수	홉 카운트	대역폭과 지연	코스트
주기적인 전체 업데이트 전송	예	아니오	아니오
주기적인 헬로 메시지 전송	아니오	예	예
장애 경로에 대해 라우트 포이즈닝 사용	예	예	예
스플릿 호라이즌을 사용한 경로 업데이트 제한	예	예	아니오
메시지 전송 시 사용되는 주소	224.0.0.9	224.0.0.10	224.0.0.5, 224.0.0.6
무한 메트릭 값	16	$2^{32} - 1$	$2^{24} - 1$

[표 9-2] 내부 IP 라우팅 프로토콜 비교

⁘ EIGRP 개념 및 동작

EIGRP는 분명하게 OSPF와 다르지만, 어떤 면에서 보면 EIGRP는 OSPF와 매우 유사하게 동작한다. 사실, EIGRP가 설정된 라우터가 처음 네트워크에 연결될 때 OSPF와 유사한 3단계 과정을 거친다. 이 단계들은 각각의 테이블로 연관돼 있는데, 여기서 테이블은 네이버 테이블, 토폴로지 테이블 및 라우팅 테이블을 말한다. 이러한 모든 프로세스와 테이블은 다음과 같이 라우팅 테이블에 IPv4 경로를 생성한다.

❶ **네이버 발견**: EIGRP 라우터는 헬로 메시지를 전송해 잠재적인 네이버 EIGRP 라우터를 발견하고 기본 매개 변수 검사를 수행해 어떤 라우터가 네이버 라우터가 될 수 있는지를 결정한다. 모든 매개 변수 검사를 통과한 인접 라우터가 EIGRP 인접 라우터 테이블에 추가된다.

❷ **토폴로지 교환**: 네이버 관계가 형성되면 전체 토폴로지 업데이트 정보를 교환하고, 그 이후로는 변경되는 네트워크 토폴로지에 따라 필요한 부분만 업데이트한다. 이 업데이트에서 얻은 데이터는 라우터의 EIGRP 토폴로지 테이블에 추가된다.

❸ **경로 선택**: 각 라우터는 각각의 EIGRP 토폴로지 테이블을 분석하여, 각 서브넷에 도달하기 위한 메트릭 값이 가장 작은 경로를 선택한다. EIGRP는 각 목적지에 대해 최적의 메트릭 값을 가진 경로를 IPv4 라우팅 테이블에 기록한다.

이 장의 두 번째 절에서 EIGRP가 위의 3단계를 활용하여 라우팅 테이블을 기록하는 방법에 대해 자세히 설명한다. 전반적인 3단계 프로세스는 OSPF와 유사하지만, 세부 사항은 상당히 다르다. 특히 이와 관련하여, OSPF는 LS 로직을 사용하여 토폴로지 데이터를 처리하는 방식을 사용하지만 EIGRP는 그렇게 하지 않는다. 또한 이 3단계 외에도, EIGRP가 네트워크의 변경에 대해 수렴하고 반응하는 경우에 사용하는 몇 가지 특화된 로직에 대해 설명한다–이러한 로직은 다른 유형의 라우팅 프로토콜에서는 사용되지 않는다.

EIGRP 네이버

하나의 라우터 관점에서 볼 때, EIGRP 네이버는 또 다른 EIGRP 라우터로 공통의 서브넷에 연결되어 있으면서 EIGRP 토폴로지 정보를 교환하기를 희망하는 라우터를 말한다. EIGRP는 EIGRP 헬로 메시지를 이용하며, 이 메시지는 224.0.0.10의 멀티캐스트 IP 주소로 전송되어 잠재적인 네이버를 동적으로 발견한다. 라우터는 헬로 메시지를 수신해 잠재적인 네이버의 존재 여부를 알게 된다. 라우터는 EIGRP 네이버를 형성하기 전에 잠재적인 네이버에 대해 몇 가지 기본적인 항목을 점검한다. 잠재적인 네이버는 EIGRP 헬로 메시지를 수신한 라우터를 의미한다. 이후 라우터는 잠재적인 라우터와 네이버 관계를 허용할 것인지를 결정하기 위해 다음 항목을 점검한다.

- 인증 처리 과정을 반드시 통과해야 한다.
- 동일한 AS 번호를 사용해야 한다.
- 네이버의 헬로 메시지에서 사용되는 출발지 IP 주소는 반드시 동일한 서브넷에 포함되어 있어야 한다.
- EIGRP 라우터의 K 값 또한 반드시 일치해야 하지만, 이 주제는 이 책의 범위를 벗어난다.

점검 과정은 비교적 간단하다. 인증이 설정되어 있다면, 두 라우터는 반드시 동일한 유형의 인증 방법과 동일한 인증키를 사용해야 한다. EIGRP 설정에는 AS 번호(Autonomous System Number)라는 매개 변수가 포함되어 있으며, 이 값은 두 네이버 라우터 사이에 반드시 동일해야 한다. 마지막으로, EIGRP 헬로 메시지의 전송에 사용되는 IP 주소(EIGRP가 활성화된 라우터의 인터페이스 IP 주소)는 다른 라우터가 연결된 동일한 서브넷 주소 범위 안에 포함되어야 한다.

두 개의 EIGRP 라우터 사이의 네이버 관계는 OSPF에 비해 훨씬 간단하게 네이버 관계를 사용한다. OSPF 네이버는 임시 상태와 안정된 상태를 가지고 있는 반면, EIGRP는 단순하게 네이버가 기본 점검을 거치자마자 동작 상태로 전이된다. 이때 두 라우터는 EIGRP 업데이트 메시지를 사용하여 토폴로지 정보를 교환할 수 있다.

EIGRP 토폴로지 정보 교환

EIGRP는 EIGRP *업데이트 메시지(update messages)*를 사용하여 토폴로지 정보를 네이버에게 전송한다. 전송하는 라우터가 동일한 서브넷에 연결돼 있는 다수의 라우터에 업데이트를 할 필요가 있을 경우에, 이 업데이트 메시지는 멀티캐스트 IP 주소인 224.0.0.10을 이용하여 전송한다. 그렇지 않으면 해당 업데이트 정보가 특정 네이버로 유니캐스트 IP 주소를 이용해 전송된다(헬로 메시지는 항상 224.0.0.10의 멀티캐스트 주소를 이용해 전송된다). LAN에서 멀티캐스트 패킷을 이용함으로써, EIGRP는 동일한 LAN에 연결된 모든 네이버와 효과적으로 라우팅 정보를 교환할 수 있게 된다.

EIGRP는 UDP나 TCP를 사용하지 않고, RTP(Reliable Transport Protocol) 프로토콜을 사용하여 업데이트 메시지를 전송하는데, RTP는 네이버에게 수신되지 않은 EIGRP 메시지를 재송신하는 메커니즘을 제공한다. RTP를 사용함으로써, EIGRP에서 라우터는 인접 라우터가 업데이트된 라우팅 정보를 수신했는지 알 수 있기 때문에 루프의 형성을 효과적으로 방지할 수 있게 된다(RTP를 사용하는 것은 RIP과 같은 기본 DV 프로토콜 간 차이점의 또 다른 예이다. RIP에서는 업데이트 메시지를 네이버 라우터가 수신했는지 확인할 수 있는 메커니즘을 제공하지 않는다).

NOTE 약어 RTP가 Real-time Transport Protocol을 의미하기도 하며, 이것은 음성 및 비디오 IP 패킷의 전송에 사용된다.

9

EIGRP 네이버는 전체 라우팅 업데이트와 부분 업데이트를 모두 수행한다. 전체 업데이트는 라우터가 알고 있는 모든 경로 정보를 전송한다는 것을 의미하며, 부분 업데이트는 최근에 변경된 경로 정보만을 전송한다. 전체 업데이트는 네이버 관계가 형성될 때 일어나며, 이후 네이버는 경로 정보가 변경될 때 해당 정보만을 부분적으로 전송한다.

[그림 9-9]는 위에서 아래로 그 과정을 살펴보면, 헬로를 이용해 네이버를 발견하는 과정을 보여주며, 전체 업데이트를 수행하고 헬로를 지속적으로 주고받아 네이버 관계를 유지하고 부분 업데이트를 수행하고 있다.

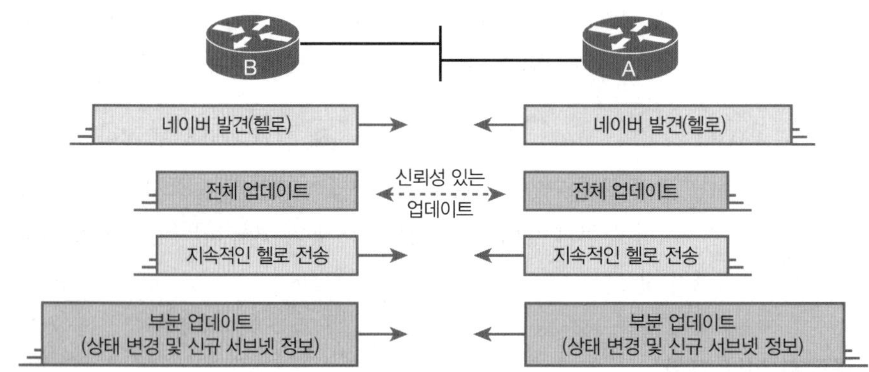

[그림 9-9] EIGRP의 전체 업데이트와 부분 업데이트

EIGRP는 업데이트에서 교환되는 정보를 토폴로지 정보로 참조함을 유의하자. 이 정보는 OSPF LS 토폴로지 데이터만큼 상세하지 않으며, 네트워크의 모든 라우터와 링크를 나타내지 않는다. 그러나 로컬 라우터에 대한 거리(메트릭) 및 벡터(넥스트홉 라우터) 이상을 설명한다. 로컬 라우터는 넥스트홉 라우터에서 사용되는 메트릭을 학습한다. 이 추가 정보는 EIGRP가 루프 발생 없이, 신속하게 수렴하도록 돕는다. 관련 사항은 다음 절인 'EIGRP 수렴' 절에서 설명할 예정이다.

라우팅 테이블을 위한 최적 경로 계산

EIGRP는 다른 라우팅 프로토콜과 상당히 다른 방식으로 경로에 대한 메트릭을 계산한다. 예를 들어 OSPF의 경우, 네트워크 구성도와 설정된 OSPF 인터페이스 코스트에 대한 지식을 가진 사람은 각 경로의 정확한 OSPF 메트릭(코스트)을 계산할 수 있다. EIGRP는 수학 공식과 복합 메트릭을 사용하므로 정확한 메트릭 값을 예측하기가 어렵다.

EIGRP 메트릭 계산

EIGRP 복합 메트릭은, 여러 개의 입력 값(메트릭 구성 요소라 함)을 수학 공식에 넣어 계산한다. 기본적으로, EIGRP는 대역폭과 지연 값이라는 두 가지 메트릭 구성 요소를 이용하여 계산한다. 계산 결과는 정숫값이며 해당 라우터의 복합 메트릭 값이다.

EIGRP에는 메트릭을 계산하는 방법에 대한 다른 옵션이 있지만, 이러한 옵션은 일반적으로 사용되지 않는다. EIGRP 메트릭 값 계산시 인터페이스 부하(Load)와 인터페이스 신뢰 값을 사용할 수 있다. 또한 EIGRP는 경로와 연계된 최대 전송 단위 값(MTU, 경로 구간에 허용 가능한 가장 긴 IP 패킷)을 광고할 수 있지만, 메트릭을 계산할 때 MTU 사용은 지원하지 않는다. 이 책의 저술 목적에 부합하기 위해, EIGRP는 기본 설정을 사용하고 대역폭(bandwidth)과 지연 값(delay)만을 기준으로 복합 메트릭을 계산한다.

EIGRP 메트릭 계산 공식은 실질적으로 복합 메트릭에 대한 몇 가지 핵심 내용을 설명하는 데 도움을 준다(실제로 이 공식을 이용하여 메트릭을 계산할 경우는 거의 없을 것이다). 라우터가 대역폭과 지연 값만을 기본으로 사용할 때, 공식은 다음과 같다.

$$\text{메트릭} = \left(\left(\frac{10^7}{\text{최소 대역폭}}\right) + \text{지연 값의 합}\right) * 256$$

이 공식에서 *최소 대역폭(least-bandwidth)*이라는 용어는 가장 낮은 대역폭의 링크를 의미하며, 초당 킬로 비트(Kbps) 단위를 사용한다. 예를 들어, 경로 구간 중 가장 느린 링크가 10Mbps 이더넷 링크인 경우, 공식의 첫 번째 부분은 $10^7 / 10^4$이며, 값은 1000이 된다. 10Mbps가 10,000Kbps(10^4 Kbps)이기 때문에 공식에서 10^4를 사용한다.

공식에 사용된 지연 값의 합(cumulative-delay value)은 경로의 모든 출구 인터페이스에 대한 지연 값의 합이며, 'tens of microseconds' 단위를 사용한다.

이 두 가지 입력 값을 이용하면 EIGRP가 OSPF보다 약간 더 균형 잡힌 최적 경로를 선택하는 데 도움을 준다. 최소 대역폭 값을 사용하면 EIGRP가 가장 느린 개별 링크 경로를 회피할 수 있는데, 가장 느린 링크는 가장 혼잡한 링크인 경우가 대부분이다. 동시에 공식 지연 값 부분은 모든 링크에 지연 값을 추가하므로, 다수의 링크가 있는 경로는 링크가 적은 경로보다 상대적으로 바람직하지 않다.

대역폭 및 지연 인터페이스 하위 명령(subcommands)을 사용해, 각 링크에 대해 대역폭과 지연 값을 모두 설정할 수 있다.

> **NOTE** show ip eigrp topology 명령어와 show interfaces 명령어를 포함해 대부분의 show 명령어는 지연 값을 마이크로초로 표기하고 있다. 메트릭 공식에는 tens of microseconds 단위가 사용되고 있음에 유의한다.

계산된 EIGRP 메트릭의 예

라우터에서 EIGRP 관련 수학공식이 어떻게 동작하는지 알았으므로, 다음은 EIGRP 업데이트 메시지, 로컬 설정값 및 단일 경로에 대한 메트릭 계산을 통해 라우터가 학습한 것과 연결된 예를 살펴보자.

메트릭을 계산하려면, 로컬 라우터가 인접 라우터에서 수신한 정보뿐만 아니라 로컬 인터페이스 설정값 또한 고려해야 한다. 첫째, EIGRP 업데이트에는 지연 값의 합, 최소 대역폭, 그리고 복합 메트릭에서 기본으로 사용되지 않는 그 밖의 값과 함께 서브넷 번호와 마스크 값이 포함되어 있다. 로컬 라우터는 업데이트 정보를 수신한 인터페이스에 설정된 대역폭과 지연 값을 고려해 새로운 메트릭을 계산해 낸다.

예를 들어, [그림 9-10]은 라우터 R1이 라우터 R2로부터 10.1.3.0/24 서브넷을 학습하는 과정을 보여준다. R2의 EIGRP 업데이트 메시지에는 최소 대역폭 100,000Kbps와 지연 값의 합인 100마이크로초가 포함되어 있다. R1의 시리얼 링크인 S0/1에 기본 대역폭인 1,544Kbps와 지연 값 20,000마이크로초가 설정되어 있다.

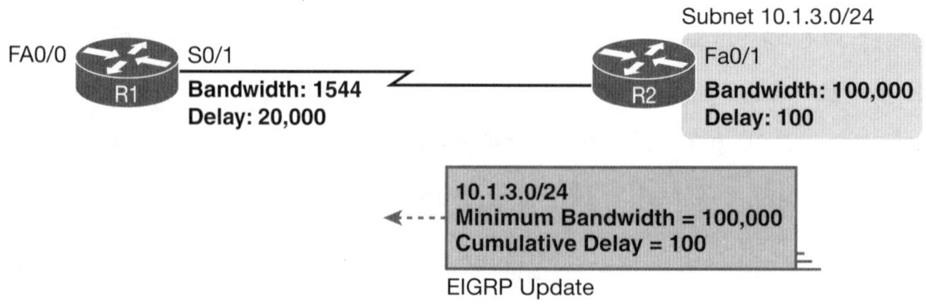

[그림 9-10] 10.1.3.0/24 네트워크에 대한 R1의 EIGRP 메트릭 계산

이 예에서 R1은 S0/1 인터페이스 대역폭(1,544Kbps 또는 1.544Mbps)이 네이버가 전송한 최소 대역폭 100,000Kbps 또는 100Mbps보다 작다는 것을 알게 되고, 메트릭 계산에서 결국 최소 대역폭을 이용한다(R1의 S0/1 인터페이스가 100,000Kbps이거나 그 이상일 경우에 R1은 R2로부터 수신한 EIGRP 업데이트 목록에서 최소 대역폭 값을 이용했을 것이다). 또한 R1은 S0/1 인터페이스의 지연 값(20,000마이크로초이며, 공식에서 2,000 tens-of-microseconds로 변환된다)을 R2로부터 수신한 업데이트의 지연 값(100마이크로초로 10 tens-of-microseconds로 변환)의 총합에 더한다.

인터페이스 지연 값과 관련하여, 라우터는 항상 인터페이스 지연 값을 EIGRP 업데이트 목록에 있는 지연 값에 더한다. 그러나 지연 값의 단위는 도전 과제이기도 한데, 그 단위와 그 사용법은 다음과 같다.

- 마이크로초 단위: **show interfaces** 및 **show ip eigrp topology**와 같은 **show** 명령의 출력 및 EIGRP 업데이트 메시지에서 볼 수 있다.
- tens-of-microseconds 단위: 지연 값을 설정하는 인터페이스 모드 설정 명령(**delay**) 및 EIGRP 메트릭 계산에 사용된다.

이러한 이상한 단위의 차이점 때문에, 지연 값을 볼 때 단위를 정확하게 유지해야 한다. 특정한 예를 통해 알아보자:

- R1은 100(마이크로초)의 지연 값이 표시된 업데이트를 받았으며, 공식에 넣기 전에 10 tens-of-microseconds로 변환한다.
- R1은 20,000마이크로초로 설정된 S0/1 인터페이스를 갖고 있는데, 이 값은 2,000 tens-of-microseconds와 동일한 값이다.
- 계산 목적상, R1은 업데이트 메시지로부터 얻은 10 tens-of-microseconds를 인터페이스의 2,000 tens-of-microseconds에 더하여 총 지연 시간을 2,010 tens-of-microseconds로 늘린다.

이 예의 결과는 다음과 같다:

$$\text{메트릭} = \left(\left(\frac{10^7}{1{,}544}\right) + (10 + 2{,}000)\right) * 256 = 2{,}172{,}416$$

> **NOTE** IOS는 공식의 다른 부분을 수행하기 전에 나눗셈 결과에 대해 나머지 값을 버리고 가장 가까운 정숫값을 취하게 된다. 위 예의 경우, $10^7/1{,}544$는 6,476 값을 수식에 대입한다.

10.1.3.0/24 서브넷에 도달하는 경로가 여러 개일 경우에 라우터 R1은 해당 경로에 대한 메트릭을 계산하고, 라우팅 테이블에 등록할 최적(가장 적은) 메트릭 값을 갖는 경로를 선택한다.

> **NOTE** 이 장의 예는 기가비트 인터페이스가 있는 라우터를 보여주는데, 이 라우터의 기본 지연 설정값은 10마이크로초다. 하지만 IOS는 LAN 인터페이스의 실제 속도를 기반으로 지연 값을 조정한다. 이 장과 다음 장의 예에서는 모든 LAN 인터페이스가 100Mbps로 실행되므로 지연 시간은 100마이크로초다.

시리얼 링크의 대역폭에 대한 주의사항

EIGRP의 강력한 메트릭은 라우터 홉 수는 많더라도 좀 더 빠른 링크를 갖는 경로를 선택할 수 있도록 도와준다. 그러나 적절한 경로가 선택됐더라도 엔지니어는 의미 있는 대역폭과 지연 값을 반드시 설정해야 한다. 특히, [그림 9-10]에서 볼 수 있듯이 시리얼 링크의 기본값은 1,544이고, 지연 값은 20,000마이크로초다. 그러나 IOS는 시리얼 링크의 1계층 속도에 맞추어 대역폭과 지연 값을 자동으로 바꾸지 않는다. 결국, 시리얼 링크에서 기본값을 사용하면 문제가 발생할 수 있다.

[그림 9-11]은 기본 대역폭 설정을 이용해 발생하는 문제와 대역폭이 올바르게 설정됐을 때 EIGRP가 더 나은(더 빠른) 경로를 어떻게 이용하는지를 보여준다. 이 그림은 라우터 B의 각 10.1.1.0/24 서브넷으로 향하는 경로에 초점을 맞췄다. 그림 왼쪽을 보면, 가장 위에 있는 시리얼

9

링크가 64Kbps의 저속임에도 불구하고 모든 시리얼 인터페이스가 기본으로 지정된 대역폭을 이용하는 것을 나타낸다. 오른쪽 그림은 **bandwidth** 명령어를 사용하여 저속 링크에 대해 정확한 대역폭으로 변경한 후의 결과를 보여준다.

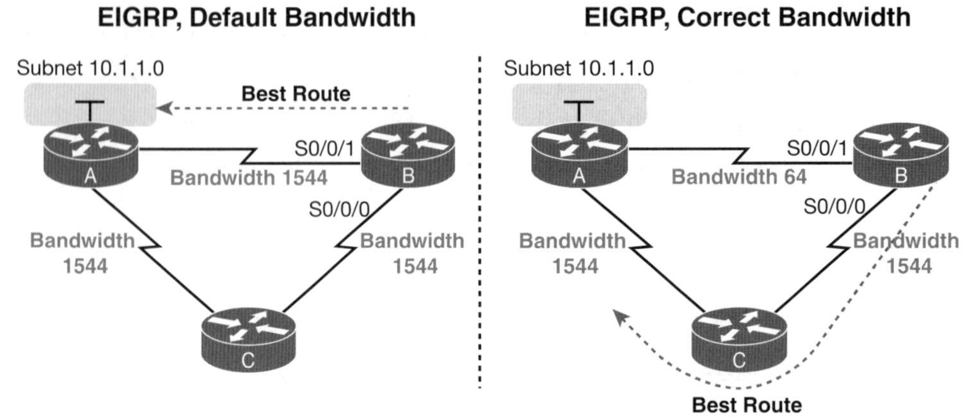

[그림 9-11] EIGRP의 메트릭 계산에서 대역폭이 미치는 영향

일반적으로, EIGRP를 사용하는 네트워크에 적합한 메트릭 전략은 WAN 대역폭을 실제 1계층 속도와 일치하도록 설정하고, LAN 인터페이스는 기본값을 사용하면, EIGRP는 일반적으로 최적의 경로를 선택한다.

EIGRP 수렴

이제까지 EIGRP가 어떻게 네이버 관계를 형성하고, 라우팅 정보를 교환하고, 최적의 경로를 계산하는지 자세히 살펴보았다. 이 절의 나머지 부분은 EIGRP의 가장 흥미로운 부분인데, EIGRP가 루프를 생성하지 않고 새로운 경로로 수렴하는 것에 대해 살펴볼 것이다.

루프 회피는 어떤 동적 라우팅 프로토콜이나 겪는 가장 어려운 과제다. DV 프로토콜은 다양한 도구를 이용해 이 문제를 극복하고 있으며, 이 도구 중 일부는 링크에 문제가 발생한 후 증가하는 수렴 시간을 줄이는 데 이용된다. LS 프로토콜에서는 각 라우터가 네트워크의 전체 토폴로지 정보를 유지하면서 이 문제를 해결하고 있으며, 다소 복잡한 수학적 모델(예: OSPF의 SPF 알고리즘)을 이용해 라우터가 루프를 방지하도록 한다.

EIGRP는 간단한 기본 토폴로지 정보를 유지하면서 루프를 방지하는데, 이는 OSPF와 같은 LS 프로토콜에 비해 훨씬 적은 정보를 유지한다. EIGRP는 대체 경로에 대해 도달 가능한 넥스트홉 라우터 정보를 기록하고, 이러한 경로와 관련된 일부 메트릭 세부 정보를 기록하지만, 넥스트홉 라우터 너머에 있는 토폴로지 정보는 유지하지 않는다. 이러한 부분적인 토폴로지 정보는 최단 경로 우선(SPF) 알고리즘 계산과 같은 복잡한 작업을 필요로 하지 않지만, 루프가 발생하지 않으면서 빠른 수렴 시간과 낮은 과부하를 기대할 수 있다.

FD 및 RD

먼저, EIGRP가 어떻게 수렴되는지 알아보기 전에 몇 가지 EIGRP 용어에 대해 알아보자. EIGRP를 사용할 경우 로컬 라우터는 각 경로에 대해 자체적으로 계산된 메트릭을 고려해야 하지만, 동시에 로컬 라우터는 동일한 목적지 서브넷에 대해 넥스트홉 라우터의 계산된 메트릭을 고려한다. 그리고 EIGRP는 메트릭 항목에 대해 다음과 같은 특별 용어를 갖고 있다.

- FD(Feasible Distance): 서브넷에 도달하기 위한 최적 경로의 복합 메트릭 값으로 로컬 라우터에서 계산된다.
- RD(Reported Distance): 동일 서브넷에 대해 넥스트홉 라우터의 최적 복합 메트릭 값. 네이버 라우터에서 계산된 메트릭 값으로 EIGRP 업데이트를 통해 보고 받고 학습된다.

이해를 돕기 위해 예를 들어 설명하겠다. [그림 9-10]에서 사용되었던 업데이트 광고 내용을 동일하게 이용해보자. [그림 9-12]에서는 R1이 계산한 두 가지 값을 보여준다. 그 중 하나는 [그림 9-10]에서 설명한 것처럼 10.1.3.0/24 서브넷에 도달하기 위한 경로에 대해 R1 자체의 메트릭 값(FD)을 구하는 것이다. 다른 하나는 R2에서 수신한 업데이트의 메트릭 요소를 이용하여 동일한 서브넷에 도달하기 위한 R2의 메트릭 값 계산이다. R1은 R2로부터 수신한 정보를 이용하여 두 번째 계산을 하게 되는데, 그 정보라 함은 가장 느린 대역폭인 100,000Kbps와 지연의 총 합인 100마이크로 초이며, 계산 값은 동일 목적지에 도달하기 위한 R1의 RD 값이 된다.

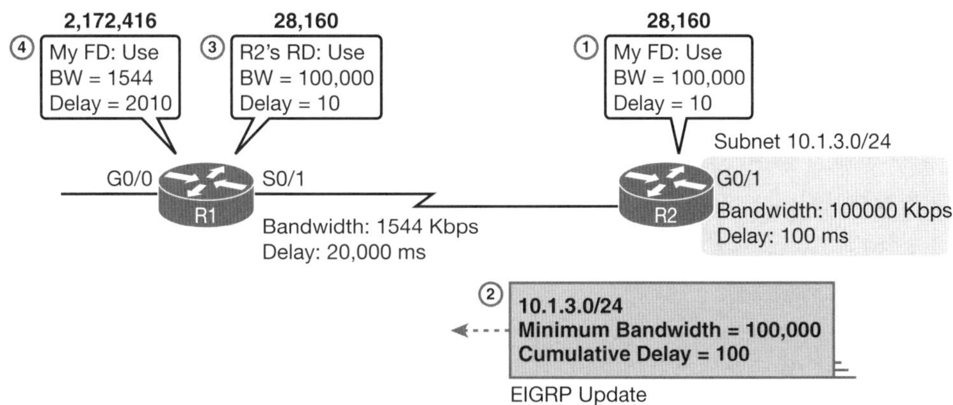

[그림 9-12] R1이 10.1.3.0/24 서브넷에 대해 RD와 FD를 계산하는 방법

다음과 같이 그림에서 보여주는 단계를 따라가보자.

① R2는 대역폭(100,000Kbps)과 지연 값(100 마이크로초)을 통해, 10.1.3.0/24 경로에 대한 자체 메트릭 값(FD)을 계산한다.

② R2는 R1으로 동일한 메트릭 요소와 함께 10.1.3.0/24 경로에 대한 EIGRP 업데이트를 보낸다.

③ R1은 2단계의 업데이트 메시지 정보를 이용하여, 이 경로에 대한 RD 값을 계산한다. 이때 1단계에서 이용한 것과 동일한 계산방식을 사용한다.

④ R1은 R1의 관점에서, R1의 S0/1 인터페이스 대역폭과 지연 값을 고려하여, 자체 메트릭 값을 계산한다(앞의 [그림 9-10] 참조).

사실상, [그림 9-12]의 정보를 기반으로, 10.1.3.0/24 서브넷에 도달하기 위한 R2의 FD 값은 R1에서 동일한 서브넷에 도달하기 위한 R2의 RD 값이 되며, 아래와 같이 쉽게 계산할 수 있다.

$$\left(\left(\frac{10^7}{100{,}000}\right) + (10)\right) * 256 = 28{,}160$$

이 시점에서, R1은 경로에 도달하기 위해 자체적으로 계산한 메트릭 값, 즉 FD 값을 알고 있으며, R1은 동일한 서브넷 경로에 도달하기 위한 넥스트홉 라우터 R2의 메트릭 값을 알고 있다. R1은 이것을 R2의 RD 값이라고 한다.

FD 및 RD 개념에 대해 어느정도 이해했다면, 이제는 EIGRP 수렴 과정에 대해 알아보자. EIGRP 수렴 과정은 본래 갖고 있는 논리 안의 두 가지 방법 중 하나를 이용하며, 이것은 문제의 경로가 사용 가능한 *대체 경로(FS 경로, feasible successor route)*를 갖고 있는지 아닌지에 따라 다르다. FS 경로를 갖고 있다면, 라우터는 바로 대체 경로를 이용한다. 라우터가 FS 경로를 갖고 있는지 아닌지의 여부는 주어진 서브넷에 도달하기 위해 경쟁하는 경로의 FD 값과 RD 값에 따라 달라진다. 다음 주제는 FS 경로의 개념을 정의하고 그 경우에 발생하는 일에 대해 설명할 것이다.

EIGRP 석세서와 FS

EIGRP는 각 서브넷에 도달하기 위해 각 경로에 대한 메트릭을 계산한다. 특정 서브넷에 대해 최적 메트릭 값을 갖는 경로를 *석세서(successor)*라고 하며, 라우터는 이 경로를 IP 라우팅 테이블에 등록한다(이 경로의 메트릭을 *FD(feasible Distance)*라고 하며, 이에 대해서는 앞에서 설명했다).

동일한 서브넷에 도달하기 위한 다른 경로(경로에 대한 메트릭이 FD보다 큰 경우)에 대해 EIGRP는 최적 경로를 더 이상 사용할 수 없을 때 라우팅 루프를 방지하면서 바로 대체할 수 있는 경로가 무엇인지 결정해야 한다. EIGRP는 간단한 알고리즘을 이용해 어떤 경로로 대체할 것인지를 판단하며, 토폴로지 테이블에 루프 프리 백업 경로를 저장하고, 최적 경로에 문제가 발생할 경우 이를 바로 대체할 수 있도록 한다. 대체 경로이고 바로 사용이 가능한 이러한 경로를 *FS(feasible successor) 경로*라고 하는데, 그 이유는 석세서 경로에 문제가 발생하면 바로 이용할 수 있기 때문이다.

라우터는 다음의 실행 가능한 조건을 바탕으로 어떤 경로가 FS인지를 결정한다.

석세서가 아닌 경로의 RD가 FD보다 작을 경우, 해당 경로는 FS 경로가 된다.

기술적으로는 당연한 얘기지만, 이해를 돕기 위해 예를 들어보자. [그림 9-13]에서 EIGRP가 어떤 경로를 FS로 만드는지를 설명한다. 그림에서 라우터 E는 서브넷 1을 향한 경로를 라우터 B, C 및 D를 통해 학습했다. 라우팅 업데이트를 통해 수신한 대역폭과 지연 값 그리고 라우터 E의 패킷 전달 방향의 인터페이스를 통해 받은 응답을 통해 경로에 대한 메트릭을 계산한 후, 라우터 E는 라우터 D를 경유하는 경로가 가장 낮은 메트릭을 갖는다는 사실을 알고, 이 경로를 라우팅 테이블에 등록하게 된다. 해당 경로에 대해 계산된 메트릭인 FD가 14,000이라는 것을 볼 수 있다.

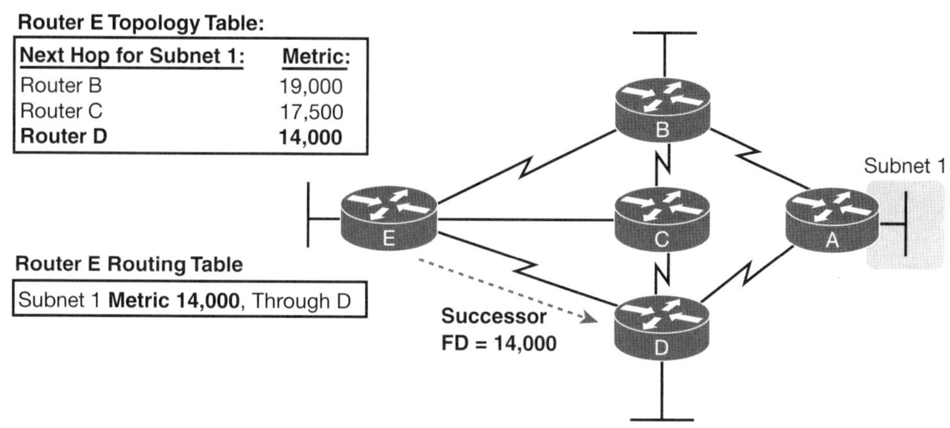

[그림 9-13] 라우터 D를 경유하는 경로가 서브넷 1에 대한 석세서 경로

동시에, 라우터 E의 EIGRP는 라우터 D를 경유하는 경로가 어떤 이유로든 문제가 발생할 경우 서브넷 1에 도달 가능한 다른 두 경로 중 하나를 즉시 사용할 수 있는지 여부를 결정한다. FS 경로만 사용할 수 있다. *타당성 조건(feasibility condition)*을 충족하려면, 대체 경로의 RD(Roported Distance)가 석세서 경로의 FD보다 작아야 한다.

[그림 9-14]에서는 다른 두 경로 중 하나가 타당성 조건을 충족함에 따라 FS 경로임을 보여준다. 해당 그림은 이전 [그림 9-13]의 업데이트된 버전이다. 라우터 E는 라우터 B를 경유하는 경로가 FS 경로가 아니고, 라우터 C를 경유하는 경로가 FS 경로임을 다음의 논리를 통해 보여준다.

- 라우터 E는 라우터 B(15,000)를 경유하는 경로의 RD와 라우터 E의 FD 값인 14,000을 비교한다. 라우터 B의 RD(15,000)는 라우터 E의 FD(14,000)보다 나쁘기(크기) 때문에 이 경로는 FS가 아니다.
- 라우터 E는 라우터 C(13,000)를 경유하는 경로의 RD와 라우터 E의 FD 값인 14,000을 비교한다. 라우터 C의 RD(13,000)는 라우터 E의 FD(14,000)보다 나아서(작아서) 이 경로를 FS로 등록한다.

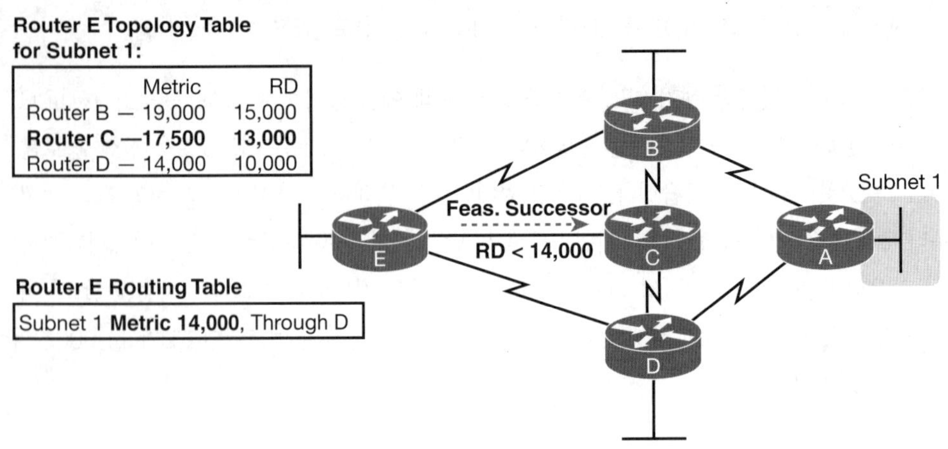

[그림 9-14] 라우터 C를 경유하는 경로가 FS 경로

라우터 D를 경유하면서 서브넷 1로 향하는 경로에 문제가 발생하면, 라우터 E는 루프에 대한 염려 없이 라우터 C를 경유하는 경로를 라우팅 테이블에 즉시 등록한다. 이 경우 수렴은 매우 빠른 시간 안에 이뤄진다.

질의와 응답 과정

경로에 문제가 발생하거나 FS가 존재하지 않는 경우, EIGRP는 DUAL(Diffusing Update Algorithm)이라는 분산 알고리즘을 이용해 대체 경로를 선택한다. DUAL은 도달하는 데 문제가 있는 서브넷으로 향하는 루프 프리 경로를 찾기 위해 질의(query) 패킷을 전송한다. 새로운 경로가 발견되면 DUAL은 이 경로를 라우팅 테이블에 등록한다.

EIGRP DUAL 과정은 문제가 발생한 경로를 대체 경로로 바꾸는 것을 결정하기 전에 간단하게 메시지를 이용해 경로 존재 유무를 확인하고, 루프는 생성하지 않는다. 예를 들면, [그림 9-14]에서 라우터 C와 라우터 D에 문제가 발생했다고 가정해 보자. 라우터 E는 서브넷 1에 대해서 더 이상 FS 경로를 가질 수 없게 됐지만 라우터 B를 경유하는 물리적인 경로는 그대로 존재하고 있음을 알게 된다. 이 경로를 이용하기 위해, 라우터 E는 EIGRP 질의(query) 메시지를 아직 관계를 유지하고 있는 네이버(이 예의 경우 라우터 B)로 전송한다. 서브넷 1로 향하는 라우터 B의 경로는 아직 유효하기 때문에, 라우터 B는 EIGRP 응답(reply) 메시지를 통해 라우터 E에 이를 확인시켜 주는데, 서브넷 1로 향하는 경로 정보를 갖고 있다는 간단한 내용과 함께 아직 유효하다는 내용을 전달한다. 라우터 E는 서브넷 1로 향하는 새로운 경로를 루프에 대한 걱정 없이 라우팅 테이블에 등록한다.

문제가 발생한 경로를 FS로 대체하기까지는 일반적으로 1~2초 정도 걸린다. 질의와 응답 과정이 진행되는 경우, 수렴에 걸리는 시간은 좀 더 늘어나겠지만, 대부분의 네트워크에서 수렴은 10초 이내에 완료된다.

챕터 리뷰

시험을 잘 보기 위해 중요한 한 가지 핵심은 반복적으로 복습하는 것이다. 이 장의 내용을 복습하기 위해 책과 DVD에 있는 툴 또는 관련 있는 웹 사이트의 도구를 이용할 수 있다. 자세한 사항은 '당신의 학습 계획' 내용을 참조하자. [표 9-3]에는 핵심 복습 내용과 그 내용을 찾을 수 있는 위치를 표시하였다. 두 번째 칸에 복습 완료 날짜를 기록한다.

리뷰 항목	완료 날짜	사용 자료
핵심 주제 리뷰		책, DVD/웹 사이트
핵심 용어 리뷰		책, DVD/웹 사이트
DIKTA 문항 답변		책, PCPT
메모리 테이블 리뷰		책, DVD/웹 사이트

[표 9-3] 리뷰 확인

핵심 주제 리뷰

핵심 주제	설명	쪽 번호
리스트	EIGRP와 다른 라우팅 프로토콜의 핵심 비교 포인트	245
리스트	거리 벡터(distance vector) 용어 이해하기	247
그림 9-6	스플릿 호라이즌 예시	250
표 9-2	IGP에 대한 더 많은 비교	253
리스트	EIGRP 라우터가 네이버 관계를 형성하지 못하는 이유	255
그림 9-9	네이버 발견, 전체 라우팅 업데이트, 헬로 전송 및 부분 업데이트를 통한 일반적인 운용 설명	256
리스트	FD와 RD 설명	261
정의	타당성 조건(feasibility condition)	263
그림 9-14	라우터가 FS(feasible successor) 경로를 결정하는 방법에 대한 예	264

[표 9-4] 9장의 핵심 주제

핵심 용어

수렴(convergence), 거리 벡터(distance vector), 내부 게이트웨이 프로토콜(IGP), 부분 업데이트(partial update), 포이즌 라우트(poisoned route), 스플릿 호라이즌(split horizon), 타당성 조건(feasibility condition), FD(feasible distance), FS(feasible successor), 전체 업데이트(full update), RD(reported distance), 석세서(successor)

CHAPTER 10

IPv4 기반의 EIGRP 구현

이 장은 다음 시험 주제를 다룬다.

2.0 라우팅 기술

2.6 IPv4 기반의 EIGRP 설정, 검증 및 장애 해결(인증, 필터링, 수동 서머리, 재분배, 스터브 제외)

이전 장에서는 EIGRP(Enhanced Interior Gateway Routing Protocol) 개념을 살펴보았지만, 이 장에서는 시스코 라우터에서 EIGRP를 구현하는 데 필요한 세부적인 내용을 살펴볼 것이다.

이 장에서는 가장 기본적인 EIGRP 설정 옵션부터, 다양한 EIGRP 설정 옵션까지 다룬다. 그 다음 메트릭 값이 같지 않을 때의 부하 분산(로드 밸런싱) 설정 방법뿐만 아니라, 오늘날 문제를 일으키는 잠재적인 영역인 오토서머리(autosummary) 기능 등의 일반적이지 않은 설정 작업도 살펴볼 예정이다.

이 장 전체에 걸쳐, 본문은 설정과 이와 관련된 명령어 사이를 왔다갔다 하면서 설정이 된 기능이 제대로 동작하는지 확인할 것이다. 특히, 이 장에서는 FD와 RD를 식별하고 석세서와 FS 경로 찾는 방법을 주의 깊게 살펴볼 것이다.

QUIZ 사전 점검 퀴즈

아래의 사전 점검 퀴즈(지문 또는 PCPT 소프트웨어 사용)를 풀어보면 이 장을 읽고 이해하는 데 시간이 얼마나 걸릴 것인지 가늠할 수 있다. 정답은 퀴즈 다음 페이지 하단에 있으며, 퀴즈 정답에 대한 자세한 설명은 DVD 부록 C와 PCPT 소프트웨어에 담겨 있다.

핵심 주제	문제
EIGRP 주요 설정과 검증	1–4
EIGRP 메트릭, 석세서(successor) 및 FS(feasible successor)	5–6
기타 EIGRP 구성 설정	7

[표 10-1] 핵심 주제와 관련된 사전 점검 퀴즈 문항

1. **router eigrp 1** 명령어가 입력된 후에 해당 라우터가 10.1.1.1, 10.1.100.1, 10.1.120.1의 IP 주소를 갖는 인터페이스에 EIGRP를 사용하게 하는 **network** 명령어는 다음 중 무엇인가? (2개를 고르시오)

a. **network 10.0.0.0**

b. **network 10.1.1x.0**

c. **network 10.0.0.0 0.255.255.255**

d. **network 10.0.0.0 255.255.255.0**

2. 라우터 R1과 라우터 R2의 IP 주소는 각각 10.0.0.1과 10.0.0.2이며 동일한 VLAN에 연결되어 있다. R1은 **router eigrp 99** 명령어와 **network 10.0.0.0** 명령어가 설정되어 있다. R2가 R1과 네이버 관계를 형성하고 경로 정보를 교환할 수 있도록 하기 위해 EIGRP 설정에 포함돼야 하는 명령어는 다음 중 무엇인가? (2개를 고르시오)

a. **network 10**

b. **network 10.0.0.1 0.0.0.0**

c. **network 10.0.0.2 0.0.0.0**

d. **network 10.0.0.0**

3. **show ip route** 명령어의 실행 결과에서 EIGRP로 학습한 경로를 암시하는 코드는 다음 중 무엇인가?

a. E

b. I

c. G

d. D

4. 라우터 R1의 **show** 명령에서 발췌한 다음의 내용을 살펴보자.

```
EIGRP-IPv4 Neighbors for AS(1)
H   Address          Interface       Hold Uptime    SRTT    RTO  Q    Seq
                                     (sec)          (ms)         Cnt  Num
1   10.1.4.3         Se0/0/1         13 00:05:49     2      100  0    29
0   10.1.5.2         Se0/0/0         12 00:05:49     2      100  0    39
```

위 출력 내용으로 미루어 볼 때, 다음 중 맞는 답은 무엇인가?

a. 10.1.4.3 주소는 현재 네이버의 EIGRP 라우터 ID를 기반으로 동작 중인 네이버를 식별한다.

b. 10.1.5.2 주소는 두 라우터가 모든 네이버 요구 사항을 점검한 후 어느 시점에서 EIGRP 네이버가 될 수도 있고 그렇지 않을 수도 있는 라우터를 식별한다.

c. 10.1.5.2 주소는 R1과 그 네이버 사이의 링크에 있는 네이버의 인터페이스 IP 주소를 기반으로 동작 중인 네이버를 식별한다.

d. 10.1.4.3 주소는 R1의 시리얼 인터페이스 S0/0/1의 IP 주소를 식별한다.

5. 라우터의 CLI에서 발췌한 다음의 내용을 살펴보자.

```
P 10.1.1.0/24, 1 successors, FD is 2172416
         via 10.1.6.3 (2172416/28160), Serial0/1
         via 10.1.4.2 (2684416/2284156), Serial0/0
         via 10.1.5.4 (2684416/2165432), Serial1/0
```

FS 경로의 넥스트홉 IP 주소는 무엇인가?

a. 10.1.6.3

b. 10.1.4.2

c. 10.1.5.4

d. 이 명령어 결과로는 확인할 수 없다.

6. 라우터 R1은 EIGRP 과정을 통해 서브넷 1에 도달 가능한 세 개의 경로를 알고 있다. 그 중 하나는 석세서이고, 또 다른 하나는 FS이다. R1은 cost 값이 다른 경로의 부하 분산(uneuqual-cost load balancing)을 허용하기 위해 **variance** 명령어는 사용하지 않는다. 다음 중, EIGRP 토폴로지 정보 또는 IPv4 경로 정보 여부와 관계없이, FS 경로(메트릭 값 포함)에 대한 정보를 보여주는 명령어는 무엇인가?

a. **show ip eigrp topology**

b. **show ip eigrp database**

c. **show ip route eigrp**

d. **show ip eigrp interface**

7. 라우터 R1은 서브넷 2에 도달 가능한 네 개의 경로를 갖고 있다. 그 중 하나는 메트릭 값 100을 갖고 있는 석세서이며, 또 다른 하나는 메트릭 값 350을 갖고 있는 FS 경로다. 나머지 경로는 각각 450, 550의 메트릭 값을 갖고 있다. R1의 EIGRP 설정에는 **variance 5** 명령어가 포함되어 있다. R1에서 **show ip route eigrp** 명령어를 통해 확인할 수 있는 서브넷 2에 도달 가능한 가장 높은 메트릭 경로를 나타내는 답은 무엇인가?

a. 석세서 경로(메트릭 100)

b. FS 경로(메트릭 350)

c. 메트릭 450의 경로

d. 메트릭 550의 경로

핵심 주제

EIGRP의 주요 설정과 검증

이 장의 세 가지 주요 절 중 첫 번째 절은 EIGRP 설정에서 가장 일반적으로 사용되는 부분을 보여줌으로써 EIGRP에 대한 설명을 시작한다. 이 절은 다른 장에서 볼 수 있듯이 설정 내용으로 시작하고 관련된 검증으로 이어진다.

EIGRP 설정

EIGRP 기본 설정은 OSPF와 매우 유사하다. **router eigrp** 명령어를 사용하면 EIGRP를 구동하고 EIGRP 설정 모드로 들어갈 수 있다. 이때 하나 이상의 **network** 명령어가 설정된다. EIGRP는 **network** 명령어와 부합하는 인터페이스에서, 네이버를 찾기 위해 시도하고 인터페이스에 연결된 서브넷 정보를 광고한다.

다음의 설정 확인 목록은 이 장에서 다루는 주된 설정에 대한 것이다.

Key Topic

단계 ① EIGRP 설정 모드로 들어가서 전역 명령어인 **router eigrp** *as-number* 명령어로 EIGRP AS 번호를 정의한다.

단계 ② 라우터 하위 명령어인 **network** *ip-address* [*wildcard-mask*] 명령어를 입력해 하나 이상의 네트워크를 정의한다.

단계 ③ (옵션) 라우터 하위 명령어인 **eigrp router-id** *value* 명령어를 입력해서 EIGRP 라우터 ID(RID)를 명시적으로 설정한다.

단계 ④ (옵션) 인터페이스 하위 명령어인 **ip hello-interval eigrp** *asn time* 명령어와 **ip hold-time eigrp** *asn time* 명령어를 이용해 헬로와 홀드 타이머 값을 변경한다.

단계 ⑤ (옵션) 대역폭과 지연 값을 조정해 메트릭 계산 과정을 변경하려면 인터페이스 하위 명령어인 **bandwidth** *value*와 **delay** *value* 명령어를 이용한다.

단계 ⑥ (옵션) 다수의 동일 코스트 경로를 지원하기 위해 라우터 하위 명령어인 **maximum-paths** *number* 명령어와 **variance** *multiplier* 명령어를 이용한다.

단계 ⑦ (옵션) 클래스풀 IPv4 네트워크 경계에서 경로에 대한 오토 서머리 기능을 활성화시키기 위해 라우터 하위 명령어인 **auto-summmary** 명령어를 이용한다.

[예 10-1]을 통해서 가능한 한 가장 단순한 EIGRP 설정으로 관련된 설명을 시작해보자. 이 구성은 가능한 많은 기본값을 사용하지만, [그림 10-1]에 보이는 각 라우터의 모든 인터페이스에 EIGRP를 활성화시켰다. 세 개의 라우터 모두 동일한 설정을 할 수 있으며, 각 라우터에는 두

사전 점검 퀴즈 정답

1 A, C **2** C, D **3** D **4** C **5** C **6** A **7** B

개의 명령어만 입력하면 된다.

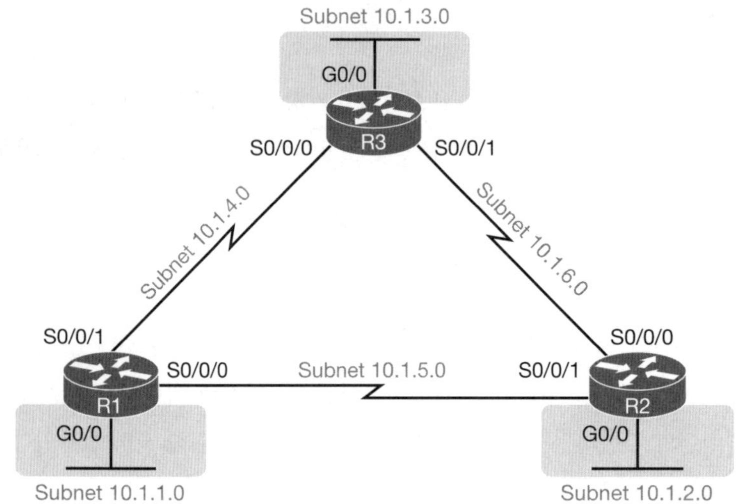

[그림 10–1] 대부분의 EIGRP 예에서 사용하는 샘플 인터네트워크

```
router eigrp 1
 network 10.0.0.0
```

[예 10–1] [그림 10–1]에 있는 3개의 라우터의 EIGRP 설정

이러한 간단한 설정은 네트워크 엔지니어가 선택해야 하는 2개의 매개 변수 즉, AS 번호(autonomous system number)와 **network** 명령어 다음의 클래스풀 네트워크 번호이다.

AS 번호 자체에 실제 큰 의미는 없지만, EIGRP의 정확한 설정을 위해 모든 라우터는 **router eigrp** 명령어 다음의 AS 번호가 동일해야 한다. 예를 들어, 위의 예에서 세 라우터 모두 **router eigrp 1**을 설정했다(다른 AS 번호를 사용하는 라우터는 EIGRP 네이버 관계가 형성되지 않는다). 유효한 AS 번호의 범위는 1 ~ 65,535이며, 이것은 **router ospf** 명령어에서 사용되는 process ID 범위와 동일하다.

EIGRP **network** 명령어는 [예 10–1]의 **network 10.0.0.0** 명령어에서 볼 수 있듯이 두 개의 구문 옵션을 사용할 수 있다. 하나는 끝에 와일드카드 마스크가 있고 다른 하나는 와일드카드 마스크가 없는 것이다. 와일드카드 마스크를 사용하지 않는 경우, **network** 명령어는 반드시 클래스풀 네트워크(클래스 A, B 또는 C 네트워크 번호)를 지정해야 한다. 이 명령어가 일단 설정되면 다음의 프로세스가 실행된다.

- 라우터에서 해당 클래스풀 네트워크에 포함된 주소를 갖는 인터페이스를 찾는다.
- 해당 인터페이스에 EIGRP를 활성화시킨다.

EIGRP가 일단 활성화되면, 인터페이스에 연결된 서브넷에 대해 광고를 시작한다. 또한 헬로 메시지를 전송하고 들어오는 헬로 메시지를 수신하여 다른 EIGRP 라우터와 네이버 관계를 맺기 위해 시도한다.

NOTE 흥미롭게도 실제 라우터에서는 EIGRP **network** *number* 명령어를 입력하고 클래스풀 네트워크 주소가 아닌, 점(dot)으로 구분된 10진수 주소를 이용할 수 있다. 이 경우 IOS는 오류 메시지를 표시하지 않는다. 그러나 IOS는 입력한 주소를 해당 주소가 속해 있는 클래스풀 네트워크 주소로 변경한다. 예를 들면, IOS는 **network 10.1.1.1** 명령어를 **network 10.0.0.0**으로 변경한다.

와일드카드 마스크를 이용한 EIGRP 설정

[예 10-1]에서와 같이 와일드카드 마스크가 없는 EIGRP **network** 명령어 구문은 엔지니어가 사용하고자 하는 것과 정확히 같을 수 있지만, 조금 어색할 수 있다. 예를 들어, 엔지니어가 G0/0에 EIGRP를 활성화시키고, G0/1에서는 EIGRP를 비활성화시키고자 할 때, 두 인터페이스 모두 클래스 A 네트워크인 10.0.0.0에 속한 IP 주소를 사용하려고 하는 경우에, EIGRP 하위 명령어인 **network 10.0.0.0**은 G0/0만이 아닌 다른 두 인터페이스 모두를 충족시킨다.

IOS는 와일드카드 마스크를 사용하는 EIGRP **network** 명령어에 대한 두 번째 옵션을 제공하므로 엔지니어는 의도한 대로 정확한 인터페이스 IP 주소와 일치시킬 수 있다. 이렇게 설정할 경우, **network** 명령어는 클래스풀 한 네트워크 주소를 사용할 필요가 없다. 대신, IOS는 **network** 명령어에 포함된 주소와 와일드카드 마스크가 ACL의 조건에 일치하는 경우 인터페이스 IP 주소와 일치시킨다. 이 논리는 ACL 주소와 와일드카드 마스크처럼 동작하며, 8장에 있는 'IPv4 기반의 OSPF 구현'에서 설명한 OSPF **network** 명령어에 포함된 와일드카드 마스크 논리와 동일하다(자세한 내용이 기억나지 않는다면, ACL 와일드카드 마스크에 대해 자세하게 설명되어 있는 16장 '기본적인 IPv4 ACL'을 참조한다.)

[그림 10-1]을 다시 보면, 라우터 R3은 3개의 서브넷(10.1.3.0/24, 10.1.4.0/24 및 10.1.6.0/24)에 설정된 IP 주소를 갖고 있다. [예 10-2]는 R3에 연결된 3개의 서브넷에 대하여 네트워크 주소와 와일드카드 마스크를 함께 사용한 **network** 명령어를 보여준다. 서브넷 마스크 /24를 사용하는 경우, 각 **network** 명령어는 와일드카드 마스크 0.0.0.255를 사용한다.

```
R3(config)# router eigrp 1
R3(config-router)# network 10.1.3.0 0.0.0.255
R3(config-router)# network 10.1.4.0 0.0.0.255
R3(config-router)# network 10.1.6.0 0.0.0.255
```

[예 10-2] 와일드카드 마스크를 이용한 EIGRP 설정

또는, R3은 인터페이스에 설정된 IP 주소에 와일드카드 마스크 0.0.0.0 명령어를 사용하여 각 인터페이스에 일치시킬 수 있다. 예를 들면, **network 10.1.3.3 0.0.0.0** 명령어는 R3의 LAN 인터페이스 주소 10.1.3.3과 일치하고 해당 인터페이스에 EIGRP를 활성화시킨다.

> **NOTE** IPv4 기반의 EIGRP는 클래식 모드(autonomous system 모드라고도 함)와 네임드 모드(named mode)의 두 가지 다른 설정 스타일을 지원한다. IOS에 추가된 두 가지 방법 중 첫 번째 방법인 클래식 모드에서, **router eigrp** 명령어 레퍼런스에 AS 번호를 사용한다. 네임드 모드에서는 **router eigrp** 명령어에 AS 번호를 사용하는 대신 네임을 참조하므로 EIGRP 네임드 모드라고 한다. 이 장에서는 클래식 모드에 대해서만 설명한다.

EIGRP 핵심기능 검증

OSPF와 마찬가지로, EIGRP는 3개의 주요 로직 블록과 맞추어 3개의 테이블(네이버 테이블, 토폴로지 테이블 및 IPv4 라우팅 테이블)을 사용한다. 그러나 EIGRP가 이러한 테이블을 만들기 전에, IOS는 설정 로직을 로컬 인터페이스에 연결해야 한다. 인터페이스가 활성화되면, 라우터는 3개의 테이블을 만들 수 있다.

다음 몇 페이지에서는, EIGRP를 사용하는 네트워크가 잘 동작하는지 확인하기 위한 검증 단계에 대해 다룰 것이다. [그림 10-2]의 왼쪽은 위에서 아래로 개념 전개 과정을 보여주고, 오른쪽은 참조할 만한 다양한 **show** 명령어를 보여준다.

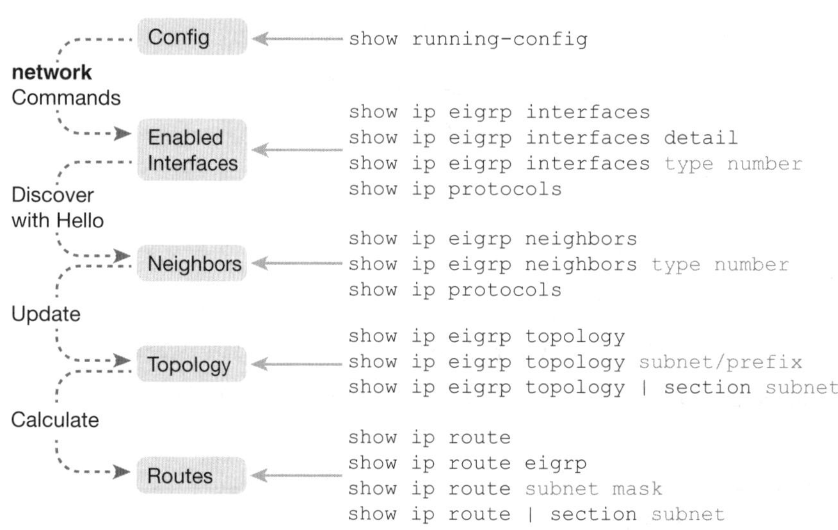

[그림 10-2] EIGRP 토픽의 전개 맵(왼쪽)과 관련 검증 명령어(오른쪽)

> **NOTE** 앞으로 보게 될 모든 검증 관련 예는 [그림 10-1]에 있는 라우터에서 출력된 것이다. 이 그림에서 라우터 R1과 라우터 R2는 EIGRP 설정 [예 10-1]을 이용하고, 라우터 R3은 [예 10-2]의 설정을 사용한다. 또한, 기가비트 LAN 인터페이스를 사용하는 모든 라우터는 일부 10/100 스위치 포트에 연결되어 있어서 현재 100Mbps로 동작한다. 이는 EIGRP 메트릭에 다소 영향을 준다.

EIGRP가 활성화된 인터페이스 찾기

[예 10-3]은 EIGRP가 활성화된 라우터 인터페이스 설정을 기반으로 검증 과정을 시작한다. IOS는 해당 인터페이스를 확인할 수 있는 세 가지 명령어 옵션을 알려준다.

- **show running-config** 명령어를 이용하여 EIGRP와 인터페이스 설정을 확인하고, EIGRP와 동일한 로직을 적용하여 EIGRP를 활성화해야 하는 인터페이스를 찾는다.
- **show ip protocols** 명령어를 이용하여 EIGRP 설정 요약을 확인하고, EIGRP와 동일한 로직을 적용하고 인터페이스 목록을 예측한다.
- **show ip eigrp interfaces** 명령어를 이용하여 실제로 EIGRP가 활성화된 라우터의 인터페이스를 확인한다.

이 세 가지 명령어 옵션 중 **show ip eigrp interfaces** 명령어만 라우터에서 실제로 EIGRP 활성화를 위해 선택한 인터페이스의 실제 목록을 보여준다. 다른 두 가지 명령어 옵션을 통해서 설정 내용을 확인해보고, 학습 경험을 기반으로 추측을 할 수 있게 해준다(둘 다 중요함!).

```
R1# show ip eigrp interfaces
EIGRP-IPv4 Interfaces for AS(1)
                 Xmit Queue  PeerQ         Mean Pacing Time  Multicast  Pending
Interface Peers  Un/Reliable Un/Reliable   SRTT Un/Reliable  Flow Timer Routes
Gi0/0       0        0/0        0/0          0     0/0           0         0
Se0/0/0     1        0/0        0/0          2     0/16         50         0
Se0/0/1     1        0/0        0/0          1     0/15         50         0

R1# show ip eigrp interfaces detail S0/0/0
EIGRP-IPv4 Interfaces for AS(1)
                 Xmit Queue  PeerQ         Mean Pacing Time Multicast  Pending
Interface Peers  Un/Reliable Un/Reliable   SRTT Un/Reliable Flow Timer Routes
Se0/0/0     1        0/0        0/0          2     0/16        50         0
  Hello-interval is 5, Hold-time is 15
  Split-horizon is enabled
! 간략화를 위한 라인 생략
```

[예 10-3] R1에서 EIGRP가 활성화된 인터페이스 찾기

위 예의 첫 번째 명령어인 **show ip eigrp interfaces**를 통해, EIGRP가 활성화되어 있고 라우터가 현재 새로운 EIGRP 네이버를 찾기 위해 헬로 메시지를 전송하는 모든 인터페이스를 보여준다. R1은 EIGRP 하위 명령어 **network 10.0.0.0** 한 줄을 이용하여 세 개의 인터페이스 모두 EIGRP를 활성화했다([그림 10-1] 참조). 두 번째 명령어는 로컬 라우터의 헬로 인터벌, 홀드 타임과 스플릿 호라이즌 설정 등의 자세한 인터페이스 관련 정보를 보여준다.

EIGRP가 활성화되지 않은 인터페이스 정보를 보여주는 명령어는 없다. 예를 들어, S0/0/0에

EIGRP가 활성화되지 않은 경우에, **show ip eigrp interface detail S0/0/0** 명령어를 입력하면 출력 시작줄 아래에 그 어떤 정보도 보이지 않는다. **show ip eigrp interface** 명령어를 통한 출력은 EIGRP가 활성화되지 않은 인터페이스에 대해서는 생략한다.

또한 **show ip eigrp interfaces...** 명령어로는 패시브 인터페이스에 대한 정보는 볼 수 없다. OSPF(Open Shortest Path First)와 마찬가지로 EIGRP는 **passive-interface** *type number* 하위 명령어를 지원한다. EIGRP는 패시브 인터페이스를 통해서 네이버 관계를 맺지 않지만, 패시브 인터페이스에 연결된 서브넷에 대해 광고를 한다.

요약하면, EIGRP는 **show ip eigrp interfaces** 명령어를 통해 활성화된 인터페이스 정보를 보여주지만, EIGRP에 대해 패시브로 설정된 인터페이스 정보는 보여주지 않는다.

EIGRP가 활성화된 인터페이스를 찾는 다른 두 가지 방법은 EIGRP 규칙에 대한 설정 및 고려 사항을 점검해 보는 것이다. 실제로는 **show ip eigrp interface** 명령어가 그 출발점이지만, 시험에는 설정 내용만 있거나 그것 마저 없을 수도 있다. 그 대안으로 **show ip protocols** 명령어는 EIGRP **network** 설정 명령어의 단축 반복을 포함해서, EIGRP에 대한 많은 세부 사항을 보여준다. [예 10-4]는 라우터 R1에서 이 명령을 실행하여 나온 결과를 보여준다.

```
R1# show ip protocols
*** IP Routing is NSF aware ***

Routing Protocol is "eigrp 1"
  Outgoing update filter list for all interfaces is not set
  Incoming update filter list for all interfaces is not set
  Default networks flagged in outgoing updates
  Default networks accepted from incoming updates
  EIGRP-IPv4 Protocol for AS(1)
    Metric weight K1=1, K2=0, K3=1, K4=0, K5=0
    NSF-aware route hold timer is 240
    Router-ID: 10.1.5.1
    Topology: 0 (base)
      Active Timer: 3 min
      Distance: internal 90 external 170
      Maximum path: 4
      Maximum hopcount 100
      Maximum metric variance 1

  Automatic Summarization: disabled
  Maximum path: 4
  Routing for Networks:
    10.0.0.0
  Routing Information Sources:
```

```
    Gateway         Distance      Last Update
    10.1.4.3              90      00:22:32
    10.1.5.2              90      00:22:32
  Distance: internal 90 external 170
```

[예 10-4] R1에서 show ip protocols 명령어로 EIGRP가 활성화된 인터페이스 목록 가져오기

EIGRP 설정의 간단명료한 반복을 보려면, 예 맨 아래에 있는 Routing for Networks 구문 아래를 살펴보면 된다. 이 경우 바로 다음 줄에 10.0.0.0이 보이는데, 이것은 [예 10-1]의 **network 10.0.0.0** 설정 명령어에 대한 직접적인 참조이다.

와일드카드 마스크 옵션을 사용해서 설정한 경우, **show ip protocols** 명령어 실행 결과가 약간 다르다. [예 10-5]는 R3에서 **show ip protocols** 명령어를 실행한 결과 중 일부를 보여준다. R3은 앞의 [예 10-2]에 나와 있는 3개의 **network** 명령어를 사용했다

```
R3# show ip protocols
! 간략화를 위한 라인 생략

  Automatic Summarization: disabled
  Maximum path: 4
  Routing for Networks:
    10.1.3.0/24
    10.1.4.0/24
    10.1.6.0/24
! 간략화를 위한 라인 생략
```

[예 10-5] R3에서 EIGRP 와일드카드 마스크를 사용했을 경우, show ip protocols 명령어 실행 결과

10

위 예의 **show ip protocols** 명령어 실행 결과 중 강조된 부분을 이해하려면, 약간의 계산이 필요하다. 출력에는 /x 형식의 숫자로 표시되고(이 경우 /24), 와일드카드 마스크 형식의 0.0.0.255로 표현될 수 있다.

show ip protocols 명령어에 대한 학습을 마치기 전에, [예 10-4]에 나와있는 명령어 출력 결과를 좀 더 상세하게 읽어보자. 예를 들면, R1의 EIGRP router ID(RID)가 10.1.5.1로 표시되어 있다. EIGRP는 OSPF와 마찬가지로 RID를 다음과 같이 지정한다.

❶ EIGRP 하위 명령어인 **eigrp router-id** *number* 명령어를 이용하여 설정한다.

❷ EIGRP 프로세스가 시작될 때 up/up 상태의 루프백 인터페이스 중 가장 큰 IP 주소.

❸ EIGRP 프로세스가 시작될 때 루프백 인터페이스가 아닌 물리적 인터페이스 중 가장 큰 IP 주소.

OSPF와 다른 차이점 하나는 EIGRP RID는 라우터 하위 명령어인 **eigrp router-id** *value* 명령어를 이용하여 설정하는 반면, OSPF는 하위 명령어인 **router-id** *value* 명령어를 이용해 설정한다.

EIGRP 네이버 상태 표시

라우터 인터페이스에 EIGRP를 활성화시키면, 라우터는 EIGRP 헬로 메시지를 수신하여 네이버 라우터를 발견하기 위해 시도한다. 두 개의 네이버 라우터가 헬로 메시지를 주고 받고, 필요한 매개 변수가 정확하게 일치하면 네이버 관계를 맺는다.

EIGRP 네이버 상태를 볼 수 있는 가장 확실하고 명확한 명령어는 **show ip eigrp neighbors** 명령어다. 이 명령어는 인터페이스 IP 주소(router ID를 기반으로 하지 않음, OSPF와 협약)를 기준으로 네이버 라우터를 보여준다. 명령어 실행 결과 출력에서 로컬 라우터의 인터페이스도 확인 가능한데, 이는 네이버에 도달 가능한 인터페이스를 나타내는 것이다.

예를 들면, [예 10-6]은 라우터 R1의 네이버 목록을 보여주는데, 여기서 IP 주소가 10.1.4.3인 네이버(R3)를 볼 수 있다. 예의 강조된 첫 줄을 보면, 언급한 네이버 라우터는 R1의 S0/0/1 인터페이스를 통해 도달 가능하다는 것을 확인할 수 있다.

```
R1# show ip eigrp neighbors
EIGRP-IPv4 Neighbors for AS(1)
H   Address           Interface          Hold Uptime    SRTT   RTO  Q   Seq
                                         (sec)          (ms)        Cnt Num
1   10.1.4.3                 Se0/0/1       13 00:05:49     2   100  0   29
0   10.1.5.2                 Se0/0/0       12 00:05:49     2   100  0   39
```

[예 10-6] 라우터 R1의 EIGRP 네이버 상태 표시

위 예의 오른쪽에는 몇 가지 흥미로운 통계를 볼 수 있다. 가장 오른쪽에 있는 4개의 열은 9장, 'EIGRP 개념 이해'에서 설명했듯이 RTP와 관련이 있다. 업타임(Uptime)은 네이버 관계가 형성된 이후의 경과 시간을 보여준다. 마지막으로, 홀드 타임(Hold time)은 홀드 인터벌(이 경우 15초)을 기준으로 현재 카운트 다운된 시간을 보여준다. 위 예의 경우, 헬로 인터벌 5초와 홀드 인터벌 15초를 기준으로 하여, 홀드 타임은 15초에서 10초까지 카운트 다운되며 다음 헬로가 수신되면 15초로 리셋된다.

EIGRP 네이버를 확인할 수 있는 또 다른 방법은 **show ip protocols** 명령어를 사용하는 것이다. [예 10-4]로 돌아가서, R1의 **show ip protocols** 명령어 실행 결과 출력의 마지막 부분을 다시 살펴보자. Routing Information Sources 라인 아래에서 [예 10-6]의 **show ip eigrp neighbors** 명령어 출력 결과에서 볼 수 있는 두 개의 네이버 라우터 IP 주소를 동일하게

확인할 수 있다.

IPv4 라우팅 테이블 표시

EIGRP 라우터가 네이버 관계가 되면, 상호 라우팅 정보를 교환하고, 라우팅 정보를 토폴로지 테이블에 저장한 다음 IPv4 최적 경로를 계산한다. 이 절에서는 EIGRP 토폴로지 테이블 검증 단계를 건너 뛰지만, 이 시점에서 IP 라우팅 테이블 검증 단계가 어느 정도 익숙해져야 한다. [예 10-7]은 [그림 10-1]에 있는 R1에 대해 몇 가지 예를 보여준다. 첫 번째는 전체 IPv4 라우팅 테이블을 보여주고, 두 번째는 **show ip route eigrp** 명령어를 사용하여 EIGRP로 학습한 경로만 보여준다.

```
R1# show ip route
Codes: L - local, C - connected, S - static, R - RIP, M - mobile, B - BGP
       D - EIGRP, EX - EIGRP external, O - OSPF, IA - OSPF inter area
       N1 - OSPF NSSA external type 1, N2 - OSPF NSSA external type 2
       E1 - OSPF external type 1, E2 - OSPF external type 2
       i - IS-IS, su - IS-IS summary, L1 - IS-IS level-1, L2 - IS-IS level-2
       ia - IS-IS inter area, * - candidate default, U - per-user static route
       o - ODR, P - periodic downloaded static route, H - NHRP, l - LISP
       + - replicated route, % - next hop override

Gateway of last resort is not set

      10.0.0.0/8 is variably subnetted, 9 subnets, 2 masks
C        10.1.1.0/24 is directly connected, GigabitEthernet0/0
L        10.1.1.1/32 is directly connected, GigabitEthernet0/0
D        10.1.2.0/24 [90/2172416] via 10.1.5.2, 00:06:39, Serial0/0/0
D        10.1.3.0/24 [90/2172416] via 10.1.4.3, 00:00:06, Serial0/0/1
C        10.1.4.0/24 is directly connected, Serial0/0/1
L        10.1.4.1/32 is directly connected, Serial0/0/1
C        10.1.5.0/24 is directly connected, Serial0/0/0
L        10.1.5.1/32 is directly connected, Serial0/0/0
D        10.1.6.0/24 [90/2681856] via 10.1.5.2, 00:12:20, Serial0/0/0
                     [90/2681856] via 10.1.4.3, 00:12:20, Serial0/0/1

R1# show ip route eigrp
! 간략화를 위한 라인 생략

      10.0.0.0/8 is variably subnetted, 9 subnets, 2 masks
D        10.1.2.0/24 [90/2172416] via 10.1.5.2, 00:06:43, Serial0/0/0
D        10.1.3.0/24 [90/2172416] via 10.1.4.3, 00:00:10, Serial0/0/1
D        10.1.6.0/24 [90/2681856] via 10.1.5.2, 00:12:24, Serial0/0/0
                     [90/2681856] via 10.1.4.3, 00:12:24, Serial0/0/1
```

[예 10-7] [그림 10-1]의 라우터 R1의 IP 라우팅 테이블

10

show ip route와 **show ip route eigrp** 명령어는 모두 'D'로 표기되는 EIGRP로 학습한 경로를 보여준다. 시스코는 EIGRP를 개발했을 당시에 'D'를 사용하기로 결정했다. EIGRP가 개발됐을 당시에는 E가 이미 EGP(Exterior Gateway Protocol) 라우팅 프로토콜에 할당되어 사용되고 있었기 때문에, 시스코는 아직 할당되지 않은 알파벳 중에서 가장 가까운 D를 EIGRP 학습 경로를 대신하는 부호로 지정하였다.

다음으로, R1의 직결 경로(connected route)와 EIGRP를 이용해 학습한 경로에 대해 잠시 살펴보자. [그림 10-1]의 구성도에는 LAN에 세 개, WAN에 세 개의 서브넷이 있다. 위 예에서 첫 번째 명령어를 통해 출력된 결과를 보면, 세 개의 서브넷을 직결 경로(10.1.1.0/24, 10.1.4.0/24 및 10.1.5.0/24)로 보여준다. 다른 세 개의 서브넷은 EIGRP로 학습된 경로로 보인다.

마지막으로, 각 경로의 괄호 안의 두 숫자는 각각 AD(관리 거리, administrative distance)와 복합 메트릭(composite metric)을 나타낸다. IOS는 두 개의 서로 다른 라우팅 정보 소스를 기반으로, 동일 서브넷을 목적지로 하는 여러 경로를 학습하게 될 때, AD 값을 사용하여 최적 경로를 선택한다. AD에 대해서는 7장 'OSPF 개념 이해'의 'AD(Administrative Distance)' 절을 참조한다.

EIGRP 메트릭, 석세서, FS

OSPF와 EIGRP는 라우터 인터페이스에 프로토콜을 활성화시키고, 네이버 관계를 형성하고, 토폴로지 테이블을 만들고, 라우팅 테이블에 IPv4 경로를 등록하는 것과 같은 동일한 형태의 큰 개념을 이용한다. 이 두 라우팅 프로토콜이 서로 크게 다른 것 중에 하나는, 토폴로지 데이터를 만들고 사용하는 것이다. 링크-상태 프로토콜인 OSPF는 많은 양의 토폴로지 데이터를 생성하고 저장하는데, 이 토폴로지 데이터는 Area 내에서 전체 네트워크 토폴로지를 모델링하기에 충분한 데이터다. EIGRP는 다른 종류의 데이터를 저장하고, 완전히 다른 알고리즘을 사용하여 그 데이터를 분석한다

이 장의 두 번째 주요 절에서는 EIGRP 토폴로지 데이터베이스의 세부 내용과 특히 데이터베이스에 저장되는 주요 구성 요소에 중점을 둔다. 9장에서 설명한 대로, EIGRP 석세서 경로는 서브넷에 도달하기 위한 라우터의 최적 경로를 말한다. 석세서 경로에 문제가 있을 때 사용 가능한 루프-프리 경로를 FS(feasible successor) 경로라고 한다. 어떤 경로가 석세서 경로이고 어떤 경로가 FS 경로로 요구사항에 맞는지 결정하기 위해 사용되는 모든 정보가 EIGRP 토폴로지 테이블 안에 있다

이 절에서는 **show** 명령어를 이용하여 EIGRP 토폴로지 테이블을 보고 석세서 경로와 FS 경로를 확인하는 방법을 보여준다. 설명을 보다 흥미롭게 하기 위해, 이 절의 예는 확장된 샘플 네트워크를 사용하는데, [그림 10-3]과 같이 각 서브넷에 도달 가능한 다수의 경로가 만들어진다.

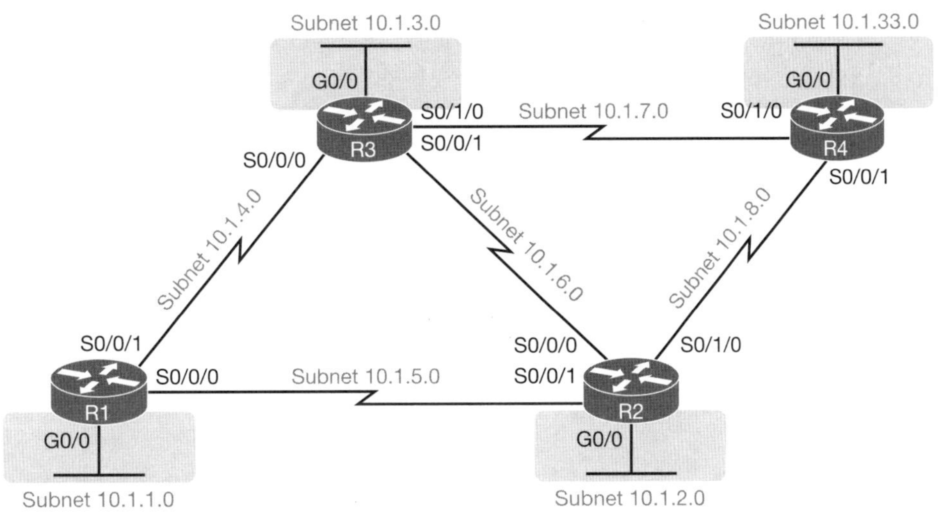

[그림 10-3] 각 서브넷에 도달 가능한 다수의 경로가 있는 확장된 샘플 네트워크

EIGRP 토폴로지 테이블 확인

시작하기에 앞서, [그림 10-3]의 확장된 네트워크에 있는 라우터 R1의 EIGRP 토폴로지 테이블을 먼저 살펴보자. 새로운 네트워크에는 5개의 WAN 서브넷과 4개의 LAN 서브넷이 있으며, 각 서브넷에 도달하기 위한 다수의 경로가 존재한다. 모든 링크는 기본 대역폭과 지연 설정값을 사용한다(앞의 예와 마찬가지로, 모든 라우터의 기가비트 인터페이스는 100Mbps의 속도를 사용하도록 자동협상을 수행하여 인터페이스의 지연 설정과 EIGRP 메트릭 계산이 변경된다).

[예 10-8]은 R1에서 **show ip eigrp topology** 명령어를 실행했을 때의 출력 결과를 갖고 설명을 시작한다. 이 명령어는 R1의 EIGRP 토폴로지 테이블에 있는 알려진 각 서브넷에 대해 몇 줄의 정보를 보여준다.

10

```
R1# show ip eigrp topology
EIGRP-IPv4 Topology Table for AS(1)/ID(10.1.5.1)
Codes: P - Passive, A - Active, U - Update, Q - Query, R - Reply,
       r - reply Status, s - sia Status

P 10.1.5.0/24, 1 successors, FD is 2169856
        via Connected, Serial0/0/0
P 10.1.7.0/24, 1 successors, FD is 2681856
        via 10.1.4.3 (2681856/2169856), Serial0/0/1
P 10.1.3.0/24, 1 successors, FD is 2172416
        via 10.1.4.3 (2172416/28160), Serial0/0/1
P 10.1.2.0/24, 1 successors, FD is 2172416
        via 10.1.5.2 (2172416/28160), Serial0/0/0
P 10.1.6.0/24, 2 successors, FD is 2681856
        via 10.1.4.3 (2681856/2169856), Serial0/0/1
```

```
        via 10.1.5.2 (2681856/2169856), Serial0/0/0
P 10.1.4.0/24, 1 successors, FD is 2169856
        via Connected, Serial0/0/1
P 10.1.33.0/24, 2 successors, FD is 2684416
        via 10.1.4.3 (2684416/2172416), Serial0/0/1
        via 10.1.5.2 (2684416/2172416), Serial0/0/0
P 10.1.1.0/24, 1 successors, FD is 28160
        via Connected, GigabitEthernet0/0
P 10.1.8.0/24, 1 successors, FD is 2681856
        via 10.1.5.2 (2681856/2169856), Serial0/0/0
```

[예 10-8] 라우터 R1의 EIGRP 토폴로지 테이블

먼저 모든 출력 결과를 살펴보고, 예의 왼쪽 가장자리에 위치한 서브넷을 세어보자. R1은 직접 연결된 서브넷을 포함하여 총 9개의 서브넷을 보여준다. EIGRP는 모든 서브넷과 직접 연결된 서브넷에 대해서도 토폴로지 정보를 유지한다.

그 다음, 예에서 처음으로 강조된 R3의 LAN 인터페이스 서브넷인 10.1.3.0/24에 주목하자. 주어진 서브넷의 첫 번째 줄에는 서브넷 ID와 마스크가 보인다. 또한 석세서 경로의 수와 FD(feasible distance)를 확인할 수 있다(FD는 석세서 경로의 메트릭 값이며, 석세서 경로는 특정 서브넷에 도달하기 위한 최적 경로를 말한다).

이해를 돕기 위해, [그림 10-4]에서 R1의 EIGRP 토폴로지 테이블에 있는 10.1.3.0/24 서브넷에 대한 세부 내용을 이용하여 항목별로 구분해 놓았다.

Key Topic

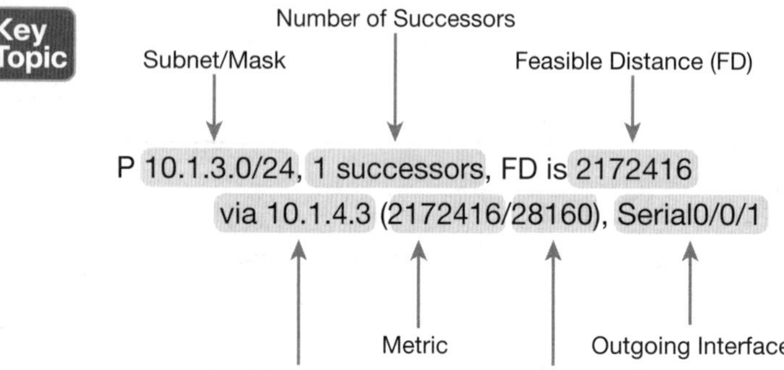

[그림 10-4] show ip eigrp topology 명령어 출력 항목별 필드 참조

10.1.3.0/24 서브넷에 대해 잠시만 더 집중해 보자. 목적지 서브넷별로 한 줄(line)로 표기되고 그 줄 아래에는 경로별로 'via'라는 단어로 시작하는 줄을 볼 수 있다. [그림 10-4]에서 기본 줄(보통)에는 서브넷, 프리픽스 마스크, 석세서 경로의 수와 FD를 보여준다. 두 번째(들여 쓰기된) 줄에는 경로에 대한 정보와 넥스트홉 라우터(via라는 단어 다음에 나옴) 및 출구 인터페이스를 보

여준다. 라우터가 이런 특정 경로를 IP 라우팅 테이블에 넣으면, IP 경로는 그 경로에 포함된 넥스트홉 IP 주소와 로컬의 출구 인터페이스를 사용한다. EIGRP는 해당 서브넷에 도달 가능한 다수의 경로가 있다면 via로 시작하는 여러 줄을 표시할 수 있다.

마지막으로, **show ip eigrp topology** 명령어는 괄호 안에 두 개의 계산된 EIGRP 메트릭 값을 보여준다. 첫 번째 값은 해당 경로에 대해 로컬 라우터가 계산한 메트릭이고, 두 번째 값은 RD(reported distance)이다. 메트릭은 넥스트홉 라우터의 관점에서 계산된다. [그림 10-4]의 예에서 RD 값인 28,160은 해당 경로에 대한 R1의 RD이며, 넥스트홉 라우터인 10.1.4.3(R3)의 메트릭이다.

석세서 경로 찾기

유감스럽게도, **show ip eigrp topology** 명령어로는 어떤 경로가 석세서(즉, 최적 경로를 말함) 경로이고, 어떤 경로가 FS(신속하게 루프-프리 경로로 대체 가능한) 경로인지 명확하게 나타나지 않는다. 다음 몇 페이지는 이 명령어를 실행한 출력의 데이터를 보고 석세서와 FS 경로를 식별하는 방법을 설명한다.

먼저, [예 10-8]의 출력 결과에는 석세서 경로만 보이고, FS 경로는 없는 것으로 보인다. 기본 대역폭과 지연 설정값을 사용했을 때, 이 네트워크에서 FS 경로는 찾을 수 없다. 다음 [예 10-11]에서는 일부 설정을 변경하여 일부 경로를 FS로 만든다. 지금은 [예 10-8]에 보이는 모든 경로가 석세서 경로라는 점에 유의하자.

석세서 경로를 인지하는 가장 좋은 방법은 석세서 경로가 FD(Feasible distance)와 동일한 메트릭 값을 갖는다는 것이다. 서브넷에 대한 토폴로지 출력 결과의 첫 번째 줄에 FD(즉, 목적지 서브넷에 도달 가능한 모든 경로 중 가장 좋은 메트릭 값)가 표시된다. 의미상, 석세서 경로가 가장 좋은 메트릭을 가지므로 석세서 경로의 메트릭은 FD와 같아야 한다. [그림 10-5]에서 볼 수 있듯이, 첫 번째 줄에서 FD를 찾은 다음 줄 괄호 안에 있는 첫 번째 숫자에서 동일한 메트릭을 가진 경로를 찾는다.

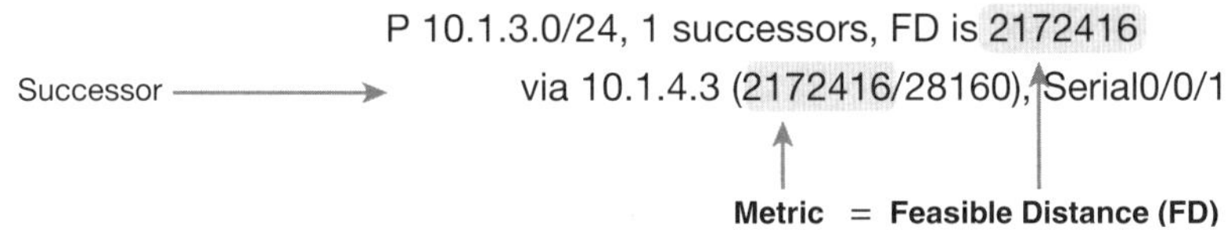

[그림 10-5] 석세서 식별: FD(첫 번째 줄) = 메트릭(두 번째 줄)

EIGRP가 모든 가능한 경로에 대한 메트릭을 계산할 때, 때로는 명확한 승자가 존재해서 하나의 석세서 경로를 선택한다([그림 10-5] 참조). 그러나 다른 경우에는 동일한 서브넷에 대해 경쟁하는 경로 메트릭이 존재한다. 이와 같은 경우, EIGRP가 기본 설정일 때, 동일 코스트

10

(equal-cost) 경로에 대해 부하 분산 기능을 지원한다. 이 기능으로, EIGRP는 모든 경로를 석세서 경로로 처리하게 된다.

[예 10-9]은 두 개의 석세서 경로가 있음을 보여준다. 이 예는, R1이 10.1.33.0/24 서브넷에 도달하기 위한 경로에 대해 EIGRP 토폴로지 테이블의 일부를 보여준다. 해당 서브넷은 R4의 LAN 인터페이스에 연결된 서브넷이다. R1은 해당 서브넷에 대해 두 개의 경로를 보여주고 있으며, 이 두 개의 경로에 도달하기 위한 두 개의 인접한 넥스트홉 라우터와 넥스트홉 라우터와 연결돼 있는 R1의 물리적인 시리얼 인터페이스를 보여주고 있다. 두 경로 모두 FD(2,684,416)와 일치하는 동일한 메트릭을 갖고 있으므로 둘 다 석세서 경로가 된다.

```
R1# show ip eigrp topology | section 10.1.33.0
P 10.1.33.0/24, 2 successors, FD is 2684416
        via 10.1.4.3 (2684416/2172416), Serial0/0/1
        via 10.1.5.2 (2684416/2172416), Serial0/0/0
```

[예 10-9] R1의 10.1.33.0/24 서브넷에 대한 2개의 석세서 경로 표시

기본으로 설정된 상태에서, R1은 두 개의 경로를 IP 라우팅 테이블에 등록한다. 이 장의 뒷부분에 있는 'EIGRP 최대 경로와 분산' 절에서 동일한 서브넷에 대해 동일한 코스트의 경로를 라우터가 처리하는 방법에 대해 설명한다. 이 절에서는 동일 코스트에 대한 부하 분산 옵션에 대해 좀 더 자세히 알아본다.

NOTE [예 10-9]에서는 **show ip eigrp topology** 명령어의 출력 결과를 **section** 명령어를 이용하여 필터링하였다. 이 프로세스를 통해 IOS는 표시된 텍스트(이 경우에는 10.1.33.0)가 있는 구문 또는 메시지 그룹을 찾아 해당 메시지 그룹만 표시하여, 전체 출력을 보여줄 필요 없이 원하는 출력 하위 구문만 필터링하여 보여준다.

FS 경로 찾기

show ip eigrp topology 명령어는 석세서와 FS 경로(Feasible Successor Route)가 모두 존재할 때 둘 다 보여준다. 지금까지 이 장의 예에서는 기본으로 설정한 대역폭과 지연 값을 사용해서 FS 경로를 볼 수 없었다. 다음 주제에서는 설정을 변경하여 FS 경로를 만든 다음 토폴로지 데이터베이스가 이 경로를 어떻게 인지하는지 보여줄 예정이다.

먼저 [예 10-9]에 있는 R1의 10.1.33.0/24 서브넷(R4의 LAN 인터페이스 서브넷)에 대한 토폴로지 데이터를 살펴보자. R1의 관점에서, 기본으로 설정한 대역폭과 지연 설정값을 사용하면 두 경로가 동일할 수 있다. R1에서 R3까지의 경로는 기본 설정값인 1544Kbps의 대역폭과 20,000마이크로초의 지연 값을 두 개의 시리얼 링크에서 사용한다. R1에서 R2까지의 경로도

동일하게 두 개의 시리얼 링크에서 기본으로 설정한 대역폭과 지연 설정값을 사용한다. 결과적으로, R1은 [그림 10-6]의 왼쪽에 보이는 것과 같이 10.1.33.0/24 서브넷에 대해 동일한 코스트의 두 개의 경로를 갖게 된다.

다음 예에서, R4와 연결되어 있는 R2의 시리얼 링크 대역폭을 간단하게 낮춰서, R2를 경유하는 경로가 R3을 경유하는 경로에 비해 좋지 않도록 만든다. 현재는 R1의 관점에서 보면, R1-R2-R4 경로는 1,544Kbps의 가장 느린 대역폭을 제공하는 경로이다. 1,544Kbps보다 더 작게 대역폭을 낮추면 두 경로의 메트릭이 더 이상 같지 않을 것이다. 이로 인해, R1-R3-R4 경로가 유일한 석세서 경로가 되고, 대역폭이 약간 더 낮은 R1-R2-R4 경로가 FS 경로가 된다.

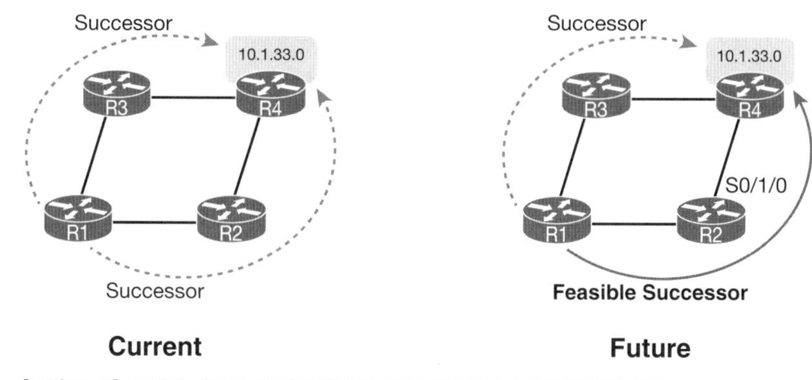

[그림 10-6] 두 개의 석세서 경로(현재)와 한 개의 석세서, 한 개의 FS(미래) 비교

먼저, [예 10-10]에서는 상대적으로 더 나쁜(더 느린) 대역폭 설정을 위해, **bandwidth 1400** 명령어를 이용해서 R2의 S0/1/0 인터페이스의 대역폭을 변경하는 설정을 보여준다.

10

```
R2# configure terminal
Enter configuration commands, one per line.  End with CNTL/Z.
R2(config)# interface s0/1/0
R2(config-if)# bandwidth 1400
```

[예 10-10] 인터페이스 대역폭 변경을 통한 EIGRP 경로 조정

R2가 대역폭을 변경하자 마자, R2는 9장에서 설명한 것처럼 부분적인 EIGRP 업데이트를 보낸다. 다른 라우터는 새로운 정보를 학습하고 자체 메트릭과 RD 값을 다시 계산한다. 차이점을 확인하기 위해, [예 10-11]에서는 [예 10-9]에서 보여준 것처럼 R1에서 **show ip eigrp topology | section 10.1.33.0** 명령어를 다시 실행한다. [예 10-9]에서 R1은 해당 서브넷에 대해 두 개의 석세서 경로를 갖고 있었는데, [예 10-11]의 R1은 단 하나의 석세서 경로를 갖고, 사실상 출력 결과에 숨겨진 FS 경로를 갖는다. 이것에 대해서는 예 다음에 설명한다.

```
R1# show ip eigrp topology | section 10.1.33.0
P 10.1.33.0/24, 1 successors, FD is 2684416
        via 10.1.4.3 (2684416/2172416), Serial0/0/1
        via 10.1.5.2 (2854912/2342912), Serial0/0/0
```

[예 10-11] 10.1.33.0/24에 대한 R1의 FS 경로 보기

FS 경로를 확인하고 왜 그 경로가 FS 경로가 됐는지 알아내기 위해, [예 10-11]의 출력에 나와 있는 몇 개의 수를 살펴보자. 또는 동일한 출력을 갖고 [그림 10-7]처럼 다시 메모를 작성해보자. 어느 경우든, 작성된 메모는 다음에 제시된 목록의 논리와 같을 것이다.

- 첫 번째 라인에는 한 개의 석세서 경로가 있다.
- FD 값은 2,684,416이다.
- via로 시작하는 두 개의 라인(두 개의 가능한 경로) 중 첫 번째 경로의 메트릭은 2,684,416으로 FD와 같다. 결과적으로, 이 첫 번째 라인은 한 개의 석세서 경로에 대한 세부 정보를 보여준다.
- via로 시작하는 그 다음 라인의 메트릭 값인 2,854,912(괄호 안의 첫 번째 수)는 FD 값인 2,684,416과는 다르다. 결과적으로, 이 경로는 석세서 경로가 아니다.
- via로 시작하는 두 번째 라인에는 RD 값인 2,342,912(두 번째 수)가 있으며 이 수는 FD 값인 2,684,416보다 작다. 이 두 번째 경로는 타당성 조건(feasible condition)을 충족시켜서 FS 경로가 된다.

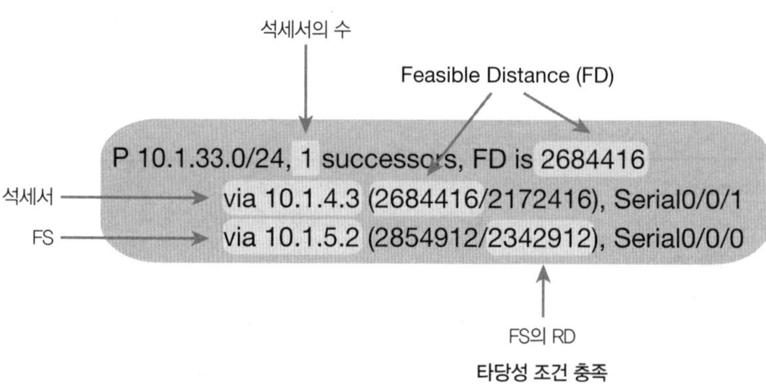

[그림 10-7] FS 경로 식별

> **NOTE** show ip eigrp topology 명령어는 석세서와 FS 경로만을 나타낸다. 다른 경로를 보려면, show ip eigrp topology all-links 명령어를 이용하면 된다. 이 명령어는 석세서나 FS 경로가 아니어도 모든 경로를 보여준다.

FS 경로를 이용한 수렴

EIGRP가 FS 개념을 갖고 있는 동기 중 하나는 석세서 경로에 문제가 발생했을 경우, 즉시 FS 경로를 이용하여 수렴이 매우 빠르게 이뤄진다는 점이다. 다음의 예는 [그림 10-8]에서 볼 수 있듯이 R1이 목적지인 10.1.33.0/24 서브넷에 대해서 R3를 경유하는 석세서 경로를 잃었을 때, R2를 통해 FS 경로로 바뀌는 수렴 과정을 보여준다.

[예 10-12]는 그러한 과정을 보여주는데, 페일 오버와 수렴의 최종 결과뿐만 아니라, debug 메시지를 통해 그 과정을 보여준다. Debug 메시지 중에서 일부는 큰 의미가 없지만, 페일오버(failover) 시 어떤 일이 있었는지 보여주기 위해 유용하지 않은 메시지는 일부 제거하고 이해하기 쉽도록 강조하여 표시하였다.

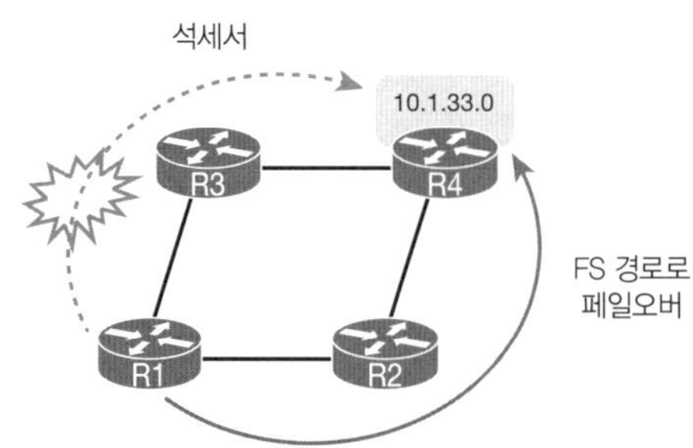

[그림 10-8] 다음 예에 기술된 수렴 과정 다이어그램

이 예에서 R3와 R4 사이의 링크를 다운시킨다(**shutdown**). R1의 debug 메시지는 새로운 경로로 바뀌는 도중의 EIGRP 상태 변화를 적절하게 보여주고 있다. 타임스탬프를 주의해서 살펴보면 수렴에 걸리는 시간이 놀랍게도 밀리초(millisecond) 내에 일어난다는 것을 알 수 있다.

```
! 아래에서, debug eigrp fsm 명령어로 디버깅이 활성화되었고, R4와 연결된 R3의 S0/1/0이 다운되었다.
! 예제 텍스트에는 표시되지 않았지만, 일부 디버그 메세지는 가독성을 높이기 위해 생략되었다.
R1# debug eigrp fsm
EIGRP FSM Events/Actions debugging is on
R1#
*Nov 13 23:50:41.099: EIGRP-IPv4(1): Find FS for dest 10.1.33.0/24. FD is
 2684416, RD is 2684416 on tid 0
*Nov 13 23:50:41.099: EIGRP-IPv4(1):    10.1.4.3 metric 72057594037927935/
 72057594037927936
*Nov 13 23:50:41.099: EIGRP-IPv4(1):    10.1.5.2 metric 2854912/2342912
 found Dmin is 2854912
*Nov 13 23:50:41.099: DUAL: AS(1) RT installed 10.1.33.0/24 via 10.1.5.2
!
! 다음으로, R1은 R2(10.1.5.2)를 경유하는 새로운 석세서 경로를 표시한다.
R1# show ip eigrp topology | section 10.1.33.0
P 10.1.33.0/24, 1 successors, FD is 2854912
```

```
        via 10.1.5.2 (2854912/2342912), Serial0/0/0
R1# show ip route | section 10.1.33.0
D        10.1.33.0/24 [90/2854912] via 10.1.5.2, 00:16:50, Serial0/0/0
```

[예 10-12] 10.1.33.0/24 서브넷에 대해 FS 경로로 수렴 중에 발생한 debug 메시지

마지막으로, 예의 끝 부분에 있는 수렴 과정의 종료 상태를 살펴보자. 이 예에서는 새로운 석세서, 새로운 FD(2,854,912 vs 2,684,416([예 10-11]의 기존 값)), 그리고 새로운 넥스트홉 라우터(R2, 10.1.5.2) 정보와 함께 서브넷 10.1.33.0/24에 대한 R1의 업데이트된 토폴로지 데이터베이스 항목을 보여준다. 마지막 명령어는 새 FD 값을 대괄호로 표시한 메트릭이 보여주고, R2(10.1.5.2)를 새로운 넥스트홉 라우터로 지정한 새로운 IPv4 경로를 보여준다.

메트릭 구성 요소 살펴보기

지금까지 이 장의 메트릭에 대한 대부분의 설명은 EIGRP의 복합 메트릭, 즉 로컬 라우터의 메트릭 계산의 결과인 다소 큰 정수값을 갖는 메트릭이 중심이었다. 그러나 EIGRP는 복합 메트릭을 광고하지 않는다. 대신 EIGRP는 여러 메트릭 구성 요소를 광고한 다음 이러한 구성 요소 중 일부를 이용하여 복합 메트릭을 계산한다. 이 짧은 설명은 석세서 경로(최적의 메트릭을 갖는) 선택, FS 경로(루프 없는 대체 경로) 그리고 복합 메트릭을 기반으로 한 모든 것을 떠나서 EIGRP에 의해 저장된 개별 메트릭 구성 요소를 보는 방법을 보여준다.

시스코에서 권장하는 기본값을 이용할 때, EIGRP는 경로의 최소 대역폭 링크와 모든 링크에 대한 지연 값의 총합에 대한 복합 메트릭 계산을 기반으로 한다. 그러나 EIGRP 라우터는 링크의 신뢰성과 부하를 포함한 모든 메트릭 구성 요소를 계속 광고한다. [예 10-13]은 라우터 R1에서 **show ip eigrp topology 10.1.3.0/24** 명령어를 실행했을 때의 출력을 보여주는데, 해당 서브넷에 도달하기 위한 경로의 EIGRP 토폴로지 데이터를 상세하게 보여준다.

```
R1# show ip eigrp topology 10.1.3.0/24
EIGRP-IPv4 Topology Entry for AS(1)/ID(10.1.13.1) for 10.1.3.0/24
  State is Passive, Query origin flag is 1, 1 Successor(s), FD is 2172416
  Descriptor Blocks:
  10.1.4.3 (Serial0/0/1), from 10.1.4.3, Send flag is 0x0
      Composite metric is (2172416/28160), route is Internal
      Vector metric:
        Minimum bandwidth is 1544 Kbit
        Total delay is 20100 microseconds
        Reliability is 255/255
        Load is 1/255
        Minimum MTU is 1500
        Hop count is 1
```

```
        Originating router is 3.3.3.3
  10.1.5.2 (Serial0/0/0), from 10.1.5.2, Send flag is 0x0
      Composite metric is (2684416/2172416), route is Internal
      Vector metric:
        Minimum bandwidth is 1544 Kbit
        Total delay is 40100 microseconds
        Reliability is 255/255
        Load is 1/255
        Minimum MTU is 1500
        Hop count is 2
```

[예 10-13] EIGRP 토폴로지 데이터베이스에서 보이는 EIGRP 메트릭 구성 요소

기타 EIGRP 설정 방법

지금까지 이 장에서는 EIGRP의 핵심기능에 중점을 두고 살펴보았다. 세부적인 설정에 대한 설명은 EIGRP의 특성상 상대적으로 희박했다. 그러나 이 장에서는 라우터에서 EIGRP를 활성화했을 때의 결과를 보여주고, 인터페이스에서 동작하는 EIGRP를 보여주며, 네이버 관계를 생성하고 토폴로지 정보를 학습하며, 궁극적으로 IP 라우팅 테이블에 경로를 등록하는 과정을 보여주기 위해 상당한 시간과 노력을 기울였다.

이 장의 세 번째이자 마지막 절에서는 EIGRP의 핵심 기능에서 벗어나, 선택사항(optional)이거나 이 장에서 지금까지 설명하지 않았던 기본 설정에 대해 다룰 것이다. 이 절에서는 부하 분산, EIGRP 메트릭 조정, 오토 서머리를 포함한 기타 EIGRP 관련 주제를 살펴본다.

다수의 EIGRP 경로에 대한 부하 분산

OSPF와 마찬가지로 EIGRP 역시 IPv4 라우팅 테이블에 등록된 다수의 동일 메트릭 경로를 사용할 수 있다. 그리고 EIGRP는 각 서브넷마다 동시에 네 개의 경로를 지원할 수 있으며, EIGRP 하위 명령어인 **maximum-paths** *number* 명령어를 이용해 서브넷에 대한 동시 최대 경로 수를 설정할 수 있다(코스트가 동일한 경로에 대한 최대 경로수는 IOS 버전과 라우터 플랫폼에 따라 다르다).

이 장의 앞부분에 있는 [예 10-9]에서는 라우터 R1의 10.1.33.0/24 서브넷에 대한 경로를 예로 들어 보여주었다. [예 10-14]에서는 동일한 시나리오로, 이번에는 토폴로지 테이블과 IP 라우팅 테이블을 모두 보여준다. EIGRP의 기본 설정인 **Maximum-paths 4** 명령어 때문에, R1은 두 개의 석세서 경로를 IP 라우팅 테이블에 등록한다.

```
R1# show ip eigrp topology | section 10.1.33.0
P 10.1.33.0/24, 2 successors, FD is 2684416
        via 10.1.4.3 (2684416/2172416), Serial0/0/1
        via 10.1.5.2 (2684416/2172416), Serial0/0/0

R1# show ip route | section 10.1.33.0
D        10.1.33.0/24 [90/2684416] via 10.1.5.2, 00:02:23, Serial0/0/0
                      [90/2684416] via 10.1.4.3, 00:02:23, Serial0/0/1
```

[예 10-14] 코스트가 동일한 다수의 EIGRP 경로가 존재하는 R1의 라우팅 테이블

똑같은 메트릭 값을 가진 여러 경로를 등록하는 기능이 유용할 수 있다. EIGRP의 메트릭 계산 공식은 유사한 메트릭 값을 나타내지만, 동일한 메트릭 값을 계산하더라도 수치로 보면 서로 다른 결과를 가져오기도 한다.

IOS는 이러한 문제를 해결하기 위해 분산(variance)이라는 EIGRP 설정을 이용하여 코스트가 다른 경로에 대해 부하 분산 개념을 도입했다. 분산은 상대적으로 근접한 메트릭 값을 갖는 경로들이 서로 같은 값을 갖게 하며, 동일한 서브넷을 향하는 동일하지 않은 메트릭을 갖는 다수의 경로를 라우팅 테이블에 등록할 수 있다.

라우터 하위 명령어인 **variance** *multiplier* 명령어는 1에서 128 사이의 정숫값을 지정한다. 라우터는 서브넷에 도달하는 데 가장 최적의 메트릭을 갖는 FD 값에 분산하도록 지정된 수 만큼 곱한다. 메트릭 값이 FD에 분산 값으로 지정된 배수만큼 곱한 값보다 작은 어떠한 FS 경로로도 FD와 동일한 경로라고 인식되고 라우팅 테이블에 등록이 되는데, 이는 **maximum-paths** 명령어에 따라 제한된다.

이전 단락에서는 분산과 코스트가 동일하지 않은 경로에 대한 부하 분산 규칙에 대해 정리하였다. 하지만 이러한 개념에 대해 예를 들면 좀 더 쉽게 개념을 이해할 수 있다. 이해를 돕기 위해 [표 10-2]는 작은 메트릭 값을 이용해 예를 설명하고 있다. 표에는 동일한 서브넷으로 향하는 세 개의 경로에 대한 메트릭 값이 있으며, 라우터 R4에서 계산된 것이다. 또한 네이버 관계를 형성한 라우터의 RD와 다양한 분산 설정을 통해 라우팅 테이블에 경로가 어떻게 추가되는지도 알려주고 있다.

넥스트 홉	메트릭	RD	분산 1인 경우 라우팅에 추가되는가?	분산 2인 경우 라우팅에 추가되는가?	분산 3인 경우 라우팅에 추가되는가?
R1	50	30	예	예	예
R2	90	40	아니오	예	예
R3	120	60	아니오	아니오	아니오

[표 10-2] 분산 때문에 동일한 것으로 선택된 경로의 예

분산 값을 고려하기 전에, 몇 가지 짚고 넘어가야 할 것이 있는데, 메트릭 값이 가장 작은 R1을 경유하는 경로는 석세서 경로다. 또 R1을 경유하는 경로에 대한 메트릭은 50이며, FD 값이다. R2를 경유하는 경로는 FS 경로인데 RD가 40으로 FD 값이 50보다 작기 때문이다. R3을 경유하는 경로는 FS 경로가 될 수 없는데, R3의 RD 값인 60은 FD 값인 50보다 크기 때문이다.

분산 값을 1로 설정한 결과, 메트릭 값은 기존의 값과 동일하기 때문에 석세서 경로만 라우팅 테이블에 등록된다.

분산 값을 2로 설정하면, FD(50)는 분산 값(2)만큼 증가해 100으로 바뀐다. R2를 경유하는 경로는 FD 값이 90이기 때문에 100보다 작은 값으로, R4는 R2를 경유하는 경로도 라우팅 테이블에 등록한다. 그런 후에 라우터는 두 개의 경로를 통해 부하를 분산시킬 수 있다.

분산 값이 3인 세 번째의 경우에 FD(50)의 3배수인 150의 값을 갖게 되고 세 경로의 메트릭 값은 150보다 작다. 그러나 R3을 경유하는 경로는 FS 경로가 될 수 없고 라우팅 루프를 일으키기 때문에 라우팅 테이블에 등록되지 못한다.

다음 항목은 분산에 대한 핵심 내용을 정리한 것이다:

- 분산 값은 현재의 FD(서브넷에 도달하기 위한 최적 경로의 메트릭) 값에 의해 배수로 증가한다.
- 메트릭이 분산 값에 의해 배수로 증가된 값이 FD보다 작거나 같은 모든 FS는 IP 라우팅 테이블에 등록되며, **maximum-paths** 명령어로 설정된 수만큼 등록이 제한된다.
- 석세서도 FS도 아닌 경로는 분산 값과는 상관없이 IP 라우팅 테이블에 절대로 등록되지 않는다.

경로가 라우팅 테이블에 추가되자 마자, 라우터는 경로들을 경유하는 트래픽 부하 분산을 위한 다양한 옵션을 지원할 수 있다. 라우터는 트래픽을 메트릭에 비례하여 적절하게 분산시킬 수 있는데, 좀 더 작은 메트릭을 갖는 경로로 더 많은 패킷을 전달할 수 있다. 물론, 모든 트래픽을 가장 작은 메트릭 값을 갖는 경로를 통해 전달할 수 있는데, 최적 경로에 문제가 발생하면 좀 더 빠른 수렴을 위해 라우팅 테이블에 다른 경로를 등록한다. 그러나 부하 분산 과정에 대한 자세한 사항은 IOS 내부에서 진행되는 전달 처리 과정을 좀 더 깊게 살펴봐야 하는데, 이는 이 책의 범위를 벗어나기 때문에 다루지 않는다.

10

EIGRP 메트릭 계산 조정

기본적으로 EIGRP는 대역폭과 지연 값을 조합한 메트릭을 기반으로 정수 메트릭만을 계산할 수 있다. 이 두 가지 설정은 인터페이스 하위 명령어인 **bandwidth** *value* 명령어와 **delay** *value* 명령어를 이용해 어떤 인터페이스든지 간에 바꿀 수 있으며 이를 통해 라우터의 경로 선택에 영향을 준다.

시스코는 각 인터페이스마다 EIGRP의 메트릭 계산에 혼란을 주는 대역폭을 설정하기보다는 실제 대역폭 값을 설정할 것을 권장한다. 라우터의 시리얼 링크에는 반드시 **bandwidth** *speed* 명령어로 정확하게 설정해야 한다. 속도 단위는 kbps이고 인터페이스의 실제 속도와 같아야 한다. 라우터의 이더넷 인터페이스는 기본 설정을 사용할 수 있다. 기본적으로, IOS는 실제 이더넷 전송 속도와 맞추기 위해 라우터 이더넷 인터페이스의 대역폭 설정을 변경한다.

인터페이스 지연 값 설정이 IOS의 일부 기능에 영향을 적게 주기 때문에, 시스코는 EIGRP 메트릭을 조정할 경우에 인터페이스의 지연 값을 바꿀 것을 권장한다. 인터페이스의 지연 값을 바꾸려면 **delay** *value* 명령어를 이용해야 하며, 이때 입력하는 값의 단위는 친숙하지 않은 tens-of-microseconds다. 흥미롭게도 EIGRP 메트릭 계산 공식에서도 단위로 tens-of-microseconds를 사용한다. 하지만 아래의 세부 내용과 [예 10-15]에서 볼 수 있듯이, **show** 명령어의 결과 값에 나타나는 지연 값의 단위는 마이크로초다.

❶ 라우터의 Fa0/0 인터페이스가 실제로 100Mbps의 속도로 동작한다고 가정할 때, 기본 지연 값이 100마이크로초(usec)로 설정된다.

❷ **delay 123** 명령어가 인터페이스에 설정됐으면, 이는 123 tens-of-microseconds를 의미한다.

❸ **show interface fa0/0** 명령어는 현재 1230마이크로초의 지연 값을 보여준다.

```
Yosemite# show interfaces fa0/0
FastEthernet0/0 is up, line protocol is up
  Hardware is Gt96k FE, address is 0013.197b.5026 (bia 0013.197b.5026)
  Internet address is 10.1.2.252/24
  MTU 1500 bytes, BW 100000 Kbit, DLY 100 usec,
! 간략화를 위한 라인 생략

Yosemite# configure terminal
Enter configuration commands, one per line.  End with CNTL/Z.
Yosemite(config)# interface fa0/0
Yosemite(config-if)# delay 123
Yosemite(config-if)# ^Z

Yosemite# show interfaces fa0/0
FastEthernet0/0 is up, line protocol is up
  Hardware is Gt96k FE, address is 0013.197b.5026 (bia 0013.197b.5026)
  Internet address is 10.1.2.252/24
  MTU 1500 bytes, BW 100000 Kbit, DLY 1230 usec,
! 간략화를 위한 라인 생략
```

[예 10-15] 인터페이스 지연 값 설정

오토 서머리 및 불연속 클래스풀 네트워크

RIPv1, IGRP 같은 오래된 라우팅 프로토콜은 *클래스풀(classful) 라우팅 프로토콜*로 분류되었다. 이 용어는 이러한 클래스풀 라우팅 프로토콜이 클래스 A, B 및 C 네트워크의 세부 사항에 더 많은 주의를 기울여야만 했다는 사실에 기인하며, 부분적으로는 라우팅 프로토콜의 단순성에 기인하기도 한다.

이러한 오래된 라우팅 프로토콜은 불연속 클래스풀 네트워크라는 문제점을 회피하기 위해 보다 신중하고 조심스럽게 서브넷 설계 계획을 세워야만 했다. 단순하고 오래된 라우팅 프로토콜은 클래스풀 네트워크가 불연속이 될 때 혼란스러진다. 이는 '오토 서머리(autosummarization)'라고 하는 클래스풀 라우팅 프로토콜의 필수 기능 때문이다.

오늘날 대부분의 기업에서는 OSPF나 EIGRP를 사용하고, 꽤 드문 경우지만 RIPv2를 사용하기도 한다. 방금 언급한 모든 프로토콜은 클래스리스(classless) 라우팅 프로토콜이다. 결과적으로 이 새로운 라우팅 프로토콜을 사용해 설정하면, 불연속 클래스풀 네트워크가 갖고 있던 오래된 문제점들이 더 이상 문제가 안된다는 의미이다.

그러나 최신 IOS 버전에서는 적합한 기본 설정을 사용하여 이 문제를 무시할 수 있지만, EIGRP를 사용하면 오토 서머리 기능을 사용할 가능성이 있기 때문에, 네트워크 엔지니어는 이 오래된 불연속 네트워크 문제를 인식하고 있어야 한다. 따라서, 다음 몇 페이지에서 오토 서머리 기능에 대해 설명하고 바로 이어서 그 결과로 발생할 수 있는 라우팅 문제에 대해 설명한다.

NOTE 오늘날, 실제 네트워크에서는 대부분 오토 서머리 기능을 사용하지 않는다.

10

클래스풀 네트워크 경계에서의 오토 서머리

오토 서머리를 사용하는 라우팅 프로토콜은 특정 조건에서 자동으로 서머리된 경로를 만든다. 특히, 라우터가 클래스풀 네트워크 사이의 경계에 있을 때 – 이는, 일부 인터페이스가 클래스 A, B 또는 C 네트워크에 있고, 다른 인터페이스가 다른 클래스 A, B 또는 C 네트워크에 있을 때–라우터는 경로를 서머리한다. 하나의 클래스풀 네트워크에서 나온 경로는 전체 클래스 A, B 또는 C 네트워크에 대한 하나의 경로로 서머리된다. 좀더 공식적으로 얘기하면 아래와 같다:

네트워크 X에 있는 서브넷과 관련된 경로는, IP 주소가 네트워크 X에 없는 인터페이스를 통해 광고될 경우에 하나의 경로로 서머리되어 광고된다. 이 경로는 클래스 A, B 또는 C 네트워크 X 전체에 대한 것이다.

예를 들어 설명하면 개념을 훨씬 분명하게 이해할 수 있다. 사용 중인 두 개의 네트워크

10.0.0.0과 172.16.0.0을 보여주는 [그림 10-9]를 보도록 하자. R3은 오른쪽에 10.0.0.0 네트워크 서브넷에 대한 네 개(연결된)의 경로를 가지고 있으며, 왼쪽의 한 인터페이스는 다른 클래스풀 네트워크인 클래스 B 네트워크 172.16.0.0에 연결되어 있다. 결과적으로, 오토 서머리 기능이 활성화되어 있는 R3은 클래스 A 네트워크인 10.0.0.0의 모든 경로를 서머리한다.

❶ R3에는 라우터 하위 명령어인 EIGRP **auto-summary** 명령어를 통해 오토 서머리 기능이 활성화되어 있다.

❷ R3은 10.0.0.0 네트워크에 포함된 각 서브넷에 대한 경로를 광고하는 대신에, 모든 경로에 대해 하나의 클래스 A 네트워크 10.0.0.0으로 광고한다. 이는 R3과 R2 사이의 링크가 다른 네트워크(172.16.0.0)이기 때문이다.

❸ R2는 하나의 경로(10.0.0.0 네트워크)에 대해 학습한다: 넥스트홉 라우터가 R3인 10.0.0.0/8에 도달하기 위한 경로를 학습한 것이며, 이는 모든 10.0.0.0 네트워크를 포함한다.

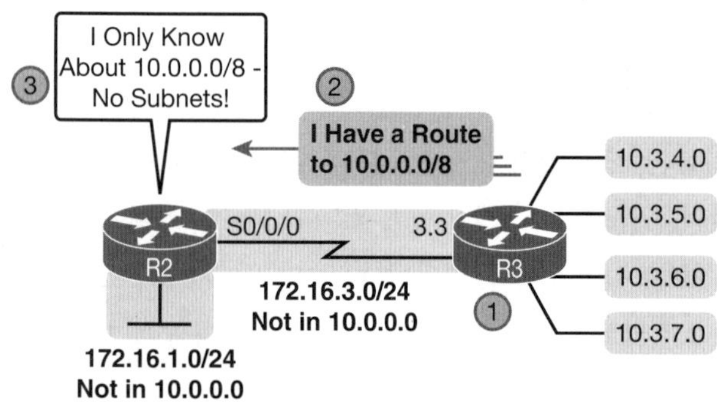

[그림 10-9] 오토 서머리

[예 10-16]은 R2에서 **show ip route** 명령어 출력을 보여 주며, R3에서 설정한 **auto-summary** 명령어가 미치는 영향을 확인시켜 준다.

```
R2# show ip route eigrp
! 간략화를 위한 라인 생략

D       10.0.0.0/8 [90/2297856] via 172.16.3.3, 00:12:59, Serial0/0/0
```

[예 10-16] 10.0.0.0 전체 네트워크에 대한 단일 경로

오토 서머리(auto-summary 명령어) 그 자체가 문제는 아니다. [그림 10-9]에 보이는 구성 설계와 [예 10-16]의 명령어 출력에는 아무런 문제가 보이지 않는다. R2는 강조된 하나의 서머리된 경로를 이용해, 10.0.0.0 네트워크의 모든 서브넷으로 전송할 패킷을 넥스트홉 라우터인 R3으로 전송할 수 있다.

불연속 클래스풀 네트워크

오토 서머리 기능은 서머리된 네트워크가 불연속 네트워크가 아닌 연속 네트워크라는 조건 하에서 전혀 문제를 일으키지 않는다. 미국 거주자는 알래스카와 하와이를 제외한 미국 48개 주를 가리키는 공용 용어인 '*contiguous 48*'을 예로 하여 불연속 네트워크라는 개념을 이해할 수 있다. 예를 들어 contiguous 48(미국 본토)에서 차를 몰아 알래스카로 가야 한다면, 다른 국가(캐나다, 지리적으로 떨어져 있는)를 반드시 경유해서 운전을 해야 한다. 알래스카는 48개 주와 인접(contiguous)해 있지 않은데, 이를 불연속(discontiguous)이라고 한다.

네트워킹에서 *연속(contiguous)*과 *불연속(discontiguous)*이라는 용어의 의미를 더 잘 이해하기 위해, 불연속 클래스풀 네트워크의 예를 살펴볼 때 다음의 두 공식적인 정의를 참조한다.

- **연속 네트워크**: 모든 서브넷의 쌍 사이에서 전송되는 패킷이 다른 클래스풀 네트워크의 서브넷을 통과할 필요 없이 동일한 네트워크의 서브넷을 통해서만 전송되는 클래스풀 네트워크를 말함.
- **불연속 네트워크**: 적어도 한 쌍의 서브넷 간에 전송된 패킷이 다른 클래스풀 네트워크의 서브넷을 통과해야 하는 클래스풀 네트워크를 말함.

[그림 10-10]은 불연속 10.0.0.0 네트워크의 예를 보이기 위해 [그림 10-9]에 보이는 네트워크를 확장한 버전을 만들었다. 이 구성에서 10.0.0.0 네트워크의 일부 서브넷은 왼쪽에 있는 R1에 연결되어 있고 다른 서브넷은 오른쪽에 있는 R3에 연결되어 있다. 왼쪽의 서브넷과 오른쪽의 서브넷 사이를 통과하는 패킷은 클래스 B 네트워크인 172.16.0.0 서브넷을 통과해야 한다.

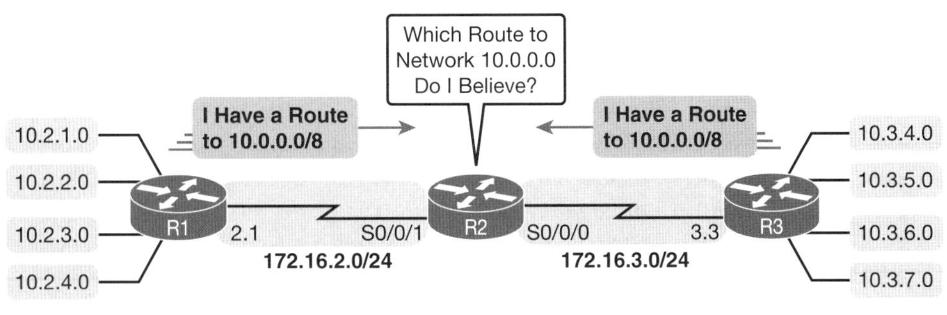

[그림 10-10] 불연속 네트워크 10.0.0.0

오토 서머리는 불연속 네트워크 외부에 있는 R2와 같은 라우터가 불연속 네트워크 방향으로 패킷을 라우팅하려고 할 때 완전한 혼란에 빠지게 하는 문제를 일으킨다. [그림 10-10]은 R1과 R3이 네트워크 중앙에 있는 R2에게 어떻게 10.0.0.0/8의 경로를 광고하는지 보여준다. [예 10-17]은 라우터 R2의 라우팅 테이블을 보여준다.

10

```
R2# show ip route | section 10.0.0.0
D      10.0.0.0/8 [90/2297856] via 172.16.3.3, 00:00:15, Serial0/0/0
                  [90/2297856] via 172.16.2.1, 00:00:15, Serial0/0/1
```

[예 10-17] R2의 라우팅 테이블: 오토 서머리로 불연속 네트워크인 10.0.0.0에 라우팅 문제가 나타남

[예 10-17]에서 볼 수 있듯이, R2는 10.0.0.0/8 네트워크에 대해 두 개의 경로가 존재한다. 하나는 R1 방향인 왼쪽으로, 다른 하나는 R3 방향인 오른쪽을 가리킨다. R2는 두 경로가 동일한 목적지인 10.0.0.0 네트워크에 대해 동일한 코스트의 경로로 보이기 때문에 일반적인 부하 분산 로직을 이용하여 두 경로로 패킷을 전송한다. 따라서 R2는 정확한 목적지로 패킷을 전송할 수도 있고, 아닐 수도 있다.

이 문제를 해결하기 위한 방법은 두 가지가 있다. 약간 오래된 방법은 IP 주소 설계 시 불연속 클래스풀 네트워크가 발생하지 않도록 주의하는 것이다. 다른 하나는 EIGRP 기본 설정값을 이용하여 오토 서머리 기능을 사용하지 않거나, EIGRP 하위 명령어인 **no auto-summary** 명령어를 이용하여 오토 서머리 기능을 비활성화시키는 것이다. [예 10-18]은 라우터 R1과 라우터 R3에 **no auto-summary** 명령어를 설정한 후, R2에서 10.0.0.0 네트워크에 대한 경로 정보를 라우팅 테이블을 통해 보여주는 예다.

```
R2# show ip route 10.0.0.0
Routing entry for 10.0.0.0/24, 8 known subnets
  Redistributing via eigrp 1
D        10.2.1.0 [90/2297856] via 172.16.2.1, 00:00:12, Serial0/0/1
D        10.2.2.0 [90/2297856] via 172.16.2.1, 00:00:12, Serial0/0/1
D        10.2.3.0 [90/2297856] via 172.16.2.1, 00:00:12, Serial0/0/1
D        10.2.4.0 [90/2297856] via 172.16.2.1, 00:00:12, Serial0/0/1
D        10.3.4.0 [90/2297856] via 172.16.3.3, 00:00:06, Serial0/0/0
D        10.3.5.0 [90/2297856] via 172.16.3.3, 00:00:06, Serial0/0/0
D        10.3.6.0 [90/2297856] via 172.16.3.3, 00:00:06, Serial0/0/0
D        10.3.7.0 [90/2297856] via 172.16.3.3, 00:00:06, Serial0/0/0
```

[예 10-18] 오토 서머리를 비활성화시킨 클래스리스 라우팅 프로토콜의 불연속 네트워크 허용

챕터 리뷰

시험을 잘 보기 위해 중요한 한 가지 핵심은 시간 간격을 두고 반복적으로 복습하는 것이다. 이 장의 내용을 복습하기 위해 책과 DVD에 있는 툴 또는 본 저서와 관련 있는 웹 사이트의 대화형 도구를 이용할 수 있다. 자세한 사항은 '당신의 학습 계획' 내용을 참조하자. [표 10-3]에는 핵심 복습 내용과 그 내용을 찾을 수 있는 위치를 표시하였다. 학습 진행 과정을 추적하려면, 두 번째

칸에 복습 완료 날짜를 기록한다.

리뷰 사항	완료 날짜	사용 자료
핵심 주제 리뷰		책, DVD/웹 사이트
핵심 용어 리뷰		책, DVD/웹 사이트
DIKTA 문항 답변		책, PCPT
랩 실습		블로그
설정 체크리스트 리뷰		책, DVD/웹 사이트
명령어 참조 표 리뷰		책

[표 10-3] 리뷰 확인

핵심 주제 리뷰

핵심 주제	설명	쪽 번호
그림 10-2	토픽(왼쪽) 로드맵 및 검증 명령어	272
예 10-5	show ip protocol 명령어와 설정된 network 명령어 알아보는 법	275
리스트	EIGRP가 라우터 ID 선택하는 규칙	275
그림 10-4	show ip eigrp topology 명령어 실행 결과에서 석세서 경로 구분	280
그림 10-7	show ip eigrp topology 명령어 실행 결과에서 FS 경로 구분	284
리스트	EIGRP 분산의 핵심 포인트	289
본문	오토 서머리 설명	291
리스트	연속 네트워크와 불연속 네트워크 설명	293
그림 10-10	오토 서머리 기능으로 발생되는 문제와 불연속 네트워크 사용 관련 예시	293

[표 10-4] 10장의 핵심 주제

핵심 용어

타당성 조건(feasibility condition), FD(feasible distance), FS(feasible successor), RD(reported distance), 석세서(successor), 코스트가 다를 때의 부하 분산(unequal-cost load balancing), 분산(variance), 오토 서머리(autosummary), 불연속 네트워크(discontiguous network)

10

참조 명령어

[표 10-5]와 [표 10-6]에는 이 장에서 다룬 설정 및 검증 명령어를 정리하였다. 간단한 복습 차원에서, 표의 왼쪽 부분을 가리고 오른쪽 설명 부분을 보면서 명령어를 어느 정도 잘 기억하고 있는지 가늠해본다. 그 다음 반대로 오른쪽 설명 부분을 가리고 왼쪽 명령어 부분만 보면서 각 명령어에 대한 설명을 기억해보자.

명령어	설명
router eigrp *autonomous-system*	전역 명령어로 지정된 AS 번호를 위해 EIGRP 설정 모드로 들어가게 한다.
Network *network-number* [*wildcard-mask*]	인터페이스를 일치시키고 이들 인터페이스에 EIGRP를 활성화하는 EIGRP 라우터 하위 명령어로서, 클래스풀 네트워크의 모든 인터페이스를 대상으로 하거나 ACL 형식의 와일드카드 마스크를 기반으로 일부 인터페이스만 대상으로 할 수 있다.
maximum-paths *number-paths*	라우터 하위 명령어로 라우팅 테이블에 등록할 수 있는 동일 코스트 경로의 최대 개수를 지정한다.
variance *multiplier*	FS 경로의 메트릭이 석세서의 메트릭 값에 충분히 근접해 거의 동일하다고 판단할 수 있도록 하기 위한 EIGRP 배수를 정의하는 라우터 하위 명령어다.
bandwidth *bandwidth*	인터페이스 하위 명령어로 인터페이스 대역폭(Kbps)을 수동으로 설정한다.
delay *delay-value*	인터페이스 하위 명령어로 tens of microseconds 단위로 인터페이스 지연 값을 설정한다.
ip hello-interval eigrp *as-number timer-value*	인터페이스 하위 명령어로 EIGRP 프로세스를 위해 EIGRP 헬로 주기를 설정한다.
ip hold-time eigrp *as-number timer-value*	인터페이스 하위 명령어로 인터페이스 EIGRP 홀드 시간을 설정한다.
[no] auto-summary	라우터 하위 명령어로 클래스풀 네트워크 경계에서 오토 서머리 기능을 활성화시키거나 비활성화시킨다.
passive-interface *type number*	라우터 하위 명령어로 EIGRP에 대해 해당 인터페이스를 비활성화(passive) 상태로 설정한다. 이는 해당 인터페이스를 통해서 EIGRP 네이버 관계를 형성하지 못하도록 하는 것이다.
passive-interface default	라우터 하위 명령어로 EIGRP의 인터페이스 기본값을 비활성화 상태로 설정한다.
no passive-interface *type number*	라우터 하위 명령어로 해당 인터페이스 또는 하위 인터페이스에서 비활성화(passive) 상태였던 EIGRP를 활성화(active)시킨다.

[표 10-5] 10장에서 다룬 설정 명령어

명령어	설명
show ip eigrp interfaces	passive-interface 명령어로 비활성화 상태(수동)인 인터페이스를 제외한, EIGRP가 활성화 상태인 인터페이스 정보를 나타낸다.
show ip eigrp interfaces *type number*	passive-interface 명령어로 비활성화 상태(수동)인 인터페이스를 제외한, EIGRP가 활성화된 해당 인터페이스의 통계를 나타낸다.
show ip eigrp interfaces detail [*type number*]	비활성화 상태가 아니고 활성화 상태에 있는 해당 인터페이스의 상세한 설정 및 통계를 나타낸다.
show ip protocols	라우팅 프로토콜 매개 변숫값과 현재 타이머 값을 보여준다.
show ip eigrp neighbors	EIGRP 네이버와 상태를 나타낸다.
show ip eigrp neighbors *type number*	해당 인터페이스를 통해서 도달할 수 있는 EIGRP 네이버를 나타낸다.

show ip eigrp topology	석세서와 FS가 포함된 EIGRP 토폴로지 테이블의 내용을 나타낸다.
show ip eigrp topology *subnet/prefix*	해당 서브넷에 대한 자세한 토폴로지 정보를 나타낸다.
show ip eigrp topology | section *subnet*	show ip eigrp topology 명령어의 하위 카테고리 정보를 나타낸다(해당 서브넷 ID 부분만 표시).
show ip route	모드 IPv4 경로를 나타낸다.
show ip route eigrp	라우팅 테이블에서 EIGRP를 통해 학습한 경로만을 보여준다.
show ip route *ip-address mask*	해당 서브넷/마스크에 대한 자세한 경로 정보를 보여준다.
show ip route | section *subnet*	show ip route 명령어의 하위 카테고리 정보를 나타낸다(해당 서브넷 ID에 해당하는 부분만 표시).
debug eigrp fsm	EIGRP 석세서와 FS 경로 변경 사항을 보여준다.

[표 10-6] 10장에서 다룬 EXEC 명령어

10

CHAPTER 11

IPv4 라우팅 프로토콜 장애 처리

이 장은 다음 시험 주제를 다룬다.

2.0 라우팅 테크놀로지

2.4 IPv4 OSPFv2 단일 Area과 다중 Area 설정, 점검 그리고 장애 처리(인증, 필터링, 수동 요약, 재분배, 스터브, 가상-링크, LSA은 제외)

2.6 IPv4 EIGRP 설정, 점검 그리고 장애 처리(인증, 필터링, 수동 요약, 재분배, 스터브는 제외)

IPv4 라우팅 프로토콜 문제를 처리하기 위해서는 먼저 인터페이스에 초점을 두고, 다음으로 네이버에 초점을 두어야 한다. 라우팅 프로토콜 설정을 보면 라우터의 어떤 인터페이스에서 그 라우팅 프로토콜을 사용해야 하는가를 확인할 수 있다. 그 인터페이스를 확인한 후, 인터페이스에서 라우터가 찾은 네이버를 알 수 있다.

이 장에서는 다음 두 가지 주요 로직 부분, 즉 라우터에서 라우팅 프로토콜을 활성화시키는 인터페이스와 라우터가 형성하는 네이버 관계에 대해 초점을 맞추고 있다. 이 장은 8장의 OSPFv2와 10장의 EIGRP에서 다루었던 설정을 참고하고 있다. 이 장에서의 장애 처리는 **show**와 **debug** 명령어를 사용해서 설정 문제를 찾는 것을 강조하고 있다.

이 장은 먼저 라우팅 프로토콜과 함께 장애 처리에 관한 몇 가지 보편적인 개념을 간략하게 소개해 주고 있다. 그 다음 절에서는 라우팅 프로토콜을 활성화시킨 라우터의 인터페이스와 관련된 문제를 점검하고, 마지막 절에서는 라우팅 프로토콜 네이버 관계에 대해 초점을 두고 있다.

QUIZ 사전 점검 퀴즈

이 책의 장애 처리 관련 장에서는 『CCENT/CCNA ICND1 100-105 공인 학습 가이드』에 나왔던 개념도 일부 가져와 사용한다. 또한 ICND2와 CCNA R&S 시험에 나오는 어려운 문제들 중 일부를 푸는 방법도 보여준다. 따라서 알고 있는 수준에 상관없이 이 장을 읽는 것도 도움이 될 것이다. 이런 이유 때문에, 장애 처리 장에는 '사전 점검 퀴즈'가 없다. 그러나 만약 OSPFv2와 EIGRP 장애 처리에 대해 자신이 있다고 느낀다면, 끝부분의 '챕터 리뷰' 절로 바로 넘어가도 된다.

핵심 주제

라우팅 프로토콜 장애 처리 개요

라우팅 프로토콜의 기능은 최선의 경로들로 라우터의 라우팅 테이블을 형성하는 것이기 때문에, 라우팅 프로토콜과 관련된 잠재적인 문제를 해결하려면 IP 라우팅 테이블을 가지고 장애 처리를 시작하는 것이 좋다. 라우터, 라우터의 IP 주소와 마스크, 라우팅 프로토콜을 포함해 인터네트워크에 대한 기본적인 정보가 주어진다면 라우터의 라우팅 테이블에 등록돼야 하는 서브넷을 계산할 수 있으며 각 경로에 대한 넥스트홉 라우터도 알 수 있다. 예를 들어, [그림 11-1]은 여섯 개의 서브넷을 가진 인터네트워크를 보여준다. 라우터 R1의 라우팅 테이블은 모든 여섯 개의 서브넷이 등록되어야 하며, 이중 세 개의 경로는 직접 연결된 경로이고, 두 개의 경로는 R2(17216.4.0/24와 172.16.5.0/24)로부터 학습되었으며, 나머지 하나의 경로는 R3(172.16.6.0/24)로부터 학습되었다.

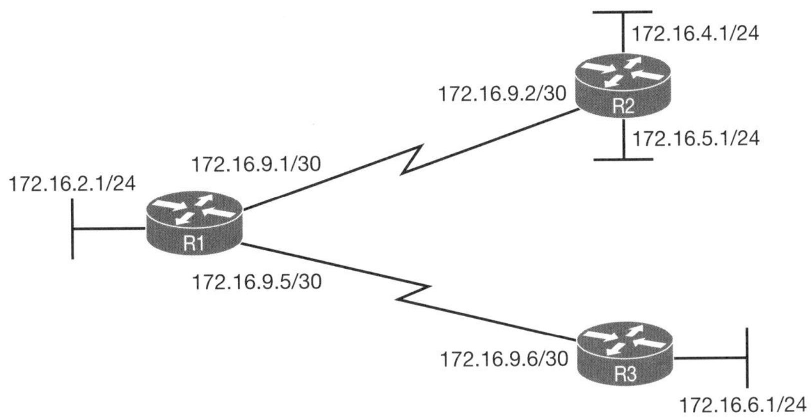

[그림 11-1] 여섯 개의 서브넷으로 구성된 인터네트워크

따라서 여기서 해볼 수 있는 장애 처리 과정은 인터네트워크를 분석하는 것, 라우팅 테이블을 살펴보는 것, 누락된 경로를 찾는 것 등이 될 것이다. 만약 하나 또는 그 이상의 경로가 누락이 되었다면, 다음 단계로 해당 라우터가 넥스트홉(네이버) 라우터로부터 경로 정보를 받았는지를 확인해 봐야 할 것이다. 그리고 다시 문제를 좁혀가기 위한 다음 단계로 다른 라우터와 네이버 관계를 형성하는 데 문제가 있는지 또는 네이버 관계는 형성되었지만 모든 경로를 받을 수 없었는지에 따라 장애처리 방법이 달라질 것이다.

예를 들어 [그림 11-1]에서 R1이 172.16.4.0/24 서브넷은 받았지만, 172.16.5.0/24 서브넷은 받지 못한 경우를 살펴보자. 이럴 경우, R1이 R2와 네이버 관계를 형성한 것은 확실하다. 이때 문제의 주요 원인은 라우팅 프로토콜과 관련되어 있을 수도 있고, 아닐 수도 있다.

라우팅 프로토콜과 관련이 있는 문제로 확인이 되면, **show running-config** 명령어로 설정을 확인할 수 없는 경우에도, 다음에 소개되는 단계에 따라 몇가지 설정 오류가 아닌지를 빠르게 확인할 수 있다. 다음은 세 개의 주요 단계를 소개한 것이다.

단계 ① 라우팅 프로토콜이 활성화되어야 하는 인터페이스가 무엇인지 그리고 어떤 라우터와 네이버 관계를 형성할 것인지를 결정하기 위해 인터네트워크 설계를 살펴본다.

단계 ② 라우팅 프로토콜이 각 인터페이스마다(1단계 과정마다) 활성화되어 있는지 점검한다. 활성화되어 있지 않은 경우 근본 원인을 확인하고 문제를 해결한다.

단계 ③ 각 라우터가 서로 네이버 관계를 형성하고 있는지 점검한다. 그렇지 않다면, 근본 원인을 찾아 문제를 해결한다.

예를 들면, [그림 11-2]에서 별표로 표시된 것처럼, 각 라우터는 그림에서 보이는 각 인터페이스에서 라우팅 프로토콜을 활성화해야 한다. 또한 R1과 R2 사이, R1과 R3 간에는 라우팅 프로토콜 네이버 관계가 형성돼야 하며, R2와 R3 간에는 그렇지 않다.

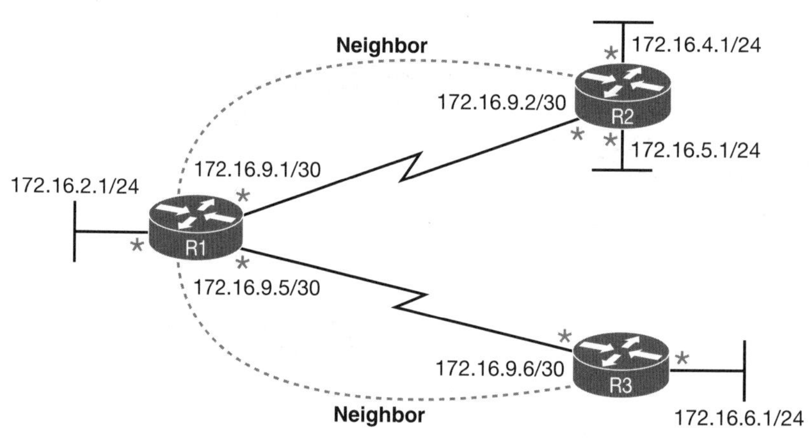

[그림 11-2] 라우팅 프로토콜 인터페이스와 네이버 관계

[그림 11-2]가 대략적인 개념을 보여 주어서 알 수 있듯이, 이 장은 잘못된 설정이 라우팅 프로토콜이 사용된 인터페이스에 어떻게 영향을 미치는지와 라우팅 프로토콜이 네이버 관계를 형성할지 여부에 대해서 다룰 것이다.

∴ 라우팅 프로토콜이 활성화된 인터페이스

이 절은 앞 절에서 소개된 장애 처리 두 번째 단계를 살펴보며 인터페이스에 라우팅 프로토콜이 활성화되어 있는지 점검하는 방법을 다룬다. EIGRP와 OSPF 설정은 라우터 하위 명령어인 **network** 명령어를 사용하여 라우팅 프로토콜을 인터페이스에 활성화한다. **network** 명령어에

일치하는 모든 인터페이스에서 라우팅 프로토콜은 다음에 제시된 두 가지 동작을 취한다:

- 인터페이스에 연결된 서브넷 상의 잠재적인 네이버를 찾는다.
- 그 인터페이스에 연결된 서브넷를 광고한다.

이와 동시에, 라우터 하위 명령어 **passive-interface**는 라우터가 그 인터페이스를 통해 네이버를 찾지 않도록 해주지만(첫 번째 동작), 여전히 해당 서브넷을 다른 라우터에 광고한다(두 번째 동작).

EIGRP 인터페이스를 정확히 파악하고 **passive-interface**가 어떤 것이지 파악하는 데는 세 가지 **show** 명령어가 필요하다. 특히, **show ip eigrp interfaces** 명령어는 패시브 인터페이스가 아닌 모든 EIGRP 인터페이스를 보여준다. **show ip protocols** 명령어는 패시브 인터페이스 목록을 별도로 보여주며 각 라우팅 프로토콜에서 설정된 **network** 명령어의 내용도 함께 보여준다. 두 명령어를 비교함으로써 모든 EIGRP 인터페이스와 패시브 인터페이스를 확인할 수 있다.

OSPF의 경우에는, 명령어가 조금 다르게 사용되는데, **show ip ospf interface brief** 명령으로 OSPF 인터페이스를 볼 수 있다(passive-interface 포함). 이 명령어를 **show ip protocols** 명령어와 함께 사용하여 모든 OSPF 인터페이스와 모든 passive-interface를 함께 확인할 수 있다.

OSPFv2와 EIGRP 인터페이스를 좀 더 쉽게 확인할 수 있는 명령어를 [표 11-1]에서 요약하였다.

명령어	주요 정보	패시브 인터페이스 정보 나열 여부
show ip eigrp interfaces	패시브 인터페이스를 *제외한* EIGRP가 활성화된 인터페이스 목록을 나열한다(기준은 network 명령어 정보).	아니오
show ip ospf interface brief	패시브 인터페이스를 *포함한* OSPFv2가 활성화된 인터페이스 목록을 나열한다(기준은 라우터 하위 명령어 network 또는 인터페이스 하위 명령어 ip ospf 정보).	예
show ip protocols	각 라우팅 프로토콜에서 network 설정 명령어에 의한 모든 내용을 나열하며, 활성화되어 있지만 패시브 인터페이스로 지정된 인터페이스 정보도 보여준다.	예

[표 11-1] 라우팅 프로토콜 인터페이스를 확인할 수 있는 주요 명령어

> **NOTE** [표 11-1]에 소개된 모든 명령어는 인터페이스 상태와 무관하게 인터페이스 정보를 나열하는데, network 명령어와 passive-interface 설정 명령어의 실행 결과를 나타낸다.

따라서 이 절에서 다루는 주요 장애 처리에 [표 11-1]의 명령어를 사용하는 것이 좋으며 그 결과값을 분석해야 한다. EIGRP 예를 먼저 다루고 바로 이어서 OSPF 예를 다룰 것이다.

EIGRP 인터페이스 장애 처리

이 절은 [그림 11-3]에서 사용되는 명령어를 이용해 예를 제시하며, 이 그림은 이 장의 모든 예에서 사용될 것이다.

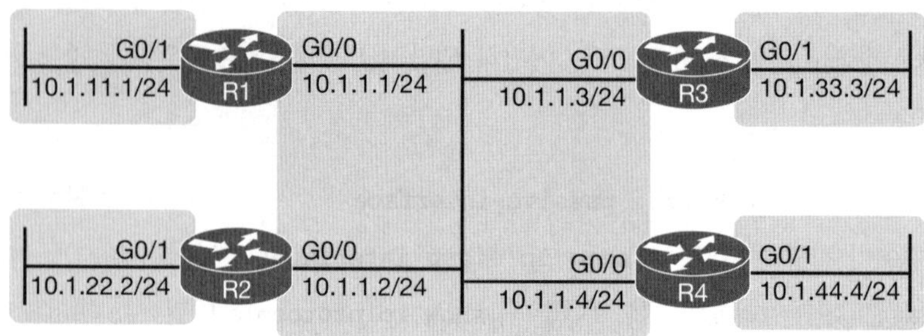

[그림 11-3] EIGRP/OSPF 장애 처리를 위한 인터네트워크 예

이 예에서는 네 개의 라우터가 있으며, 시나리오는 다음과 같다.

- R1과 R2의 LAN 인터페이스는 올바르게 설정되어 있다.
- R3의 G0/1 인터페이스에 EIGRP를 활성화하는 설정이 안되어 있다.
- R4의 G0/1 LAN에 다른 라우터가 연결되어 있지 않기 때문에 **passive-interface G0/1** 명령어를 사용하지 않고 **passive-interface G0/0** 명령어를 입력했다.

이 예에서는 R1과 R2 간의 자세한 동작을 먼저 보여주고 나서 R3 및 R4와 관련된 이슈를 논의할 것이다.

동작하는 EIGRP 인터페이스 점검

[예 11-1]과 [예 11-2]는 각각 R1과 R2의 설정과 **show** 명령어를 보여준다. 또한 관련된 설정, **show ip eigrp interfaces**와 **show ip protocols** 명령어와 EIGRP로 학습된 각 라우터의 경로를 보여준다.

```
R1# show running-config
! 간략화를 위한 라인 생략
router eigrp 99
 network 10.0.0.0
!
R1# show ip eigrp interfaces
EIGRP-IPv4 Interfaces for AS(99)
                   Xmit Queue  PeerQ        Mean  Pacing Time  Multicast    Pending
Interface  Peers  Un/Reliable  Un/Reliable  SRTT  Un/Reliable  Flow Timer  Routes
Gi0/0        3        0/0          0/0        2       0/0          50          0
Gi0/1        0        0/0          0/0        0       0/0           0          0
```

```
R1# show ip protocols
*** IP Routing is NSF aware ***

Routing Protocol is "eigrp 99"
  Outgoing update filter list for all interfaces is not set
  Incoming update filter list for all interfaces is not set
  Default networks flagged in outgoing updates
  Default networks accepted from incoming updates
  EIGRP-IPv4 Protocol for AS(99)
    Metric weight K1=1, K2=0, K3=1, K4=0, K5=0
    NSF-aware route hold timer is 240
    Router-ID: 1.1.1.1
    Topology : 0 (base)
      Active Timer: 3 min
      Distance: internal 90 external 170
      Maximum path: 4
      Maximum hopcount 100
      Maximum metric variance 1

  Automatic Summarization: disabled
  Maximum path: 4
  Routing for Networks:
    10.0.0.0
  Routing Information Sources:
    Gateway         Distance      Last Update
    10.1.1.2              90      09:55:51
    10.1.1.3              90      00:02:00
  Distance: internal 90 external 170

R1# show ip route eigrp
! 간략화를 위한 범례 생략

      10.0.0.0/8 is variably subnetted, 5 subnets, 2 masks
D        10.1.22.0/24 [90/30720] via 10.1.1.2, 00:00:40, GigabitEthernet0/0
```

[예 11-1] EIGRP 인터페이스 문제: R1 명령어

```
R2# show running-config
! 관련된 항목만 표시
router eigrp 99
 network 10.1.0.0 0.0.255.255

R2# show ip eigrp interfaces
EIGRP-IPv4 Interfaces for AS(99)
                Xmit Queue  PeerQ          Mean  Pacing Time   Multicast    Pending
```

```
Interface Peers Un/Reliable Un/Reliable SRTT Un/Reliable Flow Timer Routes
Gi0/0       2       0/0         0/0        1       0/1         50       0
Gi0/1       0       0/0         0/0        0       0/0          0       0

R2# show ip protocols
*** IP Routing is NSF aware ***

Routing Protocol is "eigrp 99"
  Outgoing update filter list for all interfaces is not set
  Incoming update filter list for all interfaces is not set
  Default networks flagged in outgoing updates
  Default networks accepted from incoming updates
  EIGRP-IPv4 Protocol for AS(99)
    Metric weight K1=1, K2=0, K3=1, K4=0, K5=0
    NSF-aware route hold timer is 240
    Router-ID: 2.2.2.2
    Topology : 0 (base)
      Active Timer: 3 min
      Distance: internal 90 external 170
      Maximum path: 4
      Maximum hopcount 100
      Maximum metric variance 1

  Automatic Summarization: disabled
  Maximum path: 4
  Routing for Networks:
    10.1.0.0/16
  Routing Information Sources:
    Gateway         Distance      Last Update
    10.1.1.3              90      00:02:30
    10.1.1.1              90      09:56:20
  Distance: internal 90 external 170

R2# show ip route eigrp
! 관련된 항목만 표시
      10.0.0.0/8 is variably subnetted, 5 subnets, 2 masks
D        10.1.11.0/24 [90/30720] via 10.1.1.1, 00:03:25, GigabitEthernet0/0
```

[예 11-2] EIGRP 인터페이스 문제: R2 명령어

R1과 R2에서 실행된 **show ip eigrp interfaces** 명령어의 실행 결과값을 보면 R1과 R2가 프로세스ID 99를 이용해서 EIGRP를 설정했음을 알 수 있고, EIGRP가 두 라우터의 G0/0과 G0/1에 각각 활성화되어 있음을 보여준다. 이 명령어는 passive-interface를 제외하고 EIGRP가 활성화된 인터페이스만을 보여준다.

각 라우터에서 **show ip protocols** 명령어의 결과 중 음영으로 강조된 부분을 자세히 살펴

보자. 설정된 **network** 명령어의 매개 변수를 이 부분에서 보여준다. **show ip protocols** 명령어는 'Routing for Networks'로 시작하는 부분에서 **network** 명령어로 설정된 부분을 보여준다. [예 11-1]의 결과값을 보면 R1이 **network 10.0.0.0** 명령어를 이용한 것을 알 수 있고 (예의 초반부), [예 11-2]의 '10.1.0.0/16'을 보면 R2가 **network 10.1.0.0 0.0.255.255** 명령어를 이용했음을 알 수 있다.

EIGRP 인터페이스에 관한 문제 점검

이제 다음 몇 페이지에서 라우터 R3와 R4의 설정에 의해 발생할 수 있는 문제를 살펴보자.

우선, [예 11-2]는 R3에 의해 발생한 현재의 문제를 간략히 보여준다. R2의 **show ip protocols** 명령어([예 11-2])의 끝부분에 두 가지 라우팅 정보 10.1.1.1(R1)과 10.1.1.3(R3)을 보여준다. 그러나 R2는 **show ip route eigrp** 명령어 결과값에서 보여주듯이 하나의 EIGRP(10.1.11.0/24) 경로만을 학습한 것을 알 수 있다. 정상적인 경우라면, R2는 세 가지 EIGRP 경로 즉 [그림 11-3]에서 보여주는 다른 LAN 서브넷들을 학습하게 된다.

[예 11-3]은 R3에서 근본 원인을 보여준다. 먼저 R3에서의 **show ip eigrp interfaces** 명령어는 G0/0은 보여 주고, G0/1은 보여 주지 않는다. 따라서 EIGRP가 G0/1에 설정되어 있는가에 관해 문제가 있을 수 있다. 이 예의 맨 위의 설정에서 근본 원인을 보여주는데, **network** 명령어가 잘못 설정되어서 R3의 G0/1 인터페이스에 활성화되어 있지 않은 것을 알 수 있다.

```
R3# show running-config
! 관련된 항목만 표시
router eigrp 99
 network 10.1.1.3 0.0.0.0
 network 10.1.13.3 0.0.0.0
 auto-summary

R3# show ip eigrp interfaces
EIGRP-IPv4 Interfaces for AS(99)
                 Xmit Queue  PeerQ         Mean  Pacing Time   Multicast   Pending
Interface Peers Un/Reliable Un/Reliable SRTT Un/Reliable Flow Timer Routes
Gi0/0      2         0/0          0/0        1      0/1           50         0

R3# show ip protocols
*** IP Routing is NSF aware ***

Routing Protocol is "eigrp 99"
  Outgoing update filter list for all interfaces is not set
  Incoming update filter list for all interfaces is not set
  Default networks flagged in outgoing updates
  Default networks accepted from incoming updates
```

```
  EIGRP-IPv4 Protocol for AS(99)
    Metric weight K1=1, K2=0, K3=1, K4=0, K5=0
    NSF-aware route hold timer is 240
    Router-ID: 3.3.3.3
    Topology : 0 (base)
      Active Timer: 3 min
      Distance: internal 90 external 170
      Maximum path: 4
      Maximum hopcount 100
      Maximum metric variance 1

  Automatic Summarization: disabled
  Maximum path: 4
  Routing for Networks:
    10.1.1.3/32
    10.1.13.3/32
  Routing Information Sources:
    Gateway         Distance      Last Update
    10.1.1.2              90      00:05:14
    10.1.1.1              90      00:05:14
  Distance: internal 90 external 170
```

[예 11-3] R3에서 EIGRP 문제

R3 문제의 근본 원인은 R3이 G0/1의 IP 주소인 10.1.33.3과 다르게 **network 10.1.13.3 0.0.0.0** 설정을 가지고 있기 때문이다. 이 설정에 대한 확인이 불가능할 경우에 **show ip protocols** 명령어를 이용해 문제가 있는 설정을 확인할 수 있다. 이 예에서는 R3에서 **show ip protocols** 명령어를 사용하면 **network** 명령어로 잘못 입력된 내용인 '10.1.13.3/32'를 볼 수 있다. 이는 '/32' 값이 32개의 2진수 값 0, 즉 십진수 값 0.0.0.0으로 인식되기 때문이다.

R3의 잘못된 설정은 R3의 G0/1 인터페이스에서 두 가지 동작이 일어나지 않게 한다. 첫째, 예에서는 심각한 문제가 아닐 수 있으나 R3은 G0/1 인터페이스를 통해 네이버를 찾지 않게 된다. 하지만 R3은 G0/1 인터페이스의 10.1.33.0/24 서브넷을 광고하지 않을 것이다.

R4의 문제로 넘어가서, [예 11-4]는 R1과 R2가 R4의 10.1.44.0/24 서브넷을 왜 학습하지 않는지 보여 준다. 이 예의 경우, R4의 G0/1 인터페이스에 다른 라우터가 존재하지 않기 때문에, R4에서 정확하게 **passive-interface gigabitethernet0/1** 라우터 하위 명령어를 사용했어야 했다. 그러나 실수로 R4의 G0/0 인터페이스를 패시브 인터페이스로 만들어 버렸다.

```
R4# show running-config
! 간략화를 위한 라인 생략
router eigrp 99
```

```
 passive-interface GigabitEthernet0/0
 network 10.0.0.0
 auto-summary

R4# show ip eigrp interfaces
EIGRP-IPv4 Interfaces for AS(99)
               Xmit Queue  PeerQ          Mean  Pacing Time  Multicast    Pending
Interface Peers Un/Reliable Un/Reliable SRTT Un/Reliable Flow Timer Routes
Gi0/1        0       0/0         0/0        0      0/1          0        0

R4# show ip protocols | begin Routing for Networks
  Routing for Networks:
    10.0.0.0
  Passive Interface(s):
    GigabitEthernet0/0
  Routing Information Sources:
    Gateway          Distance      Last Update
  Distance: internal 90 external 170
```

[예 11-4] R4에서 EIGRP 문제

> **NOTE** 마지막 명령어 show ip protocol | begin Routing for Networks는 대소문자를 구분하여 'Routing for Networks'로 시작하는 줄부터 명령어의 결과값을 보여준다.

설정한 것을 확인하지 않고 이 실수를 찾아내려면, [예 11-4]의 두 가지 유용한 명령어를 쓸 수 있다. R4에서 **show ip eigrp interfaces** 명령에서 보면 패시브 인터페이스 (G0/0)을 생략했는데 이것은 R4가 그 인터페이스에서 EIGRP 네이버를 찾도록 시도하지 않는다는 의미이다. 또한 R4의 **show ip protocols** 명령어의 결과값 중 음영으로 강조된 부분을 보면 R4가 패시브 인터페이스 G0/0 인터페이스를 통해 다른 라우터와 네이버 관계를 형성하려고 하지 않는다는 의미이다.

11

OSPF 인터페이스 장애 처리

OSPF는 일부 경우를 제외하고 인터페이스와 관련하여 기본적으로 EIGRP와 동일한 요구조건을 갖는다. 첫째, EIGRP 라우터는 네이버 라우터와 동일한 AS 번호(autonomous system number, ASN)를 사용하고 Global 설정 명령어인 **router eigrp** *asn*으로 설정한다. OSPF 라우터는 어떤 프로세스 ID라도 '**router ospf** *process-id*' 명령어에 사용할 수 있고 네이버 라우터와 같을 필요도 없다. 둘째, OSPF에서 인터페이스는 같은 OSPF area에 할당된 같은 서브넷에 연결되어야 하지만, EIGRP는 area란 개념이 없다.

[예 11-5]은 [그림 11-3]을 바탕으로 가장 안정적으로 운용되는 OSPF 인터네트워크 예를 보여준다. [그림 11-3]를 수정한 [그림 11-4]에서 보여주듯이, 이 예의 경우는 area의 구성에

관련된 문제이다. 모든 서브넷들은 area 0에 할당되어야 하지만, 실수로 R2의 인터페이스가 area 1로 되어 있다. 그 결과로 R2의 G0/0 인터페이스가 R1, R3, R4와 같은 area에 있어야 하는 OSPF 규칙에 어긋나게 된 것이다.

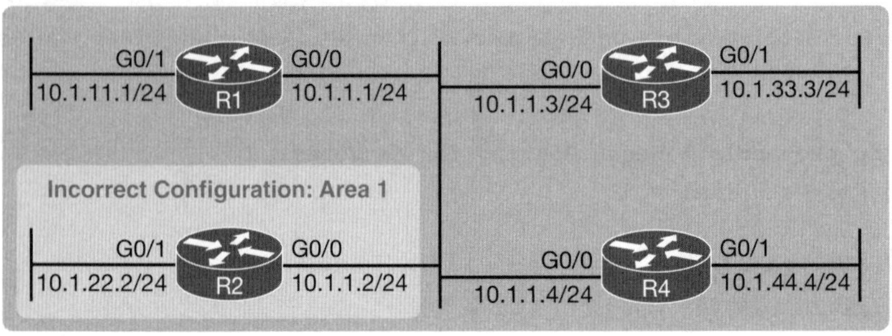

원래 의도된 구성: area 0만으로 구성

G0/1 10.1.11.1/24 R1 G0/0 10.1.1.1/24
G0/0 10.1.1.3/24 R3 G0/1 10.1.33.3/24
Incorrect Configuration: Area 1
G0/1 10.1.22.2/24 R2 G0/0 10.1.1.2/24
G0/0 10.1.1.4/24 R4 G0/1 10.1.44.4/24

[그림 11-4] 원래 area 0만으로 구성하려고 했었으나 R2가 규칙에 어긋난 상황

[예 11-5]는 **show ip ospf interface brief** 명령어를 사용해서 R1과 R2의 라우터 인터페이스의 OSPF 상태를 찾아보고 어떻게 문제를 좁힐 수 있는지 보여준다.

```
R1> show ip ospf interface brief
Interface    PID   Area            IP Address/Mask    Cost  State Nbrs F/C
Gi0/1        1     0               10.1.11.1/24       1     DR    0/0
Gi0/0        1     0               10.1.1.1/24        1     DROTH 2/2
```

```
! 다음은 R2의 명령입니다
R2> show ip ospf interface brief
Interface    PID   Area            IP Address/Mask    Cost  State Nbrs F/C
Gi0/1        2     1               10.1.22.2/24       1     WAIT  0/0
Gi0/0        2     1               10.1.1.2/24        1     WAIT  0/0
```

[예 11-5] R1 및 R2에서 show ip interface brief

일반적인 관점에서, **show ip ospf interface brief** 명령어는 활성화되어 있는 인터페이스를 보여준다는 면에서 **show ip eigrp interfaces** 명령어의 결과값과 비슷하다. 이 예에서 보여주진 않았지만, **show ip ospf interface** 명령어는 각 인터페이스에 대한 OSPF 정보를 자세하게 나열해서 보여준다.

이번 문제를 보면, [예 11-5]의 결과값은 R1과 R2 양쪽 인터페이스에 OSPF가 활성화되어 있는 것을 보여준다. 하지만, 이 명령어는 area 1 안에 양쪽 LAN 인터페이스를 가지고 있는 R2의 area 번호를 확인할 수 있다. 또한 이 명령어는 IP 주소와 인터페이스의 마스크를 함께 보여주고, 동시에 R1의 10.1.1.1/24 주소가 R2의 10.1.1.2/24와 동일한 서브넷이면서 다른

OSPF area에 있다는 것을 보여준다.

[예 11-6]은 R1과 R2에서 **show ip protocols** 명령어를 사용하여 문제를 보는 또 다른 방법을 보여준다. 이 명령어는 OSPF **network** 설정을 요약된 형태로 보여주기 때문에 심지어 설정 확인이 불가능하더라도 설정 오류를 찾을 수 있다.

```
R1> show ip protocols
*** IP Routing is NSF aware ***

Routing Protocol is "ospf 1"
  Outgoing update filter list for all interfaces is not set
  Incoming update filter list for all interfaces is not set
  Router ID 1.1.1.1
  Number of areas in this router is 1. 1 normal 0 stub 0 nssa
  Maximum path: 4
  Routing for Networks:
    10.0.0.0 0.255.255.255 area 0
  Routing Information Sources:
    Gateway         Distance      Last Update
    2.2.2.2              110      00:14:32
    3.3.3.3              110      00:14:32
    10.1.44.4            110      00:14:42
  Distance: (default is 110)

R1> show ip route ospf
! 간략화를 위해 범례 생략

      10.0.0.0/8 is variably subnetted, 6 subnets, 2 masks
O        10.1.33.0/24 [110/2] via 10.1.1.3, 00:15:32, GigabitEthernet0/0
O        10.1.44.0/24 [110/2] via 10.1.1.4, 00:15:42, GigabitEthernet0/0
```

```
! 이제 R2로 이동한다

R2> show ip protocols
*** IP Routing is NSF aware ***

Routing Protocol is "ospf 2"
  Outgoing update filter list for all interfaces is not set
  Incoming update filter list for all interfaces is not set
  Router ID 2.2.2.2
  Number of areas in this router is 1. 1 normal 0 stub 0 nssa
  Maximum path: 4
  Routing for Networks:
    10.0.0.0 0.255.255.255 area 1
  Routing Protocol is "ospf 2"
  Outgoing update filter list for all interfaces is not set
```

```
    Incoming update filter list for all interfaces is not set
    Router ID 2.2.2.2
    Number of areas in this router is 1. 1 normal 0 stub 0 nssa
    Maximum path: 4
    Routing for Networks:
      10.0.0.0 0.255.255.255 area 1
    Routing Information Sources:
      Gateway          Distance      Last Update
    Distance: (default is 110)

  R2>
  Nov 15 12:16:39.377: %OSPF-4-ERRRCV: Received invalid packet:
mismatched area
  ID, from backbone area must be virtual-link but not found from
10.1.1.1,
  GigabitEthernet0/0
```

[예 11-6] show ip protocols로 R1과 R2의 OSPF 설정 오류를 찾아내기

R2의 **show ip protocols** 명령어 결과값 중 음영으로 강조된 부분을 자세히 보게 되면 설정 오류를 찾을 수 있다. 'Routing for Networks:'으로 시작되는 부분은 설정에 대한 요약을 보여준다. 이 예의 경우에는 음영으로 표시된 부분인 '10.0.0.0 0.255.255.255 area 1'이 실제로는 라우터 R2의 **network** 명령으로 설정된 부분으로써, '*network*' 단어만 빠져 있거나 '**network 10.0.0.0 0.255.255.255. area 1**'이 빠져 있다. [그림 11-4]의 구성에서 보면 모든 인터페이스는 area 0 안에 있어야 하기 때문에, '**network 10.0.0.0 0.255.255.255.255 area 0**'으로 다시 설정하는 것이 이 문제를 해결하게 해준다.

이 예 끝부분은 라우터 R2에서 생성된 임의의 로그 메시지를 보여주며, 이 로그는 콘솔로 연결된 사용자에게 이 라우터가 다른 area에 있는 라우터로부터 헬로 패킷을 수신하고 있음을 알려준다.

인터페이스를 점검할 때, 몇 가지 자세한 부분을 점검할 수 있었다. **Show interfaces**와 **show ip interface brief** 명령어를 사용해서 인터페이스 IP 주소, 마스크 값, 인터페이스 상태 등을 확인할 수 있었다. 특히, 어떤 인터페이스가 up/up 상태인지 점검할 수 있는데, 그 이유는 라우터는 라우팅 프로토콜 패킷을 포함하여 어떤 패킷도 up/up 상태가 아닌 인터페이스를 통해 보내지 않기 때문이다.

이 인터페이스 확인 점검은 21장 'IPv4 라우팅 장애 처리'에서 다룰 ICND1과 ICND2 시험의 IPv4 장애 처리 부분에 속하기 때문에 여기서는 다시 언급하지 않는다.

⁚ 네이버 관계

이 장의 마지막 주요 절에서는 잠재 네이버에서 점검해야 하는 다양한 조건들을 다룬다.

라우팅 프로토콜은 초기 단계에서 네이버 관계를 형성하기 위해 헬로 프로토콜을 사용한다. 이를 위해 라우팅 프로토콜이 인터페이스에 반드시 활성화되어 있어야 하며, 라우팅 프로토콜이 헬로 메시지를 보낼 수 있도록 인터페이스가 패시브 인터페이스로 설정되지 않아야 한다.

라우터는 네이버 관계가 되기 위한 몇 가지 다른 매개 변수들을 점검한다. 기본적인 점검을 수행하기 위해서 OSPF와 EIGRP 모두 헬로 메시지를 사용하여 정보를 교환한다. 예를 들면, [예 11-5]에서 보여 준 것처럼 같은 서브넷에 있는 모든 라우터는 구조적으로 동일한 OSPF area에 있어야 하기 때문에 서로 다른 area에 있는 라우터와 네이버가 되어서는 안된다.

EIGRP 또는 OSPF 라우터가 새로운 네이버로부터 헬로 메시지를 수신하면 라우팅 프로토콜은 헬로 메시지 안에 들어 있는 정보와 로컬 설정값들을 비교하고 두 라우터가 네이버가 될 수 있는지 결정하게 된다. 네이버 관계를 형성하기 위해 라우팅 프로토콜에서 반드시 고려해야 하는 것에 대해 여기서는 '*네이버 요건(neighbor requirement)*'이라고 부르도록 한다.

[표 11-2]는 EIGRP와 OSPF에 대한 네이버 요건들을 나열한 것이다. [그림 11-3]에서 이용한 예를 기준으로 EIGRP와 OSPF에 대한 네이버 요건의 설정 점검 방법을 설명한다.

> **NOTE** 이 표에서 설명한 내용을 학습하고 기억하는 것이 중요하긴 하지만, 이 장을 처음 읽을 때에는 그냥 계속 읽어 나가는 것이 좋다. 왜냐하면 나중에 이 장이나 이 장의 일부분을 복습할 때 이 표의 상세한 부분을 분명히 기억할 수 있게 될 것이기 때문이다.

요건	EIGRP	OSPF
인터페이스는 반드시 up/up 상태여야 한다.	예	예
인터페이스는 반드시 동일한 서브넷에 포함돼야 한다.	예	예
액세스 컨트롤 리스트(ACL)가 라우팅 프로토콜 메시지를 막지 말아야 한다.	예	예
네이버 인증(설정된 경우)을 반드시 통과해야 한다.	예	예
router 설정 명령어에서 동일한 AS 번호/프로세스 ID가 설정돼야 한다.	예	아니오
헬로와 홀드/데드 타이머는 반드시 일치해야 한다.	아니오	예
라우터 ID(RID)는 고유해야 한다.	아니오[1]	예
K 값은 일치해야 한다.	예	N/A
동일한 area에 포함돼야 한다.	N/A	예

[1] EIGRP RID가 중복된다고 해서 네이버 관계를 형성하지 못하는 것은 아니지만, EIGRP 외부 경로가 라우팅 테이블에 추가될 때 문제가 야기될 수 있다.

[표 11-2] EIGRP와 OSPF에 대한 네이버 요건

11

[표 11-2]에 나열된 대부분의 네이버 요건들과는 달리, 첫 세 가지 요건들은 라우팅 프로토콜과 직접적인 관련이 없다. 네이버 관계를 형성하려는 두 라우터는 반드시 두 라우터가 연결된 물리적인 네트워크를 통해 서로 패킷을 보낼 수 있어야 한다. 그렇게 하기 위해서 라우터의 인터페이스는 반드시 up/up 상태여야 하며, 동일한 서브넷에 포함돼야 한다. 또한 라우팅 프로토콜 통신을 막는 ACL을 사용하지 않아야 한다.

예를 들면, OSPF는 많은 메시지들을 잘 알려진 멀티캐스트 IP 주소인 224.0.0.5와 224.0.0.6으로 보내는 반면에 EIGRP는 224.0.0.10을 사용한다. **access-list 101 deny ip any host 224.0.0.10** 같은 ACL 명령어를 라우터 인터페이스의 인바운드 쪽에 적용하면, 들어오는 EIGRP 패킷이 막히게 된다. 또는 **access-list 102 deny ospf any any** 같은 ACL 명령어를 적용하면 모든 OSPF 통신이 막히게 된다. 심지어 다양한 TCP와 UDP 포트 번호에 적용되는 ACL에 대한 **permit** 명령어의 경우 설정하기 어려운데, 이로 인해 라우팅 프로토콜 패킷이 ACL의 끝부분에서 암시적인 deny any에 적용되어 막히기도 한다. 그래서 다른 모든 라우팅 프로토콜 설정이 이상이 없는 것처럼 보일 때에는 특히 ACL에 대해서 더 주의를 기울여야 한다.

실질적으로 두 라우터가 왜 네이버 관계를 형성하지 못하는지에 대해 상세한 나머지 부분을 점검하기 전에, 두 라우터가 로컬 서브넷 주소로 서로 ping이 되는지를 먼저 확인해야 한다. ping 테스트가 실패할 경우에는 ping 테스트 결과에 영향을 미치는(인터페이스가 up/up이 아닌 경우) 1계층, 2계층, 3계층 관련 모든 항목을 조사해야 한다. IPv4 라우팅(즉, 패킷 포워딩) 장애 처리의 상세한 내용은 이 책의 21장 'IPv4 라우팅 장애 처리'를 포함한 여러 부분에서 다루고 있다. 또한 ICND1 인증 가이드에서도 ping이나 traceroute 같은 IPv4 장애 처리 툴을 포함한 관련한 내용을 다루고 있고, ICND1의 해당 내용은 ICND2 책에서 DVD 부록 J 'IPv4 장애 처리 툴'로 제공된다.

EIGRP와 OSPF에 대해 좀더 상세하게 다루게 될 텐데, 두 라우팅 프로토콜 사이에 조금씩 다른 부분 존재하기 때문에, 이 절은 먼저 EIGRP를 살펴본 후에 OSPF를 다룰 것이다.

> **NOTE** 이 절은 실제로 라우팅 프로토콜이 필요한 인터페이스마다 활성화됐다는 것을 전제로 하며, 이것은 이 장의 초반부에서 학습한 '라우팅 프로토콜이 활성화된 인터페이스' 절에서 다룬 내용이다.

EIGRP 네이버 확인 점검

동일한 데이터 링크에 연결된 두 EIGRP 라우터에서, 이 라우터들의 인터페이스에 EIGRP가 활성화되어 있고 패시브 인터페이스가 아니라면, 네이버 관계를 형성할 수 있다. EIGRP에서 네이버 요건을 충족시킬 수 있는 잠재적인 네이버가 어떤 라우터인지 빠르고 확실하게 판단하기 위해서는 **show ip eigrp neighbors** 명령어 결과값을 확인하면 된다. 이 명령어는 모든 네이버 확인 점검 사항을 통과한 네이버만을 결과값으로 보여준다.

[예 11-7]은 앞에서 다룬 [그림 11-3]의 네 개의 라우터를 이용해서 **show ip eigrp neighbors** 명령어의 예를 보여준다. 이 예에서 모든 라우터는 정확하게 설정되었으므로 각 라우터는 다른 세 개의 라우터와 동일한 LAN 서브넷에서 네이버 관계를 가지고 있다.

```
R1# show ip eigrp neighbors
EIGRP-IPv4 Neighbors for AS(99)
H   Address                 Interface       Hold Uptime   SRTT   RTO  Q  Seq
                                            (sec)         (ms)       Cnt Num
1   10.1.1.3                Gi0/0             13 00:00:20    1   100  0  31
2   10.1.1.4                Gi0/0             13 00:00:43   80   480  0  10
0   10.1.1.2                Gi0/0             13 00:13:52    1   100  0  20
```

[예 11-7] R1의 **show ip eigrp neighbors** 명령어 결과로 문제가 해결됐음을 확인

show ip eighrp neighbors 명령어를 입력했음에도 불구하고 네이버 목록에 아무것도 나타나지 않거나 예상했던 네이버가 보이지 않는다면, 두 라우터에서 동일한 로컬 서브넷 상에 있는 상대편 라우터의 주소로 ping을 보내서 테스트해 볼 수 있으며, ping이 성공한다면 [표 11-3]에서 EIGRP에 대해 다시 열거한 네이버 점검 항목들을 확인해 볼 필요가 있다. [표 11-3]은 EIGRP 네이버 요건들을 요약한 것이며, 근본 원인이 무엇인지를 찾는 명령어도 표시하였다.

요건	유용한 명령어
동일한 서브넷에 위치해야 한다.	show interfaces, show ip interface
router 설정 명령어에서 동일한 AS 번호(ASN)를 사용해야 한다.	show ip eigrp interfaces, show ip protocols
EIGRP 네이버 인증을 통과해야 한다.	debug eigrp packets
K 값이 일치해야 한다.	show ip protocols

[표 11-3] EIGRP 네이버 요건과 유용한 **show/debug** 명령어

[표 11-3]에서 나열된 네 가지 요건 중에서 첫 두 가지는 이 장에서 이미 다루었던 것이다.

EIGRP 인증(표에서 세 번째 항목)에 대해 살펴보면, EIGRP는 라우터가 동일한 보안키(암호)를 가질 경우에만 EIGRP 네이버로서 신뢰할 수 있는 기능을 지원하고 있다. 라우터는 EIGRP 네이버 관계를 형성해주는 EIGRP 인증을 시도하지 않게 기본값으로 설정돼 있다. 한쪽 라우터만 인증을 사용하고, 나머지 다른 한쪽 라우터는 사용하지 않는다면 네이버 관계는 형성되지 않는다. 양쪽 라우터가 인증을 사용하고 동일한 인증키 값을 사용한다면 네이버 관계가 형성된다.

표에서 마지막 항목인 EIGRP K 값은 EIGRP 메트릭 계산에 이용되는 매개 변수로써 메트릭

계산에서 EIGRP가 사용할 변수는 변경될 수 있다. 시스코는 메트릭 계산에서 대역폭과 지연값만을 이용하고 나머지는 기본 설정값을 그대로 이용할 것을 권장한다. 두 라우터가 네이버 관계가 되기 전에 *K 값* 설정은 반드시 일치해야 하며, 라우터에서 **show ip protocols** 명령어로 *K 값*을 점검해 볼 수 있다.

EIGRP 네이버 장애 처리 예

[예 11-8]은 EIGRP 라우터가 네이버 관계를 형성하지 못하는 세 가지 문제를 보여준다. 이 예에서는 [그림 11-5]에서 보여주는 것같이 이 장에서 계속 써왔던 구성을 사용한다. 이 그림에서 라우터와 인터페이스는 동일하지만, 다음의 세 가지 문제를 가지고 있다.

- R2는 10.1.2.2/24의 IP 주소가 설정되어 있는데, 이것이 R1, R3, R4의 서브넷과는 다르다.
- R3은 **router eigrp 199** 명령어를 이용해 다른 세 라우터에서 지정한 99의 AS 번호 대신 199가 설정되었다.
- R4는 MD5 인증 방식이 설정됐지만, 다른 라우터는 인증을 사용하지 않는다.

R1은 [예 11-8]에서 보여주는 것처럼 로컬 명령어와 메시지를 사용하는 문제들 중에 두 가지를 실질적으로 감지할 수 있다. R1은 일치하지 않은 서브넷 문제에 대한 임의의 로그 메시지를 생성하며 **debug** 명령어를 이용해 인증 실패를 확인할 수 있다. 예에서는 그 안에 몇 가지 실행되는 설명을 보여주고 있다.

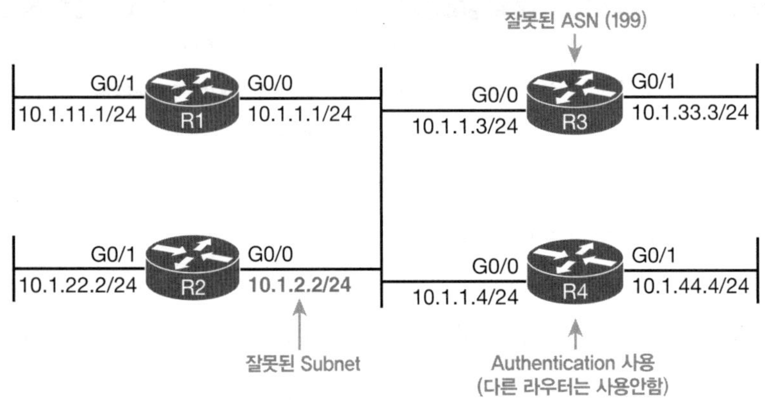

[그림 11-5] 중앙의 LAN에서 EIGRP 네이버를 방해하는 문제점 요약

```
! 먼저, R1에는 아직 네이버가 없다. R1은 ASN (프로세스) 99를 사용한다.
R1# show ip eigrp neighbors
EIGRP-IPv4 Neighbors for AS(99)

R1#
```

```
! 다음으로, R1은 IP 주소 1.1.1.1을 가진 라우터가 R1과 동일한 서브넷에 있지 않음을 시작으로 consol에
! 로그 메시지를 생성한다.
*Nov 15 16:19:14.740: %DUAL-6-NBRINFO: EIGRP-IPv4 99: Neighbor 10.1.2.2
(GigabitEthernet0/0) is blocked: not on common subnet (10.1.1.1/24)

! 다음, R1은 R4로부터 받은 각 패킷에 대한 debug를 보여준다.
! 잘못된 패스워드(인증 Key 문자열) 사용되었다.
!
R1# debug eigrp packets
EIGRP Packets debugging is on
    (UPDATE, REQUEST, QUERY, REPLY, HELLO, IPXSAP, PROBE, ACK, STUB, SIAQUERY,
     SIAREPLY)
R1#

*Nov 15 16:20:30.865: EIGRP: Gi0/0: ignored packet from 10.1.1.4, opcode = 5
 (authentication off or key-chain missing)
```

[예 11-8] EIGRP 네이버 형성을 방해하는 흔한 문제점(R1)

[예 11-8]은 R2와의 불일치된 서브넷 및 R4와의 무효한 인증 문제에 대한 몇 가지 증거를 보여 준다. ICND2 200-105와 CCNA 200-125 시험 주제에서는 OSPF와 EIGRP 인증 모두가 시험 주제에서 빠져 있다. 하지만 자세한 구조는 알지 못할지라도 한 라우터의 EIGRP 프로세스가 지정된 암호를 가지고 인증을 하는데 다른 하나는 그렇게 설정되지 않을 경우, 인증이 실패할 것은 어렵지 않게 예상된다. 결과적으로는 네이버 관계는 형성되지 못할 것이다.

[예 11-8]에서는 문제들 중의 두 가지에 대해 상세히 보여주는데, R3의 부정확하게 설정된 AS 번호에 대한 것은 다루지 않고 있다. [예 11-9]에서는 두 가지 **show** 명령어에서 발췌된 결과값을 나열해서 상세히 보여주는데, 이 두 명령어는 그 라우터에서 설정된 AS 번호를 확인시켜 준다. [예 11-9]에서 보여주는 것처럼, 동일한 명령어를 사용해서 R1, R2, R4가 AS 번호 99번을 쓰고, R3이 199번을 쓰는 것을 알 수 있다.

11

```
R3# show ip protocols
Routing Protocol is "eigrp 199"
!
! 아래 "show ip eigrp interface"의 결과는 ASN199부터 보여준다.
!
R3# show ip eigrp interfaces
EIGRP-IPv4 Interfaces for AS(199)
                          Xmit Queue  Mean   Pacing Time  Multicast   Pending
```

```
Interface    Peers        Un/Reliable SRTT   Un/Reliable  Flow Timer  Routes
Gi0/0          0              0/0       0       0/1          0          0
Gi0/1          0              0/0       0       0/1          0          0
```

[예 11-9] R3에 설정된 부정확한 AS 번호(199)를 보여준다.

OSPF 네이버 장애 처리

EIGRP와 비슷하게 라우터의 **show ip ospf neighbor** 명령어는 [표 11-2]에서와 같이 OSPF 네이버가 되기 위한 모든 요건들을 만족시킨 네이버 라우터의 목록을 보여준다. 따라서 OSPF 네이버 장애 처리의 첫 번째 단계는 네이버 목록을 살펴보는 것으로부터 출발한다.

[예 11-10]은 [그림 11-4]의 라우터 R2에서 **show ip ospf neighbor** 명령어를 입력한 후 나타나는 결과값을 보여준다. 모두 네 개의 라우터가 area 0 안의 동일한 LAN 서브넷 상에 놓여 있고 정확한 설정이 되어 있으며, 따라서 네 개의 모든 라우터가 유효한 OSPF 네이버 관계를 형성한다.

```
R2# show ip ospf neighbor

Neighbor ID   Pri  State          Dead Time  Address     Interface
1.1.1.1         1  FULL/BDR       00:00:37   10.1.1.1    GigabitEthernet0/0
3.3.3.3         1  2WAY/DROTHER   00:00:37   10.1.1.3    GigabitEthernet0/0
4.4.4.4         1  FULL/DR        00:00:31   10.1.1.4    GigabitEthernet0/0
```

[예 11-10] 정상적으로 동작하는 라우터 R2에서 show ip ospf neighbors 명령어 결과값

우선, 첫 번째 열의 네이버 ID는 확인된 네이버로서 라우터 ID(RID)를 알고 있어야 한다. 이 예의 네트워크에서 모든 네 개의 라우터는 쉽게 추측 가능한 라우터 ID를 사용하고 있다. 오른쪽 열의 주소(Address)는 동일한 서브넷 안에서 네이버가 사용한 인터페이스 IP 주소를 보여주고 있다.

OSPF 네이버 상태를 간략하게 살펴보는 것은 7장에서 설명한 것처럼 이 예에서 보여주는 난해한 몇 가지 결과를 이해하는 데 도움을 준다. 정상적인 경우라면, OSPF 네이버 상태는 2WAY나 FULL 상태가 돼야 한다. LAN에서 데이터베이스 정보를 직접 교환할 필요가 없는 non-DR과 같은 네이버에 대해 라우터는 2WAY 상태를 유지한다. 대개 두 네이버 라우터는 서로 전체 LSDB를 직접 교환해야 한다. 이 교환 과정이 끝나자마자, 두 라우터는 FULL 상태로 바뀐다.

[예 11-10]에서 R4는 DR이고 R1은 BDR이기 때문에 R2와 R3(non-DR로서)은 경로 정보를 굳이 직접 교환할 필요가 없다. 따라서 R2의 입장에서 R3(RID 3.3.3.3)과의 네이버 상태는 [예

11-10]에서와 같이 2way 상태에 놓여 있게 된다.

> **NOTE** 네이버 관계를 위해 **router ospf** *process-id* 명령어를 이용시 OSPF 라우터에 반드시 동일한 프로세스 ID를 사용할 필요가 없다. [예 11-10]에서도 네 개의 라우터가 모두 서로 다른 프로세스 ID를 사용하고 있다.

show ip neighbor 명령어가 예상했던 네이버를 보여주지 않는다면, OSPF 네이버 요건을 찾아보기 전에 두 라우터가 서로 로컬 서브넷 주소로 ping이 되는지 확인해 봐야 한다. 그러나 ping이 됨에도 불구하고 여전히 OSPF 네이버 관계를 형성하지 못할 경우, 다음 단계로써 OSPF 네이버 요건을 점검할 필요가 있다. [표 11-4]는 그 요건들을 요약해서 보여주고 있고, 답을 찾아가는 데 유용한 명령어도 함께 보여주고 있다.

Key Topic

요건	유용한 show 명령어	유용한 debug 명령어
동일한 서브넷에 위치해야 한다.	show interfaces	debug ip ospf hello
헬로와 데드 타이머는 일치해야 한다.	show ip ospf interfaces	debug ip ospf hello
동일한 area 안에 포함돼야 한다.	show ip ospf interface brief	debug ip ospf adj
라우터 ID는 유일해야 한다.	show ip ospf	(N/A; 로그 메시지로 문제를 확인)
네이버 인증을 통과해야 한다.	show ip ospf interface	debug ip ospf adj

[표 11-4] OSPF 네이버 요건과 유용한 **show/debug** 명령어

이번 주제에서 [그림 11-4]의 네 개의 라우터 네트워크를 활용한 OSPF 네이버 문제를 보려고 하는데, 모든 인터페이스는 area 0으로 설정되어 있다. 그런데 여기에서는 다음 문제점들이 이 구성에 나타나 있다.

- R2가 area 1 안의 두 LAN 인터페이스에 대해 설정되어 있는 반면, 다른 세 개의 라우터들은 G0/0 인터페이스가 aerea 0에 할당되어 있다.
- R3이 R1과 동일한 라우터 ID(1.1.1.1)를 사용하고 있다.
- R4는 R1, R2, R3(기본값으로)에서 사용하는 헬로/데드 타이머 10/40 대신에 5/20으로 G0/0 인터페이스에 설정되어 있다.

[그림 11-6]은 참고할 수 있도록 같은 문제를 보여주고 있다.

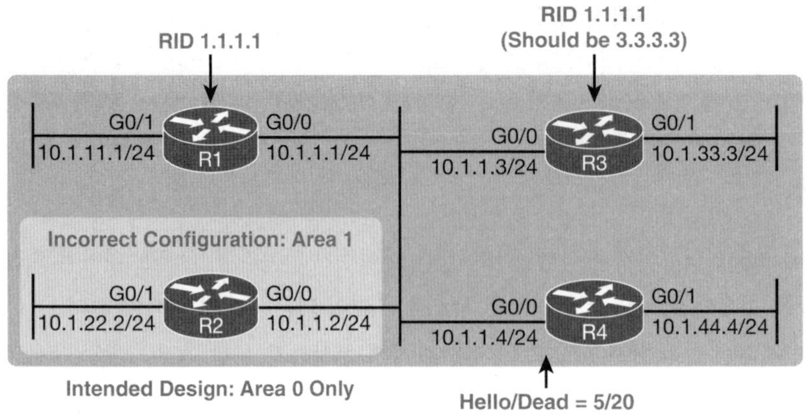

[그림 11-6] 중앙의 LAN에서 OSPF 네이버를 방해하는 문제점 요약

area 불일치 찾기

이 장의 앞부분 'OSPF 인터페이스 장애 처리' 절에서 **show ip ospf interface** 명령어를 사용하여 area 번호를 찾고 OSPF area 불일치 문제를 찾는 방법을 다루었다. 다음 예 주제에서는 [그림 11-11]에서 보여주는 것처럼 **debug ip ospf adj** 명령어를 사용해서 같은 문제를 확인하는 방법을 다룬다. 이 명령어는 OSPF 네이버 인접 이벤트에 관련한 로그 메시지를 보여주며 R2와의 area 불일치를 확인하는 로그 메시지도 보여준다.

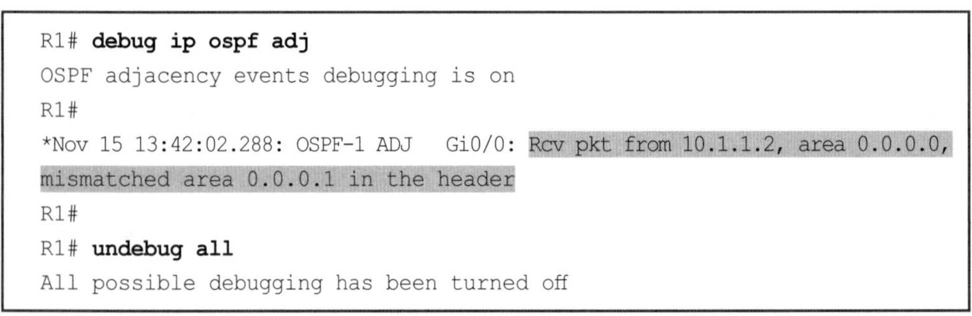

```
R1# debug ip ospf adj
OSPF adjacency events debugging is on
R1#
*Nov 15 13:42:02.288: OSPF-1 ADJ   Gi0/0: Rcv pkt from 10.1.1.2, area 0.0.0.0,
mismatched area 0.0.0.1 in the header
R1#
R1# undebug all
All possible debugging has been turned off
```

[예 11-11] R1에서 area 불일치를 **debug** 명령어를 써서 찾아내기

[표 11-4]에서 언급되었듯이, **debug ip ospf adj** 명령어는 OSPF area 불일치 문제의 장애 처리에 도움을 준다. 이 예의 음영으로 표시된 메시지의 첫 번째 부분은 R2의 IP 주소인 10.1.1.2로부터 수신된 패킷("Rcv pkt")에 대한 요약을 보여 준다. 메시지의 나머지 부분은 R1의 area(0.0.0.0)과 다른 라우터에 의해 선언된 area(0.0.0.1)을 언급하고 있다(메시지는 32비트로 된 area 번호를 점으로 구분된 십진수 형태로 보여준다).

이 예는 네이버 관계를 시작하지 못하는 증상과 그 문제(불일치된 area)를 확인하는 debug 메시지에 대해 중점적으로 다루고 있다. 하지만 설정 오류를 발견하려면 몇 가지 일을 해야 할 수도 있다. 단순히 명령어 상에서 잘못된 area 번호를 설정하는 것보다 훨씬 복잡할 수 있기 때문이다.

찾아내기 힘든 설정 오류 중 하나는 여러 개의 **network** 명령어를 서로 다른 area 번호와 함께 쓰면서, 하나의 인터페이스 IP 주소와 일치하는 경우이다. IOS는 OSPF **network** 명령어를 입력된 순서와 동일한 순서로 설정에 저장한다(**show running-config** 명령어의 결과값과 동일한 순서로 보여진다). IOS는 명령어를 순서대로 처리하기 때문에, 첫 번째 특정 인터페이스와 일치하는 **network** 명령어가 OSPF area 번호로 쓰여지게 된다.

예를 들면, IP 주소로 1.1.1.1이 설정된 인터페이스 G0/1이 라우터에 있다고 상상해 보자. OSPF 설정은 다음의 두 **network** 명령어를 차례대로 보여주게 된다. 둘 다 인터페이스 IP 주소 1.1.1.1과 일치하며, 그래서 IOS는 첫 번째 명령어를 사용하게 되고 area 1을 나타내게 된다. IOS는 두 번째 명령어는 사용하지 않게 된다. 심지어 두 번째 명령어가 더 구체적인 와일드카드 마스크를 가졌는데도 불구하고 말이다.

- **network 1.0.0.0 0.255.255.255 area 1**
- **network 1.1.1.1 0.0.0.0 area 0**

범하기 쉬운 또 다른 설정 오류는 동일한 라우터에서 **network** OSPF 하위 명령어와 **ip ospf** 인터페이스 하위 명령어를 동시에 사용할 때 area 불일치가 발생하는 경우이다. IOS는 동일한 라우터에서 동시에 두 가지를 다 지원하고 있다. 그러나 IOS는 **network** 명령어가 어떤 area의 OSPF를 활성화시키고 또 동시에 **ip ospf** 인터페이스 하위 명령어가 또 다른 area의 OSPF를 활성화시키는 경우를 막지는 못한다. 이런 경우가 발생하면 IOS는 **ip ospf** 인터페이스 하위 명령어에서 정의된 area의 번호를 사용하게 된다.

예를 들면, 두 가지 **network** 명령어를 방금 설정한 상태에서 **ip ospf 1 area 5** 명령을 라우터 인터페이스에 설정하게 되면, 그 인터페이스는 area 5로 설정되게 된다. 즉, IOS는 어떤 OSPF **network** 명령어보다도 그것을 우선시하게 된다.

11

> **NOTE** network 라우터 하위 명령어와 ip ospf 인터페이스 하위 명령어를 동시에 사용하면, 예전 스타일의 OSPF 설정에서 최근 스타일로 쉽게 옮겨 갈 수 있도록 해준다. 대부분의 기업들이 하나의 라우터에서 network 명령어나 ip ospf 명령어 중 하나를 사용한다.

중복된 OSPF 라우터ID 찾아내기

[예 11-12]는 R1과 R3가 둘 다 라우터ID 1.1.1.1을 사용하는 경우를 보여 준다. 흥미롭게도 두 라우터 모두 중복된 R1과 R3 간 OSPF 라우터 ID 문제에 대한 로그 메시지를 자동으로 생성하는데 [예 11-12] 끝부분에서 이 메시지를 보여 준다. 시험에서는 R3과 R1 양쪽에서

show ip ospf 명령어만 사용하여 라우터 ID를 쉽게 찾을 수 있으며, 두 라우터가 같은 값을 사용함을 확인할 수 있다.

```
! 다음, R3는 RID 1.1.1.1을 나열한다.
!
R3# show ip ospf
 Routing Process "ospf 3" with ID 1.1.1.1
 Start time: 00:00:37.136, Time elapsed: 02:20:37.200
! 간략화를 위한 라인 생략
```

```
! R1 역시 RID 1.1.1.1을 사용한다.

R1# show ip ospf
 Routing Process "ospf 1" with ID 1.1.1.1
 Start time: 00:01:51.864, Time elapsed: 12:13:50.904
 Supports only single TOS(TOS0) routes
 Supports opaque LSA
 Supports Link-local Signaling (LLS)
 Supports area transit capability
 Supports NSSA (compatible with RFC 3101)
 Event-log enabled, Maximum number of events: 1000, Mode: cyclic
 Router is not originating router-LSAs with maximum metric
 Initial SPF schedule delay 5000 msecs
 Minimum hold time between two consecutive SPFs 10000 msecs
 Maximum wait time between two consecutive SPFs 10000 msecs
 Incremental-SPF disabled
 Minimum LSA interval 5 secs
 Minimum LSA arrival 1000 msecs
 LSA group pacing timer 240 secs
 Interface flood pacing timer 33 msecs
 Retransmission pacing timer 66 msecs
 Number of external LSA 0. Checksum Sum 0x000000
 Number of opaque AS LSA 0. Checksum Sum 0x000000
 Number of DCbitless external and opaque AS LSA 0
 Number of DoNotAge external and opaque AS LSA 0
 Number of areas in this router is 1. 1 normal 0 stub 0 nssa
 Number of areas transit capable is 0
 External flood list length 0
 IETF NSF helper support enabled
 Cisco NSF helper support enabled
 Reference bandwidth unit is 100 mbps
    Area BACKBONE(0) (Inactive)
        Number of interfaces in this area is 3
        Area has no authentication
        SPF algorithm last executed 00:52:42.956 ago
```

```
        SPF algorithm executed 9 times
        Area ranges are
        Number of LSA 1. Checksum Sum 0x00C728
        Number of opaque link LSA 0. Checksum Sum 0x000000
        Number of DCbitless LSA 0
        Number of indication LSA 0
        Number of DoNotAge LSA 0
        Flood list length 0

*May 29 00:01:25.679: %OSPF-4-DUP_RTRID_NBR: OSPF detected duplicate router-id
1.1.1.1 from 10.1.1.3 on interface GigabitEthernet0/0
```

[예 11-12] R1과 R3에서 OSPF 라우터 ID 비교하기

먼저 중복된 라우터 ID의 문제에 초점을 맞춰 보자. 두 라우터에 **show ip ospf** 명령어의 첫 번째 줄에서 1.1.1.1이 중복되어 사용된 것을 금방 볼 수 있다. 이 문제를 해결하기 위해서, R1이 1.1.1.1을 사용해야 하고 R3은 다른 라우터 ID(아마 3.3.3.3)를 사용해야 하는 것으로 가정해보고, R3의 라우터 ID를 바꾸고 OSPF 프로세스를 재실행시켜보자. 이렇게 하려면, **router-id 3.3.3.3 OSPF** 하위 명령어를 사용하고 EXEC 모드 명령어 **clear ip ospf process**를 사용하면 된다.

또한 중복된 라우터 ID가 존재할 때 각 라우터에서 생성되는 로그 메시지를 훑어 보자.

마지막으로 [예 11-12]에서 **show ip ospf** 명령어가 OSPF 네이버 문제의 근본 원인에 대해 공통적인 오류를 보여준다. **router ospf** 명령어의 번호인 OSPF PID 값은 꼭 일치할 필요는 없다. [예 11-12]의 결과값의 첫 번째 줄에서 'Process ospf 3' 구문을 보면 R3에서 **router ospf 3** 명령어를 사용한 것을 보여주고, 반면에 'Process ospf 1' 구문을 보면 R1에서 **router ospf 1** 명령어를 사용한 것을 알 수 있음을 유의해야 한다.

OSPF 헬로와 데드 타이머 불일치 찾아내기

마지막으로 R1, R2에서 기본값으로 설정된 헬로와 데드 타이머와 비교해 다른 값으로 설정된 R4로 인해 생긴 문제점에 대해 고려해 보자. EIGRP는 네이버가 서로 다른 헬로 타이머를 사용하는 것을 허용하는 반면에 OSPF는 허용하지 않기 때문에, 이러한 불일치 때문에 R4가 다른 세 개의 OSPF 라우터와 네이버가 될 수 없다.

[예 11-13]에서는 **show ip ospf interface** 명령어를 R1과 R4에서 사용해서 이런 불일치를 찾는 가장 쉬운 방법을 보여준다. 이 명령어는 예에서 음영으로 표시된 부분처럼 각 인터페이스에 대해 헬로와 데드 타이머를 보여준다. R1이 10과 40(헬로와 데드) 값을 사용하는 반면에 R4는 5와 20을 사용함에 유의해야 한다.

```
R1# show ip ospf interface G0/0
GigabitEthernet0/0 is up, line protocol is up
  Internet Address 10.1.1.1/24, Area 0, Attached via Network Statement
  Process ID 1, Router ID 1.1.1.1, Network Type BROADCAST, Cost: 1
  Topology-MTID    Cost    Disabled    Shutdown      Topology Name
        0           1         no          no             Base
  Transmit Delay is 1 sec, State DR, Priority 1
  Designated Router (ID) 1.1.1.1, Interface address 10.1.1.1
  No backup designated router on this network
  Timer intervals configured, Hello 10, Dead 40, Wait 40, Retransmit 5
! 간략화를 위한 라인 생략
```

```
! R4로 이동하여
!
R4# show ip ospf interface Gi0/0
GigabitEthernet0/0 is up, line protocol is up
  Internet Address 10.1.1.4/24, Area 0, Attached via Network Statement
  Process ID 4, Router ID 10.1.44.4, Network Type BROADCAST, Cost: 1
  Topology-MTID    Cost    Disabled    Shutdown      Topology Name
        0           1         no          no             Base
  Transmit Delay is 1 sec, State DR, Priority 1
  Designated Router (ID) 10.1.44.4, Interface address 10.1.1.4
  No backup designated router on this network
  Timer intervals configured, Hello 5, Dead 20, Wait 20, Retransmit 5
! 간략화를 위한 라인 생략
```

[예 11-13] 불일치한 헬로/데드 타이머 찾아내기

[예 11-14]에서 보여주는 것처럼 **debug ip ospf hello** 명령어로도 헬로/데드 타이머 불일치를 표시하기 때문에 이 문제점을 찾을 수 있다.

```
R1# debug ip ospf hello
OSPF hello events debugging is on
R1#
*Nov 15 14:05:10.616: OSPF-1 HELLO Gi0/0: Rcv hello from 10.1.44.4 area 0 10.1.1.4
*Nov 15 14:05:10.616: OSPF-1 HELLO Gi0/0: Mismatched hello parameters from 10.1.1.4
*Nov 15 14:05:10.616: OSPF-1 HELLO Gi0/0: Dead R 20 C 40, Hello R 5 C 10 Mask R
255.255.255.0 C 255.255.255.0
```

[예 11-14] debug를 사용하여 헬로/데드 타이머 불일치를 발견하기

비록 debug 메시지가 좀 이해하기 어렵지만, 약간의 설명들이 이 메시지의 뜻을 좀더 분명하게 해준다. 음영으로 표시된 메시지에서 C는 'configured value(설정된 값)'를 의미하고, 이 값은

로컬 라우터 즉, 이 경우에는 R1에 설정된 값을 의미한다. R은 'received value(수신된 값)'를 의미하는데, 즉 수신된 헬로 패킷 안에 나열된 값을 의미한다. 이 예에서

- 'Dead R 20 C 40'은 R1이 데드 타이머 값이 20으로 설정된 헬로 패킷를 수신했다는 것을 의미하는데, 반면에 설정된 값이 40이라는 의미이다.
- 'Hello R 5 C 10'은 R1이 헬로 타이머 값이 5로 설정된 헬로 패킷을 수신했다는 것을 의미하는데, 반면에 설정된 값이 10이라는 의미이다.

똑같은 **debug** 명령어를 사용하면 수신된 서브넷 마스크와 설정된 서브넷 마스크를 참조하여 IP 서브넷 불일치 문제점도 찾을 수 있다.

다른 OSPF 관련 사항

이 장의 마지막에서 짧게 다룰 내용은 두 가지 추가적인 주제다. 라우팅 프로토콜 프로세스를 멈추게 하는 것과 인터페이스의 MTU(maximum transmission unit) 크기를 다룰 것이다.

OSPF 프로세스 멈추게 하기

Cisco는 IOS **shutdown** 명령어를 여러 구문에서 사용한다. 여기에서도 패킷을 더 이상 보내거나 받지 않게 하도록 인터페이스를 비활성화하기 위해서 인터페이스 설정 모드에서 **shutdown** 명령어를 사용할 수 있다. Cisco IOS스위치는 **shutdown** 명령어를 VLAN 설정 모드에서 쓸 수 있으며 이것은 스위치가 해당 VLAN으로 프레임을 더 이상 전달하지 않도록 해준다. 이 두 가지 경우에서 **shutdown** 명령어는 어떤 설정값도 삭제하지 않으며, 단순히 IOS로 하여금 특정 기능을 멈추도록 하게 한다. 이후 같은 명령어 모드에서 **no shutdown** 명령어를 사용하면 해당 기능을 다시 활성화시킬 수 있다.

IOS에서는 OSPFv2와 EIGRP 라우팅 프로토콜 프로세스를 **shutdown**과 **no shutdown** 명령어로 비활성화시키고 활성화시킬 수 있는데, 라우팅 프로토콜 설정 모드에서 설정 가능하다. 라우팅 프로토콜 프로세스를 멈출 때, IOS는 다음과 같이 동작한다.

- 현재의 네이버 관계를 멈추게 한다.
- 새로운 네이버 관계를 형성하지 않는다.
- 헬로 메시지를 보내지 않는다.
- 라우팅 프로토콜 설정을 지우지 않는다.

기본적으로 라우팅 프로토콜 프로세스를 멈추는 것은 네트워크 엔지니어로 하여금 모든 설정을 지우지 않고도 해당 라우터에서 라우팅 프로토콜을 멈추는 방법을 제공해 준다.

장애 처리 측면(특히 시험과 관련하여)에서, 만약 구성이 완벽하게 설정되었다면 라우터의 OSPF 프로세스가 멈춘 것을 제외하고 무엇을 볼 수 있을까? 첫째로, 라우팅 프로세스가 멈춘

라우터에서는 어떤 OSPF 네이버도 가지고 있지 않으며, 다른 라우터들도 그 라우터를 네이버로 가지고 있지 않다. 그러나 OSPF **shutdown** 하위 명령어는 어떤 설정도 삭제하지 않기 때문에, **show ip ospf interfaces** 명령어는 여전히 OSPF가 인터페이스에 설정되어 있다는 것을 보여 준다.

[그림 11-7]에서 보여 주는 것처럼 [예 11-15]에서는 라우터 R5의 예를 보여준다. R5는 이전 예에서 사용된 것과는 다른 라우터인데, 라우터 ID 2.2.2.2와 3.3.3.3을 가진 R2와 R3을 OSPF 네이버 관계를 가지고 시작한다. 이 예에서는 OSPF 프로세스가 멈춘 것과 네이버 형성이 되어 있지 않는 것, 두 개의 상황과 관련된 핵심 OSPF **show** 명령어, 즉 **show ip ospf neighbor**와 **show ip ospf interface brief**를 보여준다.

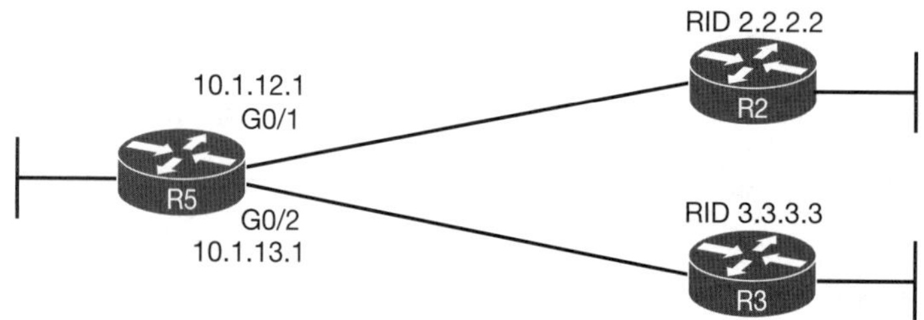

[그림 11-7] OSPF 프로세스가 멈추는 것을 보여주는 네트워크 예

```
R5# show ip ospf neighbor

Neighbor ID     Pri   State           Dead Time   Address         Interface
2.2.2.2           1   FULL/DR         00:00:35    10.1.12.2       GigabitEthernet0/1
3.3.3.3           1   FULL/DR         00:00:33    10.1.13.3       GigabitEthernet0/2
R5# configure terminal
Enter configuration commands, one per line.  End with CNTL/Z.
R5(config)# router ospf 1
R5(config-router)# shutdown
R5(config-router)# ^Z
R5#
*Mar 23 12:43:30.634: %OSPF-5-ADJCHG: Process 1, Nbr 2.2.2.2 on
  GigabitEthernet0/1   from FULL to DOWN, Neighbor Down: Interface down or
  detached
*Mar 23 12:43:30.635: %OSPF-5-ADJCHG: Process 1, Nbr 3.3.3.3 on
  GigabitEthernet0/2   from FULL to DOWN, Neighbor Down: Interface down or
  detached
R5#
R5# show ip ospf neighbor
R5#
R5# show ip ospf interface brief
```

```
Interface    PID   Area         IP Address/Mask   Cost  State Nbrs F/C
Gi0/1        1     0            10.1.12.1/24      1     DOWN  0/0
Gi0/2        1     0            10.1.13.1/24      1     DOWN  0/0
```

[예 11-15] OSPF 프로세스 멈추기와 네이버 상태

두 가지 **show** 명령어는 특히 중요한 사실 두 가지를 지적하고 있다. 첫째, **shutdown** 하기 전에, **show ip ospf neighbor** 명령어는 두 개의 네이버를 보여 준다. **shutdown** 하고 난 후에는 같은 명령어로 네이버를 전혀 보여주지 않는다. 둘째, **show ip ospf interface brief** 명령어는 라우터 자신의 IP 주소에서 어떤 인터페이스에 OSPF가 활성화되어 있는지 보여 준다. 그러나 네이버의 상태가 DOWN임을 보여 준다.

불일치된 MTU 설정

MTU 크기는 라우터에 의한 3계층 전달 로직에 대한 각 인터페이스 설정이며, 이것은 라우터가 각 인터페이스로 전달하는 네트워크 레이어 패킷의 최대 크기를 정의한다. 예를 들면, 인터페이스의 IPv4 MTU 크기는 라우터가 인터페이스로 전달할 수 있는 IPv4 패킷의 최대 크기를 정의한다.

라우터는 종종 MTU 크기의 기본값으로 1,500바이트를 사용하는데, 이것은 설정으로 변경할 수도 있다. **ip mtu** *size* 인터페이스 하위 명령어는 IPv4 MTU 설정을 정의하며, **ipv6 mtu** *size* 명령어는 IPv6 패킷에 대해 비슷한 설정을 할 수 있게 한다.

이상하게 꼬이게 되면, 두 개의 OSPFv2 라우터는 실제로 OSPF 네이버가 되어 2-WAY 상태가 됨에도 불구하고 인터페이스에서 서로 다른 IPv4 MTU 설정을 사용하는 경우가 생길 수도 있다. 그러나 이럴 경우에는 LSDB를 교환할 수 없다. 결국 LSDB 교환하기를 시도하고 실패한 후에, 네이버 관계가 끊어지게 된다.

MTU 불일치가 발생한 배경의 개념은 OSPFv2와 OSPFv3 모두에 동일하게 해당한다. 23장 'IPv6에서 OSPF 실행'의 'IPv6 MTU 관련 사항' 절에서 OSPFv3와 관련한 특정 문제점의 예를 보여준다. 관련 사항에 대한 자세한 내용은 해당 절을 읽어 보면 된다.

챕터 리뷰

시험을 잘 보기 위해 중요한 한 가지 핵심은 시간 간격을 두고 반복적으로 복습하는 것이다. 이 장의 내용을 복습하기 위해 책과 DVD에 있는 툴 또는 본 저서와 관련 있는 웹 사이트의 대화형 도구를 이용할 수 있다. 자세한 사항은 '당신의 학습 계획' 내용을 참조하자. [표 11-5]에는 핵심 복습 내용과 그 내용을 찾을 수 있는 위치를 표시하였다. 두 번째 칸에 복습 완료 날짜를 기록한다.

리뷰 사항	완료 날짜	사용 자료
핵심 주제 리뷰		책, DVD/웹 사이트
메모리 테이블 리뷰		DVD/웹 사이트
명령어 참조 표 리뷰		책

[표 11-5] 리뷰 확인

핵심 주제 리뷰

핵심 주제	내용	쪽 번호
리스트	라우터의 인터페이스에서 EIGRP나 OSPF가 활성화될 때 발생하는 두 가지	301
표 11-1	어떤 인터페이스에서 EIGRP나 OSPF가 활성화되어 있는지 확인하는 세 가지 명령어	301
표 11-2	EIGRP와 OSPF에 대한 네이버 요건	311
표 11-3	EIGRP 네이버 요건과 네이버 문제의 근본 원인을 찾기 위한 유용한 명령어	313
표 11-4	OSPF에 대해서 [표 11-3]과 같은 정보	317

[표 11-6] 11장의 핵심 주제

참조 명령어

[표 11-7], [표 11-8], [표 11-9]에서는 이 장에서 사용하는 설정, 점검, debug와 관련한 명령어를 정리하였다. 복습을 위해서, 표의 왼쪽 부분을 가리고 오른쪽 설명 부분을 보면서 명령어를 어느 정도 잘 기억하고 있는지 가늠해본다. 그 다음 반대로 오른쪽 설명 부분을 가리고 왼쪽 명령어 부분만 보면서 각 명령어에 대한 설명을 기억해보자.

명령어	설명
ip hello-interval eigrp *as-number timer-value*	인터페이스 하위 명령어로 EIGRP 프로세스를 위해 EIGRP 헬로 주기를 설정한다.
ip hold-time eighrp *as-number seconds*	인터페이스 하위 명령어로 인터페이스에 EIGRP 홀드 시간을 설정한다.
ip ospf hello-interval *seconds*	인터페이스 하위 명령어로 OSPF 헬로 주기를 설정한다.
ip ospf dead-internal *number*	인터페이스 하위 명령어로 OSPF 데드 타이머를 설정한다.
passive-interface *type number*	라우터 하위 명령어로, OSPF와 EIGRP에서 라우팅 프로토콜이 헬로 패킷을 보내지 않도록 하고 해당 인터페이스에서 네이버를 찾지 않도록 한다.

[표 11-7] 11장에서 다룬 설정 명령어

명령어	설명
show ip protocols	라우팅 프로토콜 매개 변수와 현재 설정된 타이머 값을 보여주며, 라우팅 프로토콜의 **network** 명령어에 의해 설정된 네트워크 정보와 passive-interface 목록도 포함된다.
show ip eigrp interfaces	EIGRP 프로세스마다 passive-interface를 제외한 EIGRP가 활성화된 인터페이스를 나타낸다.
show ip route eigrp	라우팅 테이블에서 EIGRP를 통해 학습한 경로만을 나타낸다.
show ip eigrp neighbors	EIGRP 네이버와 네이버의 상태를 보여준다.
show ip ospf interface brief	OSPF 프로토콜이 활성화된 인터페이스 목록을 보여주며 (**network** 명령어 기준), passive-interface도 포함된다.
show ip ospf interface [*type number*]	인터페이스가 포함된 area, 해당 인터페이스에 연결된 네이버, 헬로와 데드 타이머 값을 보여준다.
show ip route ospf	라우팅 테이블에서 OSPF를 통해 학습한 경로만을 나타낸다.
show ip ospf neighbor	인터페이스별로 네이버 관계를 형성한 라우터 목록과 상태를 나열한다.
show ip ospf	OSPF 프로세스 자체에 대한 메시지들을 보여 주며 첫 번째 줄에는 OSPF 라우터 ID를 보여준다.
show interfaces	인터페이스별로 긴 메시지를 보여주며, 설정, 상태, 카운터 정보를 보여준다.
show interfaces description	인터페이스별로 상태 정보에 대한 한 줄로 된 요약된 정보를 보여준다.

[표 11-8] 11장에서 다룬 **show** 명령어

명령어	설명
debug eigrp packets	라우터로 들어오거나 나가는 EIGRP 패킷에 대한 로그 메시지를 보여준다.
debug ip ospf adj	라우터가 네이버로 되는 것에 관련한 사항, 즉 인접 사항(adjacency event)에 관련한 로그 메시지를 보여준다.
debug ip ospf events	OSPF에 의해 패킷이 발생할 때마다 로그를 발생하며, 수신되는 OSPF 패킷에도 로그가 발생한다.
debug ip ospf packet	모든 OSPF 패킷의 내용을 설명하는 로그 메시지를 발생시킨다.
debug ip ospf hello	헬로 패킷과 비정상적인 헬로 패킷에 대해 로그 메시지를 발생시킨다.
undebug all	모든 실행 중인 **debug** 명령어를 비활성화시키는 EXEC 명령어.

[표 11-9] 11장에서 다룬 **debug** 명령어

CHAPTER 12

외부 BGP 구현

이 장은 다음 시험 주제를 다룬다.

- **3.0** WAN 기술
- 3.4 WAN 토폴로지 옵션 설명
  - 3.4.d 싱글 vs 듀얼 홈
- 3.6 eBGP IPv4를 사용한 싱글 홈 지점 연결 설정 및 검증(network 명령어를 사용한 피어링(peering)과 경로 광고로 제한함)

시스코 CCNA R&S 인증의 오랜 역사에서 처음으로, 시스코는 이 최신 ICND2와 CCNA R&S 시험에 BGP(Border Gateway Protocol)를 추가했다. 과거에는 BGP가 기업 간에 경로를 교환하기 위해 사용되는 하나의 라우팅 프로토콜이라고 언급되었다(이는 BGP의 목적을 위해 자율 시스템(Autonomous System)으로 불린다). 시스코 CCNA R&S의 역사에서 처음으로, 시험 주제는 BGP 설정 및 검증 주제를 포함한다.

그러나 유일한 BGP 시험 주제는 BGP의 아주 작은 부분에 지나지 않는데 이 장에서의 BGP 논의를 제한하는 이유다. BGP는 수명이 길고 유연한 프로토콜로 많은 핵심 기능을 가지고 있으며, 수년 동안 많은 기능들이 추가되었다. 이 장에서는 CCNA에 포함된, 엔터프라이즈와 ISP 간에 하나의 인터넷 링크를 이용한 IPv4의 BGP 사용이라는 작은 부분을 소개할 것이다.

QUIZ 사전 점검 퀴즈

사전 점검 퀴즈(지문 또는 PCPT 소프트웨어 사용)를 풀어보면 이 장을 읽고 이해하는 데 시간이 얼마나 걸릴 것인지 가늠할 수 있다. 정답은 퀴즈 다음 페이지 하단에 있으며, 퀴즈 정답에 대한 자세한 설명은 DVD 부록 C와 PCPT 소프트웨어에 담겨 있다.

핵심 주제	문항
BGP 개념	1–3
eBGP 설정 및 검증	4–6

[표 12-1] 핵심 주제와 관련된 사전 점검 퀴즈 문항

1. 다음 중 두 개의 ISP로의 연결을 포함하는 인터넷 엣지 디자인은 어느 것인가? (2개를 고르시오)

a. 싱글 홈(Single homed)

b. 싱글 멀티홈(Single multihomed)

c. 듀얼 홈(Dual homed)

d. 듀얼 멀티홈(Dual multihomed)

2. 다음 중 어떤 기능이 iBGP가 아닌 eBGP의 기능인가?

a. 같은 AS 번호에 라우터를 연결한다.

b. TCP를 사용한다.

c. ISP와 엔터프라이즈 간에 경로를 교환한다.

d. 정답 없음

3. eBGP를 사용하는 일반적인 싱글 홈 인터넷 엣지 커넥션을 통해 경로가 광고되었다고 가정하자. 다음 중 어느 정답이 이 경우 eBGP에 의해 일반적으로 광고된 경로를 잘 설명하는가?

a. ISP에 엔터프라이즈에 의해 광고되는 기본 경로

b. ISP로 가는 엔터프라이즈의 공공 IPv4 주소 블럭에 대한 경로

c. ISP로 가는 엔터프라이즈의 사설 IPv4 주소 블럭에 대한 경로

d. 엔터프라이즈에 ISP에 의해 광고된 기본 경로

4. 다른 AS 번호를 가지고 같은 서브넷 안의 두 라우터 R1과 R2가, WAN 링크를 통해 직접적으로 연결되어 있다. 만약 이 같은 링크의 IP 주소 사용이 eBGP 네이버를 정의한다면, 라우터 R1이 라우터 R2와 eBGP 피어를 맺게 하기 위해서는 몇 개의 다른 BGP **neighbor** 명령어가 필요한가? (2개를 고르시오)

a. 1

b. 2

c. 3

d. 4

5. 엔터프라이즈 라우터(R1)는 ISP 라우터 R2와 eBGP 피어 관계를 맺고 있다. 두 라우터 모두 **no auto-summary** 기본 설정을 가지고 있다. R1의 다음 결과를 확인해라. 결과에 기반해서, 다음 중 어떤 명령어가 R1의 BGP 설정이 추가되었을 때, R1이 라우터 R2에게 BGP 경로를 광고하게 하는가?

```
R1# show ip route 200.1.1.0 255.255.255.0 longer-prefixes
      200.1.1.0/24 is variably subnetted, 3 subnets, 3 masks
C        200.1.1.0/27 is directly connected, Loopback1
L        200.1.1.1/32 is directly connected, Loopback1
O        200.1.1.32/28 [110/2] via 10.1.1.1, 03:11:00, GigabitEthernet0/2
```

a. **network 200.1.1.0 mask 255.255.255.0**

b. **network 200.1.1.0**

c. **network 200.1.1.0 mask 255.255.255.240**

d. 이 중 어느 것도 R1이 R2에게 경로를 광고하게 할 수 없다.

6. 다음 결과를 확인하라. 다음 중 라우터 R1에서의 **show** 명령어의 결과에 기반해서 어떤 문장이 맞는가? (2개를 고르시오)

```
R1# show ip bgp summary
BGP router identifier 2.2.2.2, local AS number 101
BGP table version is 1, main routing table version 1

Neighbor        V  AS  MsgRcvd  MsgSent  TblVer InQ OutQ Up/Down  State/
PfxRcd
1.1.1.1         4  201       2        2       1    0    0  00:00:37     1
```

a. 네이버 1.1.1.1은 eBGP 피어이다.

b. BGP에 의해 필요한 TCP 연결은 이 시점에서 작동하지 않는다.

c. R1은 네이버 1.1.1.1에게 하나의 프리픽스를 보냈다.

d. R1은 **neighbor 1.1.1.1 remote-as 201** 명령어를 설정했다.

핵심 주제

BGP 개념

당신은 이미 OSPF(Open Shortest Path First)와 EIGRP(Enhanced Interior Gateway Routing)와 같은 내부 게이트웨이 프로토콜(IGP, Interior Gateway Protocol)이 무엇을 하는지, 어떻게 수행하는지에 대해 이미 많이 배웠다. 오늘날 사용하고 있는 EGP(Exterior Gateway Protocol)의 유일한 옵션인 BGP를 탐험하기에 앞서, 이 절은 IGP와 EGP 간의 기본 비교를 하면서 시작한다.

따라서 각각의 프로토콜이 작동하는 방식에 대한 세부 사항을 무시하고, 대신 그들이 무엇을 하는지, RIPv2, OSPF, 그리고 EIGRP와 같은 IGP가 무엇을 수행하는지에 대해 집중하라. 다음 목록은 주요 요점을 요약한다:

- **경로 학습**: 서브넷/마스크에 대해 학습하고, 나가는 인터페이스와 넥스트홉 라우터로 해당 서브넷에 대한 로컬 라우터의 경로를 계산한다.
- **최상 경로 선택**: 만약 하나의 라우팅 프로토콜이 존재하는 하나의 서브넷에 대해 여러 개의 경로를 학습했다면, 메트릭의 어떤 종류를 사용해서 최상의 경로를 선택한다.
- **수렴**: 네트워크에 변화가 생길 때, *수렴(Convergence)* – 경로를 제거하거나 새로운 것을 추가하거나 또는 작동하는 경로로 실패한 경로를 대체한다.

RIPv2, OSPF, 그리고 EIGRP는 이 목록의 목적을 달성하는 방법에 대한 메커니즘이 거의 다르다. 즉, 각 IGP는 새로운 서브넷에 대해 학습해야 하고, 최상의 경로를 선택하기 위해 각 서브넷에 대한 경로를 비교한 후 메트릭을 사용해 가능한 빠르게 수렴해야 한다.

BGP도 이러한 같은 디자인 목적을 가졌지만, IGP에 비교해서 아주 다른 점이 있다. BGP는 목록의 첫 번째 항목, *도달 가능성(reachability)*이라 부르는 BGP 용어에 중점을 둔다. 어떤 프리픽스(주소 블록)가 도달할 수 있는가? 글로벌 인터넷으로 사용할 BGP는 확장 가능해야만 한다. 그리고 이 첫 번째 작업 – 가장 중요한 작업 – 은 모든 라우터가 인터넷에서 도달 가능한 모든 공인 IP 주소 프리픽스에 대해 알 수 있도록 하는 것이다.

인터넷 코어 라우터에서 사용되고 있는 IP 테이블의 규모에 대한 이해를 돕기 위해, 제프 휴스톤(Geoff Huston)이 수십 년 간의 인터넷에 대한 통계 자료를 게시했으니, 웹 사이트 http://bgp.potaroo.net를 확인해 보아라. 이 장을 쓰면서 웹 사이트를 확인하니, 인터넷의 BGP 테이블 사이즈(이 라우터들에 예상되는 IPv4 경로 개수를 나타낸다)가 600,000 엔트리 이상이라고 보여준다. BGP는 큰 일을 하고 있다.

12

사전 점검 퀴즈 정답

1 B, D **2** C **3** B, D **4** A **5** D **6** A, D

BGP로 경로 광고

BGP는 IGP에서 사용하는 것과 동일한 일반적인 과정을 사용해서 라우팅 정보를 교환하지만, 물론 몇 가지 차이점이 있다. BGP 과정부터 시작하면, 하나의 라우터는 IPv4 프리픽스의 이해가 있어야 한다. 그러면 그것은 [그림 12-1]에서 보여주는 것처럼, *BGP 프로토콜 메시지(BGP 업데이트 메시지)*를 다른 라우터와 라우팅 정보를 교환하기 위해 사용한다. BGP에서, 다른 라우터를 *BGP 이웃(neighbor)* 또는 *BGP 피어(peer)*라고 부른다.

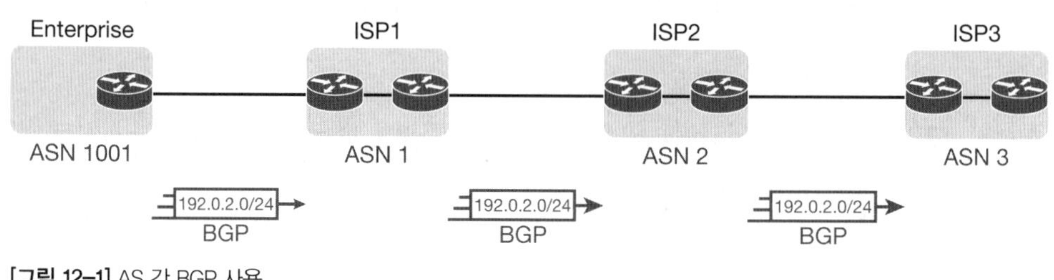

[그림 12-1] AS 간 BGP 사용

IGP에 비교해서 BGP와 큰 차이점 중 하나는 BGP가 그림에서와 같이 ISP로 보이는 다른 회사로 라우트를 다른 라우터로 광고한다는 점이다. 정의 상, IGP는 같은 회사 내의 다른 라우터들에게 경로를 광고한다.

> **NOTE** IGP가 우리가 일반적으로 서브넷이라고 부르는 주소 블럭에 광고를 하는 반면, BGP는 *프리픽스(prefixes)*, *주소 블럭(address blocks)*, 또는 심지어 공식 BGP 이름인 *네트워크 계층 도달 가능성 정보(NLRI, Network Layer Reachability Information)*라고 부르는 주소 블럭에 광고한다. *서브넷(subnet)*이라는 단어를 사용하지 않는 이유는, BGP는 좀처럼 각각의 서브넷과 같은 작은 주소 블럭을 광고하지 않기 때문이다.

BGP는 IGP의 목적과 달리 엔터프라이즈를 위한 것으로, 로컬 ISP에 엔터프라이즈의 공공 IPv4 프리픽스를 광고하는 데 사용될 수 있다. [그림 12-1]에서, 가장 왼쪽에 있는 엔터프라이즈는 엔터프라이즈의 ISP(이 경우 ISP1)에 BGP 피어링 관계를 가진다. 그러면 엔터프라이즈는 자신의 공공 프리픽스, C 클래스 네트워크 192.0.2.0/24를 ISP1에 광고한다. 글로벌 인터넷을 생성하기 위해, ISP는 서로 연결하고, ISP1은 이 프리픽스(192.0.2.0/24)를 보이는 것처럼 다른 ISP에게 광고한다. 이렇게 하면, 인터넷의 다른 모든 부분에서 192.0.2.0/24의 주소에 패킷을 전송하는 방법을 알게 된다.

*AS 번호(ASN, Autonomous system number)*는 BGP보다 EIGRP에서 더 핵심적인 역할을 한다. BGP에서는 EIGRP와 마찬가지로, AS라는 용어는 다른 네트워크와 별개로(즉, 자율적으로) 작동하는 네트워크를 의미한다. BGP는 AS 번호(ASN) - 각 AS를 식별하는 번호 - 를 최상의 BGP 경로를 선택하기 위해, 최상 경로를 선출 과정을 포함해서 많은 BGP 기능을 위해 사용한다. AS 번호는 또한 라우팅 루프 방지 메커니즘의 일부로서도 사용된다.

내부 및 외부 BGP

하나의 BGP 주제는 단순한 BGP보다는 eBGP 약자를 사용한다. eBGP는 *외부 BGP(eBGP, External BGP)*를 나타내며, *내부 BGP(iBGP, Internal BGP)*와 대조되어 사용된다. 이 용어가 의미하는 바를 보기 위해서는 BGP 업데이트 메시지에 어떤 일이 일어나는지 자세히 생각해 볼 필요가 있다.

엔터프라이즈가 ISP에 연결되었을 때, 물리 연결은 가능한 짧게 선택된다. 예를 들어, [그림 12-2]에서, 엔터프라이즈 라우터 R1과 ISP1 라우터 ISP1-1은 같은 도시에 있을 수도 있다. 사실 ISP는 그들의 네트워크를 고객과 가까이에 PoP(Point of Presence)를 설치하는데, 그렇게 함으로써 고객으로부터 ISP까지의 WAN 링크를 짧게 할 수 있다.

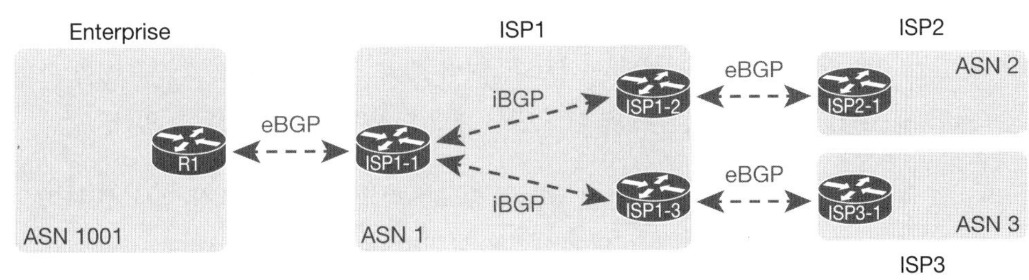

[그림 12-2] eBGP와 iBGP 비교

글로벌 인터넷을 만들려면, ISP가 서로 연결돼 있어야 한다. 일부 ISP는 지역 또는 한 국가를 포함할 수 있다. 일부는 세계의 주요 지리(예: 유럽)를 포함하고, 소수는 전 세계의 대부분을 포함한다. 그러나 ISP1의 사이트는 나라 전체, 대륙, 또는 전 세계로 확장할 수 있다. ISP2와 ISP3은 다른 지역, 다른 지리에 있다. 물리적으로 인터넷을 만들기 위해서는 어떤 방식으로 모든 ISP를 다른 ISP에 연결함으로써, ISP가 그들의 라우터를 세계의 어딘가에 연결해야 한다. 사실, ISP는 종종 ISP 간에 고속 연결을 위해 인터넷 교환이라고 불리는 같은 방에 라우터들을 위치하게 한다.

이제 엔터프라이즈 간, 그들의 ISP로, 그리고 모든 주요 지리적인 지역에 분산되어 있는 ISP 간에 BGP가 경로를 교환하는 데 사용된다고 생각해 보자. BGP가 글로벌 인터넷에서 사용되게 하려면, BGP는 AS 번호(외부 BGP) 간 프리픽스 정보를 먼저 교환해야 한다. 그러나 ISP 네트워크의 다른 부분에 있는 다른 링크로 프리픽스를 광고할 수 있게 하기 위해서는 [그림 12-2]의 가운데에서 보여주는 것처럼, ISP가 같은 AS 번호(내부 BGP) 안의 다른 라우터들에게 이 프리픽스를 광고해야만 한다.

기본적으로, eBGP는 두 개의 다른 AS 번호 사이에서 경로를 광고하는 데 BGP를 사용하는 것을 가리킨다. iBGP는 같은 AS 번호 내부의 다른 라우터들에게 경로를 광고하기 위해 BGP를 사용하는 것을 가리킨다. BGP는 이웃하는 라우터가 eBGP인지 iBGP 피어 여부에 기반해서 무엇을 광고하고 어떻게 작동하는지 조금 다른 규칙을 사용하고 세부 사항을 가진다.

BGP를 이용한 최상 경로 선택

이 장의 시작은 모든 라우팅 프로토콜이 프리픽스를 학습하고, 만약 여러 개의 경로가 존재하면 최상의 경로를 선택하고, 네트워크가 변경될 때 수렴한다고 명시한다. BGP는 프리픽스에 대한 도달 가능성 광고라는 그 첫 번째 행동에 초점을 맞춘다. 또한 IGP와 마찬가지로, BGP는 메트릭과 같은 개념이 있어서, 경쟁 경로 중에서 최상의 경로를 선택할 수 있다. 그러나 BGP는 메트릭을 정의하고 최상의 경로를 결정하는 데 사용하는 BGP 논리에 아주 다르게 접근한다.

먼저, BGP는 메트릭의 한 개념만 사용하지 않는다. 대신, *경로 속성(path attributes)*을 사용한다. BGP는 다른 경로 속성의 목록과 함께 프리픽스를 광고한다. 경로 속성은 서브넷에 도달할 수 있는 경로(Path)에 대한 사실과는 다르다. 여러 개의 개념(여러 개의 경로 속성)을 사용함으로써 BGP는 어떤 경로가 최상인지에 대해 훨씬 넓고 다양한 결정을 내릴 수 있다.

BGP는 그러면 두 개의 경쟁 경로 간에 *최상의 경로를 선택*하기 위해 최상 경로 선출 과정이라고 불리는 프로세스를 사용한다. 이미 존재하는 프리픽스를 가진 BGP 업데이트를 받을 때, 라우터는 간단하게 선택할 수 있다: 이전 경로가 좋은가, 새로운 경로가 좋은가? 최상 경로 선출 과정은 비교에서 라우터들 중 하나가 더 낫다는 것을 보여줄 때까지(약 열 개정도) 비교를 거친다. 네트워크 엔지니어는 경로 속성의 자세한 이해를 요구한다(이는 이 장의 범위를 벗어난다). 그러나 라우터에서 BGP는 비교를 할 때 아주 적은 작업을 필요로 하는데, 말하자면 OSPF의 SPF 프로세스보다 훨씬 적게, 그래서 BGP 최상 경로 선출 과정은 잘 확장된다.

최상 경로 선택의 일반적인 설명이 정확하지만, 한 가지 예가 도움이 될 수 있다. BGP는 최상 선출 과정의 한 단계에서 AS_Path 경로 속성(PA)을 사용한다. AS_Path는 BGP에서 경로에 보내진 경로 속성이며, 이 속성은 경로에서 AS 번호를 표시한다. 최상 경로 선출 과정은 짧은 AS_Path가 더 좋다고 간주한다. 당신은 홉 카운트와 같다고 생각할 수 있지만, 그 홉은 하나의 라우터 대신 전체 AS 번호다.

[그림 12-3]은 프리픽스 192.0.2.0/24에 도달하기 위한, 하나가 더 짧은 AS_Path 길이를 가지고 있는, 두 개의 경쟁 경로의 예를 보여준다. 엔터프라이즈는 ISP1에 자신의 공공 프리픽스 192.0.2.0/24를 광고하고, 그러면 다른 ISP에게 광고한다. ISP3는 결국 해당 프리픽스로 가는 두 개의 가능한 경로를 학습하는데, 하나는 AS_Path를 세 개의 AS 번호로 표시하고, 더 짧은 것은 두 개의 AS 번호를 표시한다(최상 경로는 '>'로 표기한다).

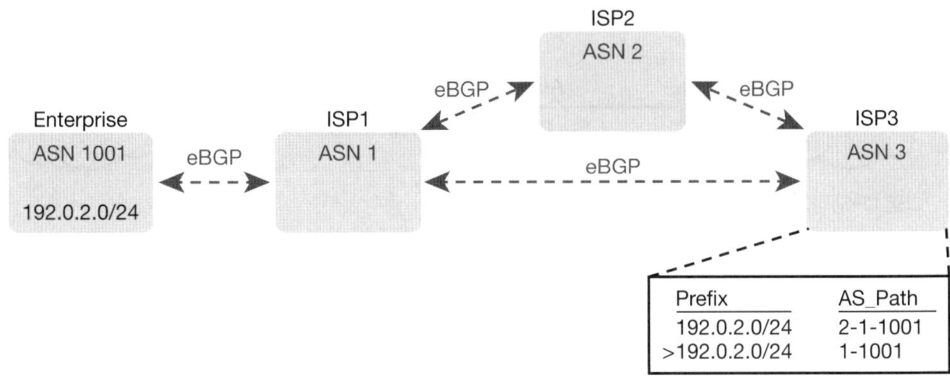

[그림 12-3] ASN과 ISP3에 프리픽스 192.0.2.0/24로 선택된 가장 짧은 AS_Path

만약 라우팅 스위칭을 깊게 배우고자 한다면, BGP와 최상 경로 알고리즘에 대해 더 알아야 한다. CCNP ROUTE와 CCIE R&S는 BGP의 아주 자세한 사항을 포함한다.

eBGP와 인터넷 엣지

인터넷 엣지(Internet Edge) 용어는 ISP 고객과 ISP 간의 연결을 뜻한다. 하나의 BGP 시험 주제는 인터넷 엣지, 특히 엔터프라이즈와 ISP 간 eBGP 피어링의 BGP 논의와 BGP가 주로 엣지에서 무엇에 유용한가에 초점을 맞춘다.

인터넷 엣지 디자인과 용어

BGP 시험 주제 중 하나인 *싱글 홈(Single-homed)* 용어는 [그림 12-4]에서 보여주는 것과 같이, 하나의 ISP로 하나의 링크를 가진 특정 인터넷 엣지 디자인을 가리킨다. 단일 홈 디자인은 엔터프라이즈와 ISP 간에 하나의 링크를 가지고 있다. 당신은 주로 싱글 홈 인터넷 엣지 디자인을 엔터프라이즈 지사를 인터넷에 연결할 때나 엔터프라이즈의 핵심 사이트로부터의 간단한 연결을 위할 때 사용하는 것을 찾을 수 있을 것이다.

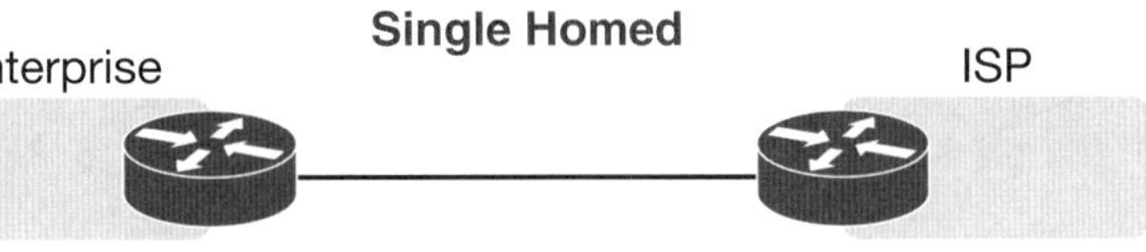

[그림 12-4] 싱글 홈 디자인: 하나의 링크, 하나의 홈(ISP)

12

싱글 홈 디자인은 어느 종류의 WAN 링크나 허용한다. 즉, 그것은 DSL, 케이블, 광, 이더넷 또는 무선 LTE 연결이 될 수도 있다. 더 중요한 점은 엔터프라이즈 사이트가 하나의 ISP에 연결하고, 해당 ISP에 하나의 링크만이 존재한다는 것이다. [그림 12-5]는 이러한 개념을 확장한다.

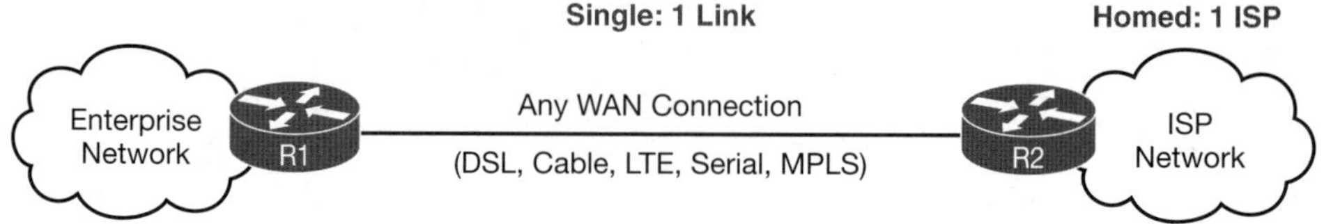

[그림 12-5] 싱글 홈 인터넷 엣지의 물리적인 링크

싱글 홈 연결은 장단점이 있다. 하나의 링크만 있으면 링크가 장애가 생길 경우, 인터넷의 도달 가능성도 실패한다. 링크 끝의 라우터 중 하나의 장애는 또한 인터넷 연결 실패를 초래한다. 물론, 단일 인터넷 연결은 여러 개에 비해서 비용을 절약할 수 있다.

물론 다른 인터넷 엣지 디자인도 존재하는데, 대부분 이중화를 추가하고, 용량을 늘리고, 그리고 비용과 복잡성을 높인다. [그림 12-6]은 복잡성의 단계를 높이는 비슷한 세 개의 디자인을 보여준다. 이름에 듀얼(Dual)을 가진 디자인은 하나의 라우터에 두 개(또는 그 이상)의 링크를 가지고 있다는 것을 가리키고, *멀티 홈(multihomed)*은 여러 개의 ISP에 연결을 가지고 있다는 것을 의미한다.

싱글 홈과 듀얼 홈 디자인에서 무슨 일이 일어나는지 이해하기 위해 기본 BGP 기술만 필요로 한다. 사실, 이 장은 일부 듀얼 홈 디자인에 유용한 추가 정보를 포함해서 대부분 싱글 홈 디자인의 필요성에 집중한다. 다른 멀티 홈 디자인의 추가적인 이중화는 훨씬 깊은 BGP 개념, 경로 속성, 최상 경로 선택, 그리고 설정의 이해를 필요로 한다.

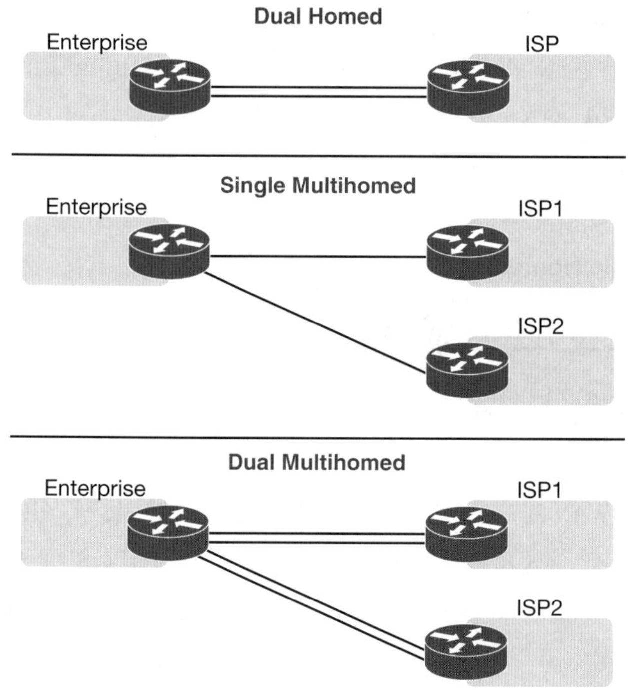

[그림 12-6] 다른 인터넷 엣지 디자인

> **NOTE** CCNA R&S는 BGP의 시험 주제를 eBGP와 싱글 홈 디자인으로 제한한다. 사실 싱글 홈 인터넷 연결을 사용하는 엔터프라이즈는 종종 eBGP를 사용하지 않고, 대신 종종 정적 라우팅을 사용한다. 그러나 BGP는 많은 규칙과 설정 옵션이 있다. 시스코의 BGP 시험 주제에 대해 CCNA 응시자에게 BGP에 대해 조금 학습하기 시작할 기회를 주지만, BGP 대부분의 복잡성은 피하는 방식으로 제한했다.

인터넷에 엔터프라이즈 공공 프리픽스 광고하기

다음으로 인터넷 엣지에서 두 개의 eBGP 간에 어떤 경로가 광고되어야 하는지 고려해보자. [그림 12-7]의 왼쪽 부분의 일반적인 엔터프라이즈 사이트와 같이 엔터프라이즈에서 ISP로 경로를 광고하는 것으로 시작하자. 이 특정 디자인에서, 엔터프라이즈는 다음을 사용한다:

- **사설 10.0.0.0/8**: 많은 회사와 같이, 이 엔터프라이즈는 사설 IP 네트워크 10.0.0.0을 엔터프라이즈의 대부분의 호스트를 위해 사용한다.
- **공인 192.0.2.0/24**: 공인 IPv4 네트워크가 이 회사에 할당되었다. 보는 것과 같이, 서브네팅 되었고, 하나의 서브넷은 NAT를 사용하고, 다른 하나는 공용 웹 서버가 있는 DMZ에 사용되었다.

Key Topic

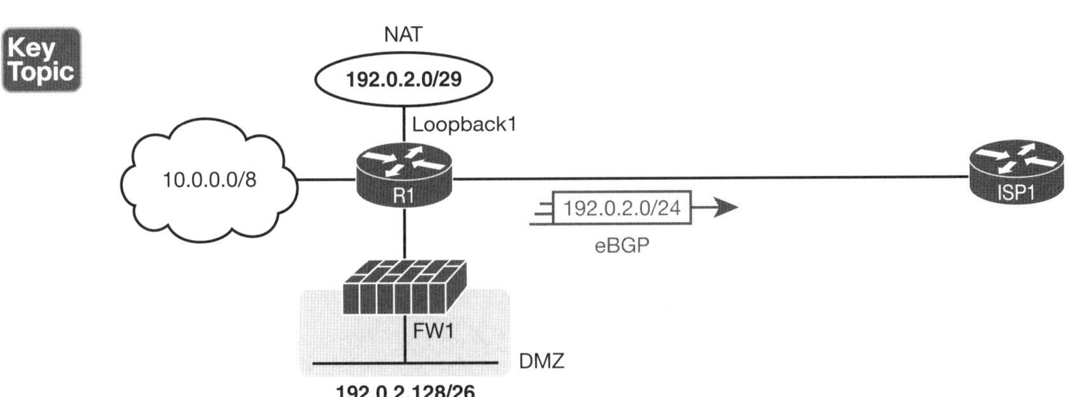

[그림 12-7] ISP에 광고된 공공과 사설 IPv4 주소 프리픽스

공인 주소에 대해 조금 더 자세하게 들여다보면, 엔터프라이즈는 공인 IP 네트워크 192.0.2.0/24를 사용한다. 이는 라우터에 NAT 설정을 사용한 것으로, 루프백 인터페이스에 서브넷 192.0.2.0/29를 설정해 NAT에 의해 사용할 준비가 되었다. 이 디자인은 또한 공용 웹 서버와 같은 공용 서버가 있는 보안 비무장 지대(DMZ, Security Demilitarized Zone)를 포함한다. 이러한 호스트는, 이 경우 서브넷 192.0.2.128/26으로부터 엔터프라이즈의 공용 주소 범위의 일부를 사용할 수 있다.

12

R1로부터 ISP1의 eBGP 연결을 통해, R1은 공공 주소 프리픽스 192.0.2.0/24 하나의 경로만 광고한다. 사설 IP 네트워크는 인터넷에 절대 광고되어서는 안되며, ISP는 이러한 광고를

어쨌든 여과할 것이다. 사설 주소 범위에서, ISP는 각 공인 주소 블럭에 대해 각 서브넷에 대해 듣기보다는 하나의 경로를 받고 싶어 할 것이다. 왜냐하면, ISP는 엔터프라이즈가 어떻게 네트워크를 서브넷 했는지 신경쓰지 않기 때문이다. [그림 12-7]은 기업이 일반적으로 eBGP 업데이트로 ISP에 광고하는 하나의 프리픽스를 보여준다.

왜 엔터프라이즈의 공공 프리픽스를 ISP에 전혀 광고하지 않을까? 그렇게 함으로써, ISP는 다른 ISP에게 프리픽스를 광고할 수 있고, 그리고 결국 모든 ISP는 엔터프라이즈의 공공 IP 주소로 패킷을 전달하는 경로를 가질 것이다. [그림 12-8]은 그 개념을 보여준다. **단계①** 에서, 엔터프라이즈에서 R1은 ISP1에 자신의 공공 IPv4 프리픽스를 광고하기 위해 eBGP를 사용한다. **단계②** 에서, ISP1은 다른 두 ISP에게 같은 프리픽스를 광고한다.

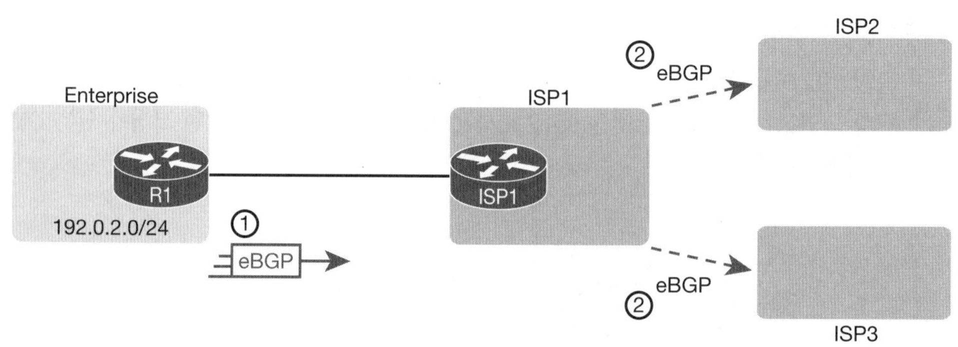

[그림 12-8] 엔터프라이즈가 공공 프리픽스를 광고함; ISP 전파

ISP로부터 기본 경로 학습

이제 논리를 돌아보고, ISP가 엔터프라이즈에 eBGP로 광고할 수 있고 해야 하는 것에 대해 생각해보자. 인터넷 코어 라우터는 거의 600,000개의 IPv4 경로를 가지고 있다. 인터넷 엣지에 있는 엔터프라이즈 라우터는 ISP로부터의 모든 경로를 학습할 수 있고, 이들을 IPv4 라우팅 테이블에 넣을 수 있다. 그런 다음, *재분배(redistribution)*라고 불리는 과정을 통해, 그 라우터는 BGP로 배운 경로를 가져와서 IGP를 사용하는 엔터프라이즈의 나머지 라우터들에게 광고한다.

그러나 그들의 넥스트홉 주소로 나열된 새로운 IP 경로로 무엇을 하는가? 이 새로운 경로는 R1을 향해 패킷을 보낼 것이고, R1은 ISP1을 향해 그들을 보낼 것이다. 일반적으로 엔터프라이즈에 사용되는 라우터는 그들의 라우팅 테이블에서 수십 만개의 경로를 잘 처리하게 디자인되지 않았다.

기본 경로를 사용하는 것은 이 모든 추가 IP 경로를 배우는 것에 비교해서 싱글 홈 인터넷 엣지 디자인에 훨씬 적합하다. ISP에 연결된 엔터프라이즈 라우터는 하나의 기본 경로를 필요로 하는데, 그래야 목적지를 알 수 없는 것에 대해, 패킷이 ISP로 보내진다. 이 개념은 8장으로 돌아가서 OSPF가 기본 경로를 광고하는 방법에 대해 논의한 것과 정확하게 일치한다.

인터넷 엣지에서 기본 경로 전략을 사용할 때, 당신은 정적으로 기본 경로를 설정하거나, eBGP로 배울 수 있다. OSPF 장에서 기본 경로 설정을 보여준 것처럼, 물론 이 장에서도 eBGP를 사용한 효과를 보여줄 것이다.

[그림 12-9]는 기본 개념을 보여준다. **단계①** 에서, ISP는 eBGP로 기본 경로를 광고한다. **단계②** 에서, 라우터 R1은 eBGP로 배운 기본 경로에 대해 IGP를 사용해서 엔터프라이즈에 기본 경로를 광고하는 것으로 반응할 수 있게 필요한 단계를 밟는다.

Key Topic

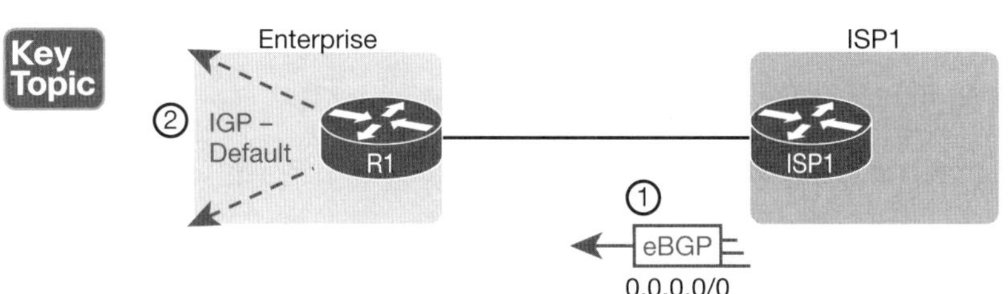

[그림 12-9] ISP가 기본 경로로 광고함; IGP 전파

이것으로 설정과 검증 주제에 대비한 BGP와 eBGP의 개요를 마무리한다. 이 장의 나머지는 엔터프라이즈와 ISP 간 eBGP 피어링, 특히 설정의 엔터프라이즈 부분에 초점을 맞춘다. 여기에 ISP 라우터와 피어링 관계 설정 세부 사항, 공공 프리픽스 광고(**network** BGP 하위 명령어 사용), 그리고 BGP로 광고하고 받은 경로 검증을 포함한다.

eBGP 설정 및 검증

IGP 설정은 인터페이스에 라우팅 프로토콜을 활성화시키는 데 초점을 맞춘다. 설정은 **network** 라우터 하위 명령어를 사용할 수 있으며, 이는 라우터가 인터페이스를 IPv4 주소에 비교시킨다는 것을 말한다. 또 IGP 설정은 **ip ospf** *process-id* **area** *number*와 같은 인터페이스 하위 명령어를 사용할 수 있으며, 이는 인터페이스에 IGP를 직접적으로 활성화시킨다. 인터페이스를 활성화시키고 나면, IGP는

- 동적으로 인터페이스에서 동일한 링크를 공유하는 이웃 라우터를 찾는다.
- 이렇게 동적으로 찾은 이웃 라우터에게 알고 있는 경로를 광고한다.
- 인터페이스에 연결된 서브넷에 대해 광고한다.

대조적으로, BGP 설정은 앞의 목록에 있는 아무것도 하지 않는다(BGP는 **network** 명령어를 사용하지만, 다른 목적으로 사용된다). BGP는 이웃 관계를 형성하지만, BGP는 인터페이스에 활성화되거나 동적으로 이웃 라우터를 찾는 개념이 없다. 대신, BGP로는:

12

- **neighbor** *ip-address* **remote-as** *asn* BGP 하위 명령어로 이웃 라우터를 사전 정의한다.
- 다음을 이용해서 BGP 테이블에 추가된 프리픽스에 대해 광고한다.
  - BGP **network** 명령어
  - 경로 재분배
  - 이웃 라우터로부터 프리픽스를 학습함으로써

어떤 면에서는, BGP 설정을 배우기 위해 IGP 설정에 대해 알고 있는 일부를 잊어버려야 한다. 이 절은 기본을 다룬다.

BGP 설정 개념

BGP는 두 개의 BGP 피어 간에 메시지를 전송하기 위해서, 웰노운 포트 179, TCP를 사용한다. 당신이 BGP를 사용할 때, BGP는 포트 179를 열고 다른 라우터로부터 들어오는 연결 요청을 기다린다. 피어가 연결된 다음, TCP 연결이 형성된다.

BGP 사용을 위해 두 라우터가 TCP 연결을 형성하고 나면, 각 라우터의 BGP 프로세스는 두 라우터가 이웃이 되어야 하는지 아닌지 여부를 결정해야만 한다. 이 개념은 OSPF와 EIGRP 이웃이 그들이 이웃이 되어야 하는지 결정하기 위한 메시지를 교환하는 전체적인 과정과 거의 같다. 두 BGP 라우터는 두 라우터가 피어가 되어야 하는지 확인하기 위해 변수의 기본 확인을 하는 BGP 메시지를 보낸다. 만약 모든 확인이 통과된다면, 두 라우터는 BGP 피어(네이버)가 된다. 이 시점에서 두 라우터는 라우팅 정보를 교환할 수 있다.

BGP는 정보를 교환하기 위해 메시지를 업데이트한다. BGP 피어가 구축되면, BGP 피어는 홀드 프리픽스/길이(NLRI) 정보와 관련 경로 속성(PA, Path Attributes)을 가지고 있는 업데이트 메시지를 보낸다. 이러한 PA는 이 장의 앞에서 소개했던 AS_Path를 포함한다. [그림 12-10]은 다음과 같이 설명된 네 단계의 예를 보여준다.

단계 ① 두 라우터에서 적절한 이웃 설정으로 인해, 두 라우터는 서로 TCP 연결을 생성하고 BGP 피어가 된다.

단계 ② 추가 설정에 의해 BGP **network** 하위 명령어로, 라우터 R1은 자신의 로컬 BGP 테이블에 하나 또는 그 이상의 NLRI와 연관된 PA를 추가할 수 있다.

단계 ③ R1의 eBGP는 자신의 BGP 테이블에 있는 모든 최상의 경로 즉, 각 NLRI에 대해 최상이라 여겨지는 경로를 라우터 ISP1에 보내는 BGP 업데이트 메시지에 광고한다. 이 경우, R1은 NLRI 192.0.2.0/24에 대해 광고한다.

단계 ④ ISP1의 BGP는 받은 업데이트를 처리하고, 192.0.2.0/24에 대한 BGP 테이블 엔트리를 추가한다.

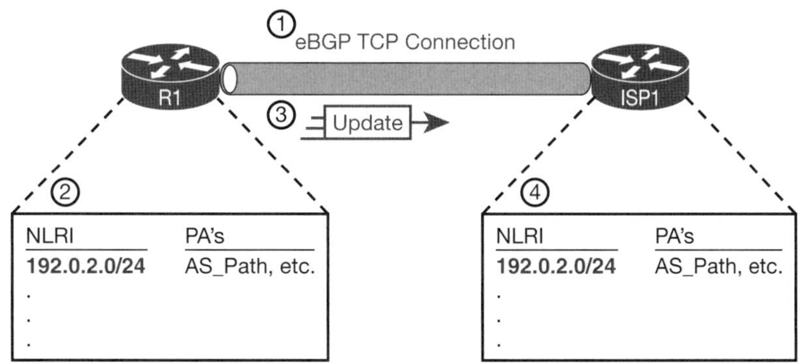

[그림 12-10] 엔터프라이즈에서 ISP로 공공 프리픽스를 광고하는 단계

이 과정은 네이버 설정과 라우터의 BGP 테이블에 엔트리를 추가하는 설정, 두 개의 핵심 설정 단계를 요구한다. 다음 몇 페이지는 두 개 모두 설명한다.

링크 주소를 이용한 eBGP 네이버 설정

BGP 설정은 친숙한 **router bgp** *asn* 명령어로 시작하며, *asn*은 엔터프라이즈나 ISP에서 사용되는 AS 번호이다. 이 명령어는 CLI 사용자를 BGP 설정 모드로 들어가게 하며, **router ospf**, **router eigrp**, 그리고 다른 비슷한 명령어와 닮았다.

싱글 홈 eBGP 디자인에서, eBGP 피어가 되기 위해 필요한 두 라우터 간에는 하나의 링크가 존재한다. 그 결과, 두 라우터는 인터페이스 IP 주소를 사용할 수 있다. **neighbor** *peer-ip-address* BGP 하위 명령어는 이웃의 IP 주소를 정의하며, 이는 [그림 12-11]에서 볼 수 있다.

[그림 12-11] 싱글 홈 디자인에서 BGP 피어링을 위한 링크 주소 사용

그러나 그림에서 보이는 R1의 **neighbor 198.51.100.2** 명령어(그리고 라우터 ISP1의 비슷한 명령어)는 단지 부분 명령어이다. IOS BGP 설정에서 하나의 피어에 대해 많은 변수를 정의할 수 있다. 그렇게 함으로써, IOS는 한 개의 피어에서 여러 개의 **neighbor** 명령어를 기대한다. 각 명령어는 다른 변수를 설정한다. 예를 들어, 이 장에서 아래와 같은 다양한 옵션들이 있다.

bgp *peer-ip-address* **remote-as** *asn*

bgp *peer-ip-address* **shutdown**

물론, **bgp** *peer-ip-address* **remote-as** 명령어만 요구된다. [그림 12-12]에서 보여주듯이, **router bgp** *asn* 전역 명령어는 로컬 라우터의 AS 번호를 정의하고, 각 **bgp** *peer-ip-address* **remote-as** *asn* 명령어는 이웃의 IP 주소와 AS 번호를 정의한다.

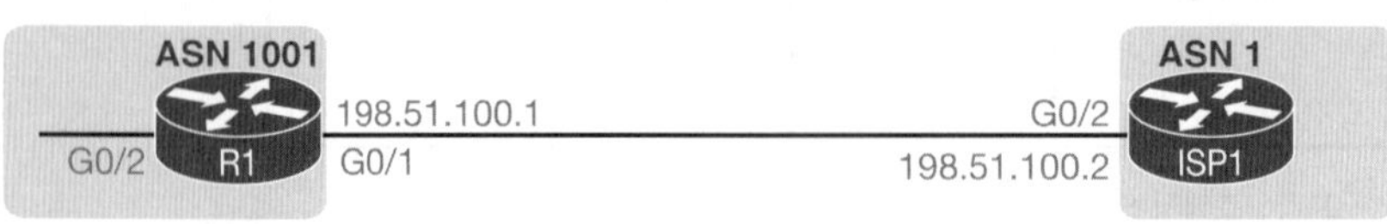

[그림 12-12] 샘플 eBGP 네이버 설정을 위한 디자인

[예 12-1]은 [그림 12-11]과 [그림 12-12]에서 보여주는 디자인에 대해 라우터 R1과 ISP1의 관련 eBGP 설정을 보여준다.

```
! R1에 대한 설정
router bgp 1001
 neighbor 198.51.100.2 remote-as 1
```

```
! R2에 대한 설정
router bgp 1
 neighbor 198.51.100.1 remote-as 1001
```

[예 12-1] eBGP 네이버 설정

> **NOTE** 이 절은 eBGP **neighbor** 설정으로 두 라우터 간의 링크에 IPv4 주소를 사용하는 예를 보여준다. 이 장은 eBGP **neighbor** 명령어의 흔한 링크의 인터페이스 IP 주소를 사용하는 상황만 논의한다. eBGP는 BGP 네이버에서 IPv4 주소를 참조하기 위해 **neighbor** 명령어를 허용하지만, 이러한 다른 설정이 작동하게 하기 위해서는 다른 개념들이 먼저 이해되어야 하고, 다른 BGP 명령어들도 설정되어야 한다.

eBGP 네이버 검증

이전 설정은 BGP를 시작하게 했고, eBGP 네이버 관계를 형성하게 했지만, 초기 설정을 완료하지 않았다. [그림 12-10]에서, BGP는 해당 엔트리(NLRI와 관련 PA)를 광고하기 전에 BGP 테이블에 엔트리를 추가해야만 한다. 여태까지의 설정으로, 라우터 R1과 ISP1은 eBGP 피어이어야 하지만, 서로에게 BGP 테이블 엔트리를 아직 보내지 않았다. [예 12-2]는 네이버 관계를 확인해주고, BGP가 BGP 테이블을 가지고 있지 않다는 것을 확인해주는 결과 예다. 설명은 예 다음에 나온다.

```
R1# show tcp brief
TCB       Local Address              Foreign Address          (state)
0D0D3F00  198.51.100.1.63680       198.51.100.2.179         ESTAB

R1# show ip bgp summary
BGP router identifier 192.0.2.1, local AS number 1001
BGP table version is 1, main routing table version 1

Neighbor        V   AS MsgRcvd MsgSent   TblVer  InQ OutQ Up/Down State/PfxRcd
198.51.100.2  4   1       2       2        1    0    0 00:00:49        0
R1#
R1# show ip bgp
R1#
```

[예 12-2] eBGP 네이버 상태와 TCP 연결

먼저, **show tcp brief** 명령어는 BGP와 상관 없이, 이 라우터(R1)에 끝나는 모든 TCP 연결을 보여준다. 각 줄은 로컬 라우터 IP 주소와 TCP 포트, 그리고 외부(다른 장치) 주소와 포트를 나열한다. 이 경우, 198.51.100.2는 BGP로 알려진 포트 179를 사용하고 있다. BGP로, 하나의 라우터는 TCP 연결을 시작하고, 동적 포트(R1은 이 경우 포트 63680)를 사용하며, 다른 피어에 잘 알려진 BGP TCP 포트 179로 연결한다.

show ip bgp summary 명령어는 BGP 피어 당 하나의 줄을 나열한다. 이 하나의 줄은 이웃 IP 주소와 이웃의 AS 번호(**neighbor remote-as** 명령어에서 모두 찾을 수 있음)를 식별한다. 그러나, 결과의 한 줄은 피어가 eBGP 또는 iBGP 피어인지 직접적으로 보여주지 않는다. 대신, 이웃의 AS(결과의 AS 열에서)를 결과의 첫 번째 줄에 있는 로컬 AS 번호와 비교해야 한다. 이 경우 로컬 AS 번호 1001과 이웃 AS 번호 1로, 이 특정 피어는 eBGP 피어이다.

show ip bgp summary 명령어는 또한 BGP 프로세스의 BGP 라우터 ID를 나열한다. IGP와 동일하게, BGP는 BGP 메시지에서 자신을 식별하기 위해 라우터 ID를 사용한다. BGP는 또한 라우터 ID를 선택하기 위해 비슷한 과정을 사용하며, 이 과정은 OSPF와 EIGRP에서와 동일한 전체적인 논리이다.

❶ **bgp router-id** *rid* BGP 하위 명령어의 값을 사용한다.

❷ 단계 1에 따라 설정을 안하면, 인터페이스가 업 상태인 모든 루프백 인터페이스들 중에 가장 높은 IPv4 주소를 선택한다.

❸ 단계 1과 단계 2에 따라 설정을 안하면, 단계 2와 동일한 논리를 사용하지만, 인터페이스가 업 상태인 모든 루프백이 아닌 인터페이스에 대해 적용해라.

[예 12-2]에서 **show ip bgp summary** 명령어의 가장 오른쪽 목록 'State/PfxRcd'를 보는

12

것을 잊지 말아라. 이 열은 네이버 상태를 나열하거나 네이버가 작동하는(구축된) 상태이면, 네이버로부터 받은 프리픽스 숫자(BGP 테이블 엔트리)를 나열한다. [예 12-2]의 결과에서는, 프리픽스 숫자가 0으로 나열되는데, 이는 라우터 R1이 ISP로부터 아직 프리픽스를 학습하지 못했기 때문이다.

네이버 관계가 올바르게 완료되었을 때, 마지막 작동 상태는 구축(established) 상태이다. 이 상태일 때, 이 열은 이웃으로부터 학습한 프리픽스의 숫자를 나열한다. 그러나 만약 피어가 구축된 상태에 도달하지 못했다면, 이 열은 중간 상태를 나열한다. [표 12-2]는 다양한 다른 BGP 이웃 상태를 나열한다.

BGP 네이버 상태	일반적인 이유
Idle	이웃 라우터가 관리적으로 비활성화(neighbor shutdown)이거나 라우터가 다음 시도 전까지 대기 중이다.
Connect	TCP 연결이 시도되었지만, 완료되지 않았다.
Active	TCP 연결이 완료되었지만, BGP 메시지가 보내지지 않았다.
Opensent	TCP 연결이 존재하고, 이 라우터는 BGP 네이버 관계를 구축하기 위해 첫 번째 메시지를 보냈다(BGP 오픈 메시지).
Openconfirm	TCP 연결이 존재하고 로컬 라우터는 오픈 메시지를 다른 라우터로부터 받았다. 네이버 관계는 여전히 거절되었을 수 있다.
Established	라우터는 이제 네이버/피어이고 업데이트 메시지를 교환할 수 있다.

[표 12-2] BGP 네이버 상태

관리적으로 네이버 비활성화

BGP는 특정 네이버를 나열한 **neighbor** 명령어에 많은 설정 변수를 붙인다. 그래서 이웃으로 가지고 오기 편하게 만들기 위해, 하나의 네이버에 여러 **neighbor** 명령어의 완전한 삭제를 요구하기보다는, IOS는 **neighbor shutdown** BGP 하위 명령어를 지원한다. 이 명령어는 관리적으로 그 BGP 네이버를 비활성화시킨다. **no neighbor shutdown** 명령어는 다시 그 네이버 연결을 활성화시킨다. [예 12-3]은 BGP 피어 상태(Idle)의 결과도 보여준다.

```
R1# configure terminal
Enter configuration commands, one per line.  End with CNTL/Z.
R1(config)# router bgp 1001
R1(config-router)# neighbor 198.51.100.2 shutdown
*Nov 20 13:05:58.784: %BGP-5-NBR_RESET: Neighbor 198.51.100.2 reset (Admin. shutdown)
R1(config-router)# ^Z
R1#
R1# show ip bgp summary
BGP router identifier 192.0.2.1, local AS number 1001
BGP table version is 1, main routing table version 1
```

```
Neighbor        V  AS MsgRcvd MsgSent   TblVer  InQ OutQ Up/Down  State/PfxRcd
198.51.100.2  4   1       0       0        1    0    0 00:00:10 Idle (Admin)
```

[예 12-3] 네이버 셧다운 후 네이버 상태

[예 12-3]의 마지막에 **show ip bgp summary** 명령어의 결과, 가장 오른쪽에 상태 필드값을 생각하는 시간을 가져라. [표 12-2]에서 언급한 것과 같이, BGP 네이버 Idle 상태는 간단히 네이버에 **neighbor shutdown** 명령어로 설정되었다는 것을 가리킨다.

네트워크 명령어로 BGP 테이블 엔트리 주입

같은 예의 설정에서, 엔터프라이즈 라우터 R1은 BGP로 ISP에게 어느 경로도 광고하지 않는다. BGP는 BGP 테이블에 정보를 주입하는 몇 가지의 방법이 있고, 이러한 경로로 광고할 수 있다. 다음 몇 페이지는 시험 주제에 구체적으로 언급된 BGP **network** 명령어로 이런 일이 일어나게 하는 방법을 알아본다.

BGP **network** 명령어는 다양한 IGP에서 지원하는 **network** 명령어와 다르게 작동한다. 이 절은 다음과 같이 다른 점을 보여주기 위해 몇 가지 예를 자세히 다룬다.

- 전체 클래스풀 네트워크 또는 공공 주소 블럭을 위한 경로 광고하기
- 공공 주소 블럭의 서브넷을 위한 경로 광고하기
- 라우팅 테이블에 하나의 서브넷만 있을 때, 더 큰 주소 블럭을 위한 경로 광고하기

클래스풀 네트워크를 위한 경로 주입

먼저, 이 eBGP 연결의 간단한 경우를 보자. [그림 12-13]에서 보이는 것과 같이, 엔터프라이즈는 클래스 C 공공 네트워크(192.0.2.0/24)를 사용하며, 전체 클래스 C 네트워크를 DMZ에 배치한다.

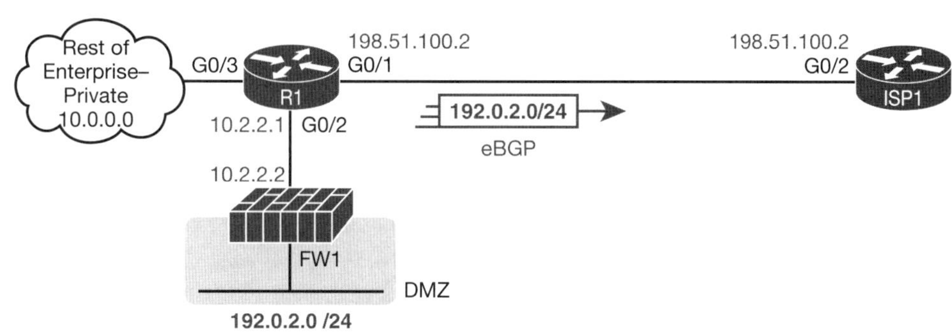

[그림 12-13] DMZ 서브넷으로서 사용된 모든 클래스 C 네트워크 192.0.2.0/24

R1은 자신의 공공 프리픽스(192.0.2.0/24)를 ISP에 광고할 필요가 있다. R1은 또한 ISP(10.0.0.0/8)에 자신의 사설 주소 공간을 광고하는 것을 피할 필요가 있다. 왜 그럴까? 인터넷에 있는 라우터들은 엔터프라이즈의 공공 주소 범위에 패킷을 전송하는 방법을 알아야 한다. 그러나 많은 회사들이 IPv4 네트워크 10.0.0.0과 같은 사설 IPv4 네트워크를 사용하고, 정의에 따르면, 이러한 네트워크는 인터넷에 광고되지 않아야 한다.

자신의 공공 프리픽스를 광고하기 위해서, 엔터프라이즈 네트워크 엔지니어는 R1에 BGP **network** 명령어를 설정할 수 있다. 이 명령어는 엔지니어가 R1이 자신의 BGP 테이블에 어떤 프리픽스를 추가해야 하는지 쉽게 제어할 수 있게 한다. BGP에 들어가고 나면, 라우터는 ISP에 프리픽스를 광고한다. **network** 명령어는 기본적으로 BGP에게 이렇게 말한다:

> "이 프리픽스/길이를 BGP 테이블에 넣고, 이 프리픽스/길이가 IP 라우팅 테이블에 있다라고 가정해."

[그림 12-14]는 BGP **network** *prefix* **mask** *DDN-mask* 명령어의 논리를 자세하게 보여준다. **network** 명령어는 프리픽스와 DDN-style mask(그림의 **단계①**)를 보여준다. IOS는 그 프리픽스를 IPv4 라우팅 테이블의 경로의 프리픽스/마스크에 비교한다. BGP는 정확하게 맞는 것을 찾는데(**단계②**), 이는 BGP **network** 명령어의 프리픽스와 마스크가 전부 라우팅 테이블의 경로 안의 프리픽스와 마스크가 일치한다는 것을 의미한다. 만약 일치하는 것을 찾으면(**단계③**), 라우터의 BGP는 일치하는 BGP 테이블 엔트리를 생성한다. BGP는 자신의 BGP 테이블에서 BGP 피어에게 최상의 가능한 경로를 광고한다(**단계④**).

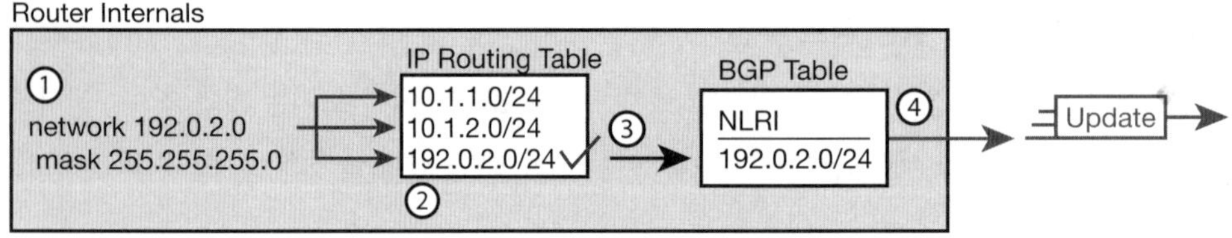

[그림 12-14] 설정 개념: BGP network 명령어

eBGP를 사용하고 있는 라우터가 이미 BGP로 광고하기를 원하는 정확한 프리픽스에 대해 IP 경로를 가지고 있을 때, BGP **network** 명령어 설정은 쉽다. 당신이 해야 하는 것은 정확한 IPv4 프리픽스와 마스크를 나열하는 BGP **network** 명령어를 설정해 주는 것뿐이다. 예를 들어, [그림 12-13]과 논리적으로 표현된 [그림 12-14]에서 보이는 디자인 모두에서, 방화벽에서 OSPF로 학습하는 것과 같이, 라우터 R1은 클래스풀 네트워크 192.0.2.0/24에 대한 경로를 알 것이다.

[예 12-4]는 [그림 12-12]와 [예 12-1]에서 시작한 같은 설정 예를 계속 보여준다. 이는 정확한 프리픽스와 정확한 마스크(프리픽스 형식이 아닌 DDN 형식이더라도)를 나열한 **network**

192.0.2.0 mask 255.255.255.0 BGP 하위 명령어의 추가를 보여준다. 예의 마지막에서 결과는 R1은 경로를 가지고 있고, BGP 테이블 엔트리는 라우터 R1에서 생성되었다는 것을 보여준다. 기본적으로 [그림 12-14]의 첫 세 단계이다.

```
R1# configure terminal
Enter configuration commands, one per line.  End with CNTL/Z.
R1(config)# router bgp 1001
R1(config-router)# network 192.0.2.0 mask 255.255.255.0
R1(config-router)# ^Z
R1# show ip route 192.0.2.0 255.255.255.0 longer-prefixes
! 간결함을 위해 범례선 생략

O      192.0.2.0/24 [110/2] via 10.2.2.2, 00:01:13, GigabitEthernet0/2
R1#
R1# show ip bgp
BGP table version is 2, local router ID is 192.0.2.1
Status codes:  s suppressed, d damped, h history, * valid, > best, i - internal,
               r RIB-failure, S Stale, m multipath, b backup-path, f RT-Filter,
               x best-external, a additional-path, c RIB-compressed,
Origin codes: i - IGP, e - EGP, ? - incomplete
RPKI validation codes: V valid, I invalid, N Not found

     Network          Next Hop            Metric LocPrf Weight Path
 *>  192.0.2.0        10.2.2.2                 2         32768 i
R1#
```

[예 12-4] network 명령어로 R1 BGP 설정; BGP 테이블 엔트리 생성

> **NOTE** 이 경우, **network 192.0.2.0 mask 255.255.255.0** 명령어는 클래스 C 네트워크 ID와 기본 클래스 C 마스크를 나열하는 것으로 일어나기 때문에, 마스크 255.255.255.0 변수는 생략될 수 있다. 만약 생략되었다면, IOS는 프리픽스에 해당 주소 클래스를 기본 마스크로 간주한다.

결과에서 두 개의 **show** 명령어에 주의를 기울여라. **show ip route 192.0.2.0 255.255.255.0 longer-prefixes** 명령어는 192.0.2.0 255.255.255.0의 범위 안에 있는 모든 IPv4 경로를 나열하고, 줄 당 한 개의 경로를 나타낸다. 넥스트홉 주소 10.2.2.2(방화벽 IP 주소)를 가진 192.0.2.0/24 범위에 대한 경로는 하나만이 존재한다.

show ip bgp 명령어는 R1의 BGP 테이블을 나열하는데, 처음에는 몇 줄의 범례가 있고, 테이블의 각 프리픽스에 대해 한 줄씩 표시된다(이 경우 하나의 엔트리만 표시). 먼저, Network와 Next Hop의 값을 보자. 이것은 IP 라우팅 테이블에서 가져온 것과 같은 프리픽스와 넥스트홉을 나열한다. 또한 가장 중요한 점은, 가장 왼쪽에 있는 '*' 와 '>' 문자인데, 이는 범례에 따라 경

12

로가 유효하고 이 경로는 해당 프리픽스에 도달하기 위한 최상의 경로임을 의미한다. BGP가 하나의 프리픽스에 도달하기 위해 여러 개의 경로를 배운 경우, BGP는 BGP 최상 경로 알고리즘에 따라 최상 경로 옆에 '>' 를 표시한다.

이제, R1은 엔터프라이즈의 공공 프리픽스 192.0.2.0/24에 대한 테이블 엔트리를 가지고 있고, R1은 eBGP 피어에게 해당 프리픽스와 관련 PA를 광고한다. [예 12-5]는 라우터 ISP1의 BGP 테이블과 IPv4 라우팅 테이블을 보여준다.

```
ISP1# show ip bgp
BGP table version is 2, local router ID is 2.2.2.2
Status codes:  s suppressed, d damped, h history, * valid, > best, i - internal,
               r RIB-failure, S Stale, m multipath, b backup-path, f RT-Filter,
               x best-external, a additional-path, c RIB-compressed,
Origin codes: i - IGP, e - EGP, ? - incomplete
RPKI validation codes: V valid, I invalid, N Not found

     Network          Next Hop            Metric LocPrf Weight Path
 *>  192.0.2.0        198.51.100.1             2             0 1001 i
ISP1# show ip route 192.0.2.0 255.255.255.0 longer-prefixes
! 범례 생략

B      192.0.2.0/24 [20/2] via 198.51.100.1, 00:01:52
ISP1#
```

[예 12-5] ISP1의 BGP와 IP 라우팅 테이블

이러한 기본적인 예에도 불구하고, ISP1의 결과는 BGP가 작동하는 방법에 대한 몇 가지 사실을 보여준다. **show ip bgp** 명령어의 Path 열은 이제 AS 번호 1001을 나열하는데, 이에 반해 R1의 이 열은 AS 번호가 없다라고 나열한다(이 경우 엔터프라이즈의 AS 번호를 나열하는 AS_Path PA를 나열한다). 또한 이 프리픽스에 대해 ISP1의 넥스트홉은 198.51.100.1이고, 이는 R1과 ISP1 간의 링크에 있는 R1의 IP 주소이다. 기본적으로 [예 12-5]에서 경로 ISP1이 학습하는 것을 보여주는 것처럼, 라우터가 eBGP로 프리픽스를 학습할 때, 라우터는 넥스트홉 주소로 eBGP 네이버의 IP 주소를 사용한다.

ISP의 **show ip route** 명령어는 192.0.2.0/24에 대한 경로를 나열한다. 참고로, 관리 거리가 20(대괄호 안의 첫 번째 숫자)인 것을 보아라. eBGP는 기본 관리 거리가 20이고, iBGP는 200을 사용한다. 가장 왼쪽 코드에 'B'는 BGP로 배운 경로를 나타내며, 198.51.100.1의 넥스트홉 IP 주소는 BGP 테이블에 나열된 것과 같다.

ISP에 서브넷 광고하기

종종, 엔터프라이즈는 하나의 공공 주소 블럭을 서브넷으로 나눈다. 그 결과 인터넷 엣지 라우터는 전체 공공 주소 블럭에 대한 하나의 경로보다는 이러한 서브넷의 각각에 대해 경로를 가지고 있다.

이 문제를 해결하기 위한 하나의 방법은 ISP에 공공 주소 블럭의 서브넷을 광고하는 것이다. ISP는 아마도 이러한 해결책을 원하지 않을 수 있지만, 다른 예를 보여주기 위해, 이 절은 [그림 12-15]에 기반한 하나의 예를 포함했다. 엔터프라이즈는 클래스 C 네트워크 192.0.2.0/24에 할당되었고, 두 개의 서브넷을 생성했다. 하나는 방화벽 쪽의 DMZ에 사용되는 192.0.2.128/26이고, 다른 하나는 NAT를 위해 사용되는 192.0.2.0/29이며, 라우터 R1의 루프백 1 인터페이스에 할당되었다.

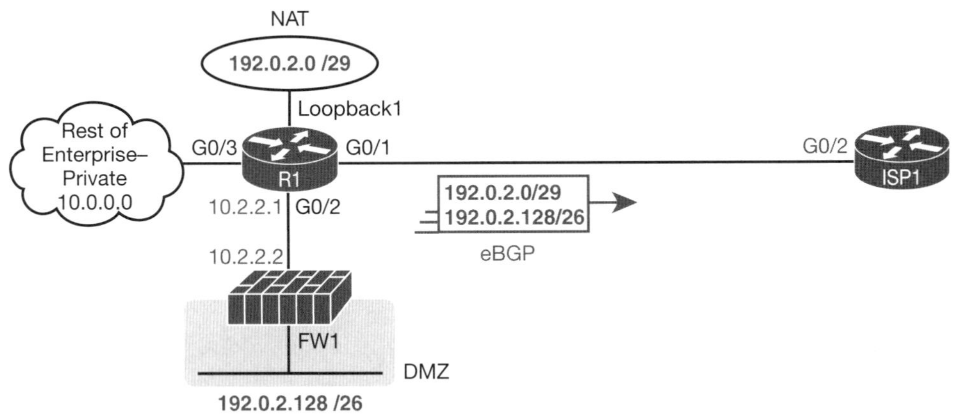

[그림 12-15] 192.0.2.0/24의 두 서브넷 사용: DMZ와 NAT

[예 12-6]은 [그림 12-15]에 따라 IPv4 주소들이 설정된 것으로 시작하며, BGP 설정의 추가만 필요로 한다. 이 해결책을 위해 엔지니어는 특정 두 개의 서브넷 192.0.2.0/29와 192.0.2.128/26에 일치하게 하는 **network** 명령어를 설정했다.

```
R1# show ip route 192.0.2.0 255.255.255.0 longer-prefixes
      192.0.2.0/24 is variably subnetted, 3 subnets, 3 masks
C        192.0.2.0/29 is directly connected, Loopback1
L        192.0.2.1/32 is directly connected, Loopback1
O        192.0.2.128/26 [110/2] via 10.2.2.2, 03:45:00, GigabitEthernet0/2
R1#
R1# configure terminal
Enter configuration commands, one per line.  End with CNTL/Z.
```

```
R1(config)# router bgp 1001
R1(config-router)# network 192.0.2.0 mask 255.255.255.248
R1(config-router)# network 192.0.2.128 mask 255.255.255.192
R1(config-router)# ^Z
R1#
R1# show ip bgp
BGP table version is 5, local router ID is 198.51.100.1
Status codes: s suppressed, d damped, h history, * valid, > best, i - internal,
              r RIB-failure, S Stale, m multipath, b backup-path, f RT-Filter,
              x best-external, a additional-path, c RIB-compressed,
Origin codes: i - IGP, e - EGP, ? - incomplete
RPKI validation codes: V valid, I invalid, N Not found

     Network          Next Hop            Metric LocPrf Weight Path
 *>  192.0.2.0/29     0.0.0.0                  0         32768 i
 *>  192.0.2.128/26   10.2.2.2                 2         32768 i
```

[예 12-6] network 명령어 없이 R1 BGP 설정

정적 폐기 경로로 하나의 프리픽스 광고하기

이전 예의 끝에서는 R1의 BGP 테이블에 두 개의 서브넷이 주입된 것을 보여준다. R1은 라우터 ISP1에게 두 서브넷을 광고할 것이다. 그러나 많은 경우, ISP는 엔터프라이즈의 공공 주소 블럭의 서브넷에 대해 학습하길 원치 않는다. ISP는 전체 공공 주소 블럭에 대한 하나의 경로(이 예에서는, 192.0.2.0/24)를 학습하고 싶어 한다. 가장 마지막 예에서 해결해야 할 과제는 R1이 192.0.2.0/24에 대한 경로를 가지고 있지 않다는 것이고, 그래서 **network** 명령어는 192.0.2.0/24에 대해 BGP 테이블 엔트리를 추가하는 과정을 시작할 수 없다.

이러한 문제(이 장에서만 보여주는)를 극복하기 위한 하나의 방법은 폐기 경로(discard route)라고 불리는 정적 IPv4 경로를 사용하는 것이다. 이 예에서, **network 192.0.2.0 mask 255.255.255.0**은 R1의 BGP 테이블 엔트리에 추가하지 않는데, 왜냐하면 R1이 일치하는 IPv4 경로를 가지고 있지 않기 때문이다. 해결책이 있는가? 해당 프리픽스에 대해 정적 경로를 설정해서 IPv4 라우팅 테이블에 정적 경로가 추가되게 해야 한다. 그러나 경로에 나가는 인터페이스를 null0으로 주어라. 이 폐기 경로는, 라우터가 그 경로와 일치하면 어떤 패킷도 폐기하게 만든다(만약 지금 당신이 혼란스럽다면, 다음 예를 공부해라. 폐기 경로 사용은 BGP를 넘어서 여러 개념을 필요로 하기 때문에, 학습에 시간이 필요하다).

다시 [그림 12-15]를 보자. R1은 192.0.2.0/29와 192.0.2.128/26에 대한 경로를 가지고 있다. 그런 다음, [예 12-6]에서 보여주는 BGP 설정 대신에, 폐기 경로 추가를 포함한 [예 12-7]의 설정을 사용해라.

```
ip route 192.0.2.0 255.255.255.0 null0
!
router bgp 1001
 network 192.0.2.0 mask 255.255.255.0
```

[예 12-7] 192.0.2.0/24에 대한 폐기 경로의 R1 BGP 설정

다음으로 [예 12-8]에서 보여주는 것과 같이, 192.0.2.0/24의 범위에 있는 IPv4 경로를 보자. 이것은 NAT에 의해 사용된 192.0.2.0/29 서브넷(해당 인터페이스의 인터페이스 IP 주소에 대한 192.0.2.1/32 경로 포함)을 보여준다. 이것은 DMZ에 사용된 프리픽스 192.0.2.128/26에 대한 경로와 192.0.2.0/24와 겹치는 경로 즉, 폐기 경로를 보여준다.

```
R1# show ip route 192.0.2.0 255.255.255.0 longer-prefixes
! 간결함을 위해 범례 생략
      192.0.2.0/24 is variably subnetted, 4 subnets, 4 masks
S        192.0.2.0/24 is directly connected, Null0
C        192.0.2.0/29 is directly connected, Loopback1
L        192.0.2.1/32 is directly connected, Loopback1
O        192.0.2.128/26 [110/2] via 10.2.2.2, 00:06:02, GigabitEthernet0/2
```

[예 12-8] 폐기 경로의 증거

IPv4 경로가 겹칠 때, IOS는 대부분 특정 경로(더 긴 프리픽스 길이를 가진 경로)를 일치시킨다는 점을 기억해라. 그 결과, 이러한 겹치는 경로로:

❶ NAT 서브넷(192.0.2.0/29)으로 보내지는 패킷은 192.0.2.0/29 경로와 192.0.2.0/24로 가는 경로가 모두 일치하지만, IOS는 /29 프리픽스 길이를 가진 조금 더 특정(더 긴 프리픽스) 경로를 사용한다.

❷ DMZ 서브넷(192.0.2.128/26)으로 보내지는 패킷은 192.0.2.128/26 경로와 192.0.2.0/24로 가는 경로가 모두 일치하지만, IOS는 /26 프리픽스 길이를 가진 특정(더 긴 프리픽스) 경로를 사용하고, 방화벽으로 패킷을 전송한다.

❸ 192.0.2.0/29나 192.0.2.128/26에 일치하지 않는 네트워크 192.0.2.0/24의 범위에 있는 다른 패킷은 폐기 경로(192.0.2.0/24)에만 일치하고, 폐기된다.

이런 정적 폐기 경로를 추가하는 것은 192.0.2.0/24 주소 범위에서 사용된 IP 주소로 가는 패킷은 이미 더 구체적인 작동하는 경로를 가지고 있기 때문에 IPv4 라우팅에 전혀 해가 되지 않는다. 그러나 정적 폐기 경로를 추가하는 것은 BGP 문제를 해결한다. BGP **network** 명령어는 이제 IP 라우팅 테이블에서 192.0.2.0/24에 대해 경로를 볼 수 있고, BGP는 해당 경로에 따라 BGP 테이블에 엔트리를 추가한다. [예 12-9]는 라우터 R1에서 BGP 테이블 엔트리 결과를 보여준다.

```
R1# show ip bgp
BGP table version is 8, local router ID is 198.51.100.1
Status codes: s suppressed, d damped, h history, * valid, > best, i - internal,
              r RIB-failure, S Stale, m multipath, b backup-path, f RT-Filter,
              x best-external, a additional-path, c RIB-compressed,
Origin codes: i - IGP, e - EGP, ? - incomplete
RPKI validation codes: V valid, I invalid, N Not found

     Network          Next Hop            Metric LocPrf Weight Path
 *>  192.0.2.0        0.0.0.0                  0         32768 i
```

[예 12-9] 폐기 경로로 인한 BGP 테이블의 /24 경로 도출

ISP로부터 기본 경로 학습

이 장의 설정과 검증 과정은 ISP에 자신의 공공 IPv4 프리픽스를 광고하기 위해 엔터프라이즈 라우터를 설정하는 것에 집중한다. ISP는 엔터프라이즈 eBGP 라우터에게 기본 경로를 광고할 수도 있다. [예 12-10]은 라우터 ISP1로부터 기본 경로를 학습한 다음에, 엔터프라이즈 eBGP 라우터와 동일한 라우터 R1의 BGP 테이블과 IPv4 라우팅 테이블을 보여준다.

> **NOTE** 이 장은 엔터프라이즈 라우터의 BGP 설정에 집중한다. 그러나 만약 당신이 이것을 랩으로 해보고 싶다면, [예 12-1]에서 보여준 설정 뒤로, 라우터 ISP1에 다음을 추가해라: **ip route 0.0.0.0 0.0.0.0 null0**, **router bgp 1**, 그리고 **network 0.0.0.0**

```
R1# show ip bgp
BGP table version is 3, local router ID is 192.0.2.1
Status codes: s suppressed, d damped, h history, * valid, > best, i - internal,
              r RIB-failure, S Stale, m multipath, b backup-path, f RT-Filter,
              x best-external, a additional-path, c RIB-compressed,
Origin codes: i - IGP, e - EGP, ? - incomplete
RPKI validation codes: V valid, I invalid, N Not found

     Network          Next Hop            Metric LocPrf Weight Path
 *>  0.0.0.0          198.51.100.2             0             0 1 i
 *>  192.0.2.0        0.0.0.0                  0         32768 i
R1# show ip route
! 간결함을 위해 범례 생략됨

Gateway of last resort is 198.51.100.2 to network 0.0.0.0

B*    0.0.0.0/0 [20/0] via 198.51.100.2, 00:00:18
! 간결함을 위해 범례 생략됨
```

[예 12-10] 라우터 ISP1로부터 기본 경로 받기

먼저, **show ip bgp** 명령어 결과의 강조된 부분을 보자. 프리픽스 0.0.0.0으로 가는 경로는 넥스트홉을 198.51.100.2로 표시하고 있고, 이 주소는 R1과 ISP2 간의 링크에 있는 라우터 ISP2의 IP 주소이다. 이 경로는 eBGP로 배운 다른 경로이며, 기본적으로 넥스트홉 주소로 eBGP 네이버를 나열한다. 가장 오른쪽에 AS_Path는 하나의 짧은 AS 번호(ASN1), ISP1의 AS 번호를 나열한다. 두 사실 모두 R1은 이 BGP 프리픽스를 라우터 ISP1으로부터 배웠다는 것을 가리킨다.

show ip route 명령어는 라우터 ISP1(198.51.100.2)이 넥스트홉 라우터로서, R1이 이제 기본 경로임을 확인해준다.

이 경로를 사용하기 위해서는, R1이 8장(OSPF)과 10장(EIGRP)에서 설명한 것과 같이, R1이 자신의 IGP에게 기본 경로를 광고할 수 있다. 예를 들어, 이 엔터프라이즈에 OSPF가 설정되어 있다면, 라우터 R1은 간단히 OSPF 설정 모드에서 **default-information originate** 명령어를 추가하면 된다.

챕터 리뷰

시험을 잘 보기 위해 중요한 한 가지 핵심은 시간 간격을 두고 반복적으로 복습하는 것이다. 이 장의 내용을 복습하기 위해 책과 DVD에 있는 툴 또는 본 저서와 관련 있는 웹 사이트의 대화형 도구를 이용할 수 있다. 자세한 사항은 '당신의 학습 계획' 내용을 참조하자. [표 12-3]에는 핵심 복습 내용과 그 내용을 찾을 수 있는 위치를 표시하였다. 학습 진행 과정을 추적하려면, 두 번째 칸에 복습 완료 날짜를 기록한다.

리뷰 사항	복습 일정	사용 자료
핵심 주제 리뷰		책, DVD/웹 사이트
핵심 용어 리뷰		책, DVD/웹 사이트
DIKTA 문항 답변		책, PCPT
랩 실습		블로그
설정 체크리스트 리뷰		책, DVD/웹 사이트

[표 12-3] 리뷰 확인

12

핵심 주제 리뷰

핵심 주제	설명	쪽 번호
그림 12-3	BGP 최상 경로 선택에 가장 짧은 AS_Path 선택	335
그림 12-4	싱글 홈 인터넷 엣지 디자인	335
그림 12-7	eBGP를 사용해서 ISP에 엔터프라이즈에 의해 광고된 경로 설명	337
그림 12-9	eBGP를 사용해서 엔터프라이즈에 ISP에 의해 광고된 경로 설명	339
리스트	eBGP 설정 기본	340
그림 12-12	eBGP 설정 - 원격 AS 번호 일치	342
예 12-2	BGP 네이버 상태와 TCP 연결 상태	343
그림 12-14	BGP network 명령어가 IP 라우팅 테이블에 일치시키는 방법의 논리	346

[표 12-4] 12장의 핵심 주제

핵심 용어

Border Gateway Protocol(BGP), 자율 시스템(AS, Autonomous System), 자율 시스템 번호(ASN, Autonomous System Number), 내부 BGP(iBGP), 외부 BGP(eBGP), 싱글 홈(single homed), 내부 엣지(Internet edge), BGP 테이블, BGP 피어(peer), 폐기 경로(discard route)

참조 명령어

[표 12-5]와 [표 12-6]에는 이 장에서 사용했던 설정과 검증 명령어다. 복습을 위해서, 표의 왼쪽 부분을 가리고 오른쪽 설명 부분을 보면서 명령어를 어느 정도 잘 기억하고 있는지 가늠해본다. 그 다음 반대로 오른쪽 설명 부분을 가리고 왼쪽 명령어 부분만 보면서 각 명령어에 대한 설명을 기억해보자.

명령어	설명
neighbor *ip-address* remote-as *asn*	BGP 네이버와 네이버의 AS 번호 정의
[no] neighbor *ip-address* shutdown	BGP 피어를 관리적으로 비활성화하거나 활성화
network *prefix* [mask *mask*]	만약 IP 라우팅 테이블에 프리픽스/마스크가 존재한다면, 해당 프리픽스/마스크에 대해 BGP 테이블 엔트리를 추가하기 위한 직접적인 BGP 프로세스
ip route *prefix mask* null0	폐기 경로를 정의하는 것으로 이 경로를 사용하는 라우터에 의해 라우팅된 패킷은 이 라우터에 의해 폐기

[표 12-5] 12장에서 다룬 설정 명령어

명령어	설명
show ip bgp	BGP 테이블을 보여준다.
show ip bgp summary	로컬 라우터의 기본 설정, BGP 피어 당 설정과 상태 정보를 한 줄에 표시한다.
show tcp summary	라우터로 끝나는 각 TCP 연결에 대한 정보를 줄로 표현한다.
show ip route *prefix mask* longer-prefixes	프리픽스와 마스크에 의해 정의된 주소 범위 내에서 존재하는 경로 당 한 줄을 표시하는 IP 경로의 모음을 나열한다.

[표 12-6] 12장에서 다룬 EXEC 명령어

12

Part II 리뷰

[표 P2-1]의 체크리스트와 함께 파트 리뷰 과정을 추적하기 바란다. 각 과제의 상세 내용은 아래 표를 따른다.

활동	첫 번째 끝낸 날짜	두 번째 끝낸 날짜
모든 DIKTA 질문 반복		
파트 리뷰 질문 답하기		
핵심 주제 리뷰		
마인드 맵 생성		
랩 실습		

[표 P2-1] Part II 리뷰 체크리스트

모든 DIKTA 질문을 반복하라

이 항목에 대해서, '사전 점검 퀴즈'를 PCPT 소프트웨어를 사용해서 답한다. PCPT 소프트웨어에서 이 파트의 DIKTA 문제만 보여주는 방법은 이 책 소개 부분에 있는 '파트별로 DIKTA 질문만 보는 방법'을 참조한다.

파트 리뷰 문제를 풀어라

이 항목에 대해서는, PCPT 소프트웨어를 사용해서 책의 이 파트를 위한 파트 리뷰 질문에 답한다. 더 자세한 사항은 이 책의 소개 부분 '파트 리뷰 문제 보는 방법' 절을 참고한다.

핵심 주제를 리뷰하라

DVD나 동반자 웹 사이트 상의 핵심 주제(Key Topics) 애플리케이션을 이용하거나 장들을 검색함으로써 이 파트 안에 있는 모든 장들의 핵심 주제를 리뷰한다.

OSPF와 EIGRP 근본 원인 마인드 맵 생성

11장 'IPv4 라우팅 프로토콜 장애 처리'는 OSPF(Open Shortest Path First) 및 EIGRP(Enhanced Interior Gateway Routing Protocol)의 인터페이스와 네이버 관련 문제를 해결하는 방법에 중점을 둔다. 마인드 맵을 통해서, IPv4 인터네트워크에서 라우팅 프로토콜에 문제를 일으킬 수 있는 모든 항목을 정리한다. 즉, 근본 원인에 대해 생각해보고 그것들을 마인드 맵으로 작성해본다.

마인드 맵을 구성하려면 마음에 떠오르는 것부터 시작해 관련성이 있는 몇 가지 근본 원인을 확인한 다음 범주에 따라 그룹화하면 된다.

OSPF, EIGRP와 BGP 명령어 마인드 맵 생성

Part II에서는 OSPF, EIGRP 및 BGP 구성 및 검증에 대해서 논의했다. 다른 Part 리뷰와 마찬가지로 명령어 마인드 맵을 작성한다. 구성 첫 단계는 OSPF, EIGRP 및 BGP에 대한 것으로 설정과 검증 명령어를 구분한다. 검증 영역에서는 인터페이스, 이웃, 토폴로지 및 라우터와 관련된 명령을 사용하여 10장 'IPv4 기반의 EIGRP 구현'의 구성과 유사한 명령을 작성한다.

부록 E '마인드 맵 솔루션'에는 마인드 맵 샘플 답변 목록이 나와 있다. 종이가 아닌 마인드 맵 소프트웨어를 사용하는 경우, 마인드 맵 파일을 저장한 위치를 기억해야 한다. [표 P2-2]는 Part 리뷰를 위한 마인드 맵과 그 파일 이름들이 저장된 곳을 보여준다.

맵	설명	저장한 곳
1	OSPF와 EIGRP 근본 원인 마인드 맵	
2	OSPF, EIGRP와 BGP 명령어 마인드 맵	

[표 P2-2] Part II 리뷰를 위한 마인드 맵 설정

실습

사용하는 랩 툴에 따라 랩에서 해야 할 몇 가지 제안 사항이 있다.

- **피어슨 네트워크 시뮬레이터(Pearson Network Simulator)**: 만약 피어슨 CCNA 시뮬레이터를 사용하면, 특히 라우팅 프로토콜 주제에 대한 많은 랩이 있다. 이전 CCNA 200-200-120 시험을 위한 시뮬레이터에는 OSPF 및 EIGRP에 대한 랩이 많은 반면, eBGP 랩에서는 CCNA 200-125 시험을 위한 시뮬레이터가 필요하다.
- **컨피그 랩**: 빈 시간을 활용해 글쓴이의 블로그에서 이 책의 랩 설정 부분을 리뷰하거나 반복한다. http://blog.certskills.com/ccna에 들어가 **Hands-On > Config Lab**으로 이동하면 된다.

네트워킹의 세계는 다양한 광역 네트워크(WAN) 옵션을 제공한다. Part Ⅲ는 장시간 사용 가능한 옵션 중 하나를 살펴본다. 13장에서는 시리얼 링크 및 해당 링크를 제어하는 프로토콜에 대한 개념을 설명한다. 14장에서는 오늘날 보편적인 사설 WAN 기술, 즉 메트로 이더넷 및 MPLS로 이동한다. Part Ⅲ는 15장까지 이어지는데, 기업이 인터넷을 이용한 가상 사설망(VPN) 기술을 사용하여 프라이빗 WAN을 만드는 방법을 설명한다. 인터넷에서 VPN을 가능하게 하는 두 가지 프로토콜, GRE와 PPPoE를 사용하여 구현하는 수준까지 다루고 있다

Part Ⅲ

WAN(Wide-Area Networks)

Chapter 13: 포인트-투-포인트 WAN 구현

Chapter 14: 이더넷 및 MPLS를 이용한 사설 WAN

Chapter 15: 이더넷 및 VPN으로 사설 WAN 구성하기

Part Ⅲ 리뷰

CHAPTER 13

포인트-투-포인트 WAN 구현

이 장은 다음 시험 주제를 다룬다.

3.0 WAN 기술

3.1 로컬 인증을 사용하여 WAN 인터페이스에서 PPP와 MLPPP를 설정하고 확인

전용 회선 WAN(시리얼 링크)은 CCENT 및 CCNA R&S 시험에 필요한 내용이지만 다른 주제보다 적은 내용을 다룬다. 이번 장에서는 ICND1 시험을 위하여 간단히 전용 회선에 대해 다루게 되며 IP 라우팅의 한 부분으로서 전용 회선의 사용에 대하여 설명한다.

이 장에서는 전용 회선 WAN 기술에 대해 다루며, 다른 개념을 위한 기초로서 ICND1에서 다룬 전용 회선 개념을 간단하게 반복한다. High-level Data Link Control(HDLC) 데이터 링크 프로토콜 및 포인트-투-포인트 프로토콜(PPP)을 사용하는 전용 회선에 대한 구성, 검증 및 문제 해결 절차를 살펴본다.

이 장은 세 가지 주요 절로 구성되어있다. 첫 번째 절은 HDLC를 사용하는 WAN에 대하여 다룬다. 두 번째 절은 HDLC 대신 사용하는 데이터 링크 프로토콜인 PPP를 개념과 설정에 중점을 두어 설명한다. 마지막 절은 시리얼 링크의 문제 파악과 어떻게 그 문제를 발견하는지 전형적인 근본 원인에 대해 설명한다.

QUIZ 사전 점검 퀴즈

사전 점검 퀴즈(지문 또는 PCPT 소프트웨어 사용)를 풀어보면 이 장을 읽고 이해하는 데 시간이 얼마나 걸릴 것인지 가늠할 수 있다. 정답은 퀴즈 다음 페이지 하단에 있으며, 퀴즈 정답에 대한 자세한 설명은 DVD 부록 C와 PCPT 소프트웨어에 담겨 있다.

핵심 주제	문항
HDLC 전용 회선 WAN	1-2
PPP 전용 회선 WAN	3-6
시리얼 링크 장애 처리	7

[표 13-1] 핵심 주제와 관련된 사전 점검 퀴즈 문항

1. 전용선 케이블에서 통신 사업자에 의해 제공되는 4가닥의 선에 연결되는 것은 다음 중 무엇인가?

a. 내부 CSU/DSU가 없는 라우터 시리얼 인터페이스

b. CSU/DSU

c. 내부 트랜시버가 있는 라우터 시리얼 인터페이스

d. 스위치 시리얼 인터페이스

2. 두 라우터는 각각의 S0/0/0 인터페이스를 사용하여 시리얼 링크로 연결한다. 링크는 현재 PPP를 사용하고 있다. 네트워크 기술자는 프로토콜 타입 필드를 포함하는 시스코 전용 HDLC를 사용하고자 한다. 다음 명령어 중 HDLC로 변경하는 데 사용하는 명령어는 무엇인가? (2개를 고르시오)

a. **encapsulation hdlc**

b. **encapsulation cisco-hdlc**

c. **no encapsulation ppp**

d. **encapsulation-type auto**

3. 링크의 다른 쪽에 있는 장비를 인증할 때 비밀번호를 평문(clear text)으로 보내지 않는 PPP 인증 프로토콜은 다음 중 무엇인가?

a. MD5

b. PAP

c. CHAP

d. DES

4. 두 라우터는 초기 설정이 전혀 되어 있지 않다. 연구실에서 DTE 케이블을 R1에 연결하고 DCE 케이블을 R2에 연결한 후, DTE와 DCE 케이블을 서로 연결한다. 엔지니어는 PPP로 연결하려고 시도했다. 물리적으로 백-투-백(back-to-back) 링크가 연결되어 있다는 점을 감안할 때, R1에서 R2의 시리얼 IP주소로 가는 Ping 테스트가 성공하려면 R1에서 어떤 명령어가 설정되어야 하는가? (2개를 고르시오)

a. **encapsulation ppp**

b. **no encapsulation hdlc**

c. **clock rate**

d. **ip address**

5. **show** 명령어 결과에서 인용한 다음의 내용을 살펴보자.

```
Serial0/0/1 is up, line protocol is up
Hardware is GT96K Serial
Internet address is 192.168.2.1/24
MTU 1500 bytes, BW 1544 Kbit, DLY 20000 usec,
reliability 255/255, txload 1/255, rxload 1/255
Encapsulation PPP, LCP Open
Open: CDPCP, IPCP, loopback not set
```

라우터의 S0/0/1 인터페이스에 대해 적절히 설명한 것은 다음 중 무엇인가? (2개를 고르시오)

a. 인터페이스가 HDLC를 사용한다.
b. 인터페이스가 PPP를 사용한다.
c. 인터페이스가 현재 IPv4 트래픽을 통과하지 못한다.
d. 링크는 현재 PPP 프레임을 통과할 수 있어야 한다.

6. 두 라우터 R1 및 R2는 3개의 시리얼 링크를 이용하여 서로 연결한다. 네트워크 엔지니어는 인터페이스 설정에 CHAP, IPv4 및 OSPFv2 설정과 함께 동일한 멀티링크 PPP 그룹의 일부로 이들 링크를 구성한다. 다음 중 해당 명령어에 대한 올바른 설정 모드와 함께 사용하는 명령어는 무엇인가? (2개를 고르시오)

a. 멀티링크 인터페이스 설정 모드에서 **encapsulation ppp**
b. 시리얼 인터페이스 설정 모드에서 **ip address address**
c. 멀티링크 인터페이스 설정 모드에 **ppp authentication chap**
d. 시리얼 인터페이스 설정 모드에서 **ip ospf 1 area 0**
e. 시리얼 인터페이스 설정 모드에 **ppp multilink**

7. **show interface** 명령어 결과에서 인용한, PPP를 이용하고 있는 인터페이스 설정에 관한 다음의 내용을 살펴보자.

```
Serial0/0/1 is up, line protocol is down
Hardware is GT96K Serial
Internet address is 192.168.2.1/24
```

상대편 링크의 IP 주소로 보낸 ping 테스트가 실패로 돌아갔다. 링크에만 문제가 있다고 가정할 때 실패의 원인은 무엇인가? (2개를 고르시오)

a. 상대편 라우터에 연결된 CSU/DSU에 전원이 공급되지 않았다.
b. 상대편 라우터의 링크 주소가 192.168.2.0/24 서브넷에 포함되지 않는다.
c. CHAP 인증이 실패했다.
d. 상대편 라우터의 링크에는 HDLC를 이용하도록 설정됐다.
e. 정답 없음

HDLC 전용 회선 WAN

물리적 전용 회선 WAN은 두 대의 라우터를 연결하는 이더넷 크로스오버 케이블처럼 동작하지만 거리 제한은 없다. [그림 13-1]처럼, 각 라우터가 동시(full duplex)에 전송할 수 있다. 속도는 대칭이기 때문에 두 라우터가 같은 속도로 비트를 전송한다.

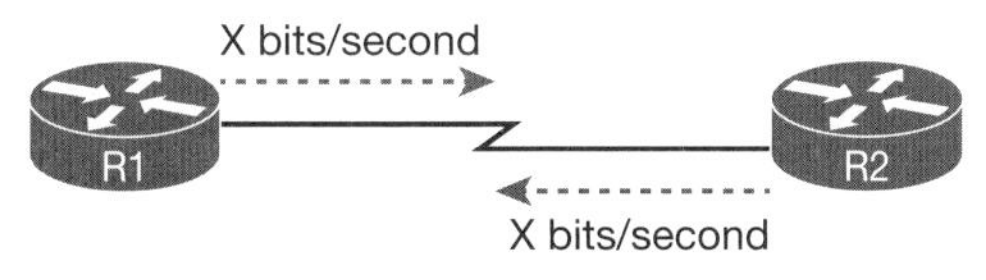

[그림 13-1] 전용선: 동일한 속도, 양방향, Always on

전용선은 물리적 계층의 비트 전송 기능을 제공하지만, 라우터는 링크를 통해 비트들을 전송하기 위해 WAN 링크의 데이터 링크 프로토콜을 사용할 필요가 있다. 라우터는 LAN 인터페이스에서 프레임을 수신한 다음 네트워크 계층 패킷을 디캡슐화 한다. 패킷을 전달하기 전에 라우터는 HDLC(High Level Datalink Control)와 같은 WAN 데이터 링크 프로토콜 안에 패킷을 [그림 13-2]의 **단계②** 처럼 캡슐화 한다.

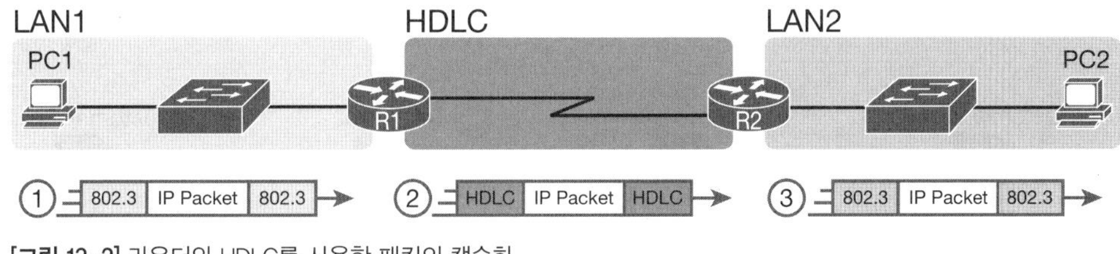

[그림 13-2] 라우터와 HDLC를 사용한 패킷의 캡슐화

1계층 전용 회선

전용 회선은 랜보다 약 20년 이상 더 오랜 기간 사용해왔다. 그리고 여전히 WAN 서비스로 오늘날에도 전용 회선을 사용하고 있다.

시장에서 오랜 기간에 걸쳐 사용된 결과로, 네트워킹 세계에서 많은 다른 용어로 사용하고 있다. 우선 전용 회선은 기업이 회선을 보유하지 않고 매월 사용료를 지불하는 임대 회선을 사용

13

사전 점검 퀴즈 정답

1 B **2** A, C **3** C **4** A, D **5** B, D **6** A, E **7** C, D

하는 경우를 의미한다. 종종, 전화 서비스를 제공하는 회사 또는 통신 사업자로부터 전용 회선 서비스를 임대하여 사용하는 것을 볼 수 있다. 반면 오늘날 인터넷 서비스를 포함하는 다양한 형태의 WAN 접속 서비스를 *통신 사업자(Service Provider)*로부터 제공받고 있다. [표 13-2]는 실제 네트워킹 업무에서 WAN 관련되어 다루어지는 서로 다른 용어를 이해할 수 있도록 보여준다.

용어	의미
Leased circuit, circuit	통신사 용어로 *라인*과 *서킷*은 종종 동의어로 사용된다. *서킷*은 두 종점 사이의 전기 회로를 참조한다.
Serial link, serial line	*링크* 및 *라인*은 종종 동의어로 사용된다. 이 경우, *시리얼*은 직렬로 비트를 처리하고 라우터의 시리얼 인터페이스를 사용한다는 것을 의미한다.
Point-to-point link, point-to- point line	두 지점을 연결하는 토폴로지를 말한다(종종 예전의 전용 회선은 두 대 이상의 장비를 연결한다).
T1	초당 1.544메가비트(1.544Mbps)의 데이터를 전송하는 전용 회선.
WAN link, link	이 두 용어는 일반적이며 특정 기술을 의미하지 않는다.

[표 13-2] 전용 회선의 다양한 표현

전용 회선의 물리적 구성 요소

전용 회선을 만들려면 통신 사업자는 링크 양단 간에 있는 두 개의 라우터 사이에 물리적 전송 경로를 만들어야 한다. 물리적 케이블은 각 라우터가 설치되어 있는 건물을 상호 연결하며, 통신 사업자는 양단간에 데이터를 전송하는 하나의 양방향 서킷을 구성한다. [그림 13-3]은 통신 사업자가 두 개의 라우터 사이에 단거리 전용 회선을 구성하기 위해 몇 개의 Central Office(CO) 스위치들을 사용하여 연결하는 예를 보여준다.

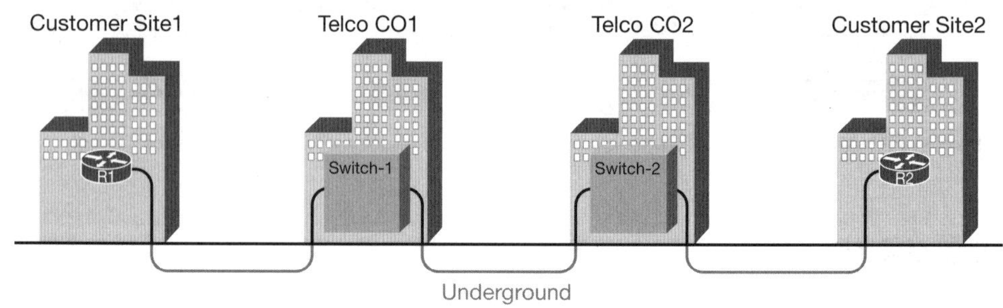

[그림 13-3] 단거리 전용 회선에 대한 통신사업자 내부의 케이블 구성

[그림 13-3] 세부 사항은 기업 고객의 관점에서 전용 회선 WAN에 대해 알아야 할 내용을 보여준다. [그림 13-4]는 전용 회선 양단 간 장비에 대한 몇 가지 주요 구성 요소 및 용어를 보여주고 있다

- **고객 댁내 장치**(CPE): 고객 사이트에 설치된 링크 양단에 연결된 장치

- **채널 서비스 유닛/데이터 서비스 유닛(CSU/DSU)**: 라우터 시리얼 인터페이스에 시리얼 케이블로 각각의 비트를 송수신하기 위해 물리적으로 속도와 타이밍을 제어하는 clocking 기능을 제공하는 장치
- **시리얼 케이블**: CSU와 라우터 시리얼 인터페이스를 연결하는 짧은 케이블

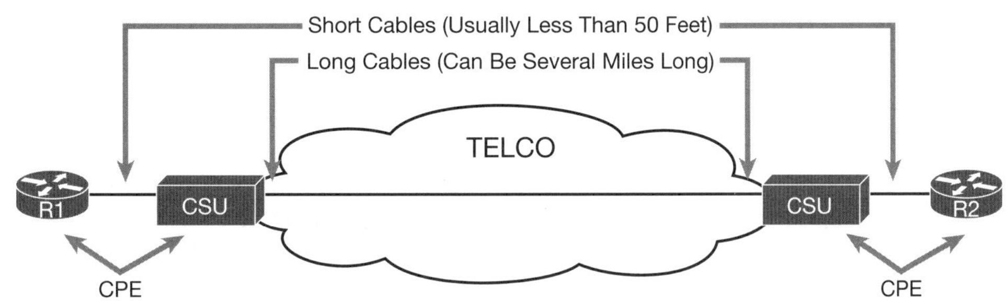

[그림 13-4] 포인트-투-포인트 전용 회선: 구성 요소 및 용어

CPE에는 여러 개의 주문 가능한 별도 부품이 포함되어 있다. 외부 CSU/DSU를 사용하는 경우, 시리얼 케이블은 라우터 시리얼 인터페이스에 CSU를 연결하는 데 사용된다. 이 시리얼 인터페이스는 일반적으로 WAN 인터페이스 카드(WIC), 고속 WIC(HWIC), 또는 네트워크 인터페이스 모듈(NIM)로서 라우터에 착탈식 카드의 한 형태로 구성된다.

대부분의 시리얼 인터페이스는 스마트 시리얼 커넥터라고 불리는 한 가지 종류(크기/모양)의 물리적 커넥터를 사용하는 반면, CSU는 여러 유형의 커넥터를 사용한다. 전용 회선을 설치할 때, 양쪽 끝의 WIC와 CSU/DSU에 맞도록, 커넥터와 정확한 케이블 유형을 선택해야 한다.

[그림 13-5]는 왼쪽의 스마트 시리얼 커넥터와 오른쪽의 일반적인 V.35 커넥터로 구성된 시리얼 케이블의 유형을 보여준다. 그림은 케이블의 전체 측면과 케이블 양단의 커넥터 단면을 보여준다.

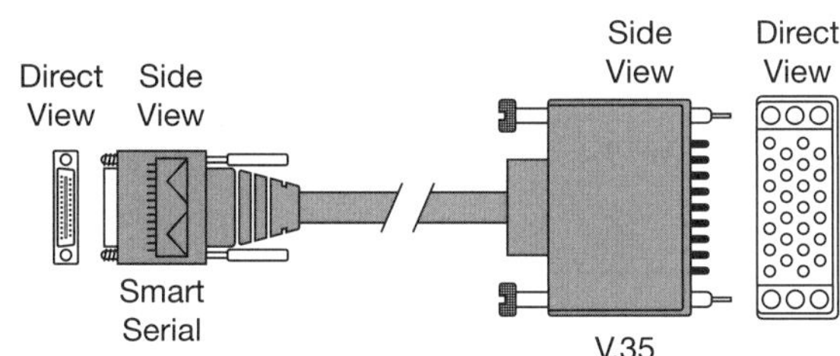

[그림 13-5] CSU와 라우터를 연결하는 시리얼 케이블

오늘날 많은 전용 회선은 CSU/DSU를 통합한 시스코 WIC를 사용한다. 즉, WIC 하드웨어가 CSU/DSU가 제공하는 기능을 포함하고 있으므로, 외부 CSU/DSU는 필요하지 않게 된다. [그림 13-4]에 비교하면 외부 CSU/DSU와 라우터를 연결하는 시리얼 케이블은 필요하지 않고,

13

통신 사업자로부터의 케이블을 WIC에 직접 연결하면 된다.

[그림 13-6]은 두 개의 NIM 슬롯을 가진 라우터 사진을 보여주고 있다. 각 슬롯은 현재 NIM 카드가 설치되지 않은 상태이다. 그림의 카드는 2개의 스마트 시리얼 인터페이스를 가진 NIM을 보여준다. [그림 13-5]에서 케이블 왼쪽 끝은 [그림 13-6]에 있는 NIM의 스마트 시리얼 포트 중 하나에 연결한다.

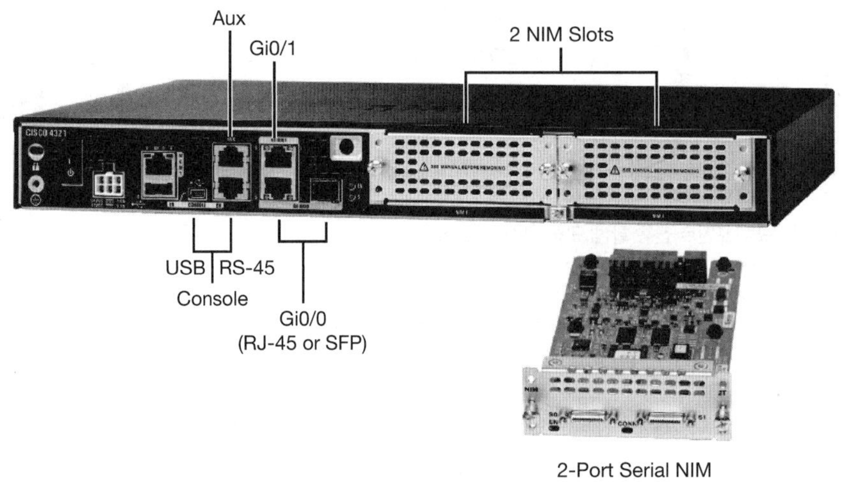

[그림 13-6] 시리얼 NIM 카드와 라우터

통신 사업자는 다양한 속도의 전용 회선을 제공한다. 그러나 통신 사업자의 고객은 임의의 속도를 선택할 수 없다. 속도는 T-캐리어 시스템이라는 오래된 기술의 표준을 따르기 때문이다.

1950년대와 1960년대에 미국에 본사를 둔 벨(Bell) 사는 디지털 음성과 T-캐리어 시스템을 개발하고 배포했고, 이 작업의 일환으로 64Kbps, 1.544Mbps 및 44.736Mbps와 같은 다양한 전송 속도를 표준화했다.

벨 회사는 단일 회선에 기본 속도 여러 개를 결합할 수 있는 TDM(Time division multiplexing) 기술을 개발하였다. 예를 들어 DS1(Digital Signal Level 1) 또는 T1은 24개의 DS0(64Kbps)와 8Kbps 오버헤드를 1.544Mbps에서 실행되는 하나의 물리적 회선에 결합한다. 고객에게 유연한 속도를 제공하기 위해 통신 회사는 많은 사이트에 T1 회선을 설치할 수 있지만 다수의 64Kbps와 결합해 64Kbps의 배수 속도로 어떤 곳은 느린 속도로 또는 어떤 곳은 빠른 속도를 제공한다.

이제 전용 회선의 속도로 돌아와서, 당신은 실제로 어떤 속도를 구매하고 싶은가? 기본적으로 느린 속도 영역에서는 64Kbps의 배수로 최대 T1 속도까지 제공한다. 빠른 속도에서는 T1 속도의 배수로 최대 T3 속도를 제공한다. [표 13-3]은 미국에서 일반적으로 볼 수 있는 속도를 요약한 것으로, 일부는 유럽에서의 속도 표준이다.

회선명	비트 속도
DS0	64Kbps
Fractional T1	64kbps의 2배부터 24배속까지
DS1(T1)	1.544Mbps(24 DS0s, 1.536Mbps와 8Kbps 오버헤드 포함)
E1(Europe)	2.048Mbps(32 DS0s)
Fractional T3	1.536Mbps의 2배부터 28배속까지
DS3(T3)	44.736Mbps(28 DS1s, 관리 오버헤드 포함)
E3(Europe)	약 34Mbps(16 E1s, 관리 오버헤드 포함)

[표 13-3] WAN 속도 요약

CSU/DSU의 역할

기업 인터네트워크의 WAN 링크 기술 중 다음으로 CSU/DSU의 역할에 대해 알아보자. [그림 13-7]까지 이어지는 다음 설명은 앞의 [그림 13-4]와 같이 외부 CSU/DSU가 있는 전용 회선을 기반으로 한다.

CSU는 전화선 전용 회선과 라우터 사이에 위치한다. 통신 사업자 측면에는 CSU가 전화 회사의 회선에 연결된다는 것을 의미하므로, T-캐리어 시스템과 TDM 및 통신 사업자에서 사용하는 속도에 대한 세부 정보를 이해해야 한다. CSU는 DCE 역할을 하며, DTE 역할을 하는 라우터에 연결한다. DCE(데이터 회선 종단 장치) 역할을 하는 CSU는 라우터 시리얼 인터페이스의 속도를 제어한다. DTE(데이터 터미널 장비)로 작동하는 라우터는 CSU(DCE)의 클로킹(clocking) 신호에 의해 제어된다. 즉, CSU는 라우터에게 비트를 보내고 받을 시기를 알려준다. 라우터는 DCE가 올바른 전기 신호(클로킹이라고 함)를 케이블에 생성할 때만 비트 송수신을 시도하게 된다. [그림 13-7]은 CSU/DSU의 역할에 대한 주요 개념을 보여주고 있다.

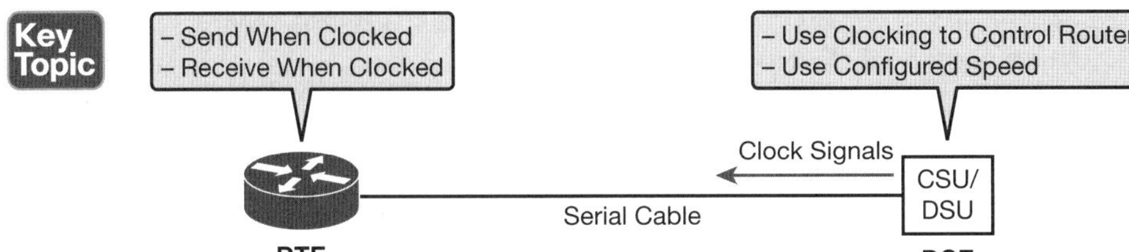

[그림 13-7] CSU/DSU 및 라우터 시리얼 인터페이스의 DCE 및 DTE 역할

실습을 위한 WAN 회선 구성하기

CCENT 및 CCNA R&S 시험 실습을 위해 중고 라우터 및 스위치를 구입할 수도 있다. 또한 통신 회사의 실제 전용 회선 없이 CSU/DSU가 없는 전용 회선을 케이블 변형을 통해 구성할 수도 있다. 이 내용은 랩 구성시 WAN 회선를 구성하는 데 필요한 정보를 제공한다.

첫째, 사이트 간 통신 시설을 갖춘 실제 WAN 회선을 구축할 때, 일반적으로 라우터와 외부 CSU/DSU 사이에 사용되는 시리얼 케이블을 DTE 케이블이라고 한다. 즉, [그림 13-4]의 시리얼 케이블은 DTE 케이블이다.

하나의 DTE 케이블과 DCE 케이블을 사용하여 CSU와 통신 회사의 전용 회선이 없이 두 라우터 간 시리얼 인터페이스를 직접 연결하기만 하면 동등한 WAN 회선을 구성할 수 있다. DCE 케이블에는 암(female) 커넥터가 있고 DTE 케이블에는 수(male) 커넥터가 있어 두 케이블을 직접 연결할 수 있다. 이렇게 하면 물리적 연결이 완료되고 데이터 경로가 제공된다. DCE 케이블은 [그림 13-8]과 같이 송수신 선의 쌍을 교체함으로써, 이더넷 크로스오버 케이블과 동일한 기능을 수행한다.

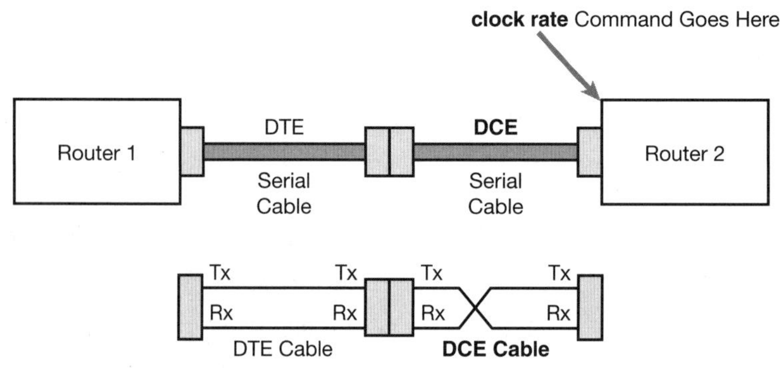

[그림 13-8] 시리얼 케이블링은 DTE 케이블과 DCE 케이블을 사용

그림은 맨 위에 케이블 세부 사항을 보여 주며 배선 세부 정보는 아래쪽에 표시되었다. 특히 아래쪽에 있는 DTE 시리얼 케이블은 직결 케이블 역할을 하며 전송 및 수신 쌍을 교환하지 않지만 DCE 케이블은 송수신 쌍을 교환한다.

NOTE 많은 제조사가 [그림 13-8]에 표시된 두 개의 케이블을 하나로 결합한 단일 케이블을 판매한다. 온라인에서 'Cisco serial crossover'를 참조하라.

회선을 동작시키려면 DCE 케이블이 설치된 라우터는 클로킹을 제공해야 한다. 라우터 시리얼 인터페이스는 클로킹을 제공할 수 있지만 DCE 케이블이 인터페이스에 연결되어 있고 클록 속도 명령어에 의해서만 가능하다. 최신 IOS 버전은 DCE 케이블의 연결을 감지하고 자동으로 클럭 속도를 설정하므로 WAN 회선이 쉽게 구성되지만, 이전 IOS 버전에서는 클럭 속도 명령어를 설정해야 주어야 한다.

HDLC를 사용한 2계층 전용 회선

전용 회선은 1계층 서비스를 제공한다. 즉, 전용 회선에 연결된 장치 간에 비트를 전달한다.

그러나 전용 회선 자체는 전용 회선에서 사용할 데이터 링크 계층 프로토콜을 정의하지 않는다. HDLC는 전용 회선에 사용 가능한 데이터 링크 프로토콜 중 하나이다.

HDLC는 전용 회선의 단순한 포인트-투-포인트 토폴로지로 수행할 수 있는 몇 가지 큰 기능을 가지고 있다. 먼저, 프레임 헤더는 수신 라우터가 새로운 프레임이 오고 있음을 알려준다. 또한 다른 모든 데이터 링크 프로토콜과 마찬가지로 HDLC 트레일러에는 FCS(Frame Check Sequence) 필드가 있어 수신 라우터가 전송 중에 프레임에 오류가 있는지 여부를 판단할 수 있어, 프레임에 오류가 있게 되면 프레임을 버린다.

시스코는 표준 HDLC 프로토콜 헤더에 필드(type 필드)를 추가하여 [그림 13-9]와 같은 시스코 고유의 HDLC 프로토콜을 생성하였다. Cisco 라우터에서 Type 필드를 사용하면 HDLC 링크를 통과하는 여러 유형의 네트워크 계층 패킷을 지원할 수 있다. 예를 들어 Type 필드는 각 HDLC 프레임 내에 캡슐화된 패킷 유형을 식별할 수 있기 때문에, 두 Cisco 라우터 간의 HDLC 링크는 IPv4 및 IPv6 패킷을 전달할 수 있다.

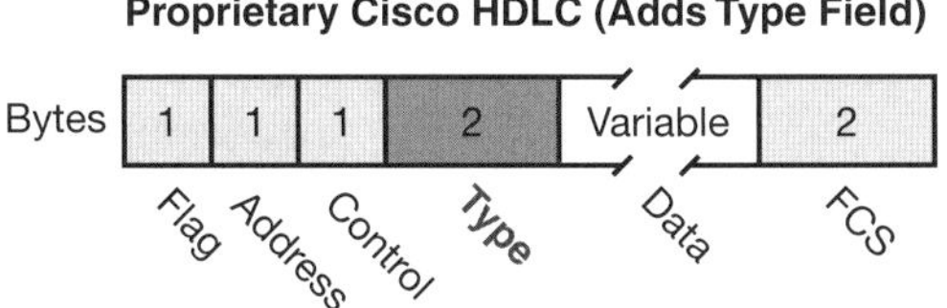

[그림 13-9] Cisco HDLC 프레이밍

HDLC 주소 및 제어 필드는 거의 수행하는 역할이 없다. 예를 들어 링크에 2개의 라우터만 있으면 라우터가 프레임을 보낼 때 해당 프레임이 링크의 다른 라우터로 전송된다는 것이 분명하기 때문이다. 주소 필드와 컨트롤 필드는 과거에는 중요한 목적을 가지고 있었지만 오늘은 중요하지 않게 되었다.

라우터는 패킷을 다음 라우터로 이동시키기 위하여 다른 데이터 링크 프로토콜과 마찬가지로 HDLC를 사용한다: [그림 13-10]은 3단계의 라우팅 단계를 보여 주고 있으며 **단계②** 에서 HDLC가 역할을 한다.

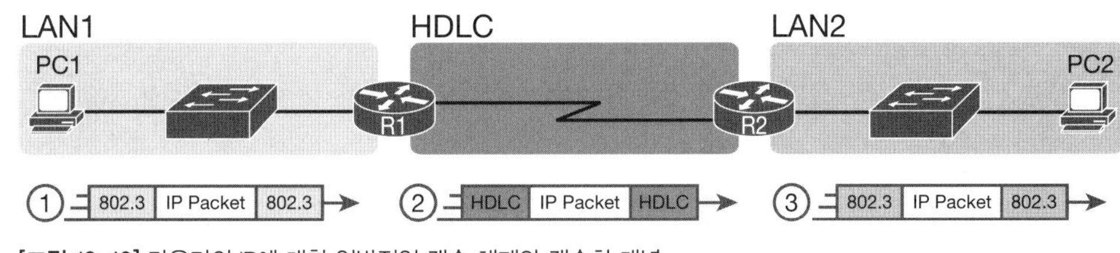

[그림 13-10] 라우터의 IP에 대한 일반적인 캡슐 해제와 캡슐화 개념

그림의 단계별 설명은 다음과 같다.

단계 ① 라우터 R1에 IP 패킷을 보내려면 PC1이 IP 패킷을 이더넷 프레임에 캡슐화한다.

단계 ② 라우터 R1은 IP 패킷을 캡슐 해제하여 패킷을 HDLC 헤더 및 트레일러를 사용하여 HDLC 프레임으로 캡슐화하고 HDLC 프레임을 라우터 R2로 전달한다.

단계 ③ 라우터 R2는 IP 패킷을 캡슐 해제하고 패킷을 이더넷 프레임으로 캡슐화한 다음 이더넷 프레임을 PC2로 전달한다.

요약하면, HDLC가 설정된 전용 회선은 두 개의 라우터 사이에 WAN 연결을 생성함으로써, LAN 장치로부터 전달된 패킷을 전달할 수 있다. 전용 회선 자체는 양방향으로 비트를 전송하는 물리적 수단을 제공한다. HDLC 프레임은 네트워크 계층 패킷을 캡슐화하여 라우터 간 링크를 통과하는 수단을 제공한다.

HDLC 설정하기

라우터 이더넷 인터페이스를 잠시 생각해보자. 인터페이스가 작동하고 IP 트래픽을 전달하기 위해 라우터 이더넷 인터페이스는 1 및 2계층과 관련된 설정을 필요로 하지 않는다. 1계층 정보는 케이블이 올바르게 설치되면 기본적으로 생성된다. 라우터 이더넷 인터페이스는 기본적으로 이더넷을 데이터 링크 프로토콜로 사용한다. 라우터는 인터페이스에 IP 주소를 구성하기만 하면 되며, 인터페이스가 'administratively down' 상태인 경우 **no shutdown** 명령으로 인터페이스를 활성화할 수 있다.

마찬가지로 시스코 라우터의 시리얼 인터페이스에도 1 또는 2계층 구성을 위한 설정이 필요하지 않다. 1계층의 경우 케이블 연결이 완료되어야 하지만 라우터가 **no shutdown** 명령이 설정되면 시리얼 인터페이스를 사용하게 된다. 2계층의 경우 IOS는 기본적으로 시리얼 인터페이스에서 HDLC를 사용한다. 이더넷 인터페이스와 마찬가지로 라우터 시리얼 인터페이스는 일반적으로 **ip address** 명령만 필요하며, 두 라우터의 인터페이스가 초기 설정인 경우에는 **no shutdown** 명령이 필요하다.

그러나 시리얼 링크에는 많은 옵션 명령이 있다. 다음 목록은 몇 가지 구성 단계를 설명하고 일부 명령이 필요한 조건과 선택 사항인 명령을 나열하였다.

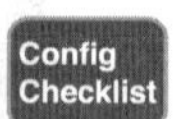

단계 ① 인터페이스 구성 모드에서 **ip address** *address mask* 명령을 사용하여 인터페이스 IP 주소를 구성한다.

단계 ② 설명된 특별한 조건에 해당하는 경우에만 다음 작업이 필요하다.:

Ⓐ 인캡슐레이션 프로토콜(encapsulation protocol) 인터페이스 하위 명령이 HDLC 프로토콜이 아닌 경우, 인터페이스 구성 모드에서 **encapsulation hdlc** 명령어를 사용하여

HDLC를 활성화한다. 또는 인터페이스 구성 모드에서 **no encapsulation** *protocol* 명령을 사용하여 데이터 링크 프로토콜로 기본 설정인 HDLC을 사용한다.

Ⓑ 인터페이스 상태가 관리상으로 다운되면, 인터페이스 구성 모드에서 **no shutdown** 명령을 사용하여 인터페이스를 활성화한다.

Ⓒ 시리얼 링크가 Lab(또는 시뮬레이터)의 백투백 시리얼 링크인 경우, 클럭 속도를 구성하려면 인터페이스 구성 모드에서 **clock rate** *speed* 명령을 사용한다. 이 명령은 DCE 케이블이 있는 하나의 라우터에서만 사용한다(**show controllers serial** *number* 명령어).

단계③ 다음 단계는 선택 사항으로, 링크가 작동하거나 IP 트래픽의 전달 여부에 영향을 주지 않는다.

Ⓐ 인터페이스 구성 모드에서 **bandwidth** *speed-in-kbps* 명령을 사용하여 링크의 실제 클럭 속도와 일치하도록 링크의 속도를 설정한다.

Ⓑ 문서화를 위해 인터페이스 구성 모드에서 **description** *text* 명령을 사용하여 인터페이스 설명을 설정한다.

실제로는 인터페이스 설정이 안된 신규 시스코 라우터에 CSU/DSU를 사용하여 일반적인 프로덕션 시리얼 링크를 설치하는 경우, **ip address** 및 **no shutdown** 설정만 필요할 가능성이 높다.

[그림 13-11]은 인터네트워크의 예를 보여주고, [예 13-1]은 일치하는 HDLC 구성을 보여준다. 이 경우 시리얼 링크는 실험실에서 백-투-백 시리얼 링크로 만들어졌으므로 앞의 목록에서 **단계①**(ip address)과 2C(clock rate)가 필요하다. 또한 선택적 **단계③B**(description)를 보여주고 있다.

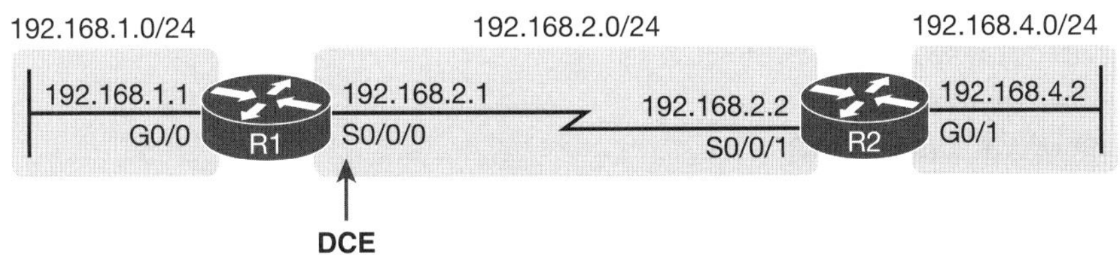

[그림 13-11] 두 라우터 간의 전형적인 시리얼 링크

```
R1# show running-config
! 참고 - 관련 행만 표시된다.
interface GigabitEthernet0/0
 ip address 192.168.1.1 255.255.255.0
!
interface Serial0/0/0
 ip address 192.168.2.1 255.255.255.0
 description link to R2
 clock rate 2000000
```

13

```
!
router eigrp 1
 network 192.168.1.0
 network 192.168.2.0
```

[예 13-1] HDLC 설정

R1의 구성은 비교적 간단하다. R2의 S0/0/1 인터페이스의 구성은 **ip address** 명령과 **encapsulation hdlc**의 기본 설정 및 **no shutdown**이 필요하다. R1에 DCE 케이블이 있기 때문에 **clock rate** 명령은 R2에서 필요하지 않고 R2는 DTE 케이블에 연결해야 한다.

[예 13-2]는 R1의 구성과 기본 설정을 확인하는 두 개의 명령어를 나열한다. 먼저 S0/0/0에 대한 **show controllers** 명령어의 출력을 보여준다. 이 출력은 R1에 실제로 DCE 케이블이 설치되어 있고, 클럭 속도가 2,000,000bps로 설정되어 있음을 확인한다. **show interfaces S0/0/0** 명령어는 기본 캡슐화 설정(HDLC) 및 시리얼 인터페이스(1544, 즉 1,544Kbps 또는 1.544Mbps를 의미)의 기본 대역폭 설정을 포함하여 상단에 다양한 구성 설정을 표시한다. [예 13-1]에서 구성된 대로 IP 주소, 프리픽스 스타일의 마스크(/24)와 그 설명도 나열한다.

```
R1# show controllers serial 0/0/0
Interface Serial0/0/0
Hardware is SCC
DCE V.35, clock rate 2000000
! 간략화를 위한 라인 생략

R1# show interfaces s0/0/0
Serial0/0/0 is up, line protocol is up
  Hardware is WIC MBRD Serial
  Description: link to R2
  Internet address is 192.168.2.1/24
  MTU 1500 bytes, BW 1544 Kbit/sec, DLY 20000 usec,
     reliability 255/255, txload 1/255, rxload 1/255
  Encapsulation HDLC, loopback not set
  Keepalive set (10 sec)
  Last input 00:00:01, output 00:00:00, output hang never
  Last clearing of "show interface" counters never
  Input queue: 0/75/0/0 (size/max/drops/flushes); Total output drops: 0
  Queueing strategy: fifo
  Output queue: 0/40 (size/max)
  5 minute input rate 0 bits/sec, 0 packets/sec
  5 minute output rate 0 bits/sec, 0 packets/sec
     276 packets input, 19885 bytes, 0 no buffer
     Received 96 broadcasts (0 IP multicasts)
     0 runts, 0 giants, 0 throttles
```

```
    0 input errors, 0 CRC, 0 frame, 0 overrun, 0 ignored, 0 abort
    284 packets output, 19290 bytes, 0 underruns
    0 output errors, 0 collisions, 5 interface resets
    0 unknown protocol drops
    0 output buffer failures, 0 output buffers swapped out
    7 carrier transitions
    DCD=up  DSR=up  DTR=up  RTS=up  CTS=up
```

[예 13-2] R1의 설정 정보 확인

라우터는 [예 13-2]의 **show interfaces S0/0/0** 명령어의 출력 첫 행에 표시된 것처럼 인터페이스 상태가 up/up인 경우에만 시리얼 인터페이스를 사용한다. 일반적으로 첫 번째 up 상태는 1계층 상태를 나타내고 두 번째 up 상태는 2계층 상태를 나타낸다. 인터페이스 상태를 보다 빨리 보려면 [예 13-3]에 나열된 것처럼 **show ip interface brief** 또는 **show interfaces description** 명령어를 사용한다.

```
R1# show ip interface brief
Interface            IP-Address     OK? Method Status                Protocol
GigabitEthernet0/0   192.168.1.1    YES manual up                    up
GigabitEthernet0/1   unassigned     YES manual administratively down down
Serial0/0/0          192.168.2.1    YES manual up                    up
Serial0/0/1          unassigned     YES NVRAM  administratively down down
Serial0/1/0          unassigned     YES NVRAM  administratively down down
Serial0/1/1          unassigned     YES NVRAM  administratively down down

R1# show interfaces description
Interface                      Status         Protocol Description
Gi0/0                          up             up       LAN at Site 1
Gi0/1                          admin down     down
Se0/0/0                        up             up       link to R2
Se0/0/1                        admin down     down
Se0/1/0                        admin down     down
Se0/1/1                        admin down     down
```

[예 13-3] 인터페이스 및 인터페이스 상태에 대한 간략한 리스트

13

PPP를 사용한 전용 회선 WAN

PPP(Point-to-Point Protocol)는 시리얼 링크에 사용하는 데이터 링크 프로토콜로서 HDLC와 동일한 역할을 한다. HDLC는 라우터가 없는 시대에 만들어졌지만, 1990년대에 정의된 PPP는 많은 고급 기능을 갖추고, 라우터와 TCP/IP 및 기타 네트워크 계층 프로토콜을 염두에 두고 설계되었다.

PPP 개념

PPP는 여러 면에서 기본 프로토콜이지만 두 장비를 연결하는 전용선에서는 매우 유용하면서도 중요한 기능을 제공한다. 그 기능을 정리하면 다음과 같다.

- 링크를 경유해 전달되는 데이터 프레임의 헤더와 트레일러를 정의한다.
- 동기 링크와 비동기 링크를 모두 지원한다.
- 헤더에 있는 프로토콜 종류 필드를 이용해 동일한 링크에서 다수의 3계층 프로토콜이 경유할 수 있게 만들 수 있다.
- 내장 인증 도구로 PAP(Password Authentication Protocol)와 CHAP(Challenge Handshake Authentication Protocol)가 있다.
- PPP 위에 올라가는 상위 계층을 위한 제어 프로토콜은 좀더 용이한 통합과 지원을 허용한다.

다음 몇 페이지에서 프로토콜 필드, 인증, 제어 프로토콜에 대해 살펴본다.

PPP 프레이밍

PPP 표준에는 HDLC 표준에 없는 중요한 기능이 여럿 있으며, 프로토콜 필드에 정의되어 있다. 프로토콜 필드는 프레임 내부에 들어가는 패킷의 종류를 나타낸다. PPP 패킷의 프로토콜 필드는 많은 3계층 프로토콜이 단일 링크를 경유할 수 있도록 지원한다. 프로토콜 종류 필드는 종전과 같은 기능을 제공하면서 서로 다른 IP 버전(IPv4와 IPv6)을 지원한다. [그림 13-12]는 HDLC와 PPP의 프레임 구성을 비교한 것으로써 시스코 전용 HDLC 프로토콜 필드와 표준 PPP 프로토콜 필드를 대상으로 했다.

[그림 13-12]는 PPP 프레이밍을 보여 주며 프로토콜 유형 필드가 포함된 시스코 전용의 HDLC 프레이밍을 반영한다(앞의 [그림 13-9] 참조).

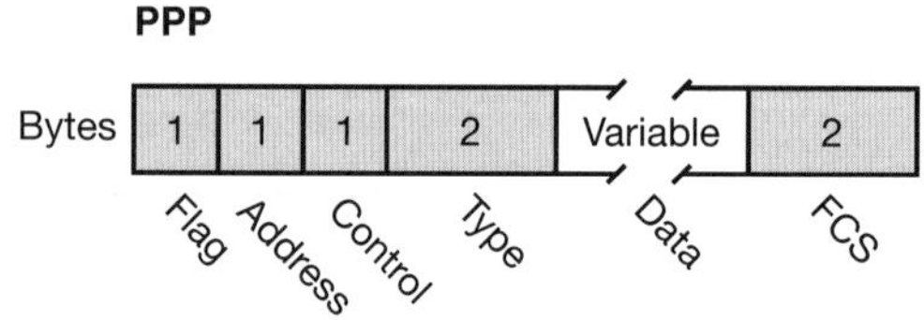

[그림 13-12] PPP 프레이밍

PPP 제어 프로토콜

PPP는 HDLC와 같은 프레이밍 외에도 다양한 링크 제어 기능을 수행하는 2계층 제어 프로토콜 세트를 정의한다. 이러한 추가 프로토콜에 대한 아이디어는 이더넷이 STP(Spanning Tree Protocol)와 같은 추가 프로토콜을 포함하는 것과 비슷하다. 이더넷에는 프레임을 전달하기 위한 헤더와 트레일러가 있으며, STP와 같은 오버 헤드 프로토콜을 정의하여 프레임 전달 프로세스를 보다 잘 수행할 수 있다. 마찬가지로 PPP는 [그림 13-12]의 프레임 형식을 정의하고 시리얼 링크를 관리하고 제어하는 데 도움이 되는 다른 프로토콜을 정의한다.

PPP는 이러한 제어 프로토콜을 두 가지 주요 범주로 구분한다.

- Link Control Protocol(LCP): 이 프로토콜은 데이터 링크 자체에 중점을 두고 링크를 통해 전송되는 3계층 프로토콜과 무관하게 여러 가지 개별 기능을 제공한다.
- Network Control Protocols(NCP): 프로토콜의 범주이며 네트워크 계층 프로토콜 당 하나이다. 각 프로토콜은 관련 3계층 프로토콜에 특정한 기능을 수행한다.

PPP LCP는 3계층 프로토콜과 무관하게 제어 기능을 수행한다. 3계층에 해당하는 상위 계층 프로토콜과 관련된 기능들을 위해 PPP는 IPCP(IP Control Protocol)와 같은 PPP CP(Control Protocol) 프로토콜을 이용한다. PPP는 링크마다 하나의 LCP를 이용하며, 링크에 정의된 3계층 프로토콜마다 하나의 CP를 이용한다. 예를 들어 PPP 링크에서 IPv4, IPv6, CDP를 이용할 경우에 링크는 IPCP(IPv4), IPCP(IPv6), CDPCP(CDP)를 각각 이용한다.

[표 13-4]는 LCP의 기능을 요약하고 LCP 기능명을 제공하며 기능을 간략하게 설명하였다. 표 이후 내용은 PPP 인증 기능 중 하나를 자세히 설명하며, '멀티링크 PPP 구현' 섹션에서는 MLPPP(Multilink PPP) 기능에 대해 설명한다.

기능	LCP 기능	설명
링크의 루프 발생 탐지	매직 넘버	링크에 루프가 발생하면 이를 탐지하고 해당 인터페이스를 비활성화하며 다른 정상적인 경로를 통해 라우팅이 이뤄지게 한다
에러 탐지	LQM(Link Quality Monitoring)	임계치 이상의 오류가 발생하면 인터페이스를 비활성화하고 더 나은 경로로 라우팅이 이뤄지게 한다.
멀티링크 지원	멀티링크 PPP	다수의 병렬 링크를 통해 트래픽의 로드를 분산시킨다.
인증	PAP와 CHAP	호스트 이름과 비밀번호를 교환해 상태편 장비의 정체를 알 수 있게 한다.

[표 13-4] PPP LCP 기능

PPP 인증

네트워킹에서 인증(authentication)은 장치가 실제로 통신이 발생해도 되는, 즉 승인된 장치인지 확인하는 방법을 제공한다. 인증은 상대방이 사기꾼이 아니라 진정한 통신 상대방임을 확인한다.

예를 들어, R1과 R2가 시리얼 링크를 통해 PPP로 통신한다고 가정하자. R1은 R2라고 주장하는 장치가 실제로 R2라고 증명할 수 있어야 한다. 이 시나리오에서 R1은 R2가 자신의 신원을 증명할 수 있는 인증 프로세스를 사용하여 R2를 인증한다.

전화 회선을 사용하는 경우에 WAN 인증이 자주 사용되지만, 전용 회선이 사용되더라도 인증 기능의 구성은 동일하게 유지된다.

PPP는 PAP와 CHAP의 두 가지 인증 프로토콜을 정의한다. 두 프로토콜 모두 장치 간 메시지 교환이 필요하지만 세부 사항은 다르다. PAP를 사용하면 프로세스는 인증된 장치에서 메시지를 시작하고 [그림 13-13]과 같이 암호를 일반 텍스트로 나열한다.

Key Topic

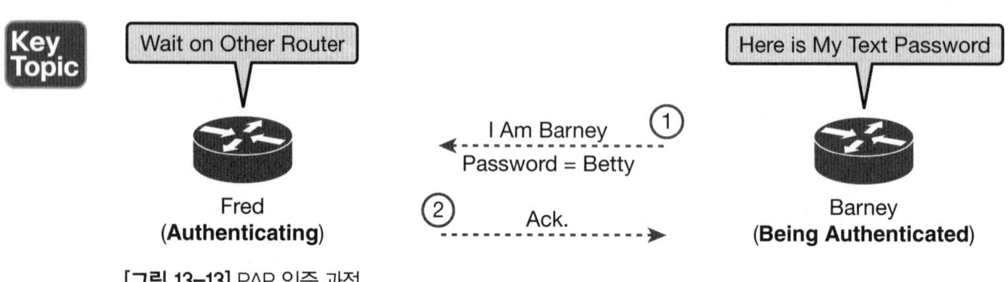

[그림 13-13] PAP 인증 과정

그림에서 링크가 up 되면 인증은 두 단계를 거친다. **단계①** 에서 바니(Barney)는 공유 암호를 일반 텍스트로 보낸다. 바니를 인증하려고 하는 프레드(Fred)는 바니가 실제 바니임을 확인해야 한다. 프레드는 바니의 이름과 암호를 확인하고 암호가 올바른지 확인한 다음 바니가 인증 프로세스를 통과했다는 확인을 다시 보낸다.

안전한 옵션인 CHAP는 다른 메시지를 사용하며 암호를 숨긴다. CHAP의 경우 인증(Fred)을 수행하는 장치는 'challenge'라는 메시지로 시작하여 다른 장치가 응답하도록 요청한다. 큰 차이점은 두 번째 메시지이다.

[그림 13-14]와 같이 인증과정에서 암호의 해시(Hash)된 버전을 보냄으로써 인증 암호를 숨긴다. 바니가 보낸 해시된 암호가 바니를 위한 실제 암호와 동일한지 확인할 수 있도록, 프레드 라우터에 바니의 이름과 암호가 미리 구성되어 있다. 암호가 정확하다면 프레드는 바니의 성공적인 인증을 확인하는 세 번째 메시지를 보낸다.

Key Topic

[그림 13-14] CHAP 인증 과정

[그림 13-13]과 [그림 13-14]는 인증이 작동할 때 인증 흐름을 보여준다. 실패할 경우(예: 암

호가 일치하지 않는 경우), 다른 최종 메시지가 전달된다. 또한 인증에 실패하면 PPP는 인터페이스를 up/down 상태로 유지하고 라우터는 그 인터페이스에서 프레임을 전달하거나 수신할 수 없게 된다.

PAP는 호스트 이름과 암호를 메시지 안에 일반 텍스트로 전송하기 때문에 CHAP보다 훨씬 안전하지 않다. 누군가가 회선에 추적 도구를 배치하면 이러한 내용을 쉽게 읽을 수 있기 때문이다. 반면 CHAP는 MD5라고 하는 단방향 해시 알고리즘을 사용하는데, 링크를 건너가지 않는 암호에 공유된 임의 번호를 더한 알고리즘을 사용한다.

또한 CHAP 프로세스는 해시 값을 한 번만 사용하므로 공격자가 해시값의 복사본을 만들어 나중에 보낼 수 없다. 이 작업을 수행하기 위해 CHAP 챌린지(첫 번째 CHAP 메시지)는 임의의 수를 사용한다. 응답 요구를 받는 라우터는 방금 배운 난수와 비밀 암호를 입력해 해시 알고리즘을 실행하고 그 결과를 다시 라우터로 반송한다. 응답 요구를 전송한 라우터는 임의의 수(링크를 통해 전송됨)와 암호(로컬로 저장됨)를 사용해 동일한 알고리즘을 실행하며, 결과가 일치하면 암호가 동일하다는 것을 의미한다. 추후 인증 프로세스 작업이 다시 발생하면, 인증 라우터는 다른 임의의 수를 생성하여 사용한다.

PAP와 CHAP는 PPP의 LCP에 의해 수행된 작업의 몇 가지 사례이며, 다음은 PPP를 구성하고 검증하는 방법을 보여준다.

PPP 설정

HDLC와 비교하여 PPP를 구성하려면 단 하나의 변경만 필요한데, 링크 양 끝에 **encapsulation ppp** 명령어를 사용하면 된다. HDLC와 마찬가지로 인터페이스 대역폭 및 인터페이스 설명과 같은 다른 항목도 선택적으로 구성할 수 있다. 물론 인터페이스도 활성화해야 한다(**no shutdown**). 그러나 HDLC에서 PPP로 마이그레이션하는 구성은 양단 라우터의 시리얼 인터페이스 모두에서 **encapsulation ppp** 명령어를 입력해야 한다.

```
! R1의 예부터 시작한다.
interface Serial0/0/0
 ip address 192.168.2.1 255.255.255.0
 encapsulation ppp
 clockrate 2000000
```

```
! 다음은 R2의 설정
interface Serial0/0/1
 ip address 192.168.2.2 255.255.255.0
 encapsulation ppp
```

[예 13-4] 기본 PPP 설정

13

[예 13-4]는 [그림 13-11]에 표시된 두 개의 라우터 사이에 HDLC를 사용된 것과 동일한 간단한 네트워크 구성을 보여주고 있다. 이 예에는 IP 주소 구성이 포함되어 있지만 PPP가 작동하기 위해 반드시 IP 주소를 구성해야 하는 것은 아니다.

PPP 세부 정보를 표시하는 명령어 중 하나는 **show interfaces**이며 [예 13-5]에 해당 명령어를 사용한 R1의 예가 있다. 이 예에서는 첫 번째 강조 표시된 줄까지 HDLC의 내용과 동일하다. 강조 표시된 두 줄은 PPP에 대한 설정을 확인한다(Encapsulation PPP). 또한 이 라인들은 'LCP Open' 문구에 언급된 바와 같이 LCP가 작업을 성공적으로 완료했음을 확인한다. 마지막 출력에는 두 개의 CP(CDPCP 및 IPCP)가 성공적으로 활성화되었음을 나타낸다. PPP가 제대로 작동하고 있음을 나타내는 좋은 보기이다.

```
R1# show interfaces serial 0/0/0
Serial0/0/0 is up, line protocol is up
  Hardware is WIC MBRD Serial
  Description: link to R2
  Internet address is 192.168.2.1/24
  MTU 1500 bytes, BW 1544 Kbit/sec, DLY 20000 usec,
     reliability 255/255, txload 1/255, rxload 1/255
  Encapsulation PPP, LCP Open
  Open: IPCP, CDPCP, loopback not set
! 간략화를 위한 라인 생략
```

[예 13-5] show interface를 사용하여 PPP, LCP 및 NCP 상태 찾기

PPP CHAP 설정

몇 개의 명령어만 입력하면 CHAP를 쉽게 설정할 수 있다. 양쪽 끝의 라우터에 비밀번호를 설정하는데, 옵션으로 외부의 AAA(Authentication, Authorization, Accounting) 서버를 설정할 수 있다.

두 라우터의 기본 설정이 되어 있는 인터페이스에 CHAP와 함께 PPP를 구성하려면 다음 단계를 수행해야 한다.

단계 ① 두 라우터의 시리얼 인터페이스의 인터페이스 설정 모드에서 **encapsulation ppp** 명령어를 사용하여 인터페이스에 PPP를 활성화한다.

단계 ② 두 라우터에서 사용하는 사용자 이름과 암호를 설정한다.

Ⓐ 인증할 때 사용할 로컬 라우터의 이름을 설정하려면 각 라우터의 글로벌 설정 모드에 **hostname** *name* 명령을 사용한다.

Ⓑ 각 라우터의 글로벌 설정 모드에서 **username** *name* **password** *password* 명령어를

사용하여 인접 라우터에서 사용되는 이름(대소문자 구분)과 일치하는 암호(대소문자 구별)를 정의한다(**username** 명령어의 이름은 인접 라우터의 **hostname** 명령에 있는 이름과 일치해야 한다).

단계 ③ 각 인터페이스에서 CHAP를 활성화하려면 라우터의 인터페이스 설정 모드에서 **ppp authentication chap** 명령어를 사용한다.

[그림 13-15]는 PPP를 활성화하고 링크에 CHAP를 추가하는 R1과 R2의 설정을 보여준다. 이 그림은 한 라우터의 **hostname** 명령어에 있는 이름이 다른 라우터의 **username** 명령어와 일치해야 하며, 각 **username** 명령어에 정의된 암호가 같아야 함을 보여준다(이 경우, mypass).

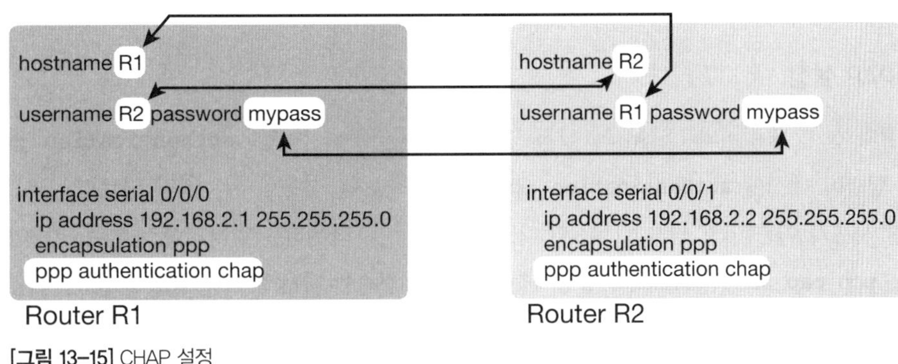

[그림 13-15] CHAP 설정

CHAP 인증이 성공했는지 몇 가지 방법으로 확인할 수 있다. 먼저 CHAP 인증이 활성화되어 있지만 CHAP 인증이 실패하면 인터페이스의 프로토콜 상태가 down이 된다. 해당 상태를 확인하려면 일반적인 **show interfaces** [*type number*] 명령이나 **show interfaces status** 명령을 사용한다. 또한 CHAP가 활성화되어 있지만 CHAP 인증이 실패하면 **show interfaces** 명령어는 예와 같이 'LCP Open'을 표시하지 않는다. [예 13-6]은 R1에서 **show interfaces serial 0/0/0** 명령어의 출력을 보여 주며 [그림 13-15]에 CHAP가 활성화되어 있고 CHAP가 동작하고 있다. 그러나 이 명령은 인증 설정 여부를 알려주지는 않는다.

```
R1# show interfaces serial 0/0/0
Serial0/0/0 is up, line protocol is up
  Hardware is WIC MBRD Serial
  Description: link to R2
  Internet address is 192.168.2.1/24
  MTU 1500 bytes, BW 1544 Kbit/sec, DLY 20000 usec,
     reliability 255/255, txload 1/255, rxload 1/255
  Encapsulation PPP, LCP Open
  Open: IPCP, CDPCP, loopback not set
  Keepalive set (10 sec)
```

```
! 간략화를 위한 라인 생략
R1# show ppp all
Interface/ID OPEN+ Nego* Fail-     Stage  Peer Address  Peer Name
------------ --------------------- ------ ------------- --------------
Se0/0/0      LCP+ CHAP+ IPCP+ CDP> LocalT 192.168.2.2   R2
```

[예 13-6] show interface 명령어를 사용하여 CHAP 인증 확인

CHAP가 동작하는지 확인하는 확실한 방법은 [예 13-6]의 끝에 표시된 것처럼 **show ppp all** 명령어를 사용하는 것이다. 이 명령은 라우터의 PPP 연결 하나당 한 줄로 표시한다. 이 예의 강조 부분은 프로토콜이 OPEN인 것을 의미하는 기호(+)와 프로토콜이 실패한 것을 나타내는 기호(-)와 함께 다양한 PPP 프로토콜의 해당 상태를 표시하는 명령어이다.

PPP PAP 설정

PAP의 설정 명령어와 CHAP의 설정 명령어는 동일하다. 다만, **authentication ppp chap** 명령어 대신에 **authentication ppp pap** 명령어를 사용한다는 점만 다르다. PAP는 송신한 사용자 이름/암호 쌍을 CHAP와 다르게 구성한다. 라우터는 인터페이스 하위 명령어로 설정된 **ppp pap sent-username** 명령어를 사용하여 전송할 사용자 이름/암호 쌍을 정의한다. 전송시 상대방 라우터는 해당 사용자 이름/암호 쌍을 수신하고 해당 값을 글로벌 설정 모드의 사용자 이름/암호 리스트와 비교한다. [그림 13-16]은 한 라우터의 **ppp pap sent-username** 명령어와 다른 라우터의 **username password** 명령어를 일치시키는 것에 중점을 두고, 두 라우터(R1 및 R2)에 대한 완성된 설정을 보여준다.

Key Topic

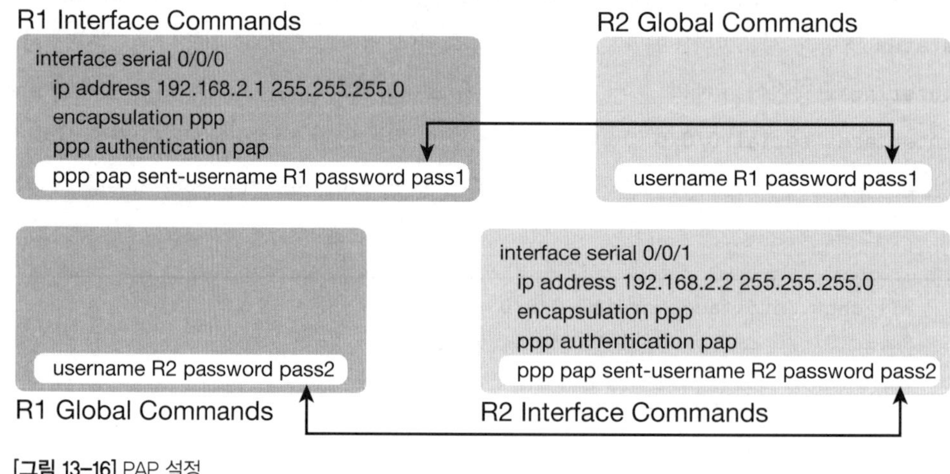

[그림 13-16] PAP 설정

[예 13-7]은 PAP 작동을 확인하는 데 사용되는 두 개의 명령어를 보여 주고 있다. 특히, **show interfaces** 명령은 CHAP 인증을 사용할 때와 비교하여 더 이상의 것을 알려주지 않는다. Line

프로토콜 상태가 up이 되면 인증(설정된 경우)이 동작되는 것을 의미한다(그러나 **show interfaces** 명령어 출력에서 CHAP 또는 PAP가 설정되었는지 여부는 알려주지 않는다). CHAP와 마찬가지로 LCP 상태가 Open이면 인증이 이루어졌음을 확인하고 인증이 설정된 것으로 가정한다.

그러나 CHAP를 사용할 때나 인증을 전혀 사용하지 않는 경우와 마찬가지로, 이 명령어는 인증이 구성되었는지 또는 어떤 인증 프로토콜이 사용되는지를 확인하지 않는다. 인터페이스 Serial0/0/0에 구성된 PAP를 식별하는 예의 맨 아래에 있는 **show ppp all** 명령을 사용하면 상태를 더 확인할 수 있다. 이 경우, 프로토콜은 OPEN이므로 인증이 동작하고 있다.

```
R1# show interfaces serial 0/0/0
Serial0/0/0 is up, line protocol is up
  Hardware is WIC MBRD Serial
  Description: link to R2
  Internet address is 192.168.2.1/24
  MTU 1500 bytes, BW 1544 Kbit/sec, DLY 20000 usec,
     reliability 255/255, txload 1/255, rxload 1/255
  Encapsulation PPP, LCP Open
  Open: IPCP, CDPCP, loopback not set
  Keepalive set (10 sec)
! 간략화를 위한 라인 생략
R1# show ppp all
Interface/ID OPEN+ Nego* Fail-     Stage   Peer Address    Peer Name
------------ --------------------- ------- --------------- ------------
Se0/0/0      LCP+ PAP+ IPCP+ CDPC> LocalT  192.168.2.2     ciscouser2
```

[예 13-7] PAP 인증 설정 및 확인

PAP 프로세스를 먼저 사용하도록 인터페이스를 설정하여, 다른 쪽에서 PAP를 지원하지 않을 경우 CHAP를 시도하게 구성할 수 있다. PAP 대신 CHAP를 먼저 시도하도록 구성할 수도 있다. 두 가지를 모두 지원하도록 설정한 후, **ppp authentication pap chap** 명령어로 먼저 PAP가 시도하거나 **ppp authentication chap pap** 명령어로 먼저 CHAP를 시도하게 만들면 된다.

멀티링크 PPP 구현

네트워크 설계자는 때로는 두 개의 라우터 간에 단일 시리얼 링크가 아닌 다수의 다중 시리얼 링크를 사용한다. 이것은 링크의 가용성을 향상시켜서 한 링크가 문제가 생기면 다른 링크가 동작한다. 다수의 병렬 시리얼 링크를 사용하는 것은 경제성 때문일 수도 있다. 단편적으로 더 빠른 회선을 사용하기 위하여 T3 서비스를 사용하는 대신 2~3개의 병렬 T1 회선(각각 약 1.5Mbps)을 설치하는 것이 더 저렴할 수 있기 때문이다. 두 개의 라우터 사이에 여러 개의 시리얼 링크가 있는 경우 디자인은 [그림 13-17]과 같다.

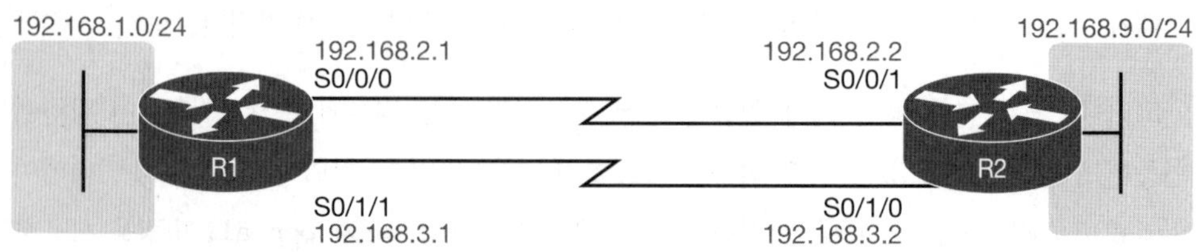

[그림 13-17] 라우터 간 다중 병렬 시리얼 링크

지금까지 설명한 병렬 시리얼 링크를 구성하면 각 링크는 IP 주소를 가지며 IP 패킷을 전달하는 데 사용될 수 있다. 이를 구현하기 위해 각각의 링크를 통해 형성되는 라우팅 프로토콜의 네이버 관계와 함께, 내부 라우팅 프로토콜은 각 병렬 링크를 통해 실행된다. 결과적으로 각 라우터는 모든 원격 대상 서브넷에 대해 각 병렬 링크를 통한 여러 경로를 학습하게 된다.

[그림 13-18]은 병렬 시리얼 링크 각각에 대해 하나씩 메트릭을 갖는 여러 개의 경로에 대한 개념을 보여주고 있다. [그림 13-17]과 같은 디자인으로 두 개의 링크가 있다. R1의 상단 링크에는 192.168.9.0/24 네트워크 경로가 있고, 하단 링크에는 또 하나의 경로가 있다. EIGRP를 사용하는 경우, R1은 각 링크에 하나씩 R2와 두 개의 EIGRP 네이버 관계를 갖게 된다.

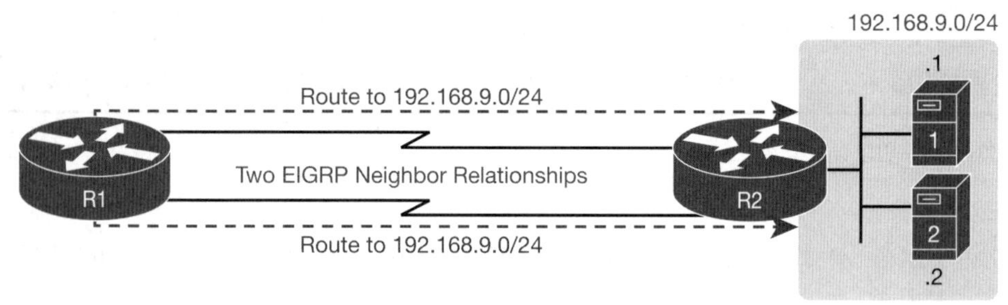

[그림 13-18] 하나의 네트워크와 병렬 시리얼 링크당 두 개의 IP 경로

시스코 IOS의 3계층 라우팅 기법은 그림과 같이 경로를 사용해 여러 링크로 패킷을 부하 분산한다. 기본적으로 IOS는 목적지 주소 기반으로 부하를 분산한다-예를 들어 [그림 13-18]에서 192.168.9.1에 대한 모든 패킷은 상위 링크를 통해 흐를 수 있으며 목적지 주소 192.168.9.2에 대한 모든 패킷은 하위 링크를 통해 라우팅된다. IOS는 패킷 단위로 부하 분산을 할 수 있도록 설정할 수도 있다.

3계층 부하 분산 기능을 사용하면 대부분의 경우 잘 작동한다. 그러나 PPP는 MLPPP (Multilink PPP)라는 기능을 사용하여 다중 병렬 PPP 링크 토폴로지를 통해 3계층 작업을 단순화하는 기능을 제공한다.

멀티링크 PPP 개념

MLPPP(Multilink PPP)는 두 장치 간에 여러 개의 병렬 시리얼 링크를 사용할 때 유용한 PPP 기능으로 두 가지 중요한 특징을 제공한다. 첫째, 각 라우터의 다중 시리얼 인터페이스를 3계층 관점에서 단일 인터페이스처럼 보이게 해 3계층의 복잡성을 줄여준다. 라우터 간 다중 서브넷, 다중 라우팅 프로토콜 인접 관계 및 각 원격 서브넷에 대해 동일한 메트릭을 가진 여러 개의 경로 대신 라우터 사이에 하나의 서브넷, 하나의 라우팅 프로토콜 인접 관계 및 대상 서브넷당 하나의 경로를 갖게 된다. [그림 13-19]는 여러 물리적 링크가 있는 [그림 13-18]과 같은 물리적 토폴로지에 대한 이러한 주요 개념을 보여주고 있다.

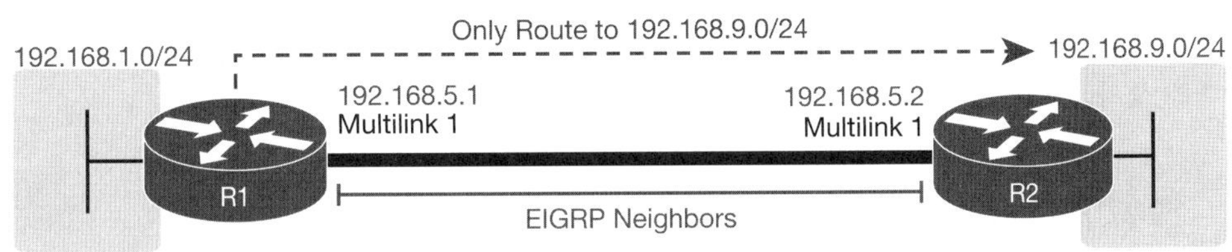

[그림 13-19] 멀티링크 인터페이스로 생성된 3계층 개념

MLPPP는 멀티링크(multilimk) 인터페이스라고 하는 가상 인터페이스를 사용하여 여러 물리적 링크가 단일 링크처럼 동작하도록 만든다. 멀티링크 인터페이스에는 3계층 설정(예: IPv4 및 IPv6 주소 및 라우팅 프로토콜 인터페이스 하위 명령어)이 추가된다. 설정은 물리적 시리얼 인터페이스를 다중 링크 인터페이스와 연결하여 다중 시리얼 링크와 동작하는 2계층 로직을 단일 다중 링크 인터페이스에서 동작하는 3계층 로직과 연결한다. 앞에서 설명한 것처럼 3계층 세부 정보를 단순화하는 것 외에도 MLPPP는 여러 링크를 통해 2계층에서 전송된 프레임을 부하 분산한다. MLPPP를 사용하면 라우터의 3계층 포워딩 로직이 각 패킷을 멀티링크 인터페이스로 전달한다. IOS가 내부적으로 멀티링크 인터페이스 외부로 패킷을 라우팅하면 MLPPP 부하 분산 로직이 패킷을 새로운 데이터 링크 프레임으로 캡슐화하고 프레임을 부하 분산한다.

MLPPP는 [그림 13-20]의 프로세스에서 볼 수 있듯이 액티브 링크당 하나의 프레임을 여러 개의 작은 프레임으로 단편화하여 데이터 링크 프레임을 부하 분산한다. **단계①** 과 **단계②** 는 캡슐화된 IP 패킷이 **단계①** 에 도착하고 **단계②** 에서 라우터가 일반적인 경로 결정을 하는 정상 라우팅 과정을 보여준다. 그러나 패킷이 멀티링크 인터페이스를 빠져나오면 MLPPP는 단편화 프로세스를 관리하기 위해 몇 가지 바이트가 추가된 PPP 헤더/트레일러가 있는 조각(단편화, fragments)으로 패킷을 단편화하고, 수신 라우터는 조각을 원래 패킷으로 다시 재조합한다(**단계④**). **단계⑤** 에서는 정상적인 IP 라우팅이 수행된다.

MLPPP의 부하 분산 프로세스는 패킷의 단편화 크기에 따라 약간의 차이를 허용하지만 시스코 라우터는 대부분 멀티링크 번들의 액티브 링크를 통해 균등하게 패킷을 부하 분산한다.

13

예를 들어 세 개의 링크가 액티브 상태인 경우 라우터는 트래픽을 약 1/3씩 나눠서 전달한다.

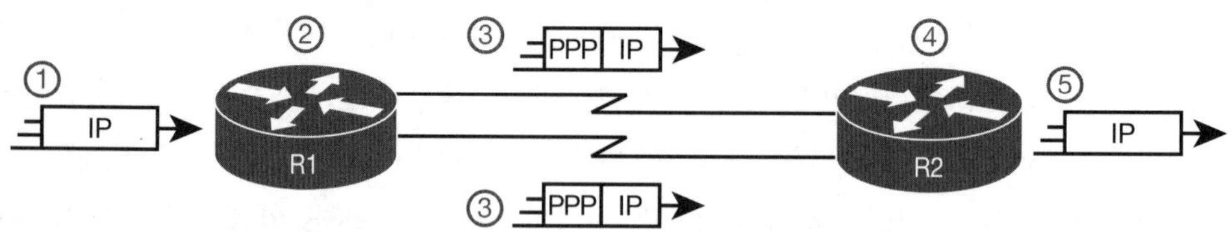

[그림 13-20] 다중 링크를 통한 트래픽 부하 분산을 위한 2계층 단편화

MLPPP 설정

MLPPP를 구현하려면 긴 설정이 필요한데, 먼저 MLPPP의 세 가지 주요 설정 요구 사항에 대해 생각해보자.

단계 ① 두 라우터에서 일치하는 멀티링크 인터페이스를 구성하고 멀티링크 인터페이스 모드에서 모든 3계층 기능(IPv4, IPv6 및 라우팅 프로토콜)에 대한 인터페이스 하위 명령어를 설정한다(시리얼 인터페이스 제외).

단계 ② **clock rate**(1계층) 및 **ppp authentication**(2계층)과 같은 1계층 및 2계층 명령어로 시리얼 인터페이스를 설정한다.

단계 ③ 멀티링크 및 시리얼 인터페이스에서 관련 PPP 명령을 설정하여 MLPPP를 활성화하고 멀티링크 인터페이스를 시리얼 인터페이스와 연결한다.

[그림 13-21]은 작동 중인 예로 모든 특정 MLPPP 명령어를 보여준다. 이 예는 [그림 13-19] 및 [그림 13-20]의 구성을 기반으로 한다. [그림 13-21]은 두 개의 시리얼 인터페이스 중 하나만의 구성을 보여 주지만 MLPPP에 사용될 때 모든 시리얼 인터페이스에는 동일한 하위 명령어가 있다.

먼저 화살표로 가리킨 것처럼 [그림 13-21]의 강조 부분에 표시된 6개의 명령어에 집중하자. 각 라우터의 **interface multilink 1** 명령어는 해당 라우터에 멀티링크 인터페이스를 만든다. 네트워크 엔지니어가 인터페이스 번호를 선택하겠지만 번호는 양쪽 라우터에서 같아야 하며, 그렇지 않으면 링크가 작동하지 않게 된다. 또한 멀티링크 인터페이스와 물리적 시리얼 인터페이스는 모두 **ppp multilink group 1** 명령어를 설정해야 하며 다시 동일한 인터페이스 번호(이 예에서는 1)를 참조해야 한다. 범위 내의 모든 숫자를 사용할 수 있지만 숫자는 그림에서 강조 표시된 명령어와 일치해야 한다.

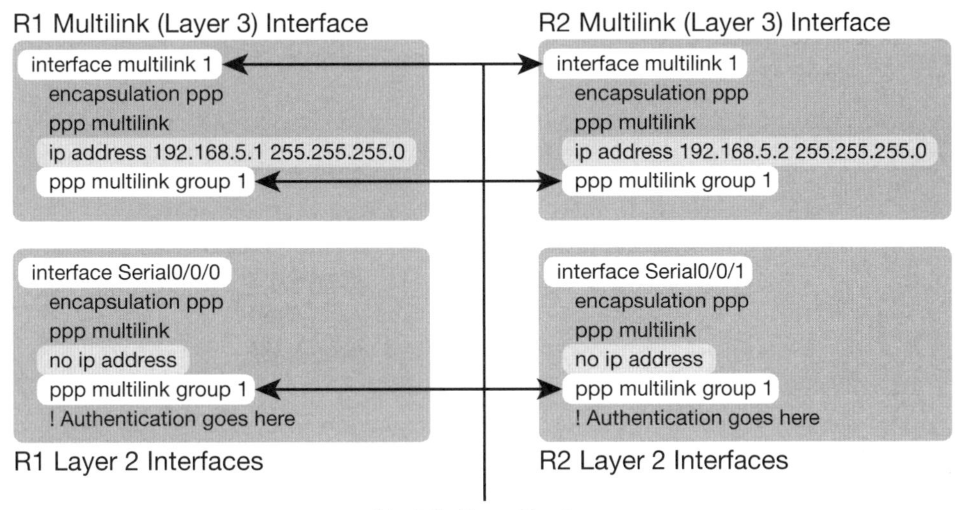

[그림 13-21] MLPPP 설정

이제 **ip address** 명령어를 살펴보자. 이 설정에는 멀티링크 인터페이스에 설정된 IPv4 주소가 표시되지만 시리얼 인터페이스에는 IPv4 주소가 전혀 표시되지 않는다. 즉, 멀티링크 인터페이스는 3계층 구성을 가지지만 시리얼 인터페이스는 그렇지 않다. 결과적으로 라우팅 및 라우팅 프로토콜 로직은 멀티링크 인터페이스와 함께 동작한다.

멀티링크와 시리얼 인터페이스는 **encapsulation ppp**(PPP 설정)와 **ppp multilink**(다중 링크 지원)의 두 가지 추가 명령어를 설정한다.

> **NOTE** [그림 13-21]은 하나의 시리얼 인터페이스의 설정만 보여주고 있지만, 다중 링크 그룹의 각 시리얼 인터페이스는 동일한 설정을 필요로 한다.

MLPPP 확인

MLPPP 인터페이스가 동작하는지 확인하려면 1계층 및 2계층의 세부 정보와 별도로 3계층 기능에 대해 생각하는 것이 좋다. 3계층의 경우, 일반 IPv4, IPv6 및 라우팅 프로토콜 명령어가 실제 시리얼 인터페이스가 아닌 멀티링크 인터페이스에 표시된다. 멀티링크의 다른 쪽 끝에서 IP 주소로 핑(ping)을 통해 링크를 테스트할 수도 있다. [예 13-8]은 [그림 13-21]의 구성에서 MLPPP 링크의 현재 작동 상태를 확인하는 몇 가지 명령어를 보여준다.

```
R1# show ip route
! 간략화를 위한 라인 생략

      192.168.1.0/24 is variably subnetted, 2 subnets, 2 masks
C        192.168.1.0/24 is directly connected, GigabitEthernet0/0
L        192.168.1.1/32 is directly connected, GigabitEthernet0/0
      192.168.5.0/24 is variably subnetted, 3 subnets, 2 masks
C        192.168.5.0/24 is directly connected, Multilink1
L        192.168.5.1/32 is directly connected, Multilink1
C        192.168.5.2/32 is directly connected, Multilink1
D     192.168.9.0/24 [90/1343488] via 192.168.5.2, 16:02:07, Multilink1

R1# show ip eigrp interfaces
EIGRP-IPv4 Interfaces for AS(1)
                Xmit Queue  PeerQ        Mean  Pacing Time  Multicast  Pending
Interface Peers Un/Reliable Un/Reliable SRTT  Un/Reliable  Flow Timer Routes
Mu1         1       0/0        0/0        1       0/8          50        0
Gi0/0       1       0/0        0/0        1       0/0          50        0

R1# show ip interface brief
Interface                  IP-Address     OK? Method Status                Protocol
Embedded-Service-Engine0/0 unassigned     YES NVRAM  administratively down down
GigabitEthernet0/0         192.168.1.1    YES manual up                    up
GigabitEthernet0/1         unassigned     YES manual up                    up
Serial0/0/0                unassigned     YES manual up                    up
Serial0/0/1                unassigned     YES manual administratively down down
Serial0/1/0                unassigned     YES NVRAM  administratively down down
Serial0/1/1                unassigned     YES NVRAM  up                    up
Multilink1                 192.168.5.1    YES manual up                    up
```

[예 13-8] MLPPP 멀티링크 인터페이스의 3계층 동작 확인

예의 IPv4 라우팅 테이블은 다양한 경로의 발신 인터페이스로 multilink 1을 사용하지만, 두 시리얼 인터페이스는 발신 인터페이스로 사용되지 않는다. 왜냐하면 시리얼 인터페이스는 IP 주소가 없고 라우터의 라우팅 로직은 시리얼 인터페이스 대신 멀티링크 인터페이스를 발신 인터페이스로 사용하기 대문이다. 마찬가지로 **show ip eigrp interfaces** 명령어는 EIGRP가 활성화된 인터페이스를 나열하는데 Mu1(Multilink 1)은 보이지만 MLPPP 번들의 두 시리얼 인터페이스 중 어떠한 하나도 나열하지 않았다. **show ip interface brief** 명령어는 시리얼 인터페이스와 다중 링크 인터페이스를 모두 나열하지만 시리얼 인터페이스는 IP address 항목에 'unassigned'로 표시된 것처럼 IP 주소를 가지고 있지 않다.

각 멀티링크 인터페이스는 다른 인터페이스와 마찬가지로 라인 및 프로토콜 상태가 표시되며, 해당 상태가 up/up인 경우, IOS는 멀티링크 인터페이스가 작동하고 있다고 판단한다. 기본적

으로 동작 상태는 MLPPP 그룹의 물리적 링크 중 적어도 하나가 작동하고 있음을 의미한다. 즉, 일부 물리 링크에 문제가 발생해도 멀티링크는 계속 작동할 수 있다. 멀티링크 그룹의 시리얼 인터페이스는 앞(**show controllers**, **show interfaces**)에서 설명한 것과 동일한 명령어를 사용하여 언제든지 직접 확인할 수 있다. 또한 [예 13-9]의 두 명령어는 MLPPP 동작의 특성에 대한 통찰력을 제공할 것이다.

```
R1# show interfaces multilink 1
Multilink1 is up, line protocol is up
  Hardware is multilink group interface
  Internet address is 192.168.5.1/24
  MTU 1500 bytes, BW 3088 Kbit/sec, DLY 20000 usec,
     reliability 255/255, txload 1/255, rxload 1/255
  Encapsulation PPP, LCP Open, multilink Open
  Open: IPCP, CDPCP, loopback not set
  Keepalive set (10 sec)
! 간략화를 위한 라인 생략

R1# show ppp multilink

Multilink1
  Bundle name: R2
  Remote Username: R2
  Remote Endpoint Discriminator: [1] R2
  Local Username: R1
  Local Endpoint Discriminator: [1] R1
  Bundle up for 16:50:33, total bandwidth 3088, load 1/255
  Receive buffer limit 24000 bytes, frag timeout 1000 ms
    0/0 fragments/bytes in reassembly list
    0 lost fragments, 96 reordered
    0/0 discarded fragments/bytes, 0 lost received
    0x654D7 received sequence, 0x654D5 sent sequence
  Member links: 2 active, 0 inactive (max 255, min not set)
    Se0/1/1, since 16:50:33
    Se0/0/0, since 16:23:16
No inactive multilink interfaces
```

[예 13-9] MLPPP 그룹의 동작 세부 정보 확인

13

show interfaces multilink 1 명령어는 여러 가지 세부 정보로 멀티링크에 대하여 보여준다. 특히, 예의 전통적인 라인 및 프로토콜 상태를 보여주며 모두 up 상태이면 인터페이스가 작동 중임을 의미한다.

여섯 번째 줄의 내용은 PPP 제어 프로토콜에 대한 섹션에서 멀티링크의 'Open' 상태가

MLPPP가 정상 동작함을 의미한다. **show ppp multilink** 명령어의 내용은 각 멀티링크 번들(bundle, 묶음)에 구성된 링크와 활성화된 링크를 식별한다. 이 경우, R1의 인터페이스 S0/0/0 및 S0/1/1이 예의 아래에 강조 표시된 대로 활성화된다. 시리얼 인터페이스 옆의 타이머는 두 인터페이스 모두가 16시간 조금 넘게 동작했다는 것을 보여준다. 예에서 이 두 인터페이스를 확인하면 물리 인터페이스가 작동하는 것뿐만 아니라 MLPPP 구성에서 멀티링크 그룹 1에 이 두 링크가 모두 포함되어 있음을 확인할 수 있다.

:: 시리얼 링크 장애 처리

이 절에서는 이 장의 앞부분에서 다룬 주제와 관련된 문제의 근본 원인을 찾아 내고 문제의 범위를 좁히기 위한 방법에 대해 설명한다. 또한 이 절에서는 시리얼 링크 반대쪽에서 3계층 서브넷 불일치가 발생할 때 시리얼 링크에서 발생할 수 있는 몇 가지 증상을 살펴본다. 이와 같이 서브넷 불일치가 발생하면 라우터가 시리얼 링크를 통해 패킷을 라우팅하지 못한다.

간단한 **ping** 명령어를 이용해 시리얼 링크가 IP 패킷을 전달할 수 있는지 아닌지를 결정할 수 있다. 다른 라우터의 시리얼 IP 주소로 ping 테스트를 하면 링크의 동작 여부를 확인할 수 있다. 예를 들어, HDLC 및 PPP 구성 예에 사용된 [그림 13-11]의 R1에서 **ping 192.168.2.2** 명령어를 수행한다.

ping 테스트 결과가 좋지 않을 경우에 문제는 OSI 1,2,3계층 등의 기능과 관련이 있다. 어떤 계층에서 문제를 유발하는지 범위를 좁히려면 [표 13-5]에서 소개된 인터페이스 상태 코드를 검사해야 한다.

링크 상태	프로토콜 상태	원인/계층
Administratively down	Down	인터페이스 셧다운
Down	Down	1계층
Up	Down	2계층
Up	Up	3계층

[표 13-5] Ping이 작동하지 않을 경우의 인터페이스 상태 코드 및 일반적인 의미

시리얼 링크의 점검과 장애 처리 과정은 다음의 세 단계로 시작한다.

단계 ① 한 라우터에서 다른 라우터의 시리얼 IP 주소로 **ping** 테스트를 시도한다.

단계 ② **ping** 테스트가 실패하면 두 라우터의 인터페이스 상태를 점검하고 [표 13-5]에 열거된 문제 영역 중 관련 문제라고 생각되는 것을 조사한다.

단계 ③ **ping** 테스트가 성공하면, 링크를 통해 라우팅 프로토콜이 경로 정보를 교환하는지 확인한다.

> **NOTE** 인터페이스 상태 코드를 show interfaces, show ip interface brief, show interfaces description 명령어로 확인할 수 있다.

이 장의 나머지 부분에서는 **ping** 테스트에 실패한 경우 점검해야 하는 특정 항목을 다루며 이것은 [표 13-5]에 열거된 인터페이스 상태 코드의 조합을 기준으로 한다.

1계층 문제 해결

인터페이스 상태 코드, 즉 인터페이스 상태는 시리얼 링크 문제의 원인을 찾는 데 핵심 역할을 담당한다. 사실 링크 양쪽 끝의 상태가 다를 수 있으므로 링크 양측의 상태를 검사하여 문제를 파악하는 것이 중요하다.

예를 들어 두 라우터 중 하나가 인터페이스 하위 명령어인 **shutdown**으로 시리얼 인터페이스를 관리상 비활성화한 경우 시리얼 링크가 다운된다. 한 라우터가 시리얼 인터페이스를 셧다운하고 두 번째 라우터의 인터페이스는 셧다운되지 않은 것으로 가정할 때, 다른 라우터는 down/down 상태(라인 상태 down, 라인 프로토콜 down)가 되며, 해결 방법은 인터페이스에 **no shutdown** 명령어를 설정하는 것이다.

시리얼 링크의 양쪽에서 라인 상태가 down이 나타나는 것(즉, 양단이 down/down 상태)은 1계층에 문제가 발생했다는 것이다. [그림 13-22]는 이 상태의 가장 일반적인 원인을 요약한 것이다. 그림에서 R2의 시리얼 인터페이스는 전혀 문제가 없다. 그림의 가운데와 왼쪽은 일반적인 근본 원인을 보여 주며 R2의 시리얼 인터페이스가 down/down 상태가 된다.

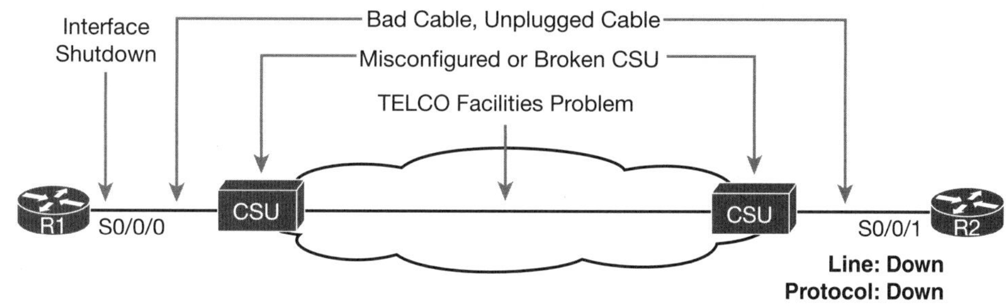

[그림 13-22] R2 라우터 인터페이스 down/down 상태를 발생시키는 문제

2계층 문제 해결

시리얼 링크의 데이터 링크 계층 문제는 일반적으로 시리얼 인터페이스 상태가 up/down 상태인 라우터가 적어도 하나는 있게 된다. 즉, 라인 상태는 up이고 라인 프로토콜 상태는 down 상태인데, [표 13-6]에서는 이러한 유형의 문제를 나열하였다.

회선 상태	프로토콜 상태	주요 원인
Up	양쪽 모두 지속적으로 'down'이거나, 한 라우터는 지속적으로 'down'이고, 다른 라우터는 'up'과 'down'을 반복하는 경우	encapsulation 명령어가 일치하지 않는다.
Up	한 라우터는 'down'이고, 다른 라우터는 'up'인 경우	up 상태인 라우터에서 keepalive가 활성화되지 않았다.
Up	양쪽 모두 지속적으로 'down'인 경우	PAP/CHAP 인증에 실패

[표 13-6] 시리얼 링크에서 발생하는 데이터 링크 문제의 주요 원인

서로 다른 데이터 링크 프로토콜 설정은 쉽게 찾을 수 있고 또 어렵지 않게 해결할 수 있다. **Show interfaces** 명령어 결과 값의 일곱 번째 줄에서 캡슐화 유형을 확인할 수 있기 때문에, 두 라우터에서 이 명령어를 이용해 문제를 신속하게 찾아낼 수 있다. 그리고 HDLC가 시리얼 인터페이스의 기본 캡슐화 유형이라는 것을 기억한다면 설정을 빠르게 훑어보고 캡슐화 유형이 서로 일치하지 않아서 발생하는 문제인지 아닌지를 알아낼 수 있다. 또한 해결 방법은 매우 간단한데, 다른 라우터의 **encapsulation** 명령어에 맞추어 두 라우터에 동일한 설정을 하면 그만이다.

또 다른 두 근본 원인을 알려면 쟁점을 이해하기 위한 설명이 더 진행되어야 하며, 파악된 원인이 실제로 근본 원인인지를 판단해야 한다. 다음 두 절을 통해 각 문제를 자세히 살펴보자.

Keepalive 문제

라우터의 *keepalive* 기능은 링크가 더 이상 작동하지 않을 때 라우터가 이를 판단할 수 있도록 도와준다. 라우터의 링크가 더 이상 작동하지 않는 경우 라우터는 인터페이스를 다운시켜 라우팅 프로토콜이 다른 경로를 사용할 수 있도록 해준다.

인터페이스의 keepalive 기능을 통해 라우터는 keepalive 간격(기본 10초)마다 서로에게 keepalive 메시지를 전송한다. 예를 들어, R1과 R2 사이의 시리얼 링크에서 R1은 10초마다 keepalive 메시지를 보내고 R2는 10초마다 keepalive 메시지를 수신할 것으로 예상한다. R2가 설정된 keepalive 간격(보통 3 ~ 5 간격) 동안 keepalive 메시지를 수신하지 못하면 R2는 R1이 문제가 있다고 판단하고 R2는 링크를 up/down 상태로 변경한다. keepalive 프로세스는 양방향으로 동작한다. 즉, R1은 R2가 수신할 것으로 예상하는 keepalive를 보내고, R2는 R1이 수신할 것으로 예상하는 keepalive를 보낸다.

한 라우터가 keepalive를 사용하고 또 다른 라우터가 사용하지 않는 경우 keepalive 불일치가 발생한다. 이런 구성은 실수이며 이렇게 사용되면 안된다. keepalive 불일치한 실수로 인해 HDLC 링크가 끊어진다. PPP keepalive 기능은 이런 문제를 방지할 수 있다. [그림 13-23]은 HDLC를 사용하는 R1이 keepalive를 실수로 비활성화하는 예를 보여준다.

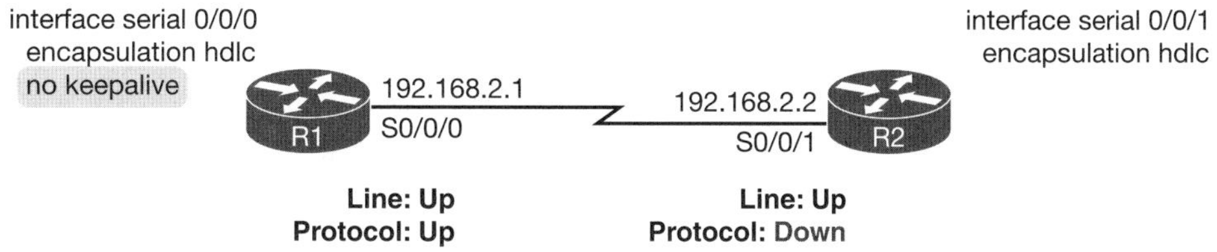

interface serial 0/0/0
encapsulation hdlc
no keepalive

192.168.2.1 S0/0/0 — R1 — Line: Up, Protocol: Up

interface serial 0/0/1
encapsulation hdlc

192.168.2.2 S0/0/1 — R2 — Line: Up, Protocol: Down

[그림 13-23] Keepalive 불일치로 HDLC를 사용할 때의 결과

keepalives를 비활성화하는 라우터 인터페이스는 up/up 상태로 유지된다. [그림 13-23]의 시나리오에서 R2의 인터페이스는 다음과 같은 이유로 프로토콜이 다운된다.

- keepalive가 비활성화되어 있으므로 R1은 keepalive 메시지를 보내지 않는다.
- keepalive가 활성화되어있기 때문에 R2는 여전히 keepalive 메시지를 수신할 것으로 예상한다.

show interfaces 명령어를 사용하여 keepalive 설정을 확인할 수 있다. 이 장의 예에서는 'keepalive set(10초)' 설정을 확인하는 **show interfaces** 명령어의 몇 가지 예를 보여주고 있는데, 이는 keepalive가 10초 간격임을 의미한다. 이 경우, R1은 'keepalive not set'으로 표시된다.

PAP와 CHAP의 인증 실패

앞에서 언급했듯이 PAP/CHAP 인증 프로세스가 실패하면 두 라우터의 인터페이스 모두 up/down 상태가 되어 작동하지 않는다. [예 13-6] 및 [예 13-7]에서 볼 수 있듯이 **show interfaces** 및 **show ppp all** 명령을 사용하여 PPP 인증 프로세스의 상태를 자세히 볼 수 있다. 이 명령어로 인터페이스가 up/down 상태에 있는 근본 원인을 찾아내고, 그 원인으로 PPP 인증이 아니라는 것을 확인할 수 있다.

PPP 인증 문제를 해결하는 또 다른 방법은 **debug ppp authentication** 명령어를 사용하는 것이다.

CHAP는 [그림 13-14]에서 볼 수 있듯이 기본적으로 각 방향의 인증을 위해 메시지를 3회 교환한다. 디버그를 활성화하고 링크를 셧다운한 이후 다시 연결하면 메시지 3회 교환과 일치하는 디버그 메시지가 표시된다. 인증이 실패하면 프로세스가 실패한 시점에서 실패 메시지가 표시되므로, 이후 해결해야 할 사항을 결정하는 데 도움이 된다.

[예 13-10]은 링크가 up될 때 관련된 세 가지 디버그 메시지를 보여주고 있다. R1의 S0/0/0을 라우터 R2에 연결한다. 이 예는 많은 디버그 메시지 중에서 세 개의 관련된 디버그 메시지를 보여주므로 이를 찾아내야 한다. [그림 13-14]에서 볼 수 있듯이 다음과 같이 프로세스의 중요한 부분을 강조하여 표시하였다.

13

❶ 'O'는 출력을 의미하며 이 로컬 라우터인 R1은 Challenge 메시지를 출력(전송)했다. 디버그 메시지 끝의 'from R1'은 메시지의 출처를 의미한다.

❷ 'I'는 입력을 의미하며 이 로컬 라우터인 R1은 응답 메시지를 입력(수신)했다. 'from R2'는 메시지의 출처를 의미한다.

❸ 'O FAILURE'는 R1이 실패 메시지를 발송하고 R2에 인증 프로세스가 실패했음을 알리는 것을 의미한다.

```
R1# debug ppp authentication
PPP authentication debugging is on
! 간략화를 위한 라인 생략
*Nov 18 23:45:48.820: Se0/0/0 CHAP: O CHALLENGE id 1 len 23 from "R1"
*Nov 18 23:45:48.820: Se0/0/0 CHAP: I RESPONSE id 1 len 23 from "R2"
*Nov 18 23:45:48.820: Se0/0/0 CHAP: O FAILURE id 1 len 25 msg is "Authentication
  failed"
```

[예 13-10] 라우터 R1의 CHAP 인증 실패에 대한 디버그 메시지

디버그 명령어를 사용하면 문제에 대해 알 수는 있지만 잘못 설정된 특정 명령어를 가리키는 것은 아니다. 이 경우 두 라우터가 적어도 하나의 CHAP 메시지를 보내는 사실은 두 라우터 인터페이스가 프레임을 보낼 수 있고 CHAP가 활성화됨을 의미한다. R1이 R2에서 제공하는 해시된 암호를 거부한 것처럼 보인다. 이 예는 잘못된 암호를 갖도록 **username** 명령어를 변경하여 CHAP 프로세스가 동작했지만 인증이 거부되었다.

3계층 문제 해결

이 절에서는 시리얼 링크의 장애를 해결하기 위해 시리얼 링크의 IP 주소를 이용해 양쪽의 라우터에서 핑(Ping) 테스트를 하도록 권장하고 있다. 재미있는 사실은 시리얼 링크가 'up/up'인데도 불구하고 3계층 문제로 인해 핑 테스트가 실패할 수도 있다는 것이다. 어떤 경우 핑 테스트는 성공하겠지만, 라우팅 프로토콜이 경로 정보를 교환하지 않을 수도 있다. 이 절에서는 HDLC나 PPP 중에서 무엇이 이용되는지에 따라 다르게 나타나는 증상을 살펴보고 문제의 원인도 설명한다.

먼저, 정상적인 물리적 연결에 데이터 링크 프로토콜로 HDLC를 아무런 문제없이 이용하고 있다고 가정하자. 이 경우에 두 라우터의 인터페이스는 'up/up' 상태가 된다. 그러나 양쪽 끝 라우터의 시리얼 인터페이스 IP 주소가 서로 다른 서브넷에 있을 경우에 해당 인터페이스로의 핑 테스트는 실패하는데, 그 이유는 라우터에 일치하는 경로 정보가 없기 때문이다.

예를 들어 [그림 13-23]에 표시된 IP 주소를 사용하는 HDLC 링크가 있는 예를 생각해보자. R1의 시리얼 IP 주소가 192.168.2.1로 유지되고 R2가 192.168.3.2(192.168.2.2가 아님)로 변경되고 마스크가 /24인 경우 두 라우터가 서로 다른 서브넷에 연결돼 있는 것이다. 즉, 상대방

라우터의 시리얼 IP 주소와 일치하는 경로가 없다.

HDLC 프로토콜이 설정되어 있으면서 잘못 설정된 서브넷 문제를 찾아내고 해결하는 것은 상대적으로 쉽다. 상대편 라우터의 IP 주소로 핑 테스트를 수행하고 실패한 결과를 확인하는 것으로 쉽게 찾을 수 있다. 두 라우터의 인터페이스 상태 코드가 모두 'up' 인 경우에 문제의 원인은 일치하지 않는 서브넷 IP 주소일 가능성이 높다.

동일한 IP 주소/마스크 구성 오류가 있는 PPP 링크의 경우 다른 라우터의 IP 주소에 대한 핑이 실제로 작동한다. 그러나 IP 서브넷 불일치로 인해 EIGRP와 OSPF 네이버 관계가 형성되지 않으므로 규칙을 준수하고 시리얼 인터페이스에는 동일한 서브넷의 IP 주소를 설정해야 한다.

PPP는 다른 라우터의 IP 주소에 /32 프리픽스의 호스트 경로를 추가하여 불일치 서브넷 대해 핑을 수행한다. [예 13-11]은 다른 서브넷에 있는 주소를 가지고 동작하는 PPP 링크를 보여준다.

> **NOTE** 단일 호스트이면서 프리픽스가 /32인 경로를 호스트 경로(host route)라고 한다.

```
R1# show ip route
! 간략화를 위한 라인 생략
      192.168.1.0/24 is variably subnetted, 2 subnets, 2 masks
C        192.168.1.0/24 is directly connected, GigabitEthernet0/0
L        192.168.1.1/32 is directly connected, GigabitEthernet0/0
      192.168.2.0/24 is variably subnetted, 2 subnets, 2 masks
C        192.168.2.0/24 is directly connected, Serial0/0/0
L        192.168.2.1/32 is directly connected, Serial0/0/0
      192.168.3.0/32 is subnetted, 1 subnets
C        192.168.3.2 is directly connected, Serial0/0/0

R1# ping 192.168.3.2

Type escape sequence to abort.
Sending 5, 100-byte ICMP Echos to 192.168.3.2, timeout is 2 seconds:
!!!!!
Success rate is 100 percent (5/5), round-trip min/avg/max = 1/2/4 ms
```

[예 13-11] 서브넷이 불일치한 경우에도 시리얼 링크를 통해 핑이 동작하는 PPP

13

예에서 첫 번째 음영으로 강조된 부분은 시리얼 링크에 연결된 네트워크로써 192.168.2.0 /24 네트워크가 연결되어 있다. R1은 인터페이스에 설정된 IP 주소(192.168.2.1/24) 때문에, 이 서브넷이 S0/0/1 인터페이스에 연결되어 있다고 판단한다. 두 번째 음영으로 강조된 부분은

PPP에 의해 생성된 호스트 경로로서 R2의 새로운 시리얼 IP 주소(192.168.4.2)이다. 따라서 두 라우터는 서로의 링크에 설정된 IP 주소로 패킷을 전달할 수 있는 경로를 갖게 됐으며 양쪽 끝의 주소가 다르게 설정되어 있음에도 불구하고 시리얼 링크로 핑 테스트를 할 수 있다. 이 추가 호스트 경로를 사용하면 각 양단에 있는 주소가 다른 서브넷에 있음에도 불구하고 시리얼 링크의 다른 쪽에서 핑을 수행할 수 있다.

[표 13-7]은 다른 문제는 없으면서 양쪽 끝의 IP 주소가 동일하지 않은 서브넷으로 설정되었을 때 HDLC와 PPP 링크에서 나타나는 증상을 요약한 것이다.

시리얼 링크에 설정된 IP주소가 서로 다른 서브넷일 경우 나타나는 증상	HDLC	PPP
상대편 라우터의 IP주소로 **ping** 테스트가 성공하는가?	아니오	예
링크를 통해 라우팅 프로토콜은 경로 정보를 교환할 수 있는가?	아니오	아니오

[표 13-7] 시리얼 링크에서 일치하지 않는 서브넷으로 인한 증상 요약

챕터 리뷰

시험을 잘 보기 위해 중요한 한 가지 핵심은 시간 간격을 두고 반복적으로 복습하는 것이다. 이 장의 내용을 복습하기 위해 책과 DVD에 있는 툴 또는 본 저서와 관련 있는 웹 사이트의 대화형 도구를 이용할 수 있다. 자세한 사항은 '당신의 학습 계획' 내용을 참조하자. [표 13-8]에는 핵심 복습 내용과 그 내용을 찾을 수 있는 위치를 표시하였다. 학습 진행 과정을 추적하려면, 두 번째 칸에 복습 완료 날짜를 기록한다.

리뷰 사항	완료 날짜	사용 자료
핵심 주제 리뷰		책, DVD/웹 사이트
핵심 용어 리뷰		책, DVD/웹 사이트
DIKTA 문항 답변		책, PCPT
실습		블로그
메모리 테이블 리뷰		책, DVD/웹 사이트
설정 체크리스트 리뷰		책, DVD/웹 사이트
명령어 테이블 리뷰		책

[표 13-8] 리뷰 확인

핵심 주제 리뷰

핵심 주제	설명	Page 번호
표 13-3	T-캐리어 시스템당 WAN 링크 속도	367
그림 13-7	DCE 및 DTE로서의 CSU/DSU와 라우터의 역할	367
리스트	PPP의 특징	374
리스트	PPP LCP와 NCP 비교	375
그림 13-13	PAP에 의해 보낸 메시지의 예	376
그림 13-14	CHAP에 의해 보낸 메시지의 예	376
그림 13-16	PAP 설정 예	380
리스트	MLPPP의 주요 설정 개념	384
그림 13-21	MLPPP 설정 예	385

[표 13-9] 13장의 핵심 주제

핵심 용어

전용선(leased line), 통신사업자(telco), 시리얼 링크(serial link), WAN link, T1, DS0, DS1, T3, customer premises equipment, CSU/DSU, 시리얼 케이블, DCE, DTE, HDLC, PPP, CHAP, PAP, IP 제어 프로토콜, keepalive, Link 제어 프로토콜, 멀티링크 PPP

참조 명령어

[표 13-10]과 [표 13-11]에는 이 장에서 다룬 설정 및 검증 명령어를 정리하였다. 간단한 복습 차원에서, 표의 왼쪽 부분을 가리고 오른쪽 설명 부분을 보면서 명령어를 어느 정도 잘 기억하고 있는지 가늠해본다. 그 다음 반대로 오른쪽 설명 부분을 가리고 왼쪽 명령어 부분만 보면서 각 명령어에 대한 설명을 기억해보자.

명령어	설명
encapsulation {hdlc | ppp}	인터페이스 하위 명령어로 시리얼 링크 프로토콜을 지정
[no] shutdown	관리상 인터페이스를 비활성화 또는 활성화
clock rate *speed*	시리얼 인터페이스 하위 명령어로 DCE 케이블을 사용하는 인터페이스에서 사용되며 클럭 속도를 bps로 설정
bandwidth *speed-kbps*	라우터의 링크 속도를 초당 킬로비트 단위로 설정하지만 실제 속도에는 영향을 주지 않는 인터페이스 하위 명령어
description *text*	인터페이스의 설명을 설정할 수 있는 인터페이스 하위 명령어

13

ppp authentication {pap | chap}	인터페이스 하위 명령어로 PAP, CHAP를 설정
username *name* password *secret*	호스트 이름으로 라우터를 인증할 때 라우터가 사용할 비밀번호를 설정하는 글로벌 명령어
ppp pap sent-username *name* password *secret*	PAP 인증을 사용할 때 이 링크를 통해 보낸 사용자 이름/암호 쌍을 정의하는 인터페이스 하위 명령어
interface multilink *number*	멀티링크 인터페이스를 만들고 해당 인터페이스 설정 모드로 이동
ppp multilink	MLPPP 기능을 활성화하는 인터페이스 하위 명령어
ppp multilink group *number*	특정 멀티링크 인터페이스 및 멀티링크 그룹과 인터페이스를 연결하는 인터페이스 하위 명령어

[표 13-10] 13장에서 다룬 설정 명령어

리뷰 사항	사용 자료
show interfaces [*type number*]	인증 유형을 포함해 인터페이스 설정 내용과 통계 정보를 보여준다
show interfaces [*type number*] description	인터페이스당 인터페이스 상태 및 설명을 표시한다
show ip interface brief	인터페이스당 IP 주소 및 인터페이스 상태를 표시한다.
show controllers serial *number*	케이블이 인터페이스에 연결되어 있는지 여부와 케이블이 DTE 또는 DCE 케이블인지 여부를 표시한다.
show ppp multilink	라우터에 구성된 각 PPP 다중 링크 그룹에 대한 자세한 상태 정보를 표시한다.
show ppp all	각 제어 프로토콜의 상태를 포함하여 라우터의 PPP 링크 당 상태 정보를 표시한다.
debug ppp authentication	PAP나 CHAP 인증 프로세스의 각 단계별로 메시지를 만든다
debug ppp negotiation	장비 사이에서 주고받는 LCP 및 NCP 협상 메시지를 위한 **debug** 메시지를 만든다.

[표 13-11] 13장에서 다룬 EXEC 명령어

13

CHAPTER 14

이더넷 및 MPLS를 이용한 사설 WAN

이 장은 다음 시험 주제를 다룬다.

3.0 WAN 기술

3.4 WAN 토폴로지 옵션에 대한 설명

3.4.a 포인트-투-포인트(Point-to-point)

3.4.b 허브-앤-스포크(Hub and spoke)

3.4.c 풀 메시(Full mesh)

3.5 WAN 액세스 연결 옵션에 대한 설명

3.5.a MPLS

3.5.b 메트로 이더넷

이 장은 메트로 이더넷(MetroE) 및 MPLS(Multiprotocol Label Switching) 등 두 유형의 사설 WAN 서비스 개념을 설명한다. WAN 서비스에 대한 이 책의 논점은, 서비스는 WAN 서비스 제공자(SP)의 고객인 기업 관점에서 볼 수 있다. 즉, 서비스 공급자가 네트워크 내에서 서비스를 구현하는 방식보다 기업이 서비스를 받는 것에 초점을 맞추고 있다(시스코의 SP 인증 트랙은 SP가 네트워크를 구현하는 방법에 대한 세부 정보를 다룬다).

이 장은 CCNA R&S 인증에서 WAN 주제에 대해 다룬 내용 중에 변경된 내용을 반영했다. 시스코는 1998년에 CCNA 인증을 도입했다(현재는 CCNA Routing and Switching이라고 함). 당시 프레임 릴레이는 주요 WAN 기술이었고, 오래된 기술인 전용 회선 또한 여전히 사용되고 있었다. 시스코는 2016년에 새로운 시험이 발표될 때까지 CCNA R&S에 CCNA 200-125 시험(CCNA v3.0으로 언급하기도 함)으로 전용 회선과 프레임 릴레이를 모두 포함시켰다. 시리얼 링크는 몇 가지 관련 데이터 링크 프로토콜 때문에 간략히 언급하지만 프레임 릴레이는 현재 시험 주제에서 전혀 언급되지 않고 있다.

시험 주제로 프레임 릴레이 대신 오늘날 좀더 일반적으로 사용되는 메트로 이더넷 및 MPLS로 대체했다. 그런 관점에서, [그림 14-1]은 좀 더 일반적인 사설 WAN 서비스의 시장 진입 시기를 보여주고 있다.

LAN에서 이더넷을 사용하는 것과 WAN에서 이더넷을 사용하는 것 사이에는 많은 유사점이 있어, 먼저 메트로 이더넷을 소개하는 것이 더 이해하기 쉽다. MPLS VPN이 역사적으로 먼저 등장했지만, 이 장의 첫 번째 절은 메트로 이더넷으로 시작해서 두 번째 MPLS VPN을 다룬다.

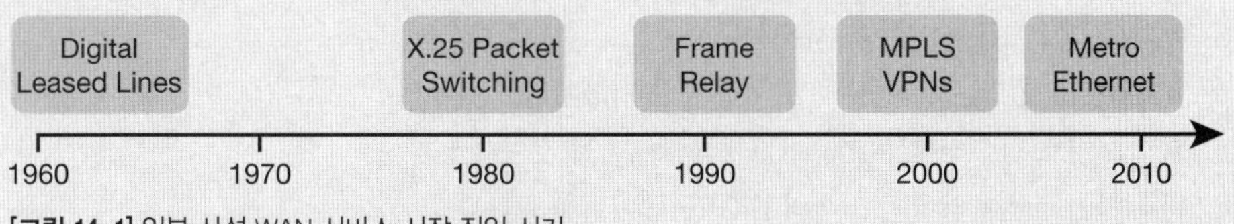

[그림 14-1] 일부 사설 WAN 서비스 시장 진입 시기

> **NOTE** 이전 버전의 프레임 릴레이(Frame Relay)에 대한 두 장이 부록 H 및 I와 같이 이 책에 포함되어 있다.

QUIZ 사전 점검 퀴즈

아래의 사전 점검 퀴즈(지문 또는 PCPT 소프트웨어 사용)를 풀어보면 이 장을 읽고 이해하는 데 시간이 얼마나 걸릴 것인지 가늠할 수 있다. 정답은 퀴즈 다음 페이지 하단에 있으며, 퀴즈 정답에 대한 자세한 설명은 DVD 부록 C와 PCPT 소프트웨어에 담겨 있다.

핵심 주제	문항
메트로 이더넷	1-3
Multiprotocol Label Switching(MPLS)	4-6

[표 14-1] 핵심 주제와 관련된 사전 점검 퀴즈 문항

1. 다음 중 메트로 이더넷 트리(E-Tree) 서비스에서 생성된 토폴로지를 가장 잘 설명하는 토폴로지 용어는 무엇인가? (2개를 고르시오)

- **a.** Full mesh
- **b.** Partial mesh
- **c.** Hub and Spoke
- **d.** Point-to-point

2. 다음 중 메트로 이더넷 서비스의 액세스 링크에 가장 많이 사용되는 기술은 무엇인가?

- **a.** 100Base-LX10
- **b.** High-speed TDM(예로 T3, E3)
- **c.** MPLS
- **d** 100Base-T

3. 한 회사의 본사는 10개의 원격 사이트와 연결을 위해 이더넷 LAN(E-LAN) 서비스인 메트로 이더넷 WAN을 사용한다. 기업은 모든 사이트에서 EIGRP를 사용하며 하나의 라우터는 각 사이트의 서비스에 연결된다. 다음 중 이 서비스 및 디자인에서 가장 많이 사용되는 3계층 세부 정보에 대해 맞는 것은 어느 것인가? (2개를 고르시오)

a. WAN은 1개의 IP 서브넷을 사용한다.
b. WAN은 10개 또는 그 이상의 IP 서브넷을 사용한다.
c. 원격 사이트 라우터에는 1개의 EIGRP 네이버를 갖는다.
d. 원격 사이트 라우터에는 10개의 EIGRP 네이버를 갖는다.

4. 본사와 연결된 10개의 원격 사이트의 연결은 MPLS 3계층 VPN을 사용한다. 회사는 모든 사이트에서 EIGRP를 사용하며 하나의 라우터는 각 사이트의 서비스에 연결된다. 다음 중 이 서비스 및 디자인에서 가장 많이 사용되는 3계층 세부 정보에 대해 맞는 것은 어느 것인가? (2개를 고르시오)

a. WAN은 1개의 IP 서브넷을 사용한다.
b. WAN은 10개 또는 그 이상의 IP 서브넷을 사용한다.
c. 원격 사이트 라우터에는 1개의 EIGRP 네이버를 갖는다.
d. 원격 사이트 라우터에는 10개의 EIGRP 네이버를 갖는다.

5. 다음 중 MPLS 네트워크의 액세스 링크 옵션에 대해 가장 정확한 답은 무엇인가?

a. TDM(T1, T3, E1, E3 등)만 사용한다.
b. 이더넷만 사용한다.
c. DSL과 케이블만 사용한다.
d. 다양한 1계층 및 2계층 네트워킹 기술을 사용한다.

6. 회사는 20개의 사이트를 MPLS VPN WAN으로 연결한다. 모든 사이트에서 IPv4 경로에 대해 OSPF를 사용한다. OSPF area 디자인 옵션과 PE-CE 링크에 대하여 고려할 때, 다음 중 OSPF area와 PE-CE 링크에 대해 가장 정확한 대답은 무엇인가?

a. PE-CE 링크는 backbone area 0에 있도록 포함되거나 포함되지 않을 수 있다.
b. PE-CE 링크는 backbone area 0에 있어서는 안된다.
c. PE-CE 링크는 backbone area 0에 있어야 한다.
d. PE-CE 링크는 OSPF area에 있지 않다.

핵심 주제

메트로 이더넷

메트로 이더넷(Metro Ethernet, MetroE)에는 몇 가지 일반적인 WAN 서비스 기능이 포함되어 있다. MetroE 서비스는 물리적으로 이더넷 링크를 사용하여 고객의 장치를 서비스 공급자의 장치에 연결한다. 둘째, WAN 서비스 공급자가 하나의 고객 장치에서 다른 장치로 이더넷 프레임을 전달한다는 점에서 2계층 서비스이다.

[그림 14-2]와 같이 메트로 이더넷은 마치 하나의 이더넷 스위치로 WAN 서비스가 생성된 것처럼 작동한다. 이 그림은 라우터가 있는 한 회사의 4개 사이트를 보여준다. 각 라우터는 이더넷 링크를 사용하여 WAN 서비스에 연결된다. 이러한 이더넷 링크는 일반적으로 거리에 따른 광섬유 이더넷 표준 중 하나를 사용한다. 고객의 관점에서 보면(즉, WAN SP의 고객인 기업의 관점에서 볼 때), WAN 서비스는 이더넷 프레임을 전달한다는 점에서 LAN 스위치처럼 작동한다.

> **NOTE** 이 장에서 고객(customer)이라는 단어는 서비스 공급자의 고객을 의미한다. 즉, WAN 서비스를 사용 중인 기업을 의미한다.

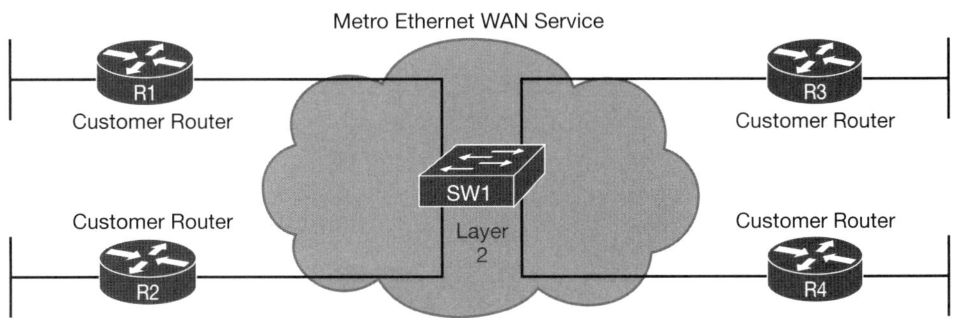

[그림 14-2] 대형 이더넷 스위치로서의 메트로 이더넷 개념

메트로 이더넷 서비스는 대형 LAN 스위치처럼 작동하지만, 많은 옵션이 있으며 각각의 기본 사항을 이해해야 한다. 또한 고객들이 라우터 또는 3계층 스위치를 사용하여 메트로 이더넷 서비스에 연결하므로 IP 주소 지정 및 라우팅 프로토콜과 관련된 3계층에 대한 문제가 일부 발생한다. 이 절은 3계층 문제에 대한 설명으로 마무리된다.

사전 점검 퀴즈 정답

1 B, C **2** A **3** A, D **4** B, C **5** D **6** A

메트로 이더넷 물리적 설계 및 토폴로지

엔터프라이즈 관점에서 메트로 이더넷 서비스를 사용하려면 각 사이트는 적어도 하나 이상의 이더넷 링크로 서비스에 연결해야 한다. 각 기업 라우터를 물리적 링크로 직접 다른 라우터마다 연결할 필요는 없다. 예를 들어 앞 절의 [그림 14-2]에서 네 개의 기업 라우터는 각각 다른 기업 라우터에 직접 연결하지 않고 하나의 물리적 이더넷 링크로 SP의 MetroE 서비스에 연결되어 있다.

SP 관점에서 볼 때 SP는 메트로 이더넷 서비스를 제공하기 위해 네트워크를 구축해야 한다. 비용을 낮추기 위해 SP는 가능한 고객 사이트에 물리적으로 가까운 장소에 위치한 Point of Presence(PoP)라고 하는 SP 시설에 장치(일반적으로 이더넷 스위치)를 설치한다. SP 스위치를 고객 위치에 충분히 근접시킴으로써 거리에 따른 이더넷 표준을 준수하며 SP의 PoP에서 각 고객 사이트까지의 거리를 지원하도록 한다. [그림 14-3]에서는 이러한 용어와 아이디어를 나타낸다.

그림에서 고객과 SP 간의 물리적 연결을 액세스 링크(access link)라고 부르는데 특히 이더넷을 사용할 때는 이더넷 액세스 링크(Ethenet access link)라고 한다. 이 링크에서 발생하는 모든 것은 사용자 네트워크 인터페이스(user network interface, UNI) 정의에 속한다. UN에서 네트워크라는 단어는 SP 네트워크를 의미하며, SP의 고객(기업)은 그 네트워크의 사용자를 의미한다.

[그림 14-3]을 보면, SP의 네트워크는 숨겨져 있고 SP는 WAN을 통해 이더넷 프레임을 서비스한다. 이렇게 하려면 액세스 링크가 이더넷 스위치에 연결되어야 한다. 스위치는 이더넷 헤더의 MAC 주소 필드와 VLAN 태그의 802.1Q 트렁킹 헤더를 살펴보지만 네트워크 내부의 세부 정보는 숨겨져 있다.

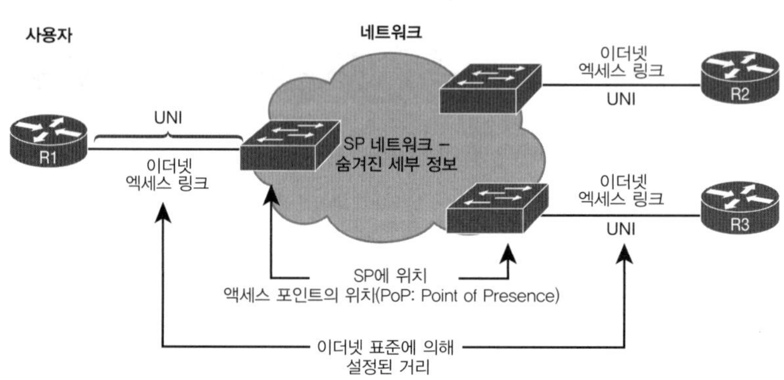

[그림 14-3] 메트로 이더넷 서비스에 대한 이더넷 액세스 링크

> **NOTE** 캐리어 이더넷(carrier Ethernet)이라는 용어가 캐리어(서비스 공급자)에 의해 제공되는 이더넷 WAN 서비스라는 의미에서 메트로 이더넷 대신 사용되기도 한다. 메트로 이더넷은 대도시 지역(일반적으로 대도시 지역 네트워크 또는 MAN)에서 네트워크를 구축하기 위한 기술로 시작되었으므로 Metro Ethernet이라는 이름이 적합했으나, 하나의 도시에만 국한되지 않기 때문에 Carrier Ethernet이 오늘날 더 적절한 이름이 되었다.

UNI는 모든 IEEE 이더넷 표준을 액세스 링크에 사용할 수 있다는 사실을 포함하여 다양한 표준을 언급한다. [표 14-2]는 UTP 케이블을 사용하여 긴 거리를 지원하는 이더넷 액세스 링크 표준을 나열한다.

표준명	속도	거리
100Base-LX10	100Mbps	10Km
1000Base-LX	1Gbps	5Km
1000Base-LX10	1Gbps	10Km
1000Base-ZX	1Gbps	100Km
10GBase-LR	10Gbps	10Km
10GBase-ER	10Gbps	40Km

[표 14-2] 메트로 이더넷 액세스에 유용한 IEEE 이더넷 표준

이더넷 WAN 서비스 및 토폴로지

각 사이트의 물리적 이더넷 연결을 SP의 메트로 이더넷 WAN 서비스에 추가하는 것 외에도, 기업은 여러 종류의 옵션을 MetroE 서비스 중에서 선택해야 하는데, 이러한 서비스는 서로 다른 고객 요구를 충족시키는 서로 다른 토폴로지를 사용한다.

MEF(http://www.mef.net)는 다양한 종류의 MetroE 서비스에 대한 사양을 포함하여 메트로 이더넷 표준을 정의한다. [표 14-3]에는 이 장에서 설명하는 세 가지 서비스 유형과 해당 토폴로지가 나열되어 있다. [표 14-3] 이후 각각에 대해 자세히 설명한다.

메트로 서비스명	MEF명	토폴로지명	설명
이더넷 라인 서비스	E-Line	Point-to-point	두 개의 CPE(Customer Premise Equipment) 장치는 개념적으로 전용 회선과 유사한 이더넷 프레임을 교환할 수 있다.
이더넷 랜 서비스	E-Lan	Full Mesh	장치가 다른 모든 장치에 프레임을 보낼 수 있다는 점에서 LAN과 유사하게 작동한다.
이더넷 트리 서비스	E-Tree	Hub-and-spoke; partial mesh; point-to multipoint	중앙 사이트는 정의된 원격 사이트와 통신할 수 있지만 원격 사이트 간 직접 통신은 할 수 없다.

[표 14-3] 3가지 MEF 서비스 유형 및 토폴로지

> **NOTE** MEF가 E-Line 서비스로 정의한 *VPWS(Virtual Private Wire Service)*와 MEF가 E-LAN 서비스로 정의한 *VPLS(Virtual Private LAN Service)*를 볼 수 있다. 또한 EoMPLS(Ethernet over MPLS)라는 용어도 볼 수도 있다. 이러한 용어는 SP가 내부적으로 MPLS를 사용하여 고객에게 이더넷 WAN 서비스를 제공하는 경우를 나타낸다.

이더넷 라인 서비스(Point-to-Point)

이더넷 회선 서비스 즉, E-Line은 메트로 이더넷 서비스 중 가장 단순하다. 고객은 두 개의 사이트에 액세스 링크를 연결한 다음, MetroE 서비스를 통해 두 개의 고객 장치가 서로 이더넷 프레임을 전송한다. [그림 14-4]는 라우터를 CPE 장치로 사용한 예를 보여준다.

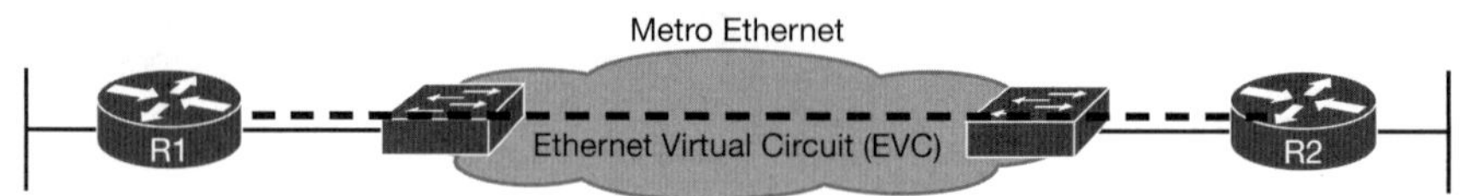

[그림 14-4] 라우터 간 메트로 이더넷 E-Line 서비스의 Point-to-Point 토폴로지

모든 MetroE 서비스와 마찬가지로, 이 서비스에서 제공하는 것은 2개의 고객 라우터가 긴 크로스오버 케이블을 직접 서로 연결한 것처럼, 이더넷 프레임을 전달하는 것이다. 사실 E-Line 서비스는『ICND1 공인 학습 가이드』와 이 책의 많은 예에서 보았던 것과 동일한 이더넷 WAN 서비스이다. 예를 들어, 다음과 같은 경우다.

- 라우터는 물리적으로 이더넷 인터페이스를 사용한다.
- 라우터는 서로 동일한 서브넷의 IP 주소를 구성한다.
- 라우팅 프로토콜의 네이버는 라우터가 되어 경로를 교환한다.

MetroE 규격은 이더넷 가상 연결(EVC)의 개념을 정의하여 어떤 사용자(고객) 장치와 통신할 수 있는지 정의한다. 정의에 따라 E-Line 서비스([그림 14-4] 참조)는 포인트 투 포인트 EVC를 생성하여 두 종단 간 통신이 이루어진다.

기업은 E-Line 서비스를 사용하는 MetroE WAN 연결을 사용하여 두 개의 사이트 사이에 두 개의 라우터로 [그림 14-4]와 같은 네트워크를 구현할 수 있으며, E-Line을 사용하는 다른 서비스도 가능하다.

예를 들어, 중앙 사이트와 100개의 원격 사이트가 있는 일반적인 엔터프라이즈 WAN 토폴로지를 생각해보자. 지금까지 보았듯이 E-Line 서비스의 경우, 중앙 사이트 라우터는 100개의 원격 사이트에 연결하기 위해 100개의 이더넷 인터페이스가 필요하다. 이런 경우 비용이 많이 발생할 수 있기 때문에 대안으로, 기업은 [그림 14-5]와 같은 설계(3개의 원격 사이트만 표시)를 사용할 수 있다.

- 중앙 사이트 라우터는 단일 10-Gbps 액세스 링크를 사용한다.
- 중앙 사이트는 100개의 E-Line 회선(3개만 표시)에 연결된다.
- 모든 E-Line은 동일한 액세스 링크를 통해 프레임을 보내고 받는다.

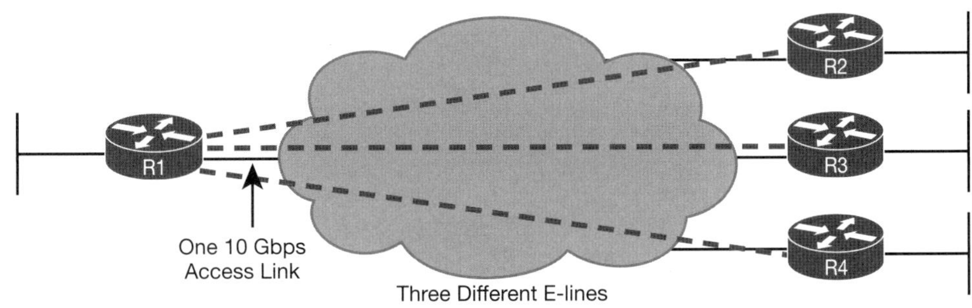

[그림 14-5] 각 원격 사이트마다 하나씩 여러 개의 E-Line 사용

이 절에서는 WAN 서비스에 대한 세부 설정 내용을 다루지 않았다. 단일 액세스 링크에 여러 E-Line 서비스가 있는 [그림 14-5]와 같은 디자인에서는 각 E-Line 서비스에 대해 서로 다른 VLAN ID로 802.1Q 트렁킹을 사용한다.

MetroE 서비스로 이동하기 전에 고객이 라우터 대신 스위치를 사용하여 WAN에 연결할 수 있음을 알아두자. 역사적으로 기업은 WAN과 LAN, 그리고 LAN과 WAN 사이에 연결된 장치가 서로 다른 유형의 물리적 인터페이스와 서로 다른 데이터 링크 프로토콜을 사용했기 때문에 WAN의 가장자리에 라우터를 배치해야 했다. 라우팅이 작동하는 라우터는 LAN과 WAN 사이의 가장자리(WAN 엣지라고 함)에 구성할 수 있는 적합한 장치로 사용되어 왔다. 그러나 MetroE를 사용하면 LAN과 WAN이 모두 이더넷이므로 이더넷 스위치를 이용한 구성이 옵션이 될 수 있다.

이더넷 랜 서비스(Full Mesh)

기업이 여러 사이트를 WAN에 연결해야 한다고 가정하면, 모든 사이트와 사이트 간에 프레임을 직접 보낼 수 있도록 하는 것이 목표이다. E-Line으로 여러 사이트를 WAN에 연결할 수는 있지만, 아마도 많은 E-Line이 필요할 것이다. 예를 들어 세 사이트를 E-Line으로 연결하여 각 사이트가 서로 직접 프레임을 전송할 수 있도록 하려면 세 개의 E-Line이 필요하다. 그러나 4개, 5개, 6개 사이트의 경우 6개, 10개, 15개의 E-Line이 필요하며, 20개 사이트가 서로에게 직접 프레임을 보내려면 190개의 E-Line 회선이 필요하게 된다(수식은 N(N-1)/2이다).

MetroE를 만든 사람들은 Full Mesh를 허용하는 설계, 즉 서비스의 각 노드의 쌍이 서로 직접 프레임을 전송할 수 있는 설계가 필요하다고 예상한다. 실제로 모든 장치가 다른 모든 장치로 직접 보내도록 허용하는 것은 이더넷 LAN과 비슷하며, 이로 인해 MetroE 서비스는 *이더넷 LAN 서비스* 또는 *E-LAN*이라고 한다.

하나의 E-LAN 서비스는 이더넷 WAN 서비스망이 하나의 거대한 이더넷 스위치인 것처럼 동작함으로써, 해당 서비스에 연결된 모든 장치가 이더넷 프레임을 다른 모든 장치로 직접 보낼 수 있게 한다. [그림 14-6]은 단일 E-LAN EVC를 나타낸다. 이 경우 하나의 EVC가 4개의 고객 사이트에 연결되어 하나의 E-LAN을 생성한다. 라우터 R1, R2, R3 및 R4는 모두 프레임을 서로에게 직접 전송할 수 있으며, 모든 라우터는 WAN 상의 동일한 3계층 서브넷에 연결된다.

Key Topic

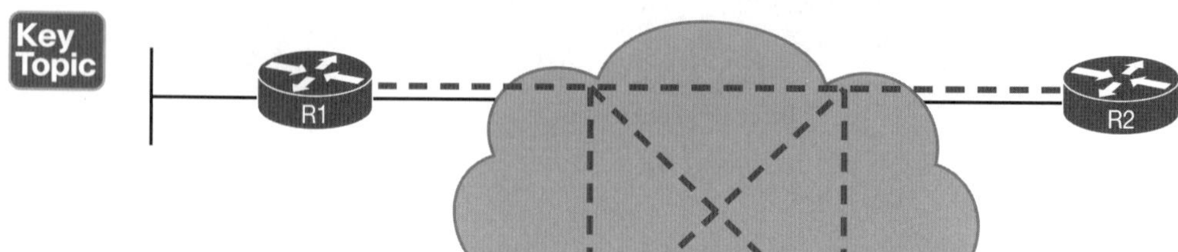

[그림 14-6] 메트로 이더넷 LAN 서비스를 통한 any-to-any 포워딩

E-LAN 서비스는 풀 메시(Full Mesh)로 사이트를 연결한다. *Full Mesh*라는 용어는 일련의 장치에 대해 각 쌍에 대한 직접 통신 경로를 생성하는 네트워크 구조를 말하며, 대조적으로 부분 메시(Partial Mesh)는 일부의 장치 간에만 직접 통신할 수 있는 디자인을 말한다. 다음에 설명하는 이더넷 트리 서비스(E-Trees)는 부분 메시 디자인을 만든다.

이더넷 트리 서비스(Hub and Spoke)

이더넷 트리 서비스(E-Tree)는 중앙 사이트의 장치가 이더넷 프레임을 각 원격(리프, leaf) 사이트로 직접 보낼 수 있지만, 원격(리프) 사이트는 중앙 사이트에만 보낼 수 있는 WAN 토폴로지를 만든다. [그림 14-7]은 단일 EVC(Ethernet Virtual Connection)가 있는 토폴로지를 보여준다. 이 경우 라우터 R1은 루트 사이트이며 3개의 원격 사이트 모두에 보낼 수 있지만, 라우터 R2, R3 및 R4는 R1에만 보낼 수 있다.

Key Topic

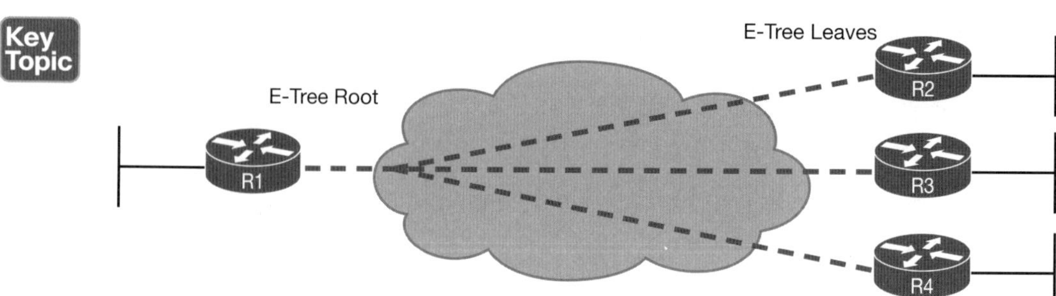

[그림 14-7] 허브-앤-스포크 토폴로지를 만드는 이더넷 트리 서비스

E-Tree를 사용하면 중앙 사이트가 트리의 루트 역할을 하고 각 원격 사이트는 리프 중 하나의 역할을 한다. 이 토폴로지에는 부분 메시(Partial Mesh), 허브-앤-스포크(hub-and-spoke), 포인트-투-멀티포인트(point-to-multipoint)라는 용어가 사용된다. 사용하는 용어에 관계없이 E-Tree 서비스는 중앙 사이트와 많은 원격 사이트가 있는 디자인에 적합한 서비스를 제공한다.

메트로 이더넷을 사용하는 3계층 디자인

E-Line(포인트-투-포인트), E-LAN(Full Mesh) 및 E-Tree(허브-앤-스포크, 포인트-투-멀티포인트) 서비스의 기초를 알았으므로, 다음 주제는 이들을 사용할 때의 3계층 디자인 정보를 검토한다. 즉, 기업에서 WAN 엣지 장치로 라우터 또는 3계층 스위치를 사용하는 경우 IP 주소 및 서브넷을 어떻게 설계해야 하는지, 라우팅 프로토콜에 미치는 영향은 무엇인지에 대하여 이 절에서 알아보자.

이 절에서는 기업 내 장치로 라우터를 사용하지만 3계층 스위치에도 동일하게 적용된다.

E-Line 서비스를 통한 3계층 디자인

모든 E-Line은 포이트-투-포인트 토폴로지를 사용한다. 결과적으로 E-Line의 양쪽 끝에 있는 두 개의 라우터가 동일한 서브넷에 있어야 한다. 마찬가지로 기업이 여러 개의 E-Line을 사용하는 경우 각 E-Line은 서로 다른 서브넷에 있어야 한다. 예를 들어 [그림 14-8]을 보면 왼쪽에 라우터 R1에 연결된 두 개의 E-Line이 있다.

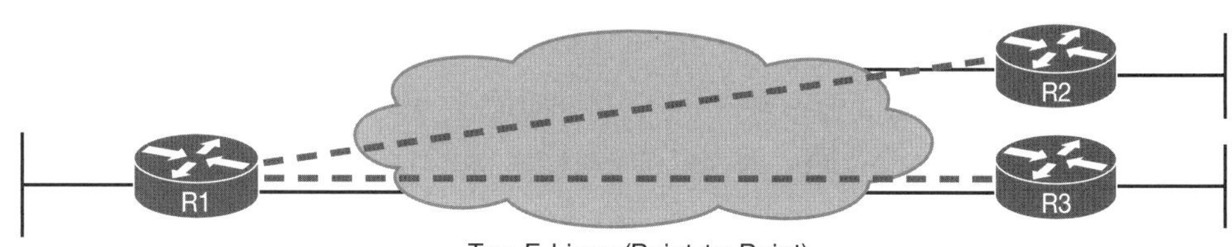

[그림 14-8] 메트로 이더넷 E-Line을 통한 라우팅 프로토콜 네이버 관계

각 E-Line을 개별 서브넷으로 구성해야 한다. 즉 라우터의 각 서브넷에 IP 주소가 필요하며 서브넷은 고유해야 한다. 모든 주소는 기업의 IP 주소 영역에서 가져온다. [그림 14-9]는 R3의 라우팅 테이블의 주소, 서브넷 및 두 개의 OSPF로 배운 경로를 보여준다.

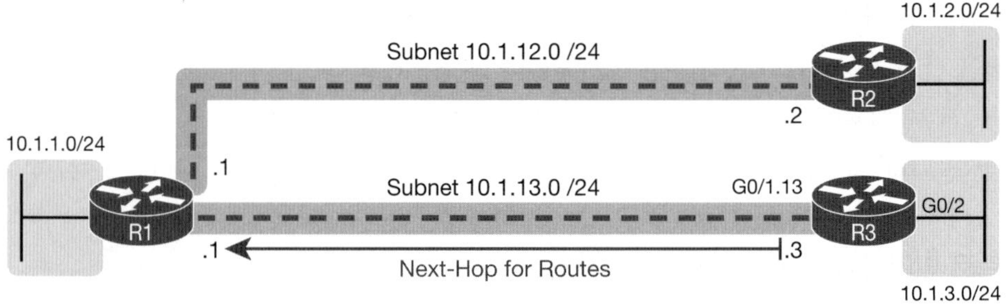

R3 Routing Table

Code	Subnet	Interface	Next-hop
O	10.1.1.0/24	G0/1.13	10.1.13.1
O	10.1.2.0/24	G0/1.13	10.1.13.1
O	10.1.12.0/24	G0/1.13	10.1.13.1
C	10.1.3.0/24	G0/2	N/A
C	10.1.13.0/24	G0/1.13	N/A

[그림 14-9] 중앙 사이트를 통해 원격 사이트 간 3계층 포워딩

라우터 R1의 LAN 서브넷인 10.1.1.0/24에 대한 경로는 그림 오른쪽 하단의 IP 라우팅 테이블로 확인한다. R3의 경로는 이더넷 WAN에서 넥스트홉 라우터 R1의 IP 주소, 즉 R1과 R3을 연결하는 E-Line의 상대방 주소를 가리킨다. R3이 R1, R3에 연결된 서브넷으로 패킷을 보내려면 R1로 패킷을 보내야 한다. 링크에 802.1Q 트렁킹을 사용하는 서브인터페이스(G0/1.13)를 사용하는 경우도 있다.

서브넷 10.1.2.0/24에 대한 R3의 경로를 살펴보자. R3은 현재의 WAN 설계로 패킷을 R2로 바로 보낼 수는 없다. R3에는 프레임을 R2로 직접 보낼 수 있는 E-Line이 없기 때문이다. R3은 R2의 라우팅 프로토콜 네이버 라우터가 아니다. 따라서 R3은 서브넷 10.1.2.0/24에 대한 경로를 R1로부터 학습하고 R1의 10.1.13.1 주소를 넥스트홉 주소로 사용한다. 결과적으로 R2의 서브넷인 10.1.2.0/24에 패킷을 전달할 때, R3은 패킷을 R1로 전달해야 하고 R1은 그 패킷을 받아 다른 E-Line을 통해 R2로 전달하게 된다.

E-LAN 서비스를 통한 3계층 디자인

4개의 라우터를 하나의 LAN 스위치에 연결했는데 모두 같은 VLAN에 있다면 라우터에 있는 IP 주소는 어떻게 될까? 그리고 4개의 라우터가 모두 동일한 라우팅 프로토콜을 사용한다면 인접 라우터가 될까? 일반적으로 4개의 라우터가 동일한 스위치에 연결되어 있고 동일한 VLAN과 동일한 라우팅 프로토콜을 사용하면 4개의 라우터는 모두 동일 서브넷 IP 주소를 가지게 되어 모두가 네이버 라우터가 된다.

E-LAN 서비스는 동일한 IP 주소 서브넷이 사용되며 동일한 라우팅 프로토콜의 인접 관계가 형성된다. [그림 14-10]은 서브넷과 주소, 경로의 예를 보여 주고 있다. 중앙의 E-LAN 서비스에 연결된 네 개의 라우터는 모두 하나의 서브넷 10.1.99.0/24 주소를 가지고 있다.

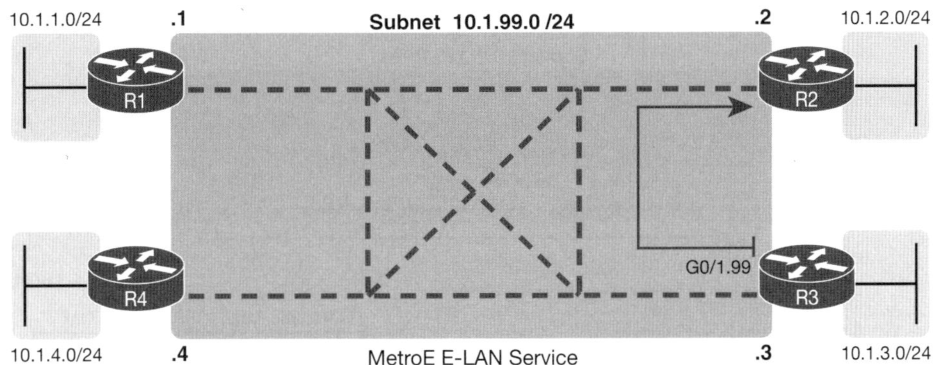

R3 Routing Table (OSPF Routes Only)

Subnet	Interface	Next-hop
10.1.2.0/24	G0/1.99	**10.1.99.2**
10.1.1.0/24	G0/1.99	10.1.99.1
10.1.4.0/24	G0/1.99	10.1.99.4

[그림 14-10] E-LAN 서비스를 사용하는 사이트 간 3계층 포워딩

R3에서 R2의 LAN 서브넷(10.1.2.0/24)까지의 경로를 R3의 라우팅 테이블에서 확인해 보자. 이 경우 R3의 넥스트홉 주소는 R2(10.1.99.2)의 WAN 주소이며, R3은 이더넷 프레임으로 캡슐화된 패킷을 R2로 직접 보낸다. 또한 라우팅 테이블의 다른 두 경로에는 R1(10.1.99.1) 및 R4(10.1.99.4)의 넥스트홉 주소가 나열되어있다.

E-Tree 서비스를 통한 3계층 디자인

E-Tree 서비스를 사용하면 3계층 디자인이 EVC와 다시 일치한다. 즉, 동일한 단일 EVC를 사용하는 모든 장치는 동일한 서브넷의 주소를 가지고 있다. 그러나 E-Tree는 라우팅 프로토콜에 몇 가지 문제점이 있다. 이 절에서 설명하는 세 가지 서비스 중 동일한 EVC의 사이트가 서로 직접 프레임을 전송할 수 없는 유일한 서비스이다.

예를 들어, [그림 14-11]은 R1을 루트로 사용하는 하나의 E-Tree 서비스를 보여주고 있다. 라우터 R2와 R3은 리프처럼 서로 직접 프레임을 보낼 수 없으므로 라우팅 프로토콜 인접 관계를 형성하지 않았다. 그러나 세 개 모두 동일한 E-Tree 서비스에 연결되며, 결과적으로 아래와 같은 특징을 갖는다:

- 세 라우터 모두 동일한 서브넷(10.1.123.0/24)의 IP 주소를 갖는다.
- R1은 R2 및 R3과 라우팅 프로토콜 인접 관계를 형성하지만 R2는 R3과 라우팅 프로토콜 인접 관계를 형성하지 않는다.
- 결과적으로 리프 사이트 간의 패킷은 루트 사이트를 통해 전달된다.

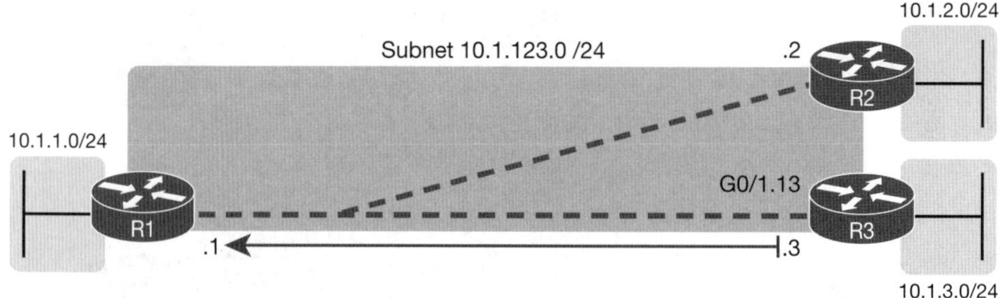

R3 Routing Table (OSPF Routes Only)

Subnet	Interface	Next-hop
10.1.1.0/24	G0/1.13	10.1.123.1
10.1.2.0/24	G0/1.13	10.1.123.1

[그림 14-11] E-Tree 서비스를 통한 리프 사이의 3계층 포워딩

라우팅(포워딩) 프로세스는 그림의 R3 라우팅 테이블에서 보여준 것처럼 EVC의 경로를 따른다. 두 경로는 원격 서브넷 10.1.1.0/24 및 10.1.2.0/24에 대한 경로이다. R3의 모든 경로는 R1을 넥스트홉 라우터(10.1.123.1)로 표시하는데, 이는 WAN 구간에 라우터 R3이 리프 사이트에서 사용할 수 있는 유일한 넥스트홉 라우터이기 때문이다. 따라서 R3이 서브넷 10.1.2.0/24에 패킷을 보내야 하는 경우, R3은 이 패킷을 R1로 라우팅한 다음 R2로 다시 라우팅해야 한다.

[그림 14-9]에 표시된 E-Line의 예와 매우 비슷하게 보일 수 있지만 몇 가지 주요 차이점이 있다. 첫째, E-Tree는 E-Tree 서비스의 모든 장치에 하나의 서브넷을 사용하는 반면, [그림 14-9]의 E-Line 서비스 예는 각 E-Line(Point-to-Point)별로 각각 다른 서브넷을 사용한다. 또한 일부 라우팅 프로토콜에서는 E-Tree 서비스를 사용할 때 추가 설정이 필요한 경우가 있고, 이러한 세부 사항은 이 책에서 다루지 않고 있다.

이더넷 가상 회선 대역폭 프로파일

메트로(Metro)에서 MPLS로 이전하기 전에, WAN 링크를 통한 데이터 사용 및 EVC 대역폭 프로필(BWP)과 관련된 영역에 대한 아이디어를 고려하는 것이 도움이 된다.

2010년에 휴대폰 데이터 요금제를 가입한 사람은 이동 통신사 네트워크를 통한 데이터 사용을 고려했을 것이다. 휴대 전화의 경우 많은 통신 사업자가 일종의 가격 책정 방식을 제공한다. 즉, 더 많은 데이터를 보내고 받으려면 더 많은 돈을 매달 지불해야 한다. 왜 그들은 사용량에 따라 더 많은 비용을 청구할까? 통신 사업자는 네트워크를 구축하고 운영하기 위해 많은 자본과 많은 운영 비용을 지출하고 있다. 네트워크를 적게 사용하는 사람에게 비용을 덜 청구하고 많이 사용하는 사람에게 비용을 더 청구하는 것이 공정한 것이다.

대부분의 사설 WAN 서비스는 동일한 종류의 사용량 기반 가격 정책을 적용하며, 이번 MetroE 주제에서는 그 용어 및 개념에 대해 설명한다.

첫 번째 아이디어는 다음과 같다. 액세스 링크는 이더넷 표준을 기반으로 미리 설정된 속도로 비트를 전송한다. MetroE WAN의 각 이더넷 액세스 링크는 특정 속도로 실행되는 특정 이더넷 표준을 사용한다. 이러한 속도는 10Mbps, 100Mbps, 1,000Mbps(1Gbps), 10Gbps 등이 있다. 또한 IEEE가 이더넷 표준에 기존보다 10배 속도가 아닌 몇 가지 새로운 속도를 추가하기 시작했다. MetroE 액세스 링크가 100Mbps 표준인 이더넷 표준을 사용하는 경우 100Mbps로 비트를 전송한다.

그러나 MetroE를 제공하는 통신 사업자(SP)는 사용량에 따라 고객에게 요금을 부과할 수 있기를 원하며, 따라서 액세스 링크의 전송 속도에 따라 정해지는 가격 정책이 보다 유연해지기를 원한다. 이 절의 MetroE 항목에서는 MetroE를 제공하는 통신 사업자(SP)가 액세스 링크 속도 이외에 다른 방법으로 속도에 따라 비용을 청구할 수 있는 방법을 보여준다.

사용된 데이터(대역폭)에 대한 요금 부과

잠재적인 고객이 있다면 MetroE 제공 업체의 가격 정책을 살펴볼 것이다. 이 고객은 두 사이트 사이에서만 E-Line 서비스를 원하며, 사이트 간 최소한 100Mbps의 용량(대역폭)이 필요하다는 것을 알고 있다. 그러나 서비스에 '이더넷'이라는 단어가 있기 때문에, 잠재고객은 10Mbps, 100Mbps, 1Gbps 등의 서비스만 가능하다고 생각할 것이다. 그래서 각 대역폭에 대한 E-Line 서비스와 그 가격을 조사하고 검토할 것이다:

- **100 Mbps**: 합리적인 가격이지만 좀 더 많은 용량이 필요하다.
- **1,000Mbps**: 원하는 것 이상으로 용량이 충분하지만 너무 비싸다.

실제로 이 고객이 원하는 것은 두 사이트 간에 200Mbps정도일 것이다. 그러나 200Mbps에서 실행되는 이더넷 표준은 없으므로 200Mbps로 실행되는 액세스 링크를 사용하는 방법은 없다. 이를 위해 고객의 두 지점 사이의 라우터 간 EVC에 대해 200Mbps CIR(Committed Information Rate)을 정의하는 대역폭 프로필이 있는 E-Line 서비스가 있다. [그림 14-12]는 이 아이디어와 용어를 보여주고 있다.

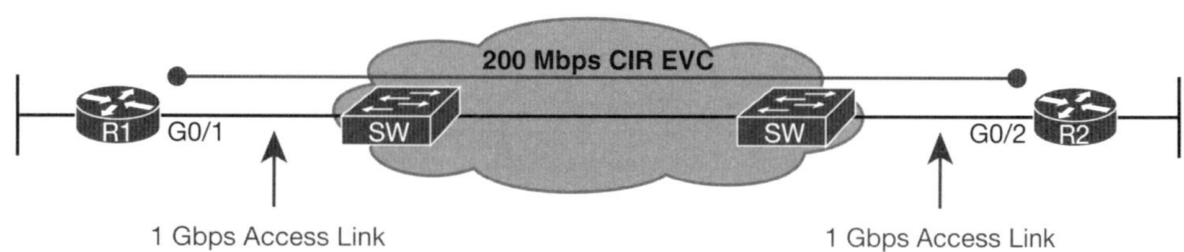

[그림 14-12] 예: 1-Gbps 액세스 링크로 지원되는 200-Mbps CIR

아이디어는 간단하나 데이터를 제어하는 방법은 새로운 것이다. 고객과의 계약에 따라 통신 사업자(SP)는 두 개의 E-Line 사이트 간에 이더넷 프레임을 전달할 뿐만 아니라 200Mbps의

CIR까지 보장한다. 즉, 통신 사업자는 200Mbps급의 속도로 이더넷 프레임을 전달한다.

고객이 200-Mbps CIR의 E-Line을 요청하면 200Mbps로 데이터를 보낼 수 있다. 즉, 200Mbps의 속도를 보장한다는 것이다. 이 예에서 문자 그대로 액세스 링크가 1Gbps 링크이기 때문에 전송 속도는 최대 1Gbps가 된다. 그러나 시간이 지남에 따라 200Mbps CIR E-Line을 요청한 모든 고객이 200Mbps 이상의 데이터를 전송하면 통신 사업자(SP) 네트워크가 너무 혼잡해질 수 있다. 통신 사업자(SP)는 자신이 보장한 용량의 트래픽 전송을 지원하기 위해 네트워크를 구축하고, 과다 사용시를 대비해 추가 비용을 지불할 뿐만 아니라 트래픽 증가를 고려해서 또 비용을 지불해야 한다. 그러나 200Mbps의 비용을 지불하는 고객에게 항상 1Gbps로 전송할 수 있는 네트워크를 구축하는 것은 그 투자비가 너무 비싸게 된다.

폴리싱 및 셰이핑으로 트래픽(overage) 제어

EVC에 느린 속도의 CIR를 적용한 액세스 링크를 만들고 작동하려면 통신 사업자(SP)와 고객이 협력해야 하며, 폴리싱(policing) 및 셰이핑(shaping)이라는 두 가지 QoS 기능을 이용해 구현할 수 있다.

역사적으로 프레임 릴레이와 유사한 일부 WAN 서비스에서 통신 사업자(SP)는 사용자가 CIR보다 많은 데이터를 보낼 수 있게 하지만, MetroE 네트워크는 일반적으로 초과한 트래픽을 폐기하기 위해 폴리싱을 사용한다. 폴리서는 들어오는 프레임을 보고 각 EVC와 연관된 프레임을 식별할 수 있다. 각 프레임의 바이트 수를 계산하고 시간 경과에 따른 비트 전송률을 계산하여, 고객이 CIR보다 많은 비트를 전송하면 통신 사업자(SP)는 CIR로 속도를 낮추기 위해 도착하는 프레임을 폐기한다. [그림 14-13]은 [그림 14-12]에 표시된 동일한 예에서 폴리싱 위치를 보여주고 있다.

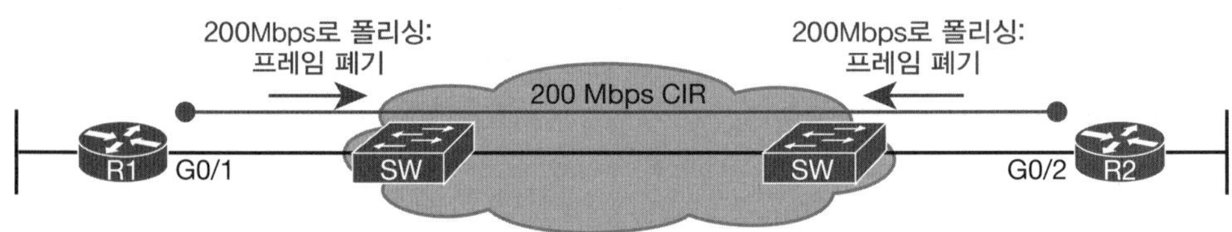

[그림 14-13] 통신 사업자(SP) CIR을 초과하는 트래픽의 폐기를 위한 폴리싱

MetroE 통신 사업자에 E-Line을 요청한 고객의 라우터는 1Gbps 액세스 링크를 사용하므로, 200-Mbps CIR의 E-Line을 지원할 수 있다. 통신 사업자(SP)의 네트워크를 보호하기 위해 SP는 E-Line의 포인트-투-포인트 EVC의 각 끝 부분에서 수신된 비트/초를 모니터링하기 위해 수신 폴리싱을 사용한다. 그리고 수신 속도가 너무 높아지면 SP는 수신 프레임을 폐기한다.

QoS가 올바르게 구현되면 통신 사업자(SP)가 약간의 프레임을 폐기하는 것은 실제로 위험하지 않지만 MetroE를 사용하며 [그림 14-13]과 같이 통신 사업자(SP)가 트래픽을 폴리싱하는 경우 고객은 다른 QoS 도구인 셰이핑을 고려해야 한다. 고객 라우터에서 구현되는 셰이핑은 라우터에서 전송 속도를 줄여 주는 것이다. 셰이핑은 MetroE 액세스 링크에 일부 프레임을 보내고 대기한 후 다시 프레임을 보내고 다시 대기하는 동작을 반복한다. 고객 라우터에서 셰이핑을 CIR(이 경우 200Mbps)과 동일한 속도로 설정할 수 있으므로 통신 사업자(SP)가 트래픽을 폐기할 필요가 없다.

이러한 핵심 사항 중 일부를 요약하면 다음과 같다.

- MetroE는 이더넷 가상 연결(EVC) 개념을 사용하여 EVC에 CIR(committed information rate)이라는 초당 보장된 비트 수를 제공한다.
- 액세스 링크는 링크를 통과하는 모든 EVC에 대해 결합된 CIR을 처리할 수 있을 만큼 충분히 빨라야 한다..
- 각 EVC에 대해 통신 사업자(SP)는 해당 EVC의 CIR로 정의된 비트/초를 전달한다.
- 트래픽이 너무 많아져 네트워크의 처리 용량이 초과되지 않도록 SP는 폴리싱을 사용하고 각 EVC로 들어오는 트래픽 속도를 모니터링하여 CIR을 초과하는 트래픽을 폐기할 수 있다.
- 트래픽이 너무 많이 통신 사업자(SP)에서 폐기되는 것을 방지하기 위해 고객 라우터에서 셰이핑을 사용하여 CIR과 일치하도록 EVC의 전송 속도를 늦출 수 있다.

멀티프로토콜 레이블 스위칭(MPLS)

CCENT 및 CCNA R&S 시험 준비 과정에서 이미 기업 네트워크의 기본 구성 요소를 구축하는 방법에 대해 배웠다. 각 사이트마다 라우터와 스위치를 구입한다. 유선 LAN 장비를 스위치에 연결하고, 스위치에 몇 개의 라우터가 연결된다. 라우터는 다른 사이트에 연결하기 위해 WAN 링크를 연결한다.

[그림 14-14]의 왼쪽에서 오른쪽으로 흐르는 패킷이 나타내는 것처럼 3계층 라우팅에 대해서도 이해하고 있을 것이다. 각 라우터는 그림의 **단계①**, **단계②** 및 **단계③**과 같이 패킷을 전달하기 위해 별도의 포워딩 결정을 내린다. 각 라우터는 패킷의 목적지 IP 주소와 해당 라우터의 IP 라우팅 테이블을 비교한다. 일치하는 IP 라우팅 테이블 항목은 패킷을 전달할 넥스트홉 라우터를 알려준다. 경로 정보를 얻기 위해 라우터는 일반적으로 라우팅 프로토콜을 실행한다.

MPLS WAN 서비스는 IP 네트워크의 라우터가 동작하는 방식과 매우 흡사하다. 이 절에서는 3계층 WAN 서비스인 MPLS 3계층 VPN 서비스에 대해 설명한다. 3계층 서비스인 MPLS VPN은 고객 라우터 간에 WAN을 통해 IP 패킷을 전달한다.

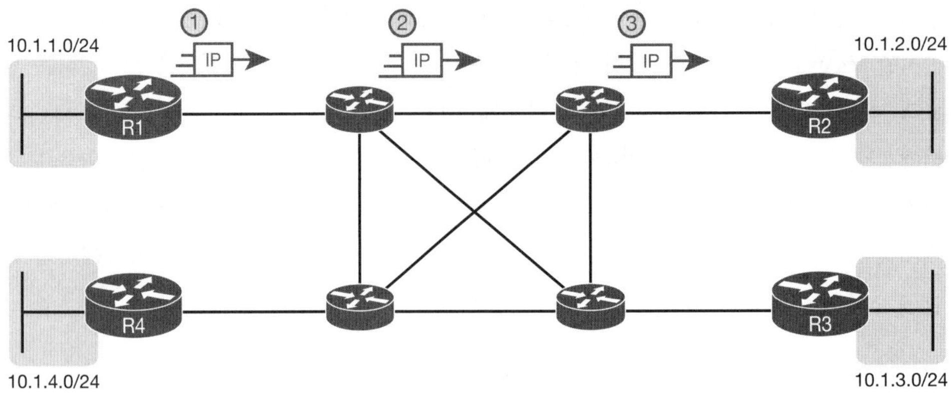

[그림 14-14] IP 패킷의 기본 IP 라우팅

통신 사업자(SP)는 IP 네트워크를 구축하여 고객을 구축된 네트워크에 연결해 준다. 또한 통신 사업자(SP)는 MPLS의 몇 가지 방법을 사용하여, 여러 고객을 연결하면서 동시에 서로의 IP 트래픽을 분리할 수 있다. 예를 들어 한 고객이 보낸 패킷은 두 번째 고객에게 전달되지 않으며 반대의 경우도 마찬가지로 전달되지 않게 한다. 따라서 통신 사업자(SP)는 라우터로 일반 IP 네트워크를 구축하는 것보다 대고객 3계층 서비스 관점에서 더 많은 이점을 제공하는 MPLS를 사용한다.

모든 WAN 서비스와 마찬가지로 SP가 서비스를 제공하는 방법은 대부분 고객에게 숨겨져 있다. MPLS 역시 라우터로 만든 단순한 IP 네트워크가 아니다. 내부적으로 MPLS 네트워크에 있는 장비는 레이블 스위칭을 사용하므로 MPLS라는 이름을 사용한다. 패킷이 MPLS 네트워크를 들어가고 나갈 때 MPLS 네트워크의 PE라우터는 MPLS 헤더를 추가 또는 제거한다. MPLS 네트워크 내 장비는 MPLS 네트워크에서 데이터를 전달할 때 해당 MPLS 헤더에 있는 레이블 필드를 사용한다.

> **NOTE** MPLS VPN은 고객에게 3계층 서비스를 제공하지만 MPLS 자체는 데이터 링크 헤더(2계층)와 IP 헤더(3계층) 사이에 MPLS 헤더를 추가하기 때문에 2.5계층 프로토콜이라고도 한다.

이 책에서는 WAN 서비스에 대해 SP 네트워크를 설명하지 않고 있다. 따라서, MPLS 레이블의 동작 방식을 알 필요는 없다. 그러나 MPLS VPN은 3계층 서비스를 제공하기 때문에 고객은 통신 사업자(SP)의 역할을 알고 있어야 하며 MPLS 네트워크가 3계층 기능에 접근하는 방법에 대한 몇 가지 정보를 알아야 한다. SP의 MPLS 네트워크 특징은 아래와 같다

- 고객의 IP 서브넷에 대해 알아야 한다
- IP 라우팅 프로토콜을 실행하여 해당 경로를 학습한다.
- 패킷 포워딩을 결정하기 위해 고객의 IP 주소 공간에 대한 경로를 사용한다.

MPLS 가상 사설망(MPLS VPN)은 2000년 초부터 제공된 SP의 일반적인 서비스로서, 현재 가장 많이 사용되는 사설 WAN 서비스 중 하나이다. MPLS 표준은 MPLS L3 VPN 이외의 다른 서비스를 생성하는 데도 사용될 수 있지만, 이 절에서는 MPLS VPN에 대해서만 설명한다.

MPLS VPN 서비스는 일부 VPN 서비스처럼 사설 네트워크를 만들기 위해 데이터를 암호화하지 않는다. 대신 MPLS VPN은 두 고객의 패킷이 MPLS 네트워크 안의 동일한 장비와 링크를 통과하더라도, 한 고객이 보낸 데이터가 다른 고객에게 전송되지 않도록 데이터를 비공개로 만든다. 이 장의 두 번째 절은 MPLS, 특히 MPLS VPN에 대해 다룬다.

MPLS VPN의 물리적인 디자인과 토폴로지

MetroE는 2계층 이더넷 프레임을 전달하는 2계층 서비스를 제공한다. 이를 위해 통신 사업자(SP)는 종종 네트워크 엣지에 이더넷 스위치를 사용한다. 이러한 스위치는 CCNA에서 이더넷 LAN 스위치에 대해 배운 것 이상의 기능을 수행하도록 구성되겠지만, LAN 스위치의 기본적인 임무는 이더넷 프레임을 전달하는 것이므로 MetroE 네트워크 엣지에서 이더넷 스위치를 사용하는 것이 적합하다.

MPLS는 3계층 패킷(IPv4 및 IPv6)을 전달할 수 있는 3계층 서비스를 제공한다. 이 서비스를 지원하기 위해 MPLS SP는 일반적으로 MPLS 네트워크 엣지에 라우터를 사용한다. 이는 라우터가 3계층 패킷을 전달하는 기능을 제공하기 때문이다.

WAN 기술에는 일반적으로 사용되는 용어와 약어가 있는데, [그림 14-15]는 두 가지 중요한 MPLS 용어인 CE(customer edge)와 PE(Provider edge)를 보여주고 있다. MPLS는 고객 및 SP 네트워크의 엣지에 있는 장비에 대해 많은 논의가 필요하기 때문에 MPLS는 각각에 대해 특정 용어를 사용한다. CE(Customer Edge) 장치는 일반적으로 라우터이며 고객 사이트(MPLS 서비스를 구매하는 회사의 사이트)에 위치한다. PE(Provider Edge)는 액세스 링크의 다른 쪽 끝에 있는 SP 네트워크의 Edge 장비이다.

Key Topic

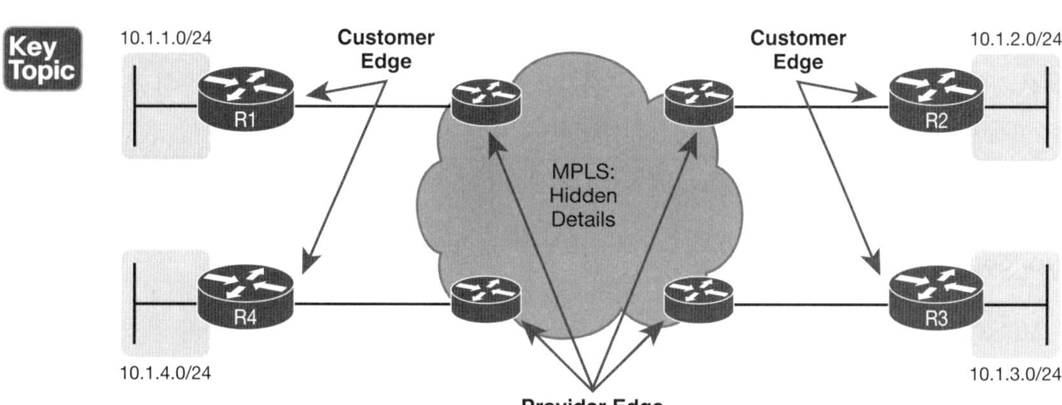

[그림 14-15] PE 및 CE 라우터로 구성한 MPLS 3계층 디자인

MPLS의 기능을 이해하기 위해 라우터가 서로 다른 종류의 물리적 인터페이스와 다양한 종류의 데이터 링크 프로토콜을 사용하는 경우를 생각해보자. 패킷을 라우팅할 때, 라우터는 들어오는 데이터 링크 프레임의 데이터 링크 헤더와 트레일러를 버리고 새로운 데이터 링크 헤더와 트레일러를 만든다. 즉, 들어오는 패킷은 하나의 데이터 링크 프로토콜 프레임으로 도착하고 다른 데이터 링크 프로토콜의 인터페이스를 통해 나간다.

MPLS 라우터가 새로운 데이터 링크 헤더를 제거 및 추가한다는 사실은 MPLS 네트워크가 다양한 액세스 링크를 지원한다는 것을 의미한다. MPLS가 3계층 서비스로 작동하여 들어오는 데이터 링크 헤더를 폐기한다는 것은 사실상 모든 데이터 링크 프로토콜이 MPLS 액세스 링크에서 사용될 수 있음을 의미한다. 실제로 MPLS는 [그림 14-16]과 같이 여러 유형의 액세스 링크를 지원한다.

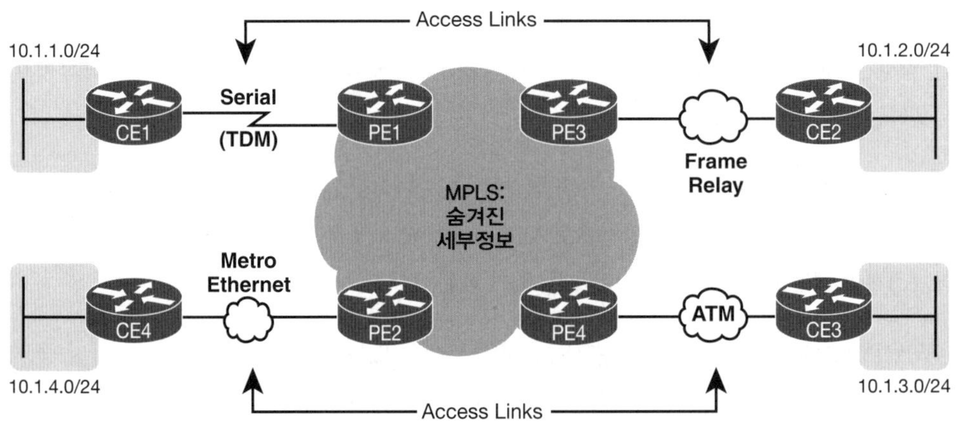

[그림 14-16] 다양한 MPLS 액세스 링크 기술

MPLS 네트워크에서 사용할 수 있는 다양한 액세스 링크는 MPLS가 대규모 기업 네트워크 구축을 위한 훌륭한 옵션이 될 수 있게 해준다. MetroE 서비스가 가능한 사이트, 특히 10Mbps 이상의 대역폭이 필요한 사이트의 경우에는 MetroE를 액세스 링크로 사용하는 것이 좋다. 더 멀리 있는 사이트의 경우 해당 지역에 MetroE 서비스를 제공하지 않을 수 있지만 많은 통신 사업자는 원격 사이트에 시리얼 링크는 설치할 수 있을 것이다. 또한 기업은 기존의 프레임 릴레이 또는 ATM 네트워크를 MPLS로 대체할 수 있다. 이 경우 동일한 물리적 링크를 사용할 수 있으며, 통신 사업자는 MPLS 액세스 링크를 MPLS 네트워크로 이동할 수 있다.

MPLS와 QoS

MPLS는 또한 통신 사업자(SP)가 효과적인 QoS(Quality of Service) 기능을 제공한 최초의 WAN 서비스였다. 18장 'QoS (Quality of Service)'를 아직 학습하지 않았지만, 다음 기본 예를 통해 MPLS QoS 이점에 대한 일반적인 정보를 얻어 보자.

IP 네트워크는 VoIP(Voice over IP)를 통해 IP 패킷으로 음성 트래픽을 처리할 수 있다. WAN 서비스가 QoS를 제공하지 않는다는 것은 특정 패킷을 다른 패킷과 다르게 처리하지 않는다는 것을 의미한다. QoS를 사용하면 통신 사업자(SP)의 네트워크가 패킷 종류에 따라 차별화하여 일부 패킷(예: VoIP)을 우선 처리할 수 있게 된다. 음성 통화의 품질이 좋으려면 각 음성 패킷의 손실이 적어야 한다(즉, 몇 개의 패킷이 폐기된다). 또한 네트워크를 통해 단방향 지연이 낮아야 하고 지연의 변화(지터)가 적어야 한다. QoS가 없다면 IP 네트워크를 통한 음성 통화의 품질은 좋지 않을 것이다.

QoS를 제공하는 WAN을 통해 고객은 VoIP 패킷에 표시를 하여 MPLS 네트워크가 VoIP 패킷을 인식하고 더 잘 처리하도록 설정하여 음성 통화 품질을 향상시킬 수 있다. 그러나 제대로 작동하려면 고객과 MPLS 제공 업체가 협력해야 한다.

[그림 14-17]에서 왼쪽에서 오른쪽으로 이동하는 VoIP 패킷의 경우, 라우터 CE1은 QoS 마킹을 설정할 수 있다. 마킹 기능으로 VoIP 패킷을 인식하고 VoIP 패킷의 IP 헤더(그림의 DSCP EF라고 하는 값)에 특정 값을 설정한다. 그런 다음 MPLS WAN 공급업체는 해당 마킹이 있는 패킷을 다루기 위해 QoS 정책을 설정하고 해당 패킷을 우선적으로 전달한다. 그 결과 낮은 지연, 낮은 지터, 낮은 손실 및 더 나은 통화 품질을 제공할 수 있게 된다.

[그림 14-17] MPLS WAN에서의 MPLS VPN QoS 마킹 및 처리

18장은 이와 동일한 메커니즘과 다른 메커니즘에 대해 설명한다.

지금까지의 내용을 요약하면 MPLS는 다양한 액세스 링크를 지원한다. 기업은 각 사이트에 필요한 용량(대역폭)에 따라 액세스 링크의 유형과 속도를 선택할 수 있다. 기본적인 회선 연결 이외에도 기업은 SP와 함께 서비스의 다른 기능을 정의하기를 원할 것이다. 고객과 SP는 몇 가지 3계층 디자인 선택에 대한 세부 사항을 수행해야 한다(다음 절에서 자세히 설명됨). 고객은 또한 MPLS 공급자에게 QoS 서비스를 요청하고 이러한 세부 사항을 정의하려고 할 것이다.

MPLS 3계층 VPN

MetroE는 2계층 서비스를 제공하기 때문에 통신 사업자(SP)는 고객의 3계층 디자인에 대해 이해할 필요가 없다. 통신 사업자는 고객의 IP 주소 지정 계획에 대해 아무것도 모르고 있으며 라우팅 프로토콜에 참여할 필요도 없다.

MPLS VPN은 완전히 반대되는 접근 방식을 취한다. 3계층 서비스로써 MPLS는 고객 IP 주소를 인식하고 있어야 한다. 통신 사업자(SP)는 라우팅 프로토콜을 사용하여 WAN을 통해 고객 경로 정보를 광고한다. 이 절에서 이것이 의미하는 바를 자세히 알아보자.

고객은 특정 수준의 가용성 및 품질(예: 낮은 지연, 지터(jitter) 및 VoIP 패킷 손실)을 보장하기 원하며, 이를 위해 사이트 간 데이터를 전달하는 WAN 서비스에 대해 추가 비용을 지불한다. 각 WAN 사이트 간의 패킷 전송을 위한 기본 기능을 위해 CE 라우터는 MPLS 네트워크의 PE 라우터와 경로 정보를 교환해야 한다. 또한 모든 CE 라우터는 반대쪽 CE 라우터(PE 라우터의 프로세스에 의존)의 경로 정보를 알아야 한다.

[그림 14-18]과 같이 동일한 액세스 링크로 연결된 CE 라우터와 PE 라우터가 경로 정보를 교환해야 한다. 그림은 CE-PE 라우팅 프로토콜 네이버 관계를 보여준다(라인 끝 부분에 원이 있음). 이 경우 고객은 EIGRP를 선택해 사용한다. MPLS는 MPLS 네트워크의 엣지에서 RIPv2, EIGRP, OSPF 및 eBGP와 같은 많은 라우팅 프로토콜의 사용을 허용한다.

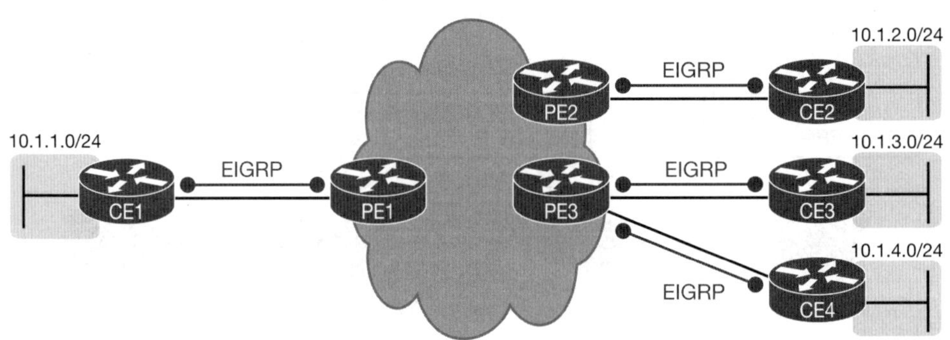

[그림 14-18] MPLS CE 라우터와 라우팅 프로토콜 네이버 관계

또한 모든 CE 라우터는 다른 CE 라우터의 경로를 알아야 한다. 그러나 [그림 14-18]에서 보듯이 CE 라우터는 다른 CE 라우터와 직접 라우팅 프로토콜 네이버 관계를 형성하지 않는다. MPLS PE-CE 간의 동작을 아래와 같이 요약한다.

- CE 라우터는 액세스 링크의 다른 끝에 있는 PE 라우터와 네이버가 된다.
- CE 라우터는 다른 CE 라우터와 네이버가 되지 않는다.
- MPLS 네트워크는 많은 PE 라우터 간에 고객의 경로를 알리고, CE 라우터는 PE-CE 라우팅 프로토콜 네이버 관계를 통해 모든 고객 경로를 학습할 수 있도록 한다.

PE 라우터 간에 고객 경로를 광고하기 위해 PE 라우터는 경로 재분배라는 프로세스와 함께 또 다른 라우팅 프로토콜을 사용한다. 경로 재분배는 하나의 라우터 내부에서 이뤄지며 하나의 라우팅 프로토콜 프로세스에서 경로를 가져 와서 다른 라우팅 프로토콜 프로세스로 경로를 주입한다. PE 라우터는 고객이 사용하는 라우팅 프로토콜과 MP-BGP(Multiprotocol BGP)라는 변경된 BGP 프로토콜 간에 재분배를 수행한다(PE-CE 라우팅 프로토콜이 BGP가 아닌 경우 재분배가 필요하다). [그림 14-19]는 PE 라우터에서 프로토콜 간 재분배의 개념을 보여주고 있다.

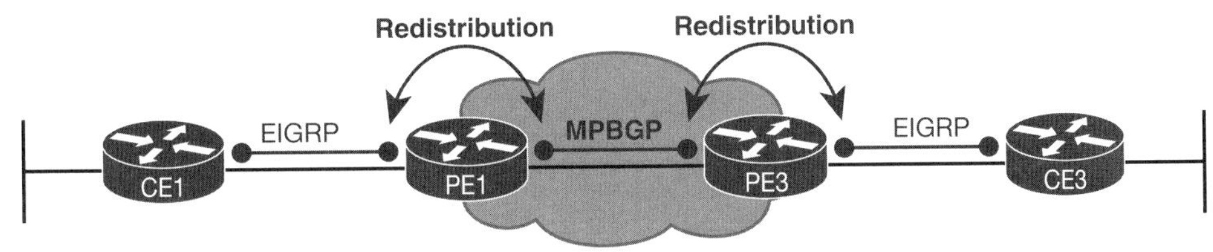

[그림 14-19] PE 라우터에서 MPBGP의 재분배를 사용하는 MPLS VPN

MPBGP에 대한 간단한 설명처럼 MPLS VPN은 MPBGP를 사용하는데, MPBGP는 경로를 논리적으로 분리하여 유지하면서 여러 고객의 경로를 광고할 수 있기 때문이다. 예를 들어 [그림 14-19]에서 라우터 PE1이 하나의 POP에 있지만 수십 개의 다른 고객과 연결될 수 있다. 마찬가지로 라우터 PE3은 동일한 고객들과 연결될 수 있다. MPBGP는 모든 고객에 대한 경로를 광고하고 어떤 고객이 어떤 경로를 갖는지 표시할 수 있으므로 올바른 경로만 각각의 고객을 위해 각 CE 라우터에 전달한다.

MPLS VPN을 사용한 OSPF Area 설계

MPLS 네트워크의 엣지에서 라우팅 프로토콜에 어떤 일이 발생하는지에 대한 기초를 알게 되었으므로 OSPF Area 디자인을 생각해 보자. 이 책에서 설명하는 WAN 서비스의 경우 WAN 서비스는 단지 하나의 데이터 링크일 뿐이므로 WAN은 한 Area 내에 있게 된다. MPLS를 사용하면 MPLS 서비스는 많은 라우터처럼 동작한다. OSPF를 PE-CE 라우팅 프로토콜로 사용하는 경우 WAN 링크가 어느 Area에 있는지, 그리고 백본 Area의 구성에 대해 선택해야 한다.

MPLS는 OSPF Area 디자인에 몇 가지 변경을 허용한다. *OSPF 수퍼 백본(super backbone)*은 비공식적으로 알려진 개념으로 MPLS VPN을 위해 OSPF에 추가된 개념이다. 이 개념은 OSPF 요구 사항을 충족시키고 OSPF를 사용할 때 MPLS PE가 일부 OSPF Area에 있어야 한다는 요구 사항을 충족시키는 우수한 솔루션이다.

- MPLS PE는 수퍼 백본의 이름으로 백본 Area를 형성한다.
- 각 PE-CE 링크는 백본이 아닌 Area도 될 수 있고 또는 백본 Area일 수 있다.

수퍼 백본은 이 책의 범위를 벗어나는 몇 가지 기능과 로직을 지원한다. MPLS와 함께 OSPF를 사용하는 경우, 수퍼 백본을 단순히 기업의 OSPF 백본 Area라고 생각할 수 있지만 백본 Area를 확대할 수 있는 옵션이 될 수 있다. 고객 사이트의 CE 라우터는 백본 Area의 일부가 아니거나 또는 일부일 수도 있는데 이는 고객의 선택에 따라 달라진다.

예를 들어, [그림 14-20]의 4개 고객 사이트는 각각 다른 Area를 사용한다. PE-CE 링크는 개별 Area의 일부이다. OSPF 백본 Area는 여전히 존재하며 각 Area는 백본 Area에 연결되지만 백본에는 MPLS PE 라우터만 있다.

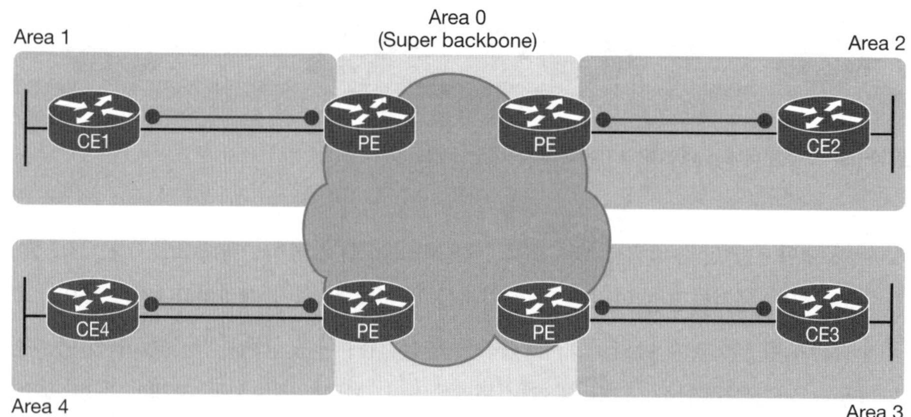

[그림 14-20] 각 사이트의 수퍼 백본(Area 0)과 일반 Area로 구성된 MPLS 디자인

[그림 14-20]의 Area 설계는 명확한 OSPF Area 설계를 제공한다. 그러나 기존 OSPF 디자인을 사용하는 다른 유형의 WAN 서비스에서 마이그레이션하는 경우 기존 OSPF 설계를 유지하는 것을 선호할 수 있다. 즉, 일부 사이트에서 백본 Area을 포함해야 하는 경우가 있다. 실제로 여러 WAN 사이트를 백본 Area에 구성할 수 있으며 여전히 올바르게 작동한다. [그림 14-21]은 이러한 예를 보여주고 있다.

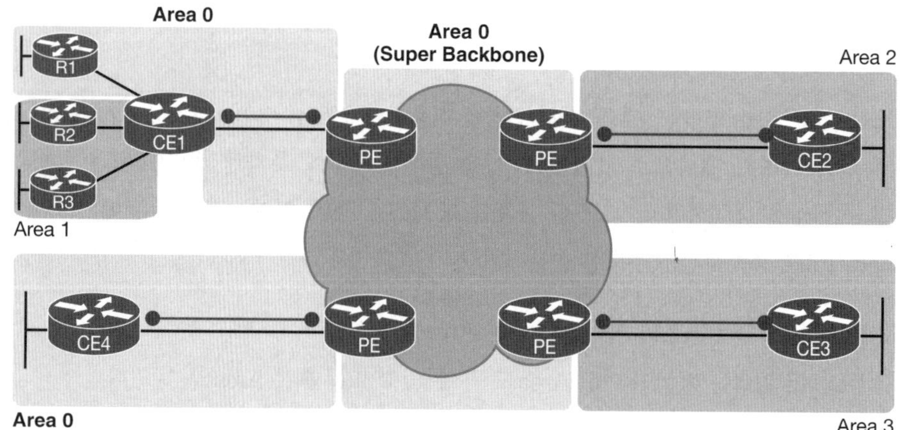

[그림 14-21] Area 0에 CE-PE 링크 또는 전체 고객 네트워크를 포함하는 예

사실상 수퍼 백본은 인접한 하나의 백본 Area에 대해 Area 0으로 설정된 네트워크의 다른 두 부분을 결합한다. [그림 14-21]의 왼쪽에 표시된 Area 0의 두 사이트를 주목하자. 일반적으로 두 고객 사이트가 모두 Area 0을 구현하지만 그 사이에 다른 Area의 링크가 있는 경우, 디자인은 OSPF 디자인 규칙을 위반하게 된다. 그러나 왼쪽의 OSPF 백본(Area 0) 링크와 MPLS에서 생성한 OSPF 수퍼 백본 Area 0은 OSPF 설계와 관련하여 함께 동작한다.

왼쪽 상단의 사이트는 Area 0에 라우터 R1의 링크가 있고 Area 1에 있는 라우터 R2 및 R3에 연결된 링크를 사용하여 MPLS 네트워크로 마이그레이션 하기 전 구성을 나타낸다. 기업은 MPLS 네트워크에 연결할 때 OSPF Area 디자인은 남기기로 결정했다. 라우터 R1의 백본 Area 링크를 지원하기 위해 CE1-PE1 링크를 Area 0에 배치했다. 결과적으로 결합된 고객 Area 0 인스턴스와 수퍼 백본 Area 0은 하나의 인접한 백본 Area를 생성한다.

EIGRP를 사용한 라우팅 프로토콜 고려 사항

EIGRP를 PE-CE 라우팅 프로토콜로 사용하면 OSPF를 사용할 때 보다 고려 사항이 줄어든다. 그러나 EIGRP를 사용하여 라우팅 프로토콜 메트릭에 영향을 주는 하나의 구성 설정이 있으므로 간단히 언급할 가치가 있다.

MPLS 서비스를 사용하면 경로 재분배 효과로 인해 각 사이트의 PE-CE 구성에 다른 EIGRP AS 번호(ASN)를 사용할 수 있다. 예를 들어, [그림 14-22]에서 CE1에서 CE2로의 모든 경로 교환을 고려하면 CE1에서 PE1까지, PE2에서 CE2까지 EIGRP를 사용한다. PE1과 PE2 사이에서 일어나는 일은 EIGRP가 아니라 MPBGP를 사용하는 독립적인 프로세스이므로 양쪽에서 동일한 ASN을 사용해야 한다는 요구 사항이 제거된다.

고객이 다른 EIGRP ASN을 사용할 수 있지만 모든 사이트에서 동일한 EIGRP ASN을 사용하면 EIGRP 메트릭이 더 현실적이다. 사실 기업이 동일한 EIGRP ASN을 사용했다면 전체 MPLS 네트워크가 EIGRP 메트릭에 미치는 영향은 PE 간 아무것도 존재하지 않는 것처럼 동작한다. 예를 들어 [그림 14-22]의 사이트에서 사용된 것과 동일한 ASN을 사용하면 메트릭 관점에서 볼 때 EIGRP 토폴로지는 [그림 14-23]의 디자인과 유사해 보인다.

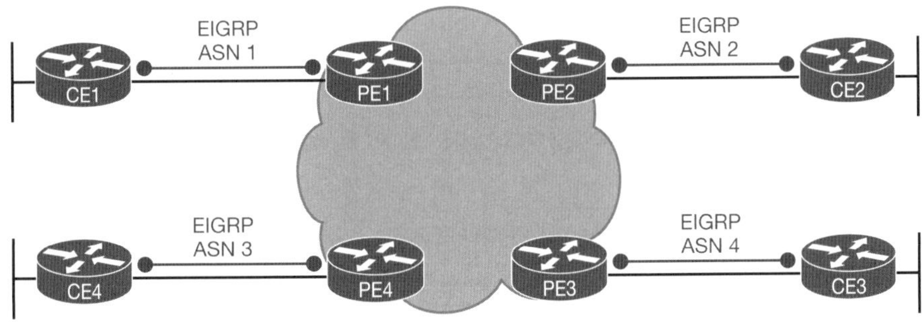

[그림 14-22] EIGRP의 라우팅 프로토콜 네이버 관계

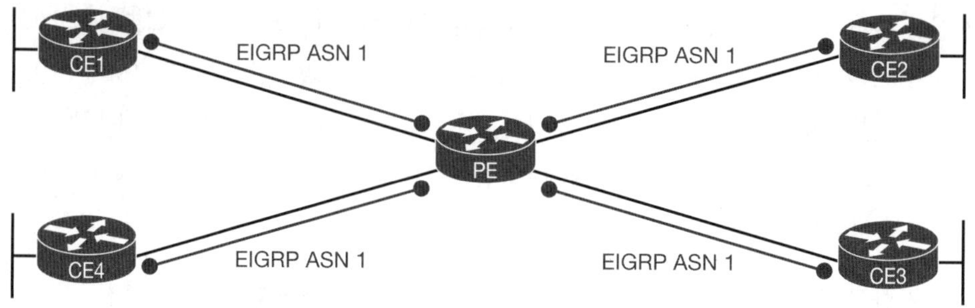

[그림 14-23] MPLS VPN 내부의 영향을 받지 않는 EIGRP 메트릭

챕터 리뷰

시험을 잘 보기 위해 중요한 한 가지 핵심은 시간 간격을 두고 반복적으로 복습하는 것이다. 이 장의 내용을 복습하기 위해 책과 DVD에 있는 툴 또는 관련 있는 웹 사이트의 대화형 도구를 이용할 수 있다. 자세한 사항은 '당신의 학습 계획' 내용을 참조하자. [표 14-4]에는 핵심 복습 내용과 그 내용을 찾을 수 있는 위치를 표시하였다. 두 번째 칸에 복습 완료 날짜를 기록한다.

리뷰 항목	완료 날짜	사용 자료
핵심 주제 리뷰		책, DVD/웹 사이트
핵심 용어 리뷰		책, DVD/웹 사이트
DIKTA 질문 반복		책, PCPT
메모리 테이블 리뷰		책, DVD/웹 사이트

[표 14-4] 리뷰 확인

핵심 주제 리뷰

핵심 주제	설명	쪽 번호
그림 14-3	메트로 이더넷 용어	402
표 14-3	MEF의 MetroE 서비스 유형	403
그림 14-6	메트로 이더넷 LAN(E-LAN) 서비스 개념	406
그림 14-7	메트로 이더넷 트리(E-Tree) 서비스 개념	406
리스트	고객의 3계층 주소 지정 및 MPLS VPN 제공 업체가 알아야 할 사항에 대한 개념	414
그림 14-15	MPLS 용어	415
리스트	MPLS VPN과 라우팅 프로토콜 네이버 관계에 대한 개념	418
리스트	MPLS VPN을 사용한 OSPF 백본 에어리어 설계에 관한 두 가지 주요 요건	419

[표 14-5] 14장의 핵심 주제

핵심 용어

포인트-투-포인트(point-to-point), hub-and-spoke, 부분 메시(partial mesh), 풀 메시(full mesh), Multiprotocol Label Switching(MPLS), MPLS VPN, 이더넷 WAN, 메트로 이더넷(Metro Ethernet), 캐리어 이더넷(carrier Ethernet), 서비스 제공 업자(service pro-vider, SP), PoP(point of presence), 액세스 링크(access link), E-Line, E-LAN, E-Tree, EVC(Ethernet Virtual Connection), CIR(committed information rate), CE(customer edge), PE(provider edge), Multiprotocol BGP(MPBGP), OSPF 수퍼 백본(super backbone)

CHAPTER 15

인터넷 VPN으로 사설 WAN 구성하기

이 장은 다음 시험 주제를 다룬다.

3.0 WAN 기술

3.2 로컬 인증을 사용하여 PPPoE 클라이언트 측 인터페이스의 구성, 확인 및 문제 해결

3.3 GRE 터널 연결의 구성, 확인 및 문제 해결

3.4 WAN 토폴로지 옵션에 대한 설명

3.4.a 포인트-투-포인트(Point-to-point)

3.5 WAN 접속 연결 옵션에 대한 설명

3.5.c 광대역 PPPoE

3.5.d 인터넷 VPN(DMVPN, site-to-site VPN, 클라이언트 VPN)

이 장에서는 가상 사설망(VPN) 기술을 사용하여 인터넷을 기업의 사설 광역 네트워크(WAN)로 사용하는 방법과 관련된 다양한 주제를 다룬다. 이 장의 핵심은 GRE(Generic Routing Encapsulation) 터널과 PPPoE(PPP over Ethernet)이다. 이를 위해 일부 인터넷 액세스 기술, 보안 기본 사항, IP 보안(IPsec) 및 SSL(Secure Sockets Layer)과 같은 주요 VPN 프로토콜을 포함한 다양한 관련 주제를 다룬다.

이 장의 내용은 크게 세 부분으로 나뉜다. 첫 번째 절에서 인터넷 액세스 옵션과 인터넷을 통해 사용되는 VPN 프로토콜의 기본 사항을 설명한다. 두 번째는 GRE, 세 번째는 PPPoE를 사용하여 전통적인 VPN 개념, 구성, 확인 및 문제 해결에 대하여 설명한다.

이 장은 책에서 가장 긴 내용 중 하나이다. 모든 주제가 관련되어 있으므로, 관련된 내용은 하나의 장에서 다루고 있으나, 주요 절을 별도의 장으로 간주할 수 있다.

QUIZ 사전 점검 퀴즈

사전 점검 퀴즈(지문 또는 PCPT 소프트웨어 사용)를 풀어보면 이 장을 읽고 이해하는 데 시간이 얼마나 걸릴 것인지 가늠할 수 있다. 정답은 퀴즈 다음 페이지 하단에 있으며, 퀴즈 정답에 대한 자세한 설명은 DVD 부록 C와 PCPT 소프트웨어에 담겨 있다.

핵심 주제	문항
인터넷 액세스 및 인터넷 VPN 기초	1
GRE 터널과 DMVPN	2-4
PPPoE(PPP over Ethernet)	5-7

[표 15-1] 핵심 주제와 관련된 사전 점검 퀴즈 문항

15

1. 동료가 클라이언트 VPN의 사용에 대하여 언급한다. 다음 프로토콜 또는 기술 중 동료가 사용하기를 기대하는 기술은 어느 것인가?

a. SSL

b. IPsec

c. GRE

d. DMVPN

2. 엔지니어는 A와 B라고 하는 두 개의 시스코 라우터 사이에서 Point-to-point GRE 터널을 구성한다. 라우터는 ISP가 할당한 공인 IP 주소와 네트워크 10.0.0.0의 사설 주소를 사용한다. 다음 중 GRE 설정에서 주소를 참조할 수 있는 위치를 정확하게 설명하는 답변은 무엇인가?

a. 라우터 A의 터널 인터페이스에 있는 **ip address** 명령어의 라우터 A의 사설 주소

b. 라우터 B의 **tunnel destination** 명령어에 있는 라우터 A의 사설 주소

c. 라우터 A의 **tunnel source** 명령어에 대한 라우터 B의 공인 주소

d. 라우터 B의 터널 인터페이스에 있는 **ip address** 명령어의 라우터 B의 사설 주소

3. 회사는 두 라우터(R과 R2) 사이에서 인터넷을 통해 실행되는 사이트 간(site-to-site) GRE 터널을 사용한다. R1은 터널 인터페이스 22를 사용한다. 터널의 소스는 1.1.1.1이고 목적지는 2.2.2.2이다. 모든 답변이 사실일 수 있지만 라우터 R1의 터널 22가 up/up 상태에 있을 때 다음 중 어떤 것이 사실이어야 할까?

a. 라우터 R1에서 2.2.2.2로 ping이 가능하다.

b. 라우터 R2에서 1.1.1.1로 ping이 가능하다.

c. R1은 주소 1.1.1.1과 작동하는 (up/up) 인터페이스를 가지고 있다.

d. R2는 주소 2.2.2.2와 작동하는 (up/up) 인터페이스를 가지고 있다.

4. 회사는 1,000개의 소규모 소매 지점과 중앙 사이트가 있다. 회사는 인터넷 액세스 링크를 사용하여 각 소매점을 연결하고 VPN으로 중앙 사이트로 안전하게 연결하기 위해 DMVPN을 사용한다. 다음 중 DMVPN의 동작 및 설정에 대한 답변은 무엇인까?

a. 허브 라우터에는 최소한 1,000개의 터널 인터페이스가 필요하다.

b. 허브 라우터에는 10개 미만의 터널 인터페이스가 필요하다.

c. 소매점 간의 모든 패킷은 중앙 허브 사이트를 통해 라우팅해야 한다.

d. 한 소매점에서 다른 소매점으로 패킷을 전달할 수 없다.

5. 회사는 소매점을 위해 로컬 ISP에 Cisco IOS 라우터 및 DSL 연결을 사용한다. ISP는 PPPoE를 사용해야 한다. 각 소매점 사이트의 라우터는 ISP에서 획득한 동적으로 학습된 공인 IP 주소를 사용한다. 각 라우터는 F0/0 인터페이스를 사용하여 외부 DSL 모뎀에 연결한 다음 전화선에 연결한다. 다음 중 ISP가 지정한 IP 주소를 사용하도록 라우터를 구성할 때 가장 적합한 선택은 무엇인가?

a. 인터페이스 F0/0에는 **ip address dhcp** 인터페이스 하위 명령어가 있다.

b. 일부 다이얼러 인터페이스에는 **ip address dhcp** 하위 명령어가 있다

c. 일부 다이얼러 인터페이스에는 **ip address negotiated** 인터페이스 하위 명령어가 있다.

d. 인터페이스 F0/0에는 **ip address negotiated** 인터페이스 하위 명령어가 있다.

6. 회사는 소매점을 위해 로컬 ISP에 시스코 IOS 라우터 및 DSL 연결을 사용한다. ISP는 PPPoE를 사용해야 한다. 아래는 라우터(R1)에서 제공된 내용이다. 다음 중 라우터 R1의 설정과 현재 PPPoE 상태에 대해 사실은 어느 것인가? (2개를 고르시오)

```
R1# show pppoe session
     1 client session
Uniq ID  PPPoE   RemMAC          Port       VT  VA          State
           SID   LocMAC                         VA-st       Type
    N/A      1   0200.0000.3333  Gi0/0      Di1 Vi1         UP
                 0200.0000.3003                 UP
```

a. 이 설정에는 interface virtual-access 1에 PPPoE 명령어가 포함된다.

b. 다이얼러 인터페이스 1과 virtual-access 1은 서로 연결된다.

c. 인터페이스 G0/0이 MAC 주소 0200.0000.3333을 사용 중이다.

d. PPPoE 세션이 현재 동작 중이다.

7. 회사는 소매점을 위해 로컬 ISP에 Cisco IOS 라우터 및 DSL 연결을 사용한다. ISP는 PPPoE를 사용해야 한다. 네트워크 엔지니어가 소매점의 한 라우터에 콘솔을 연결하고 **show pppoe session** 명령어를 실행하면 라우터는 명령어 라인을 반환하고 출력 라인은 표시하지 않고 있다. 문제가 로컬 라우터의 설정과 관련이 있다는 것을 알고 있다면 다음 네 가지 영역 중 어느 것이 다음 문제 해결 단계에서 동료 엔지니어가 조사할 것을 권장할 수 있는 가장 좋은 영역이 될까?

a. 물리적 이더넷 인터페이스의 명령어를 확인하시오

b. PPP와 관련된 다이얼러 인터페이스 명령어를 살펴보시오.

c. IPv4 주소 획득과 관련된 명령어를 살펴보시오.

d. virtual-access 인터페이스의 running-config 파일에 있는 명령어를 확인하시오.

핵심 주제

인터넷 액세스 및 인터넷 VPN 기초

인터넷 서비스 공급자(ISP)는 인터넷을 구축하기 위해, 다른 ISP에 대한 링크는 물론 ISP 고객에 대한 링크가 필요하다. 인터넷 코어는 다양한 고속 기술을 사용하여 ISP를 서로 연결하며, 또한 인터넷 액세스 링크는 다양한 기술을 사용하여 ISP와 각 고객을 연결해 준다. ISP 네트워크와 고객 네트워크를 결합하여 전 세계 인터넷을 구축하게 된다.

이러한 고객 액세스 링크의 경우, 일반 소비자가 서비스 사용을 위해 비용을 지불할 수 있도록 기술 사용료를 저렴하게 관리해야 한다. 기업은 인터넷에 연결하기 위해 이와 동일한 기술을 사용할 수 있다. 일부 WAN 기술은 특히 인터넷 액세스 기술처럼 잘 동작한다. 예를 들어, 일부는 전화 회사가 대부분의 가정에 설치한 전화선을 사용하므로 ISP는 추가 케이블을 설치할 필요가 없다. 어떤 회사는 케이블 TV용 케이블을 사용하는 반면 무선을 사용하는 곳도 있다.

소비자가 인터넷에 연결하여 인터넷 목적지에 도달하는 반면, 기업은 인터넷을 WAN 서비스로 사용할 수 있다. 기업은 각 비즈니스 사이트를 인터넷에 연결하고, VPN(가상 사설망) 기술을 사용하여 인터넷 VPN을 만들 수 있다. 인터넷 VPN은 인터넷을 통해 데이터를 전송하는 중에 암호화 및 기타 수단을 통해 기업의 패킷을 비공개로 유지할 수 있다.

이 장의 첫 번째 절은 인터넷 액세스 링크의 기본 사항을 검토한다. 이러한 세부 정보는 이 장의 뒷부분에서 설명하는 시험 주제의 배경 지식으로 필요하다. 또한 기업이 인터넷 VPN을 통해 안전하게 통신하면서, 공용 인터넷을 사설 네트워크처럼 작동시키는 방법에 대한 기본 사항을 소개한다.

인터넷 액세스

사설 WAN 기술은 14장 '이더넷 및 MPLS를 이용한 사설 WAN'에서 설명한 사설 WAN 기술을 포함하여 ISP 네트워크에 액세스하는 데 사용될 수 있다. 기업에서는 TDM(Time-Division Multiplexing) 시리얼 링크, MPLS(Multiprotocol Label Switching) 또는 메트로 이더넷을 사용하여 인터넷에 액세스한다. [그림 15-1]은 이러한 옵션을 보여주고 있다.

다음 몇 페이지는 이 책의 다른 부분에서 아직 논의되지 않은 인터넷 액세스 기술의 일부를 검토한다. 이 주제는 인터넷 VPN을 구축하는 보다 세부적인 주제와 자세한 내용을 제공한다.

사전 점검 퀴즈 정답

1 A **2** A **3** C **4** B **5** C **6** B, D **7** A

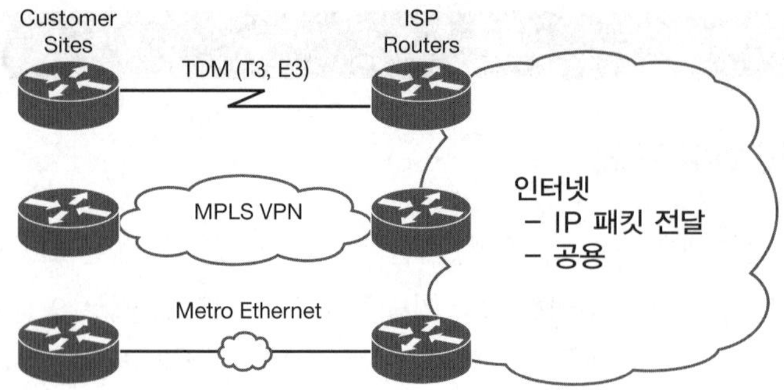

[그림 15-1] 기업을 위한 인터넷 액세스 링크의 세 가지 예

디지털 가입자 회선

소비자를 위한 인터넷 액세스 분야에서 *디지털 가입자 회선(digital subscriber line, DSL)*의 도입으로 광대역 인터넷 서비스의 돌파구가 마련되었다. 아날로그 모뎀과 같은 일부 구형 기술과 비교할 때 속도 측면에서 큰 기술적 혁신을 나타냈다. DSL을 통해 제공되는 이러한 빠른 속도는 사람들의 인터넷 사용 방식도 변화시켰다. 오늘날의 일반적인 응용 프로그램은 이전의 인터넷 액세스 기술(아날로그 모뎀 및 ISDN(Integrated Services Digital Network))에서 사용할 수 없기 때문이다.

> **NOTE** 아날로그 모뎀 및 ISDN 등 이전 인터넷 액세스 기술에 대한 정보가 필요하면 이 책의 DVD 부록 K '이전 버전의 항목'에서 '모뎀 및 ISDN을 사용한 다이얼 액세스' 섹션을 참조한다.

전화 회사(telcos)는 DSL 개발에 많은 영향을 주었고, DSL 기술은 통신 사업자에게 빠른 인터넷 액세스 속도를 제공할 수 있는 방법을 제공했다. 비즈니스 기회로서 DSL은 이미 설치된 전화 회선을 통해 기존의 많은 전화 고객에게 값비싼 초고속 인터넷 서비스를 제공할 수 있는 방법을 제공하여 통신 회사로 하여금 수익을 창출할 수 있는 좋은 방법을 만들었다.

[그림 15-2]는 DSL이 가정용 전화선에서 동작하는 방법을 자세히 보여주고 있다. 전화로 항상 해오던 일은 여전히 할 수 있다. 전화 잭에 연결하고 아날로그 신호를 보낸다. 데이터의 경우 DSL 모뎀이 예비 전화 콘센트에 연결된다. DSL 모뎀은 동일한 로컬 루프를 통해 더 높은 주파수에서 디지털 신호처럼 데이터를 송수신하며 전화 통화와 동시에 동작한다. 실제 설치는 그림에 표시되지 않았던 주파수 필터가 사용되는 경우가 많다.

DSL은 아날로그(음성) 및 디지털(데이터) 신호를 동일한 회선에서 전송하기 때문에 통신 사업자 쪽에서 어떻게든 신호를 분리해야 한다. 이를 위해 로컬 루프를 가까운 통신회사의 중앙 본부(Central Office, CO)에 있는 *DSL 액세스 멀티플렉서(DSLAM)*에 연결해야 한다. DSLAM은 [그림 15-2]의 오른쪽 하단에 있는 라우터로 디지털 데이터를 분할해 인터넷 연결을 가능하게 하며, 아날로그 음성 신호를 오른쪽 상단의 음성 스위치로 분할한다.

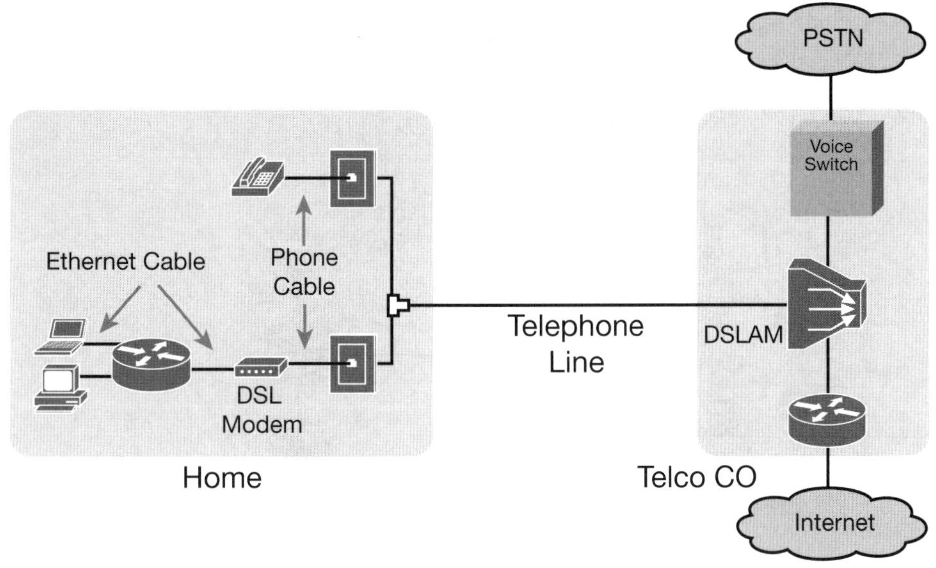

[그림 15-2] 가정용 DSL 링크용 배선 및 장치

DSL에는 몇 가지 장단점이 있다. 예를 들어, 비대칭 DSL(ADSL)이라고 하는 DSL의 기술은 고객 방향(다운로드 속도)에 대해 속도를 향상시켜 대부분의 소비자 트래픽 패턴에 더 잘 맞는다. 많은 ADSL 제품은 5Mbps 범위의 속도를 지원하며 이상적 조건에서는 최대 24Mbps까지 지원한다(DSL에는 대칭 속도가 지원되는 옵션도 있다) 그러나 DSL은 CO에서 고객 사이트까지의 특정 거리에서만 작동하며 더 긴 케이블링 거리에서는 속도가 저하된다. 즉, DSL 서비스의 품질 또는 서비스 가용성은 집/회사 사이트와 CO 간의 거리에 영향을 받을 수 있다.

케이블 인터넷

DSL은 로컬 통신 사업자의 로컬 링크(전화선)를 사용하고, 케이블 인터넷은 대부분의 시장에서 주요 경쟁자가 된 케이블 회사의 케이블망을 사용한다.

케이블 인터넷은 일반적으로 볼 때 DSL과 공통점이 많은 인터넷 액세스 서비스를 제공한다. DSL과 마찬가지로 케이블 인터넷은 기존 케이블 TV(CATV) 케이블을 사용하여 데이터를 전송하는 방식으로 기존 케이블 인프라를 최대한 활용한다. DSL과 마찬가지로 케이블 인터넷은 비대칭 속도를 사용하여 대부분의 소비자 위치에서 업스트림보다 더 빠른 다운스트림을 제공한다. 케이블 인터넷은 인터넷 접속 서비스가 동작하는 것과 동시에 정상적인 케이블 TV 서비스를 제공한다.

DSL이 전화 케이블을 사용하는 것처럼, 케이블 인터넷은 가정용 CATV 케이블을 사용한다. [그림 15-3]의 왼쪽은 일반적인 CATV 케이블에 연결된 TV를 보여준다. 케이블 모뎀은 다른 케이블 콘센트에 동일한 케이블로 연결된다. 인터넷 서비스는 하나의 TV 채널처럼 인터넷 서비스를 위해 예약된 하나의 주파수로 흐른다.

DSL과 마찬가지로 CATV 회사 측(그림 오른쪽)에서 데이터와 비디오 트래픽을 분리해야 한다. 데이터는 라우터를 통해 오른쪽 하단인 인터넷으로 흐르고, 비디오는 집에 있는 TV로 배포하기 위해 비디오 안테나로 수신된다.

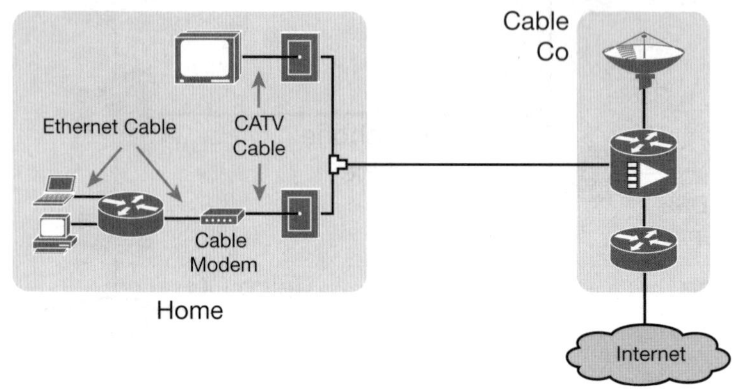

[그림 15-3] 가정용 케이블 인터넷 연결을 위한 배선 및 장치

무선 WAN(3G, 4G, LTE)

이 책을 읽는 많은 사람들은 인터넷에 접속 가능한 휴대폰을 가지고 있을 것이며, 이를 통해 이메일, 웹 서핑, 앱 다운로드 및 동영상 감상을 할 수 있을 것이다. 오늘날 많은 사람들은 트위터 등의 어플(apps)을 사용하기 위해 휴대폰과 인터넷 기능이 내장된 휴대전화를 사용한다. 이 절에서는 이러한 휴대전화를 연결하는 인터넷 액세스 기술의 주요 개념에 대해 설명한다.

휴대 전화는 근처의 휴대 전화 기지국과 통신하기 위해 전파를 사용한다. 휴대 전화에는 소형 라디오 안테나가 있으며, 이동 통신사의 기지국 상단에는 훨씬 큰 안테나가 있다. 전화기, 태블릿 컴퓨터, 랩톱 및 라우터(적절한 무선 인터페이스 카드를 가진) 등은 이러한 무선 기술을 사용하여 인터넷에 연결할 수 있다([그림 15-4] 참조).

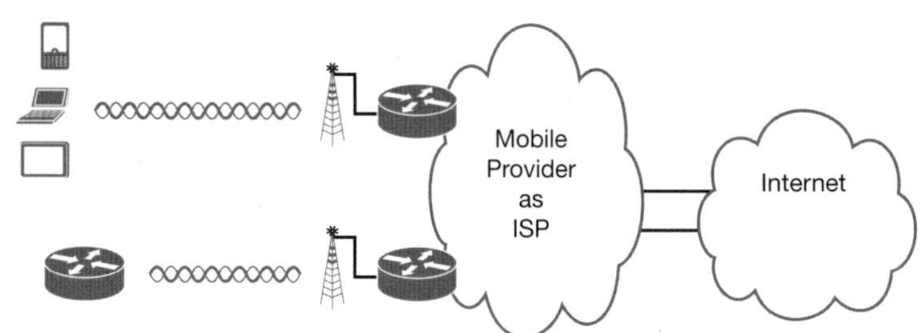

[그림 15-4] 3G/4G 기술을 이용한 무선 인터넷 접속

휴대 전화를 위한 기지국에도 라우터를 포함한 통신 장비 및 케이블링이 구성되어 있다. 인터넷 서비스 공급자(ISP)가 IP 네트워크를 구축하는 것처럼 이동 통신사도 자체 IP 네트워크를

구축한다. 고객으로부터 전달된 IP 패킷은 기지국의 IP 라우터를 통해 이동 통신 사업자의 IP 네트워크로 전달된 다음 인터넷에 연결된다.

15

휴대 전화 등의 무선 장비를 위한 무선 인터넷 액세스는 경쟁력 있는 서비스지만, 이동 통신사는 서비스 광고를 위하여 많은 비용을 지출한다. 이동통신사의 모든 마케팅 전문 용어가 의미하는 바를 말하기는 어렵겠지만, 아래와 같이 업계 전반에 걸쳐 사용되는 몇 가지 용어가 있다.

- **무선 인터넷**: 휴대 전화 또는 동일한 기술을 사용하는 모든 장비의 인터넷 서비스에 대한 일반적인 용어.
- **3G/4G 무선**: 3세대 및 4세대의 약자로, 이 용어는 휴대 전화 회사의 무선 네트워크에 대한 주요 변경 사항을 의미한다.
- **LTE**: 4세대(4G) 기술의 일부로 새롭고 빠른 기술인 'Long-Term Evolution'의 약자.

그림에서 휴대 전화의 기지국을 통해 제공되는 무선 인터넷 서비스는 3G, 4G 또는 LTE 무선 인터넷일 것이다.

광(Fiber) 인터넷 액세스

이 절에서 설명하고 있는 소비자 중심의 인터넷 액세스 기술은 몇 가지 서로 다른 물리적 미디어를 사용한다. DSL은 통신 사업자 CO와 가정집 사이에 설치된 구리 배선을 사용하며, 케이블은 케이블 회사에서 집으로 설치된 동축 CATV 케이블을 사용한다. 물론 무선 WAN 기술은 케이블을 사용하지 않는다.

DSL 및 케이블 인터넷에서 사용되는 케이블은 구리선을 사용하지만 여러 유형의 물리적 미디어를 비교할 때 광케이블링은 일반적으로 긴 거리와 빠른 속도를 지원한다. 즉, 물리적 계층 기술을 비교하면 광케이블링은 장거리 회선을 지원하면서 더 빠른 속도로 동작한다.

일부 ISP는 현재 광 인터넷(fiber internet) 또는 단순히 파이버라는 이름으로 인터넷 액세스 서비스를 제공한다. 이 작업을 위해 지하에 케이블을 설치하는 권한을 소유한 일부 현지 회사(주로 전화 회사)가 새로운 광케이블을 설치한다. ISP가 광케이블을 사용하여 고객을 인터넷에 연결하면 케이블 플랜트가 마련된다(수년에 걸친 대규모 예산이 소요되는 프로세스). 광케이블을 사용하는 광 인터넷은 최종적으로 주택에 고속 인터넷을 제공할 수 있으며, 이더넷 기술을 사용한다.

인터넷 VPN 기초

사설 WAN에는 훌륭한 보안 기능이 있다. 특히 WAN을 통해 데이터를 전송하는 경우, 침입자가 전송 중인 데이터를 보지 못하며, 데이터를 변경해 손해를 입힐 수 없다고 믿을 수 있어야 한다. 사설 WAN 서비스 제공 업체는 한 고객의 데이터를 해당 고객이 소유한 다른 사이트로 보내지만, 다른 고객이 소유한 사이트에는 데이터를 보내지 않아야 한다.

VPN은 인터넷과 같은 개방된 네트워크를 통해 데이터를 전송하는 동안, 사설 WAN과 동일한 보안 기능을 제공한다. 인터넷은 사설 WAN에 비해 기업 데이터의 프라이버시를 보호하는 안전한 환경을 제공하지 않는다. 인터넷 VPN은 다음과 같은 중요한 보안 기능을 제공할 수 있다.

- 비밀성(privacy): 인터넷 중간에 있는 누군가(man in the middle)가 인터넷을 지나가는 패킷을 복사해서 데이터를 읽지 못하도록 하는 것을 말한다.
- 인증(authentication): VPN 패킷의 전송자가 합법적인 장비이며, 공격자가 사용하는 장비가 아니라는 것을 확인한다.
- 데이터 무결성(integrity): 패킷이 인터넷을 지나갈 때, 패킷이 변경되지 않았다는 것을 확인한다.
- 안티리플레이(anti-replay): 인터넷 중간에 있는 누군가가 합법적인 사용자에 의해 전송된 패킷을 복사해서 합법적인 사용자인 것처럼 가정해서 패킷을 다시 보내지 못하게 한다.

위 목적을 위해 인터넷을 사이에 둔 양쪽 끝에 있는 장비는 VPN을 구성하며 이를 종종 VPN 터널(VPN Tunnel)이라 부른다. 이 장비는 원래의 패킷에 헤더를 추가하며, 헤더에 있는 필드를 이용해서 트래픽을 안전하게 만든다. 또한 VPN 장비는 원래의 IP 패킷을 암호화하는데, 이는 인터넷을 지나가는 패킷의 복사본을 보려는 누군가가 원래 패킷의 내용을 해독할 수 없다는 것을 의미한다.

[그림 15-5]는 VPN 터널에서 일반적으로 무슨 일이 일어나는지 설명한 것이다. 그림을 보면, 지사 라우터와 시스코의 ASA(Adaptive Security Appliance) 사이에 VPN이 만들어졌다는 것을 알 수 있다. 이러한 VPN을 사이트-투-사이트(site-to-site) VPN이라고 한다.

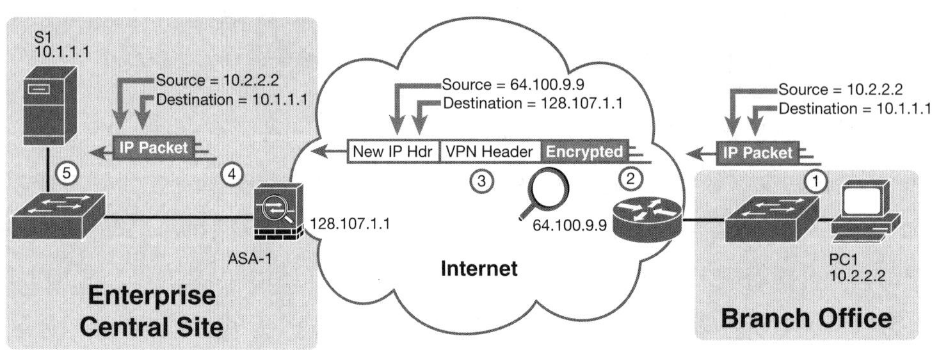

[그림 15-5] 사이트-투-사이트 인트라넷 VPN의 VPN 터널 개념

앞 그림의 전체적인 흐름을 단계별로 살펴보면 다음과 같다.

단계 ① 오른쪽의 호스트 PC(10.2.2.2)는 VPN이 없을 때와 마찬가지로 패킷을 웹 서버(10.1.1.1)로 보낸다.

단계 ② 라우터는 패킷을 암호화하고, 일부 VPN 헤더를 추가하며, 또 다른 IP 헤더(공인 IP 주소 사용)를 추가하여 패킷을 전송한다.

단계 ③ 인터넷 중간에서 누군가가 패킷을 복사할 수는 있지만 이를 변경할 수는 없으며, 패킷의 내용을 읽을 수도 없다.

단계 ④ ASA-1은 패킷을 수신하고, 송신자의 신원을 확인하고, 패킷이 변경되지 않았다는 것을 확인한 다음 원래의 패킷을 해독한다.

단계 ⑤ 서버 S1은 암호화되지 않은 패킷을 수신한다.

15

[그림 15-5]에서 볼 수 있듯이 인터넷 기반 VPN을 사용하면 많은 이점이 있다. 인터넷 연결 비용은 전용선이나 프레임 릴레이 WAN에 비해 훨씬 더 저렴하다. 또한 인터넷은 전 세계 모든 곳에 있으므로 VPN을 이용한 솔루션은 전 세계 어디에서나 사용할 수 있다. 또한 VPN 기술을 사용함으로써 통신 보안도 이룰 수 있다.

NOTE 어떤 패킷을 다른 패킷으로 캡슐화함으로써 패킷을 전송할 때 터널(Tunnel)이라는 용어를 사용한다. 'VPN 터널'은 캡슐화된 패킷이 암호화된 것을 의미하는 반면에, '터널'은 패킷의 암호화 여부와는 무관하다.

IPSec을 통한 사이트-투-사이트 VPN

[그림 15-5]의 예와 관련하여 설명한 것처럼, 사이트-투-사이트 VPN은 두 개 사이트에 각각 위치한 두 장비 사이에 데이터를 암호화하고 전송함으로써 VPN 터널을 생성한다는 것을 의미한다. 사이트-투-사이트 VPN을 만들기 위한 규칙 중 하나는 IPsec에 의해 정의된다.

IPsec은 IP 네트워크의 보안 서비스를 위한 아키텍처 또는 프레임 워크이다. 그 이름은 약자나 줄임말이 아니라 RFC 4361(RFC 4301, Security Architecture for the Internet Protocol)의 이름에서 파생되었다. 일반적으로 IP 보안 또는 IPsec이라고 한다.

IPsec은 인터넷에 연결된 두 장치가 어떻게 기밀성, 인증, 데이터 무결성 및 안티-리플레이와 같은 VPN의 주요 목표를 달성할 수 있는지 정의한다. IPsec은 각 VPN 기능에 대해 여러 가지 다른 프로토콜 옵션을 허용하며 VPN을 구현하는 한 가지 방법만을 정의하지 않는다. IPsec의 장점 중 하나는 아키텍처로서 역할이 개별 보안 기능의 개선이 이루어지면서 추가되고 변경될 수 있다는 것이다.

이 절에서는 IPsec의 각 부분에 대해 자세히 설명하지는 않지만, IPsec 작업에 대한 일반적인 개념을 제공하며, 두 개의 IPsec 종단에서 데이터를 암호화하고 IPsec VPN 헤더를 암호화된 데이터에 추가하는 방법을 보여준다.

수학적 계산을 제외하면 IPsec 암호화를 이해하는 것은 어렵지 않다. IPSec 암호화에서는 일련의 조건을 충족시키는 한 쌍의 암호화 알고리즘을 사용하며, 이 알고리즘은 수학 공식으로 아래 두 가지 공식이 사용된다.

- 데이터를 숨기는 즉, 암호화(encrypt)하는 수학 공식
- 암호화된 데이터에서 원래의 데이터를 다시 만들어내는 즉, 복호화(decrypt)하는 수학 공식

위의 두 명확한 공식 외에 두 개의 수학 공식을 더 선택할 수 있다. 암호화된 텍스트를 가로챘지만 보안 패스워드(secret password)를 갖고 있지 않으면 패킷을 복호화하지 못하도록 만드는 공식이 있다. 여기서 보안 패스워드를 암호화 키(encryption key)라고도 한다. 이외에, 공격자가 어떤 패킷을 복호화했지만 이 정보를 이용해서 다른 패킷을 복호화하지 못하게 하는 공식도 있다.

IPSec VPN을 위해 데이터를 암호화하는 과정은 [그림 15-6]과 같다. 암호화 키를 세션키(session key), 공유키(shared key), 공유 세션키(shared session key)라고도 한다.

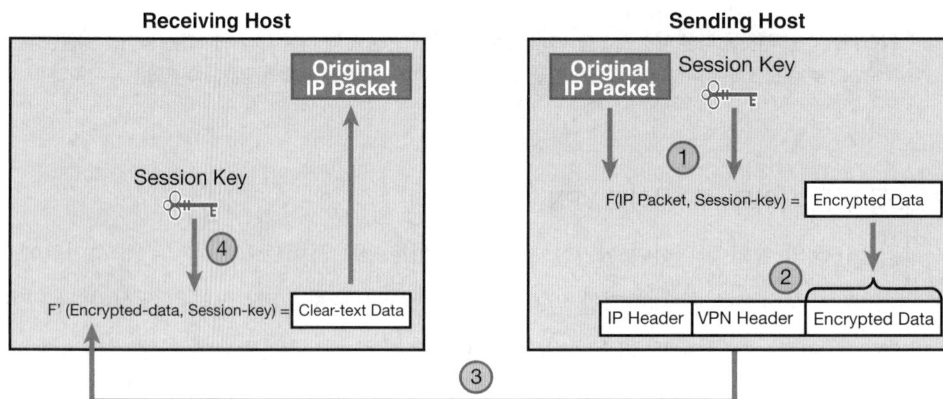

[그림 15-6] IPSec 암호화 기본 과정

그림의 네 단계를 하나씩 살펴보자.

① VPN 송신 장비(예: [그림 15-5]의 지사에 있는 라우터)는 원래의 패킷과 세션키를 암호화 공식에 넣어 암호화된 데이터를 계산한다.

② VPN 송신 장비는 암호화된 데이터를 패킷에 캡슐화하며, 여기에는 IP 헤더와 VPN 헤더가 포함된다.

③ VPN 송신 장비는 이 새로운 패킷을 목적지 VPN 장비(예: [그림 15-5]의 ASA-1)로 보낸다.

④ VPN 수신 장비는 대응하는 암호화 알고리즘을 실행하며, 이때 암호화된 데이터와 세션키(VPN 송신 장비에 사용된 것과 동일한 값)를 사용해서 데이터를 복호화한다.

SSL VPN

SSL(Secure Sockets Layer) 프로토콜은 IPsec에 대한 대체 VPN 기술의 역할을 한다. 특히 오늘날의 웹 브라우저는 웹 서버로의 안전한 연결을 동적으로 생성하여 안전한 온라인 금융 거

래를 지원하는 방법으로 SSL을 지원한다. 이 절에서는 SSL을 사용하여 클라이언트 VPN을 구성하는 방법에 대한 몇 가지 세부 사항을 설명한다.

웹 브라우저는 HTTP를 사용해서 웹 서버에 연결한다. 그러나 웹 서버와 통신에 보안이 필요한 경우 브라우저는 SSL을 사용하는 것으로 전환한다. SSL은 웰노운 포트인 443번을 사용한다. 브라우저와 서버 사이에서 전송되는 데이터를 암호화하고 사용자를 인증한다. 이렇게 수립된 SSL 연결을 통해 HTTP 메시지가 지나가게 된다.

웹 브라우저에서 기본 제공되는 SSL 기능은 하나의 보안 웹 브라우징 세션을 생성하며, 동일한 SSL 기술인 시스코 VPN 클라이언트(Cisco VPN client)를 사용하여 클라이언트 VPN을 생성할 수도 있다. Cisco AnyConnect Secure Mobility Client(또는 간단히 AnyConnect Client)는 사용자의 PC에 설치되고 SSL을 사용하여 VPN 원격 액세스 터널의 한쪽 끝을 생성하는 소프트웨어이다. 결과적으로 이를 이용하면 웹 브라우저에서 단일 HTTP 연결을 통해 전송된 패킷뿐만 아니라 터널의 다른 쪽 끝으로 보내지는 모든 패킷은 암호화된다.

[그림 15-7]의 PC A에 표시된 VPN 터널은 AnyConnect 클라이언트를 사용하여 클라이언트 VPN을 작성한다. AnyConnect 클라이언트는 VPN 클라이언트가 연결될 것으로 예상되는 ASA 방화벽에 대한 SSL 터널을 만든다. 터널은 모든 트래픽을 암호화하므로 PC A는 오른쪽 기업 네트워크에서 운용하는 모든 응용 프로그램을 사용할 수 있다.

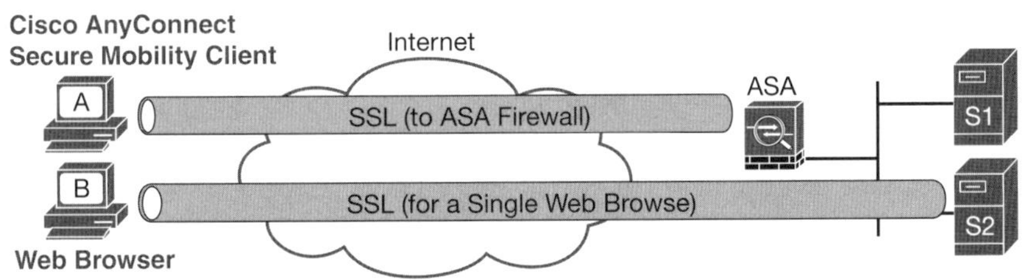

[그림 15-7] 클라이언트 VPN 옵션(SSL)

이 그림은 기업 사이트에서 주로 사용되는 시스코 ASA 방화벽을 보여 주지만, SSL 연결의 서버 측에서는 여러 유형의 장치를 사용할 수 있다. 웹 서버 자체도 웹 브라우저와 SSL 연결의 종단이 될 수 있지만, 종종 서버 성능을 향상시키기 위해 서버 측의 SSL 터널은 시스코 ASA 또는 라우터와 같은 장비에서 종료되도록 구성되곤 한다.

[그림 15-7]의 하단에는 단일 웹 브라우저 탭에 웹 응용 프로그램을 지원하는 클라이언트 VPN을 보여주고 있는데, 오늘날 다른 보안 웹 사이트에 연결할 때와 매우 비슷하다. 세션으로 SSL을 사용하므로 웹 브라우저 탭에서 주고 받는 모든 트래픽이 SSL로 암호화된다. PC B는 AnyConnect 클라이언트를 사용하지 않고, 사용자는 웹 브라우저를 열어 서버 S2로 접속한다. 그러나 SSL을 사용하면 해당 세션이 SSL로 암호화 되므로 보안이 향상된다.

GRE 터널과 DMVPN

인터넷 VPN의 종단에 있는 장치는 암호화되지 않은 패킷을 가져 와서 해당 패킷을 전달하기 전에 몇 가지 기능을 수행한다. 이러한 기능 중 하나는 패킷을 암호화하는 것이고 다른 하나는 새로운 IP 헤더에 패킷을 캡슐화하는 것이다. 새로운 IP 헤더는 보안되지 않은 네트워크(일반적으로 인터넷)의 주소를 사용하며, 두 VPN 터널 종단 사이의 라우터는 VPN IP 패킷을 전달한다. 원본 IP 헤더를 포함한 원래 IP 패킷은 암호화되어 읽을 수 없다.

두 번째 절에서는 사이트-투-사이트 VPN 터널을 만드는 작업을 검토하는데, 특히 암호화 기능을 제외하면서 터널을 설정하는 방법을 살펴본다. 또한 라우터가 터널을 만드는 방법과 다른 IP 패킷 내부에 원본 IP 패킷을 캡슐화하는 방법에 대한 개념과 설정을 살펴본다. 목표는 터널링 동작 방식에 대한 일반적인 개념을 제공하는 것이며, CCNA 보안과 같은 다른 시험에서 다루는 상세한 보안 설정은 다루지 않는다.

이 절에서는 DMVPN(Dynamic Multipoint VPN)에 대해 간단히 설명한다. DMVPN은 대규모로 Point-to-Point GRE 터널을 구성할 경우 몇 가지 단점을 해결하는 데 도움이 된다.

GRE 터널 개념

IP 터널의 한 유형인 GRE(Generic Routing Encapsulation)를 살펴보자. RFC 2784에 정의된 GRE는 원본 패킷을 캡슐화하기 위해 새로운 IP 헤더로 터널링할 때 사용하는 추가 헤더를 정의한다. GRE IP 터널을 만들기 위해 두 개의 라우터는 서로 일치하는 설정으로 구성하며, IPsec 설정을 추가하여 트래픽을 암호화할 수 있다.

또한, GRE 터널에 대해 몇 가지 관점에서 개념을 살펴본다. 안전한 기업 네트워크 내부에서 시리얼 링크를 사용하는 것과 마찬가지로 GRE 터널을 통해 패킷을 라우팅하는 방법을 보여주며, 나머지 부분에서는 GRE가 어떻게 작동하는지 설명한다.

GRE 터널을 통한 라우팅

GRE 터널은 두 개의 라우터 사이에 존재하며 터널은 패킷 전달과 관련하여 시리얼 링크와 매우 흡사하다. 따라서 GRE 터널을 논의하기 전에 [그림 15-8]의 예를 들어 라우터 및 시리얼 링크에 대한 몇 가지 내용을 먼저 검토한다.

[그림 15-8]의 소규모 네트워크는 기업 네트워크의 일부처럼 보인다. 기업 네트워크는 사설 IP 주소(네트워크 10.0.0.0)를 사용한다. 시리얼 인터페이스를 포함하여 각 라우터의 인터페이스는 IP 주소를 갖는다. 시리얼 인터페이스의 IP 주소(각각 10.1.3.1 및 10.1.3.2)는 동일한 서브넷에 있다. PC1이 목적지 IP 주소 10.1.2.2로 패킷을 전송하면 R1은 그림에 표시된 HDLC(High-level Data Link Control) 캡슐화와 같은 데이터 링크 프로토콜로 패킷을 캡슐화한다.

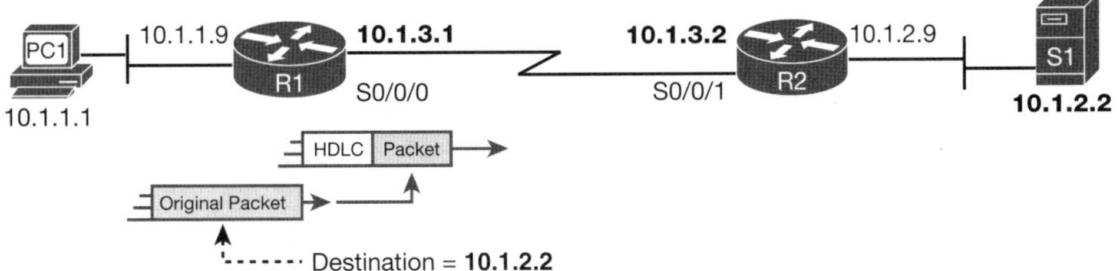

[그림 15-8] 시리얼 링크를 통한 IP 패킷 라우팅

15

이 소규모 기업 네트워크의 모든 부분은 안전한 공간에 존재하기 때문에, 이 네트워크는 VPN을 사용하여 데이터를 암호화할 필요가 없다.

GRE는 IP 라우팅과 관련하여 [그림 15-8]의 시리얼 링크처럼 동작하는 개념이다. 다만 시리얼 링크 대신 라우터는 터널 인터페이스라는 가상 인터페이스를 사용한다. 두 라우터는 터널 인터페이스에 동일한 서브넷의 IP 주소를 가지고 있다. [그림 15-9]는 이러한 가상 터널 인터페이스로 시리얼 링크가 대체된 예를 보여준다.

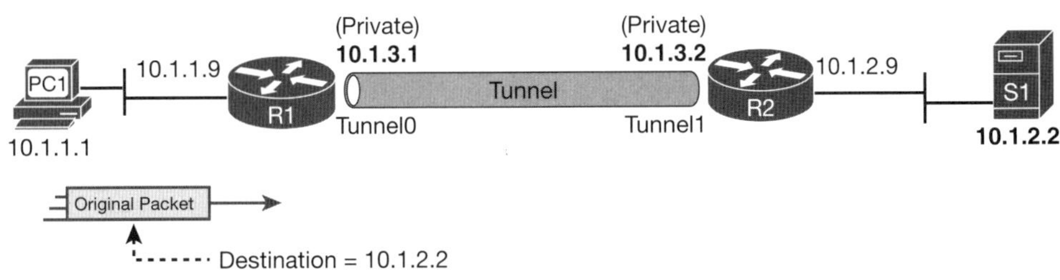

[그림 15-9] 시리얼 링크를 IP 터널로 바꾸기

현재의 IP 라우팅에 대한 개념을 고수하는 이 터널은 네트워크의 안전한 영역에 있는 링크처럼 보인다. 터널 IP 주소는 안전한 기업 네트워크의 주소이다. 라우터는 HDLC 헤더 자리에 위치한 터널 헤더를 이용해 원본 패킷을 캡슐화한다. 또한 라우터에는 출력 인터페이스로 터널 인터페이스(이 경우 Tunnel0 및 Tunnel1)를 표시하는 라우팅 경로가 존재한다.

GRE 터널을 확실히 하기 위해서 라우터는 포인트-투-포인트 토폴로지를 사용해 별개의 링크처럼 다룬다. 이 라우터는 같은 서브넷의 IPv4 주소가 있다. 또한 네이버가 되기 위해 라우팅 프로토콜을 사용하고 터널을 통해 경로를 교환한다. 그 터널을 통해서 학습된 경로는 터널 인터페이스를 출력 인터페이스로써, 네이버링 라우터의 터널 인터페이스 IP 주소를 넥스트-홉 라우터와 함께 나열한다. [그림 15-10]은 그림의 하단의 박스 안에 있는 각 라우터가 학습한 경로들을 보여준다.

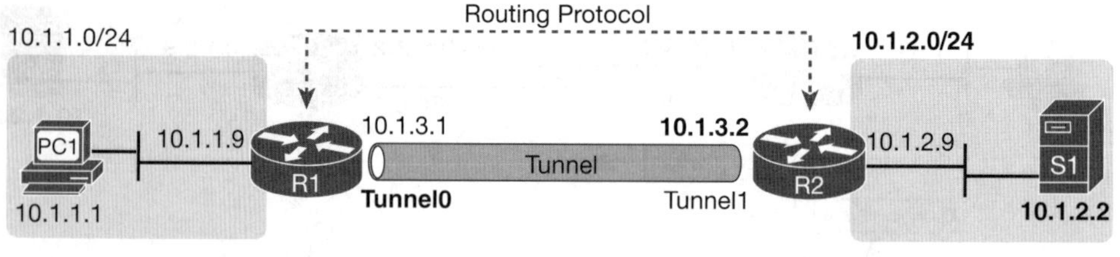

R1 Routing Table (OSPF Routes)

Subnet	Interface	Next-hop
10.1.2.0/24	**Tunnel0**	**10.1.3.2**

R2 Routing Table (OSPF Routes)

Subnet	Interface	Next-hop
10.1.1.0/24	Tunnel1	10.1.3.1

[그림 15-10] IP 터널을 통한 라우팅 프로토콜로 학습된 경로

서브넷 10.1.2.0/24의 경로를 자세히 살펴보자. 서브넷은 그림의 오른쪽에 있는 R2에 연결된다. R1은 R2로부터 학습한 것처럼 10.1.2.0/24 서브넷에 대한 경로를 학습했다(R1의 라우팅 테이블은 그림의 왼쪽에 있다). 해당 경로를 만들려면 먼저 R2는 서브넷 10.1.2.0/24에 연결된 경로가 있어야 한다. R1과 R2는 라우팅 정보를 교환하기 위해 라우팅 프로토콜(예: OSPF)을 사용한다. R1은 서브넷 10.1.2.0/24에 대한 새 경로를 추가한다.

가장 중요한 점은 그림에서 라우터 R1 아래에 표시된 것처럼 라우팅 경로로 터널 인터페이스를 사용한다는 점이다. 이 경로는 R1의 자체 터널 인터페이스 Tunnel0을 출력 인터페이스로 표시한다. 이 경로는 그림의 왼쪽 하단에 있는 R1의 IP 라우팅 테이블에 표시된 대로, R2의 터널 인터페이스 IP 주소인 10.1.3.2를 넥스트홉 라우터로 나열한다.

> **NOTE** 3계층 관점에서 이 예에 표시된 터널 인터페이스는 포인트-투-포인트 링크처럼 작동한다. 실제로 지금까지의 예에서 보여준 터널을 *포인트-투-포인트 GRE 터널*이라고 한다. DMVPN 역시 GRE를 사용하지만 동일한 터널에 둘 이상의 종단이 있는 Multipoint GRE 터널을 사용한다.

이런 개념은 GRE 터널이 네트워크 보안 부분에서 하나 이상의 링크처럼 동작하는 방법을 보여주는 것이다. 다음으로 GRE 터널이 두 라우터 사이의 안전하지 않은 네트워크를 통해 이러한 패킷을 전달하는 방법을 살펴 보자.

보안되지 않은 네트워크를 통한 GRE 터널

앞의 몇 그림은 두 개의 라우터 사이에 파이프처럼 보이는 터널을 가지고 있지만, 터널 뒤의 실제 네트워크에 대해 알려주지 않는다. 터널은 모든 IP 네트워크 상에 구성할 수 있다. 즉, 터널은 IP 네트워크를 사용하여 원본 패킷을 전달하므로 라우터 R1과 R2 사이의 모든 IP 네트워크는 터널의 존재를 허용한다.

[그림 15-10]과 같이 사이트-투-사이트 VPN은 인터넷과 같은 보안되지 않은 IP 네트워크를

사용한다. 이러한 사이트-투-사이트 VPN은 다시 비용과 연계된다. 초고속 인터넷 접속 비용은 사설 WAN 서비스 비용보다 저렴하다. 인터넷 연결 유형에 관계없이 터널의 종단에 있는 라우터들은 인터넷을 사용하여 두 터널 라우터 간에 패킷을 전달할 수 있다([그림 15-11] 참조).

15

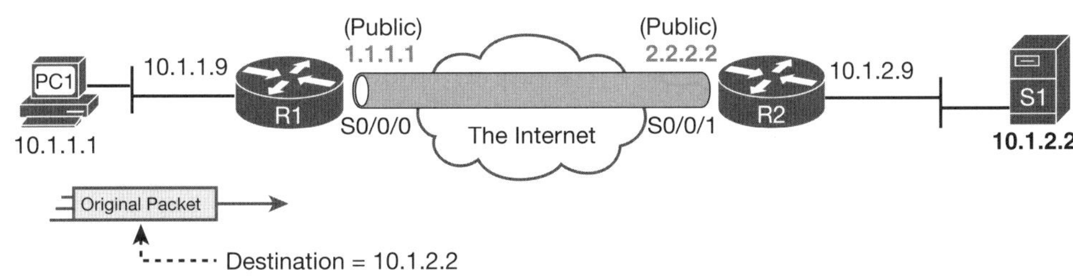

[그림 15-11] 인터넷을 통해 터널 구성하기

GRE 터널 끝의 라우터는 비보안 네트워크를 통해 서로 패킷을 전송하는 데 동의함으로써 터널을 만든다. [그림 15-11]은 양쪽 라우터에서 GRE 터널을 구성하기 전에 두 라우터에 대해 알아야 할 세부 정보를 보여주고 있다. 이 그림은 R1과 R2가 각각 인터넷에 연결하기 위해 사용되는 인터페이스와 각 라우터가 인터넷 연결을 위해 사용하는 IP 주소를 보여준다. 이 경우 1.1.1.1과 2.2.2.2는 기억하기 쉬운 주소를 사용한다.

라우터 구성에서는 터널 인터페이스(tunnel interface)라는 가상 인터페이스를 사용한다. 이 인터페이스는 **interface tunnel** 명령어로 터널을 만들 때까지 존재하지 않는다. 예를 들어, 명령어 **interface tunnel 0**을 실행하면 번호가 0인 터널 인터페이스가 생성된다. 두 라우터 간에 터널을 생성하려면 두 라우터가 모두 터널 인터페이스를 만들고 터널이 포인트-투-포인트 링크인 것처럼 IP 주소를 설정해야 한다.

[그림 15-12]는 GRE 터널을 통해 서버 S1(10.1.2.2)로 전달되어야 하는 패킷이 PC1에서 라우터 R1로 들어오는 개념적인 그림을 보여주고 있다. [그림 15-9]와 같이 라우터가 네트워크의 보안 영역에서 IP 라우팅 로직을 사용하면 R1은 터널을 통해 패킷을 보내려고 한다. [그림 15-12]는 R1에 의해 수행된 캡슐화를 보여준다.

> **NOTE** 터널을 만드는 두 라우터가 [그림 15-11]과 같이 원본 패킷을 캡슐화하기 전에 터널의 IPsec 암호화 부분도 구성한 경우, 송신 라우터는 먼저 원본 패킷을 암호화한다.

GRE는 터널을 만드는 데 두 개의 헤더를 사용하도록 지정한다. GRE는 터널 자체를 관리하는 데 사용되는 자체 헤더와 또한 전달 헤더(delivery header)라고 하는 20바이트 IP 헤더의 사용을 정의한다. 이 헤더는 비보안 네트워크의 IP 주소를 사용한다. 이 경우 전달 IP 헤더는 R1의 1.1.1.1 인터넷 IP 주소를 소스로, R2의 2.2.2.2 인터넷 IP 주소를 목적지로 표시한다.

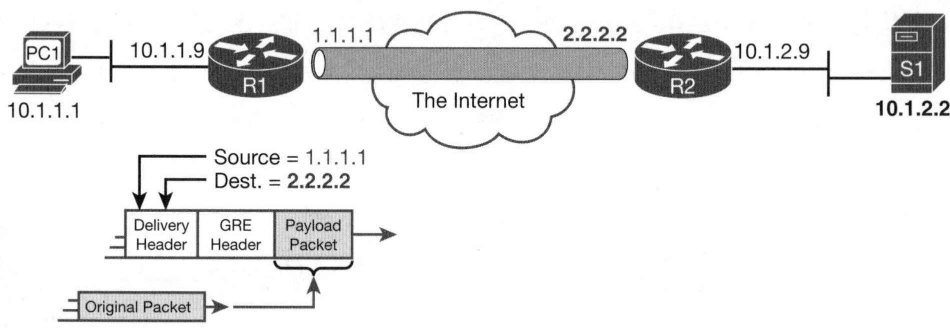

[그림 15-12] GRE 패킷 포맷에 원본 IP 패킷의 캡슐화

이 패킷이 인터넷을 통과하는 동안 인터넷에 위치한 라우터는 이 외부 GRE 전달 IP 헤더를 사용하여 패킷을 라우팅한다. 이 패킷이 원본 IP 패킷을 내부에 캡슐화한다는 사실은 인터넷 라우터의 IP 전달 프로세스와 상관 없이 단지 목적지 IP 주소인 2.2.2.2를 기반으로 IP 패킷을 전달한다. [그림 15-13]은 이 패킷이 R2에 도착하기 전에 인터넷의 많은 라우터에 의해 라우팅될 수 있다는 개념을 보여준다.

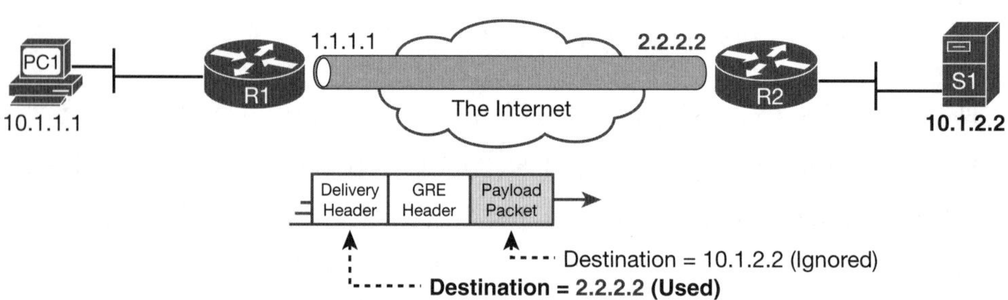

[그림 15-13] 공인 IP 주소를 기반으로 GRE IP 패킷을 전달하는 인터넷 라우터

[그림 15-13]의 GRE 패킷이 인터넷 오른쪽에 있는 R2에 도착하면 R2는 원본 IP 패킷을 분리해야 한다. R2는 물리적 링크로 들어오는 패킷의 데이터 링크 헤더를 제거한다. GRE로 캡슐화된 패킷의 경우, 수신 라우터(R2)는 [그림 15-14]에서와 같이 원본 패킷은 그대로 두고 전달 헤더와 GRE 헤더를 제거해야 한다.

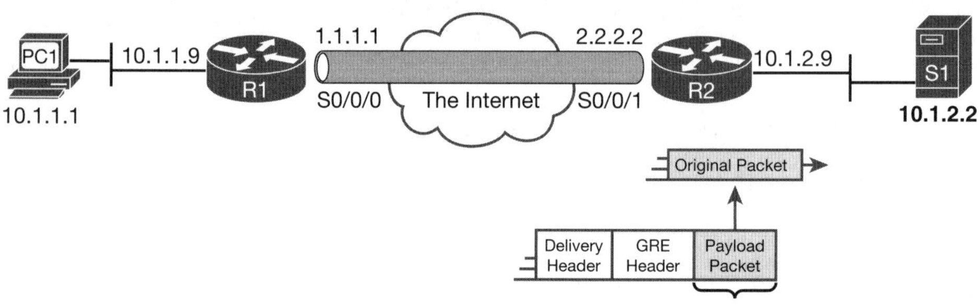

[그림 15-14] 목적지 터널 종단에서 원본 패킷을 디캡슐화하고 원본 패킷을 전달

> **NOTE** 라우터가 [그림 15-14]의 단계를 수행한 직후 터널의 IPsec 암호화 부분도 구성한 경우, 수신 라우터는 원래 패킷을 복호화한다.

15

GRE 터널 구성하기

GRE 터널을 구성하려면 몇 가지 명령어만 실행하면 된다. GRE 구성의 핵심은 설정에 필요한 매개 변수 구성에 있다. 이 구성에는 (**ip address** 인터페이스 명령어로 설정된) 네트워크 보안 구역 IP 주소로 구성된 터널 인터페이스가 필요하다. 또한 두 라우터는 네트워크의 비보안 부분에서 사용되는 자신의 IP 주소(송신지 주소)와 다른 라우터의 IP 주소(수신지 주소)를 설정해야 한다. [그림 15-15]는 다양한 설정 매개 변수의 구성을 보여주고 있다.

터널 인터페이스 주소

보안 영역(인터넷 등)의 주소

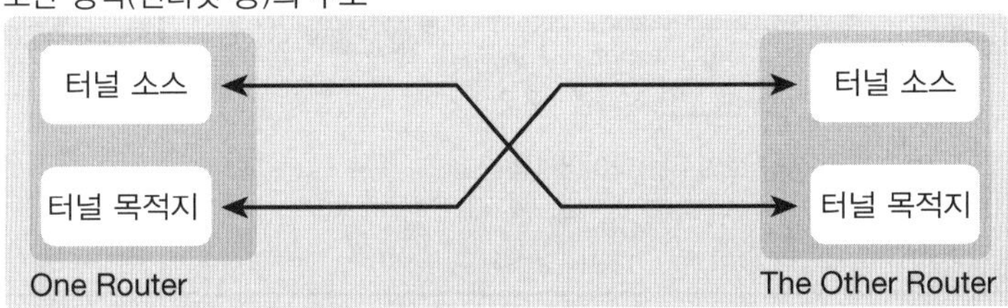

[그림 15-15] GRE 터널 구성 및 매개 변수의 관계

다음은 각 라우터의 구성 단계를 자세히 설명한다.

단계 ① 터널 인터페이스를 구성하려면 글로벌 설정 모드에서 **interface tunnel** *[number]* 명령어를 사용한다. 인터페이스 번호는 해당 라우터에서만 의미를 가지며 두 라우터 간에 일치할 필요 없다.

단계 ② (선택 사항) 터널 인터페이스 모드에서 인터페이스 하위 명령어인 **tunnel mode gre ip**로 터널에서 GRE 캡슐화를 사용하도록 설정한다(터널 인터페이스의 기본 설정이다).

단계 ③ 인터페이스 하위 명령어인 **ip address** *[address]* *[mask]*로 보안 네트워크 범위의 IP 서브넷을 사용하여 터널 인터페이스에 IP 주소를 지정한다. 터널의 양 끝에 있는 두 라우터는 동일한 서브넷의 주소를 사용해야 한다.

단계 ④ 다음 두 가지 방법 중 하나로 네트워크의 비보안 부분에 터널의 소스 IP 주소를 구성한다. 로컬 라우터의 소스 IP 주소는 상대편 라우터의 터널 목적지 IP와 일치해야 한다.

단계 ④A 터널 소스 IP 주소를 직접 설정하려면 터널 인터페이스 하위 명령어인 **tunnel source** *[ip-address]*를 사용한다.

단계 ④B 터널 인터페이스 하위 명령어인 **tunnel source** [*interface-id*]로 로컬 라우터의 인터페이스를 참조토록 하여 터널의 소스 IP 주소를 간접적으로 설정한다.

단계 ⑤ 터널 목적지 **tunnel destination** {*ip-address* | *hostname*} 명령어를 사용해 네트워크의 비보안 부분에 터널의 목적지 IP 주소를 설정한다(이 값은 다른 라우터의 터널 소스 IP 주소와 일치해야 한다).

단계 ⑥ 터널에서 동적 라우팅 프로토콜을 활성화하거나 고정 IP 경로를 구성해 터널을 사용하는 경로를 추가한다.

[그림 15-9]에서 [그림15-14]까지 마지막 몇 페이지에서 사용된 예와 일치한다. [그림 15-16]은 이를 참조해 모든 인터페이스 번호와 IP 주소를 반복한다. R1과 R2는 비보안 네트워크(인터넷)의 공인 주소 1.1.1.1과 2.2.2.2를 각각 사용하여 터널을 구성한다. 터널은 사설 서브넷 10.1.3.0/24를 사용하며 R1과 R2는 각각 IP 주소 10.1.3.1과 10.1.3.2를 사용한다. [예 15-1]은 R1의 설정을 보여주고, [예 15-2]는 R2의 설정을 보여주고 있다.

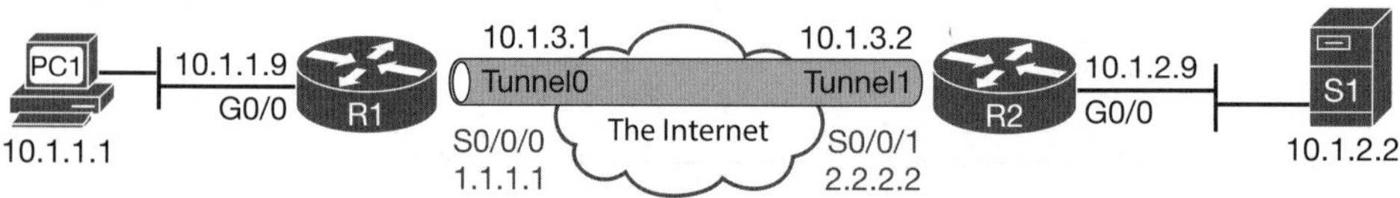

[그림 15-16] [예 15-1]과 [예 15-2]의 GRE 설정을 보여주는 다이어그램

```
R1# show running-config
! Only the related configuration is listed
interface serial 0/0/0
 ip address 1.1.1.1 255.255.255.0
!
interface tunnel0
 ip address 10.1.3.1 255.255.255.0
 tunnel mode gre ip
 tunnel source serial0/0/0
 tunnel destination 2.2.2.2

! The OSPF configuration enables OSPF on the tunnel interface as well.
router ospf 1
 network 10.0.0.0 0.255.255.255 area 0
```

[예 15-1] R1의 터널 설정

```
R2# show running-config
! Only the related configuration is listed
interface serial 0/0/1
```

```
 ip address 2.2.2.2 255.255.255.0
!
interface tunnel1
 ip address 10.1.3.2 255.255.255.0
 tunnel mode gre ip
 tunnel source serial0/0/1
 tunnel destination 1.1.1.1

! The OSPF configuration enables OSPF on the tunnel interface as well.
router ospf 1
 network 10.0.0.0 0.255.255.255 area 0
```

[예 15-2] R2의 터널 설정

논리가 명확한지 확인하기 위해 R2의 설정을 살펴보자. R2의 S0/0/1 인터페이스는 IP 주소 2.2.2.2로 설정되어 있다. 그리고 인터페이스 터널 1에서 **tunnel source Serial0/0/1** 명령어로, 해당 인터페이스를 참조하여 터널에 대한 R2의 소스 IP 주소를 만든다. 마지막으로 R1의 설정으로 돌아가서, **tunnel destination 2.2.2.2** 명령어는 R2가 출발지 주소로 사용하는 것과 동일한 IP 주소를 사용함을 참조한다. 마찬가지로 R1의 출발지 주소 1.1.1.1과 R2의 목적지 주소 1.1.1.1가 동일한 점을 확인할 수 있다.

또한 IOS는 다양한 터널 모드를 지원하며, 각 모드는 터널에서 사용되는 캡슐화를 변경하고 동작을 다르게 변경시킬 수 있다. 이 예에서 볼 수 있는 **tunnel mode gre ip** 명령어는 기본 설정이다. 이 설정은 [그림 15-12]와 같이 캡슐화를 사용하도록 하며 전달 헤더는 GRE 헤더와 함께 IP(즉, IPv4)를 사용한다.

이 장에는 다른 터널 모드 명령어 옵션을 사용하는 구성이 포함되어 있지 않지만 다른 옵션은 쉽게 이해할 수 있을 것이다. 예를 들어 **tunnel mode gre ipv6** 명령어를 사용하면, IPv4 대신 패킷을 캡슐화하기 위해 IPv6을 사용하는 포인트-투-포인트 GRE 터널을 만들 수 있다. 또 다른 예로, **tunnel mode gre multipoint** 명령어는 DMVPN(Dynamic Multipoint VPN)을 구성할 때 사용되며, 그 개념은 이 장의 뒷부분에서 설명한다.

GRE 터널의 확인

터널의 최종 테스트는 사용자 트래픽을 통과할 수 있는지 여부이다. 그러나 사용자 장치에서 ping 또는 traceroute를 시도하기 전에, 라우터의 **show** 명령어를 통해 상태에 대해 확인할 수 있다.

첫째, 터널은 두 라우터의 인터페이스를 사용하는 시리얼 링크와 매우 유사하게 동작하므로 인터페이스 상태, IP 주소 및 IP 경로를 표시하는 일반적인 명령어는 모두 GRE 터널에 대해서도 정보를 표시한다. 예를 들어, [예 15-3]은 **show ip interface brief** 명령어를 보여주며 강조 표시된 것은 Tunnel0 인터페이스의 정보이다.

```
R1# show ip interface brief
Interface           IP-Address   OK? Method Status                Protocol
GigabitEthernet0/0  10.1.1.9     YES manual up                    up
GigabitEthernet0/1  unassigned   YES manual administratively  down down
Serial0/0/0         1.1.1.1      YES manual up                    up
Serial0/0/1         unassigned   YES manual administratively down down
Tunnel0             10.1.3.1     YES manual up                    up
```

[예 15-3] 터널 인터페이스를 포함한 인터페이스 상태 및 IP 주소 표시

show interfaces tunnel *interface-number* 명령어는 인터페이스 상태뿐만 아니라 카운터와 구성 설정을 표시한다. [예 15-4]는 R1의 Tunnel0 인터페이스에 대한 상태 및 각종 구성 설정을 나열한다. 이 예에서는 출발지(1.1.1.1) 및 목적지(2.2.2.2) IP 주소의 로컬 라우터(R1) 설정을 표시하고 예에서 강조 표시된 것처럼 IP(IPv4)를 통해 GRE 캡슐화를 사용하는지 확인한다.

```
R1# show interfaces tunnel0
Tunnel0 is up, line protocol is up
  Hardware is Tunnel
  Internet address is 10.1.3.1/24
  MTU 17916 bytes, BW 100 Kbit/sec, DLY 50000 usec,
     reliability 255/255, txload 1/255, rxload 1/255
  Encapsulation TUNNEL, loopback not set
  Keepalive not set
  Tunnel source 1.1.1.1 (Serial0/0/0), destination 2.2.2.2
   Tunnel Subblocks:
      src-track:
         Tunnel0 source tracking subblock associated with Serial0/0/0
          Set of tunnels with source Serial0/0/0, 1 member (includes
            iterators), on interface <OK>
  Tunnel protocol/transport GRE/IP
! Lines omitted for brevity
```

[예 15-4] 터널 인터페이스의 상세 정보

터널 인터페이스가 동작하더라도 라우터가 터널 인터페이스를 통해 패킷을 전달하려고 시도하지 않는 한 터널 인터페이스는 사용되지 않는다. 이 예의 구성은 OSPF가 보안 부분으로 클래스 A 네트워크인 10.0.0.0의 모든 인터페이스에서 활성화되었음을 보여준다. 결과적으로 라우터는 OSPF로 경로를 교환하고 앞 [그림 15-10]에서와 같은 경로를 알아야 한다. [예 15-5]는

R1에서 OSPF로 배운 R2의 LAN 서브넷 10.1.2.0/24에 대한 경로를 표시한다.

```
R1# show ip route 10.0.0.0
Routing entry for 10.0.0.0/8, 5 known subnets
  Attached (4 connections)
  Variably subnetted with 2 masks
C        10.1.1.0/24 is directly connected, GigabitEthernet0/0
L        10.1.1.9/32 is directly connected, GigabitEthernet0/0
O        10.1.2.0/24 [110/1001] via 10.1.3.2, 00:07:55, Tunnel0
C        10.1.3.0/24 is directly connected, Tunnel0
L        10.1.3.1/32 is directly connected, Tunnel0
! Lines omitted for brevity
```

[예 15-5] R1의 네트워크 10.0.0.0에 대한 경로

NOTE show ip route 10.0.0.0 명령어는 내부 10.0.0.0 네트워크 경로를 나열한다.

마지막으로, 터널이 트래픽을 전달할 수 있는지 확인하기 위해 사용자가 트래픽을 생성하거나 확장 핑(extended ping) 또는 트레이스라우트(traceroute)를 사용할 수 있다. [예 15-6]은 R1의 LAN IP 주소인 10.1.1.9를 출발지로, 서버 1의 10.1.2.2 IP 주소를 목적지로 하여 확장 트레이스라우트(extended traceroute)를 보여주고 있다.

```
R1# traceroute
Protocol [ip]:
Target IP address: 10.1.2.2
Source address: 10.1.1.9
Numeric display [n]:
Timeout in seconds [3]:
Probe count [3]:
Minimum Time to Live [1]:
Maximum Time to Live [30]:
Port Number [33434]:
Loose, Strict, Record, Timestamp, Verbose[none]:
Type escape sequence to abort.
Tracing the route to 10.1.2.2
VRF info: (vrf in name/id, vrf out name/id)
  1 10.1.3.2 0 msec 4 msec 0 msec
  2 10.1.2.2 4 msec 4 msec 0 msec
R1#
```

[예 15-6] 터널이 동작하는지 확인하기 위한 확장 트레이스루트의 예

[예 15-6]은 traceroute가 완료되었음을 나타내고, 경로의 첫 번째 라우터가 R2의 터널 IP 주소(10.1.3.2)임을 보여준다. **traceroute** 명령어는 네트워크의 비보안 부분 라우터를 나열하지 않는다. 왜냐하면 **traceroute** 명령어에 의해 생성된 패킷은 다른 패킷과 마찬가지로 캡슐화되어 R1에서 R2로 전송되기 때문이다.

GRE 터널의 문제 해결

가장 기본적인 형태의 두 시스코 라우터 간 포인트-투-포인트 GRE 터널 설정은 간단하다. 직접 입력 또는 인터페이스 참조를 통해 라우터의 공인 IP 주소를 사용한다. 목적지 라우터를 IP 주소 또는 호스트 이름으로 참조한다. 그리고 터널 인터페이스에 사용될 사설 IP 주소를 설정한다. 양단 간에 인터넷 연결과 같이 모든 기본적인 것이 정상 동작한다고 가정할 때, 이 정도 과정이 GRE 터널을 동작시키기 위해 필요한 전부이다.

따라서, GRE 터널의 문제를 해결하기 위해서 검토할 부분이 거의 없는 것처럼 보일 것이다. 이 절에서는 드물지만 GRE 터널이 동작하지 않게 하는 몇 가지 항목을 다룰 것이다.

터널 인터페이스 및 인터페이스의 상태

가장 먼저 확인해야 할 구성 항목은 두 라우터가 네트워크의 비보안 부분(일반적으로 인터넷)의 올바른 IP 주소를 참조하는지 확인하는 것이다. 이 주소는 **tunnel source** 및 **tunnel destination** 명령어에서 참조하는 주소이다. [그림 15-15]처럼 한 라우터의 출발지 주소가 다른 라우터에서 목적지 주소여야 하며 반대의 경우도 마찬가지여야 한다.

포인트-투-포인트 GRE 터널이 올바르게 동작하기 위해 반드시 있어야 하는 항목이며, 터널 인터페이스 상태와 관련이 있다. 터널이 동작하려면 양단 라우터의 터널 인터페이스가 둘 다 up/up 상태에 있어야 한다. up/up 상태가 되려면 **tunnel source** 명령어와 **tunnel destination** 명령어를 사용하여 터널 인터페이스를 구성해야 한다. 다음은 터널 소스 설정에 관련한 내용이다.

❶ 소스 인터페이스를 참조하도록 **tunnel source** 명령어를 설정하는 경우, 인터페이스는 다음을 만족해야 한다.

- IP 주소가 할당되어 있어야 하다.
- up/up 상태에 있어야 한다.

❷ 소스 IP 주소를 참조하도록 **tunnel source** 명령어를 설정하는 경우, 주소는 다음을 만족해야 한다.

- 로컬 라우터의 인터페이스에 할당된 주소이어야 한다
- 주소가 구성된 해당 인터페이스가 up/up 상태에 있어야 한다.

간단히 말해서 터널 소스는 현재 로컬 라우터에 있는 작동 중인 인터페이스의 IP 주소여야 한다. 그렇지 않으면 터널 인터페이스가 up/down 상태가 된다(터널 인터페이스는 기본적으로 설정된 터널 출발지나 터널 목적지가 없으면 up/down 상태로 시작한다)

15

라우터의 터널 인터페이스 상태는 터널 목적지 구성의 영향을 받지만 세부 사항은 까다로울 수 있다. 일부는 IOS에서 설정이 가능하지만 터널 인터페이스가 up/up 상태가 되지 않을 수 있다. 다른 잘못된 터널 목적지 구성 설정으로 인해 IOS가 터널 구성에 실패할 수도 있다. 다음은 터널 목적지 설정에 관련한 내용이다.

❶ 목적지 IP 주소를 참조하여 **tunnel destination** 명령어를 설정하는 경우 라우터는 다음을 만족해야 한다.

- 목적지 주소와 일치하는 경로가 있어야 한다. 그렇지 않으면 IOS는 터널 인터페이스를 up/up 상태로 변경하지 않는다.
- 디폴트 라우트(default route)를 일치하는 경로로 사용할 수 있다.

❷ 호스트 이름을 참조하여 **tunnel destination** 명령어를 설정하면 라우터는 즉시 DNS 설정에 따라 호스트 이름으로 주소 확인을 시도한다.

- 만약 호스트 이름이 IP 주소로 확인되지 않으면 IOS는 **tunnel destination** 명령어를 실행하지 않고 이를 설정에 저장하지 않는다.
- 만약 호스트 이름이 IP 주소로 반환되면, IOS는 설정의 **tunnel destination** 명령어에 해당 IP 주소를 저장하고 호스트 이름을 저장하지 않는다. 터널 목적지 IP 주소에 대한 이전 규칙이 적용된다.

기본적으로 호스트 이름을 사용하여 구성하면 IOS가 즉시 호스트 이름을 확인하고 호스트 이름 확인이 완료되면 IOS는 호스트 이름이 아니라 IP 주소를 저장한다. 또한 터널 인터페이스가 up/up 상태가 되려면 라우터에 터널 목적지와 일치하는 경로가 있어야 한다.

[예 15-7]은 터널 목적지와 관련된 몇 가지 샘플을 보여주고 있다. 이 예는 동일한 소스 인터페이스를 사용하는 두 터널 인터페이스의 설정을 보여준다. 소스 인터페이스는 모든 요구 사항을 충족한다. 터널 목적지에 초점을 맞춘 설정에서 **tunnel destination** 명령어는 두 개의 다른 호스트 이름을 사용한다.

- tunnel destination test1: 일치하는 경로인 10.1.6.1로 해결
- tunnel destination test2: 호스트 이름이 확인 안됨

```
R1# configure terminal
Enter configuration commands, one per line.  End with CNTL/Z.
R1(config)# interface tunnel 11
R1(config-if)# tunnel source G0/1
R1(config-if)# tunnel destination test1

R1(config)# interface tunnel 12
R1(config-if)# tunnel source G0/1
R1(config-if)# tunnel destination test2
Translating "test2"
                                         ^
```

```
% Invalid input detected at '^' marker.
R1(config-if)# ^Z
! 호스트 이름 test1이 IP 주소 10.1.6.1로 저장됨을 확인한다.
R1# show running-config interface tunnel 11
interface Tunnel11
 no ip address
 tunnel source GigabitEthernet0/1
 tunnel destination 10.1.6.1
end
! 터널 목적지 명령이 거부 되었기 때문에 터널 대상 명령이 없다는 점에 유의한다.
R1# show running-config interface tunnel 12
interface Tunnel11
 no ip address
 tunnel source GigabitEthernet0/1
end

R1# show ip interface brief | include Tunnel
Tunnel11               unassigned      YES unset  up                    up
Tunnel12               unassigned      YES unset  up                    down
```

[예 15-7] 터널에서 호스트 이름 사용의 예

이 예를 통해 터널 11과 관련된 부분을 먼저 살펴보자. 인터페이스 터널 11의 설정은 호스트 이름(test1)을 사용한다. **show running-config interface tunnel11** 명령어는 라우터가 호스트 이름을 10.1.6.1로 해석했음을 나타낸다. 마지막으로 **show ip interface brief** 명령어는 인터페이스 터널 11이 up/up 상태임을 보여준다(10.1.6.1과 일치하는 경로는 표시되지 않음).

이제 인터페이스 터널 12를 살펴보자. 설정 부분에서 **tunnel destination test2** 명령어는 IOS에 의해 실행되지 않는다. 'Translating test2'라는 메시지는 호스트 이름 확인을 수행 중이며 해당 프로세스가 실패했음을 의미한다.

호스트 이름 test2가 IP 주소로 해석되지 않았으므로 **tunnel destination test2** 명령어는 실행되지 않는다. **show running-config interface tunnel12** 명령어의 결과에도 **tunnel destination** 명령어는 보이지 않는다. **show ip interface brief** 명령어는 인터페이스 터널 12가 아직 tunnel destination이 구성되지 않았기 때문에 up/down 상태로 남아 있음을 보여준다.

터널 인터페이스의 3계층 문제

두 라우터의 터널 인터페이스를 up/up 상태로 만드는 것은 중요한 출발점이다. 그러나 두 라우터가 모두 up/up 상태인 터널 인터페이스를 가지고 있어도 다른 문제가 발생할 수 있다. 예를 들어, 라우터는 터널을 up/up 상태로 둘지 여부를 결정하기 위해 터널 상태를 테스트하려고 서로에게 패킷을 전송하지 않는다.

이때 두 가지 테스트는 터널이 실제로 동작하는지 여부에 대한 유용한 단서를 제공한다.

- 터널의 다른 쪽 끝의 사설 IP 주소로 핑(ping)을 하라. 이를 위해서는 두 라우터의 터널 인터페이스가 up/up 상태여야 한다. 또한 두 라우터 모두 패킷을 GRE 헤더에 넣고 새로운 IP 헤더를 추가하고 터널을 통해 전달하고 원래 패킷을 제거할 수 있어야 한다.
- 터널의 양쪽 끝에서 라우팅 프로토콜을 사용한다. 라우팅 프로토콜의 네이버 관계가 형성되면 터널을 통해서 패킷을 전달할 수 있음을 증명하는 것이다.

15

ACL 및 보안 문제

거의 모든 네트워킹 기능은 ACL(Access Control List) 및 방화벽과 같은 기타 보안 기능에 의해 문제가 생길 수 있다. GRE 터널을 사용하는 인터넷 VPN의 경우, 해당 터널은 회사 네트워크의 엣지에 터널 엔드 포인트가 있지만 터널 자체는 인터넷을 통해 실행된다. 따라서 회사 장비가 GRE 터널에 장애를 유발하는 트래픽을 필터링할 수 있을 뿐만 아니라 회사가 직접 제어하지 않는 다른 장비도 GRE 터널에 영향을 미치는 패킷을 필터링할 수 있다.

회사가 관리하는 네트워크 부분에서는 ACL 관련된 문제를 알아야 한다. 특히 GRE 터널이 구성된 라우터의 ACL조차도 쉽게 간과될 수 있다.

17장 '고급 IPv4 액세스 컨트롤 리스트'에서 검토할 것이지만, 라우터의 아웃바운드(outbound) ACL은 라우터 스스로 생성한 패킷은 필터링하지 않는다. 이 규칙은 GRE 터널에 의해 생성된 새로운 패킷에 적용된다. 결과적으로 GRE 터널의 종단인 라우터는 터널을 통해 보낼 패킷을 아웃바운드 ACL을 사용하여 필터링하지 않는다.

그러나 라우터는 인바운드(inbound) ACL에 대한 ACL 정책은 무시하지 않는다. 라우터는 모든 입력 패킷을 볼 것이고, 라우터는 ACL 정책에 따라 라우터로 들어오는 GRE 패킷을 필터링할 수 있다.

따라서 GRE 관련 가능한 ACL 문제를 생각할 때 첫 번째 항목은 터널 라우터 중 하나에서 인바운드 ACL을 찾는 것이다. 두 번째는 GRE 트래픽이 해당 ACL과 네트워크의 다른 장비들에 의해 허용되는지 확인한다. 또한 GRE는 다른 프로토콜과 약간 다르다.

GRE는 TCP 또는 UDP 응용 프로그램이 아니다. 대신 GRE 헤더가 TCP 및 UDP와 같이 IPv4 헤더 다음에 위치하는 점에서 GRE는 전송 프로토콜처럼 동작한다. IP 헤더는 [그림 15-17]에서 설명한 것처럼 IP 헤더의 프로토콜 필드로 다음 프로토콜을 식별한다.

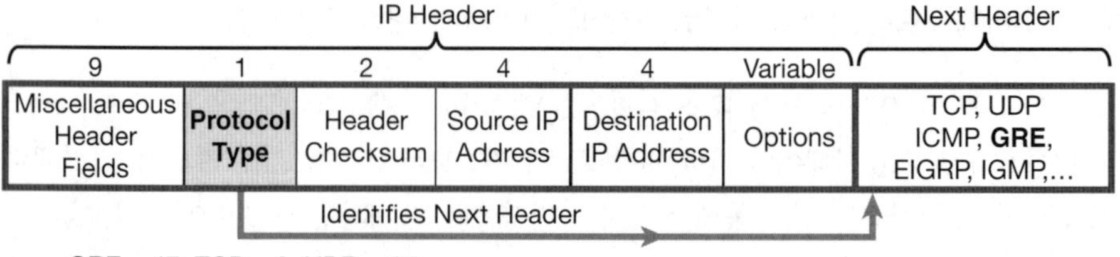

[그림 15-17] GRE는 IP 이후의 다음 헤더인 IP 프로토콜 47로 표시됨

IP ACL은 일련의 키워드로 IP 프로토콜 필드를 일치시키는데, **ip** 키워드는 모든 통신 프로토콜과 일치한다. 그것은 가장 흔한 실수이다. ACL에는 **permit tcp**와 **permit udp**와 같은 수십 개의 **permit** 명령어가 있지만, GRE와 일치하는 ACL은 없다. GRE는 다른 IP 프로토콜이며 TCP 또는 UDP 응용 프로그램이 아니다. GRE를 **permit** 명령어와 일치시키려면 ACL에 다음과 같은 명령어가 필요하다.

- GRE 터널의 비보안 (공인) IP주소와 일치하는 **permit ip** ... 명령어를 가지고 있다. 또는
- GRE 터널의 비보안 (공인) IP 주소와 일치하는 **permit gre** ... 명령어(특히 GRE 프로토콜과 일치함)가 있어야 한다.

[예 15-8]에서는 GRE를 명시적으로 허용하는 라우터 R1에 추가된 ACL의 슈도코드(pseudocode)를 보여준다. 먼저, 다른 목적의 **permit tcp**와 **permit udp**를 사용하는 슈도코드 **permit** 명령어가 있다. 이 명령어를 통해서는 GRE 트래픽이 필터링되지 않는다. **permit gre any any** 명령어는 GRE(IP 프로토콜 47)와 일치하는 모든 GRE 패킷과 매치하게 된다.

```
R1# configure terminal
R1(config)# ip access-list extended inbound-from-Internet
R1(config-ext-nacl)# permit tcp (whatever you want)
R1(config-ext-nacl)# permit udp (whatever you want)
R1(config-ext-nacl)# permit gre any any
R1(config-ext-nacl)# interface S0/0/0
R1(config-if)# ip access-group inbound-from-Internet in
R1(config-if)# ^Z
R1#
```

[예 15-8] GRE를 올바르게 허용하는 ACL

DMVPN을 사용한 멀티포인트 인터넷 VPN

GRE를 사용하는 사이트-투-사이트 VPN은 보통 잘 작동하지만 포인트-투-포인트 토폴로지에는 몇 가지 단점이 있다. 예를 들어, 중앙 사이트와 수백 개의 소규모 소매점 사이트가 있는 회사를 생각해보자. 이러한 소매점 사이트는 중앙 사이트로 연결하기 위해 인터넷 액세스와 함께 사설 WAN을 필요로 한다.

인터넷 액세스 옵션의 가격이 상대적으로 낮기 때문에 GRE와 IPsec을 사용하는 사이트-투-사이트 VPN 터널을 사용하여 인터넷을 WAN으로 사용하는 계획을 구현하기로 결정했다. [그림 15-18]은 일반적인 인터넷 VPN 개념을 보여준다.

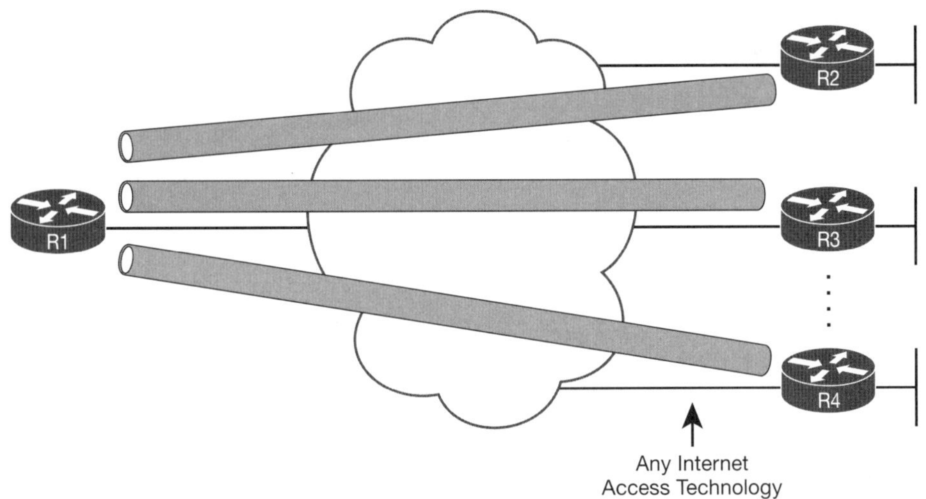

[그림 15-18] 사이트-투-사이트 인터넷 VPN을 사용하는 회사의 WAN

GRE 터널을 대규모로 사용하면 정적 구성, 중앙 사이트 장치의 터널 인터페이스와 터널당 설정, 트래픽 흐름과 관련된 몇 가지 단점이 있다.

- 각 GRE 터널의 양쪽 끝에 정적 구성이 필요하다. 즉, 새로운 원격 사이트를 추가한다는 것은 중앙 사이트에서 설정을 추가해야 한다는 것을 의미한다.
- 터널별 설정으로 인해 중앙 사이트의 설정이 많아질 수 있다.
- 트래픽 흐름은 허브(hub) 및 스포크(spoke) 사이트 간 통신이 대부분인 네트워크에서 잘 작동하지만, 스포크(원격) 사이트 간 패킷을 서로 보내려는 경우 아래의 내용을 고려해야 한다.
  - 허브를 통해 스포크-투-스포크(spoke-to-spoke) 패킷 전송 허용
  - 스포크가 서로 직접 패킷을 보낼 수 있도록 스포크 사이트 간에 터널을 수동으로 구성한다(관리할 설정이 더 많이 추가됨).

시스코 DMVPN(Dynamic Multipoint VPN) 기능은 GRE 및 IPsec을 사용하면서 이러한 문제를 해결한다. 즉, DMVPN은 멀티포인트(multipoint) GRE 터널을 사용한다. 멀티포인트 터널을 사용하면 사이트가 동일한 멀티포인트 터널을 통해 다른 사이트와 송수신할 수 있다. [그림 15-19]는 멀티포인트 GRE 터널을 나타내는 그림이다.

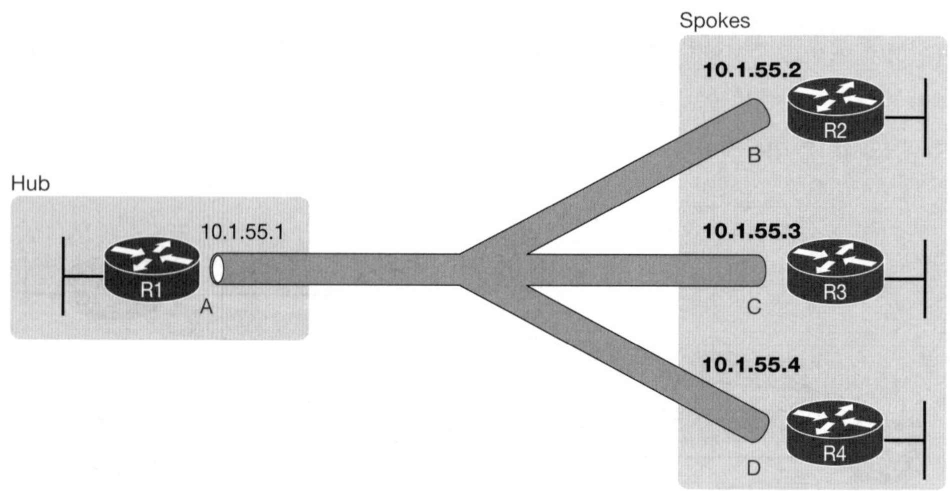

[그림 15-19] DMVPN의 멀티 포인트 VPN 터널

DMVPN은 포인트-투-포인트 터널 대신 멀티포인트 GRE 터널을 사용한다. 설정을 줄이고 동작을 보다 동적으로 만들기 위해 DMVPN은 동적 프로세스를 추가한다. 이러한 프로세스는 다음과 같이 동작하는 NHRP(Next Hop Resolution Protocol)라는 프로토콜을 사용한다.

❶ 터널의 한 사이트가 허브 사이트 및 NHRP 서버로 동작한다.

❷ 처음에 스포크 사이트는 단지 허브 사이트와 통신할 수 있다.

❸ 허브 사이트(NHRP 클라이언트로 동작)는 일치하는 공인 및 사설 IP 주소를 NHRP 서버에 등록한다(NHRP 프로토콜 메시지 사용). 이것은 새로운 허브 사이트가 네트워크에 추가될 때마다 허브 라우터의 설정을 피하는 중요한 단계이다.

[그림 15-20]은 이러한 프로세스의 예를 보여준다. 허브인 라우터 R1은 인터넷을 통해 패킷을 보낼 때 사용할 비보안(공인) IP 주소와 터널 인터페이스용 사설 IP 주소를 별도로 하는 구성을 포함하여 약간의 설정을 갖고 있다. NHRP 서버(허브 라우터)는 정보를 학습하여 [그림 15-20]의 왼쪽 하단에 표시된 것과 같이 NHRP 맵핑 테이블에 저장한다. 이 그림은 사설 IP 주소(10.1.55.3)와 공인 IP 주소(C)를 등록한 R3의 예를 보여준다. 그림에는 공인 IP 주소로 A, B, C 및 D로 표시하였으나, 실제 주소는 각 사이트가 연결하는 ISP가 할당한다.

지금까지 DMVPN에 대해 알아본 것처럼 허브 라우터는 사이트당 하나의 터널 인터페이스를 갖는 것이 아니라 많은 스포크 사이트와 통신할 수 있는 하나의 터널 인터페이스를 가지고 있다.

또한 허브 사이트는 NHRP가 관련 정보를 습득하기 때문에 새로운 스포크 사이트를 지원하는 명령어를 설정할 필요가 없다. 그러나 지금까지 DMVPN을 이용하여 스포크가 다른 스포크에게 어떠한 설정 없이 패킷을 직접 보낼 수 있는 방법을 아직 제시하지 않았다.

15

[그림 15-20]의 네트워크를 예로 들어, 스포크 라우터 R2가 스포크 라우터 R3의 서브넷으로 IP 패킷을 전송해야 한다고 가정하자. R2는 라우팅 프로토콜을 사용하고 해당 서브넷에 대한 경로를 학습한다. 라우터 R2는 R3 사이트의 서브넷을 알지만 R2는 R3의 공인 IP 주소를 알지 못한다. R2는 R3의 비보안(공인) IP 주소를 어떻게 알 수 있으며, 어떻게 수동 설정 없이 동적으로 할 수 있을까? 해결책은 간단하다. NHRP 서버는 이미 모든 정보를 알고 있으므로 NHRP 서버에 문의하면 된다.

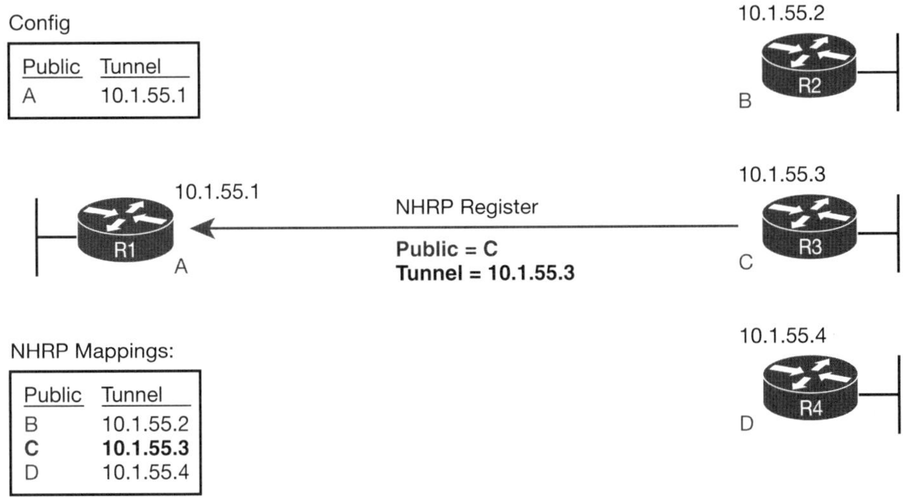

[그림 15-20] 스포크 사이트는 NHRP로 서버에 주소 맵핑 정보를 등록한다.

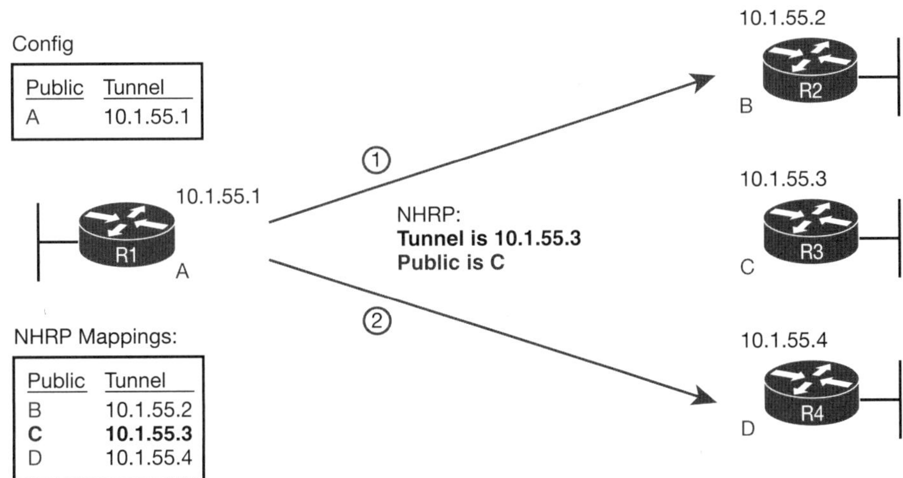

[그림 15-21] 스포크 간에 통신을 활성화하기 위해, NHRP로 정보를 학습하는 스포크 사이트

[그림 15-21]은 NHRP 메시지를 사용하여 R3의 공인 및 사설 주소 쌍을 다른 스포크 사이트에 알리는 허브 라우터 R1을 보여주고 있다.

라우터 R2가 라우터 R3의 터널 및 공인 IP 주소를 알면, R2는 멀티포인트 GRE 터널을 이용하여 R3에게 직접 패킷을 보내기 위한 충분한 정보를 가진 것이다.

PPP over Ethernet

이 장의 세 번째이자 마지막 주요 절에서는 익숙한 프로토콜인 포인트-투-포인트 프로토콜, 즉 PPP를 다시 살펴본다. 13장 '포인트-투-포인트 WAN 구현'에서 본 것처럼, PPP가 시리얼 링크에서 동작하지만, DSL 링크와 같은 인터넷 액세스 링크에서도 사용되며, PPPoE(PPP over Ethernet)를 사용하여 PPP 프로토콜을 확장한다. PPPoE는 CHAP과 같은 PPP 인증뿐만 아니라 다른 제어 프로토콜과 같이, 유용한 PPP 기능을 유지한다. 하지만 PPP 프로토콜은 이더넷 인터페이스에서는 이더넷 프레임 내부에 캡슐화되어 전송된다.

시스코 R&S와 ICND2 200-105 시험 주제에는 PPPoE 클라이언트 기능을 포함하며, 개념뿐만 아니라 설정, 검증, 문제 해결 등이 주제로 다루어진다. 이 장의 마지막 주요 절에서는 PPPoE의 개념, 설정, 검증, 문제 해결의 네 가지 내용을 다루면서, 시험 주제와 동일하게 공부한다.

PPPoE 개념

PPP는 기본적으로 시리얼 링크에서 사용되는데, 이 링크에는 다이얼-업과 ISDN 모뎀에서 사용되는 링크도 포함된다. 예를 들어, 아날로그 모뎀을 이용하여 다이얼 사용자에서 ISP로 연결된 링크는 오늘날 PPP를 사용하며, 오랜 시간 사용되어 왔다. [그림 15-22]는 PPP 모뎀을 이용한 아날로그 다이얼 연결의 기본 개념을 보여준다.

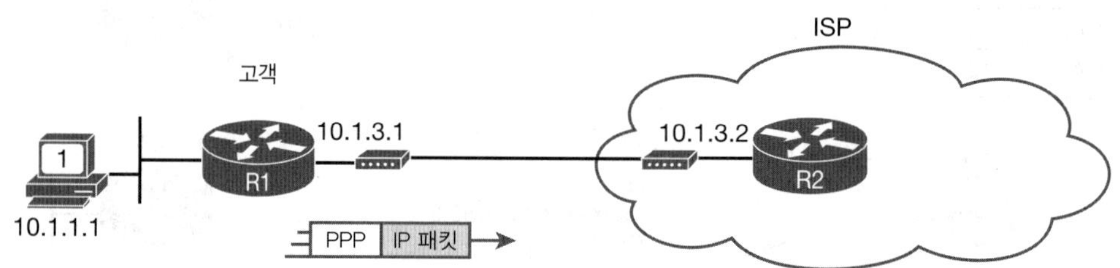

[그림 15-22] SP로 다이얼 접속을 하는 라우터들 간의 PPP 프레임

몇 가지 이유로 ISP는 데이터 링크 프로토콜로써 PPP를 사용한다. 우선, PPP는 다른 PPP 링크 종단에 IP 주소를 할당할 수 있도록 지원한다. ISP는 각 고객이 사용하는 하나의 공인 IPv4 주소를 할당하기 위해, PPP를 사용할 수 있다. 하지만, 이 논의에서 더 중요한 점은 PPP가

CHAP을 지원한다는 것이고, ISP는 고객을 인증하기 위해 CHAP을 사용하기 원할 때가 종종 있다. 그리고 CHAP 인증을 사용하면, 고객이 인터넷에 연결되기 전에 사용료를 납부했는지 확인하기 위해, ISP는 회계 기록을 확인할 수 있다.

15

이제, 인터넷 액세스 기술의 역사에 대해 조금 생각해 보자. 1990년대, ISP는 아날로그 모뎀과 PPP를 사용하는 다이얼 고객들이 대부분이었다. 2000년대에 들어와서도, ISP는 PPP를 사용하는 아날로그 다이얼 고객을 여전히 가지고 있었다. 하지만, 2000년대 초반에 DSL이 인기를 끌기 시작하면서, 아날로그 다이얼을 자연스럽게 대체하기 시작했다.

ISP는 PPP를 쓰는 아날로그 다이얼을 좋아했기 때문에, 그들은 사용자가 더 빠른 DSL로 옮겨가길 원하면서도, 여전히 PPP를 사용하기를 원했다. 하지만, DSL 연결은 DSL 모뎀의 이더넷 링크에 사용자 단말(PC 또는 라우터)을 연결했고, DSL 모뎀은 전화선에 연결되었다(이전의 [그림 15-2]를 참고). 고객 PC나 라우터의 이더넷 인터페이스는 오직 이더넷 데이터 링크 프로토콜만 지원했고, PPP는 지원하지 않았다.

해결 방안으로, PPP 프레임을 이더넷으로 보낼 수 있는 방법인 새로운 RFC가 만들어졌으며, 이는 PPPoE(PPP over Ethernet)라는 프로토콜로 불리며, 이더넷 프레임 안에 PPP가 캡슐화된다. PPPoE는 [그림 15-23]에서 보는 것처럼, 고객 라우터와 ISP 라우터 간에 PPP 프레임을 보내기 위해, DSL 연결을 통한 터널을 생성한다.

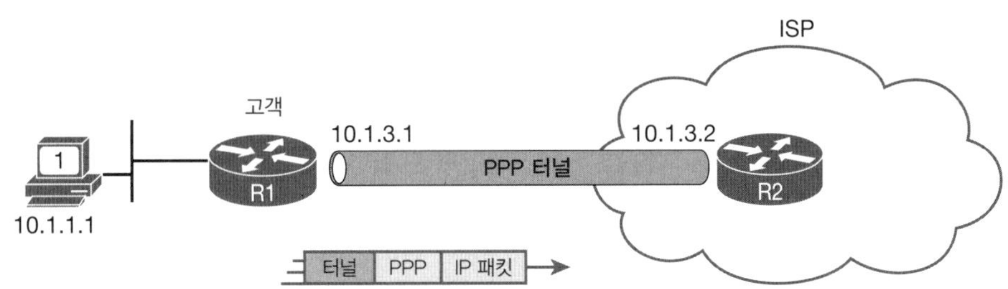

[그림 15-23] 이더넷 위에 PPP 링크를 생성하는 터널의 개념

DSL은 고객 라우터와 ISP 라우터 간에 물리적 포인트-투-포인트 링크를 만드는 것이 아니라, PPPoE 세션이라고 불리는 논리적 터널을 생성한다. PPPeE(그리고 관련된 프로토콜들)를 이용하여, 라우터는 논리적으로 터널을 생성할 수 있다. 하나의 관점에서, 마치 라우터들 간에 다이얼 링크가 있는 것처럼, 라우터는 PPP 프레임을 생성하고 보낼 수 있다. 하지만 물리적 링크로 프레임을 보내기 전에, 그림에서 보는 것처럼, 라우터는 여러 헤더들 내에 프레임을 캡슐화한다.

> **NOTE** 이 장의 학습 목적상, [그림 15-23]에 나온 터널 헤더의 세부 사항은 중요하게 다루지 않는다. 그러나 이 예제의 경우 PPPoE 터널 헤더는 일반적인 이더넷 헤더인 짧은 PPPoE 헤더를 가지고 있고, 일반적인 PPP 프레임(IP 패킷을 포함하는)을 포함한다.

PPPoE 설정

PPPoE 설정과 검증은 이 책에서 다루고 있는 라우터의 다른 기능과 비교했을 때, 좀 어려울 수 있다. 관리자는 PPPoE를 다양한 설정 모드에서 설정한다. 설정이 끝나면, PPPoE는 동적으로 중요한 구성 요소(component)를 추가한다. 따라서, 시간을 충분히 갖고 PPPoE 설정과 검증 절을 공부하는 것이 중요하다.

이 절의 나머지에서는 [그림 15-24]에 보이는 물리적 토폴로지를 사용한다. 크로스오버(crossover) 케이블로 서로 연결된 두 라우터를 사용한다. DSL을 사용하지는 않지만, 고객 쪽의 PPPoE 개념과 설정은 동일하게 동작한다.

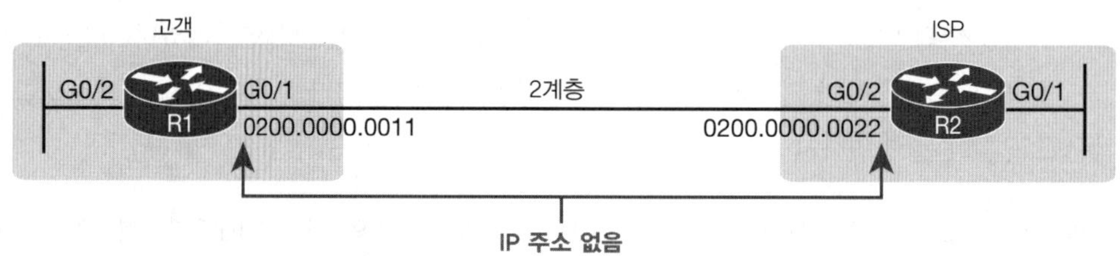

[그림 15-24] PPPoE 예에서 사용되는 네트워크

라우터 간의 링크에 IP가 설정되어 있지 않음에 유의하자. 이것은 두 라우터 모두 가운데 이더넷 링크에 **ip address** 하위 명령어를 사용하지 않았다는 것을 의미한다. 결과적으로 라우터는 이 링크를 2계층 링크로 취급한다. 하지만, 라우터가 이 인터페이스로 프레임을 보내기 위해, 물리적 인터페이스에 만족하는 PPPoE 설정을 해야 한다. [예 15-9]는 라우터 R1에서 잘 동작하는 PPPoE 설정을 모두 보여준다. 이 경우, 다음의 디자인을 따른다:

- CHAP을 사용하며, 사용자 이름은 프레드(Fred)이고 암호는 바니(Barney)이다.
- R1의 G0/1 인터페이스는 ISP와 연결되고, 2계층 인터페이스이다(즉, no IP address 설정이 되어 있다).
- PPP의 IP 제어 프로토콜(IPCP)을 사용하여, ISP로부터 동적으로 할당 받은 IP 주소를 사용한다.
- 옵션으로, 차후에 검증 명령어로 명백히 확인하기 위해, 물리적 인터페이스에 확인이 쉬운 MAC 주소를 설정한다.

```
interface dialer 2
! 레이어 3 상세정보
  ip address negotiated
  mtu 1492
! 레이어 2 상세정보
  encapsulation ppp
```

```
   ppp chap hostname Fred
   ppp chap password Barney
! 레이어 1 세부 사항
   dialer pool 1
! ISP와 연결된 1개의 물리적 인터페이스
interface G0/1
   no ip address                     ! Physical link has no layer 3 address
   pppoe-client dial-pool-number 1
   pppoe enable                      ! auto-generated by previous command
   mac-address 0200.0000.0011        ! Not required; personal choice
   no shutdown
```

[예 15-9] R1(PPPoE 클라이언트) interface dialer 2의 PPPoE 설정

PPPoE 설정: 다이얼러와 1계층

[예 15-9]에는 확인할 명령어가 많다. 우선 다이얼러 인터페이스(dialer interface)를 사용한다. 다이얼러 인터페이스는 IOS에서 오래 전부터 지원하고 있고, 시스코는 다이얼러 인터페이스를 사용하는 많은 기능을 개발해왔다. 초기에 IOS는 물리적 링크를 셋업하기 위해, 다른 장비와 전화 통화를 하는 다이얼-업(dial-up) 기술로 다이얼러 인터페이스를 사용했다. 그래서 이름도 로터리 전화기의 다이얼링 전화 용어로부터 가져왔다.

오늘날, 다이얼러 인터페이스는 다른 인터페이스를 사용하기 위해 동적으로 바인딩되는 논리적 인터페이스의 역할을 한다. 이러한 인터페이스들은 기능 수행을 위해 서로 협력한다. 예를 들어 PPPoE의 경우, 다이얼러 인터페이스가 IP와 PPP를 위한 설정을 가지고 있고, 물리적 인터페이스는 이러한 설정을 가지고 있지 않다. 그래서 이 시나리오에서는 다이얼러 인터페이스가 물리적 인터페이스 G0/1을 사용한다.

- 설정은 G0/1 인터페이스를 다이얼 풀(pool)에 넣게 되는데, **pppoe-client dial-pool-number 1** 명령어를 사용하면, 다이얼러 풀 1에 넣게 된다. 이 명령어는 PPPoE를 원하는 다이얼러 인터페이스가 G0/1을 사용하도록 한다.
- 다이얼러 인터페이스 2에 **dialer pool 1** 명령어를 설정하여, 다이얼러 풀 1번을 참조하도록 한다. 다이얼 풀 번호가 서로 일치되기 때문에, 인터페이스 다이얼러 2는 PPPoE를 위해 G0/1을 사용할 수 있다.

다만, 다이얼러 인터페이스 번호(이 경우는 2)와 다이얼 풀 번호(이 경우는 1)는 서로 일치할 필요는 없다. 고객사 네트워크 엔지니어는 사용하고 싶은 10진수 값을 고를 수 있으며, ISP 라우터와 일치시킬 필요는 없다. 하지만, 다이얼러 인터페이스의 **dialer pool** 명령어에 나오는 다이얼 풀 번호와 물리적인 인터페이스의 **pppoe-client dial-pool-number** 하위 명령어의 다이얼 풀 번호는 서로 반드시 일치해야 한다.

다이얼러 풀 설정은 논리적 다이얼러 인터페이스에서 사용할 물리적 인터페이스를 지정할 수 있고, 따라서 이것은 어떤 의미로 물리적 계층(1계층) 기능이다. 사실, [예 15-9]의 설정을 나눠서 보면 1계층, 2계층, 3계층으로 그룹화시킬 수 있고, 이 절의 나머지 부분에서 마저 다룬다. [그림 15-25]는 명령어와 계층에 대해 보여준다.

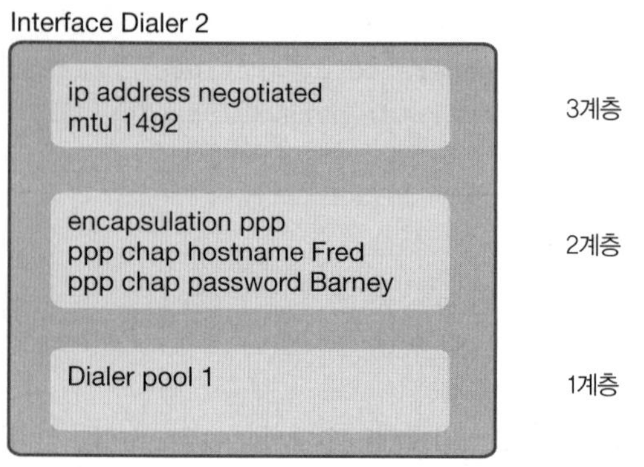

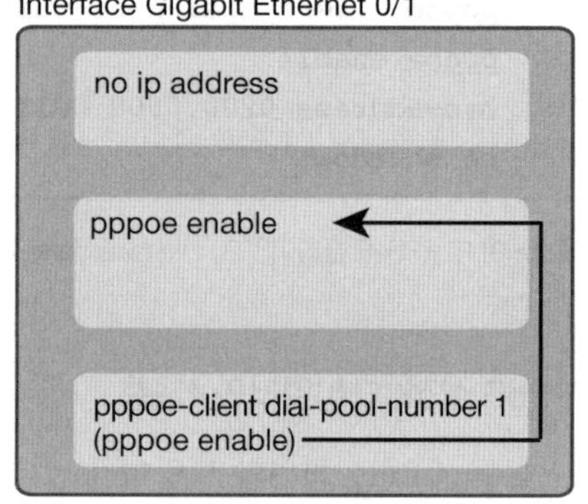

[그림 15-25] 라우터 R1의 PPPoE 클라이언트 설정 계층 구분

PPPoE 설정: PPP와 2계층

다이얼러 인터페이스는 PPPoE 세션을 만들기 위해 사용되는 PPP 설정을 담고 있다. 지금까지 다이얼러 인터페이스를 집중적으로 설정을 살펴봤다. 다이얼러는 PPP를 직접 사용하지만, PPPoE는 그렇지 않다. 따라서 데이터 링크 프로토콜을 정의하기 위한 **encapsulation ppp** 명령어가 필요하다.

이것은 13장에서 배운 **encapsulation ppp** 명령과 동일하다. 다이얼러는 일반적으로 PPP CHAP 인증을 사용하는데, 이는 주로 세션이 ISP와 고객 간에 생성되기 때문이다. 여기의 PPPoE를 위한 설정은 13장에서 봤던 CHAP 설정과는 약간 다르다. 여기에서는 인증이 단방향으로 발생한다. 즉, ISP가 고객 라우터(이 예에서 R1)를 인증한다. 논리 측면에서 작은 변화는 설정에 있어 작은 변화를 가져왔다. 그림에서 보듯, R1에는 단순히 사용자 이름과 암호 설정만 필요하다.

마지막으로, 물리적 인터페이스(예에서 G0/1)는 PPPoE를 활성화하기 위해 명령어가 하나 필요하다. 바로 **pppoe enable** 하위 명령어이다. 하지만, 만약 **pppoe-client** 인터페이스 하위 명령어를 설정하면, 이 명령은 인터페이스에 자동적으로 추가된다. 따라서 [그림 15-25]에서는 자동적으로 설정되었기 때문에, **pppoe enable** 명령어를 1계층 부분에서 볼 수 있으며, 사실상 물리적 인터페이스에 PPPoE를 활성화한다.

PPPoE 설정: 3계층

[그림 15-25]의 상단에 보는 것처럼, 3계층 설정은 이전의 **ip address** 명령어와 비교하여

두 가지 놀라운 아이디어를 가지고 있다.

첫째로, ISP에 연결되는 물리적 인터페이스(예에서 G0/1)는 IP 주소가 없으며, IP 주소를 받아오지도 않을 것이고, PPPoE를 사용하는 동안에는 필요하지도 않다. 그렇다. IP 트래픽은 물리적 인터페이스를 통해 ISP와 주고 받지만, 물리적 인터페이스(예에서 G0/1)에 IP를 설정하여 보내는 것은 아니다(대신에, 3계층에 관련된 설정은 다이얼러 인터페이스에 적용되고, 물리적 인터페이스에서는 이것을 사용한다). 따라서, 물리적 인터페이스는 IP 주소가 없다는 것을 확실히 하기 위해, **no ip address** 명령어가 필요하다.

15

둘째로, 다이얼러 인터페이스는 PPPoE를 위한 3계층 인터페이스로 동작한다. 다이얼러 인터페이스는 **show ip route** 명령어로 봤을 때, 출구 인터페이스로 보일 것이고, 다이얼러 인터페이스는 정적 라우팅을 정의하는 명령어에서 참조한다. 예를 들어, 예의 고객 라우터가 인터넷으로 패킷을 보내기 위해 기본 라우터를 사용하길 원한다면, **ip route 0.0.0.0 0.0.0.0 dialer 2**라고 설정할 수 있다. 이 명령어는 물리적 인터페이스를 참조하지는 않는다.

다이얼러 인터페이스는 IP 주소를 반드시 가져야 한다. 동적으로 주소를 가져오기 위해, PPPoE는 DHCP 대신에 PPP의 IPCP를 사용한다. 그렇게 하기 위해서, 고객 라우터(R1)는 **ip address negotiated** 명령어를 사용하는데, 이것은 "주소 협상을 위해 PPP의 IPCP를 사용하라"는 IOS 명령어이다. 만약 고객이 GRE 터널을 안정적으로(변경 없이) 사용하기 위해, SP에서 주소를 하나 할당 받아서 정적 IP 주소로 사용하고자 한다면, 일반적인 **ip address** *address mask* 인터페이스 하위 명령어로 주소를 설정할 수 있다.

마지막으로, 중요한 관리 작업 항목으로써 그림과 같이 **mtu 1492** 인터페이스 하위 명령어를 이용하여 IP 패킷의 MTU(maximum transmission unit)를 1492로 설정한다. 보통 IP MTU는 기본적으로 1500이다. PPPoE는 8바이트 헤더를 추가하므로, **ip mtu 1492** 명령어는 IP 패킷에 8바이트만큼의 여유 공간을 만들어서 라우터가 불필요하게 패킷을 쪼개는(fragment, 역주: MTU는 한번에 전송할 수 있는 최대 패킷 크기이므로, MTU보다 큰 패킷이 들어오면 라우터는 패킷을 MTU 크기로 쪼개서 전송한다. MTU를 변경하지 않으면 PPPoE 패킷이 1,508바이트가 되어, 2개의 패킷으로 쪼개진다) 것을 막는다.

PPPoE 설정 요약

이 절에서는 PPPoE를 구성하는 명령어를 예를 통해 소개했다. 다음의 설정 체크리스트는 쉬운 복습과 학습을 위해 설정 방법을 요약했다.

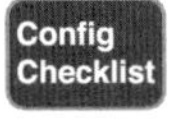

단계 ① 1계층 상세 설정

단계 ①A 다이얼러 인터페이스 설정

Ⓘ 다이얼러 인터페이스를 만들기 위해 **interface dialer** *number* 명령어를 사용하라.

number는 로컬 라우터의 다른 다이얼러 인터페이스에서 사용하고 있지 않은 번호를 선택하라.

Ⓘ PPPoE에서 사용될 수 있는 이더넷 인터페이스의 풀을 참조하기 위해, **dialer pool** *number* 인터페이스 하위 명령어를 사용하라.

단계 ⑱ 물리적 인터페이스를 설정

Ⓘ 인터페이스를 다이얼러 인터페이스에 설정된 동일한 풀 번호에 추가하기 위해, **pppoe-client dial-pool-number** *number* 인터페이스 하위 명령어를 사용하라.

단계 ② 2계층 상세 설정

단계 ②A 다이얼러 인터페이스에 PPP를 설정

Ⓘ 다이얼러 인터페이스에 PPP를 활성화하기 위해, **encapsulation ppp** 인터페이스 하위 명령어를 사용하라.

Ⓘ SP와 인증을 위한 사용자 이름을 정의하기 위해, **ppp chap hostname** *name* 인터페이스 하위 명령어를 사용하라.

Ⓘ SP와 인증을 위한 암호를 정의하기 위해, **ppp chap password** *password* 인터페이스 하위 명령어를 사용하라.

단계 ②B 이더넷 인터페이스에 PPPoE를 설정

Ⓘ PPPoE를 활성화하기 위해, **pppoe enable** 인터페이스 하위 명령어를 사용하라 (**pppoe-client** 인터페이스 하위 명령어가 설정되면, 이 명령이 자동적으로 추가된다).

단계 ③ 3계층 상세 설정

단계 ③A 다이얼러 인터페이스에 IP를 설정

Ⓘ 다이얼러 인터페이스가 사용할 IP 주소를 PPP의 IPCP를 사용하도록 하기 위해, **ip address negotiated** 인터페이스 하위 명령어를 사용하라.

Ⓘ PPPoE에 의해 사용되는 추가 8바이트 헤더를 허용하기 위해, **mtu 1492** 인터페이스 하위 명령어를 사용하여 기본 1500을 1492로 변경한다.

단계 ③B 이더넷 인터페이스에 IP를 비활성화

Ⓘ 물리적 인터페이스에 IP 라우팅을 비활성화하기 위해, **no ip address** 인터페이스 하위 명령을 사용하여, 인터페이스에 IPv4 주소를 제거한다.

PPPoE 랩 연습에 대한 간략한 설명

이 책의 대부분 설정 관련 주제에 대해, 라우터와 스위치에서 기능을 동작시키고, **show** 명령어를 확인하는 등 랩을 진행할 수 있을 정도의 충분한 정보를 배웠다. 하지만, 이번 장에서는 ISP의 PPPoE 설정에 대한 자세한 설명은 하지 않았다. 왜냐하면 PPPoE 시험 주제에는 클라이언트에 대한 내용만 언급되어 있기 때문이다. 또한 설정은 고객 라우터와 SP 라우터 간에 동일하지 않다.

하지만, 이 절에서 봤던 예들을 다시 연습하고자 하면 한번 해보기 바란다. [예 15-10]과 같은 ISP를 위한 설정을 사용하도록 한다. 이것은 다음 예를 작성할 때 사용된 R2 라우터의 관련된 설정이다. [그림 15-24]의 토폴로지와 같이, 라우터 간에는 크로스오버 이더넷 케이블을 사용하여 랩을 진행하라.

```
ip local pool WOPool 10.1.3.2 10.1.3.254
bba-group pppoe WOGroup
 virtual-template 1
!
username Fred password Barney
!
interface virtual-template 1
  ip address 10.1.3.1 255.255.255.0
  peer default ip address pool WOPool
  ppp authentication chap callin
!
interface GigabitEthernet0/2
  no ip address
  pppoe enable group WOGroup
  no shutdown
  mac-address 0200.0000.0022
```

[예 15-10] ISP 라우터 설정 예

> **NOTE** PPPoE에 대한 두 가지 설정 랩을 위해, 나의 CCNA 블로그(http://blog.certskills.com/ccna)에서 'Config Lab' 부분을 찾아보기 바란다.

PPPoE 검증

PPPoE 설정은 한번 도전해봐도 될 만큼 상세하지만, PPPoE 검증은 좀 더 어려운데, PPPoE가 IOS 내부적으로 동작하는 방식 때문이다. 몇 가지 명령어 출력을 살펴보기 전에, 이런 라우터 내부에 대한 아이디어를 가지는 것이 도움이 된다. [그림 15-26]에서 설명하는 아이디어를 생각해보자. 그림에는 이전 설정 부분을 통해 친숙해진, 다이얼러 인터페이스와 이더넷 인터페이스를 볼 수 있다. 논의를 위해, 다음 두 가지를 추가한다.

- **PPPoE 세션**: PPPoE를 동작시키고, PPPoE 제어 프로토콜의 상태 변수를 유지하는 IOS 내부 프로세스를 나타낸다.
- **버추얼-액세스**(Virtual-Access) **인터페이스**: 일단 PPPoE 세션이 up 되어 동작하면, IOS가 동적으로 생성하는 또 다른 논리적 인터페이스이고, 다이얼러 인터페이스에 바인딩된다.

그림은 PPPoE **show** 명령어에서 IOS가 표시하는 것과 관련된 몇 가지 큰 아이디어를 나타낸다. 곧 소개할 명령어의 출력을 더 잘 이해하는 데 그림에 나타난 개념이 도움이 된다. 번호 순대로 그림의 단계들을 살펴보자.

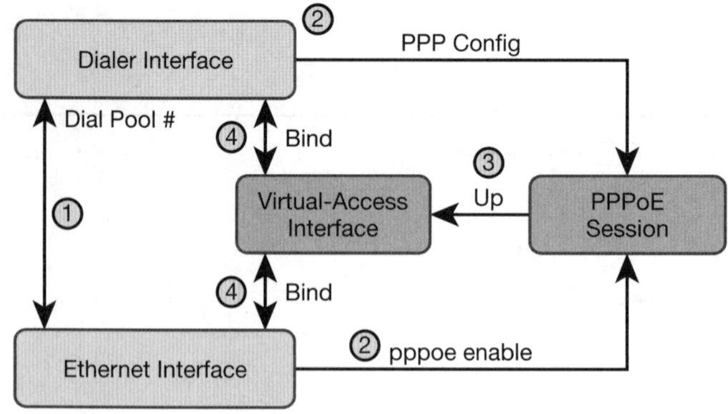

[그림 15-26] PPPoE 검증 개념과 인터페이스

단계 ① 다이얼러 인터페이스와 이더넷 인터페이스는 설정에서 동일한 다이얼 풀 번호를 참조함으로써 서로 연결된다.

단계 ② IOS 일부분에서 PPP 및 PPPoE를 구현해야 한다. IOS의 이런 기능은 그림의 가장 오른쪽에 보이는 PPPoE 세션(PPPoE session)이라고 불리는 곳에서 처리한다. 이 박스는 IOS PPPoE 세션의 로직, PPP 제어 프로토콜(CP)의 상태 변수, SP와 주고 받는 PPPoE 메시지 등을 나타낸다.

단계 ③ PPPoE 세션이 up 상태가 되면, IOS는 버추얼-액세스 인터페이스를 생성한다. 동적으로 생성된 이 인터페이스는 PPPoE 인터페이스로써 동작한다. 버추얼-액세스 인터페이스는 2계층 PPPoE 동작에 관한 설정 및 카운터 정보를 담고 있다.

단계 ④ 그림의 세 인터페이스는 분리돼 있지만, 밀접하게 함께 동작하면서, PPPoE 동작을 위해 함께 바인딩되어 있다고 생각하면 된다. 여러 **show** 명령어를 통해 이런 바인딩을 확인할 수 있다.

인터페이스에 대한 아이디어를 요약하면, 물리적 인터페이스를 통해 이더넷 프레임을 내보내고, 버추얼-액세스 인터페이스(PPPoE 인터페이스)는 물리적 인터페이스를 사용하여 PPPoE 프레임을 전송한다. 정리하면, 다이얼러 인터페이스(3계층 인터페이스)는 패킷을 생성하고, PPPoE 인터페이스를 이용하여 이 패킷을 캡슐화한 다음, 마지막으로 패킷을 물리적 인터페이스로 전송한다.

이러한 큰 아이디어를 염두에 두고, 이제 관련된 **show** 명령어를 살펴보자. 이 절의 나머지 부분에서는 [그림 15-24]의 토폴로지와 [예 15-9]의 설정을 가지고 설명한다. 또한 [그림 15-25]는 [예 15-9]의 설정을 반복하지만, TCP/IP 계층을 기반으로 명령어를 구성했다. 다음 예에서는 PPPoE가 정상 동작할 때, **show** 명령어의 출력을 보여준다.

다이얼러와 버추얼-액세스 인터페이스 바인딩 검증

PPPoE에서 **show interfaces dialer** *number* 명령어는 흥미로운 정보들을 많이 보여준다. 특히:

■ PPPoE 세션이 존재할 때, 다이얼러 인터페이스는 동적으로 생성된 버추얼-액세스 인터페이스와 바인딩된다. 결과적으로, **show interfaces dialer** 명령어의 출력은 하나의 인터페이스만 보여주는 것이 아니라 두 개의 인터페이스를 보여준다. 20줄짜리 하나의 그룹에서는 다이얼러 인터페이스를 보여주고, 다른 그룹에서는 바인딩된 버추얼-액세스 인터페이스를 보여준다.

■ 출력의 두 부분에서는 서로 바인딩된 다른 인터페이스 정보를 보여준다(다이얼러가 버추얼-액세스와 바인딩되고, 반대로도 마찬가지다).

■ 다이얼러 인터페이스 출력을 보면, 다이얼러 인터페이스의 3계층 정보를 확인할 수 있고(IP 주소 확인), PPP의 링크 제어 프로토콜(LCP)이 closed 상태임을 알 수 있다.

■ 버추얼-액세스 인터페이스의 출력에서 인터페이스의 2계층 정보를 확인할 수 있으며, PPP의 LCP가 open 되어 있지만, IP 주소는 없는 것을 볼 수 있다.

[예 15-11]은 고객 라우터 R1의 **show interfaces dialer 2** 명령어의 출력을 보여준다. 강조된 부분에 대한 설명이 예 다음에 이어진다.

```
R1# show interfaces dialer 2
Dialer2 is up, line protocol is up (spoofing)
  Hardware is Unknown
  Internet address is 10.1.3.2/32
  MTU 1492 bytes, BW 56 Kbit/sec, DLY 20000 usec,
     reliability 255/255, txload 1/255, rxload 1/255
  Encapsulation PPP, LCP Closed, loopback not set
  Keepalive set (10 sec)
  DTR is pulsed for 1 seconds on reset
  Interface is bound to Vi2
! 간략화를 위해 인터페이스 카운터 라인 생략
Bound to:
Virtual-Access2 is up, line protocol is up
  Hardware is Virtual Access interface
  MTU 1492 bytes, BW 56 Kbit/sec, DLY 20000 usec,
     reliability 255/255, txload 1/255, rxload 1/255
  Encapsulation PPP, LCP Open
  Stopped: CDPCP
  Open: IPCP
PPPoE vaccess, cloned from Dialer2
  Vaccess status 0x44, loopback not set
  Keepalive set (10 sec)
  Interface is bound to Di2 (Encapsulation PPP)
  ! 간략화를 위해 카운터 라인 생략
```

[예 15-11] 다이얼러 인터페이스와 버추얼-액세스 인터페이스 확인

먼저, 이 예에서 PPPoE는 정상 동작 중이다. 다이얼러 인터페이스의 라인 상태가 up이고, line protocol의 상태가 'up(spoofing)'으로 보이면, 이것은 정상 동작 상태임을 의미한다(spoofing이라는 단어는 데이터 링크 로직이 어디엔가 있다는 것을 나타내며, 이 예의 경우, 버추얼-액세스 인터페이스에 있다는 것을 알 수 있다). 출력의 중간 정도를 살펴보면, 인터페이스 버추얼-액세스 2(virtual-access 2)에 대한 결과를 찾을 수 있다. 이 인터페이스는 라인과 프로토콜 상태가 up/up이며, PPPoE가 정상 동작 상태라는 것을 다시 한번 나타낸다.

또한 [예 15-11]이 오직 하나의 명령어에 의한 출력이라는 것이 중요하며, 다이얼러 인터페이스 및 이에 바인딩 된 버추얼-액세스 인터페이스에 대한 정보를 보여준다.

출력의 상단 절반을 집중해서 보면, 다이얼러 인터페이스에 대해 IP MTU는 1492이고, 받아온 IP 주소는 10.1.3.2임을 확인할 수 있다. 또한 PPP 캡슐화를 사용한다는 사실을 보여준다. 하지만 LCP는 Closed 되어 있다. 즉 다이얼러 인터페이스(3계층 인터페이스)에는 PPP가 동작하지 않고, 이 인터페이스에서 LCP가 닫혀있다는 것을 의미한다. 마지막으로 다이얼러 인터페이스의 출력에서는 이 인터페이스가 Vi2, 즉 Virtual-access 2에 바인딩되었다는 것을 보여준다.

출력의 두 번째 절반에서는 인터페이스 Vi2에 대해 유사한 정보를 보여준다. 이 인터페이스에서 PPP가 동작 중이며, 또한 LCP가 open이라고 보여준다. 왜냐하면 이 인터페이스는 PPP/PPPoE 기능을 하기 때문이고, LCP는 PPP의 일부이다. 하지만 버추얼-액세스 인터페이스는 3계층 기능이 없기 때문에, IP 주소는 없는 것을 알 수 있다. IP 주소는 다이얼러 인터페이스에 들어가 있다. 마지막으로 출력의 아래쪽에 보면, 이 인터페이스가 Di2와 바인딩되어 있는 것을 알 수 있는데, Di2는 Dialer 2의 줄임말이다.

show interfaces dialer 2 명령어가 바인딩된 버추얼-액세스 인터페이스의 정보를 보여주기는 하지만(PPPoE가 동작할 때), **show interfaces virtual-access 2** 명령어를 사용해도 버추얼-액세스 인터페이스의 상세 정보를 확인할 수 있다.

버추얼-액세스 인터페이스 설정 검증

[예 15-11]에서는 하나의 명령어로 인터페이스 다이얼러 2의 정보를 보여줬고, 또한 동적으로 생성된 버추얼-액세스 인터페이스의 상세 정보를 포함한, 동작 중인 PPPoE 세션에 대한 세부 정보를 보여줬다. 다음의 짧은 주제에서는 IOS가 어떻게 버추얼-액세스 인터페이스 설정을 만드는지 살펴본다.

흥미롭게도 IOS는 버추얼-액세스 인터페이스 설정을 생성하기 위해, 다이얼러 인터페이스를 설정 템플릿으로 사용한다. IOS가 무엇을 하는지 확인하기 위해, **show interfaces virtual-access 2 configuration** 명령어(또는 짧게 **show int vi2 conf**)를 사용한다. 이 명령어는 [예 15-12]에 보는 것처럼, 다이얼러 인터페이스 설정의 일부를 복사하여, 버추얼-액세스 인터페이스를 동적으로 생성했을 때의 설정을 보여준다. 예에는 세 가지 명령어로 확인한다.

❶ 첫 번째 명령어는 이전의 [예 15-9]에서 봤던, 인터페이스 다이얼러 2 설정을 다시 확인한다.

❷ 두 번째 명령어는 **show interfaces virtual-access 2 configuration**으로 IOS가 생성한 설정을 보여준다. 첫 번째 명령어에서 강조되어 표시된 부분이 IOS가 버추얼-액세스 인터페이스로 복사된 부분이다(추가적으로, 처음에 강조된 라인은 인터페이스가 PPPoE 인터페이스라는 것을 말해준다).

15

❸ 세 번째 명령어는 running-config상에서 버추얼-액세스 2 인터페이스의 부분을 보여준다. 설정은 몇 가지 명령어를 포함하지만, IOS가 동적으로 다이얼러 인터페이스에서 가져온 PPP 설정은 포함되어 있지 않다.

```
R1# show running-config interface dialer 2
Building configuration...

Current configuration: 159 bytes
!
interface Dialer 2
 mtu 1492
 ip address negotiated
 encapsulation ppp
 dialer pool 1
 ppp chap hostname Fred
 ppp chap password 0 Barney
 no cdp enable

! 다음 설정은 가상-엑세스-인터페이스를 위해 IOS에서 생성되는 설정을 보여주고 있다
R1# show interfaces virtual-access 2 configuration
Virtual-Access2 is a PPP over Ethernet link (sub)interface
Derived configuration : 109 bytes
!
interface Virtual-Access2
 mtu 1492
 ppp chap hostname Fred
 ppp chap password 0 Barney
 pulse-time 0
end

R1# show running-config interface virtual-access2
Building configuration...

Current configuration : 58 bytes
!
interface Virtual-Access2
 mtu 1492
 no ip address
end
```

[예 15-12] 버추얼-액세스 인터페이스의 2계층 PPP 출처 확인

PPPoE 세션 상태 검증

13장에서 논의한 바와 같이, PPP는 핵심 PPP 기능을 위한 LCP를 포함한 다양한 제어 프로토콜을 사용한다. PPPoE가 고객 라우터에서 동작하기 시작하면, PPPoE 메시지를 주고 받는데, 메시지는 PPP 세션이 동작 가능 여부를 판단하기 위한 LCP도 포함한다. 각 라우터는 **show pppeo session** 명령어로 PPPoE 동작 상태를 지속적으로 확인한다.

[그림 15-27]은 **show pppoe session interface g0/1** 명령어를 이용해, PPPoE 세션에 대해 발견한 데이터를 표시한다. 특히, 두 장비의 MAC 정보와 함께, PPPoE가 작동하는 데 포함되어 있는 세 개의 인터페이스들을 보여준다. 이 그림은 동일한 정보를 담고 있는 [예 15-13]과의 비교를 위해, 같은 정보들을 구성한다.

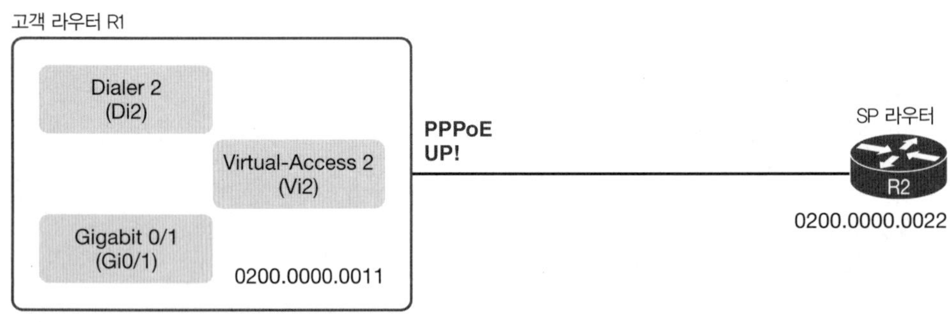

[그림 15-27] [예 15-13]의 결과로 발견된 상세 내용

```
R1# show pppoe session interface gigabitEthernet 0/1
     1 client session

Uniq ID  PPPoE  RemMAC          Port                VT  VA        State
           SID  LocMAC                                  VA-st     Type
    N/A      1  0200.0000.0022  Gi0/1               Di2 Vi2       UP
                0200.0000.0011                          UP
```

[예 15-13] 물리적 인터페이스, 버추얼-액세스 인터페이스, 다이얼러, PPPoE 상태 등을 확인

show pppoe session 명령어는 [예 15-13]에서 보는 것과 동일한 정보를 보여주지만, 라우터의 모든 PPPoE 세션을 보여준다는 차이가 있다. 이 예의 **show pppoe session interface gigabitethernet0/1** 명령어는 인터페이스 G0/1에 대한 결과만 보여준다.

다이얼러 인터페이스 3계층 상태 검증

다이얼러 인터페이스는 라우터의 3계층 인터페이스의 역할을 하며, 버추얼-액세스 인터페이스를 생성하기 위한 설정 템플릿이 된다. 따라서 다이얼러 인터페이스는 IP 주소를 가지고 있어야 한다. 만약 동적으로 가져온다면, 일반적으로 IPCP라고 하는 PPPoE를 통해 가져오게 된다. 추가적으로, IP 라우팅 테이블의 모든 경로는 PPPoE에서 사용되는 버추얼-액세스 인터페이스나 이더넷 인터페이스 대신, 다이얼러 인터페이스를 참조하게 된다.

15

이 절에서 이어지는 예에서는 고객 라우터 R1에서 두 명령어를 통해 다이얼러가 IP 주소를 가지고 있으며 경로들이 다이얼러 인터페이스를 사용한다는 사실을 확인한다. **show ip route** 명령어는 R1의 학습된 인터페이스 주소 10.1.3.2와 인접 SP의 주소인 10.1.3.1에 대한 연결된 경로를 나열한다. PPP의 IPCP는 PPP 링크 다른 끝에 주소를 알리기 때문에, R1은 R2의 IP 주소(10.1.3.1)를 인식하고, [예 15-14]에 보는 것처럼, 연결된 경로를 추가한다.

```
R1# show ip route
! 간략화를 위한 라인 생략

      10.0.0.0/8 is variably subnetted, 4 subnets, 2 masks
C        10.1.1.0/24 is directly connected, GigabitEthernet0/2
L        10.1.1.9/32 is directly connected, GigabitEthernet0/2
C        10.1.3.1/32 is directly connected, Dialer2
C        10.1.3.2/32 is directly connected, Dialer2
R1# show ip interface brief dialer 2
Interface              IP-Address      OK? Method Status          Protocol
Dialer2                10.1.3.2        YES IPCP   up              up
```

[예 15-14] 다이얼러 인터페이스의 3계층 출처 확인

예의 두 번째 명령어는 다이얼러 인터페이스를 위한 **show ip interface brief** 명령의 출력을 한 줄로 보여준다. 이것은 주소를 나열하지만, method 항목이 'IPCP'라는 것이 더 중요하다. 이것은 R1이 PPP의 IPCP라는 PPPoE를 통해 주소를 받았다는 사실을 확인한다.

PPPoE 문제 해결

다른 네트워크 장애와 마찬가지로 2계층 기능이 문제가 있는 경우, 3계층 기능도 작동하지 않는다. 마찬가지로 1계층에 문제가 있는 경우, 2계층에서는 1계층에서 발생한 문제를 알 수 없다. 네트워크 계층, 데이터 링크 계층, 물리적 계층에서 문제가 있을 경우, 대부분 문제를 찾기 위해 하위 계층에서부터 상위 계층까지 확인을 해야 한다.

이번 문제 해결 절에서는 유사한 접근 방법을 제시한다. 누락되거나 잘못된 PPPoE 설정과 **show** 명령어 출력의 차이점을 모두 확인하려면 상당히 힘들 수 있다. 대신에, 이 절에서는 이전 PPPoE 주제에서 봤던 설정을 재구성하기 위한 구조화된 접근을 취한다(특히 [예 15-9]에 나열되고, [그림 15-25]에서 반복됨). 몇 가지 관련 명령을 설정하고, 잠시 현재 상태를 확인하고 논의함으로써, 설정이 일부 빠졌거나 잘못된 매개 변수를 사용하는 경우 생길 수 있는 상태를 배울

수 있다.

이 절에서는 다이얼러 인터페이스에 설정을 하고 나서, 물리적 인터페이스에 다음과 같은 세 가지 단계의 설정을 한다. 아래 그림에서는 이전의 [그림 15-25]에서 봤던 TCP/IP 1계층, 2계층, 3계층을 기반으로 하여 설정을 구성하였다(편의를 위해 [그림 15-28]로 반복하여 보여준다).

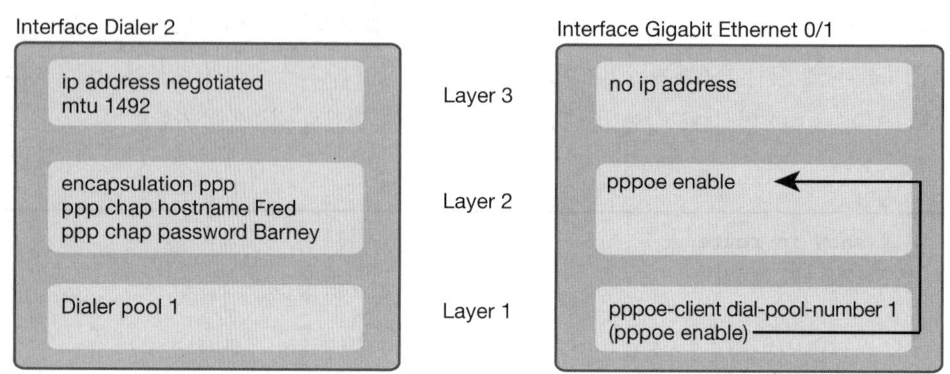

[그림 15-28] 라우터 R1의 PPPoE 클라이언트 설정([그림 15-25]와 동일함)

이번 장의 다음 일부 주제를 통해, 아래 단계에 따라 설정이 끝날 때까지, 설정 단계별 PPPoE의 상태를 분석한다. 각 단계에서 현재 상태에 대한 핵심 사실을 알려주기 위해, 몇 가지 의견을 제시한다.

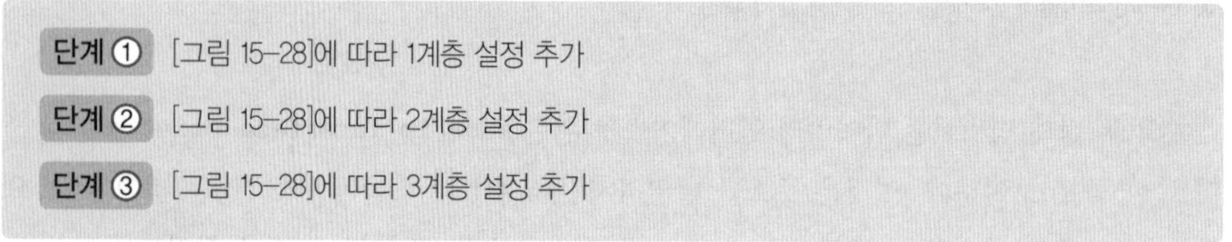

단계 ① [그림 15-28]에 따라 1계층 설정 추가

단계 ② [그림 15-28]에 따라 2계층 설정 추가

단계 ③ [그림 15-28]에 따라 3계층 설정 추가

단계⓪: 단계① 을 시작하기 전 상태

이 문제 해결 시나리오는 PPPoE와 관련된 모든 기본 설정을 가진 R1에서 시작된다. 단 [예 15-15]에 보는 것처럼, 라우터 R1(고객 라우터) 상에 이미 몇 개의 명령어가 있는 상태로 시작한다. 인터페이스에 MAC 주소가 설정되어 있는데, 이는 **show** 명령어 출력에서 쉽게 찾아보기 위한 목적일 뿐이다. 같은 이유로, SP 라우터인 R2도 MAC 주소가 0200.0000.0022로 설정되어 있다.

추가적으로, **interface dialer 2** 명령어를 사용하여 다이얼러 2 인터페이스가 생성되었다. 하지만, 다른 인터페이스 명령어는 더 이상 추가되지 않았다. 다른 설정 없이 다이얼러 인터페이스를 먼저 만드는 이유는 다이얼러 인터페이스 상태에 대한 몇 가지 세부 사항을 강조하기 위함이다.

```
R1# show running-config interface gigabitethernet0/1
Building configuration...

Current configuration : 202 bytes
!
interface GigabitEthernet0/1
 mac-address 0200.0000.0011
 no ip address
end
R1# show running-config interface Dialer2
Building configuration...

Current configuration : 55 bytes
!
interface Dialer2
 no ip address
```

[예 15-15] 문제 해결을 시작할 때, 고객 라우터(R1)의 관련 설정

다른 설정을 추가하기 전, 다이얼러 인터페이스의 상태는 라우터 또는 스위치의 대부분의 인터페이스 상태와는 다르다. **shutdown** 명령어로 다이얼러 인터페이스를 설정할 수 있으며, 다른 라우터 인터페이스처럼 관리적으로(administratively) 비활성화된 상태를 갖는다. 하지만, 다이얼러 인터페이스는 **no shutdown** 상태가 기본이다.

다이얼러 인터페이스가 정상 동작하지 않는 경우, 다이얼러 인터페이스에 하위 명령이 전혀 구성되어 있지 않다면, [예 15-16]과 같이 인터페이스와 프로토콜 상태가 up(spoofing)이 된다. **show ip interface brief** 명령어는 두 개의 상태 코드(인터페이스 상태와 프로토콜 상태)를 모두 up으로만 보여준다. 하지만 **show interface** 명령어는 'up(spoofing)'이라는 상태 정보를 보여준다(**show interfaces dialer 2 | include line** 명령어는 'line'이라는 글자가 포함된 줄만 필터링해서 보여준다).

```
R1# show interfaces dialer 2 | include line
Dialer2 is up (spoofing), line protocol is up (spoofing)
R1# show ip interface brief dialer 2
Interface                  IP-Address      OK? Method Status                Protocol
Dialer2                    unassigned      YES unset  up                    up
R1# show pppoe session
R1#
```

[예 15-16] 단계 0: 다른 추가 설정 없이, 생성된 후의 다이얼러 2 인터페이스 상태

출력 맨 아래에 있는, **show pppoe session** 명령어는, 아무런 결과를 보여주지 않았기 때문에, PPPoE가 아직 동작 중이 아님을 알 수 있다. PPPoE가 동작하면, 이 명령어는 라우터 상의 모든 PPPoE 세션에 대한 결과를 그룹화하여 보여준다.

단계① 1계층 설정 후 상태

[그림 15-28]의 아래쪽에 1계층이라고 이름 붙여진 명령어가 보인다. 다음 절은 아래의 명령어를 라우터에 추가하면서 시작한다. 특히:

❶ **dialer pool 1** 명령어가 다이얼러 인터페이스에 추가된다.

❷ **pppoe-client dial-pool-number 1** 명령어가 인터페이스 G0/1에 추가된다.

❸ IOS는 인터페이스 G0/1에 **pppeo enable** 명령어를 자동적으로 추가한다.

이 시점에서, 다이얼러 인터페이스는 참조하는 풀을 가지게 되고, 이더넷 인터페이스(이 경우, G0/1)는 풀에 속하게 된다. 결국 다이얼러 인터페이스는 사용할 수 있는 물리적 인터페이스를 갖게 되는 것이다. [예 15-17]에서는 다이얼러 인터페이스와 물리적 인터페이스가 함께 동작하고(1계층), PPPoE(2계층)는 아직 동작하지 않음을 확인한다. 이 경우, 특히 주의해야 할 사항은 다음과 같다:

- 다이얼러 인터페이스 상태는 여전히 up(spoofing)이다. PPPoE가 동작하기 전까지는 인터페이스 상태는 이 상태를 유지한다.
- R1에 G0/1에 **pppoe enable** 명령어가 자동적으로 설정되었기 때문에, R1은 최소한 PPPoE 세션을 만들려고 시도한다. **show pppoe session** 명령어를 통해 R1이 시도하는 것을 확인할 수 있다. 그러나 강조된 항목을 [예 15-12]의 동작 중인 결과와 비교하면, 다음을 확인할 수 있다.
  - state가 up이 아니다(PADISNT 상태임).
  - VA(virtual-access) 인터페이스를 출력하지 않고, N/A(not applicable)라고만 출력한다.
  - 이 시점에서, MAC 주소(모두 0)로 자리 표시 기호만 나열되며, 이것은 라우터에서 사용하는 주소가 아니다.

```
R1# show interfaces dialer 2 | include line
Dialer2 is up (spoofing), line protocol is up (spoofing)
R1# show pppoe session
  1 client session

Uniq ID  PPPoE  RemMAC          Port                VT  VA        State
           SID  LocMAC                                  VA-st     Type
    N/A      0  0000.0000.0000  Gi0/1               Di2 N/A       PADISNT
                0000.0000.0000
```

[예 15-17] 단계① 이후 상태: 1계층 설정([그림 15-28]에 따른)

또한, 예에서는 다이얼러 인터페이스 IP 주소나 직결 경로(connected route)와 같은 3계층 정보를 살펴볼 필요가 없다. PPPoE가 여전히 동작하지 않기 때문에(2계층), 3계층 주소 검색은 아직 작동하지 않는다.

단계② 2계층(PPP) 설정 후 상태

이 단계에서 [그림 15-28]의 2계층에 대한 설명에 따라, R1은 다이얼러 인터페이스에 **encapsulation ppp**, **ppp chap hostname Fred**, **ppp chap password Barney** 등의 세 개의 PPP 명령어를 추가한다. 이것으로 R1의 모든 PPP와 PPPoE 설정이 끝나기 때문에, PPPoE 세션은 동작해야 한다. [예 15-18]의 출력에서 다음을 포함하여, 작동 중인 PPPoE 디자인에 대한 많은 사실을 확인할 수 있다.

- 다이얼러 2 인터페이스 상태가 up(spoofing)이 아닌 up 상태이다(다만, 정상 동작 중에도, 프로토콜은 up(spoofing) 상태를 유지한다).
- **show pppoe session** 명령어는 UP 상태를 보여준다.
- **show pppoe session** 명령어는 세 개의 핵심 인터페이스를 보여준다. dialer 2(Di2), virtual-access 1(Vi1), GigabitEthernet0/1(Gi0/1).
- **show pppoe session** 명령어는 로컬 라우터와 SP 라우터의 MAC을 보여준다.

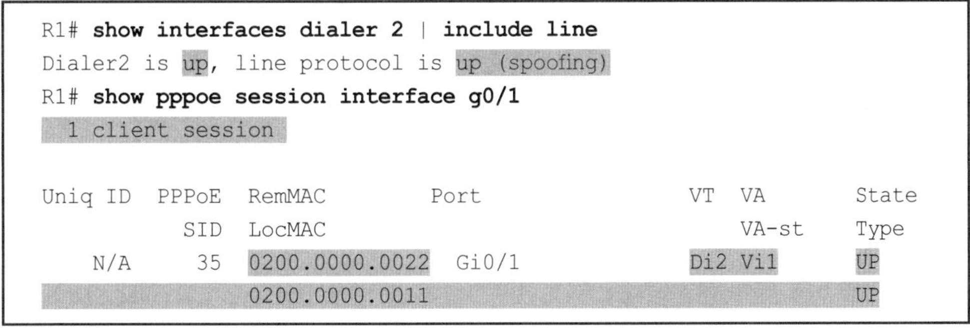

```
R1# show interfaces dialer 2 | include line
Dialer2 is up, line protocol is up (spoofing)
R1# show pppoe session interface g0/1
  1 client session

Uniq ID  PPPoE  RemMAC          Port                 VT  VA        State
           SID  LocMAC                                   VA-st     Type
    N/A     35  0200.0000.0022  Gi0/1                Di2 Vi1       UP
                0200.0000.0011                                     UP
```

[예 15-18] 단계② 이후 상태: 2계층 설정([그림 15-28]에 따른)

여기에 표시되지는 않지만, PPPoE가 이제 up이고 명령어는 두 개의 메시지 그룹을 보여주는데, 첫 번째 그룹은 다이얼러 인터페이스에 대한 것이고, 두 번째 그룹은 Vi1 인터페이스에 대한 것이다. PPPoE 세션이 up이 되고, Vi1 인터페이스를 Di2에 바인딩하기 전에, **show interfaces dialer 2** 명령어는 오직 다이얼러 2에 대한 결과만 보여준다([예 15-11]의 출력을 참고).

하지만, 문제는 여전히 있다. 이 시점에서, 1계층과 2계층 설정이 추가되고, 동작이 검증되었지만, 3계층 설정은 아직 추가되지 않았다. 설정을 추가하기 전에 이런 이슈를 확인하기 위해, [예 15-19]에서는 다이얼러 인터페이스의 IPv4 주소 상태와 그와 연관된 IP 경로가 없다는 것을 보여준다. 다이얼러 인터페이스에 할당된 IP 주소가 없고, 출구 인터페이스로 다이얼러 2를 사용하는 경로가 없다. 이 예에서 무시하는 G0/2만 출구 인터페이스로 사용되고 있다.

```
R1# show ip interface brief dialer 2
Interface              IP-Address      OK? Method Status        Protocol
Dialer2                unassigned      YES unset  up            up
R1# show ip route
! Legend omitted for brevity
      10.0.0.0/8 is variably subnetted, 2 subnets, 2 masks
C        10.1.1.0/24 is directly connected, GigabitEthernet0/2
L        10.1.1.9/32 is directly connected, GigabitEthernet0/2
```

[예 15-19] 단계② 이후 3계층 상태: 다이얼러 인터페이스에 IP 설정이 없음.

단계③ : 3계층(IP) 설정 후 상태

[그림 15-28]은 3계층에 있어서, 세 개의 설정 명령을 보여주며, 이 중 두 개는 다이얼러 인터페이스에 적용된다. 이 단계에서는 인터페이스 다이얼러 2에 두 개의 명령어를 추가하는데, 즉, **ip address negotiated**와 **mtu 1492** 명령이다([그림 15-28]의 3계층을 위한, 세 번째 명령어인 인터페이스 G0/1에서 **no ip address** 명령어는 [예 15-15]에서 설명한 대로 사전에 구성되었다).

이제 모든 것은 정상 동작해야 한다. 이 문제 해결 시나리오의 설정은 [예 15-9]와 [그림 15-28]과 정확히 일치해야 하는데, 이것은 [예 15-11]에서 [예 15-14]까지 보여준 모든 검증 명령어 결과를 수집하기 위해 사용된 설정과 동일해야 한다. 이러한 모든 명령어를 다시 반복하기 보다는 이러한 예를 참조하여 모든 것이 잘 동작할 때의 상태를 확인해야 한다. 3계층 상태의 경우, 다이얼러 인터페이스의 3계층 상태를 보여주는 [예 15-14]를 확인하고 검토한다.

PPPoE 문제 해결 요약

PPPoE 검증 및 문제 해결에 대한 이번 절에서는 많은 명령어 예들을 살펴 봤다. 이 절에서 복습과 시험 준비에 도움이 되는 방법에 대해 몇 가지 제안을 요약한다.

- 1계층: 만약, **show pppoe session** [**interface** *type number*] 명령어가 아무 출력이 없거나 물리적 인터페이스와 다이얼러 인터페이스 모두에 대한 출력을 포함하지 않는다면, [그림 15-28]에 설명한 대로 1계층 명령어가 있는지 확인하라. 이들 명령어의 오류도 또한 확인하라. 예를 들어, 다이얼러 풀 번호는 반드시 일치해야 한다. 또한 다이얼러 인터페이스와 물리적 인터페이스 모두 shutdown 상태가 아닌지 확인하라([예 15-16] 참조).
- 2계층: 만약, **show pppoe session** [**interface** *type number*] 명령어가 출력이 있고, 물리적 인터페이스와 다이얼러 인터페이스를 보여주지만, Vi 인터페이스가 없다면, [예 15-28]에 설명한 2계층 설정을 확인하라. 이런 설정이 아마도 빠져 있거나, 실수가 있을 수 있다. 예를 들어, 아주 간단하게 CHAP 암호가 틀린 경우 이런 결과가 나온다([예 15-17] 참조).

- 2계층: 만약, **show interfaces dialer** *number* 명령어가 인터페이스 상태로 up(spoofing)을 보여준다면, PPPoE가 아직 동작하고 있지 않다는 것이다. 그렇다면, 다이얼러 인터페이스에서 PPP 설정을 확인하고, SP가 요구하는 사용자 이름과 암호를 확인하라([예 15-18] 참조).
- 2계층: PPPoE가 동작하고 있다고 확신하려면, [예 15-18]의 **show pppoe session** 명령어 출력에 있는 세 가지 항목을 찾아본다.
  - 상태가 up
  - 줄임말로 보이는 세 개의 인터페이스: 이더넷 인터페이스(예에서 Gi0/1), 다이얼러 인터페이스(Di2), 버추얼-액세스 인터페이스(Vi1).
  - 두 라우터의 MAC 주소. 로컬 라우터의 **show interface** 명령어로 로컬 MAC을 확인한다.
- 3계층: **show interfaces** 또는 **show ip interface brief** 명령어가 다이얼러 인터페이스의 IP 주소를 표시하지 않는다면, [그림 15-28]에서 빠지거나 잘못된 3계층 명령어가 있는지 찾아본다.

또한 두 가지 가능성의 긍정적 오류가 있다:

- 다이얼러 인터페이스 상태: 만약, **show interfaces dialer** *number* 명령이 프로토콜 상태를 up(spoofing)으로 보여주면, 걱정할 필요 없다. 동작 중이거나 그렇지 않을 때도, 이런 상태를 보여준다([예 15-18] 참조).
- 물리적 인터페이스 IP 주소: 물리적 이더넷 인터페이스는 IP 주소가 없다.

이 인터페이스는 이더넷 프레임을 전송하는 데 사용된다. 따라서 PPPoE와 함께 **no ip address** 명령을 사용하여 물리적 인터페이스를 설정하는 것이 적절하다.

챕터 리뷰

시험을 잘 보기 위해 중요한 한 가지 핵심은 시간 간격을 두고 반복적으로 복습하는 것이다. 이 장의 내용을 복습하기 위해 책과 DVD에 있는 툴 또는 관련 있는 웹사이트의 대화형 도구를 이용할 수 있다. 자세한 사항은 '당신의 학습 계획' 내용을 참조하자. [표 15-2]에는 핵심 복습 내용과 그 내용을 찾을 수 있는 위치를 표시하였다. 두 번째 칸에 복습 완료 날짜를 기록한다.

리뷰 사항	복습 일정	사용 자료
핵심 주제 리뷰		책, DVD/웹 사이트
핵심 용어 리뷰		책, DVD/웹 사이트
DIKTA 문항 답변		책, PCPT
랩 실습		블로그
명령어 참조 표 리뷰		책

[표 15-2] 리뷰 확인

핵심 주제 리뷰

핵심 주제	설명	쪽 번호
그림 15-6	IPsec 암호화 절차	434
그림 15-7	SSL과 클라이언트 VPN 옵션	435
그림 15-10	학습된 IP 경로와 site-to-site 터널	438
그림 15-12	GRE 터널 패킷의 주소	440
그림 15-15	GRE 터널 주소 개념: 보안되거나 보안되지 않은 네트워크	441
리스트	터널 인터페이스가 up/up 상태가 되기 전, GRE **tunnel source** 명령어의 규칙	446
리스트	터널 인터페이스가 up/up 상태가 되기 전, GRE **tunnel destination** 명령어의 규칙	447
리스트	다이얼 풀(dial pool) 로직	457
그림 15-25	OSI 계층에 의한 PPPoE 설정 분할	458
그림 15-26	PPPoE 검증 개념과 인터페이스	462
리스트	PPPoE의 가능성 있는 이슈 나열	472~473
리스트	PPPoE 문제의 가능성 있는 긍정적 오류 지표 나열	473

[표 15-3] 15장의 핵심 주제

핵심 용어

IPsec, 공유키(shared key), SSL, VPN, VPC 클라이언트, 클라이언트 VPN, GRE(generic routing encapsulation), GRE 터널, 암호화(encrypt/encryption), 복호화(decrypt/decryption), 사이트-투-사이트(site-to-site) VPN, 암호화 키, SSL(Secure Sockets Layer), 시스코 VPN 클라이언트, 시스코 AnyConnect Secure Mobility 클라이언트, 터널 인터페이스, DMVPN(Dynamic Multipoint VPN), NHRP(Next Hop Resolution Protocol), NHRP 서버, NHRP 클라이언트, PPPoE 세션, 다이얼러(dialer) 인터페이스, 버추얼-액세스(virtual-access) 인터페이스, 다이얼 풀(dial pool), DSL(digital subscriber line), DSL 모뎀, 케이블 인터넷(cable internet), 3G/4G 인터넷, 광 인터넷(fiber internet), PPPoE(PPP over Ethernet)

참조 명령어

[표 15-4]과 [표 15-5]은 이번 장에서 사용된 설정 및 검증 명령어이다. 복습을 위해서, 표의 왼쪽 부분을 가리고 오른쪽 설명 부분을 보면서 명령어를 어느 정도 잘 기억하고 있는지 가늠해본다. 그 다음 반대로 오른쪽 설명 부분을 가리고 왼쪽 명령어 부분만 보면서 각 명령어에 대한 설명을 기억해보자.

명령어	설명
tunnel source *interface-type interface-number*	로컬 라우터의 터널 출발지 IP 주소를 정의하는 터널 인터페이스 하위 명령어. 하지만 간접적이며 라우터는 인터페이스에 설정된 IP 주소를 사용한다.
tunnel source *ip-address*	로컬 라우터의 터널 출발지 IP 주소를 직접 정의하는 터널 인터페이스 하위 명령어.
tunnel destination *ip-address*	터널의 목적지 IP 주소를 정의하는 터널 인터페이스 하위 명령어로, 터널의 다른 종단에 존재하는 IP이다.
tunnel mode gre ip	터널의 모드를 정의하는 터널 인터페이스 하위 명령어로, 터널의 양단에서 모두 일치해야 한다. 기본값은 gre ip이다.
interface tunnel *number*	터널 인터페이스를 10진수 인터페이스 번호에 맞춰 생성하면서, 터널 설정 모드로 변경하여 주는 글로벌 명령어.
permit gre *source-ip source-mask destination-ip destination-mask*	IP 프로토콜 47번의 GRE 메시지를 일치시키는 확장 명칭 ACL 모드 명령어.
interface dialer *number*	다이얼러 인터페이스를 10진수 인터페이스 번호에 맞춰 생성하면서, 다이얼러 설정 모드로 변경하여 주는 글로벌 명령어.
ip address negotiated	인터페이스가 IP 주소를 PPP IPCP를 사용해서 발견하라고 정의해주는 인터페이스 하위 명령어.
mtu *size*	인터페이스로 보내지는 패킷이 쪼개지지 않도록, 최대 IP 패킷의 크기를 정의하는 인터페이스 하위 명령어.
encapsulation ppp	데이터 링크 프로토콜을 PPP로 설정하는 시리얼과 다이얼러 인터페이스의 하위 명령어.
ppp chap hostname *name*	CHAP를 사용 시, 인터페이스가 호스트 이름 대신 이 이름을 사용하라고 알려주는 인터페이스 하위 명령어.
ppp chap password *value*	CHAP 사용 시, 인터페이스가 이 암호를 사용하라고 알려주는 인터페이스 하위 명령어.
dialer pool *number*	다이얼러 풀을 참조하기 위해, 다이얼러 인터페이스에서 사용되는 인터페이스 하위 명령어.
pppoe–client dial–pool–number *number*	인터페이스에서 사용되는 하위 명령어로, 인터페이스를 가용한 다이얼러 인터페이스에 추가한다.
pppoe enable	PPPoE 기능을 활성화하기 위한, 인터페이스에서 사용되는 하위 명령어.
mac–address *address*	이더넷 인터페이스에서 사용되는 인터페이스 하위 명령어로, 인터페이스에서 사용되는 MAC 주소를 할당한다.

[표 15–4] 15장에서 다룬 설정 명령어

명령어	설명
show interfaces tunnel *number*	터널 인터페이스의 상태를 보여준다.
show interfaces dialer *number*	다이얼러 인터페이스의 상태를 보여준다.
show interfaces virtual–access *number*	버추얼–액세스 인터페이스의 상태를 보여준다.
show interfaces virtual–access *number* configuration	다이얼러 인터페이스를 기반으로 버추얼–액세스 인터페이스를 IOS가 생성하는 설정을 보여준다.
show pppoe session [interface *type number*]	각 PPPoE 세션에 대한 몇 줄의 상태를 보여준다(만약 나열된다면, 특정 인터페이스의 세션만 표시).

[표 15–5] 15장에서 다룬 EXEC 명령어

Part III 리뷰

[표 P3-1]의 체크리스트와 함께 파트 리뷰 과정을 추적하기 바란다. 각 과제의 상세 내용은 아래 표를 따른다.

활동	첫 번째 끝낸 날짜	두 번째 끝낸 날짜
모든 DIKTA 질문 반복		
파트 리뷰 질문 답하기		
핵심 주제 리뷰		
마인드 맵 생성		
랩 실습		

[표 P3-1] Part III 리뷰 체크리스트

모든 DIKTA 질문을 반복하라

이 항목에 대해서는 이 파트의 모든 장들의 사전 점검 퀴즈를 PCPT 소프트웨어를 사용해서 답해 본다.

파트 리뷰 문제를 풀어라

이 항목에 대해서는, PCPT 소프트웨어를 사용해서 책의 이 파트를 위한 파트 리뷰 질문에 답한다. 더 자세한 사항은 이 책의 소개 부분 '파트 리뷰 문제 보는 방법' 절을 참고한다.

핵심 주제를 리뷰하라

DVD나 동반자 웹 사이트 상의 핵심 주제(Key Topics) 애플리케이션을 이용하거나 장들을 검색함으로써 이 파트 안에 있는 모든 장들의 핵심 주제를 리뷰한다.

용어 마인드맵 생성

이 파트의 장은 다른 주제들로 다양하게 구성돼 있다. 지난 장들을 다시 보거나 메모를 보지 않고, 책의 Part III으로부터 당신이 기억하는 모든 용어들을 마인드 맵으로 만들어본다. 당신이 할 일은 다음과 같다:

- 이 책의 Part III에서 당신이 기억하는 모든 용어를 생각하라.
- 용어들을 다음과 같이 정리하라: 시리얼 링크, PPP/MLPPP, Metro Ethernet, MPLS, Internet access, VPN concepts, GRE, DMVPN, PPPoE.

- 마인드 맵에 당신이 기억하는 모든 용어를 쓴 다음, 13장부터 15장까지 주요 용어 목록을 리뷰하라. 당신의 마인드 맵에 당신이 잊은 용어를 추가하라.

카테고리별로 명령어 마인드 맵 생성

이 책의 Part III은 설정과 EXEC 명령어를 모두 소개했다. 다음 목록의 명령어를 각 카테고리별로 하나의 마인드 맵(또는 큰 마인드 맵의 한 부분으로)으로 작성하라:

PPP, MLPPP, GRE, PPPoE

카테고리마다 모든 설정 명령어와 EXEC 명령어(대부분 **show** 명령어)를 생각해라. 카테고리마다 EXEC 명령어와 설정 명령어를 그룹으로 나누어라.

부록 E '마인드 맵 솔루션'은 마인드맵 정답 예를 나열한다. 만약 종이 대신 마인드맵 소프트웨어를 선택해야 한다면, 당신은 마인드맵 파일이 어디에 저장되어 있는지 기억해야 할 수 있다. [표 P3-2]는 이 파트 복습을 위한 마인드 맵과 그 파일 이름들이 저장된 곳을 나열한다.

맵	설명	저장한 곳
1	용어 마인드 맵	
2	명령어 마인드 맵	

[표 P3-2] Part III 복습을 위한 마인드맵 설정

랩 실행

랩 도구 선택에 따라, 랩에서 할 일에 대한 제안이 있다.

- **피어슨 네트워크 시뮬레이터(Pearson Network Simulator)**: 100-105, 200-105, 200-125 시험에 관한 피어슨 네트워크 시뮬레이터 업데이트가 이루어졌다면, Sim의 '장별 정렬'에서 쉽게 검색하여 모든 주제에 관한 랩을 볼 수 있을 것이다. 해당 랩을 해본다(책이 출판되었을 때, 존재했던 Sim 버전은 GRP와 PPP를 랩에 포함한다).
- **컨피그 랩**: 한가한 시간에 글쓴이의 블로그에서 이 책의 랩 설정 부분을 리뷰하거나 반복한다. http://blog.certskills.com/ccna에 들어가 Hands-On 〉 Config Lab으로 이동하면 된다.
- **기타**: 다른 랩 툴을 사용한다면, 이 장의 모든 것은 두 라우터에서 테스트할 수 있다. PPP 랩은 시리얼 인터페이스를 필요로 하고, PPPoE는 이더넷 인터페이스를 필요로 한다.

Part IV는 IPv4 ACL과 QoS의 두 가지의 주제를 다루면서, 이 책의 광범위한 IPv4 주제에 대해 계속 설명한다. 두 가지 흥미로운 주제는 기술 측면과 이러한 주제를 가지고 시스코가 시험에서 어떻게 적용했는지 살펴보는 것이다.

우선 IPv4 ACL에 대해, 16장과 17장에서는 IPv4 ACL의 기본 및 고급 기능에 대해 논의한다. ACL은 IPv4 패킷 헤더를 보고 선택할 수 있도록 프로그래밍할 수 있는 패킷 필터링이며, 패킷이 통과하거나 폐기시킬 수 있다.

시험 관점에서, 시스코는 ICND1 100-105, ICND2 200-105 시험 모두에서 IPv4 ACL에 대한 중복되는 시험 주제를 포함했다. 이러한 필요를 충족시키기 위해, ICND1과 ICND2 공식 시험 가이드는 동일한 장을 포함한다. 이 책의 16장과 17장의 내용은 ICND1의 25장과 26장과 동일하다. ICND1 100-105 시험 가이드를 읽는 사람들은 중첩되는 시험 주제에 대해 동일한 책 내용을 보기 때문에, 이 책의 16장과 17장은 간단히 복습하고 세부 사항을 상기시키며, 학습 시간을 빠르게 할 수 있다.

18장은 이 파트의 마지막 장으로 QoS를 논의한다. QoS 도구를 사용하면, 엔지니어가 라우터와 스위치에서 내부 처리 절차를 직접 변경하여, 특정 패킷이 경험하는 대역폭, 지연, 지터, 손실 등의 특성을 변경할 수 있게 한다. QoS는 어떤 패킷의 동작을 향상시키고, 다른 패킷의 동작을 어쩔 수 없이 악화시키는 동작들을 관리한다.

QoS는 현재 시험의 관점에서 흥미로운 주제이기도 하다. 과거 CCNA R&S 시험 블루 프린트에서는 QoS를 거의 언급하지 않았다. 현재 시험에서 언급한 QoS는 CCNA R&S 시험 주제로 나열된 내용에 새롭게 추가되었다.

Part Ⅳ

IPv4 서비스: ACL과 QoS

Chapter 16: 기본 IPv4 액세스 컨트롤 리스트(ACL)

Chapter 17: 고급 IPv4 액세스 컨트롤 리스트(ACL)

Chapter 18: QoS(서비스 품질)

Part Ⅳ 리뷰

CHAPTER 16

기본 IPv4 액세스 컨트롤 리스트(ACL)

이 장은 다음 시험 주제를 다룬다.

4.0 인프라스트럭처 서비스

4.4 트래픽 필터링을 하기 위해, IPv4와 IPv6 ACL을 설정, 검증, 문제 해결

4.1a 표준(Standard)

IPv4 ACL(Access Control List)을 통해, 네트워크 엔지니어는 라우터에 필터링을 적용할 수 있다. 각 라우터의 인터페이스에 진입(inbound) 및 진출(outbound) 방향으로 다른 정책을 걸기 위해, 서로 다른 ACL을 적용할 수 있다. 각 ACL 정책을 통해 어떤 패킷이 버려지고 어떤 패킷이 통과시킬지 적용한다.

이번 장에서는 기본적인 IPv4 ACL에 대해 알아보는데, 그 중 특히 IP ACL의 한 종류인 표준 번호 IP ACL에 대해 살펴본다. 다음 장인 '고급 IPv4 액세스 컨트롤 리스트'에서는 다른 종류의 IP ACL을 알아보면서 이 부분을 마치도록 한다.

ICND1 100-105 시험 가이드를 이미 읽어본 독자는 그림과 예가 많이 비슷하다는 것을 알 것이다. 사실, 이 장은 ICND1 책의 25장과 동일한 내용이다. 특히 이 책의 17장은 ICND1 책의 26장과 동일하다. 좀 더 효과적으로 공부할 수 있도록 두 책의 내용을 동일하게 구성하였다. 그 이유는 다음과 같다:

- 시스코 ICND1과 ICND2 ACL 시험의 주제가 많은 부분 일치하기 때문이다. 따라서 두 책 모두 이번 주제를 다뤄야 할 필요성이 있다.
- 만약 이 책에 있는 ACL 관련 내용 중 일부분이 ICND1 책과 동일하지 않다면, 새로운 내용을 확인하고자, 당신은 아마도 두 책 모두 읽고 싶어할 수 있기 때문이다.
- 이 두 장에 대해서, ICND1과 ICND2는 완벽하게 동일한 내용이므로, ICND2를 읽는 것이 좋다.

만약 여러분이 ICND1 책에서 이 장을 이미 읽었다면, 노트 부분을 참고하고, 이 장을 적당히 훑어본 후, 여러분이 내용을 숙지했는지 확인하기 위해, 이번 장의 복습 부분을 이용하라. 이 방법이 이 책을 좀 더 효과적으로 이용하는 방법이라고 생각한다. ICND1을 공부하는 것과 ICND2를 공부하는 것은 차이가 없을 것으로 생각한다. IPv4 ACL에 대해 읽고 복습해보자.

QUIZ 사전 점검 퀴즈

아래의 사전 점검 퀴즈(지문 또는 PCPT 소프트웨어 사용)를 풀어보면 이 장을 읽고 이해하는 데 시간이 얼마나 걸릴 것인지 가늠할 수 있다. 정답은 퀴즈 다음 페이지 하단에 있으며, 퀴즈 정답에 대한 자세한 설명은 DVD 부록 C와 PCPT 소프트웨어에 담겨 있다.

16

핵심 주제	문항
IP ACL 기초	1
표준 번호 IPv4 ACL	2-5
표준 IP ACL의 적용 연습	6

[표 16-1] 핵심 주제와 관련된 사전 점검 퀴즈 문항

1. 호스트인 바니의 서브넷은 10.1.1.0/24이고 IP 주소는 10.1.1.1이다. 여기에 표준 IP ACL을 설정하려면 어떻게 해야 하는가? (2개를 고르시오)

a. 정확한 출발지 IP 주소에 부합(Match)되도록 한다.

b. 하나의 **access-list** 명령어로 10.1.1.1에서 10.1.1.4까지의 IP 주소에 부합되며, 다른 IP 주소에는 부합되지 않는다.

c. 하나의 **access-list** 명령어로 다른 IP 주소에는 부합되지 않고, 바니의 서브넷에 있는 모든 IP 주소에는 부합되도록 한다.

d. 패킷의 목적지 IP 주소에만 부합되도록 한다.

2. 다음 중 표준 번호 IP ACL로 사용할 수 있는 번호는 무엇인가? (2개를 고르시오)

a. 1987

b. 2187

c. 187

d. 87

3. 10.1.128.0 서브넷과 255.255.255.0 마스크에 있는 모든 IP 패킷에 부합되는 가장 유용한 와일드카드 마스크는 어떤 것인가?

a. 0.0.0.0

b. 0.0.0.31

c. 0.0.0.240

d. 0.0.0.255

e. 0.0.15.0

f. 0.0.248.255

4. 10.1.128.0 서브넷과 255.255.240.0 마스크에 있는 모든 IP 패킷에 부합되는 가장 유용한 와일드카드 마스크는 어느 것인가?

a. 0.0.0.0

b. 0.0.0.31

c. 0.0.0.240

d. 0.0.0.255

e. 0.0.15.255

f. 0.0.248.255

5. ACL 1은 주소 및 와일드카드 값으로 1.0.0.0 0.255.255.255, 1.1.0.0 0.0.255.255, 1.1.1.0 0.0.0.255의 값을 갖는 구문을 포함하고 있다. 라우터가 출발지 IP 주소가 1.1.1.1인 패킷을 ACL을 이용하여 부합되도록 하려면, 부합되는 패킷을 위해 어떤 ACL 구문을 고려할 수 있는가?

a. 첫 번째

b. 두 번째

c. 세 번째

d. ACL은 마지막 줄의 암묵적 거절

6. 다음의 **access-list** 명령어 중 서브넷 172.16.5.0/25 주소 범위의 모든 패킷에 부합되는 것은 무엇인가?

a. **access-list 1 permit 172.16.0.5 0.0.255.0**

b. **access-list 1 permit 172.16.4.0 0.0.1.255**

c. **access-list 1 permit 172.16.5.0**

d. **access-list 1 permit 172.16.5.0 0.0.0.127**

핵심 주제

IP ACL 기초

IP ACL(IPv4 access control lists)은 서로 다른 종류의 패킷을 구별할 수 있게 해준다. 이를 위해, 라우터가 IP, TCP, UDP 및 다른 헤더 내부를 볼 수 있도록 하는 ACL 설정들을 나열한다. 예를 들어, ACL은 1.1.1.1을 목적지 주소로 하거나, 10.1.1.0/24 서브넷을 목적지 주소로 하거나, TCP 포트 23(텔넷)을 목적지 포트로 하는 패킷에 부합될 수 있다.

16

IPv4 ACL은 패킷 필터로서 일반적으로 사용되면서, 시스코 라우터에서 많은 기능을 수행한다. 엔지니어는 패킷의 전달 경로상에서 ACL이 동작할 수 있도록, 라우터에서 ACL을 활성화할 수 있다. 이 기능이 활성화되면, 라우터는 각 IP 패킷을 폐기하거나, 마치 ACL이 없는 것처럼 계속 허용할 것인지를 고려할 수 있다.

그러나 ACL은 많은 다른 IOS 기능에서도 사용될 수 있다. 예를 들어, ACL은 Quality of Service(QoS) 기능이 적용될 패킷을 부합되도록 사용한다. QoS는 라우터가 어떤 패킷은 좋은 서비스 품질을 제공하고, 다른 패킷은 낮은 서비스 품질을 제공할 수 있도록 한다. 예를 들어, 디지털화된 음성을 전달하는 패킷은 매우 낮은 지연을 필요로 하기 때문에, ACL은 음성 패킷과 부합될 수 있으며, QoS 규칙은 데이터 패킷보다 음성 패킷을 빠르게 전달한다.

이 첫 번째 절에서는 ACL이 적용되는 위치와 방향, 헤더 검사를 통한 패킷 부합, 패킷이 부합된 후 동작 등에 중점을 두면서, 패킷 필터링으로 사용되는 IP ACL을 소개한다.

ACL 위치와 방향

시스코 라우터는 ACL 규칙을 IP 패킷이 인터페이스로 진입하는 지점 또는 진출하는 지점에 적용할 수 있다. 즉, ACL은 인터페이스 및 패킷 플로(flow)의 방향(진입 또는 진출)과 관련된다. 즉, ACL은 라우터가 포워딩 결정 전에는 라우터의 진입 인터페이스에 적용되고, 라우터가 포워딩 결정 후 진출 인터페이스가 결정되면 라우터의 진출 인터페이스에 적용될 수 있다.

[그림 16-1]의 화살표는 토폴로지상의 왼쪽에서 오른쪽으로 흘러가는 패킷들을 필터링할 수 있는 위치를 보여준다. 예를 들어, 호스트 A가 서버 S1에 보낸 패킷을 허용하고, 호스트 B가 서버 S1에 보낸 패킷을 폐기한다고 가정한다. 각 화살표 선은 호스트 B가 보낸 패킷을 라우터가 필터링할 수 있는 위치와 방향을 나타낸다.

사전 점검 퀴즈 정답

1 A, C **2** A, D **3** D **4** E **5** A **6** B

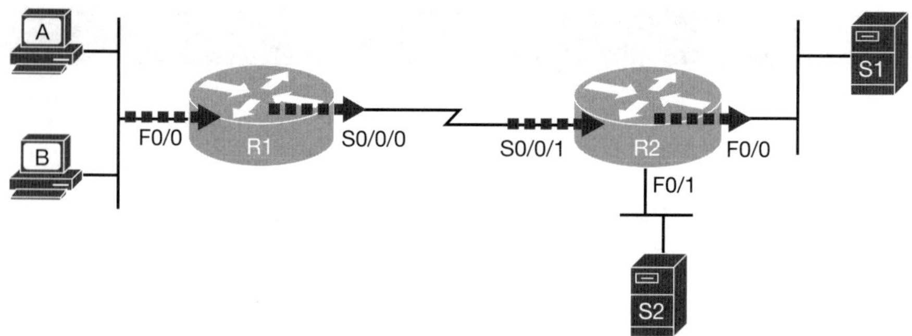

[그림 16-1] 호스트 A, B에서 서버 S1로 보내는 패킷을 필터링하기 위한 위치

그림상의 네 개의 화살표 선은 호스트 B에서 서버 S1으로 전송되는 패킷에 사용되는 라우터 인터페이스에 대한 위치와 방향을 보여준다. 이 예에서 R1의 F0/0 인터페이스의 진입, R1의 S0/0/0의 진출, R2의 S0/0/1 진입, F2의 F0/0 진출 인터페이스가 이에 해당한다. 예를 들어 만약 R2의 F0/1 인터페이스에 ACL을 어떤 방향으로든 활성화하더라도, ACL은 호스트 B에서 서버 S1으로 보내는 패킷을 필터링할 수 없다. 왜냐하면, F2의 F0/1 인터페이스는 B에서 S1으로 향하는 경로에 포함되어 있지 않기 때문이다.

정리하면 패킷을 필터링하기 위해서는 패킷이 통과하는 방향으로, 패킷을 처리하는 인터페이스상에서 ACL을 활성화해야 한다.

ACL이 활성화되면, 라우터는 해당 ACL을 이용하여 모든 진입 또는 진출 IP 패킷을 처리한다. 예를 들어 ACL이 R1의 인터페이스 F0/0상에 진입 패킷에 대하여 활성화된 경우 R1은 F0/0상의 모든 진입 IP 패킷을 ACL과 비교하여, 해당 패킷을 전송 또는 폐기할지 결정한다.

패킷 부합(Matching)

ACL의 위치와 방향에 대해 고려할 때, 어느 패킷을 폐기하고 허용할 것인가에 대한 계획을 세워야 한다. 이러한 계획을 라우터에서 구현하기 위해서는 패킷들에 부합되는 IP ACL을 라우터에서 설정해야 한다. 패킷이 부합된다는 것은 각각의 패킷을 검사하기 위한 ACL 명령어를 설정한다는 것을 의미하며, 폐기되거나 통과시킬 패킷들을 구별하는 방법을 나열하는 것이다.

각 IP ACL은 하나 이상의 설정 명령어로 구성되며, 각 명령어는 패킷의 헤더 내부에서 검사 대상 값에 대한 상세 정보를 나열한다. 일반적으로, ACL 명령어는 "패킷 헤더 내에서 특정 값을 찾아서, 만약 발견하면, 해당 패킷은 폐기한다(폐기 대신에 허용이 될 수 도 있다)"와 같은 규칙으로 작성한다. 특히, ACL은 이미 잘 알려진 헤더 내부의 필드를 검사하는데, 출발지 및 목적지 IP 주소, TCP 및 UDP 포트 번호 등이 이에 해당한다.

예를 들어, [그림 16-2]와 같이, 호스트 A에서 서버 S1으로의 패킷은 허용하고, 호스트 B에서 서버 S1으로의 패킷은 폐기한다고 가정하자. 모든 호스트가 IP 주소를 가지고 있고, R2에 적용된 ACL의 의사코드(pseudocode)가 그림에 나타나 있다. [그림 16-2]는 또한 R2의 S0/0/1에 ACL이 진입으로 적용되어 있음을 보여준다.

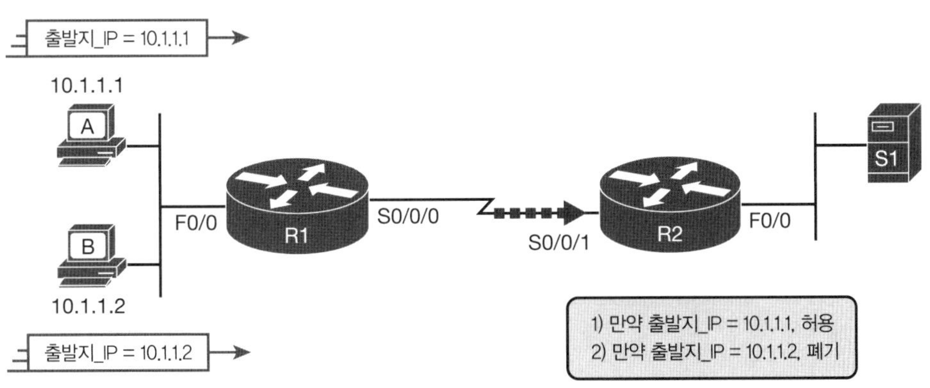

[그림 16-2] ACL 명령어 부합 규칙을 설명하기 위한 의사코드

[그림 16-2]의 하단부 박스에 보이는 두 줄짜리 ACL은 간단한 부합 규칙을 보여준다. 즉, 두 구문은 모두 패킷 내의 출발지 IP 주소와 부합되기 위한 구문들이다. 이 ACL이 적용되면, R2는 해당 인터페이스로 진입되는 모든 패킷을 검사하여, 두 ACL 명령어와 비교한다. 호스트 A(즉, 출발지 IP 주소 10.1.1.1)가 보내는 패킷은 허용되고, 호스트 B(즉, 출발지 IP 주소 10.1.1.2)가 보내는 패킷은 폐기된다.

부합 시 수행하는 동작

패킷 필터링을 위해 IP ACL을 사용할 때, 다음 두 가지 중 한 가지 동작을 수행하게 된다. ACL 설정 명령어는 **deny**와 **permit**이라는 키워드를 사용하며, 이는 패킷을 폐기하거나 허용을 의미한다.

이 책은 패킷 필터링 방법으로써 ACL을 설명하고 있지만, ACL은 다른 많은 기능에서도 활용된다. 다른 기능에서 ACL을 사용 시, 보통은 ACL과 동일한 방식의 부합 규칙을 사용한다. 그러나 어떤 경우에는 **deny** 또는 **permit** 키워드가 다른 동작을 의미하는 경우도 있다.

IP ACL의 종류

시스코 IOS는 초기 시스코 라우터 시절부터 IP ACL을 지원하고 있다. 앞서 [그림 16-2]에서 본 ACL 규칙을 포함하여, 초기 IOS의 표준 번호 IP ACL을 시작으로 시스코는 다음과 같이 많은 ACL 기능을 추가하였다.

- 표준 번호 ACL(1-99)
- 확장 번호 ACL(100-199)

- 추가적인 ACL 번호(1300-1999 표준, 2000-2699 확장)
- 명칭 ACL
- 일련 번호 기반의 향상된 ACL 편집 기능

이번 장에서는 표준 번호 IP ACL에 대해서만 다루며, 다음 장에서는 IP ACL의 나머지 세 가지 주요 카테고리에 대해 설명한다. 간단히 말해서, IP ACL은 번호 ACL 또는 명칭 ACL로 구분되며, 각각 표준 ACL 또는 확장 ACL로 구분된다. 확장 ACL은 패킷 부합에 있어 더 많은 기능을 제공한다. [그림 16-3]은 IP ACL의 4가지 카테고리를 정리해서 보여준다.

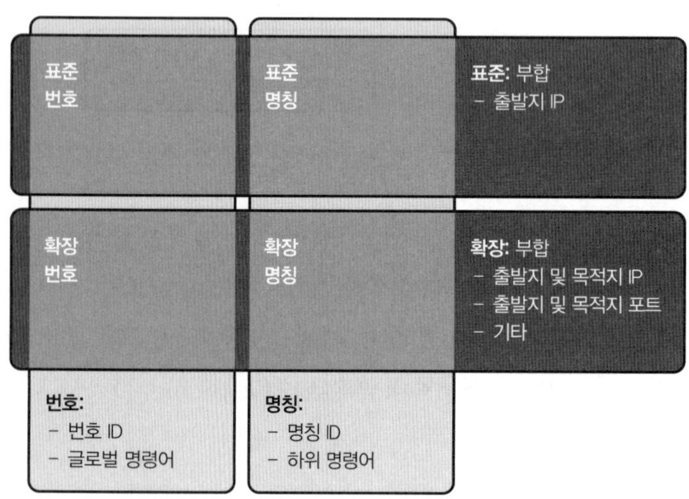

[그림 16-3] IP ACL 종류와 차이점

⁂ 표준 번호 IPv4 ACL

이 절의 소개는 제목만 보더라도 쉽게 이해할 수 있다. 이 절은 시스코 필터, 즉 ACL의 종류 중 ACL 구별 방법으로 명칭이 아닌 번호를 사용하고(즉, 번호 ACL), IPv4 패킷을 검사해 출발지 IP 주소에 대한 부합 여부 확인을 수행하는(즉, 표준 ACL) 표준 번호 ACL에 대해 설명한다.

이 절은 표준 번호 ACL의 특성에 대해 살펴본다. 첫째, 하나의 ACL은 리스트의 형태로 되어 있다는 점과 리스트가 따르는 규칙에는 어떤 것이 있는지 살펴본다. 다음으로, 패킷 헤더의 출발지 IP 주소가 ACL에 부합되는 방법과 명령어 구문을 알아본다. 마지막으로 표준 ACL을 구현하기 위한 설정 및 검증 명령어를 전반적으로 살펴본다.

IP ACL의 리스트 규칙

하나의 ACL은 하나 또는 여러 명령어들로 이뤄져 있다. [그림 16-1]에서 본 것처럼, ACL은 특정한 방향으로 인터페이스에 적용된다. 여러 명령어들로 ACL을 구성할 때, 각 명령어들은 각자 다른 부합 여부 확인 규칙을 정의하며, 이는 라우터가 ACL을 이용하여 필터링할 때 각 패킷에 적용되는 부합 규칙들이다.

ACL 처리 시, 라우터는 다음과 같이 패킷을 처리한다.

ACL은 첫 번째로 부합(First-match)하는 규칙을 따른다. 패킷이 ACL에 부합되는지 여부를 첫 줄부터 순차적으로 확인하다가 특정 줄에서 부합되면, 특정 줄에 명시된 동작을 수행하고, 더 이상의 ACL 부합 여부 확인을 중단한다.

16

좀 더 정확한 이해를 위해서, [그림 16-4]의 예를 살펴보자. 이 그림에서는 ACL 1이 세 줄의 의사코드(pseudocode)로 구성되어 있다. 이 예에서는 R2의 S0/0/1 인터페이스에 ACL 1이 진입으로 적용되는 경우이다([그림 16-2]와 동일).

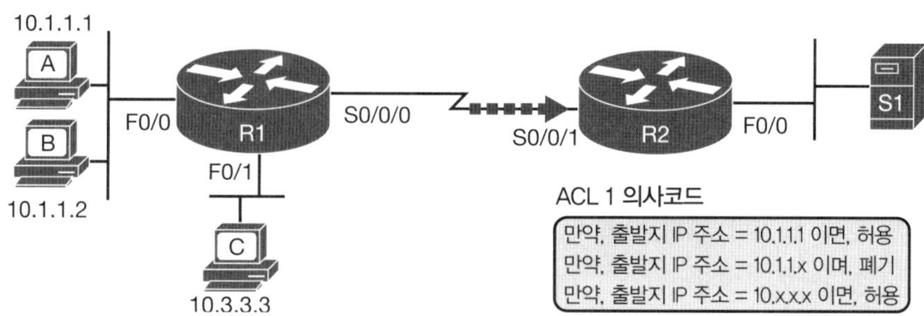

[그림 16-4] IP ACL의 리스트 규칙을 설명하기 위한 배경 그림

호스트 A가 서버 S1으로 전송하는 패킷에 대한 ACL 첫 번째로 부합하는 규칙을 생각해보자. 출발지 IP 주소는 10.1.1.1이고, R1에서 라우팅되어 R2의 S0/0/1 인터페이스에 진입하고, R2의 ACL 1의 규칙에 적용된다. R2는 패킷을 ACL에 비교해, 허용 동작을 정의하고 있는 첫 번째 줄에 부합된다. 따라서, 이 패킷은 [그림 16-5]의 좌측 그림과 같이 라우터를 통과하게 된다.

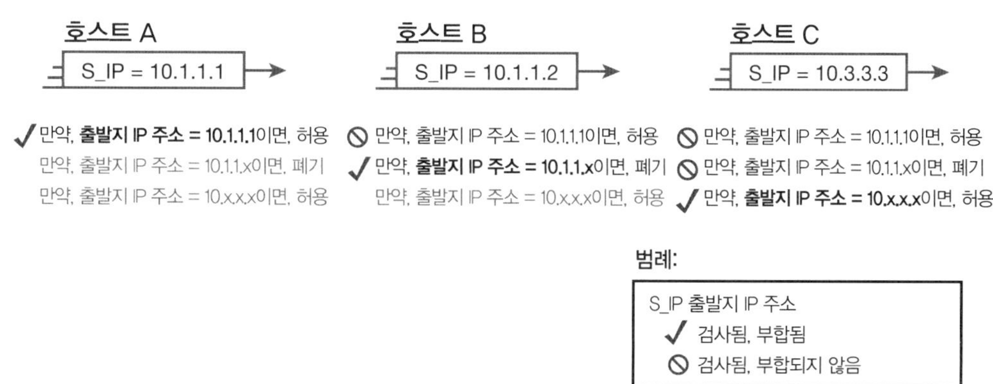

[그림 16-5] [그림 16-4]의 호스트 A, B, C로부터 전송된 패킷과 비교되는 ACL 항목

다음으로 출발지 IP 주소가 10.1.1.2인 호스트 B가 전송한 패킷을 생각해보자. 패킷이 R2의 S0/0/1 인터페이스로 들어왔을 때, R2는 패킷과 ACL의 첫 번째 줄을 비교하며, 10.1.1.1이 10.1.1.2과 같지 않기 때문에 부합되지 않음을 확인한다. 그리고 나서, R2는 ACL의 두 번째 줄과 비교하는데, 이 부분에 이해를 위해서 좀 더 설명이 필요하다. [그림 16-4]에 있는 ACL 의사코드는 10.1.1.x의 마지막 자리의 옥텟(역주: 바이트와 같이 8비트를 의미함. 따라서, 32비트 길이의 IPv4 주소는 네 자의리 옥텟으로 나뉨) 값이 무엇이든 상관없다는 것을 약식으로 나타낸 것이다. 오직 처음 세 자리의 옥텟 만을 비교하고, R2는 패킷의 출발지 IP 주소의 처음 세 자리가 10.1.1로 시작한다는 것을 발견하고, ACL의 두 번째 줄에 부합된다고 간주한다. R2는 ACL에 명시된 대로 패킷을 폐기하고, ACL의 세 번째 줄은 무시하고 ACL 처리를 종료한다.

마지막으로 호스트 C에서 서버 S1으로 전송되는 패킷을 생각해보자. 패킷의 출발지 IP 주소는 10.3.3.3이며, R2의 S0/0/1 인터페이스로 들어온다. 그러면 R2는 ACL 1의 첫 번째 명령어와 비교한다. 패킷의 출발지 IP 주소가 10.3.3.3이고, 이는 ACL 명령어상의 10.1.1.1과 다르기 때문에 ACL 명령어에 부합되지 않는다. R2는 ACL 두 번째 명령어와 비교하는데 처음 세 자리 옥텟(10.1.1)이 패킷의 출발지 IP 주소(10.3.3)와 다르기 때문에 여전히 부합되지 않는다. R2는 ACL의 세 번째 명령어를 검사한다. 세 번째 ACL은 뒤 세 자리 옥텟을 무시하라는 것을 의미하기 때문에, 오직 첫 자리 옥텟(10)만 비교해 패킷이 부합된다는 것을 발견한다. 그리고 나서, R2는 패킷이 통과하도록 허용한다.

이러한 ACL의 일련의 처리 과정은 IP, 다른 프로토콜, 표준, 확장, 명칭, 번호 등 모든 종류의 ACL에 대하여 동일하게 적용된다.

마지막으로, 패킷이 ACL의 어느 줄에도 부합되지 않을 경우 그 패킷은 폐기된다. 모든 IP ACL은 '*deny all*'이라는 명령어가 ACL 마지막 줄에 암묵적으로 포함되어 있기 때문이다. 암묵적이라는 의미는 라우터 설정상에 보이지 않는다는 것을 말하며, ACL의 마지막 줄까지 부합되지 않는다면, 라우터는 **deny** 동작으로 정의된 ACL에 부합되었다고 임의로 처리한다.

부합 확인 규칙과 명령어 구문

표준 번호 IP ACL은 다음과 같은 글로벌 명령어를 이용한다.

access-list {**1-99** | **1300-1999**} {**permit** | **deny**} *matching-parameters*

각 표준 번호 ACL은 하나 또는 그 이상의 **access-list** 명령어를 포함하며, 위의 구문에 포함된 번호 범위 중 하나의 번호를 선정하여, 동일하게 ACL 번호로 사용한다(어떤 번호를 쓰든, 번호 간에 차이는 전혀 없다).

access-list 명령어는 ACL 번호 외에도, 허용 또는 폐기와 같은 동작 규칙을 명시한다. 이 절의 나머지 부분에서는 부합 매개 변수(표준 ACL에서는 출발지 IP 주소가 부합되거나 또는 ACL

와일드 마스크를 이용하여 출발지 IP 주소의 일부가 부합)를 설정하는 방법을 알아본다.

정확한 IP 주소에 부합

ACL이 특정한 출발지 IP 주소와 정확히 부합되기 위한 방법은 명령어 끝 부분에 IP 주소를 기입하기만 하면 된다. 기존 예에서, 의사코드 "만약, 출발지 IP 주소 = 10.1.1.1이면, 허용"이라고 하였다. 다음의 명령어가 ACL 번호 1을 이용하는 올바른 구문으로 이런 규칙을 설정한다.

```
access-list 1 permit 10.1.1.1
```

IP 주소에 정확히 부합되는 것은 아주 간단하다.

초기 IOS 버전에서는 **host** 키워드를 구문에서 사용했다. 단순히 IP 주소만 기입하는 대신에, **host** 키워드를 먼저 기입 후 IP 주소를 기입한다. 이후 버전에서는 **host** 키워드를 사용하면, 명령어에 입력되지만, 설정상에는 자동적으로 **host** 키워드는 삭제된다.

```
access-list 1 permit host 10.1.1.1
```

와일드카드를 이용한 주소의 일부분에 부합

하나의 특정 IP 주소와 부합되기보다는, IP 주소 범위에 부합되는 ACL을 이용해 구현해야 하는 경우가 자주 있다. 당신은 단일 서브넷의 모든 IP 주소에 부합되는 것을 원할 수도 있고, 여러 서브넷에 모든 IP 주소에 부합되는 것을 원할 수도 있다. 즉, IP 주소 범위 중에서 두 개 이상의 IP 주소에 대한 검사를 수행하기를 원할 수 있다.

IOS는 표준 ACL의 와일드카드 마스크 방식을 이용하여, IP 주소 범위에 부합되도록 한다. 와일드카드는 서브넷 마스크와는 다르다는 것을 주의해야 한다. 와일드카드 마스크(이 책에서는 WC 마스크라는 약자로 표시됨)는 IP 주소의 일부분의 비교를 무시하도록 설정하는 방법이며, 이 무시된 부분은 이미 부합된 것처럼 처리한다.

WC 마스크는 십진수와 이진수로 모두 활용 가능하며, 각기 용도가 다르다. 다음과 같은 규칙을 기반으로 십진수 WC 마스크를 생각해보자.

- **십진수 0**: 해당 옥텟을 정상적으로 비교한다.
- **십진수 255**: 해당 옥텟을 이미 부합되는 것으로 간주하고, 무시한다.

이 두 가지 규칙을 염두에 두면서, [그림 16-6]에서는 주요 세 가지 WC 마스크를 살펴보자. 첫 번째는 마지막 옥텟을 무시하라고 지시하고, 두 번째는 마지막 두 개의 옥텟을 무시하라고 지시하고, 세 번째는 마지막 세 개의 옥텟을 무시하라고 라우터에 지시한다.

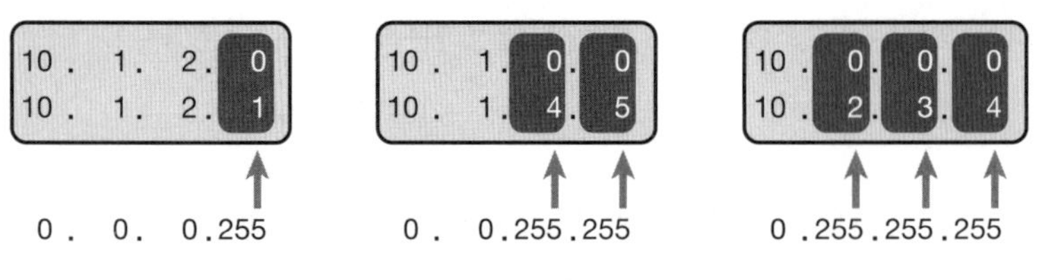

[그림 16-6] WC 마스크 0.0.0.255, 0.0.255.255, 0.255.255.255의 규칙

[그림 16-6]의 박스에 있는 세 가지 예는 각각 다른 두 주소들을 보여주고 있다. 하지만, WC 마스크는 주소의 일부분만 비교하고, 나머지는 그냥 무시하기 때문에, 세 가지 예 모두 ACL에 부합되는 결과를 보여준다. 왼쪽의 그림은 라우터로 하여금 마지막 옥텟을 와일드카드로 취급하도록 하는 WC 마스크 0.0.0.255의 사용 예로써, 비교 시 마지막 옥텟이 무시되는 결과를 얻는다. 마찬가지로, 중앙의 그림은 WC 마스크 0.0.255.255의 사용 예로써 마지막 두 옥텟이 무시되는 결과를 얻는다. 우측의 그림은 WC 마스크 0.255.255.255의 사용 예로써, 마지막 세 개의 옥텟이 무시되는 결과를 얻는다.

WC 마스크가 어떻게 동작하는지 보기 위해서, 앞선 [그림 16-4]와 [그림 16-5]를 함께 생각해보자. 두 그림에서 ACL 의사코드는 WC 마스크를 이용하여 생성할 수 있는 규칙을 사용했다. 상기하자면, 두 그림의 ACL 의사코드 규칙은 다음과 같다.

- **라인 1:** 출발지 IP 주소가 10.1.1.1에 정확히 부합되는 패킷을 허용
- **라인 2:** 출발지 IP 주소의 처음 세 개의 옥텟이 10.1.1에 부합되는 패킷을 폐기
- **라인 3:** 출발지 IP 주소의 처음 옥텟이 10에 부합되는 패킷을 허용

[그림 16-7]은 [그림 16-4]의 수정 버전으로 WC 마스크를 포함하며, 완성된 정확한 구문을 보여준다. 특히, R2에게 10.1.1.0의 마지막 옥텟을 무시하라는 의미를 가진 두 번째 명령어의 WC 마스크 0.0.0.255의 사용법과 10.0.0.0의 마지막 세 개의 옥텟을 무시하라는 의미를 가진 WC 마스크 0.255.255.255의 사용 예를 주의해서 보자.

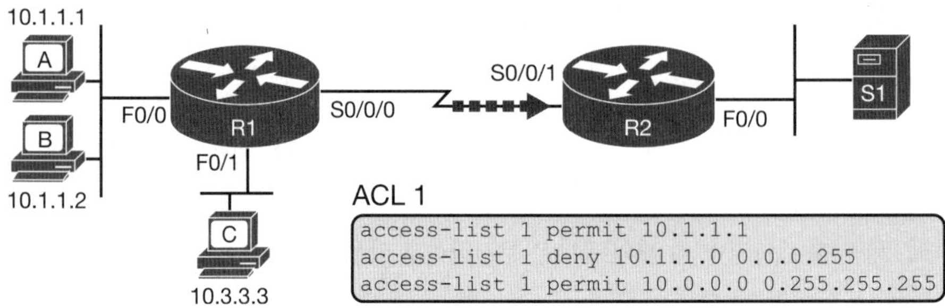

[그림 16-7] [그림 16-4]의 의사코드에 해당하는 정확한 ACL

마지막으로, WC 마스크를 이용하여 **access-list** 명령어 작성 시, WC 마스크가 255로 표시된 옥텟에 대해, *출발지* IP 주소의 해당 옥텟은 0으로 표시되어야 한다. IOS의 주소에서 무시해야 할 부분은 0의 값을 가져야 하기 때문이다.

이진 와일드카드 마스크

DDN(Dotted-Decimal Number) 값으로 표시되는 와일드카드 마스크는 32비트 길이의 이진수로 표시된다. 32비트 길이의 숫자지만, WC 마스크는 실제로는 라우터가 비트 단위로 처리하도록 한다. 간단히 말해, WC 마스크 비트 값 0은 정상적으로 비교가 되어야 한다는 것을 의미하며, 이진수 1은 해당 비트가 와일드카드이며 비교하지 않는다는 것(무시)을 의미한다.

16

다행히 CCENT 및 CCNA R&A 시험 준비하고 있거나, 실제 실무에서 사용하는 경우라면, 이진수 WC 마스크는 무시해도 괜찮다. 왜냐하면, 우리는 보통 서브넷과 서브넷 마스크에 의해 구별되는 주소 범위에 손쉽게 부합되기를 원하기 때문이다. 만약, 서브넷 주소와 마스크로 주소 범위를 지정하고자 한다면, 간단하게 십진수 계산을 이용하여, ACL에서 사용할 숫자를 추려낼 수 있다.

> **NOTE** 이진수 마스크 규칙에 대해 좀 더 알기 원한다면 다음과 같이 한다. ACL에서 비교할 두 개의 DDN 번호(하나는 **access-list** 명령문에 포함되고, 다른 하나는 패킷 헤더 내에 포함되는)를 찾아내서 둘 다 이진수로 변환한다. WC 마스크도 마찬가지로 이진수로 변환한다. WC 마스크 비트 값이 1인 비트들은 무시하고, 앞의 두 이진수를 비트 단위로 비교한다. 검사한 모든 비트 값들이 같다면 부합되는 것이다.

서브넷에 부합되기 위한 와일드카드 마스크 계산

많은 경우에, ACL은 특정 서브넷 내의 모든 호스트에 부합될 시킬 필요가 있다. ACL이 서브넷에 부합되기 위해서 다음의 방법을 사용할 수 있다.

- **access-list** 명령어상에서 출발지 주소 값으로 서브넷 주소 값을 사용
- 서브넷 마스크 255.255.255.255에서 서브넷을 제외한 값을 와일드카드 마스크로 사용

예를 들어, 서브넷 172.16.8.0 255.255.252.0을 보면, 서브넷 주소(172.16.8.0)를 주소 매개변수로 사용하고 와일드카드 마스크 값을 다음과 같이 계산한다.

```
  255.255.255.255
 -255.255.252.0
 ----------------
    0.  0.  3.255
```

이 서브넷에 대한 완성된 명령어는 다음과 같다.

```
access-list 1 permit 172.16.8.0 0.0.3.255
```

뒤에 배울 '표준 IP ACL 적용하기 연습'에서 ACL 설정 시 서브넷에 부합시키는 연습 기회가 좀 더 있을 것이다.

모든 주소에 부합

때로는 어떤 주소를 갖던 상관없이, 모든 패킷에 대해 ACL 한 줄의 명령어로 적용되기를 원할 수 있다. 이를 위해, **any** 키워드를 이용해서 모든 패킷에 간단히 부합되도록 할 수 있다. 더욱 중요한 것은, 모든 패킷에 부합되어야 하는 경우가 과연 언제인지 생각해 봐야 한다.

ACL 명령어를 사용하여 모든 패킷에 부합되도록 하기 위해서, **any** 키워드를 사용한다. 예를 들어, 모든 패킷을 허용하고자 하면:

```
access-list 1 permit any
```

그럼 언제 어디에 이 명령어를 사용해야 하는가? 앞서 말했던 것처럼, 모든 시스코 IP ACL은 ACL의 마지막 줄에 deny any를 암묵적으로(설정에는 안 보임) 포함하고 있다. 즉, 패킷이 ACL에 부합되는지 비교 시, 설정된 ACL과 부합되지 않으면, 라우터는 패킷을 폐기한다. 이러한 기본적인 동작 방식을 바꾸고 싶다면, ACL의 마지막 줄에 **permit any**를 추가하면 된다.

또한, ACL 마지막 줄에 모든 패킷을 폐기하도록 하는 명령어(예: **access-list 1 deny any**)를 명시적으로 설정할 필요가 있는 경우도 있다. 위에서 언급한 대로 이러한 개념은 이미 모든 ACL의 마지막 줄에 암묵적으로 포함되어 있는데, 왜 필요한 걸까? ACL **show** 명령어를 통해 ACL 각 줄마다 부합된 패킷의 카운터를 볼 수 있다. 그러나 암묵적 deny any에 부합되는 카운터는 볼 수 없다. 따라서, deny any에 부합되는 패킷의 카운터를 알고자 한다면, 명시적으로 **deny any**를 설정해 주어야 한다.

표준 IP ACL 구현

이 장에서 이미 모든 ACL 설정 관련한 자세한 내용들이 소개되었다. 이 절에서는 ACL 설정 절차에 대한 내용을 정리해본다. 설정 절차는 **access-list** 명령어를 사용하고, 반복하여 사용한다.

access-list *access-list-number* {**deny** | **permit**} *source* [*source-wildcard*]

단계 ① ACL 적용될 위치(라우터 및 인터페이스)와 인터페이스상의 방향(진입 또는 진출)을 정한다.

Ⓐ 표준 ACL을 패킷의 목적지에 가까운 라우터에 설정하여, 허용되어야 하는 패킷들이 의도치 않게 폐기되지 않도록 주의해야 한다.

Ⓑ 표준 ACL은 패킷의 출발지 IP 주소에 대해서만 적용되므로, ACL이 적용될 방향을 고려하여, 패킷의 출발지 IP 주소를 구별해 내도록 한다.

단계 ② 다음의 사항들을 기억하고, 하나 또는 그 이상의 **access-list** 글로벌 명령어들을 이용하여 ACL을 작성한다.

Ⓐ 리스트는 첫 번째로 부합하는 규칙을 이용하여, 순차적으로 탐색된다.

Ⓑ 패킷이 **access-list** 명령어의 어느 것에도 부합되지 않으면, 기본 동작인 패킷 폐기(**deny**)를 수행한다.

단계 ③ **ip access-group** *number* {**in** | **out**} 인터페이스 하위 명령어를 이용하여, ACL을 라우터 인터페이스에 적용한다.

16

다음 두 가지 예를 더 살펴보자.

표준 번호 ACL 예 1

첫 번째 예에서는 [그림 16-4]와 [그림 16-5]에서 봤던 동일 요구 사항에 대한 설정을 보여준다. 이 ACL에 대한 요구 사항은 다음과 같다.

❶ R2의 S0/0/1 인터페이스의 진입으로 ACL을 적용한다.

❷ 호스트 A에서 오는 패킷은 허용한다.

❸ 호스트 A가 속한 서브넷의 다른 호스트로부터 오는 패킷은 폐기한다.

❹ 10.0.0.0 네트워크(A 클래스)에 속하는 다른 주소로부터 오는 패킷은 허용한다.

❺ 원본 예에서는 기본 행위에 대한 언급이 없으므로, 모든 기타 트래픽은 폐기하도록 한다.

[예 16-1]은 설정하는 절차 및 **show running-config** 명령어 출력을 보여준다.

```
R2# configure terminal
Enter configuration commands, one per line.  End with CNTL/Z.
R2(config)# access-list 1 permit 10.1.1.1
R2(config)# access-list 1 deny 10.1.1.0 0.0.0.255
R2(config)# access-list 1 permit 10.0.0.0 0.255.255.255
R2(config)# interface S0/0/1
R2(config-if)# ip access-group 1 in
R2(config-if)# ^Z
R2# show running-config
! 간략화를 위한 라인 생략

access-list 1 permit 10.1.1.1
access-list 1 deny 10.1.1.0 0.0.0.255
access-list 1 permit 10.0.0.0 0.255.255.255
```

[예 16-1] 표준 번호 ACL 예 1 설정

에 처음에 있는 설정 절차를 살펴 보자. **access-list** 명령어가 글로벌 명령어이기 때문에,

글로벌 설정 모드 프롬프트 그대로인 것을 알 수 있다. 이것과 **show running-config** 명령어 출력과 비교해 보면, 세부 내용들이 설정 모드에서 추가된 명령어들과 동일함을 알 수 있다. 마지막으로, R2의 S0/0/1 인터페이스에 ACL을 적용하기 위한 **ip access-group 1 in** 명령어를 기억해야 한다(설정한 인터페이스 및 방향).

[예 16-2]는 R2에서 ACL에 대한 **show** 명령어의 출력을 보여준다. **show access-list**와 **show ip access-list**라는 두 명령어 모두 IP ACL에 대한 정보를 보여주지만, 전자는 IPv6처럼 IPv4 이외의 다른 종류의 ACL에 대한 기타 상세 정보도 함께 보여준다.

```
R2# show ip access-lists
Standard IP access list 1
    10 permit 10.1.1.1 (107 matches)
    20 deny   10.1.1.0, wildcard bits 0.0.0.255 (4 matches)
    30 permit 10.0.0.0, wildcard bits 0.255.255.255 (10 matches)
R2# show access-lists
Standard IP access list 1
    10 permit 10.1.1.1 (107 matches)
    20 deny   10.1.1.0, wildcard bits 0.0.0.255 (4 matches)
    30 permit 10.0.0.0, wildcard bits 0.255.255.255 (10 matches)
R2# show ip interface s0/0/1
Serial0/0/1 is up, line protocol is up
  Internet address is 10.1.2.2/24
  Broadcast address is 255.255.255.255
  Address determined by setup command
  MTU is 1500 bytes
  Helper address is not set
  Directed broadcast forwarding is disabled
  Multicast reserved groups joined: 224.0.0.9
  Outgoing access list is not set
  Inbound  access list is 1
! 간략화를 위한 라인 생략
```

[예 16-2] R2의 ACL show 명령어

위 명령어들의 출력에서 두 가지 정보를 볼 수 있다. 출력의 첫 번째 줄에는 ACL의 종류와 번호를 확인할 수 있다. 만약 ACL이 두 개 이상이면, ACL 당 하나의 절로 나뉘어 표시되며, 각 절의 첫 줄에는 동일하게 ACL의 종류와 번호가 표시된다. 그리고 이 명령어를 통해 ACL에 부합된 패킷의 카운트를 확인할 수 있다. 예를 들어, ACL의 첫 번째 줄에서는 107개의 패킷이 부합된 것을 확인할 수 있다.

예의 아래쪽에는 **show ip interface** 명령어의 출력을 보여준다. 이 명령어는 **ip access-group** 명령어로 인터페이스에 적용된 IP ACL의 번호 또는 이름들을 확인할 수 있다.

표준 번호 ACL 예 2

두 번째 예는 [그림 16-8]과 같으며, 상관이 다음과 같은 요구 사항을 지시했다고 가정한다. 상관이 처음에는 우측의 서버로부터 좌측의 호스트로 향하는 패킷을 폐기하도록 지시한다. 그리고 나서, 서버 S1으로부터 호스트 A,B가 속한 서브넷의 호스트들로의 접속 가능해야 하지만, 서버 S1으로부터 호스트 C가 속한 서브넷에 호스트들로의 접속을 차단하도록 지시한다. 추가적으로, 서버 S2로부터 호스트 A가 속한 서브넷의 호스트들로의 접속은 차단해야 하지만, 서버 S2로부터 호스트 C가 속한 서브넷의 호스트들로의 접속은 가능해야 한다고 지시한다. 모든 요구 사항들은 우측에서 좌측으로 향하는 패킷들을 걸러냄으로써 만족시켜야 하며 R2의 F0/0 인터페이스의 진입으로 설정되어야 한다.

16

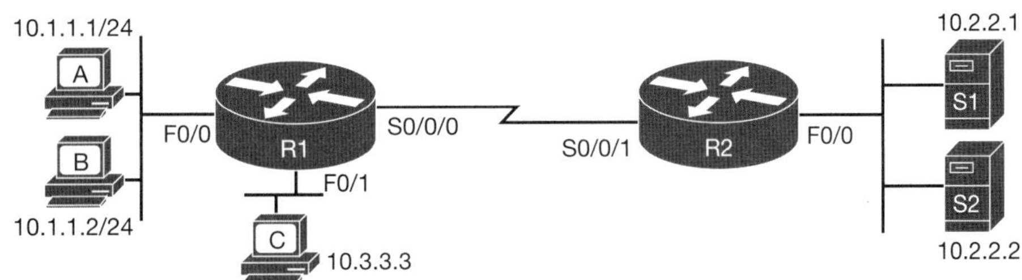

[그림 16-8] 표준 번호 ACL 예 2

상관의 지시 사항들을 정리해 보면 다음 내용으로 요약된다.

❶ R2의 F0/0 인터페이스의 진입으로 ACL을 적용한다.

❷ 서버 S1으로부터 호스트 A가 속한 서브넷의 호스트들로 향하는 패킷들은 허용한다.

❸ 서버 S1으로부터 호스트 C가 속한 서브넷의 호스트들로 향하는 패킷들은 폐기한다.

❹ 서버 S2로부터 호스트 C가 속한 서브넷의 호스트들로 향하는 패킷들은 허용한다.

❺ 서버 S2로부터 호스트 A가 속한 서브넷의 호스트들로 향하는 패킷을 폐기한다.

❻ (이외의 패킷들에 대한 기본 처리 방식에 대한 언급이 없었으므로, 기본 처리 방식으로 암묵적 폐기를 한다.)

표준 ACL을 이용해서는 위의 요구 사항들을 모두 만족시킬 수 없다. 예를 들어, 두 번째 요구 사항을 만족시키기 위해 ACL 명령어 **access-list 2 permit 10.2.2.1**을 적용한다. 이 명령은 출발지 IP 주소가 10.2.2.1(서버 S1)인 모든 패킷을 허용한다. 그러나 바로 다음 세 번째 요구 사항은 동일한 서버 IP 주소로부터 오는 패킷을 폐기하도록 요구하고 있다. 만약 출발지 IP 주소가 10.2.2.1 명령어가 추가되었다 하더라도 ACL의 첫 번째로 부합하는 규칙에 따라, 라우터는 그 명령어에 도달하지 못한다. 또한 표준 ACL은 목적지 IP 주소를 검사하지 못하므로, 출발지와 목적지 IP 주소 모두를 검사하는 것도 불가능하다.

이 문제를 해결하기 위해서 상관을 바꾸는 것도 불가능하므로, 문제를 다시 한 번 잘 생각해 보고 설정을 바꾸는 방법을 고려해 보아야 한다. 실제 상황이라면 확장 ACL을 사용하여 출발지와 목적지 IP 주소를 모두 검사하는 것이 현명하다.

우리는 표준 ACL을 좀 더 연습해 보기 위해서, 요구 사항이 다음과 같이 변경되었다고 가정해 보자. 우선, 당신은 라우터 R1의 양쪽 인터페이스에 두 개의 진출 ACL을 설정할 수 있다. 다음과 수정된 요구 사항을 반영하여, 각 ACL은 단일 서버에서 라우터에 연결된 LAN으로 전달되는 패킷을 허용하도록 한다.

❶ R1의 F0/0 인터페이스에 진출 ACL을 이용하여 서버 S1으로부터의 패킷은 허용하고, 다른 패킷은 폐기한다.

❷ R1의 F0/1 인터페이스에 진출 ACL을 이용하여 서버 S2로부터의 패킷은 허용하고 다른 패킷은 폐기한다.

[예 16-3]은 이 요구 사항을 만족시키는 설정을 보여준다.

```
access-list 2 remark This ACL permits server S1 traffic to host A's subnet
access-list 2 permit 10.2.2.1
!
access-list 3 remark This ACL permits server S2 traffic to host C's subnet
access-list 3 permit 10.2.2.2
!
interface F0/0
 ip access-group 2 out
!
interface F0/1
 ip access-group 3 out
```

[예 16-3] 라우터 R1의 대안 설정

예에서 강조된 부분과 같이, ACL 2에서는 서버 S1에서 오는 모든 패킷을 허용하도록 설정되었으며, R1의 F0/0 인터페이스에 진출 방향으로 설정되었다. ACL의 마지막 줄에 암묵적인 deny가 있기 때문에, 다른 모든 패킷들은 폐기된다. 추가적으로, ACL 3은 서버 S2로부터의 패킷을 허용하도록 설정되었고, R1의 F0/1 인터페이스의 진출 방향으로 설정되었다. 이 예를 통해, **access-list remark** 매개 변수를 이용하여 ACL과 관련된 부연 설명을 남길 수 있음을 알 수 있다.

> **NOTE** [그림 16-3]에서 보는 것처럼, 라우터가 진출 방향으로 ACL을 적용하면, 라우터는 라우팅된 패킷을 ACL에 검사한다. 다시 말해, 라우터 스스로 생성한 패킷은 진출 ACL로 필터링하지 않는다. 라우팅 프로토콜 메시지 패킷과 **ping**, **traceroute** 명령어에 의해 라우터가 보내는 패킷들이 이에 해당한다.

문제 해결 및 검증 팁

IPv4 ACL 문제를 해결하려면 세부적인 사항에 주의를 기울여야 합니다. 특히, 주소와 와일드카드 마스크를 살펴보고, 두 결합된 매개 변수에 부합되는 주소들을 자신 있게 예측할 수 있어야 한다. 이 뒷장에 나오는 연습 문제들은 이런 부분들을 준비하는데 도움이 될 수 있다. 하지만, 몇 가지 팁을 통해 시험에서 ACL 문제를 검증하고 해결할 수 있다.

16

먼저 패킷에 부합되는지 여부를 몇 가지 도구로 확인할 수 있다. [예 16-2]에서 이미 IOS가 ACL의 각 줄에서 부합되는 통계를 보여주고 있음을 확인했다. 또한 **access-list** 명령어의 끝 부분에 **log** 키워드를 추가하면, IOS는 ACL의 특정 줄에 부합되는 통계와 함께 로그 메시지를 발생한다. 통계 및 로그 메시지는 모두 ACL에서 패킷과 부합되는 행을 찾는데 도움이 될 수 있다.

예를 들어, [예 16-4]는 ACL 2의 업데이트된 내용을 보여주고 있으며, [예 16-3]에서 **log** 키워드가 추가된 것을 알 수 있다. 예의 맨 아래에는 일반적인 로그 메시지가 표시된다. 이 메시지는 출발지 IP 주소 10.2.2.1(ACL에 부합) 패킷이 목적지 IP 주소 10.1.1.1과 부합된 결과를 보여준다.

```
R1# show running-config
! 간략화를 위한 라인 생략
access-list 2 remark This ACL permits server S1 traffic to host A's subnet
access-list 2 permit 10.2.2.1 log
!
interface F0/0
 ip access-group 2 out

R1#
Feb  4 18:30:24.082: %SEC-6-IPACCESSLOGNP: list 2 permitted 0 10.2.2.1
  -> 10.1.1.1, 1   packet
```

[예 16-4] ACL 통계에 대한 로그 메시지 만들기

ACL 문제 해결을 위해, 처음부터 부합 규칙의 세부 사항을 확인하기 보다는 ACL이 적용된 인터페이스와 패킷 플로의 방향을 먼저 생각해보라. 때로는 부합 규칙이 완벽함에도 불구하고, ACL이 잘못된 인터페이스 또는 잘못된 방향으로 적용된 경우도 있다.

예를 들어, [그림 16-9]는 [그림 16-7]과 동일한 ACL을 다시 보여준다. 해당 ACL의 첫 번째 줄은 특정 호스트 주소 10.1.1.1에 부합된다. 해당 ACL이 라우터 R2에 있고, S0/0/1에 진입 ACL로 적용되어 있다면, 인터페이스는 정상 동작한다. 왜냐하면, 왼쪽에 보이는 호스트 10.1.1.1에서 보낸 패킷이 R2의 S0/0/1에 들어올 수 있기 때문이다. 그러나, R2가 ACL 1을

F0/0에 진입으로 적용하면, ACL은 출발지 IP 주소 10.1.1.1을 가지는 패킷에 결코 부합될 수 없다. 왜냐하면 호스트 10.1.1.1이 보내는 패킷은 해당 인터페이스(F0/0)로 들어올 수 없기 때문이다. 10.1.1.1이 보내 패킷은 R2의 F0/0으로 빠져나갈 뿐, 결코 들어오지는 않는다.

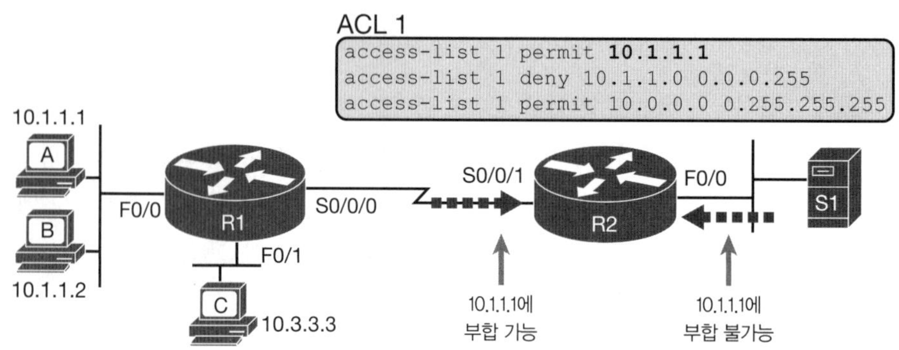

[그림 16-9] ACL의 인터페이스 및 방향 확인 예

:: 표준 IP ACL의 응용 연습

ACL과 같은 일부 CCENT 및 CCNA R&S 주제들은 다른 주제들에 비해 더 많은 연습을 필요로 한다. 주소 범위에 대한 부합을 위한 매개 변수를 ACL에서 사용하기 위해 고민이 필요하고, 이를 위해 약간의 계산 및 절차가 필요하다.

이 절에서는 두 가지 관점에서 연습 문제 및 간단한 해결 방법들을 제공한다. 첫째, 이 절에서는 일부 패킷에만 부합되도록 하기 위한 한 줄짜리 표준 ACL을 작성하도록 한다. 둘째, 이미 작성된 ACL 명령어를 해석하여, 어떤 패킷들이 해당 ACL에 부합되는지 설명한다. 두 가지 연습 모두 시험 준비에 도움이 된다.

access-list 명령어 작성 연습

이 절에서는 **access-list** 명령어의 구문과 친숙해지기 위한 연습을 하며, 특히 올바른 부합 규칙을 선택하는 방법을 다룬다. 이 연습을 충분히 하면, 다음 장의 확장 및 명칭 ACL을 이해하는 데 도움이 된다.

다음 리스트는 **access-list** 명령어 작성이 부합 매개 변수 선택 시 고려해야 할 중요한 팁을 정리한 것이다.

- 특정 주소를 부합되도록 하기 위해, 단순히 주소들을 나열한다.
- 모든 주소에 대한 부합이 필요할 때는, **any** 키워드를 사용한다.
- 주소 앞쪽에서 한 개, 두 개, 세 개의 옥텟에 일치가 필요할 때는, 각각 0.255.255.255, 0.0.255.255, 0.0.0.255 WC 마스크를 사용한다. 와일드카드 옥텟의 출발지 주소 매개

변수 값이 0이 되도록 한다.

- 서브넷에 부합되도록 하려면, 서브넷 ID를 출발지 주소로 사용하고, 255.255.255.255에서 DDN 서브넷 마스크 값을 제외하여 WC 마스크를 결정한다.

[표 16-2]는 몇 개의 연습 문제들에 대한 조건을 나열한 것이다. 패킷에 부합되도록 하는 한 줄짜리 표준 ACL을 작성해보자. 정답은 '연습 문제 해답' 절에서 확인할 수 있다.

문제	조건
1	172.16.5.4로부터의 패킷
2	처음 세 개의 옥텟이 192.168.6인 호스트로부터의 패킷
3	처음 두 개의 옥텟이 192.168인 호스트로부터의 패킷
4	모든 호스트로부터의 패킷
5	10.1.200.0/21 서브넷으로부터의 패킷
6	10.1.200.0/27 서브넷으로부터의 패킷
7	172.20.112.0/23 서브넷으로부터의 패킷
8	172.20.112.0/26 서브넷으로부터의 패킷
9	192.168.9.64/28 서브넷으로부터의 패킷
10	192.168.9.64/30 서브넷으로부터의 패킷

[표 16-2] 한 줄짜리 표준 ACL 작성 연습

ACL로부터 주소 범위의 역 엔지니어링

시험 문제들 중에는 ACL을 직접 설정하는 것이 아니라, **access-list** 명령어에 대한 해석을 요구하는 유형이 있다. 이러한 유형의 문제에 대한 답을 얻기 위해서, ACL에 설정된 주소와 와일드카드 마스크에 부합되는 IP 주소의 범위를 찾아내야 할 경우가 있다.

CCENT와 CCNA R&S 자격증 수준을 고려 했을 때, ACL에 부합되는 주소 범위를 계산하는 것이 비교적 쉬울 것이다. 기본적으로, 주소 범위는 ACL 명령어에 설정된 주소에서부터 시작하고, WC 마스크를 주소에 더하면 주소의 마지막이 된다. 그게 전부다.

예를 들어, **access-list 1 permit 172.16.200.0 0.0.7.255** 명령어에서 주소의 시작은 간단히 172.16.200.0이다. 그리고 주소의 끝은 아래와 같이 WC 마스크 값을 더하여 얻는다.

```
  172.16.200.0
+ 0. 0.   7.255
---------------
  172.16.207.255
```

마지막 연습을 위해, [표 16-3]의 기존 **access-list** 명령어를 살펴보자. 각각 명령어에

부합되는 정확한 IP 주소 또는 주소 범위를 작성해라.

문제	출발지 주소 범위를 예측하기 위한 명령어
1	access-list 1 permit 10.7.6.5
2	access-list 2 permit 192.168.4.0 0.0.0.127
3	access-list 3 permit 192.168.6.0 0.0.0.31
4	access-list 4 permit 172.30.96.0 0.0.3.255
5	access-list 5 permit 172.30.96.0 0.0.0.63
6	access-list 6 permit 10.1.192.0 0.0.0.31
7	access-list 7 permit 10.1.192.0 0.0.1.255
8	access-list 8 permit 10.1.192.0 0.0.63.255

[표 16-3] 기존 ACL에 부합되는 IP 주소 및 범위 계산

흥미롭게도, IOS는 사용자가 CLI 명령으로 **access-list** 명령어를 설정 모드에서 입력하게 해주고 나서, 어떤 경우에는 명령어가 running-config에 반영되기 전에 주소 매개 변수를 변경하기도 한다.

IOS는 **access-list** 명령어에서 와일드 마스크의 옥텟이 255인 경우, 이에 해당하는 주소의 옥텟을 0으로 변경할 수 있다. 예를 들어, 와일드카드 마스크가 0.0.255.255인 경우, IOS는 주소의 마지막 두 옥텟을 무시하기 때문에, 주소가 x.x.0.0으로 끝날 것으로 예상한다. 만약, ACL 명령어로 입력되는 주소가 x.x.0.0으로 끝나지 않더라도, IOS는 명령어 입력은 받아들이며, 다만, 주소의 마지막 두 옥텟을 x.x.0.0으로 변경하여 설정에 저장한다. [예 16-5]에서는 명령어상에 주소가 10.1.1.1 및 와일드카드 마스크 0.0.255.255로 설정하는 것을 보여준다.

```
R2# configure terminal
Enter configuration commands, one per line.  End with CNTL/Z.
R2(config)# access-list 21 permit 10.1.1.1 0.0.255.255
R2(config)# ^Z
R2#
R2# show ip access-lists
Standard IP access list 21
    10 permit 10.1.0.0, wildcard bits 0.0.255.255
```

[예 16-5] access-list 명령어상의 주소 필드 변경

정확한 주소를 입력했으면 주소 범위를 바로 찾을 수 있고, 예와 같이, IOS가 주소 옥텟을 0으로 변경했다는 것을 알면 주소 범위를 계산할 수 있다.

NOTE WC 마스크는 0과 1을 교차해서 쓰지 않는 것이 보다 유용하며, 이 책은 이러한 종류의 WC 마스크만을 사용하는 것으로 배운다. 하지만, IOS는 WC 마스크에 0과 1을 교차해서 쓰는 것을 허용하며, 이러한 WC 마스크는 우리가 배운 손쉬운 주소 범위 계산 방법이 적용되지 않는다. 추후 CCIE 과정에서 ACL 부합에 대한 좀 더 자세한 내용들을 배우게 된다.

16

챕터 리뷰

시험을 잘 보기 위해 중요한 한 가지 핵심은 시간 간격을 두고 반복적으로 복습하는 것이다. 이 장의 내용을 복습하기 위해 책과 DVD에 있는 툴 또는 본 저서와 관련 있는 웹 사이트의 대화형 도구를 이용할 수 있다. 자세한 사항은 '당신의 학습 계획' 내용을 참조하자. [표 16-4]에는 핵심 복습 내용과 그 내용을 찾을 수 있는 위치를 표시하였다. 학습 진행 과정을 추적하려면, 두 번째 칸에 복습 완료 날짜를 기록한다.

리뷰 사항	완료 날짜	사용 자료
핵심 주제 리뷰		책, DVD/웹 사이트
핵심 용어 리뷰		책, DVD/웹 사이트
DIKTA 문제 리뷰		책, PCPT
명령어 테이블 리뷰		책

[표 16-4] 리뷰 확인

핵심 주제 리뷰

핵심 주제	설명	쪽 번호
단락	ACL이 적용되는 위치와 방향에 대한 일반 규칙 요약	484
그림 16-3	Cisco IOS의 IPv4 ACL의 주요 네 가지 카테고리 요약	486
단락	모든 ACL에 사용되는 첫 번째로 부합하는 규칙 요약	487
리스트	십진수 0과 255에 대한 와일드카드 마스크 규칙	489
리스트	서브넷에 부합되는 와일드카드 마스크 규칙	491
리스트	표준 IP ACL 계획 및 구현 단계	493
리스트	ACL 명령어로 출발지 주소 필드에 부합되는 규칙을 생성하는 팁	498

[표 16-5] 16장의 핵심 주제

핵심 용어

표준 ACL, 와일드카드 마스크(wildcard mask)

이 장을 위한 추가 연습

서브넷을 분석하기 위한 추가적인 연습을 하고자 한다면, 다음 도구들을 선택하여, 동일한 연습 문제들을 풀어도 좋다:

- **애플리케이션**: DVD나 출판사 웹 사이트에 있는 기본 IPv4 ACL 애플리케이션을 이용한다.
- **PDF**: 또 다른 방법으로, DVD 부록 D의 '16장 연습: 기본 IPv4 ACL' 애플리케이션을 이용하여 연습한다.

참조 명령어

[표 16-6]과 [표 16-7]은 이 장에서 다룬 설정 및 검증 명령어를 정리하였다. 간단한 복습 차원에서, 표의 왼쪽 부분을 가리고 오른쪽 설명 부분을 보면서 명령어를 어느 정도 잘 기억하고 있는지 가늠해본다. 그 다음 반대로 오른쪽 설명 부분을 가리고 왼쪽 명령어 부분만 보면서 각 명령어에 대한 설명을 기억해보자.

명령어	설명
access-list *access-list-number* {deny | permit} *source* [*source-wildcard*] [log]	표준 번호 ACL 글로벌 명령어. 번호는 1~99, 1300~1999를 사용한다.
access-list *access-list-number* remark *text*	ACL 어떤 용도로 사용되지는 기억하는 데 도움을 주는 remark를 정의한다.
ip access-group *number* {in | out}	ACL을 적용하기 위한 인터페이스 하위 명령어

[표 16-6] 16장의 설정 명령어

명령어	설명
show ip interface [*type number*]	인터페이스에 적용된 ACL에 대한 참조가 들어간다.
show access-lists [*access-list-number* | *access-list-name*]	모든 프로토콜에 대해서 설정된 ACL의 세부 사항을 보여준다.
show ip access-lists [*access-list-number* | *access-list-name*]	IP ACL을 보여준다.

[표 16-7] 16장 EXEC 명령어

연습 문제 정답

[표 16-8]은 [표 16-2]에서 제시된 문제의 답을 보여준다.

문제	정답
1	access-list 1 permit 172.16.5.4
2	access-list 2 permit 192.168.6.0 0.0.0.255
3	access-list 3 permit 192.168.0.0 0.0.255.255
4	access-list 4 permit any
5	access-list 5 permit 10.1.200.0 0.0.7.255
6	access-list 6 permit 10.1.200.0 0.0.0.31
7	access-list 7 permit 172.20.112.0 0.0.1.255
8	access-list 8 permit 172.20.112.0 0.0.0.63
9	access-list 9 permit 192.168.9.64 0.0.0.15
10	access-list 10 permit 192.168.9.64 0.0.0.3

[표 16-8] 한 줄짜리 표준 ACL 작성 연습

[표 16-9]는 [표 16-3]에서 다룬 문제들의 정답이다.

문제	주소 범위
1	단일 주소: 10.7.6.5
2	192.168.4.0 – 192.168.4.127
3	192.168.6.0 – 192.168.6.31
4	172.30.96.0 – 172.30.99.255
5	172.30.96.0 – 172.30.96.63
6	10.1.192.0 – 10.1.192.31
7	10.1.192.0 – 10.1.193.255
8	10.1.192.0 – 10.1.255.255

[표 16-9] [표 16-3] 문제에 대한 주소 범위: 정답

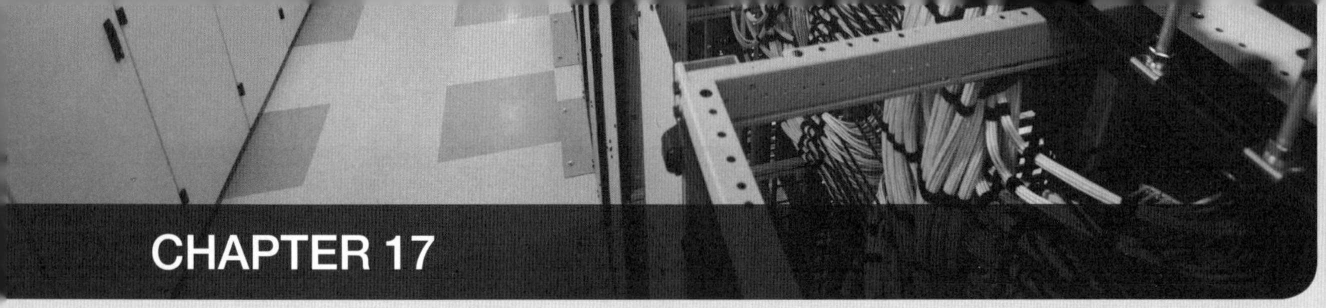

CHAPTER 17

고급 IPv4 액세스 컨트롤 리스트 (ACL)

이 장은 다음 시험 주제를 다룬다.

4.0 인프라스트럭처 서비스

4.4 트래픽 필터링을 하기 위해, IPv4와 IPv6 ACL을 설정, 검증, 문제 해결

4.1.a 표준(Standard)

4.1.b 확장(Extended)

4.2.c 명칭(Named)

대부분의 IPv4 ACL은 표준이거나 확장 ACL이다. 표준 ACL은 출발지 IP 주소만 부합되고, 확장 ACL은 다양한 패킷 필드에 부합된다. 동시에 ACL은 번호와 명칭으로도 구분할 수 있다. [그림 17-1]은 16장에서 소개된 카테고리와 각각의 주요 기능을 보여준다.

[그림 17-1] IP ACL 종류의 비교

이 장에서는 표준 번호 IP ACL 이외의 다른 세 가지 카테고리의 ACL과 시스코 라우터, 스위치의 보안을 강화하기 위한 다양한 주제에 대하여 알아본다. 이번 장의 기술 내용은 ICND1 100-105 시험 가이드의 26장과 동일하다. 해당 내용을 이미 공부했다면, 보다 빠르게 이번 장을 공부할 수 있다.

QUIZ 사전 점검 퀴즈

아래의 사전 점검 퀴즈(지문 또는 PCPT 소프트웨어 사용)를 풀어보면 이 장을 읽고 이해하는 데 시간이 얼마나 걸릴 것인지 가늠할 수 있다. 정답은 퀴즈 다음 페이지 하단에 있으며, 퀴즈 정답에 대한 자세한 설명은 DVD 부록 C와 PCPT 소프트웨어에 담겨 있다.

핵심 주제	문항
확장 IP ACL	1-3
명칭 ACL 및 ACL 편집	4
IPv4 ACL 문제 해결	5-6

[표 7-1] 핵심 주제와 관련된 사전 점검 퀴즈 문항

17

1. 확장 IP ACL에서 비교될 수 없는 필드는 다음 중 무엇인가? (2개를 고르시오)

a. 프로토콜
b. 출발지 IP 주소
c. 목적지 IP 주소
d. TOS 바이트
e. URL
f. FTP로 전송되는 파일명

2. 호스트 10.1.1.1에서 모든 웹 서버(172.16.5로 시작되는 IP 주소를 갖는)로 가는 패킷을 허용하기 위한 **access-list** 명령어는 다음 중 무엇인가? (2개를 고르시오)

a. **access-list 101 permit tcp host 10.1.1.1 172.16.5.0 0.0.0.255 eq www**
b. **access-list 1951 permit ip host 10.1.1.1 172.16.5.0 0.0.0.255 eq www**
c. **access-list 2523 permit ip host 10.1.1.1 eq www 172.16.5.0 0.0.0.255**
d. **access-list 2523 permit tcp host 10.1.1.1 eq www 172.16.5.0 0.0.0.255**
e. **access-list 2523 permit tcp host 10.1.1.1 172.16.5.0 0.0.0.255 eq www**

3. 모든 웹 서버(172.16.5로 시작하는 IP 주소를 갖는)에서 모든 웹 클라이언트로 가는 패킷을 허용하기 위한 **access-list** 명령어는 다음 중 무엇인가?

a. **access-list 101 permit tcp host 10.1.1.1 172.16.5.0 0.0.0.255 eq www**
b. **access-list 1951 permit ip host 10.1.1.1 172.16.5.0 0.0.0.255 eq www**
c. **access-list 2523 permit tcp any eq www 172.16.5.0 0.0.0.255**
d. **access-list 2523 permit tcp 172.16.5.0 0.0.0.255 eq www 172.16.5.0 0.0.0.255**
e. **access-list 2523 permit tcp 172.16.5.0 0.0.0.255 eq www any**

4. 최신 IOS 버전(15.0 이상)을 구동 중인 라우터에서, 네 개의 명령어로 설정된 ACL 101 중에서 두 번째 명령어를 삭제하고자 한다. 다음 옵션 중 적절한 것은 무엇인가? (2개를 고르시오)

a. 전체 ACL을 삭제하고, ACL에 남겨둬야 하는 세 개의 ACL 명령어를 다시 설정한다.

b. **no access-list** 글로벌 명령어를 이용하여 ACL 중 한 줄만 삭제한다.

c. ACL 설정 모드로 들어가서 일련번호를 기반으로 두 번째 줄만 삭제한다.

d. 글로벌 설정 모드에서 ACL의 마지막 세 줄을 지운 다음, 마지막 두 줄을 다시 ACL에 추가한다.

5. 라우터 R1에 ACL을 설정을 고려하고 있다. 인터페이스 G0/1에 '**ip access-group A out**' 명령어를 적용하는 ACL A를 사용하거나, 동일 인터페이스에 '**ip access-group B in**' 명령어를 적용하는 ACL B를 사용할 수 있다. R1의 G0/1은 IPv4 주소 1.1.1.1을 갖는다. 다음 중 정답은 무엇인가? (2개를 고르시오)

a. ACL A는 중요한 트래픽을 필터링할 위험이 ACL B보다 높다.

b. ACL B는 중요한 트래픽을 필터링할 위험이 ACL A보다 높다.

c. R1에서의 **ping 1.1.1.1** 명령어는 적용된 ACL A에 적용받는 않는다.

d. R1에서의 **ping 1.1.1.1** 명령어는 적용된 ACL B에 적용받지 않는다.

6. ACL을 설정하였으나, 설정을 저장하는 것을 잊었다. 이때, 다음 중 어떤 명령어가 줄 번호를 포함한 IPv4 ACL 설정을 표시하는가? (2개를 고르시오)

a. **show running-config**

b. **show startup-config**

c. **show ip access-lists**

d. **show access-lists**

확장 번호 IP ACL

확장 IP ACL은 이전 장에서 배운 표준 번호 IP ACL과 많이 비슷하다. 표준 IP ACL과 마찬가지로 진입 또는 진출 인터페이스에서 확장 ACL을 적용할 수 있다. IOS는 리스트를 순차적으로 검색한다. 확장 ACL도 역시 첫 번째로 부합하는 규칙을 따른다. 왜냐하면, 라우터는 처음으로 문장에 부합되면 검색을 중단하고 정의된 동작을 취하기 때문이다. 이러한 특징은 표준 번호 ACL 및 표준 명칭 ACL에서도 동일하다.

17

확장 ACL이 표준 ACL과 가장 차이나는 점은 보다 많은 패킷 헤더 필드를 부합 조건에 사용할 수 있다는 점이다. 하나의 확장 ACL로 패킷 헤더의 여러 부분을 조사할 수 있으며, 모든 매개 변수가 하나의 확장 ACL에 정확하게 부합되는지 확인할 수 있다. 이러한 강력한 부합 규칙으로 인하여, 확장 ACL은 표준 IP ACL 보다 더 유용하고 복잡하다.

프로토콜, 출발지 IP, 목적지 IP에 부합

표준 번호 IP ACL과 같이, 확장 번호 IP ACL도 **access-list** 글로벌 명령어를 사용한다. 적어도 **permit** 또는 **deny** 키워드까지는 구문이 동일하다. 명령어는 부합되는 매개 변수들을 나열하지만, 이 부분이 물론 차이가 난다. 특히, 확장 ACL의 **access-list** 명령어는 세 가지 부합 매개 변수(IP 프로토콜 종류, 출발지 IP 주소, 목적지 IP 주소)를 입력하도록 요구한다.

IP 헤더의 프로토콜 필드는 IP 헤더 다음에 따라 붙는 헤더를 구별한다. [그림 17-2]는 참고를 위하여, IP 프로토콜 필드의 위치 및 다음에 따라 붙는 헤더의 종류를 가리키는 개념을 설명하며, IP 헤더의 일부 상세 내용을 함께 보여준다.

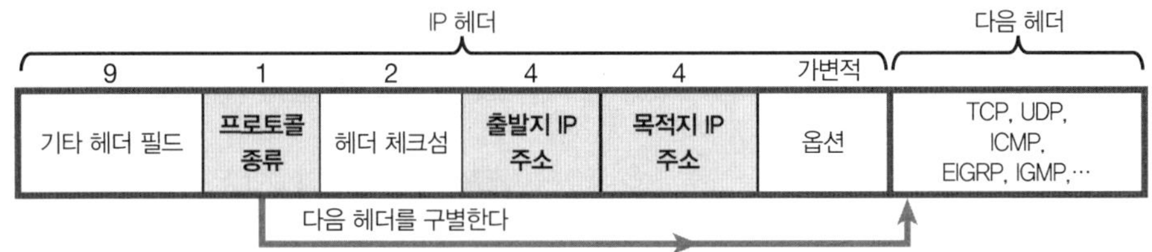

[그림 17-2] 확장 IP ACL에 필요한 필드를 보여주는 IP 헤더

확장 IP ACL은 [그림 17-2]에서 세 가지 강조된 부분의 매개 변수를 설정해야 한다. 프로토콜

사전 점검 퀴즈 정답
1 E, F **2** A, E **3** E **4** A, C **5** B, C **6** C, D

종류를 설정하기 위해서 **tcp**, **udp**, **icmp**와 같은 키워드를 이용하는데, 이는 IP 헤더 뒤에 TCP, UDP, ICMP 헤더가 따라 붙는 패킷에 부합된다. 또는 '모든 IP 패킷'을 의미하는 **ip** 키워드를 사용할 수도 있다. 출발지와 목적지 IP 주소 필드도 반드시 설정해야 하는데, 16장 '기본 IPv4 ACL'에서 배웠던 IP 주소와 부합되는 구문 및 옵션을 동일하게 사용하여 설정할 수 있다. [그림 17-3]은 구문을 보여준다.

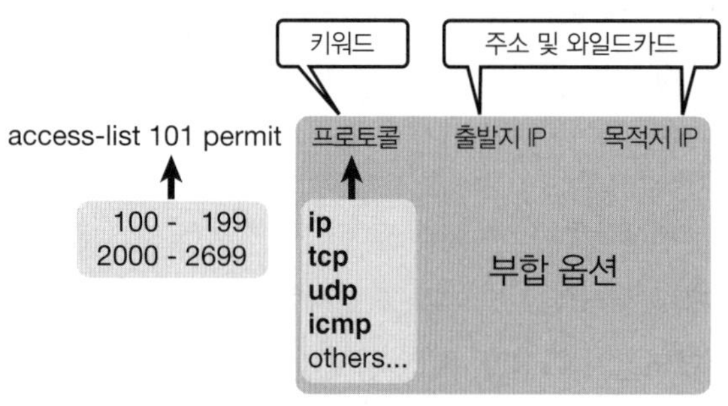

[그림 17-3] 필요 필드를 표시하는 확장 ACL 구문

> **NOTE** 출발지와 목적지 IP 주소에 부합할 때, 표준 ACL과 한 가지 다른 점이 있다. 특정 IP 주소에 부합될 때, 확장 ACL은 반드시 host 키워드를 사용한다. 즉, IP 주소만 단독으로 쓸 수 없다.

[표 17-2]는 필수 매개 변수만 사용하는 여러 **access-list** 명령어의 예를 보여준다. 표의 오른쪽을 가리고, 테이블에 내용을 연습한다. 또는 예 명령어들의 규칙을 이해하기 위해 설명 부분을 복습한다.

access-list 문장	부합되는 패킷
access-list 101 deny tcp any any	TCP 헤더를 가지는 모든 IP 패킷
access-list 101 deny udp any any	UDP 헤더를 가지는 모든 IP 패킷
access-list 101 deny icmp any any	ICMP 헤더를 가지는 모든 IP 패킷
access-list 101 deny ip host 1.1.1.1 host 2.2.2.2	IP 헤더에 따라 붙는 헤더에 상관 없이, 호스트 1.1.1.1에서 호스트 2.2.2.2로 가는 모든 IP 패킷
access-list 101 deny udp 1.1.1.0 0.0.0.255 any	서브넷 1.1.1.0/24에서 출발하여 목적지 상관 없이, IP 헤더에 UDP 헤더가 따라 붙는 모든 IP 패킷

[표 17-2] 확장 ACL 명령어 및 규칙 설명

[표 17-2]의 마지막 항목은 IOS가 확장 ACL을 어떻게 처리하는지 보여주고 있다.

확장 ACL 명령어에서, 패킷이 명령어에 부합되기 위해서는 '모든' 매개 변수들에 부합되어야 한다.

예를 들어, [표 17-2]의 마지막 예를 보면, 명령어는 UDP 여부를 검사하고, 출발지 IP 주소가 서브넷 1.1.1.0/24인지도 확인하며, 목적지 주소는 확인하지 않는다. 만약, 패킷의 출발지 IP 주소가 1.1.1.1이어서 출발지 IP 주소에 부합된다 하더라도, TCP 헤더를 가지고 있다면 **access-list** 명령어에 부합되지 않는다. 즉, 모든 매개 변수에 반드시 부합되어야 한다.

TCP와 UDP 포트 번호에 부합

확장 ACL은 TCP와 UDP 헤더를 검사할 수 있으며, 특히 출발지와 목적지 포트 번호를 검사할 수 있다. 포트 번호는 데이터를 주고받는 애플리케이션을 구별하는 데 사용된다.

가장 유용하게 사용되는 포트 번호는 서버들 간에 사용되는 잘 알려진(well-known) 포트들이다. 예를 들어, 웹 서버는 기본적으로 웰노운 포트 80번을 사용한다. [그림 17-4]는 IP 헤더 뒤에 따라 붙는 TCP 헤더의 포트 번호의 위치를 보여준다.

Key Topic

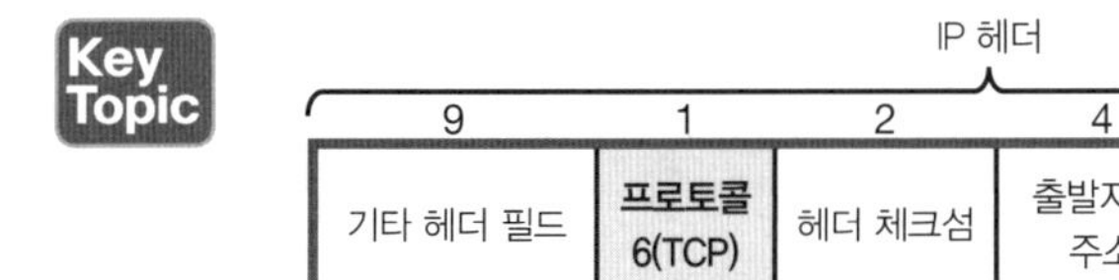

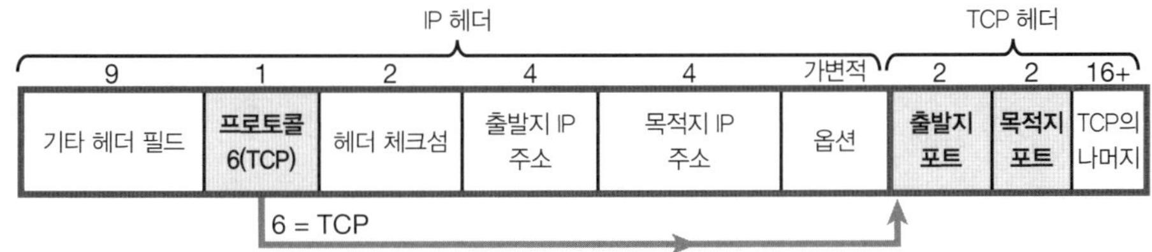

[그림 17-4] IP 헤더, TCP 헤더와 포트 번호 필드

확장 ACL 명령어는 **tcp** 또는 **udp** 키워드를 옵션으로 포함하는데, 이 키워드로 출발지/목적지 포트를 지정할 수 있다. 포트 지정을 위하여, 구문에서는 'equal', 'not equal', 'less than', 'greater than'과 같은 키워드 및 포트 범위를 설정할 수 있다. 추가적으로, 십진수로 표시되는 포트 번호뿐만 아니라, 잘 알려진 애플리케이션 포트에 대해서는 좀 더 편리한 키워드를 사용할 수 있다. [그림 17-5]는 **access-list** 명령어상에서 출발지와 목적지 포트 번호 필드의 위치 및 포트 번호 키워드를 보여준다.

Key Topic

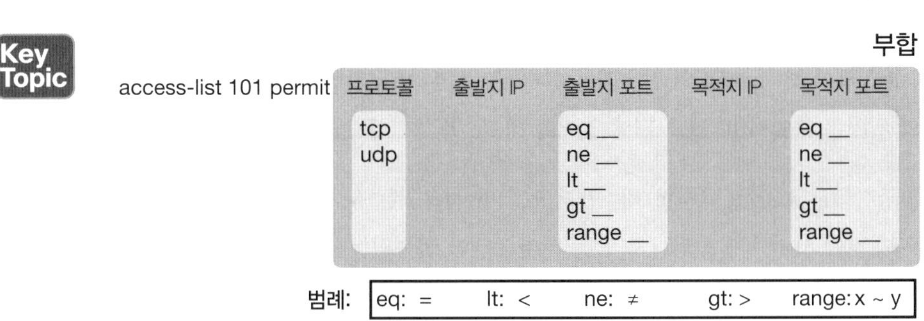

[그림 17-5] TCP와 UDP 포트 번호를 이용하는 확장 ACL 구문

예를 들어, [그림 17-6]의 간단한 네트워크를 살펴보자. FTP 서버가 오른쪽에 있고, 클라이언트는 왼쪽에 있다. 이 그림은 다음과 같은 패킷에 부합되는 구문을 보여준다.

- TCP 헤더가 있는 패킷
- 클라이언트 서브넷으로부터 전송된 패킷
- 서버 서브넷으로 전송된 패킷
- TCP 목적지 포트 21번(FTP 서버 제어용 포트)인 패킷

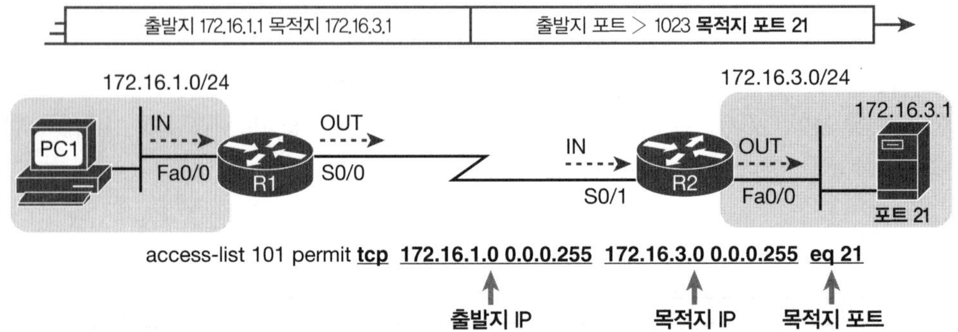

[그림 17-6] 목적지 포트를 기반으로 패킷 필터링

매개 변수 '**eq 21**'이라는 목적지 포트 부합 방식을 잘 이해하기 위해서, PC1에서 서버로 향하는, 즉 왼쪽에서 오른쪽으로 가는 패킷을 살펴보자. 서버에서 웰노운 포트인 21번(FTP 제어용 포트)을 사용한다고 가정하면, 패킷의 TCP 헤더는 목적지 포트로 21번을 갖게 된다. ACL 구문을 보면, 목적지 IP 주소 다음에 **eq 21** 매개 변수가 있다는 것을 알 수 있는데, 목적지 IP 주소 다음 위치에 온다는 것이 중요하다. 이 위치는 **eq 21** 매개 변수가 패킷의 목적지 포트와 비교되어야 함을 의미한다. 결과적으로, [그림 17-6]의 ACL 문장은 목적지 포트가 21인 패킷에 부합된다는 것을 보여준다. 이를 위해서 ACL 문장은 그림에서 화살표 선이 표시되어 있는 네 곳 중에서 사용되어야 한다.

[그림 17-7]은 역 방향의 플로를 보여주는데, 서버에서 보낸 패킷이 PC1으로 향하는 것을 보여준다. 이 예에서는, 패킷의 TCP 헤더의 출발지 포트는 21번이다. 따라서, ACL은 출발지 포트가 21번인지 확인해야 하며, ACL의 적용되는 인터페이스 위치도 달라져야 한다. 이 경우, **eq 21** 매개 변수의 위치는 출발지 IP 필드 뒤에 있어야 하고, 목적지 IP 필드 앞에 있어야 한다.

포트 번호에 부합되는 ACL을 검사할 때, 먼저 ACL이 적용되는 위치와 방향을 주의해서 살펴본다. 방향은 패킷이 서버로 전송되는지 또는 서버로부터 전송되는지를 결정한다. 그 시점에서, 패킷의 출발지 포트를 검사할지, 아니면 목적지 포트를 검사할지 결정할 수 있다. 참조를 위해, [표 17-3]은 주요 포트 번호, 전송 계층 프로토콜, 애플리케이션을 나열한다. **access-list** 명령어의 구문은 포트 번호와 애플리케이션 이름의 약어가 허용된다.

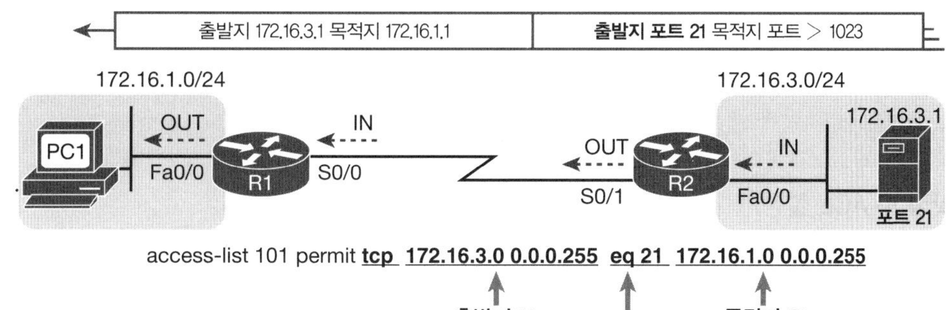

[그림 17-7] 출발지 포트를 기반으로 패킷 필터링

17

포트 번호	프로토콜	애플리케이션	access-list 명령어 키워드
20	TCP	FTP data	ftp-data
21	TCP	FTP control	ftp
22	TCP	SSH	—
23	TCP	Telnet	telnet
25	TCP	SMTP	smtp
53,	UDP, TCP	DNS	domain
67	UDP	DHCP Server	bootps
68	UDP	DHCP Client	bootpc
69	UDP	TFTP	tftp
80	TCP	HTTP (WWW)	www
110	TCP	POP3	pop3
161	UDP	SNMP	snmp
443	TCP	SSL	—
514	UDP	Syslog	—
16,384 - 32,767	UDP	RTP (voice, video)	—

[표 17-3] 주요 애플리케이션과 웰노운 포트 번호

access-list 문장	부합되는 패킷
access-list 101 deny tcp any gt 1023 host 10.1.1.1 eq 23	TCP 헤더, 출발지 포트가 1023 이상, 모든 출발지 IP, 목적지 IP 주소가 10.1.1.1, 목적지 포트 번호는 23인 패킷
access-list 101 deny tcp any host 10.1.1.1 eq 23	앞의 예와 동일하나, 출발지 포트에 대한 매개 변수가 생략되어 있어서 모든 출발지 포트에 대해 부합되는 패킷
access-list 101 deny tcp any host 10.1.1.1 eq telnet	앞의 예와 동일하나, 포트 23 대신에 telnet 키워드를 사용
access-list 101 deny udp 1.0.0.0 0.255.255.255 lt 1023 any	출발지 IP 주소가 10.0.0.0/8 네트워크에 속하고, 출발지 포트 번호가 1023보다 작은 UDP, 모든 목적지 IP 주소에 부합되는 패킷

[표 17-4] 확장 access-list 명령어 예와 규칙 설명

[표 17-4]는 포트 번호에 부합되는 access-list 명령어 예를 몇 가지 보여준다. 표의 오른쪽을 가리고, 각 명령어에 부합되는 패킷의 특징을 찾아보도록 하자. 그리고 테이블 오른쪽을 보고, 답이 맞는지 확인해본다.

확장 IP ACL 설정

확장 ACL은 IP 패킷 헤더의 많은 필드에 부합될 수 있기 때문에, 명령어 구문을 한 줄의 명령으로 요약하는 것은 쉽지 않다. 하지만 [표 17-5]에 이 책에서 다루는 구문을 두 개의 명령어로 정리했다.

명령어	설정 모드와 설명
access-list *access-list-number* {deny | permit} *protocol source source-wildcard destination destination-wildcard* [log | log-input]	확장 번호 ACL에 대한 글로벌 명령어이다. 100~199 또는 2000~2699 사이의 번호를 사용한다.
access-list *access-list-number* {deny | permit} {tcp | udp} *source source-wildcard* [*operator* [*port*]] *destination destination-wildcard* [*operator* [*port*]] [established] [log]	TCP, UDP에 특화된 매개 변수가 포함된 access-list 명령어이다.

[표 17-5] 확장 IP ACL 설정 명령어

확장 ACL의 설정 과정은 표준 ACL의 설정 과정과 거의 일치한다. ACL이 적용될 위치와 방향을 선택해야 한다. 특히, 방향을 잘 선택해야 한다. 방향에 따라, 주소 및 포트를 출발지로 적용할지 아니면 목적지로 적용할지 결정할 수 있기 때문이다. **access-list** 명령어로 ACL을 설정 후, 표준 ACL에서와 마찬가지로 **ip access-group** 명령어로 ACL을 인터페이스에 적용할 수 있다. 이런 절차들은 표준 ACL과 동일하지만, 몇 가지 차이가 있으며, 정리하면 다음과 같다.

- 확장 ACL의 위치는 필터링될 패킷의 출발지와 가능한 한 가까워야 한다. 이렇게 하면, 대역폭을 절약할 수 있다.
- 한 줄의 **access-list** 명령어의 모든 필드가 패킷에 부합되어야만 해당 **access-list**에 부합되었다고 판단한다.
- 확장 **access-list** 명령어에서 사용할 수 있는 번호는 100~119와 2000~2699이며, 번호들 간에 차이가 없으므로, 아무 번호나 사용하면 된다.

확장 IP ACL: 예 1

이 예는 기본 구문의 이해에 중점을 둔다. 밥은 R1의 이더넷에 있는 모든 FTP 서버에 접속할 수 없다. 래리도 웹 서버인 서버 1에 접속하지 못한다. [그림 17-8]은 네트워크 구성도를 보여주며, [예 17-1]은 R1의 설정을 보여준다.

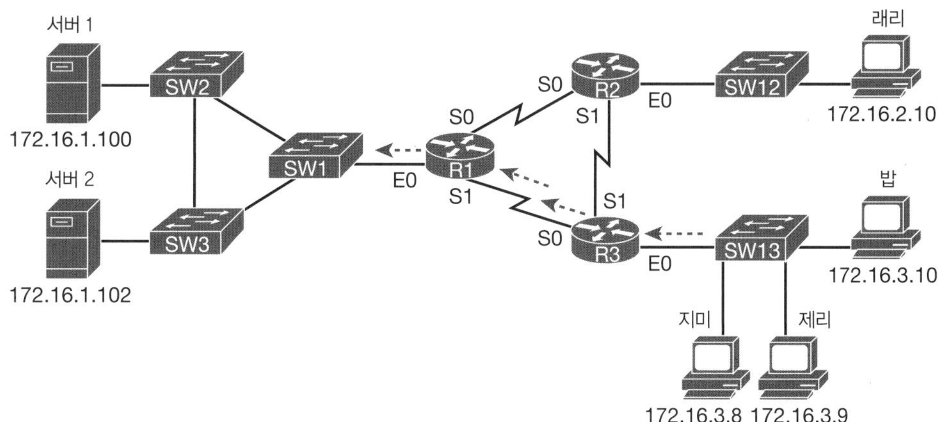

[그림 17-8] 확장 ACL 1의 네트워크 구성도

17

```
interface Serial0
 ip address 172.16.12.1 255.255.255.0
 ip access-group 101 in
!
interface Serial1
 ip address 172.16.13.1 255.255.255.0
 ip access-group 101 in
!
access-list 101 remark Stop Bob to FTP servers, and Larry to Server1 web
access-list 101 deny tcp host 172.16.3.10 172.16.1.0 0.0.0.255 eq ftp
access-list 101 deny tcp host 172.16.2.10 host 172.16.1.100 eq www
access-list 101 permit ip any any
```

[예 17-1] R1의 확장 ACL: 예 1

첫 번째 ACL 문장은 밥이 172.16.1.0 서브넷의 FTP 서버로의 접속을 막는다. 두 번째 ACL 문장은 래리가 웹 서버인 서버 1로의 접속을 막는다. 마지막 문장은 모든 트래픽을 허용한다.

구문을 자세히 보면, 좀 더 살펴봐야 할 새로운 항목이 몇 개 있음을 알 수 있다. 우선, 확장 ACL의 번호가 100~199 또는 2000~2699 사이에 있다는 점이다. **permit**이나 **deny** 다음에 오는 프로토콜 매개 변수 값에 따라서, 모든 IP 패킷을 검사하거나 또는 TCP나 UDP 헤더만을 검사할 수 있다. TCP나 UDP 포트 번호를 검사하고자 한다면, 프로토콜 매개 변수를 TCP나 UDP로 지정해야 한다. FTP와 웹은 모두 TCP를 사용한다.

이 예에서는 FTP 제어(**ftp** 키워드) 및 HTTP 트래픽(**www** 키워드)에 대한 목적지 포트 번호를 검사하기 위해, 'equal'이라는 의미의 **eq** 매개 변수를 사용한다. eq 다음에 번호를 넣어도 되고, 좀 더 선호되는 방법인 문자를 넣어도 된다(**eq 80**이라고 입력하면, 설정 파일에는 **eq www**로 보여준다).

이 예에서는 ACL이 R1의 두 곳에 적용되며, 두 개의 시리얼(Serial) 인터페이스에 각각 적용된다. 이 두 곳에 ACL을 적용해도 ACL 차단은 잘 이루어진다. 그러나 앞에 언급했듯이, 확장 ACL은 가능하면 패킷의 출발지에 가까이 두라고 권고한다. 그러므로 [예 17-2]는 FTP 서버에 대한 밥의 접속을 막는 [예 17-1]과 동일한 결과를 보인다. 즉, R3에 설정한 ACL이 그 역할을 한다.

```
interface Ethernet0
 ip address 172.16.3.1 255.255.255.0
 ip access-group 103 in

access-list 103 remark deny Bob to FTP servers in subnet 172.16.1.0/24
access-list 103 deny tcp host 172.16.3.10 172.16.1.0 0.0.0.255 eq ftp
access-list 103 permit ip any any
```

[예 17-2] R3의 확장 ACL에 의해 밥은 R1 근처의 FTP 서버 접속이 제한됨

R3의 새로운 ACL 설정은 패킷의 출발지에 ACL을 가까이 두라는 디자인 목적을 이루면서도, 밥의 트래픽을 필터링하는 목적을 이루고 있다. R3의 ACL 103은 R1의 ACL 101과 비슷하게 보인다. 그러나 ACL 103은 래리의 트래픽을 검사할 필요가 없다. 왜냐하면, 래리의 트래픽은 R3의 E0 인터페이스로 들어오지 않기 때문이다. ACL 103은 목적지를 서브넷 172.16.1.0/24로 향하는 밥의 FTP 트래픽만 필터링하고, 다른 트래픽은 정상적으로 통과시킨다.

확장 IP ACL: 예 2

[그림 17-9]의 구성도를 기반으로, [예 17-3]은 확장 IP ACL을 어떻게 사용하는지 다른 예를 보여준다. 이번 예에서는 다음과 같은 조건을 사용한다.

- 샘은 벅스나 대피에게 접속할 수 없다.
- 세비야 이더넷에 있는 호스트는 요세미티 이더넷에 있는 호스트에 접속하지 못한다.
- 다른 접속들은 모두 허용된다.

이번 설정에서는 확장 ACL을 가능하면 출발지 가까이에 두라는 설계 지침을 지키면서도 발생할 수 있는 몇 가지 문제점을 해결한다. 샘이 보낸 패킷이 처음으로 진입되는 인터페이스는 요세미티의 E0 인터페이스이며, ACL은 이곳에서 패킷을 필터링한다. 만약, 시간이 흐르면서 요세미티와 다른 서브넷 간에 경로가 바뀐다 하더라도 ACL은 여전히 적용된다. 또한 두 번째 조건(세비야의 LAN에 있는 호스트가 요세미티에 접속하는 것을 금지)은 두 번째 **access-list** 문장에 의해 충족한다. 요세미티 LAN에서 세비야 LAN으로 패킷이 흘러가는 것만 막더라도, 두 서브넷 간에 통신을 효과적으로 차단할 수 있다. 또 다른 방법으로, 세비야에서 반대 규칙으로 설정할 수도 있다.

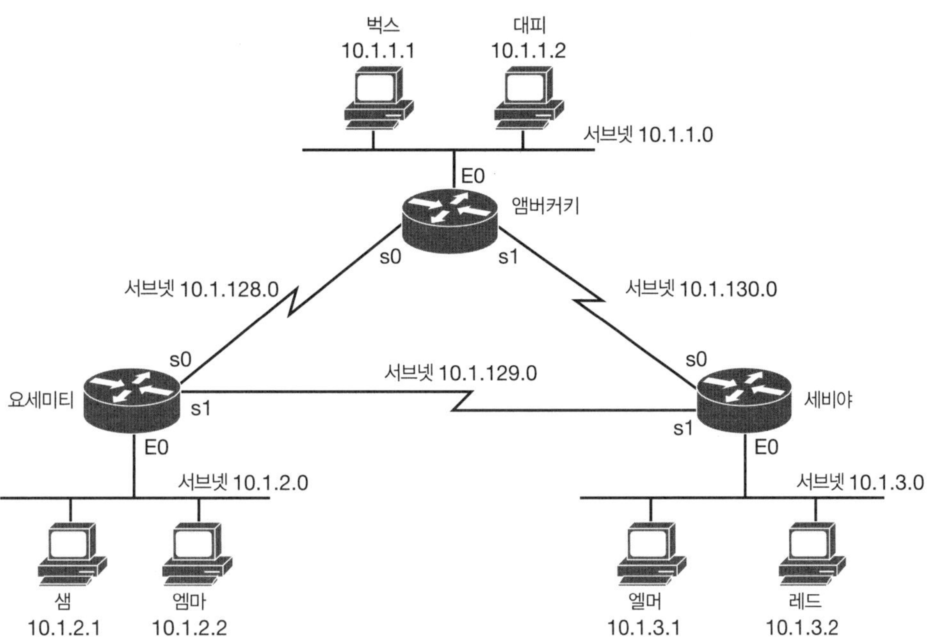

[그림 17-9] 확장 ACL 예 2에서 사용되는 네트워크 구성도

```
interface ethernet 0
 ip access-group 110 in
!
access-list 110 deny ip host 10.1.2.1 10.1.1.0 0.0.0.255
access-list 110 deny ip 10.1.2.0 0.0.0.255 10.1.3.0 0.0.0.255
access-list 110 permit ip any any
```

[예 17-3] 확장 ACL 예 2의 요세미티 설정

access-list 명령어 작성 연습

[표 17-6]은 확장 ACL 명령어 구문에 익숙해질 수 있는 연습 문제들을 제공한다. 특히, 올바른 부합 규칙을 선택하는 것이 좋다. 그럼, 패킷에 부합되는 한 줄짜리 확장 ACL을 작성해 보자. 정답은 '연습 문제 해답' 절에서 확인할 수 있다. 조건이 '웹 클라이언트'와 같은 특정한 애플리케이션을 언급하는 것이라면, 특별히 그 애플리케이션에 부합되어야 한다는 것을 명심하자.

문제	조건
1	웹 클라이언트 10.1.1.1에서, 서브넷 10.1.2.0/24 내의 웹 서버로 보내는 패킷
2	텔넷 클라이언트 172.16.4.3/25에서, 서브넷 172.16.3.0/25의 텔넷 서버로 보내는 패킷. 또한 텔넷 클라이언트가 속한 서브넷의 모든 호스트에 부합되어야 함.
3	서브넷 192.168.7.200/26에서, 호스트 192.168.7.14/29가 속한 서브넷의 모든 호스트로 보내는 모든 ICMP 메시지

문제	조건
4	웹 서버 10.2.3.4/2가 속한 서브넷에서, 호스트 10.4.5.6/22가 속한 서브넷의 모든 클라이언트로 보내는 패킷
5	텔넷 서버 172.20.1.0/24가 속한 서브넷에서, 호스트 172.20.44.1/23이 속한 서브넷의 모든 호스트로 보내는 패킷
6	웹 클라이언트 192.168.99.99/28에서, 서브넷 192.168.176.0/28에 있는 웹 서버로 보내는 패킷. 또한 웹 클라이언트가 속한 서브넷의 모든 클라이언트에도 부합됨.
7	10.55.66.77/25가 속한 서브넷에서, 10.66.55.44/26이 속한 서브넷의 모든 호스트로 보내는 패킷
8	그 외의 모든 IPv4 패킷

[표 17-6] 한 줄짜리 확장 ACL 작성: 연습

명칭 ACL과 ACL 편집

IOS IP ACL의 핵심 개념을 이해했으므로, 이번 절에서는 IOS에서 제공하는 ACL 개선 사항으로, 명칭 ACL과 일련번호를 이용한 ACL 편집을 알아본다. 두 기능이 유용하기는 하지만, 라우터의 또 다른 필터링 기능이 추가된 것은 아니다. 다만, 명칭 ACL과 ACL 일련번호 기능을 사용하면, ACL 이름을 기억하기 쉽고, ACL 변경이 필요할 때 손쉽게 편집할 수 있다는 장점이 있다.

명칭 IP ACL

명칭 IP ACL은 번호 IP ACL과 많은 유사점을 가지고 있다. 패킷 필터링을 포함한 많은 다른 용도로 사용된다. 명칭 ACL은 번호 ACL과 동일한 필드에 부합될 수 있다. 즉, 표준 명칭 ACL과 동일한 필드를 표준 번호 ACL에서도 부합될 수 있으며, 확장 명칭 ACL과 동일한 필드를 확장 번호 ACL에서도 부합될 수 있다.

물론, 명칭 ACL과 번호 ACL 간에 차이점도 있다. 번호 ACL과 비교하여, 명칭 ACL은 다음 세 가지 큰 차이점이 있다.

- ACL을 구별하기 위해 번호 대신 명칭을 사용한다. ACL의 목적을 더 잘 기억하게 한다.
- 글로벌 명령어가 아닌, ACL 하위 명령어를 이용하여 동작과 부합 매개 변수를 정의한다.
- ACL 편집 기능을 이용하여, 각 명령어 줄을 삭제하거나 새로운 줄을 중간에 삽입할 수 있다.

번호 ACL을 동일 기능의 명칭 ACL 설정으로 사용하도록 변환해보면, 쉽게 명칭 ACL 설정을 배울 수 있다. [그림 17-10]은 간단한 세 줄짜리 표준 ACL 1을 이용하여, 변환하는 방법을 보여준다. 명칭 ACL에서 세 줄의 **permit** 하위 명령어를 생성하기 위해서, 세 개의 번호 ACL 명령어 중 **permit** 키워드 뒷부분을 그대로 복사한다.

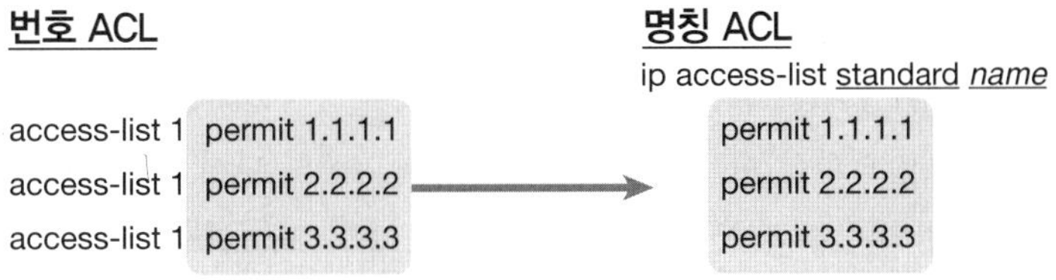

번호 ACL

access-list 1 permit 1.1.1.1
access-list 1 permit 2.2.2.2
access-list 1 permit 3.3.3.3

명칭 ACL

ip access-list standard *name*
permit 1.1.1.1
permit 2.2.2.2
permit 3.3.3.3

[그림 17-10] 명칭 ACL 설정 vs 번호 ACL 설정

명칭 ACL 설정에서 유일하게 새로운 곳은 **ip access-list** 글로벌 명령어 부분이다. 이 명령어는 ACL이 표준 또는 확장 ACL인지 여부와 명칭을 정의한다. 또한 [예 17-4]에 보는 것과 같이, 이 명령을 입력하면, 사용자는 ACL 설정 모드로 들어간다. ACL 설정 모드에서는 번호 ACL 명령어 구문에서 사용된 것과 동일한 **permit**, **deny**, **remark** 명령어를 설정할 수 있다. 만약 표준 번호 ACL을 설정하고 있다면, 이 명령어들은 표준 번호 ACL의 구문에 부합될 것이고, 만약 확장 번호 ACL을 설정하고 있다면, 이 명령어들은 확장 번호 ACL의 구문에 부합될 것이다. ACL 설정 모드임을 보여주는 설정 모드 프롬프트를 주의하여 보기 바란다.

[예 17-4]는 명칭 확장 ACL 설정을 보여준다.

```
Router# configure terminal
Enter configuration commands, one per line.  End with Ctrl-Z.
Router(config)# ip access-list extended barney
Router(config-ext-nacl)# permit tcp host 10.1.1.2 eq www any
Router(config-ext-nacl)# deny udp host 10.1.1.1 10.1.2.0 0.0.0.255
Router(config-ext-nacl)# deny ip 10.1.3.0 0.0.0.255 10.1.2.0 0.0.0.255
Router(config-ext-nacl)# deny ip 10.1.2.0 0.0.0.255 10.2.3.0 0.0.0.255
Router(config-ext-nacl)# permit ip any any
Router(config-ext-nacl)# interface serial1
Router(config-if)# ip access-group barney out
Router(config-if)# ^Z
Router# show running-config
Building configuration...

Current configuration:

! 간략화를 위한 라인 생략

interface serial 1
 ip access-group barney out
!
ip access-list extended barney
 permit tcp host 10.1.1.2 eq www any
 deny   udp host 10.1.1.1 10.1.2.0 0.0.0.255
 deny   ip 10.1.3.0 0.0.0.255 10.1.2.0 0.0.0.255
 deny   ip 10.1.2.0 0.0.0.255 10.2.3.0 0.0.0.255
 permit ip any any
```

[예 17-4] 명칭 ACL 설정

[예 17-4]는 barney라는 ACL 명칭을 생성하는 것으로 시작한다. **ip access-list extended barney** 명령어는 barney라는 이름의 ACL을 생성하고, 사용자를 ACL 설정 모드로 진입하게 한다. 명령어는 barney가 확장 ACL임을 알려준다. 그 다음의 다섯 개의 **permit**, **deny** 문장들은 부합 규칙과 부합되면 수행하는 동작을 정의한다. **show running-config** 명령어의 출력은 한 줄이 삭제되기 이전의 명칭 ACL 설정을 보여준다.

명칭 ACL은 사용자가 ACL 설정 모드에 들어가서 ACL 문장들을 삭제하거나, 새로운 문장을 추가하는 것을 허용한다. [예 17-5]는 **no deny ip**... 명령어를 이용하여, ACL 한 줄을 어떻게 삭제하는지 보여준다. 예의 마지막에 **show access-list** 명령어의 출력은 다섯 개가 아닌, 네 개의 **permit**, **deny** 명령어로 구성된 ACL을 보여준다.

```
Router# configure terminal
Enter configuration commands, one per line.  End with Ctrl-Z.
Router(config)# ip access-list extended barney
Router(config-ext-nacl)# no deny ip 10.1.2.0 0.0.0.255 10.2.3.0 0.0.0.255
Router(config-ext-nacl)# ^Z
Router# show access-list

Extended IP access list barney
    10 permit tcp host 10.1.1.2 eq www any
    20 deny   udp host 10.1.1.1 10.1.2.0 0.0.0.255
    30 deny   ip 10.1.3.0 0.0.0.255 10.1.2.0 0.0.0.255
    50 permit ip any any
```

[예 17-5] 명칭 ACL에서 한 줄을 삭제하기

일련번호를 이용한 ACL 편집

번호 ACL은 시스코의 초기 라우터와 IOS부터 지원되었다. 그러나 몇 년이 지나고 많은 IOS 버전이 나오는 동안에도, 번호 IP ACL의 편집 방식은 여전히 매우 불편했다. 예를 들어, ACL 한 줄을 삭제하려면, ACL을 모두 삭제한 다음에 전체 ACL을 다시 설정해야만 했다.

ACL 편집 기능은 ACL 일련번호를 사용하는데, 각각의 ACL **permit** 또는 **deny** 문장마다 일련번호를 부여하여, ACL 문장의 순서를 나타내게 된다. 번호 ACL과 명칭 ACL에서, 일련번호는 다음과 같은 특징을 갖는다.

- **번호 ACL을 위한 새로운 설정 방식**: 번호 ACL은 기존 방식뿐만 아니라 명칭 ACL과 같은 방식도 지원한다. 새로운 설정 방식은 고급 ACL 편집을 위해서 필요하다.
- **한 줄 삭제**: 각각의 ACL **permit** 또는 **deny** 문장은 **no** *sequence-number* 하위 명령어를 이용하여 삭제할 수 있다.

- **새로운 줄 삽입**: 새로이 추가된 **permit**과 **deny** 명령어는 앞에 일련번호와 함께 설정가능하며, ACL 내에서 명령어의 위치를 지정할 수 있다.
- **일련번호 자동 부여**: 명령어에 일련번호를 포함하지 않더라도, IOS는 설정되는 명령어에 일련번호를 자동으로 부여한다.

ACL에 명령어를 삭제하고 추가하는 이점을 가지기 위해, 번호 ACL은 명칭 ACL에서 사용되는 설정 스타일과 명령어를 사용해야 한다. 구문에서 유일한 차이점은 명칭이 사용되는지 아니면 번호가 사용되는지 정도이다. [예 17-6]은 표준 번호 IP ACL의 설정을 보여주는데, 이번에는 다른 설정 방식을 보여준다. 이 예에서는 ACL 일련번호를 사용한 편집의 강점도 보여준다. 이 예는 다음과 같은 순서를 갖는다.

17

단계 ① 새로운 스타일의 설정을 이용하여 ACL 24를 설정하고, 세 개의 **permit** 명령어를 추가한다.

단계 ② **show ip access-list** 명령어는 세 개의 **permit** 명령어를 보여주며, 일련번호는 10, 20, 30임을 알 수 있다.

단계 ③ ACL 하위 명령어인 **no 20** 명령어를 이용하여 두 번째 **permit** 명령어만 삭제한다. **no 20** 명령어에서 20은 일련번호를 나타낸다.

단계 ④ **show ip access-list** 명령어는 ACL이 두 줄(일련번호 10과 30)만 남아있다는 것을 보여준다.

단계 ⑤ ACL 하위 명령어인 **5 deny 10.1.1.1** 명령어를 이용하여, ACL의 첫 줄에 새로운 **deny** 명령어를 추가한다.

단계 ⑥ **show ip access-list** 명령어로 다시 변경 사항을 확인한다. 이번에는 일련번호가 5, 10, 30인 세 개의 명령어가 있는 것을 확인한다.

NOTE 이번 예에서, 사용자는 설정 모드를 빠져 나가지 않고, **do** 명령어를 이용하여, 설정 모드에서 **show ip access-list** EXEC 명령어를 실행한다.

```
! 단계 1: 세 번째 줄에 표준 번호 IP ACL 설정
R1# configure terminal
Enter configuration commands, one per line.  End with Ctrl-Z.
R1(config)# ip access-list standard 24
R1(config-std-nacl)# permit 10.1.1.0 0.0.0.255
R1(config-std-nacl)# permit 10.1.2.0 0.0.0.255
R1(config-std-nacl)# permit 10.1.3.0 0.0.0.255

! 단계 2: 설정 모드에서 빠져 나가지 않고 ACL 내용을 표시
R1(config-std-nacl)# do show ip access-lists 24
Standard IP access list 24
    10 permit 10.1.1.0, wildcard bits 0.0.0.255
```

```
    20 permit 10.1.2.0, wildcard bits 0.0.0.255
    30 permit 10.1.3.0, wildcard bits 0.0.0.255

! 단계 3: ACL 24의 설정 모드 내에서, 일련번호 20번 줄 삭제하기
R1(config-std-nacl)# no 20

! 단계 4: 설정 모드에서 빠져 나가지 않고 ACL 내용을 다시 표시
! 일련번호 20번 줄이 삭제된 것을 확인
R1(config-std-nacl)#do show ip access-lists 24
Standard IP access list 24
    10 permit 10.1.1.0, wildcard bits 0.0.0.255
    30 permit 10.1.3.0, wildcard bits 0.0.0.255

! 단계 5: ACL 첫 줄에 새로운 ACL 추가
R1(config-std-nacl)# 5 deny 10.1.1.1

! 단계 6: ACL의 내용 다시 표시
! (일련번호 5) 첫 줄에 표시됨
R1(config-std-nacl)# do show ip access-lists 24
Standard IP access list 24
     5 deny   10.1.1.1
    10 permit 10.1.1.0, wildcard bits 0.0.0.255
    30 permit 10.1.3.0, wildcard bits 0.0.0.255
```

[예 17-6] 일련번호를 이용하여 ACL 편집하기

[예 17-6]은 번호 ACL을 사용하지만, 항목을 편집(추가 및 삭제)하기 위해 명칭 ACL도 동일한 절차를 따른다.

번호 ACL 설정 vs 명칭 ACL 설정

번호 ACL에 대해 간략하게 살펴보면, 최근 버전의 IOS에서는 번호 ACL을 설정하는 두 가지 방법을 제공하고 있다. 우선, 앞서 [예 17-1], [예 17-2], [예 17-3]에서 봤던 것처럼, **access-list** 글로벌 명령어를 이용한 기존 방식을 지원한다. 또한 IOS는 [예 17-6]에서 보는 것처럼, 명칭 ACL과 유사한 명령어 설정도 지원한다.

그러나 어떤 방식의 설정을 사용하든지 상관없이 **access-list** 글로벌 명령어를 사용한 기존 방식으로 번호 ACL 설정은 저장된다. [예 17-7]에서 이러한 사실을 확인할 수 있으며, [예 17-6]에 이어서 진행되며, 그 내용을 단계별로 정리하면 다음과 같다.

단계 ⑦ **show running-config** 명령어를 이용하여 기존 방식으로 적용된 설정을 확인한다. 신규 방식으로 ACL이 작성되었다 하더라도 기존 방식으로 출력됨을 확인한다.

단계 ⑧ 기존 방식의 **access-list 24 permit 10.1.4.0 0.0.0.255** 글로벌 명령어를 이용하여, ACL 끝에 새로운 문장을 추가한다.

단계 ⑨ **show ip access-lists** 명령어의 출력을 보면, ACL의 끝에 **단계⑧**에서 추가된 기존 방식의 **access-list** 명령어가 있음을 확인할 수 있다.

단계 ⑩ **show running-config**를 통해, 기존 방식과 신규 방식 모두를 이용하여 설정한 ACL 24의 일부를 표시할 수 있는데, 둘 다 기존 방식으로 보인다는 것을 알 수 있다.


```
! 단계 7: ACL 24 설정 일부 확인
R1# show running-config
! The only lines shown are the lines from ACL 24
access-list 24 deny   10.1.1.1
access-list 24 permit 10.1.1.0 0.0.0.255
access-list 24 permit 10.1.3.0 0.0.0.255

! 단계 8: 새로운 access-list 24 글로벌 명령어를 추가
R1# configure terminal
Enter configuration commands, one per line.  End with CNTL/Z.
R1(config)# access-list 24 permit 10.1.4.0 0.0.0.255
R1(config)# ^Z

! 단계 9: 일련번호를 포함하여, ACL 내용 표시. 새로운 문장도 자동적으로 일련번호가 부여된 것을 유의하라.
! the new statement has been automatically assigned a sequence number.
R1# show ip access-lists 24
Standard IP access list 24
    5 deny   10.1.1.1
    10 permit 10.1.1.0, wildcard bits 0.0.0.255
    30 permit 10.1.3.0, wildcard bits 0.0.0.255
    40 permit 10.1.4.0, wildcard bits 0.0.0.255

! 단계 10: show running-config 명령어에서 번호 ACL 설정은 여전히 기존 방식으로 보인다는 것을 확인
R1# show running-config
! The only lines shown are the lines from ACL 24
access-list 24 deny   10.1.1.1
access-list 24 permit 10.1.1.0 0.0.0.255
access-list 24 permit 10.1.3.0 0.0.0.255
access-list 24 permit 10.1.4.0 0.0.0.255
```

[예 17-7] 번호 ACL 설정을 추가 및 표시

ACL 구현 시 고려 사항

ACL은 네트워크 보안 강화를 위한 좋은 기능이지만, 문제 해결을 위해 ACL을 설정하기 전에 좀 더 숙고해야 하는 부분이 있다. 시스코는 CCNA R&S 시험에 기반한 강의에서는 다음과 같은 일반적인 권고를 하고 있다.

- 확장 ACL은 패킷의 출발지에 가능한 가깝게 위치시킨다. 이렇게 하면, 패킷을 좀 더 빨리 폐기할 수 있다.
- 표준 ACL은 패킷의 목적지에 가능한 가깝게 위치시킨다. 왜냐하면 표준 ACL의 위치가 출발지에 가까울 경우, 폐기되지 말아야 하는 패킷이 의도치 않게 폐기되는 경우가 생길 수 있기 때문이다.
- 더 구체적으로 작성된 ACL 문장은 되도록 ACL의 앞줄에 둔다.
- ACL은 변경하려면, **no ip access-group** 인터페이스 명령어를 사용하여, ACL을 인터페이스에서 삭제한다.

우선적으로 ACL이 적용될 위치를 고려해야 한다. 만약 패킷을 필터링하려 한다면, 패킷의 출발지에서 가까운 곳에서 필터링하는 것이 네트워크 대역폭을 절감하기 때문에 보다 효율적이다. 따라서, 시스코는 확장 ACL을 가능한 한 출발지 가까이에 둘 것을 권장한다.

그러나 표준 ACL의 경우 이와 반대로, 목적지에 가까이에 둘 것을 권장한다. 왜 그럴까? 표준 ACL은 출발지 IP 주소만 보기 때문에, 출발지에 가까운 곳에 적용하면, 필터링하려는 패킷 이외의 다른 패킷도 필터링될 수 있다. 예를 들어, 프레드와 바니라는 사용자 사이에 4대의 라우터가 있다고 가정하자. 만약, 바니가 프레드에게 보내는 트래픽을 첫 번째 라우터에서 필터링하면, 바니는 나머지 세 라우터에 연결된 다른 호스트와 통신하지 못한다. 이에 시스코 과정에서는 필터링되지 말아야 하는 트래픽이 필터링되는 것을 방지하기 위해, 표준 ACL을 목적지 가까이에 두라는 권고안을 제시하고 있다.

위의 리스트 중 세 번째 항목과 관련해서는, 구체적인 부합 매개 변수가 정의된 ACL 문장을 ACL의 앞쪽에 둠으로써, ACL에서 실수할 가능성이 적어진다. 예를 들어, ACL의 첫 번째 줄에서 10.1.1.0/24를 목적지로 하는 트래픽을 허용하고, 두 번째 줄에서는 호스트 10.1.1.1을 목적지로 하는 트래픽을 폐기한다. 호스트 10.1.1.1로 향하는 패킷은 ACL을 첫 번째 줄에서 부합되기 때문에, 더 구체적인 명령어인 두 번째 줄은 결코 부합되지 않는다. 이 장의 뒤쪽에 나오는 [예 17-11]과 같이, 어떤 설정 중에 발생하는 이런 실수를 방지할 수 있다.

마지막으로 시스코는 ACL 설정을 변경하기 전에, 인터페이스에서 ACL 설정을 해제하는 것을 권고한다. 이렇게 함으로써, 설정 중간에 발생할 수 있는 문제는 예방할 수 있다. 우선, 만약 **ip access-group** 명령을 인터페이스에 그대로 남겨둔 채, 전체 ACL을 삭제하면, IOS는 어떤 패킷도 필터링하지 않는다(초기 버전의 IOS에서는 이렇지 않을 수 있다). 하지만 한 줄의 ACL 명령을 입력하자마자, IOS는 해당 ACL을 이용하여 패킷 필터링을 시작한다. 이것이 바로 ACL 설정 중간에 발생하는 문제이다.

예를 들어, S0/0/0에서 나가는 패킷에 대하여 ACL 101을 적용했다고 가정한다. 그리고 모든 패킷이 허용되도록 ACL 101을 삭제한다. 그런 다음에 **access-list 101** 명령어를 입력하고, 엔터를 누르자 마자, ACL 리스트가 생성되고, 라우터는 S0/0/0에서 나가는 모든 패킷을 필터링한다. 만약 긴 ACL을 입력할 경우, 필터링하고 싶지 않은 패킷을 일시적으로 필터링하게 된다. 그러므로 더 좋은 방법은 인터페이스에서 ACL을 먼저 해제하고, ACL을 변경 후, 다시 인터페이스에 ACL을 적용하는 것이다.

IPv4 ACL 문제 해결

IPv4 ACL 사용은 IPv4 라우팅 문제 해결을 더 어렵게 한다. 모든 전송부(data plane) 문제 해결 절차는 ACL 확인을 포함하여, 포괄적인 구문이 포함될 수 있다. 네트워크는 모든 호스트가 동작하고, DHCP 설정이 정확하며, 모든 LAN과 모든 라우터 인터페이스가 동작하고, 모든 라우터가 전체 서브넷에 대한 경로를 학습할 수 있지만, ACL은 여전히 패킷을 필터링할 수 있다. ACL이 패킷 필터링이라는 중요한 서비스를 제공하지만, ACL은 문제 해결 절차를 더욱 어렵게 만들 수 있다.

이번 장의 마지막 절에서는 IPv4 ACL이 적용된 상황에서 문제 해결에 중점을 둔다. 내용은 크게 두 부분으로 나뉜다. 첫 번째 부분은 시험에서 볼 수 있는 일반적인 문제에 대한 조언과 **show** 명령어 및 분석을 통해 문제를 찾는 방법에 대해 설명한다. 두 번째 부분에서는 ACL이 **ping** 명령어에 미치는 영향을 살펴본다.

네트워크상에서 ACL 동작 분석

ACL은 실제 네트워크 내의 문제 해결 과정에서 가장 큰 어려움을 야기한다. **ping**이나 **traceroute** 명령어에 의해 발생된 패킷은 사용자에 의해 생성된 필드에 정확하게 부합하지 않는다. ACL은 종종 **ping**이나 **traceroute** 트래픽을 필터링하기 때문에, 실제 네트워크에 문제가 없는 경우에도 마치 문제가 있는 것처럼 생각될 수 있다. 또는 ACL로 인하여 사용자의 트래픽에 실제로 문제가 발생하지만, **ping**이나 **traceroute**는 정상적으로 동작하는 경우도 있다. 이는 사용자 트래픽이 ACL의 **deny**에 부합되지만, **ping**이나 **traceroute**는 **permit**에 부합될 경우에 발생한다.

결과적으로 ACL 문제 해결을 위해서는 문제의 근본 원인을 찾기 위한 몇 가지 IOS 명령어를 이용하는 것보다는 ACL 설정과 네트워크상에 패킷 플로에 대해 생각해 보아야 한다. **show** 명령어를 통해, ACL 설정 및 ACL이 적용된 인터페이스를 확인할 수 있다. 또한 부합되는 ACL 문장에 대한 통계 정보를 **show** 명령어로 확인할 수 있다. 사용자 트래픽과 **ping**이나 **traceroute** 명령어에 대하여 ACL은 다르게 동작할 수 있다는 점을 기억하고 있다면, **ping**이나 **traceroute** 명령어는 문제 해결에 도움을 줄 수 있다.

다음은 쉬운 학습을 위해, ACL 문제 해결 절차를 단계별로 정리하였다. **단계③**에서는 각 ACL 분석을 위한 아이디어를 넓혀 본다. 이 목록에 있는 아이디어들은 이미 이번 장과 지난 장에 비해 새로운 아이디어는 없지만, 일반적인 문제의 요약으로 보면 된다.

단계① ACL이 적용된 인터페이스 및 방향을 확인한다(**show running-config**, **show ip interfaces** 명령어).

단계② 각 ACL의 설정을 확인한다(**show access-lists**, **show ip access-lists**, **show running-config**).

단계③ 아래 내용에 집중하면서, ACL에 부합되어야 하는 패킷이 어떤 것인지 예측하기 위해서 ACL을 분석한다.

Ⓐ **순서가 잘못된 ACL**: 순서가 잘못 설정된 ACL 문장을 찾는다. IOS는 ACL 검사 시 첫 번째로 부합되는 규칙을 따른다.

Ⓑ **출발지/목적지 주소가 뒤바뀜**: ACL 문장에 부합되는 IP 주소 범위를 확인하며, 라우터 인터페이스, ACL이 적용된 방향을 분석한다. ACL의 출발지 IP 주소 필드가 패킷의 출발지 IP 주소와 부합되는지 확인하고, 마찬가지로 목적지 IP 주소 필드도 패킷의 목적지 IP 주소와 부합되는지 확인한다.

Ⓒ **출발지/목적지 포트가 뒤바뀜**: UDP 및 TCP 포트 번호를 참조하는 확장 ACL의 경우, 호스트와 ACL의 위치 및 방향을 분석하여, 어떤 호스트가 웰노운 포트를 사용하는 서버로 동작하는지 확인한다. 서버가 패킷을 보내거나 받을지 여부에 따라, ACL 문장이 올바른 출발지 또는 목적지 포트에 부합되는지 확인한다.

Ⓓ **구문**: 명령어로 포트 번호를 확인해야 하는 경우, 확장 ACL 명령어는 **tcp** 및 **udp** 키워드를 사용해야 함을 명심한다.

Ⓔ **구문**: ICMP 패킷은 UDP 또는 TCP를 사용하지 않는다. ICMP는 **icmp** 키워드(**tcp** 또는 **udp** 키워드가 아닌)에 부합되는 기타 프로토콜로 분류된다.

Ⓕ **명시적 deny any**: ACL의 맨 마지막 줄에 암묵적 **deny any**를 사용하는 대신, 모든 트래픽을 폐기할 수 있는 명시적인 명령어를 ACL 마지막 줄에 사용함으로써, 폐기 동작이 취해질 때 **show** 명령어로 카운터 증가를 확인할 수 있다.

Ⓖ **위험한 진입 ACL**: ACL 마지막 줄에 deny all 규칙이 적용된 진입 ACL 설정에 특히 유의하라. 이러한 ACL은 라우팅 프로토콜 메시지와 같이 중요한 패킷을 폐기할 수도 있다.

Ⓗ **표준 ACL 위치**: 부합되는 주소의 출발지에 가까운 곳에 적용된 표준 ACL은 패킷을 의도한 대로 폐기할 수도 있지만, 허용되어야 하는 패킷도 폐기할 수 있다. 이런 경우, ACL의 요구 사항을 주의 깊게 살펴본다.

이번 장과 지난 장은 **단계③**의 상세 내용에 대해 이미 알아봤다. 만약, 시험에서 심렛 문제(역주: CCNA 시험문제 방식의 하나로써, 시나리오나 구성도가 제공되고, 문제를 풀기 위해 장비에 명령어를 입력할 수 있음)를 풀고 있는데, 설정 정보 확인을 제외한 다른 ACL 관련된 **show** 명령만 허락된다면, 처음 두 단계가 중요하다. 다음 몇 페이지에서는 몇 가지 관련 명령어들을 보여주고, 방금 봤던 ACL 문제 해결 체크리스트에 설명된 몇 가지 문제점을 어떻게 해결할지 알아본다.

ACL 문제 해결 명령어

만약 ACL이 문제를 일으키고 있다고 의심된다면, 문제를 좁히기 위한 첫 단계로, ACL의 위치와 방향을 알아내는 것이다. **show running-config** 명령어의 출력을 확인하는 것이 가장 빠른 방법이고, 각 인터페이스에 적용된 **ip access-group** 명령어를 찾는다. 하지만 어떤 경우에는 enable 모드 접속이 허용되지 않고, **show** 명령만 가능한 경우가 있다. 이 경우 [예 17-8]에서 보는 것과 같이, **show ip interface** 명령어를 이용하여 ACL이 어떤 인터페이스에 적용되어 있는지 확인한다.


```
R1> show ip interface s0/0/1
Serial0/0/1 is up, line protocol is up
  Internet address is 10.1.2.1/24
  Broadcast address is 255.255.255.255
  Address determined by setup command
  MTU is 1500 bytes
  Helper address is not set
  Directed broadcast forwarding is disabled
  Multicast reserved groups joined: 224.0.0.9
  Outgoing access list is not set
  Inbound  access list is 102
! 간결성을 위해 약 26 라인 생략
```

[예 17-8] show ip interface 명령어 예

이 명령어는 ACL이 적용된 인터페이스와 방향, 어떤 ACL이 적용되었는지를 보여준다. 예에서는 **show ip interface S0/0/1** 명령어 출력의 일부를 보여주며, 해당 인터페이스에 대한 결과만 보여준다. **show ip interface** 명령어는 라우터의 모든 인터페이스에 대하여 출력을 보여준다.

ACL 문제 해결 체크리스트의 **단계②**에서는 ACL 설정을 확인해야 한다고 말했다. 다시 말하지만, ACL 설정을 확인하는 가장 빠른 방법은 **show running-config** 명령어를 사용하는 것이다. 하지만, 이것이 불가능하다면, **show access-lists**와 **show ip access-lists** 명령어가 이와 동일한 ACL 설정을 보여준다. 이들 명령어는 또한 ACL 문장에 부합되는 패킷의 숫자를 카운트하기 때문에 매우 유용하다. [예 17-9]는 그 예를 보여준다.

```
R1# show ip access-lists
Extended IP access list 102
    10 permit ip 10.1.2.0 0.0.0.255 10.1.4.0 0.0.1.255 (15 matches)
```

[예 17-9] show ip access-lists 명령어 예

카운트 기능은 문제 해결에 있어 매우 유용하게 사용된다. 특정 ACL에 부합될 것으로 생각되는 트래픽을 발생시킬 수 있다면, 카운터가 증가하는 것을 볼 수 있다. 만약 부합될 것으로 생각되는 트래픽을 만들어내는 데도 카운터가 올라가지 않는다면, 해당 패킷이 ACL에 부합되지 않는 것이다. 이런 패킷은 동일 ACL 내의 앞 줄에서 부합될 수도 있고, 또는 해당 라우터에 도달하지 못하는 경우도 있다(이유야 무엇이든).

단계①과 **단계②**에서 여러 ACL의 위치, 방향, 세부 설정 정보 등을 찾아 본 후, ACL이 실제로 수행하는 작업 분석을 시작한다. 예를 들어 가장 일반적인 작업 중 하나는 주소 필드를 보고 부합되는 주소 범위를 찾아내는 것이다. 라우터에 설정된 ACL의 경우, 주소 범위를 쉽게 찾을 수 있다는 것을 기억하자. 주소 범위의 가장 낮은 주소(시작 주소)는 ACL에 설정된 주소이고, 가장 높은 주소(끝 주소)는 설정된 주소와 와일드카드 마스크를 더하면 된다. 예를 들어 [예 17-9]의 ACL 102는 어떤 라우터의 설정이며, 주소 범위는 다음과 같다.

- **출발지 10.1.2.0, 와일드카드 0.0.0.255:** 10.1.2.0 ~ 10.1.2.255 주소에 부합
- **목적지 10.1.4.0, 와일드카드 0.0.1.255:** 10.1.4.0 ~ 10.1.5.255 주소에 부합

다음 몇 페이지에서는 문제 해결 체크리스트의 **단계③**에 있는 몇 가지 항목에 대한 분석을 한다.

이슈 예: IP 주소의 출발지와 목적지가 뒤바뀜

IP 주소 필드의 출발지와 목적지가 잘못된 주소로 부합을 시도하더라도, IOS는 인지할 수 없다. 따라서 적용된 ACL과 방향에 대해, 혹시 네트워크상의 다른 위치에 적용되어야 하는지를 분석할 준비가 되어야 한다. 그런 다음, 해당 ACL이 검사하는 패킷에 대해 물어보라. 패킷의 출발지와 목적지의 주소는 무엇이 될 수 있는가? ACL이 정확한 주소 범위에 부합되는지, 아닌지를 살펴본다.

예를 들어, [그림 17-11]은 이번 장의 문제 해결 예에서 여러 번 사용될 그림이다. 그림 아래 부분에 ACL에 대한 요구 사항이 나와 있다.

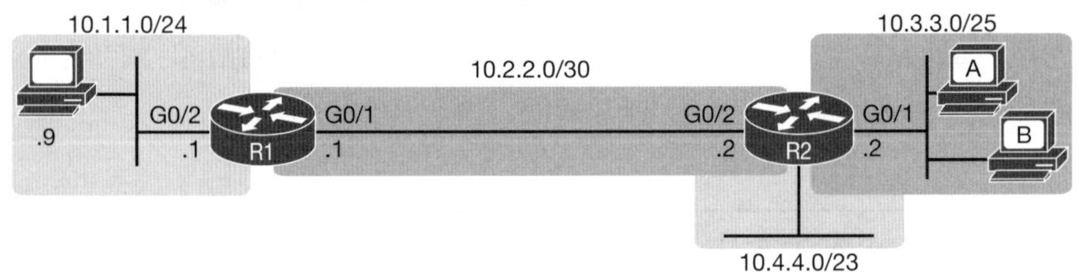

[그림 17-11] IPv4 ACL 문제 해결 예에서 사용되는 네트워크 예

이 ACL은 다음과 같은 여러 패킷을 허용, 폐기할 수 있어야 한다.

- 서브넷 10.3.3.0/25에 있는 호스트는 서브넷 10.1.1.0/24와 통신할 수 있다.
- 서브넷 10.4.4.0/23에 있는 호스트는 서브넷 10.1.1.0/24와 통신할 수 없다.
- 10.0.0.0 네트워크상의 나머지 통신들은 모두 허용된다.
- 그 이외의 통신은 모두 차단된다.

[예 17-10]은 이러한 경우, R2에 적용된 ACL을 보여준다. 언뜻 보면, 요구 사항을 모두 만족하는 것처럼 보인다.

17

```
R2# show ip access-lists
Standard IP access list Step3B
 10 permit 10.3.3.0 0.0.0.127
 20 deny 10.4.4.0 0.0.1.255
 30 permit 10.0.0.0 0.255.255.255 (12 matches)
R2#
R2# show ip interface G0/2 | include Inbound
  Inbound access list is Step3B
```

[예 17-10] 단계③B의 문제 해결 예 2: 출발지와 목적지가 잘못된 경우.

이 예에서 문제점은 ACL이 R2의 G0/1 인터페이스에 진입으로 적용되었다는 것이다. 그림을 보면, 서브넷 10.3.3.0/25와 10.4.4.0/23을 출발지 주소로 가지는 패킷은 R2의 G0/1 인터페이스에서 들어오는 것이 아니라, 보내져야 한다는 것을 알 수 있다. ACL이 요구 사항에 완벽하게 부합되고 있다고 속으면 안된다. ACL의 위치, 방향뿐만 아니라, IP 주소의 위치도 확인해야 한다.

단계③C는 TCP와 UDP의 웰노운 포트에 부합될 때 발생하는 유사한 문제점을 보여준다. 'TCP와 UDP 포트 번호에 부합'이라는 제목의 이전 절에서 충분히 이런 아이디어에 대해 이미 논의한 바 있다. 서버가 위치하는 위치와 ACL의 위치 및 방향을 반드시 확인하기 바란다.

단계③D와 단계③E: 일반적인 구문 실수

단계③D와 **단계③E**에서는 일반적인 구문 실수에 대해 배웠다. 우선, ACL 문장에서 TCP 포트에 부합되기 위해서, **ip**나 다른 키워드가 아닌, **tcp** 프로토콜 키워드를 사용해야 한다. 그렇지 않으면, IOS는 잘못된 구문으로 인식하고 명령어를 거부해 버린다. 동일하게 UDP 포트에 부합되려면 **udp** 프로토콜 키워드를 사용해야 한다.

ICMP에 부합되려면, **tcp**나 **udp** 대신에 **icmp** 프로토콜 키워드를 사용해야 한다. 실제로, 주로 발생하는 개념상 실수는 ICMP를 UDP 또는 TCP를 이용하는 애플리케이션 프로토콜로 잘못 생각하는 것이다. ICMP는 UDP 또는 TCP를 사용하지 않는다. 모든 ICMP 메시지에 부합되기 위해서 예를 들어, **permit icmp any any** 확장 명칭 ACL을 사용한다.

이슈 예 : 진입 ACL이 라우팅 프로토콜을 필터링하는 경우

라우터는 자신이 만들어낸 패킷에 대해서는 진출 ACL 규칙을 적용하지 않는다. 그것이 상식처럼 들릴지 모르지만, 같은 맥락에서 생각해보면 간과해서는 안될 점이 있다. 라우터는 진출 ACL을 설정할 수 있으며, 어떤 인터페이스에서 받는 패킷을 폐기하고, 다른 인터페이스에서 받은 패킷은 전송할 수 있다. 하지만 예를 들어 만약 라우터가 라우팅 메시지를 생성했다면, 해당 패킷은 라우터의 진출 ACL 규칙에 적용받지 않는다.

하지만 라우터는 진입 ACL 규칙에서는 예외 없이 그대로 필터링한다. 만약 진입 ACL이 적용되었고, 해당 인터페이스에 패킷이 들어 온다면, 라우터는 ACL로 검사한다. 라우팅 프로토콜 업데이트와 같은 중요한 패킷을 포함한 모든 IPv4 패킷이 ACL에 의해 검사된다.

예를 들어, [예 17-11]의 단계③ ACL처럼, 겉으로 보기에는 문제 없는 ACL을 고려해 보자. 해당 ACL은 두 줄의 **permit** 명령어와 마지막 줄에 암묵적 deny any를 가지고 있다. 그냥 보면, 다른 정상적인 ACL처럼 보인다.

```
R1# show ip access-lists
Standard IP access list Step3G
 10 permit host 10.4.4.1
 20 permit 10.3.3.0 0.0.0.127 (12 matches)
! 그 밖에 모든 패킷을 부합하기 위해, 암묵적 폐기를 사용
R1#
! 간략화를 위한 라인 생략
R1# show ip interface G0/2 | include Inbound
  Inbound access list is Step3G
```

[예 17-11] 단계③의 문제 해결 예 2: 실수로 RIP을 필터링함.

이제 위치와 방향(R1의 G0/2의 진입)을 살펴보고, 잠시 해당 위치와 [그림 17-11]의 구성도를 고려해 보자. R2의 G0/2 인터페이스를 통해, R2가 R1로 보내주는 RIP 업데이트에 부합되는 **permit** 명령어가 전혀 없다. RIP 메시지는 UDP(잘 알려진 520번 포트)를 사용하고, 그림에서 보면, R2의 G0/2 인터페이스는 10.2.2.2이다. R1은 ACL의 마지막 줄에 암묵적 deny all을 이용하여, 들어오는 RIP 메시지에 부합된다. 이 경우 하나의 ACL만 있다고 가정하면, R2는 R1으로부터 경로를 전달받지만, R1은 R2로부터 경로를 전달받지 못한다.

ICND1과 ICND2 책에서 세 가지의 라우팅 프로토콜 중 RIPv2는 UDP를 전송 프로토콜로 사용하고, 반면에 OSPF와 EIGRP는 전송 프로토콜을 사용하지 않는다. 결과적으로 ACL이 RIPv2에 부합되기 위해서는, 잘 알려진 520 포트에 부합되는 **udp** 키워드를 사용해야 한다.

OSPF와 EIGRP는 [표 17-7]에 정리된 특별한 키워드를 이용하여 부합될 수 있다. 표에는 각 프로토콜이 사용하는 주소도 정리되어 있다.

프로토콜	출발지 IP 주소	목적지 IP 주소	ACL 프로토콜 키워드
RIPv2	Source interface	224.0.0.9	udp(port 520)
OSPF	Source interface	224.0.0.5, 224.0.0.6	ospf
EIGRP	Source interface	224.0.0.10	eigrp

[표 17-7] 라우팅 프로토콜 메시지에 부합되기 위한 주요 필드

[예 17-12]는 세 줄짜리 ACL 예를 보여주는데, 각각의 라우팅 프로토콜에 대해 한 줄씩 해당하는 구문을 보여준다. 이번 예에서 주소 필드는 **any** 키워드를 이용해서 부합된다. 라우팅 프로토콜 패킷이 허용되도록 진입 ACL에 다음과 같은 문장을 포함할 수 있다.

```
R1# show ip access-lists
ip access-list extended RoutingProtocolExample
 10 permit udp any any eq 520
 20 permit ospf any any
 30 permit eigrp any any
 remark a complete ACL would also need more statements here
R1#
```

[예 17-12] RIPv2, OSPF, EIGRP를 허용하도록 부합되는 ACL 예

라우터가 생성시킨 패킷과 ACL 상호 작용

라우터는 자신이 생성한 패킷에 대해서는 필터링하지 않는다. 이러한 규칙은 자신이 발생한 중요 트래픽을 폐기하는 사고를 방지한다. 이러한 규칙은 라우팅 프로토콜뿐만 아니라 **ping**, **traceroute**와 같은 명령어에 의해 생성된 패킷에 대해서도 동일하게 적용된다. 이번 절에서는 ACL이 문제 해결에 미치는 영향과 진출 ACL 규칙에 대한 예외가 적용되는 방법 특히, 라우터 CLI에서 사용되는 명령어에 대해 추가로 알아본다.

로컬 ACL과 라우터의 Ping

첫 번째 시나리오로, 라우터에서 **ping** 명령어를 실행하는 것을 생각해보자. 이 명령어는 패킷을 생성하고, 라우터는 이 패킷(ICMP echo 요청 메시지를 담고 있는)을 자신의 인터페이스 중 하나로 내보낸다. 그리고 보통 ICMP echo 응답 메시지를 받는다. 결과적으로, 모든 ACL이 이런 패킷을 필터링하려고 시도하지는 않는다.

어떤 일이 일어나는지를 논의하는 배경으로, [그림 17-12]는 두 개의 라우터가 시리얼 링크로

연결된 단순한 네트워크 구성도를 보여준다. 이 그림에서, 네 개의 굵은 화살표로 표시된 바와 같이 A, B, C, D라는 네 개의 IP ACL이 있다는 것을 유의한다. ACL A는 R1의 S0/0/0의 진출이고, ACL B는 R2의 S0/0/1의 진입에 적용되어 있다.

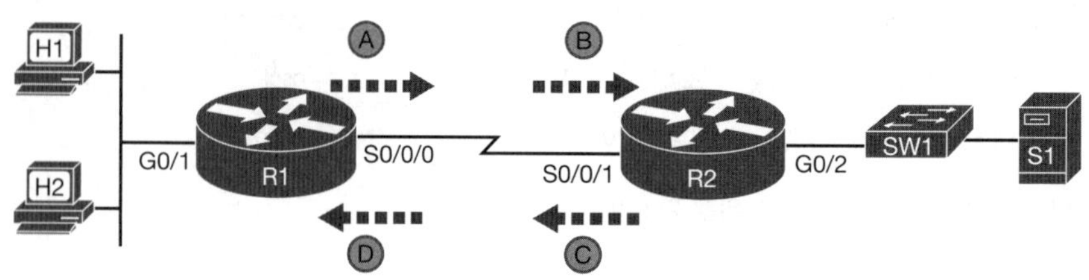

[그림 17-12] 네 곳에 위치하는 IP ACL의 네트워크 예 구성도

예를 들어, R1에서 **ping** 명령어를 실행했다고 생각해보자(사용자가 R1에 SSH로 접속한 후). **ping** 명령어는 서버 S1의 IP 주소로 ping을 실행한다. ICMP 메시지를 담고 있는 IPv4 패킷이 R1에서 S1로 갔다가, 다시 돌아온다. 네 개의 ACL 중 어떤 것이 S1로 향하는 ICMP echo 요청 및 R1로 향하는 ICMP echo 응답을 필터링하는가?

[그림 17-13]에 보는 것과 같이, 라우터에 의해 생성된 패킷은 진출 ACL에는 적용되지 않는다. 라우터 R1에 진출 ACL로써 ACL A가 설정되어 있음에도 불구하고, R1은 자신에 의해 생성된 ICMP echo 요청에 대해서는 진출 ACL 규칙을 적용하지 않는다.

Key Topic

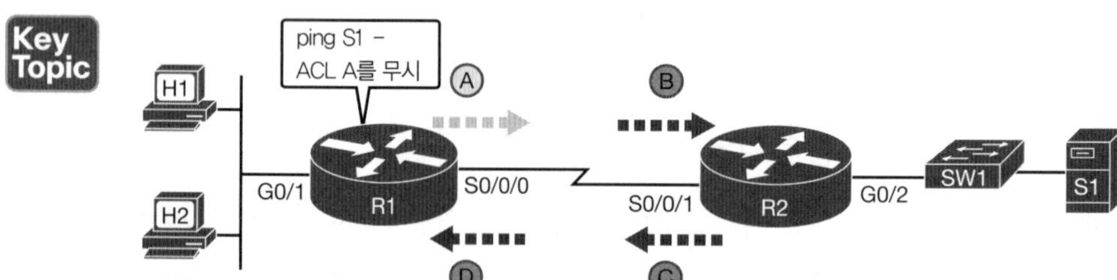

[그림 17-13] R1은 자신이 생성한 **ping** 패킷에 대해 진출 ACL을 적용하지 않음.

라우터가 자신의 Serial 인터페이스의 IPv4 주소로 Self-Ping 실행

이전 예는 라우터가 호스트에 **ping**을 보낼 때의 명령어를 살펴봤다. 하지만 라우터는 자신의 IP를 포함하여 라우터의 IP 주소로 self-ping을 실행하는 경우가 종종 있다. self-ping이라는 용어는 라우터 자신의 IPv4 주소로 ping을 실행하는 것을 의미한다. 포인트 투 포인트(point-to-point) 시리얼 링크의 경우, self-ping은 시리얼 링크를 통해 패킷을 내보내기 때문에, ACL 관련한 흥미로운 현상이 발생한다.

라우터 자신의 시리얼 IP 주소로 self-ping을 실행하면, 실제로 라우터는 ICMP echo 요청을 시리얼 링크를 통해 다른 라우터로 전송한다. 인접한 라우터는 ICMP echo 요청 패킷을 받은 후, 다시 원래 라우터로 패킷을 되돌려 보낸다. [그림 17-14]는 포인트 투 포인트 시리얼 링크에서 라우터 R1의 self-ping(**`ping 172.16.4.1`**)의 예를 보여주며, ICMP echo 요청은 라우터 R2 쪽 링크로 보내진다. **단계②** 로, R2는 이 패킷을 다른 패킷과 마찬가지로 처리하는데, 즉, 자신이 목적지가 아닌 다른 패킷들처럼 라우팅시킨다. 그림에 보는 것처럼 R1로 다시 보내 버린다.

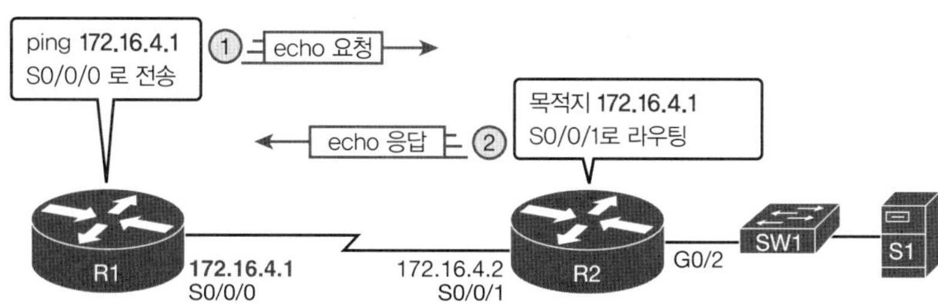

[그림 17-14] R1에서 자신의 S0/0/0 IP 주소로 self-ping 첫 단계

자 그럼, 이전 그림에서 봤던 네 개의 ACL을 [그림 17-14]에 적용시켜 보자. R1은 ICMP echo 요청을 발생시켰고, R1의 진출 ACL A에는 무시되었다. ACL B, C, D는 패킷을 필터링할 수 있다. R2가 R1에게 다시 전송한 패킷은 R2가 생성한 패킷이 아니고, R1에서 받은 패킷을 다시 R1로 라우팅한 것뿐이다.

다음과 같이, 시리얼 인터페이스에서 행하는 self-ping은 실제로 포인트 투 포인트 시리얼 링크의 많은 부분을 테스트한다.

- 링크는 1, 2, 3계층 모두 정상 동작해야 한다. 특히, 두 라우터 모두 시리얼 인터페이스가 정확한 IP 주소가 설정되어 있고, (up/up) 상태로 동작해야 한다.
- ACL B, C, D는 ICMP echo 요청 및 응답 패킷에 대해 허용해야 한다.

따라서 문제 해결을 할 때, 만약 시리얼 인터페이스가 up/up 상태임에도 불구하고, self-ping이 실패하는 경우라면, ACL이 ICMP 트래픽을 필터링하고 있지 않은지 확인하도록 한다.

라우터가 자신의 이더넷 인터페이스의 IPv4 주소로 self-ping 실행

라우터 자신의 이더넷 인터페이스 IP 주소로의 self-ping은 시리얼 IP 주소로의 self-ping과 비슷하지만, 몇 가지 단점이 있다.

- 시리얼 인터페이스의 경우와 같이, 라우터의 인터페이스는 동작 상태여야 한다(up/up 상태). 그렇지 않으면 ping은 실패한다.
- 시리얼 인터페이스와는 달리, 라우터는 ICMP 메시지를 인터페이스로 전송하지 않기 때문에, 인접 스위치의 보안 기능(port security와 같은) 또는 인접 라우터의 보안 기능(ACL과

같은)은 **ping** 명령어에 의해 생성되는 메시지를 필터링할 수 없다.

- 시리얼 인터페이스와 같이, 로컬 라우터의 진입 IP ACL이 이더넷 IP 주소로의 self-ping을 처리한다.

[그림 17-15]은 예를 설명한다. 이 예에서, R2는 자신의 G0/2 IP 주소로 ping 명령(**ping 172.16.2.2**)을 실행한다. 시리얼 링크의 self-ping과 마찬가지로, R2는 ICMP echo 요청 메시지를 생성한다. 그러나 R2는 기본적으로 자체적으로 ping을 처리하고 응답하기 때문에, ICMP echo는 결코 이더넷 인터페이스로 전송되지 않는다. 만약, 인터페이스가 up/up이 아니면, R2는 이더넷 인터페이스 상태를 확인 후, ping이 실패라고 보여준다. R2는 진출 ACL 규칙을 패킷에 적용하지 않는다. 왜냐하면 R2가 패킷을 생성했기 때문이다. 하지만 R2는 진입 ACL은 패킷에 적용한다. 이것은 마치 패킷이 해당 인터페이스에 실제로 들어오는 것처럼 작동한다.

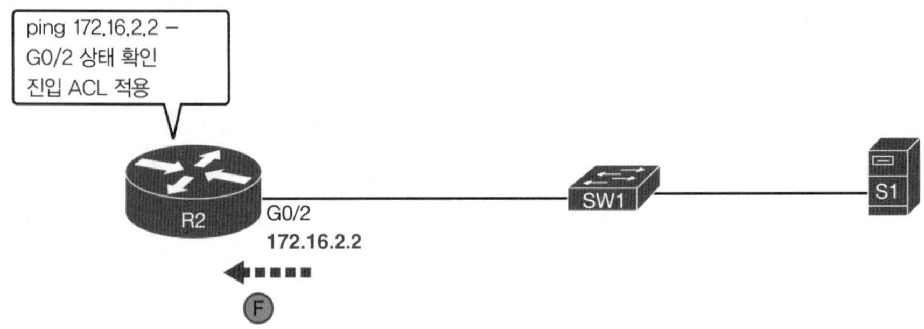

[그림 17-15] 라우터 이더넷 주소로의 Self-Ping

챕터 리뷰

시험을 잘 보기 위해 중요한 한 가지 핵심은 시간 간격을 두고 반복적으로 복습하는 것이다. 책과 DVD에 있는 툴 또는 본 저서와 관련 있는 웹 사이트의 대화형 도구를 이용할 수 있다. 자세한 사항은 '당신의 학습 계획' 내용을 참조하자. [표 17-8]에는 핵심 복습 내용과 그 내용을 찾을 수 있는 위치를 표시하였다. 학습 진행 과정을 추적하려면, 두 번째 칸에 복습 완료 날짜를 기록한다.

리뷰 항목	완료 날짜	사용 자료
핵심 주제 리뷰		책, DVD/웹 사이트
핵심 용어 리뷰		책, DVD/웹 사이트
DIKTA 문제 반복		책, PCPT
메모리 테이블 리뷰		책, DVD/웹 사이트
명령어 테이블 리뷰		책

[표 17-8] 리뷰 확인

핵심 주제 복습

핵심 주제	설명	쪽 번호
그림 17-3	확장 ACL 명령어 내의 세 개의 필수 부합 필드에 관한 구문과 정보	508
단락	단일 ACL 문에서 모든 매개 변수에 부합되어야 한다는 확장 ACL 규칙의 요약	508
그림 17-4	IP 헤더 다음에 오는 TCP 헤더 설명	509
그림 17-5	확장 ACL 명령어의 TCP 및 UDP 포트 부합에 대한 구문과 정보	509
그림 17-7	TCP 출발지 포트 부합에 관한 규칙 및 구문	511
리스트	확장 번호 IP ACL 사용에 대한 가이드라인	512
리스트	명칭 ACL의 소개 시, 번호 ACL과의 차이점	516
리스트	IOS 12.3 ACL에서 적용된 ACL 일련번호 기능	518~519
리스트	ACL 구현 시 권고 사항	522
체크리스트	ACL 문제 해결 체크리스트	524
그림 17-13	라우터가 생성한 패킷에 대한 진출 ACL 규칙 미 적용 예.	530

[표 17-9] 17장의 핵심 주제

핵심 용어

확장 ACL(extended access list), 명칭 ACL(named access list)

참조 명령어

[표 17-10]과 [표 17-11]은 이번 장에서 사용된 설정 및 검증 명령어이다. 간단한 복습 차원에서, 표의 왼쪽 부분을 가리고 오른쪽 설명 부분을 보면서 명령어를 어느 정도 잘 기억하고 있는지 가늠해본다. 그 다음 반대로 오른쪽 설명 부분을 가리고 왼쪽 명령어 부분만 보면서 각 명령어에 대한 설명을 기억해보자.

명령어	설명
access-list *access-list-number* {deny | permit} *protocol source source-wildcard destination destination-wildcard* [log]	확장 번호 ACL에 대한 글로벌 명령어. 100~199 또는 2000~2699 사이의 번호를 사용한다.
access-list *access-list-number* {deny | permit} tcp *source source-wildcard* [*operator* [*port*]] *destination destination-wildcard* [*operator* [*port*]] [log]	TCP, UDP에 특화된 매개 변수가 포함된 access-list 명령어.
access-list *access-list-number* remark text	ACL 어떤 용도로 사용되는지 기억하는 데 도움을 주는 remark를 정의한다.
ip access-group {*number* | *name* [in | out]}	ACL을 적용하기 위한 인터페이스 하위 명령어
access-class *number* | *name* [in | out]	vty line(텔넷)에 표준 또는 확장 ACL을 적용하기 위한 line 하위 명령어.

명령어	설명
ip access-list {standard | extended} *name*	명칭 표준 및 번호 ACL을 설정하고, ACL 설정 모드로 들어가기 위한 글로벌 명령어.
{deny | permit} *source* [*source wildcard*] [log]	표준 번호 ACL의 상세 부합과 동작을 설정하기 위한 ACL 모드의 하위 명령어.
{deny | permit} *protocol source source-wildcard destination destination-wildcard* [log]	확장 번호 ACL의 상세 부합과 동작을 설정하기 위한 ACL 모드의 하위 명령어.
{deny | permit} tcp *source source-wildcard* [*operator* [*port*]] *destination destination-wildcard* [*operator* [*port*]] [log]	TCP 세그먼트에 부합되는 명칭 ACL의 상세 부합과 동작을 설정하기 위한 ACL 모드의 하위 명령어.
remark text	명칭 ACL의 설명을 설정하는 ACL 모드 하위 명령어.

[표 17-10] 17장에서 다룬 ACL 설정 명령어

명령어	설명
show ip *interface* [*type number*]	인터페이스에 적용된 ACL에 대한 참조가 들어간다.
show access-lists [*access-list-number* | *access-list-name*]	모든 프로토콜에 대해서 설정된 ACL의 세부 사항을 보여준다.
show ip access-lists [*access-list-number* | *access-list-name*]	IP ACL을 보여준다.

[표 17-11] 17장에서 다룬 EXEC 명령어

연습 문제 정답

[표 17-12]는 [표 17-6]에 제시된 연습 문제의 답을 보여준다. 클라이언트를 참조하는 어떤 문제이건, 포트 번호가 1023보다 크면 부합되도록 했다. 이번 정답 테이블에서는 이러한 옵션은 생략한다. 예를 들어, 첫 번째 문제의 정답에서는 포트가 1023보다 큰 클라이언트에 대한 ACL을 보여주고, 그렇지 않은 경우도 보여준다. 두 번째 정답부터는 이러한 규칙을 간략히 생략했다.

문제	조건
1	access-list 101 permit tcp host 10.1.1.1 10.1.2.0 0.0.0.255 eq www 또는 access-list 101 permit tcp host 10.1.1.1 gt 1023 10.1.2.0 0.0.0.255 eq www
2	access-list 102 permit tcp 172.16.4.0 0.0.0.127 172.16.3.0 0.0.0.127 eq telnet
3	access-list 103 permit icmp 192.168.7.192 0.0.0.63 192.168.7.8 0.0.0.7
4	access-list 104 permit tcp 10.2.2.0 0.0.1.255 eq www 10.4.4.0 0.0.3.255
5	access-list 105 permit tcp 172.20.1.0 0.0.0.255 eq 23 172.20.44.0 0.0.1.255
6	access-list 106 permit tcp 192.168.99.96 0.0.0.15 192.168.176.0 0.0.0.15 eq www
7	access-list 107 permit icmp 10.55.66.0 0.0.0.127 10.66.55.0 0.0.0.63
8	access-list 108 permit ip any any

[표 17-12] 한 줄짜리 확장 ACL 작성: 정답

17

CHAPTER 18

QoS(서비스 품질)

이 장은 다음 시험 주제를 다룬다.

4.0 인프라스트럭처 서비스

4.3 기본 QoS의 개념 설명

4.3.a 마킹(Marking)

4.3.b 장비 신뢰(Device trust)

4.3.c 우선 순위 결정(Prioritization)

4.3.c.(i) 음성

4.3.c.(ii) 비디오

4.3.c.(iii) 데이터

4.3.d 셰이핑(Shaping)

4.3.e 폴리싱(Policing)

4.3.f 혼잡 관리(Congestion Management)

QoS(Quality of Service)는 네트워크 장비가 사용할 수 있는 관리 도구(tool)를 말하며, 이를 통해 네트워크를 흘러 다니는 패킷의 관련 특성을 관리할 수 있다. 특히, 이러한 QoS 도구는 패킷의 종류별로 가용한 대역폭, 패킷이 경험하는 지연, 동일한 흐름의 연속적인 패킷 간의 지터(jitter, 지연 차이), 각 클래스의 패킷 손실에 대한 백분율을 관리한다. 이러한 QoS 도구는 어떤 종류의 트래픽이 네트워크 자원을 더 사용하는지, 어떤 트래픽이 더 선호되고 덜 선호되는지를 균형 있게 조정한다.

CCNA R&S 시험의 역사를 봤을 때, 최신 ICND2 (200-105) 및 CCNA (200-125) 시험 이전까지는 QoS 관련해서는 아주 약간의 시험 주제만 다루어졌다. 시스코는 QoS 도구에 관련된 하위 아이템과 함께 '기본 QoS 개념 설명'이라는 하나의 큰 주제를 추가했다. 시험 주제 목록에서 볼 수 있듯이, 새로운 QoS 내용들은 개념과 기본만 설명하고 있고, 설정이나 검증과 같은 것은 포함하지 않는다.

이번 장에서는 시험 주제에 나와 있는 QoS 도구를 통해, 해결될 수 있는 문제들을 강조하고, 어떻게 각 도구가 대역폭, 지연, 지터, 손실을 관리하는지 알아본다.

QUIZ 사전 점검 퀴즈

아래의 사전 점검 퀴즈(지문 또는 PCPT 소프트웨어 사용)를 풀어보면 이 장을 읽고 이해하는 데 시간이 얼마나 걸릴 것인지 가늠할 수 있다. 정답은 퀴즈 다음 페이지 하단에 있으며, 퀴즈 정답에 대한 자세한 설명은 DVD 부록 C와 PCPT 소프트웨어에 담겨 있다.

핵심 주제	문항
QoS 소개	1
분류(Classification)와 마킹(Marking)	2, 3
혼잡 관리(큐잉, Queuing)	4
셰이핑(Shaping)과 폴리싱(Policing)	5
혼잡 회피(Congestion Avoidance)	6

[표 18-1] 핵심 주제와 관련된 사전 점검 퀴즈 문항

18

1. QoS 도구가 관리하는 속성은 어떤 것인가? (3개를 고르시오)

a. 대역폭
b. 지연
c. 부하(Load)
d. MTU
e. 손실

2. 서로 다른 네 라우터를 통해 다른 LAN 및 WAN 링크를 통해 전송되는 동안, 패킷에 남아있을 수 있는 QoS 마킹 필드는 무엇인가? (2개를 고르시오)

a. CoS
b. IPP
c. DSCP
d. MPLS EXP

3. 시스코 라우터의 DiffServ에서 패킷을 분류하는 방법은 어떤 것인가? (3개를 고르시오)

a. IP DSCP 필드에 부합
b. 802.1p CoS 필드에 부합
c. 확장 IP ACL로 필드에 부합
d. SNMP 위치 변수로 부합

4. 다음 중 어떤 동작이 시스코 라우터 또는 스위치의 낮은 지연 큐(low latency queue)에 적용되는가?

a. 혼잡 관리(Congestion management)

b. 셰이핑(Shaping)

c. 폴리싱(Policing)

d. 우선 순위 스케줄링(Priority scheduling)

e. 라운드 로빈 스케줄링(Round robin scheduling)

5. 현재 동작 중인 폴리싱 기능과 셰이핑 기능에 대해 생각해보자. 현재 비트 전송률은 각 폴리싱 및 셰이핑 속도를 초과한다. 이 기능에 대해 맞는 것은? (2개를 고르시오)

a. 폴리서(policer)는 패킷을 폐기하기도 하고, 아닐 수도 있다.

b. 폴리서는 반드시 패킷을 폐기한다.

c. 셰이퍼(shaper)는 전송 속도를 낮추기 위해, 패킷을 큐잉할 수도 있고, 아닐 수도 있다.

d. 셰이퍼는 전송 속도를 낮추기 위해, 패킷을 반드시 큐잉한다.

6. 큐잉 시스템은 라운드 로빈 스케줄링 방식의 세 개의 큐와 음성 트래픽을 처리하는 한 개의 낮은 지연 큐를 가지고 있다. 라운드 로빈 큐 1번은 주로 UDP 트래픽을 처리하고, 라운드 로빈 큐 2번과 3번은 TCP 트래픽을 처리한다. 각 큐에 처리되는 패킷들은 QoS 디자인에 따라, 다양한 DSCP 마킹 값을 갖는다. 어떤 큐에서 혼잡 회피(폐기 관리) 도구를 사용하는 것이 좋은가? (2개를 고르시오)

a. LLQ(낮은 지연 큐)

b. 큐 1

c. 큐 2

d. 큐 3

핵심 주제

QoS 소개

라우터는 일반적으로 WAN 엣지에 위치하고, WAN 인터페이스와 LAN 인터페이스 모두를 갖는다. 이러한 LAN 인터페이스는 일반적으로 더 빠른 속도를 가지며, WAN 인터페이스는 보다 낮은 속도를 가진다. 낮은 속도의 WAN 인터페이스가 대기 중인 패킷을 보내느라 바쁜 동안, 수백 또는 수천 개의 IP 패킷이 LAN 인터페이스에 도착할 수 있으며, 모두 동일한 WAN 인터페이스로 전달되어야 한다면, 라우터는 어떻게 해야 할까? 패킷이 도착하는 순서대로 보내야 할까? 패킷의 우선 순위를 정하고, 다른 패킷보다 선호되는 패킷에 대하여, 다른 패킷보다 우선 전송할까? 라우터가 전송해야 하는 패킷이 너무 많이 대기하고 있다면, 일부 패킷은 폐기할까?

18

첫 단락에서는 네트워크상의 고전적인 QoS(Quality of Service) 질문 중 일부를 설명했다. QoS는 네트워크 장비가 사용할 수 있는 관리 도구를 말하며, 이는 장비를 통과하는 패킷들을 다른 방식으로 처리할 수 있다. 예를 들어, WAN 엣지 라우터는 WAN 인터페이스가 가용해지기를 기다리는 패킷들을 큐에 넣는다. 또한 라우터는 큐 스케줄링 알고리즘을 이용하여, 도착 순서와는 다른 순서로 패킷을 보낼지 결정할 수 있다. 어떤 패킷은 더 좋은 서비스를 받고, 어떤 패킷은 더 나쁜 서비스를 받는다.

QoS: 대역폭, 지연, 지터, 손실 관리

시스코는 라우터와 스위치 상에서 다양한 QoS 도구들을 제공한다. 이런 모든 도구들은 네트워크 트래픽의 네 가지 특성을 관리하는 방법을 제공한다.

- 대역폭(Bandwidth)
- 지연(Delay)
- 지터(Jitter)
- 손실(Loss)

대역폭(Bandwidth)은 링크의 속도를 의미하며, 초당 비트 수(bps, bit per second)로 표시된다. 그러나 대역폭을 속도로 생각할 수 있고, 초당 링크를 통해 전송할 수 있는 비트 수의 관점에 보면, 대역폭을 링크의 용량이라고 생각하는 것도 괜찮다. 네트워크 장비의 QoS 도구는 링크를 통해 어떤 패킷이 다음 순서로 보내지는지를 결정한다. 따라서 네트워크 장비는 어떤 메

사전 점검 퀴즈 정답

1 A, B, E **2** B, C **3** A, B, C **4** D **5** A, D **6** C, D

시지가 다음 순서로 대역폭을 점유하는지, 각 트래픽 종류별로 얼마나 많은 대역폭(용량)을 얻는지를 제어한다.

예를 들어, 일반적인 WAN 엣지 라우터에, WAN 링크로 보내지기 위해 기다리는 수백 개의 패킷이 있다. 음성 트래픽에 대해 10%, 중요 업무용 데이터 애플리케이션에 대해 50%를 예약하고, 다른 트래픽 유형을 위해 나머지 대역폭을 남겨두기 위해, 큐잉 도구(queuing tool)를 설정한다. 큐잉 도구는 어떤 패킷을 다음 순서에 보낼지 선택하기 위한 설정을 할 수 있다.

지연(Delay)은 단방향 지연(One-way delay) 또는 왕복 지연(Round-trip delay)이 있다. 단방향 지연은 전송한 패킷이 목적지 호스트에 도달하는 시간을 의미한다. 왕복 지연은 단방향 지연 시간과 첫 번째 패킷이 다시 돌아오는 시간을 더해서 카운트한다. 다시 말해, 두 호스트 사이에서 하나의 패킷을 보내고, 다시 받는 데까지 걸리는 시간을 말한다. 많은 종류의 개별 동작들이 지연에 영향을 주는데, 이번 장에서는 큐잉과 셰이핑 지연을 포함하여 몇 가지만 알아보도록 한다.

지터(Jitter)는 연속적으로 전송되는 패킷들의 단방향 지연의 차이(variation)을 말한다. 예를 들어, 특정 호스트가 수백 개의 패킷을 보낸다고 하자. 첫 번째 패킷의 단방향 지연이 300ms(milliseconds, 3s)이고, 다음 패킷의 단방향 지연이 300ms이다. 세 번째, 네 번째도 동일하다고 한다면, 이런 경우 지터가 없다고 말한다. 하지만 만약, 첫 번째 패킷의 단방향 지연을 300ms, 다음 패킷은 단방향 지연이 310ms, 그 다음 패킷은 단방향 지연이 325ms이면, 패킷 1과 2 사이에는 10ms, 패킷 2와 3 사이에는 15ms의 지연 차이가 발생한다. 이런 차이를 지터라고 한다.

마지막으로 손실(Loss)은 유실되는 패킷의 양을 의미하며, 보내는 패킷의 퍼센트로 나타낸다. 비교는 간단하다. 만약 보내는 쪽의 애플리케이션에서 100개의 패킷을 보냈는데, 98개만 목적지에서 받았다고 한다면, 그 애플리케이션은 2%의 손실이 있다고 보면 된다. 손실은 많은 요인의 영향을 받는다. 하지만 사람들은 보통 불량 케이블이나 WAN 서비스 품질 저하 때문에 발생한다고 생각한다. 이런 것은 여러 원인 중 하나에 불과하다. 그러나 손실은 많은 경우에 정상적인 네트워크 장비 동작 중에 발생하는데, 장비의 큐가 차고, 더 이상 패킷을 넣을 곳이 없어지면, 패킷을 폐기한다. 일부 QoS 도구가 패킷 손실을 제어하고 회피하는 데 도움을 주기 위해, 큐잉 시스템을 관리한다.

트래픽의 종류

QoS를 사용하면, 대역폭, 지연, 지터, 손실에 대하여 다른 트래픽보다 선호되는 트래픽을 설정할 수 있다. 때로는 이런 선택은 특정 업무에 연관된다. 예를 들어 모든 중요 애플리케이션이 세 개의 알려진 서브넷상의 서버에서 동작하는 경우, QoS 계획을 그 서브넷으로 가거나 또는 나오는 패킷에 부합되도록 설정하여, 다른 트래픽보다 더 우선하여 처리할 수 있도록 한다.

하지만 다른 경우, QoS 도구를 적용하는 방법의 선택은 여러 종류의 애플리케이션 특성과 관련 있다. 어떤 애플리케이션은 다른 애플리케이션과는 다른 QoS 요구 사항을 가진다. 다음 주제는 트래픽의 종류에 따른 QoS 요구 사항의 기본적인 차이점을 설명한다.

데이터 애플리케이션

우선, PC나 테블릿 사용자의 기본적인 웹 애플리케이션을 살펴보자. 사용자는 웹 페이지를 요청하기 위해, URI를 입력한다. 이 요청은 웹 서버로 가는 단일 패킷일 수도 있지만, [그림 18-1]에서 보는 것처럼 웹 클라이언트로 가는 패킷은 수백 또는 수천 개의 패킷이 될 수 있다.

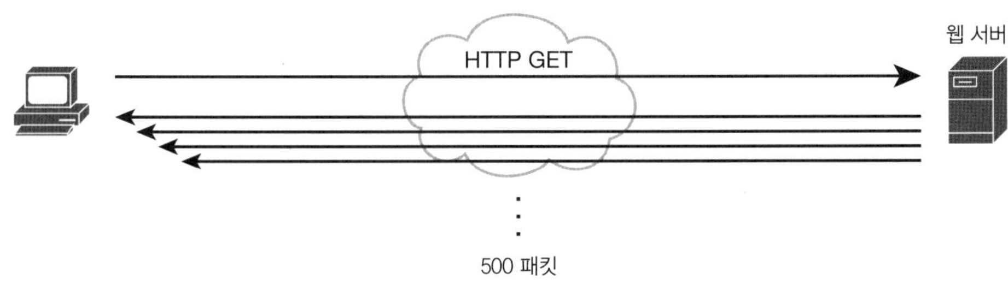

[그림 18-1] 양방향의 데이터 애플리케이션

> **NOTE** 만약 하나의 웹 페이지를 보기 위해 수천 개의 패킷이 전송되는 이유가 궁금하다면, 한번 계산해 보자. 1,500바이트의 IP MTU(maximum transmission unit)를 사용하면, TCP에서의 데이터 부분은 최대 1,460바이트(1,500바이트에서, IP와 TCP 헤더에 해당하는 20바이트씩을 제외)가 될 수 있다. 이러한 패킷이 1000개면 1,460,000바이트(약 1.5메가바이트)이다. 1.5메가바이트보다 큰 그래픽이 몇 개 있는 웹 페이지를 생각하면, 이해가 쉬울 것이다.

그러면 양방향의 웹 기반 애플리케이션에 대해, 대역폭, 지연, 지터, 손실은 어떤 영향을 주는가? 우선, 패킷은 일정량의 대역폭 용량을 요구한다. 지연에 관해서는 서버에서 클라이언트로 가는 각각의 패킷은 약간의 단방향 지연과 지터를 갖는다. [그림 18-1]에 보여진 500개의 패킷 중 일부가 손실되면(전송 오류, 장비에서 폐기, 또는 다른 이유로), 서버의 TCP 프로토콜은 손실된 패킷을 재전송하지만, 일부 웹 페이지는 바로 표시되지 않을 수 있다.

QoS 도구가 대역폭, 지연, 지터, 손실 관리에 중점을 두고 있지만, 사용자는 주로 전반적인 경험에 의한 품의에 관심을 갖는다. 예를 들어, 웹 애플리케이션을 사용한다면, 클릭 후 얼마 후에 웹 브라우저에서 정보를 볼 수 있는가? 따라서 사용자는 네트워크의 애플리케이션 사용자의 인식을 나타내는 용어인 QoE(Quality of Experience)를 중요하게 생각한다. QoS 도구는 대역폭, 지연, 지터, 손실에 직접적인 영향을 미치므로 사용자의 QoE에 영향을 미치는 전반적인 효과가 있어야 한다. 또한 QoS 도구를 사용하여 더 중요한 트래픽에 더 나은 QoE를 부여할 수 있다. 예를 들어, 업무상 중요한 애플리케이션에는 더 나은 QoS 처리를 보장해 줌으로써 사용자의 QoE를 향상시킬 수 있다.

이와 대조적으로 데이터 백업이나 파일 전송과 같이 비 양방향(noninteractive) 데이터 애플리케이션(기존에 Batch(역주: 일정량을 묶어서 일괄 처리하는 방식) 트래픽이라 불렸던)는 양방향 데이터 애플리케이션과는 다른 QoS 요구 사항을 갖는다. Batch 애플리케이션은 일반적으로 양방향 애플리케이션보다 많은 데이터를 보내지만, 아무도 화면에 무언가 표시될 때까지 기다리지 않기 때문에, 지연 및 지터는 별로 중요하지 않다. 이러한 애플리케이션에게 더욱 중요한 것은 더 긴 시간 동안, 더 많은 일(파일 전송)을 완료해야 한다는 것이다. QoS 도구를 사용하면 이러한 애플리케이션의 용량 요구 사항을 만족하고, 손실을 관리하여 재전송 횟수를 줄일 수 있는 충분한 대역폭을 제공할 수 있다.

음성 및 비디오 애플리케이션

음성과 비디오 애플리케이션은 각각 양방향(interactive) 및 비 양방향(noninteractive) 플로와 유사점을 갖는다. 음성과 비디오의 주요 핵심을 알아보기 위해, 이 절에서는 음성 트래픽을 깊이 살펴본다.

음성을 알아보기 전에, 네트워크에서 플로(flow)라는 용어 사용에 대해 먼저 생각해보자. 플로는 네트워크를 통해 한 애플리케이션에서 다른 애플리케이션으로 이동하는 모든 데이터를 말하며, 한 방향에 대해서 하나의 플로가 있다고 본다. 예를 들어 웹 사이트를 열어 웹 서버에 접속하면, 서버에서 클라이언트로 전송하는 웹 페이지 정보는 하나의 플로다. 휴대전화의 음악 앱으로 음악을 들으면, 음악 앱에서 음악 앱 서버로 플로가 만들어지고, 반대로 서버에서 휴대전화의 앱으로도 플로가 만들어진다. 음성 관점에서 보면, 두 전화 사이의 전화 통화로 인하여 각 방향으로 플로가 만들어진다. 비디오에 대해서는 보안 소프트웨어에 의해 수집되는 비디오 감시 카메라의 트래픽이 플로가 될 수 있다.

이제 음성, 특히 VoIP(Voice over IP)를 살펴보자. VoIP란 전화기에서 만들어진 사운드를 처리하여, IP 네트워크를 거쳐 IP 패킷으로 전송하여, 다른 전화기에서 사운드를 재생하는 방법을 말한다. [그림 18-2]는 일반적인 개념을 보여준다. 그림에서 보여주는 단계는 다음과 같다.

단계 ① 사용자가 전화를 걸어 대화를 시작한다.

단계 ② 코덱(codec)이라고 하는 칩이 특정 시간대(보통 20ms) 동안 이진수 코드(예: G.711 코덱으로 160바이트)를 생성하기 위하여 사운드를 처리(디지털화)한다.

단계 ③ 전화기는 데이터를 IP 패킷에 담는다.

단계 ④ 전화기는 목적지 IP 전화기로 패킷을 전송한다.

G.711 코덱을 사용하는 단일 전화 통화에서는 약 80kbps의 대역폭이 필요하다(데이터 링크 헤더 및 트레일러(역주: 전송 중 데이터 무결성을 체크하기 위한 4바이트 필드, FCS라고도 함) 오버헤드는 무시). 그림과 같이 헤더와 VoIP 페이로드를 계산하면, 각 패킷의 크기는 200바이트이다.

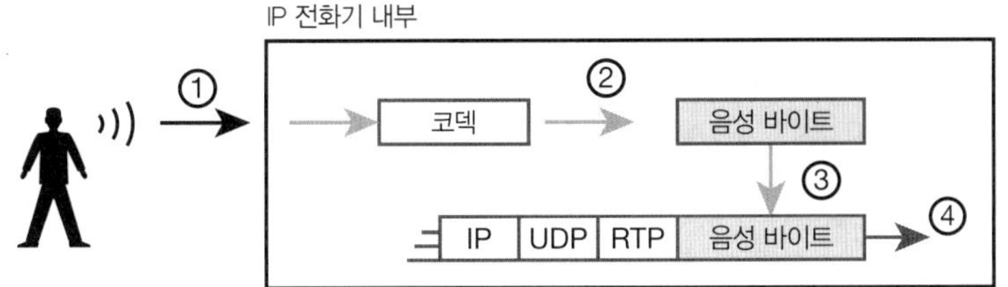

[그림 18-2] IP 전화기에서 VoIP 패킷의 생성 및 G.711 코덱

각 패킷은 20ms의 디지털화된 음성을 담고 있으며, 따라서 전화기는 초당 50개의 패킷을 전송한다. 200바이트 패킷이 50개이므로, 초당 10,000바이트이고, 이는 80,000bps(80kbps)이다. 다른 음성 코덱은 훨씬 적은 대역폭을 필요로 하고, 많이 사용되는 G.729는 약 24kbps를 필요로 한다(데이터링크 오버헤드는 무시).

18

처음에는 VoIP 통화에 QoS가 필요 없을 것처럼 보인다. 다른 데이터 애플리케이션과 비교했을 때, 단일 음성 통화 또는 플로는 약간의 대역폭만 필요로 하기 때문이다. 하지만 양방향 음성 통화는 지연, 지터, 손실에 대해 훨씬 우수한 품질 수준을 요구한다.

예를 들어, 긴 단방향 지연이 발생하는 전화를 하고 있다고 생각해보자. 당신이 말하고 나면, 상대방의 대답을 위해 잠시 기다린다. 상대방이 대답이 없으면, 당신이 다시 말한다. 이제서야 상대방의 목소리가 당신의 말과 겹쳐서 들린다. 문제는 지연이 너무 길다는 것이다. 또는 소리가 끊기는 통화를 생각해보자. 문제는 무엇일까요? 패킷 손실일 수도 있고, 지터 때문일 수도 있다.

IP 네트워크를 통해 좋은 음성 품질을 얻으려면, QoS가 반드시 구현되어야 한다. QoS 도구는 다양한 트래픽 종류별로 필요로 하는 QoS 동작을 제공하기 위해 설정한다. 시스코의 엔터프라이즈 QoS 솔루션 레퍼런스 가이드는 시스코의 오랜 경험과 여러 근거를 인용하여 양방향 음성에 대한 다음과 같은 가이드라인을 제안한다.

- **지연 (단 방향)**: 150ms 또는 그 이하
- **지터**: 30ms 또는 그 이하
- **손실**: 1% 또는 그 이하

대조적으로 양방향 음성은 양방향 데이터 애플리케이션보다 QoS 기능에 좀 더 신경을 써야 한다. 데이터 애플리케이션은 일반적으로 음성(및 비디오)보다 지연, 지터, 손실에 잘 견딘다. 단일 음성 통화는 일반적으로 데이터 애플리케이션보다 적은 대역폭을 사용하지만, 대역폭은 일관되게 제공되어야 한다. 데이터 애플리케이션은 사용자가 애플리케이션 사용시 버스트(Burst, 역주: 트래픽이 갑자기 폭발적으로 증가하는 현상)한 경향을 갖는다.

비디오는 훨씬 더 다양한 QoS 요구 사항을 갖는다. 일반적으로, 비디오를 음성과 동일하게 생각하지만, 비디오는 음성보다 더 높은 대역폭(플로 당)을 필요로 하고, 지연, 지터, 손실에 있어서는 유사한 요구 사항을 갖는다. 대역폭에 있어서 비디오는 전송하는 데이터 양에 영향을 미치는 다양한 코덱을 이용할 수 있지만, 많은 다른 기술적 기능들이 단일 비디오 플로에 필요한 대역폭에 영향을 준다(예를 들어, 화면에서 움직임이 많은 스포츠 경기는 뉴스 앵커가 움직임이 적은 단색 배경 앞에서 뉴스를 읽는 것보다 많은 대역폭을 사용한다).

책 『End-to-End QoS Network Design』(시스코 출판사, 2013)을 인용하면, 비디오는 다음과 같은 요구 사항을 갖는다.

- **대역폭**: 384kbps ~ 20Mbps 이상
- **지연**(단 방향): 200~400ms
- **지터**: 30~50ms
- **손실**: 0.1%~1%

> **NOTE** 책 『End-to-End QoS Network Design』은 『Cisco Enterprise QoS Solutions Reference Network Design Guide』(시스코 홈페이지에서 제공)와 동일 저자들에 의해 쓰여졌다. QoS에 대해 심도 깊이 공부할 책을 찾는다면, 이 책이 시스코 QoS에 대한 훌륭한 최신 참고서가 될 것이다.

이 책에서 언급된 QoS

QoS 도구는 네트워크에서 플로에 대한 QoS 특성을 변화시킨다. 이 장의 뒷부분에서 QoS에 대한 CCNA R&S 시험의 하위 주제로 언급된 도구들을 중심으로, 다음과 같은 주요 내용들을 공부한다.

- '분류 및 마킹'은 패킷의 마킹 및 신뢰 경계 정의에 대한 것이다.
- '혼잡 관리(큐잉)'는 한 패킷 종류에 대해, 다른 패킷보다 높은 우선 순위를 부여하기 위한 패킷 스케줄링을 말한다.
- '셰이핑과 폴리싱'은 링크의 반대 끝에서 자주 사용되기 때문에 함께 설명한다.
- '혼잡 회피'는 네트워크 장비가 바빠지기 시작할 때 발생하는 패킷 손실을 어떻게 관리하는지 언급한다.

스위치와 라우터의 QoS

특정 QoS 도구에 대해 설명하기에 앞서, 이 장에서 사용하는 패킷(packet)과 프레임(frame)이라는 용어에 대해 먼저 알아보자.

이 장에서 언급되는 QoS 도구는 스위치와 라우터 모두에서 사용될 수 있다. 스위치와 라우터 간의 내부 아키텍처 차이로 인하여 기능 및 구현에 있어 약간의 차이가 있다. 하지만 이 책에 설명되는 깊이로 봐서는 랜 스위치와 IP 라우터 모두 동일하게 적용된다.

이 장에서는 편의를 위하여 네트워크 장비들이 처리하는 메시지를 일반적으로 패킷이라는 용어로 사용한다. 일반적으로, 이 책과 ICND1 시험 가이드에서는 패킷이라는 용어를 IP 헤더와 그 내부에 캡슐화된 헤더 및 데이터를 의미하며, 데이터링크 헤더 및 트레일러는 제외한다. 프레임이라는 용어는 데이터링크 헤더 및 트레일러를 의미하며, 그 내부에 캡슐화된 헤더 및 데이터도 포함한다. 이번 장에서는 이러한 차이점은 중요하지 않지만, 책 내용 중에 문자 그대로 패킷(데이터링크 헤더/트레일러 제외)을 보여주기도 하고, 때로는 프레임도 보여준다.

이 장 전체에서, 모든 메시지에 대해서 패킷이라는 용어를 사용한다. 왜냐하면 메시지에 데이터링크 헤더/트레일러가 붙었는지 아닌지는 기본적인 기능을 설명하는 데 있어서 중요하지 않기 때문이다.

또한 이 장의 모든 예는 일관성을 위해 라우터를 사용한다.

18

분류 및 마킹

이 장에서 배울 첫 번째 QoS 도구는 분류와 마킹 또는 단순히 마킹 기능이다. 이 QoS 도구는 헤더의 내용에 따라 패킷을 분류하고, 특정 헤더 필드의 어떤 비트를 변경함으로써 메시지를 마킹하는 것을 의미한다. 이 절에서는 먼저 QoS 도구에서 분류의 역할을 알아보고, 그런 다음 마킹 기능을 알아본다.

분류의 기본

QoS 도구는, ACL의 적용 위치와 마찬가지로 라우터나 스위치에 통해 전송되는 패킷의 경로 상에 위치하게 된다. ACL과 같이 QoS 도구는 인터페이스에 적용된다. 또한 ACL과 같이 QoS 도구는 방향성을 가지고 적용된다. 인터페이스에 들어오는 패킷에 대해서는 포워딩(라우팅) 결정 이전에 적용되고, 인터페이스에서 나가는 패킷은 포워딩 결정 이후에 적용된다.

분류(classification)라는 용어는 패킷의 필드에 부합되는 절차를 말하며, 이를 통해 QoS 동작을 취할 패킷을 선정한다. 따라서 QoS 도구와 ACL을 비교하면, ACL은 분류와 필터링을 수행한다. 이것은 즉, ACL이 패킷 헤더에 부합(분류)된다는 것을 말한다. ACL은 어떤 패킷을 폐기할지 선택하기 위한 목적(동작)을 갖는다. 이에 비해 QoS 도구는 QoS 동작이 적용될 패킷을 선정하기 위하여 분류(헤더 필드에 부합)를 수행한다. 이러한 동작에는 이번 장에서 다루는 큐잉, 셰이핑, 폴리싱 등의 QoS 도구를 포함한다.

예를 들어 [그림 18-3]과 같이, 라우터의 내부 처리 절차를 살펴보자. 이 경우, 출력(output) 큐잉 도구가 인터페이스에 적용되어 있다. 출구 인터페이스가 바빠지면, 라우터는 큐잉 도구를 사용하여 어떤 패킷은 첫 번째 출력 큐에, 다른 패킷은 두 번째 출력 큐에 넣는다. 그리고 출구 인터페이스가 다른 패킷을 보낼 수 있게 되면, 큐잉 도구의 스케줄러 알고리즘은 큐에서 다음 패킷을 선택하여 설정된 규칙에 따라 트래픽에 우선 순위를 지정한다.

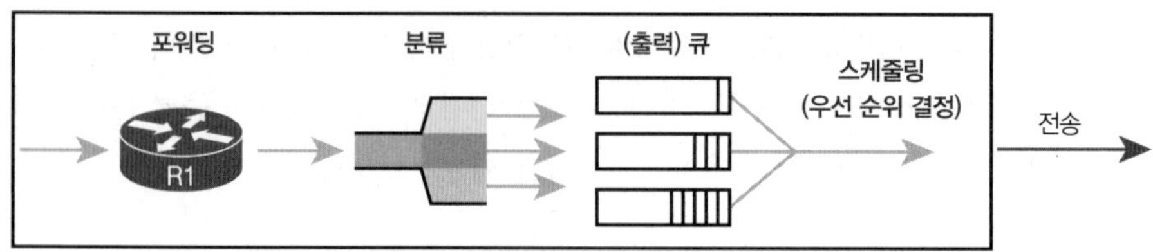

[그림 18-3] 전체적인 개념: 라우터의 분류와 큐잉

그림은 라우터의 내부 구성과 패킷이 왼쪽에서 오른쪽으로 내부적으로 처리되는 과정에서 어떤 일이 일어나는지 보여준다.

단계 ① 라우터는 포워딩(라우팅) 결정을 한다.

단계 ② 출력 큐잉 도구는 분류 규칙을 적용하여 어떤 패킷이 어떤 출력 큐에 들어갈지 결정한다.

단계 ③ 라우터는 출구 인터페이스가 다음 패킷을 보내는 것이 가능할 때까지, 패킷을 출력 큐에 넣어둔다.

단계 ④ 큐잉 도구의 스케줄링 규칙에 의해 다음 전송할 패킷을 선택하는데, 효과적으로 패킷에 대한 우선 순위를 부여한다.

이 예에서 큐잉 도구를 보여주는데, 큐잉 도구는 마치 ACL과 같이 패킷을 비교하여 분류할 수 있는 기능을 가져야 한다.

부합(분류)의 기초

이제 기업의 전체 네트워크 관점에서 분류를 생각해 보자. 이를 통해, 마킹의 필요성을 알아보자. 모든 QoS 도구는 패킷 분류를 위한 비교를 하기 위해, 여러 헤더를 검사할 수 있다. 하지만 당신은 이런 QoS 도구를 네트워크의 모든 장비에 적용하고, 때로는 대부분 인터페이스에 진입/진출로 모두 적용할지도 모른다. 모든 장비와 대부분의 인터페이스에서 많은 헤더 필드에 복잡하게 부합되도록 하는 것은 많은 설정을 필요로 한다. 패킷에 부합 작업은 어떤 장비에서는 성능 저하를 가져올 수도 있다. 따라서 모든 장비마다 복잡한 패킷 부합을 할 수 있긴 하지만, 그렇게 좋은 방법은 아니다.

시스코나 RFC에서 추천하는 더 좋은 방법으로, 패킷이 생성된 초기에 복잡한 패킷 부합을 하고, 그런 다음 마킹을 하는 것을 권장한다. 마킹은 헤더에 있는 값을 셋팅하여 하나 이상의 헤더 필드 값을 변경하는 QoS 도구를 말한다. 일부 헤더 필드는 QoS 처리를 위한 패킷 마킹을 목적으로 디자인되었다. 마킹 처리 후, 마킹된 패킷을 처리하는 장비들은 패킷을 좀 더 간단하게 분류할 수 있다.

[그림 18-4]는 왼쪽에 있는 PC에서 오른쪽에 있는 호스트(그림에는 안 보임)로 IP 패킷을 보내는 예다. SW1 스위치는 패킷을 전달하는 첫 번째 네트워크 장비로써 복잡한 비교(부합)를 수행하고, IP 헤더 내의 6bit 필드인 DSCP(Differentiated Services Code Point) 필드를 마킹한다. 이 패킷을 전달 받는 3대의 네트워크 장비(SW2, R1, R2)는 패킷의 DSCP 값을 비교함으로써 보다 간단하게 패킷을 분류한다. 예를 들어, 어떤 DSCP 값은 클래스 1로 분류하고, 다른 DSCP 값은 클래스 2로 분류한다.

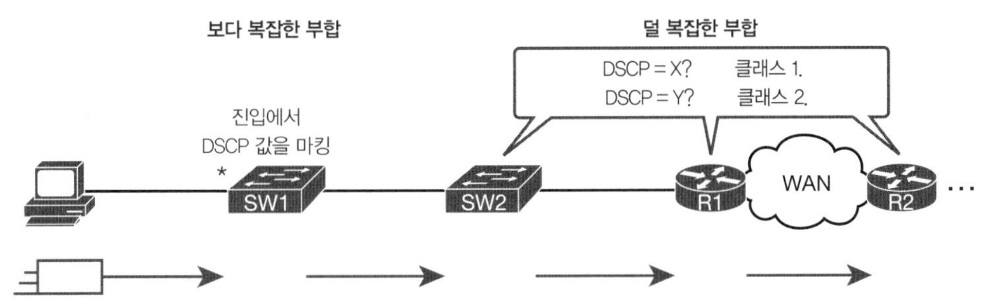

[그림 18-4] 기업 네트워크를 위한 체계적인 분류 및 마킹

18

라우터에서 ACL과 NBAR를 이용한 분류

지금까지, 분류와 마킹이 어떤 일을 하는지 기본적인 내용을 알아봤다. 이번 절에서는 라우터에서의 분류를 좀 더 깊이 알아본 후, 마킹에 대해서도 조금 더 자세하게 알아본다.

우선 QoS 분류는 ACL이 하는 것과 유사해 보인다. 실제로 많은 QoS 도구들은 IP ACL을 간단하게 참조하는 기능을 제공한다.

ACL의 permit 동작에 부합되는 패킷은 QoS에 부합되어, QoS 동작을 수행한다.

[그림 18-5]는 IP와 TCP 헤더를 다시 보여준다. 모든 필드는 QoS 분류를 위해 부합될 수 있다.

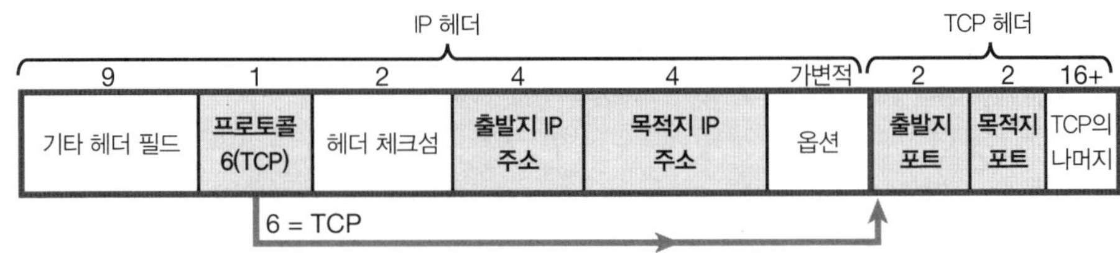

[그림 18-5] 확장 ACL로 분류 가능한 다섯 필드

이제 잠시, 기업 네트워크의 QoS 계획을 생각해보자. 이 계획에는 큐잉, 셰이핑 그리고 다른 QoS 도구들을 위해 동일한 클래스로 분류되어야 하는 트래픽 종류들이 세부적으로 정리되어야 한다. 또한 이 계획에는 헤더에서 부합 가능한 필드를 자세히 정리하여야 한다. 예를 들어

모든 IP 전화기가 10.3.0.0/16 주소 범위의 서브넷에 놓여 있다면, QoS 계획에는 이 같은 내용이 명시되어야 한다. 그리고 나서 10.3.0.0/16으로 들어가거나 나오는 모든 패킷을 확장 ACL에 부합되도록 하고, 음성 트래픽에 맞는 적절한 QoS 동작을 적용한다.

그러나 모든 분류가 ACL을 이용하여 쉽게 되는 것은 아니다. 보다 까다로운 경우에 시스코 NBAR(Network Based Application Recognition)를 사용할 수 있다. NBAR는 NBAR2 또는 차세대 NBAR라고 불리는 두 번째 버전이 나와 있다. 간단히 말해, NBAR2는 분류를 위해 패킷이 부합되는 더 많은 방법을 제공하여 QoS에 매우 유용하다.

NBAR2는 ACL이 검사할 수 있는 범위를 넘어선다. 많은 애플리케이션들은 웰노운 포트만으로는 식별이 되지 않는데, NBAR가 이런 문제를 해결할 수 있다.

시스코는 트래픽을 여러 클래스로 쉽게 분리해 낼 수 있도록 NBAR에 부합하는 기능을 제공한다. 예를 들어, 시스코의 웹엑스는 웹 기반의 오디오, 비디오 회의를 제공하는 애플리케이션이다. QoS 계획에 있어 다른 비디오 또는 IP폰 간의 음성 통화와는 다르게 웹엑스(WeBeX)를 따로 분류하기 원할 수 있다. 즉, 웹엑스 트래픽을 분류하고, 고유한 DSCP 값을 마킹할 수 있다. NBAR는 웹엑스 뿐만 아니라 1,000개 이상의 다른 애플리케이션에 쉽게 부합되는 기능을 내장하고 있다.

NBAR를 이해하기 위해, [예 18-1]은 NBAR 설정 명령의 도움말 출력을 보여준다. 출력 중에서 기억하기 쉬운 것을 추렸다. 왼쪽에 설정 명령어 키워드를 이용하여 아마존의 VOD 서비스, 시스코의 감시 카메라 비디오, 시스코 IP 전화기의 음성, ESPN의 스포츠 채널과 같은 것들에 부합될 수 있다(NBAR는 애플리케이션 서명(signature)과 같은 애플리케이션을 다르게 정의할 수 있는 기능을 가지고 있다).

```
R1#(config)# class-map matchingexample
R1(config-cmap)# match protocol attribute category voice-and-video ?
! 간략화를 위한 라인 생략
  amazon-instant-video  VOD service by Amazon
  cisco-ip-camera       Cisco video surveillance camera
  cisco-phone           Cisco IP Phones and PC-based Unified Communicators
  espn-video            ESPN related websites and mobile applications video
  facetime              Facetime video calling software
! 간략화를 위한 라인 생략
```

[예 18-1] NBAR2로 부합 가능한 애플리케이션의 예

위 예에서 강조된 부분 중 처음 두 줄을 비교하면서 NBAR에 대한 내용을 마치려고 한다. NBAR가 없으면 아마존 비디오와 감시 카메라 비디오를 분류하기 어려울 것이나, 강조된 두 줄을 보면 쉽게 트래픽을 다르게 분류한 것을 볼 수 있다. 강조된 세 번째 줄은 시스코 IP 전화기

(그리고 PC 기반의 UC)의 트래픽에 부합되는 방법을 보여주는 데, 특정 종류의 패킷에 쉽게 부합되어 마킹할 수 있다.

IP DSCP 및 이더넷 CoS 마킹

기업 네트워크를 위한 QoS 계획은 특정 종류의 QoS 우선 순위를 받아야 하는 트래픽 클래스를 만드는 데 중점은 둔다. 이 QoS 계획은 패킷을 각 분류하는 방법과 패킷에 마킹되어야 하는 값을 정리하는 데, 이는 클래스에 연관된 번호를 각 패킷에 붙여 레이블을 지정하는 것을 말한다. 예를 들어, 계획에는 다음과 같은 내용이 언급될 수 있다.

- 업무상 사용되는 음성 트래픽을 IP DSCP EF 및 CoS 5로 분류한다.
- 업무상 사용되는 비디오 회의 및 다른 양방향 비디오는 IP DSCP AF41 및 CoS 4로 분류한다.
- 업무상 중요한 데이터 애플리케이션은 IP DSCP AF21 및 CoS 2로 분류한다.

18

다음 주제로는 DSCP 및 CoS 마킹 필드와 같이, 마킹 가능한 필드들에 대해 좀더 깊이 알아본다.

IP 헤더 마킹

IP 헤더의 QoS 필드를 마킹하는 것은 QoS에서 효과적인데, 이는 출발지와 목적지 호스트 간에 통신하는 데 있어서 IP 헤더는 계속 유지되기 때문이다. 호스트가 데이터를 보낼 때, IP 패킷을 캡슐화시켜 데이터링크 프레임(역주: 예를 들어 이더넷 프레임)으로 보낸다. IP 패킷을 전송하는 각 라우터는 이전(전송 받은) 데이터 링크 헤더는 버리고, 새로운 데이터 링크 헤더를 붙여서 다음 라우터로 전송한다. 따라서 IP 헤더에 마킹된 값은 출발지에서 목적지 호스트에 도착할 때까지 유지될 수 있다.

[그림 18-6]은 IPv4 헤더의 ToS(Type of Service) 바이트의 정의를 보여준다. 초기 RFC에서는 QoS 마킹을 위해 3비트의 IPP(IP Precedence) 필드만 정의했다. 이 필드로 8개의 값을 표시할 수 있는데, 이진수로는 000, 001, 010에서 111까지 표시되고, 십진수로는 0에서 7까지 표시된다.

Key Topic

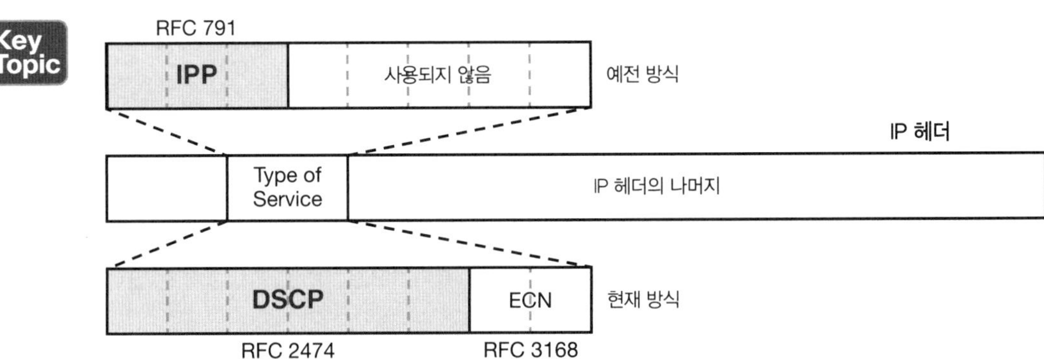

[그림 18-6] IPP(IP Precedence)와 DSCP(Differentiated Services Code Point) 필드

NOTE RFC 791에 정의된 ToS 바이트 중 뒤쪽 5비트는 다른 목적으로 정의되었으나 실제로는 사용되지 않았다.

좋은 아이디어였지만, IPP는 마킹 가능한 값을 8개 밖에 제공해 주지 못했다. 따라서 이 후의 RFC에서는 ToS 바이트에서 DSCP 필드를 다시 정의하였다. DSCP는 마킹 비트를 6비트로 증가시켜서, 64개의 고유한 값을 마킹할 수 있다. 1990년대 후반에 RFC가 된 DiffServ는 QoS에 있어 가장 일반적으로 사용하는 방법으로 받아 들여졌으며, DSCP 필드를 이용한 마킹이 매우 보편적으로 쓰이고 있다.

IPv6도 역시 마킹을 위한 유사한 필드를 가지고 있다. DSCP로 통하는 6비트의 필드는 IPv6 헤더 내에 IPv6 트래픽 클래스(Traffic Class) 바이트로 정의되어 있다. 그 외 마킹에 대해 IPv4와 IPv6는 동일하다고 보면 된다.

IPP와 DSCP 필드는 십진수 값으로 표시되기도 하고 또는 편의를 위해 텍스트 명칭으로도 표시된다. 뒤쪽에 'DiffServ에서 제안하는 마킹 값' 제목의 절에서는 이 명칭에 대해 좀 더 알아볼 것이다.

802.1Q 이더넷 헤더의 마킹

802.1Q 헤더 내에는 IEEE 802.1p 표준에 의해 정의된 유용한 마킹 필드가 있다. 이 필드는 802.1Q 헤더 4바이트의 세 번째 바이트에 위치하는 3비트짜리 필드이며, [그림 18-7]에 보는 것과 같이 8개의 마킹 값을 가질 수 있다. 이 필드는 2가지 이름으로 통하는데, CoS(Class of Service) 또는 PCP(Priority Code Point)이다.

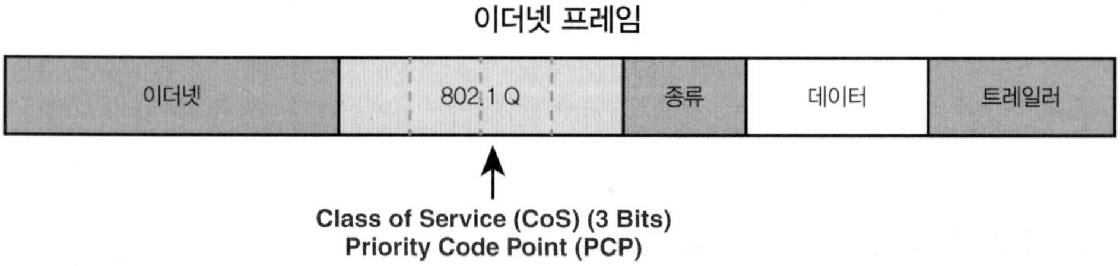

이더넷 프레임

이더넷	802.1 Q	종류	데이터	트레일러

Class of Service (CoS) (3 Bits)
Priority Code Point (PCP)

[그림 18-7] 802.1Q/p 헤더의 CoS 필드

이 그림에서는 이더넷 헤더와 트레일러를 회색으로 음영처리해 802.1Q 헤더와 구분하였다. 802.1Q 헤더는 이더넷 프레임에 속하지 않는다. 링크에 802.1Q 트렁크가 사용될 경우에만 802.1Q 헤더가 추가된다. [그림 18-8]에 보는 것과 같이 결과적으로, 트렁크로 설정된 인터페이스에 대해서는 오직 CoS 필드만 QoS에 사용될 수 있다.

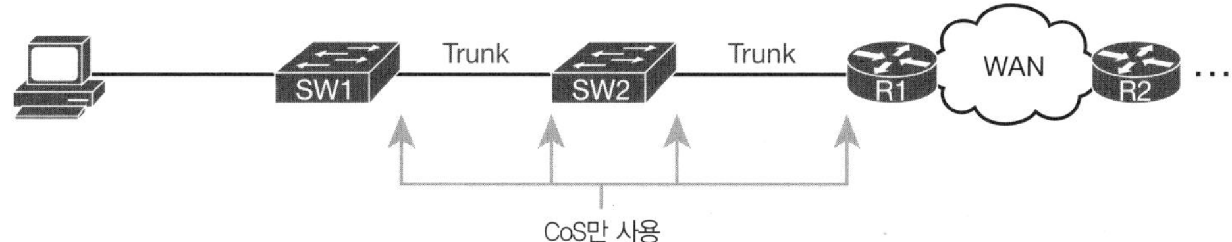

[그림 18-8] CoS 마킹이 적용되는 구간

예를 들어 왼쪽에 PC가 오른쪽에 서버로 데이터를 전송한다면, DSCP 필드는 전 구간에서 유지된다. 하지만 CoS 필드는 오직 두 곳의 트렁크에서만 존재하고, 화살표로 표시된 네 곳의 인터페이스에서만 사용 가능하다.

기타 마킹 필드

이 밖에도 여러 헤더 내에 다양한 마킹 필드가 있으며, [표 18-2]에 정리하였다.

필드 명칭	헤더	길이(bit)	사용되는 곳
DSCP	IPv4, IPv6	6	종단 간(end-to-end)의 패킷
IPP	IPv4, IPv6	3	종단 간(end-to-end)의 패킷
CoS	802.1Q	3	VLAN 트렁크 구간
TID	802.11	3	무선 구간
EXP	MPLS Label	3	MPLS WAN 구간

[표 18-2] 마킹 필드

신뢰 경계(trust boundary)의 정의

사용자 단말에서 DSCP 필드를 마킹할 수 있으며, 단말에 연결된 링크가 트렁크로 사용된다면, CoS 필드도 역시 마킹할 수 있다. 네트워크 엔지니어 관점에서 사용자 단말의 이러한 마킹 설정을 신뢰할 수 있을까? 네트워크 장비들이 QoS 동작을 위해 단말의 마킹을 신뢰하고 이용하도록 허용해야 할 것인가?

사용자 단말은 종종 제대로 제어되지 못하기 때문에, 우리 중 대부분은 단말의 마킹을 신뢰하지 않을 것이다. 예를 들어, 어떤 PC 사용자는 DiffServ와 DSCP에 대한 충분한 지식을 가지고 있어서 중요한 음성 트래픽은 십진수 46인 DSCP EF(Expedited Forwarding)로 마킹된다는 것을 알고 있을 수 있다. 음성 트래픽은 높은 QoS 순위를 제공받으므로, PC 사용자는 음성 이외의 모든 트래픽에 대해서도 DSCP 46으로 마킹하여 높은 QoS 처리를 기대하는 상황이 발생할 수 있다.

기업 네트워크를 위한 QoS 계획을 작성할 때, 네트워크의 신뢰 경계가 어디에 위치해야 하는지를 결정해야 한다. 신뢰 경계란 네트워크 경로상에서 QoS 마킹을 신뢰할 수 있는 네트워크 장비의 위치(지점)를 의미한다. 이러한 신뢰 경계는 보통은 IT 부서에서 제어하고 있는 장비 중에 위치한다.

예를 들어 [그림 18-9]에서 보는 것과 같이, 일반적으로 신뢰 경계는 패킷이 진입하는 첫 번째 스위치에 위치한다. PC가 보내는 패킷의 마킹은 신뢰하지 못한다. 그러나 SW1이 진입되는 패킷에 대해 분류와 마킹 작업을 수행하기 때문에, SW1에서의 마킹은 신뢰된다.

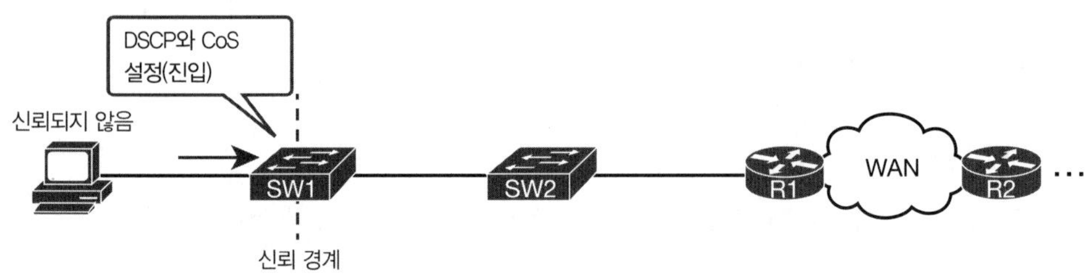

[그림 18-9] 신뢰 장비 - PC가 연결된 경우

흥미롭게도 액세스 계층에 IP 전화기가 포함되어 있으면, 액세스 스위치가 아니고 일반적으로 IP 전화기가 신뢰 경계가 된다. IP 전화기는 자신이 생성하는 패킷의 CoS와 DSCP 필드를 마킹할 수 있으며, 또한 PC에서 전화기를 통해 전달되는 패킷도 마킹할 수 있다. 특정 마킹 값은 연결된 액세스 스위치에서 설정된다. [그림 18-10]에서 이러한 경우에 대한 일반적인 신뢰 경계를 보여주는데, 전화기의 마킹 규칙이 일반적으로 어떻게 되는지 표시한다. PC의 모든 트래픽을 특정 DSCP 및 CoS로 마킹하고, 전화기의 트래픽은 다른 값으로 마킹한다.

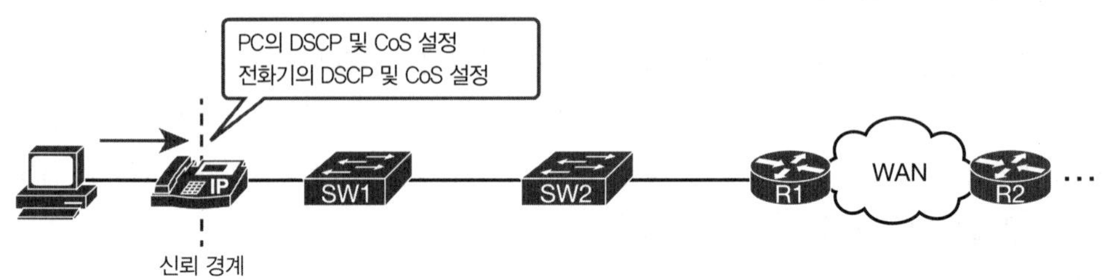

[그림 18-10] 신뢰 장비 - IP 전화기가 연결된 경우

DiffServ에서 제안하는 마킹 값

이 장의 내용들은 초기 RFC 2475 및 다른 많은 DiffServ RFC에서 정의된 DiffServ 아키텍처를 따른다. 특히, IP 패킷을 마킹하는 데 사용되는 특정 DSCP 값에 대한 제안을 비롯하여 DiffServ는 여러 분야에서 활용되고 있다. 특정 유형의 트래픽에 대한 특정 마킹을 제안함으로써 DiffServ는 모든 네트워크에서 일관된 DSCP 값을 사용하도록 권고하고 있다. 이렇게 함으로써 제품 공급 업체는 QoS 기능에 대한 기본 설정을 제공할 수 있으며, QoS는 기업과 SP(service provider, 네트워크 서비스 제공자) 간에 더 잘 동작할 수 있으므로 다른 많은 이점들을 실현할 수 있다. 다음 두 주제는 DiffServ에서 사용되는 세 가지 DSCP 집합에 대한 설명이다.

EF(Expedited Forwarding)

DiffServ는 단일 값의 EF DSCP로 정의되는데, 낮은 지연, 낮은 지터, 낮은 손실이 필요한 패킷에 사용되도록 추천된다. EF RFC(RFC 3246)에서 특정 DSCP 값(십진수 46)과 이에 대응되는 명칭(Expedited Forwarding)을 정의한다. QoS 설정 명령은 십진수와 명칭 방식의 두 가지를 모두 허용하며, 명칭을 사용하면 기억하기 쉽기 때문에 QoS 설정 시 명칭을 많이 이용한다.

대부분 QoS 계획은 음성(Voice) 트래픽을 마킹하기 위해 EF를 사용한다. 음성 통화에서 어떤 패킷은 음성을 실어 나르고, 어떤 패킷은 통화 시그널링(call signaling) 메시지를 실어 나른다. 통화 시그널링 메시지는 두 장비 간에 음성 통화를 위해 전화를 거는 것을 말하며, 낮은 지연, 지터, 손실을 요구하지는 않는다. [그림 18-2]에서 본 것처럼 음성 패킷은 디지털로 변화된 음성을 실어 나르기 때문에, 좋은 QoS를 필요로 한다. 기본적으로 시스코 IP 전화기는 음성 패킷을 EF로 마킹하고, 전화기가 보내는 통화 시그널링은 CS3으로 마킹한다.

18

AF(Assured Forwarding)

AF(Assured Forwarding) DiffServ RFC(2597)는 12개의 DSCP 값을 정의한다. 우선 큐잉 시스템의 4개 큐의 개념을 정의한다. 그리고 혼잡 회피 도구와 함께 사용되기 위해, 3단계의 폐기 우선 순위를 정의한다. 4개의 큐와 3단계의 폐기 우선 순위 클래스를 위해 각각의 큐와 폐기 우선 순위 조합별로 1개씩, 총 12개의 서로 다른 DSCP 마킹이 필요하다(큐잉과 혼잡 회비 메커니즘은 이 장의 후반부에 다룬다).

[그림 18-11]에 보는 것과 같이, AF는 AF DSCP 명칭과 이에 대응되는 십진수를 정의한다. 명칭은 AFxy라는 포맷을 따르는데 x는 큐를 의미하고(1에서 4까지), y는 폐기 우선 순위를 의미한다(1에서 3까지).

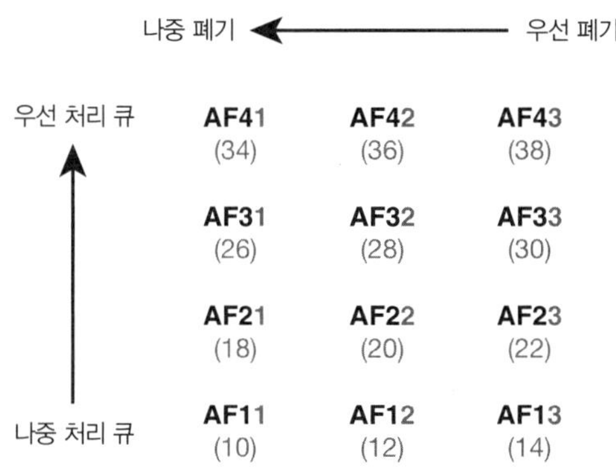

[그림 18-11] DiffServ AF 값 및 의미

예를 들어, 12개의 값을 이용해 마킹된 패킷에 대해 AF11, AF12, AF13으로 마킹된 패킷들은 하나의 큐에 들어가고, AF21, AF22, AF23으로 마킹된 패킷들은 다른 큐에 들어간다. AF2y로 마킹된 트래픽들이 들어간 큐 내부에서 AF21은 좋은 우선 순위를 부여 받고, AF23은 낮은 우선 순위를 부여 받아서, 폐기 동작(혼잡 회피)에 대해 서로 다르게 처리된다.

CS(Class Selector)

초기에 ToS 바이트는 3비트 IPP(IP Precedence) 필드로 정의되었다. DiffServ가 ToS 바이트를 다시 정의하면서, IPP 값과 하위 호환성을 위해 8개의 DSCP 값을 만들었다. CS(Class Selector) DSCP 값이 바로 이런 용도이다.

[그림 18-12]는 8개의 CS 값에 대한 개념을 보여주며, 명칭과 십진수 값을 보여준다. 그림의 왼쪽에 보이는 것과 같이, 기본적으로 DSCP 값의 처음 3비트는 IPP 필드와 동일한 값을 가지며, 나머지 3비트는 이진수 0을 갖는다. CSx로 명칭을 표시하는데, x는 부합되는 IPP 값을 사용한다(0에서 7까지).

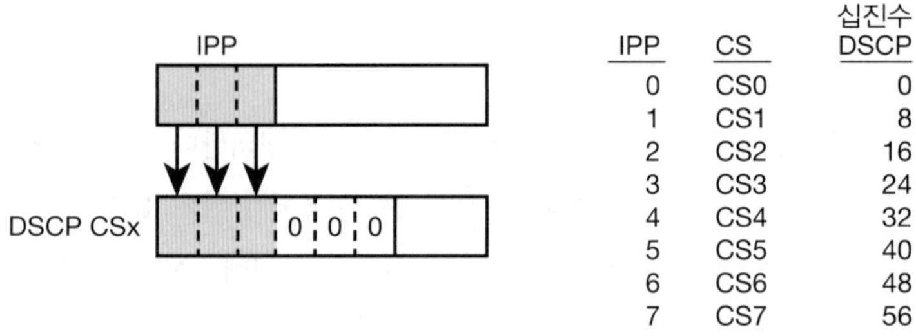

IPP	CS	십진수 DSCP
0	CS0	0
1	CS1	8
2	CS2	16
3	CS3	24
4	CS4	32
5	CS5	40
6	CS6	48
7	CS7	56

[그림 18-12] CS(Class Selector)

이번 절에서는 분류 및 마킹을 공부함으로써, 다음에 배울 세 가지 주요 주제인 큐잉, 셰이핑, 폴리싱 및 혼잡 회피를 이해하기 위한 견고한 기초를 닦았다.

:: 혼잡 관리(큐잉)

모든 네트워크 장비들은 큐를 사용한다. 네트워크 장비는 패킷을 받아서 포워딩(라우팅) 결정을 내린 후, 패킷을 전송한다. 하지만 종종 출구 인터페이스가 바쁜 경우가 있다. 따라서 장비는 큐에 보내야 할 메시지를 잠시 보관하고, 출구 인터페이스가 사용 가능할 때까지 기다린다. 아주 간단하다.

혼잡 관리(congestion management)라는 용어는 큐를 관리하는 QoS 도구들을 말하며, 패킷이 인터페이스로 보내지기 위해 순서를 기다리는 동안 큐에 잠시 대기한다(다른 경우, 라우터가 어떤 자원을 기다리는 동안 패킷을 큐에 보관한다). 하지만 혼잡 관리는 두 개 이상의 아이디어를 말하며, 따라서 장비 내부를 보고 어떻게 작동하는지 생각해야 한다. 예를 들어, [그림 18-13]의 라우터 내부를 살펴보자. 당연히 라우터는 포워딩 결정을 하고, 일단 출구 인터페이스가 사용 가능해지면 패킷을 전송할 수 있도록 큐가 준비되어 있어야 한다. 동시에 라우터는 여러 가지 다른 동작을 수행할 수 있는데 예를 들어 진입 ACL, 진입 NAT(내부 인터페이스에서)이나 포워딩 결정 후에는 진출 ACL 등이 수행될 수 있다.

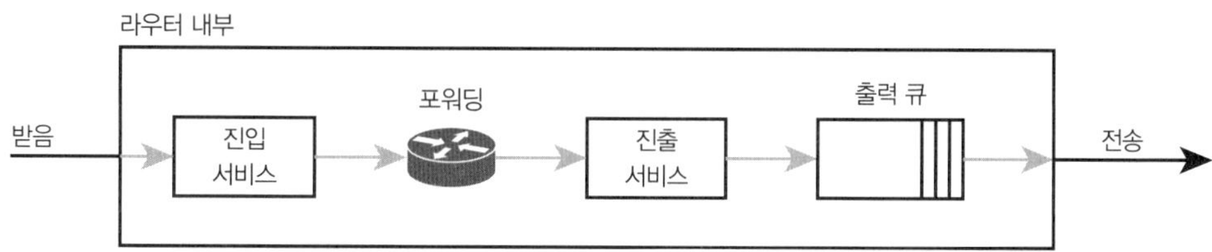

[그림 18-13] 라우터의 출력 큐: 전송 전 마지막 출력 동작

그림에서는 출구 인터페이스가 사용 가능할 때까지, 메시지를 보관하는 혼잡 관리 측면에서의 출력 큐잉(output queuing)을 보여준다. 큐잉 시스템은 FIFO(first-in, first-out) 방식의 단일 출력 큐를 사용할 수도 있다(다른 말로 하면, 한 줄로 주문을 받는 샌드위치 가게에서 점심을 주문하는 것과 같다).

다음으로 큐잉 시스템을 좀 더 깊이 알아보자. 대부분의 네트워크 장비들의 큐잉 시스템은 여러 개의 큐를 가질 수 있다. 여러 개의 큐를 사용하기 위해서, 큐잉 시스템은 어떤 패킷을 어떤 큐에 넣을지 선택하기 위한 분류기(classifier) 기능을 필요로 한다(분류기는 이전에 마킹된 값에 따라 동작할 수도 있고, 아니면 광범위한 부합을 할 수도 있다). [그림 18-14]에 보는 것처럼 인터페이스가 사용가능해지면 어떤 메시지를 보낼지 결정하기 위해, 큐잉 시스템은 스케줄러를 필요로 한다.

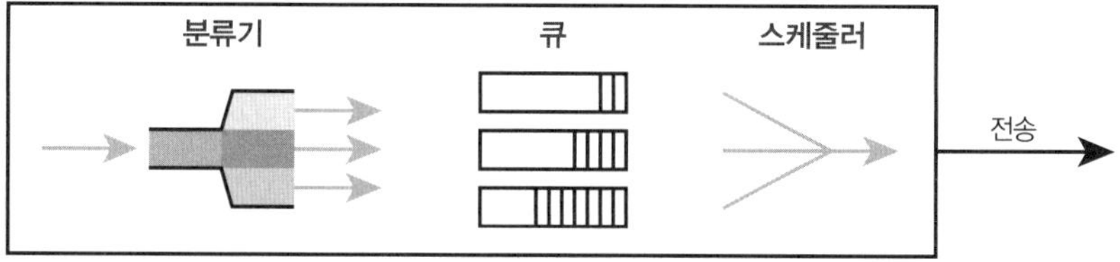

[그림 18-14] 혼잡 관리(큐잉) 구성 요소

이들 큐잉 시스템의 구성 요소 중에서 스케줄러가 가장 흥미로운 부분이며, 이는 우선 순위 결정(prioritization)을 수행하기 때문이다. 우선 순위 결정(시험 주제에서는 아직 다른 용어를 사용)은 다른 큐보다 특정 큐에 우선 순위를 주는 개념을 말한다.

라운드 로빈 스케줄링(우선 순위 결정)

시스코 라우터와 스위치에서 사용되는 스케줄링 알고리즘의 하나는 라운드 로빈 방식(round

robin logic)이다. 가장 기본적인 형태의 라운드 로빈은 큐를 순서대로 순환하면서, 각 큐를 번갈아 사용한다. 한번의 순환이 있을 때마다, 스케줄러는 큐에서 하나의 메시지를 가져오거나 메시지에 해당하는 바이트를 가져온다. 1번 큐에서 메시지를 가져오고, 다음으로 이동하여 2번 큐에서 메시지를 가져오고, 다음으로 3번 큐에서 메시지를 가져온다. 모든 큐를 다 마치면 1번 큐에서 다시 시작한다.

라운드 로빈 스케줄링은 가중치의 개념(일반적으로 가중치(weighted) 라운드 로빈이라고 불린다)도 포함한다. 기본적으로 스케줄러는 각 큐에서 가져오는 패킷(또는 바이트)의 수를 달리함으로써 다른 큐보다 특정 큐를 더 빨리 처리할 수 있다.

예를 들어 라우터는 각 큐의 최소 대역폭 양을 보장하기 위해서, CBWFQ(Class-Based Weighted Fair Queuing)라는 도구를 주로 사용한다. 혼잡 상황이 발생했을 때, 각 클래스는 최소한 설정된 대역폭 양을 받거나 더 받을 수도 있다. 내부적으로 CBWFQ는 가중치 라운드 로빈 스케줄링 알고리즘을 사용하지만, 링크 대역폭의 퍼센티지(%)를 가중치로 정의할 수 있다는 장점이 있다. [그림 18-15]의 예에서는, 라우터 내의 세 개의 큐가 각각 20, 30, 50%의 대역폭을 할당받은 것을 보여준다.

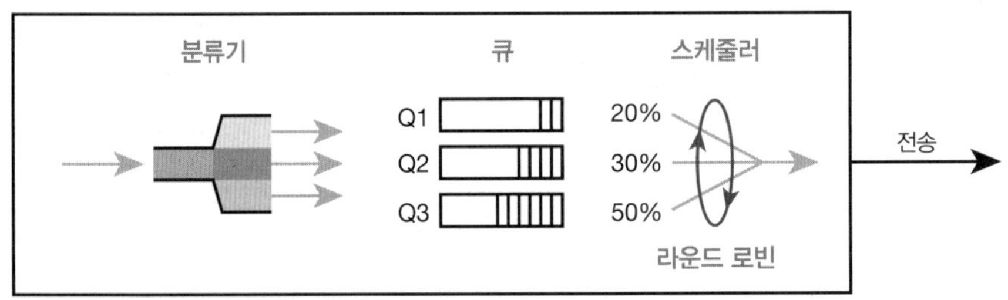

[그림 18-15] CBWFQ 라운드 로빈 스케줄링

그림에 보이는 큐잉 시스템에서 만약 진출 링크가 혼잡하다면, 스케줄러는 그림과 같이 각 큐에 할당된 대역폭 퍼센티지를 보장한다. 1번 큐는 혼잡 시간 동안, 링크의 20%를 보장받는다는 것을 의미한다.

LLQ(Low Latency Queuing)

이번 장 초반에, 두 번째 주제인 '음성 및 비디오 애플리케이션'에서 왜 음성과 비디오, 특히 음성 통화나 비디오 회의와 같은 양방향 음성과 비디오는 낮은 지연, 낮은 지터, 낮은 손실이 필요한지 알아봤다. 불행히도 라운드 로빈 스케줄링은 충분히 낮은 지연, 지터, 손실 등을 제공하지 못한다. 이에 대한 해답은 LLQ(Low Latency Queuing)를 스케줄러에 추가하는 것이다.

우선, 잠시 복습으로 [표 18-3]은 음성 전화를 위한 QoS 요구 사항을 보여준다. 이 장의 앞부분에서 언급했던 '엔터프라이즈 QoS 솔루션 레퍼런스 가이드'에서 이러한 수치를 제시한다.

전화 통화당 필요로 하는 대역폭의 양은 전화 통화에서 사용된 코덱에 따라 다르다. 그러나 지연, 지터, 손실은 모든 음성 통화에 동일하게 요구된다(양방향 비디오도 비슷한 지연, 지터, 손실을 요구한다).

통화당 대역폭	단 방향 지연(최대)	지터(최대)	손실(최대)
30 - 320Kbps	150ms	30ms	<1%

[표 18-3] 시스코 음성 디자인 가이드에 따른 VoIP 통화당 QoS 요구 사항

라운드 로빈 큐잉 시스템에서는 이러한 음성 및 비디오 패킷에 대한 지연 시간이 길어진다. 이유를 알아 보기 위해 [그림 18-16]에 보는 것과 같이, 음성 패킷이 도착하고 큐잉 시스템이 어떤 인터페이스를 보낼지 생각해 보자. 불행히도 음성 패킷이 도착했을 때, 이미 라운드 로빈 스케줄러는 '데이터 1'이라고 써진 큐를 서비스하기 위해 넘어가 버렸다. 음성 큐가 링크 대역폭의 50%나 보장받고 있기는 하지만, 스케줄러는 다른 세 개의 큐에서 메시지를 보내기 전까지는 음성 메시지를 보내지 않는다. 즉, 지연과 지터가 생기게 된다.

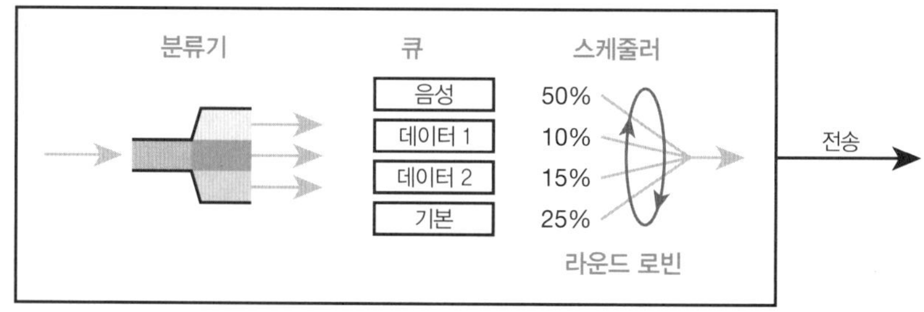

[그림 18-16] 라운드 로빈은 음성 지연과 지터에 좋지 못함.

이에 대한 해결책으로, LLQ는 스케줄러가 하나 또는 그 이상의 큐를 특별한 우선 순위를 갖는 큐로 처리하는 방법이다. LLQ 스케줄러는 하나 또는 그 이상의 특별한 우선 순위 큐에서 메시지를 항상 먼저 가져온다. 이로써, 문제가 해결되었다. 큐에서 패킷 지연이 매우 낮아지고, 이로써 지터 역시 매우 낮아진다. 게다가 큐가 꽉 차기 전에 처리되기 때문에, 큐가 꽉 차서 생기는 패킷 폐기가 없어진다. [그림 18-17]은 음성 큐에 대한 추가적인 LLQ 규칙을 설명한다.

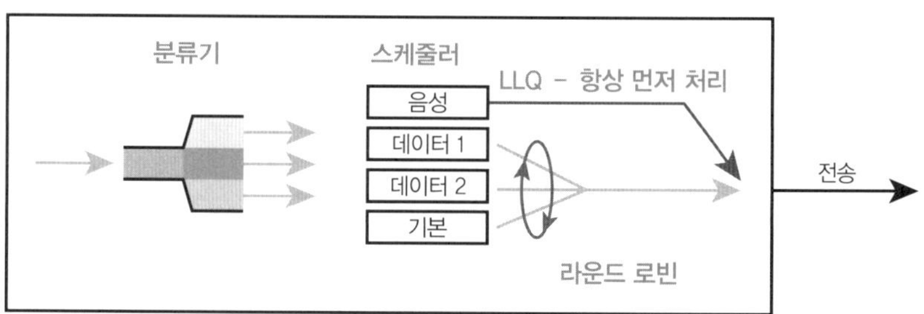

[그림 18-17] LLQ는 항상 음성 패킷을 먼저 처리한다.

LLQ나 우선 순위 큐의 사용은 트래픽이 필요로 하는 낮은 지연, 지터, 손실을 큐에서 제공한다. 하지만 다른 큐를 생각해보자. 문제가 있을까? 만약 인터페이스 속도가 X bps인데, X bps 이상이 음성 큐에 들어오면 어떻게 될까? 이 경우, 스케줄러는 다른 큐에 대한 서비스를 전혀 할 수 없으며, *큐 고갈(queue starvation)*이라고 부른다.

예상했겠지만, 이에 대한 해결책이 있다. 바로 '폴리싱(policing)'이라는 기능을 이용하여, 우선 순위 큐에 들어가는 트래픽의 양을 제한한다. 다음 절에서 '폴리서(policer)'에 대해 좀 더 알아보겠지만 지금은 우선 순위 큐에서 사용되는 대역폭에 대한 상한선이라고 생각하면 된다. 예를 들어, 링크 대역폭의 20%를 음성 큐로 할당하고, 우선 순위 큐로 지정한다. 하지만 이 경우에, 20%는 최소한 보장되는 대역폭이 아니라 큐에서 최대한 사용할 수 있는 대역폭이 된다. 만약 해당 큐에서 링크의 20% 이상을 사용한다면, 라우터는 초과분을 폐기하게 된다.

우선 순위 큐의 대역폭 용량을 제한하는 것은 다른 큐들을 보호할 수 있으나, 이것은 여전히 문제를 가지고 있다. 음성 및 비디오는 낮은 손실이 필요한데, LLQ의 경우 음성 및 비디오를 우선 순위 큐에 넣은 후, 대역폭 제한을 초과하면 초과분을 폐기하게 된다. 해결책이 있을까? 폴리서가 어떤 트래픽도 폐기하지 않도록, 해당 링크로 라우팅되는 음성 및 비디오 용량을 제한하는 방법을 찾아 보자. CAC(Call Admission Control)라고 불리는 QoS 도구가 이 경우 도움이 된다. 하지만 CAC는 시험 주제에 해당하지 않기 때문에, 이번 장에서는 간략히 이름만 언급하고 넘어 가도록 한다.

데이터, 음성, 비디오를 위한 우선 순위 결정 전략

큐잉에 대한 논의를 마치기 전에, 이번 절에서는 큐잉에 대한 몇 가지 연관된 아이디어를 소개함으로써 기업이 QoS 계획에서 큐잉에 접근하는 전략을 생각해 보자.

❶ 데이터 클래스와 비 양방향 음성 및 비디오에 대해, CBWFQ와 같은 라운드 로빈 큐잉 방식을 사용한다.

❷ 만약 일반적인 데이터 트래픽 양보다 너무 적은 대역폭 보장이 문제가 되는 경우, 업무상 중요한 애플리케이션 데이터 대역을 더욱 보장해주고, 덜 중요한 데이터는 낮은 대역폭을 보장해준다.

❸ 양방향 음성, 비디오에 대해 낮은 지연, 지터, 손실을 제공하기 위해, LLQ 스케줄링 방식의 우선 순위 큐를 사용한다.

❹ 음성과 비디오를 분리하여 다른 큐에 넣어 폴리싱 기능이 서로 다르게 적용되도록 한다.

❺ 각 우선 순위 큐에 대역폭을 충분히 정의함으로써, 내장된 폴리서가 우선 순위 큐에서 어떤 메시지도 폐기하지 않도록 한다.

❻ 네트워크상에 너무 많은 음성 또는 비디오가 흘러 다니면, 폴리서 기능이 동작할 수 있기 때문에, 이를 방지하기 위해 CAC(Call Admission Control) 도구를 사용한다.

:: 셰이핑과 폴리싱

이번 절에서는 '셰이핑(shaping)'과 '폴리싱(policing)'이라는 QoS 도구를 소개한다. 이 QoS 도구들은 특별하게 사용되기 때문에, 일반적인 기업에서는 많은 위치에서 사용하지는 않는다. 이 QoS 도구들은 기업 네트워크 디자인에서 WAN 엣지(edge)에서 가장 자주 사용된다.

폴리싱과 셰이핑 모두 장비를 통해 흐르는 트래픽의 전송률을 모니터링한다. 적용되면, 폴리서 또는 셰이퍼가 지나가는 각 패킷을 기록하고, 시간 경과에 따른 전송률(bps)을 측정한다. 두 도구 모두 설정된 속도 또는 그 이하의 전송률을 유지하려 한다. 하지만 동작에 있어서는 서로 다른데, 폴리서는 초과되는 패킷을 폐기하고, 셰이퍼는 초과되는 패킷을 큐에 보관하여 패킷을 지연시킨다.

18

셰이퍼와 폴리서는 트래픽 전송률(셰이퍼나 폴리서를 통과하는 bps)과 설정된 셰이핑이나 폴리싱 전송률 비율을 각각 모니터링한다. 두 가지 기본적인 질문과 그 답변에 따른 동작이 아래 나열되어 있다.

❶ 다음으로 전송될 패킷이 설정된 셰이핑 또는 폴리싱 전송률을 초과하는가?

❷ 초과하지 않는다면,
  a. 패킷이 정상 경로를 가도록 놔두고, 다른 조치는 취하지 않는다.

❸ 초과한다면,
  a. 셰이핑이 사용된다면, 메시지를 큐에 넣고 지연시킨다.
  b. 폴리싱이 사용된다면, 메시지는 폐기되거나 다른 값으로 마킹한다.

우선, 이번 절에서는 폴리싱은 폴리싱 전송률을 초과하는 메시지를 폐기하거나 다시 마킹(re-mark)하고, 셰이핑은 셰이핑 전송률을 초과하는 메시지를 지연시킨다는 것을 설명했다.

폴리싱(policing)

트래픽 전송률과 설정된 폴리싱 전송률에 대해 잠시 살펴보고, 폴리싱 동작과 메시지 폐기를 알아본다. 이러한 개념은 폴리싱 기능이 하는 역할의 핵심이다.

네트워크 장비에 도달하는 트래픽은 골짜기와 산꼭대기 모습처럼 변화하는 전송률 패턴을 보인다. 어떤 인터페이스에 들어오고 나가는 전송률을 취합하여 그래프로 만들어 보면, 그래프는 [그림 18-18]의 왼쪽 그림과 같은 모양이 된다. 폴리서는 그런 전송률을 측정한다. 그림 왼쪽에는 폴리서를 위해 설정된 폴리싱 전송률을 나타내는 수평 점선이 있다. 따라서 폴리서는 시간 경과 후 측정된 전송률을 인식하고, 이를 설정된 전송률과 비교할 수 있다.

그림의 오른쪽에 있는 그래프는 설정된 폴리싱 전송률을 초과하는 어떤 메시지를 폴리서가 폐기했을 때, 트래픽에 어떤 일이 발생했는지를 보여준다. 그림을 보면, 폴리서는 폴리싱 전송률에 맞춰 그래프의 상단을 깎아냈다.

[그림 18-18] 트래픽 부하에 대한 폴리서 및 셰이퍼의 영향

오른쪽의 그래프는 폴리서가 트래픽 버스트(Burst, 역주: 트래픽이 갑자기 폭발적으로 증가하는 현상)를 허용하는 예를 보여준다. 폴리서는 비활성 기간 이후에 짧은 시간 동안 폴리싱 전송률을 초과하는 버스트를 허용한다. 그래서 오른쪽 그래프의 폴리싱 전송률을 초과하는 한번의 피크(peak)에 대해서는 버스트로 들어오는 데이터 애플리케이션의 특성을 고려하여 허용된다.

폴리싱이 사용되는 곳

이제 폴리싱의 기본을 이해했으니, 잠시 생각해보자. 폴리서는 메시지를 모니터하고, 전송률을 측정하고, 어떤 메시지는 폐기한다. 이런 QoS 동작은 네트워크에 어떤 도움이 될까? 언뜻 보면, 메시지를 손상시키고, 메시지를 폐기하고, 전송 또는 애플리케이션이 메시지 대부분을 재전송해야 하는 것처럼 보인다. 이런 것들이 어떻게 대역폭, 지연, 지터, 손실을 개선할 수 있을까?

폴리싱은 특정 경우에만 의미가 있으며, 두 네트워크 간의 엣지(edge)에 두는 것이 가장 좋다. 예를 들어, 두 개의 기업용 라우터인 R1과 R2 간의 전형적인 포인트 투 포인트 메트로 이더넷 WAN 연결을 생각해 보자. 일반적으로 [그림 18-19]의 위 그림과 같이, 기업 입장에서는 WAN은 라우터에 이더넷으로 연결된 클라우드(Cloud) 정도로 여긴다.

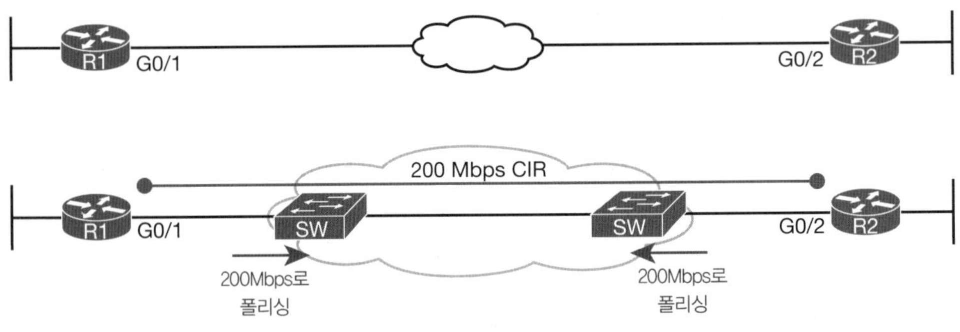

[그림 18-19] 이더넷 WAN: 링크 속도 vs CIR

[그림 18-19]의 아래 그림과 같이, 이 메트로 이더넷 연결에 대한 계약을 생각해보자. 이 경우, 접속 링크로써 기가 비트 이더넷을 사용하고, 200Mbps CIR(committed information rate)을 사용한다. 이것은 WAN 서비스를 제공하는 SP가 기업 네트워크로 200Mbps의 트래픽을 양방향으로 허용한다는 것을 의미한다. 그러나 14장에서 공부한 것을 기억한다면, 기업 라우터는 1Gbps의 접속 링크 속도로 데이터를 전송할 수 있다.

SP 관점에서 잠시 생각해보면, 200Mbps CIR로 계약된 수만 개의 기가비트 이더넷 링크가 있을 수 있다. 고객이 보내는 데이터가 계속해서 1Gbps의 평균 속도로 들어오게 놔둔다면 어떤 일이 일어날까? 모든 고객이 계약된 CIR을 초과하는 데이터를 계속 보낸다면, 많은 트래픽으로 인하여 WAN 서비스에 혼잡이 발생할 것이다. 또한 고객들은 SP가 초과 데이터를 어쨌든 처리해 주기 때문에, 낮은 CIR을 계약하여 비용을 줄이려고 할 것이다. 그리고 정직하게 CIR을 초과하는 데이터를 보내지 않았던 고객들은 다량의 데이터를 보냈던 고객과 마찬가지로 네트워크 혼잡으로 인하여 고통 받았을 것이다.

[그림 18-19]는 또한 문제에 대한 해결책을 나타낸다. SP는 고객이 링크에 대해 선택한 CIR에 맞춰 폴리싱 전송률을 설정해, 진입되는 패킷을 폴리싱할 수 있다. 이렇게 함으로써, SP는 트래픽을 과하게 보내는 고객으로부터 모든 고객들을 보호할 수 있다. 고객은 지불한 금액에 해당하는 서비스를 받는다. 그리고 SP는 실제 트래픽 전송률에 대한 보고서를 제공할 수 있기 때문에, 기업은 언제 더 높은 CIR로 계약을 해야 하는지 알 수 있게 된다.

18

폴리서는 초과된 트래픽을 폐기할 수 있지만, 또한 패킷을 다시 마킹(re-mark)할 수도 있다. [그림 18-19]에 보이는 진입 폴리서를 가지고 SP가 무엇을 할 수 있는지 생각해 보자. 그들은 초과된 고객의 메시지를 폐기할 수 있다. 하지만 SP는 자신의 네트워크를 보호하면서도, 고객 메시지를 더 많이 처리할 수 있는 타협점을 원할 수도 있다. SP는 새로운 마킹 값으로 메시지를 마킹할 수 있는데, 이러한 전략으로는:

❶ 폴리싱 전송률을 초과하는 패킷을 다시 마킹하고, 해당 패킷을 SP 네트워크로 전송한다.

❷ 만약 다른 SP 네트워크 장비들이 이 패킷을 처리하는 동안 혼잡을 경험하고 있다면, 다른 값으로 마킹된 패킷들은 우선 폐기될 수 있다. 그러나,

❸ 만약 다른 SP 네트워크 장비들이 다시 마킹된 패킷을 처리하는 동안 혼잡을 경험하지 않는다면, 이 패킷은 그냥 SP 네트워크를 통과해 지나간다.

이러한 전략으로 SP는 고객 트래픽을 덜 폐기함으로써 고객에게 좀 더 좋은 서비스를 제공할 수 있으며, SP 네트워크가 혼잡한 경우에 여전히 네트워크를 보호할 수 있다.

폴리싱의 주요 기능에 대한 요약은 다음과 같다:

- 폴리싱은 설정된 폴리싱 전송률과 비교를 위해 시간 경과 후 트래픽 전송률을 측정한다.
- 비활성 기간 이후에 버스트 데이터를 허용한다.
- 인터페이스에 양방향으로 적용되는데, 주로 진입 방향으로 적용한다.
- 초과 메시지를 폐기할 수 있는데, 메시지를 다시 마킹할 수도 있어서, 해당 메시지를 나중에 더 우선적으로 폐기할 수 있다.

셰이핑(Shaping)

[그림 18-19]와 같이, 라우터에서 SP로 1Gbps 링크를 가지고 있고, 200Mbps CIR로 설정되어 있다. SP는 CIR을 초과하는 진입 트래픽을 항상 폐기한다고 말했다. 이에 해결책은 무엇일까? 트래픽을 낮춰서 보내기 위해 셰이퍼를 사용하는 것이다. 이 경우, 200Mbps의 셰이핑 전송률을 사용한다.

폴리싱을 적용하는 SP에 데이터를 보내기 전에, 셰이핑을 먼저 하는 시나리오가 셰이퍼의 일반적인 사용 사례의 하나이다. 셰이퍼는 다른 경우에 있어서도 또한 유용하지만 일반적으로, 셰이퍼는 장비가 특정 속도로 전송할 수 있을 때 의미가 있다. 즉, 전송률을 낮출 수 있다는 장점이 있다.

셰이퍼는 메시지를 큐에 넣음으로써 메시지 전송을 늦출 수 있다. 셰이퍼는 셰이핑 큐를 처리하는 데 있어 물리적 인터페이스가 사용가능할 때까지 기다리는 방식을 따르지 않는다. 그 대신 [그림 18-20]에 보는 것과 같이, 셰이퍼는 셰이핑 전송률에 따라 셰이핑 큐에서 메시지를 스케줄링한다. 그림에서는 왼쪽에서 오른쪽으로의 플로로, 라우터에서 출력 인터페이스로 보낸다. 셰이퍼는 전송률이 셰이핑 전송률을 초과하지 않도록 패킷을 큐에 넣는다. 필요한 경우, 출력 큐잉은 정상적으로 동작한다.

어떤 경우, 출력 큐잉 기능은 거의 수행되지 않는다. 예를 들어 [그림 18-19]의 이전 예에서, SP로 보내는 메시지를 200Mbps로 폴리싱한다고 보자. 만약 라우터(예를 들어 R1)가 SP로 나가는 모든 트래픽을 200Mbps로 셰이핑한다면, 1Gbps 인터페이스에서 출력 큐는 혼잡해지는 경우가 거의 없다.

셰이퍼는 메시지가 대기하는 큐를 생성하기 때문에, 셰이퍼의 큐에 혼잡 관리 도구(큐잉)를 적용시켜야 한다. 그림에서 보듯이, 셰이핑 큐에 CBWFQ 및 LLQ의 라운드 로빈 및 우선 순위 큐 기능을 적용하는 것이 가장 좋다.

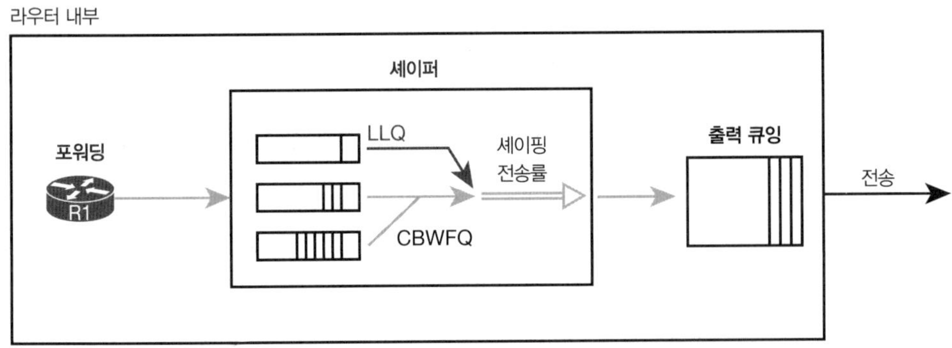

[그림 18-20] 셰이핑 큐: LLQ 및 CBWFQ 스케줄링

음성과 비디오에 알맞은 셰이핑 시간 간격 설정하기

셰이퍼라는 QoS 도구를 이용하여 하나의 QoS 문제를 해결했지만, 또 다른 QoS 문제가 남아 있다. 불행하게도 셰이퍼의 부작용은 패킷을 늦추는 것인데, 이는 더 많은 지연과 지터를 만든다. 지연은 메시지가 큐에서 대기하기 때문에 발생하지만 또한, 셰이퍼가 사용하는 내부 동작 방식(메커니즘) 때문에도 생긴다. 다행히 셰이퍼의 내부 동작 방식을 변경하는 설정을 할 수 있고, 이렇게 하면 음성 및 비디오 트래픽에서 발생하는 지연과 지터가 줄어든다.

셰이퍼의 시간 간격(time interval)은 내부 규칙과 셰이퍼가 특정 전송률에서 보내는 시간을 평균 내는 방법을 참조한다. 셰이퍼는 기본적으로 가능한 빨리 보낸 후 대기한다; 보내고 대기하고, 보내고 대기하고. 예를 들어 이 절의 폴리싱과 셰이핑 예를 보면, 라우터에서 1Gbps 인터페이스에 대해 200Mbps로 셰이핑을 했다. 이런 경우, 셰이퍼는 전체 시간의 20%를 패킷을 보내는 데 쓰고, 80%의 시간은 조용해 대기한다.

[그림 18-21]은 시간 간격을 1초라고 가정했을 때의, 셰이핑 시간 간격 개념 그래프를 보여준다. 평균 200Mbps 셰이퍼는 초당 200M(Million) bit가 셰이핑 큐에서 빠져 나와 인터페이스로 보내진다. 인터페이스는 1Gbps를 전송하기 때문에, 200M bit를 보내는데 오직 0.2초 즉, 200ms가 걸린다. 그리고 나서 셰이퍼는 다음 시간 간격이 시작될 때까지 800ms 시간 간격 동안 기다려야 한다.

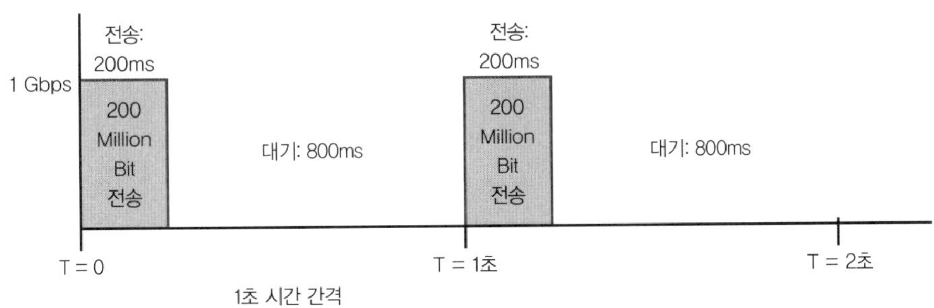

[그림 18-21] 회선 속도의 20%로 셰이핑할 때, 1초(1000ms) 셰이핑 시간 간격

이제 매우 낮은 지연, 지터가 필요한 음성 및 비디오 패킷을 생각해 보자. 불행히도 셰이퍼가 시간 간격 동안 데이터를 보내고 나서, 패킷이 도착했다. 음성 또는 비디오 패킷이 우선 순위 셰이핑 큐에 들어갔다 하더라도, 셰이퍼가 다음 패킷을 스케줄링 하기 전까지 800ms를 기다려야 한다. 이것은 음성의 150ms 단방향 지연 목표를 생각했을 때 너무 큰 지연이다.

이런 문제의 해결 방법은 시간 간격을 짧게 설정하는 것이다. 예를 들어, 동일한 예(1Gbps 링크, 200Mbps 셰이핑)에 대해, 다음의 짧고 더 짧은 시간 간격(약자로 TC)과 그 효과를 생각해보자.

Tc = 1초(1,000ms): 1Gbps에서 200ms 동안 전송, 800ms 동안 대기

Tc = 0.1초(100ms): 1Gbps에서 20ms 동안 전송, 80ms 동안 대기

Tc = 0.01초(10ms): 1Gbps에서 2ms 동안 전송, 8ms 동안 대기

셰이핑을 사용할 때는 짧은 시간 간격을 사용하라. 음성과 비디오를 위해서는 10ms의 시간 간격을 사용할 것을 권고한다. 이 설정을 사용하면, 음성 또는 비디오 패킷은 다음 셰이핑 시간 간격을 기다리는 동안 10ms 이상 대기하지 않는다. 이 시간 간격에서 우선 순위 큐 스케줄링은 모든 음성 및 비디오 메시지를 처리할 수 있다.

셰이핑의 주요 기능을 요약하면 다음과 같다:

- 셰이퍼는 설정된 셰이핑 전송률과 비교를 위해 시간 경과 후 트래픽 전송률을 측정한다.
- 비활성 기간 이후에 셰이퍼는 버스트 데이터를 허용한다.
- 셰이퍼는 인터페이스의 진출 방향으로 적용된다(진출 패킷).
- 셰이퍼는 큐잉을 함으로써 패킷 전송 속도를 늦추고, 셰이핑 전송률에 맞춰 시간이 지남에 따라 큐에서 패킷을 가져온다.
- 셰이퍼는 셰이핑 큐를 생성하고 스케줄링하기 위한 큐잉 도구를 사용하는데, 이것은 출력 큐잉과 동일한 이유로 매우 중요하다.

혼잡 회피

혼잡 회피(congestion avoidance)라는 QoS 기능은 TCP 전송에서 사용되는 패킷의 일부를 미리(선제적으로) 폐기함으로써 전체적인 패킷 손실을 줄이려고 시도한다. 어떻게 동작하는지 보기 위해, 먼저 TCP가 윈도잉(windowing)과 관련하여 어떻게 동작하는지 살펴보고, 혼잡 회피 기능의 동작 방식을 살펴봐야 한다.

TCP 윈도잉의 기본

TCP는 윈도잉(windowing)이라는 플로 제어 방식을 사용한다. 각 TCP 수신자는 TCP 송신자에게 윈도(window) 사이즈를 승인한다. 여기서 윈도 사이즈란 숫자를 말하는데, TCP 통신에서 송신자가 수신자로부터 TCP ack 메시지(acknowledge)를 받지 않고도, 보낼 수 있는 바이트의 수를 말한다. 더 정확히 말하면, 윈도 사이즈란 송신자가 송신을 중지하고 대기하기 전까지 보낼 수 있는 바이트 수(ack되지 않은)를 말한다.

TCP 윈도 동작 방식은 송신자가 데이터를 보내는 속도를 수신자가 제어할 수 있도록 한다. 이는 수신자가 송신자에게 되돌려 보내는 각각의 세그먼트(segment, 역주: TCP 장비 간에 데이터를 실어 나르는 메시지 단위, TCP 헤더 안에 윈도 사이즈 필드가 존재함)에서 새로운 윈도 사이즈를 승인하며, 이전 윈도보다 작아지거나 커질 수 있다. 윈도 사이즈를 크게 하거나 작게 함으로써, 수신자는 송신자가 한번에 더 전송하거나 덜 전송하게 할 수 있다.

> **NOTE** 각각의 TCP 연결은 두 개의 송신자와 두 개의 수신자를 가진다. 즉, 각 호스트는 데이터를 보내기도 하고, 받기도 한다. 이번 논의에서는 한쪽 방향에만 초점을 맞춰 하나의 호스트가 송신자이고, 다른 한쪽은 수신자라고 본다. 한 호스트를 '송신자'라고 부르고, 다른 쪽은 '수신자'라고 부른다고 했을 때, 수신자는 송신자에게 돌려 보내는 TCP 세그먼트에서 데이터를 ack(acknowledge)하게 된다.

전송이 양호한 경우, 수신자는 승인된 윈도를 계속 증가시키며, 수신자가 데이터를 ack할 때마다 2배씩 증가시킨다. 결국, 윈도 사이즈는 송신자가 보내는 것을 멈추지 않아도 될 때까지 커진다. 즉, 송신자는 이전 윈도의 모든 데이터를 보내기도 전에 TCP ack를 받게 된다. 각각의 새로운 ack(TCP 세그먼트와 TCP 헤더 나열된)는 송신자에게 새로운 윈도 사이즈를 승인한다.

또한 선택에 따라 TCP 수신자가 TCP 세그먼트의 손실을 감지하면, 수신자가 송신자에게 되돌려 보내는 다음 TCP 세그먼트의 윈도 크기를 축소시킨다. 손실된 각 TCP 세그먼트에 대해, 윈도 사이즈는 절반으로 축소될 수 있다. 여러 세그먼트에서 손실로 인하여 윈도 사이즈가 여러 번 축소되면 송신자가 보내는 속도는 상당히 느려진다.

이제, 라우터의 큐에 대해 잠시 생각해 보자. 혼잡 회피 도구가 없다면, 네트워크에서 *테일 드롭(tail drop)*이 가장 많이 발생한다. [그림 18-22]는 이런 아이디어를 보여주는데, 세 개의 다른 조건(약간 혼잡, 중간 혼잡, 매우 혼잡)에서의 동일한 큐잉 시스템을 보여준다. 왼쪽에 약간의 혼잡의 경우, 인터페이스의 출력 큐는 아직 꽉 차지 않았다. 중간의 경우, 큐가 차기 시작해서 하나의 큐가 꽉 차버렸다. 꽉 찬 큐에 도착하는 새로운 패킷은 폐기되는데, 큐의 끝에 더 이상 공간이 없기 때문이다(테일 드롭).

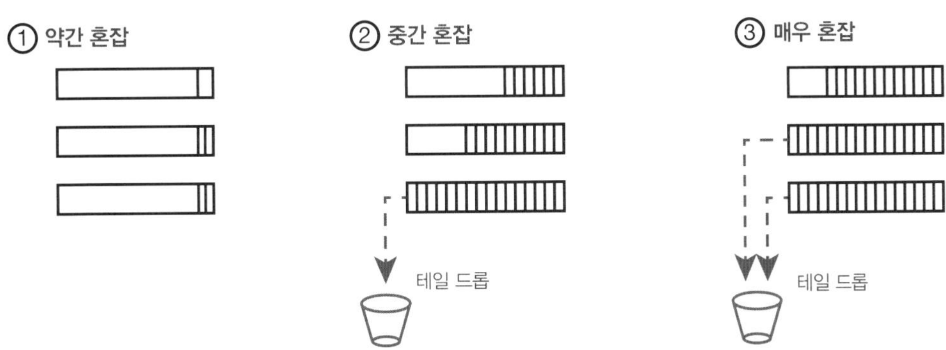

[그림 18-22] 안정적인 TCP 윈도: 윈도가 만료되기 전에 확인(Acknowledgement)을 받음

큐의 정체가 심할수록 그림의 오른쪽에 가장 혼잡한 경우와 같이, 테일 드롭이 발생할 확률이 높아진다. 혼잡이 많을수록 손실과 TCP 연결 지연이 늘어나서, 트래픽에 대한 부정적인 영향이 커진다.

혼잡 회피 도구

혼잡 회피 도구는 주로 TCP의 윈도잉 메커니즘을 이용하여 혼잡을 회피하려고 시도한다. 이 도구는 큐가 꽉 차기 전에 TCP 세그먼트를 일부를 버려서 TCP 연결이 충분히 느려지고, 혼잡이 줄어들고, 테일 드롭으로 인한 더 많은 패킷이 버려지는 최악의 문제를 피하고자 한다. 전략은 간단하다. 지금 일부를 먼저 폐기함으로써, 장비가 장기간에 걸쳐 더 적은 폐기를 원하는 것이다.

혼잡 회피 도구는 [그림 18-23]과 같이, 시간 경과에 따른 평균 큐 깊이를 모니터링하여, 큐가 더 깊으면(큐가 차면) 더 심각한 작업(예: 패킷 폐기)을 수행한다. 상자의 높이는 큐의 깊이 또는 큐에 들어가 있는 패킷의 개수를 의미한다. 큐 깊이가 낮아서 최소 임계 값 아래이면, 혼잡 회피 도구는 아무 일을 하지 않는다. 큐 깊이가 최소와 최대 임계 값 사이이면, 혼잡 회피 도구는 패킷을 일정 비율로 폐기한다. 보통은 5%, 10%, 20%와 같은 작은 비율로 한다. 만약 큐 깊이가 최대 임계 값을 넘어서면, 모든 패킷을 폐기하며, 이를 *풀 드롭(Full Drop)*이라고 부른다.

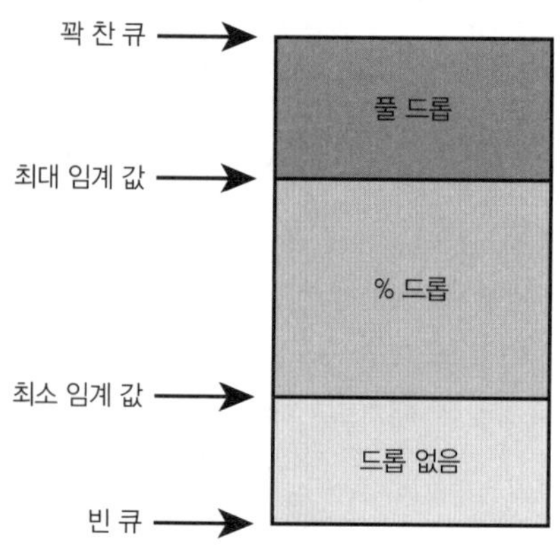

[그림 18-23] 혼잡 회피 메커니즘

물론 이 장에서 언급된 모든 QoS 도구들처럼 혼잡 회피 도구는 다른 패킷보다 더 좋은 처리를 위하여 메시지를 분류할 수 있다. 동일한 큐에서 어떤 패킷은 더 많이 폐기될 수 있고, 좋은 DSCP로 마킹된 패킷은 덜 폐기될 수 있다.

챕터 리뷰

시험을 잘 보기 위해 중요한 한 가지 핵심은 시간 간격을 두고 반복적으로 복습하는 것이다. 이 장의 내용을 복습하기 위해 책과 DVD에 있는 툴 또는 본 저서와 관련 있는 웹 사이트의 대화형 도구를 이용할 수 있다. 자세한 사항은 '당신의 학습 계획' 내용을 참조하자. [표 18-4]에는 핵심 복습 내용과 그 내용을 찾을 수 있는 위치를 표시하였다. 학습 진행 과정을 추적하려면, 두 번째 칸에 복습 완료 날짜를 기록한다.

리뷰 항목	완료 날짜	사용 자료
핵심 주제 리뷰		책, DVD/웹 사이트
핵심 용어 리뷰		책, DVD/웹 사이트
DIKTA 문제 리뷰		책, PCPT
메모리 테이블 리뷰		책, DVD/웹 사이트

[표 18-4] 리뷰 확인

핵심 주제 리뷰

18

핵심 주제	설명	쪽 번호
리스트	네 개의 QoS 특징	539
리스트	음성 전화의 QoS 요구 사항	543
리스트	비디오 QoS 요구 사항	544
그림 18-6	IPP(IP Precedence)와 DSCP 마킹 필드	549
그림 18-7	802.1Q CoS 마킹 필드	550
그림 18-10	IP 전화기의 신뢰 경계	552
그림 18-14	큐잉 구성 요소	555
그림 18-17	우선 순위 큐 방식의 LLQ 스케줄링 규칙	557
리스트	트래픽에 우선 순위를 정하기 위한, 큐잉 사용 전략(혼잡 관리)	558
리스트	셰이퍼와 폴리서를 위한 규칙 절차	559
리스트	폴리서의 주요 기능	561
리스트	셰이퍼의 주요 기능	564

[표 18-5] 18장의 핵심 주제

핵심 용어

마킹(marking), 분류(classification), QoS(quality of service), IPP(IP Precedence), DSCP(Differentiated Services Code Point), CoS(Class of Service), 대역폭, 지연(delay), 지터(jitter), 손실(loss), 큐잉(queuing), 우선 순위 큐(priority queue), 라운드 로빈(round robin), 폴리싱(policing), 셰이핑, DiffServ(Differentiated Services), 폴리싱 전송률, 셰이핑 전송률

Part Ⅳ 리뷰

[표 P4-1]의 체크리스트와 함께 파트 리뷰 과정을 추적하기 바란다. 각 과제의 상세 내용은 아래 표를 따른다.

활동	첫 번째 끝낸 날짜	두 번째 끝낸 날짜
모든 DIKTA 질문 반복		
파트 리뷰 질문 답하기		
핵심 주제 리뷰		
마인드 맵 생성		
랩 실행		

[표 P4-1] Part Ⅳ 리뷰 체크리스트

모든 DIKTA 질문 반복

이 항목에 대해서는 이 파트의 모든 장들의 사전 점검 퀴즈를 PCPT 소프트웨어를 사용해서 답해 본다.

파트 리뷰 문제 답하기

이 항목에 대해서는 PCPT 소프트웨어를 사용해서 책의 이 파트를 위한 파트 복습 질문에 답해라.

핵심 주제 리뷰

이 파트에 있는 모든 절에 있는 모든 주요 주제를 DVD나 출판사 웹 사이트에 있는 핵심 주제 애플리케이션을 이용하여 복습한다.

카테고리별로 명령어 마인드 맵 생성

16장과 17장의 ACL 명령어를 기억하는 데 도움이 되는 마인드 맵을 생성하라. 이 연습은 모든 명령어의 모든 매개 변수 또는 그 의미에 대해 중점을 두지 않는다. 목표는 내부 명령을 구성하여, 실제 문제 또는 시험 문제에 직면할 때 고려해야 할 명령들을 알 수 있도록 돕는 것이다. 이 파트에 나온 명령어의 아래 카테고리로 마인드 맵을 생성하라:

번호 표준(numbered standard) IPv4 ACL, 번호 확장(numbered extended) IPv4 ACL, 명칭(named) IPv4 ACL

QoS 용어 마인드 맵 생성

18장 'Quality of Service(QoS)'에서 많은 용어를 소개했다. 지난 장들을 다시 보거나 당신의 메모를 보지 않고, 18장에서 당신이 기억하는 모든 용어들로 마인드 맵을 만들어 본다. 할 일은 다음과 같다:

- 이 책의 18장에서 당신이 기억하는 모든 용어를 생각하라.
- 용어들을 다음과 같이 정리해라: 일반, 분류와 마킹, 큐잉, 셰이핑과 폴리싱, 혼잡 회피
- 마인드 맵에 당신이 기억하는 모든 용어를 쓴 다음, 다른 용어를 위한 노트를 복습하라. 마인드 맵에 당신이 잊은 용어를 추가하라:

> 애플리케이션 서명, Assured Forwarding(AF), AutoQoS, 대역폭, Class of Service(CoS), Class Selector(CS), 분류, 지연, Differentiated Services(DiffServ), Differentiated Services Code Point(DSCP), Expedited Forwarding(EF), Integrated Services(IntServ), IP Precedence(IPP), 지터(jitter), 손실, 낮은 지연 큐, 마킹, MPLS Experimental Bits, Network Based Application Recognition(NBAR), 단방향 지연, 폴리싱, 폴리싱 전송률, Priority Code Point(PCP), 우선 순위 큐, quality of experience(QoE), Quality of Service(QoS), 큐잉, Real-time Transport Protocol(RTP), 라운드 로빈, 왕복 지연, 셰이핑, 셰이핑 전송률, 테일 드롭, TCP 동기화, TCP 윈도, 시간 간격(셰이퍼), 트래픽 클래스, 신뢰 경계(trust boundary), Type of Service(ToS)

부록 E '마인드 맵 솔루션'은 마인드 맵 정답 예를 나열한다. 만약 종이 대신 마인드 맵 소프트웨어를 선택해야 한다면, 당신은 마인드 맵 파일이 어디에 저장되어 있는지 기억해야 할 수 있다. [표 P4-2]는 이 파트 복습을 위한 마인드 맵과 그 파일 이름들이 저장된 곳을 나열한다.

맵	설명	저장한 곳
1	명령어 마인드 맵	
2	QoS 용어 마인드 맵	

[표 P4-2] Part IV 리뷰를 위한 마인드 맵 설정

랩 실행

랩 도구 선택에 따라, 랩에서 할 일에 대한 제안이 있다:

- **피어슨 네트워크 시뮬레이터(Pearson Network Simulator)**: 만약 풀 버전의 피어슨 CCNA 시뮬레이터를 사용한다면, 책의 이 파트에 있는 주제들과 관련해서 더 많은 설정 시나리오와 장애 처리 시나리오 랩에 집중할 수 있다. 이러한 유형의 랩은 더 큰 주제의 모음을 포함하고, 파트 복습 활동으로써 잘 작동한다(어떤 랩이 책의 이 파트 주제에 대해 다루는지 찾는 방법에 대한 자세한 사항은 소개를 본다).
- **컨피그 랩 설정**: 한가한 시간에, 글쓴이의 블로그에서 이 책의 랩 설정 부분을 복습하거나 반복한다. http://blog.certskills.com/ccna에 들어가 Hands-On 〉 Config Lab으로 이동한다..
- **기타**: 다른 랩 툴을 사용한다면, 몇 가지 제안이 있다. ACL 랩을 만들 때, 외부 라우터에서 생성한 텔넷(23번 포트), SSH(22번 포트), ping(ICMP), traceroute(UDP) 트래픽을 테스트할 수 있다. 따라서, 단지 ACL만 설정하지 말고, ACL에 이러한 트래픽에 매치되는지 확인하고, 다른 트래픽을 폐기하고 허용하는지도 확인한다.

Part V는 IPv4 라우팅과 관련된 주제에 집중하는 많은 장으로 이 책을 마무리한다. Part II는 여러 IPv4 라우팅 프로토콜이 어떻게 경로를 배우는지 보여주고, Part III은 WAN 옵션과 WAN 상에서 IP 패킷이 어떻게 라우팅되는지 논의한다. Part IV는 IPv4 네트워크에서의 서비스에 대해 논의하고, ACL을 통한 보안과 QoS를 통한 사용자 경험의 향상에 대해 논의한다. Part V는 IPv4 라우팅에 중점을 두고, LAN 엣지에 관련된 특정 주제 및 IPv4 문제 해결에 대한 논의로 마무리한다.

이 파트는 LAN 기반 서브넷 간에 라우팅을 위한 장비 및 설정 옵션을 자세히 살펴보면서 시작한다. 이 옵션은 라우터 및 3계층 스위치가 포함되며, 다양한 설정의 변형을 포함한다. 이 장에서는 이러한 모든 변형과 문제를 해결하는 방법을 알아본다.

이 파트의 두 번째 장(20장)은 관련된 주제를 살펴보는데, 향상된 가용성을 위해 기본 라우터(디폴트 게이트웨이) 기능을 이중화하는 방법을 알아본다. 따라서 19장에서는 LAN 서브넷에 연결된 라우터가 주소를 갖는 다양한 방법을 보여주고, 20장에서는 동일 서브넷에 연결된 여러 라우터가 어떻게 협력하여 이중화를 제공하는지 보여주며, HSRP와 같은 프로토콜을 통한 향상된 가용성도 살펴본다.

이 책의 IPv4 라우팅에 관련된 각 주제들은 현재 시험 주제별로 학습을 위한 문제 해결 부분을 포함한다. 이를 위해, 파트의 마지막 장(21장)에서는 IPv4 문제 해결 관련한 내용과 IPv4 라우팅 이슈에 대한 토론으로 마무리한다. 이 책의 이전 장의 많은 부분에서 이미 동일한 내용의 문제 해결에 대해 논의했다. 21장에서는 ICND1을 공부하면서 많이 생각하지 못했던 기본과 Part VI의 IPv6로 넘어가기 전에 도움이 되는 복습을 하게 된다.

Part V

IPv4 라우팅과 문제 해결

Chapter 19: LAN에서의 IPv4 라우팅

Chapter 20: FHRP를 위한 HSRP 구현

Chapter 21: IPv4 라우팅 문제 해결

Part V 리뷰

CHAPTER 19

LAN에서의 IPv4 라우팅

이 장은 다음 시험 주제를 다룬다.

1.0 LAN 스위칭 기술

1.5 (2계층/3계층) 이더채널 설정, 검증 및 문제 해결

1.5.a 정적(Static)

1.5.b PaGP

1.5.b LACP

2.0 라우팅 기술

2.1 VLAN 라우팅 설정, 검증 및 문제 해결

2.1.a Router on a stick

2.1.b SVI

5.0 인프라스트럭처 유지 관리

5.6 3계층 종단 간 통신상의 문제 해결

CCNA 라우팅과 스위칭 인증은 말 그대로 라우팅과 스위칭 두 가지 기술을 주제로 다룬다. 이번 장에서는 라우팅과 라우팅 영역의 일부 파트에 속하는 LAN 서브넷 간의 라우팅과 라우터, 3계층(Layer 3) 위치에서 서로 다른 VLAN에 속한 LAN 서브넷 간의 통신을 활성화시키는 설정 옵션에 대해 중점을 두고 알아본다.

이 장은 3가지 주요 절로 나누어 설명한다. 첫 번째 절은 이전 ICND1에서 익히 들었던 기능인 VLAN 트렁크를 통한 라우팅(router-on-a-stick)을 사용하여 VLAN 간의 라우팅에 대해 중점적으로 학습한다. 이 옵션은 라우터에 하나의 이더넷 링크가 있는 스위치에 트렁크 포트로 설정하여 연결하고, 해당 트렁크 포트를 통해 들어오는 패킷을 라우팅할 때, VLAN 태그를 다른 VLAN으로 태그를 바꾸고 들어온 동일한 트렁크 포트로 다시 내보내는 방법을 의미한다.

두 번째와 세 번째 절에서는 3계층 스위칭 구현에 대한 두 가지 주요한 설정 옵션을 살펴본다. 먼저 두 번째 절은 VLAN 인터페이스인 SVI(Switched virtual interfaces)에 대해 설명한다(ICND1과 ICND1 100-105 시험에 중복되는 주제). 세 번째 절에서는 SVI의 대안으로 스위치의 물리 포트가 라우터의 인터페이스처럼 동작하도록 구성된 라우팅 포트에 대해 논의한다.

QUIZ 사전 점검 퀴즈

아래의 사전 점검 퀴즈(지문 또는 PCPT 소프트웨어 사용)를 풀어보면 이 장을 읽고 이해하는 데 시간이 얼마나 걸릴 것인지 가늠할 수 있다. 정답은 퀴즈 다음 페이지 하단에 있으며, 퀴즈 정답에 대한 자세한 설명은 DVD 부록 C와 PCPT 소프트웨어에 담겨 있다.

핵심 주제	문항
라우터의 802.1Q 트렁킹을 통한 VLAN 라우팅	1, 2
3계층 스위치의 SVI를 이용한 VLAN 라우팅	3, 4
3계층 스위치의 라우티드 포트를 이용한 VLAN 라우팅	5, 6

[표 19-1] 핵심 주제와 관련된 사전 점검 퀴즈 문항

19

1. 라우터 1의 패스트 이더넷 인터페이스 0/0에는 IP 10.1.1.1이 부여되어 있으며 스위치와 연결되어 있다. 해당 인터페이스는 802.1Q 트렁킹으로 변환해 사용하려 한다면, 다음 중 라우터 1의 Fa0/0에 사용되어야 할 유효한 명령어는 무엇인가? (2개를 고르시오)

a. **interface fastethernet 0/0.4**

b. **dot1q enable**

c. **dot1q enable 4**

d. **trunking enable**

e. **trunking enable 4**

f. **encapsulation dot1q 4**

2. 라우터 R1에는 router-on-a-stick 설정이 되어 있고 2개의 하위 인터페이스를 가지고 있다(G0/1: G0/1.1, G0/1.2). 인터페이스 G0/1은 현재 down/down 상태이다. 현재 상태에서 네트워크 엔지니어는 G0/1.1의 인터페이스 모드에서 **shutdown** 명령어를 설정하였고 G0/1.2에는 **no shutdown** 명령어를 설정하였다. 이때 각 하위 인터페이스의 상태에 대해 올바른 것은 무엇인가? (2개를 고르시오)

a. G0/1.1은 down/down 상태가 될 것이다.

b. G0/1.2는 down/down 상태가 될 것이다.

c. G0/1.1은 administratively down 상태가 될 것이다.

d. G0/1.2는 up/up 상태가 될 것이다.

3. 3계층 스위치의 SVI를 이용하여 VLAN 1, 2, 3 간의 IP 패킷을 라우팅하도록 설정되어 있으며, 각각의 서브넷은 VLAN 1: 172.20.1.0/25, VLAN 2: 172.20.2.0/25, VLAN 3: 172.20.3.0/25이다. 엔지니어는 3계층 스위치에서 **show ip route connected** 명령어를 입력하여 연결된 경로를 출력했을 때, 다음 중 경로에 포함되는 정보는 어떤 것인가?

a. Interface Gigabit Ethernet 0/0.3

b. Next-hop router 172.20.2.1

c. Interface VLAN 2

d. Mask 255.255.255.0

4. 엔지니어는 VLAN 2, 3에 대한 SVI 설정을 완벽하게 하였다. VLAN 2, 3의 서브넷에 속한 호스트는 3계층 스위치를 통해 서로 ping을 할 수 있는 상태였다. 그러나 다음 주 엔지니어는 이전에 되던 호스트 간의 ping이 되지 않는 연락을 받았고, 이 문제의 원인이 3계층 스위칭 기능 중에 있다고 가정할 때, 아래의 보기 중 어떤 기능이 이 문제를 야기하는 것인가? (2개를 고르시오)

a. 물리적인 문제로 인한 10개 중 6개 혹은 그 이상의 VLAN 2 액세스 포트 장애

b. VLAN 4 인터페이스에 실행된 **shutdown** 명령어

c. 스위치 간 동작하던 VTP가 스위치의 VLAN 리스트에서 VLAN 3을 제거

d. VLAN 2 인터페이스에 실행된 **shutdown** 명령어

5. LAN 설계자는 SW1과 SW2 사이에 3계층 이더채널을 구성하였다. 이때 사용된 인터페이스는 Port-channel 1 인터페이스이며, SW1은 G0/1,G0/2,G0/3 인터페이스를 포트채널에 사용하기로 정하였다면, 다음 보기 중 SW1에 어떤 두 가지 설정을 해야 포트채널이 IPv4 패킷을 올바르게 라우팅 할 수 있는가? (2개를 고르시오)

a. **ip address** 명령어는 반드시 port-channel 1 인터페이스에 설정되어야 한다.

b. **ip address** 명령어는 반드시 가장 낮은 번호를 가진 인터페이스 G0/1에 설정되어야 한다.

c. port-channel 1은 반드시 **no switchport** 명령어가 설정되어야 한다.

d. G0/1 인터페이스에는 반드시 **routedport** 명령어가 설정되어야 한다

6. LAN 설계자는 SW1과 SW2 사이에 3계층 이더채널을 구성하였다. 이때 사용된 인터페이스는 Port-channel 1 인터페이스이며, SW1은 G0/1,G0/2 인터페이스를 포트 채널에 사용하였다. 그러나 G0/1만이 이더채널에 포함되어 동작하고 있는 상태이다. G0/2를 이더채널에 추가하기 전에 존재했을 수 있는 인터페이스 설정에 대해 생각해보고, 다음 보기 중 어떤 IOS 명령어가 G0/2를 3계층 이더채널에 추가하지 못하게 할 수 있는가? (2개를 고르시오)

a. STP 코스트 값의 불일치(**spanning-tree cost** *value*)

b. Speed 불일치(**speed** *value*)

c. 스위치 포트의 기본 설정(**switchport**)

d. VLAN 액세스 VLAN 불일치(**switchport access vlan** *vlan-id*)

핵심 주제

라우터의 802.1Q 트렁크를 이용한 VLAN 라우팅

대부분의 기업 네트워크에서는 VLAN을 사용한다. IP 패킷을 VLAN 안팎으로 전송하기 위해서는 라우터나 3계층 스위치 같은 장치에 각 서브넷 IP 주소가 있어야 하며, 동시에 서브넷과 연결된 경로가 존재해야 한다.

이번 장에서는 LAN 라우팅 옵션에 대해 4가지 범주로 나눈다:

- 스위치의 VLAN별로 케이블을 달리하여 라우터의 인터페이스에 연결하여 사용한다(일반적으로 사용되지 않음).
- 라우터에서 LAN 스위치와 연결된 인터페이스를 VLAN 트렁크로 설정하여 사용한다(Router-on-a-stick).
- 3계층 스위치에서 SVI를 사용한다.
- 3계층 스위치에서 라우티드 인터페이스를 사용한다(3계층 이더채널이 사용될 수도 있고 안 될 수도 있다).

19

위의 범주 중 중 첫 번째의 경우 실제로 동작하지만, 너무 많은 인터페이스가 필요하며 일반적으로 사용되지 않으므로 따로 설명하지 않는다. 이외의 3가지 옵션들은 이번 장의 주요 절 중 하나로, 각 주제별로 중점을 두어 차례대로 설명할 것이다. 각 기능들은 오늘날 실제 네트워크에서 사용되고 있으며, 네트워크의 특정 부분에 대한 설계 및 필요에 따라 선택하여 사용할 수 있다. [그림 19-1]은 이러한 옵션을 사용할 수 있는 예시를 보여준다.

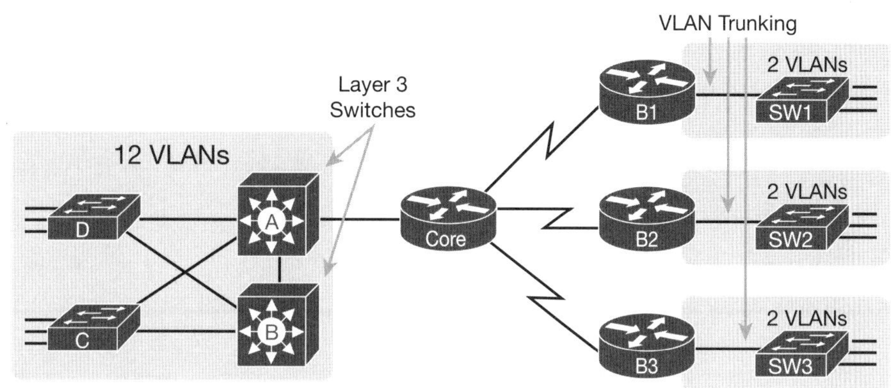

[그림 19-1] 중앙에서의 3계층 스위칭

사전 점검 퀴즈 정답

1 A, F **2** B, C **3** C **4** C, D **5** A, C **6** B, C

[그림 19-1]은 그림에서 오른쪽에 위치한 지점 사이트에서 VLAN 트렁크 인터페이스가 있는 라우터를 사용하고, 왼쪽 중앙 사이트에서는 3계층 스위치를 이용해 위에서 설명한 옵션에서 나머지 두 옵션 중 하나를 사용하는 일반적인 경우를 보여준다. 그림은 또한 왼쪽에 중앙 사이트의 캠퍼스 LAN에 12개의 VLAN이 존재한다는 것을 보여준다. 중앙 사이트에서 두 개의 스위치는 라우터와 스위치의 기능을 결합하여 12개의 서브넷/VLAN 사이를 라우팅을 해주는 3계층 스위치 역할을 하고 있다. 이러한 3계층 스위치는 SVI나 라우티드 인터페이스 중 하나를 고르거나 또는 두 개 모두를 사용해 라우팅을 설정할 수 있다. 또한 그림의 오른쪽에 있는 원격 지점과 같이 WAN 라우터와 스위치가 있는 사이트는 ROAS(Router-on-a-stick)를 이용하여 라우터의 802.1Q 트렁크를 통한 라우팅 기능을 이용할 수 있다.

[그림 19-1]은 단순한 예일 뿐이며, 엔지니어는 주어진 상황에 맞게 모든 사이트에 3계층 스위칭을 하거나 라우터에서 VLAN 트렁킹을 이용할 수 있다.

ROAS 설정

이번에는 라우터가 어떻게 802.1Q 트렁크 인터페이스를 이용하여 VLAN과 연계된 서브넷으로 패킷을 전송하는지에 대해 논의한다. 이 기능은 router-on-a-stick(ROAS)이라고 부른다. ROAS는 라우터의 VLAN 트렁킹 설정을 이용하여, 각 VLAN에 연결된 논리적 라우터 인터페이스를 제공한다.

따라서 각 인터페이스의 IP는 VLAN에 속한 서브넷에 맞춰 사용해야 한다. 트렁킹 설정은 하위 인터페이스를 중심으로 이루어지며, 라우터는 트렁크에 각 VLAN과 연관된 IP 주소/마스크를 가져야 한다.

그러나 라우터는 하나의 물리 인터페이스에 하나의 **ip address** 명령어만 입력된다. 이러한 문제점을 시스코는 각 VLAN과 연결될 가상 라우터 인터페이스를 만들어 줌으로써 해결하였다. 시스코는 이러한 가상 인터페이스를 하위 인터페이스(subinterfaces)라 부른다.

ROAS 설정은 트렁크의 각 VLAN에 하위 인터페이스를 생성하고, 이후 라우터는 해당 VLAN ID로 태그된 모든 프레임을 마치 해당 하위 인터페이스를 통해 들어오거나 나가는 것처럼 처리한다. [그림 19-2]는 [그림 19-1]의 지점 라우터 중 하나인 라우터 B1의 개념을 보여준다. 그림에서 라우터는 2개의 VLAN 간의 라우팅만 처리하면 되기 때문에 G0/0.10과 G0/0.20이라 명명된 2개의 하위 인터페이스를 가지고 있다. 라우터는 VLAN 10으로 태그된 프레임에 대해서 G0/0.10으로 들어왔다 나오는 것으로 취급하고, VLAN 20으로 태그된 프레임은 G0/0.20으로 들어가거나 나오는 것처럼 처리한다.

대부분의 시스코 라우터는 트렁킹 협상을 시도하지 않는다. 그러므로 스위치와 라우터 양쪽 다 직접 트렁크 설정을 해줄 필요가 있다. 이번 장에서는 라우터에서의 트렁킹 설정에 대해 논의한다. 라우터와 연결된 스위치 인터페이스에는 **switchport mode trunk** 명령어를 설정한다.

Key Topic

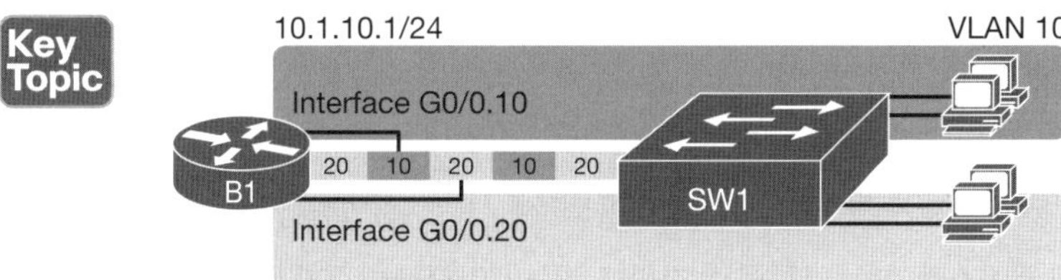

[그림 19-2] R1의 하위 인터페이스

[예 19-1]은 [그림 19-2]에 나온 라우터 B1에 필요한 802.1Q 트렁킹 설정의 전체 예다. 라우터에서 802.1Q 트렁킹을 설정하는 일반적인 절차는 다음과 같다:

단계 ① 전역 설정 모드에서 **interface** *type number.subint* 명령어를 입력하여 라우팅이 필요한 각 VLAN에 고유의 하위 인터페이스를 생성한다.

단계 ② 하위 인터페이스 설정 모드에서 **encapsulation dot1q** *vlan_id* 명령어를 입력하여 802.1Q를 활성화하고 하나의 VLAN을 하위 인터페이스에 지정한다.

단계 ③ 하위 인터페이스 설정 모드에서 **ip address** *address mask* 명령어를 입력하여 해당 인터페이스의 IP와 서브넷 마스크를 설정한다.

```
B1# show running-config
! 관련된 항목만 표시
interface gigabitethernet 0/0
! IP 주소, 캡슐화 설정 없음
!
interface gigabitethernet 0/0.10
 encapsulation dot1q 10
 ip address 10.1.10.1 255.255.255.0
!
interface gigabitethernet 0/0.20
 encapsulation dot1q 20
 ip address 10.1.20.1 255.255.255.0
```

[예 19-1] [그림 19-2]의 라우터 B1의 802.1Q 캡슐화 설정

먼저, 하위 인터페이스 번호를 보면 하위 인터페이스 번호가 .10 및 .20과 같이 마침표로 시작하는 것을 알 수 있다. 이 번호는 1부터 40억 이상의 숫자가 될 수 있다. 또한 이 번호는 하나의 물리적 인터페이스에 속한 하위 인터페이스들끼리 구분되기 위해 고유한 번호여야 한다. 하위 인터페이스 번호는 VLAN ID 지정과 관련이 없으므로 VLAN ID와 동일할 필요는 없다(VLAN ID는 **encapsulation** 명령어로 지정한다).

> **NOTE** 필수 사항은 아니지만 혼란을 방지하기 위해 [예 19-1]과 같이 VLAN ID와 하위 인터페이스 번호가 일치하도록 설정한다.

각 하위 인터페이스 설정에는 두 개의 하위 명령어가 있다. 첫 번째 명령어(캡슐화)는 트렁킹을 활성화하고, 하위 인터페이스를 통해 들어오고 나가는 프레임들의 VLAN을 정의한다. 두 번째 명령어 **ip address**는 다른 인터페이스들과 동일하게 동작한다. 물리 인터페이스가 up/up 상태가 되면, 라우터는 예의 하단처럼 연결된 경로에 하위 인터페이스를 추가한다.

> **NOTE** [예 19-1]은 802.1Q 구성을 보여주지만 ISL(Inter-Switch Link) 구성 또한 동일하다. 이 경우, **dot1q** 대신 **isl** 키워드를 사용한다.

트렁크에 네이티브(native) VLAN을 구성하고 사용하려면 추가 설정이 필요하다. 네이티브 VLAN은 하위 인터페이스나 물리 인터페이스에 설정이 가능하고, 혹은 [예 19-1]처럼 무시할 수 있다. 각 802.1Q 트렁크에는 하나의 네이티브 VLAN이 있으며 라우터가 네이티브 VLAN에 속한 서브넷에 대해 라우팅을 해야 하는 경우, 라우터는 일부 설정이 추가로 필요하다. 라우터 인터페이스에 네이티브 VLAN을 정의하는 두 가지 옵션이 있다:

- 물리 인터페이스에 **encapsulation** 명령어 없이 **ip address** 명령어만 사용한다. 라우터는 해당 인터페이스가 네이티브 VLAN을 사용한다고 간주한다.
- 하위 인터페이스에 **ip address**를 입력하고, 보조 명령어로 **encapsulation dot1q** *vlan-id* **native**를 입력하여 네이티브 VLAN인 것을 알린다.

[예 19-2]는 네이티브 VLAN 설정 예로, 이전의 [예 19-1]과 약간의 변화만 있을 뿐 대부분 동일하다. 이 경우, VLAN 10이 네이티브 VLAN으로 설정되었다. 예의 상단은 물리적 인터페이스에 VLAN 10을 네이티브 VLAN으로 사용하도록 하는 설정이며, 아래는 하위 인터페이스에서의 네이티브 VLAN 설정이다.

```
! 첫 번째 옵션 : 물리 인터페이스에 네이티브 VLAN에 대한 IP 주소 설정
interface gigabitethernet 0/0
 ip address 10.1.10.1 255.255.255.0
!
interface gigabitethernet 0/0.20
 encapsulation dot1q 20
 ip address 10.1.20.1 255.255.255.0
```

```
! 두 번째 옵션 : 예 19-1과 동일하지만 native 키워드 추가
interface gigabitethernet 0/0.10
 encapsulation dot1q 10 native
```

```
 ip address 10.1.10.1 255.255.255.0
!
interface gigabitethernet 0/0.20
 encapsulation dot1q 20
 ip address 10.1.20.1 255.255.255.0
```

[예 19-2] 라우터 B1에서의 네이티브 VLAN 설정

ROAS 검증

show running-config 명령어를 사용하는 것 이외에 **show ip route** [**connected**]와 **show vlans** 두 가지 명령어로 라우터상의 ROAS 설정을 검증할 수 있다. 다른 라우터 인터페이스와 마찬가지로 인터페이스가 up/up 상태에 있고 IPv4 주소가 설정된 경우, IOS는 라우팅 테이블에 연결된(로컬) 경로로 등록한다. 따라서 연결된 경로가 모두 등록되어 있는지 먼저 확인해야 한다. [예 19-3]은 [예 19-1]에서 보여준 각각의 설정이 연결 경로로 라우팅 테이블에 등록되어 있는 것을 보여준다.

19

```
B1# show ip route connected
Codes: L - local, C - connected, S - static, R - RIP, M - mobile, B - BGP
! 간략화를 위한 라인 생략

      10.0.0.0/8 is variably subnetted, 4 subnets, 2 masks
C        10.1.10.0/24 is directly connected, GigabitEthernet0/0.10
L        10.1.10.1/32 is directly connected, GigabitEthernet0/0.10
C        10.1.20.0/24 is directly connected, GigabitEthernet0/0.20
L        10.1.20.1/32 is directly connected, GigabitEthernet0/0.20
```

[예 19-3] [예 19-1]을 기반으로 설정된 연결 경로

ROAS 하위 인터페이스는 물리 인터페이스의 상태에 영향을 받는다. 특히, 하위 인터페이스들의 상태는 물리 인터페이스의 상태보다 좋을 수 없다. 예를 들어, 이전까지 예로 들었던 라우터 B1의 G0/0 인터페이스 상태가 UP/UP이고 해당 인터페이스를 기반으로 한 하위 인터페이스의 상태도 UP/UP이라 가정한다. 만약 G0/0에 연결된 케이블을 포트에서 뽑게 된다면 물리 인터페이스는 down/down 상태로 떨어지게 되고 하위 인터페이스 또한 down/down 상태로 떨어지게 된다. [예 19-4]는 위의 내용과는 다른 예로, 물리 인터페이스에서 shut down을 하게 되면 자동적으로 하위 인터페이스들도 administratively down 상태로 변하는 것을 보여준다.

하위 인터페이스 설정 모드에서 **no shutdown** 및 **shutdown** 명령을 사용하여 물리적 인터페이스와 별개로 하위 인터페이스 상태를 활성화 및 비활성화할 수 있다.

```
B1# configure terminal
Enter configuration commands, one per line.  End with CNTL/Z.
B1(config)# interface g0/0
B1(config-if)# shutdown
B1(config-if)# ^Z
B1# show ip interface brief | include 0/0
GigabitEthernet0/0      unassigned  YES manual administratively down down
GigabitEthernet0/0.10   10.1.10.1   YES manual administratively down down
GigabitEthernet0/0.20   10.1.20.1   YES manual administratively down down
```

[예 19-4] 물리 인터페이스 상태에 종속된 하위 인터페이스 상태

또 다른 ROAS 검증 명령어 **show vlans**은 어떤 트렁크 인터페이스가 어떠한 VLAN을 사용하는지, 네이티브 VLAN이 무엇인지와 함께 몇 가지 패킷 통계를 제공한다. 패킷 카운터가 증가하고 있다는 사실은 트래픽 발생 여부를 확인할 때 유용하게 사용될 수 있다. [예 19-5]는 [예 19-2]의 라우터 B1의 두 번째 설정인 하위 인터페이스 G0/0.10에 설정된 네이티브 VLAN 10에 대한 설정을 기반으로 출력한 예다.

출력 결과는 VLAN 1을 물리적 인터페이스와 연계시키고, 네이티브 VLAN인 VLAN 10은 G0/0.10, VLAN 20은 G0/0.20에 연계하여 보여준다. 또한 각 인터페이스/하위 인터페이스에 설정된 IP 주소 또한 표시한다.

```
R1# show vlans
Virtual LAN ID:  1 (IEEE 802.1Q Encapsulation)

   vLAN Trunk Interface:   GigabitEthernet0/0

   Protocols Configured:   Address:          Received:      Transmitted:
        Other                                        0                83

   69 packets, 20914 bytes input
   147 packets, 11841 bytes output

Virtual LAN ID:  10 (IEEE 802.1Q Encapsulation)

   vLAN Trunk Interface:   GigabitEthernet0/0.10

 This is configured as native Vlan for the following interface(s) :
GigabitEthernet0/0         Native-vlan Tx-type: Untagged

   Protocols Configured:   Address:          Received:      Transmitted:
           IP              10.1.10.1                  2                 3
        Other                                         0                 1
```

```
    3 packets, 722 bytes input
    4 packets, 264 bytes output

Virtual LAN ID:  20 (IEEE 802.1Q Encapsulation)

    vLAN Trunk Interface:   GigabitEthernet0/0.20

    Protocols Configured:   Address:          Received:       Transmitted:
            IP              10.1.20.1                0                134
         Other                                       0                  1

    0 packets, 0 bytes input
    135 packets, 10498 bytes output
```

[예 19-5] 라우터 트렁킹 설정 후 **show vlans** 명령어 출력 결과

19

ROAS 문제 해결

ROAS 문제를 해결할 때 가장 큰 문제점은 라우터만 잘못 설정하거나 스위치만 잘못 설정하면 트렁크로 설정한 장비의 반대쪽 설정이 잘못 되어있음을 알 수 없다는 점이다. 즉, 라우터에서 **show ip route**나 **show vlan** 명령어를 통해 확인하고 출력 결과와 예상한 설정과 동일하고, 연결된 하위 인터페이스의 상태가 up으로 보일지라도, 연결된 스위치에 문제가 있으면 여전히 라우팅이 되지 않는다는 것이다.

따라서 어느 장비가 문제를 일으켰는지 알려줄 표시가 없기에 ROAS의 장애 해결은 종종 두 장비의 설정을 확인하는 것부터 시작된다. 먼저 라우터에서의 ROAS설정을 하기 위해서는, 관리자가 의도한 설정이 들어가 있는지 부터 시작하여 아래의 설정에 관한 질문들을 확인 하라:

❶ 네이티브 VLAN이 없는 설정에서 각각의 하위 인터페이스에 **encapsulation dot1q** *vlan-id* 명령어가 들어가 있는가?

❷ 트렁크 포트와 연결된 스위치에 동일한 VLAN이 존재하는가? (**show interface trunk**) 그리고 VLAN allow가 되어있으며, VTP pruned가 아닌가? 마지막으로 STP로 인해 차단된 포트가 아닌가?

❸ 각 라우터 ROAS 하위 인터페이스마다 올바른 IP주소/마스크가 구성되어 있는가?

❹ 네이티브 VLAN을 사용 중이라면, 하위 인터페이스(**encapsulation dot1q** *vlan-id* **native** 명령어 사용) 혹은 물리 인터페이스에 올바른 설정을 하였는가?

❺ 연결된 스위치의 트렁크도 라우터와 동일한 네이티브 VLAN이 설정되어 있는가?

❻ 라우터의 물리 인터페이스 또는 ROAS 하위 인터페이스에 **shutdown** 명령어가 적용되어 있는가?

이 절차 중 일부는 4장 'LAN 문제 해결'의 'VLAN 및 VLAN 트렁크 문제 해결' 절에서 설명하였던 VLAN 및 VLAN 트렁크 문제 해결 절차를 반복한다. 그 이유는 많은 시스코 라우터 인

터페이스가 트렁킹을 협상하지 않기 때문에, 만약 스위치의 VLAN이나 VLAN 트렁킹 설정에 문제가 있더라도 라우터는 문제가 있음을 인식할 방법이 없다.

예를 들어, 라우터에서 [예 19-1] 또는 [예 19-2]와 같이 ROAS를 설정하였다고 가정한다. 그러나, 링크 반대쪽의 스위치에는 라우터와 일치하는 구성이 없을 수도 있고, 스위치가 VLAN 10 및 20을 정의하지 않았을 수도 있다. 혹은 스위치가 라우터에 연결된 포트에서 트렁킹을 구성하지 않았을 경우도 존재한다. 이렇게 스위치의 구성이 잘못되었거나 누락된 경우에도 라우터의 **show ip route** 명령어 출력 결과는 ROAS 인터페이스 및 하위 인터페이스 상태가 up/up으로 표시되며, **show vlans** 명령어 출력 결과는 관리자가 의도하여 입력한 설정대로 표시된다.

⁚ 3계층 스위치의 SVI를 이용한 VLAN 라우팅

소규모 사이트에서는 ROAS가 설정된 라우터를 사용하여 패킷을 전송하는 것이 바람직할 수 있다. 그러나 더 거대한 LAN 사이트의 경우 네트워크 디자이너는 3계층 스위치를 이용한 VLAN 간 라우팅을 적용해 사용한다.

멀티레이어(multilayer) 스위치라고도 불리는 3계층 스위치는 하나의 장치이지만, 2계층 LAN 스위칭과 3계층 IP 라우팅이라는 2개의 규칙으로 동작한다. 2계층 스위칭 기능은 VLAN 간의 라우팅을 제외한 동일 VLAN 간의 프레임을 전송한다. 3계층 포워딩(라우팅) 규칙은 VLAN 간의 IP 패킷의 전송을 지원한다.

3계층 스위치는 일반적으로 두 개의 구성 옵션을 지원하여 스위치 내부에서 IPv4 라우팅을 활성화하거나 스위치 인터페이스에서 IPv4를 사용할 수 있도록 설정한다. 이번 절에서는 그 중 하나인 SVI(switched virtual interfaces)에 대해 설명한다. 이장의 마지막 절에서는 나머지 옵션인 3계층 스위치에 IPv4 설정을 넣는 라우티드 인터페이스에 대해 알아볼 것이다.

스위치 SVI를 사용한 라우팅 설정

3계층 스위치의 설정은 대부분 본서의 Part I에 있는 2계층 스위칭 설정과 유사하며 3계층 기능을 위해 약간의 설정이 추가되었다. 3계층 스위칭 기능은 스위치 내부의 각 VLAN에 연결된 가상 인터페이스를 필요로 한다. 이러한 VLAN 인터페이스는 IP 주소와 서브넷 마스크를 가지고 라우터의 인터페이스처럼 동작한다. 3계층 스위치에는 IP 라우팅 테이블이 있으며 해당 VLAN 인터페이스로 향하는 경로가 등록되어 있다(이러한 인터페이스들을 SVI라고도 부른다).

SVI를 사용하는 3계층 스위칭 개념을 보여주기 위해, [그림 19-3]은 [그림 19-1] 및 [그림 19-2]에서 사용된 동일한 지점 오피스의 디자인 변화 및 설정 개념을 보여준다. 그림에서는 스위치가 패킷을 전송하는 것을 강조하기 위해 스위치에 라우터 아이콘을 넣어 보여주고 있다.

지점은 두 개의 유저 VLAN을 가지고 있어서, 3계층 스위치는 각 VLAN에 하나씩의 VLAN 인터페이스가 필요하다. 게다가 트래픽이 WAN에 접속하기 위해 라우터가 필요하기 때문에, 스위치는 라우터 B1에 연결하기 위해 세 번째 VLAN을 사용한다(이 경우 VLAN 30이 필요).

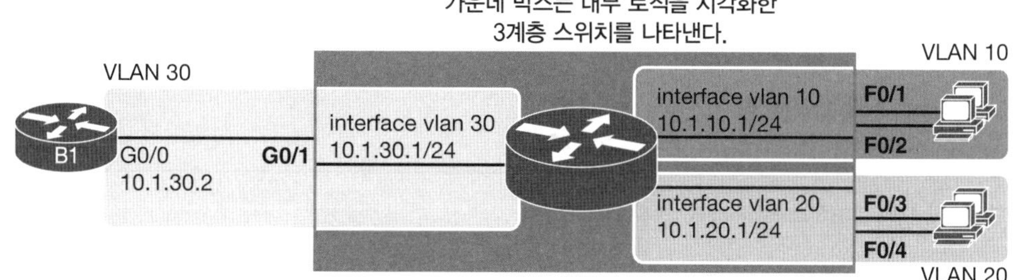

[그림 19-3] 3계층 스위치에서의 VLAN 인터페이스 라우팅

다음 단계는 SVI를 이용하여 어떻게 3계층 스위칭을 설정하는지를 보여준다. 다만 이 책에서 예시로 사용된 2960, 2960-XR과 같은 특정 스위치의 경우, 기능을 활성화하기 위해서는 IPv4 패킷 전송 기능 활성화와 재부팅이 요구된다는 것을 주의한다. **단계①** 이후의 나머지 단계는 3계층 스위칭이 가능한 모든 시스코 스위치 모델에 적용 가능하다.

단계 ① 필요에 따라 스위치에 IP 라우팅을 활성화시킨다.

Ⓐ IPv4 라우팅을 위한 공간을 확보하기 위해 **sdm prefer lanbase-routing** 명령어(혹은 비슷한)를 전역 설정 모드로 사용하여 스위치 전송 ASIC 설정을 변경한다. 이 명령어는 스위치의 다음 부팅때 적용된다.

Ⓑ 새로운 **sdm prefer** 명령어를 적용하기 위해 **reload** 명령어를 사용하여 스위치를 재부팅한다.

Ⓒ 재부팅되면, IOS 소프트웨어에서의 IPv4 라우팅 기능과, **show ip route**와 같은 핵심 명령어를 활성화하기 위해 글로벌 설정 모드에서 **ip routing** 명령어를 사용한다.

단계 ② 3계층 스위치에서 라우팅을 해야 할 각 VLAN에 SVI 인터페이스를 설정한다.

Ⓐ VLAN 인터페이스를 생성하고, 스위치의 라우팅 규칙에 동일한 VLAN으로 연결된 3계층 인터페이스를 부여하기 위해 글로벌 설정 모드에서 **interface vlan** *vlan_id* 명령어를 사용한다.

Ⓑ VLAN 인터페이스 IP 주소와 마스크를 설정하기 위해 VLAN 인터페이스 설정 모드에서 **ip address** *address mask* 명령어를 입력하고, IPv4 라우팅을 활성화한다.

Ⓒ (필요할 경우) VLAN 인터페이스를 활성화하기 위해 인터페이스 구성 모드에서 **no shutdown** 명령을 사용한다(만약 현재 상태가 shutdown일 경우).

[예 19-6]은 [그림 19-3]과 일치하는 설정을 보여준다. 이 경우 스위치 SW1, 2960은 이미 **sdm prefer lanbase-routing** 전역 명령어를 사용했으며 재부팅된 상태이다. 예시에서는 세 가지 VLAN 인터페이스의 모든 관련 구성을 나타내고 있다.

```
ip routing
!
interface vlan 10
ip address 10.1.10.1 255.255.255.0
!
interface vlan 20
ip address 10.1.20.1 255.255.255.0
!
interface vlan 30
ip address 10.1.30.1 255.255.255.0
```

[예 19-6] 3계층 스위칭을 위한 VLAN 인터페이스 구성

SVI를 이용한 라우팅 검증

이전 절에서 보여준 VLAN 구성을 사용하면 [그림 19-3]과 같이 스위치가 VLAN 간에 패킷을 라우팅할 준비가 완료된다. 패킷의 라우팅을 지원하기 위해 스위치는 연결된 IP 경로를 추가한다([예 19-7] 참조).

각각의 경로는 다른 VLAN 인터페이스에 연결되어 있다고 표시된다.

```
SW1# show ip route
! 간략화를 위한 라인 생략
     10.0.0.0/8 is variably subnetted, 6 subnets, 2 masks
C       10.1.10.0/24 is directly connected, Vlan10
L       10.1.10.1/32 is directly connected, Vlan10
C       10.1.20.0/24 is directly connected, Vlan20
L       10.1.20.1/32 is directly connected, Vlan20
C       10.1.30.0/24 is directly connected, Vlan30
L       10.1.30.1/32 is directly connected, Vlan30
```

[예 19-7] 3계층 스위치의 연결 경로

스위치는 나머지 네트워크를 위한 추가적인 경로도 필요하다(이 장의 그림에는 표현되지 않았다). 3계층 스위치는 기능에 따라 스태틱 루트 혹은 라우팅 프로토콜을 사용할 수 있다. 예를 들어, 3계층 스위치에서 EIGRP를 활성화하면 9장 'EIGRP 개념 이해' 및 10장 'IPv4용 EIGRP 구현'에서 설명한 대로 설정 및 검증이 라우터에서와 동일하게 동작한다. 3계층 스위치 라우팅 테이블에 추가된 경로는 VLAN 인터페이스를 출구 인터페이스로 등록한다.

> **NOTE** 모델, IOS 버전 및 IOS 기능 세트를 기반으로 하는 일부 시스코 스위치 모델은 IP 라우팅 및 라우팅 프로토콜에 대한 다양한 기능을 지원하므로, Cisco.com에서 검색하여 스위치 모델 기능을 확인한다. 특히 http://www.cisco.com/go/cfn에서 Cisco Feature Navigator(CFN) 툴을 이용해 기능을 확인하도록 한다.

SVI를 사용한 라우팅 문제 해결

LAN상에서 SVI를 사용한 라우팅 문제를 해결할 때 조사해야 할 중요한 주제가 두 가지 있다. 첫 번째로 스위치가 IP 라우팅을 지원하는지 알아야 하며, 두 번째로 VLAN 인터페이스와 관련된 VLAN이 로컬 스위치에 학습되어 있으며, 활성화해야 한다는 것이다. 그렇지 않으면 VLAN 인터페이스가 나타나지 않는다.

먼저 IP 라우팅을 활성화하는 방법에 대해 알아보자면, 시스코 스위치의 일부 모델은 기본적으로 3계층 스위칭을 활성화하고 있는 경우도 있지만 일부는 활성화되어 있지 않는 경우도 있다. 따라서 스위치가 3계층 라우팅을 지원하는지 확인하려면 이전 절 '스위치 SVI를 사용한 라우팅 설정'의 설정 점검 목록에 나열된 몇 가지 설정 명령어를 살펴보도록 한다. 이러한 명령어는 **sdm prefer**(재부팅 전)나 **ip routing**(재부팅 후)에 있다.

sdm prefer 명령어는 스위치 전송 칩이 다른 전송 테이블에 대해 메모리를 할당하는 방법을 변경하며, 이러한 방법을 변경하기 위해서는 스위치를 재부팅해야 한다. 기본적으로 3계층 스위칭을 지원하는 많은 액세스 스위치들은 IP 라우팅 테이블을 위한 메모리를 별도로 확보하지 않고 이미 SDM을 가지고 있으므로 명령어를 입력하지 않아도 된다.

19

일단 설정이 변경되고 재부팅하면, **ip routing** 명령어는 IOS 소프트웨어에서 IPv4 라우팅을 활성화시킨다. 일부 시스코 스위치들은 3계층 스위치로 동작하기 전에 위의 2가지 명령어가 필요하기도 하다. [예 19-8]은 **sdm prefer** 명령어로 3계층 스위칭이 아직 활성화되지 않은 스위치의 몇 가지 현상을 보여준다. 보다시피 **show ip route** 명령어와 **ip routing** 설정 명령어가 거부되고 있는데, 그 이유는 **sdm prefer** 명령어가 사용되기 전이라 IOS에 해당 명령어가 존재하지 않기 때문이다.

```
SW1# show ip route
             ^

% Invalid input detected at '^' marker.

SW3# configure terminal
Enter configuration commands, one per line. End with CNTL/Z.
SW3(config)# ip routing
               ^
% Invalid input detected at '^' marker.
```

[예 19-8] 스위치가 IPv4 라우팅이 활성화되지 않았을 때의 현상

SVI 문제를 해결할 때 두 번째로 큰 부분은 SVI 상태와 관련이 있다. SVI 상태는 연결된 VLAN의 상태와 관련된 상태를 말한다. 각각의 VLAN 인터페이스는 동일한 번호를 가진 VLAN과

매치되며, VLAN 인터페이스의 상태는 특정 방식으로 VLAN의 상태와 연결된다. 특히 VLAN 인터페이스가 up/up 상태에 있기 위해서는 다음과 같은 상태여야 한다:

단계 ① VLAN은 반드시 로컬 스위치에 명시적으로든 VTP를 통해 학습을 하든 정의되어 있어야 한다.

단계 ② 스위치는 아래 조건 중 적어도 하나를 만족하는 up/up 상태인 VLAN을 사용하는 인터페이스를 가지고 있어야 한다.

Ⓐ VLAN이 할당된 up/up 상태의 액세스 인터페이스

Ⓑ STP forwarding 상태이며, VTP pruned가 아니면서 VLAN이 허용된 트렁크 인터페이스

단계 ③ VLAN은 반드시 활성화되어 있어야 한다(**shutdown** 상태가 아니어야 한다).

단계 ④ VLAN 인터페이스는 반드시 활성화되어 있어야 한다(**shutdown** 상태가 아니어야 한다).

목록의 단계를 확인할 때 명심해야 할 점은 VLAN과 VLAN 인터페이스는 서로 관련이 있지만 별개의 개념이고 CLI상에서의 설정도 분리되어 있다는 점이다. VLAN 인터페이스는 VLAN과 연결된 스위치의 3계층 인터페이스이다. VLAN 11, 12, 13의 서브넷에 대해 패킷을 라우팅하려는 경우, VLAN 인터페이스의 번호는 11, 12, 13이어야 한다. 그리고 VLAN 및 VLAN 인터페이스는 위의 단계 3, 4에서 설명하였듯 **shutdown**과 **no shutdown** 명령어를 사용하여 활성화 및 비활성화가 가능하므로 모두 확인해야 한다.

[예 19-9]는 앞의 예([그림 19-3], [예 19-6])의 VLAN 인터페이스 중 하나가 실패하는 세 가지 시나리오를 보여준다. 먼저 세 개의 VLAN 인터페이스는 모두 UP/UP 상태이며, VLAN 10, 20, 30에는 각각 하나 이상의 액세스 인터페이스가 존재하며 동작 중이다. 예는 아래 세 가지 시나리오를 통해 동작한다.

- Scenario 1: VLAN 10에 속한 액세스 인터페이스 F0/1이 shut down되어 VLAN 10에 속한 인터페이스 중 up/up 상태인 인터페이스가 없어 IOS는 VLAN 10 인터페이스를 shut down 시킴.
- Scenario 2: VLAN 20이 삭제되고 그 결과, IOS는 VLAN 20 인터페이스를 down 시킴(shut down 아님).
- Scenario 3: VLAN 30이 shut down 되고 그 결과, IOS는 VLAN 30 인터페이스를 down 시킴(shut down 아님).

이 예는 **show ip interface brief** 명령어를 통해 3개의 VLAN 인터페이스 상태가 up/down 상태로 변한 것을 알 수 있다.

```
SW1# show interfaces status
! 예제와 관련된 포트만 표시
Port      Name      Status       Vlan   Duplex  Speed Type
Fa0/1               connected    10     a-full  a-100 10/100BaseTX
Fa0/2               notconnect   10     auto    auto 10/100BaseTX
Fa0/3               connected    20     a-full  a-100 10/100BaseTX
Fa0/4               connected    20     a-full  a-100 10/100BaseTX
Gi0/1               connected    30     a-full a-1000 10/100/1000BaseTX

SW1# configure terminal
Enter configuration commands, one per line.  End with CNTL/Z.

! Case 1 : Vlan 10에 속한 유일한 up/up 상태의 엑세스 인터페이스 F0/1을 셧 다운
SW1(config)# interface fastEthernet 0/1
SW1(config-if)# shutdown
SW1(config-if)#
*Apr  2 19:54:08.784: %LINEPROTO-5-UPDOWN: Line protocol on Interface Vlan10, changed
state to down
SW1(config-if)#
*Apr  2 19:54:10.772: %LINK-5-CHANGED: Interface FastEthernet0/1,
  changed state to administratively down
*Apr  2 19:54:11.779: %LINEPROTO-5-UPDOWN: Line protocol on Interface
  FastEthernet0/1, changed state to down

! Case 2 : Vlan 20 삭제
SW1(config)# no vlan 20
SW1(config)#
*Apr  2 19:54:39.688: %LINEPROTO-5-UPDOWN: Line protocol on Interface
Vlan20, changed state to down

! Case 3 : 스위치에서 라우터로 향하는 Vlan 30 셧다운
SW1(config)# vlan 30
SW1(config-vlan)# shutdown
SW1(config-vlan)# exit
SW1(config)#
*Apr  2 19:55:25.204: %LINEPROTO-5-UPDOWN: Line protocol on Interface Vlan30, changed
state to down

! 위의 3개의 Vlan 인터페이스들에 대한 최종 상태는 아래와 같다.
SW1# show ip interface brief | include Vlan
Vlan1              unassigned     YES manual administratively down down
Vlan10             10.1.10.1      YES manual up                    down
Vlan20             10.1.20.1      YES manual up                    down
Vlan30             10.1.30.1      YES manual up                    down
```

[예 19-9] VLAN 인터페이스가 다운되는 세 가지 예

⁘ 3계층 라우티드 포트를 이용한 VLAN 라우팅

SVI를 사용한 3계층 스위칭을 설정할 때, 스위치의 물리 인터페이스는 항상 2계층 인터페이스처럼 동작한다. 이 말은 즉, 물리 인터페이스는 이더넷 프레임을 수신한다는 이야기이다. 스위치는 프레임으로부터 출발지 MAC 주소를 학습하고 패킷의 전송 또한 목적지 MAC 주소를 기반으로 전송한다. SVI는 3계층 스위치의 중앙에 있는 라우터와 연결된 인터페이스처럼 프레임이 SVI 인터페이스의 MAC 주소를 목적지로 하여 전송할 때 사용된다.

SVI 이외에 3계층 스위치 설정 중에는 스위치의 물리 인터페이스를 라우터 인터페이스처럼 동작시킬 수 있는 설정이 있다. 이 설정은 스위치 포트를 라우티드 포트로 만든다. 라우티드 포트로 동작하는 물리적 인터페이스로 프레임을 수신하면, 스위치는 해당 프레임에 대해 2계층 스위칭 로직을 수행하지 않고 아래 동작을 포함하여 라우팅 동작을 수행한다.

❶ 들어온 이더넷 데이터 링크 헤더 및 트레일러를 제거한다.

❷ 목적지 IP 주소와 IP 라우팅 테이블을 비교하여 전송 경로를 결정한다.

❸ 패킷에 새로운 이더넷 데이터 링크 헤더와 트레일러를 붙인다.

❹ 새로운 프레임으로 캡슐화하여 전송한다.

이 장의 세 번째 주요 절에서는 시스코 3계층 스위치에 설정된 라우티드 인터페이스를 알아보지만, 3계층 이더채널에 대해서도 자세히 알아볼 것이다. 시험 주제에는 라우티드 인터페이스만 언급되어 있지 않고, 3계층 이더채널에 대해서도 언급되어 있기 때문이다. 3계층 이더채널은 스위치 포트 대신 라우티드 포트를 이용한 이더채널이다. 먼저 시스코 3계층 스위치의 라우티드 포트에 대해 알아보고 이후 3계층 이더채널에 대해 알아볼 것이다.

스위치에서의 라우티드 인터페이스 구현

3계층 스위치가 서브넷에 연결된 3계층 인터페이스를 필요로 하고, 하나의 물리 인터페이스만 해당 서브넷에 연결하면, 네트워크 엔지니어는 SVI 대신 라우티드 포트를 사용할 수 있다. 반대로, 서브넷과 연결된 3계층 인터페이스가 다량으로 필요할 때에는 SVI를 사용해야 한다(SVI는 2계층 규칙으로 동작하므로 VLAN에 속한 어느 포트에나 트래픽을 전송할 수 있다. 라우티드 포트는 해당 동작을 하지 못한다).

그 이유를 보려면 SVI 예에서 사용한 [그림 19-3]과 동일한 디자인을 반복하는 [그림 19-4]의 설계를 보면 된다. 이 디자인에는 최소 두 개의 액세스 포트가 VLAN 10, 20에 있다. 그러나 이 그림은 스위치에서 라우터 B1까지의 하나의 링크만 연결되어 있으므로 스위치는 해당 링크를 라우티드 포트로 구성할 수 있다.

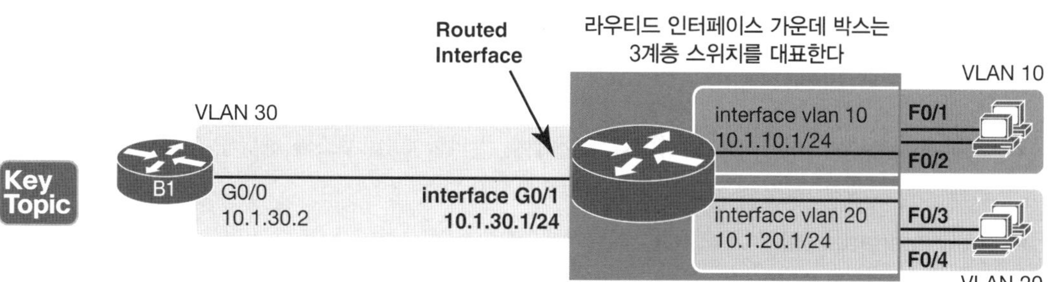

[그림 19-4] 스위치의 라우티드 인터페이스에서 라우팅

스위치의 물리 인터페이스에서 **no switchport** 명령어를 입력하면, 간단히 스위치 인터페이스 대신 라우티드 인터페이스를 활성화시킬 수 있다. 3계층 스위치가 될 수 있는 시스코 스위치는 물리적 인터페이스에 **switchport** 명령이 기본적으로 들어가 있다. 잠시 스위치포트(switchport)라는 단어에 대해 알아보자면, 시스코는 해당 포트를 스위치의 포트(스위치의 2계층 포트)처럼 동작하도록 스위치에 지시한다. 포트가 스위치의 포트처럼 동작하지 않고 라우터의 포트처럼 작동하게 하려면 인터페이스에서 **no switchport** 명령을 사용하면 된다.

라우티드 포트로 동작하게 되면, 해당 인터페이스는 라우터 인터페이스라 생각하고 설정하면 된다. 즉, [그림 19-4]처럼 물리 인터페이스에 IP 주소를 설정해야 한다. [예 19-10]은 [그림 19-4]에 나온 스위치 인터페이스들의 설정을 보여 준다.

디자인은 [예 19-6]에서 보여준 SVI 설정 예와 동일한 IP 서브넷을 사용하였지만, 이제는 서브넷 10.1.30.0에 연결된 포트가 라우티드 포트로 바뀌었다. 이는 물리적 인터페이스에 **no switchport** 명령을 추가하고 IP 주소를 설정하기만 하면 된다.

```
ip routing
!
interface vlan 10
ip address 10.1.10.1 255.255.255.0
!
interface vlan 20
ip address 10.1.20.1 255.255.255.0
!
interface gigabitethernet 0/1
no switchport
ip address 10.1.30.1 255.255.255.0
```

[예 19-10] 라우티드 포트로써 스위치 SW1의 인터페이스 G0/1 설정

일단 설정이 완료되면 라우티드 인터페이스는 명령어 결과가 다르게 표시된다. 특히 앞의 예

19

에서 인터페이스 GigabitEthernet0/1과 같이 IP 주소가 있는 라우티드 포트로 구성된 인터페이스의 경우 다음과 같다:

- **show interfaces**: 라우터의 명령어와 유사하며, 결과물에 IP 주소와 해당 인터페이스가 표시된다. 스위치 포트들은 해당 명령어에 표시되지 않는다.
- **show interfaces status**: 'VLAN' 범주 아래, 액세스 VLAN이나 '트렁크'라는 단어 대신 라우티드 포트를 의미하는 'routed'라는 단어가 표시된다.
- **show ip route**: 경로의 출구 인터페이스로 라우티드 포트를 표시한다.
- **show interfaces type number switchport**: 만약 라우티드 포트라면 출력 결과는 해당 포트가 스위치 포트가 아닌 것만 확인한다. 해당 포트가 2계층 포트라면 이 명령어는 인터페이스에 설정된 명령어나 상태들을 자세히 표시한다.

[예 19-11]은 [예 19-10]대로 설정된 스위치에 위의 4개 명령어를 입력한 결과를 보여준다.

```
SW11# show interfaces g0/1
GigabitEthernet0/1 is up, line protocol is up (connected)
Hardware is Gigabit Ethernet, address is bcc4.938b.e541 (bia bcc4.938b.e541)
Internet address is 10.1.30.1/24
! 간략화를 위한 라인 생략

SW1# show interfaces status
! 예제와 관련된 포트만 표시하며, 해당 명령어는 물리 인터페이스만 표시.
Port      Name          Status       Vlan      Duplex  Speed   Type
Fa0/1                   connected    10        a-full  a-100   10/100BaseTX
Fa0/2                   notconnect   10          auto  auto    10/100BaseTX
Fa0/3                   connected    20        a-full  a-100   10/100BaseTX
Fa0/4                   connected    20        a-full  a-100   10/100BaseTX
Gi0/1                   connected    routed    a-full  a-1000  10/100/1000BaseTX
SW1# show ip route
! 간략화를 위한 라인 생략

      10.0.0.0/8 is variably subnetted, 6 subnets, 2 masks
C        10.1.10.0/24 is directly connected, Vlan10
L        10.1.10.1/32 is directly connected, Vlan10
C        10.1.20.0/24 is directly connected, Vlan20
L        10.1.20.1/32 is directly connected, Vlan20
C        10.1.30.0/24 is directly connected, GigabitEthernet0/1
L        10.1.30.1/32 is directly connected, GigabitEthernet0/1

SW1# show interfaces g0/1 switchport
Name: Gi0/1
Switchport: Disabled
```

[예 19-11] 스위치의 라우티드 포트 검증 명령어

그렇다면 두 옵션(SVI, 라우티드 포트)은 언제 사용해야 할까? 라우팅을 수행하는 두 장치 간에 포인트-투-포인트가 있는 토폴로지의 경우 라우티드 인터페이스가 좋다. [그림 19-5]는 3계층 스위치가 코어 및 분배 계층에서 동작하는 일반적인 코어/분배/액세스 디자인을 보여준다. 3계층 스위치 간에 직접 연결되어 있는 모든 포트들은 라우티드 인터페이스가 될 수 있다. 다량의 인터페이스(액세스 및 트렁크)가 VLAN에 연결되는 VLAN의 경우, SVI가 동일한 스위치의 여러 포트로 트래픽을 주고 받을 수 있기 때문에 SVI가 적합하다.

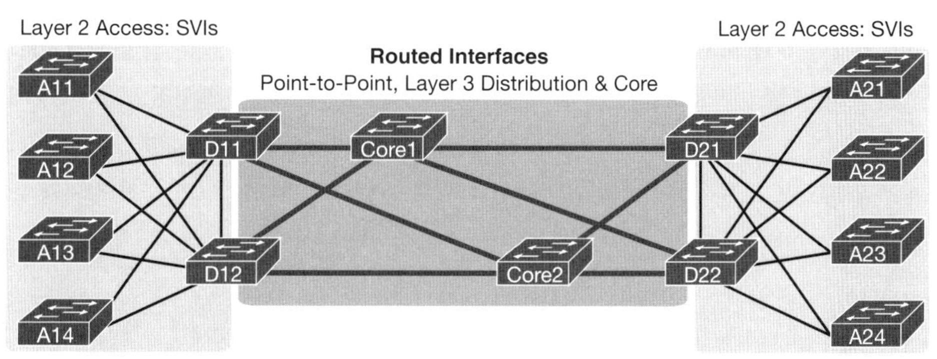

[그림 19-5] 코어 및 분배 계층의 3계층 링크로 사용된 라우티드 인터페이스

3계층 이더채널 구현

지금까지 라우티드 인터페이스를 3계층 스위치 사이 또는 3계층 스위치와 라우터 사이에 단일 포인트-투-포인트(point-to-point) 링크에서 사용할 수 있다고 설명하였다. 그러나 [그림 19-6]처럼 분배 및 코어 스위치의 사이에 최소한 두 개 이상의 링크를 연결하여 사용한다.

분배 및 코어의 개별 포트는 별도의 라우티드 포트로 설정하여 관리할 수도 있지만, 각각의 링크들을 모아 하나의 3계층 이더채널로 묶는 것이 좋다. 그림 중앙에 있는 스위치의 각 포트를 라우티드 포트로 만들어 사용할 수는 있지만, 라우팅 프로토콜을 사용한다면 3계층 스위치들은 넥스트 홉(next hop)에 있는 네이버 스위치에 대해 2개의 IP 경로로 학습하게 될 것이다.

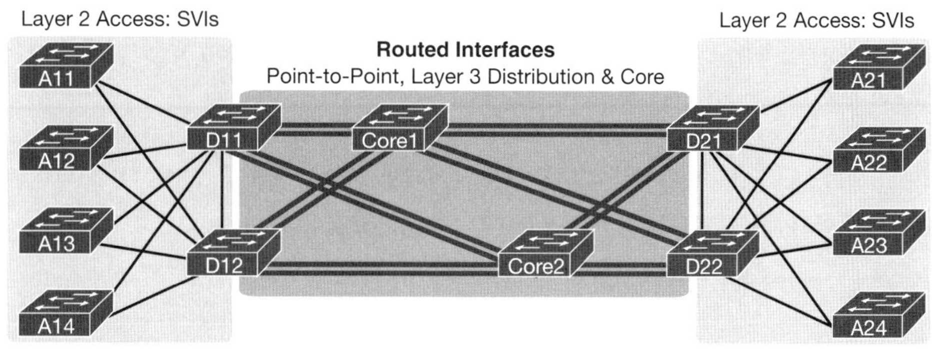

[그림 19-6] 분배/코어 스위치 간의 2개의 링크

3계층 이더채널을 사용하려면 두 스위치 간에 복수의 병렬 링크를 사용하는 것이 좋다. 그렇게 함으로써 각각 링크들의 묶음은 하나의 3계층 링크로 동작하게 되며, 따라서 각 스위치 간에는 두 개가 아닌 하나의 라우팅 프로토콜 네이버 관계만 성립된다. 그리고 스위치들 또한 목적지에 대해 하나의 경로만을 가지게 된다. 그런 다음 IOS는 트래픽에 대해 부하 분산을 하는데 이는 3계층 부하 분산보다 더 나은 부하 분산을 제공한다. 전반적으로, 3계층 이더채널을 통한 부하 분산이 각 링크를 별도의 라우티드 포트로 남겨두고 부하 분산을 하는 것보다 훨씬 효과적이다.

이미 배웠던 것과 비교해서, 3계층 이더채널을 설정하는 것은 좀 더 많은 작업을 필요로 한다. 3장 '스패닝 트리 프로토콜 구현'에서는 이미 이더채널 설정 방법을 설명했고, 이번 장에서는 포트를 3계층 라우티드 포트로 만드는 방법을 설명하였다. 3계층 이더채널 구성은 이더채널과 라우티드 포트 설정을 함께 하면 된다. 다음 체크리스트는 이더채널의 정적 정의를 위한 순서이다.

단계 ① 인터페이스 설정 모드에서 물리 인터페이스를 아래와 같이 설정한다.

Ⓐ 채널-그룹에 추가하기 위해 **channel-group** *number* **mode** 명령어를 입력한다. 한 스위치의 모든 물리 인터페이스에는 동일한 번호를 넣어야 한다. 대신 반대편 스위치와는 채널 그룹 번호를 맞출 필요는 없다.

Ⓑ 물리 포트를 라우티드 포트로 만들기 위해 **no switchport** 명령어를 입력한다.

단계 ② 포트채널(PortChannel) 인터페이스를 설정한다.

Ⓐ 포트 채널 설정 모드로 이동하기 위해 **interface port-channel** *number* 명령어를 입력한다. 포트 채널 번호는 물리적 인터페이스에 설정된 채널 번호와 동일한 번호이다.

Ⓑ 이미 적용되어 있는 경우도 있지만 확실하게 하기 위해, 포트-채널 인터페이스를 라우티드 포트로 동작하게끔 **no switchport** 명령어를 입력한다.

Ⓒ IP 주소를 입력하기 위해 **ip address** *address mask* 명령어를 입력한다.

NOTE 시스코는 이번 절에서 설명한 개념을 '이더채널'이라고 부르지만, 이더채널을 검증하고 설정할 때는 포트채널(PortChannel)이라는 용어와 함께 **port-channel** 명령어 키워드를 사용한다. 기술을 이해하기 위해 이 용어를 동의어로 취급할 수 있다. 그러나 IOS에서는 이 두 가지 용어를 모두 사용하기 때문에, 이번 절의 예에서 연습할 때 PortChannel과 EtherChannel이라는 용어의 사용에 주의를 기울이도록 한다.

[예 19-12]는 [그림 19-7]에서 SW1의 3계층 이더채널 설정 예시를 보여준다. 이더채널은 포트-채널 인터페이스 12를 사용하고 서브넷은 10.1.12.0/24이다.

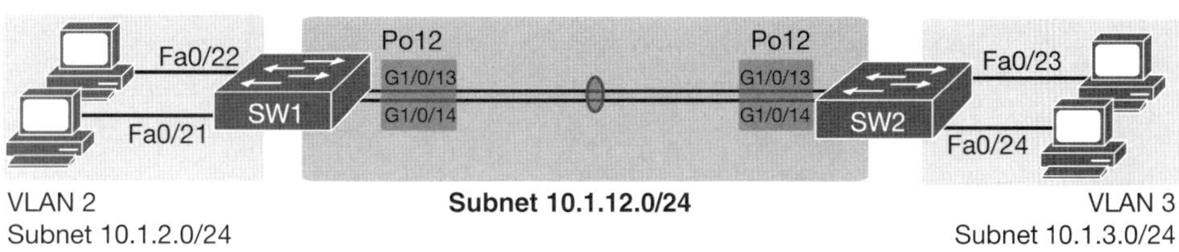

[그림 19-7] 이더채널 설정 예에 사용된 디자인

```
interface GigabitEthernet1/0/13
 no switchport
 no ip address
 channel-group 12 mode on
!
interface GigabitEthernet1/0/14
 no switchport
 no ip address
 channel-group 12 mode on
!
interface Port-channel12
 no switchport
 ip address 10.1.12.1 255.255.255.0
```

[예 19-12] 스위치 SW1의 3계층 이더채널 설정

특히 주의해서 살펴 보아야 할 부분은 물리 인터페이스와 포트채널 인터페이스 모두 라우티드 포트지만, IP 주소는 포트채널 인터페이스에만 설정한다는 것이다. 실제로 **no switchport** 명령어가 인터페이스에 설정되면 IOS는 **no ip address** 명령을 인터페이스에 추가한다. 그런 다음 포트채널 인터페이스만 IP 주소를 설정하도록 한다.

일단 설정이 완료되면, 포트채널 인터페이스는 [예 19-13]에 표시된 것처럼 여러 명령어에 표시된다. IP 주소와 경로를 표시하는 명령어는 포트채널 인터페이스를 참조하도록 한다. 또한 **show interfaces status** 명령어는 물리 포트와 port-channel 12 인터페이스가 모두 라우티드 포트임을 나타낸다.

```
SW1# show interfaces port-channel 12
Port-channel12 is up, line protocol is up (connected)
  Hardware is EtherChannel, address is bcc4.938b.e543 (bia bcc4.938b.e543)
  Internet address is 10.1.12.1/24
! 간략화를 위한 라인 생략
```

```
SW1# show interfaces status
! 예제와 관련된 포트만 표시
Port      Name        Status       Vlan        Duplex  Speed    Type
Gi1/0/13              connected    routed      a-full  a-1000   10/100/1000BaseTX
Gi1/0/14              connected    routed      a-full  a-1000   10/100/1000BaseTX
Po12                  connected    routed      a-full  a-1000

SW1# show ip route
! 간략화를 위한 라인 생략
      10.0.0.0/8 is variably subnetted, 4 subnets, 2 masks
C        10.1.2.0/24 is directly connected, Vlan2
L        10.1.2.1/32 is directly connected, Vlan2
C        10.1.12.0/24 is directly connected, Port-channel12
L        10.1.12.1/32 is directly connected, Port-channel12
```

[예 19-13] 스위치 SW1에서 인터페이스 포트 채널 12를 나열하는 검증 명령어

마지막으로 몇 가지 검증을 더 확인하기 위해, [예 19-14]처럼 **show etherchannel summary** 명령어를 사용하여 이더채널을 직접 확인할 수 있다(앞서 살펴본 3장과 4장에서는 2계층 이더채널을 위해 해당 명령어를 사용하는 예를 보여주었다). 특히 포트채널(P) 안에 어떤 포트가 포함되어(묶여) 있는지 여부와 해당 포트가 라우티드(R) 또는 스위치(S) 포트로 동작하는지 여부와 같은 주요 운용 상태를 식별하는 문자에 대한 플래그 범례를 나열한다.

```
SW1# show etherchannel 12 summary
Flags:  D - down          P - bundled in port-channel
        I - stand-alone s - suspended
        H - Hot-standby (LACP only)
        R - Layer3        S - Layer2
        U - in use        f - failed to allocate aggregator

        M - not in use, minimum links not met
        u - unsuitable for bundling
        w - waiting to be aggregated
        d - default port

Number of channel-groups in use: 1
Number of aggregators:           1

Group  Port-channel  Protocol    Ports
------+-------------+-----------+-----------------------------------
12     Po12(RU)         -        Gi1/0/13(P) Gi1/0/14(P)
```

[예 19-14] 이더채널 검증

3계층 이더채널 문제 해결

3계층 이더채널에 대해 문제 해결을 할 때에는 두 가지 주요 영역에 대해 고려해야 한다. 첫 번째로 이더채널을 위한 인터페이스를 활성화하는 명령어 **channel-group**의 설정을 확인하는 것이고, 두 번째는 3계층 이더채널로 동작하기 위해 일치해야 하는 설정 목록들을 확인하는 것이다.

인터페이스 하위 명령어인 **channel-group**의 경우 이더채널을 스태틱 또는 다이내믹으로 활성화할 수 있다. 다이내믹인 경우, 명령어의 키워드는 링크를 이더채널에 포함시킬지 여부를 스위치 간에 협상하는 프로토콜로 PaGP(Port Aggregation Protocol) 또는 LACP(Link Aggregation Control Protocol) 중 하나를 말한다.

해당 설정들은 이전 3장의 '다이내믹 이더채널 설정' 절에서 설명하였던 내용과 동일하다. 2계층 또는 3계층 이더채널 설정의 요구 사항이 동일하다면, **channel-group** 보조 명령어 설정은 정확히 동일하다. 따라서 3장의 이더채널 설정 세부 사항들을 복습하는 데 도움이 될 것이다. 그러나 당신이 해당 명령어들을 복습하거나 마스터하는 것과 상관 없이, 2계층 또는 3계층 이더채널 설정(channel-group 하위 명령어 포함)은 동일하다는 것을 기억해라.

또한 모든 물리적 포트가 이더채널에 포함되도록 **channel-group** 명령을 올바르게 설정하는 것도 중요하다. 2계층 이더채널은 더 많은 요구 사항 목록을 가지고 있지만, 3계층 이더채널은 이더채널에 추가되기 전에 포트 간 몇 가지 일관성 검사만 필요하다. 다음은 3계층 이더채널에 대한 요구 사항 목록이다.

- no switchport: 포트 채널 인터페이스와 물리 인터페이스에는 반드시 **no switchport** 명령어가 입력되어 있어야 한다. 만약 물리 인터페이스에 해당 명령어가 입력되어 있지 않으면 이더채널은 동작하지 않을 것이다.
- Speed: 물리 인터페이스와 포트 채널은 동일한 speed로 맞춰 주어야 한다.
- duplex: 물리 인터페이스와 포트 채널은 동일한 duplex로 맞춰 주어야 한다.

챕터 리뷰

시험에서 좋은 성적을 거둘 수 있는 핵심은 복습 세션을 반복하여 학습하는 것이다. 이 장의 내용을 책, DVD, 책의 웹 사이트에서 찾을 수 있는 툴들을 이용해서 복습하도록 하고, '당신의 학습 계획'에 따라 더 세부 내용을 확인하도록 한다. [표 14-1]에는 핵심 복습 사항이 정리되어 있다. 공부 진행 상황을 더 잘 확인하기 위해서는, 표의 두 번째 칸에 완료한 날짜를 기록한다.

리뷰 항목	완료 날짜	사용 자료
핵심 주제 리뷰		책, DVD/웹 사이트
핵심 용어 리뷰		책, DVD/웹 사이트
DIKTA 문제 리뷰		책, PCPT
랩 실행		블로그
컨피그 체크리스트 리뷰		책, DVD/웹 사이트
명령어 테이블 리뷰		책

[표 19-2] 리뷰 확인

핵심 주제 리뷰

핵심 주제	설명	쪽 번호
그림 19-2	라우터에서 VLAN 서브인터페이스의 개념	577
리스트	ROAS 설정에서 네이티브 VLAN을 설정하는 두 가지 방법	578
리스트	ROAS 설정에 관한 문제 해결 제안	581
그림 19-3	3계층 스위치의 SVI 개념 및 설정	583
리스트	SVI를 사용하는 3계층 스위치의 올바른 작동을 위한 문제 해결 제안	586
그림 19-4	3계층 스위치의 라우티드 포트 개념 및 설정	589
리스트	3계층 라우티드 포트를 나열하는 show 명령어	590
그림 19-7	3계층 이더채널 개념 및 설정	593
리스트	3계층 이더채널에 존재하는 링크를 묶기 전에 반드시 필요한 설정	595

[표 19-3] 19장의 핵심 주제

핵심 용어

ROAS(router-on-a-stick), SVI(switched virtual interface), 3계층 이더채널(L3 EtherChannel), 라우티드 포트(routed port), 3계층 스위치(Layer 3 switch), 멀티레이어(multilayer) 스위치, 하위 인터페이스(subinterfaces)

참조 명령어

[표 19-4]와 [표 19-5]는 이 장에서 사용했던 설정과 검증 명령어이다. 복습을 쉽게 하기 위해, 왼쪽 열을 가리고 오른쪽을 읽으면서 명령어를 기억해본다. 그런 다음, 오른쪽 열을 가리고 그 명령어가 어떤 일을 하는지에 대해 떠올려 본다.

명령어	설명
interface *type number.subint*	하위 인터페이스를 생성하고 접근하기 위한 라우터 전역 명령어.
encapsulation dot1q *vlan-id* [native]	라우터가 특정 VLAN에 대해 802.1Q 트렁킹을 사용하도록 설정하는 라우터 하위 인터페이스 하위 명령어. native 키워드를 사용하면 트렁킹 헤더에 VLAN 넘버를 붙이지 않는다.
[no] ip routing	라우터나 3계층 스위치에서 IPv4 패킷 라우팅을 활성화(ip routing)시키거나 비활성화(no ip routing)시키도록 하는 글로벌 명령어.
interface vlan *vlan-id*	VLAN 인터페이스를 생성하고 접근하기 위한 3계층 스위치상의 스위치 글로벌 명령어.
sdm prefer lanbase-routing	IPv4 라우팅 테이블을 허용하도록 포워딩 칩 메모리를 재할당하는 일부 시스코 스위치의 명령어.
[no] switchport	포트를 2계층 포트(switchport)나 3계층 라우티드 포트(no switchport)로 동작시키기 위한 3계층 스위치 하위 명령어.
interface port-channel *channelnumber*	포트채널 설정 모드로 접근하기 위한 명령어. 포트채널이 생성되지 않았다면 해당 명령어로 생성.
channel-group *channel-number* mode {auto | desirable | active | passive | on}	인터페이스에 이더채널을 활성화시키는 인터페이스 하위 명령어.

[표 19-4] 19장에서 다룬 설정 명령어

명령어	설명
show ip route	라우터의 전체 라우팅 테이블을 나열한다.
show ip route [connected]	IP 라우팅 테이블의 서브넷을 나열한다.
show vlans	라우터에 설정된 VLAN 트렁크의 통계와 VLAN 설정을 나열한다.
show interfaces [interface *type number*]	전체 인터페이스 혹은 특정 인터페이스에 대해 IP 주소와 서브넷을 포함한 세부 상태 및 통계 정보를 나열한다.
show interfaces [interface *type number*] status	스위치 포트는 access VLAN 또는 trunk를 표시하며, 라우티드 포트는 'routed'라고 나열한다.
show interfaces *interface-id* switchport	스위치 포트는 관리 설정 및 작동 상태와 관련된 모든 인터페이스 정보를 나열한다. 라우티드 포트는 간단하게 포트가 라우티드 포트인지만 확인한다.
show interfaces vlan *number*	VLAN 인터페이스의 상태, IPv4 주소 및 마스크 등의 정보를 나열한다.
show etherchannel [*channel-group-number*] summary	해당 스위치의 이더채널 상태에 대한 정보를 나열하고 정보 중에는 이더채널이 2계층인지 3계층인지도 구분한다.

[표 19-5] 19장에서 다룬 EXEC 명령어 참조

CHAPTER 20

FHRP를 위한 HSRP 구현

이 장은 다음 시험 주제를 다룬다.

4.0 인프라스트럭처 서비스

4.1 기본적인 HSRP 설정, 검증, 문제 해결

4.1.a 우선 순위

4.1.b 선점

4.1.c 버전

5.0 인프라스트럭처 유지 관리

5.6 기본 3계층 종단 간(end to end)의 연결 문제 해결

기업들은 네트워크에 의존해 업무를 수행한다. 어떤 기업들은 더 네트워크에 의존하는데, 네트워크 중단이 직접적인 매출 손실에 영향을 주기도 한다. 예를 들어 네트워크가 다운되면, 어떤 회사는 고객을 놓치거나 물건을 팔지 못하고, 물건을 배송하지 못해 향후 매출이 떨어진다. 회사들은 네트워크를 이중화로 설계할 수 있다. 여분의 장비와 여분의 링크를 이용하여, 장비나 링크가 장애가 발생하더라도 네트워크가 계속 동작할 수 있도록 위함이다. 여분의 장비를 위해 더 많은 비용이 필요하지만, 네트워크 중단에 따른 손해 비용을 고려한다면, 정당화될 수 있는 비용이다.

이중화된 장비와 링크를 가진 네트워크는 이중화된 네트워크를 동작시키기 위한 별도 프로토콜을 필요로 한다. 이 장에서는 FHRP(First Hop Redundancy Protocol)라고 불리는 프로토콜에 대한 개념을 소개한다. 그리고 이 장의 대부분은 FHRP 중 하나인 시스코의 HSRP(Hot Standby Router Protocol) 설정, 검증, 문제 해결에 대해 자세히 살펴본다.

이 장은 세 개의 주요 절로 나눠져 있다. 첫 번째 절에서는 FHRP의 개념과 FHRP의 세 가지 옵션인 HSRP, VRRP(Virtual Router Redundancy Protocol), GLBP(Gateway Load Balancing Protocol)를 소개한다. 두 번째 절에서는 HSRP 설정, 검증 방법을 보여주고, 세 번째 절에서는 HSRP 문제 해결 방법을 논의한다.

QUIZ 사전 점검 퀴즈

아래의 사전 점검 퀴즈(지문 또는 PCPT 소프트웨어 사용)를 풀어보면 이 장을 읽고 이해하는 데 시간이 얼마나 걸릴 것인지 가늠할 수 있다. 정답은 퀴즈 다음 페이지 하단에 있으며, 퀴즈 정답에 대한 자세한 설명은 DVD 부록 C와 PCPT 소프트웨어에 담겨 있다.

핵심 주제	문항
FHRP와 HSRP 개념	1, 2
HSRP 구현	3–5
HSRP 문제 해결	6

[표 20–1] 핵심 주제와 관련된 사전 점검 퀴즈 문항

1. R1과 R2는 동일 VLAN상에 있고, 서브넷은 10.19.19.0/25, 주소는 10.1.19.1과 10.1.19.2로써 인터페이스에 **ip address** 하위 명령어로 각각 설정되어 있다. 호스트 A의 기본 라우터는 10.1.19.1이고, 호스트 B의 기본 라우터는 10.1.19.2이다. 라우터들은 FHRP를 사용하지 않는다. 다음 중 어떤 문제가 이 LAN에 발생하는가?

a. 두 라우터는 동일 LAN 서브넷에 연결될 수 없기 때문에, IPv4 주소 규칙에 어긋난다.

b. 라우터 한 대에 장애가 나면, 두 호스트 모두 다른 서브넷으로 패킷을 보낼 수 없다.

c. 라우터 한 대에 장애가 나면, 두 호스트는 남은 라우터를 기본 라우터로 사용한다.

d. 라우터 한 대에 장애가 나면, 그 라우터를 기본 라우터로 사용하는 호스트는 다른 서브넷으로 패킷을 보낼 수 없다.

20

2. R1과 R2는 동일 VLAN상에 있고, 서브넷은 10.19.19.0/25, 주소는 10.1.19.1과 10.1.19.2로써 인터페이스에 **ip address** 하위 명령어로 각각 설정되어 있다. 라우터는 FHRP를 사용한다. 호스트 A와 호스트 B가 동일 LAN에 있고, FHRP 설정에 맞는 기본 라우터 설정이 되어 있다. 다음 중 이 LAN에 대한 올바른 내용은 무엇인가?

a. 두 라우터는 동일한 LAN 서브넷에 연결될 수 없기 때문에, IPv4 주소 규칙에 어긋난다.

b. 라우터 한 대에 장애가 나면, 두 호스트 모두 다른 서브넷으로 패킷을 보낼 수 없다.

c. 라우터 한 대에 장애가 나면, 두 호스트 모두 나머지 라우터를 기본 라우터로 사용한다.

d. 라우터 한 대에 장애가 나면, 두 호스트 중 한 호스트만 패킷을 다른 서브넷으로 보낼 수 있다.

3. R1과 R2는 동일한 이더넷 LAN의 서브넷 10.1.19.0/25에 속하며, 주소는 각각 10.1.19.1과 10.1.19.2로써 **ip address** 인터페이스 하위 명령어로 설정되어 있다. 라우터는 HSRP를 사용한다. R1과 R2가 모두 up일 때, R1이 기본 라우터로 사용된다. 이 서브넷에 있는 호스트의 기본 라우터 설정은 다음 중 어떤 것인가?

a. 10.1.19.1

b. 10.1.19.2

c. 10.1.19.1과 10.1.19.2를 제외한, 서브넷 10.1.19.0/25 내의 다른 IP 주소

d. FHRP mini-DNS가 최초 10.1.19.1을 가리키는 호스트네임

4. 다음은 HSRP를 사용하는 라우터 R3의 출력이다. 서브넷 10.1.12.0은 마스크 255.255.255.0을 사용한다. 명령어의 출력을 봤을 때, 다음 중 맞는 것은?

```
R3# show standby brief
Interface    Grp  Pri P State    Active     Standby          Virtual IP
Gi0/0        1    105   Active   local      10.1.12.1        10.1.12.2
```

a. 10.1.12.1을 기본 라우터로 설정한 호스트는 패킷을 라우터 R3로 보낸다.

b. 10.1.12.2를 기본 라우터로 설정한 호스트는 패킷을 라우터 R3로 보낸다.

c. 라우터 R3는 인터페이스 G0/0에 **ip address 10.1.12.2 255.255.255.0** 명령어로 설정되어 있다.

d. 라우터 R3는 인터페이스 G0/0에 **ip address 10.1.12.1 255.255.255.0**으로 설정되어 있다.

5. 두 라우터 R1과 R2는 HSRP로 설정되어 있다. R1은 **standby 1 priority 1** 명령어로 설정되어 있고, R2는 **standby 1 priority 2** 명령어로 설정되어 있다. R1의 전원이 켜지고, 한 시간 후 R2의 전원이 켜졌다. 어떤 라우터가 HSRP 액티브 라우터인지 다음 중 맞는 것은?

a. 설정에 상관 없이, R2가 액티브 라우터이다.

b. 설정에 상관 없이, R1이 액티브 라우터이다.

c. R2에 **standby 1 preempt**가 설정되어 있다면, R2가 액티브 라우터이다.

d. R1에 **no standby 1 preempt**가 설정되어 있다면, R1이 액티브 라우터이다.

6. 다른 엔지니어가 동일한 LAN에 연결된 두 라우터에 HSRP를 설정했다. 당신이 두 라우터 중 한 대에 콘솔을 연결했을 때, 다음과 같은 로그 메시지가 나타났다. 이 로그 메시지의 원인이 되는 HSRP 설정 실수는 어떤 것인가? (2개를 고르시오)

```
*Mar  12 17:18:19.123: %IP-4-DUPADDR: Duplicate address 10.2.2.2 on
GigabitEthernet0/0, sourced by 0000.0c9f.f002
```

a. 두 HSRP 라우터가 서로 다른 HSRP 그룹 번호로 설정되어 있다.

b. 로컬 라우터가 인입 HSRP 메시지를 필터링하고 있다.

c. 두 HSRP 라우터가 서로 다른 HSRP 버전으로 설정되어 있다.

d. 두 HSRP 라우터가 서로 다른 가상 IP 주소로 설정되어 있다.

FHRP와 HSRP 개념

네트워크는 이중화된 라우터, 스위치, LAN 링크, WAN 링크 등을 포함하는 디자인을 위해 이중화의 이점을 살리고, 혹시 발생할지 모르는 문제를 방지하고자 특별한 프로토콜을 필요로 한다.

예를 들어, 많은 원격지 지점 사무실의 WAN을 생각해 보자. 만약, 각 원격지 지점마다 두 개의 외부 연결용 WAN 링크를 가지고 있다면, 최적 경로를 선택하기 위해 라우터는 IP 라우팅 프로토콜을 사용한다. 두 WAN 링크를 통해 라우팅 프로토콜을 경로를 학습하고, 최적의 경로를 라우팅 테이블에 추가한다. 최적의 WAN 링크에 장애가 나면 이중화된 링크의 이점을 살리기 위해, 라우팅 프로토콜은 백업 경로를 라우팅 테이블에 추가한다.

다른 예로, 이 책의 2장 '스패닝 프로토콜 개념'과 3장 '스패닝 트리 구현'에서 공부한 이중화된 링크와 스위치의 LAN을 생각해본다. 스위치가 STP를 사용하지 않는다면, LAN은 문제를 갖는다. STP는 LAN의 이중화된 경로로 인한 프레임 루프(loop) 문제를 방지한다.

20

이 장에서는 네트워크에서 이중화를 구현할 때, 도움이 되는 다른 프로토콜을 알아보며, 우선 기본 라우터 이중화에 대해 알아본다. 두 개 이상의 라우터가 동일한 LAN 서브넷에 연결될 때, 이들 라우터는 호스트들의 기본 라우터로 사용될 수 있다. 하지만, 이중화된 기본 라우터로 가장 잘 사용하려면 다른 프로토콜이 필요하다. FHRP(First Hop Redundancy Protocol)란 서브넷에 이중화된 라우터를 이용하여 호스트들이 이점을 누릴 수 있도록 해주는 프로토콜 카테고리를 말한다.

이 장의 첫 주요 절에서는 다양한 FHRP가 동작하는 주요 개념에 대해 배운다. 이 절은 일반적인 네트워크의 이중화 필요성과 기본 라우터 이중화의 필요성에 대해 먼저 다룬다. 그런 다음, 기본 라우터 이중화를 사용시, 발생하는 문제를 해결하기 위한 FHRP의 세 가지 옵션을 보여준다.

네트워크에서 이중화의 필요성

네트워크의 가용성(availability)을 향상시키기 위해서, 네트워크는 이중화된 링크가 필요하다. 언젠가는 네트워크에 분명히 장애가 발생한다. 라우터 파워 서플라이가 장애가 날 수도 있고, 케이블이 끊어지거나 스위치 전원이 나갈 수도 있다. 이 책에서 단순한 선으로 그려진 WAN 링크는 사실 네트워크의 가장 복잡한 물리적 부분이며, 장애가 발생 가능성이 있는 부분을 많이 포함하고 있다.

사전 점검 퀴즈 정답

1 D **2** C **3** C **4** B **5** C **6** A, C

네트워크 구성에 따라, 단일 부품에 장애가 나서 일부 네트워크의 중단을 가져오는 하나의 부분을 가리켜, *단일 장애 포인트(single point of failure)*라고 한다. 예를 들어, [그림 20-1]에서 WAN은 이중화가 되어 있지 않으나, LAN은 이중화가 되어 있는 것처럼 보인다. 만약, 대부분의 트래픽이 사이트 간에 흐른다면, 그림에 보는 것과 같이 많은 단일 장애 포인트가 있게 된다. 그림에서는 단일 장애 포인트로써 여러 부분들을 표시하고 있다. 만약, 표시된 부분 중 한 곳에 장애가 발생하면, 패킷은 네트워크의 왼쪽에서 오른쪽으로 흐를 수 없다.

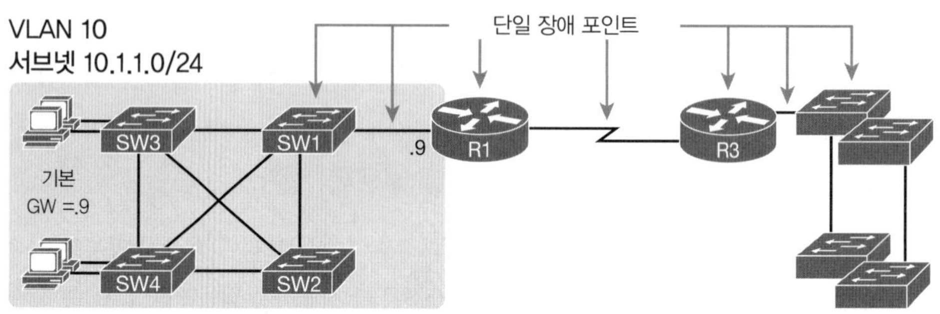

[그림 20-1] 단일 장애 포인트인 R1과 단일 WAN 링크

일반적으로 가용성을 높이기 위해서, 네트워크 엔지니어는 디자인을 보고, 단일 장애 포인트를 찾는다. 그리고 나서 추가되어야 할 곳을 선택하여, 단일 장애 포인트에 이중화를 함으로써 가용성을 향상시킨다. 특히, 엔지니어는

- 이중화 장비와 링크를 추가한다.
- 이중화된 장비와 링크의 이점을 갖기 위한 필요 기능을 구현한다.

예를 들어, [그림 20-1]에서 단일 장애 포인트 중 장기간 가장 비용이 많이 드는 부분은 WAN 링크로, 매달 나가는 비용 때문이다. 하지만 통계적으로 봤을 때, WAN 링크는 가장 장애가 빈번하게 일어나는 부분이다. 따라서 [그림 20-1] 네트워크에서 합당한 업그레이드는 WAN 링크를 추가하는 것이고, [그림 20-2]처럼 네트워크 오른쪽에 다른 라우터로 연결할 수도 있다.

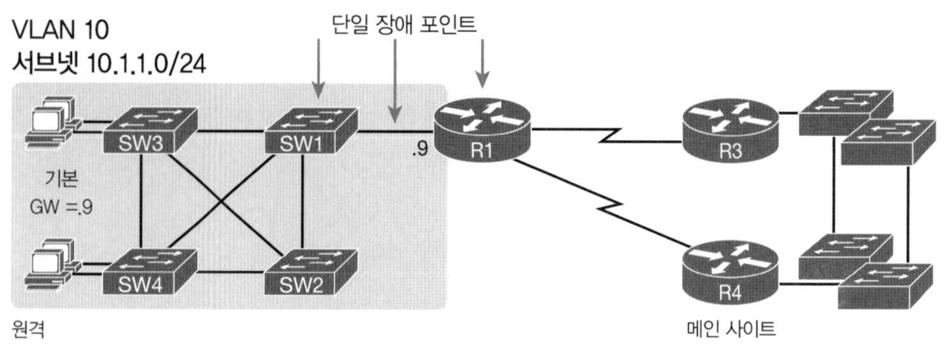

[그림 20-2] 가용성이 높아졌으나, 여전히 R1은 단일 장애 포인트다.

실제로 많은 기업들이 [그림 20-2]와 같은 디자인을 따르고 있으며, 원격 사이트에 라우터 한 대를 놓아, 두 개의 WAN 링크를 메인 사이트로 연결하고, 메인 사이트에는 그림 오른쪽과 같이 라우터를 이중화한다. [그림 20-1]과 비교하여, [그림 20-2]의 디자인은 더 적은 단일 장애 포인트를 갖는다. 단일 장애 포인트가 남아 있기 때문에 장애 위험은 계속 남아 있으나, 계산에 포함된 위험이다. 많은 장애의 경우, 라우터를 리부팅시켜서 문제를 해결하는데, 이때 장애 시간은 비교적 짧다. 하지만 스위치나 라우터 하드웨어가 완전히 고장 날 위험이 여전히 있으며, 이럴 경우 장애 복구를 위해 교체 장비를 배송하는 시간이 필요하다.

더 많은 비용을 지불할 수 있는 기업에게, 원격 사이트의 가용성을 높이기 위한 다음 방안은 라우터와 스위치가 완전히 망가지는 경우를 대비하는 것이다. 이러한 디자인에서, [그림 20-2] 왼쪽에 라우터를 추가함으로써 이전에 말한 모든 단일 장애 포인트를 없앤다. [그림 20-3]은 다른 LAN 스위치에 연결되는 두 번째 라우터 디자인을 보여주는데, 이렇게 하면 더 이상 SW1이 단일 장애 포인트가 아니게 된다.

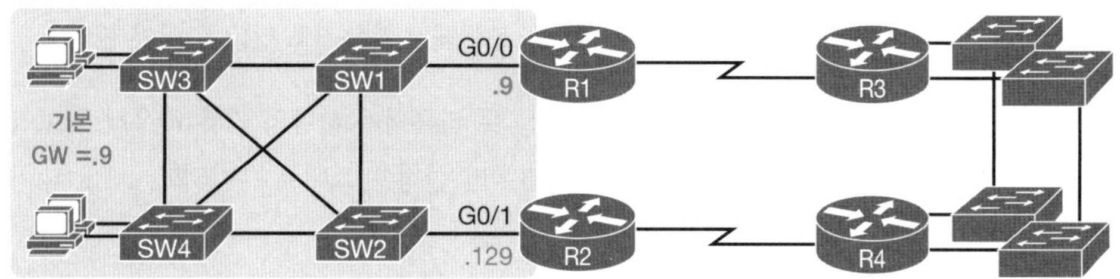

[그림 20-3] 네트워크 디자인에서 모든 단일 장애 포인트 제거

> **NOTE** 중대형 기업 네트워크에서는 고 가용성과 가용 예산간의 균형을 맞추기 위해 노력한다. Cisco.com 홈페이지에는 고 가용성 디자인의 절충 사안을 논의하기 위한 많은 디자인 문서들이 있다. 더 배우는 데 관심이 있다면, Cisco.com에 'high availability campus network design'을 찾아보길 바란다.

FHRP의 필요성

다시 이 장의 주제로 돌아가자. 지금까지 이 장에서 보여진 디자인 중에서, 오직 [그림 20-3]의 디자인에서만 그림의 왼쪽 LAN에 동일 VLAN과 서브넷을 지원하기 위한 두 개의 라우터가 있었다. 동일 서브넷에 이중화된 라우터는 갖는 것이 도움이 되긴 하지만, 이렇게 라우터를 이중화하는 경우 네트워크에서 FHRP를 사용할 필요가 있다.

FHRP(First Hop Redundancy Protocol)를 사용하는 필요성과 장점을 알기 위해, [그림 20-4]에서 보는 것과 같이, VLAN 10/서브넷 10.1.1.0/24에 있는 호스트들이 기본 라우터로써 어떻게 이중화된 라우터를 사용할 수 있는지 생각해보자. 호스트 규칙은 변경되지 않으며, 각 호스트는 하나의 기본 라우터 설정만 갖는다. 따라서, 기본 라우터 설정에 대한 디자인 옵션은 다음을 포함한다.

- 서브넷에 있는 모든 호스트는 기본 라우터로 R1(10.1.1.9)을 사용하고, 만약 R1에 장애가 나면, 기본 라우터 설정을 수동으로 R2의 10.1.1.129로 재설정한다.
- 서브넷에 있는 모든 호스트는 기본 라우터로 R2(10.1.1.129)를 사용하고, 만약 R2에 장애가 나면, 기본 라우터 설정을 수동으로 R1의 10.1.1.9로 재설정한다.
- 호스트의 절반은 R1을 기본 라우터로 사용하고, 나머지 절반은 R2를 기본 라우터로 사용한다. 한 라우터에 장애가 나면, 사용자 절반은 수동으로 기본 라우터 설정을 재설정한다.

이러한 개념을 확실히 알기 위해, [그림 20-4]는 이 세 가지 옵션을 보여주며, 호스트 절반은 R1을 사용하고, 나머지 절반은 R2를 사용한다. 정리된 그림을 보기 위해, LAN 스위치는 그림에서 제외했다. 호스트 A와 B는 기본 라우터로 R1을 사용하고, 호스트 C와 D는 기본 라우터로 R2를 사용한다.

이러한 옵션들은 모두 문제점을 가지고 있다. 바로 일반 사용자가 어떤 액션을 취해야 한다는 것이다. 사용자는 장애가 발생한 것을 알아야 한다. 사용자는 기본 라우터 설정 방법을 알고 있어야 한다. 그리고 사용자는 언제 원래 설정으로 복귀해야 하는지도 알고 있어야 한다.

FHRP는 이런 디자인을 더 잘 동작하게 만든다. 두 라우터가 하나의 기본 라우터로 보이게 한다. 사용자는 아무것도 할 필요가 없다. 기본 라우터 설정은 그대로 유지되고, ARP 테이블조차도 동일하게 유지된다.

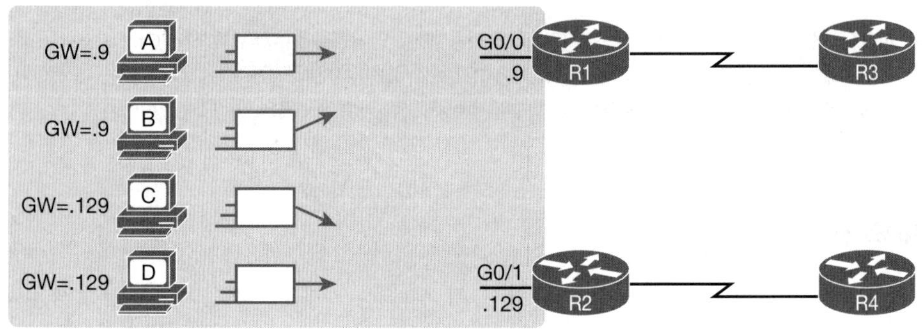

[그림 20-4] 클라이언트에 기본 라우터를 다르게 할당함으로써 트래픽 균형을 맞춤

호스트 설정은 변경하지 않으려면, FHRP 프로토콜 중 하나를 이용하여 라우터에 작업을 해 주어야 한다. 일반적으로 FHRP는 다음과 같은 일을 한다.

❶ 모든 호스트는 하나의 기본 라우터 설정만 가지고 있고, 변경 없이 항상 동작한다.

❷ 기본 라우터는 FHRP에서 정의된 서브넷에서 가상 IP 주소를 서로 공유한다.

❸ 호스트는 FHRP 가상 IP 주소를 기본 라우터 주소로 사용한다.

❹ 라우터는 FHRP 프로토콜 메시지를 교환하여, 어떤 시점에 어떤 라우터가 액티브로 동작할 지를 서로 간에 동의한다.

❺ 라우터에 장애가 나거나 다른 문제가 발생하면, 라우터는 FHRP를 이용하여, 장애가 발생한 라우터의 역할을 어떤 라우터가 가져갈지 선택한다.

FHRP의 세 가지 솔루션

FHRP라는 용어는 특정 프로토콜 이름이 아니고, 동일한 역할을 수행하는 프로토콜의 통칭이다. [그림 20-4]의 왼쪽과 같은 네트워크에서, 엔지니어는 FHRP 프로토콜 중 하나를 선택할 수 있다.

NOTE First Hop은 패킷이 통과해야 하는 첫 번째 라우터, 다른 말로 첫 번째 홉 라우터인 기본 라우터를 말한다.

[표 20-2]는 FHRP 프로토콜을 처음 사용된 시기를 기반으로 시대순으로 나열한다. 시스코는 독자적인 HSRP(Hot Standby Router Protocol)를 처음으로 소개했고, 많은 고객들이 사용했다. 나중에 IETF는 VRRP(Virtual Router Redundancy)라는 매우 유사한 프로토콜을 표준 RFC로 제정했다. 마지막으로, 시스코는 GLBP(Gateway Load Balancing Protocol)라는 더 풍부한 기능의 독자 프로토콜을 개발했다.

약어	정식 명칭	출처	이중화 방법	부하 분산
HSRP	Hot Standby Router Protocol	시스코	액티브/스탠바이	서브넷별
VRRP	Virtual Router Redundancy Protocol	RFC 5798	액티브/스탠바이	서브넷별
GLBP	Gateway Load Balancing Protocol	시스코	액티브/액티브	호스트별

[표 20-2] 세 가지 FHRP 옵션

이 장에서는 HSRP를 중점적으로 보며, VRRP와 GLBP는 간략하게만 언급한다. 세 가지 FHRP 프로토콜 중 처음으로 출시된 HSRP는 많은 네트워크에서 여전히 많이 사용되고 있다. 다음 몇 페이지에서 HSRP 동작에 대한 개념을 배운다(부록 K에서 이 책의 이전 에디션에 있던 GLBP에 대한 깊은 내용을 포함하고 있으니, 관심이 있으면 읽어보길 바란다).

HSRP 개념

HSRP는 액티브/스탠바이 방식으로 동작한다(또는 액티브/패시브 방식이라고도 한다). HSRP는 두 대(또는 그 이상)의 라우터가 함께 동작하면서, 모두 기본 라우터로 동작할 수 있게 해준다. 하지만 동시에 한 대의 라우터만 사용자 트래픽을 처리한다. 호스트가 자신의 기본 라우터로 보낸 패킷은 하나의 액티브 라우터로만 보내진다. 다른 HSRP 스탠바이 상태의 라우터들은 액티브 라우터에 문제가 생길 때까지 계속 대기한다.

HSRP 액티브 라우터는 가상 IP 주소 및 가상 MAC 주소를 설정한다. 가상 IP 주소는 HSRP 설정의 일부분이며, 일반적인 **ip address** 인터페이스 하위 명령어와 더불어 추가적으로 설정한다. 가상 IP 주소는 인터페이스 IP 주소와 동일한 서브넷에 있어야 하지만, 인터페이스 IP 주소와는 다른 IP 주소를 사용해야 한다. 그런 다음, 라우터는 가상 MAC 주소를 자동적으로 생성한다. 함께 HSRP를 동작하는 라우터들은 이런 가상 주소들을 알고 있지만, HSRP 액티브 라우터만 이 가상 주소들을 실제 사용한다.

호스트들은 라우터의 인터페이스 IP 주소 대신에, 가상 IP 주소를 기본 라우터로 주소로 사용한다. 예를 들어, [그림 20-5]에서 R1과 R2는 HSRP를 이용한다. HSRP의 가상 IP 주소는 10.1.1.1이고 가상 MAC 주소는 단순히 VMAC1이라고 하자.

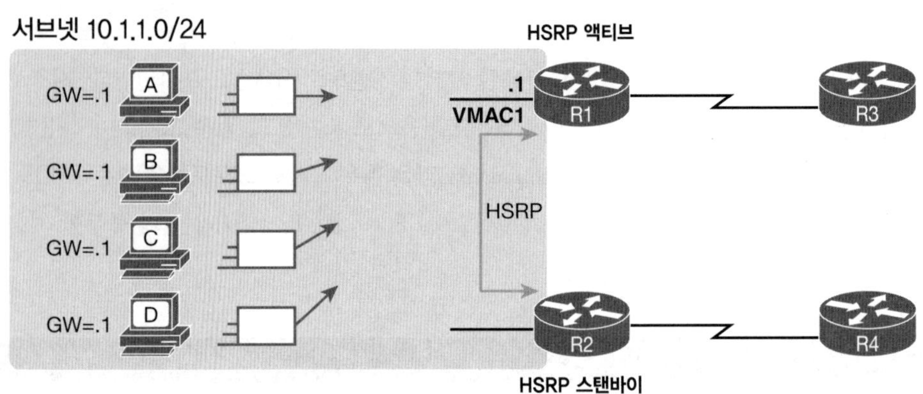

호스트 ARP 테이블

IP	MAC
10.1.1.1	**VMAC1**

[그림 20-5] 모든 트래픽은 .1(액티브인 R1)로 가고, R2는 스탠바이이다.

HSRP 페일오버(Failover)

각 라우터의 HSRP는 [그림 20-5]에 보는 것처럼 네트워크 기능을 위한 몇 가지 작업을 수행한다. 두 라우터는 가상 IP 주소를 포함한 HSRP 설정이 필요하다. 두 라우터는 HSRP 메시지를 서로 간에 보내서 어떤 라우터가 액티브가 되고, 어떤 라우터가 스탠바이가 될지를 협상하여 결정한다. 그리고 나서 두 라우터는 서로 메시지를 보내는데, 이를 통해 스탠바이 라우터는 액티브 라우터에 장애가 났음을 감지할 수 있고, 새로운 액티브 라우터 역할을 가져올 수 있다.

[그림 20-6]은 [그림 20-5]에서 봤던 액티브 라우터에 장애가 났을 때를 보여준다. R1은 가상 IP 주소와 가상 MAC 주소 사용을 멈추고, 새로운 액티브 라우터인 R2가 이들 가상 주소 사용을

시작한다. 트래픽이 R1 대신에 R2로 흐르는 동안에도, 호스트들은 기본 라우터 설정을 변경할 필요가 없다.

Key Topic

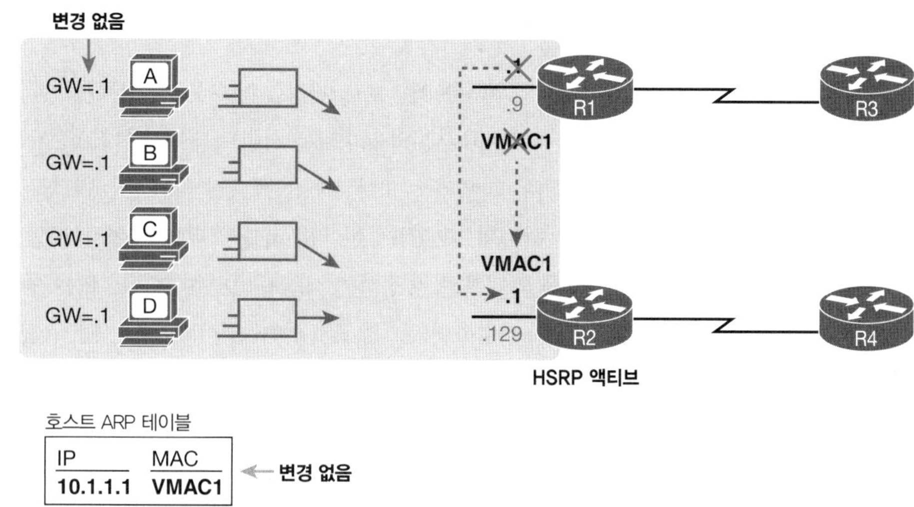

[그림 20-6] 장애가 난 R1의 역할을 가져가서, 새로운 액티브인 R2를 통해 흐르는 패킷

페일오버(failover)가 될 때 일부 변화가 있긴 하지만, 호스트에는 변화가 없다. 호스트는 동일한 기본 라우터 설정을 가상 IP 주소(이 예에서는 10.1.1.1)로 유지한다. 호스트의 ARP 테이블도 변경될 필요가 없으며, 가상 라우터 MAC 주소로 나열된 HSRP 가상 MAC을 유지한다.

페일오버가 발생할 때, 두 라우터 및 LAN 스위치에 변화가 발생한다. 분명히 새로운 액티브 라우터는 가상 IP 주소와 가상 MAC 주소를 이용하여 패킷(프레임 내에 캡슐화된)을 받을 준비가 되어 있어야만 한다. 하지만 앞 그림에서 생략되었던 LAN 스위치들은 이전에 라우터 R1의 VMAC1을 목적지로 프레임을 보냈었다. 이제는 스위치들이 새로운 액티브 라우터인 R2로 프레임을 보내야 한다는 것을 알아야 한다.

스위치의 VMAC1에 대한 MAC 주소 테이블을 변경하기 위해서, R2는 출발지 MAC 주소를 VMAC1으로 하는 이더넷 프레임을 전송한다. 그러면 스위치는 보통 때처럼 출발지 MAC 주소(VMAC1)를 학습하는데, 이 경우, R2를 가리키는 새로운 포트로 학습하게 된다. 프레임은 LAN 브로드캐스트로 전송되기 때문에, 모든 스위치들이 R2로 향하는 VMAC1의 MAC 테이블 항목을 학습한다(그런데, 이 이더넷 프레임은 ARP 응답 메시지를 담고 있으며, GARP(gratuitous ARP, 이유 없는 ARP)라고 부른다. 왜냐하면 ARP 요청 없음에도 불구하고, 라우터가 이유 없이 ARP 응답을 보냈기 때문이다).

HSRP 부하 분산

HSRP 액티브/스탠바이 방식이란 하나의 서브넷에 있는 모든 호스트가 다른 서브넷으로 패킷을 보낼 때, 오직 한 라우터만 사용하는 것을 의미한다. 즉, 패킷을 한 라우터에서 모두 처리하면서, 작업 부하를 다른 라우터와 나누지 않는다는 것을 말한다. 예를 들어 [그림 20-5]를 다시 살펴보면, R1은 액티브 라우터이고, 따라서 서브넷의 모든 호스트는 패킷을 R1으로 보낸다. 어떤 호스트도 패킷을 R2로 보내지 않는다.

HSRP는 다른 서브넷에 대해서는 다른 라우터를 액티브로 지정함으로써 부하 분산을 할 수 있다. 이중화를 위한 두 번째 라우터를 설치하는 대부분의 사이트는 사이트 내에서 여러 VLAN과 서브넷을 사용할 만큼 충분히 클것이다. 두 라우터는 모든 VLAN에 연결되어, 각 VLAN 에 대한 기본 라우터로 동작한다. HSRP는 하나의 VLAN에 한 라우터를 액티브로 설정하고, 다른 VLAN에 대해서는 또 다른 라우터를 액티브로 설정하여, 트래픽을 분산한다. 또는 동일 서브넷에서 여러 개의 HSRP 인스턴스를 설정하여(멀티플 HSRP 그룹이라고 한다), 한 그룹은 한 라우터를 액티브 라우터로 사용하고, 다른 그룹은 다른 라우터를 액티브 라우터로 사용한다.

예를 들어, [그림 20-7]은 다시 디자인된 LAN을 보여주는데, VLAN 1에 두 호스트, VLAN 2에 두 호스트가 있다. R1과 R2가 LAN 연결되어 있고, VLAN 트렁크를 사용하고, ROAS(router-on-a-stick) 설정을 사용한다. 두 라우터는 두 서브넷에 각각 HSRP를 사용하여, 서로를 백업할 수 있도록 지원한다. 하지만 R1은 VLAN 1에서 HSRP 액티브가 되도록 설정되어 있고, R2는 VLAN 2에서 액티브가 되도록 설정하였다.

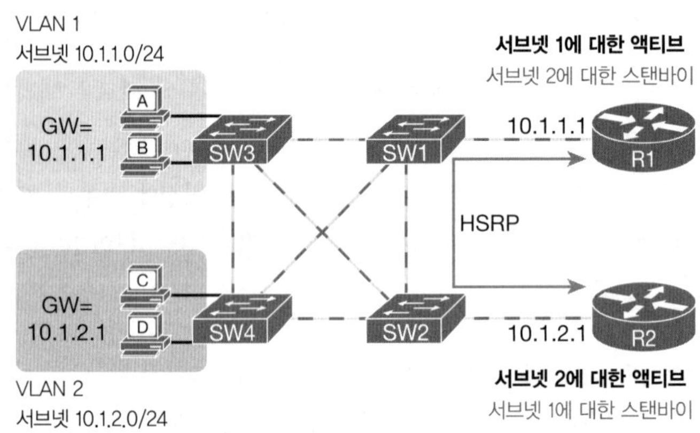

[그림 20-7] 서브넷별로 다른 액티브 라우터를 사용하는 HSRP 부하 분산

서브넷별로 각각 HSRP 액티브 라우터를 둬, 두 라우터 및 두 WAN 링크를 모두 사용하는 디자인이 되었다.

FHRP는 전형적인 라우터와 3계층 스위치를 포함한 기본 라우터로 동작하는 어떤 장비든 필요하다. HSRP는 라우터와 3계층 스위치의 IP 주소가 설정된 인터페이스에 설정될 수 있다. 하지만 기본 라우터를 필요로 하는 호스트들이 있는 서브넷이 있을 때, 이런 서브넷에 연결된 인터페이스에서 HSRP를 주로 사용한다. 이런 인터페이스는 라우터의 물리적 인터페이스가 될 수도 있고, 라우터 트렁크 서브 인터페이스나 3계층 스위치의 가상 인터페이스(SVI)가 될 수도 있다.

> **NOTE** 이 장에서는 HSRP를 사용하는 라우터를 보여주고, 물리적 인터페이스에 적용된 예를 보여주며, 이는 라우터와 3계층 스위치 그리고 여러 인터페이스 등을 반복적으로 언급하는 것을 피하기 위해서다. 이 장에서의 FHRP와 HSRP 개념에서는 특히 라우터의 물리적 인터페이스, 트렁크 서브 인터페이스 그리고 SVI에 적용된다.

HSRP 구현

이번 장의 두 번째 주요 절에서는 기본 기능의 HSRP 설정 및 연관된 **show** 명령어를 보여준다. 이번 절의 목적은 앞 절에서 설명한 개념을 확실히 이해하기 위해 동작 방식을 충분히 보여준다.

기본 HSRP 설정과 검증

HSRP 설정은 명령어 한 줄만 있으면 되는데, HSRP로 기본 라우터 역할을 분담하기 원하는 라우터에 적용하면 된다. 명령어는 **standby** *group* **ip** *virtual-ip* 인터페이스 하위 명령어이다. 첫 번째 값은 HSRP 그룹 번호를 정의하며, 두 라우터 간에 같아야 한다. 그룹 번호는 동일한 인터페이스에서 하나의 라우터가 여러 HSRP 그룹을 지원할 수 있게 해주며, 라우터가 그룹 기반으로 서로를 식별할 수 있게 한다. 이 명령어는 또한 동일한 그룹에서 라우터가 공유하는 가상 IP 주소를 설정하는데, 가상 IP 주소는 VLAN에 있는 호스트들이 디폴트 게이트웨이로써 사용하는 주소가 된다.

[예 20-1]은 [그림 20-5]와 [그림 20-6]에 나오는 HSRP 예에 해당하는 설정을 보여준다. 두 라우터 모두 그룹 1을 사용하고, 가상 IP 주소는 10.1.1.1이며, **standby 1 ip 10.1.1.1** 인터페이스 하위 명령어를 사용한다.

설정에서는 다른 옵션 매개 변수도 보여준다. 예를 들어, R1은 그룹에서 우선 순위(priority)가 110이고, R2는 기본값인 100이다. 만약, 두 대의 HSRP 라우터가 동시에 켜졌다면, 우선 순위가 높은 라우터가 액티브 라우터로 선출된다. 설정에서는 그룹에 할당된 명칭(**show** 명령어를 사용 시)과 HSRP 버전 2를 선택한 것도 볼 수 있다. 이 장에서는 뒤에 페이지에서 이러한 설정들을 더 상세하게 다룬다.

설정이 끝나면, 두 라우터는 HSRP 설정값을 가지고 협상하여, 어떤 라우터가 현재 액티브가 되고, 어떤 라우터가 스탠바이가 될지 결정한다. 예의 설정에 보면, R1은 우선 순위가 높기(좋기) 때문에 액티브 라우터로 선출된다. [예 20-2]에 R1과 R2에서 **show standby brief** 명령어의 출력을 보면, 두 라우터 모두 동일한 결론에 도달했음을 알 수 있다.

```
R1# show running-config
! 간략화를 위한 라인 생략
interface GigabitEthernet0/0
 ip address 10.1.1.9 255.255.255.0
 standby version 2
 standby 1 ip 10.1.1.1
 standby 1 priority 110
 standby 1 name HSRP-group-for-book
```

```
! 아래의 R2 설정은 HSRP 우선 순위와 인터페이스 IP 주소를 제외하고는 모두 동일하다.
R2# show running-config
! 간략화를 위한 라인 생략
interface GigabitEthernet0/0
 ip address 10.1.1.129 255.255.255.0
 standby version 2
 standby 1 ip 10.1.1.1
 standby 1 name HSRP-group-for-book
```

[예 20-1] IP 주소 10.1.1.1을 공유하는 R1과 R2의 HSRP 설정

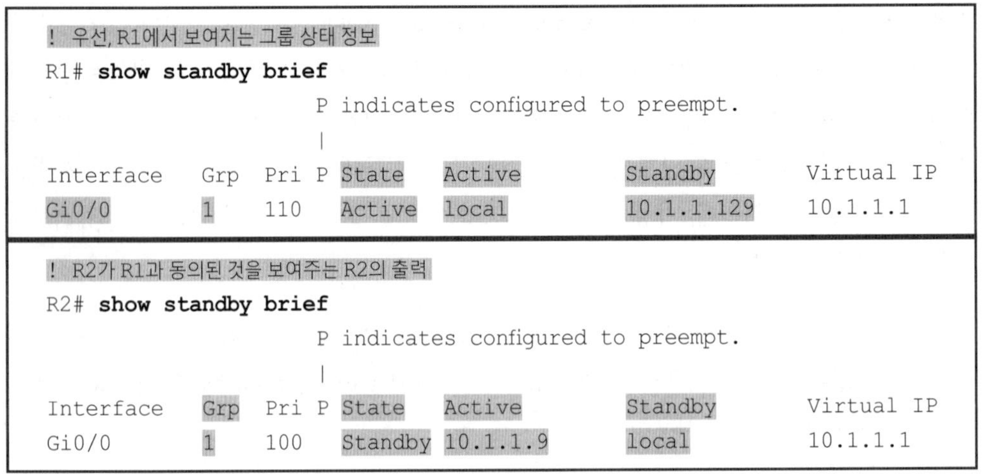
```
! 우선, R1에서 보여지는 그룹 상태 정보
R1# show standby brief
                     P indicates configured to preempt.
                     |
Interface    Grp  Pri P State    Active          Standby        Virtual IP
Gi0/0        1    110   Active   local           10.1.1.129     10.1.1.1
```

```
! R2가 R1과 동의된 것을 보여주는 R2의 출력
R2# show standby brief
                     P indicates configured to preempt.
                     |
Interface    Grp  Pri P State    Active          Standby        Virtual IP
Gi0/0        1    100   Standby  10.1.1.9        local          10.1.1.1
```

[예 20-2] show standby brief 명령어로 본 R1과 R2의 HSRP 상태

show standby brief 명령어에 다양한 정보가 표시되므로, 강조된 부분을 눈여겨 보기 바란다. 우선 각 명령어의 Grp 열을 살펴보자. 이것은 HSRP 그룹 번호를 나타낸다. 따라서 여러 라우터의 출력 내용을 살펴볼 때, 하나의 HSRP 그룹에 관련된 데이터인지를 확인하기 위해 동일 그룹 번호인지 살펴봐야 한다. 이 경우, 두 라우터 모두 그룹 번호 1번만 가지고 있으므로 정보를 찾기 쉽다.

출력의 각 라인은 로컬 라우터 관점에서 해당 그룹에 대한 HSRP 상태를 보여준다. **show standby brief** 명령어는 특히 상단 제목들에 기반하여, 다음과 같은 것들을 알 수 있다.

- Interface: HSRP 그룹이 설정된 로컬 라우터의 인터페이스
- Grp: HSRP 그룹 번호
- Pri: 로컬 라우터의 HSRP 우선 순위
- State: 로컬 라우터의 현재 HSRP 상태
- Active: 현재 액티브 HSRP 라우터의 인터페이스 IP 주소(또는 로컬 라우터가 HSRP 액티브이면, 'local'이라고 표시됨)
- Standby: 현재 스탠바이 HSRP 라우터의 인터페이스 IP 주소(또는 로컬 라우터가 HSRP 스탠바이이면, 'local'이라고 표시됨)
- Virtual I: 이 그룹을 위해 이 라우터에서 정의한 가상 IP 주소

예를 들어, [예 20-2]에 강조된 부분을 보면, R2는 현재 자신의 상태가 스탠바이이고, 액티브는 인터페이스 주소가 10.1.1.9(라우터 R1의 주소)인 라우터이고, 로컬 라우터(이 명령어를 실행한 R2)가 스탠바이 라우터임을 보여주고 있다.

비교를 위해, **show standby** 명령어(**brief** 키워드 없이)는 현재 상태에 대한 더 자세한 내용을 출력하며, **show standby brief** 명령어의 내용들도 다수 포함한다. [예 20-3]의 **show standby** 명령어의 새로운 정보에 대한 예를 보여주는데, HSRP 프로토콜에 대한 몇 가지 카운터와 타이머, 가상 MAC 주소 0000.0c9f.f001을 보여준다.

```
R1# show standby
GigabitEthernet0/0 - Group 1 (version 2)
  State is Active
    6 state changes, last state change 00:12:53
  Virtual IP address is 10.1.1.1
  Active virtual MAC address is 0000.0c9f.f001
    Local virtual MAC address is 0000.0c9f.f001 (v2 default)
  Hello time 3 sec, hold time 10 sec
    Next hello sent in 1.696 secs
  Preemption disabled
  Active router is local
  Standby router is 10.1.1.129, priority 100 (expires in 8.096 sec)
  Priority 110 (configured 110)
  Group name is "HSRP-group-for-book" (cfgd)
```

```
! R2가 R1과 동의된 것을 보여주는 R2의 출력
R2# show standby
GigabitEthernet0/0 - Group 1 (version 2)
  State is Standby
    4 state changes, last state change 00:12:05
  Virtual IP address is 10.1.1.1
```

```
  Active virtual MAC address is 0000.0c9f.f001
    Local virtual MAC address is 0000.0c9f.f001 (v2 default)
  Hello time 3 sec, hold time 10 sec
    Next hello sent in 0.352 secs
  Preemption disabled
  Active router is 10.1.1.9, priority 110 (expires in 9.136 sec)
    MAC address is 0200.0101.0101
  Standby router is local
  Priority 100 (default 100)
  Group name is "HSRP-group-for-book" (cfgd)
```

[예 20-3] R1과 R2의 **show standby** 명령으로 본 HSRP 상태

우선 순위와 선점에 따른 HSRP 액티브 역할

HSRP는 어떤 라우터가 HSRP 액티브 라우터가 되고, 어떤 라우터가 스탠바이가 될지 결정하기 위한 규칙들을 정의한다. 스탠바이 라우터가 액티브 역할을 가져 가는 경우에 대한 자세한 규칙도 정의한다. 다음의 리스트는 이러한 규칙을 요약해서 보여주며, 이 절의 뒷부분에서 이러한 규칙 및 관련된 설정에 대해 자세히 살펴본다.

우선 HSRP 규칙을 알아본다. 라우터(로컬 라우터라 부름)에 HSRP가 설정된 인터페이스를 가지고 있을 때 인터페이스가 up되면, 라우터는 HSRP 메시지를 보내서 자신이 액티브 또는 스탠바이가 되어야 하는지 협상을 한다. 라우터가 이런 메시지를 보낼 때,

단계 ① 만약 서브넷에서 HSRP 라우터를 발견하지 못하면, 로컬 라우터가 액티브 라우터가 된다.

단계 ② 만약 HSRP 라우터를 발견하였고, 어떤 라우터가 HSRP 액티브 라우터가 되는지 결정하기 위해 현재 협상 중이라면, 가장 높은 HSRP 우선 순위를 가진 라우터가 HSRP 액티브 라우터가 되도록 협상한다.

단계 ③ 만약 서브넷에서 HSRP 라우터를 발견하였고, 그 라우터가 이미 액티브 라우터로 동작 중이라면,

Ⓐ 만약 선점(preemption)이 설정되어 있지 않다면(기본적으로 **no standby preempt**), 로컬 라우터가 좋은(높은) 우선 순위를 가졌다 하더라도 스탠바이 라우터가 된다.

Ⓑ 만약 선점이 설정되어 있다면(**standby preempt**), 로컬 라우터는 우선 순위를 액티브 라우터와 비교한다. 만약 로컬 라우터의 우선 순위가 좋다면(높다면), 로컬 라우터가 현재 액티브 라우터의 역할을 가져와서(선점하여), 새로운 액티브 HSRP 라우터가 된다.

단계①과 **단계②**는 꽤 분명하지만, **단계③**의 Ⓐ와 Ⓑ는 좀 더 살펴볼 필요가 있다. 예를 들어, 이 장의 지금까지 예에서, R1 G0/0은 우선 순위 110이고, R2 G0/0은 우선 순위 100이었다. [예 20-3]의 **show** 명령어는 R1이 현재 HSRP 액티브 라우터임을 보여준다. 같은 예에서 R1과 R2 모두에 'preemption disabled'라고 된 것을 확인할 수 있는데, 이것이 기본 설정이다.

단계3A의 규칙을 테스트하기 위해, [예 20-4]는 R1 G0/0 인터페이스를 죽였다가 다시 살리는 절차를 보여주는데, R2가 액티브 역할을 가져오기 위한 충분한 시간을 준다. R1이 다시 up이 되었을 때, R2가 이미 그룹 1의 HSRP 액티브가 되어 있다. 예의 아래쪽에 R2에서 **show standby brief** 명령의 결과를 보여주는데, R2가 HSRP 액티브가 되었고, R1은 스탠바이(10.1.1.9)가 되었기 때문에, 이 경우, R1이 R2를 선점하지 못했다.

```
! 우선, R1의 G0/0이 비활성화 되었다가 다시 활성화 된다. 마지막의 로그 메시지는 스탠바이 상태임을 보여준다.
R1# configure terminal
Enter configuration commands, one per line.  End with CNTL/Z.
R1(config)# interface gigabitEthernet 0/0
R1(config-if)# shutdown
*Mar  8 18:10:29.242: %HSRP-5-STATECHANGE: GigabitEthernet0/0 Grp 1 state Active ->
Init
*Mar  8 18:10:31.205: %LINK-5-CHANGED: Interface GigabitEthernet0/0, changed state to
administratively down
*Mar  8 18:10:32.205: %LINEPROTO-5-UPDOWN: Line protocol on Interface
GigabitEther net0/0, changed state to down
R1(config-if)#
R1(config-if)# no shutdown
R1(config-if)# ^Z
R1#
*Mar  8 18:11:08.355: %HSRP-5-STATECHANGE: GigabitEthernet0/0 Grp 1 state
Speak -> Standby
```

```
! 이제, R2에서 보면, R2가 액티브이고, 10.1.1.9(R1)이 스탠바이가 된다.
R2# show standby brief
                     P indicates configured to preempt.
                     |
Interface   Grp  Pri P State   Active          Standby         Virtual IP
Gi0/1       1    100   Active  local           10.1.1.9        10.1.1.1
```

[예 20-4] R1이 다시 살고 나서, 'No Preemption'이 어떻게 R1을 스탠바이 상태로 유지하는지 보여준다.

만약 R1이 이전 시나리오에서 선점으로 설정되었다면, R1의 인터페이스가 up이 되었을 때, R1이 R2로부터 액티브를 가져왔을 것이다. [예 20-5]가 이런 경우를 보여준다. [예 20-5]를 살펴보기 전에, 네트워크가 [예 20-4]의 초기 상태로써 R1이 액티브이고, R2가 스탠바이로 동작하고 있다고 보자. [예 20-5]에서 R1의 인터페이스가 shut down 되어 있고, **standby 1 preempt** 명령어로 선점이 설정되어 있다. 그리고 인터페이스를 다시 살리게 되면, 예 아래쪽에 보이는 R2의 **show standby brief** 명령에서 보는 것처럼, R1이 HSRP 액티브를 가져간다. 이 출력은 로컬 라우터의 상태가 스탠바이이며, 액티브 라우터는 10.1.1.9(R1)라는 것을 보여준다.

```
! 우선, R1의 G0/0이 비활성화 되었다가 다시 활성화 된다. 마지막의 로그 메시지는 액티브 상태임을 보여준다.
R1# configure terminal
Enter configuration commands, one per line.  End with CNTL/Z.
R1(config)# interface gigabitEthernet 0/0
R1(config-if)# shutdown
*Mar  8 18:10:29.242: %HSRP-5-STATECHANGE: GigabitEthernet0/0 Grp 1 state Active ->
  Init
*Mar  8 18:10:31.205: %LINK-5-CHANGED: Interface GigabitEthernet0/0, changed state to
  administratively down
*Mar  8 18:10:32.205: %LINEPROTO-5-UPDOWN: Line protocol on Interface GigabitEther
  net0/0, changed state to down
R1(config-if)# standby 1 preempt
R1(config-if)# no shutdown
R1(config-if)# ^Z
R1#
*Mar  8 18:19:14.355: %HSRP-5-STATECHANGE: GigabitEthernet0/0 Grp 1 state Listen ->
  Active
```

```
! 이제, R2에서 보면, R2가 스탠바이고, 10.1.1.9(R1)이 액티브가 된다.

*Mar  8 18:18:55.948: %HSRP-5-STATECHANGE: GigabitEthernet0/0 Grp 1 state Standby ->
  Active
*Mar  8 18:19:14.528: %HSRP-5-STATECHANGE: GigabitEthernet0/0 Grp 1 state Active ->
  Speak
*Mar  8 18:19:26.298: %HSRP-5-STATECHANGE: GigabitEthernet0/0 Grp 1 state Speak ->
  Standby

R2# show standby brief
                     P indicates configured to preempt.
                     |
Interface   Grp  Pri P State   Active          Standby         Virtual IP
Gi0/0       1    100   Standby 10.1.1.9        local           10.1.1.1
```

[예 20-5] R1이 다시 살고 나서, 'Preemption'이 어떻게 R1이 액티브를 가져오게 하는지 보여준다.

선점하려는(역할을 가져오려는) 라우터에 선점 설정에 따라, 선점 발생여부를 결정한다. 예를 들어, 이 예에서 R2가 액티브인 상태에서 R1이 up 되었고, R1은 선점 설정이 되어 있었으므로, R1이 R2로부터 선점한다.

HSRP 버전

라우터와 3계층 스위치의 시스코 IOS는 HSRP의 두 버전을 지원하는데, 버전 1과 2이다. 버전 간에는 차이점이 꽤 있고, 사용되는 멀티캐스트 IP 주소나 메시지 포맷도 다르기 때문에 동일한 HSRP 그룹의 라우터들은 동일한 버전을 사용해야만 한다. 만약, 동일한 HSRP 그룹으로 설정된 두 라우터에 실수로 다른 버전을 사용하도록 설정했다면, 서로를 알아보지 못하고, HSRP 동작에서 서로를 무시한다.

버전을 설정하기 위해, 각 인터페이스/하위 인터페이스에서 **standby version** {**1** | **2**} 인터페이스 하위 명령어를 사용한다. HSRP 그룹 번호가 명령어에 포함되지 않았다면, 인터페이스나 하위 인터페이스로 내보내는 모든 HSRP 메시지는 해당 버전으로 설정된다.

더 최신인 HSRP 버전 2(HSRPv2)를 사용해야 하는 이유들이 있다. 예를 들어, HSRPv1은 IPv6가 알려지기 전에 만들어졌다. 시스코는 IPv6를 지원하기 위해, HSRP를 버전 2로 향상시켰다. 따라서 IPv6를 HSRP와 함께 사용하려면, HSRPv2를 사용해야 한다.

HSRPv2에 장점에 대한 다른 예는, 라우팅 프로토콜의 개념과 유사하게 HSRP는 헬로(hello) 메시지를 사용하여 액티브 라우터에 장애가 나면, HSRP 그룹 맴버들이 이를 인식하게 한다. HSRPv2는 더 짧은 헬로 타이머 설정을 할 수 있으며(밀리 초 수준의 짧은), 반면에 HSRPv1은 보통 1초가 최소이다. 따라서, HSRPv2는 짧은 헬로 타이머로 장애 시 더 빠르게 반응하도록 설정할 수 있다.

20

IPv6 지원과 짧은 헬로 타이머 이외에도, 버전 1과 2의 차이는 가상 MAC 주소의 기본값의 차이와 모든 메시지의 목적지로 사용되는 멀티캐스트 IP 주소의 차이 등을 포함한다. [표 20-3]은 HSRPv1과 HSRPv2의 차이점을 나열한다.

기능	버전 1	버전 2
IPv6 지원	미지원	지원
최소 헬로 타이머	초	밀리 초
그룹 번호 범위	0에서 255까지	0에서 4095까지
사용되는 MAC 주소(xx나 xxx는 그룹 번호의 16진수 헥사임)	0000.0C07.ACxx	0000.0C9F.Fxxx
사용되는 IPv4 멀티캐스트 주소	224.0.0.2	224.0.0.102
프로토콜이 각 라우터별로 유일한 식별자 사용 여부?	사용	미사용

[표 20-3] HSRPv1과 HSRPv2

표의 세부 사항 중 버전 1과 2의 MAC 주소를 확인하라. 시스코는 0000.0C07.ACxx를 HSRPv1으로 사용하고, 0000.0C9F.Fxxx를 HSRPv2로 사용한다. HSRPv1은 인터페이스당 256개의 HSRP 그룹을 만들 수 있고, HSRP 그룹을 식별하기 위해, 마지막 두 16진수(헥사) 숫자를 사용한다. 예를 들어 HSRP 그룹 1이 버전 1을 사용하면, 가상 MAC 주소는 16진수(헥사) 01로 끝난다. 이와 비슷하게, HSRPv2는 인터페이스당 4,096개의 HSRP 그룹을 지원하기 때문에, MAC 주소는 그룹을 식별하기 위해 세 자리의 16진수를 남겨둔다. HSRP 그룹 1이 버전 2를 사용하면, 가상 MAC 주소는 16진수(헥사) 001로 끝난다.

HSRP 문제 해결

당신이 준비해야 하는 활동에 관해서는, HSRP 문제 해결은 이 책의 유사한 주제들을 참고하면 된다. 우선, 설정을 자세히 공부하여 설정이 맞는지 틀리는지 알 수 있어야 한다. 그 일환으로, **show running-config** 명령어 외에도, 다른 **show** 명령어를 기반으로 구성을 파악할 준비가 필요하다. 즉, 가능하면 다른 **show** 명령어를 기반으로 설정을 역으로 파악할 정도가 되어야 한다.

추가적으로, 동일한 HSRP 그룹에서 라우터에 어떤 HSRP 설정이 필요한지에 대한 좋은 아이디어를 가지고 있어야 한다. 그리고 일반적인 설정 실수를 했을 때, **show** 출력이 어떻게 나오는지 알고 있는 것이 도움이 된다.

HSRP 설정 확인

우선 설정에 대한 문제를 위해, **show standby** 명령어의 출력에 대해 생각해보자. 이번에는 마음 속에 설정을 떠올리며 생각으로 보자. 이를 위해, [예 20-6]은 이번 장에서 계속 사용되고 있는 예의 라우터 R1의 설정을 보여준다. 또한 [예 20-3]에서 봤던 **show standby** 명령을 다시 보여준다. 이 새로운 예에서, **show standby** 명령어 출력에서 굵게 강조된 부분은 설정상 매치되는 내용을 보여준다.

```
! 우선, HSRP 그룹 설정
interface GigabitEthernet0/0
 ip address 10.1.1.9 255.255.255.0
 standby version 2
 standby 1 ip 10.1.1.1
 standby 1 priority 110
 standby 1 name HSRP-group-for-book

! 다음은 show standby 명령어 출력
R1# show standby
GigabitEthernet0/0 - Group 1 (version 2)           ! standby version 2
  State is Active
    6 state changes, last state change 00:12:53
  Virtual IP address is 10.1.1.1                   ! standby 1 ip 10.1.1.1
  Active virtual MAC address is 0000.0c9f.f001
    Local virtual MAC address is 0000.0c9f.f001 (v2 default)
  Hello time 3 sec, hold time 10 sec
    Next hello sent in 1.696 secs
  Preemption disabled                              ! no standby 1 preempt
   (default)
```

```
Active router is local
Standby router is 10.1.1.129, priority 100 (expires in 8.096 sec)
Priority 110 (configured 110)                    ! standby 1 priority 110
Group name is "HSRP-group-for-book" (cfgd)  ! standby 1 name HSRP-group-for-book
```

[예 20-6] show standby 명령어의 출력에서 HSRP 설정 찾기

show standby 명령어 출력의 맨 오른쪽에 있는 주석(주석은 !으로 시작)을 통해, **show standby** 명령어 출력의 의미를 예 위쪽에 있는 네 개의 **standby** 설정 명령어와 마음속으로 연결해 볼 수 있다.

다음으로 HSRP가 정상적으로 동작하려면, HSRP 매개 변수 중 일부가 정확히 일치해야 한다. 예를 들어, 두 라우터가 동일한 HSRP 그룹에서 동작하려고 할 때 HSRP 버전이 서로 다르다면, 둘은 서로의 메시지를 이해하지 못할 것이고, 서로를 무시하며 각자 독립적으로 동작할 것이다. 설정이 정상 동작하기 위해 확인해야 하는 중요한 내용들은 다음과 같다.

- 라우터는 동일한 HSRP 버전으로 설정되어야 한다(**standby version** {**1** | **2**}).
- 라우터는 동일한 HSRP 그룹 번호로 설정되어야 한다(**standby** *number* …).
- 라우터는 동일한 가상 IP 주소로 설정되어야 한다(**standby** *number* **ip** *address*).
- 가상 IP 주소는 (a)인터페이스 IP 주소와 동일한 서브넷에 있어야 하고, (b)서브넷에서 다른 장비가 사용하고 있지 않아야 한다(다른 HSRP 라우터를 포함하여) (**standby** *number* **ip** *address*).
- 연결된 2계층 네트워크에서, 라우터 또는 3계층 스위치는 동일한 VLAN에 연결되어 있어야 한다.
- 두 라우터 간에 HSRP 메시지를 필터링하는 ACL이 없어야 한다(HSRP는 UDP 포트 1985를 사용하고, 버전 1은 멀티캐스트 주소 224.0.0.2, 버전 2는 224.0.0.102로 메시지를 보낸다).

HSRP 설정 오류 시 증상

IOS는 이전에 언급한 좋은 설정 제안과는 다른 몇 가지 설정 실수는 탐지하지 못한다. 따라서 좋은 설정은 어떻게 보이는지 생각해보고, 의도적으로 하나의 설정 실수를 가정해 보자. 증상은 어떻게 나타날까? [표 20-4]는 의도적인 설정 실수 네 가지를 보여준다. 각 항목은 오직 하나의 설정 실수만 있었다고 가정한다. 각각에 대해 좀 더 자세히 살펴본다.

20

번호	시나리오	두 라우터 모두 액티브인가?	중복된 주소를 감지하는가?	액티브 라우터에 따라 VIP가 변하는가?
1	HSRP 버전 불일치	예	예	해당 사항 없음
2	HSRP 그룹 번호 불일치	예	예	해당 사항 없음
3	ACL이 HSRP 패킷을 필터링	예	아니오	해당 사항 없음
4	라우터가 서로 다른 VIP를 설정	아니오	예	예

[표 20-4] HSRP 설정 오류 시나리오와 그에 따른 결과

예를 들어, 테이블의 1번 항목, HSRP 버전 불일치를 보자. [예 20-7]은 [예 20-1]부터 이 장에서 계속 사용하는 동일한 디자인과 설정을 이용해서, 어떤 일이 발생하는지 보여준다. [예 20-7]과 같이, R1의 HSRP 버전을 버전 1로 변경되었고, R2는 버전 2를 계속 사용한다.

```
! R1의 HSRP 버전이 이전에는 R2의 버전 2와 일치했다. 아래는 버전 1로 변경한 결과이다.
R1# configure terminal
Enter configuration commands, one per line.  End with CNTL/Z.
R1(config)# interface gigabitEthernet 0/0
R1(config-if)# standby version 1
R1(config-if)# ^Z
R1#
*Mar  9 17:53:43.275: %HSRP-5-STATECHANGE: GigabitEthernet0/0 Grp 1 state Active ->
  Init
*Mar  9 17:54:06.348: %HSRP-5-STATECHANGE: GigabitEthernet0/0 Grp 1 state Standby ->
  Active
*Mar  9 17:54:06.377: %IP-4-DUPADDR: Duplicate address 10.1.1.1 on GigabitEthernet0/0,
  sourced by 0000.0c9f.f001
*Mar  9 17:54:36.425: %IP-4-DUPADDR: Duplicate address 10.1.1.1 on GigabitEthernet0/0,
  sourced by 0000.0c9f.f001

R1# show standby brief
                     P indicates configured to preempt.
                     |
Interface   Grp  Pri P State   Active          Standby         Virtual IP
Gi0/0       1    100   Active  local           unknown         10.1.1.1
```

```
! 다음 줄들은 R2의 출력이며, 여전히 HSRP 버전 2이다. 또한, R2는 액티브로 동작한다.
*Mar  9 17:53:38.618: %HSRP-5-STATECHANGE: GigabitEthernet0/0 Grp 1 state Standby ->
  Active
*Mar  9 17:54:01.724: %IP-4-DUPADDR: Duplicate address 10.1.1.1 on GigabitEthernet0/0,
  sourced by 0000.0c07.ac01

R2# show standby brief
                     P indicates configured to preempt.
                     |
```

```
Interface   Grp  Pri P State   Active          Standby         Virtual IP
Gi0/0       1    100   Active  local           unknown         10.1.1.1
```

[예 20-7] 설정 오류 시나리오: HSRP 라우터가 서로 다른 HSRP 버전을 사용

[예 20-7]을 통해, R1이 버전 1로 바뀌지 마자, R1은 HSRPv1 메시지를 보내기 시작하고, HSRPv2 메시지를 보내는 것은 중단하고, R2로부터의 받는 HSRPv2 메시지는 무시한다. 그리고 R1과 R2 모두 독립적으로 동작하기 시작한다. 로그 메시지와 두 라우터의 **show standby brief** 명령어의 출력으로 볼 수 있듯이, 두 라우터 모두 스탠바이로 동작하는 상대 라우터를 인식하지 못한다. 즉, 라우터들은 서로를 무시한다.

[예 20-7]에 대해, 두 라우터 모두 액티브이기 때문에, 동일한 가상 IP 주소인 10.1.1.1을 사용하려고 한다. 하지만 서로 다른 HSRP 버전을 사용하기 때문에, 다른 MAC 주소를 사용한다. 각 라우터는 동일한 가상 IP 주소가 중복 사용된다는 것을 감지하여, 예의 강조된 메시지와 같은 로그 메시지를 생성하기 시작한다.

[표 20-4]의 2번 항목과 관련해서, HSRP 그룹 번호 설정 오류는 [예 20-7]과 동일한 결과를 초래한다. 두 라우터 모두 함께 동작하려고 시도하지 않는다. 두 라우터 모두 각각 자신의 HSRP 그룹에 대한 액티브가 되어, 동일한 가상 IP 주소를 사용하려고 한다. 두 라우터 모두 중복된 가상 IP 주소를 탐지하여, 이에 대한 로그 메시지를 생성한다.

3번 항목에 대해서는 각 라우터에 진입 ACL이 HSRP 트래픽을 필터링한다. HSRP 메시지는 출발지 IP 주소로 로컬 인터페이스 IP 주소를 사용한다. 목적지 주소는 224.0.0.2(버전 1의 경우) 또는 224.0.0.102(버전 2의 경우)가 된다. 또한 HSRP는 UDP 포트 1985를 사용한다. 그래서 진입 HSRP를 폐기하는 ACL은 두 라우터를 독립적으로 동작하게 만든다. 때로는 이것은 라우터가 중복된 IP 주소 사용을 감지하지 못하는 것을 의미하기도 한다.

마지막으로 4번 항목에 대해, 두 라우터에 가상 IP 주소 설정으로 서로 다른 IP 주소가 설정되었다면, 많이 다른 결과가 나타난다. 이것은 만약 단순한 설정 실수라면, 두 라우터가 HSRP 메시지를 주고 받고, 액티브와 스탠바이 라우터를 정상적으로 선정한다. 액티브 라우터는 자신이 정의한 가상 IP 주소로 사용한다. 하지만 만약 액티브 라우터에 장애가 나면, 다른 라우터가 액티브가 되고, 그 라우터는 다른 가상 IP 주소를 사용하게 된다. 기본적으로, 가상 IP 주소는 어떤 라우터가 액티브가 되느냐에 따라 변경된다. 결과적으로, 한 라우터의 VIP를 기본 라우터로 사용하는 호스트들은 그 라우터가 액티브일 때만 정상적으로 동작한다.

챕터 리뷰

시험에서 좋은 성적을 거두려면 핵심은 복습 세션을 반복하여 학습하는 것이다. 이 장의 내용을 책, DVD, 책의 웹 사이트에서 찾을 수 있는 툴들을 이용해서 복습하도록 하고, '당신의 학습 계획'에 따라 더 세부 내용을 확인하도록 한다. [표 20-5]에는 핵심 복습 사항이 정리되어 있다. 아래 표의 두 번째 칸에 완료한 사항에 관해 기록하도록 한다.

리뷰 사항	완료 날짜	사용 자료
핵심 주제 복습		책, DVD/웹 사이트
핵심 용어 리뷰		책, DVD/웹 사이트
DIKTA 문제 리뷰		책, PCPT
랩 실행		블로그
메모리 테이블 리뷰		책, DVD/웹 사이트
명령어 테이블 리뷰		책

[표 20-5] 리뷰 확인

핵심 주제 리뷰

핵심 주제	설명	쪽 번호
리스트	모든 FHRP의 공통 특징	604~605
그림 20-5	HSRP 개념	606
그림 20-6	HSRP 페일 오버 결과	607
리스트	**show standby brief** 명령어 출력에 대한 설명	611
리스트	HSRP 선점 규칙	612
표 20-3	HSRP 버전 간 차이점	615
리스트	동일 HSRP 그룹에 있는 라우터 간에 일치해야 하는 HSRP 설정	617
표 20-4	HSRP 설정 오류 시나리오와 증상	618

[표 20-6] 20장의 핵심 주제

핵심 용어

단일 장애 포인트, FHRP(First Hop Redundancy Protocol), HSRP(Hot Standby Router Protocol), VRRP(Virtual Router Redundancy Protocol), GLBP (Gateway Load Balancing Protocol), 가상 IP 주소, 가상 MAC 주소, HSRP 액티브, HSRP 스탠바이

참조 명령어

[표 20-7]과 [표 20-8]은 이번 장에서 사용된 설정 및 검증 명령어이다. 손쉬운 복습 연습으로, 테이블 왼쪽을 가리고, 오른쪽을 읽으면서 명령어를 기억해본다. 그런 다음 오른쪽을 가리고, 명령어가 어떤 의미인지 상기하는 연습을 반복한다.

명령어	설명
standby *group-number* ip *virtual-ip*	HSRP를 설정하고, 가상 IP 주소를 정의하고, 특정 HSRP 그룹에 연관시키기 위한 인터페이스 하위 명령어
standby *group-number* priority *0...255*	우선 순위를 설정하고, 어떤 라우터가 액티브 라우터가 되는데 영향을 주는 인터페이스 하위 명령어로 더 높은 번호가 우선시 되며, 기본은 100. 이 명령어는 특정 HSRP 그룹에 설정을 연관시킨다
[no] standby *group-number* preempt	선점을 설정하기 위한 인터페이스 하위 명령어(또는 명령어에 no를 사용하여, 기능을 해제).
standby *group-number* name *descriptive-name*	명칭을 정의하고, 특정 HSRP 그룹에 설정을 연관시키기 위한 인터페이스 하위 명령어.
standby version 1 | 2	인터페이스에 모든 그룹에서 사용되는 HSRP 버전을 설정하기 위한 인터페이스 하위 명령어.

[표 20-7] 20장에서 다룬 설정 명령어

명령어	설명
show standby	가상 IP 주소, 현재 액티브와 스탠바이 라우터, 가상 MAC 주소, 카운터 등을 포함하여, HSRP 상태를 자세하게 표시한다.
show standby brief	현재 액티브와 스탠바이 라우터, 가상 IP 주소 등을 포함하는 각 HSRP 그룹에 대한 상태 정보를 한 줄로 표시한다.

[표 20-8] 20에서 다룬 EXEC 명령어 참조

CHAPTER 21

IPv4 라우팅 문제 해결

이 장은 다음 시험 주제를 다룬다.

5.0 인프라스트럭처 유지 관리

5.6 기본 3계층 종단 간의 연결 이슈 문제 해결

이번 장에서는 IPv4 전송부(data plane) 문제 해결 방법을 설명한다. 이번 주제는 IP가 동작하는 방법의 기본을 다룬다. 호스트의 동작 방식, IPv4 설정이 호스트 동작에 미치는 영향, 이러한 설정이 기본 라우터와 어떻게 매치되어야 하는지, 라우터는 패킷을 어떻게 전달하는지, IP 주소 계획이 어떻게 문제를 일으킬 수 있는지 포함한다.

ICND1 책에서는 이런 주제를 깊이 있게 설명한다. 실제로 이 장의 내용은 ICND1 책의 24장 'IPv4 라우팅 문제 해결'에도 동일하게 나와 있다. ICND2 책의 이번 장은 단어, 그림, 예, 표 등 모든 것이 동일하다. 항목이 페이지상에 약간 다르게 나올 수는 있는데, 이것은 출판 과정에서 항목들을 배치하는 방식 때문이다.

이번 장의 주제들은 ICND1과 ICND2 책에 몇 가지 이유로 동일하게 언급된다. 우선 ICND2 시험 주제는 IPv4 전송부 문제 해결에 중점을 둔 특정 시험 주제가 포함되어 있고, 이번 장에서는 이러한 이슈(ACL 문제 해결과 같은 다른 이슈들은 다른 장에서 논의한다)들에 대해 논의한다. 그 외에도 ICND1 및 ICND2 책에서의 모든 IPv4 문제 해결은 이번 장에서 설명하는 기본 IPv4 전송부 문제 해결 기술에 의존한다.

따라서 만약 두 책 모두 가지고 있다면, ICND1의 24장과 이번 장을 모두 읽고 이해할 필요는 없다. 둘 다 동일하기 때문이다. 하지만 ICND1 책을 읽고 나서 이번 장을 읽었다고 하더라도, '핵심 주제'라고 표기되어 있는 주요 주제에 대해서는 꼭 복습하는 시간을 갖도록 하자. 또는 책의 DVD 또는 웹 사이트에서 찾을 수 있는 핵심 주제 복습 애플리케이션을 이용하자.

QUIZ 사전 점검 퀴즈

이 책의 문제 해결 장의 일부는 주제의 문제 해결에 대해 논의하고, 일부 중요한 주제는 요약, 검토하는 도구로 사용된다. 이번 장은 이러한 장 중에 하나이다. 결과적으로 현재 지식 수준에 상관없이 이번 장을 읽는 것은 매우 유용하며, 이번 장에서는 사전 점검 퀴즈를 포함하지 않았다. 하지만 이 책에서 공부하는 IPv4 라우팅 문제 해결에 대해 특별히 자신있다면, 이번 장의 주요 내용들을 건너뛰고, 마지막에 있는 이번 장 복습인 '챕터 리뷰'로 바로 넘어가도 좋다.

핵심 주제

호스트와 기본 라우터 간의 문제

당신이 사용자 문제에 대한 전화를 받는 고객 지원 담당자(CSR)로 일한다고 생각해보자. 사용자가 서버에 연결할 수 없다는 메시지를 남겼다. 사용자에게 전화를 걸었을 때 연락이 닿지 않아서, 당신은 호스트의 기본 라우터로 ping 테스트를 실시하였다. 이러한 ping 테스트를 통해, 사용자 단말과 기본 라우터 사이의 어디쯤에서 문제가 있다고 생각한다. 예를 들어, [그림 21-1]에 보이는 라우터 R1과 호스트 A 사이 어디쯤에 있다고 말이다.

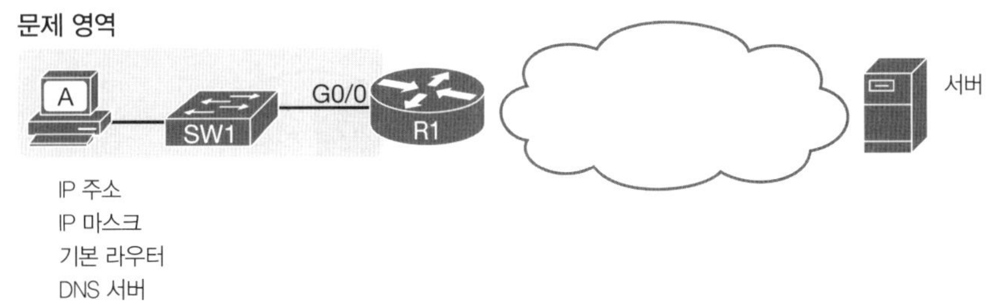

[그림 21-1] 이번 절에서의 논의되는 중점 영역

이번 장의 첫 번째 절에서는 호스트, 기본 라우터, 그리고 둘 사이에서 일어나는 문제들에 중점을 둔다. 시작하기 전에, 이 절에서는 그림과 같이 호스트의 네 가지 IP 설정을 살펴본다. 그런 다음, LAN 인터페이스를 중점적으로 기본 라우터를 살펴보고, 호스트의 기본 라우터로 동작하기 위한 설정들을 살펴본다.

호스트의 IPv4 설정으로 기반으로 하는 근본 원인

일반적인 IPv4 호스트는 네 가지 IPv4 핵심 설정을 위해 두 가지 방법 중 하나를 이용한다. 바로, 정적(static) 설정 또는 DHCP(Dynamic Host Configuration Protocol) 방식이다. 두 가지 방식 모두 설정은 부정확할 수 있다. 정적 설정의 경우, 사람이 값을 입력할 때 실수로 잘못된 숫자를 설정할 수 있다. 더 놀라운 것은, DHCP도 잘못된 값을 설정할 수 있다는 사실이다. DHCP 프로세스가 정상 동작할 수 있지만, DHCP 서버에 설정된 잘못된 값으로 인하여, 호스트가 잘못된 IPv4 설정을 가질 수 있다.

이번 절에서는 먼저 호스트의 설정을 살펴보고, 일치되어야 하는 항목과 일반적인 이슈에 대해 논의한다.

IPv4 설정이 정확히 일치되는 확인

일단, 호스트와 기본 라우터 사이의 어디쯤에 문제가 있다고 생각되면, 호스트의 IPv4 설정이 의도한 설정과 동일한지 확인해야 한다. 이러한 절차는 사용자를 호스트 운영체제의 GUI(graphical user interface)를 통해 안내하거나, **ipconfig** 및 **ifconfig**와 같은 호스트 운영체제의 기본 명령어를 사용하여 시작된다. 이러한 절차를 통해 매개 변수가 빠져 있거나, DHCP로 IPv4 설정을 전혀 받지 못하는 것과 같은 명백한 이슈들을 발견해야 한다.

만약 호스트가 모든 설정을 다 가지고 있다면, 다음 단계로 설정된 값이 네트워크상에서 일치되는 값인지 확인한다. DNS(Domain Name System) 서버의 IP 주소 – 보통 적어도 두 개의 주소를 사용 – 는 네트워크상에서 사용되는 실제 DNS 서버의 주소와 일치되는지 확인한다. 나머지 설정들도 호스트가 기본 라우터로 사용하는 라우터의 정확한 LAN 인터페이스와 비교되어야 한다. [그림 21-2]는 일치되어야 하는 부분들을 정리하였고, 뒤에 약간의 설명을 추가했다.

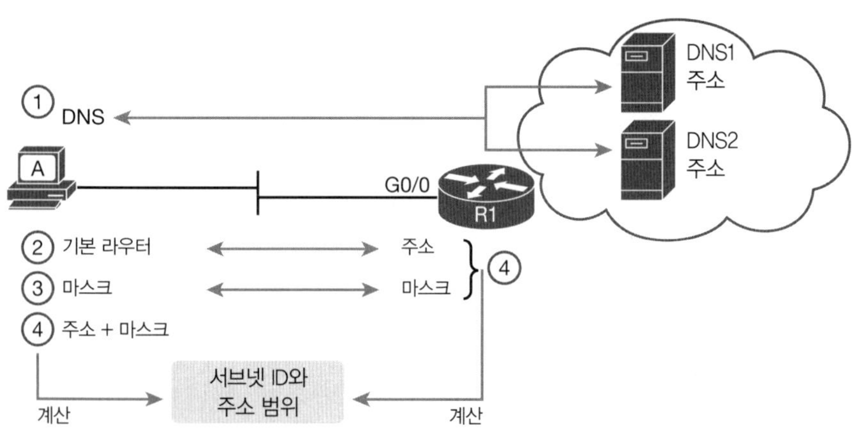

[그림 21-2] 설정과 일치되어야 하는 호스트 IPv4 설정 비교

그림에 번호로 표시된 것처럼, 이런 단계를 통해 호스트의 IPv4 설정을 확인하여야 한다.

단계 ① DNS 서버 주소 목록을 확인하여, 실제로 사용되는 서버들이 맞는지 확인한다.

단계 ② 호스트의 기본 라우터 설정을 확인하여, 라우터의 LAN 인터페이스에 **ip address** 명령어로 설정된 내용과 동일한지 확인한다.

단계 ③ 라우터와 호스트에 의해 사용되는 서브넷 마스크를 확인한다. 서로 다른 마스크를 사용하거나 서브넷이 정확히 일치되지 않으면 어떤 호스트 주소에 문제를 일으킬 수 있다.

단계 ④ 호스트와 라우터는 정확히 동일한 서브넷에 속해 있어야 한다. 즉, 동일한 서브넷 ID와 동일한 주소 범위를 말한다. 그래서 라우터와 호스트의 IP 주소와 마스크를 사용해, 서브넷 ID와 주소 범위를 계산하고, 모두 동일한 서브넷에 위치하고 있는지 확인한다. 서브넷은 라우터의 **ip address** 명령어의 주소 및 마스크를 의미한다.

만약 IPv4 호스트 설정이 빠져있거나 틀렸다면, 이러한 설정을 확인함으로써 보다 빨리 근본 원인을 찾을 수 있다. 예를 들어, 라우터에 접속하여, **show interface G0/0** 명령어를 확인하고, 사용자에게 **ipconfig/all**(또는 유사한) 명령어를 실행 후 출력 내용을 알려 달라고 한다. 그러면 [그림 21-2]의 모든 설정들을 비교해 볼 수 있다.

그러나 호스트 설정을 확인하는 것이 매우 유용하기는 하지만, 호스트에 관련된 어떤 문제는 찾아내기 매우 어렵다. 다음 몇 가지 주제는 덜 명백한 문제가 발생했을 때 일어나는 증상들을 보여주기 위한 예와 문제점을 설명한다.

잘못된 마스크로 인하여, 서브넷에 접근 불가

호스트와 기본 라우터는 서브넷상의 주소 범위에 대해 서로 일치해야 한다. 때때로 호스트나 라우터의 마스크를 확인하는 과정을 무시하고 넘어가면서, 한 장비에서 사용된 마스크가 다른 장비의 마스크와 동일할 거라고 생각하고 검사를 생략한다. 하지만, 만약 호스트와 라우터가 서로 다른 서브넷 마스크 값을 가지고 있다면, 서브넷의 주소 범위를 서로 다르게 계산하여, 문제가 발생한다.

이런 예를 알아보기 위해, [그림 21-3]의 네트워크를 살펴보자. 호스트 A는 10.1.1.9/24라는 IP 주소와 마스크를 가지고 있고, 기본 라우터는 10.1.1.150이다. 간단히 계산해보면, 기본 라우터의 주소인 10.1.1.150은 호스트 A의 서브넷 내에 위치한다. 이는 맞는 말이고, 그래야만 한다. 호스트 A의 계산에 따르면, 서브넷 ID 10.1.1.0은 주소 범위가 10.1.1.1 ~ 10.1.1.254이며, 브로드캐스트 주소는 10.1.1.255이다.

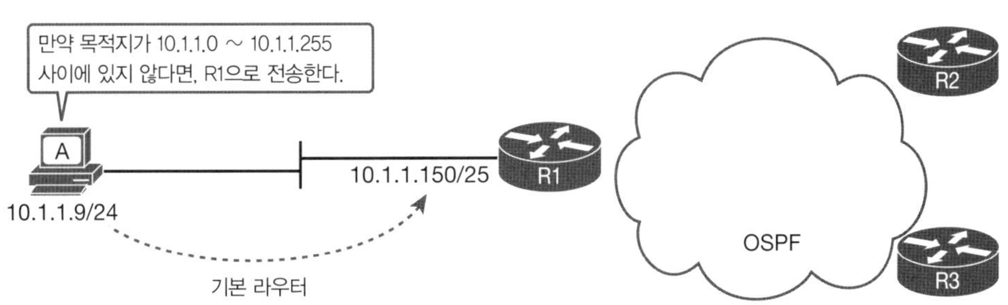

[그림 21-3] 잘못된 서브넷 계산으로 동작하는 듯하다.

21

이 경우, 호스트가 서브넷 밖으로 패킷을 보내는 라우팅도 정상 동작한다. 그러나 반대 방향으로, 네트워크 바깥에서 호스트로 오는 패킷은 문제가 생긴다. [그림 21-3]에 보이는 라우터 R1의 IP 주소와 마스크 설정을 간단히 확인해보면, [예 21-1]에서 보는 것처럼, 서브넷 10.1.1.128/25의 직결 경로(connected route)를 확인할 수 있다.

```
R1# show running-config interface g0/0
Building configuration...

Current configuration: 185 bytes
!
interface GigabitEthernet0/0
 description LAN at Site 1
 mac-address 0200.0101.0101
 ip address 10.1.1.150 255.255.255.128
 ip helper-address 10.1.2.130
 duplex auto
 speed auto
end

R1# show ip route connected
! 간략화를 위한 라인 생략
      10.0.0.0/8 is variably subnetted, 9 subnets, 4 masks
C        10.1.1.128/25 is directly connected, GigabitEthernet0/0
L        10.1.1.150/32 is directly connected, GigabitEthernet0/0
! 간략화를 위한 다른 경로는 생략
```

[예 21-1] R1의 IP 주소, 마스크 및 호스트 A의 주소가 빠져있는 직결된 서브넷 정보

이런 잘못 설정된 값으로 인하여, R1은 호스트 A(10.1.1.9)는 자신이 알고 있는 서브넷(10.1.1.128/25, 10.1.1.129 ~ 10.1.1.254 범위)의 바깥쪽에 있다고 본다. [그림 21-4]에 보는 것처럼, R1은 자신의 라우팅 테이블에 서브넷 10.1.1.128/25를 위한 직결 경로(connected route)를 추가하고, 이 경로를 네트워크상의 다른 라우터로 전파한다(이 경우 OSPF로). 모든 라우터는 서브넷 10.1.1.128/25로 향하는 패킷을 어디로 보내야 할지 알게 되지만, 호스트 A의 10.1.1.9 IP 주소에 대한 경로는 불행히도 알지 못한다.

호스트는 기본 라우터와 동일한 서브넷 마스크를 사용해야 하고, 두 장비들은 그들의 공통 LAN상에 어떤 서브넷이 존재해야 하는지 서로 동일해야 한다. 그렇지 않으면, 예와 같이 문제가 곧 생길 수도 있고, 또는 나중에 호스트가 추가되면 문제가 생길 수도 있다.

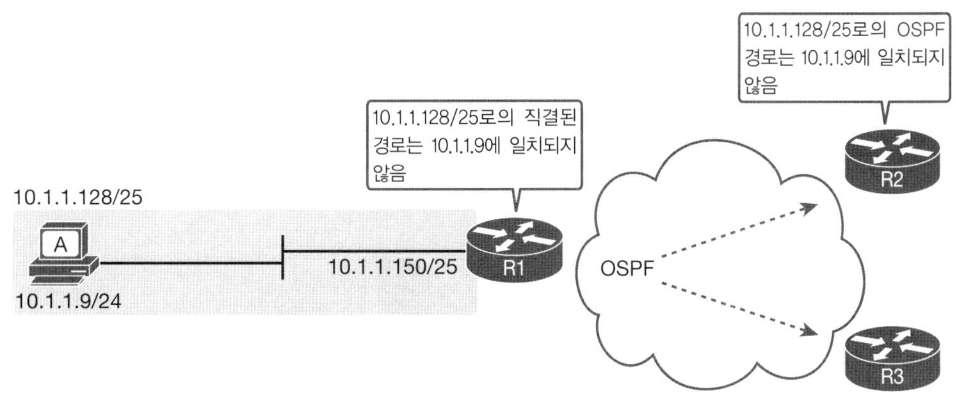

[그림 21-4] 라우터는 호스트 A의 10.1.1.9 주소에 일치되는 경로를 가지고 있지 않음.

DNS 문제의 일반적인 근본 원인

호스트가 잘못된 IP 주소로 DNS 서버를 지정하는 경우, 증상은 다소 분명히 나타난다. 즉, 이름 분석(name resolution)을 요구하는 사용자 동작이 실패한다. 문제가 잘못된 DNS 설정뿐이라고 본다면, **ping**이나 **traceroute** 같은 네트워크 테스트 명령어를 이름으로 사용했을 때는 실패하고, 이름 대신 IP 주소를 사용했을 때는 잘 작동할 것이다.

다른 호스트의 호스트 이름으로 ping이 실패하고, 동일 호스트의 IP 주소로는 ping이 성공한다면, 동일하게 DNS 설정 문제이다. 예를 들어, 사용자가 헬프 데스크에 전화를 해서, 서버1에 접속이 되지 않는다고 항의를 한다고 생각하자. CSR 팀에서는 자시들의 PC상에서 **ping server1** 명령어를 실행할 것이고, 이 명령은 잘 작동하며, 서버1의 실재 IP 주소 1.1.1.1을 식별한다. 그리고 나서, CSR 팀은 사용자에게 사용자 PC에서 두 명령어를 실행해보라고 부탁한다. **ping server1** 명령어(이것은 실패하고)와 **ping 1.1.1.1** 명령어다(이것은 성공한다). 분명한 것은 사용자 PC에서 DNS 이름 분석 절차상 어떤 문제가 있다는 것이다.

이 책에서는 DNS가 어떻게 동작하는지에 대해서는 자세하게 다루지 않지만, 기본적인 분석만 하더라도, 두 가지 유형의 잠재적인 DNS 문제가 있음이 분명하다.

- 사용자 호스트(DNS 클라이언트)가 DNS 서버 IP 주소를 잘못 설정했다.
- 사용자 호스트와 DNS 서버 간에 IP 연결 문제가 발생했다.

첫 번째 문제가 더 명확하지만, 이런 문제는 정적 설정과 DHCP 사용 환경에서 모두 발생할 수 있다. 만약 호스트가 잘못된 DNS 서버 IP 주소를 가지고 있고, 정적 설정 방식이라면, 설정을 바꾸면 해결된다. 만약 DHCP를 사용하는데 잘못된 DNS 서버 주소를 받아왔다면, DHCP 서버 설정을 검사해봐야 한다(IOS DHCP 서버 기능을 사용하고 있다면, DHCP Pool 모드에서 **dns-server** *server-address* 명령어로 설정한다).

두 번째로 언급된 내용은 실제 네트워크 문제를 해결하기 위한 중요한 이슈를 제기한다. 대부분의 실제 사용자 애플리케이션은 주소 대신에 이름을 사용하고, 대부분의 호스트들은 이름을 분석하기 위해 DNS를 사용한다. 따라서 새로운 애플리케이션에 대한 모든 연결에는 [그림 21-5]와 같이, 두 종류의 패킷이 있는데, 하나는 호스트와 DNS 서버 간에 흘러 다니는 패킷이고, 다른 하나는 호스트와 실제 서버 간에 흘러 다니는 패킷이다.

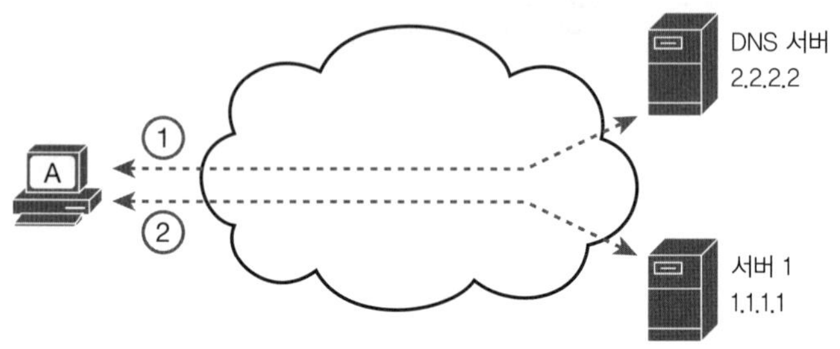

[그림 21-5] DNS 이름 분석 패킷이 먼저 흐르고, 그 다음 실제 서버로 패킷이 흐른다.

마지막으로, 이름 분석이라는 주제를 마치기 전에 한 가지 더 추가하면, 라우터에서도 DNS 서버의 IP 주소를 설정할 수 있어서, 라우터 명령어가 이름 분석을 시도하도록 할 수 있다. 예를 들어, 라우터 CLI(command-line interface)에서 **ping server1** 명령어를 실행할 수 있으며, server1에 일치되는 IP 주소를 알아내기 위해 DNS에 요청한다. 이름 분석을 위한 DNS를 사용할 수 있도록 라우터를 설정하기 위해, **ip name-server** *dns1-address dns2-address*...라는 글로벌 명령어를 이용한다. 또한 **ip domain-lookup** 글로벌 명령어를 필요로 하는데, 이 명령어는 기본적으로 활성화되어 있다.

문제 해결을 위하여 로컬 호스트에 해당하는 DNS 설정을 라우터 또는 스위치에 설정해 놓으면 매우 유용하다. 하지만 이러한 설정은 사용자의 DNS 요청에 대해서는 전혀 영향을 주지 않는다.

> **NOTE** 실제로 IOS는 기본적으로 **ip domain-lookup** 명령어를 적용하고 있지만, DNS IP 주소는 설정되어 있지 않다. 따라서 DNS 서버를 지정하는 설정을 추가하거나, **no ip domain-lookup** 명령어를 이용하여 DNS 설정을 삭제한다.

잘못된 기본 라우터 IP 주소 설정

분명한 것은 기본 라우터 주소를 잘못 설정한 호스트들은 문제가 발생한다. 호스트는 다른 서브넷으로 패킷을 보낼 때 기본 라우터에게 의존한다. 만약 호스트가 잘못된 기본 라우터 설정을 가지고 있다면, 호스트는 다른 서브넷으로 패킷을 보낼 수 없게 된다.

[그림 21-6]은 이런 예를 보여준다. 이 예에서, 잘못된 문서로 인하여 호스트 A와 B 모두 기본 라우터를 10.1.3.4로 잘못 설정했다. 라우터 R3은 IP 주소 10.1.3.3을 사용한다(토론을 위해, 다른

호스트나 라우터가 10.1.3.4 주소를 사용하지 않는다고 가정한다).

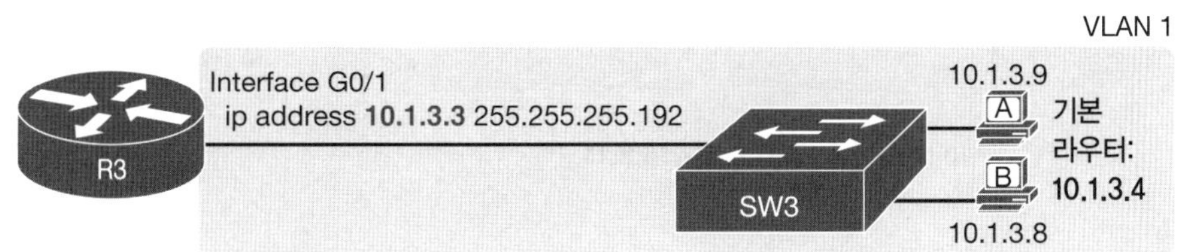

[그림 21-6] 호스트 A와 B에 잘못 설정된 기본 라우터 설정

이 예에서, 일부 기능은 잘 동작한다. 예를 들어, 호스트 A와 B는 동일 LAN 내에서 다른 호스트와 패킷을 주고 받을 수 있다. 라우터 CLI에서 CSR팀은 **ping 10.1.3.9**와 **ping 10.1.3.8** 명령어를 실행할 수 있고, 이는 정상 동작한다. 이 정상 동작하는 ping의 결과로, R3은 **show arp** 명령어 출력에서 두 PC의 MAC 주소를 확인할 수 있다. 이와 유사하게, 호스트들은 R3의 10.1.3.3 IP 주소(그리고 해당되는 MAC 주소)를 ARP 캐시(보통 **arp -a** 명령으로 확인)에서 확인할 수 있다. 호스트들이 패킷을 다른 서브넷으로 보내려 할 때, 이 예에서는 큰 문제점이 생긴다. 이런 경우, 호스트는 패킷을 10.1.3.4로 보내려고 시도하지만 실패한다.

기본 라우터 설정에 근거한 근본 원인

호스트는 정상 동작하기 위해 정확한 IPv4 설정을 가져야 하는데, 정확한 설정을 하더라도 LAN 기반의 호스트가 라우터에게 패킷을 성공적으로 보낼 수 있다고 보장할 수 없다. 호스트와 라우터 간의 LAN이 동작해야만 한다. 또한 네트워크 디자인에 따라, 라우터가 올바르게 동작해야만 한다.

다음 주제는 호스트와 기본 라우터 간에 문제를 두 가지 문제를 중심으로 살펴본다. 우선 책에서는 전형적인 DHCP 이슈를 살펴보고, 라우터 인터페이스에 대한 설명과 인터페이스가 실패하는 원인이 무엇인지 알아본다.

DHCP 이슈

IP 주소를 부여 받고 기타 설정을 받아오기 위해, DHCP를 사용하는 호스트는 네트워크상으로 DHCP 메시지를 보낸다. 특히 만약 많은 원격지 LAN 서브넷에서 중앙 집중형 DHCP 서버에 접속해야 한다면, 라우터는 DHCP가 동작할 수 있도록 DHCP 릴레이(Relay) 기능을 설정해야 한다. DHCP 릴레이 기능이 없다면, 호스트의 DHCP 요청은 로컬 LAN 서브넷을 벗어날 수 없다.

[그림 21-7]은 DHCP 릴레이가 어떻게 동작하는지에 대한 큰 개념을 보여준다. 이 예에서, DHCP 클라이언트(호스트 A)는 왼쪽에 있고, DHCP 서버(172.16.2.11)는 오른쪽에 있다. 클라이언트는 DHCP 발견(discovery) 메시지를 보내서 DHCP 임대(lease) 절차를 시작하는데, 라우터

R1에 DHCP 릴레이 설정이 없다면 이 발견 메시지는 로컬 LAN 내에서만 흐르게 된다. 발견 메시지를 전달하기 위해, R1은 **ip helper-address 172.16.2.11** 명령어를 G0/0 인터페이스에 설정하여 DHCP 릴레이 설정을 활성화한다.

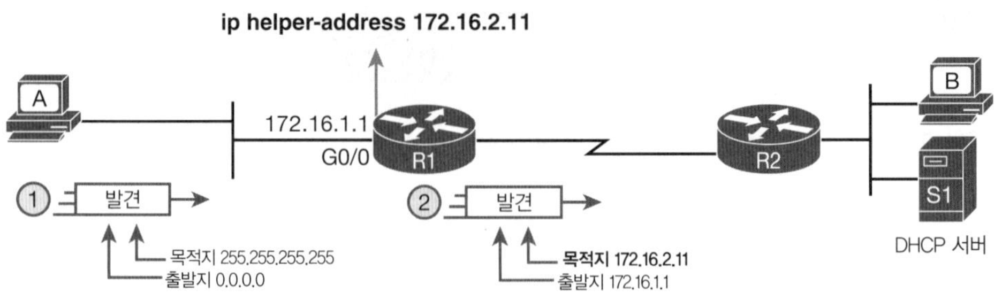

[그림 21-7] IP Helper 주소의 효과

그림상에서 단계는 DHCP 릴레이의 필요성을 나타낸다. **단계①** 에서, 호스트 A는 목적지 IP와 L2 브로드캐스트 주소인 255.255.255.255 및 ff:ff:ff:ff:ff.ff로 메시지를 전송한다. 로컬 서브넷 브로드캐스트 주소인 이 IP 주소로 보내진 패킷은 라우터를 통과하여 전송되지 않는다. 다만, 서브넷의 모든 장비들이 이 패킷을 받아서 처리하게 된다. 또한 R1에 설정된 **ip helper-address** 명령어로 인하여, 라우터 R1은 프레임과 패킷을 캡슐 해제(de-encapsulate)하여, 이것이 DHCP 요청임을 확인하고 행동을 취한다. **단계②** 는 DHCP 릴레이의 결과를 보여주는데, R1이 출발지와 목적지 IP를 변경하여 명령어상에 있는 172.16.2.11로 패킷을 전송한다.

다음의 문제 해결 체크리스트는 DHCP 관련 이슈를 해결할 때 출발점을 제공해준다.

단계① 만약 중앙 집중형 DHCP 서버를 사용 중이면, DHCP 클라이언트가 있는 각 원격 서브넷마다 최소한 한 대의 라우터는 DHCP 릴레이 에이전트로 동작해야 하고, 해당 서브넷에 연결된 인터페이스에 **ip helper-address** *address* 하위 명령어를 바르게 설정해야 한다.

단계② DHCP 릴레이 에이전트와 DHCP 서버 간에 IP 연결 이슈를 문제 해결하는데, 릴레이 에이전트 인터페이스 IP 주소와 서버 IP 주소를 패킷 출발지 및 목적지로 설정해 확인한다.

단계③ 로컬 DHCP 서버를 사용하든, 아니면 중앙 집중형 서버를 사용하든, DHCP 클라이언트와 DHCP 릴레이 에이전트 간에 LAN 이슈를 해결한다.

단계④ 잘못된 서버 설정에 대한 문제 해결을 한다.

또한 설정에 **ip helper-address** 명령어가 포함되어 있는데 만약, 틀린 DHCP 서버 IP 주소를 사용한다면, DHCP 동작은 완전히 실패한다.

예를 들어, [예 21-2]는 [그림 21-7]과 동일한 시나리오를 기반으로, 라우터 R3의 ROAS에 대한 업데이트된 설정을 보여준다. 라우터 설정은 IPv4를 지원하고, 라우터를 연결할 수 있도록 해준다. 하지만 오직 하나의 서브 인터페이스에만 **ip helper-address** 명령어가 들어가 있다.

```
interface GigabitEthernet0/1
 ip address 10.1.3.3 255.255.255.192
 ip helper-address 10.1.2.130
!
interface GigabitEthernet0/1.2
 encapsulation dot1q 2
 ip address 10.1.3.65 255.255.255.192
! 이 서브 인터페이스에는 ip helper-address 명령이 없다.
```

[예 21-2] ROAS 서브 인터페이스에 DHCP 릴레이 설정 실수

이 경우, DHCP를 사용하기 원하는 서브넷 10.1.3.0/26(인터페이스 G0/1)에 있는 호스트는 주소 10.1.2.130이 실제 DHCP 서버라고 알 수 있다. 그러나 서브넷 10.1.3.64/26(서브 인터페이스 G0/1.2)에 있는 호스트는 **ip helper-address** 명령어가 빠져 있기 때문에 DHCP 설정을 알지 못한다.

체크리스트의 **단계②** 는 확장 **ping** 또는 확장 **traceroute** 명령의 사용을 요구한다. DHCP 릴레이 에이전트는 원본 DHCP 요청의 출발지와 목적지 IP 주소를 변경하는데, 릴레이 에이전트의 인터페이스 IP 주소를 출발지로 사용한다는 것을 명심하자. [그림 21-8]은 DHCP 릴레이 에이전트 인터페이스가 172.16.1.1이고 서버가 172.16.2.11인 예를 보여준다. 릴레이 에이전트 라우터(라우터 R1)의 CLI에서 확장 ping 172.16.2.11을 보내는데, R1의 G0/1 IP 주소 172.16.1.1을 출발지 주소로 이용한다.

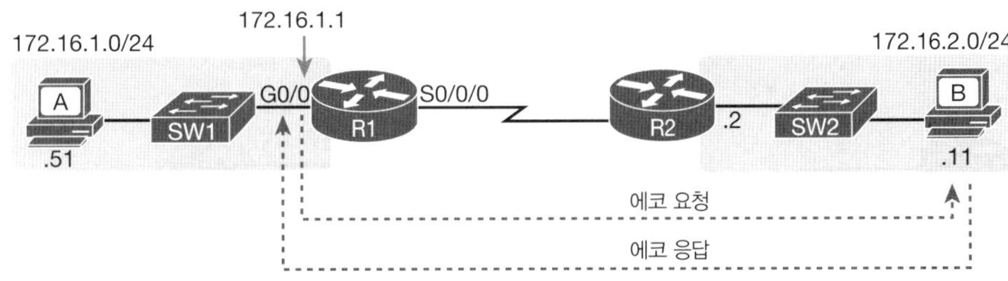

[그림 21-8] IP Helper 주소 효과

DHCP 릴레이 에이전트 문제 해결 팁의 **단계③**, **단계④** 를 위해, 다음 주제는 **단계③** 에 연관된 이슈를 로컬 LAN 인터페이스에 중점을 두고 살펴본다. DHCP 서버의 잘못된 설정의 **단계④** 를 위해서, ICND1 책의 20장 '호스트상의 DHCP와 IP 네트워킹'에서 깊이 다룬다.

라우터 LAN 인터페이스와 LAN 이슈

어떤 관점에서, 문제를 좁혀 나가다 보면 호스트가 기본 라우터로 ping이 안되고, 반대로도 ping이 안 되는 경우를 볼 수 있다. 즉, 어떤 장비도 동일 서브넷에 있는 다른 장비로 IP 패킷을

보낼 수 없는 경우다. 이 기본 테스트를 통해 라우터, 호스트 그리고 이들 사이에 있는 LAN이 어떤 이유에서든 두 장비 간에 이더넷으로 캡슐화된 패킷을 전달할 수 없다는 것을 알 수 있다.

이러한 기본 LAN 연결 이슈의 근본 원인은 두 가지로 볼 수 있다.

- 라우터 LAN 인터페이스가 실패하는 문제
- LAN 자체적인 문제

라우터가 패킷을 전송(또는 패킷을 수신)하기 전에, 라우터의 LAN 인터페이스는 동작 상태여야 한다. 특히, 라우터의 LAN 인터페이스는 up/up 상태여야 한다. 만약 다른 상태라면, 라우터는 인터페이스로 패킷을 전달하지 않을 것이다. 따라서 만약 라우터에서 LAN 호스트로 ping이 실패하면(또는 그 반대로), 인터페이스 상태를 확인하고, up 상태가 아니라면, 라우터의 인터페이스가 up이 아닌 근본 원인을 찾아야 한다.

하지만 라우터의 인터페이스가 up/up 상태라면, 문제는 LAN 자체에 있을 수 있다. 이 경우, 이더넷 LAN에 관련된 모든 주제들이 근본 원인이 될 수 있다. 특히, 이더넷 케이블 핀 배치(pinout), 포트 보안 기능, STP와 같은 LAN 세부 기능들이 LAN 이슈의 근본 원인이 될 수 있다.

예를 들어, [그림 21-9]에서 라우터 R3은 네 개의 스위치와 LAN에 연결되어 있다. R3의 LAN 인터페이스(G0/1)는 R3에서 SW1의 링크가 동작한다면, up/up 상태가 될 수 있다. 그러나 많은 다른 문제들로 인하여, R3은 IP 패킷을 이더넷으로 캡슐화하여 SW3, SW4에 연결된 호스트들에게 성공적으로 보내지 못할 수 있다.

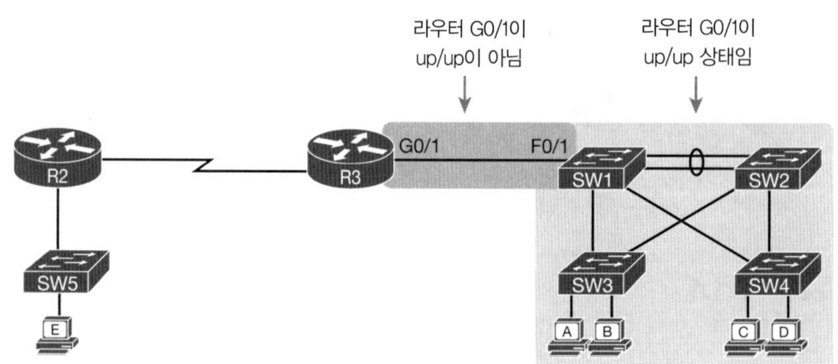

[그림 21-9] 라우터 인터페이스 상태를 기반으로 문제를 찾는 위치

> **NOTE** 이 책은 [그림 21-9]의 오른쪽에 보이는 LAN 이슈에 대해서는 ICND1과 ICND2 책의 여러 LAN 관련 장에서 다루도록 남겨 둔다.

라우터 LAN 인터페이스는 [표 21-1]에 언급된 일반적 원인을 포함한 여러 원인으로 인하여, up/up 상태로 동작하지 못할 수 있다.

원인	설명	라우터 인터페이스 상태
속도 불일치	라우터와 스위치는 속도를 설정하기 위해, speed 인터페이스 하위 명령어를 사용하는데, 속도가 다르게 설정됨.	Down/down
라우터에서 shutdown	라우터 인터페이스에 shutdown 인터페이스 하위 명령어로 설정되어 있음.	Admin down/down
스위치에서 shutdown	인접한 스위치 인터페이스에 shutdown 인터페이스 하위 명령어로 설정되어 있음, 반면에 라우터 인터페이스는 no shutdown으로 설정됨.	Down/down
에러로 비활성화된 (Err-disabled) 스위치	인접한 스위치 포트가 포트 보안 기능을 사용하며, 포트를 에러로 비활성화(Err-disable) 상태로 변경함.	Down/down
케이블 없음/ 불량 케이블	라우터에 케이블이 빠져 있거나, 케이블 핀 배치가 잘못됨.*	Down/down

* 시스코 스위치는 auto-mdix라고 부르는 기능을 사용하는데, 잘못된 케이블 핀 배치를 자동적으로 감지한 후, 스위치 내부적으로 규칙을 변경하여 케이블을 사용할 수 있게 해준다. 결론적으로, 모든 잘못된 케이블 핀 배치가 인터페이스 문제를 일으키는 것은 아니다.

[표 21-1] 라우터 LAN 인터페이스가 Up/Up 상태가 되지 못하는 일반적인 원인들

예를 들어 속도 불일치를 근본 원인을 가정하면, [그림 21-9]의 R3 G0/1을 **speed 1000** 명령어로 설정하고, SW1의 F0/1을 **speed 100** 명령어로 설정했을 수 있다. 링크는 서로 다른 속도로는 동작할 수 없고, 따라서 라우터와 스위치 인터페이스 모두 down/down 상태로 실패하게 된다. [예 21-3]은 **show interfaces description** 명령으로 인터페이스당 한 줄씩의 상태 결과를 보여준다.

21

```
R3# show interfaces description
Interface                 Status          Protocol Description
Gi0/0                     up              up
Gi0/1                     down            down         link to campus LAN
Se0/0/0                   admin down      down
Se0/0/1                   up              up
Se0/1/0                   up              up
Se0/1/1                   admin down      down
```

[예 21-3] 속도 불일치를 보여주는 show interfaces description 명령어

라우터 간의 라우팅 패킷 문제

이 장의 처음 절반은 네트워크를 통과할 때, IPv4 패킷이 거치는 첫 번째 홉(hop)에 중점을 두었다. 두 번째 절에서는 이제 기본 라우터에서 최종 호스트까지 라우터가 패킷을 어떻게 전송하는지에 관련된 이슈들을 살펴본다.

특히, 이 절에서는 라우터 내부에서의 라우팅 규칙을 먼저 알아본다. 이들 주제는 라우터가 현재 하는 일을 어떻게 이해할 것인지 알아본다. 그리고 라우팅 문제의 일반적인 근본 원인으로,

특히 IP 주소 디자인이 VLSM(가변 길이 서브넷 마스크)을 사용할 때, 잘못된 IP 주소로 인한 원인을 살펴본다.

이 절의 끝 부분에서는, 핵심 IP 전달 규칙에서 벗어나 패킷 전달에 영향을 미치는 다른 이슈를 찾아 보는데, 라우터 인터페이스 상태(up/up 이어야 함)와 IPv4 ACL이 트래픽을 어떻게 필터링하는지 등을 포함한다.

가장 상세한(specific) 경로에 일치되어 IP 전달

모든 라우터의 IP 라우팅 절차로써, 라우터는 각 패킷의 목적지 IP 주소와 라우터의 IP 라우팅 테이블을 비교해야만 한다. 보통은 오직 한 경로만 특정 목적지 주소에 일치된다. 그러나 어떤 경우에는 특정 목적지 주소가 두 개 이상의 라우터 경로에 일치될 수 있다.

다음의 라우터 기능으로 인하여 서브넷이 겹칠(Overlapping) 수 있다.

- 자동 요약
- 수동 경로 요약
- 정적 경로
- 잘못 디자인된 서브넷 계획으로 주소 범위가 겹치는 서브넷이 생김

어떤 경우, 겹치는 경로(Overlapping route)는 문제를 유발하기도 하지만, 다른 경우에는 어떤 기능을 사용함에 따른 당연한 결과로 경로가 겹치는 경우도 있다. 이 절에서는 라우터가 겹치는 경로 중 어떤 경로를 선택할지 중점적으로 알아보고, 겹치는 경로로 인한 문제점은 일단 다루지 않는다. 이번 장의 뒤에 나오는 '잘못된 주소 계획으로 의한 라우팅 문제' 절에서는 여러 문제 유형에 대해 논의한다.

이제 라우팅 테이블에 겹치는 경로들이 있을 경우, 라우터는 어떻게 경로를 선택하는지 알아보자. 만약 패킷의 경로가 하나만 선택되면, 라우터는 그 경로를 사용한다. 그러나 두 개 이상의 경로가 패킷의 목적지 주소에 선택되면, 라우터는 다음에 정의된 '최적' 경로를 사용한다.

특정 목적지 IP 주소가 라우터의 IPv4 라우팅 테이블상에 두 개 이상의 경로에 일치되면, 라우터는 가장 정확한(specific) 경로 즉, 다른 말로 가장 긴 프리픽스(prefix) 마스크를 가진 경로를 사용한다.

show ip route와 서브넷 계산을 이용하여 최적 경로 찾기

라우터가 최적 경로로 어디를 선택하는지 알기 위한 두 가지 방법이 있다. 첫 번째는 라우터가 선택하는 경로를 결정하기 위해, **show ip route** 명령어와 서브넷 계산을 이용한다. 이 옵션을 어떻게 사용하는지 알기 위해, [예 21-4]는 겹치는 경로들을 보여준다.

```
R1# show ip route ospf
Codes: L - local, C - connected, S - static, R - RIP, M - mobile, B - BGP
       D - EIGRP, EX - EIGRP external, O - OSPF, IA - OSPF inter area
       N1 - OSPF NSSA external type 1, N2 - OSPF NSSA external type 2
       E1 - OSPF external type 1, E2 - OSPF external type 2
       i - IS-IS, su - IS-IS summary, L1 - IS-IS level-1, L2 - IS-IS level-2
       ia - IS-IS inter area, * - candidate default, U - per-user static route
       o - ODR, P - periodic downloaded static route, H - NHRP, l - LISP
       + - replicated route, % - next hop override

Gateway of last resort is 172.16.25.129 to network 0.0.0.0

     172.16.0.0/16 is variably subnetted, 9 subnets, 5 masks
O       172.16.1.1/32 [110/50] via 172.16.25.2, 00:00:04, Serial0/1/1
O       172.16.1.0/24 [110/100] via 172.16.25.129, 00:00:09, Serial0/1/0
O       172.16.0.0/22 [110/65] via 172.16.25.2, 00:00:04, Serial0/1/1
O       172.16.0.0/16 [110/65] via 172.16.25.129, 00:00:09, Serial0/1/0
O       0.0.0.0/0 [110/129] via 172.16.25.129, 00:00:09, Serial0/1/0
!
```

[예 21-4] show ip route 명령어와 겹치는 경로

NOTE 여담으로, **show ip route ospf** 명령어는 OSPF 경로만 보여주고, 서브넷과 마스크에 대한 통계 값(이 예에서는 각각 9와 5)은 OSPF뿐만 아니라 모든 경로에 대한 값을 보여준다.

경로 중에 어떤 것을 라우터가 선택할지 예상하기 위해서, 두 가지 정보가 필요하다. 이는 패킷의 목적지 주소와 라우터의 라우팅 테이블 내용들이다. 경로에 대한 서브넷 ID와 마스크는 그 경로에 일치되는 주소의 범위를 정의한다. 약간의 서브넷 계산을 통해, 네트워크 엔지니어는 각 경로에 일치되는 주소의 범위를 알 수 있다. 예를 들어 [표 21-2]는 [예 21-4]에서 봤던 다섯 개의 서브넷을 나열하고, 각각에 대한 주소 범위를 보여준다.

서브넷/프리픽스	주소 범위
172.16.1.1/32	172.16.1.1(오직 이 주소 하나)
172.16.1.0/24	172.16.1.0 – 172.16.1.255
172.16.0.0/22	172.16.0.0 – 172.16.3.255
172.16.0.0/16	172.16.0.0 – 172.16.255.255
0.0.0.0/0	0.0.0.0 – 255.255.255.255(모든 주소)

[표 21-2] [예 21-4]의 서브넷에 대한 주소 범위 분석

NOTE 0.0.0.0/0으로 되어 있는 경로는 기본 경로를 말한다.

이러한 범위를 보면, 여러 경로의 주소 범위가 겹치는 것을 알 수 있다. 두 개 이상의 경로에 일치되는 경우, 가장 긴 프리픽스의 경로를 사용한다. 이 말은 /16의 경로는 /10의 경로보다 우선된다는 것이며, /25 프리픽스는 /20 프리픽스보다 좋다는 뜻이다.

예를 들어, [예 21-4]의 라우팅 테이블을 보면, 172.16.1.1로 보내는 패킷은 다섯 개의 경로에 일치된다. 이 경로에는 /0 ~ /32까지 다양한 프리픽스 길이가 있다. 가장 긴 프리픽스(가장 큰 /P 값, 최적이고 가장 정확한 경로를 의미)는 /32이다. 따라서 172.16.1.1로 보내는 패킷은 172.16.1.1/32에 대한 경로를 사용하고, 다른 경로는 사용하지 않는다.

다음 목록들은 목적지 IP 주소의 예들을 보여준다. 각 목적지 주소에 대하여, 라우터가 선택하는 [표 21-2]의 경로와 라우터가 사용할 정확한 경로가 어떤 것인지 설명한다.

- 172.16.1.1: 다섯 개의 모든 경로에 일치된다. 가장 긴 프리픽스는 /32이고, 172.16.1.1/32로 라우팅된다.
- 172.16.1.2: 마지막 네 경로에 일치된다. 가장 긴 프리픽스는 /24이고, 172.16.1.0/24로 라우팅된다.
- 172.16.2.3: 마지막 세 경로에 일치된다. 가장 긴 프리픽스는 /22이고, 172.16.0.0/22로 라우팅된다.
- 172.16.4.3: 마지막 두 경로에 일치된다. 가장 긴 프리픽스는 /16이고, 172.16.0.0/16으로 라우팅된다.

최적 경로를 찾기 위해 show ip route address 명령어 사용

라우터가 사용할 경로를 확인하는 두 번째 방법은 서브넷을 계산할 필요 없는 **show ip route** *address* 명령어를 사용하는 것이다. 이 명령어의 마지막 매개 변수는 확인이 필요한 IP 패킷의 주소이다. 라우터는 해당 주소로 패킷을 라우팅할 경로를 보여준다.

예를 들어, [예 21-5]는 [예 21-4]와 동일한 라우터에서 **show ip route 172.16.4.3** 명령어에 대한 결과를 보여준다. 결과 중 강조된 첫 번째 줄은 일치되는 경로로써, 172.16.0.0/16으로의 경로이다. 결과의 나머지 부분에는 특정 경로의 상세 정보를 확인할 수 있는데, 진출 인터페이스 S0/1/0이고, 넥스트홉 라우터가 172.16.254.129가 된다.

```
R1# show ip route 172.16.4.3
Routing entry for 172.16.0.0/16
  Known via "ospf 1", distance 110, metric 65, type intra area
  Last update from 10.2.2.5 on Serial0/1/0, 14:22:06 ago
  Routing Descriptor Blocks:
  * 172.16.25.129, from 172.16.25.129, 14:22:05 ago, via Serial0/1/0
      Route metric is 65, traffic share count is 1
```

[예 21-5] show ip route 명령어와 겹치는(Overlapping) 경로

당연히 이런 옵션이 있다면, 라우터가 실제 선택하는 경로 확인 명령어를 사용하는 것이 서브넷을 계산하는 것보다 빠른 방법이다.

show ip route 명령어 레퍼런스

show ip route 명령어는 IP 라우팅 문제 해결 및 IP 라우팅 프로토콜 문제에 있어 큰 역할을 한다. ICND1과 ICND2 책의 많은 장에서 이 명령에 대한 다양한 내용을 다룬다. 이 절에서는 더 쉽게 참조하여 공부할 수 있도록 개념을 모아 정리했다.

[그림 21-10]은 **show ip route** 명령어의 출력을 보여준다. 쉽게 참조할 수 있도록 명령어 출력의 여러 부분에 번호를 표시했고, [표 21-3]은 각 번호로 표시된 결과를 설명한다.

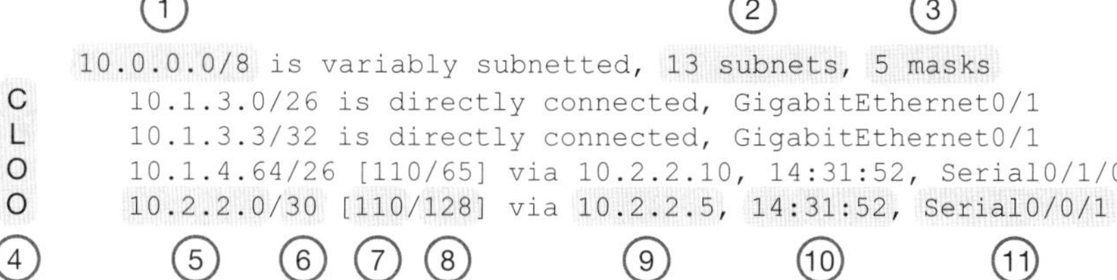

[그림 21-10] show ip route 명령어 출력 레퍼런스

Key Topic

항목	아이디어	그림상의 값	설명
1	Classful 네트워크	10.0.0.0/8	라우팅 테이블은 classful 네트워크(역주: IP 주소 도입 초기에 주소를 A~E의 다섯 개의 class로 나누어 사용하던 방식)별로 나뉘어 정리된다. 이 줄은 classful 네트워크인 10.0.0.0의 첫 줄이며, A 클래스 네트워크의 기본 마스크(/8)를 보여준다.
2	서브넷 개수	13 subnets	이 라우터가 알고 있는 classful 네트워크 내의 서브넷 경로수를 의미하며, 로컬 경로와 모든 소스로부터 받은 경로를 포함한다. /32 경로는 각 라우터의 인터페이스 IP 주소와 일치한다.
3	마스크 개수	5 mask	classful 네트워크 내에서, 라우터의 모든 경로에서 사용되는 서로 다른 마스크의 개수
4	범례 코드	C, L, O	라우팅 정보의 소스를 알기 위한 짧은 코드. O는 OSPF, D는 EIGRP, C는 직결된 경로, S는 정적 경로, L은 로컬([예 21-4]의 범례를 보라).
5	서브넷 ID	10.2.2.0	특정 경로에 대한 서브넷 번호
6	프리픽스 길이	/30	이 서브넷에 사용되는 프리픽스 마스크
7	관리 거리(Administrative distance)	110	만약, 라우터가 두 개 이상의 라우팅 정보의 소스로부터 경로를 학습했을 경우, 라우터는 가장 낮은 관리 거리(AD, administrative distance)의 소스를 선택한다.
8	메트릭(Metric)	128	경로에 대한 메트릭
9	다음 홉 라우터	10.2.2.5	이 경로에 일치되는 패킷에 대해, 패킷이 전송되어야 하는 다음 라우터의 IP 주소
10	타이머	14:31:52	OSPF와 EIGRP 경로에 대해, 라우터가 처음 경로를 학습한 때부터의 시간
11	출구 인터페이스	Serial0/0/1	이 경로에 일치되는 패킷에 대해, 패킷이 전송되어 나가는 인터페이스

[표 21-3] show ip route 명령어 출력에 대한 설명

잘못된 주소 계획으로 인한 라우팅 문제

라우터의 라우팅 테이블에 겹치는(Overlapping) 경로가 있다는 것은 문제가 있다는 것을 의미하지 않는다. 라우터에서 자동 또는 정적으로 경로를 요약하는 것은 경로 겹침을 초래할 수 있지만, 이것이 문제를 일으키지는 않는다. 하지만 어떤 경로 겹침에서 주소 관련한 실수가 있게 되면, 사용자 트래픽에 문제를 일으킬 수 있다. 따라서 만약, 문제 해결 시 겹치는 경로가 있다면, 경로가 겹치는 이유를 찾아서 문제가 실제로 있는지 확인해야 한다.

IP 주소 계획이나 이 계획의 구현 시에 단순한 실수로 인하여 경로 겹침과 문제가 발생할 수 있다. 이 경우, 어떤 라우터가 어떤 주소 범위의 서브넷에 연결되었다고 주장하고, 다른 라우터도 이와 겹치는 주소 범위의 서브넷에 연결되었다고 주장하면서, IP 주소 규칙을 어기게 된다. 이 때 증상은 라우터들이 때로는 올바른 호스트에게 패킷을 전송하고, 때로는 그렇지 못한다.

이런 문제는 VLSM 사용 여부에 상관없이 발생하기도 한다. 하지만, VLSM이 사용된 경우 문제를 발견하기 더 어렵다. 이 절에서는 VLSM을 복습하고, VLSM을 사용할 때와 사용하지 않을 때의 문제의 예, 연관된 설정 및 검증 명령어를 알아 본다.

VLSM 사용 여부 인식

하나의 클래스풀(classful) 네트워크 내에서 서로 다른 서브넷을 위한 여러 서브넷 마스크가 사용되는 경우, 인터네트워크(internetwork)는 VLSM을 사용하고 있다고 말한다. 예를 들어 만약, 하나의 인터네트워크에 모든 서브넷이 10.0.0.0 네트워크 내에서 사용되고, 마스크 /24, /26, /30이 사용된다면, 인터네트워크는 VLSM을 사용한다고 본다.

때때로 사람들은 두 개 이상의 마스크를 사용하는 인터네트워크가 VLSM을 사용해야 한다고 생각하는 함정에 빠지기 쉽지만, 항상 그런 것은 아니다. 예를 들어, 인터네트워크는 네트워크 10.0.0.0의 서브넷들은 모두 마스크가 255.25.240.0이고, 네트워크 172.16.0.0의 서브넷들은 모두 마스크가 255.255.255.0이라면, 이것은 VLSM 디자인이 아니다. 두 개의 다른 마스크가 사용되는 것이고, 하나의 마스크는 하나의 클래스풀 네트워크 내에서 사용된다. VLSM을 사용하려면, 하나의 클래스풀 네트워크의 서브넷들이 두 개 이상의 마스크를 사용해야 한다.

오직 클래스리스(classless) 라우팅 프로토콜만 VLSM을 지원한다. 시험에 포함되는 세 개의 IPv4 IGP 라우팅 프로토콜(RIPv2, OSPF, EIGRP)만이 클래스리스 라우팅 프로토콜이다.

VLSM을 사용하지 않을 때의 경로 겹침

심지어 VLSM을 사용하지 않을 때도, 서브넷 겹침을 만드는 주소 실수가 발생할 수 있다. [그림 21-11]에서 라우터 LAN IP 주소/마스크 정보를 보여준다. 겹치지만, 명백하지 않다.

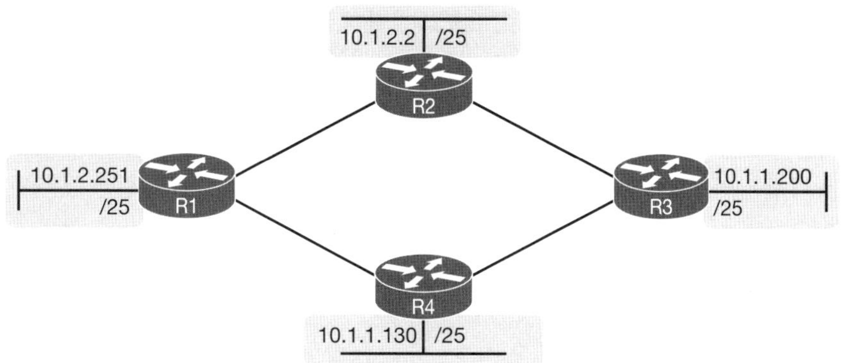

[그림 21-11] 10.0.0.0 네트워크에서 하나의 마스크(/25)를 사용하는 LAN 인터페이스의 IP 주소

만약 모든 서브넷이 동일한 마스크를 사용할 때 겹침이 발생하면, 겹치는 서브넷들은 정확히 동일한 서브넷 ID를 가지게 되고, 정확히 동일한 IP 주소 범위를 갖는다. 겹침을 찾기 위해서 각 서브넷의 서브넷 ID를 계산하고, 그 결과를 비교해야 한다. 예를 들어 [그림 21-12]는 [그림 21-11]의 업데이트된 내용으로써 서브넷 ID를 보여주는데, R3과 R4의 LAN이 동일한 서브넷 ID를 가지고 있다는 것을 알 수 있다.

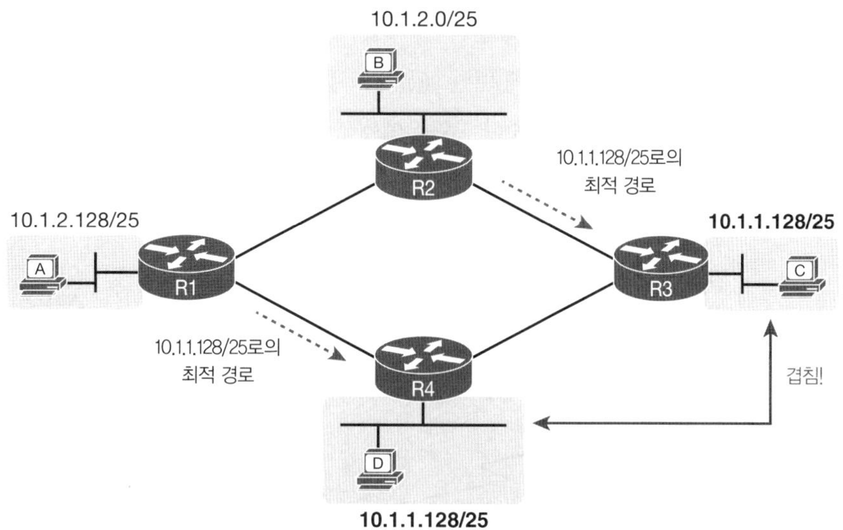

[그림 21-12] [그림 21-11]에서 계산된 서브넷 ID

다른 곳에서 동일한 서브넷을 사용하는 것([그림 21-12]에서와 같이)은 IP 주소 규칙에 위배된다. 왜냐하면, 라우터는 패킷을 어디로 보내야 할지 혼란스럽기 때문이다. 이 경우 10.1.1.128/25로 보내는 패킷에 대해, 어떤 라우터는 패킷을 R3으로 보내고, 다른 라우터는 R4가 최적 경로라고 생각할 수도 있다. 모든 라우터가 OSPF와 같은 라우팅 프로토콜을 사용한다고 가정했을 때, R3와 R4 모두 10.1.1.128/25를 광고한다.

이 경우, R1과 R2는 아마도 서브넷 10.1.1.128/25에 대해 서로 다른 두 곳으로 패킷을 보낼 것이다. 이 경로를 따라 R1 근처의 호스트는 R4 LAN의 10.1.1.128/25 호스트와 통신하지만, R3 LAN의 호스트와는 통신하지 않는다. 반대 경우도 마찬가지다.

결론적으로 증상은 라우팅 문제로 보여지지만, 근본 원인은 잘못된 IP 주소 계획에 있는 경우이다. 이와 같이, IP 주소 계획은 두 개의 다른 LAN에 동일한 서브넷을 사용하면 안 된다. 해답은 R3와 R4가 LAN 인터페이스 상에 겹치지 않는 서로 다른 서브넷을 사용하도록 변경하는 것이다.

VLSM 사용 시 겹침

VLSM을 사용 시, 같은 종류의 주소 실수로 서브넷이 중복될 수 있다. 이 경우 더 주의를 기울이기 어려울 수 있다.

첫째, 서로 다른 마스크를 가진 서브넷 간에 겹침은 부분적인 겹침만 발생시킨다. 즉, 두 개의 겹치는 서브넷은 다른 크기의 다른 서브넷 ID를 갖는다. 더 작은 서브넷에서는 모든 주소에서 겹침이 발생하지만, 더 큰 서브넷에서는 오직 일부분에서만 겹침이 발생한다. 둘째, 호스트 간의 문제는 일부 목적지(특히, 겹치는 범위 주소의 하위 집합)에 대해서만 일어나므로, 문제를 찾아내기 더 어렵게 만든다.

예를 들어, [그림 21-13]은 VLSM 겹침에 대한 예를 보여준다. 그림은 오직 라우터와 호스트 인터페이스의 IP 주소/마스크 쌍만을 보여준다. 우선, 예에서 IP 주소를 살펴보면서 겹치는 곳을 찾아본다.

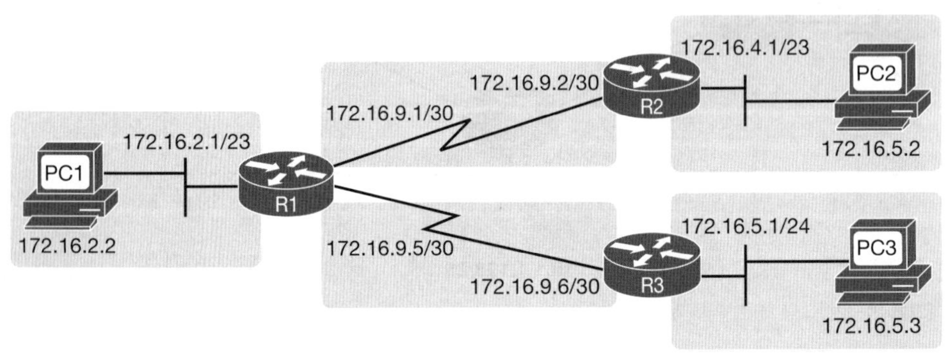

[그림 21-13] 네트워크 172.16.0.0에서 VLSM IP 주소 계획

겹침을 찾기 위해, 각 서브넷을 분석하여, 서브넷 ID뿐만 아니라, 서브넷 브로드캐스트 주소와 서브넷의 주소 범위를 찾아야 한다. 만약 분석이 서브넷 ID를 찾는 것에서 멈췄다면, 겹침은 더 찾아내기 어려울 수 있다(이 예의 경우처럼).

[그림 21-14]는 서브넷 ID만을 가지고 각 서브넷에 대한 분석의 시작을 보여준다. 두 개의

겹치는 서브넷은 서로 다른 서브넷 ID를 가지고 있지만, 오른쪽 아래 서브넷(172.16.5.0/24)은 오른쪽 위 서브넷(172.16.4.0/23)의 일부와 완전히 겹쳐 버린다. 서브넷 172.16.4.0/23은 서브넷 브로드캐스트 주소 172.16.5.255를 갖고, 서브넷 172.16.5.0/24도 서브넷 브로드캐스트 주소 172.16.5.255를 갖는다.

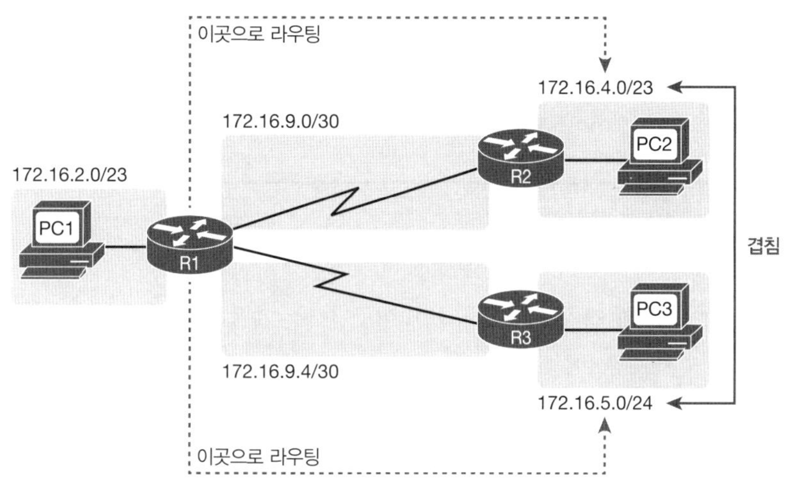

[그림 21-14] 다른 서브넷 ID를 가지는 VLSM 겹침의 예

주소 범위가 겹치는 실제 서브넷을 사용하는 디자인은 잘못되었으므로 변경되어야 한다. 그러나 일단 구현된 후에는 VLSM이 없는 유사한 경우와 같이, 라우팅 문제로 증상이 보여진다. **ping** 명령어는 실패하고, **traceroute** 명령어는 일부 호스트에 대해서만 성공한다(모든 호스트가 아닌).

겹치는 VLSM 서브넷 설정

IP 서브넷 규칙은 인터네트워크에서 사용되는 서브넷에서 주소 범위가 겹치지 말아야 한다고 요구한다. IOS는 종종 새로운 **ip address** 명령어가 겹치는 서브넷을 만들 때 이를 인식할 수 있으나, 때로는 다음과 같이 못하는 경우도 있다.

- 하나의 라우터에서 겹치는 것은 금지: IOS는 **ip address** 명령어가 동일 라우터의 다른 **ip address** 명령어와 주소가 겹치면 이를 발견해낸다.
- 다른 라우터에서 겹치는 것은 허용: IOS는 **ip address** 명령어가 다른 라우터의 **ip address** 명령어와 수고가 겹치면 이를 발견해낼 수 없다.

[예 21-6]의 라우터는 VLSM 서브넷이 겹치는 설정을 방지한다. 예는 라우터 R3의 Fa0/0에 IP 주소 172.16.5.1/24를 설정하고, Fa0/1에는 172.16.5.193/26을 설정하려고 시도한다. 각 서브넷의 주소 범위는 다음과 같다.

■ 서브넷 172.16.5.0/24: 172.16.5.1 – 172.16.5.254
■ 서브넷 172.16.5.192/26: 172.16.5.193 – 172.16.5.254

```
R3# configure terminal
R3(config)# interface Fa0/0
R3(config-if)# ip address 172.16.5.1 255.255.255.0
R3(config-if)# interface Fa0/1
R3(config-if)# ip address 172.16.5.193 255.255.255.192
% 172.16.5.192 overlaps with FastEthernet0/0
R3(config-if)#
```

[예 21-6] 단일 라우터는 겹치는 서브넷을 거부한다.

IOS는 서브넷에서 주소 범위가 겹치는 것이 규칙에 어긋난다는 것을 알고 있다. 이 경우, 두 서브넷이 라우터에 직결된 서브넷이기 때문에, 이 라우터는 두 서브넷이 동시에 생성되면 안된다는 것을 안다. 이것은 규칙을 어기는 일이기 때문에, IOS는 두 번째 명령어를 거부한다.

IOS가 오류는 처리하는 방법 외에도, IOS는 shutdown 상태가 아닌 인터페이스에 서브넷 겹침이 있는지 확인한다. shutdown 상태인 인터페이스를 설정할 때, IOS는 겹침이 발생하는 **ip address** 명령어를 허용한다. 이후 **no shutdown** 명령이 내려지면, IOS는 서브넷 겹침을 확인하고 [예 21-6]과 동일한 오류 메시지를 발생시킨다. 또한 IOS는 겹침이 해결되기 전까지는 인터페이스는 shutdown 상태로 놔둔다.

[예 21-7]과 같이, IOS는 다른 라우터상에 겹치는 설정에 대해서는 탐지하지 못한다. 다음 예는 [그림 21-13]의 R2와 R3의 겹치는 서브넷 설정을 보여준다.

```
! 우선, 라우터 R2에서
R2# configure terminal
R2(config)# interface G0/0
R2(config-if)# ip address 172.16.4.1 255.255.254.0
```

```
! 다음은 라우터 R3에서
R3# configure terminal
R3(config)# interface G0/0
R3(config-if)# ip address 172.16.5.1 255.255.255.0
```

[예 21-7] 두 라우터에서 겹치는 서브넷은 허용

문제 해결 주제에 관련된 조언

라우터의 전송부(data plane)는 이 책에서 다룬 내용보다 더 다양한 이유로 실패할 수 있다.

하지만, ICND1과 ICND2의 다른 장에서는 라우터의 전달 규칙에 직접적인 영향을 주는 일부 다른 기능에 대한 문제 해결 방법을 설명한다. 이 짧은 절에서는 학습의 완성을 위해 다른 장에서 깊이 다루어지는 주제들을 짧게 다룬다.

라우터 WAN 인터페이스 상태

'라우터 LAN 인터페이스와 LAN 이슈' 절에서 IP 라우팅 문제 해결 절차 단계 중 하나에서 인터페이스 상태를 체크하여 정상 동작 중인지 확인하라고 언급했다. 라우터 인터페이스가 동작 중에는 두 개의 인터페이스 상태 코드가 모두 up으로 보여야 하며, 보통 엔지니어는 인터페이스가 'up, up'이라고 말한다.

WAN 링크에 대한 IPv4 전송부의 완벽한 문제 해결을 위해, 이 책 13장 '포인트-투-포인트 WAN 구현'에 언급된 문제 해결 주제를 자세히 살펴봐야 한다. 시리얼 링크가 up/up 상태가 아니라면, 당연히 라우터는 그 링크로 데이터를 보낼 수 없다.

또한 링크가 양쪽 모두 up/up 상태에 있음에도 불구하고, IPv4 전송 이슈가 계속될 수 있다. 시리얼 링크가 모두 인터페이스 up/up이라는 것은 1계층과 2계층이 정상이라는 것을 의미하지만, 3계층에는 여전히 문제가 있을 수 있다. 특히 링크 양단에 IP 주소가 잘못 설정되어, 주소가 다른 서브넷에 속해 있는 경우가 전형적인 유형이다.

13장에서 WAN 링크 문제 해결에 대한 자세한 모든 내용을 검토하도록 하자.

21

ACL을 통한 패킷 필터링

실제로 오늘날 사용되는 모든 네트워크 장비들은 전송부에서 트래픽을 필터링할 수 있는 기능을 제공한다. 이것은 장비가 전송하는 중에 패킷을 모니터링 할 수 있고, 패킷을 규칙과 비교하여, 규칙에 따라 패킷을 폐기(필터링)할 수 있다. 시스코 IOS는 이러한 기능을 ACL(access control lists)이라고 부른다.

이 책의 Part Ⅳ의 17장 '고급 IPv4 액세스 컨트롤 리스트'에서 많은 시간을 ACL에 투자하며 특히, CLI 명령어를 통해 IPv4 ACL 문제 해결하는 방법에 대해 논의한다. 이 장에 같은 아이디어를 반복하지는 않지만, IPv4 전송부 문제를 해결할 때, 이러한 생각을 명심하기 바란다. 17장은 ACL이 **ping** 명령어에 미치는 영향뿐만 아니라 ACL이 패킷을 필터링하는 방법에 대한 세부 사항을 포함한다.

챕터 리뷰

시험에서 좋은 성적을 거두려면 핵심은 복습 세션을 반복하여 학습하는 것이다. 이 장의 내용을 책, DVD, 책의 웹 사이트에서 찾을 수 있는 툴들을 이용해서 복습하도록 하고, '당신의 학습 계획'에서 세부 내용을 더 확인하도록 한다. [표 21-4]에는 핵심 복습 사항이 정리되어 있다. 학습 진행 상황을 더 잘 확인하기 위해서 두 번째 칸에 완료한 날짜를 기록하도록 한다.

리뷰 사항	완료 날짜	사용 자료
핵심 주제 리뷰		책, DVD/웹 사이트
메모리 테이블 리뷰		책, DVD/웹 사이트

[표 21-4] 리뷰 확인

핵심 주제 리뷰

핵심 주제	설명	쪽 번호
그림 21-2 체크리스트	호스트의 IPv4 설정과 기본 라우터 간의 문제 해결 방법 체크리스트	624
리스트	DNS 문제의 두 가지 근본 원인	627
리스트	DHCP 메시지가 클라이언트에서 DHCP 서버로 흐를 수 있어야 하는 조건	630
표 21-1	라우터 LAN 인터페이스가 up/up이 아닌 일반적인 이유	633
정의	패킷의 목적지가 두 개 이상의 경로와 일치될 때, 라우터는 최적(가장 정확한) 경로를 사용한다.	634
그림 21-10 표 21-3	show ip route 필드 레퍼런스 및 설명	637
리스트	IOS가 인식할 수 없고 겹치는 IP 주소 설정 이슈의 종류	641

[표 21-5] 21장의 핵심 주제

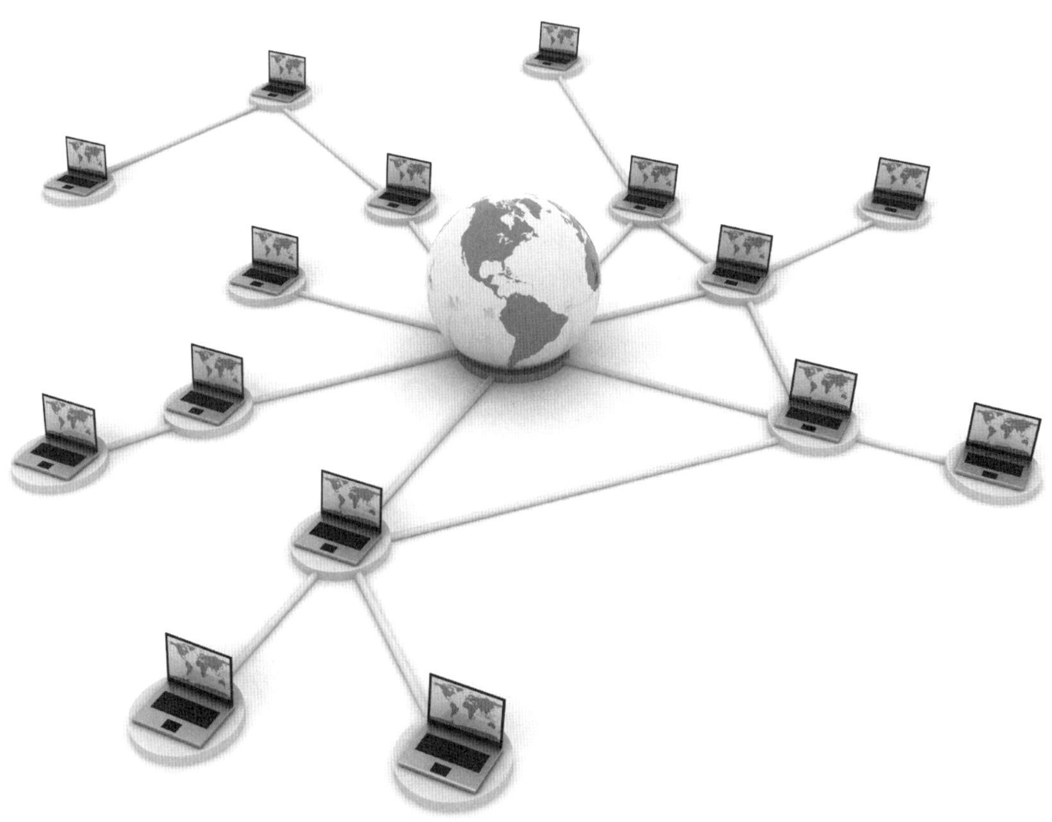

21

Part V 리뷰

[표 P5-1]의 체크리스트와 함께 파트 리뷰 과정을 추적하기 바란다. 각 과제의 상세 내용은 아래 표를 따른다.

활동	첫 번째 끝낸 날짜	두 번째 끝낸 날짜
모든 DIKTA 질문 반복		
파트 리뷰 질문 답하기		
핵심 주제 복습		
마인드 맵 생성		
랩 실행		

[표 P5-1] Part V 복습 점검 목록

모든 DIKTA 질문 반복

이 항목에 대해서는 이 파트의 모든 장들의 사전 점검 퀴즈를 PCPT 소프트웨어를 사용해서 답해 본다. PCPT 소프트웨어에서 어떻게 이 파트의 DIKTA 문제만 보여주게 할 수 있는지 배우기 위해 이 책 소개의 '장 또는 파트별로 DIKTA 질문만 보는 방법' 절을 본다.

파트 복습 질문 답하기

이 항목에 대해서는 PCPT 소프트웨어를 사용해서 책의 이 파트를 위한 파트 복습 질문에 답한다.

핵심 주제 리뷰

이 파트에 있는 모든 절에 있는 모든 주요 주제를 DVD나 출판사 웹 사이트에 있는 핵심 주제 애플리케이션을 이용하여 복습한다.

문제 해결 마인드 맵 생성

이 절의 세 장에서는 다른 주제에 대한 문제 해결에 대해 논의한다. 첫 번째 파트 복습 마인드 맵에서는 아래의 주제에 대해 해보는데, 이 장에서 문제 해결 수준의 깊이에 대해 논의했던 주제들이다. 근본 원인이나 설정 점검을 생각하면서 마인드 맵으로 정리한다. 가능하다면, 모든 주제에 대한 하나의 마인드 맵을 생성하라. 불가능하다면, 아래 나열된 19장과 20장의 주제를 위한 하나의 맵을 만들고, 21장의 다양한 주제를 위한 맵을 만든다. 19장과 20장에 포함되는 주제들은 다음과 같다.

ROAS, SVI를 통한 L3 스위칭, 라우팅된 포트와 L3 이더채널을 통한 L3 스위칭, HSRP

21장의 주제는 다음과 같다.

호스트 IP 설정, 기본 라우터 이슈, 라우팅 이슈

마인드 맵의 역할로 배운 것을 자기 것으로 만들고, 다른 지식과 합쳐지는 것을 돕는다. 내가 마인드 맵의 예에 포함하지 않은 어떤 것을 당신이 추가했다고 해서 걱정할 이유가 없다.

마인드 맵을 정리하기 위해 몇 가지 근본 원인을 확인한 다음, 근본 원인을 그룹화한다. 예를 들어 DHCP에 대해, 라우터에 DHCP 릴레이 설정이 빠졌다거나(**ip helper-address**), DHCP 서버까지 IP 연결이 되지 않는 다른 이유와 같은 근본 원인을 확인할 수 있다. 따라서 DHCP 근본 원인을 호스트 DHCP와 같은 하나의 카테고리로 그룹화한다. [그림 P5-1]은 이런 예를 보여준다.

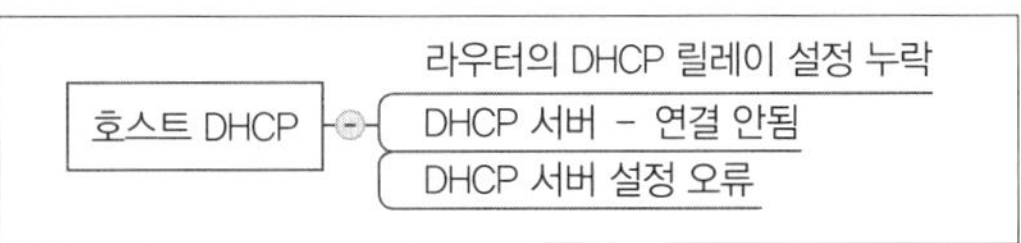

[그림 P5-1] IPv4 근본 원인 마인드 맵 예의 일부

NOTE 마인드 맵에 대해 더 많은 정보를 알고 싶다면, 소개 부분의 '마인드 맵에 대하여' 절을 참조하라.

명령어 마인드 맵 생성

Part V는 'ROAS, SVI를 통한 L3 스위칭, 라우팅된 인터페이스와 L3 이더채널을 통한 L3 스위칭'을 위한 설정 및 검증 방법을 소개했다. 그리고 HSRP도 논의했다. 각 주제에 대한 명령어를 구성하는 마인드 맵을 생성하고, 각 주제 내에 설정 또는 확인 명령어로 구성한다.

부록 E '마인드 맵 솔루션'은 마인드 맵 정답 예를 나열한다. 만약 종이 대신 마인드 맵 소프트웨어를 선택해야 한다면, 당신은 마인드 맵 파일이 어디에 저장되어 있는지 기억해야 할 수 있다. [표 P5-2]는 이 파트 복습을 위한 마인드 맵과 그 파일 이름들이 저장된 곳을 나열한다.

맵	설명	저장한 곳
1	근본 원인 문제 해결 마인드 맵	
2	명령어 마인드 맵	

[표 P5-2] Part V 복습을 위한 마인드 맵 설정

랩 실행

랩 도구 선택에 따라, 랩에서 할 일에 대한 제안이 있다.

- **피어슨 네트워크 시뮬레이터:** 이 책이 출판될 때 있었던 Sim과 현재 시험이 출시된 후 1년 내에 나올 것으로 예상되는 새로운 버전을 포함하여, 전체 피어슨 CCNA 시뮬레이터는 이 책의 이번 파트에 나온 주제에 대한 몇 가지 랩을 가지고 있다.
- **랩 설정:** 한가한 시간에, 글쓴이의 블로그에서 이 책의 랩 설정 부분을 복습하거나 반복한다. http://blog.certskills.com/ccna에 들어가 Hands-On > Config Lab으로 이동하라.

시스코는 IPv4와 마찬가지로 ICND1과 ICND2 시험 간에 주제를 확장하여, 시험을 위한 IP version 6(IPv6) 주제를 구성했다. ICND1에는 기본적인 주소, 서브넷, 라우팅, 라우터 주소, 정적 경로 설정을 포함한다. ICND2에는 라우팅 프로토콜에 대한 주제를 포함하는데, 특히 OSPF, EIGRP, IPv6 ACL 등을 포함한다.

오직 세 개의 ICND2 시험 주제에서 IPv6를 특별히 언급하고 있다. 하나는 IPv6를 위한 EIGRP이고, 또 하나는 IPv6를 위한 OSPF이고, 마지막 하나는 IPv6 ACL이다. 세 가지 주제 모두 설정, 검증, 문제 해결을 포함한다. 요구 사항에 맞춰, 23장에서는 IPv6를 위한 OSPF 설정, 검증 문제 해결을 다루고, 24장에서는 IPv6를 위한 EIGRP 설정, 검증 문제 해결에 대해 다룬다. 26장에서는 IPv6 ACL의 세부적인 내용을 다룬다.

이 파트는 22장부터 시작하고, 두 가지 목적을 갖는다. 첫 번째, ICND2의 IPv6 시험 주제를 위한 작업을 수행하려면, ICND1의 IPv6 주제에 대한 완벽한 이해가 필요하다. 22장에서는 이러한 주제를 복습한다. 추가적으로 IPv6를 위한 OSPF, IPv6를 위한 EIGRP, IPv6 ACL에 대한 문제 해결을 위해, IPv6 전송부 문제 해결 개념을 염두에 두어야 한다. 22장은 ICND1의 IPv6 주제를 복습하고, 다양한 IPv6 문제 해결 이슈를 생각하게 하는 연습을 제공한다.

Part Ⅵ

IPv6

Chapter 22: IPv6 라우팅 동작과 장애 처리

Chapter 23: IPv6를 위한 OSPF 구현하기

Chapter 24: IPv6 네트워크에서 EIGRP 구현하기

Chapter 25: IPv6 ACL

Part Ⅵ 리뷰

CHAPTER 22

IPv6 라우팅 동작과 장애 처리

이 장은 다음 시험 주제를 다룬다.

2.0 라우팅 기술

2.5 IPv6를 이용한 OSPFv3 단일 Area와 다중 Area 설정, 점검 그리고 장애 처리(인증, 필터링, 수동 요약, 재분배, 스터브, 가상-링크, LSA 제외)

2.7 IPv6를 이용한 EIGRP 설정, 점검, 그리고 장애 처리(인증, 필터링, 수동 요약, 재분배, 스터브 제외)

네트워킹 기술의 장애 처리에 있어 첫 번째 단계는 정상적인 상황에서는 어떻게 동작하는지 이해하는 것이다. 그리고 나서 근본 원인을 찾을 때까지 현재 네트워크 상태에서 일어나는 일들과 비교해 어떠한 차이점이 있는지 찾아낼 수 있어야 한다.

이번 장에서는 ICND1에서의 IPv6 동작 원리에 대해 복습을 하고 시작한다. 다행히도 IPv6 주소 체계 이외에는 IPv4와 매우 유사하다. 이번 절에서는 이러한 유사성을 기반으로 IPv6의 핵심 특징들을 요약하고 IPv6 장애 처리에 대해 다룰 것이다.

이 장의 두 번째 주요 주제로는 IPv6 네트워크에서 발생할 수 있는 다양한 문제에 대해 알아보는 것이다.

QUIZ 사전 점검 퀴즈

본서의 일부 장애 처리 관련 장 중 일부는 특정 항목의 장애 처리에 대해 다루는 것뿐만 아니라 몇 가지 중요한 주제를 요약하고 검토하는 도구로도 사용된다. 이번 22장은 이에 해당하는 장으로, 독자의 현재 기술 수준과 상관없이 읽어 보는 것이 유용하다. 그러므로 이번 장에서는 사전 점검 퀴즈는 수록되어 있지 않다. 본서와 『*CCENT/CCNA ICND1 100-105 공인 학습 가이드*』에 수록되어 있는 'IPv6 특징'에 대해 자신이 있다면 이번 장의 마지막 부분에 있는 '챕터 리뷰' 섹션부터 읽도록 한다.

핵심 주제

일반적인 IPv6 동작

IPv6 관련 문제를 해결하기 위한 준비로 먼저 IPv6가 어떻게 동작하는지 알아두어야 한다. IPv6의 개념은 IPv4와 유사하지만, 기존의 개념과 다른 부분도 많다. 이번 장의 첫 번째 절에서는 IPv6의 세부적인 부분에 대해 검토할 것이며, ICND1의 IPv6 장에 수록된 개념 중 많은 부분을 간결한 복습절로 요약할 것이다.

이 절의 현재 페이지에서부터 IPv6 장애 처리절 전까지의 내용은 ICND1에서 다루었던 개념들을 복습하는 내용이다. 만약 ICND1 책을 병행 학습하고 있다면, 복습을 하거나 아래에서 제안하는 것과 같이 'IPv6 문제 해결' 이후로 넘어 가도록 한다.

- **IPv6 장애 처리로 건너뛰기**: ICND1의 IPv6와 비교하여 새로운 개념은 수록되어 있지 않으므로 ICND1의 IPv6 장을 막 마쳤거나 정리가 다 된 상태라면 건너뛰도록 한다.
- **이번 장을 정독**: IPv6에 대해 기억을 하고 있지만, 잘 이해하지 못한 상태라면 이번 장을 읽어보도록 한다.
- **ICND1 다시 읽기**: IPv6에 대해 잘 이해가 되지 않고, 기억이 많이 나지 않는다면, ICND1을 다시 읽어보는 것을 추천한다.

이번 절에서는 IPv6 유니캐스트 주소 지정 및 서브네팅에 대해 복습할 뿐만 아니라, 스테이트리스 주소 자동 설정(SLAAC), DHCP를 포함한 IPv6 설정도 다룰 것이다. 그리고 NDP와 같은 기본적인 프로토콜과 **ping**, **traceroute** 명령어, 마지막으로 스태틱 루트와 같은 라우터 설정을 다룰 것이다.

22

유니캐스트 IPv6 주소와 IPv6 서브넷팅

IPv6는 2개의 주요 IPv6 주소 유형을 정의한다. 글로벌 유니캐스트 주소는 어느 기업이 IPv4 주소의 네트워크 프리픽스를 소유하면 해당 프리픽스로 시작되는 주소는 주소를 소유한 기업을 나타내 듯, IP의 소유자를 나타내는 고유 주소이다. 모든 기업들이 고유의 프리픽스를 사용한다면, IPv6 인터넷의 모든 주소는 고유하게 될 것이다.

이와 반대로 유니크 로컬 유니캐스트(Unique local unicast) 주소는 사설 IP처럼 동작한다. 회사는 무작위로 프리픽스를 생성하고, 해당 프리픽스로 시작하는 주소들로 주소를 부여한다. 유니크 로컬 주소를 사용하면 회사는 다른 회사와 동일한 주소 범위를 사용하지 않는 좋은 통계적 기회를 유지하면서 프리픽스를 등록하지 않아도 된다.

글로벌 유니캐스트 주소를 사용하여 서브넷을 만들려면, 회사는 글로벌 라우팅 프리픽스(기업에 할당된 프리픽스)로 시작한 다음 주소 구조를 세 부분으로 나눈다. 본서와 ICND1의 대부분의 경우에 주소 구조가 글로벌 라우팅 프리픽스와 서브넷 부분이 결합하여 주소의 전반부(64bit)에 구성되어 있다. 서브넷 부분은 기업의 네트워크 엔지니어에게 각각의 서브넷에 고유한 값을 지정할 수 있는 장소를 제공한다. 그리고 전반부를 제외한 나머지 구조는 64bit의 인터페이스 ID 또는 호스트 필드로 남겨두게 된다. [그림 22-1]은 이러한 특징을 보여준다.

예를 들어, 한 회사에서 2001:DB8:1111::/48을 글로벌 라우팅 프리픽스로 받았다면, 모든 주소는 앞의 8진수 12자릿값으로 시작해야 한다. 서브넷 부분은 주소 전체의 1/4만큼 존재하며, 이는 0000,0001,0002로 시작하여 FFFF까지 총 65,536개의 서브넷이 생성된다. 그 결과, 회사는 [그림 22-2]와 같이 서브넷 디자인을 할 수 있다.

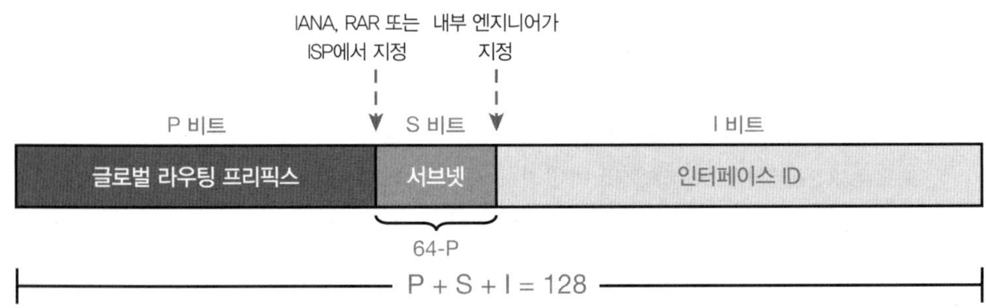

[그림 22-1] 서브넷 된 IPv6 글로벌 유니캐스트 주소 구조

> **NOTE** IPv6에서는 공식적으로 서브넷보다는 프리픽스(Prefix)라는 용어를 사용한다. 하지만 대부분의 사람들이 IPv6 주소 설정을 논의할 때 이 둘을 섞어 사용한다.

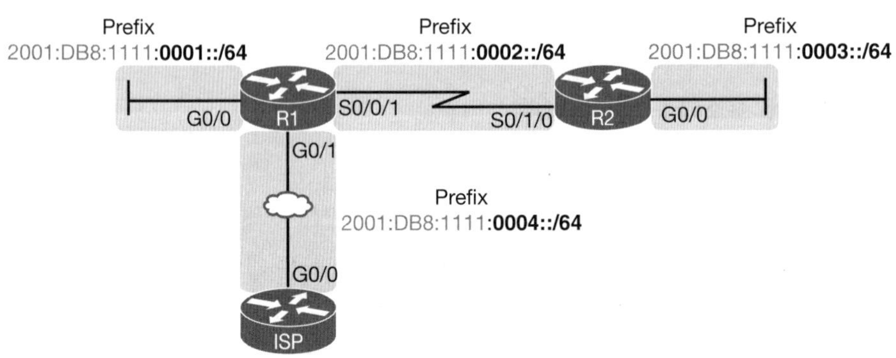

[그림 22-2] 글로벌 라우팅 프리픽스 2001:0DB8:1111을 이용한 서브넷 디자인

또한 [그림 22-2]는 특정 IPv6 주소를 나열하지 않기에 서브넷 계획에 도움이 된다. IPv4와 마찬가지로, IPv6 또한 동일한 정책을 따른다. 그 예로, 호스트와 라우터는 동일한 VLAN에 연결되며, 같은 IPv6 서브넷에 포함된다. [그림 22-3]은 [그림 22-2]의 서브넷 디자인에 맞춘 IPv6 주소에 대한 예시를 나타낸다.

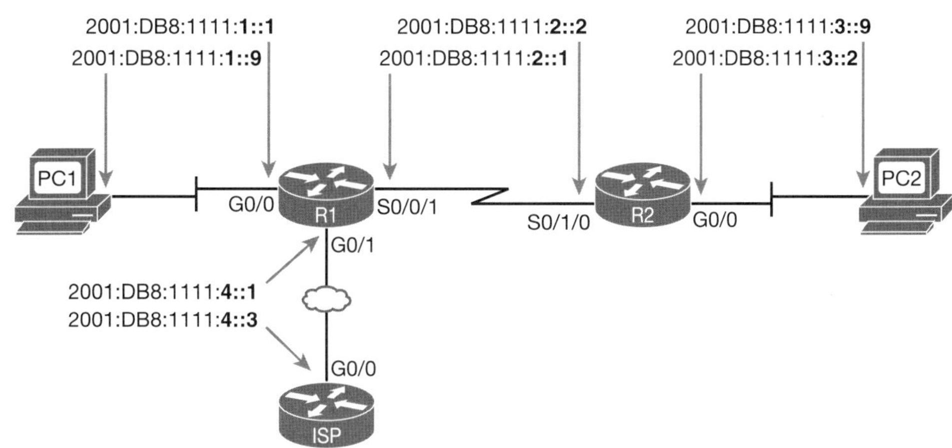

[그림 22-3] [그림 22-2]의 서브넷 디자인에 기초한 정적 IPv6 주소 예시

호스트는 다른 호스트로 패킷을 주고 받을 때 글로벌/유니크 로컬 유니캐스트 주소를 사용한다. 그러나 IPv6에는 단일 링크에만 사용되는 링크-로컬 주소라는 특별한 유형의 유니캐스트 주소 또한 정의하고 있다. 많은 프로토콜들은 로컬 서브넷에서만 흐르는 IPv6 패킷을 라우터로 보내지 않고 전송할 필요가 있다. *링크-로컬* 주소는 이러한 프로토콜들을 위한 주소이다. 알아두어야 할 점은 호스트에서 글로벌/유니크 로컬 주소를 가지고 있을지라도 링크-로컬 주소를 생성할 수 있다는 것이다.

IPv6 호스트들과 라우터들은 다음과 같은 규칙을 가지고 각자의 인터페이스에 링크-로컬 주소를 생성한다. 먼저 [그림 22-4]에서와 같이, 모든 링크-로컬 주소는 동일한 16자리 대역으로 시작한다(FE80:0000:0000:0000). 그리고 나머지 16자리 부분은 다음 절 '스테이트리스(Stateless) 주소 자동 설정'에서 설명할 EUI-64 규칙을 사용하여 생성한다.

64 비트	64 비트
FE80 : 0000 : 0000 : 0000	Interface ID: EUI-64

[그림 22-4] 링크 로컬 주소의 구조

유형	첫 번째 자리	IPv4 공인, 사설 주소와의 유사성
글로벌 유니캐스트	2 또는 3[1]	공인
고유 로컬 유니캐스트	FD	사설
링크-로컬	FE80	둘 다 아님

[1] IANA는 글로벌 유니캐스트 주소 범위를 "다른 용도로서 예약되지 않은 주소"로 정의하지만, 실제로 주소 지정은 2000::/3으로 정의된다. 그 이유는 해당 범위가 글로벌 유니캐스트를 지정하기 위한 목적으로 만들어졌기 때문이다. 많은 IPv6 참고서 또한 2000::/3을 대역으로 인용하기 때문에 첫 번째 16진수는 2 또는 3 중 하나로 설명한다.

[표 22-1] IPv6 유니캐스트 주소 유형 정리

호스트에 주소 지정

주소 지정의 세부적인 부분에 대해 논의가 이루어지고 문서화되었다면, 주소는 다양한 호스트와 라우터에 설정되어야 한다. 이번 주제는 IPv6 호스트에 IPv6 주소를 지정하고 설정하는 법에 대해 설명할 것이다.

학습자의 관점에서 보면, IPv6 호스트 설정은 IPv4보다는 약간 더 복잡하다. IPv6는 NDP라는 네이버 탐색 프로토콜을 추가하고, 호스트가 IPv6 설정을 학습할 수 있는 두 가지 옵션을 제공하기 때문이다. IPv6 호스트들이 자동적으로 IPv6 설정을 가져오는 방법을 학습하기 위해 IPv4를 사용할 때보다 더 많은 노력이 필요할 것이다.

IPv6 호스트는 아래와 같이 IPv6 옵션을 설정하기 위한 방법으로 정적 설정(static configura tion), 스테이트풀(stateful) DHCP, SLACC 총 3가지가 있다. 정적 설정은 해당 인터페이스에 직접 타이핑하여 넣는 것이므로 이번 절에서는 다루지 않고 나머지 2개의 주제에 대해서 살펴볼 것이다.

스테이트풀 DHCPv6

스테이트풀(Stateful) DHCPv6는 IPv4에서의 일반적인 DHCP 절차와 동일하다:

❶ DHCP 서버가 내부 네트워크에 존재한다.

❷ 유저 호스트는 DHCP 메시지를 이용해 IP 주소와 기타 설정 정보를 요청한다.

❸ 서버는 호스트의 메시지에 응답하여 IP를 할당해 주고, 기타 설정 정보를 알려준다.

DHCPv4와 스테이트풀 DHCPv6 간의 눈에 띄는 차이점은 스테이트풀 DHCPv6 서버는 기본 라우터 정보를 제공하지 않는다는 것이다. 그 대신, 내장 프로토콜인 NDP를 이용하면 호스트가 로컬 라우터에게 자신을 식별할 수 있도록 요청한다. 이외에는 DHCPv4에서와 같이 동일한 절차를 이용한다. [그림 22-5]는 DHCPv4와 스테이트풀 DHCPv6를 사용했을 때 학습하는 정보들을 비교한 그림이다.

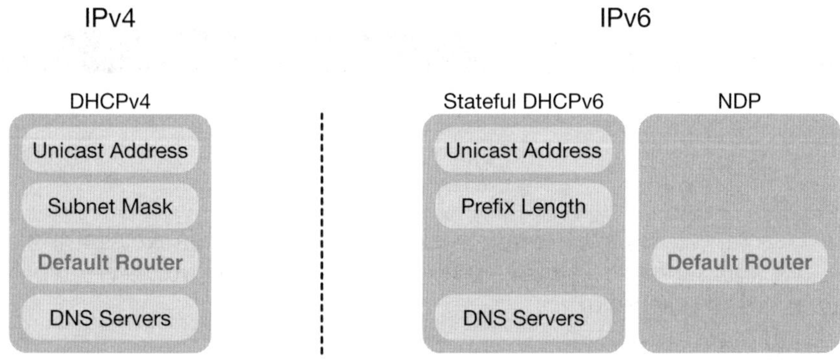

[그림 22-5] 스테이트풀 DHCPv6를 사용할 때 특정 IPv6 설정의 정보

만약 스테이트풀 DHCPv6 서버가 호스트와 다른 서브넷에 위치할 경우, DHCPv6는 [그림 22-6]과 같이 DHCPv6 릴레이 에이전트(relay agent) 기능을 이용해야 한다. 예를 들어, 먼저 왼쪽의 호스트 A가 DHCPv6 요청 메시지를 전송하여 주소를 학습하길 시도한다. 이 메시지는 IPv6 멀티케스트 주소 FF02::1:2를 목적지로 하여 전송된다. R1과 같은 라우터는 일반적으로 로컬 범위의 멀티캐스트 주소로 보낸 패킷은 반대편 네트워크로 전송하지 않지만, 아래 그림과 같이 R1의 G0/0에 DHCPv6 릴레이 에이전트 기능이 설정되어 있다면 R1은 호스트 A의 DHCP 메시지를 DHCP 서버로 전송한다.

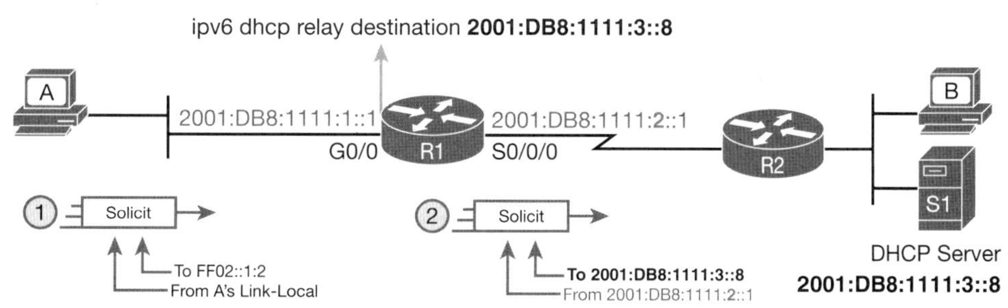

[그림 22-6] DHCPv6 릴레이 에이전트와 DHCP IPv6 주소

스테이트리스 주소 자동 설정(SLAAC)

IPv6의 스테이트리스(Stateless) 주소 자동 설정(SLAAC)은 스테이트풀 서버 없이 자동으로 IPv6를 설정할 수 있는 또 다른 방법 중 하나이다. SLAAC는 앞서 설명한 스테이트풀 DHCPv6 방식처럼 어떤 호스트가 IPv6 주소를 사용하고 있는지에 대해 관리하는 서버가 필요 없다.

SLACC는 NDP와 DHCPv6를 사용하여 전체 처리 과정에 대한 정보를 서버에서 따로 유지하지 않는 스테이트리스 서비스로 정의할 수 있다. 먼저, SLACC 프로세스는 링크상에 존재하는 라우터에게서 IPv6 관련 정보를 배울 수 있게 하는 NDP의 기능을 이용해 다음 정보를 가져온다. IPv6 프리픽스(서브넷 ID), 프리픽스 길이, 기본 라우터의 IPv6 주소. 그 다음 호스트는 SLACC의 규칙들을 이용해 나머지 주소를 생성한다. 마지막으로 IPv6 DNS 서버 주소를 배우기 위해 DHCPv6를 이용한다. [그림 22-7]은 앞의 설명을 요약한 그림이다.

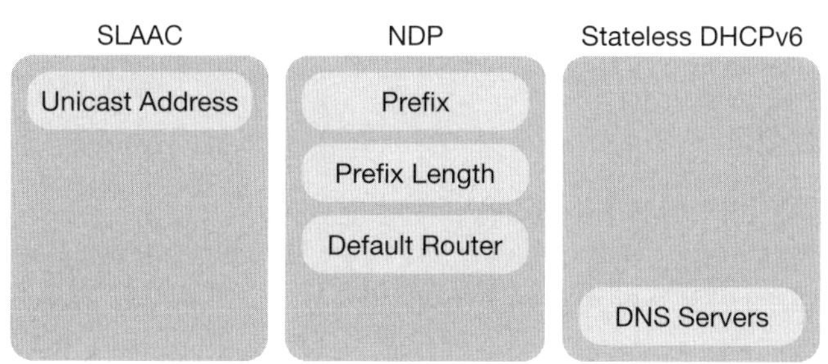

[그림 22-7] SLAAC를 사용할 때 설정하는 IPv6 정보

SLAAC를 이용하면 호스트는 3개의 설정 값을 학습한다(프리픽스 길이, 라우터 주소, DNS 서버). 그러나 주소는 학습할 수 없기에 따로 생성해야 한다. 주소를 생성하기 위해서 호스트는 다음의 단계를 거치게 된다:

❶ NDP 라우터 요청과 라우터 광고 메시지를 이용하여 네트워크상의 라우터로부터 사용되고 있는 IPv6 프리픽스 값을 학습.

❷ 앞서 학습한 IPv6 프리픽스 뒤에 설정될 인터페이스 ID를 선택. 여기에는 무작위하게 설정된 값이 들어가거나 EUI-64 규칙을 이용한 MAC 주소가 사용될 수 있다.

호스트가 EUI-64 옵션을 사용한다면 호스트에 의해 구성된 주소를 예측할 수 있게 된다. 주소의 프리픽스 부분은 로컬 IPv6 라우터에 의해 정의된 프리픽스이다. 그리고 나머지 부분은 아래의 순서에 따라 몇 가지 EUI-64(수정 EUI-64) 규칙에 의해 호스트의 48비트 MAC 주소를 64비트의 인터페이스 ID로 변환하여 사용된다.

❶ MAC 주소를 6바이트로 반반 나눈다.

❷ 나누어진 두 주소 사이에 FFFE를 삽입하여 총 64비트의 인터페이스 ID를 만들어 낸다.

❸ 첫 번째 바이트의 일곱 번째 비트를 반전시킨다.

[그림 22-8]은 주소가 어떻게 생성되는지를 보여주는 예시이다.

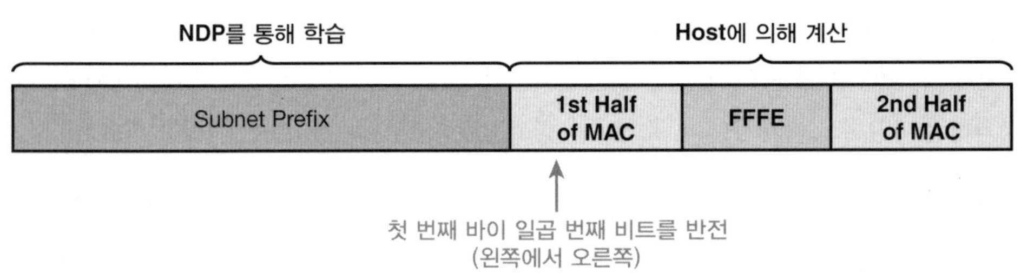

[그림 22-8] 인터페이스 ID와 EUI-64를 이용한 IPv6 주소 구성

라우터 주소와 정적 경로 설정

이번 절의 핵심은 IPv6 주소, 서브넷에 대해 이해하고 호스트에 주소를 설정하는 법이다. 그 다음 주제는 라우터에 주소를 설정하는 법과 IPv6 라우팅을 활성화시키는 법, 그리고 IPv6 정적 경로를 설정하는 법이다.

라우터상에 IPv6 라우팅과 주소 설정

라우터에서 IPv6 기능을 활성화시키려면 2가지 설정을 마쳐야 한다.

많은 기업에서 IPv6 구현 계획은 아직까지 적게는 라우터, 많게는 호스트에서의 듀얼스택(dual-stack) 전략을 이용한다. 이 말은 라우터의 인터페이스에서는 여전히 IPv4 주소가 사용되며, IPv4로 패킷 이동이 이루어지고 있다는 것이다. 그리고 듀얼 스택이라는 이름은 IPv6 라우팅을 라우터에 의해 라우팅되는 두 번째 L3프로토콜로 추가 설정하면 얻을 수 있다.

[예 22-1]은 [그림 22-3]에서 보았던 라우터 R1에 IPv6 설정을 추가하는 예시이다. 해당 그림에 따르면, R1은 3개의 인터페이스에 IPv6 전체 주소를 입력한 것으로 보인다. 이 말은 [예 22-1]은 정적으로 주소를 설정하였다는 것을 의미한다. 프리픽스 길이 /64는 빈칸 없이 바로 뒤에 오게 된다. IPv4 설정은 표시되지 않지만, 듀얼 스택 방식으로 이미 존재하고 있다.

단계 ① **ipv6 unicast-routing** 명령어를 입력하여 IPv6 라우팅을 활성화시킨다.

단계 ② 인터페이스의 하위 명령어에서 **ipv6 address** *address/length*를 입력하여 원하는 인터페이스에 IPv6를 활성화하고 인터페이스 IPv6 주소 및 프리픽스 길이를 설정한다.

```
ipv6 unicast-routing
!
interface serial0/0/1
  ipv6 address 2001:db8:1111:2::1/64
!
interface gigabitethernet0/0
  ipv6 address 2001:db8:1111:1::1/64
!
interface gigabitethernet0/1
  ipv6 address 2001:db8:1111:4::1/64
```

[예 22-1] [그림 22-3]에서 보았던 라우터 R1에 IPv6 설정을 추가한다.

정적으로 주소를 설정하는 것 이외에 라우터는 EUI-64 규칙을 이용해 주소를 설정할 수 있다. 해당 옵션으로 라우터를 설정 시 **ipv6 address** 명령어에 두 가지 변화가 생긴다. 첫째, 인터페이스 ID는 라우터가 생성하기 때문에 명령어는 오직 전체 주소가 아닌 프리픽스만 입력하게 된다. 두 번째로는 명령어 끝에는 **eui-64** 키워드를 입력하도록 한다. 예를 들어 R1의 G0/0 인터페이스에 EUI-64를 대신 사용하려면, **ipv6 address 2001:db8:1111:1::/64 eui-64** 명령어를 입력한다.

라우터에서의 IPv6 정적 경로

IPv6 경로 설정의 경우 대부분의 기업에서는 OSPFv3(23장 'IPv6 OSPF 구현')나 IPv6 EIGRP(24장 'IPv6 환경에서 EIGRP 구현') 같은 동적 라우팅을 사용한다.

그러나 라우터는 정적 경로 또한 지원하고 있다. 라우터에서 IPv6 정적 경로는 패킷의 다음 목적지를 알려주는 방법에 대해 기본적으로 세 가지 설정을 지원하고 있다. [그림 22-9]는 그 3가지 방법에 관한 내용이다.

① 로컬 라우터에서 패킷이 나갈 출구 인터페이스를 지정

② 인접 라우터의 유니캐스트 주소를 지정하여 패킷을 전송

③ 인접 라우터의 링크 로컬 주소를 지정하여 패킷을 전송(출구 인터페이스도 필요).

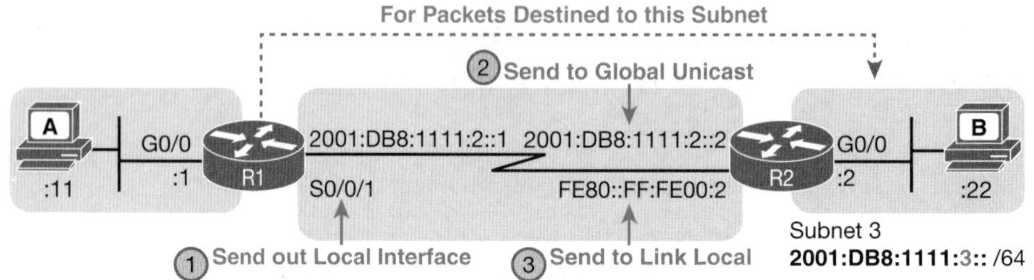

[그림 22-9] IPv6 경로 설정에 대한 세 가지 옵션

[예 22-2]는 위의 그림과 일치하는 세 가지 정적 경로 설정법을 보여주고 있다. 이 예는 명령어를 보여주기 위해 다양한 방식으로 사용되었을 뿐, 하나의 라우터에서는 동일한 IPv6 프리픽스를 대상으로 하여 위의 3가지 방식을 동시에 사용하지는 않는다.

```
! 다음 명령어는 R1의 S0/0/1을 출구 인터페이스로 사용
ipv6 route 2001:db8:1111:3::/64 S0/0/1

! 다음 명령어는 R2의 주소를 넥스트홉 라우터 유니캐스트 주소로 사용
ipv6 route 2001:db8:1111:3::/64 2001:DB8:1111:2::2

! 다음 명령어는 R1의 S0/0/1을 출구 인터페이스로 사용하며,
! R2의 링크-로컬 주소를 넥스트홉 라우터 주소로 사용
ipv6 route 2001:db8:1111:3::/64 S0/0/1 FE80::FF:FE00:2
```

[예 22-2] 정적 IPv6 루트의 세 가지 옵션

IPv6 연결 검증

작업 또는 시험에서 대부분의 장애 처리는 부분적으로 동작하는 네트워크에서부터 시작한다. 현존하는 문제를 찾기 위해서, 엔지니어는 다양한 명령어를 이용해 네트워크를 테스트하여 어느 부분이 정상이고 어느 부분이 문제인가를 확인해야 한다. 이번 주제에서는 호스트와 라우터에서 IPv6 연결을 확인할 때 사용되는 유용한 명령어에 대해 알아볼 것이다.

IPv6 호스트 연결 검증

IPv6 호스트에서 확인할 첫 번째 항목은 [그림 22-10]의 왼쪽에 표시된 것처럼 호스트의 네 가지 주요 IPv6 설정이어야 한다. 이 검증 절차는 해당 호스트뿐만 아니라, 네트워크상에 다른

장치의 설정도 함께 비교해 보아야 한다. 예를 들어, 호스트의 기본 라우터(디폴트 게이트웨이) 설정이 로컬 라우터에 설정된 주소와 일치해야 한다.

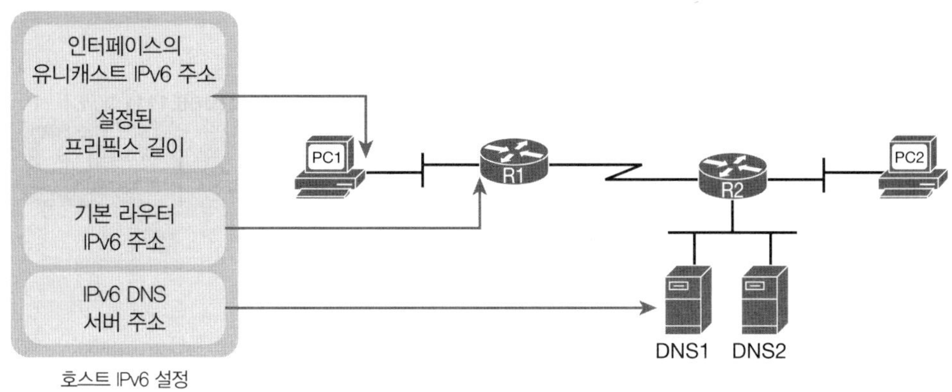

[그림 22-10] 호스트에서 필요한 IPv6 설정

호스트는 일반적으로 그래픽 사용자 인터페이스(GUI)나 명령어를 이용해 IPv6 설정을 볼 수 있는 몇 가지 방법을 지원하고 있다. 주요 IPv6 설정의 경우, **ipconfig**(윈도 운영체제)와 **ifconfig**(리눅스, Mac OS X) 명령어를 통해 확인할 수 있다. [예 22-3]에서는 리눅스 호스트에서의 **ifconfig** 명령어와 명령어를 출력 결과로 나온 글로벌 유니캐스트 주소, 링크-로컬 주소에 대한 IPv6 주소 및 프리픽스 길이를 보여준다.

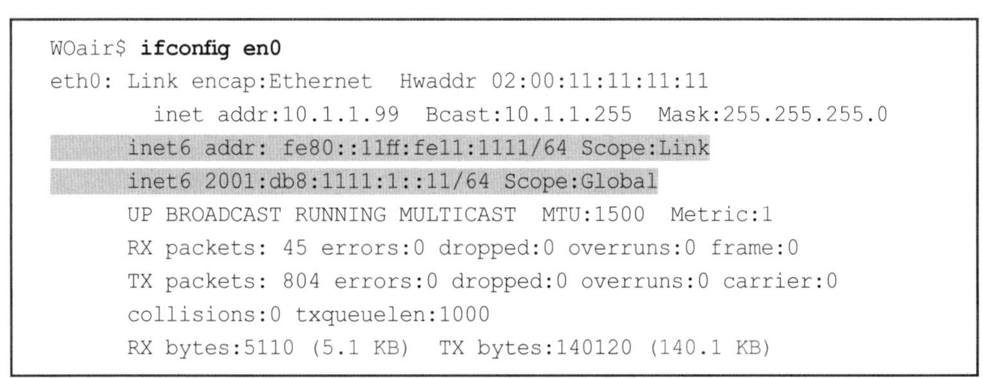

```
WOair$ ifconfig en0
eth0: Link encap:Ethernet  Hwaddr 02:00:11:11:11:11
        inet addr:10.1.1.99  Bcast:10.1.1.255  Mask:255.255.255.0
      inet6 addr: fe80::11ff:fe11:1111/64 Scope:Link
      inet6 2001:db8:1111:1::11/64 Scope:Global
      UP BROADCAST RUNNING MULTICAST  MTU:1500  Metric:1
      RX packets: 45 errors:0 dropped:0 overruns:0 frame:0
      TX packets: 804 errors:0 dropped:0 overruns:0 carrier:0
      collisions:0 txqueuelen:1000
      RX bytes:5110 (5.1 KB)  TX bytes:140120 (140.1 KB)
```

[예 22-3] 리눅스상에서의 ifconfig 명령어 사용

연결성을 확인하는 가장 확실한 방법은 **ping**과 **traceroute**이다. 일부 호스트들은 IPv6에서도 IPv4 때와 동일한 명령어로 **ping**과 **traceroute**를 사용한다. 반면 다른 Mac OS X나 리눅스의 경우, **ping6**와 **traceroute6** 같은 다른 명령어를 사용한다.

장애 처리를 위해 **ping6**를 사용할 때에는, 가장 가까운 IPv6 주소로 ping을 하고, 그 다음 ping이 실패할 때까지 점점 더 멀리 있는 라우터를 향해 사용하면 장애 원인을 특정 짓는 데 도움이 된다. 예를 들어 [그림 22-11]에서 PC1 사용자는 자신과 마주보는 R1의 인터페이스를 향해 ping을 하고, 그 다음 시리얼 인터페이스, 다음은 R2의 S0/1/0, 이런 식으로 계속 테스트한다.

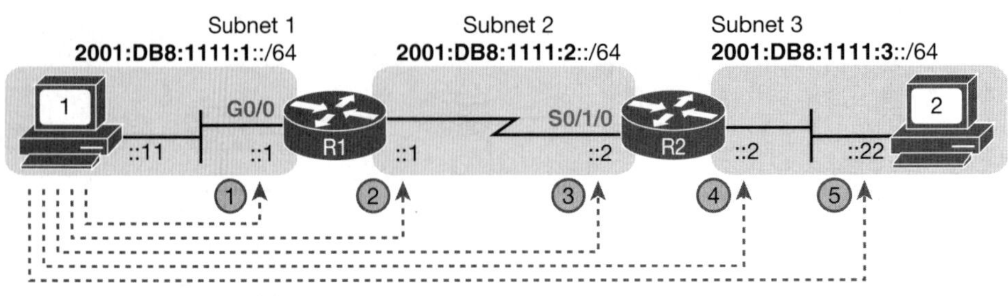

[그림 22-11] IPv6 라우팅 문제 격리를 위한 Ping 순서

[예 22-4]는 [그림 22-11]의 핑 순서를 보여준다.

```
Master@PC1:~$ ping6 2001:db8:1111:1::1
PING 2001:db8:1111:1::1 (2001:db8:1111:1::1) 56 data bytes
64 bytes from 2001:db8:1111:1::11: icmp_seq=1 ttl=64 time=1.26 ms
64 bytes from 2001:db8:1111:1::11: icmp_seq=2 ttl=64 time=1.15 ms
^C
--- 2001:db8:1111:1::1 ping statistics ---
2 packets transmitted, 2 received, 0% packet loss, time 1001 ms
rtt min/avg/max/mdev = 1.156/1.210/1.263/0.062 ms

Master@PC1:~$ ping6 2001:db8:1111:3::22
PING 2001:db8:1111:3::22 (2001:db8:1111:3::22) 56 data bytes
64 bytes from 2001:db8:1111:3::22: icmp_seq=1 ttl=64 time=2.33 ms
64 bytes from 2001:db8:1111:3::22: icmp_seq=2 ttl=64 time=2.59 ms
64 bytes from 2001:db8:1111:3::22: icmp_seq=3 ttl=64 time=2.03 ms
^C
--- 2001:db8:1111:3::22 ping statistics ---
3 packets transmitted, 3 received, 0% packet loss, time 2003 ms
rtt min/avg/max/mdev = 2.039/2.321/2.591/0.225 ms
```

[예 22-4] pc에서 가까운 R1부터 R2까지 **ping6** 테스트

라우터에서의 IPv6 검증

시스코 라우터들은 IPv6 **ping**과 **traceroute** 명령어를 지원한다. 두 명령어 모두 IPv4, IPv6 주소 또는 호스트 이름을 사용할 수 있으며, 일반 또는 확장 명령어로 동작한다.

확장 **ping** 또는 **traceroute** 명령어를 사용하면, 라우터 CLI를 통해 LAN에 연결된 호스트가 사용하는 경로를 역추적할 수 있다. 간단하게 정리하면, 라우터에서 **ping**과 **traceroute**의 확장

IPv6 옵션들을 사용하면 올바른 출발지 서브넷으로 돌아오도록 하는 테스트를 할 수 있다는 것이다.

예를 들어, [그림 22-12]은 R1에서 PC2의 IPv6 주소로 확장 ping을 하여 PC2에 대한 순방향 경로를 테스트한다. 그러나 만약 확장 ping이 R1의 G0/0 인터페이스 주소를 출발지로 설정하였다면, 이 명령어는 PC1의 IPv6 서브넷으로 되돌아오는 역방향 테스트도 시행하게 된다.

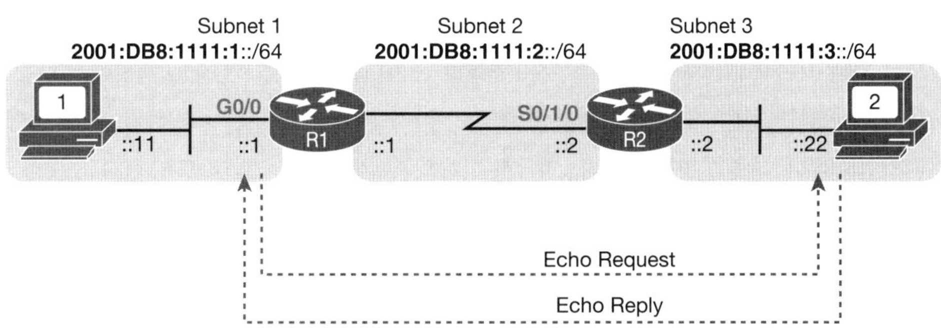

[그림 22-12] [예 22-5]의 확장 ping의 출발지, 목적지 주소

[예 22-5]는 R1의 G0/0 인터페이스를 패킷의 출발지 주소로 지정하여 PC2로 확장 IPv6 ping을 하는 것을 보여준다. 두 번째 명령어는 R1에서 PC2까지의 일반 IPv6 **traceroute**이다.

```
R1# ping
Protocol [ip]: ipv6
Target IPv6 address: 2001:db8:1111:3::22
Repeat count [5]:
Datagram size [100]:
Timeout in seconds [2]:
Extended commands? [no]: yes
Source address or interface: GigabitEthernet0/0
UDP protocol? [no]:
Verbose? [no]:
Precedence [0]:
DSCP [0]:
Include hop by hop option? [no]:
Include destination option? [no]:
Sweep range of sizes? [no]:
Type escape sequence to abort.
Sending 5, 100-byte ICMP Echos to 2001:DB8:1111:3::22, timeout is 2 seconds:
Packet sent with a source address of 2001:DB8:1111:1::1
!!!!!
Success rate is 100 percent (5/5), round-trip min/avg/max = 0/1/4 ms

R1# traceroute 2001:db8:1111:3::22
Type escape sequence to abort.
```

22

```
Tracing the route to 2001:DB8:1111:3::22

  1 2001:DB8:1111:2::2 4 msec 0 msec 0 msec
  2 2001:DB8:1111:3::22 0 msec 4 msec 0 msec
```

[예 22-5] R1에서의 IPv6 확장 ping과 일반 traceroute

IPv6 **ping**이나 **traceroute**가 일종의 라우팅 문제를 지적할 때, 몇 가지 추가적인 단계들은 근본 원인을 찾기 위한 문제 격리에 도움이 될 수 있다. 그러나 이번 장에서는 IPv6 라우팅 프로토콜 장애 처리에 대한 논의는 하지 않을 것이다. 이에 대한 설명은 23장과 24장에서 다룰 것이며, 두 장에서는 OSPFv3 및 EIGRP가 IPv6 라우팅 테이블에 경로를 지정하지 못할 수 있는 구체적인 이유에 대해 설명할 것이다. 지금은 다음의 두 가지 예만 기억하도록 한다.

라우터가 특정 목적지 주소로 패킷을 전송할 때 사용하는 IPv6 경로를 표시하려면, **show ipv6 route** *address* 명령어를 사용한다. 이 명령어는 라우터가 사용하는 경로에 대한 자세한 정보를 표시해 준다. 만약 라우터에 해당 경로가 없을 경우, 라우터는 "Route not found."라는 메시지를 표시한다. [예 22-6]은 부합되는 경로가 정적 경로로 설정되어 있으며 출구 인터페이스는 S0/0/1로 향하도록 되어 있는 예와 경로를 찾을 수 없는 예를 보여주고 있다.

```
R1# show ipv6 route 2001:db8:1111:3::22
Routing entry for 2001:DB8:1111:3::/64
  Known via "static", distance 1, metric 0
  Route count is 1/1, share count 0
  Routing paths:
    directly connected via Serial0/0/1
      Last updated 00:01:29 ago

R1# show ipv6 route 2001:1:1:1::1
% Route not found
```

[예 22-6] 2001:DB8:1111:3::22로 향하는 라우터 R1을 보여준다.

추가적으로, **show ipv6 neighbors** 명령어는 IPv4 ARP 테이블의 IPv6 버전이다. 만약 ping이 실패하고 예상되는 엔트리가 해당 테이블에 존재하지 않다면, NDP가 이웃 라우터의 MAC 주소를 검색하지 못하게 하는 문제일 수도 있다. [예 22-7]은 [그림 22-12]에서의 R2가 이 명령어를 사용했을 때 PC2의 IPv6 주소와 MAC 주소가 매치되는 모습이다.

```
R2# show ipv6 neighbors
IPv6 Address                              Age Link-layer Addr State Interface
FE80::11FF:FE11:1111                        0 0200.1111.1111  STALE Gi0/0
```

```
FE80::22FF:FE22:2222                  1 0200.2222.2222  STALE Gi0/0
2001:DB8:1111:3::22                   0 0200.2222.2222  REACH Gi0/0
FE80::D68C:B5FF:FE7D:8200             1 d48c.b57d.8200  DELAY Gi0/0
2001:DB8:1111:3::33                   0 0200.1111.1111  REACH Gi0/0
2001:DB8:1111:3::3                    0 d48c.b57d.8200  REACH Gi0/0
```

[예 22-7] 라우터 R2에서의 **show ipv6 neighbors** 명령어

IPv6 장애 처리

IPv6를 사용하는 중견 엔터프라이즈 네트워크 관리를 한다고 생각해 보자. 네트워크는 잘 동작하고, 관리자는 항상 정시에 퇴근한다. 그러던 어느 날, 관리자는 네트워크에 문제가 있다는 문자를 받았다. 이제 무엇을 해야 하는가? 관리자는 문제를 특정 짓기 위해 몇 가지 명령어를 시도해 볼 것이며, 결국은 문제의 근본 원인을 찾게 될 것이다. 예를 들어, 사용자가 문제를 겪고 동료가 "내가 도와주겠다" 하고 정적 IPv6 설정으로 해당 사용자의 PC를 구성하면서 기본 라우터 IPv6 주소를 잘못 입력하였을 수도 있다.

이번 장의 나머지 부분은 엔지니어가 방금 문제를 해결하기 시작한 것 같은 상황의 일곱 가지 장애 처리 시나리오를 제시한다.

각각의 문제는 엔지니어가 네트워크의 특정 부분이나 특정한 이유에 문제가 있다고 판단한 것으로 간주할 것이다. 그런 다음 각각의 시나리오는 특정 증상과 함께 나타나는 잠재적인 근본 원인에 대해 이야기할 것이며, 해당 증상의 배경과 원인에 대해 검토할 수 있는 공간을 제공할 것이다.

22

특정 시나리오를 보기에 앞서, 다음 세 가지 목록은 운영 중인 IPv6 네트워크에 대해 사실이어야 하는 몇 가지 중요한 규칙을 요약한 내용이다. 이번 절의 문제의 근본 원인 중 상당수는 이러한 규칙 중 하나가 위반되었기에 발생하곤 한다.

호스트 중심 문제

❶ 호스트는 기본 라우터와 동일한 IPv6 서브넷이어야 한다.

❷ 호스트는 기본 라우터와 동일한 프리픽스 길이를 사용해야 한다.

❸ 호스트에는 실제 라우터 주소로 향하는 기본 라우터 설정을 가지고 있어야 한다.

❹ 호스트에는 올바른 DNS 서버 주소를 가지고 있어야 한다.

라우터 중심 문제

❶ 사용 중인 라우터 인터페이스 상태는 up/up이어야 한다.

❷ 동일한 데이터 링크에 연결된 두 개의 라우터는 같은 IPv6 서브넷을 가져야 한다.

❸ 라우터는 IPv6 서브넷 디자인에 따라 모든 IPv6 서브넷에 대한 IPv6 경로를 가지고 있어야 한다.

필터링 문제

❶ LAN 스위치에 설정되어 있는 MAC 주소 필터링을 주의하도록 한다.

❷ 스위치에서 VLAN을 잘못 설정하는 것을 주의하도록 한다.

❸ 라우터에서 IPv6 액세스 컨트롤 리스트(ACL) 설정을 주의하도록 한다.

시나리오를 다뤄 보기에 앞서 위의 목록의 모든 항목에 있는 개념들은 IPv4와 IPv6 둘 다 적용된다. 이는 IPv6 장애 처리 절차와 개념은 IPv4를 어느 정도 반영해야 한다는 것을 의미한다. 물론, 자세한 부분들은 다르고 시나리오 또한 이러한 차이점을 나타낸다는 것을 염두에 둔다.

일부 호스트로만 핑이 되는 상황

네트워크 엔지니어는 사용자로부터 걸려온 새로운 문제 요청에 응답하고 있는 상황이다. 엔지니어는 사용자에게 PC에서 IPv6 **ping** 명령어를 사용하도록 요청하였으며, 일부 ping은 작동하였지만 일부 ping은 작동하지 않고 있다. 엔지니어는 다음에 무엇을 시도해야 하는가?

경험이 풍부한 네트워크 엔지니어에게 이와 같은 경우에 대해 질문을 하면, 5~6가지 정도의 확인해야 할 요소들에 대해 들을 수 있을 것이다. 그러나 일부 호스트로만 ping이 되는 상황에서 가장 먼저 확인해야 할 것은 호스트의 IPv6 설정이다.

호스트의 정적 IPv6 설정은 실수를 찾을 수 있는 가장 흔한 장소 중 하나일 수 있으며, 이러한 실수는 일부 호스트로만 핑이 되는 현상을 초래할 수 있다. 정적 설정에서는 실수가 일어날 수 있으며, 다음과 같은 주의사항을 기억해 둔다. 첫째, IPv6는 길기 때문에 잘못 입력하기 쉽다. 둘째, 정적 설정 시 라우터와 DNS 서버 간의 연관성을 이해해야 한다. 셋째, 시험에서 문제 내용이 조금만 달라져도 새로운 문제가 되는 것처럼, 실제로 숫자 하나만 달라져도 문제가 야기될 수 있다. 그러므로 문제 해결을 위해서는 IPv4 때와 같이 IPv6 호스트 설정을 확인할 준비가 되어 있어야 한다.

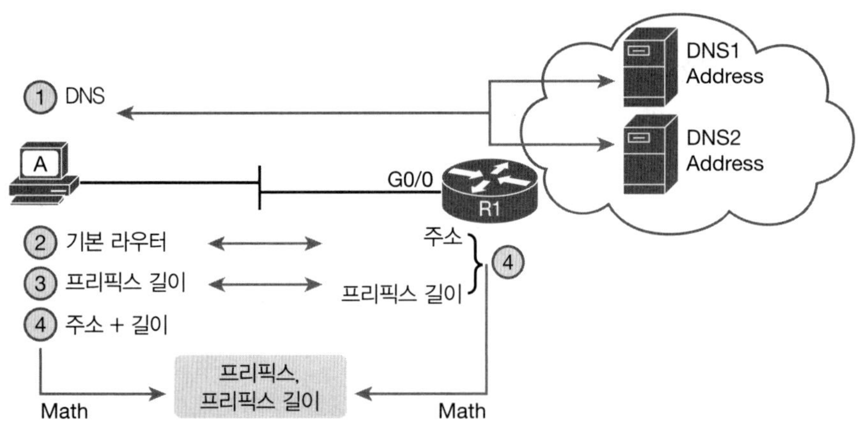

[그림 22-13] 호스트 IPv6 설정 중 일치해야 하는 정보들

[그림 22-13]은 일치해야 하는 정보들을 모아놓은 그림이다. 개념은 IPv4와 동일하다.

그 다음 생각해보아야 할 것은 위의 설정 중 하나만 잘못되었을 경우이다(하나 이상의 설정이 잘못되었다면, 해당 증상을 이번 절에서 묘사하기 힘들다). [그림 22-13]의 번호에 따라 설정을 확인해 보도록 한다.

① 다른 문제가 없다고 가정하고 DNS 설정이 올바르지 않을 경우, hostname을 이용한 ping 테스트는 실패하지만, IPv6 주소를 이용한 테스트는 정상적으로 동작한다.

② 기본 라우터 설정만 잘못되었을 경우, 로컬 LAN에 있는 IPv6 주소로의 ping 테스트는 동작할 것이다. 그러나 기본 라우터를 통해 나가야 하는 외부 주소로의 ping 테스트는 실패한다. 또한 hostname 확인이 실패하므로 hostname을 이용한 ping 또한 실패할 것이다.

③ 프리픽스 길이가 일치하지 않을 경우, 호스트와 라우터는 동일 서브넷에 존재하지 않는다고 인식한다(다음 단계 참조).

④ 호스트와 라우터가 VLAN에 존재하는 IPv6 서브넷에 일치하지 않는다면, 라우터는 호스트로 패킷을 보낼 수 없으며, 그 결과 2번에서과 같은 증상이 발생하게 된다.

시험 응시자 관점에서 이러한 증상은 빨리 해결되길 원한다. 따라서 문제에 호스트 설정이 있는 경우, 라우터 인터페이스 주소와 프리픽스 길이 및 DNS 서버 주소 정보를 확인하도록 한다.

직장에서 발생한 문제 해결의 관점에서, 이러한 문제는 기본적으로 두 가지 증상으로 범위가 줄어들게 된다.

- 이름을 사용한 ping 실패
- 오프-서브넷 패킷을 필요로 하는 핑 실패.

이러한 두 가지 증상은 첫 번째 DNS 문제이다. 그리고 두 번째로 고려될 수 있는 문제는 기본 라우터 또는 서브넷 불일치 관련 증상이다.

호스트에서 기본 라우터로의 ping 실패

두 번째 상황은 다음과 같다. 엔지니어는 호스트와 호스트의 기본 라우터에 있는 명령어에 문제가 있는지 확인하였으며, 두 장비의 IPv6 설정은 양호하게 보인다. 그러나 사용자가 외부의 서버로 IPv6 주소나 이름을 사용하여 ping을 하면 실패를 하고 있다.

다음 단계는 네트워크 엔지니어가 로컬 ping을 사용하여 문제의 범위를 좁히는 것에서 시작한다. 엔지니어는 유저에게 기본 라우터의 IPv6 주소로 ping을 해 볼 것을 요청하지만, 실패하였다. 엔지니어는 다시 기본 라우터에서 호스트로 역으로 ping을 날려 보기도 하였지만 실패하였다.

요약하자면, 호스트와 기본 라우터는 서로 ping을 하지 못하고 있으며, 이러한 증상의 경우 질문은 다음과 같다: 어떤 원인으로 인해 해당 증상이 발생하였는가? 예를 들어 [그림 22-14]

에서 호스트와 라우터 IPv6 설정을 제외시키고 나서부터 호스트 B가 라우터 R3에 ping을 하지 못하는 상황이 발생하고 있는데 이유가 무엇인가?

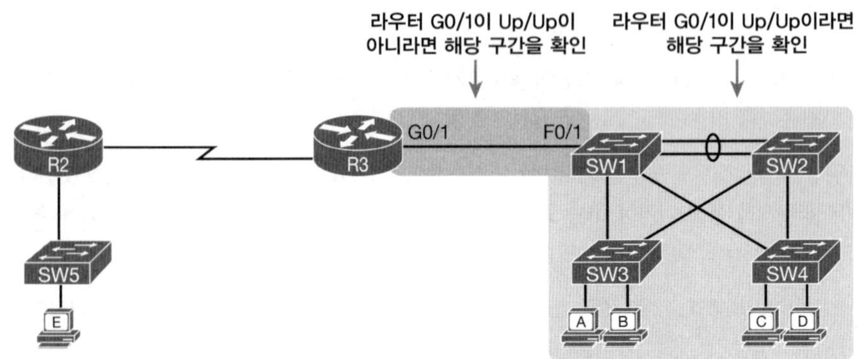

[그림 22-14] 라우터 LAN 인터페이스 상태를 기반으로 문제를 찾을 수 있는 위치

문제를 찾기 위해서, 엔지니어는 외부의 IPv6 환경과 호스트와 라우터 사이의 LAN에 대해 생각을 해 보아야 한다. 특히, 유력한 근본 원인은 다음 범주로 나눌 수 있다.

❶ 라우터나 호스트의 LAN 인터페이스가 관리적으로 불능 상태

❷ LAN상의 어떠한 문제가 이더넷 프레임의 흐름을 방해

❸ 포트 시큐리티(port security)와 같은 기능으로 인해 LAN상에서 이더넷 프레임이 필터링되고 있는 상태

첫 번째 항목에 관해서, 라우터와 호스트는 **shutdown** 인터페이스 하위 명령어를 통해 비활성화시킬 수 있다. 만약 R3의 G0/1이 셧다운되어 있다면, 엔지니어는 현재 상황과 동일한 현상을 확인할 수 있다. 호스트 또한 인터페이스를 활성화 또는 비활성화시키는 방법이 있으며, 이 역시 동일한 증상을 유발한다. 해결법은 라우터에 **no shutdown** 명령어를 사용하거나 호스트의 인터페이스를 활성화시키는 것이다.

두 번째 항목에 대해서는 이미 이 책의 Part I에서 LAN 문제에 대해 다룬 적이 있다. 그렇지만 장애 처리에 도움을 주자면, R3의 G0/1 인터페이스가 down/down 상태일 경우, R3의 G0/1과 직접 연결된 이더넷 링크에 LAN 문제가 존재한다는 것을 뜻한다. 만약 R3의 G0/1이 up/up 상태에 있으면, 이 문제는 LAN 자체의 다른 곳에서도 발생된 것일 수도 있다. 만약 여전히 동작하지 않는다면, 4장의 'LAN 장애 처리'를 다시 확인해 보도록 한다.

세 번째 항목의 문제처럼, 포트 시큐리티 같이 일부 필터링 메커니즘이 의도적으로 호스트(B)나 라우터(R3 G0/1)에서 보내는 프레임을 필터링하여 발생되는 문제일 수도 있다. 또한 라우터 R3는 G0/1 인터페이스에 진입(inbound) IPv6 ACL이 설정되어 있을 수도 있다. 이는 들어오는 ICMPv6 패킷을 필터링하여 **ping** 명령으로 생성된 패킷을 제거한다(다음 25장 'IPv6 액세스 컨트롤 리스트'에서는 IPv6 ACL에 대해 설명한다).

DNS에서 요구하는 기능을 사용하여 발생되는 문제

세 번째 상황으로 넘어가서, 엔지니어는 호스트 C의 문제를 해결해야 한다. 호스트 C는 Server1으로 호스트네임을 이용하여 핑을 하였지만 실패하였다. 그러나 Server1의 IPv6 주소를 이용한 핑은 성공하였다. 엔지니어는 다른 서버인 Server2로 핑을 해보는 유사한 테스트를 해 보았지만 결과는 동일하였다.

이러한 현상은 명백하게 DNS 문제이다. 그러나 아직은 이것을 해결하여 정상적으로 되돌릴 만한 근본 원인을 특정 짓지 못하였다. 이러한 경우 근본 원인은 다음 범주에 속한다.

❶ 호스트에서 정적 설정으로 인한 잘못된 DNS 서버 설정

❷ 스테이트풀, 스테이트리스 DHCPv6에서 호스트로 잘못된 DNS 서버 정보 전달

❸ DNS 서버와 유저 간의 IPv6 연결 문제

첫 번째 항목의 경우 호스트에서 DNS 서버 설정을 잘못하였다면 DNS 질의는 엉뚱한 목적지를 향해 갈 것이다. 그 결과 호스트는 DNS 응답을 받지 못할 것이며, 목적지 호스트의 IPv6 주소를 학습하는 데 실패하게 된다. 핵심 원인은 IPv6 설정에 잘못된 정보를 입력한 것이다.

두 번째 항목의 핵심 원인은 첫 번째와 비슷하지만, 따로 이야기를 다룰 만큼 특징을 가지고 있다. 첫 번째의 경우 사용자 컴퓨터의 DNS 서버 설정이 잘못되었던 것이지만, 두 번째는 DHCPv6를 사용하여 설정을 습득하였다. 기본적으로 동일한 문제 증상이 있지만 근본 원인이 다른 경우이다. 다시 한번 강조하지만, 호스트는 스테이트풀 DHCPv6와 SLAAC 모두 사용하여 DNS 주소를 학습한다.

세 번째 핵심 원인은 조금 더 많은 예와 논의가 필요하다. [그림 22-15]의 예에서는 호스트 C가 **ping Server1** 명령어를 사용하여 Server1을 처음 테스트할 때 발생하는 2단계 절차를 보여준다. 먼저 호스트 C에서 출발한 IPv6 패킷들은 Server1에 대한 주소를 질의하기 위해 DNS 서버로 향한다. 그리고 해당 질의의 답(Server1의 IPv6 주소)을 가지고 되돌아온다.

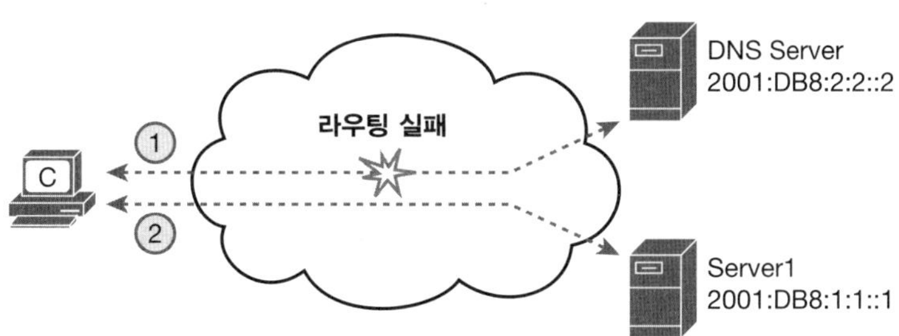

[그림 22-15] 패킷을 서버에 전달하기 전의 DNS 이름 해결

위의 토폴로지에 따르면 DNS 서버와 호스트 C 간의 연결 문제는 존재할 수 있지만, Server1과

호스트 C 간의 문제는 존재하지 않는다. 그러므로 "name resolution이 동작하지 않는다"와 같은 현상이 문제이지만 호스트가 올바른 DNS 서버 주소를 향하고 있는 것 같다면, 호스트와 DNS 서버 간의 기본적인 연결성을 확인해 보도록 한다.

호스트가 IPv6 설정을 받지 못함: 스테이트풀 DHCP 문제

이제 새로운 상황으로 넘어가서, 엔지니어는 현재 호스트 D의 사용자를 위해 문제를 해결하고 있는 상황이다. 엔지니어는 유저에게 몇 가지 명령어를 입력하게 하게끔 요청하였고, 호스트는 IPv6 주소를 동적으로 받기 위해 시도를 하고 있지만, 아직 IPv6 유니캐스트 주소를 받지 못하였다고 판단된 상태이다.

진행을 위해 해당 네트워크는 DHCPv6를 이용해 IPv6 주소를 할당해 주는 전략을 사용한다 가정한다. 엔지니어는 이 전략에 대해 알고 있으며, 왜 해당 절차가 실패하는지 문제를 특정 짓지 못하였다. 본 시나리오는 직접적인 실수의 근본 원인에 대해서만 설명한다.

> **NOTE** 이 책에서는 호스트가 SLAAC를 사용할지 또는 DHCPv6를 사용할지 여부에 대한 정보를 처리하는 과정에서 발생하는 상황에 대한 세부 정보가 빠져 있다. 이 책의 주제 범위에 한정 짓기 위해서는 스테이트풀 DHCP만을 사용한다고 가정한다.

스테이트풀 IPv6 DHCP 장애 처리는 이전에 논의하였던 21장 'IPv4 라우팅 장애 처리'의 'DHCP 문제' 절의 IPv4 DHCP와 동일한 기본 논리를 따르고 있다. 따라서 21장의 몇 가지 개념을 복습하자면, IPv6 호스트가 스테이트풀 또는 스테이트리스 DHCPv6를 사용하여 DHCPv6 서버에서 정보를 성공적으로 받기 위해서는 다음 사항이 준비되어야 한다:

❶ 서버는 반드시 클라이언트의 서브넷과 일치해야 한다. 또는

❷ 서버는 다음의 두 가지 경우에는 서브넷이 다를 수 있다.

  a. 호스트와 동일한 서브넷에 위치한 라우터에 DHCP relay 기능이 정상적으로 동작하는 경우

  b. 해당 로컬 라우터(클라이언트 호스트 근처의 라우터)와 DHCPv6 서버 간에 IPv6 연결 상태가 정상적인 경우

스테이트풀 DHCPv6를 사용하여 IPv6 설정을 동적으로 받지 못한 상황에서 호스트의 근본적인 원인 두 가지는 2a와 2b이다. 2a의 해결법으로는 DHCP 서버로부터 떨어진 각 LAN에 올바른 인터페이스 설정을 하는 것이다. 예를 들어, [그림 22-16]의 호스트 D는 R1의 G0/0과 연결된 동일한 왼쪽의 LAN 서브넷에 위치한다. R1은 오른쪽의 DHCPv6 서버로 향하도록 IPv6 DHCP relay 기능을 활성화시키려면, 그림 아래에 있는 명령어를 입력하여야 한다.

만약 R1이 **ipv6 dhcp relay** 명령어를 사용하지 않았거나 엉뚱한 주소를 입력하였다면 DHCPv6를 사용하기 위한 호스트 D의 시도는 실패할 것이다.

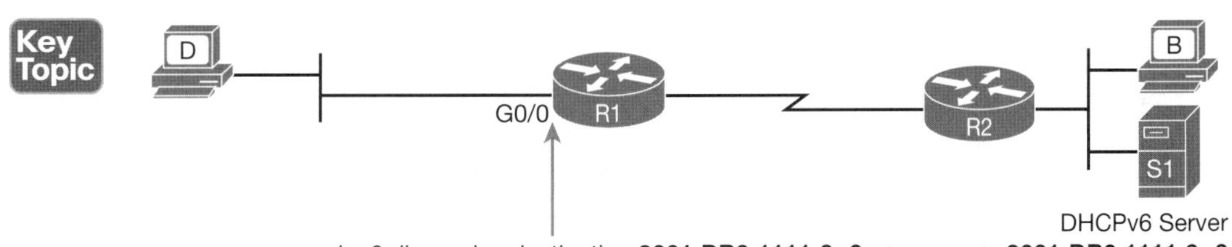

[그림 22-16] IPv6 DHCP 릴레이

ⓑ의 경우 실제로 근본 원인은 아니지만, 추가적인 조사가 필요한 다른 문제의 증상이다. R1과 DHCP 서버 사이에는 연결이 되어 있어야 하며, R1은 DHCPv6 메시지를 출발지로 사용된 주소로 돌려 보내야 한다(R1은 전송한 메시지의 출구 인터페이스에서 DHCPv6 요청을 전달한다. 이는 **ipv6 dhcp relay** 명령어가 구성된 동일한 인터페이스일 필요는 없다. 위 예의 경우, R1은 시리얼 인터페이스 IPv6 주소를 사용한다). 이 문제를 확인하기 위한 좋은 테스트 방법은 R1에서 DHCPv6 서버의 IPv6 주소로 ping을 해보는 것이다.

호스트가 IPv6 설정을 받지 못함: SLAAC 문제

다섯 번째 장애 처리 상황으로 이전의 네 번째 상황을 따르되, 기업이 IPv6 주소 할당을 위해 스테이트풀 DHCPv6 대신 SLAAC를 사용한다고 가정한다. 상황을 되짚어 보자면 위해 엔지니어는 호스트 D가 IPv6 주소를 받지 못하였음을 발견했다. 그렇다면 SLAAC가 실패할 수 있는 원인은 무엇인가? 다음 주제에서는 이 문제에 대한 근본 원인에 대해 알아 볼 것이다.

22

위와 같은 문제의 근본 원인을 이해하기 위해, 먼저 호스트가 IPv6 설정을 구성하기 위해 SLAAC를 사용하여 수행하는 세 가지 절차에 대해 복습해 보도록 한다:

❶ 동일한 서브넷에 있는 라우터로부터 프리픽스, 프리픽스 길이, 기본 라우터 주소를 학습하기 위해 NDP를 사용한다.

❷ 받은 정보로 호스트의 IPv6 주소를 구성하기 위해 SLAAC 규칙을 이용한다. 이때 네트워크 메시지는 필요하지 않는다.

❸ DHCPv6 서버로부터 DNS 서버 주소를 받기 위해 스테이트리스 DHCPv6를 사용한다.

첫 번째 단계는 [그림 22-17]에서 보여주듯이 라우터가 NDP RS(Router Solicitation) 메시지를 보내고 다시, NDP RA(Router Advertisement) 메시지를 되돌려 받는다. 멀티캐스트 주소 FF02::2를 사용하여 보내는 RS 메시지는 그림에서와 같이 호스트 D와 동일한 VLAN상에 존재하는 모든 IPv6 라우터에게 전달되어야 한다. 이번 경우에는 R1이 자신의 IPv6 주소(D의 기본 라우터로 사용)와 프리픽스/길이 호스트 D가 사용해야하는 주소를 나열하여 응답한다.

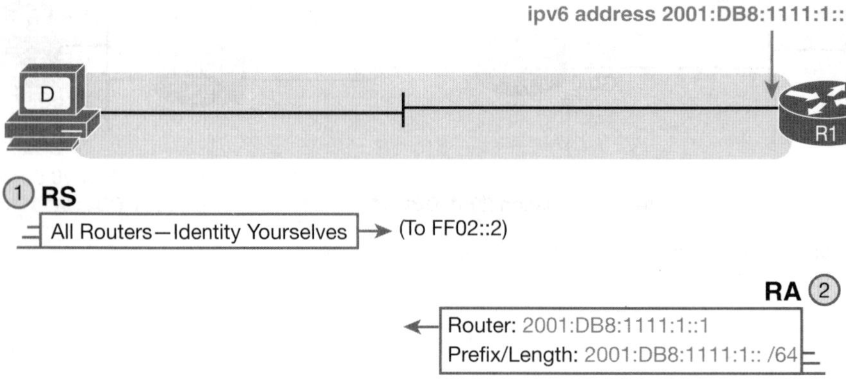

ipv6 address 2001:DB8:1111:1::1/64

D

R1

① RS

All Routers—Identity Yourselves → (To FF02::2)

RA ②

Router: 2001:DB8:1111:1::1
Prefix/Length: 2001:DB8:1111:1:: /64

[그림 22-17] NDP RS와 RA 절차

SLAAC를 사용하는 호스트들은 RA 메시지의 정보에 의존한다. 그러므로 호스트가 SLAAC를 사용할 때 IPv6 주소를 포함하여 위의 세 가지 설정을 구성하는 것을 실패하였다면, 이후 질문은 "NDP RS/RA 절차가 실패한 원인이 무엇인가?"와 같이 진행된다. 다음은 이러한 근본원인으로 추정되는 자세한 목록이다:

❶ 해당 서브넷에 호스트와 라우터 간의 LAN 연결이 이루어져 있지 않음.

❷ 라우터에서 **ipv6 address** 인터페이스 명령어를 입력하지 않았음.

❸ 라우터에서 **ipv6 unicast-routing** 전역 명령어를 입력하지 않았음.

LAN상에서 호스트와 라우터 간에 이더넷 프레임이 전달되지 않는다면, NDP RS와 RA 또한 전달될 수 없기에 첫 번째의 경우, 이유가 확실하다.

두 번째 이유로 라우터는 RS 메시지를 받기 위해서는 반드시 **ipv6 address** 명령어를 가지고 있어야 한다. 이 명령어는 IPv6 인터페이스를 활성화시켜주는 것뿐만 아니라, 라우터가 RA 메시지에 나열할 정보도 정의한다. 예를 들어 [그림 22-17]에서 R1은 **ipv6 address 2001:db8:1111:1::1/64** 명령어로 설정되어 있다. 이 명령어는 R1이 RA 메시지에 제공하는 2개의 정보를 나열하며, R1은 또한 주소와 프리픽스 길이를 사용하여 IPv6 프리픽스를 계산한다.

리스트의 세 번째 근본 원인은 가장 놀라운 이유가 될 수 있다. 라우터는 반드시 IPv6 라우팅을 활성화시키기 위해 전역 명령어로 **ipv6 unicast-routing**을 입력해야 한다. 이 명령어가 없으면 시스코 라우터는 IPv6 패킷을 라우팅 하지 않는다. 만약 이 명령어를 생략하면 라우터는 IPv6 라우터로 간주되지 않고 RA가 있는 NDP RS 메시지에 응답하지 않는다.

Traceroute가 몇 개의 홉을 거쳐가지만 실패

이 장의 여섯 번째 문제 해결 상황은 호스트에서 라우터로 이동하여 IPv6 라우팅 문제를 해결한다. 이 경우, 엔지니어는 호스트가 서버에 연결할 수 없다는 것을 알게 된다. 호스트에서 서버로 향하는 ping은 분명히 실패하기 때문에, 엔지니어는 이번 장에서 이미 설명된 일련의 단계를 수행하고 다음을 확인한다.

- 호스트의 IPv6 설정은 적절하다.
- 호스트의 IPv6 설정은 기본 라우터와 DNS 서버와 부합한다.
- 호스트는 기본 라우터로 ping이 성공한다.

문제 해결을 계속하기 위해, 엔지니어는 사용자를 호출하여 서버의 IPv6 주소 목적지로 **traceroute** 명령어 사용을 요청한다. **traceroute** 결과로 2개 라우터가 표시되고, 사용자가 중단하기 전까지는 해당 명령어가 완료되지 않는다. 근본적인 문제가 무엇일까? 항상 그런 것은 아니지만, 이러한 증상은 일종의 IPv6 라우팅 문제를 나타내는 것이다. 다음 몇 페이지에서, 이러한 라우팅 문제에 관련된 잠재적인 근본 원인들을 살펴본다.

라우팅 문제는 여러 가지 이유로 발생한다. 어떤 라우팅 문제는 라우터로부터 경로를 잃어버렸기 때문에 발생한다(아마도 다양한 원인이 있을 수 있다). 또 어떤 라우팅 문제는 라우터가 잘못된 경로를 가지고 있기 때문에 발생한다. 다음 목록은 라우터가 필요한 경로를 잃어버리게 되거나 잘못된 경로를 가지게 되는 몇 가지 원인을 나타낸다:

- 라우터 사이의 링크가 다운 상태이다.
- 라우팅 프로토콜 네이버 문제가 존재한다.
- 라우팅 프로토콜 경로 필터링이 IPv6 라우팅 테이블에 경로가 등록되는 것을 방해한다.
- 잘못 설정된 정적 경로를 통해 패킷이 다른 라우터로 전송된다.
- 서브넷 설정이 잘못된 경우 네트워크 내의 다른 위치에서 서브넷이 중복되어, 서브넷 광고에 실패한다.

22

예를 들어 [그림 22-18]을 보면, 호스트 A는 서브넷 33(2001:DB8:1:33::/64)에 있는 호스트 C로 핑이 실패한다.

호스트 A에서 호스트 C로의 traceroute는 R1과 R2의 IPv6 주소를 나열하지만, 명령이 종료되지 않는다.

그림에서 볼 수 있듯이, R2의 정적 경로가 정확하지 않기 때문에 라우팅 문제가 발생한다. 호스트 A는 기본 라우터인 R1으로 IPv6 패킷을 전송할 수 있다. R1은 호스트 C로 보낼 패킷을 R2에게 정확하게 전송한다. 그러나 R2는 서브넷 33에 대해 R1으로 다시 돌아가는 잘못된 정적 경로를 가지고 있다.

다른 라우팅 문제의 근본적인 원인에 대해서는 목록을 가져 와서 이슈들을 찾아보길 바란다. 인터페이스가 동작 중인지 확인하기 위하여 라우터의 인터페이스가 up 상태인지 확인하고, 라우팅 프로토콜에 대한 장애 처리를 한다(23장과 24장에서 각각 OSPFv3와 EIGRP 라우팅 프로토콜에 관한 장애 처리 방법을 다루고 있다). 그리고 누군가 라우터의 인터페이스를 잘못 설정했을 가능성을 찾아, 라우팅 프로토콜이 두 곳에 존재하는 동일한 서브넷 번호에 대해 광고하는지 확인한다. 위와 같은 상황이 발생하면, 이론상의 디자인 규칙을 깨지고, IPv6 서브넷상에 위치한 호스트로 향하는 패킷의 라우팅에 혼동을 주게 된다.

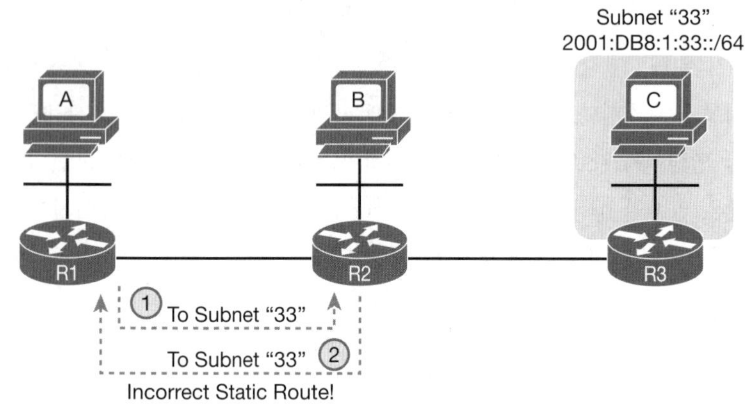

[그림 22-18] 라우팅 루프를 만드는 잘못된 스태틱 루트

라우팅은 정상적이지만, Traceroute는 여전히 실패하고 있는 상황

시나리오 구성들을 마치기 위해 마지막 시나리오는 특정 근본 원인을 IPv6 ACL(Access Control List)에 중점을 두고 이야기한다.

여러분은 **ping** 그리고 **traceroute** 명령이 라우팅 문제가 있을지 모르는 상황을 어떻게 나타내는지 배웠다. **ping**과 **traceroute** 결과, 호스트가 목적지까지는 아니더라도 최소한 기본 라우터까지 패킷을 전달할 수 있을 때, 문제는 아마도 두 분류 중에 하나이다.

- 라우팅 문제가 존재한다.
- 라우팅은 동작하지만, IPv6와 같은 필터가 패킷을 폐기한다.

IPv6 ACL은 일반적으로 IPv4 ACL과 동일한 개념을 사용하지만, IPv4 패킷보다 IPv6 패킷을 필터링한다는 것이 다르다. IPv6 ACL 설정은 문장을 정의한다. 각 문장에서 문장에서는 출발지와 목적지 IPv6 주소 범위와 포트 번호 등을 설정한다. 인터페이스로 들어오거나 나가는 방향의 IPv6 패킷을 필터링하기 위해 ACL을 활성화할 수 있다.

25장에서는 IPv6 ACL을 설정하고 확인하는 방법을 자세히 살펴본다. 패킷 포워딩 이슈를 장애 처리할 때, 패킷을 필터링할 수 있는 ACL을 항상 검사해야 한다.

챕터 리뷰

시험에서 좋은 성적을 거둘 수 있는 핵심은 복습 세션을 반복하여 학습하는 것이다. 이 장의 내용을 책, DVD, 책의 웹 사이트에서 찾을 수 있는 툴들을 이용해서 복습하도록 하고, '당신의 학습 계획'에 따라 더 세부 내용을 확인하도록 한다. [표 22-2]에는 핵심 복습 사항이 정리되어 있다. 공부 진행 상황을 더 잘 확인하기 위해서는, 아래 표의 두 번째 칸에 완료한 날짜를 기록하도록 한다.

리뷰 사항	완료 날짜	사용 자료
핵심 주제 리뷰		책, DVD/웹 사이트
핵심 용어 리뷰		책, DVD/웹 사이트
메모리 테이블 리뷰		DVD/웹 사이트
설정 체크리스트 리뷰		책, DVD/웹 사이트
명령어 테이블 리뷰		책

[표 22-2] 리뷰 확인

핵심 주제 리뷰

핵심 주제	설명	쪽 번호
표 22-1	IPv6 주소의 종류	653
그림 22-5	IPv4 DHCP와 IPv6 스테이트풀 DHCP 비교	654
그림 22-7	SLAAC를 사용할 때 설정하는 IPv6 정보	655
리스트	SLAAC와 EUI-64를 통한 주소 구축 단계	656
그림 22-8	SLLAC 및 EUI-64 사용의 기본 개념	656
리스트	IPv6 네트워크에서 호스트의 동작	663
리스트	IPv6 네트워크에서 라우터의 동작	663
리스트	IPv6 네트워크에서 필터링 동작	664
그림 22-13	장애 처리 과정에서 다른 장비들과 비교되는 호스트의 설정	664
리스트	IPv6 호스트가 기본 라우터로 핑이 불가능한 문제	666
리스트	IPv6 호스트에서 DNS 서버 기능을 차단하는 문제	667
리스트	DHCPv6가 올바르게 동작하기 위한 요구 사항	668
그림 22-16	라우터에서 DHCPv6 릴레이 에이전트의 설정	669
리스트	호스트와 라우터 사이에서 RS/RA 동작 과정이 실패하는 원인	670
리스트	IPv6 라우팅 문제를 발생시키는 원인들	671

[표 4-4] 4장의 핵심 주제

22

핵심 용어

Neighbor Discovery Protocol(NDP), Router Solicitation(RS), Router Advertisement(RA), stateless address autoconfiguration(SLAAC), Stateful DHCPv6, Stateless DHCPv6, 글로벌 유니캐스트 주소, 유니크 로컬 유니캐스트 주소, 링크-로컬 주소, EUI-64, 듀얼 스택

참조 명령어

[표 22-4], [표 22-5], [표 22-6]의 설정, 확인 그리고 디버깅 명령어는 이번 장에서 사용된다. 손쉬운 복습 연습으로 테이블 왼쪽을 가리고, 오른쪽을 읽으면서 명령어를 기억해본다. 그런 다음 오른쪽을 가리고, 명령어가 어떤 의미인지 상기하는 연습을 반복한다.

명령어	설명
ipv6 unicast-routing	라우터에서 IPv6 라우팅을 활성화하는 글로벌 명령어
ipv6 address {*ipv6-address/prefix-length* | *prefix-name sub-bits/prefix-length*} [eui-64]	전체 인터페이스 IP 주소 및 EUI-64 형식의 인터페이스 ID를 자동으로 구성하는 라우터의 /64 프리픽스를 수동으로 설정하는 인터페이스 하위 명령어
ipv6 dhcp relay destination *server-address*	IPv6 DHCP 릴레이 에이전트를 활성화하는 인터페이스 하위 명령어

[표 22-4] 22장에서 다룬 설정 명령어

명령어	설명
show ipv6 interface [*type number*]	링크-로컬 및 그 밖의 유니캐스트 IP 주소를 포함하여 인터페이스의 IPv6 설정을 나열한다.
show ipv6 protocols	라우팅 프로토콜이 활성화된 라우터가 학습하거나 구성할 수 있는 IPv6 경로 및 인터페이스들을 IPv4 show ip protocols 명령보다 간단하게 나열한다.
ping {*host-name* | *ipv6-address*}	목적지 호스트로 ICMP 패킷을 보내 IPv6 경로를 테스트한다.
traceroute {*host-name* | *ipv6-address*}	라우터와 목적지 사이 경로의 IP 주소를 발견하여 IPv6 경로들을 테스트한다.
show ipv6 route [ospf | connected | static]	라우팅 테이블에 있는 경로, 선택적으로는 라우팅 출발지를 기반으로 결과를 제한하여 나열한다.
show ipv6 neighbors	라우터의 IPv6 네이버 테이블을 나열한다.
show ipv6 routers	NDP RA 메시지를 통해 자신을 광고한 네이버 라우터를 나열한다.

[표 22-5] 22장에서 다룬 EXEC 명령어

명령어	설명
ipconfig, ifconfig, ifconfig	IPv4 및 IPv6 주소를 포함한 인터페이스 설정을 나열한다.
ping, ping6, ping6	목적지 호스트로 ICMPv6 패킷을 보내 IP 경로를 테스트한다.
tracert, traceroute6, traceroute6	라우터와 나열된 목적지 사이에 존재하는 경로의 IPv6 주소를 발견해 IP 경로를 테스트한다.
netsh interface ipv6 show neighbors, ndp –an, ip –6 neighbor show	호스트의 IPv6 네이버 테이블을 나열한다

[표 22–6] 22장에서 다룬 호스트 명령어

CHAPTER 23

IPv6를 위한 OSPF 구현하기

이 장은 다음 시험 주제를 다룬다.

2.0 라우팅 기술

2.5 IPv6용 OSPFv3 단일 area 및 다중 area 설정, 확인 및 장애 처리(인증, 필터링, 매뉴얼 수동 요약, 재분배, 스터브, 버추얼-링크 및 LSA 제외)

IPv6가 1990년대에 정의되었을 때, OSPFv2(Open Shortest Path First Version 2)는 IPv4 네트워크에서 널리 사용되는 라우팅 프로토콜이었다 IPv6는 라우팅 프로토콜이 필요했고 한 가지 방법은 OSPF 새로운 버전인 OSPF 버전 3(OSPFv3)을 만드는 것이었다. 최초의 OSPFv3 RFC는 OSPFv2와 비슷한 개념을 사용하여 IPv6 경로를 광고하기 위한 라우팅 프로토콜을 정의했다. 물론 몇 가지 차이점은 존재한다.

OSPFv2(IPv4용)와 OSPFv3(IPv6용)은 많은 유사점을 가지고 있기 때문에, 여러분은 이 책의 7장, 8장, 11장을 통해 이미 OSPFv3에 관한 많은 부분을 알고 있다. 이번 장에서는 이러한 유사점들을 활용하여 OSPFv3를 보다 빨리 익힐 수 있도록 돕는다.

이번 장은 세 개의 주요 절로 구성되어 있다. 이 장의 첫 번째 절은 다소 짧으며, OSPFv2 및 OSPFv3의 용어 및 역사에 대한 몇 가지 세부 정보로 구성되어 있다. 다음은 OSPFv3 설정에 관한 절로 이동한다. OSPFv2 설정과 많은 세부 사항이 유사하다. 이번 두 번째 절의 대부분은 8장 'IPv4용 OSPF 구현'에서 본 OSPFv2 설정과 매우 유사하다. 단, OSPFv3는 OSPF 설정 모드에서 **network** 명령을 사용하지 않으며 대신에 인터페이스 설정을 사용한다.

이번 장의 마지막 절에서는 장애 처리 개념과 확인 명령어를 통하여 OSPFv3의 개념을 공부한다. 앞서 배웠던 OSPFv2와 유사하기 때문에 대부분의 명령어가 익숙하게 느껴질 것이다. 해당 절에서는 OSPFv2 명령어 결과와의 차이점을 확인한다. 또한 OSPFv3 문제에 관한 일반적인 근본 원인 목록이 포함되어 있으며, 이러한 문제를 인식하는 방법을 설명한다.

QUIZ 사전 점검 퀴즈

아래의 사전 점검 퀴즈(지문 또는 PCPT 소프트웨어 사용)를 풀어보면 이 장을 읽고 이해하는 데 시간이 얼마나 걸릴 것인지 가늠할 수 있다. 정답은 퀴즈 다음 페이지 하단에 있으며, 퀴즈 정답에 대한 자세한 설명은 DVD 부록 C와 PCPT 소프트웨어에 담겨 있다.

핵심 주제	문항
IPv6 개념용 OSPFv3	1
OSPFv3 설정	2-4
OSPFv3 확인 및 트러블슈팅	5-7

[표 23-1] 핵심 주제와 관련된 사전 점검 퀴즈 문항

1. 다음 중 OSPFv2와 OSPFv3의 차이점은 무엇인가? (2개를 고르시오)

a. OSPFv2는 네이버 관계를 사용하지만, OPSFv3에서는 사용하지 않는다.

b. OSPFv2는 SPF 알고리즘을 사용하지만, OSPFv3는 DUAL 알고리즘을 사용한다.

c. OSPFv2와 OSPv3는 LSAs를 사용하지만, 차이점이 있다.

d. OSPFv2는 링크-상태 프로토콜이지만, OSPFv3는 발전된 디스턴스 벡터 프로토콜이다.

e. OSPFv2는 IPv4 경로를 광고하는 한편, OSPFv3는 IPv4 및 IPv6 경로를 광고할 수 있다.

2. 엔지니어가 라우터 R1의 OSPFv3 라우터 ID를 설정하려고 한다. 다음 중 R1의 OSPFv3 라우터 ID의 선택에 영향을 줄 수 있는 것은?

a. Gigabit0/0 인터페이스에 설정한 **ipv6 address** 명령어

b. Serial0/0/1 인터페이스에 설정한 **ip address** 명령어

c. OSPFv3 설정 모드에서 **ospf router-id** 명령어

d. loopback2 인터페이스에 설정한 **ipv6 address** 명령어

3. 라우터 R1은 Serial0/0/0에 2001:1:1:1::1/64 주소를, G0/0 인터페이스에 2001:2:2:2::1/64 주소를 가지고 있다. OSPFv3 프로세스는 프로세스 ID 1을 사용한다. 다음 OSPFv3 설정 명령어 중 R1의 G0/0 인터페이스에 OSPFv3를 활성화하고 area 0을 할당하는 것은 무엇인가?

a. 라우터 설정 모드에서 **network 2001:1:1:1::/64 1 area 0** 명령어

b. G0/0 인터페이스 설정 모드에서 **ipv6 ospf 1 area 0** 명령어

c. 라우터 설정 모드에서 **network 2001:1:1:1::/64 1 area 0** 명령어

d. G0/0 인터페이스 설정 모드에서 **ospf 1 area** 명령어

4. 엔터프라이즈는 라우팅 프로토콜로 OSPF를 사용하여 IPv4 및 IPv6에 대한 듀얼 스택 모델 배치를 사용한다. 라우터 R1은 G0/0과 S0/0/0 인터페이스에 IPv4 및 IPv6 주소를 가지고 있다. OSPFv2 및 OSPFv3는 두 인터페이스 모두에서 area 0으로 사용할 수 있고, 라우터

ID는 두 프로토콜을 위해 명시적으로 설정한다. OSPFv2와 OSPFv3 설정을 비교했을 때, 다음 중 옳은 것은?

a. OSPFv3 설정에서는 라우터 설정 모드에서 **router-id** *router-id* 명령어를 사용하지만, OSPFv2는 사용하지 않는다.

b. 두 프로토콜 모두 라우터 설정 모드에서 **router-id** *router-id* 명령어를 사용한다.

c. 두 프로토콜 모두 라우터 설정 모드에서 **network** *network-number wildcard* area *area-id* 명령어를 사용한다.

d. 두 프로토콜 모두 인터페이스 설정 모드에서 **ipv6 ospf** *process-id* **area** *area-id* 명령어를 사용한다.

5. R1과 R2는 동일한 VLAN에 연결된 라우터이다. 다음 중 두 라우터가 OSPFv3 네이버가 될 수 없는 경우는? (3개를 고르시오)

a. 헬로우 타이머 불일치

b. 프로세스 ID 불일치

c. 서로 다른 서브넷의 IPv6 주소

d. 동일한 라우터 ID

e. 패시브 인터페이스 설정(이 링크에서 사용됨)

6. 이 예는 라우터(R1)에서 **show ipv6 route ospf** 명령의 일부를 보여준다. 다음 중 명령어 결과에 대한 해석이 적절한 것은? (2개를 고르시오)

```
R1# show ipv6 route ospf
OI   2001:DB8:1:4::/64 [110/129]
      via FE80::FF:FE00:1, Serial0/0/1
```

a. 110은 경로의 메트릭이다.

b. S0/0/1은 R1의 인터페이스이다.

c. FE80::FF:FE00:1은 R1의 링크-로컬 주소이다.

d. OI는 OSPF AS 내의 경로임을 의미한다.

7. 라우터 R1은 인터페이스 S0/0/0, S0 /0/1, GigabitEthernet0/1을 사용하여 듀얼 스택 IPv4/IPv6 라우터로 구성되어 있다. 회사에 새로 고용된 엔지니어가 있으면, 인터페이스 중 어떤 것이 수동적인지 여부를 알 수 없다. 다음 명령어 중 G0/1이 패시브 인터페이스인지 여부와 패시브 인터페이스를 보여주면서 확인할 수 있게 하는 것은?

a. **show ipv6 ospf interface brief**

b. **show ipv6 protocols**

c. **show ipv6 ospf interface G0/1**

d. **show ipv6 ospf interface passive**

핵심 주제

IPv6용 OSPFv3

여러분이 예상한 것처럼, OSPFv3(IPv6을 지원하는 OSPF 버전)는 OSPFv2 동작과 유사하다. 따라서 모든 세부 사항을 반복하기보다 여러분이 OSPFv2에서 이미 알고 있다고 생각하는 부분은 제외하고, OSPFv3에 대해 설명한다. 다음 몇 페이지는 IPv6에서 사용되는 라우팅 프로토콜에 대한 배경 정보, 특히 OSPFv3에 대해 살펴본다. 이번 절은 OSPFv2와 OSPFv3 사이의 유사점에 대한 긴 목록으로 끝나며, OSPFv3를 배우기에 좋은 시작점이 된다.

IPv6 라우팅 프로토콜 버전 및 프로토콜

먼저 대다수의 엔지니어가 'OSPF'를 언급할 때, IPv4와 함께 사용되는 OSPF, 특히 OSPF 버전 2(OSPFv2)를 언급할 가능성이 크다. 그 이유를 이해하려면 OSPF의 역사에 대한 몇 가지 사항을 생각해 보도록 한다.

먼저 OSPF 버전 1(OSPFv1)이 있었지만, 곧 OSPFv2가 소개되었다(OSPFv2 RFC는 1991년에 처음 나왔다). OSPF가 IPv4 라우팅 프로토콜로 널리 사용되기 시작했을 때, 1990년대 초반부터 중반까지, OSPFv2는 이미 정의되어 있었고 라우터 공급 업체는 OSPFv1이 아닌 OSPFv2를 사용했다. 따라서 OSPF 초창기에도, 사람들은 OSPFv1 또는 OSPFv2를 사용하는지 말할 필요가 없었다. 모두 OSPFv2를 사용했고, 그냥 단순히 OSPF라고 불렀다.

다음으로, 기존 방식의 IPv6 프로토콜의 개발 및 1990년대 초반에서 중반까지 타임라인을 생각해보자. IPv6의 도입은 IPv6 동작을 위해서 OSPF를 포함한 많은 프로토콜들의 업데이트가 필요하다는 것을 의미한다(ICMP, TCP, UDP 등). 워킹 그룹이 IPv6를 지원하도록 OSPF를 업데이트했을 때, 그것을 무엇이라고 부를까? 당연히 OSPF 버전 3이라고 부른다. [그림 23-1]은 타임 라인의 왼쪽과 중앙에 있는 사건을 보여 주며, OSPFv3는 1999년에 처음으로 RFC에 등장했다.

23

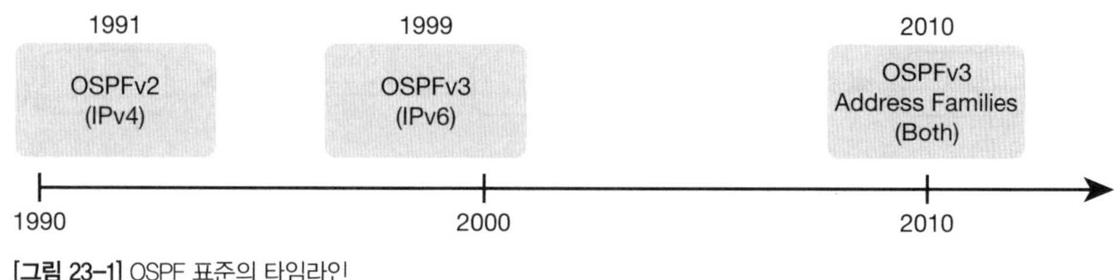

[그림 23-1] OSPF 표준의 타임라인

사전 점검 퀴즈 정답

1 C, E **2** B **3** B **4** B **5** A, D, E **6** B, D **7** C

10년이 조금 넘는 기간 동안, OSPF 버전에 대한 이야기는 다음과 같이 한 문장으로 쉽게 정리할 수 있다. IPv4 경로를 광고하기 위해 OSPFv2를 사용하고, IPv6 경로를 광고하기 위해서는 OSPFv3를 사용한다. 실제로 OSPFv2는 IPv4 경로만 광고할 수 있었고, OSPFv3는 IPv6 경로만 지원했다.

이 특정한 이야기는 계속해서 변화했다. RFC 기준으로 2010년에, OSPFv3는 어드레스 패밀리(address families)라는 기능을 통해 IPv4 지원 기능이 추가되었다. 기본적으로 듀얼 스택(즉, 라우터에서 IPv4와 IPv6 모두)을 사용하고 싶다면, OSPFv3와 어드레스 패밀리를 사용할 수 있다. 여러분은 IPv4를 하나의 어드레스 패밀리로, IPv6를 다른 어드레스 패밀리로 취급하지만, 각 라우터는 하나의 OSPFv3 라우팅 프로토콜 프로세스를 가지고 있다. 이런 새로운 기능을 통해, 이제 OSPFv3는 IPv4 및 IPv6 광고를 모두 지원한다.

OSPF로 듀얼 스택을 구현하기 위한 두 가지 옵션

앞서 설명한 것처럼, 듀얼 스택(dual stack)은 라우터가 IPv4와 IPv6을 모두 지원하는 것을 의미한다. 듀얼 스택을 구현하려면, 각 라우터가 IPv4 및 IPv6 경로를 모두 학습해야 한다. 수년 동안, 듀얼 스택을 위한 OSPF 솔루션은 분명했다: [그림 23-2]와 같이, 모든 라우터에서 OSPFv2와 OSPFv3를 모두 실행한다.

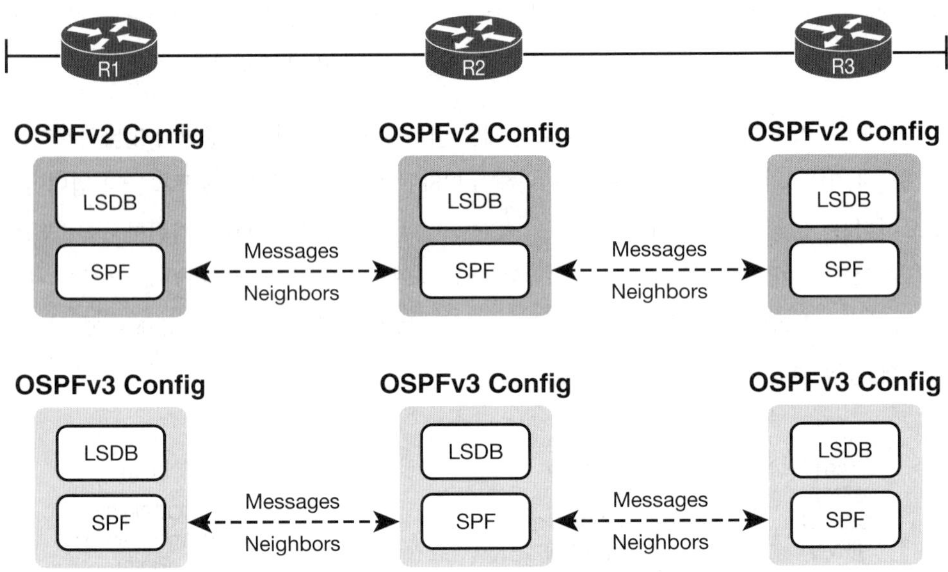

[그림 23-2] OSPFv2 및 OSPFv3 듀얼 스택의 개념적인 이해

OSPFv2와 OSPFv3는 유사한 내부 구조를 가지고 있지만, 별도의 메시지를 사용하여 완전히 분리된 프로세서로 동작한다. 즉, 라우터 R1의 OSPFv2 프로세스는 OSPFv3 프로세스와 통신하지 않는다. 각 프로세스는 별도의 링크-상태 데이터베이스(LSDB)를 가지고 있다. 그림에서

점선으로 표시된 것처럼, 별도의 메시지를 보낸다.

이제 IOS에 OSPFv3 어드레스 패밀리가 존재하므로, OSPFv3만 사용하면서 IPv6 어드레스 패밀리와 IPv4 어드레스 패밀리를 구성함으로써 듀얼 스택 구현이 가능하다. 그러나 [그림 23-3]에서 보듯이, 여전히 라우터는 IPv4와 IPv6 경로를 위해 분리된 LSDB를 가지고 있고, 별도의 SPF 계산, 별도의 네이버 관계와 OSPF 메시지를 가지고 있다.

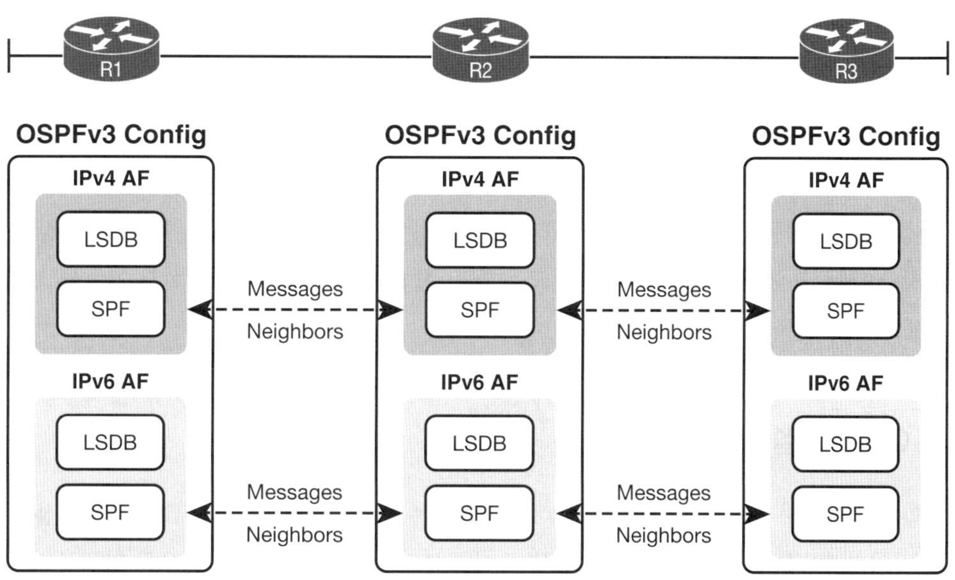

[그림 23-3] OSPv3의 어드레스 패밀리 듀얼 스택 개념에 대한 이해

OSPFv2와 OSPFv3의 내부 구조

이 책에서 설명하는 OSPF 이론 및 개념은 OSPFv3와 OSPFv2가 매우 유사하다. 예를 들어, OSPFv2와 OSPFv3 모두 링크-상태 논리, 동일한 메트릭을 사용한다. 두 프로토콜은 많은 유사점을 가지고 있기 때문에 일일이 나열하면 그 내용이 길어진다. 다음 목록은 이번 장과 7장 'OSPF 개념 이해'에서 다룰 기능에 대한 많은 유사점을 설명한다.

- 두 프로토콜 모두 링크-상태 프로토콜이다.
- 두 프로토콜 모두 동일한 area 설계 개념 및 용어를 사용한다.
- 두 프로토콜 모두 인터페이스에 라우팅 프로토콜이 활성화되어 있어야 한다.
- 인터페이스에서 활성화되면, 두 프로토콜 모두 인터페이스에 연결된 데이터 링크와 연결된 네이버를 찾으려고 시도한다.
- 두 프로토콜 모두 다른 라우터와 네이버를 맺기 전에 특정 설정을 확인한다 해당 검사 목록은 OSPFv2와 OSPFv3가 약간 다르다).
- 두 라우터가 네이버가 되면 OSPFv2와 OSPFv3의 네이버 간에 LSDB의 내용—네트워크 토폴로지를 설명하는 링크-상태 광고(LSA)—을 교환한다.

- 모든 LSA가 교환 후, OSPFv2 및 OSPFv3는 SPF(Shortest Path First) 알고리즘을 사용하여 각 서브넷의 최적 경로를 계산한다.
- 두 프로토콜 모두, 동일한 기본 코스트(default cost) 값을 사용하는 각 인터페이스의 코스트를 기반으로 하는, 동일한 메트릭 개념을 사용한다.
- 두 프로토콜 모두 LSA를 사용하여 토폴로지를 설명하며, LSA의 동작 방식에는 약간의 차이가 있다.

OSPFv3와 OSPFv2의 가장 큰 차이점은 내부에 존재한다. OSPFv3는 일부 OSPF LSA의 구조를 변경하고, 일부 새로운 LSA 유형을 추가한다. 그러나 이러한 차이점은 이 책에서 다루지 않는다.

이제 여러분은 OSPFv2와 OSPFv2의 유사점과 차이점에 대한 일반적인 개념을 가졌기 때문에, 나머지 절은 OSPFv3를 설정하고 확인하는 방법의 예를 설명하도록 한다. 이번 장의 나머지 부분에서, 기존 OSPFv3에 대한 모든 레퍼런스는 어드레스 패밀리 설정 기능을 제외한 OSPFv3 사용을 설명한다.

:: OSPFV3 설정

인터페이스 설정을 사용하여 OSPFv2를 설정하는 방법을 기억하는가? OSPFv3 설정은 동일한 인터페이스 설정 모델을 따른다. 사실, 대부분의 명령어는 **ip**를 **ipv6**으로 바꿔서 유사한 문장을 사용하거나 정확히 동일한 문장을 사용한다.

세 가지 주요 절 중 두 번째는 OSPFv3 설정에 중점을 둔다. 기본적인 것을 시작으로, OSPF 코스트(cost) 설정, 로드 밸런싱(load balancing), 기본 경로 삽입과 같은 선택적 설정 주제의 많은 부분을 다룬다.

기본 OSPFv3 설정

먼저, 아래의 OSPFv3 설정 체크리스트를 복습하도록 한다. 체크리스트에는 반드시 구성해야할 단계와 선택적으로 구성 가능한 단계에 대해 자세히 설명되어 있다. 해당 리스트를 너무 빨리 읽을 경우, OSPFv3와 v2의 차이점을 알아차리지 못할 수 있지만, v3와 v2의 설정은 유사하다.

단계 ① 전역 명령어 **ipv6 router ospf** *process-id* 를 사용하여 OSPFv3 프로세스 번호를 만들고 해당 프로세스에 대한 OSPF 설정 모드로 들어간다.

단계 ② 아래 과정을 통해 라우터에 OSPF 라우터 ID가 있는지 확인한다.

Ⓐ OSPFv3 설정 모드에서 라우터 하위 명령어 **router-id** *id-value*를 설정

Ⓑ 루프백 인터페이스에서 IPv4 주소를 설정(동작 중인 모든 루프백 중 가장 큰 IPv4 주소를 선택한다)

Ⓒ 인터페이스 IPv4 주소에 의존(루프백을 제외한 모든 동작 중인 인터페이스에서 가장 큰 IPv4 주소를 선택한다)

단계 ③ OSPFv3를 활성화해야 하는 각 인터페이스에서 인터페이스 하위 명령어 **`ipv6 ospf`** *process-id* **`area`** *area-number*를 설정하여, OSPFv3를 활성화하고 area를 설정한다.

단계 ④ (선택 사항) 인터페이스에서 네이버를 발견할 수 없거나 네이버를 맺지 않아야 하는 경우, 라우터 하위 명령어 **`passive-interface`** *type number*를 사용하여 OSPFv3 인터페이스를 패시브로 설정한다.

기본 명령어를 더 잘 이해하고, OSPFv2와 비교하기 위해, 이번 절에서는 8장에 나와 있는 다중(Multi) Area 설정 예와 완전히 동일한 인터네트워크 토폴로지를 사용한다.

[그림 23-4]는 설정에 들어가기 전에, IPv6 서브넷을 보여주는 구성을 먼저 설명한다. 그림의 복잡함을 줄이기 위해 개별 라우터 IPv6 주소를 표시하지 않았지만, 쉽게 인식할 수 있도록 주소를 라우터와 동일한 번호로 끝나도록 설정하였다. 예를 들어, 라우터 R1의 5개 인터페이스 주소는 모두 1로 끝난다.

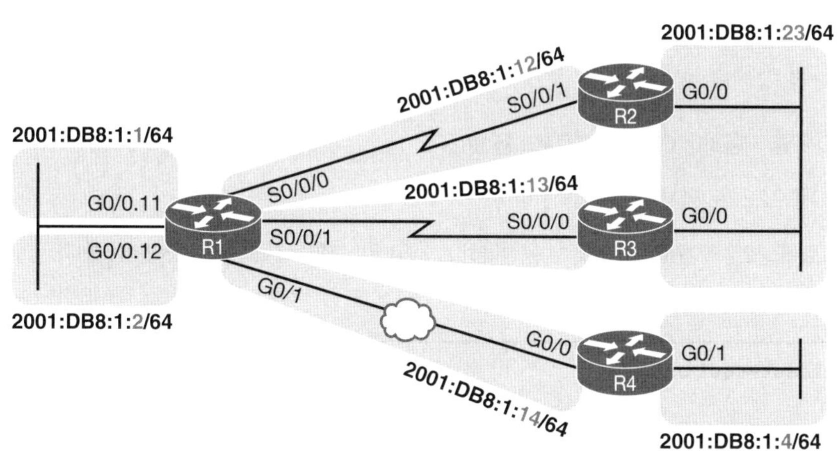

[그림 23-4] OSPFv3 Multiarea 설정 예를 위한 인터네트워크

[그림 23-5]는 OSPFv3 area 구성을 보여준다. 탁월한 기억력을 가진 사람들이라면, 해당 구성이 8장의 multiarea 구성 예를 위한 [그림 8-8]과 동일하다는 것을 느낄 것이다. 이 구성은 내부 라우터 R2와 R3을 Area 23에, 내부 라우터 R4를 Area 4에, R1을 ABR(Area Border Router)로, 세 가지 area에 각각 연결한다.

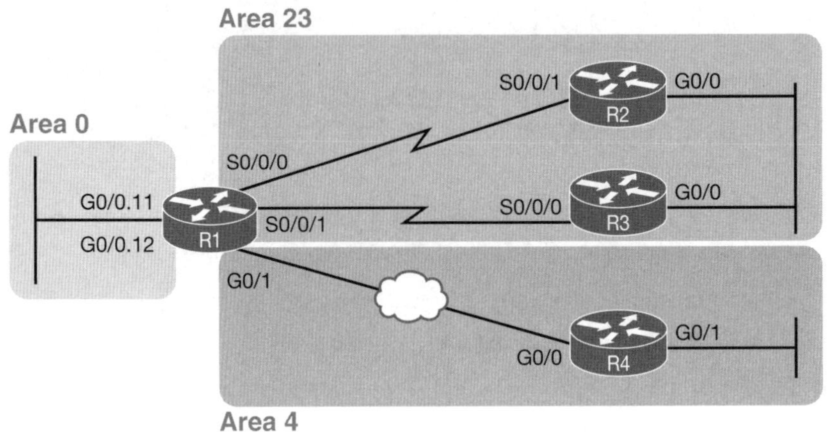

[그림 23-5] OSPF Multiarea 예를 위한 구성

3개의 내부 라우터에서의 Single-Area 설정

이 예의 3개의 내부 라우터 설정은 ICND1-단계 수준의 Single-area OSPF 설정을 검토한다. Multiarea OSPF 구성에서, 모든 내부 라우터(single area에 연결되는 라우터)의 설정은 Single-area 구성과 유사하다. 모든 인터페이스가 하나의 area에 배치되기 때문이다.

[예 23-1]은 OSPFv3를 포함하여 R2의 전체 IPv6 구성으로 시작된다. 즉, IPv6 지원을 위해 R2에 추가되어야 하는 모든 명령어는 예에 나와 있다. 특히 OSPFv3의 경우, 이 예에서 강조 표시되어 다음의 동작을 보여준다:

❶ 프로세스 ID 22를 사용하여 OSPFv3 프로세스를 만든다.

❷ OSPFv3 RID를 2.2.2.2로 명시적으로 정의한다.

❸ OSPFv3 프로세스 2를 두 인터페이스에서 활성화하여, 해당 인터페이스들을 area 23에 할당한다.

```
ipv6 unicast-routing
!
interface GigabitEthernet0/0
 mac-address 0200.0000.0002
 ipv6 address 2001:db8:1:23::2/64
 ipv6 ospf 2 area 23
!
interface serial 0/0/1
 ipv6 address 2001:db8:1:12::2/64
 ipv6 ospf 2 area 23
!
ipv6 router ospf 2
 router-id 2.2.2.2
```

[예 23-1] 내부 라우터 R2에서 IPv6와 OSPFv3 설정

먼저, 모든 OSPFv3 라우터에서 설정해야 하는 두 가지 인터페이스 설정 명령어 **ipv6 router ospf** *process-id*와 **ipv6 ospf** *process-id* area *area-id*에 초점을 맞춘다. 첫 번째 명령어는 숫자를 통해 OSPFv3 프로세스를 만든다. 인터페이스당 하나씩 설정되는 두 번째 명령어는 인터페이스에 OSPFv3 프로세스를 활성화시키고 area 번호를 할당한다. 이 경우, 라우터 R2는 프로세스 ID 2번을 가지고, 인터페이스에 area 23에 할당된다.

다음으로, 하나의 옵션 기능인 OSPFv3 패시브 인터페이스를 생각해 보자. 이 기능은 OSPFv2와 동일한 개념 및 문자적으로 정확히 동일한 명령어 문장을 사용한다. 만약 라우터가 인터페이스에서 네이버 관계를 형성하지 않아야 한다면, 해당 인터페이스는 아마도 패시브로 설정된다. 이 경우, R2는 두 인터페이스 각각에서 적어도 하나의 OSPFv3 네이버를 찾아야 한다. 따라서 설정에 **passive-interface** 명령어가 포함되지 않는다.

마지막으로, OSPFv3는 라우터 ID(RID)를 설정할 때 OSPFv2와 정확히 동일한 규칙을 따른다. OSPFv3 RID는 32비트 숫자이며, 점으로 구분된 10진수로 작성되므로, IPv4 주소처럼 보인다. OSPFv3 RID는 12비트 숫자가 아니며 IPv6 주소처럼 보인다. 이 경우, R2는 OSPFv3 **router-id** 명령어로 자신의 RID를 설정하지만, 세 가지 설정 방법을 모두 알아두어야 한다.

R3의 설정은 R2 OSPFv3 설정과 매우 유사하다. R2와 R3 모두는 area 23의 내부 라우터이며, 두 라우터 모두 각각의 두 인터페이스에서 적어도 하나의 네이버를 가지고 있다. 따라서 두 라우터 모두 패시브 인터페이스를 설정하지 않는다. 또한 OSPFv3 네이버는 서로 다른 PID 값을 사용할 수 있다는 점을 확인하기 위해, R3은 OSPFv3 PID 3을 사용하고, R2는 PID 2를 사용하도록 설정한다. [예 23-2]는 설정 결과를 보여준다.

```
ipv6 unicast-routing
!
interface GigabitEthernet0/0
 mac-address 0200.0000.0003
 ipv6 address 2001:db8:1:23::3/64
 ipv6 ospf 3 area 23
!
interface serial 0/0/0
 ipv6 address 2001:db8:1:13::3/64
 ipv6 ospf 3 area 23
!
ipv6 router ospf 3
 router-id 3.3.3.3
```

[예 23-2] R3의 IPv6 및 OSPFv3 설정

[예 23-3]의 R4 설정으로 넘어가면, 앞서 설정한 R2, R3의 설정과 약간 차이가 난다. 먼저 R4는 G0/1 인터페이스를 패시브로 설정한다. 그 이유는 해당 LAN 인터페이스에서 OSPFv3와 네이버를 맺지 않기 위해서이다. R4 역시 OSPFv3 PID를 다르게 사용한다.

> **NOTE** 이 예에서는 OSPFv3 PID를 다르게 설정했지만, 이런 설정 방식은 문제가 되지 않는다. 대부분의 엔터프라이즈에서는 일관성을 위해 모든 라우터에서 동일한 PID를 사용한다.

```
ipv6 unicast-routing
!
interface GigabitEthernet0/0
 mac-address 0200.0000.0004
 ipv6 address 2001:db8:1:14::4/64
 ipv6 ospf 4 area 4
!
interface GigabitEthernet0/1
 ipv6 address 2001:db8:1:4::4/64
 ipv6 ospf 4 area 4
!
ipv6 router ospf 4
 router-id 4.4.4.4
 passive-interface gigabitethernet0/1
```

[예 23-3] R4에서의 IPv6 및 OSPFv3 설정

Area Border 라우터에서의 Multiarea 설정 추가

OSPF multiarea 설정은 OSPFv2 때와 설정이 유사하다. Multiarea OSPF는 어떤 area에 어떤 링크를 넣을 것인지에 따라 다양한 디자인을 만들어 낼 수 있다. 먼저 디자인이 결정되면, 설정에서는 문서를 올바르게 읽고 **ipv6 ospf** *process-id* **area** *area-id*를 interface 부속 명령어에 정확한 영역 번호를 입력하면 된다.

이 예에서는 ABR R1은 [그림 23-5]와 동일하게 OSPFv3가 활성화된 5개의 인터페이스에서 OSPFv3 프로세스 1(PID 1)을 사용하고 있다.

Area 0: G0/0.11 and G0/0.12

Area 23: S0/0/0 and S0/0/1

Area 4: G0/1

R1의 구성에는 Multi Area나 ABR 언급되어 있지 않으며, R1은 일부 인터페이스를 Area 0에 두고 다른 인터페이스는 Non Backbone 영역에 배치하도록 설정하였기 때문에 단순한 ABR로만 작동한다. [예 23-4]는 해당 설정을 보여준다.

```
ipv6 unicast-routing
!
interface GigabitEthernet0/0
 mac-address 0200.0000.0001
!
interface GigabitEthernet0/0.11
 encapsulation dot1q 11
 ipv6 address 2001:db8:1:1::1/64
 ipv6 ospf 1 area 0
!
interface GigabitEthernet0/0.12
 encapsulation dot1q 12
 ipv6 address 2001:db8:1:2::1/64
 ipv6 ospf 1 area 0
!
interface GigabitEthernet0/1
 ipv6 address 2001:db8:1:14::1/64
 ipv6 ospf 1 area 4
!
interface serial 0/0/0
 ipv6 address 2001:db8:1:12::1/64
 ipv6 ospf 1 area 23
!
interface serial 0/0/1
 ipv6 address 2001:db8:1:13::1/64
 ipv6 ospf 1 area 23
!
ipv6 router ospf 1
 router-id 1.1.1.1
```

[예 23-4] ABR R1에서의 IPv6와 OSPFv3 설정

23

기타 OSPFv3 설정

다음의 몇 가지 간단한 설정은 8장에서 설명하였던 OSPFv2 기능을 OSPFv3에 맞게 구성하는 방법들이다. 세부 사항은 대부분 동일하다.

경로 결정에 영향을 주는 OSPFv3 인터페이스 값 설정

OSPFv3는 개념, 구성 및 확인 명령어 약간의 차이점을 제외하고는 경로에 대한 메트릭을 계산하는 방식에서 OSPFv2와 매우 유사하게 동작한다. 7장과 8장에서 설명하였던 것처럼, 라우터의 SPF가 서브넷에 전송가능한 모든 경로를 찾는다. 그런 다음 각 경로의 메트릭을 계산하기 위해 경로의 출구 인터페이스에 대해 OSPF 인터페이스 코스트 값을 추가한다. 이후 가장 낮은 메트릭을 가진 경로를 최적 경로로 선택하고 IP 라우팅 테이블에 추가하게 된다.

예를 들어, [그림 23-6]은 IPv6 서브넷으로 바뀐 것 이외에 7장의 [그림 7-11]과 동일하다. 이 그림은 R1이 찾은 서브넷 33 2001:DB8:1:33::/64)으로 도달 가능한 3개의 경로 중, 가장 낮은 코스트 값을 가진 중간 경로를 최적 경로로 선택한 single-area 디자인을 보여주고 있다.

경로의 메트릭에 영향을 주기 위해 OSPFv3는 OSPFv2와 같은 기본 규칙을 사용하여, 다음 목록과 같이 인터페이스의 OSPFv3 코스트를 변경하는 몇 가지 방법을 제공한다.

❶ 인터페이스의 하위 명령어 **ipv6 ospf cost** *x* 명령어를 사용하여 코스트 값을 직접 지정.

❷ **bandwidth** *speed* 명령어를 이용해 인터페이스의 대역폭을 조정. 스피드는 초당 킬로 비트 수 (Kbps)이며, 라우터가 OSPFv3 기준 대역폭/인터페이스 대역폭을 기반으로 값을 계산하게 된다.

❸ OSPFv3 하위 명령어인 **auto-cost reference-bandwidth** *ref-bw*, 명령어를 이용하여 기준 대역폭 값을 변경. 값의 단위는 megabits per second(Mbps)이다.

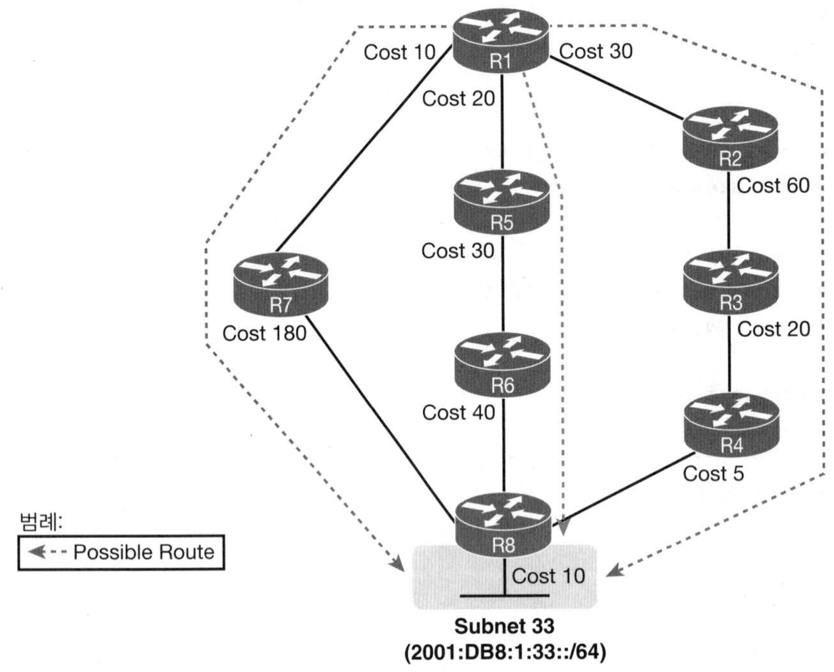

[그림 23-6] R1의 2001:DB8:1:33::/64로 향하는 경로를 찾는 SPF 트리

OSPF 부하 분산

OSPFv3 및 OSPFv2는 똑같은 구성 명령을 사용하여 동일한 개념으로 이퀄 코스트 부하 분산(load balancing)을 수행한다.

라우터상의 OSPFv3가 하나의 서브넷에 도달하기 위한 경로 계산 값이 동일하게 여러 개 나왔다면, 라우터는 동일한 코스트를 가진 다수의 경로를 라우팅 테이블에 등록할 수 있다. OSPFv3 라우터 명령어인 **maximum-paths** *number*는 동일한 값을 지닌 OSPFv3 경로를 얼마나

IPv6 라우팅 테이블에 등록할지 정의한다. 예를 들어, 내부 네트워크에 특정 서브넷으로 향하는 경로가 6개 존재하고, 이 경로 모두 동일한 메트릭을 가지고 있는 상황에서, 엔지니어가 해당 경로 전부를 라우팅 테이블에 등록하여 사용하고 싶다면, **ipv6 router ospf** 명령어 다음 **maximum-paths 6** 하위 명령어를 입력하면 된다.

기본 경로 삽입

마지막으로, OSPFv3는 기본 경로를 OSPFv3로 광고하는 기능을 지원한다. 이것은 OSPFv2 때와 매우 유사하다. 이 기능은 기본 경로를 가진 한 라우터가 다른 라우터에게 기본 경로로 가야 할 패킷들을 자신에게 전달하라고 광고를 한다.

라우팅 프로토콜을 사용하여 기본 경로를 알리는 전형적인 경우 중 하나는 기업의 인터넷 연결과 관련이 있다. 만약 회사에 인터넷과 연결된 IPv6 기능이 활성화된 라우터가 한 대라면, 그 한 대는 IPv6 기본 경로를 이용하여 인터넷으로 나가는 모든 패킷을 하나의 링크로 라우팅하게 된다. 그리고 나머지 기업의 라우터는 인터넷 트래픽을 앞서 말한 라우터로 보내야하므로 엔터프라이즈 엔지니어는 다음과 같은 네트워크를 설계할 수 있다.

- 모든 라우터는 회사 내부의 서브넷에 대한 특정 경로를 학습하므로, 회사 내부에선 기본 경로가 필요하지 않다.
- 인터넷과 연결되어 있는 라우터는 라우팅 테이블에 존재하지 않는 나머지 IPv6 경로를 인터넷으로 보내는 IPv6 기본 경로를 가지고 있다.
- OSPFv3를 사용하는 모든 라우터는 인터넷과 마주보고 있는 라우터로부터 기본 경로를 학습한다. 그래서 인터넷으로 향하는 모든 IPv6 패킷은 해당 라우터로 향하게 된다.

[그림 23-7]은 라우팅 정보가 인터넷과 연결된 라우터(R1)에서 사내의 다른 라우터로 어떻게 전파되는지 보여준다. 회사의 라우터 R1이 ISP와 연결되어 있다. 라우터 R1은 OSPFv3 설정 모드에서 OSPFv3 **default-information originate**를 사용한다. OSPFv2에서 사용된 명령어와 동일하다. 그 결과 R1은 다른 OSPFv3 라우터들에게 기본 경로를 광고하게 된다(IPv4의 기본 경로가 0.0.0.0/0인 것처럼, IPv6 기본 경로는 프리픽스가 ::/0이며 프리픽스 길이는 0이다).

23

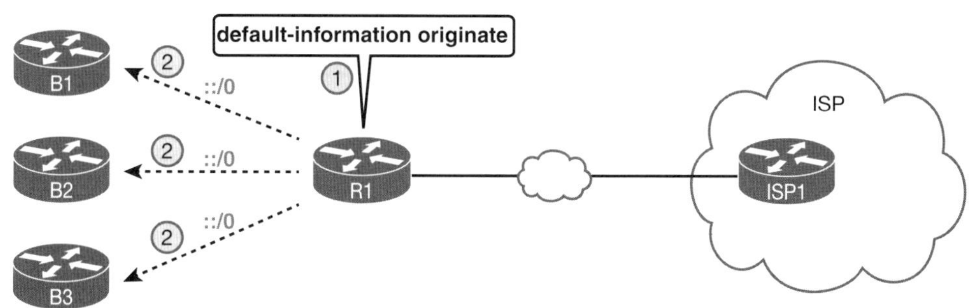

[그림 23-7] OSPFv3를 사용하여 기본 경로 광고

[그림 23-7]의 절차가 완료되면, 좌측의 3개 라우터들은 각각 기본 경로를 가지게 된다. 기본 경로는 R1을 넥스트홉 라우터로 가리키므로 인터넷으로 향하는 모든 트래픽이 먼저 R1로 이동한 다음 ISP로 전달된다.

다음 절에서는 OSPFv3의 검증과 장애 처리에 대해 다루어 본다.

OSPFv3 검증과 장애 처리

CCNA 라우팅과 스위칭에서 논의된 것과 같이, OSPFv3와 v2는 서로 매우 유사하게 동작한다. OSPFv2의 설정과 마찬가지로 인터페이스 설정을 사용하는 것부터 OSPFv3 설정과 매우 유사하며, 검증 명령어 또한 유사하다.

또한 OSPFv3의 문제를 해결하는 데 필요한 문제 유형도 OSPFv2와 유사하다. 따라서 이 장의 마지막 절에서는 OSPFv3가 OSPFv2와 동일한 개념을 사용한다는 것을 보여주고, OSPFv3에서만 발생하는 특이한 문제에 대해서 다루어 볼 것이다.

OSPFv3에서는 아래와 같은 개념이 OSPFv2와 매우 유사하게 동작한다.

- Area 디자인과 이와 관련된 용어
- Area에 대해 각 인터페이스별로 라우팅 프로세스를 활성화시키는 구성 개념
- 헬로우 메시지를 통한 네이버 탐색 절차
- 네이버 상태 변화 및 토폴로지 교환 절차
- 일시적이거나 네이버와 관련된 어떤 문제를 가리키는 상태와 다른 일반 상태로 네이버 관계를 동작시키기 위한 Full 및 2-way 사용
- SPF와 인터페이스 코스트를 사용하여 메트릭을 계산하는 방법
- 예약된 멀티캐스트 주소를 사용(FF02::5는 모든 OSPF 라우터를 위한 주소, FF02::6은 모든 DR, BDR 라우터를 위한 주소), 이와 유사하게 OSPFv2에서는 224.0.0.5와 224.0.0.6을 사용한다.

그렇다면 OSPFv2와 v3의 차이점은 무엇인가? 다음 목록은 몇 가지를 보여주지만, 많은 차이점이 이 책의 주제 범위를 벗어난다.

- OSPFv2 네이버는 반드시 동일한 IPv4 서브넷에 존재해야 하지만, OSPFv3 네이버들은 동일한 IPv6 서브넷에 주소를 가지고 있지 않아도 된다.
- OSPFv3는 Type 3 LSA의 이름이 다르다. OSPFv3에서는 이를 inter-area prefix LSAs in OSPFv3와 summary LSAs in OSPFv2라고 부르고 있다.
- OSPFv3에서는 OSPFv2에서 사용하지 않던 새로운 유형의 LSA를 도입하였다(이 책에서 다루지 않는다).

- LSA Type 1, 2 및 3 내부에서 정의된 세부 사항이 다르다(이 책에서 다루지 않는다).

보는 대로, 차이점은 상대적으로 적다. 이러한 OSPFv2와 v3의 유사점에 따라, 검증 명령어 또한 비슷하게 유지된다. [그림 23-8]은 보이는 정보의 종류에 따라 사용되는 OSPFv3 검증 명령어를 요약한 것이다.

위의 모든 명령어들은 **ipv6**를 **ip**로 변경할 경우, OSPFv2 **show** 명령어로 대체된다.

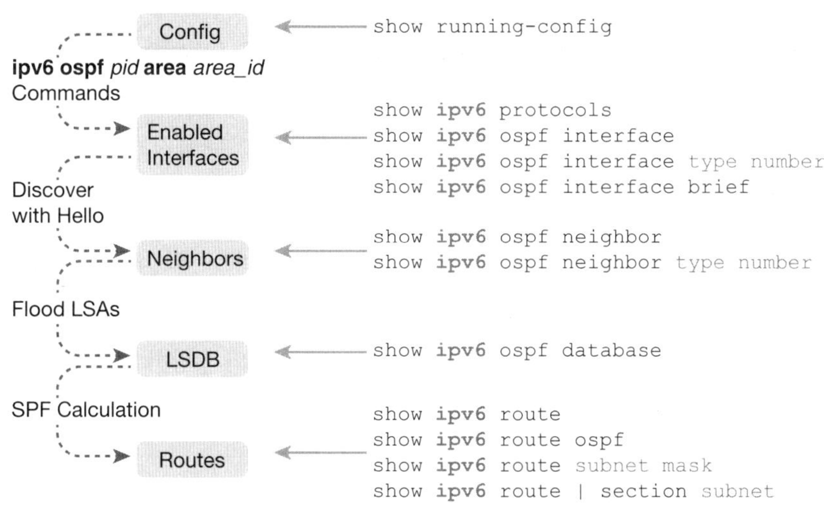

[그림 23-8] OSPFv3 검증 명령어

라우터가 OSPFv3 프로세스를 처음 시작하면, IOS는 OSPFv3 설정을 읽고 인터페이스에서 OSPFv3를 활성화한다. 따라서 이번 절에서는 OSPFv3 인터페이스 검증 및 문제 해결에 대해 논의한다. 이후 OSPFv3 네이버와 OSPFv3 토폴로지 데이터베이스에 대해 알아본다. 그리고 마지막에는 IPv6 라우팅 테이블에 추가된 OSPFv3 경로에 대해 논의할 것이다.

23

> **NOTE** 이 장의 나머지 모든 문제 해결 예는 이 장의 앞부분 에있는 Multiarea 설정 예의 라우터 R1, R2, R3 및 R4를 사용한다. 이 네트워크의 토폴로지 및 영역 다이어그램에 대한 참조는 [그림 23-4] 및 [그림 23-5]를 참조한다.

OSPFv3 인터페이스

OSPFv3 설정 스타일은 OSPFv3 프로세스가 작동해야 하는 인터페이스를 명확하게 식별한다. **ipv6 ospf** *process-id* **area** *area-id* 인터페이스 하위 명령어는 일반적으로 '해당 인터페이스에 OSPFv3를 동작시켜라'를 의미한다.

다음 페이지에서는 OSPFv3 인터페이스를 검증하는 몇 가지 다른 방법을 살펴본 다음, OSPFv3 인터페이스 문제 해결에 대해 알아본다.

OSPFv3 인터페이스 검증

OSPFv3의 설정을 보고 공부를 하여 설정에 대해 자신이 생겼고, 이에 시험에 응시하여 OSPFv3에 대한 시뮬레이션 문제를 받았다 가정해 본다. 불행히도 대부분의 시뮬레이션 문제는 enable mode로 접근할 수 없기에 설정을 확인할 수 없다. **show running-config** 명령어와 훌륭한 설정 기술을 이용하면 어떠한 문제라도 해결할 수 있지만, 앞서 말했듯, 설정을 확인할 수 없다. 그렇다면 어떻게 OSPFv3 프로세서가 활성화된 인터페이스를 알 수 있는가?

다음 세 가지 명령어 모두 OSPFv3가 활성화된 인터페이스를 나열한다: **show ipv6 protocols**, **show ipv6 ospf interface brief**, **show ipv6 ospf interface**. 앞의 두 명령어는 정보를 간략하게 나열하며, 세 번째 명령어는 각 인터페이스별로 많은 정보를 나열한다(만약 빠른 답을 얻길 원한다면 앞의 두 명령어를 사용하라). 세 가지 명령 모두 패시브 및 논 패시브 OSPFv3 인터페이스를 나열하므로 네이버 관련 문제를 해결할 때 도움이 된다.

[예 23-5]는 **show ipv6 protocols** 명령어의 결과물을 보여준다. 이후 [예 23-6] **show ipv6 ospf interface**와 **show ipv6 ospf interface brief** 명령어의 샘플을 보여준다. 특히 이 명령어의 출력 결과는 IPv4의 **show ip protocols** 명령어와 상당히 다르지만 IPv6 버전에서는 OSPFv3가 활성화된 인터페이스가 표시된다.

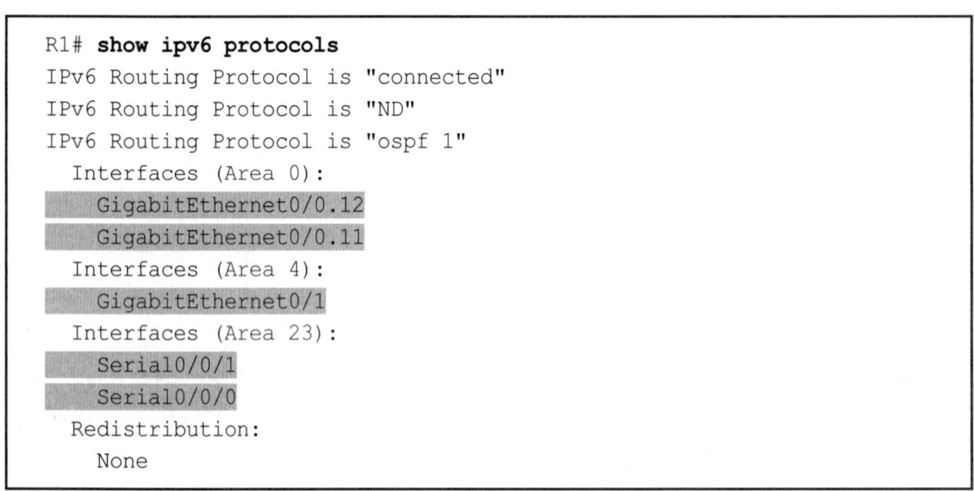

```
R1# show ipv6 protocols
IPv6 Routing Protocol is "connected"
IPv6 Routing Protocol is "ND"
IPv6 Routing Protocol is "ospf 1"
  Interfaces (Area 0):
    GigabitEthernet0/0.12
    GigabitEthernet0/0.11
  Interfaces (Area 4):
    GigabitEthernet0/1
  Interfaces (Area 23):
    Serial0/0/1
    Serial0/0/0
  Redistribution:
    None
```

[예 23-5] OSPFv3 인터페이스와 관련된 값 검증

예에서 볼 수 있듯이, **show ipv6 protocols** 명령어는 패시브 인터페이스인 G0/11을 포함하여, R1의 OSPFv3 다섯 인터페이스 모두를 나열한다.

OSPFv3 인터페이스 문제 해결

대부분의 OSPFv3의 문제 해결은 OSPFv3 네이버 간에 발생할 수 있는 문제를 중심으로 이루

어진다. 그러나 인터페이스 하위 명령어의 실수로도 다양한 OSPF 네이버 문제가 생길 수 있다. 논의를 시작하려면, 이번 장에서 지금까지 언급한 인터페이스 하위 명령어로 발생할 수 있는 문제점을 고려한다.

- 잘못된 영역에 인터페이스 하위 명령어 **ipv6 ospf** *process-id* **area** *area-id*를 사용하면 해당 인터페이스에서 네이버를 맺을 수 없다.
- 인터페이스를 패시브로 설정하면, 로컬 라우터가 해당 인터페이스와 네이버 관계를 맺는 것을 방해한다.

목록의 첫 번째 항목에 대해, 동일한 데이터 링크의 모든 OSPFv3 라우터는 같은 area에 할당되어야 한다. 시험에서 여러분은 의도된 영역 구성에 관한 정보를 확인해야 한다. 어떤 인터페이스가 어떤 영역에 할당되었는지 알아내기 위해서는, **show ipv6 ospf interface** 명령어와 **show ipv6 ospf interface brief** 명령어를 사용하도록 한다.

OSPFv3에 패시브 인터페이스를 설정할 때 발생 가능한 문제에 관해서 이야기하자면, 해당 인터페이스에서 네이버가 맺어져야 할 때, 라우터는 그 인터페이스를 OSPFv3의 패시브로 설정해서는 안된다는 점이다. **show ipv6 ospf interface** 명령어를 통해서만 패시브로 설정된 OSPFv3 인터페이스를 확인할 수 있다는 것을 기억하자. [예 23-6]은 이러한 문제를 발견하는 데 도움이 될만한 두 명령어를 나열한다. 두 명령어 모두 area 정보를 나열하지만, 두 번째 명령어만 패시브 상태를 표시한다.

```
R1# show ipv6 ospf interface brief
Interface    PID   Area            Intf ID    Cost  State Nbrs F/C
Gi0/0.12     1     0               16         1     DR    0/0
Gi0/0.11     1     0               17         1     DR    0/0
Gi0/1        1     4               4          1     DR    1/1
Se0/0/1      1     23              7          64    P2P   1/1
Se0/0/0      1     23              6          64    P2P   1/1

R1# show ipv6 ospf interface G0/0.11
GigabitEthernet0/0.11 is up, line protocol is up
  Link Local Address FE80::FF:FE00:1, Interface ID 17
  Area 0, Process ID 1, Instance ID 0, Router ID 1.1.1.1
  Network Type BROADCAST, Cost: 1
  Transmit Delay is 1 sec, State DR, Priority 1
  Designated Router (ID) 1.1.1.1, local address FE80::FF:FE00:1
  No backup designated router on this network
  Timer intervals configured, Hello 10, Dead 40, Wait 40, Retransmit 5
    No Hellos (Passive interface)
! 간략화를 위한 라인 생략
```

[예 23-6] R1의 OSPFv3 패시브 인터페이스 확인하기

23

마지막으로 어느 문제의 한 예를 보려면, 라우터 R4의 구성을 다시 한 번 살펴보도록 한다. 현재 R4는 WAN 인터페이스를 G0/0으로 설정하여 사용하고 LAN 인터페이스는 G0/1로 사용하고 있다. [예 23-3]의 올바른 설정을 위해 엔지니어는 해당 LAN에 다른 라우터가 없으므로 인터페이스 G0/1을 패시브 인터페이스로 지정하였다. 그러나 엔지니어가 G0/0을 패시브 인터페이스로 설정하는 실수를 하였다 가정해 본다. 어떤 일이 일어나는지 보여주기 위해 [예 23-7]은 R4의 G0/0 인터페이스를 OSPFv3에 대해 패시브 인터페이스로 변경하였다. **passive-interface** 명령이 실행된 직후 R1의 R4와 네이버 성립이 실패한다.

```
R4# configure terminal
Enter configuration commands, one per line.  End with CNTL/Z.
R4(config)# ipv6 router ospf 4
R4(config-rtr)# passive-interface gigabitEthernet 0/0
R4(config-rtr)# ^Z
R4#
Jan 17 23:49:56.379: %OSPFv3-5-ADJCHG: Process 4, Nbr 1.1.1.1 on
GigabitEthernet0/0
  from FULL to DOWN, Neighbor Down: Interface down or detached
```

[예 23-7] 패시브 인터페이스로 인한 R4와 R1의 네이버 성립 실패

OSPFv3 네이버

일반적으로 OSPFv3에서의 네이버 동작은 OSPFv2에서 사용되던 규칙을 따른다.

OSPFv3는 동일한 프로토콜 메시지 이름, 네이버 상태 및 프로세스의 개념을 사용하여 OSPF 네이버를 형성하고 LSDB를 교환한다.

이 다음 주제에서는 프로세스의 샘플을 살펴보고, OSPF 문제를 해결하는 데 있어서 주요한 주제인 라우터 간에 네이버를 맺지 못하는 문제에 대해 살펴볼 것이다.

OSPFv3 네이버 검증

다음 [예 23-8]은 OSPFv2와 v3 사이의 메시지 이름이나 네이버 상태의 유사성을 보여주는 예다. 예에서처럼, 디버그 출력을 통해 읽으려 할 때, 모든 세부 사항에 대해 알지 못하는 것에 대해 걱정할 필요는 없다. 그 대신 강조된 부분에 집중하도록 한다. 강조된 부분에는 2-way, exstart, exchange, loading 및 full과 같은 OSPFv2의 익숙한 네이버 상태가 나열되어 있다.

이 예는 먼저 OSPFv3의 인접(adjacency) 상황에 대한 메시지를 나열하는 **debug ipv6 ospf adj** 명령어의 출력을 보여준다. 즉, 주변 라우터가 네이버 상태로 동작할 때 발생하는 상황이다. 예의 마지막은 R2의 **show ipv6 ospf neighbor** 명령어 결과물이다. 해당 결과는 디버그 메시지에서 언급하였듯, R3과의 R2의 네이버 상태가 최종적으로 full 상태인 것을 확

인한다(일부 메시지는 가독성을 위해 생략함).

```
R2# debug ipv6 ospf adj
R2#
Jan 15 14:50:58.098: OSPFv3-2-IPv6 ADJ   Gi0/0: Added 3.3.3.3 to nbr list
Jan 15 14:50:58.098: OSPFv3-2-IPv6 ADJ   Gi0/0: 2 Way Communication to 3.3.3.3, state
  2WAY
Jan 15 14:50:58.098: OSPFv3-2-IPv6 ADJ   Gi0/0: DR: 3.3.3.3 (Id)   BDR: 2.2.2.2 (Id)
Jan 15 14:50:58.098: OSPFv3-2-IPv6 ADJ   Gi0/0: Nbr 3.3.3.3: Prepare dbase exchange
Jan 15 14:50:58.098: OSPFv3-2-IPv6 ADJ   Gi0/0: Send DBD to 3.3.3.3 seq 0x2AC5B307 opt
  0x0013 flag 0x7 len 28
Jan 15 14:50:58.102: OSPFv3-2-IPv6 ADJ   Gi0/0: Rcv DBD from 3.3.3.3 seq 0xBD091ED opt
  0x0013 flag 0x7 len 28  mtu 1500 state EXSTART
Jan 15 14:50:58.102: OSPFv3-2-IPv6 ADJ   Gi0/0: NBR Negotiation Done. We are the SLAVE
Jan 15 14:50:58.102: OSPFv3-2-IPv6 ADJ   Gi0/0: Nbr 3.3.3.3: Summary list built, size
  14
Jan 15 14:50:58.106: OSPFv3-2-IPv6 ADJ   Gi0/0: Rcv DBD from 3.3.3.3 seq 0xBD091EE opt
0x0013 flag 0x1 len 308  mtu 1500 state EXCHANGE
Jan 15 14:50:58.106: OSPFv3-2-IPv6 ADJ   Gi0/0: Exchange Done with 3.3.3.3
Jan 15 14:50:58.106: OSPFv3-2-IPv6 ADJ   Gi0/0: Synchronized with 3.3.3.3, state FULL
Jan 15 14:50:58.106: %OSPFv3-5-ADJCHG: Process 2, Nbr 3.3.3.3 on GigabitEthernet0/0
  from LOADING to FULL, Loading Done

R2# show ipv6 ospf neighbor

Neighbor ID    Pri  State          Dead Time   Interface ID   Interface
1.1.1.1          0  FULL/  -       00:00:38    6              Serial0/0/1
3.3.3.3          1  FULL/DR        00:00:37    3              GigabitEthernet0/0
```

[예 23-8] R2에서 R3에 대한 네이버 상태 변화

OSPFv2와 동일하게, OSPFv3 네이버는 Full state 또는 2-way state에 이르러 네이버 맺기를 완료하고 안정화된다. 대부분의 네이버들은 Full state가 되는데, Full state란 LSDB가 서로 완전하게 교환된 상태를 의미한다. 그러나 DR(Designated Router)이 있는 OSPF 네트워크의 경우, DR과 백업 DR(Backup DR, BDR)만 네이버 관계가 Full state에 이르게 된다. DR이나 BDR이 아닌 라우터(DROther router)의 네이버 관계는, 2-way state로 안정화가 이루어진다.

OSPFv3 네이버 문제 해결

OSPFv3가 인식해야 할 경로를 습득하는데 실패하였을 때에는 OSPFv3 네이버 관계를 확인해야 한다. 만약 네이버 관계가 존재하지 않거나, Full state 또는 2-way state에 이르지 않은 것을 발견한다면, 왜 네이버 관계가 제대로 성립되지 않았는지에 관한 여러 가지 이유에 중점을 두고 문제 해결을 진행할 수 있을 것이다.

NOTE OSPFv2에서와 같이, Full state에 있는 네이버는 Fully adjacent라 불리며, 2-way state로 안정화된 DROther 네이버는 adjacent라 불린다.

OSPF 네이버 관계에 대한 문제 해결을 위해서는 두 라우터가 네이버 관계를 맺는 부분에서 어떤 것들이 방해 요소가 될 수 있는지에 대한 여러 가지 세부 사항을 기억할 필요가 있다. 다행히도 OSPFv3는 OSPFv2와 동일한 리스트를 가지고 있으며, 차이는 단 한 가지이다. OSPFv3는 네이버들이 동일 서브넷에 있을 필요는 없다. [표 23-2]는 OSPF 네이버 관계에 대한 문제해결 진행 시 고려 사항에 관한 목록이다.

Key Topic

요구 사항	OSPFv2	OSPFv3
인터페이스는 UP/UP 상태여야 한다.	예	예
인터페이스는 반드시 동일 서브넷에 있어야 한다.	예	아니오
ACL은 라우팅 프로토콜 메시지를 필터링해서는 안된다.	예	예
인증 설정시에는 라우팅 프로토콜 네이버 인증을 통과해야 한다.	예	예
헬로 타이머, 데드 타이머가 네이버 간에 일치해야 한다.	예	예
고유한 라우터 ID를 사용해야 한다 .	예	예
router 설정 명령어 부분의 프로세스 ID는 동일해야 한다 .	아니오	아니오

[표 23-2] OSPFv2와 OSPFv3의 네이버에 대한 요구 사항

문제 해결 시에는, [표 23-3]에 있는 명령어를 사용하여 어떤 설정이 두 라우터 간의 네이버 관계 성립을 방해하는지 확인하고 올바른 정보로 수정해야 한다.

Key Topic

요구 사항	문제를 구분하기 위한 show 명령어
네이버 인증을 통과해야 한다	show ipv6 ospf interface
헬로 타이머와 데드 타이머가 일치해야 한다	show ipv6 ospf interface
동일 area에 있어야 한다	show ipv6 ospf interface brief, show ipv6 protocols
고유한 라우터 ID를 사용해야 한다	show ipv6 ospf
인터페이스는 패시브 모드가 아니어야 한다	show ipv6 ospf interface

[표 23-3] OSPF 네이버에 대한 요구 사항과 해당 사항을 확인하는 show 명령어

이 절에서는 OSPF 네이버 간에 존재하는 여러 문제의 예를 보여줄 것이다. [예 23-9]에서는 라우터 R4에 네이버 라우터 R1(RID 1.1.1.1)과 동일한 RID가 설정되어 있다. 예의 강조된 부분을 보면, 아래와 같은 일이 벌어지고 있는 것을 알 수 있다.

❶ R4는 자신의 RID를 1.1.1.1로 변경한다.

❷ R4는 OSPFv3 프로세스를 초기화하고, 새로운 RID인 1.1.1.1을 사용해서 OSPFv3 프로세스를 시작한다.

❸ R4는 OSPFv3 프로세스를 초기화하였기 때문에, 네이버 관계가 끊어졌다는 syslog 메시지를 받게 된다.

❹ R4는 R1(1.1.1.1)과 왜 네이버가 될 수 없는지에 관한 syslog 메시지를 받게 된다.

```
R4# configure terminal
Enter configuration commands, one per line.  End with CNTL/Z.
R4(config)# ipv6 router ospf 4
R4(config-rtr)# router-id 1.1.1.1
% OSPFv3: Reload or use "clear ipv6 ospf process" command, for this to take effect
R4(config-rtr)# ^Z
R4# clear ipv6 ospf process
Reset ALL OSPF processes? [no]: yes
R4#
Jan 17 23:22:03.211: %OSPFv3-5-ADJCHG: Process 4, Nbr 1.1.1.1 on GigabitEther
net0/0  from FULL to DOWN, Neighbor Down: Interface down or detached
R4#
Jan 17 23:22:05.635: %OSPFv3-4-DUP_RTRID_NBR: OSPF detected duplicate router-id
1.1.1.1 from FE80::604:5FF:FE05:707 on interface GigabitEthernet0/0
R4#
R4# show ipv6 ospf neighbor
R4#
```

[예 23-9] R4가 RID를 R1과 동일한 1.1.1.1로 설정을 변경한 결과

예의 마지막 부분에 **show ipv6 ospf neighbor** 명령어로 R4는 현재 OSPFv4 네이버가 없다는 점을 확인한다(이 예는 [그림 23-4], [그림 23-5]와 동일한 네트워크 디자인을 사용하고 있으며, 라우터는 R1이라는 이름의 네이버를 하나 가지고 있다).

다음 예([예 23-10])는 OSPFv2 헬로 타이머와 데드 타이머가 네이버 간에 일치하지 않는 이슈로, 11장 'IPv4 라우팅 프로토콜 장애 처리'에서의 'OSPF 헬로 타이머와 데드 타이머 불일치를 찾아내기' 절과 동일한 현상을 보인다. [그림 23-4], [그림 23-5]에서의 설정과 동일하게, R3의 헬로/데드 타이머는 10과 40이고, 이것은 이더넷 인터페이스의 기본 설정값이다. 다음 예의 값을 얻기 전에, R2에는 G0/0 인터페이스에서 **ipv6 ospf hello-interval 5**라는 명령어를 사용하여 R2의 헬로 타이머는 5, 데드 타이머는 20으로 변경하였다(이 명령어는 헬로 타이머를 설정하며, IOS는 데드 타이머 값을 헬로 타이머 값의 4배로 설정한다).

```
R2# show ipv6 ospf neighbor

Neighbor ID     Pri   State           Dead Time   Interface ID    Interface
1.1.1.1           0   FULL/  -        00:00:35    6               Serial0/0/1

R2# show ipv6 ospf interface g0/0
GigabitEthernet0/0 is up, line protocol is up
  Link Local Address FE80::FF:FE00:2, Interface ID 3
  Area 23, Process ID 2, Instance ID 0, Router ID 2.2.2.2
  Network Type BROADCAST, Cost: 1
  Transmit Delay is 1 sec, State DR, Priority 1
  Designated Router (ID) 2.2.2.2, local address FE80::FF:FE00:2
  No backup designated router on this network
  Timer intervals configured, Hello 5, Dead 20, Wait 20, Retransmit 5
```

[예 23-10] R3은 R2의 OSPFv3 네이버 테이블에서 찾을 수 없음

[예 23-10]에 실려있는 두 명령어에서 R2와 R3가 LAN상에서 더 이상 네이버가 아님을 확인할 수 있다. 그러나 11장의 OSPFv2 예에서처럼, 라우터는 문제의 원인에 대한 syslog 메시지를 출력하지는 않는다. **show** 명령어를 이용하여, 양 라우터의 **show ipv6 ospf interface**에 출력된 결과를 비교하고 일치하지 않는 부분을 찾아야 한다. [예 23-10]은 R2에서의 출력 예로, 헬로 타이머는 5, 데드 타이머는 20으로 설정되어 있다.

OSPFv2 부분에서도 언급하였듯이, IOS에서는 라우팅 프로토콜 설정 모드에서 **shutdown** 명령어를 사용하여 OSPFv3 라우팅 프로세스를 비활성화할 수 있다. 프로세스와 결과는 OSPFv2와 동일하다. shutdown 시, 라우터는 OSPFv3 네이버를 갖지 않게 되나, 설정값은 삭제되지 않는다. 상세 사항에 관련해서는 11장 'OSPF 프로세스 멈추게 하기'를 참조하길 바란다.

OSPFv3의 LSDB와 LSA

OSPFv3 라우터들이 네이버 관계를 형성하면, 해당 서브넷에서 서로 LSDB를 교환하게 된다. OSPFv2에서와 같이, 포인트-투-포인트 토폴로지에서는 두 개의 라우터가 서로의 LSDB를 직접 교환하며, 완료 시 각 라우터는 서로의 네이버를 Full state로 표시한다. 이더넷과 같은 브로드캐스트 토폴로지에서 라우터는 DR과 BDR을 선정하고, 데이터베이스를 DR을 통해 교환하며, 모든 라우터는 DR과 BDR을 통해 Full state가 된다. Full state가 되면, OSPFv2에서의 프로세스와 동일하게 라우터는 해당 area에서 동일 LSA를 보유하게 된다. 즉, OSPFv2와 동일한 프로세스로 진행된다.

현재의 ICND2 및 CCNA R&S 시험의 주제는 LSA를 제외 항목 중의 하나로 표기하고 있지만(이 장의 첫 페이지 참조), LSA에 관해 훑어보는 것은 area 디자인에 관한 견해를 가질 수 있게

한다. 예를 들면, [예 23-11]은 이 장의 중간 절부터 사용되고 있는 설정 예에서 라우터 R4의 **show ipv6 ospf database** 명령어의 출력값을 보여주고 있는데, 그 예를 분석해 보면 다음과 같다.

- 예의 디자인은 area 4를 나타낸다(area 0 및 area 23 포함).
- 라우터 R4는 area 4의 내부 라우터이다.
- 라우터 R1은 area 4와 area 0 사이의 ABR이다.

결과적으로 [예 23-11]에서 볼 수 있듯이, 라우터 R4는 두 가지의 Type 1 LSA를 알고 있다. OSPFv2에서처럼, OSPFv3에서도 각 라우터는 자신을 위한 Type 1 라우터 LSA를 생성하며 해당 area에 전달한다. 그래서 R4는 자신과 R1의 Type 1 LSA를 볼 수 있지만, 해당 네트워크의 다른 라우터들의 Type 1 LSA는 볼 수 없다(이 예는 LSA를 쉽게 구별할 수 있게 하기 위해, OSPF RID를 R1은 1.1.1.1, R4는 4.4.4.4로 설정했다).

```
R4# show ipv6 ospf database

            OSPFv3 Router with ID (4.4.4.4) (Process ID 4)

                Router Link States (Area 4)

ADV Router        Age         Seq#         Fragment ID  Link count  Bits
 1.1.1.1          258         0x80000072   0            1           B
 4.4.4.4          257         0x80000003   0            1           None
!  이하 출력 생략
```

[예 23-11] R4에서 보이는 area 4의 LSDB

IPv6 MTU 이슈

OSPFv3에서는 IPv6 MTU 불일치 문제로 인해 네이버가 활성화되어도 OSPF 데이터 베이스 교환에 실패할 수 있다. 이는 OSPFv2에서 벌어질 수 있는 문제와 동일하며, 11장의 '불일치된 MTU 설정'에서 다루어진 것이다.

데이터베이스 교환은 두 라우터가 네이버가 되었을 때 보통 정상적으로 동작한다. OSPFv2 및 OSPFv3에서 보이는 대부분의 문제는 토폴로지 데이터베이스 교환이 일어나기 전에 발생한다. 두 라우터는 토폴로지 데이터베이스 교환을 시작하기 전에, 네이버 호환성 체크를 통과하고 2-way state에 이르러야 한다. 즉, 데이터베이스 교환이 시작되기 전에 네이버가 되기 위한 설정 관련 문제는 이미 통과된 상태여야 한다는 것이다.

잘못된 설정이 하나 있어도 두 라우터는 네이버가 될 수는 있고, 데이터베이스 교환을 시도할 수는 있으나 몇 분 후에 실패하게 된다. 문제는 IPv4 또는 IPv6의 MTU(Maximum Transmission Unit) 사이즈 불일치이다.

우선, OSPF 문제는 잊고 MTU 사이즈를 고려해보자. MTU 사이즈는 L3 프로토콜의 설정이며, IPv4와 IPv6에 둘 다 적용된다. 지금은 IPv6만 고려하도록 한다. IPv6의 인터페이스 MTU 사이즈는 라우터가 인터페이스로 전달할 수 있는 IPv6 패킷의 최대 사이즈를 정의한다. 동일한 정의는 IPv4 MTU에도 적용된다.

> **NOTE** IPv4에서 라우터는 인터페이스 MTU 사이즈를 넘는 패킷이 있을 경우 작은 패킷으로 잘게 나눠(fragmentation) 수행할 수 있다. IPv6에서는 호스트가 전체 경로에서 가장 작은 MTU 사이즈를 확인할 수 있어, 경로상에 있는 어느 MTU 값도 넘지 않는 패킷을 보내도록 한다.

대부분의 라우터 인터페이스에는 IPv4와 IPv6의 MTU가 1500byte로 설정되어 있다. IPv4에서는 **ip mtu**라는 명령어로, IPv6에서는 **ipv6 mtu**라는 명령어로 인터페이스 레벨에서 그 값을 변경할 수 있다.

이제 OSPFv3로 돌아와서, 두 라우터가 네이버는 맺었으나 일치하지 않는 MTU 설정 때문에 LSDB 교환에 실패한 경우를 살펴보자. 네이버는 서로의 헬로 메시지를 확인하여 2-way state에 이르게 되며, 데이터베이스 교환 프로세스가 시작하면서 exstart 상태가 된다. 그러나 MTU 불일치로 데이터베이스 교환이 실패하면, 네이버 관계는 down 상태가 된다.

[예 23-12]는 R4에서의 실패 예다. 본 예에서는 R4의 G0/0 IPv6 MTU를 1400으로 변경한 후 OSPFv3 프로세스를 초기화한다.

```
R4# configure terminal
Enter configuration commands, one per line.  End with CNTL/Z.
R4(config)# interface gigabitethernet0/0
R4(config-if)# ipv6 mtu 1400
R4(config-if)# ^Z
R4#
R4# clear ipv6 ospf 4 process
Reset OSPF process? [no]: yes
R4#
Jan 17 23:53:24.439: %OSPFv3-5-ADJCHG: Process 4, Nbr 1.1.1.1 on Gigabit Ethernet0/0
  from FULL to DOWN, Neighbor Down: Interface down or detached

R4# show ipv6 ospf neighbor

Neighbor ID   Pri  State        Dead Time   Interface ID   Interface
1.1.1.1         1  EXSTART/DR   00:00:37    4              GigabitEthernet0/0
```

```
Jan 17 23:55:29.063: %OSPFv3-5-ADJCHG: Process 4, Nbr 1.1.1.1 on GigabitEthernet0/0
  from EXSTART to DOWN, Neighbor Down: Too many retransmits
R4# show ipv6 ospf neighbor

Neighbor ID   Pri   State          Dead Time   Interface ID   Interface
1.1.1.1         1   DOWN/DROTHER      -          4            GigabitEthernet0/0
```

[예 23-12] IPv6 MTU 불일치로 LSDB 교환 실패

예의 마지막 명령어는 이 특정한 문제를 알아차릴 수 있는 실마리가 될 수 있다. R1과 R4, 이 두 라우터는 OSPF 헬로 메시지에 문제가 없기 때문에 서로에 대해 알고 있다. 그리고 **show ipv6 ospf neighbor** 명령어를 각 라우터에서 실행해 보면, R4에서의 출력 결과에 R1(1.1.1.1)이 네이버로 보이듯이, 상대방 라우터에 각 라우터의 정보가 들어있음을 알 수 있다. 그러나 일정 시간 후에는 네이버 관계가 down 상태로 변한다. 따라서 당신이 네이버 상태를 확인하였을 때에는 지속적인 down 상태인 것처럼 보일 수 있으니 IPv6 MTU 값을 양쪽에서 확인하도록 한다(**show ipv6 interface** 명령어 사용).

OSPFv3 메트릭과 IPv6 경로

LSA, 데이터베이스 교환, 네이버 간의 설정값 등을 통해 라우터는 가장 사용하기 적합한 IPv6 경로를 선택해야 한다. 이 장에서 마지막으로 OSPFv3의 메트릭 계산 방법과 장애 처리에 관련된 다른 검증 방법에 관해 살펴보고, 유실된 경로 및 차선의 경로에 대해 어떻게 대처할지도 알아본다.

OSPFv3 인터페이스 코스트 및 메트릭 검증

SPF 알고리즘은 로컬 라우터부터 각 서브넷에 이르기까지 가능한 모든 경로를 찾는다. 로컬 라우터와 리모트 서브넷 사이에 또 다른 경로가 존재할 때, SPF 알고리즘은 앞서 [그림 23-6]에 나왔던 예와 같이 전체 경로에서 낮은 메트릭 값에 기반하여 더 좋은 경로를 선택한다.

OSPFv3가 IPv6 라우팅 테이블에 경로를 추가할 때, 해당 경로의 메트릭 값은 경로의 괄호 안에 있는 두 숫자 중 두 번째 숫자이다(괄호의 첫 번째 숫자는 AD(Administrative distance, 관리 거리)이다. IPv6 라우팅 프로토콜은 IPv4의 AD와 동일한 값을 기본 AD 값으로 사용한다).

예를 들면, [그림 23-9]의 두 개의 메트릭 값이 65인 R1의 서브넷 2001:DB8:1:23::/64로의 경로를 보자. R2를 지나는 경로는, R1은 자신의 S0/0/0의 코스트인 64와 R2의 G0/0의 코스트인 1을 더해 총 코스트 값이 65가 된다. R1은 R3가 지나는 경로도 동일하게 계산하며, 메트릭 값은 동일하게 65가 된다. 기본 설정이 최대 경로는 4개까지 실을 수 있게 되어 있기 때문에, R1은 두 경로를 라우팅 테이블에 싣는다(한 경로는 다음 홉이 R2로 되어 있고, 다른 한 경로는 R3로 되어 있다).

[예 23-13]은 R1 라우터에서 실행한 **show ipv6 route ospf** 명령어의 아웃풋인 서브넷 2001:DB8:1:23::/64로의 두 경로이다. 보통 OSPF를 통해 얻은 경로는 넥스트-홉의 링크-로컬 주소를 보여준다. 어떤 경로가 R2를 지칭하고, 어떤 경로가 R3를 지칭하는지는 출구 인터페이스를 확인하고 [그림 23-9]와 비교하면 된다.

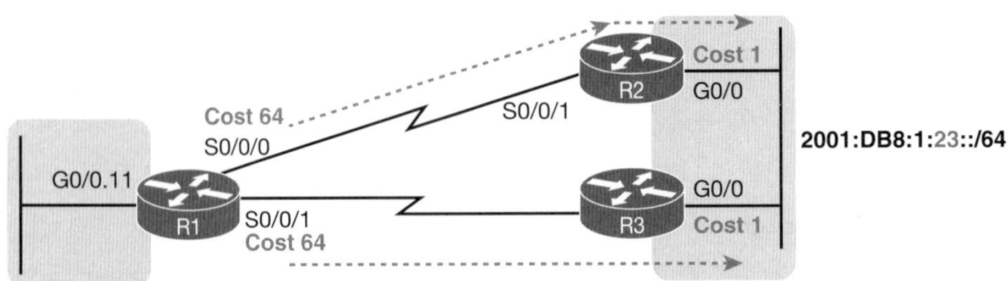

[그림 23-9] R1 라우터에서 2001:DB8:1:23::/64 서브넷으로의 동일한 메트릭 값을 가진 두 경로

```
R1# show ipv6 route ospf
! 간략화를 위한 라인 생략
O   2001:DB8:1:4::/64 [110/1]
     via GigabitEthernet0/1, directly connected
O   2001:DB8:1:23::/64 [110/65]
     via FE80::FF:FE00:3, Serial0/0/1
     via FE80::FF:FE00:2, Serial0/0/0
```

[예 23-13] R1의 OSPFv3 경로

라우터가 여러 개의 경로를 가진 상태에서 더 좋은 메트릭을 가진 경로를 하나 선택했을 때 어떤 일이 벌어지는지를 보려면, [예 23-15]에서의 R2가 OSPF를 통해 얻은 IPv6 경로를 보면 된다(R1 라우터의 왼쪽에 있는 서브넷인 2001:DB8:1:1::/64로의 경로).

- R2는 2001:DB8:1:1::/64 서브넷으로의 경로를 두 가지 가지고 있다([그림 23-4] 토폴로지 참조). 하나는 R2의 S0/0/1 인터페이스에서 R1을 통해 가는 경로이고, 하나는 R2의 G0/0 인터페이스에서 R1을 거쳐서 가는 경로이다.
- R2는 IPv6 라우팅 테이블에 이 두 경로 중 하나의 경로, 메트릭 값이 65인 R2의 S0/0/1 인터페이스를 거친 경로만 실었다. 이 값은 R2의 S0/0/1의 코스트인 64와 R1의 G0/0.11의 코스트인 1을 합한 값이다.
- R2는 R3를 거치는 경로가 더 좋지 않다고 판단했는데, 그 이유는 코스트 값의 합계가 R2의 G0/0의 코스트인 1과 R3의 S0/0/0의 코스트인 64, R1의 G0/0.11의 코스트인 1의 합인 66이기 때문이다.

[그림 23-10]은 이 두 경로의 인터페이스 코스트 값을 보여준다([그림 23-4]의 토폴로지 중 일부 네트워크는 누락되어 있다).

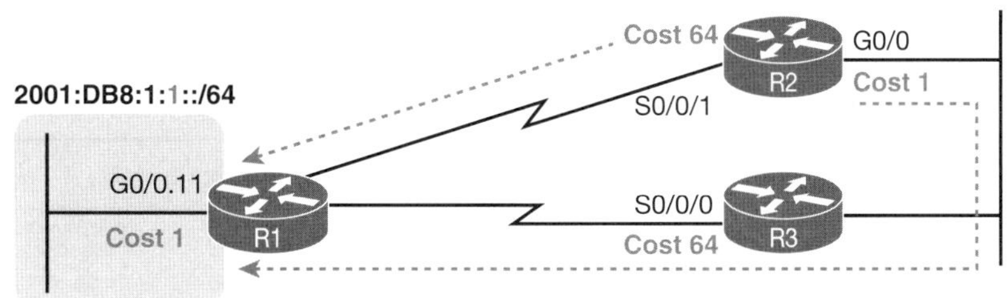

[그림 23-10] R2에서 서브넷 1로 가는 두 가지 경로

```
R2# show ipv6 route ospf
! 간략화를 위한 라인 생략
OI  2001:DB8:1:1::/64 [110/65]
     via FE80::FF:FE00:1, Serial0/0/1
OI  2001:DB8:1:2::/64 [110/65]
     via FE80::FF:FE00:1, Serial0/0/1
OI  2001:DB8:1:4::/64 [110/65]
     via FE80::FF:FE00:1, Serial0/0/1
O   2001:DB8:1:13::/64 [110/65]
     via FE80::FF:FE00:3, GigabitEthernet0/0
OI  2001:DB8:1:14::/64 [110/65]
     via FE80::FF:FE00:1, Serial0/0/1
```

[예 23-14] R2 라우터의 OSPFv3 경로

R2에 실려있는 경로의 대부분은 왼쪽에 표기되어 있는 코드 값이 OI임을 확인할 수 있다. O는 해당 경로가 OSPF로 계산된 것임을 나타내며, I는 다른 area의 경로임을 나타낸다. 예를 들면, 강조되어 있는 2001:DB8:1:1::/64 서브넷으로의 경로는 area 0에 있으며, R2 라우터는 area 23에 있다. 그래서 해당 서브넷으로의 R2의 경로는 다른 area로의 경로임을 알 수 있다([예 23-13]에서는 동일 area로의 경로를 확인하였고, 코드 값이 OI가 아닌 O로 표기되어 있다).

OSPFv3에서도 OSPFv2와 비슷한 형태로 인터페이스 코스트를 명령어로 확인할 수 있다. **show ipv6 ospf** 명령어로는 참조 대역폭(reference bandwidth)을 볼 수 있고, **show interfaces** 명령어로는 인터페이스 대역폭을 확인할 수 있다. [예 23-15]에서는 **show ipv6 ospf interface brief** 명령어를 사용하여 R1 라우터에서의 현재 OSPFv3 인터페이스 코스트 값을 확인할 수 있다.

```
R1# show ipv6 ospf interface brief
Interface      PID   Area              Intf ID    Cost   State Nbrs F/C
Gi0/0.12       1     0                 16         1      DR    0/0
Gi0/0.11       1     0                 17         1      DR    0/0
Gi0/1          1     4                 4          1      BDR   1/1
Se0/0/0        1     23                6          64     P2P   1/1
Se0/0/1        1     23                7          64     P2P   1/1
```

[예 23-15] 라우터의 OSPFv3 인터페이스 코스트 확인

OSPFv3로 추가된 IPv6 경로 문제 해결

IPv6 라우팅에 관련된 문제가 생기면, 문제는 두 가지 카테고리로 분류할 수 있다. 첫 번째는, 라우터가 어떤 IPv6 프리픽스에 관련된 경로를 잃어, 라우터가 패킷을 폐기하고 ping이 실패하게 된다. 두 번째는, 라우터가 유효한 경로를 가지고 있지만 그 경로가 목적지로의 차선 경로로 보일 수 있다(22장의 'IPv6 라우팅 동작과 장애 처리'의 'traceroute가 몇 개의 홉을 거쳐가지만 실패' 절에서 라우팅 루프가 일어나는 것에 관련해 언급한 세 번째 카테고리 참조).

예를 들면, [그림 23-11]에서와 같이 R1 라우터는 R3 라우터가 있는 서브넷 33에 도달할 수 있는 두 가지 경로를 가지고 있다. 위쪽을 통과하는 경로가 R1 라우터와 서브넷 33 사이의 라우터 개수가 적어 좋은 경로로 보인다. R1이 서브넷 33으로의 경로를 가지고 있지 않다면, 한 가지 종류의 원인으로 생각할 수 있지만, R1이 다섯 개의 라우터를 통과하는 아래쪽의 경로를 사용하고 있다면, 또 다른 원인에 관해 생각해야 할 것이다.

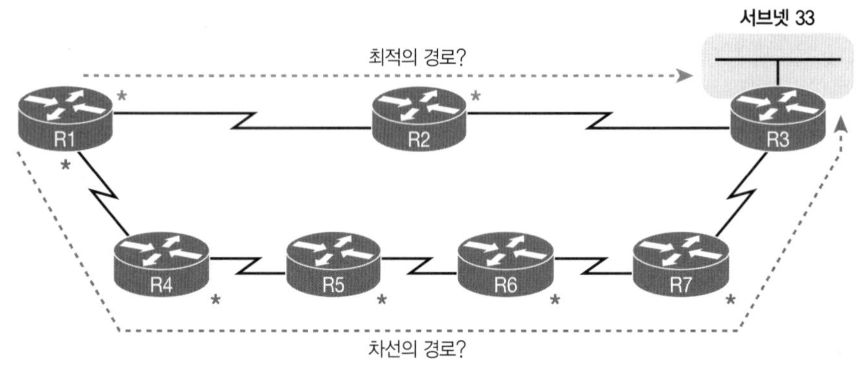

[그림 23-11] R1 라우터에서 서브넷 33으로 가는 긴 경로와 짧은 경로

라우터가 해당 서브넷에 대해 경로를 가지고 있지 않다면, 예를 들어 R1 라우터가 서브넷 33에 대한 경로를 가지고 있지 않다면, 다음을 확인한다:

단계 ① IPv6 프리픽스에 직접 연결되어 있는 라우터의 인터페이스를 확인한다. OSPFv3가 해당 서브넷에 대해 광고하기 전에, 라우터의 해당 인터페이스는 OSPFv3가 활성화되어 있어야 한다.

단계 ② 로컬 라우터와 IPv6 프리픽스 X로 연결되어 있는 인터페이스를 가진 라우터 사이에 있는 모든 라우터의 OSPFv3 네이버 관계에 대해 확인한다.

예를 들면, [그림 23-11]에서 R3 라우터의 LAN 인터페이스에 **ipv6 ospf** *process-id* **area** *area-id* 명령어가 들어있지 않으면, 일곱 개의 라우터 전체가 네이버 관계를 맺고 있다고 해도 R3 라우터는 서브넷 33에 관해 광고하지 않을 것이다.

라우터가 경로를 가지고 있지만 잘못된 경로(차선 경로)로 보일 경우, 다음을 확인한다:

단계 ① 로컬 라우터와 프리픽스 Y 사이의 최적의 경로가 무엇이 되어야 하는지 확인하고, 그것을 기반으로 잘못된 네이버 관계를 확인한다.

단계 ② 최적의 경로에 있는 인터페이스의 OSPFv3 코스트 세팅을 확인한다.

예를 들어, [그림 23-11]에서 R1 라우터가 서브넷 33에 대해 하나의 경로만을 가지고 있고 그것이 R4 라우터를 지나는 아래쪽 경로라면, 원인은 아래와 같을 가능성이 있다.

- R2와 R3 사이의 네이버 관계가 성립되지 않았다.
- 위쪽 경로의 코스트 값의 총합이 아래쪽 경로보다 크다(코스트 계산에는 그림에 별표 표시가 된 인터페이스들이 사용되었다)

챕터 리뷰

시험에서 좋은 성적을 거둘 수 있는 핵심은 복습 세션을 반복하여 학습하는 것이다. 이 장의 내용을 책, DVD, 책의 웹 사이트에서 찾을 수 있는 툴들을 이용해서 복습하도록 하고, '당신의 학습 계획'에 따라 더 세부 내용을 확인하도록 한다. [표 23-4]에는 핵심 복습 사항이 정리되어 있다. 아래 표의 두 번째 칸에 완료한 날짜에 관해 기록하도록 한다.

복습 사항	완료 날짜	사용 자료
핵심 주제 리뷰		책, DVD/웹 사이트
핵심 용어 리뷰		책, DVD/웹 사이트
DIKTA 문항 답변		책, PCPT
랩 실습		블로그
메모리 테이블 리뷰		책, DVD/웹 사이트
설정 체크리스트 리뷰		책, DVD/웹 사이트
명령어 테이블 리뷰		책

[표 23-4] 리뷰 확인

핵심 주제 리뷰

핵심 주제	설명	쪽수
리스트	OSPFv2와 OSPFv3의 비교	681~682
예 23-4	multiarea OSPFv3 설정	687
리스트	OSPFv3 경로의 메트릭 계산에 영향을 주는 방법	688
리스트	OSPFv3와 OSPFv2의 유사점	690
리스트	OSPFv3와 OSPFv2의 차이점	690~691
리스트	인터페이스에서의 일반적인 OSPFv3 문제	693
표 23-2	OSPF 라우터가 네이버 형성에 실패하는 이유	696
표 23-3	OSPF 네이버에 대한 요구 사항 검증 명령어	696
리스트	IPv6 경로가 없을 때의 OSPFv3 이슈	794~795
리스트	차선의 IPv6 경로만 가지고 있을 때의 OSPFv3 이슈	795

[표 23-5] 23장의 핵심 주제

핵심 용어

multiarea, ABR(Area Border Router), 내부 라우터, backbone area, 라우터 아이디, Full state, 2-way state, 라우터 LSA, MTU

참조 명령어

[표 23-6]과 [표 23-7]은 이 장에서 사용된 설정과 검증 명령어에 대한 내용이다. 복습을 위해서, 표의 왼쪽 부분을 가리고 오른쪽 설명 부분을 보면서 명령어를 어느 정도 잘 기억하고

명령어	설명
ipv6 router ospf *process-id*	OSPF 설정 모드로 들어감.
ipv6 ospf *process-id* area *area-number*	인터페이스에 OSPFv3를 활성화하기 위한 인터페이스 하위 명령어. 특정 프로세스에서는 OSPFv3 area를 정의하기도 함.
ipv6 opsf cost *interface-cost*	인터페이스에 관한 OSPF 코스트를 설정하기 위한 인터페이스 하위 명령어.
bandwidth *bandwidth*	인터페이스 대역폭(Kbps)을 직접 설정할 수 있는 인터페이스 하위 명령어.
auto-cost reference-bandwidth *number*	인터페이스 대역폭을 기반으로 한 OSPF 코스트 계산에 사용되는 Ref-BW/Int-BW 식에서 분자를 가리키는 라우터 하위 명령어.
router-id *id*	라우터 아이디를 정적으로 설정하는 OSPF 명령어.
maximum-paths *number-of-paths*	동일 코스트의 경로를 몇 개나 라우팅 테이블에 추가할 수 있는지 정의하는 라우터 하위 명령어.

[표 23-6] 23장에서 다룬 설정 명령어

있는지 가늠해본다. 그 다음 반대로 오른쪽 설명 부분을 가리고 왼쪽 명령어 부분만 보면서 각 명령어에 대한 설명을 기억해보자.

명령어	설명
show ipv6 ospf	라우터에서 동작하는 OSPF 프로세스 정보(OSPF 라우터 아이디, 라우터가 연결된 area, 각 area의 인터페이스 개수 등)를 출력한다.
show ipv6 ospf interface brief	OSPF 프로토콜이 활성화되어 있는 인터페이스의 목록을 출력한다(network 명령어 기반, 패시브 인터페이스 포함).
show ipv6 ospf interface *type number*	모든 인터페이스 또는 특정 인터페이스에서의 OSPF 동작 관련 정보(설정, 상태, 카운터, 헬로 타이머, 데드 타이머 등)를 출력한다.
show ipv6 protocols	라우터가 IPv6 경로를 인지할 수 있는지의 여부와 라우팅 프로토콜이 활성화되어 있는 인터페이스 정보를 출력한다.
show ipv6 ospf neighbor [*type number*]	네이버의 정보(네이버 라우터 아이디, 현재 상태)를 네이버당 한 줄씩 요약하여 표기하며, 인터페이스를 지정하면 관련 네이버 정보만 출력한다.
show ipv6 ospf neighbor *neighbor-ID*	show ip ospf neighbor detail 명령어와 동일한 출력 값이나, 지정한 네이버의 정보만 출력한다.
show ipv6 ospf database	데이터베이스의 LSA 요약 정보를 출력하는데, LSA당 한 줄로, LSA 유형에 따라 출력한다(Type 1, Type 2 순으로 출력됨).
show ipv6 route	모든 IPv6 경로를 출력한다.
show ipv6 route ospf	라우팅 테이블의 경로 중 OSPF로 학습한 경로를 출력한다.
show ipv6 route *prefix/length*	특정 서브넷/마스크의 세부 정보를 출력한다.

[표 23-7] 23장에서 다룬 show 명령어

23

CHAPTER 24

IPv6 네트워크에서 EIGRP 구현하기

이 장은 다음 시험 주제를 다룬다.

2.0 라우팅 기술

2.7 IPv6에서의 EIGRP에 관한 설정, 검증, 장애 처리(인증, 필터링, 매뉴얼 요약, 재분배, 스터브는 제외)

IPv6 네트워크에서 EIGRP(Enhanced Interior Gateway Routing Protocol)를 만들 때, 시스코에서는 IPv4 EIGRP와 유사하게 IPv6 EIGRP를 만들었다. 이 둘은 굉장히 비슷하며, IPv4 OSPF와 IPv6 OSPF보다 유사하다. EIGRP에서 인지할 수 있는 단 한 가지의 차이점은 설정 부분이다. IPv6 EIGRP에서는 인터페이스에서 직접 EIGRP를 활성화하며, 당연하게도 IPv6 주소와 프리픽스를 사용한다. 이 두 EIGRP 프로토콜은 개념부터 **show** 명령어, 장애 처리 방법까지도 사실상 거의 동일하다.

이 장은 두 가지 주요 절로 구성된다. 첫 번째 절은 IPv4 EIGRP의 기존 모드에서의 설정과 비교하여, IPv6 EIGRP의 기존 모드에서의 설정을 다룬다. 두 번째 절은 IPv6 EIGRP의 검증 방법을 몇 가지 장애 처리 방법과 함께 다루게 된다.

QUIZ 사전 점검 퀴즈

사전 점검 퀴즈를 풀어보면 이 장을 읽고 이해하는 데 시간이 얼마나 걸릴 것인지 가늠할 수 있다. 정답은 퀴즈 다음 페이지 하단에 있으며, 퀴즈 정답에 대한 자세한 설명은 DVD 부록 C와 PCPT 소프트웨어에 담겨 있다.

핵심 주제	문항
IPv6 EIGRP 설정	1–3
IPv6 EIGRP 검증과 장애 처리	4–6

[표 24-1] 핵심 주제와 관련된 사전 점검 퀴즈 문항

1. 어떤 기업에서 IPv4와 IPv6의 듀얼-스택 모델을 사용하는데, IPv4와 IPv6 둘 다 EIGRP를 라우팅 프로토콜로 사용한다. R1 라우터는 G0/0 인터페이스와 S0/0/0 인터페이스에만 IPv4 및 IPv6 주소를 가지고 있으며, 두 인터페이스에서 IPv4 EIGRP와 IPv6 EIGRP를 활성화하였다. 다음의 보기 중 R1 라우터를 설정할 때 IPv4 EIGRP가 활성화된 인터페이스에 IPv6 EIGRP를 활성화하는 올바른 방법은 무엇인가?

a. IPv6 EIGRP의 라우터 하위 명령어로 **dual-stack all-interfaces**를 추가한다.

b. G0/0, S0/0/0 인터페이스에 인터페이스 하위 명령어로 **dual-stack**을 추가한다.

c. G0/0, S0/0/0 인터페이스에 인터페이스 하위 명령어로 **ipv6 eigrp** *asn*을 추가한다.

d. IPv4 EIGRP의 라우터 하위 명령어로 **dual-stack all-interfaces**를 추가한다.

2. 다음 중 어떤 설정이 IPv4 EIGRP와 IPv6 EIGRP별로 설정이 다르지 않고 동일한 설정을 사용하는가?

a. 인터페이스 대역폭

b. 헬로 타이머

c. Variance

d. 최대 경로 수

3. 어떤 기업에서 IPv4와 IPv6의 듀얼-스택 모델을 사용하는데, IPv4와 IPv6 둘 다 EIGRP를 라우팅 프로토콜로 사용한다. R1 라우터는 G0/0 인터페이스와 S0/0/0 인터페이스에만 IPv4 및 IPv6 주소를 가지고 있으며, 두 인터페이스에서 IPv4 EIGRP와 IPv6 EIGRP를 활성화하고 각 프로토콜에 라우터 ID를 지정하였다. IPv4 EIGRP와 IPv6 EIGRP 설정을 비교하면, 다음 중 어느 것이 타당한 설명인가?

a. IPv6 EIGRP 설정은 글로벌 명령어 **router eigrp** *asn*을 사용한다.

b. 두 프로토콜 다 라우터 하위 명령어 **router-id** *router-id*를 사용한다.

c. 두 프로토콜 다 라우터 하위 명령어 **network** *network-number*를 사용한다.

d. IPv6 EIGRP 설정은 인터페이스 하위 명령어 **ipv6 eigrp** *asn*를 사용한다.

4. R1 라우터의 IPv6 경로 중 R9 라우터 G0/0 인터페이스에 연결되어 있는 서브넷 9(2009:9:9:9::/64)로의 경로가 세 가지 있다. 현재 R1의 최적 경로는 R2를 넥스트-홉으로 사용하며, 대체 경로는 R3와 R4를 지나는 경로이다. 그 후 다른 엔지니어가 네트워크의 설정을 변경하여, R1 라우터는 서브넷 9로의 경로를 가지지 않게 되었다. 다음 중 어떤 설정이 R1으로 하여금 서브넷 9로의 경로를 잃게 만든 것인가?

a. R1의 G0/0 인터페이스를 패시브로 설정

b. 다른 설정은 동일하나 R2의 EIGRP AS 번호를 변경

c. R1 인터페이스의 헬로 타이머를 5에서 4로 변경

d. 다른 설정은 동일하나 R1의 EIGRP AS 번호를 변경

5. R1과 R2는 동일한 VLAN에 연결되어 있는 라우터이다. 다음 중 어느 설정이 이 두 라우터가 IPv6 EIGRP 네이버가 되지 못하도록 하는가? (2개를 고르시오)

a. 일치하지 않는 헬로 타이머
b. 일치하지 않는 AS 번호
c. 다른 서브넷에 속하는 IPv6 주소
d. 동일한 라우터 ID 사용
e. 해당 링크에 사용된 패시브 라우터 인터페이스

6. 아래 출력은 R2 라우터에서 **show ipv6 eigrp neighbors** 명령어를 실행한 결과로, 하나의 네이버가 표시되고 있다. 다음 중 이 예 명령어의 출력의 의미로 맞는 것은 어느 것인가?

```
R2# show ipv6 eigrp neighbors
EIGRP-IPv6 Neighbors for AS(1)
H   Address                Interface       Hold Uptime     SRTT    RTO  Q   Seq
                                           (sec)           (ms)         Cnt Num
0   Link-local address:    Gi0/0           11 06:46:11      1      100  0   30
    FE80::FF:FE22.2222
```

a. 네이버의 링크-로컬 주소는 FE80::FF:FE22:2222이다.
b. 네이버의 IPv6 EIGRP 라우터 아이디는 FE80::FF:FE22:2222이다.
c. R2의 링크-로컬 주소는 FE80::FF:FE22:2222이다.
d. R2의 IPv6 EIGRP 라우터 아이디는 FE80::FF:FE22:2222이다.

핵심 주제

IPv6 EIGRP 설정

IPv6 EIGRP는 IPv4 EIGRP와 유사하게 동작한다. EIGRP가 모든 라우터에 설정되면, 라우터들은 EIGRP 메시지를 교환하게 된다. EIGRP 메시지를 통해 라우터들은 네이버를 발견하고, 네이버 관계를 형성하며, 메트릭 값에 따라 서브넷을 광고하고 메트릭 계산 결과에 따라 경로를 결정하게 된다. IPv6 EIGRP도 동일하게 최적 경로와 대체 경로(FS: feasible successor)를 사용하고, 대체 경로가 존재하지 않을 때에는 DUAL 알고리즘(Diffusing Update Algorithm)을 사용한다.

차이는 당연하게도 IPv4 서브넷이 아닌 IPv6 프리픽스를 광고한다는 것이다. IPv6 패킷의 메시지는 IPv6 멀티캐스트 주소인 FF02::A를 통해 전달된다. 그러나 대부분의 개념은 IPv4 EIGRP와 동일하다.

설정 측면에서 보면, IPv6 EIGRP는 23장의 OSPFv3 설정과 유사하다. IPv6 EIGRP 라우팅 프로토콜 프로세스가 생성되고, 각 인터페이스에 인터페이스 하위 명령어로 IPv6 EIGRP가 활성화된다. 나머지 설정은 옵션으로 기본 설정을 바꾸는 용도이며, 네이버 간에 어떤 일이 일어나는지, 어떤 메트릭 값이 계산되는지 등에 대한 설정 변경이다.

> **NOTE** 이 장은 IPv6 EIGRP의 두 가지 형태 중 기존 모드 또는 자동 시스템 모드라 불리는 설정에 관해 설명한다. EIGRP 기존 모드는 IPv6 EIGRP가 처음 소개되었을 때부터 존재해왔던 것이다. 더 진화된 형태의 EIGRP 모드는 어드레스 패밀리를 사용하며, 많이 사용되고 있지만 이 책에서는 다루지 않는다.

첫 절은 IPv6 EIGRP에서 가장 많이 사용되는 설정을 다루며, 여러 기능을 변경하는 명령어도 공부할 수 있다.

IPv6 EIGRP 기본 설정

IPv6 EIGRP는 OSPFv3와 매우 유사하다. IPv6 EIGRP 프로세스 설정을 위한 명령어를 입력하고, 인터페이스에 라우팅 프로토콜을 활성화하는 인터페이스 하위 명령어를 입력한다. [그림 24-1]은 IPv6의 이 기본 설정을 보여준다.

사전 점검 퀴즈 정답

1 C **2** A **3** D **4** D **5** B, E **6** A

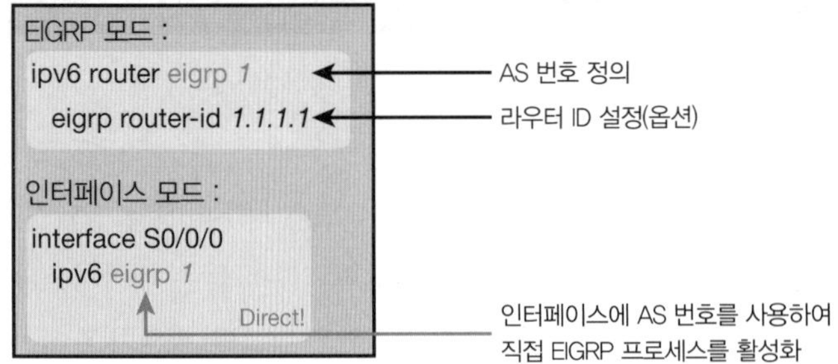

[그림 24-1] IPv6 EIGRP의 기본 설정

IPv4 EIGRP 설정을 기억하고 있다면, [그림 24-1]에서 IPv4 EIGRP 설정과의 차이점을 금방 알 수 있을 것이다. 그림의 예는 EIGRP **network** 명령어를 사용하지 않는데, IPv6 EIGRP에서는 **network**라는 명령어 자체를 지원하지 않는다. 대신에 인터페이스 하위 명령어로써 **ipv6 eigrp** *asn*(AS 번호)을 사용한다. 이 과정은 이전의 장에서 다루었던 OSPFv3 설정과 유사하며, IPv6 EIGRP에서는 명령어가 조금 다를 뿐이다.

IPv6 EIGRP의 나머지 설정 명령어는 IPv4 EIGRP와 거의 유사하게 동작한다. [표 24-2]는 10장 'IPv4 EIGRP 구현'에서 소개된 IPv4 EIGRP 설정 옵션과 IPv6 EIGRP의 설정 옵션을 비교한 표로, 그 유사성을 확인할 수 있다.

기능	IPv4 EIGRP	IPv6 EIGRP
프로세스 생성, AS 번호 정의	router eigrp *as-number*	ipv6 router eigrp *as-number*
라우터 ID 정의(라우터 모드)	eigrp router-id *number*	동일
동시에 발생하는 경로 수 변경(라우터 모드)	maximum-paths *number*	동일
Variance 조정(라우터 모드)	variance *multiplier*	동일
메트릭 계산 기준값 변경(인터페이스 모드)	bandwidth *value* *delay value*	동일
헬로 타이머, 홀드 타이머 변경(인터페이스 모드)	ip hello-interval eigrp *asn time* ip hold-time eigrp *asn time*	ip를 ipv6로 변경
인터페이스에 EIGRP를 활성화	Network *ip-address* [*wildcard-mask*]	ipv6 eigrp *as-number*(인터페이스 하위 명령어)
오토 서머리를 비활성화/활성화(라우터 모드)	[no] auto-summary	IPv6 EIGRP에서는 불필요

[표 24-2] IPv4 EIGRP와 IPv6 EIGRP 명령어 비교

IPv6 EIGRP 설정 예

IPv6 EIGRP 설정의 이해를 돕기 위해, [그림 24-2]의 구성을 사용한 예를 다음 페이지에서 설명한다. 아래 그림은 IPv6 서브넷을 보여준다. 또한 각 라우터 인터페이스의 IPv6 주소를 ::X와 같이 표시하는데, 여기서 X는 라우터 번호이며, 어느 라우터가 어떤 주소를 사용하는지 확실하게 알 수 있도록 하였다.

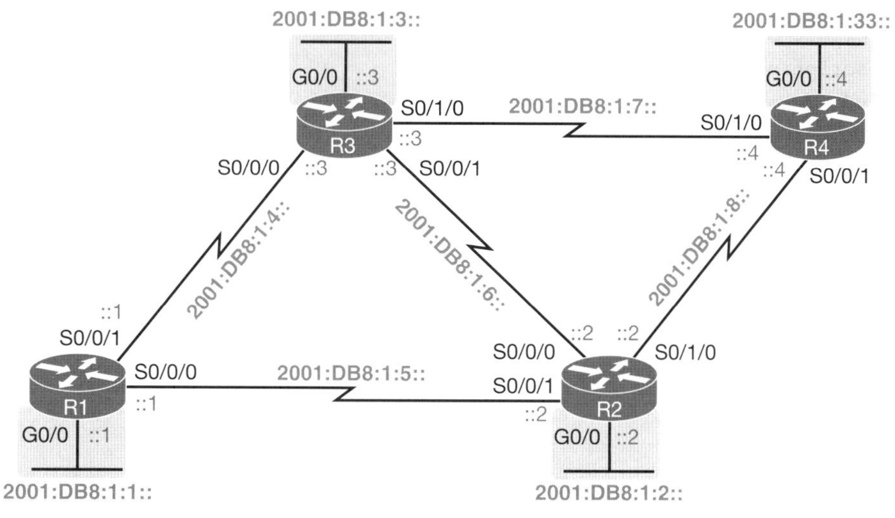

[그림 24-2] IPv6 EIGRP multiarea 네트워크 예

[그림 24-2]는 10장에서 IPv4 EIGRP 예로 나왔던 [그림 10-3]과 굉장히 유사하다. [그림 24-2]는 동일한 인터페이스 종류과 번호, 라우터 이름을 사용하고 있으며, 서브넷 번호를 붙이는 유형도 유사하다. 예를 들면, 마지막 쿼텟 값이 1, 2, 3, 33으로 된 네 개의 IPv6 서브넷이 있다고 생각해보자. 이는 10장의 예에서 다루어진, 세 번째 옥텟 값이 1, 2, 3, 33으로 된 네 개의 IPv4 서브넷과 동일하다.

왜 이 장의 예에 10장에서 다루어진 것과 같은 네트워크를 사용하고 있을까? EIGRP의 설정 명령어뿐만 아니라 **show** 명령어 출력 결과도 유사하기 때문이다. 이 장에서 사용된 **show** 명령어와 동일한 네트워크 토폴로지를 사용하면 IPv4 EIGRP에서의 결과와 거의 비슷한 결과를 IPv6 EIGRP에서도 볼 수 있다.

[예 24-1]은 R1을 듀얼-스택 라우터로 만들기 위해 IPv6 EIGRP 설정을 포함한 추가적인 IPv6 설정을 나타내고 있다. 강조된 부분은 IPv6 EIGRP 특유의 설정 명령어이며, 나머지는 IPv6 라우팅과 IPv6 주소 설정을 위해 추가된 명령어이다.

```
ipv6 unicast-routing
!
ipv6 router eigrp 1
 eigrp router-id 1.1.1.1
!
interface GigabitEthernet0/0
 ipv6 address 2001:db8:1:1::1/64
 ipv6 eigrp 1
!
```

```
interface serial 0/0/0
 description link to R2
 ipv6 address 2001:db8:1:5::1/64
 ipv6 eigrp 1
!
interface serial 0/0/1
 description link to R3
 ipv6 address 2001:db8:1:4::1/64
 ipv6 eigrp 1
```

[예 24-1] R1 라우터의 IPv6 설정 및 IPv6 EIGRP 설정

이 예를 통해 설정을 자세히 살펴보도록 하자. 모든 라우터는 **ipv6 router eigrp** *asn*이라는 명령어 설정을 통해 동일한 IPv6 EIGRP ASN(Autonomous System Number, AS 번호)을 사용해야 한다. R1은 **eigrp router-id** 명령어를 통해 EIGRP 라우터 ID(RID)를 설정한다. IPv6 EIGRP는 OSPFv3와 같이 32비트의 RID를 사용하며, 그 값이 정해질 때에도 동일한 규칙을 따른다.

나머지 설정은 각 인터페이스에 **ipv6 eigrp** *asn* 명령어를 사용하여 AS 번호별로 IPv6 EIGRP를 활성화하는 형태로 이루어진다.

[예 24-2]는 두 번째 라우터(R2)의 설정을 보여준다. 라우터 R1에서 사용된 AS 번호와 일치하는 번호를 사용해야 하기 때문에, 여기에서도 AS 번호로 1을 사용한다. 그렇지 않으면 두 라우터는 네이버 관계를 맺지 못한다. 또한 R2는 RID를 2.2.2.2로 설정한다.

```
ipv6 unicast-routing
!
ipv6 router eigrp 1
 eigrp router-id 2.2.2.2
!
interface GigabitEthernet0/0
 ipv6 address 2001:db8:1:2::2/64
 ipv6 eigrp 1
!
interface serial 0/0/0
 description link to R3
 ipv6 address 2001:db8:1:6::2/64
 ipv6 eigrp 1
!
interface serial 0/0/1
 description link to R1
```

```
 ipv6 address 2001:db8:1:5::2/64
 ipv6 eigrp 1
!
interface serial 0/1/0
 description link to R4
 ipv6 address 2001:db8:1:8::2/64
 ipv6 eigrp 1
```

[예 24-2] R2 라우터의 IPv6 EIGRP 설정

> **NOTE** IOS에서는 EIGRP 설정 모드에서 **shutdown** 명령어와 **no shutdown** 명령어를 사용함으로써 IPv6 EIGRP 라우팅 프로세스를 비활성화할 수도, 다시 활성화할 수도 있다. 최근의 IOS 버전에서는 기본 설정이 활성화되어 있지만, 이전의 버전에서는 기본 설정이 비활성화 상태로 되어 있어 IPv6 EIGRP를 사용하기 전에 EIGRP 설정 모드에서 **no shutdown** 명령어를 실행해야 한다.

IPv6 EIGRP의 다른 설정

[예 24-1]과 [예 24-2]에서는 기본적인 IPv6 EIGRP의 설정을 다루었다. 지금부터는 몇 가지 설정 옵션에 대해 IPv4 EIGRP와 비교하여 다룰 것이다.

IPv6 EIGRP 경로 선정에 영향을 주는 대역폭과 지연 설정

기본적으로, IPv6 EIGRP는 각 경로를 선정할 때의 메트릭 값 계산 시에 IPv4 EIGRP와 동일한 설정을 사용한다. 또한 그 설정은 동일한 명령어 구문을 사용한다. 특히, 인터페이스 대역폭과 지연 설정은 IPv4 EIGRP와 완전히 같은 명령어, 즉 인터페이스 하위 명령어 **bandwidth** 및 **delay**를 사용한다. 그래서 이 값의 변화는 IPv4 EIGRP 및 IPv6 EIGRP 메트릭 값 계산에 영향을 미친다.

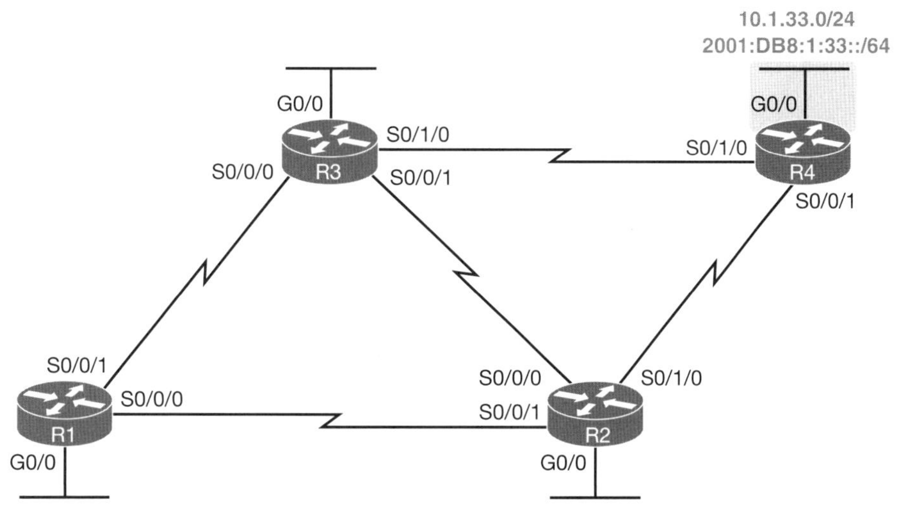

[그림 24-3] R4 라우터의 IPv4 서브넷 33과 IPv6 서브넷 33의 위치가 동일함

예를 들면, [그림 24-3]의 모든 라우터는 듀얼-스택 라우터이며, 모든 인터페이스에 IPv4 EIGRP와 IPv6 EIGRP가 활성화되어 있다. 오른쪽 상단에 표기된 서브넷 10.1.33.0/24는 IPv6 서브넷 33(2001:DB8:1:33::/64)과 동일한 위치에 있다. R1 라우터의 IPv4 EIGRP와 IPv6 EIGRP 프로세스는 이 경로들에 대해 동일한 인터페이스 대역폭 및 지연 설정을 바탕으로 동일한 메트릭 값을 계산하게 된다.

[예 24-3]은 [그림 24-3]에 표시된 서브넷의 IPv4와 IPv6 경로를 R1 라우터에서 보여준다. 강조된 메트릭 값이 동일하게 2,684,416임을 알 수 있다.

```
R1# show ip route | section 10.1.33.0
D        10.1.33.0/24 [90/2684416] via 10.1.5.2, 00:02:23, Serial0/0/0
                      [90/2684416] via 10.1.4.3, 00:02:23, Serial0/0/1

R1# show ipv6 route | section 2001:DB8:1:33::/64
D   2001:DB8:1:33::/64 [90/2684416]
     via FE80::FF:FE00:3, Serial0/0/1
     via FE80::FF:FE00:2, Serial0/0/0
```

[예 24-3] IPv4 EIGRP에서의 IPv4 경로와 IPv4 EIGRP에서의 IPv6 경로의 메트릭 값이 동일함

두 명령어는 R1에서 서브넷 33에 대해 동일한 값을 가진 경로를 출력하고 있으나, 출력값의 형식은 약간 다르다. **show ip route** 명령어의 형식은 도착 서브넷 정보를 첫 번째 경로의 전달 지시 정보와 함께 첫째 줄에 표시한다. **show ipv6 route** 명령어는 도착 프리픽스를 첫 번째 줄에 표시하고, 각 경로의 전달 지시 정보는 두 번째 줄과 세 번째 줄에 각각 표시한다.

EIGRP 부하 분산

IPv6 EIGRP와 IPv4 EIGRP는 동일 코스트 및 동일하지 않은 코스트의 부하 분산(load balancing)에 동일한 개념과 동일한 설정 명령어 구문을 사용한다. 그러나 IPv6 EIGRP는 IPv6 EIGRP 설정 모드에서 **maximum-paths**와 **varience** 명령어를 통해 독자적인 설정이 가능하다. IPv4 EIGRP는 이 두 명령어로 IPv4 EIGRP에서 별도의 설정을 하게 된다.

예를 들면, 듀얼-스택 네트워크에서 라우터가 IPv4 EIGRP와 IPv6 EIGRP를 사용한다고 가정하자. 네트워크 엔지니어는 두 라우팅 프로토콜에 동일한 **varience** 및 **maximum-paths** 설정을 선택할 것이다. 그러나 그 차이를 확인하기 위해 엔지니어가 다음과 같이 다른 설정을 했다고 가정해보자:

- IPv4 EIGRP: 최대 두 개의 경로, 동일하지 않은 코스트의 경로를 위한 varience 값은 3
- IPv6 EIGRP: 최대 다섯 개의 경로, 동일하지 않은 코스트의 경로를 위한 varience 값은 4

[예 24-4]는 두 라우팅 프로세스에 어떻게 다르게 설정하는지 보여준다. 여기서 명령어는 동일한 문법을 사용한다는 것을 확인한다.

```
R1# configure terminal
Enter configuration commands, one per line.  End with CNTL/Z.
! 간략화를 위한 라인 생략
R1(config)# router eigrp 10
R1(config-router)# maximum-paths 2
R1(config-router)# variance 3
! Next, configure the similar settings for IPv6
R1(config-router)# ipv6 router eigrp 11
R1(config-rtr)# maximum-paths 5
R1(config-rtr)# variance 4
R1(config-rtr)# ^Z
R1#
```

[예 24-4] 라우팅 프로세스별 부하 분산 매개 변수 설정

EIGRP 타이머

IPv6 EIGRP와 IPv4 EIGRP는 헬로 타이머와 홀드 타이머에 대해서도 동일한 개념을 사용한다. 각 라우팅 프로세스를 따로 설정할 수 있게 하기 위해, IOS는 IPv6 EIGRP와 IPv4 EIGRP 명령어의 구문을 약간 다르게 하였는데, IPv6 EIGRP에는 **ip** 대신 **ipv6**라는 키워드를 사용하도록 하였다. 나머지 부분은 IPv4 EIGRP 명령어와 동일한 구문을 사용한다.

[예 24-5]는 IPv4 EIGRP와 IPv6 EIGRP의 헬로 타이머를 동시에 변경하는 예로, 명령어의 다른 부분을 확인할 수 있다. IPv4 EIGRP의 헬로 타이머는 6초로 설정되었고, IPv6 EIGRP의 헬로 타이머는 7초로 설정되었다.

```
R1# configure terminal
Enter configuration commands, one per line.  End with CNTL/Z.
R1(config)# interface gigabitethernet0/1
R1(config-if)# ip hello-interval eigrp 10 6
R1(config-if)# ipv6 hello-interval eigrp 11 7
R1(config-rtr)# ^Z
R1#
```

[예 24-5] IPv4 EIGRP와 IPv6 EIGRP의 헬로 타이머 설정

타이머 값의 선택은 임의로 한 것으로, 각 라우팅 프로토콜이 어떤 명령어를 사용하는지 확인하기 위한 용도이다. 실제 네트워크에서는 IPv4 EIGRP와 IPv6 EIGRP가 같은 값으로 설정되는 경우가 많다.

IPv6 EIGRP 검증 및 장애 처리

이 책에서 논의된 것처럼, IPv4 EIGRP와 IPv6 EIGRP는 거의 동일하게 동작한다. [표 24-2]에서 열거한 설정 명령어에서 그 유사성을 확인할 수 있었다. 이 두 번째 절에서는 IPv6 EIGRP의 검증과 장애 처리에 대하여 다루는데, IPv4 EIGRP와 IPv6 EIGRP가 정말 유사하다는 것을 다시 한번 확인할 수 있다.

IPv6 EIGRP와 IPv4 EIGRP의 유사성에서 보면 그 동작도 거의 동일할 것이라 예상할 수 있지만, 아래 목록에서는 몇 가지 다른 점을 나열하고 있다.

- IPv6 EIGRP는 IPv6의 프리픽스를 광고하고, IPv4 EIGRP는 IPv4 서브넷을 광고한다.
- IPv6 EIGRP의 **show** 명령어는 **ipv6**라는 키워드를 사용해야 하지만, 동일한 **show** 명령어에서 IPv4 EIGRP는 **ip**라는 키워드를 사용한다.
- IPv6 EIGRP는 네이버가 되는지를 선택할 때 동일한 확인 사항을 사용하지만, 다른 서브넷의 IPv6 주소를 가지고 있더라도 그 라우터들은 IPv6 EIGRP 네이버가 될 수 있다 (IPv4 EIGRP 네이버는 반드시 동일 IPv4 서브넷에 있어야 한다).
- IPv6 EIGRP는 오토 서머리에 대한 개념을 가지고 있지 않다(IPv4 EIGRP는 그러한 개념을 가진다).

위에 열거한 대로, 여기에 언급된 차이점은 적다. 이 장의 남은 부분에서 나오는 **show** 명령어 출력의 많은 예에서 그 유사성을 더 확실히 확인할 수 있을 것이다. [그림 24-4]는 이 장에서 논의된 IPv6 EIGRP의 **show** 명령어에 대해 리뷰하고 있다. 그림에 열거된 모든 명령어가 **ip**라는 키워드를 **ipv6**라는 키워드로 바꾼 것을 제외하고는 동일한 구문을 사용하고 있다.

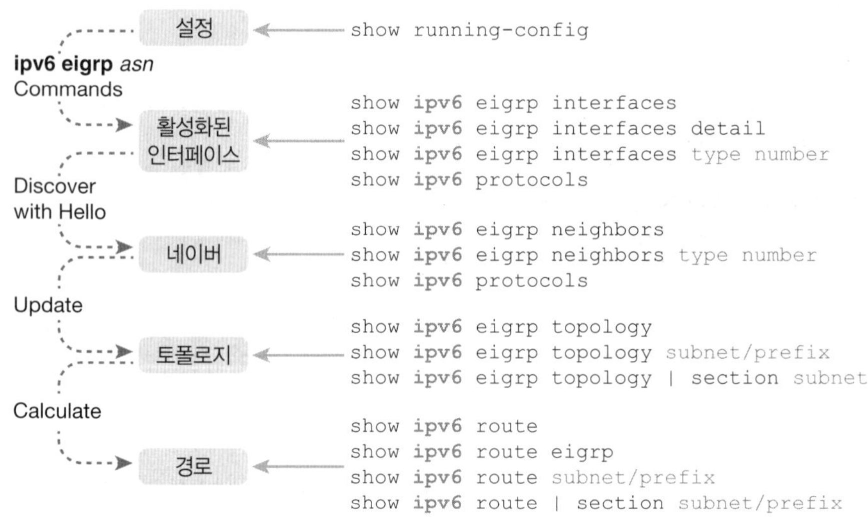

[그림 24-4] IPv6 EIGRP 검증 명령어

이전 장에서처럼, 이 장의 두 번째 절에서는 IPv6 EIGRP의 프로세스를 실행할 때 진행하는 IPv6 EIGRP의 일반적인 순서에 대해서 자세히 다룬다.

> **NOTE** 이 장에서의 모든 장애 처리의 예는 [그림 24-2]에서 보여줬던 R1, R2, R3, R4 라우터의 설정 예를 사용한다.

IPv6 EIGRP 인터페이스

인터페이스에서 IPv6 EIGRP를 활성화하기 위해 라우터는 두 가지를 시도한다.

❶ 해당 인터페이스에서 IPv6 EIGRP 네이버를 발견한다.

❷ 해당 인터페이스에 연결된 프리픽스에 대해 광고한다.

IPv6 EIGRP가 제대로 동작하는지 확인하기 위해, 엔지니어는 IPv6 EIGRP가 정확한 인터페이스에서 활성화되었는지 검증해야 한다. 장애 처리의 관점에서 가장 일반적인 IPv6 EIGRP의 문제 중 하나는 라우터가 특정 인터페이스에서 IPv6 EIGRP를 활성화하지 않은 경우이다.

IPv4 EIGRP에서와 같이 IPv6 EIGRP에서도 어떤 명령어는 EIGRP가 활성화된 모든 인터페이스를 표시하고(패시브 인터페이스 포함), 어떤 명령어는 모든 EIGRP 인터페이스를 표시하면서 어떤 것이 패시브 인터페이스인지 표시하며, 어떤 명령어는 패시브 인터페이스를 표시하지 않는다. [예 24-6]은 이 차이를 확인할 수 있는 예인데, 우선 R1 라우터의 G0/0 인터페이스를 패시브로 설정한다. 그리고 **show ipv6 eigrp interfaces** 명령어의 출력 결과를 보여주는데, 여기에는 G0/0이 생략되어 있으며, **show ipv6 protocols** 명령어에는 G0/0이 출력되나 패시브 인터페이스라고 표시된다.

```
R1# configure terminal
Enter configuration commands, one per line.  End with CNTL/Z.
R1(config)# ipv6 router eigrp 1
R1(config-rtr)# passive-interface g0/0
R1(config-rtr)# ^Z
R1#
R1# show ipv6 eigrp interfaces
EIGRP-IPv6 Interfaces for AS(1)
                         Xmit Queue  Mean  Pacing Time  Multicast  Pending
Interface        Peers  Un/Reliable  SRTT  Un/Reliable  Flow Timer Routes
Se0/0/0            1        0/0        1       0/15         50         0
Se0/0/1            1        0/0        1       0/15         50         0

R1# show ipv6 protocols
IPv6 Routing Protocol is "connected"
IPv6 Routing Protocol is "eigrp 1"
EIGRP-IPv6 Protocol for AS(1)
```

```
  Metric weight K1=1, K2=0, K3=1, K4=0, K5=0
  NSF-aware route hold timer is 240
  Router-ID: 1.1.1.1
  Topology: 0 (base)
    Active Timer: 3 min
    Distance: internal 90 external 170
    Maximum path: 16
    Maximum hopcount 100
    Maximum metric variance 1

  Interfaces:
    Serial0/0/0
    Serial0/0/1
    GigabitEthernet0/0 (passive)
  Redistribution:
    None
IPv6 Routing Protocol is "ND"
```

[예 24-6] IPv6 EIGRP의 인터페이스와 관련 매개변수 검증

show ipv6 eigrp interfaces 명령어가 인터페이스별로 많은 출력 결과를 표시하는 것을 확인한다. 또한 **show ipv6 protocols** 명령어는 EIGRP가 활성화된 모든 인터페이스, 즉 패시브 인터페이스를 포함한 모든 인터페이스를 표시한다.

다음은 IPv6 EIGRP 인터페이스에 관련된 장애 처리에 초점을 맞춰보자. OSPF와 같이 대부분의 장애 처리는 네이버 관계에 관련된 것이다. 그러나 아래의 짧은 목록은 인터페이스에서 일어날 수 있는 두 가지 문제에 대해 서술한다.

- **ipv6 eigrp** *asn* 인터페이스 하위 명령어가 네이버를 가질 가능성이 없는 인터페이스상에서 누락된 것은 간과될 수 있다. 이것은 IPv6 EIGRP 네이버에 영향을 미치지 않는다. 그러나 이것은 해당 인터페이스에 IPv6 EIGRP가 활성화되어 있지 않다는 것을 의미하며, 라우터는 연결된 서브넷에 광고를 하지 않게 된다. 이것은 경로가 누락되는 문제로 나타난다.
- IPv6 EIGRP 프로세스에서 인터페이스에 패시브 설정을 하는 것은 IPv6 EIGRP 네이버가 될 가능성이 있는 라우터가 그 링크에 연결되었을 때, 두 라우터가 네이버가 되는 것을 막는다. 두 라우터 중 하나만 패시브 인터페이스 설정이 되어 있어도 네이버 관계가 성립되지 않을 수 있다는 것을 기억하자.

예를 들면, 이 장에서 지금까지 보았던 네트워크 예의 R4 라우터를 생각해 보자. R4의 G0/0 인터페이스는 LAN에 연결되어 있으나, 아직 다른 라우터들은 연결되어 있지 않다. 현재 R4의 설정은 G0/0 인터페이스에 인터페이스 하위 명령어 **ipv6 eigrp 1**을 포함하고 있다. 만약 해당 명령어가 빠져 있다면(또는 랩에서 실험을 위해 지웠다면), R4는 연결된 서브넷(서브넷 33, 2001:DB8:1:33::/64)으로 경로를 광고하지 않을 것이다.

[예 24-7]은 그 예를 보여준다. 이 문제를 재현하고 [예 24-7]의 출력을 실행하기 전에 R4의 G0/0 인터페이스에는 **no ipv6 eigrp 1** 명령어가 실행되어, 해당 인터페이스에서 EIGRP를 비활성화하였다. [예 24-7]은 R1이 서브넷 33에 대한 경로와 EIGRP 토폴로지 데이터를 가지고 있지 않다는 것을 보여준다.

```
R1# show ipv6 route 2001:DB8:1:33::
% Route not found

R1# show ipv6 eigrp topology | include 2001:DB8:1:33
R1#
```

[예 24-7] R1에서 서브넷 33으로의 경로가 보이지 않음

IPv6 EIGRP 네이버

하나의 관점에서 보면, EIGRP 네이버 관계는 단순하다. IPv6 EIGRP 라우터 두 대가 동일한 데이터 링크에 있을 때, 두 라우터는 IPv6 EIGRP 헬로 메시지로 서로를 발견한다. 이 헬로 메시지는 몇 개의 매개 변수를 가지고 있으며, 네이버는 헬로 메시지를 확인하여 서로 네이버 관계를 맺을 수 있는지 확인한다.

- 매개변수가 일치하면, 각 라우터는 자신의 IPv6 EIGRP 네이버 테이블에 상대방 라우터를 추가하며, **show ipv6 eigrp neighbors** 명령어에서 확인할 수 있다.
- 매개변수가 일치하지 않으면, 라우터는 네이버 관계를 맺지 못하고, 네이버 테이블에 서로를 추가하지도 않으며, **show ipv6 eigrp neighbors** 명령어의 출력 결과에서도 서로의 정보를 확인할 수 없다.

요구 사항	IPv4 EIGRP	IPv6 EIGRP
인터페이스는 반드시 up/up 상태여야 한다.	예	예
인터페이스는 반드시 동일 서브넷에 있어야 한다.	예	아니오
ACL(Access control list)은 라우팅 프로토콜 메시지를 필터링하면 안된다.	예	예
라우팅 프로토콜 네이버 인증이 설정되어 있다면 반드시 통과해야 한다.	예	예
router 설정 명령어에서 동일한 AS 번호를 사용해야 한다.	예	예
K 값이 일치해야 한다.	예[1]	예[1]
헬로 타이머와 홀드 타이머가 일치해야 한다.	아니오	아니오
라우터 ID는 고유한 값을 사용해야 한다.	아니오[2]	아니오[2]

[1] K 값은 EIGRP 메트릭 계산 알고리즘에 정의되어 있다. 시스코에서는 그 설정을 그대로 두는 것을 권고한다. 라우터 모드에서 **metric weights** 명령어를 사용하면 설정을 재설정할 수 있다.

[2] 중복되는 EIGRP 라우터 ID를 사용하는 것은 해당 라우터들이 네이버 관계를 맺는 것을 막지는 않으나, 외부 EIGRP 경로가 라우팅 테이블에 추가될 경우에 문제가 될 수 있다.

[표 24-3] IPv4 EIGRP와 IPv6 EIGRP에서의 네이버 관계 형성 시 요구 사항

다른 관점에서 보면, EIGRP 네이버 관계의 장애 처리는 당신이 수많은 작은 세부 사항을 기억하고 있어야 한다는 것을 의미한다. 네이버는 일치해야 할 매개 변수의 리스트를 확인한다. 동시에 다른 문제가 네이버 관계 형성을 방해할 수 있다. IPv6 EIGRP는 IPv4 EIGRP와 동일한 리스트를 사용하는데, 한 가지 다른 점이 있다. IPv6 EIGRP는 네이버가 동일 서브넷 상에 있지 않아도 된다.

[표 24-3]은 EIGRP 네이버 관계에 대한 장애 처리를 진행할 때 고려해야 할 사항을 나열한 것이다.

예를 들면, 이 장에서의 설정 예에서 모든 네 라우터가 IPv6 EIGRP의 AS 번호 1을 사용한다. 만약 R2 라우터의 설정이 잘못되어서 AS 번호 2를 사용하고, 나머지 세 개의 라우터는 AS 번호 1을 사용한다고 가정해보자. 어떤 일이 일어날까? R2는 나머지 다른 라우터들과 네이버 관계를 맺는 데 실패할 것이다.

IPv6 EIGRP의 많은 **show** 명령어들은 IPv6 EIGRP의 AS 번호에 대해 언급하고 있지만, **show ipv6 protocols** 명령어는 앞서 보았던 [예 24-6]처럼 두 가지 프로토콜에서의 값을 보여준다.

시험의 장애 처리를 위한 전략으로서, 동일한 링크 위에 있는 IPv6 EIGRP 라우터들은 네이버가 되어야 한다는 것을 기억하자. 시험 문제에서 어떤 IPv6 라우팅 문제에 대해 다룰 때, 라우터를 확인하고 EIGRP 네이버 수를 체크하며, 모든 네이버 관계가 존재하는지 확인한다. 하나라도 빠졌을 경우, [표 24-3]에 기반하여 IPv6 EIGRP 네이버 관계에 관한 장애 처리를 시작한다.

네이버 확인을 위해서는 **show ipv6 eigrp neighbors** 명령어를 사용한다. IPv6 주소의 길이 때문에 이 명령어는 한 네이버당 두 줄을 사용하여 출력 결과가 표시된다. [예 24-8]의 출력 결과는 R2 라우터에서의 결과이며, 두 줄에 걸쳐 강조된 부분이 하나의 네이버(R3)를 나타낸다.

```
R2# show ipv6 eigrp neighbors
EIGRP-IPv6 Neighbors for AS(1)
H Address               Interface       Hold Uptime   SRTT   RTO  Q  Seq
                                        (sec)         (ms)       Cnt Num
2 Link-local address: Se0/1/0             10 06:37:34  104    624  0  13
  FE80::D68C:B5FF:FE6B:DB48
1 Link-local address: Se0/0/0             11 06:37:54    1    100  0  38
  FE80::FF:FE00:3
0 Link-local address: Se0/0/1             11 06:46:11    1    100  0  30
  FE80::FF:FE00:1
```

[예 24-8] R2 라우터의 IPv6 EIGRP 네이버

두 줄에 걸쳐 표시된 부분의 IPv6 주소와 인터페이스에 주목하자. 이 결과는 R2 라우터에서 나온 결과로, R2의 S0/0/0 인터페이스에 연결된 R3의 링크-로컬 주소를 표시하고 있다. 표시된 S0/0/0 인터페이스가 R2의 인터페이스다. 요약하자면, 출력 결과에는 출력 명령어를 실행한 로컬 라우터의 인터페이스와 네이버 라우터의 링크-로컬 주소가 표시된다. 그러므로 IPv6 EIGRP 네이버를 확인하기 위해서는 IPv6 EIGRP의 라우터 ID가 아니라 네이버의 링크-로컬 주소를 사용해야 한다.

IPv6 EIGRP 토폴로지 데이터베이스

이 책의 주제에 대해 계속 논의해왔다면, IPv6 EIGRP가 활성화되어 있는 라우터가 네이버를 맺으면, 서로 적절한 토폴로지 정보를 교환해야 한다. 이 책에서 다루지는 않는 범위이나 라우터의 다른 기능이 라우터 간의 토폴로지 정보를 필터링할 수 있다. 그러나 현재는 네이버 관계가 맺어지면 네이버가 된 라우터들이 토폴로지 정보를 교환한다고 가정할 수 있다.

또한 IPv6 EIGRP에서 기술된 몇 가지 토폴로지 정보의 의미를 해석할 수 있어야 한다. 다행히도 IPv6 EIGRP 토폴로지 정보는 IPv4 EIGRP와 비슷하게 동작하며, IPv6 프리픽스를 사용한다는 단 한 가지 차이점이 있다. 아래의 목록은 두 가지가 동일한 개념이라는 것을 보여준다.

- 메트릭 값(대역폭, 지연, 신뢰도, 부하)
- 메트릭 계산
- 최적의 경로에 대한 개념
- 차선 경로에 대한 개념
- 실행할 수 있는 조건 중 네이버 쪽에서 전달된 메트릭인 거리가 로컬 라우터의 메트릭보다 낮은(좋은) 지에 관한 것

예를 들면, [그림 24-5]는 **show ipv6 eigrp topology** 명령어의 출력 결과에서 발췌한 것이다. 이 출력은 R1의 서브넷 3(2001:DB8:1:3::/64)에 대한 토폴로지 데이터를 나타낸다. 왼쪽은 IPv6에 관련한 두 가지 상세 사항인 IPv6 프리픽스/길이와 넥스트-홉 라우터의 링크-로컬 주소를 나타낸다.

24

왼쪽은 IPv6 프리픽스와 IPv6에서의 넥스트-홉 라우터 주소를 나타내고, 오른쪽에서는 IPv4 EIGRP와 동일한 요소들을 볼 수 있다. 사실 이 예는 10장에서 나온 예와 동일한 것으로, 10장에서는 [그림 10-4]로 설명되었다. 그 장에서는 R3의 G0/0 LAN 인터페이스로부터의 서브넷에 대한 R1의 데이터베이스도 볼 수 있었다. 그러나 그 예는 IPv4 EIGRP와 서브넷 10.1.3.0/24에 관련된 것이었다. 당신이 다시 [그림 10-4]를 복습한다면, 오른쪽에는 IPv4 EIGRP를 바탕으로 한 토폴로지 데이터베이스를 동일하게 볼 수 있을 것이지만, 왼쪽에는 서브넷, 마스크, 넥스트-홉 의 주소에 관한 IPv4 정보를 볼 수 있을 것이다.

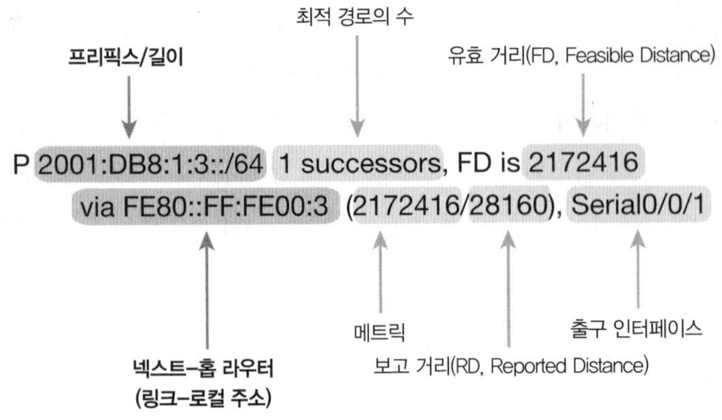

[그림 24-5] EIGRP 토폴로지 데이터에서의 IPv6 상세 사항과 공통 부분 비교

요약하면, 메트릭 구성 요소, 공식에 의해 계산된 메트릭 값, 최적 경로와 차선 경로 등의 상세 내용에 관하여 10장에서 공부하도록 하자. IPv4 EIGRP의 이와 같은 상세 사항을 마스터한다면, IPv6 EIGRP에 대해서도 동일하게 마스터한 것이 된다.

[예 24-9]는 IPv6 EIGRP의 마지막 한 가지의 이해를 돕기 위해 EIGRP 토폴로지 테이블을 보여준다. 이 출력 결과는 서브넷 3(2001:DB8:1:3::/64)에 대한 R1의 상세 토폴로지 데이터를 보여준다. 예에 강조된 부분 중 첫 번째 줄은 넥스트-홉의 주소와 출구 인터페이스이다. 강조된 부분의 두 번째 줄은 혼합된 메트릭 값, 즉 여러 가지 메트릭 요소의 입력에 의해 계산된 메트릭 값을 나타낸다. 그 다음의 두 줄은 계산에 영향을 미치는 두 메트릭 요소인 대역폭과 지연을 나타내며, EIGRP가 최소 대역폭(1544Kbps)과 총 지연 값(20100)을 사용한다는 것을 의미한다.

```
R1# show ipv6 eigrp topology 2001:DB8:1:3::/64
EIGRP-IPv6 Topology Entry for AS(1)/ID(1.1.1.1) for 2001:DB8:1:3::/64
  State is Passive, Query origin flag is 1, 1 Successor(s), FD is 2172416
  Descriptor Blocks:
  FE80::FF:FE00:3 (Serial0/0/1), from FE80::FF:FE00:3, Send flag is 0x0
      Composite metric is (2172416/28160), route is Internal
      Vector metric:
        Minimum bandwidth is 1544 Kbit
        Total delay is 20100 microseconds
        Reliability is 255/255
        Load is 1/255
        Minimum MTU is 1500
        Hop count is 1
        Originating router is 3.3.3.3
  FE80::FF:FE00:2 (Serial0/0/0), from FE80::FF:FE00:2, Send flag is 0x0
      Composite metric is (2684416/2172416), route is Internal
      Vector metric:
        Minimum bandwidth is 1544 Kbit
        Total delay is 40100 microseconds
        Reliability is 255/255
```

```
        Load is 1/255
        Minimum MTU is 1500
        Hop count is 2
```

[예 24-9] R2 라우터의 IPv6 EIGRP 네이버

IPv6 EIGRP 경로

IPv6 EIGRP로 얻은 경로 검증은 당신이 EIGRP의 코드가 E가 아니라 D라는 것을 파악한다면 비교적 쉽다. [예 24-10]은 R1 라우터의 전체 IPv6 라우팅 테이블을 나타내며, 6개의 EIGRP로 얻은 IPv6 경로가 있다.

```
R1# show ipv6 route
IPv6 Routing Table - default - 13 entries
Codes: C - Connected, L - Local, S - Static, U - Per-user Static route
       B - BGP, R - RIP, I1 - ISIS L1, I2 - ISIS L2
       IA - ISIS interarea, IS - ISIS summary, D - EIGRP, EX - EIGRP external
       ND - Neighbor Discovery, l - LISP
       O - OSPF Intra, OI - OSPF Inter, OE1 - OSPF ext 1, OE2 - OSPF ext 2
       ON1 - OSPF NSSA ext 1, ON2 - OSPF NSSA ext 2
C   2001:DB8:1:1::/64 [0/0]
     via GigabitEthernet0/0, directly connected
L   2001:DB8:1:1::1/128 [0/0]
     via GigabitEthernet0/0, receive
D   2001:DB8:1:2::/64 [90/2172416]
     via FE80::FF:FE00:2, Serial0/0/0
D   2001:DB8:1:3::/64 [90/2172416]
     via FE80::FF:FE00:3, Serial0/0/1
C   2001:DB8:1:4::/64 [0/0]
     via Serial0/0/1, directly connected
L   2001:DB8:1:4::1/128 [0/0]
     via Serial0/0/1, receive
C   2001:DB8:1:5::/64 [0/0]
     via Serial0/0/0, directly connected
L   2001:DB8:1:5::1/128 [0/0]
     via Serial0/0/0, receive
D   2001:DB8:1:6::/64 [90/2681856]
     via FE80::FF:FE00:3, Serial0/0/1
     via FE80::FF:FE00:2, Serial0/0/0
D   2001:DB8:1:7::/64 [90/2681856]
     via FE80::FF:FE00:3, Serial0/0/1
D   2001:DB8:1:8::/64 [90/2681856]
     via FE80::FF:FE00:2, Serial0/0/0
D   2001:DB8:1:33::/64 [90/2684416]
     via FE80::FF:FE00:3, Serial0/0/1
     via FE80::FF:FE00:2, Serial0/0/0
```

```
  L   FF00::/8 [0/0]
       via Null0, receive
```

[예 24-10] R1 라우터의 IPv6 EIGRP 경로

예의 중간에 강조된 부분은 IPv6 서브넷 3(2001:DB8:1:3::/64)으로 가는 한 경로를 보여준다. 각 경로는 최소한 두 줄로 표시되는데, 첫 번째 줄은 프리픽스/길이를 나타내고, 괄호 안은 AD(Administrative distance, 관리 거리)와 메트릭(유효 거리)을 나타낸다. 두 번째 줄은 경로의 방향 지시를 나타낸다.

라우터가 한 IPv6 프리픽스에 도달하기 위해 여러 경로를 가지고 있을 때, 출력 결과는 프리픽스가 표시된 한 줄과 각 경로에 관한 한 줄로 표시된다. 각 경로에 관한 줄은 방향 지시, 즉 네이버의 링크-로컬 주소와 원 라우터의 출구 인터페이스를 표시한다. 예 마지막의 강조된 부분은 서브넷 33에 관련된 예로, 두 개의 경로가 각각 다른 넥스트-홉의 주소와 출구 인터페이스를 가지고 있음을 보여준다.

IPv6 경로의 장애 처리로는 다시 한번 언급하자면, 장애 처리의 대부분은 네이버에 관한 질문으로부터 시작된다. IPv6 EIGRP의 잠재적인 문제를 생각하는 것은 OSPFv3 문제를 풀어가는 것과 같은 논리를 사용한다. 이전의 장에서의 논리를 반복하자면, 라우터가 특정 서브넷에 대해 경로를 가지고 있지 않을 때, 예를 들면 R1 라우터가 서브넷 33에 대해 전혀 경로를 가지고 있지 않을 때, 다음을 따라해보자.

단계 ① 라우터의 인터페이스들이 IPv6 프리픽스로 바로 연결되어 있는지 확인한다. 라우터는 IPv6 EIGRP가 서브넷을 광고하기 전에 IPv6 EIGRP가 활성화된 인터페이스를 가지고 있어야 한다.

단계 ② 해당 라우터와 IPv6 프리픽스 X에 연결된 인터페이스를 가진 모든 라우터들의 IPv6 EIGRP의 네이버 관계를 확인한다.

예를 들면 [그림 24-2]에서, R4 라우터의 G0/0 인터페이스에 **ipv6 eigrp 1** 명령어가 들어 있지 않다면, 모든 라우터가 정확한 IPv6 EIGRP 네이버 관계를 가지고 있어도, R4는 서브넷 33에 대해 광고하지 않을 것이다.

라우터가 경로를 가지고 있으나 잘못된 경로를 표시하고 있을 때, 다음 단계를 따른다.

단계 ① 해당 라우터에서 프리픽스 Y까지의 최적의 경로가 무엇이 되어야 하는지를 보며 네이버 관계가 잘못된 부분이 있는지 확인한다.

단계 ② 인터페이스의 대역폭과 지연 설정을 확인한다. 전체 경로에서의 최저의 대역폭에 특히 주의를 기울여야 하는데, 왜냐하면 EIGRP는 메트릭 계산에 빠른 대역폭을 무시하고 낮은(느린) 대역폭을 사용하기 때문이다.

챕터 리뷰

시험에서 좋은 성적을 거둘 수 있는 핵심은 복습 세션을 반복하여 학습하는 것이다. 이 장의 내용을 책, DVD, 책의 웹 사이트에서 찾을 수 있는 툴들을 이용해서 복습하도록 하고, '당신의 학습 계획'에 따라 더 세부 내용을 확인하도록 한다. [표 24-4]에는 핵심 복습 사항이 정리되어 있다. 공부 진행 상황을 더 잘 확인하기 위해서는, 아래 표의 두 번째 칸에 완료한 날짜에 관해 기록하도록 한다.

리뷰 사항	완료 날짜	사용 자료
핵심 주제 리뷰		책, DVD/웹 사이트
핵심 용어 리뷰		책, DVD/웹 사이트
DIKTA 문항 답변		책, PCPT
랩 실습		블로그
메모리 테이블 리뷰		책, DVD/웹 사이트
명령어 테이블 리뷰		책

[표 24-4] 리뷰 확인

핵심 주제 리뷰

Key Topic

핵심 주제	설명	쪽수
표 24-2	IPv4 EIGRP와 IPv6 EIGRP 명령어 비교	712
리스트	IPv4 EIGRP와 IPv6 EIGRP 개념의 차이	718
리스트	IPv6 EIGRP의 인터페이스에 관련하여 생길 수 있는 문제	720
표 24-3	IPv4 EIGRP와 IPv6 EIGRP에서의 네이버 관계 형성 시 요구 사항	721
리스트	IPv6 EIGRP 사용 시 경로가 없을 때의 고려 사항	726
리스트	IPv6 EIGRP 사용 시 차선의 경로가 사용될 때의 고려 사항	726~727

[표 24-5] 24장의 핵심 주제

핵심 용어

AS 번호(Autonomous System Number, ASN), IPv6 EIGRP, 최적 경로, 차선 경로

참조 명령어

[표 24-6]과 [표 24-7]은 이 장에서 사용된 설정과 검증에 관련한 명령어에 대한 내용이다. 손쉬운 복습 연습으로, 테이블 왼쪽을 가리고, 오른쪽을 읽으면서 명령어를 기억해본다. 그런 다음 오른쪽을 가리고, 명령어가 어떤 의미인지 상기하는 연습을 반복한다.

명령어	설명
ipv6 router eigrp *autonomous-system*	해당 AS 번호의 EIGRP 설정 모드로 이동하기 위한 글로벌 명령어
ipv6 eigrp *asn*	인터페이스에 IPv6 EIGRP를 활성화하기 위한 인터페이스 하위 명령어
maximum-paths *number-paths*	라우팅 테이블에 추가될 수 있는 동일 코스트를 가진, 경로의 최대 수를 정의하는 라우터 하위 명령어
variance *multiplier*	차선 경로의 메트릭 값이 최적 경로의 메트릭 값에 매우 가까워 동일하다고 판단할 수 있을 때 사용할 수 있는 EIGRP 지정 값을 정의하는 라우터 하위 명령어
bandwidth *bandwidth*	인터페이스 대역폭을 직접 설정할 수 있는 인터페이스 하위 명령어(Kbps)
delay *delay-value*	인터페이스 지연 값을 설정하는 인터페이스 하위 명령어(단위: 10마이크로초)
ipv6 hello-interval eigrp *as-number timer-value*	해당 EIGRP 프로세스의 헬로 간격을 설정하는 인터페이스 하위 명령어
ipv6 hold-time eigrp *as-number timer-value*	해당 인터페이스에서 EIGRP 홀드 시간을 설정하는 인터페이스 하위 명령어
eigrp router-id *router-id*	IPv6 EIGRP 라우터 ID를 정의하는 라우터 하위 명령어
[no] shutdown	IPv6 EIGRP 프로세스를 비활성화(shutdown) 또는 활성화(no shutdown) 하는 라우터 하위 명령어
passive-interface *type number*	인터페이스를 EIGRP에 대해 패시브 설정, 즉 EIGRP 프로세스에서 네이버가 해당 인터페이스를 알 수 있는 네이버 관계를 형성하지 않도록 하는 라우터 하위 명령어
passive-interface default	EIGRP의 기본 설정을 패시브 인터페이스로 변경하는 라우터 하위 명령어
no passive-interface *type number*	해당 인터페이스 또는 하위 인터페이스에서 EIGRP에 대해 패시브 설정을 하지 않도록 하는 라우터 하위 명령어

[표 24-6] 24장에서 다룬 설정 명령어

명령어	설명
show ipv6 eigrp interfaces	EIGRP가 활성화된 인터페이스를 인터페이스당 한줄씩 표시. 단 passive-interface 명령어가 설정된 인터페이스는 표시하지 않는다.
show ipv6 eigrp interfaces *type number*	EIGRP가 활성화된 인터페이스를 표시. 단 passive-interface 명령어가 설정된 인터페이스는 표시하지 않는다.
show ipv6 eigrp interfaces detail [*type number*]	모든 인터페이스 또는 기입된 인터페이스에 관한 상세 설정과 통계 정보를 표시(패시브 인터페이스 제외)한다.
show ipv6 protocols	각 라우팅 정보에 관한 간략한 정보를 표시한다. IPv6 EIGRP가 활성화된 인터페이스도 나타내며, 어떤 인터페이스가 패시브인지도 표시한다.
show ipv6 eigrp neighbors	EIGRP 네이버와 그 상태를 표시한다.
show ipv6 eigrp neighbors *type number*	지정한 인터페이스에서 도달가능한 EIGRP 네이버를 표시한다.
show ipv6 eigrp topology	EIGRP 토폴로지 테이블의 내용을 표시, 최적 경로와 차선 경로를 포함한다.
show ipv6 eigrp topology *prefix/length*	지정한 프리픽스에 관한 토폴로지 정보를 상세 사항을 표시한다.

명령어	설명
show ipv6 eigrp topology | section *prefix/length*	show ipv6 eigrp topology 명령어의 내용 중 지정한 프리픽스/길이에 관련된 부분을 표시한다.
show ipv6 route	모든 IPv6 경로를 표시한다.
show ipv6 route eigrp	IPv6 EIGRP로 얻은 경로를 표시한다.
show ipv6 route *prefix/length*	지정한 프리픽스/길이에 관한 경로의 상세 내용을 표시한다.
show ipv6 route | section *prefix*	show ip route 명령어의 결과 중 지정한 프리픽스에 관한 부분을 표시한다.

[표 24-7] 24장에서 다룬 **show** 명령어

CHAPTER 25

IPv6 ACL

이 장은 다음 시험 주제를 다룬다.

4.0 인프라스트럭처 서비스

4.4 트래픽 필터링을 위한 IPv4, IPv6 ACL의 설정, 검증, 장애 처리

4.4.a 표준 ACL

4.4.b 확장 ACL

4.4.c 명칭 ACL

IPv6 ACL(Access Control Lists)은 네트워크와 보안 관리자로 하여금 네트워크를 횡단하는 IPv6 연결을 제어할 수 있는 방법을 제공한다. IPv6 ACL은 전체 보안 전략 및 정책의 일부인, 진입 트래픽과 진출 트래픽의 보안을 강화할 수 있도록 한다. 그러므로 다양한 방어 기술 및 상호보완적인 보안 접근의 깊이 있는 방어 방식을 제공하는 계층화된 보안 모델의 구성 요소가 된다.

IPv6 ACL은 IPv4 ACL과 많은 부분에서 동일한 특징을 가지고 있으며, IPv4 ACL을 바로 IPv6 ACL로 변환할 수 있다. 이미 학습한 것처럼, IPv6는 IPv4와 유사하지만 그 동작에서 감지하기 힘든 차이를 보인다. IPv4에 관한 당신의 지식은 IPv6를 학습하는 데 필수적이고, 여기에서 IPv6에 대한 당신의 지식이 확립된다. IPv4와 IPv6 ACL에 미묘한 차이가 있다는 것은 사실이다. 각 IP 버전의 ACL은 패킷과 상위 계층의 정보를 IP 주소로 필터링할 수 있다. IPv6 ACL은 IPv6 헤더 값 및 다른 IPv6 패킷 속성을 기반으로 필터링할 수 있다.

IPv6 ACL은 다양한 이유와 목적을 위해 사용된다. 네트워크를 흐르는 트래픽을 필터링할 수도 있고, 관리 액세스 트래픽을 필터링할 수도 있다. 또한 QoS(Quality of Service) 정책을 만들 때 사용할 수도 있고, 라우팅 광고를 필터링하는 데도 사용할 수 있다. 그러나 이 장에서는, IPv6 ACL을 사용하여 라우터 인터페이스에서 출발하고 도착하는 IPv6 패킷을 필터링하는 것에 주목할 것이다.

이 장은 ICND1 책의 IPv6 정보와 이 책의 앞에서 다루어진 IPv6 장에 기반하고 있다. 이 장은 IPv6 ACL의 기본적인 개념을 포함해 표준 IPv6 ACL과 확장 IPv6 ACL에 대해 다룰 것이다.

QUIZ 사전 점검 퀴즈

사전 점검 퀴즈를 풀어보면 이 장을 읽고 이해하는 데 시간이 얼마나 걸릴 것인지 가늠할 수 있다. 정답은 퀴즈 다음 페이지 하단에 있으며, 퀴즈 정답에 대한 자세한 설명은 DVD 부록 C와 PCPT 소프트웨어에 담겨 있다.

핵심 주제	문항
IPv6 ACL 기초	1, 2
표준 IPv6 ACL 설정	3
확장 IPv6 ACL 설정	4
그 외의 IPv6 ACL 관련 주제	5

[표 25-1] 핵심 주제와 관련된 사전 점검 퀴즈 문항

1. IPv6 ACL은 다음 중 어떤 방법으로 설정하는가?

- **a.** ACL 번호 2300-2499를 사용하여
- **b.** ACL 번호 3000-3999를 사용하여
- **c.** 각 ACL에 별도로 정한 ACL 이름을 사용하여
- **d.** 라우터의 물리 인터페이스 상에 기술된 하위 인터페이스를 사용하여

2. IPv6 ACL에 대해 기술된 다음 보기 중 맞는 것은?

- **a.** 시스코 라우터 인터페이스에는 오직 하나의 IPv4 또는 IPv6 ACL을 한 방향에 대해서만 설정할 수 있다.
- **b.** 시스코 라우터 인터페이스에는 IPv4 또는 IPv6 ACL 중 하나만 적용할 수 있지만, 양방향에 대해 설정 가능하다.
- **c.** 시스코 라우터 인터페이스는 IPv4 및 IPv6 ACL을 둘 다 적용할 수 있으며, 한 인터페이스에 진입 방향과 진출 방향에 대해 다 설정 가능하다.
- **d.** 시스코 라우터 인터페이스는 IPv4 및 IPv6 ACL을 둘 다 적용할 수 있으나, 한 방향에 대해서만 설정할 수 있다.

3. 다음 보기의 IPv6 ACL 중 어떤 것이 인터넷을 출발지로 하고 64bit 프리픽스 길이를 가진 2001:0db8:1111:0001:0000:0000:0000:0000을 목적지로 한 IPv6 패킷을 허가하는가?

- **a.** **permit ipv6 any 2001:db8:1111:1::1**
- **b.** **permit ipv6 2001:db8:1111:1::/64 any**
- **c.** **permit ipv6 any 2001:db8:1111:1::1/128**
- **d.** **permit ipv6 any 2001:db8:1111:1::/64**

25

4. 다음 보기의 패킷 헤더 필드 중 어떤 것이 IPv6 확장 ACL을 사용하여 필터링할 수 있는 것인가?

a. TCP 출발 및 도착 포트 번호

b. ICMPv6 유형과 코드 값

c. IPv6 확장 헤더 번호

d. IPv6 플로 라벨 값

e. 위의 모든 보기

5. IPv6 ACL 마지막의 암묵적인 룰은 다음 중 어떤 패킷을 허가하는가?

a. 라우터 간청(RS, Router Solicitation)과 라우터 광고(RA, Router Advertisement) 메시지

b. 네이버 간청(NS, Neighbor Solicitation)과 네이버 광고(NA, Neighbor Advertisement) 메시지

c. LAN 인터페이스상의 모든 ICMPv6 메시지

d. LAN 인터페이스상의 모든 IPv6 멀티캐스트 메시지

핵심 주제

IPv6 ACL 기초

IPv6 ACL은 네트워크 엔지니어에게 IPv6 패킷을 필터링할 수 있는 방법을 제공한다. IPv6 패킷은 ACL 설정에 부합할 수 있으며, 이 경우 라우터의 인터페이스로 들어오거나 나갈 때 허가되거나 거부될 수 있다. IPv6 ACL은 IPv6 헤더의 여러 가지 필드 값 및 출발, 도착 IP 주소에 부합할 수 있다. IPv6 ACL은 다른 상위 계층 헤더의 매개 변수 및 확장 헤더, ICMPv6 패킷에 부합할 수 있다.

ACL의 종류과 사용 방법에는 여러 가지가 있다. ACL은 제어부 활동을 필터링하는 데 사용될 수 있으며, 라우팅 갱신의 필터링 및 라우터의 고유한 내부 제어부를 보호하는 데 사용될 수도 있다. ACL은 허가된 네트워크 관리자 시스템으로부터의 관리 프로토콜 접근만을 허용함으로써 관리부 패킷을 필터링하여 보안 설정 동작에 도움을 줄 수도 있다.

기존 ACL의 사용 방법은 이 장에서 다루게 되는 라우터의 전송부 인터페이스를 지나는 패킷을 허가하거나 거부하는 동작을 포함한다. ACL은 많은 다른 종류의 패킷을 필터링할 수 있으나, 이 장에서는 네트워크를 지나는 IPv6 패킷을 필터링할 때 어떻게 ACL이 사용되는지에 대해서만 다룬다. IPv6 ACL은 출발 지점에서 도착 지점으로 흐르는 특정 유형의 IPv6 패킷을 허가하거나 거부할 수 있다.

이 장의 첫 절에서는 IPv6 ACL에 대해, 그리고 IPv6 ACL이 라우터 인터페이스의 전송부에서 어떻게 IPv6 패킷을 필터링하는 데 사용되는지에 대해서 다룬다.

IPv4 ACL과 IPv6 ACL의 유사점과 차이점

이 시점에서 당신은 IPv4 ACL에 대해서는 익숙하지만 IPv6 ACL에 대해서는 막 배우기 시작했을 것이다. IPv6에 대해서 학습하면서, IPv6가 IPv4 프로토콜의 동작과 직접적인 기능상의 관계를 가지며 감지하기 힘든 차이점이 있다는 것을 알 수 있을 것이다. IPv4 ACL과 IPv6 ACL의 동작에도 유사점과 차이점이 있다. 다음은 IPv4와 IPv6가 비슷한 부분이다:

25

- 프로토콜 헤더 안의 출발 주소 또는 도착 주소에 부합
- 개별 호스트 주소 또는 서브넷/프리픽스에 부합
- 라우터 인터페이스에 직접(진입 방향과 진출 방향) 적용 가능
- TCP 또는 UDP의 출발/도착 포트 번호와 같은 트랜스포트 계층 프로토콜 정보를 부합시킬 수 있음.

사전 점검 퀴즈 정답

1 C **2** C **3** D **4** E **5** B

- 특정 ICMP 메시지 유형과 코드에 부합시킬 수 있음.
- 모든 남은 패킷에 부합하는 암묵적인 거부 항목을 가짐.
- 시간 기반 ACL의 시간 범위를 지원

물론 IPv4 ACL과 IPv6 ACL의 차이는 존재한다. IPv4 ACL은 IPv4 패킷만 부합시킬 수 있으며, IPv4 헤더의 특정 필드만을 찾아 부합시킨다. 유사하게, IPv6 ACL은 IPv6 주소 필드에 대해, 그리고 IPv6 헤더의 다른 필드에 대해 부합시킨다. 다음은 주요 차이를 정리한 것이다.

- IPv4 ACL은 오직 IPv4 패킷에만 적용되며 IPv6 ACL은 IPv6 패킷에만 적용된다.
- IPv4 ACL은 숫자 또는 이름으로 구분할 수 있으나, IPv6 ACL은 이름만을 사용한다.
- IPv4 ACL은 ACL이 표준 ACL인지 확장 ACL인지를 ACL 번호 범위 또는 **standard, extended** 키워드를 사용하여 구분할 수 있다. IPv6 ACL은 유사한 표준 ACL, 확장 ACL 개념을 가지고 있으나, 그 형식을 다른 설정 키워드로 구분하지는 않는다.
- IPv4 ACL은 IPv4 헤더 고유의 특정 값(옵션, 우선권(precedence), ToS TTL, 프레그먼트(fragment))을 부합시킬 수 있다.
- IPv6 ACL은 IPv6 헤더 고유의 특정 값(플로 라벨, DSCP) 및 확장, 옵션 헤더 값을 부합시킬 수 있다.
- IPv6 ACL은 ACL 마지막의 암묵적인 거부 직전에, 암묵적인 허가 상태를 각 ACL의 마지막에 가지고 있으나, IPv4 ACL은 암묵적인 허가 상태가 없다.

ACL의 장소와 방향

IPv6 ACL은 IPv4 ACL과 같이 특정 IP 버전 프로토콜을 사용하는 어떤 인터페이스에나 적용할 수 있으며, 해당 인터페이스의 진입 방향 및 진출 방향에 적용할 수 있다. 또한 라우터의 인터페이스가 IPv4 및 IPv6의 듀얼 프로토콜 모드로 작동하고 있을 때, 해당 인터페이스에는 진입 방향 및 진출 방향 모두 IPv4 ACL과 IPv6 ACL을 동시에 적용할 수 있다. IPv4 ACL은 IPv6 패킷에 대한 필터링 기능을 가지지 않고, IPv6 ACL도 IPv4 패킷에 영향을 미치지 않는다.

ACL이 네트워크의 가장자리에서 보안 필터링에 사용될 때보다 더 보안성이 높은 설정 방법은 신뢰할 수 없는 네트워크에 연결된 라우터 인터페이스에 적용한 인바운드(Inbound) ACL이다. 이것은 라우터로 하여금 패킷이 네트워크의 어느 부분으로 들어오든, 들어오는 패킷을 막는 포지션에 있게 한다. 보안성이 덜한 방법은 가장자리 라우터의 내부 인터페이스에 아웃바운드(Outbound) ACL을 적용하는 것이다. 이 경우, 라우터는 먼저 전달 경로를 계산하게 되고, 다음으로 패킷이 인터페이스로부터 출발하기 전에 ACL이 패킷을 막을 수 있게 된다. 신뢰할 수 있는 네트워크를 출발하는 패킷을 필터링하여, 신뢰할 수 없는 네트워크에 연결된 인터페이스의 진출 방향으로 ACL을 적용하는 것이 모범 사례이다. 이것은 IPv6 ACL에도 동일하게 적용할 수 있다.

IPv6 필터링 정책

어떤 패킷을 허가할지, 거부할지를 선택하는 것, 즉 필터링 정책은 IPv6 ACL을 만들 때의 어려운 부분이다. 선택된 필터링 정책을 설정하는 것은 쉽다.

많은 보안 전문가들은 고장 안전 상태, 즉 필터로는 허가된 것만 통과시키고 나머지는 전부 거부하는 개념에 동의한다. 다른 말로 하면 "허가되지 않은 것은 거부한다"는 것이다. 이것은 시스코 IOS ACL의 기본 설정 방법이고, IPv6 ACL 설정도 동일하다. 각 IPv6 ACL은 암묵적으로 마지막에 **deny ipv6 any any** 룰을 가지며, if-then-else 룰, 즉 상위 룰에 해당하지 않아 통과된 모든 패킷은 기본적으로 거부된다.

IPv6 필터를 만들기 시작할 때, 당신은 IPv4 정책을 바로 사용하지 않고 주소를 IPv6 주소로 바꾼 후 새 정책에 적용한다. 그러나 IPv4와 IPv6의 동작이 별도의 전송부에서 이루어지기 때문에, 단순하게 IPv4 주소를 IPv6 주소로 바꾼 후에 동작시킬 수는 없다. 초심자에게, 대부분의 경우 IPv4 네트워크는 완벽히 구축되어 있고, IPv6 네트워크는 구축이 시작되는 상태이다. 이 경우 새로운 IPv6 정책을 만들어 허가하려고 하는 서비스에만 적용하는 편이 더 현실적이다. IPv6 필터는 IPv6 구축이 진행됨에 따라 그 사이즈가 계속 커질 것이고, ACL의 허가 상태는 더 많이 필요하게 될 것이다.

IPv6 ACL을 만들고 정책을 필터링하는 다음 단계는 허가해야 할 IPv6 패킷의 종류를 결정하는 것이다. 이것은 필터링을 수행하는 라우터의 위치와 ACL이 적용되는 인터페이스의 성격에 따라 달라진다. 예를 들면, 인터넷에 연결된 라우터의 바깥쪽 인터페이스에 진입 방향으로 적용되는 ACL은 LAN 쪽 서버에 연결된 내부 데이터센터 라우터의 진입 방향으로 적용된 ACL과 매우 다르다.

ICMPv6 필터링 시 주의점

시험을 위해, 이 장은 IPv6 ACL을 어떻게 설정하고 검증하는지에 주로 초점을 맞추고 있다. 그러나 실제 네트워크에서 사용되는 더 많은 실용적인 팁에 대해 생각하는 것이 도움이 될 것이다.

허가되어야 할 트래픽만 확실하게 필터링하는 것, 그리고 모든 다른 트래픽을 필터링하는 것에 관한 접근은, 네트워크 엔지니어에게 라우터를 통과하는 프로토콜에 대한 완벽한 이해를 요구한다. IPv6에서 특정 유형의 ICMPv6 메시지는 IPv6 ACL에서 허가되어야 하며, 그렇지 않을 경우 ACL이 IPv6 패킷의 정상적인 동작을 막을 수 있다.

IPv4 ICMP에 관해서는 많은 네트워크 엔지니어들이 대부분의 ICMP 메시지를 습관처럼 필터링한다. 다른 여러 가지 공격이 IPv4 ICMP를 사용하기 때문에 그런 공격들에 대한 대체 방안은 메시지를 필터링하는 것이다. 이런 유혹들로 인해 ICMPv6 메시지도 동일하게 필터링하게 된다.

25

특정 ICMPv6 메시지는 IPv6 ACL에서 반드시 허가되어야 한다. 예를 들면, NDP(Neighbor Discovery Protocol)는 ICMPv6의 일부이다. 또한, 사용자 단말은 PMTUD(Path MTU Discovery)라는 기능을 사용하는데, 이것은 ICMP 메시지가 네트워크를 통과해야 사용할 수 있다(PMTUD 기능은 시작 단말과 도착 단말 사이에 흐르는 IPv6 패킷의 최대 길이를 발견하는 기능이다. 만약 단말이 더 큰 패킷을 보내면, IPv6 라우터는 그 패킷을 폐기한다). 그래서 PMTUD에서 사용되는 ICMPv6 메시지를 필터링하는 IPv6 ACL을 사용하는 것은 IPv6 네트워크에서 단말들이 통신하는 것을 방해할 수 있다.

그러므로 IPv6 네트워크를 구축할 때 특정 ICMPv6 메시지 유형을 라우터 인터페이스로 통과시키는 것은 종단 간의 연결을 위한 필수적인 과정이다. ICMPv6 유형과 코드, 기능을 이해하는 것은 IPv6 ACL을 만드는 데 유용하다. 앞으로의 참조를 위해 IANA(Internet Assigned Numbers Authority)의 ICMPv6 매개변수 목록을 소개한다.

```
http://www.iana.org/assignments/icmpv6-parameters/icmpv6-parameters.xhtml
```

다른 장소에서 허가되어야 할 IPv6와 ICMPv6 패킷 종류에 대한 가이드에 대해서는 IETF RFC 4890 '방화벽에서의 ICMPv6 필터링에 대한 권고'와 NIST SP(Special Publication) 800-119 'IPv6의 안전한 구축에 대한 가이드라인'을 참조하자. 이 문서들은 아래 URI에서 확인할 수 있으며, 현실 세계에서의 WAN 또는 LAN 인터페이스에서 허가/거부되어야 할 IPv6 패킷 유형에 대한 구축 방법을 제시한다.

```
https://www.ietf.org/rfc/rfc4890.txt
http://csrc.nist.gov/publications/nistpubs/800-119/sp800-119.pdf
```

IPv6 ACL의 기능

IPv6가 IPv4와 유사한 점이 많지만, IPv6 ACL을 설정하기 전에 반드시 이해해야 하는 프로토콜의 미세한 차이가 있다. IPv4와 IPv6의 LAN에서의 동작은 다르다. IPv4는 ARP(Address Resolution Protocol)와 LAN 브로드캐스트 패킷을 활용한다. IPv6는 NDP와 멀티캐스트 ICMPv6 메시지를 사용한다. IPv6 헤더는 플로 라벨과 같은 필드를 포함하며, 선택적인 패킷 헤더 기능을 위해 확장 헤더를 사용한다. 이것이 IPv4의 헤더 구조와 다른 점이다.

ACL이 패킷 헤더의 여러 요소와 부합하도록 설정되기 때문에, IPv6 ACL의 기능을 반드시 이해해야 한다. 다음은 IPv6 패킷에서 IOS 라우터의 IPv6 ACL이 부합시킬 수 있는 값이다.

- 트래픽 클래스(예: DSCP, 0~63)

- 플로 레이블(0~1048575)
- 확장 헤더 유형/번호를 가리키는 IPv6의 다음 헤더 필드
- 128비트 출발/도착 IPv6 주소
- 상위 계층 헤더 상세 사항: TCP 또는 UDP 포트 번호, SYN, ACK, FIN, PUSH, URG, RST 등의 TCP 플래그
- ICMPv6 유형 및 코드
- IPv6 확장 헤더 값 및 유형(특히 hop-by-hop 헤더, 라우팅 헤더, 프레그멘테이션 헤더, IPsec, 목적지 옵션)

IPv6 ACL 제한 사항

라우터 설정을 계획하고 디자인할 때 고려해야 하는 ACL의 제한 사항이 있다. 앞서 언급된 것처럼, IPv6가 활성화된 라우터에서의 설정에 영향을 미치는 IPv4와 IPv6의 미묘한 차이가 있다. 다음은 당신이 반드시 알아야 하고 필터링 정책을 만들 때 고려해야 하는 IPv6 ACL의 주요 제한 사항에 대한 내용이다.

터널링된 트래픽 부합

IPv6 네트워크는 IPv4 네트워크보다 많은 터널을 사용하는 경향을 보인다. IPv6 패킷이 IPv4 네트워크를 통해 전달되는 경우가 있다. 예를 들면, 이런 패킷들은 GRE(Generic Routing Encapsulation)를 통해 전달된다. 그러나 지금은 순수한 IPv6 연결은 아주 흔해져서 IPv4 네트워크의 바다 위에 존재하는 IPv6의 섬에 연결하기 위한 터널은 불필요하게 되었다. 그것과는 상관없이, IPv6 ACL은 IPv4 패킷에 터널링된 IPv6 패킷의 상세 사항을 필터링할 수 없다. 캡슐화되었거나 터널링된 트래픽에 대한 필터링의 한계는 언제나 ACL의 한계가 된다.

IPv4 와일드카드 마스크와 IPv6 프리픽스 길이

IPv4 ACL은 부합하는 IPv4 서브넷을 위한 와일드카드로 마스크를 사용한다. IPv4 ACL은 10.1.1.0/24 서브넷으로 가는 패킷을 부합시키기 위한 입력값을 다음과 같이 사용한다.

```
access-list 10 permit 10.1.1.0 0.0.0.255
```

25

그러나 이 IPv4 와일드카드 마스크 비트는 근접성을 가질 필요가 없다. IPv4 ACL이 근접하지 않은 와일드카드 마스크를 사용하여 IPv4 출발지 주소 또는 목적지 주소를 부합시키는 것은 가능하나 흔하지는 않다.

IPv6에서는 프리픽스 길이 숫자 값, 즉 인접한 프리픽스 마스크 비트를 가리키는 숫자로 구성된 IPv6 ACL을 만들게 된다. IPv6 ACL에서 프리픽스 길이 숫자는 IPv6 주소 프리픽스에 부합하는 인접한 비트의 숫자를 나타낸다. 이 문법은 사선 표시를 사용하는데, 사선 뒤 숫자는

프리픽스 길이의 비트 수를 가리킨다. 그러므로 IPv6 주소 프리픽스를 부합시킬 수는 있지만 IPv6 ACL과 인접하지 않은 마스크를 사용할 수는 없다. 게다가 /48, /52, /56, /60, /64와 같이 4로 나눌 수 있는 프리픽스 길이를 가지는 것이 일반적이며, 16진수 바운더리로 시작하지 않는 프리픽스 길이를 가지는 경우는 드물다.

ACL 로깅

과도한 로깅이 라우터 성능에 부정적인 영향을 미친다는 것은 기억해야 할 중요한 사항이다. 라우터의 CPU는 로그가 생성될 때 관여하게 된다. 그렇기 때문에 **log** 매개 변수를 사용하며 초당 부합하는 패킷이 많은 모든 ACL은 라우터의 CPU 리소스를 사용할 수 있다.

이 장에서의 IPv6 ACL 예는 **log** 키워드를 사용한다. 이것은 데모용 목적으로만 사용되며, IPv6 패킷이 특정 IPv6 ACL에 부합하는지 확인하기 위해 사용된다. ACL이 생성되고 테스트될 때는 유용한 방법이지만, 실제로 ACL 로깅이 지속적으로 사용되는 것은 바람직하지 못할 수 있다.

IPv6 ACL에서는 ACL에 첫 번째 패킷이 부합할 때 로그 메시지가 생성된다. 그 다음의 ACL은 5분 간격으로 부합할 때에 로그가 생성된다. 이것은 CPU로의 영향을 줄이는 데 도움을 주지만, 그럼에도 불구하고 인식하고 있어야 하는 부분이다.

라우터가 생성하는 패킷

IPv4 ACL과 같이 IPv6 ACL도 전송부의 라우터 인터페이스를 통과하는 패킷을 부합시켜 허가하거나 거부하는 기능을 한다. 그러나 라우터에서 생성된 트래픽을 부합시키는 ACL에는 제한이 있다. 진입 방향으로 적용된 인터페이스의 IPv6 ACL과 IPv4 ACL은 라우터에 패킷이 들어오는 것을 막는다. 그러나 아웃바운드 ACL은 라우터가 생성하는 패킷을 부합시키지 않는다.

> **NOTE** 라우터가 생성하는 패킷이 아웃바운드 ACL을 우회하는 것은 17장 '고급 IPv4 ACL'의 '라우터 생성 패킷과 ACL의 상호 작용' 절과 동일한 개념이다.

표준 IPv6 ACL 설정

이 절은 IPv6 ACL을 어떻게 만들고 테스트하는지에 대한 간단한 예를 보여준다. 이 설정의 데모는 IPv6가 설정된 두 라우터와 각 라우터의 LAN 세그먼트에 연결되어 있는 두 개의 단말로 구성된 네트워크 토폴로지를 사용할 것이다. [그림 25-1]은 이 장의 다음에 나오는 구성 예에 사용될 것이며, 예를 읽으면서 다시 이 토폴로지를 참조하게 될 것이다.

당신이 가장 먼저 학습해야 할 부분은 IPv4 ACL과 IPv6 ACL에 문법 차이가 있다는 것으로,

IPv6는 번호가 붙은 ACL을 사용하지 않는다. 모든 IPv6 ACL은 이름을 가진다. 명칭 ACL은 ACL의 의도된 목적에 따라 당신이 기억할 수 있는 이름을 사용할 수 있도록 한다. IPv6 ACL을 생성할 때, 먼저 첫 번째 명령어로 ACL의 이름을 입력한다. 첫 번째 명령어와 ACL 이름을 입력한 후, 액세스 제어 항목(ACE, Access Control Entries)을 생성하게 된다. [예 25-1]에서 ACL 생성 시의 문법에 대해 볼 수 있다.

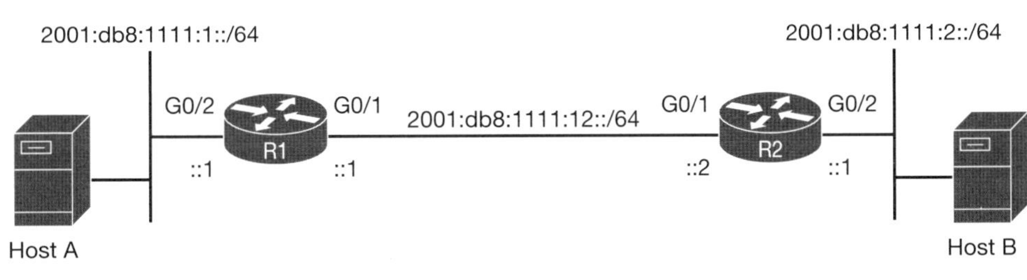

[그림 25-1] IPv6 ACL 네트워크 토폴로지 예

```
R1# configure terminal
R1(config)# ipv6 access-list ?
  WORD         User selected string identifying this access list
  log-update   Control access list log updates

R1(config)# ipv6 access-list V6_ACL_IN
R1(config-ipv6-acl)# ?
IPv6 Access List configuration commands:
  default    Set a command to its defaults
  deny       Specify packets to reject
  evaluate   Evaluate an access list
  exit       Exit from access-list configuration mode
  no         Negate a command or set its defaults
  permit     Specify packets to forward
  remark     Access list entry comment
  sequence   Sequence number for this entry
```

[예 25-1] 간단한 ACL의 설정

[예 25-1]은 V6_ACL_IN이라는 이름을 가진 IPv6 ACL을 만드는 것을 보여준다. ?가 ACL 설정 프롬프트에 입력되었을 때, 라우터는 ACL에서 설정가능한 모든 명령어들을 보여준다. **permit**과 **deny** 명령어가 제일 많이 사용되며, ACL에 관한 내용을 기술할 때에는 **remark** 명령어를 사용할 수도 있다. **sequence** 명령어는 ACL 항목을 생성하거나 편집할 때 특정 숫자를 사용하게 되며, ACL 필터링은 낮은 순의 일련 번호에서부터 높은 순의 일련 번호로 실행된다. **no** 명령어는 특정 ACL 항목을 삭제할 때 사용된다.

다음은 표준 IPv6 ACL의 **permit**과 **deny** 상태에 관한 문법이다. IPv6는 표준 ACL과 확장

ACL을 다 지원하나 설정이 구분되지는 않는다. IPv6 표준 ACL은 출발 IPv6 주소와 도착 IPv6 주소 필드를 부합시키며, IPv6 패킷의 다른 부분은 다루지 않는다.

[**permit** | **deny**] **ipv6** {source-ipv6-prefix/prefix-length | **any** | host source-ipv6-address} {destination-ipv6-prefix/prefix-length | **any** | **host** destination-ipv6-address} [**log**]

IPv6 ACL에서의 **permit**과 **deny** 명령어는 IPv4 명칭 ACL의 **permit**과 **deny** 명령어와 매우 유사한 개념을 가지지만, 조금 다른 점도 있다. 일반적인 IPv6 **permit** 명령어에서 당신은 아래와 같은 사항을 확인할 수 있다.

- **IPv6** 매개 변수는 프로토콜 키워드의 한 예로, ACL이 모든 IPv6 패킷에 부합한다는 것을 의미한다. 다른 옵션은 IPv6 패킷의 서브셋에 부합하며, **tcp**, **udp**, **icmp**를 포함한다. 이 키워드들은 IPv4 ACL에서 사용되는 **ip**, **tcp**, **udp**, **icmp** 키워드와 동일하다.
- IPv6 프리픽스로 정의되는 프리픽스 길이를 가진 출발 IP 주소와 도착 IP 주소의 필드는 IPv4 ACL의 IPv4 주소 범위를 정의하는 통합된 서브넷과 와일드카드 마스크 필드와 유사하다.
- **operator port-number** 매개 변수는 TCP 및 UDP 포트 번호와 같은 부합 항목을 가리키며(예를 들면, **eq 80**은 HTTP의 포트와 부합한다), IPv4에서 사용되는 매개 변수 키워드 및 값과 많은 부분이 동일하다.
- **host** *address* 값(출발지 및 목적지)은 특정한 IPv6 주소와 부합하며, IPv4 ACL에서 사용되는 **host** *address* 값과 유사하다.

[예 25-2]에서는 [예 25-1]에서 V6_ACL_IN이라는 이름의 IPv6 ACL이 생성된 것에 이어, ACL 항목을 생성한다. 이 ACL은 하나의 **permit** 상태를 가지며, 모든 IPv6 노드에서 호스트 B(2001:db8:1111:2::/64)를 포함하는 R2의 LAN으로 IPv6 패킷을 보낼 수 있도록 허가한다. 다른 모든 IPv6 패킷은 이 ACL에서 암묵적으로 거부된다. ACL이 한번 생성되면, 이 ACL은 IPv6가 활성화된 인터페이스에 특정 방향으로 적용된다.

```
R1(config-ipv6-acl)# permit ipv6 any 2001:db8:1111:2::/64
R1(config-ipv6-acl)# interface GigabitEthernet 0/2
R1(config-if)# ipv6 traffic-filter V6_ACL_IN in
```

[예 25-2] 간단한 ACL

IPv6 ACL은 특정 방향으로 라우터 인터페이스에 ACL을 적용하기 위해 **ipv6 traffic-filter** 명령어를 사용한다. 이것은 IPv4 ACL에서 라우터 인터페이스에 IPv4 ACL을 적용할 때 사용되는 유명한 **ip access-group** 명령어와는 다른 문법을 사용한다.

이제 IPv6 ACL이 잘 생성되었고 인터페이스에 잘 적용되었는지 검증할 수 있을 것이다. [예

25-3]에서는 **show** 명령어로 설정이 잘 적용되었는지를 볼 수 있다.

```
R1# show running-config
Building configuration...
! 간략화를 위한 라인 생략
hostname R1
! 간략화를 위한 라인 생략
interface GigabitEthernet0/2
 ipv6 address 2001:DB8:1111:1::1/64
 ipv6 traffic-filter V6_ACL_IN in
! 간략화를 위한 라인 생략
ipv6 access-list V6_ACL_IN
 permit ipv6 any 2001:DB8:1111:2::/64
! 간략화를 위한 라인 생략

R1# show ipv6 interface GigabitEthernet 0/2
GigabitEthernet0/2 is up, line protocol is up
  IPv6 is enabled, link-local address is FE80::F816:3EFF:FEC0:21D
  No Virtual link-local address(es):
  Global unicast address(es):
    2001:DB8:1111:1::1, subnet is 2001:DB8:1111:1::/64
! 간략화를 위한 라인 생략
  Input features: Access List
  Inbound access list V6_ACL_IN
! 간략화를 위한 라인 생략

R1# show ipv6 interface | include line|list
GigabitEthernet0/1 is up, line protocol is up
GigabitEthernet0/2 is up, line protocol is up
  Inbound access list V6_ACL_IN

R1# show ipv6 access-list
IPv6 access list V6_ACL_IN
    permit ipv6 any 2001:DB8:1111:2::/64 sequence 10
```

[예 25-3] 간단한 ACL 설정의 확인

25

[예 25-3]의 명령어 출력 결과는 글로벌 설정과 IPv6 ACL이 진입 방향으로 G0/2에 적용되었다는 것을 보여준다. 라우터의 인터페이스는 사용가능한 상태이고 ACL은 **permit** 항목을 하나 가지고 있다.

다음 단계는 ACL을 통해 IPv6 트래픽이 통과하는지를 시험하는 것이다. 간단한 **ping6** 명령어를 호스트 A에서 B로 사용해서 패킷이 허가되었는지를 확인할 것이다. [예 25-4]는 호스트 A에서 성공적으로 **ping6** 명령어를 실행했음을 보여주는 출력 결과이다.

세 개의 ICMPv6 에코 요청 메시지가 송신되었고, 성공적으로 수신되어 세 개의 ICMPv6 에코 회신 메시지가 돌아왔다. 다음 단계는 R1의 IPv6 ACL을 확인하고 한 개의 ACL permit 항목에 얼마나 많은 패킷이 부합되었는지를 보는 것이다. [예 25-5]는 IPv6 ACL과 세 패킷이 이 ACL 항목에 부합되었음을 보여준다.

```
cisco@HostA:~$ ping6 2001:db8:1111:2:f816:3eff:fe9a:c89f
PING 2001:db8:1111:2:f816:3eff:fe9a:c89f(2001:db8:1111:2:f816:3eff:fe9a:c89f) 56 data bytes
64 bytes from 2001:db8:1111:2:f816:3eff:fe9a:c89f: icmp_seq=1 ttl=62 time=8.63 ms
64 bytes from 2001:db8:1111:2:f816:3eff:fe9a:c89f: icmp_seq=2 ttl=62 time=8.71 ms
64 bytes from 2001:db8:1111:2:f816:3eff:fe9a:c89f: icmp_seq=3 ttl=62 time=6.25 ms
^C
--- 2001:db8:1111:2:f816:3eff:fe9a:c89f ping statistics ---
3 packets transmitted, 3 received, 0% packet loss, time 2003ms
rtt min/avg/max/mdev = 6.257/7.869/8.712/1.142 ms
cisco@HostA:~$
```

[예 25-4] ping 명령어를 통한 ACL에 의해 허가된 패킷의 확인

```
R1# show ipv6 access-list
IPv6 access list V6_ACL_IN
    permit ipv6 any 2001:DB8:1111:2::/64 (3 matches) sequence 10
R1#
```

[예 25-5] ACL에 부합된 패킷의 수 확인

IPv6 ACL 트래픽 카운터를 지우려면, 아래의 명령어를 사용한다.

```
clear access-list counters V6_ACL_IN
```

확장 IPv6 ACL의 설정

이전의 절에서는 표준 IPv6 ACL의 단순화된 문법에 대해 다루었다. 이 절에서는 확장 IPv6 ACL이 부합시킬 수 있는 추가적인 종류의 패킷과 ACL 설정의 문법에 대해 복습한다. 확장 IPv6 ACL은 ICMPv6 메시지, TCP 및 UDP 포트 번호 및 IPv6 확장 헤더와 같은 다른 IPv6 헤더 항목 등의 더 많은 IPv6 헤더 필드를 부합시킬 수 있다. 다음은 IPv6 ACL 항목의 완전한 문법이다.

[**permit** | **deny**] *protocol* {*source-ipv6-prefix*/*prefix-length* | **any** | **host** *source-ipv6-address*} [*operator* [*port-number*]] {*destination-ipv6-prefix*/*prefix-length* | **any** | **host** *destination-ipv6-*

address} [*operator* [*port-number*]] [**dest-option-type** [*doh-number* | *doh-type*]] [**dscp** *value*] [**flow-label** *value*] [**fragments**] [**log**] [**log-input**] [**mobility**] [**mobility-type** [*mh-number* | *mh-type*]] [**reflect** *name* [**timeout** *value*]] [**routing**] [*routing-type routing-number*] [**sequence** *value*] [**time-range** *name*]

> **NOTE** 앞으로의 몇 장에서 많은 옵션을 볼 수 있는 IPv6 ACL 문법의 상세 사항에 대해 다룰 것이다. [그림 25-2]에서는 몇 가지 핵심 값으로 복잡성을 줄이고 IPv4 ACL과 비슷하게 사용할 수 있도록 하여, 시험을 준비하는 데 보다 유용하게 활용할 수 있도록 할 것이다.

permit과 **deny** 명령어는 확장 IPv6 ACL의 문법을 보여준다. IPv6에서는 표준 ACL과 확장 ACL의 차이가 매우 작다. 표준 ACL인지 확장 ACL인지를 구분하는 키워드도 없다. 대신, 확장 IPv6 ACL은 출발 및 도착 IPv6 주소 필드를 더 사용할 뿐이다.

IPv6 확장 ACL은 IPv6 헤더의 많은 값을 부합시킬 수 있다. IPv6 ACL은 QoS 마킹을 위한 DSCP 값, 플로 라벨, 출발 IPv6 주소 및 도착 IPv6 주소를 부합시킬 수 있으며, 상위 계층 프로토콜 정보를 부합시킬 수도 있다. IPv6 헤더 안의 next-header 값은 IPv6 헤더 뒤에 연결된 헤더 유형의 수를 가리킨다. 대부분의 경우에 이것은 TCP 또는 UDP 헤더가 되며, 프로토콜 값에는 각각 **tcp** 또는 **udp**가 들어간다. 또한 ICMPv6 패킷이 될 수도 있고, IPv6 헤더와 상위 계층 헤더에 추가된 확장 헤더일 수도 있다. IPv6 확장 ACL은 도착 옵션 헤더, 프래그먼테이션(fragmentation) 헤더, 라우팅 헤더, MIPv6(Mobile IPv6) 헤더를 부합시킬 수 있다(IPv6 확장 헤더 유형에 대해 더 알아보려면 IETF RFC 2460을 참조하기 바란다).

IPv6 ACL은 IPv6 패킷 부합뿐만 아니라, ICMPv6 패킷도 부합시킨다. ICMPv6 패킷은 ICMPv6 헤더를 포함하고 있는 IPv6 패킷이다. IPv6 ACL 항목에 **icmp**라는 프로토콜 키워드를 명시함으로써, ICMPv6 헤더를 가진 IPv6 패킷을 부합시키게 된다. **icmp** 키워드를 사용하는 것은 ICMPv6 패킷의 많은 필터링 옵션을 활성화시킨다. ICMPv6 메시지 헤더에 부합하는 IPv6 ACL 항목에 관해서는 아래 문법에서 어떻게 ACL 항목을 설정하는지를 정의한다.

[**permit** | **deny**] **icmp** { *source-ipv6-prefix/prefix-length* | **any** | **host** *source-ipv6- address* | **auth** } [*operator* [*port-number*]] { *destination-ipv6-prefix/prefix-length* | *any* | *host destination-ipv6-address* | **auth** } [*operator* [*port-number*]] [*icmptype* [*icmp-code*] | *icmp-message*] [**dest-option-type** [*doh-number* | *doh-type*]] [*dscp value*] [**flow-label** *value*] [**fragments**] [**hbh**] [**log**] [**log-input**] [**mobility**] [**mobility-type** [*mh-number* | *mh-type*]

ICMPv6 ACL은 출발 및 도착 IPv6 주소를 부합시킬 뿐만 아니라, ICMPv6 유형과 코드 값도 부합시킨다. 또한 IPv6 확장 ACL에서처럼 다른 많은 종류의 IPv6 확장 헤더도 부합시킬 수 있다.

출발/도착 포트 번호를 포함하는 TCP 헤더 값을 부합시키는 IPv6 ACL 생성도 가능하다. 자주 사용되지는 않지만, ACK, FIN, PSH, RST, SYN, URG와 같은 TCP 플래그를 매치시키는

ACL 생성도 가능하다. TCP IPv6 ACL은 다른 IPv6 확장 헤더 값도 부합시킬 수 있다. 이하의 문법은 **tcp** 값을 사용하는 IPv6 ACL로, TCP 패킷을 허가하거나 거부하는 ACL이다.

[**permit** | **deny**] **tcp** { *source-ipv6-prefix/prefix-length* | **any** | **host** *source-ipv6-address* | **auth** } [*operator* [*port-number*]] { *destination-ipv6-prefix/prefix-length* | **any** | **host** *destination-ipv6-address* | **auth** } [*operator* [*port-number*]] [**ack**] [**dest-option-type** [*doh-number* | *doh-type*]] [**dscp** *value*] [**established**] [**fin**] [**flow-label** *value*] [**fragments**] [**hbh**] [**log**] [**log-input**] [**mobility**] [**mobility-type** [*mh-number* | *mh-type*]] [**neq** { *port* | *protocol* }] [**psh**] [**range** { *port* | *protocol* }] [**reflect** *name* [**timeout** *value*]] [**routing**] [**routing-type** *routing-number*] [**rst**] [**sequence** *value*] [**syn**] [**time-range** *name*] [**urg**]

IPv6 ACL은 UDP 패킷을 부합시킬 수도 있다. UDP 패킷은 TCP 패킷에서 사용되는 플로 제어 플래그를 가지고 있지 않기 때문에 ACL 문법은 더 간단하다. 그러나 UDP IPv6 ACL도 IPv6 확장 헤더값을 부합시킬 수 있다. udp 프로토콜 값이 IPv6 ACL에서 사용되는 경우, 이하의 문법이 UDP 패킷을 허가하거나 거부하는 IPv6 ACL을 생성하는 데에 사용된다:

[**permit** | **deny**] **udp** { *source-ipv6-prefix/prefix-length* | **any** | **host** *source-ipv6-address* | **auth** } [*operator* [*port-number*]] { *destination-ipv6-prefix/prefixlength* | **any** | **host** *destination-ipv6-address* | **auth** } [*operator* [*port-number*]] [**dest-option-type** [*doh-number* | *doh-type*]] [**dscp** *value*] [**flow-label** *value*] [**fragments**] [**hbh**] [**log**] [**log-input**] [**mobility**] [*mobility-type* [*mh-number* | *mh-type*]] [**neq** { *port* | *protocol* }] [**range** { *port* | *protocol* }] [**reflect** *name* [**timeout** *value*]] [**routing**] [**routing-type** *routing-number*] [**sequence** *value*] [**time-range** *name*]

포트 번호를 기반으로 TCP 패킷이나 UDP 패킷을 허가 또는 거부하는 IPv6 ACL을 만들 때, IPv6 패킷은 IPv4 패킷과 동일한 포트 번호를 사용한다. 다시 말하면, TCP 도착 포트 23번을 사용하는 telnet 서비스를 거부하기 위한 IPv6 ACL은 IPv4 ACL에서 동일한 기능을 하는 같은 포트 번호를 사용한다. 17장의 [표 17-3]에서 많이 사용되는 TCP 및 UDP 포트 번호를 확인할 수 있다.

명령어	포트 부합
permit tcp...	[eq | gt | lt | neq {port | protocol}] [range {port | protocol}]
명령어	**포트 부합**
permit udp...	[eq | gt | lt | neq {port | protocol}] [range {port | protocol}]
명령어	**ICMP 메시지 유형**
permit icmp...	[icmp-type [icmp-code] | icmp-message]

[그림 25-2] 확장 IPv6 ACL의 ICMP, TCP, UDP 부합 필드

[그림 25-2]는 **tcp**, **udp**, **icmp** 키워드를 사용할 때, IPv6 확장 ACL **permit**과 **deny** 명령어에 관련된 많이 사용되는 부합 옵션을 나타낸 것이다. **ipv6** 프로토콜 키워드를 사용하는 경우 **permit** 또는 **deny** 명령어는 IPv6 패킷의 서브셋을 부합시킨다. 예를 들면, **tcp** 키워드를 사

용하는 것은 TCP 헤더를 가진 모든 IPv6 패킷을 부합시킨다. 또한 IPv4 ACL에서와 같이, TCP 포트 번호를 부합시키기 위해서는 **permit** 또는 **deny** 명령어 안에 **tcp** 키워드를 반드시 사용해야 한다. 동일하게 UDP 포트 번호를 부합시키기 위해서는 **udp** 키워드를 사용한 명령어를 써야 하며, ICMP 메시지 유형은 **icmp** 키워드를 사용해야 한다.

확장 IPv6 ACL의 예

확장 IPv6 ACL의 설정은 표준 IPv6 ACL의 설정과 유사하지만, ACL 문법은 좀더 복잡하고, 더 많은 종류의 패킷을 매치시킬 수 있다.

이 예는 이전의 표준 IPv6 ACL에서의 예와 동일한 네트워크 토폴로지를 사용할 것이며, [그림 25-3]에서 다시 볼 수 있다. [예 25-6]은 R2의 G0/1 인터페이스로 들어오는 패킷을 필터링하는 IPv6 ACL을 생성하는 데모이다. [예 25-6]은 IPv6 확장 ACL이 다음과 같이 동작하고 있음을 보여준다.

- TCP 포트 51234번을 사용하는 커스텀 애플리케이션 허가
- TCP 포트 22번을 사용하는 SSH 허가
- ICMPv6 에코 요청 패킷 허가

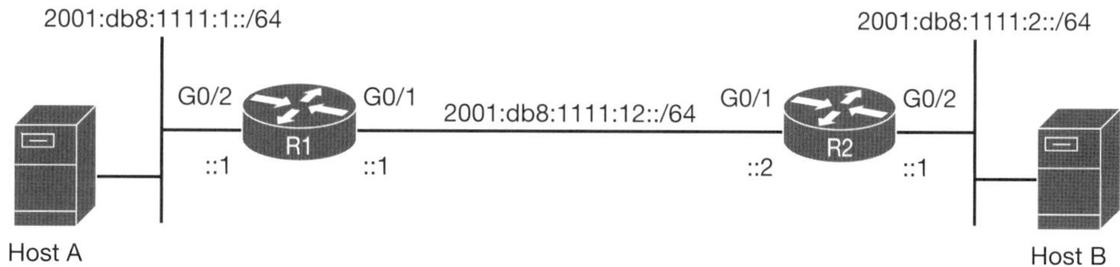

[그림 25-3] IPv6 ACL 네트워크 토폴로지 예

```
R2# configure terminal
Enter configuration commands, one per line.  End with CNTL/Z.
R2(config)# ipv6 access-list V6_APPS_ACL
R2(config-ipv6-acl)# permit tcp 2001:db8:1111:1::/64 2001:db8:1111:2::/64 eq 51234 log
R2(config-ipv6-acl)# permit tcp 2001:db8:1111:1::/64 2001:db8:1111:2::/64 eq 22 log
R2(config-ipv6-acl)# permit icmp 2001:db8:1111:1::/64 2001:db8:1111:2::/64
  echo-request log
R2(config-ipv6-acl)# interface GigabitEthernet0/1
R2(config-if)# ipv6 traffic-filter V6_APPS_ACL in
R2(config-if)# end
R2# show ipv6 access-list
IPv6 access list V6_APPS_ACL
    permit tcp 2001:DB8:1111:1::/64 2001:DB8:1111:2::/64 eq 51234 log
    sequence 10
    permit tcp 2001:DB8:1111:1::/64 2001:DB8:1111:2::/64 eq 22 log
    sequence 20
```

25

```
    permit icmp 2001:DB8:1111:1::/64 2001:DB8:1111:2::/64 echo-request
    log sequence 30
R2# show ipv6 interface | include line|list
GigabitEthernet0/1 is up, line protocol is up
  Inbound access list V6_APPS_ACL
GigabitEthernet0/2 is up, line protocol is up
R2#
```

[예 25-6] 확장 ACL 설정

V6_APPS_ACL이라는 이름의 IPv6 ACL 설정은 ACL과 그 이름을 생성하는 것에서부터 시작하며, 두 개의 TCP 애플리케이션을 위한 **permit** 구문 두 개와 ICMP 에코 요청 **permit** 구문 설정으로 이어진다. 그리고 ACL은 특정한 R2 라우터 인터페이스에 진입 방향으로 적용된다. 여기에서는 ACL이 G0/1 인터페이스에 진입 방향으로 적용된 것을 볼 수 있다.

다음 단계는 이 두 특정 TCP 애플리케이션을 사용하여 단말 A에서 단말 B로 가는 트래픽을 만들어 IPv6 ACL을 테스트하는 것이다. 그 다음 단계는 단말 A에서 단말 B로 IPv6 ping을 실행하여 이 ACL에 의해 ICMPv6 에코 요청이 허가되었는지, 그리고 ICMPv6 에코 회신 메시지가 돌아오는지 테스트하는 것이다. 두 TCP 연결은 성공적으로 맺어졌다. 호스트 간의 이 연결이 생성된 이후에 R2 라우터에서 [예 25-7]의 출력 결과를 볼 수 있었으며, 처음에는 로그 메시지로, 그리고 **show ipv6 access-lists** 명령어로 확인할 수 있다.

```
*Mar  6 21:59:12.230: %IPV6_ACL-6-ACCESSLOGP: list V6_APPS_ACL/10 permitted tcp
  2001:DB8:1111:1:F816:3EFF:FEF6:7296(52239) -> 2001:DB8:1111:2:F816:3EFF:FEE1:
  5CF5(51234), 1 packet
*Mar  6 21:59:16.069: %IPV6_ACL-6-ACCESSLOGP: list V6_APPS_ACL/10 permitted tcp
  2001:DB8:1111:1:F816:3EFF:FEF6:7296(52240) -> 2001:DB8:1111:2:F816:3EFF:FEE1:
  5CF5(51234), 1 packet
*Mar  6 21:59:17.798: %IPV6_ACL-6-ACCESSLOGP: list V6_APPS_ACL/10 permitted tcp
  2001:DB8:1111:1:F816:3EFF:FEF6:7296(52241) -> 2001:DB8:1111:2:F816:3EFF:FEE1:
  5CF5(51234), 1 packet
*Mar  6 21:59:49.769: %IPV6_ACL-6-ACCESSLOGP: list V6_APPS_ACL/20 permitted tcp
  2001:DB8:1111:1:F816:3EFF:FEF6:7296(57199) -> 2001:DB8:1111:2:F816:3EFF:FEE1:
  5CF5(22), 1 packet
*Mar  6 22:13:07.326: %IPV6_ACL-6-ACCESSLOGDP: list V6_APPS_ACL/40 permitted icmpv6
  2001:DB8:1111:1:F816:3EFF:FEF6:7296 -> 2001:DB8:1111:2:F816:3EFF:FEE1:5CF5 (128/0),
  1 packet
R2# show ipv6 access-list
IPv6 access list V6_APPS_ACL
    permit tcp 2001:DB8:1111:1::/64 2001:DB8:1111:2::/64 eq 51234 log (15 matches)
      sequence 10
    permit tcp 2001:DB8:1111:1::/64 2001:DB8:1111:2::/64 eq 22 log (34 matches)
      sequence 20
```

```
    permit icmp 2001:DB8:1111:1::/64 2001:DB8:1111:2::/64 echo-request log (3 matches)
      sequence 30
R2#
```

[예 25-7] 확장 ACL의 카운터 확인

IPv6 확장 ACL의 두 항목이 **log** 키워드를 사용하기 때문에, R2에서는 TCP 포트 51234번과 22번, ping으로 이루어진 트래픽을 콘솔 레벨의 로깅으로 확인할 수 있다. IPv6 ACL을 R2에서 확인할 때, 로그 메시지와 **show** 명령어 카운터는 세 개의 모든 ACL 항목에 부합한 패킷이 있음을 보여준다. 그러므로 이 확장 IPv6 ACL은 기대한 대로 동작하고 있다고 볼 수 있다.

IPv6 ACL 명령어 설정 연습

이 절에서는 **ipv6 access-list permit** 또는 **deny** ACL 항목의 문법에 익숙해지도록, 정확하게 부합하는 로직을 골라 연습한다. 먼저 아래의 항목들은 **ipv6 access-list permit** 또는 **deny** ACL 항목에 부합하는 매개 변수 선택을 고려할 때의 몇 가지 중요한 팁에 대해 요약하고 있다.

- 특정 주소에 부합시키려면, **host** 키워드 뒤에 그 주소를 적는다.
- 모든 주소를 부합시키려면, **any** 키워드를 사용한다.
- IPv6 프리픽스만을 기준으로 하여 부합시키려면, '슬래쉬' 표시를 사용하여 프리픽스 길이에 비트 숫자를 지정한다. 예를 들면, /64 프리픽스 길이는 128비트 IPv6 주소의 앞쪽 64비트를 부합시키며, 그 주소의 뒤쪽 64비트는 인터페이스 아이디(IID, Interface Identifier)를 의미한다.

[표 25-2]는 몇 가지 연습 문제의 조건에 대해 서술한 것이다. 당신의 과제는 특정 패킷에 부합하는 한줄의 표준 ACL을 만드는 것이다. 정답은 이 장의 마지막 절인 '이전 연습 문제의 정답'에 실려 있다.

문제	조건
1	어떤 주소에서부터 2001:db8:45::/48 프리픽스로 가는 IPv6 패킷을 허가하라.
2	2001:db8:1:1::234에서 IPv6 네트워크 2001:db8:1111:1111::/64로 가는 IPv6 패킷을 허가하고 로그를 남겨라.
3	IPv6 주소 2001:db8:12:34::100을 가진 웹 서버로 가는 HTTP 패킷을 허가하라.
4	2001:db8:11:22::1에서 2001:db8:33:44::1로 가는 HTTPS 패킷을 허가하고 로그를 남겨라.
5	IPv6 주소 2001:db8:12:34::1을 가진 라우터로 가는 SSH(Secure Shell)를 허가하라.
6	IPv6 네트워크 프리픽스 2001:db8:1111::/48로 가는 ICMPv6 에코 요청 패킷을 허가하라.
7	어느 주소에서 오든지 IPv6 멀티캐스트 패킷이면 허가하라.

[표 25-2] 허가 및 거부하는 확장 IPv6 ACL 만들기: 연습문제

25

:: 다른 IPv6 ACL 주제들

이 장의 마지막 절에서는 표준 및 확장 IPv6 ACL의 두 가지 주제에 대해 다룬다. 먼저 IPv6 ACL은 여러 가지 암묵적인 규칙을 각 ACL의 마지막에 적용한다. 첫 번째 주제는 이 룰에 따른 프로토콜을 다루고, 이 규칙이 무엇인가를 보여준다. 두 번째 주제는 IPv6 ACL이 IPv6 telnet과 SSH를 사용하는 라우터로의 접근을 제어하기 위해 어떻게 사용되는지 확인한다.

암묵적인 IPv6 ACL 규칙

모든 ACL은 기본적으로 고장-안전(fail-safe), 즉 허가되지 않는 어떤 패킷도 암묵적으로 거부된다는 입장을 취한다. 각 IPv6 ACL의 마지막에는, IPv4 ACL의 마지막에서 볼 수 있는 암묵적인 **deny ip any any**와 같이, ACL의 모든 항목에 부합하지 않고 통과한 패킷을 잡는, 암묵적인 **deny ipv6 any any** 구문이 들어 있다.

IPv6는 적절하게 동작하는 ICMPv6의 사용을 필요로 하고, 멀티캐스트는 각각의 IPv6가 활성화된 LAN에서 전달 방식으로써 필수적이다. 불행히도 IPv6 ACL의 마지막에 있는 암묵적인 deny all은 이 ICMPv6와 멀티캐스트 패킷을 필터링할 것이다.

복습 차원에서 보면, NDP(Neighbor Discovery Protocol)는 ICMPv6의 일부분이다. ICND1 100-105 Cert Guide의 31장에서 소개된 대로, NDP는 NDP NS(Neighbor Solicitation) 및 NA(Neighbor Advertisement) 메시지를 사용한 네이버 발견, 그리고 RS(Router Solicitation) 및 RA(Router Advertisement) 메시지를 포함한다. 그러므로 네트워크 엔지니어는 ICMPv6와 멀티캐스트 연결을 막는 IPv6 ACL을 적극적으로 사용할 수 없다. 그러나 앞서 나온 IPv6 ACL의 예에서의 설정은 이 장에서 앞서 설정한 IPv6 ACL을 지나는 IPv6 NDP 메시지를 명쾌하게 허가하지 않는다. 이 절에서는 IOS가 이 ICMP 메시지를 정확하게 통과시키기 위해 무엇을 하는지를 이해하게 될 것이다.

ICMPv6 NDP의 필터링과 부작용의 예

더 나은 이해를 위해, 작은 실험을 해보자. IPv6 ACL의 마지막 암묵적인 상태에 의존하는 대신, IPv6 ACL이 모든 ICMPv6와 모든 IPv6 멀티캐스트를 명확하게 거부한다면 어떤 일이 벌어질까? 다음 세 가지 예는 그 질문에 답을 준다. [예 25-8]과 [예 25-9]는 아무런 ACL도 사용되지 않고 ICMPv6 NDP 프로토콜을 통해 학습된 정보들을 보여준다. [예 25-10]은 모든 ICMPv6와 모든 IPv6 멀티캐스트 패킷을 막는 ACL을 예로 들어, 필터링이 네트워크에 어떤 영향을 미치는지를 보여준다.

이 예는 [그림 25-4]에 나오는 네트워크 토폴로지를 사용하는데, 이 장의 앞부분인 [그림 25-1]과 [그림 25-3]에서 나왔던 것과 동일한 토폴로지이다. [예 25-8]은 라우터 R1이 IPv6 NDP 네이버 캐시를 정확하게 발견한 것을 증명한다. 또한 R1의 G0/1 인터페이스에서 멀티캐스트가 잘 동작하고 있으며, 라우터 R2로부터 RA 메시지를 받고 있음을 보여준다.

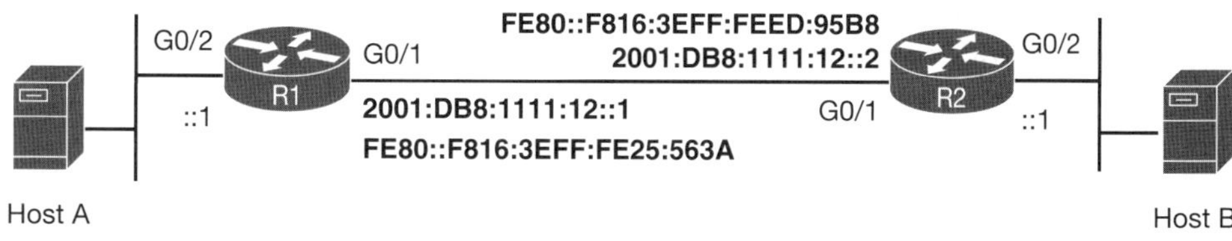

[그림 25-4] 어떻게 ACL이 ICMP NDP를 필터링하는지 확인하기 위한 네트워크

```
R1# show ipv6 interface GigabitEthernet 0/1
GigabitEthernet0/1 is up, line protocol is up
  IPv6 is enabled, link-local address is FE80::F816:3EFF:FE25:563A
  No Virtual link-local address(es):
  Global unicast address(es):
    2001:DB8:1111:12::1, subnet is 2001:DB8:1111:12::/64
  Joined group address(es):
    FF02::1
    FF02::2
    FF02::1:FF00:1
    FF02::1:FF25:563A
! 먼저 IPv4 관련 설정을 구성
R1# show ipv6 neighbors GigabitEthernet0/1
IPv6 Address                              Age Link-layer Addr State Interface
2001:DB8:1111:12::2                        11 fa16.3eed.95b8  STALE Gi0/1
FE80::F816:3EFF:FEED:95B                   11 fa16.3eed.95b8  STALE Gi0/1

\R1# show ipv6 routers
Router FE80::F816:3EFF:FEED:95B8 on GigabitEthernet0/1, last update 2 min
  Hops 64, Lifetime 1800 sec, AddrFlag=0, OtherFlag=0, MTU=1500
  HomeAgentFlag=0, Preference=Medium
  Reachable time 0 (unspecified), Retransmit time 0 (unspecified)
  Prefix 2001:DB8:1111:12::/64 onlink autoconfig
    Valid lifetime 2592000, preferred lifetime 604800
```

[예 25-8] R1에서의 IPv6 NDP 확인

[예 25-8]은 R1이 두 개의 IPv6 네이버 주소를 네이버 캐시에 가지고 있다는 것을 보여주며, 이 두 주소는 라우터 R2의 주소이다. 하나는 R2의 G0/1 인터페이스의 글로벌 유니캐스트 주소이고, 하나는 R2의 G0/1 인터페이스의 주소이다. **show ipv6 router** 명령어 출력 결과는 R1이 또 다른 IPv6 라우터(R2)에 대해 학습했다는 것을 보여준다. 이 명령어는 NDP에 의해 학습한 정보를 나타내며, 이 경우 R1은 R2가 자신의 G0/1 인터페이스에서 내보낸 RA 메시지를 받았음을 알 수 있다. 그러므로, R2는 R1에 완벽하게 도달할 수 있다.

[예 25-9]는 라우터 R2에서 동일한 확인을 하고 있다.

```
R2# show ipv6 interface GigabitEthernet 0/1
GigabitEthernet0/1 is up, line protocol is up
  IPv6 is enabled, link-local address is FE80::F816:3EFF:FEED:95B8
  No Virtual link-local address(es):
  Global unicast address(es):
    2001:DB8:1111:12::2, subnet is 2001:DB8:1111:12::/64
  Joined group address(es):
    FF02::1
    FF02::2
    FF02::1:FF00:2
    FF02::1:FFED:95B8
! 다음으로 IPv6에 관하여 유사 설정을 구성
R2# show ipv6 neighbors GigabitEthernet0/1
IPv6 Address                              Age Link-layer Addr State Interface
2001:DB8:1111:12::1                        11 fa16.3e25.563a  STALE Gi0/1
FE80::F816:3EFF:FE25:563A                  11 fa16.3e25.563a  STALE Gi0/1

R2# show ipv6 routers
Router FE80::F816:3EFF:FE25:563A on GigabitEthernet0/1, last update 1 min
  Hops 64, Lifetime 1800 sec, AddrFlag=0, OtherFlag=0, MTU=1500
  HomeAgentFlag=0, Preference=Medium
  Reachable time 0 (unspecified), Retransmit time 0 (unspecified)
  Prefix 2001:DB8:1111:12::/64 onlink autoconfig
    Valid lifetime 2592000, preferred lifetime 604800
```

[예 25-9] R2에서의 IPv6 NDP 확인

[예 25-9]는 R2가 R1의 두 개의 주소(글로벌 유니캐스트와 링크-로컬)를 학습했음을 보여주며, R1을 라우터로 인지했음을 보여준다. **show ipv6 neighbor** 명령어는 R1의 글로벌 유니캐스트와 링크-로컬 주소를 보여주며, 이 두 주소는 라우터 R2가 ICMPv6 NDP NA 메시지를 수신함으로써 학습한 것이다. **show ipv6 router** 명령어 출력 결과로 R2가 R1에 대해 학습하였음을 확인할 수 있고, R2가 이 정보를 ICMPv6 NDP RA 메시지를 수신함으로써 학습하였음을 보여준다.

[예 25-10]은 IPv6 ACL을 추가하여 두 라우터가 ICMPv6 NDP를 이용해 서로를 학습할 수 없도록 막는다. 이 예는 ICMPv6 패킷과 모든 멀티캐스트 트래픽을 막지만, 모든 다른 IPv6 패킷은 허가할 수 있도록 하는 IPv6 ACL의 설정을 보여준다. 이 확장 IPv6 ACL은 R1의 G0/1 인터페이스의 진입 방향과 R2의 G0/1 인터페이스의 진입 방향에 적용될 것이다. 이 ACL이 설정된 후, ACL은 running configuration에 있고 동작을 하는지 확인될 것이다. 다음은 R1의 설정이다. R2의 설정은 R1과 동일하다.

```
R1# configure terminal
Enter configuration commands, one per line.  End with CNTL/Z.
R1(config)# ipv6 access-list BLOCKV6
R1(config-ipv6-acl)# deny icmp any any
R1(config-ipv6-acl)# deny ipv6 ff00::/8 any
R1(config-ipv6-acl)# deny ipv6 any ff00::/8
R1(config-ipv6-acl)# permit ipv6 any any
R1(config-ipv6-acl)# interface GigabitEthernet0/1
R1(config-if)# ipv6 traffic-filter BLOCKV6 in
R1(config-if)# end
R1#
R1# show ipv6 access-list
IPv6 access list BLOCKV6
    deny icmp any any sequence 10
    deny ipv6 FF00::/8 any sequence 20
    deny ipv6 any FF00::/8 sequence 30
    permit ipv6 any any sequence 40

R1# show ipv6 interface | include line|list
GigabitEthernet0/1 is up, line protocol is up
  Inbound access list BLOCKV6
```

[예 25-10] R1에서의 IPv6 거부 ACL 설정

[예 25-10]의 IPv6 ACL은 RA(Router Advertisement) ICMPv6 메시지를 몇 가지 이유를 위해 필터링한다. NDP RA 및 RS 메시지는 ICMPv6의 일부분이기 때문에, 이 메시지들은 ACL의 첫 번째 줄에 부합한다. 만약 그렇지 않다면, NDA RA 메시지는 모든 노드의 멀티캐스트 그룹 주소(FF02::1)로 송부된다. 라우터들은 200초에 한 번씩 주기적으로 RA 메시지를 전송하는데, 네트워크의 노드들에게 로컬 네트워크 특성과 IPv6 주소 할당 방법에 대해 알린다. RS(Router Solicitation) ICMPv6 메시지는 모든 라우터의 멀티캐스트 그룹 주소(FF02::2)로 송부된다. 노드가 부팅되거나 네트워크에 조인할 때, 그 노드는 네트워크에 대해 발견하고 IPv6 주소를 얻기 위해 사용하는 방법을 결정하기 위해 즉시 RS 메시지를 로컬 라우터로 송신한다. 주소 FF00::/8을 사용한 **deny** 명령어는 모든 멀티캐스트 주소에 부합한다.

모든 멀티캐스트 IPv6 패킷을 막는 것은, [예 25-10]의 ACL에서처럼 라우터 동작에 커다란 부정적인 영향을 끼칠 수 있음을 기억하자. BLOCKV6 ACL이 멀티캐스트 패킷을 막으면, 그것은 OSPFv3(FF02::5, FF02::6), RIPng(FF02::9), IPv6 EIGRP IPv6(FF02::A), DHCPv6(FF02::1:2, FF05::1:3)와 같은 다른 링크-로컬 주소를 우연히 거부하게 될 수 있다. 잘 알려진 다른 IPv6 멀티캐스트 주소를 확인하려면, IANA IPv6 멀티캐스트 주소 공간 등록에 관해 아래 URL에서 참조하여 학습하기 바란다(또는 ICND1 Cert Guide의 30장 '로컬 범위의 멀티캐스트 주소' 절 참조).

25

http://www.iana.org/assignments/ipv6-multicast-addresses/ipv6-multicast-addresses.xhtml

예의 BLOCKV6 ACL은, 실제로 두 라우터가 서로에게 성공적으로 패킷을 전송하는 것을 막으면서, 두 라우터가 서로의 IPv6 주소를 학습하는 것을 방해한다. ACL의 첫 번째 줄은 모든 NDP NS 및 NA 메시지를 포함한 모든 ICMPv6 메시지를 막는다.

deny icmp any any 명령어 없이도, ACL은 사용된 주소 기반으로 NS와 NA를 필터링한다. NS ICMPv6 메시지는 LAN의 도착 노드의 멀티캐스트 주소(FF02:0:0:0:0:1:FF00::/104)로 송신된다(NA ICMPv6 메시지는 일반적으로 원래 NS 패킷을 보낸 노드의 유니캐스트 주소로 다시 돌아온다).

이제 ACL이 적용되면, ACL은 이 인터페이스의 모든 ICMPv6와 멀티캐스트 패킷을 막을 것이다. 5분 정도 지나면, 두 라우터의 네이버 캐시와 라우터 캐시는 [예 25-11]에서처럼 확인할 수 있게 된다. 인터페이스의 네이버 캐시 항목이 만료되고 RA 캐시가 굉장히 오래된 것을 볼 수 있다. 사실, 지금 호스트 A와 호스트 B는 이 두 IPv6 ACL로 인해 R1과 R2 사이의 연결이 끊어졌기 때문에 서로에게 ping을 할 수 없다.

```
R1# show ipv6 neighbors GigabitEthernet 0/1
R1# show ipv6 routers
Router FE80::F816:3EFF:FEED:95B8 on GigabitEthernet0/1, last update 17 min
  Hops 64, Lifetime 1800 sec, AddrFlag=0, OtherFlag=0, MTU=1500
  HomeAgentFlag=0, Preference=Medium
  Reachable time 0 (unspecified), Retransmit time 0 (unspecified)
  Prefix 2001:DB8:1111:12::/64 onlink autoconfig
    Valid lifetime 2592000, preferred lifetime 604800
```

[예 25-11] R1에서의 IPv6 거부 ACL의 확인

[예 25-12]는 네이버 캐시와 라우터 캐시의 내용을 확인할 수 있는 R2에서의 출력 결과를 보여준다.

```
R2# show ipv6 neighbors GigabitEthernet 0/1
R2# show ipv6 routers
Router FE80::F816:3EFF:FE25:563A on GigabitEthernet0/1, last update 15 min
  Hops 64, Lifetime 1800 sec, AddrFlag=0, OtherFlag=0, MTU=1500
  HomeAgentFlag=0, Preference=Medium
  Reachable time 0 (unspecified), Retransmit time 0 (unspecified)
  Prefix 2001:DB8:1111:12::/64 onlink autoconfig
    Valid lifetime 2592000, preferred lifetime 604800
```

[예 25-12] R2에서의 IPv6 거부 ACL의 확인

ICMPv6 NDP 메시지 필터링을 피하는 방법

네트워크 관리자는 ICMPv6 메시지와 멀티캐스트 패킷을 필터링하는 IPv6 ACL을 생성할 때 매우 주의해야 하는데, 해당 ACL이 NDP가 제대로 동작하는 것을 우연히 막을 수 있기 때문이다. 이것은 어떤 인터페이스에서든 NDP가 작동하는 것을 허가하는 것이 중요한 이유이다. 다르게 말하자면, 당신은 대규모의 네트워크에서 ICMPv6와 멀티캐스트를 절대로 필터링하면 안된다.

이 이유 때문에, 시스코 IOS IPv6 ACL은 각 ACL의 마지막에 세 개의 암묵적인 규칙을 가진다. 이것들은 보이지 않지만, 각 IPv6 ACL의 마지막에 포함되어 암묵적으로 NA 및 NS 메시지를 허가한다. 최종적인 IPv6 ACL의 암묵적 규칙은 일반적으로 기대되는 것처럼 deny이다. 모든 ACL의 마지막에 들어가는 이 세 개의 암묵적인 IPv6 ACL 규칙은 [예 25-13]에서 볼 수 있다.

```
permit icmp any any nd-na
permit icmp any any nd-ns
deny ipv6 any any
```

[예 25-13] 암묵적인 IPv6 ACL 항목

이 기본값이 NDP NS와 NA 메시지를 허가하지만, NDP RS 및 RA 메시지의 암묵적인 허가를 포함하지 않는다는 것을 기억하자. 당신이 RS와 RA 메시지를 부합시키는 ACL을 명확한 구문으로써 추가하고자 한다면, **permit icmp any any router-advertisement**와 **permit icmp any any router-solicitation**과 같은 명령어를 사용해야 한다.

> **NOTE** CCNA R&S가 시스코의 IOS XE와 NX-OS에 관해 다루지 않지만, 활용할 수 있는 메모로써, 해당 OS들은 조금 다른 기본값을 사용한다는 것을 기억하자. IOS-XE는 NS/NA 패킷에 대해 기본 허가를 하지 않기 때문에, 당신은 IPv6 ACL의 마지막에 명확하게 **permit** 명령어를 추가하여 NDP 기능에 영향을 주지 않도록 할 필요가 있다. NX-OS는 다섯 개의 암묵적인 IPv6 ACL 구문을 가진다. 이 다섯 가지는 NA 메시지, NS 메시지, RA 메시지, RS 메시지와 암묵적인 기본 deny 규칙이다.

```
R1(config)# ipv6 access-list MY_IPV6_ACL
R1(config-ipv6-acl)# permit ipv6 any 2001:db8:1111:1::/64
R1(config-ipv6-acl)# permit ipv6 any 2001:db8:1111:2::/64
R1(config-ipv6-acl)# permit icmp any any nd-na
R1(config-ipv6-acl)# permit icmp any any nd-ns
R1(config-ipv6-acl)# deny ipv6 any any log
```

[예 25-14] IPv6 ACL에서의 NDP 메시지의 명확한 허가

이 암묵적인 IPv6 ACL 규칙이 NA/NS 메시지를 허가하기 때문에, 정책의 마지막에 deny 로그의 사용이 필요할 경우 ACL을 바꿔야 한다는 것을 기억해야 한다. 모든 거부된 IPv6 패킷을 로그로 남기는 ACL을 만들기를 원할 때, IPv6 ACL은 [예 25-14]와 같이 설정되어야 할 필요가 있다.

[예 25-14]에서, 이 IPv6 ACL은 NA와 NS 메시지를 허가하는 명확한 구문을 가진다. 여기에서 RA 메시지를 명확하게 허가하지 않더라도, 진출 방향으로 적용되는 경우 라우터에서 생성되기 때문에 RA 메시지의 송신을 막지 않을 것이다. IPv4 ACL과 같이, 라우터에서 생성되는 패킷은 출구 인터페이스에 영향을 받지 않는다. 그러나 진입 방향으로 적용되는 경우, 이 라우터의 인터페이스에서 RA 메시지가 수신되는 것을 막게 될 것이다.

IPv6 ACL의 암묵적인 필터링 정리

IPv6 패킷이 사용되는 용도에는 여러 가지가 있다. 기본적인 IPv6 ACL은 단순하게 특정 IPv6 호스트 또는 IPv6 주소 프리픽스 간의 커뮤니케이션을 필터링한다. 확장 IPv6 ACL은 ICMPv6, TCP, UDP 및 다른 IPv6 헤더 필드와 확장 헤더를 부합시킬 수 있다.

IPv6의 동작이 WAN과 인터넷을 가로지르는 IPv4의 동작과 다르고, ACL은 ICMPv6 메시지의 필터링을 적극적으로 해서는 안된다는 것을 기억하는 것은 매우 중요하다. 또한 ICMPv6가 LAN 연결에 굉장히 중요하고 ACL이 노드 또는 라우터에 접근하는 NDP 메시지를 막으면 안된다는 것을 반드시 기억해야 한다. IPv6 ACL에는 이런 중요한 IPv6 패킷 유형을 허가하는 암묵적인 규칙이 있다.

IPv6 관리 제어 ACL

IPv6 ACL은 라우터를 지나는 전송부 트래픽 필터링 외에 보안 목적으로 사용된다. ACL은 라우터를 보안적인 측면에서 강화하고 라우터로의 관리부 통신을 제어하는 것에 사용된다.

라우터는 out-of-band 관리 네트워크 접근을 거의 하지 않고, 주로 in-band로 설정된다. 라우터의 관리와 설정 상호 작용의 노출과 제약을 제한하기 위해, ACL은 이런 통신을 필터링하는 용도로 사용된다.

IPv6 ACL은 라우터의 다른 많은 관리 기능에도 적용된다. IPv6 ACL은 SNMP 통신, RADIUS, TACACS+, HTTP/HTTPS 접속, NTP 및 Telnet/SSH CLI 접속을 제한하는 데에도 사용된다. IPv6 ACL이 관리 접속을 제한하는데 어떻게 사용되는지에 대한 예는 IPv6 접근 클래스에 사용될 때 알 수 있다. ACL이 IPv6 telnet 또는 SSH 로그인의 필터링에 사용될 때이다.

[예 25-15]에서, IPv6 ACL은 R1의 LAN에 있는 허가된 관리 단말의 IPv6 주소를 제한하기 위해 생성되었다. 이 ACL은 **ipv6 access-class** 명령어를 사용하여 R1과 R2의 VTY 포트에

적용된다. 이것은 유명한 IPv4 명령어인 **ip access-class** 명령어와 유사하다. [예 25-15]는 R2에 적용되는 설정을 보여주며, R1의 설정도 동일하다.

```
R2# configure terminal
Enter configuration commands, one per line.  End with CNTL/Z.
R2(config)# ipv6 access-list V6ACCESS
R2(config-ipv6-acl)# permit tcp 2001:db8:1111:1::/64 any eq 23
R2(config-ipv6-acl)# permit tcp 2001:db8:1111:1::/64 any eq 22
R2(config-ipv6-acl)# deny ipv6 any any log
R2(config-ipv6-acl)# line vty 0 4
R2(config-line)# login
R2(config-line)# password cisco
R2(config-line)# transport input telnet ssh
R2(config-line)# ipv6 access-class V6ACCESS in
R2(config-line)# end
```

[예 25-15] R2에서의 IPv6 액세스 ACL 설정

[예 25-15]에서 IPv6 ACL이 설정되고 VTY 포트에 적용된다. 이제 이 ACL을 시험할 시간이다. 이제 호스트 A에서 R1과 R2로 telnet이 가능하지만, 호스트 B는 telnet으로 양 라우터에 접근하는 것이 금지된다.

[예 25-16]은 호스트 B가 telnet으로 R1에 접근하려는 시도를 보여주는데, 아래 로그 메시지와 함께 접근에 실패한다. 이 예는 IPv6 ACL이 호스트 A로부터의 접속을 부합시킨 것도 보여준다.

```
*Mar  6 23:31:19.926: %IPV6_ACL-6-ACCESSLOGP: list V6ACCESS/30 denied
tcp 2001:DB8:1111:2:F816:3EFF:FEE1:5CF5()34474) -> 2001:DB8:1111:1::1(23),
1 packet
R1# show ipv6 access-list
IPv6 access list V6ACCESS
    permit tcp 2001:DB8:1111:1::/64 any eq telnet (2 matches) sequence 10
    permit tcp 2001:DB8:1111:1::/64 any eq 22 sequence 20
    deny ipv6 any any log (1 match) sequence 30
```

[예 25-16] R1에서의 IPv6 액세스 ACL 확인

챕터 리뷰

시험에서 좋은 성적을 거둘 수 있는 핵심은 복습 세션을 반복하여 학습하는 것이다. 이 장의

내용을 책, DVD, 책의 웹 사이트에서 찾을 수 있는 툴들을 이용해서 복습하도록 하고, '당신의 학습 계획'에 따라 더 세부 내용을 확인하도록 한다. [표 25-3]에는 핵심 복습 사항이 정리되어 있다. 아래 표의 두 번째 칸에 완료한 날짜를 기록하도록 한다.

리뷰 사항	완료 날짜	사용 자료
핵심 주제 리뷰		책, DVD/웹 사이트
핵심 용어 리뷰		책, DVD/웹 사이트
DIKTA 문항 답변		책, PCPT
명령어 테이블 리뷰		책

[표 25-3] 리뷰 확인

핵심 주제 리뷰

Key Topic

핵심 주제	설명	쪽수
리스트	IPv4 ACL과 IPv6 ACL의 유사점	733~734
리스트	IPv4 ACL과 IPv6 ACL의 차이점	734
절	표준 IPv6 ACL의 permit과 deny 명령어의 형식	740
그림 25-2	확장 IPv6 ACL의 일반적인 필드	744
리스트	IPv6 ACL을 사용한 IPv6 주소 부합 방법 설명	747
예 25-13	암묵적인 IPv6 ACL 항목	753

[표 25-4] 25장의 핵심 주제

핵심 용어

표준(standard) ACL, 확장(extended) ACL, IPv6 프리픽스 길이, ICMPv6, NDP(Neighbor Discovery Protocol)

참조 명령어

[표 25-5]와 [표 25-6]은 이 장에서 사용된 설정과 검증에 관련한 명령어이다. 리뷰를 쉽게 하기 위해, 표의 왼쪽 칸을 덮은 후 오른쪽 칸을 읽으면서 명령어에 대해서 떠올려 본다. 이 연습을 반복하면서, 오른쪽 칸을 덮고 명령어의 내용에 대해서도 기억해 본다.

명령어	설명
ipv6 access-list *access-list-name* [log-update]	표준 및 확장, 명칭 IPv6 ACL 생성을 위한 글로벌 명령어
permit ipv6 { *source-ipv6-prefix/prefix-length* | any | host *source-ipv6-address* | auth } [operator [*port-number*]] { *destination-ipv6-prefix/prefix-length* | any | host *destination-ipv6-address* | auth } [log] [log-input]	표준 명칭 IPv6 ACL 항목의 문법
ipv6 traffic-filter *access-list-name* {in | out}	특정 방향으로 ACL을 활성화하기 위한 인터페이스 하위 명령어

[표 25-5] 25장에서 다룬 설정 명령어

명령어	설명
show ipv6 interface [*type number*]	인터페이스에서 활성화된 IPv6 액세스의 레퍼런스를 포함한다.
show access-lists	IPv4 또는 IPv6 등 모든 프로토콜의 ACL 설정의 상세 사항을 출력한다.
show ipv6 access-list [*access-list-name*]	IPv6 ACL을 출력한다.

[표 25-6] 25장에서 다룬 show 명령어

이전 연습 문제 정답

[표 25-7]은 앞서 [표 25-2]에서 나왔던 문제에 대한 정답을 보여준다.

문제	정답
1	permit ipv6 any 2001:db8:45::/48
2	permit ipv6 host 2001:db8:1:1::234 2001:db8:1111:1111::/64 log
3	permit tcp any host 2001:db8:12:34::100 eq 80
4	permit tcp host 2001:db8:11:22::1 host 2001:db8:33:44::1 eq 443 log
5	permit tcp any host 2001:db8:12:34::1 eq 22
6	permit icmp any 2001:db8:1111::/48 echo-request
7	permit ipv6 any ff02::/8

[표 25-7] 허가 및 거부하는 확장 IPv6 ACL 만들기 연습 문제

25

Part VI 리뷰

[표 P6-1]의 체크리스트와 함께 파트 리뷰 과정을 추적하기 바란다. 각 과제의 상세 내용은 아래 표를 따른다.

활동	첫 번째 끝낸 날짜	두 번째 끝낸 날짜
모든 DIKTA 질문 반복		
파트 리뷰 질문 답하기		
핵심 주제 리뷰		
마인드 맵 생성		
랩 실행		

[표 P6-1] Part VI 리뷰 체크리스트

모든 DIKTA 질문 반복

이 항목에 대해서는 이 파트의 모든 장들의 사전 점검 퀴즈를 PCPT 소프트웨어를 사용해서 답해본다. PCPT 소프트웨어에서 어떻게 이 파트의 DIKTA 문제만 보여주게 할 수 있는지 배우기 위해 이 책 소개의 '장 또는 파트별로 DIKTA 질문만 보는 방법' 절을 본다.

파트 리뷰 질문 답하기

이 항목에 대해서는 PCPT 소프트웨어를 사용해서 책의 이 파트를 위한 파트 복습 질문에 답해라.

핵심 주제 리뷰

DVD의 주요 주제 애플리케이션이나 웹 사이트를 사용하여 이 파트 모든 장의 주요 주제를 복습하라.

장애 처리 마인드 맵 생성

이 파트의 모든 장에서는 여러 종류의 문제에 대한 근본 원인을 다룬다. 22장에서는 IPv6 라우팅(전송) 장애를 어떻게 해결하는지에 주목하고, 23장과 24장에서는 OSPFv2와 EIGRP의 라우팅 정보 교환을 방해하는 근본 원인에 초점을 맞춘다. 25장에서도 장애 처리에 관한 논의가 이루어지나, IPv6 ACL이 IPv6 라우팅과 라우팅 프로토콜 문제의 근본 원인이 될 수 있는 관점에서 더 살펴본다.

첫 번째 마인드 맵을 위해, IPv6 네트워크 문제의 근본 원인을 모두 모아 마인드 맵으로 정리한다. 늘 그렇듯이, 긴 설명보다는 짧은 메모를 활용하여 의미를 기억할 수 있는 충분한 정보를 제공하도록 한다. 또한 당신에게 의미있는 방식으로 개념을 체계화한다. 처음 마인드 맵을 만들 때, 각 장을 확인하지 않도록 하는데, 핵심은 책에서 목록을 다시 읽는 게 아니라, 당신의 머릿 속에서 개념을 체계화할 수 있도록 하는 것이다.

명령어 마인드 맵 생성

이 파트에서는 IPv6 OSPF, IPv6 EIGRP, IPv6 ACL 설정과 검증 방법에 대해 다루었다. 또한 22장에서는 다양한 IPv6 설정 명령어를 복습하였다. 다른 파트 복습에서처럼, 명령어 마인드 맵을 만들어보자. 마인드 맵 체계의 첫 번째 계층은 IPv6 OSPF, IPv6 EIGRP, IPv6 ACL이 되어야 할 것이다. 22장에서의 나머지 IPv6 명령어에 대해서는 당신이 원하는 대로 체계화하면 된다. 각 카테고리 내의 체계는 설정 명령어와 검증 명령어로 나누도록 한다.

DVD 부록 E '마인드 맵 솔루션'은 마인드 맵 정답 예를 나열한다. 만약 종이 대신 마인드 맵 소프트웨어를 선택해야 한다면, 당신은 마인드 맵 파일이 어디에 저장되어 있는지 기억해야 할 수 있다. [표 P6-2]는 이 파트 리뷰를 위한 마인드 맵과 그 파일 이름들이 저장된 곳을 나열한다.

맵	설명	저장한 곳
1	장애 처리 근본 원인 마인드 맵	
2	명령어 마인드 맵	

[표 P6-2] Part VI 리뷰를 위한 마인드 맵 설정

랩 실행

당신이 선택한 랩 툴에 따라, 랩에서 해야 할 것에 대한 몇 가지 권장 사항을 소개한다.

- **피어슨 네트워크 시뮬레이터**: 만약 정식 버전의 피어슨 CCNA 시뮬레이터를 사용한다면, 특히 라우팅 프로토콜에 대한 많은 랩이 있다. 랩을 수행하는 단계까지 기본 스킬 빌더 랩을 통해 작업한 다음 설정 시나리오 및 장애 처리 시나리오 랩으로 이동하도록 한다(어떤 랩이 책의 이 파트 주제에 대해 다루는지 찾는 방법에 대한 자세한 사항은 소개를 참조한다).
- **랩 설정**: 한가한 시간에, 글쓴이의 블로그에서 이 책의 랩 설정 부분을 복습하거나 반복한다. http://blog.certskills.com/ccna로 접속하여 Hands-On 〉 Config Lab으로 이동한다.
- **기타**: 다른 랩 툴을 사용한다면, 몇 가지 권장 사항이 있다. ACL 랩을 구축할 때, telnet(23번 포트), SSH(22번 포트), ping(ICMP), traceroute(UDP) 트래픽을 여분의 라우터에서 생성시켜서 테스트하도록 한다. 또한 ACL을 그냥 설정하지 않는다. 이런 유형의 트래픽에 부합하는 ACL을 만들고, 몇 가지는 거부하고 몇 가지는 허가한 후에 테스트한다.

Part VII은 이 책에서 새로운 내용이 나오는 마지막 파트이다. 책을 거의 다 공부한 것을 축하한다!

이 파트는 책의 다른 파트와 딱 맞지 않는 주제들을 모아두었다. 첫 번째 장인 26장에서는 네트워크를 운영하는 데 관련되는 세 가지 다른 주제의 구현 상세 사항인 SNMP, IP SLA, SPAN에 대해 다룰 예정이다. 이 장에서는 개념, 설정, 검증 및 몇 가지 장애 처리에 관한 사항들을 알아본다.

26장이 세세한 구현의 상세 사항에 관련된 부분을 다룬다면, 나머지 두 장은 큰 개념에 주목한다. 27장은 IT 서비스를 제공하는 클라우드 컴퓨팅의 접근에 관한 많은 아이디어에 대해 논의한다. 클라우드 컴퓨팅은 하나의 툴이나 장비 하나의 기능을 넘어선 큰 개념이다. 이 장에서는 좀 천천히 읽으면서 곰곰이 생각하는 시간을 갖는 것이 좋다.

28장은 27장에서처럼 세부 사항을 기억하기보다는 좀 더 생각하는 것이 필요하다. 28장에서는 네트워크 프로그래머빌리티(programmability)와 SDN(Software Defined Networking)의 기초에 대해 설명하며, 이 흥미진진한 새로운 분야의 네트워크를 공부하기에 충분한 내용을 다루고 있다.

Part Ⅶ

기타

Chapter 26: 네트워크 관리

Chapter 27: 클라우드 컴퓨팅

Chapter 28: SDN과 네트워크 프로그래머빌리티

Part Ⅶ 리뷰

CHAPTER 26

네트워크 관리

이 장은 다음 시험 주제를 다룬다.

5.0 **인프라스트럭처 점검**

5.1 장비 모니터링 프로토콜 설정 및 검증

5.1.a SNMPv2

5.1.b SNMPv3

5.2 ICMP echo를 기반으로 한 IP SLA를 사용한 네트워크 연결 이슈 장애 처리

5.3 로컬 SPAN을 사용한 장애 처리

이 장에서는 각 테마에 관련한 세 종류의 주제에 대해 다룬다. 그러나 각 주제는 서로에 직접적인 영향은 없다. 공부 측면에서는, 각 주제를 별도의 과제로 생각하며 진행하기 바란다. 사실 이 장은 비교적 다른 장들과 많이 비교되기 때문에, 이 장의 주제를 주요 주제로 나누어서 새로운 용어들이 방해되지 않도록 하기 바란다.

이 장은 SNMP(Simple Network Management Protocol)의 상세한 소개에서부터 시작된다. 주 개념에서부터 시작해서, SNMPv2와 SNMPv3의 두 버전에 관련한 설정으로 이어진다. 이 두 가지 버전은 보안 관련 기능에서 크게 차이가 나며, 대부분의 설정은 그 상세 내용을 다루게 된다.

두 번째 절은 IP SLA(IP Service Level Agreement)라 불리우는 라우터 관련 기능에 관해 다룬다. 이 기능은 라우터가 네트워크로 가상의 트래픽을 생성하여 보낼 수 있는 설정을 할 수 있게 한다. 메시지를 보내고 응답을 받음으로 인해 라우터는 가용성와 성능을 측정할 수 있다.

마지막 절은 SPAN(Switched Port Analyzer)이라는 스위치 관련 기능을 다룬다. 이 기능을 사용하면 스위치에서 프레임을 복사하여 목적지 포트에 보낼 수 있게 된다. 네트워크 분석 소프트웨어와 같은 여러 종류의 네트워킹 툴로의 프레임 송신에 유용하게 사용할 수 있다.

QUIZ 사전 점검 퀴즈

사전 점검 퀴즈를 풀어보면 이 장을 모두 읽어야 할 것인지 가늠할 수 있다. 사전 점검 퀴즈의 정답은 퀴즈 다음 페이지의 하단에 있고, 설명은 DVD 부록 C와 PCPT 소프트웨어를 참조하도록 한다.

핵심 주제	문항
SNMP	1-4
IP SLA	5-6
SPAN	7-8

[표 26-1] 핵심 주제와 관련된 사전 점검 퀴즈 문항

1. 네트워크 관리 단말(NMS, Network Management Station)은 시스코 라우터와 스위치를 관리하기 위해 SNMPv2를 사용한다. 아래의 보기 중 라우터의 SNMP 에이전트가 NMS로부터 받은 SNMP Get 요청을 어떻게 인증하는지 가장 정확하게 서술하고 있는 것은 무엇인가?

a. 사용자명(username)과 암호의 해시 값을 사용

b. read-write 또는 read-only 커뮤니티 값을 사용

c. read-write 커뮤니티 값만을 사용

d. read-only 커뮤니티 값만을 사용

2. 라우터는 글로벌 명령어인 **snmp-server community** *textvalue1* **RO** *textvalue2*로 설정되었다. 다음 보기 중 이 명령어의 의미를 가장 정확하게 표현하고 있는 것은 무엇인가? (2개를 고르시오)

a. 라우터의 read-only 커뮤니티는 textvalue1이다

b. 라우터의 read-only 커뮤니티는 textvalue2이다

c. 라우터는 라우터로 들어오는 SNMP 메시지를 IPv4 ACL인 textvalue2로 필터링한다

d. 라우터는 라우터에서 나가는 SNMP 메시지를 IPv4 ACL인 textvalue2로 필터링한다

3. 라우터는 **snmp-server group one v3 auth write v1default** 명령어로 설정되었다. 다음 보기 중 사용자가 이 SNMPv3 그룹과 정확하게 협력하여 SNMP 매니저와 보안 매개변수를 정의할 수 있는 것은 어떤 것인가?

a. **snmp-server user fred1 one auth md5 pass1 priv des keyvalue1**

b. **snmp-server user fred2**

c. **snmp-server user fred3 one auth 3des pass1**

d. **snmp-server user fred4 one auth sha pass1**

4. 다음 중 설정 명령어 외에 카운터와 상태 정보를 보여줄 수 있는 명령어는 무엇인가?

a. **show snmp**

b. **show snmp community**

c. **show snmp group**

d. **show snmp user**

26

5. ICMP 에코 기반의 IP SLA에 관련하여 맞는 설명은 어느것인가?

a. 이 기능은 지터(jitter)를 측정하기 위해 VoIP(Voice over IP) 트래픽을 모방한 메시지를 보내는 것이다

b. 이 기능은 라우터 한 대를 송신자, 다른 라우터 한 대를 응답자로 사용해야 한다

c. 이 기능은 기록 통계를 수집하고 통합할 수 있다

d. 이 기능은 지터(jitter)를 측정하기 위해 ICMP 에코 메시지를 송신한다

6. IP SLA를 사용한 라우터에서 얻은 출력 결과를 검사한다. 다음 중 어느 것이 이 출력 결과에 기반해서 확인할 수 있는 사실인가? (2개를 고르시오)

```
R3# show ip sla summary
IPSLAs Latest Operation Summary
Codes: * active, ^ inactive, ~ pending
ID          Type        Destination         Stats       Return      Last
                                            (ms)        Code        Run
-----------------------------------------------------------------------------
*1          icmp-echo   10.1.1.1            RTT=384     OK          54 seconds ago
```

a. 프로브는 10.1.1.1로 ICMP 에코를 송신한다

b. 이 출력 결과에서는 에코 응답이 잘 돌아왔다는 것을 확인할 수 있다

c. 가장 최근의 테스트에서 네트워크의 편도 지연은 384ms였다

d. '1'은 이 출력 결과가 프로브에서의 첫 기록임을 의미한다

7. 호스트 1과 호스트 2는 LAN 스위치의 포트 F0/1과 F0/2에 각각 연결되어 있고, 호스트 1이 호스트 2로 보내는 프레임은 스위치의 포트 F0/1로 들어와서 F0/2로 나간다. 스위치의 모든 패스트이더넷 포트는 VLAN 5의 액세스 포트이다. 네트워크 분석기는 F0/9에 연결되었다. 네트워크 엔지니어는 네트워크 분석기로 트래픽을 보내기 위해 SPAN을 사용하고 싶어 한다. 호스트 1과 호스트 2 사이의 트래픽을 전부 수집하지만 동일한 프레임을 복수로 수집하는 것을 피하는 것이 목표라면, 다음 중 어느 것이 SPAN을 사용하여 네트워크 분석기로 트래픽을 보내는 방법인가?

a. 트래픽의 양방향에 대해 VLAN 5를 SPAN 출발 VLAN으로 사용한다

b. 트래픽 송신 방향으로 F0/1을 SPAN 출발 포트로 사용한다

c. 트래픽의 양방향에 대해 F0/2를 SPAN 출발 포트로 사용한다.

d. 트래픽의 양방향에 대해 F0/1과 F0/2를 다 SPAN 출발 포트로 사용한다

8. 로컬 SPAN 세션을 설정할 때, 다음 중 어느 것이 허가되는가? (2개를 고르시오)

a. 한 SPAN 세션에 대해 한 가지 이상의 SPAN 출발 포트를 사용

b. 한 SPAN 세션에 대해 SPAN 출발 포트와 SPAN 출발 VLAN을 사용

c. SPAN 출발 포트로서 이더채널 포트를 사용

d. 두 개의 다른 SPAN 세션에 하나의 SPAN 도착 포트를 사용

핵심 주제

SNMP

1988년에 RFC 1065, TCP/IP 기반 인터넷 관리 정보의 구조와 정의가 제정되었다. 이 문서에 깔려있는 탁월한 발상은 TCP/IP 기반 네트워크의 장비들에 관한 정보(설정값, 상태 정보, 카운터 등)가 다양한 데이터베이스로 분류될 수 있다는 사실이다. 이 다양한 값들은 IP 기반 네트워크를 모니터하고 관리하기 위해 관리 소프트웨어로 수집될 수 있다.

모든 IP 기반 단말의 요소는 공통점을 가진다. 예를 들면 PC, 네트워크 프린터와 라우터는 인터페이스, IP 주소, 버퍼와 같은 공통점을 가진다. 이런 값들에 대해 표준화된 데이터베이스와 이를 모니터링하고 관리하는 간단한 시스템을 만드는 것은 어떤가? 이 생각은 훌륭하였고, 인기를 얻었으며, 우리가 오늘날 SNMP(Simple Network Management System)라 부르는 것이 되었다.

이 장의 첫 번째 절은 SNMP에 관한 개념과 용어를 설명하는 데에서 시작하며, 제일 많이 사용되는 버전인 SNMPv2와 SNMPv3를 설정하는 방법에 대해 다룬다.

SNMP의 개념

SNMP(Simple Network Management Protocol)는 매니저와 에이전트라고 명명된 것 사이의 통신에 사용되는 메시지 형식을 제공하는 애플리케이션 계층 프로토콜이다. SNMP 매니저는 PC나 서버에서 운영되는 네트워크 관리 애플리케이션이고, 그 단말은 일반적으로 NMS(Network Management Station)라 불린다. 많은 SNMP 에이전트는 네트워크에 존재하며, 관리되는 단말당 하나씩 존재한다. SNMP 에이전트는 라우터, 스위치 등의 각 단말 안에서 동작하는 소프트웨어로, 해당 단말의 설정, 상태, 카운터 등의 모든 값들을 알고 있다. SNMP 매니저는 각 SNMP 에이전트와 통신을 하기 위해 SNMP 프로토콜을 사용한다.

각 에이전트는 해당 단말의 동작을 위한 매개변수, 상태, 카운터를 구성하는 값들의 데이터베이스를 가지고 있다. 이 데이터베이스는 MIB(Management Information Base)라 불리는데, 대부분의 네트워킹 단말에서 공통적인 몇개의 핵심 요소를 가지고 있다. 또한 단말의 종류에 따라 특성을 가지는 많은 수의 값도 가지고 있다. 예를 들면, 라우터의 MIB은 스위치 MIB에서 필요로 하지 않는 값들을 포함하고 있으며, 그 반대도 그렇다(나는 이 절을 쓰면서 라우터에 대해 간단히 체크를 하였고, IOS 버전 15.4M이 동작하는 라우터에서 7,000개가 넘는 MIB 값이 있음을 확인했다).

사전 점검 퀴즈 정답

1 B **2** A, C **3** D **4** A **5** C **6** A, B **7** C **8** A, C

[그림 26-1]은 이 아이디어와 용어를 연결한다. 먼저 많은 회사들은 SNMP 관리 제품을 판매한다. 시스코 프라임(Prime) 시리즈의 관리 제품(http://www.cisco.com/go/prime)은 SNMP와 다른 프로토콜을 사용하며, 네트워크를 관리한다. 라우터와 스위치의 IOS는 SNMP 에이전트를 포함하며, MIB을 가지고, 이 장의 후반부에 나오는 설정으로 활성화시킬 수 있다.

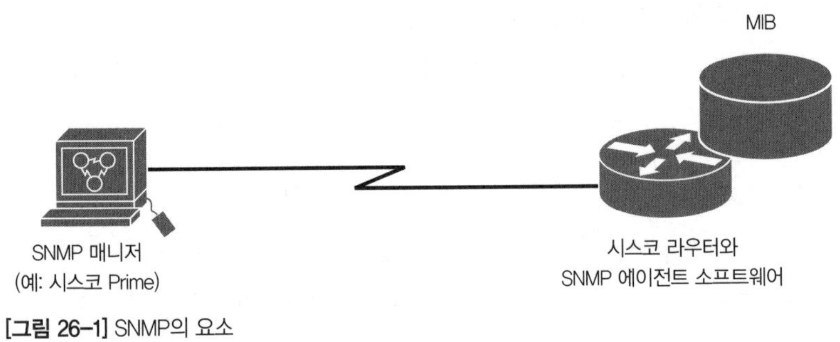

[그림 26-1] SNMP의 요소

SNMP 변수 읽고 쓰기: SNMP Get과 Set

NMS는 일반적으로 각 장비의 SNMP 에이전트를 폴링한다. NMS는 PC 앞의 사용자에게 알림을 보내거나 이메일이나 문자를 보내는 등 네트워크 운영자에게 디바이스에서 폴링하여 찾은 데이터로 확인된 문제들을 알린다. 이 제어 수준을 허용하는 경우 MIB의 SNMP 변수를 통해 장치를 재구성할 수도 있다. NMS는 SNMP Set 메시지를 보내 SNMP 에이전트의 값을 쓰는, 즉 장비의 설정을 바꾸는 동작을 한다. NMS는 장치의 구성을 변경하는 수단으로 SNMP 에이전트에 변수를 쓰는 SNMP Set 메시지를 보낸다. 이 메시지들은 쌍으로 움직이는데, 예를 들면 Get 요청은 에이전트에게 그 값의 내용을 물어보고, Get 회신은 그 정보를 받는다. [그림 26-2]에서는 NMS가 SNMP Get을 사용하여 특정 라우터 인터페이스의 상태를 설명하는 MIB 값을 물어보는 일반적인 흐름의 예를 보여준다.

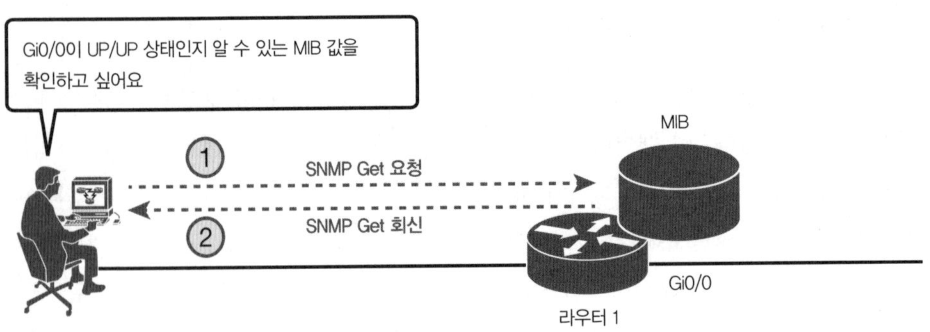

[그림 26-2] SNMP Get 요청과 Get 회신의 메시지 흐름

SNMP 통지: 트랩과 알림

Get 명령어를 사용해서 정보를 물어보고 Set 명령어를 사용해서 에이전트에 값을 설정하는 것

뿐만 아니라, SNMP 에이전트는 NMS로 통신을 시작할 수 있다. 일반적으로 이 메시지는 통지(Notification)라 불리며, 두 가지 특정 SNMP 메시지, 트랩(Trap)과 알림(Inform)을 사용한다. SNMP 에이전트는 특정 MIB 값이 어떤 상태에 도달했을 때, 그 값의 상태를 트랩 또는 알림으로서 NMS로 보낸다.

트랩의 예를 들면, 라우터 1의 G0/0 인터페이스가 [그림 26-3]의 **단계①** 에서처럼 장애가 생긴 경우를 가정하자. 트랩이 설정되어 있으면 라우터는 NMS에 SNMP 트랩 메시지를 보내게 되는데, 그 트랩 메시지는 G0/0 인터페이스가 다운 상태에 있다는 내용을 담고 있다. 그러면 NMS 소프트웨어는 네트워크 관리자에게 문자 메시지를 보낼 수도 있고, NMS 화면에 윈도 창을 팝업시키거나 GUI 상의 라우터 아이콘의 색을 적색으로 바꾸는 등의 동작을 할 수 있다.

SNMP 트랩과 알림 메시지는 동일한 목적을 가지고 있지만, 프로토콜 메커니즘은 다르다. SNMP 트랩은 1980년대 후반에 나온 첫 번째 버전의 SNMP(SNMPv1)에서부터 사용할 수 있었고, 송신 후 망각형 방식을 사용한다. SNMP 에이전트는 NMS의 IP 주소로 트랩을 보내는데, UDP를 모든 SNMP 메시지를 수송하는 프로토콜로서 사용하고, 애플리케이션 계층 오류 복구는 하지 않는다. 트랩이 도착하면 좋은 것이고, 송신 단계에서 없어지면 그만이다.

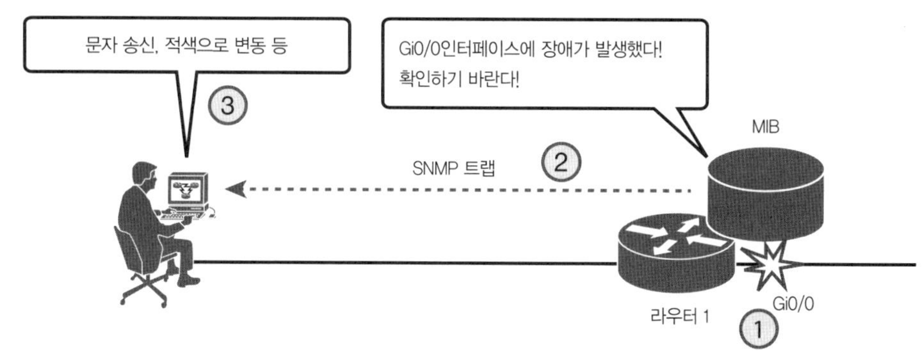

[그림 26-3] SNMP 트랩 통지 과정

알림 메시지는 트랩 메시지와 비슷하지만, 가용성이 추가되었다. SNMPv2에서 추가된 프로토콜로, 알림 메시지도 UDP를 사용하지만, 애플리케이션 계층 가용성을 추가하였다. NMS는 알림을 수신하였음을 반드시 알려야 하고, 그렇지 않을 경우 SNMP 에이전트는 시간 만료가 되어 알림을 다시 송신한다.

오늘날 트랩과 알림이 유용한 역할을 한다는 것을 기억하고, 트랩은 아직도 널리 사용되고 있다. 두 메시지 모두 NMS에 통지한다. 트랩은 에이전트에서의 오버헤드가 적고, 알림은 메시지의 가용성을 향상시켰지만 좀 더 오버헤드가 필요하다.

MIB

모든 SNMP 에이전트는 MIB(Management Information Base)을 가진다. MIB은 에이전트에

의해 정해지고 갱신되는 값을 정의한다. 네트워크에 있는 장비의 MIB 값은 관리 소프트웨어로 하여금 네트워크 장비를 모니터하고 제어할 수 있게 한다.

좀 더 형식을 갖춰 말하면, MIB은 각 값을 *OID(Object ID)*로 정의한다. 대부분의 장비에서 MIB은 RFC 표준에 의거하여 OID를 정하고, 일부는 제조사 특성 값을 가진다. MIB은 트리 구조를 가진 계층적인 OID로 모든 값들을 정리한다. 트리의 각 노드는 이름이나 숫자를 가진 트리 구조의 순서를 기반으로 하여 만들어진다. [그림 26-4]는 시스코의 특정 MIB을 나타내는, MIB 트리 구조의 일부분을 보여준다.

긴 이름과 숫자로 구성된 MIB을 직접 사용하는 것은 쉽지 않을 수 있어, NMS 소프트웨어는 일반적으로 MIB의 다양한 넘버링과 이름의 복잡함을 숨긴다. 그러나 이 가변적인 이름을 엿보기 위해 [그림 26-4]에서는 두 가지의 변수, 즉 그림 제일 아래쪽에 있는 긴 문자열의 숫자가 나타내는 이름에 대한 트리 구조를 보여준다. 이 숫자들과 트리 구조를 다루는 것이 가장 어렵다. 참고로, 당신은 SNMP 매니저를 사용해서 MIB 변수 1.3.6.1.4.1.9.2.1.58.0을 입력하고, 그 변수를 얻기 위해 버튼을 누르면, 시스코 라우터로부터 얻은 현재의 CPU 사용 퍼센트 값을 볼 수 있다. 그러나 NMS를 사용하는 대부분의 사람들은 이런 디테일을 보기보다는 동일한 정보를 얻기 위해 간단한 그래픽 인터페이스를 사용하기를 원하며, 1.3.6.1.4.9.2.1.58.0이 라우터 CPU 사용량에 관련된 MIB이라는 것을 알 필요가 없길 바란다.

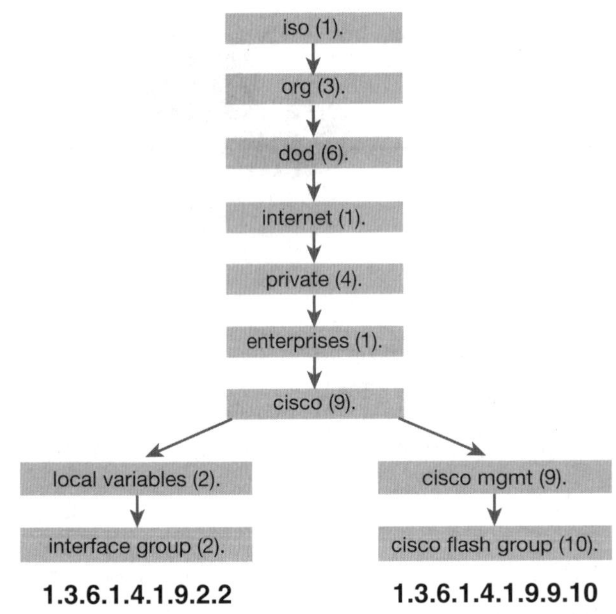

[그림 26-4] MIB(Management Information Base)

SNMP의 보안

SNMP는 몇 가지 보안 메커니즘을 지원하며, 특정 버전에 의존한다. 그 옵션에 관해 다룬다.

먼저, SNMP의 보안을 강화하는 한 가지 방법은 알려진 서버에서만 SNMP 메시지를 제한적으로 받도록 ACL을 사용하는 것이다. 시스코 라우터와 스위치의 SNMP 에이전트는 IPv4와 IPv6 패킷을 사용하는 SNMP 메시지를 지원한다. SNMP 에이전트는 IPv4 패킷으로 들어오는 SNMP 메시지를 필터링할 수 있는 IPv4 ACL과 IPv6 패킷으로 들어오는 SNMP 메시지를 필터링하는 IPv6 ACL을 설정할 수 있다.

에이전트의 보안을 강화하기 위해 IPv4와 IPv6 ACL을 사용하는 것은 좋은 방법이다. 라우터와 스위치의 SNMP 에이전트로 SNMP 메시지를 보내야 하는 유일한 단말들은 NMS 단말들이다. 이 NMS 단말들은 좀처럼 바뀌지 않고 IP 주소도 네트워크 관리자들은 잘 알고 있어야 한다. 모든 NMS 단말의 IP 주소로부터 오는 패킷을 허가하는 ACL을 설정하는 것은 확실한 방법이다.

SNMP 프로토콜 메시지에 대해, 모든 버전의 SNMP는 기본적인 일반 텍스트로 된 암호 메커니즘을 지원하지만, 이 버전 중 어떤 버전도 암호를 사용하는 메커니즘과는 관련이 없다. SNMPv3는 더 현대적인 방법의 보안 방식을 추가하였다.

SNMPv1은 SNMP 커뮤니티라 하는 평문 암호를 정의한다. 기본적으로, SNMP 에이전트와 SNMP 매니저는 *커뮤니티 스트링*이라 불리는 동일한 SNMP 커뮤니티 값에 대해 알고 있어야 한다. SNMP Get 메시지와 Set 메시지는 적절한 커뮤니티 값을 평문으로 포함한다. NMS가 Get 또는 Set을 SNMP 에이전트에 설정된 것과 동일한 커뮤니티 값과 함께 송신하면, 에이전트는 그 메시지를 처리한다.

SNMPv1은 읽기 전용의 커뮤니티와 읽기-쓰기를 할 수 있는 커뮤니티를 둘 다 정의한다. 읽기 전용(RO, read-only) 커뮤니티는 Get 메시지를 허용하고, 읽기-쓰기(RW, read-write)를 할 수 있는 커뮤니티는 Get과 Set 메시지를 둘 다 허용한다. [그림 26-5]는 그 개념을 보여준다. **단계①** 과 **단계②** 에서, 에이전트는 특정한 RO와 RW 커뮤니티 값이 설정되었고 NMS는 동일한 값을 설정하였다. **단계③** 에서 SNMP Get이 양 커뮤니티 값을 사용하여 통신할 수 있음을 알 수 있지만, **단계④** 에서는 Set 요청은 RW 커뮤니티를 반드시 사용해야 한다는 것을 알 수 있다.

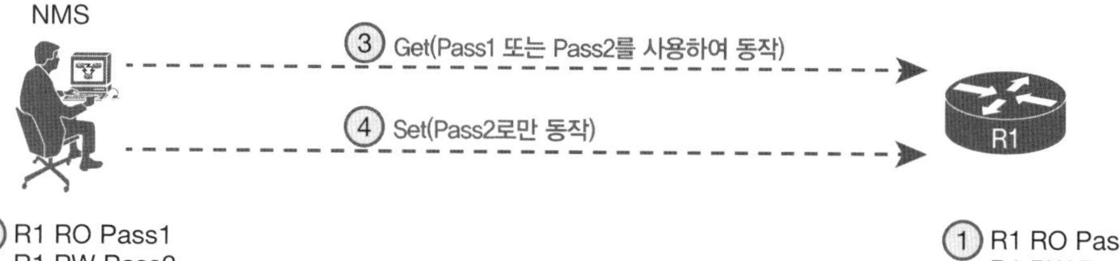

[그림 26-5] Get, Set 명령어와 사용되는 RO, RW 커뮤니티

26

SNMPv2와 SNMPv2에 관련된 커뮤니티는 그 명명법이 약간 바뀌었지만, 표준 프로세스가 완료된 후에는 기본적으로 SNMPv1과 동일한 커뮤니티 보안 기능을 가진다. SNMPv2의 원래 사양은 커뮤니티를 포함하지 않았다. 그러나 시장에서 커뮤니티 사용을 원했고, 추가 RFC는 SNMPv2에 다시 커뮤니티 메커니즘을 넣었다. 이 갱신된 RFC는 커뮤니티를 사용하는 SNMPv2로, 간단하게 SNMPv2c로 알려져 있다. 시스코를 포함한 제조사는 SNMPv2c를 구현하였다.

SNMPv3는 네트워크 관리자들 사이에 더욱 환영을 받았다. 마침내 보안은 강력한 네트워크 관리 프로토콜에 구현되었다. SNMPv3는 커뮤니티를 없애고, 아래와 같은 기능으로 대체하였다.

- **메시지 완전성**: 이 메커니즘은 모든 SNMPv3 메시지에 적용되며, 수송 도중에 메시지가 변경되었는지에 관해 확인한다.
- **인증**: 사용자명과 암호를 통해 인증을 하는 부가적인 기능으로, 암호는 평문으로 송신되면 안된다. 대신, 다른 현대적인 인증 프로세스와 같이 해시를 사용한다.
- **암호화**: SNMPv3 메시지의 내용을 암호화하는 부가적인 기능으로, 메시지를 가로채는 공격자들이 그 내용을 읽지 못하도록 한다.

SNMPv2c의 구현

시험 주제로는 SNMPv2c와 SNMPv3가 언급되었다. SNMPv1과 SNMPv2c는 둘 다 커뮤니티를 사용하기 때문에 그 설정이 매우 비슷함을 알 수 있다. SNMPv3는 조금 다른데, 주로 더 나은 SNMPv3의 보안 기능을 구현하기 위함이다. 다음 절에서 SNMPv2c를 어떻게 설정하고 검증하는지에 대해 다룬다.

Get과 Set에 대한 SNMPv2c 설정

시스코 IOS 라우터와 스위치의 SNMP 설정은 다른 IOS 기능들과 좀 다르게 동작한다. 먼저 SNMP 설정은 글로벌 명령어의 시리즈로서 존재한다. 즉, SNMP 에이전트 설정 모드가 따로 없다. 두 번째로, 하나의 명령어가 SNMP 에이전트를 활성화시키지는 않는다. 대신에 IOS는 일반적으로 SNMP 에이전트가 비활성화되어 있다. 그리고 **snmp-server**라는 글로벌 명령어가 설정되면, IOS는 SNMP 에이전트를 활성화시킨다.

> **NOTE** SNMP 에이전트를 활성화하는 이 이상한 방법 때문에, 에이전트를 비활성화하려면 모든 SNMP 설정을 no 명령어를 사용하여 지운 후에 라우터 또는 스위치를 재부팅해야 한다. SNMP 에이전트를 비활성화하는 하나의 명령어는 없다.

이런 배경을 바탕으로, 일반적인 SNMPv2 설정은 하나 또는 두 개의 설정이 필요하다. 유용하게 사용하려면, 에이전트는 최소한 읽기 전용(RO)의 커뮤니티 값을 필요로 한다. 에이전트는 RO

커뮤니티 값의 설정 없이는 SNMPv2c 메시지에 응답하지 않을 것이다. 네트워크 엔지니어는 Set 메시지를 지원하는 읽기-쓰기(RW)가 가능한 커뮤니티 값을 가지기를 원할 수도 있다.

NOTE RW 커뮤니티를 설정할 때, 몇 가지 주의 사항이 있다. RW 커뮤니티를 설정한다는 것은 당신이 라우터나 스위치에 많은 설정을 하는 데 사용될 수 있는 평문의 암호를 정의한다는 것을 의미한다.

다음 체크리스트는 시스코 라우터 또는 스위치에 SNMPv2c를 설정할 때 사용하는 명령어의 상세 사항을 나타낸 것이다. 이 목록은 RO와 RW 커뮤니티의 설정 방법과 장소 또는 연락처 정보 등의 일반적인 설정 방법 등의 옵션에 대해 보여준다.

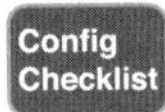

단계 ① **snmp-server community** *communitystring* **RO** [**ipv6** *acl-name*] [*acl-name*] 명령어를 글로벌 설정 모드에서 사용하여 SNMP 에이전트를 활성화하고, 읽기 전용의 커뮤니티 값을 설정하며, 선택 사항인 IPv4 또는 IPv6 ACL에 기반하여 들어오는 SNMP 메시지를 제한한다.

단계 ② (선택 사항) **snmp-server community** *communitystring* **RW** [**ipv6** *acl-name*] [*acl-name*] 명령어를 글로벌 설정 모드에서 사용하여 SNMP 에이전트를 활성화한 후, 읽기-쓰기가 가능한 커뮤니티 값을 설정하며, 선택 사항인 IPv4 또는 IPv6 ACL에 기반하여 들어오는 SNMP 메시지를 제한한다.

단계 ③ (선택 사항) **snmp-server community** 명령어를 참조하면, **snmp-server community** 명령어에서 사용한 것과 같은 이름이나 숫자로 구성되고, 허가된 SNMP 관리 단말들의 IPv4 또는 IPv6 주소에 부합하는 IPv4 또는 IPv6 ACL을 설정한다.

단계 ④ (선택 사항) 글로벌 설정 모드에서 **snmp-server location** *text-describing-location* 명령어를 장비의 장소를 기술하는 데 사용한다.

단계 ⑤ (선택 사항) 글로벌 설정 모드에서 **snmp-server contact** *contact-name* 명령어를 문제가 생겼을 때 연락하는 사람을 기술하는 데 사용한다.

NOTE SNMP 모델에서, SNMP 에이전트는 서버와 같이 움직이고, NMS(SNMP 매니저)는 Get 메시지로 정보를 요청하면서 SNMP 클라이언트와 같이 움직인다. IOS의 **snmp-server** 명령어는 라우터 또는 스위치의 SNMP 에이전트가 SNMP 서버처럼 움직인다는 발상을 강조한다.

[예 26-1]은 [그림 26-6]을 바탕으로 한 예 설정을 보여준다. 이 절의 예는 라우터 R1으로부터 오는데, 동일한 SNMP 설정 문법이 LAN 스위치나 R2에서도 사용될 수 있다(위치 정보의 설정은 각 장비에 따라 다를 수 있다) 이 설정이 그림에서 보이는 NMS의 주소인, 출발 IP 주소 10.1.3.3에서의 트래픽을 허가하는 IPv4 ACL을 만든다. 그리고 읽기 전용 및 읽기-쓰기가 가능한 커뮤니티와 라우터의 위치, 연락처를 정의한다.

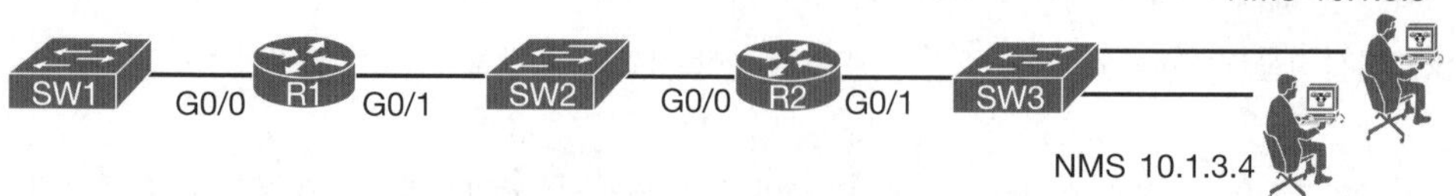

[그림 26-6] SNMP를 위한 네트워크 샘플. NMS는 10.1.3.3 사용

```
ip access-list standard ACL_PROTECTSNMP
 permit host 10.1.3.3
!
snmp-server community secretROpw RO ACL_PROTECTSNMP
snmp-server community secretRWpw RW ACL_PROTECTSNMP
snmp-server location Atlanta
snmp-server contact Tyler B
```

[예 26-1] 라우터 R1에 Get과 Set을 지원하기 위한 SNMPv2c 설정

라우터 R1의 관리를 시작하려면(또는 동일한 커뮤니티 값을 사용하는 다른 단말을 사용하려면), 10.1.3.3의 SNMP 매니저는 [예 26-1]에 나온 것과 같은 커뮤니티 값을 설정할 필요가 있다.

트랩과 알림에 대한 SNMPv2c 설정

라우터 또는 스위치의 SNMPv2c 에이전트가 SNMP 매니저로 요청받지 않은 통지를 보낼 수 있으려면(즉, 트랩과 알림 메시지를 보내려면), 그 장비는 **snmp-server host** 명령어로 설정되어야 할 필요가 있다. 이 명령어는 SNMP 버전과 함께 트랩과 알림이 송신되어야 하는 NMS를 가리킨다.

SNMP 에이전트가 NMS의 호스트네임 또는 주소를 말하기 전에, 에이전트는 일반적으로 NMS에서 사용되는 통지 커뮤니티 값을 알아야 한다. SNMP 에이전트가 NMS에서 생성되는 메시지(Get 또는 Set 요청)를 보호하는 RO와 RW 커뮤니티 값에 대해 생각하자. 에이전트는 NMS에게 정확한 RO 또는 RW 커뮤니티 값을 제공하기를 요청한다. 트랩과 알림에 대해서 NMS는 에이전트에 메시지와 함께 *통지 커뮤니티(notification community)*를 포함하길 요구하며, 자기 자신을 SNMP 에이전트에서 발생하는 트랩 및 알림 메시지에서 보호한다. 에이전트는 이 값을 **snmp-server host** 명령어에 설정할 수 있다.

다음 목록은 SNMPv2c 트랩이나 알림 메시지를 NMS에 송신하는 것을 가능하게 하는 명령어에 대해 설명한다.

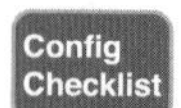

단계 ① 서술된 단말에게 SNMPv2c 트랩(기본 설정)과 알림을 보내기 위해 SNMP 에이전트의 글로벌 설정 모드에서 **snmp-server host** {*hostname* | *ip-address*} [**informs**] **version 2c** *notification-community* 명령어를 사용해 설정한다.

단계 ② 지원되는 모든 유형의 트랩 및 알림 메시지를 보낼 수 있게 하기 위해, 글로벌 설정 모드에서 **snmp-server enable traps** 명령어를 사용한다.

[예 26-2]는 샘플 설정을 보여준다. 대부분의 케이스에서, 당신은 특정 NMS로 트랩 또는 알림을 보내게 될 것이지만, 두 개를 동시에 보내지는 않는다. 이 예에서 설정은 트랩을 하나의 단말(10.1.3.3)에 보내려면 어떻게 설정을 하는지, 그리고 또 다른 단말(10.1.3.4)에 알림을 보내려면 어떻게 설정을 하는지에 대해 보여준다. 이 명령어는 [그림 26-6]의 라우터 R1에 추가되지만, 라우터 R2나 어느 LAN 스위치에도 똑같이 추가될 수 있다는 것을 기억하자.

```
snmp-server host 10.1.3.3 version 2c secretTRAPpw
snmp-server host 10.1.3.4 informs version 2c secretTRAPpw
snmp-server enable traps
```

[예 26-2] 트랩 송신을 지원하기 위한 라우터 R1에서의 SNMPv2c 설정

SNMPv2c 동작 검증

[예 26-3]은 앞의 두 예에서 본 설정에 근거한 몇 가지 상태 정보를 보여준다. **show snmp** 명령어의 변형은 여러 출력 결과에 강조해 두었다. 예를 들면, **show snmp community** 명령어는 커뮤니티 값을 반복하고, 첨부된 IPv4 및 IPv6 ACL을 함께 보여준다. **show snmp host** 명령어는 각 **snmp-server host** 설정 명령어를 참조하여 NMS의 IP 주소 또는 호스트네임을 보여준다.

```
R1# show snmp community

Community name: secretROpw
Community Index: secretROpw
Community SecurityName: secretROpw
storage-type: nonvolatile        active access-list: ACL_PROTECTSNMP

Community name: secretRWpw
Community Index: secretRWpw
Community SecurityName: secretRWpw
storage-type: nonvolatile        active access-list: ACL_PROTECTSNMP

Community name: secretTRAPpw
Community Index: secretTRAPpw
Community SecurityName: secretTRAPpw
storage-type: nonvolatile        active

R1# show snmp location
```

```
Atlanta

R1# show snmp contact
Tyler B

R1# show snmp host
Notification host: 10.1.3.4     udp-port: 162    type: inform
user: secretTRAPpw      security model: v2c

Notification host: 10.1.3.3     udp-port: 162    type: trap
user: secretTRAPpw      security model: v2c
```

[예 26-3] 라우터 R1의 SNMPv2c 설정 확인

show snmp 명령어는 설정을 반복하는 게 아니라 상태와 카운터 정보에 주목하는 등 [예 26-3]의 명령어와 반대의 접근을 한다. 이 명령어는 수많은 줄의 상세 정보를 보여주는데, [예 26-4]의 샘플은 당신이 이 명령어에서 확인할 수 있는 정보의 종류를 알 수 있는 충분한 출력 결과이다.

```
R1# show snmp
Chassis: FTX162883H0
Contact: Tyler B
Location: Atlanta
7735 SNMP packets input
    0 Bad SNMP version errors
    9 Unknown community name
    0 Illegal operation for community name supplied
    2 Encoding errors
    51949 Number of requested variables
    2 Number of altered variables
    3740 Get-request PDUs
    3954 Get-next PDUs
    7 Set-request PDUs
    0 Input queue packet drops (Maximum queue size 1000)
7850 SNMP packets output
    0 Too big errors (Maximum packet size 1500)
    0 No such name errors
    0 Bad values errors
    0 General errors
    7263 Response PDUs
    126 Trap PDUs
! Lines omitted for brevity
```

[예 26-4] 라우터 R1에서의 SNMPv2c 메시지 로드 확인

[예 26-4]의 출력 결과는 이전의 예에서 나온 10.1.3.3의 NMS에서 몇 가지 테스트를 한 후에 라우터 R1에서 나온 결과이다. 강조된 요소는 수신하고(input) 보낸(output) SNMP 패킷의 수를 가리키며, 요청된 MIB 값의 개수, 즉 다른 SNMP Get 요청에 의해 얻은 값의 개수도 가리킨다(SNMP가 GetNext와 GetBulk 명령어도 지원하기 때문에 한 NMS 사용자의 클릭이 NMS로 하여금 에이전트로부터 많은 값을 Get 할 수 있고, 요청한 값의 카운터가 아주 커지는 것은 굉장히 드문 경우라는 것을 기억하자). 출력 결과는 일곱 개의 Set 요청이 수신되고, 두 가지 값이 변화하였다는 것을 보여준다. 두 개의 Set 요청이 값을 변경시켰다는 것은, 만약 어떤 사람이 SNMP를 사용해서 장비에서 어떤 것을 재설정 했는지에 대해 당신이 궁금해한다면, 알아야 할 좋은 사실이 될 수 있다.

SNMPv3 구현

시스코 라우터와 스위치에서의 SNMPv3 설정은 SNMPv2c 설정과 유사한 명령어도 있고, 완전히 다른 명령어도 있다. 트랩과 알림을 보내기 위한 설정은 **snmp-server host**와 **snmp-server enable traps** 명령어를 사용하고, 몇 가지 차이를 제외하면 거의 동일하게 동작한다. 그러나 SNMPv3는 커뮤니티에 대한 언급을 완전히 대체하여, **snmp-server community** 명령어를 아예 사용하지 않는다. 대신에 **snmp-server group**과 **snmp-server user** 명령어를 SNMPv3에서의 보안 기능 구현을 위해 사용한다.

SNMPv2는 더 많은 설정 옵션이 있고, 그 상세 사항은 혼동하기 쉽다. 먼저 [예 26-5]에서 보여주는 짧은 SNMPv3 설정 예를 보자. 예에서는 당신이 선택해야 할 값에 대해 강조하였고, 그 값은 이름과 암호 등의 문자 필드 또는 NMS의 IP 주소이다. 이 설정은 SNMPv2 설정과 대체할 수 있고, 사용자명/암호 인증을 사용한다. 예에서 따르고 있는 요구 사항은 다음과 같다.

- SNMPv3 인증(SNMPv2c 커뮤니티 대체)을 사용할 것.
- 사용자명을 Youdda, 인증 암호를 madeuppassword로 사용할 것(당신의 네트워크에서는 직접 값을 결정하면 된다).
- SNMPv3 프라이버시(메시지 암호화)를 사용하지 말 것.
- 읽기(Get)와 쓰기(Set) 접근을 허용할 것.
- NMS(10.1.3.3)로 트랩을 송신하고, 동일한 사용자명으로 인증할 것.

```
R1(config)# snmp-server group BookGroup v3 auth write v1default
R1(config)# snmp-server user Youdda BookGroup v3 auth md5 madeuppassword
R1(config)# snmp-server host 10.1.3.3 version 3 auth Youdda
```

[예 26-5] R1에서의 SNMPv3 설정(인증 부분만)

요구 사항들을 보고, 아마도 [예 26-5]의 설정을 읽고 요구 사항과 예를 비교하며 명령어 매개변수의 의미를 추측할 것이다. 그러나 우리는 이 명령어와 옵션의 상세 사항을 더 공부하여 앞으로 몇 페이지에 걸쳐 다뤄질 전체의 설정을 이해할 필요가 있다.

SNMPv3 그룹

SNMPv3 인증은 사용자명/암호의 조합을 사용한다. 시스코는 IOS에 SNMPv3를 구현할 때, 사용자 그룹이 동일한 보안 설정을 사용한다면 유용할 것이라는 점을 인식하였다. 그래서 시스코에서는 **snmp-server user** 명령어(사용자를 정의하는 명령어)를 각각 사용하여 각각의 보안 매개변수를 정의하기보다는 **snmp-server group** 명령어로 몇 가지 보안 설정을 넣었다. 이 명령어는 SNMPv3 사용자 그룹에서 동일한 SNMPv3 보안 설정을 가진다. **snmp-server user** 명령어는 하나의 SNMP 그룹을 가리킨다. 다음 주제는 이 보안 매개변수가 **snmp-server group** 명령어로 정의될 때에 관해 다룬다.

[그림 26-7]은 전체적인 **snmp-server group** 명령어를 보여준다. 왼쪽의 매개변수는 네트워크 엔지니어가 만든 이름을 포함하며, 이것은 로컬 라우터에서만 다른 명령어와 부합될 필요가 있다. SNMPv3 설정에서 v3 키워드는 항상 사용된다. 이 그림에 들어있는 설명은 그림에서 볼 수 있는 나머지 매개변수의 상세 사항에 대해 보여준다.

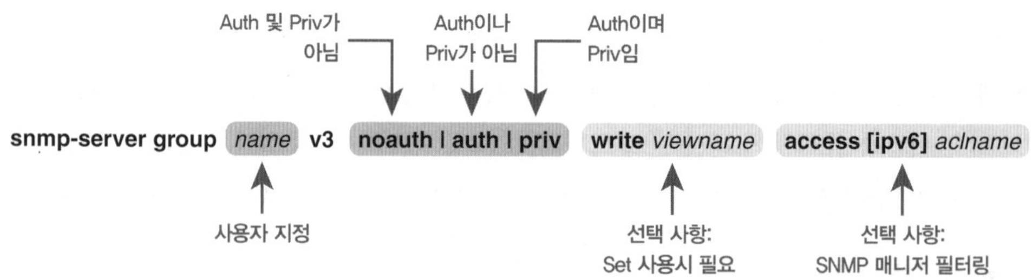

[그림 26-7] SNMPv3 그룹 – 설정 명령어 매개변수

명령어의 다음 매개변수는 이 그룹의 사용자에게 세 가지 SNMPv3 보안 레벨 중에 하나를 사용하도록 설정한다. [표 26-2]에서 볼 수 있는 요약과 같이, 모든 세 가지의 보안 레벨은 메시지가 전송되는 도중에 변동되지 않았다는 것을 확인해주는 메시지의 무결성을 제공한다. **auth** 옵션은 사용자명과 암호를 사용하여 메시지 무결성에 대한 인증을 추가하며, IOS는 암호를 해시값으로 저장하고 절대로 평문으로 암호를 송신하지 않는다. 마지막으로 보안 레벨을 향상시키는 것은 **priv** 보안 레벨 사용을 설정하는 것이며, 메시지 무결성 및 인증과 더불어 SNMP 매니저와 에이전트로 하여금 송신되는 모든 SNMP 메시지의 모든 SNMP 패킷을 암호화하도록 한다.

명령어 키워드	키워드의 의미	메시지 무결성 확인?	인증 수행?	메시지 암호화?
noauth	Auth도 Priv도 아님	Yes	No	No
auth	Auth이나 Priv가 아님	Yes	Yes	No
priv	Priv	Yes	Yes	Yes

[표 26-2] SNMPv3 보안 레벨의 키워드와 그 의미

[그림 26-7]의 **snmp-server group** 명령어에서 볼 수 있듯이, 패킷 필터링을 위한 옵션 ACL로 명령어가 끝난다. SNMPv2c에서도 동일하게 SNMP 매니저로부터 오는 메시지를 필터링하기 위해 IPv4나 IPv6 ACL을 사용하곤 한다.

지금까지는 **snmp-server group** 명령어의 일부, 즉 SNMPv3 MIB 뷰의 발상이 논의되지 않았다. MIB 뷰는 MIB의 서브셋을 정의한다. IOS는 MIB 뷰의 시리즈를 제공하며, 당신은 원한다면 당신만의 MIB 뷰를 정의할 수 있다.

그러나 이 책에서는 *v1default*라는 이름을 가진, MIB의 모든 유용한 부분들을 포함하고 있는, 미리 정의된 한 가지의 MIB 뷰에 대해서만 다룬다. 당신이 라우터 또는 스위치 MIB의 그야말로 수천 가지가 될 수 있는 다른 뷰를 어떻게 만들 수 있는지에 주목하는 대신에, 어떻게 **snmp-server group** 명령어가 MIB의 주요 항목을 포함하는 한 가지 MIB에 사용될 수 있는지에 관해 다룬다.

기본적으로 각 SNMPv3 그룹은 **snmp-server group** 명령어로 정의되며, v1default라는 읽기 MIB 뷰(read view)를 가지고 쓰기 뷰(write view)는 없다. 결과적으로 SNMP 에이전트는 SNMPv3 Get 요청을 받아 처리하며, SNMPv3 Set 요청은 받지 않는다. 쓰기 MIB 뷰의 부족은 기본적으로 [그림 26-8]의 윗부분에서 볼 수 있듯이 SNMP 에이전트가 읽기 전용 동작을 하는 결과를 가져온다.

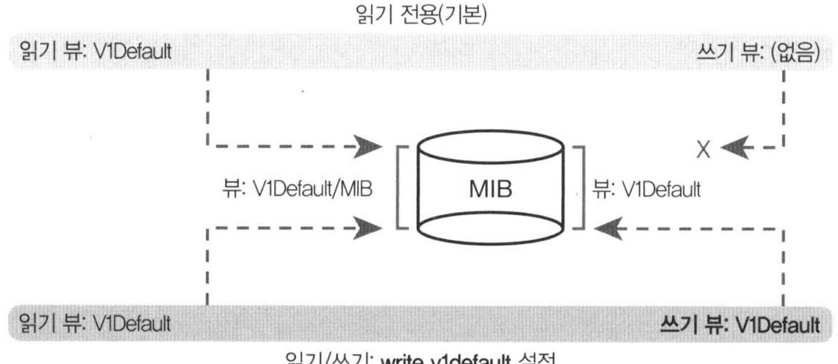

[그림 26-8] 읽기 전용과 읽고 쓰기 결과를 만드는 SNMPv3 뷰

이 그림의 아랫부분은 **write v1default** 매개변수가 설정된 SNMP 그룹의 개념을 보여

주며, 그 그룹은 읽기 뷰를 가진 MIB에서 사용되는 것과 동일한 쓰기 뷰를 사용하게 된다. **snmp-server group** 명령어에 **write v1default**를 포함함으로써, Get만 허용하는 기본 동작에서 Set도 허용하는 동작도 할 수 있게 된다.

이 개념들을 하나로 하여, [예 26-6]에서는 네 가지의 비슷한 SNMPv3 그룹을 보여주는데, 이 부분은 나중에 **snmp-server user** 명령어에 의해 참조될 수 있다. 두 개의 명령어는 **write v1default** 매개변수를 사용하며, 두 개는 사용하지 않는데, 그래서 두 개의 그룹은 읽기-쓰기(Get과 Set)를 지원하며, 나머지 두 개의 그룹은 읽기 전용(Get 만)을 지원한다. 또한 두 개의 그룹은 명칭 IPv4 ACL(SNMPACL)을 참조하며, 나머지 두 개는 하지 않는 것을 확인하자. 예 목록의 각 줄의 뒷부분은 각 명령어에 대한 설명이다.

```
ip access-list standard SNMPACL
 permit host 10.1.3.3
!
snmp-server group Group1 v3 noauth                    ! 쓰기미지원, ACL 없음
snmp-server group Group2 v3 noauth write v1default ! 쓰기허용, ACL 없음
snmp-server group Group3 v3 noauth access SNMPACL   ! 쓰기미지원, ACL 사용
snmp-server group Group4 v3 noauth write v1default access SNMPACL ! 쓰기허용, ACL 사용
```

[예 26-6] SNMPv3 그룹: 쓰기 뷰와 ACL 보안에 관한 비교

네 개의 모든 예가 **noauth** 인증 유형을 사용하지만, 그룹은 **auth**와 **priv** 유형의 사용도 정의할 수 있다. 어떤 보안 레벨로 그룹을 설정하던지 간에, **write**과 **access** 키워드, 그리고 그것들의 매개변수의 의미와 사용을 변동시킬 수는 없다. 보안 레벨은 다음 절에서 볼 수 있듯이 단순하게 그룹 이름을 참조한 **snmp-server user** 명령어에 설정되어 있는 보안 레벨에 부합할 필요가 있다.

SNMPv3 사용자, 암호, 암호화 키

snmp-server user 명령어는 SNMP 에이전트에 대해 다른 보안 매개변수를 설정한다. 특히, 이것은 다음과 같은 사항을 설정한다.

- 사용자명
- 인증 암호 및 인증 해시 알고리즘(MD5 또는 SHA)
- 암호화 키 및 암호화 알고리즘(DES, 3DES, AES)
- 보안 설정을 더 가진, 이름에 따른 **snmp-server group** 명령어 참조

snmp-server user 명령어는 수많은 유동적인 부분을 가지고 있으며, **snmp-server group** 명령어의 보안 설정 중 일부분에도 유동적인 부분을 가지고 있다. [그림 26-9]는 이 설정의 개념을

같이 연결하여, 한 장소에 두 명령어를 보여주고 있다. 그림 아래에 그 설명을 하도록 한다.

Key Topic

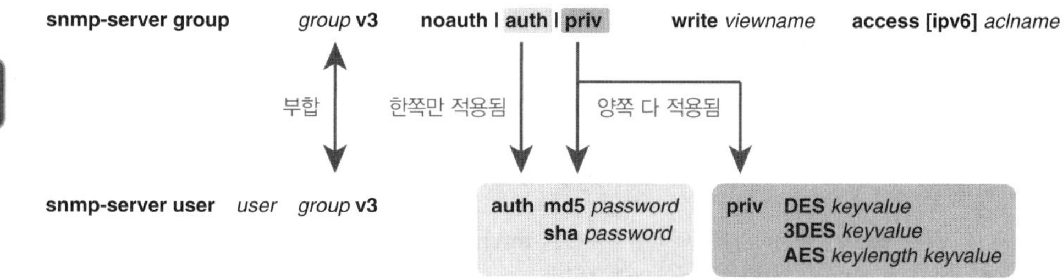

[그림 26-9] SNMP 사용자와 그룹: 설정됨

snmp-server user 명령어는 사용자명 자체를 생성한다. 네트워크 엔지니어는 이름을 만들 수 있다. 다음의 두 매개변수는 해당 사용자에 연계된 지정 **snmp-server group** 명령어에 반드시 부합되어야 하며, 그룹 이름과 v3 키워드(SNMPv3를 의미)도 부합해야 한다. 여기에서 어떤 실수라도 벌어지면 이 SNMP 사용자가 SNMP 그룹에 연계되지 않는 결과를 낳을 것이다.

당신은 연계된 **snmp-server group** 명령어 안의 보안 종류에 특히 주의를 기울여야 하는데, 왜냐하면 어떤 매개변수가 **snmp-server user** 명령어의 뒷부분에 설정되어야 하는지를 알려주기 때문이다. [그림 26-9]의 화살표와 함께 쓰여진 것처럼, **snmp-server group** 명령어 안의 **auth** 키워드는 유저를 위한 인증 매개변수, 즉 암호와 인증 해시 알고리즘을 **snmp-server user** 명령어 안에 설정하는 것을 요구한다. 만약 **priv** 키워드를 **snmp-server group** 명령어 안에 사용한다면, **snmp-server user** 명령어는 그림에서처럼 인증과 프라이버시 매개변수를 둘 다 정의해야 한다.

> **NOTE** IOS에서 참조된 snmp-server group 명령어가 auth 또는 priv 매개변수를 사용함에도 불구하고, snmp-server user 명령어를 auth 또는 priv 키워드를 누락시킨 채로 잘못 설정할 수도 있다. 그러나 잘못된 설정은 SNMP 에이전트로 하여금 SNMP 매니저와의 통신을 불가능하게 한다. 예를 들면 snmp-server user 명령어가 auth 키워드와 연계된 매개변수를 빠뜨렸지만 snmp-server group 명령어가 auth 키워드를 사용한다면, IOS는 설정 명령어를 수용하지만, 에이전트와 NMS가 통신을 시도할 때에는 인증이 실패하게 된다.

[예 26-7]은 **snmp-server group** 시리즈와 **snmp-server user**의 부합을 하나씩 보여주며, 매개변수들을 쉽게 이해할 수 있을 것이다. **snmp-server group** 명령어가 부하를 줄이기 위해, 쓰기를 활성화시키거나 ACL을 사용하는 등의 매개변수를 포함하지 않는다는 것을 기억하자.

26

```
! 이 그룹은 noauth로 설정하였기 때문에 유저 Youdda1의 설정에서는 auth 및 priv 키워드를 사용하지 않는다.
snmp-server group BookGroup1 v3 noauth
snmp-server user Youdda1 BookGroup1 v3

! 다음 그룹은 auth를 사용하기 때문에, 다음 두 유저는 auth 키워드를 사용하여 설정하지만 priv 키워드는 사용하지 않는다.
snmp-server group BookGroup2 v3 auth
snmp-server user Youdda2 BookGroup2 v3 auth md5 AuthPass2
snmp-server user Youdda3 BookGroup2 v3 auth sha AuthPass3

! 다음 그룹은 priv를 사용하기 때문에 다음 유저들은 auth 및 priv 키워드를 사용하여 설정한다.
snmp-server group BookGroup3 v3 priv
snmp-server user Youdda4 BookGroup3 v3 auth md5 AuthPass3 priv des PrivPass4
snmp-server user Youdda5 BookGroup3 v3 auth md5 AuthPass3 priv 3des PrivPass5
snmp-server user Youdda6 BookGroup3 v3 auth sha AuthPass4 priv aes 128 PrivPass6
```

[예 26-7] SNMPv3 설정 예: 그룹과 사용자

이 예는 [그림 26-9]에서 열거된 여러 가지의 인증 및 암호화 옵션도 보여주고 있음을 기억하자.

SNMPv3 검증

SNMPv3의 동작을 검증하는 것은 SNMPv3 설정의 상세 사항을 확인하는 것에서 시작한다. 당신은 당연히 이 설정을 **show running-config** 명령어에서 찾을 수 있지만, 특히 두 가지 명령어는 설정에서 반복된다. [예 26-8]은 이 명령어들 중 하나인 **show snmp user**에 대한 출력 결과를 보여주며, [예 26-7]에 열거된 설정을 추가한 라우터 R1에서 출력된 것이다.

```
R3# show snmp user
User name: Youdda1
Engine ID: 800000090300D48CB57D8200
storage-type: nonvolatile        active
Authentication Protocol: None
Privacy Protocol: None
Group-name: BookGroup1

User name: Youdda2
Engine ID: 800000090300D48CB57D8200
storage-type: nonvolatile        active
Authentication Protocol: MD5
Privacy Protocol: None
Group-name: BookGroup2

! Youdda3, Youdda4, Youdda5의 출력은 생략
```

```
User name: Youdda6
Engine ID: 800000090300D48CB57D8200
storage-type: nonvolatile        active
Authentication Protocol: SHA
Privacy Protocol: AES128
Group-name: BookGroup3
```

[예 26-8] SNMPv3 설정 검증

특히, 강조된 사용자 Youdda1, Youdda2, Youdda6의 출력 결과를 [예 26-7]의 설정과 비교하며 확인하도록 하자. 강조된 모든 항목은 기본적으로 설정값을 반복한다.

[예 26-9]는 [예 26-7]에서도 확인한 설정인, **show snmp group** 명령어로부터의 출력 결과를 보여준다. 이 출력 결과에서 찾을 수 있는 가장 어려운 부분은, 무엇이 있는지가 아니라 무엇이 빠졌는지이다. 이 명령어는 이 그룹에 속한 SNMP 사용자명을 보여주지 않는다는 것을 기억하자. 또한 ACL을 사용하지 않는 그룹을 위해 ACL이 사용되고 있지 않다는 정확한 기술은 없다. ACL을 사용하는 BookGroup1의 출력 결과와 ACL을 사용하지 않는 BookGroup2의 출력 결과를 비교하며 그 부분을 확인하자.

```
R3# show snmp group
groupname: BookGroup1                      security model:v3 noauth
contextname: <no context specified>        storage-type: nonvolatile
readview : v1default                       writeview: v1default
notifyview: <no notifyview specified>
row status: active         access-list: ACL_PROTECTSNMP

groupname: BookGroup2                      security model:v3 auth
contextname: <no context specified>        storage-type: nonvolatile
readview : v1default                       writeview: <no writeview specified>
notifyview: <no notifyview specified>
row status: active
! 이하 출력 생략
```

[예 26-9] show snmp group을 사용한 SNMPv3의 검증

SNMPv3 통지(트랩과 알림)의 구현

SNMP 에이전트는 요청받지 않은 통지(트랩 및 알림 메시지)를 SNMP 매니저로 송신하는 데 SNMPv3를 사용할 수 있다. SNMPv2c는 커뮤니티를 사용하는데, 이때 SNMPv2c 통지 커뮤니티 개념을 사용한다. SNMPv3는 지금까지 논의된 것처럼 동일한 보안 레벨을 사용하고, SNMPv3 통지에 적용된다.

26

통지를 송신하기 위해 SNMPv3 에이전트를 설정할 때, 당신은 보안 레벨과 사용자명을 **snmp-server host** 명령어에 추가한다. 이 설정은 이 장의 앞부분에서 논의된 **snmp-server user** 명령어와 같은 종류이며, **snmp-server group** 명령어와도 결과적으로 관련이 있다. [그림 26-10]은 명령어가 어떻게 서로 연결되는지를 보여준다.

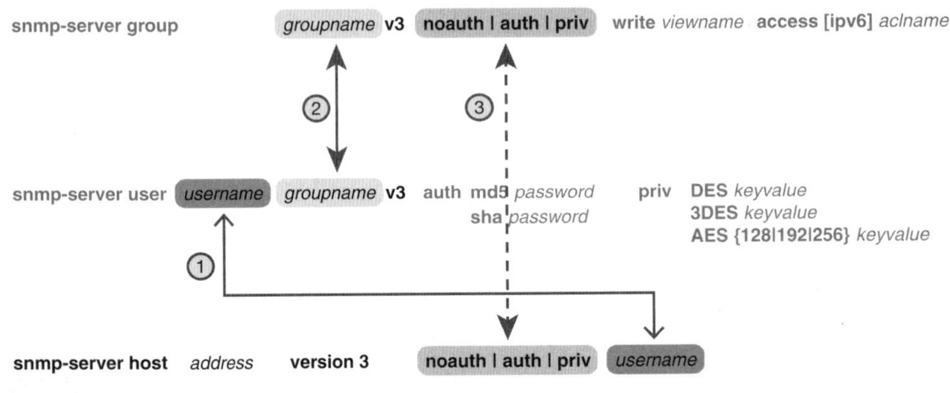

[그림 26-10] 사용자/그룹 설정과 SNMP 통지 설정의 관련성

> **NOTE** IOS에는 정확한 사용자명과 그룹 이름에 관한 명령어 설정이 가능하나, 다른 보안 레벨에 있어서는 오류 메시지가 없다. 이 경우 NMS와의 통신은 실패한다.

[예 26-10]은 SNMPv3를 사용한 통지 설정의 몇 가지 예를 보여준다. 이 예는 [예 26-7]에 정의된 SNMPv3 사용자명과 그룹을 사용한다. 그 예를 다시 확인하고, [예 26-10]의 각 **snmp-server host** 명령어가 **snmp-server group** 명령어와 연결된, 정확한 SNMP 보안 레벨을 사용하는지 확인한다.

```
! 이 그룹은 noauth로 설정하기 때문에 유저Youdda1의 설정에는 auth 및 priv 키워드를 사용하지 않는다.
snmp-server enable traps
snmp-server host 10.1.3.3 version 3 noauth Youdda1        ! Traps w/ noauth
snmp-server host 10.1.3.4 informs version 3 auth Youdda2 ! Informs w/ auth
snmp-server host 10.1.3.5 version 3 priv Youdda4          ! Traps w/ priv
```

[예 26-10] SNMP 설정 검증

언제나처럼 **show snmp** 명령어는 SNMP 에이전트에서 보내는 트랩과 알림 메시지의 수를 포함하여, 얼마나 많은 메시지가 흘러가는지에 대한 카운터를 보여준다. NMS 호스트로의 SNMPv3 통지 설정을 검증하기 위해, **show snmp host** 명령어를 사용한다. [예 26-11]은 [예 26-10]을 설정한 이후의 결과를 보여준다. [예 26-11]의 거의 모든 필드가 [예 26-10]의 설정 매개변수를 반복하고 있는 것을 확인한다.

```
R3# show snmp host
Notification host: 10.1.3.4      udp-port: 162   type: inform
user: Youdda2    security model: v3 auth

Notification host: 10.1.3.3      udp-port: 162   type: trap
user: Youdda1    security model: v3 noauth

Notification host: 10.1.3.5      udp-port: 162   type: trap
user: Youdda4    security model: v3 priv
```

[예 26-11] SNMP 설정 검증

SNMPv3 설정 정리

SNMPv3 설정은 여러 명령어에서 선택된 많은 매개변수를 가지고 있다. 결과적으로 이 절의 앞 부분에서 설정 체크리스트에 있는 명령어를 입력하는 것은 학습에 좋은 영향을 미치지 못하기 때문에, 설명을 각 부분에 조금씩 간결하게 설명하였다. 이제 당신은 각 부분이 어떻게 설정되는지 알게 되었고, 이 설정 체크리스트는 쉬운 복습을 위해 이 장에서 논의된 다른 모든 SNMPv3 설정 옵션에 대해 정리한다.

단계 ① **snmp-server group** *groupname* **v3** {**noauth** | **auth** | **priv**} [**write v1default**] [**access** [**ipv6**] *acl-name*] 명령어를 글로벌 설정 모드에서 SNMP 에이전트 활성화(아직 시작되지 않았다면)에 사용하고, 보안 설정을 가진 명명된 SNMPv3 그룹을 생성하고, 보안 레벨을 설정하며, 선택 사항으로는 기본 쓰기 뷰를 기본 사용 설정이 된 읽기 MIB 뷰(v1default)와 동일하게 설정하며, 또 다른 선택 사항으로 참조된 IPv4 또는 IPv6 ACL에 기반하여 들어오는 SNMP 메시지를 제한한다.

단계 ② 보안 레벨을 **noauth**로 가진 SNMPv3 그룹을 참조하는 유저 설정은 **snmp-server user** *username groupname* **v3** 명령어를 글로벌 설정 모드에서 사용하며, **noauth**가 설정된 보안 레벨의 SNMPv3 그룹을 참조하는 것을 확인한다.

단계 ③ **auth** 보안 레벨의 SNMPv3 그룹을 참조하는 사용자의 설정은 다음과 같다:

Ⓐ 글로벌 설정 모드에서 **snmp-server user** *username groupname* **v3 auth md5** *password* 명령어를 사용하여 사용자와 인증 암호를 설정하고, MD5를 인증 해시 알고리즘으로 사용하도록 선택한다.

Ⓑ 또는 글로벌 설정 모드에서 **snmp-server user** *username groupname* **v3 auth sha** *password* 명령어를 사용하여 사용자와 인증 암호를 설정하고, SHA를 인증 해시 알고리즘으로 사용하도록 선택한다.

단계 ④ **priv** 보안 단계를 사용하는 유저 설정을 위해, **snmp-server user** 명령어 뒤에 **단계③**에서 설정한 것처럼 다음과 같이 매개변수를 추가한다.

Ⓐ 글로벌 설정 모드에서 **snmp-server user** 명령어 뒷부분에 **priv des** *encryption-key* 매개변수를 추가해서 DES를 인증 알고리즘으로 사용할 수 있도록 활성화하고 인증 키를 설정한다.

26

Ⓑ 글로벌 설정 모드에서 **snmp-server user** 명령어 뒷부분에 **priv 3des** *encryption-key* 매개변수를 추가해서 3DES를 인증 알고리즘으로 사용할 수 있도록 활성화하고 인증 키를 설정한다.

Ⓒ 글로벌 설정 모드에서 **snmp-server user** 명령어 뒷부분에 **priv aes** {**128** | **192** | **256**} *encryption-key* 매개변수를 추가해서 AES를 인증 알고리즘으로 사용할 수 있도록 활성화하고 인증 키의 길이를 비트로 설정하며, 인증 키를 위한 시드를 설정한다.

단계 ⑤ 통지 메시지(트랩 및 알림)를 NMS에 송신하기 위해 SNMP 에이전트를 다음과 같이 활성화한다.

Ⓐ 열거된 사용자명을 사용하여 호스트로 SNMPv3 트랩을 보내는 SNMP 에이전트를 설정하기 위해, 글로벌 설정 모드에서 **snmp-server host** {*hostname* | *ip-address*} [**informs** | **traps**] **version 3** {**noauth** | **auth** | **priv**} *username* 명령어를 사용한다. 이 장비가 트랩을 보내야 하는지에 대해 이 명령어를 각 호스트에 사용하여 설정한다. 알림을 보내기 위해 **inform** 키워드를 포함하며, **traps** 키워드는 기본 설정이다. SNMPv3 그룹과의 연결을 위해 동일한 보안 레벨을 사용한다.

Ⓑ **snmp-server host** 명령어에서 정의된 모든 호스트에게 지원 가능한 통지의 송신을 활성화하기 위해 글로벌 설정 모드에서 **snmp-server enable traps** 명령어를 사용한다.

이 체크리스트를 복습하면서 잘 이해가 되지 않을 경우에는 이 절을 다시 한번 복습하고 공부하기 바란다. SNMPv3 설정은 세 가지 다른 명령어에서 여러 가지 매개변수를 사용하기 때문에 길을 잃기 쉽다. 이 체크리스트는 당신이 명령어를 잘 이해한 후에는 복습에 유용하게 사용할 수 있을 것이다.

IP SLA

SLA(Service Level Agreement)는 서비스를 제공하는 쪽과 받는 쪽 간의 계약 또는 동의이다. 문서에서는 서비스 레벨에 대해 정의하며, 그 정의는 IT 서비스에서 서비스가 가용한 시간의 백분율 정의 또는 애플리케이션의 라운드 트립 응답 시간 등이 될 수 있다. 예를 들면, 서비스 프로바이더는 각 기업 고객에게 제공하는 WAN 서비스에 대해 가용한 숫자를 정의하여 SLA로서 합의할 수 있다. 그러면 기업의 IT 부서는 애플리케이션 가용성과 성능에 대해 다른 사업부의 내부 고객과 SLA를 합의할 수 있다.

시스코 라우터의 IP SLA 기능은 몇 가지 핵심적인 성능과 가용성의 지표를 측정하고 표시하는 수단을 제공한다. 이 IP SLA 통계는 SLA가 특정 기간 이상을 만족하는 경우 측정 수단을 결정하는 용도로 사용될 수 있다. 또한 IP SLA 기능은 네트워크 모니터링이나 장애 처리 같은 다른 목적으로도 활용될 수 있다.

다음 절에서는 IP SLA에 대해 간단하게, 단 이 책에서 다뤄진 다른 주제들과는 조금 다른 시각에서 살펴보도록 한다. 이 절에서는 몇 가지 IP SLA 설정에 대해 보여주는데, 여기서의 목적은 단순히 설정의 모든 세부 사항을 학습하는 것이 아니라, IP SLA를 장애 처리에 어떻게 사용하는지를 보여주는 것이다.

당신이 네트워크를 운영해야 하고, 다른 숙련된 엔지니어가 네트워크의 다른 장소에 어떤 IP SLA 설정을 해 두었을 경우를 생각해보자. 당신이 할 일은 네트워크에서 장애 처리를 하기 위해 IP SLA에서 가용한 정보를 사용하는 것이다.

IP SLA 개요

네트워크 엔지니어는 실제 사용자의 트래픽을 측정하기 위해 SLA의 네트워크 성능과 가용성을 측정할 수 있다. 그러나 사용자의 트래픽 측정은 사용자 디바이스에 몇 가지 소프트웨어 설치가 필요한 경우가 있고, 이 숨겨진 애플리케이션이 애플리케이션 응답 시간, 지터와 로스 같은 QoS 메트릭, 또는 단말이 다른 단말에 ping이 가능한지와 같은 간단한 가용성 정보 등과 같은 주요 사항을 측정한다.

IP SLA는 네트워크 엔지니어들에게 사용자 단말을 번거롭게 하지 않아도 되는 다른 많은 선택 사항을 제공한다. IP SLA는 라우터에서 실행되며, 사용자 단말에 소프트웨어를 설치하지 않고 사용자 트래픽과 유사한 트래픽을 생성한다. IP SLA는 스위치에서 찾을 수 없는 라우터 고유의 기능이며, 여러 다른 유형의 IP SLA 동작을 수행하기 위해 설정될 수 있다. 이 동작은 **ping** 명령어를 실행하는 것과 같이 간단하며, 헤더가 음성 트래픽을 모방하여 VoIP 지연, 지터, 로스를 사용자 음성 트래픽과 동일한 QoS를 적용하여 측정할 수 있다.

IP SLA 동작은 이런 트래픽을 생성하고 응답을 받으며, 결과를 측정하고, 그 정보를 사용할 수 있게 한다.

몇 가지 사례를 통해 IP SLA가 어떻게 동작하는지 볼 수 있도록 하기 위해, [그림 26-11]은 라우터 두 개로 이루어진 간단한 구성을 보여준다. 두 라우터는 다른 장소에 설치되어 있다. 시니어 네트워크 엔지니어가 사용자 SLA의 변경될 부분을 준비하기 위해, WAN을 통한 네트워크의 음성 지연과 지터를 추적하고 싶어한다. 이 엔지니어는 여러 IP SLA 동작 중 한 가지를 사용할 수 있다. 예를 들면, UDP 지터 프로브(Jitter probe)라 불리는 RTP 기반의 VoIP 동작, 즉 일반 VoIP 트래픽처럼 UDP와 RTP 헤더를 포함하는 IP 패킷을 생성하는 동작을 사용할 수 있다.

26

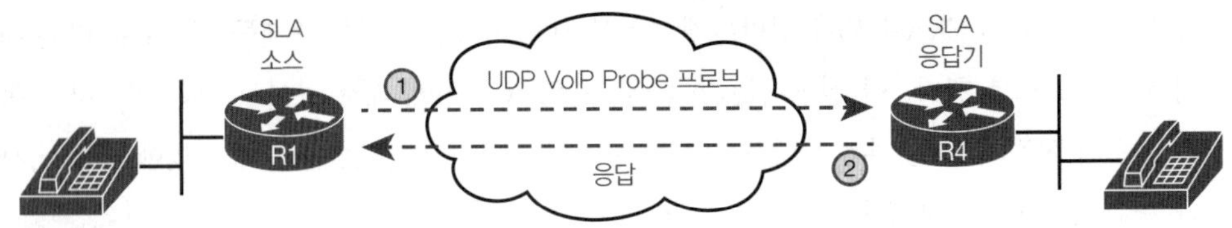

[그림 26-11] ICMP UDP 지터 프로브의 사용

많은 IP SLA 프로브는 [그림 26-11]에서 볼 수 있듯이, 패킷을 생성하는 데 하나의 라우터를 사용하며(IP SLA 소스), 또 다른 라우터는 회신을 한다*(IP SLA 응답기)*. 그러나 ICMP 에코 프로브와 같은 일부 IP SLA 동작은 IP SLA 응답기를 필요로 하지 않는다. 이 동작은 ICMP 에코 요청 메시지를 생성하며, 일반적인 ICMP 에코 요청(일반 ping)에 응답하는 단말이면 어떤 것이든 ICMP 에코 회신을 보낼 것이다. IP SLA ICMP 에코 프로브의 사용은 [그림 26-12]에서처럼, 서버와 사용자 단말을 포함하여 네트워크에 있는 어느 IP 주소로든 패킷을 송신하여 상태와 성능을 모니터링할 수 있다는 것을 의미한다. **단계①** 과 **단계②** 는 라우터 R1이 IP SLA 소스로 동작하며, R4가 일반 ICMP 패킷을 회신하고 있는 것을 보여준다.

단계③ 과 **단계④** 는 동일한 발상을 보여주며, 동일하게 라우터 R1을 IP SLA 소스로 사용하고, 서버가 ICMP 에코 메시지를 회신하는 것을 보여준다.

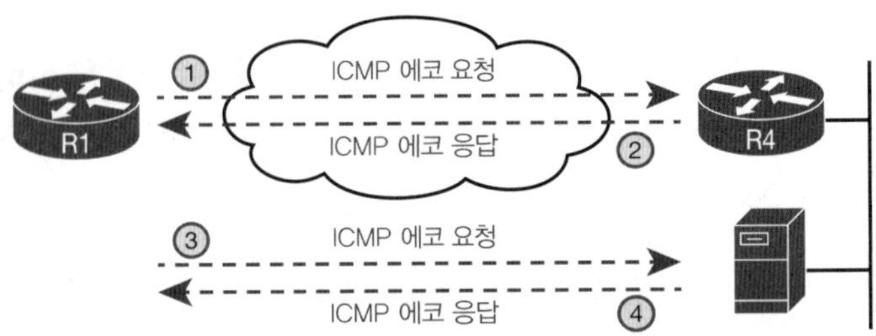

[그림 26-12] 라우터와 일반 단말로의 IP SLA ICMP 에코 프로브 사용

NOTE IP SLA 프로브라는 용어는 IP SLA 동작의 공식적인 용어 대신에 일반적으로 사용된다.

기본 IP SLA ICMP 에코 설정

이 절에서는 라우터에 설정된 몇 가지의 IP SLA ICMP 에코 동작을 보여주며, 무엇이 설정될 수 있는지를 느낄 수 있게 한다. 이 시나리오에서는 시니어 엔지니어가 네트워크의 본사에 있는 라우터 R1을 IP SLA 소스로 설정하기로 결정하였다. 그는 ICMP 에코 프로브를 설정하였고, 지사 라우터의 LAN IP 주소(10.1.3.2)를 목적지로 설정하였다. 이 주소들을 사용하여, 프로브는 WAN 연결뿐만 아니라 두 라우터의 LAN 서브넷 목적지에 대한 IP 라우팅 테이블도 테스트하게 된다.

[그림 26-13]은 왼쪽의 본사에 있는 R1과 오른쪽의 지사에 있는 R2가 있는 작은 서브셋의 네트워크를 보여준다.

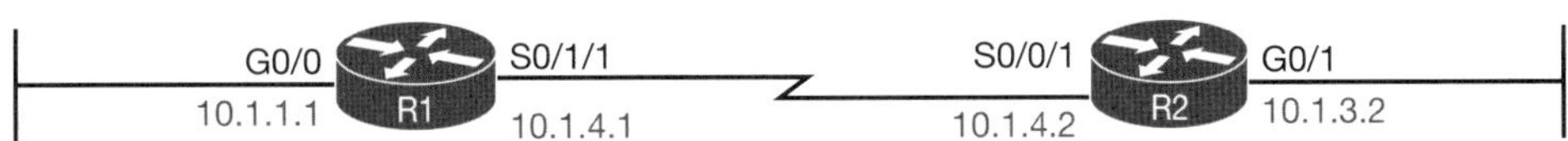

[그림 26-13] IP SLA ICMP 에코 프루브가 있는 샘플 네트워크

[예 26-12]는 시니어 엔지니어가 사용을 고려하고 있는 IP SLA 동작의 예를 보여준다. R2의 LAN 서브넷 주소 10.1.3.2를 ICMP 에코의 목적지로, R1의 LAN IP 주소 10.1.1.1을 출발 IP 주소로 사용한다. 사실 예에서 보여주고 있는 모든 명령어는, 강조된 명령어만이 동작을 생성하는 데에 요구되며, 나머지 명령어들은 관련 매개변수를 설정한다.

```
ip sla 1
  icmp-echo 10.1.3.2 source-ip 10.1.1.1 ! 10.1.1.1에서 10.1.3.2로의 에코
  frequency 60                          ! 60초마다 송신 (디폴트 값)
  threshold 300                         ! 라운드 트립 시간 300밀리초
  history filter all                    ! 모든 데이터를 히스토리로 저장함
  history buckets-kept 6                ! 히스토리 데이터를 여섯개의 그룹 (버킷) 으로 제한함
  history lives-kept 1                  !
!
ip sla schedule 1 life forever start-time now
```

[예 26-12] 이 절에서 사용되는 IP SLA 설정

[예 26-12]의 마지막에 나오는 **ip sla schedule** 명령어에도 주목하자. IP SLA는 예에서 볼 수 있듯이, IP SLA 동작을 숫자와 프로브를 정의하는 많은 서브 명령어를 사용해 설정하는 방식을 사용한다. 예의 마지막 부분에서 볼 수 있듯이, **ip sla schedule** 글로벌 설정 명령어는 IOS에게 동작을 언제 시작하고 언제 멈출지 지시한다. 동작은 특정 날짜와 시간에 시작되거나 명령어가 설정된 시간으로부터 많은 시간이 흐른 후, 또는 바로 시작(예의 **start-time now** 매개변수 사용시)될 수 있다. 이 명령어는 프로브가 얼마나 길게 실행될 것인지도 제한할 수 있다. 이 경우 프로브는 영원히 실행되며 이것은 엔지니어가 **no ip sla schedule 1**과 같이 설정에서 명령어를 지우기 전까지 계속 실행이 된다는 것을 의미한다.

IP SLA 카운터를 사용한 장애 처리

IP SLA ICMP 에코 동작은 시간 기반으로 다른 주소에 ping을 보내는 것과 동일한 동작을 한다. 그러면 이것은 CLI에서 단순히 **ping** 명령어를 사용하는 것과 비교해서 문제를 해결하는 데 어떤 도움을 줄까? 이 절에서는 IP SLA에서 만들어진 데이터를 좀더 자세히 살펴보도록 한다.

먼저 [예 26-13]에 나와 있는, 가장 기본적인 IP SLA **show** 명령어인 **show ip sla summary** 명령어에 대해 살펴보자. 이 명령어는 SLA 동작의 결과를 보여주고 있다. 약간의 설정 정보, 즉 ICMP 에코가 송신되어야 할 주소에 관한 정보를 보여준다. 또한 **ping** 명령어의 결과물로 많이 보아온 두 가지 핵심 정보, 즉 에코 요청이 응답을 받았는지, ICMP 에코 요청이 송신되고 그에 맞는 ICMP 에코 회신이 수신될 때까지의 지연을 측정하는 RTT(Round Trip Time)는 얼마인지도 보여준다. 이 명령어를 사용하면, 성공 또는 실패 여부를 Returen Code란에서 볼 수 있으며, OK는 에코 회신이 수신된 것을 의미한다.

```
R1# show ip sla summary
IPSLAs Latest Operation Summary
Codes: * active, ^ inactive, ~ pending
ID          Type      Destination    Stats      Return      Last
                                     (ms)       Code        Run
-------------------------------------------------------------------
*1          icmp-echo 10.1.3.2       RTT=124    OK          15 seconds ago

*2          icmp-echo 10.1.3.2       RTT=184    OK          11 seconds ago
R1# ping 10.1.3.2
Type escape sequence to abort.
Sending 5, 100-byte ICMP Echos to 10.1.3.2, timeout is 2 seconds:
!!!!!
Success rate is 100 percent (5/5), round-trip min/avg/max = 1/1/4 ms
R1#
```

[예 26-13] 기본 IP SLA 명령어를 사용한 Return Code 상태와 RTT 표시

[예 26-13]은 비교를 위해 **ping** 명령어의 결과도 보여주고 있다. 이 명령어는 동일한 기본 정보, 즉 다섯 개의 에코 요청에 대한 성공 또는 실패 여부 및 해당 에코 요청/회신에 대한 RTT 결과를 보여준다.

IP SLA ICMP 에코 동작은 두 가지, 즉 에코의 성공/실패 여부와 RTT를 측정할 수 있다. 이 정보를 단순히 **ping** 명령어를 사용하는 것보다 더 나은 장애 처리용으로 사용하기 위해서는, 가장 최근의 IP SLA 동작 상태가 아닌, 그 이전에 이루어져 왔던 IP SLA 동작 이력의 통계를 확인해야 한다.

show ip sla statistics 1 명령어는 [예 26-14]에서 볼 수 있듯이, 성공과 실패에 관한 카운터를 통해 기본적인 이력을 제공한다. 가장 최근 동작의 Return code와 RTT 뿐만 아니라 이전 동작의 성공/실패에 관한 카운터를 얻을 수 있다. 그러므로 당신은 ping이 실패했는지 아닌지를 알 수 있다.

```
R1# show ip sla statistics 1
IPSLAs Latest Operation Statistics

IPSLA operation id: 1
        Latest RTT: 16 milliseconds
Latest operation start time: 12:40:39 EST Tue Jan 5 2016
Latest operation return code: OK
Number of successes: 7
Number of failures: 0
Operation time to live: Forever
```

[예 26-14] IP SLA의 성공/실패 관련 카운터 이력

이 통계를 바탕으로 몇 가지의 장애 처리 시나리오를 생각해 보자. 통계가 22번 성공, 25번 실패라는 결과를 보여준다고 상상해 보자. 당신은 그 주소로 ping을 보내고(확장 ping을 사용한 동일한 주소), ping은 현재 잘 동작하고 있다. 하지만 이 통계는 최근의 동작 중 거의 반 정도가 실패했음을 보여준다. 이 이력 없이는 ping을 사용하고 잘 동작하는 것을 보며 문제가 전혀 없다고 생각할 수도 있다. 정반대로, 당신이 몇개의 실패한 카운터를 보았고 지금 ping이 실패하고 있다면, 그것은 당신에게 어떤 문제가 존재하고 있다는 것을 알려주고, 어떤 방향성을 제시할 수도 있다.

성공/실패 횟수에 관한 카운터를 보는 것은 핵심 질문을 이끌어낸다. IP SLA가 얼마나 자주 동작하는가? 당신이 예상하듯이 해당 설정은 조절 가능하다. [예 26-12]의 샘플은 동작 빈도를 60초, 즉 ICMP 에코 동작의 기본값으로 설정하였다.

또한 당신은 장애 처리 시에 해당 통계값의 초기화를 하고 싶을 수도 있다. 예를 들면, IP SLA 소스로 동작하는 라우터에서 어떤 장애 처리를 하고 있는 경우를 상상해 보자. 만약 카운터가 60초의 빈도로 80회의 성공과 5회의 실패를 보여준다면, 당신은 그것을 유용한 정보라고 생각할 수도 있지만, 아닐 수도 있다. 이 5회의 실패는 85분에 걸쳐 퍼져서 일어날 수도 있고, 한 시간 이상 전에 한꺼번에 일어날 수도 있다. 그래서 당신은 우선 카운터를 초기화하고 장애 처리 과정에서 좀 나중에 다시 확인하고 싶을 수도 있다. 이를 위해, **ip sla restart** *op-number* 명령어를 글로벌 설정 모드에서 실행할 수 있다.

IP SLA 이력을 사용한 장애 처리

IP SLA는 과거 데이터를 저장하고, 그 데이터 분석을 진행하는 두 가지 다른 방법을 가진다. 최근 시스코는 향상된 이력(Enhanced history)이라 불리는 새 이력 관련 기능을 추가하였다.

RTT의 개념을 활용하여 정보를 저장하며, 향상된 이력의 경우 상세 사항을 보존하면서도 메모리를 절약하기 위해 정보를 통합한다. 다음 주제는 기존의 IP SLA 이력을 사용하는 예를 보여준다.

기존의 IP SLA 이력 데이터는 [예 26-15]에서처럼 **show ip sla history** 명령어를 사용하여 활성화되고 표시된다([예 26-12]의 IP SLA 동작 1은 이력을 사용한다. **history enhanced** IP SLA 하위 명령어를 사용한 동작 2는 향상된 이력을 활성화시킨다는 것을 기억하자).

기존의 IP SLA 이력에서 SLA는 RTT와 return code를 받아 이력 버킷에 저장한다. **show ip sla history** 명령어는 버킷당 한줄씩 결과를 출력한다. 당신은 이력 버킷이 정의된 숫자를 되돌아보며 [예 26-13]에서 보았던 **show ip sla summary** 명령어와 동일한 정보라고 생각할 수 있다. 앞서 나온 [예 26-12]에서는 IP SLA 동작 1에서 6개의 버킷을 사용하고 있다는 것을 보여주며, [예 26-15]에서 동작 1의 최근 6개의 IP SLA 동작 결과를 보여준다.

```
R1# show ip sla history 1
        Point by point History
Entry    = Entry number
LifeI    = Life index
BucketI  = Bucket index
SampleI  = Sample index
SampleT  = Sample start time (milliseconds)
CompT    = RTT (milliseconds)
Sense    = Response return code

Entry LifeI     BucketI  SampleI   SampleT   CompT     Sense     TargetAddr
1     1         11       1         59438868  108       1         10.1.3.2
1     1         12       1         59498868  188       1         10.1.3.2
1     1         13       1         59558868  280       1         10.1.3.2
1     1         14       1         59618868  88        1         10.1.3.2
1     1         15       1         59678868  160       1         10.1.3.2
1     1         16       1         59738868  252       1         10.1.3.2
```

[예 26-15] IP SLA ICMP 에코 프로브의 기존 이력 상태 표시

먼저 [예 26-15]의 위쪽에 있는 특히, 강조된 두 줄의 범례 정보를 보자. 이것은 장애 처리에 있어서 앞의 명령어들과 달리 다른 제목을 가지고 있는 두 가지의 유용한 필드인 CompT, Sense라는 색다른 부분을 보여준다. Sense는 [예 26-13]과 [예 26-14]에서의 명령어인 return code와 동일한 개념을 가지고 있으며, 숫자 1은 프로브가 성공했다는 것을 의미한다.

당신은 이 이력 정보를 사용하여 몇 가지 핵심적인 흐름을 보는 것으로 더 쉽게 장애 처리를 진행할 수 있다. 먼저 프로브는 30버킷으로 설정되고 빈도는 60초로 설정되었다고 상상해보면, 동작은 30분의 이력을 보관할 것이다. 그리고 RTT(CompT 란)에서 급등 여부를 확인할 수 있다. 또한 Return code(Sense)가 지속적으로 동작해 왔다면, 또는 에코 요청이 한동안 실패했다면, 그것도 확인할 수 있을 것이다. 이런 답들은 당신이 네트워크 성능이나 QoS에 집중해야 하는지, 아니면 특정 연결 문제에 집중해야 하는지를 알려줄 수 있을 것이다.

SPAN

이번 절에서는 IP SLA라는 라우터 고유의 기능에서 스위치 고유의 기능인 SPAN(Switched Port Analyzer)으로 주제를 바꿔 다룬다. SPAN은 스위치를 통과하는 이더넷 프레임의 일부를 특정 포트로 보내도록 스위치를 활성화한다. IPS(Intrusion Prevention System)와 같은 많은 네트워크 툴들이 이런 프레임의 복제를 활용해 서버의 업무량을 없애고, 문제를 해결하는 데 도움을 줄 수 있는 네트워크 분석 툴로 프레임을 송신한다.

이 절은 SPAN의 개념을 소개하며, 시스코 스위치에서 어떻게 로컬 SPAN을 설정하는지에 관해 다룬다. 트래픽을 복제하고 네트워크 분석기로 보내는 것에 어떻게 SPAN을 사용하는지, 장애 처리의 관점에서 다룰 것이다.

SPAN의 개념

네트워크 분석기는 단말의 NIC(Network Interface Card)으로 들어오고 나가는 프레임을 캡처하고 내용을 분석한다. 분석기는 어플라이언스를 통과하는 프레임을 캡처하기 위한 목적으로 만들어진 하드웨어 어플라이언스일 수 있다. 때에 따라서 분석기가 PC 또는 서버에 설치된 소프트웨어 애플리케이션일 수도 있고, 데이터 센터의 가상 머신(VM)일 수도 있다.

예를 들면, 네트워크 엔지니어는 네트워크 분석기를 PC에 설치하고, 이더넷 NIC으로 들어오고 나가는 모든 이더넷 프레임이나 무선 NIC으로 들어오고 나가는 모든 802.11 프레임을 캡처할 수 있다(당신이 이것을 해본 적이 없다면, 실습을 해보도록 한다: 무료인 Wireshark 네트워크 분석기를 https://www.wireshark.org에서 다운로드하여, 당신의 PC로 들어오고 나가는 모든 프레임을 캡처해 보자). 그러면 네트워크 분석기는 각 프레임의 내용을 hex와 binary로 표시할 수 있는데, 중요한 것은 메시지와 메시지의 헤더들을 각각 분리하여 장애 처리시 꼼꼼히 확인하기 쉽게 만들어 준다는 것이다. [그림 26-14]는 Wireshark 분석기의 스크린샷으로, 곧 나올 예에 있는 단말이 다른 단말로 ping을 보내는 상황이며, ICMP 에코 요청을 전송하는 패킷 중 하나의 상세 부분의 결과를 보여준다.

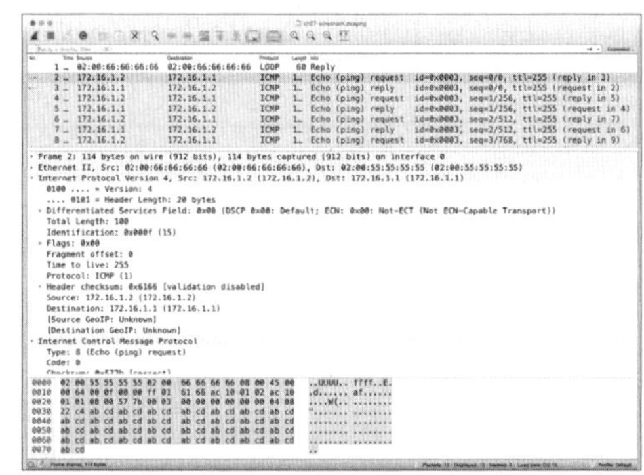

[그림 26-14] Wireshark 네트워크 분석기의 사용자 인터페이스 스크린샷

네트워크 분석기를 사용할 때 SPAN의 필요성

네트워크의 장애 처리를 준비하기 위해 네트워크 엔지니어는 네트워크에 있는 LAN 스위치 중 하나에 네트워크 분석기를 연결하고, 네트워크 근처에 분석기를 둔다. 네트워크 분석기는 프레임 분석을 위해 프레임의 복제를 자신의 NIC으로 받을 필요가 있다. LAN 스위치의 일반적인 동작 때문에 네트워크 분석기는 SPAN이 하는 동작처럼, 스위치가 다른 포트로 프레임의 복제를 보내도록 설정되기 전까지는 프레임의 복제를 받지 못할 것이다.

문제와 해결책의 예를 보기 위해, [그림 26-15]와 [그림 26-16]은 SPAN이 설정되기 전과 SPAN이 설정된 후의 흐름을 보여준다. 그림의 화살표는 PC와 서버 사이를 오가는 이더넷 프레임을 나타낸다. SPAN 없이는, 첫 프레임이 각 장비에 송신된 후에 LAN 스위치는 각 장비에서 사용되는 MAC 주소를 학습할 것이다. PC에서부터 서버로 송신되고 다시 돌아오는 프레임은 유니캐스트 프레임으로서 포트 G1/0/11 또는 G1/0/12로 전송될 것이다. PC 또는 서버로 송신되는 어떤 프레임도 네트워크 분석기로는 전송되지 않을 것이다.

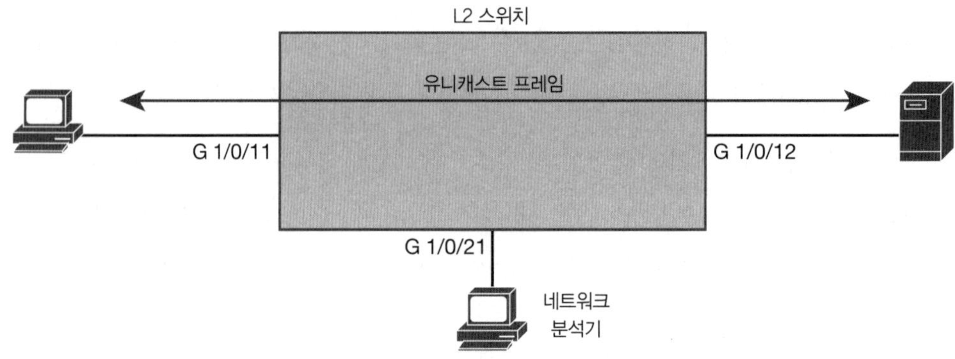

[그림 26-15] L2 전송 로직: 네트워크 분석기는 프레임을 송신하지 않음

> **NOTE** 이 절의 예는 세 자리의 인터페이스 ID를 사용하는 시스코 2960-XR 스위치를 인용하였다.

SPAN은 특정 포트(SPAN 출발 포트)에서부터 네트워크 분석기가 있는 포트(*SPAN 도착 포트*)로의 프레임을 복제하는 것으로 이 문제를 해결한다. [그림 26-16]에서 그 개념을 볼 수 있다. 스위치는 두 개의 *SPAN 출발 포트* G1/0/11과 G1/0/12를 가진다. 양 포트에서 수신하는 프레임은 SPAN 도착 포트인 G1/0/21로 복제된다.

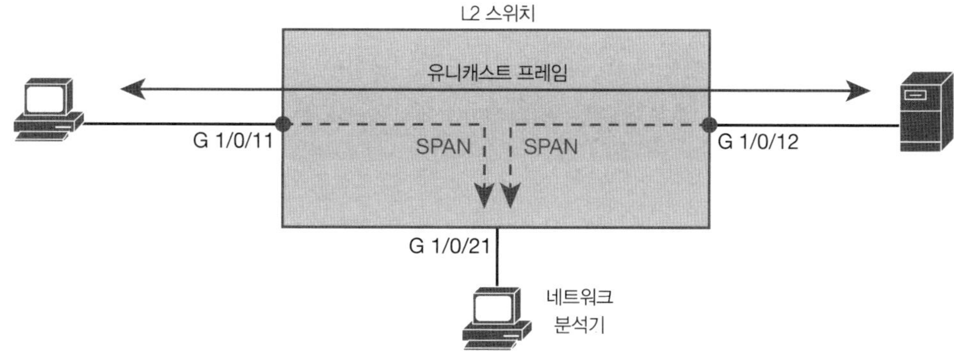

[그림 26-16] SPAN은 네트워크 분석기로 프레임을 복제함

SPAN 세션의 개념

SPAN 규칙의 모음은 SPAN 세션이라 불리우는데, 도착 포트로 복제되어야 할 하나 또는 그 이상의 출발 포트와 각 포트에서의 트래픽 방향을 정의한다. 몇 가지 예가 이 개념을 이해하는 데에 도움을 줄 것이다.

먼저, [그림 26-17]의 SPAN 예를 보도록 하자. 이것은 포트 G1/0/11을 출발 포트로 사용하는 개념에 대해 보여준다. 그러나 이 논리는 출발 포트를 정의하는 것을 넘어선다. 이것은 스위치로 하여금 프레임을 복사하여 해당 스위치 포트에 전송하도록 명시한다. SPAN의 논리는 해당 스위치 포트에서 전송되는 프레임(Tx)을 보고 SPAN 도착 포트(이 경우 G1/0/21)로 프레임을 복제하여 보내는 것이다.

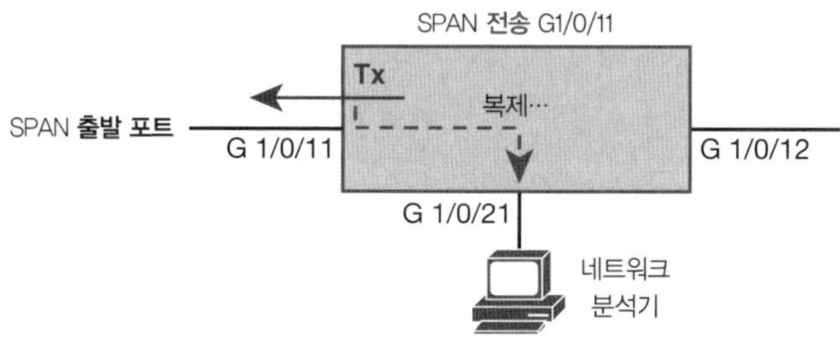

[그림 26-17] SPAN의 구조: 송신 방향의 프레임을 위한 출발 포트 G1/0/11

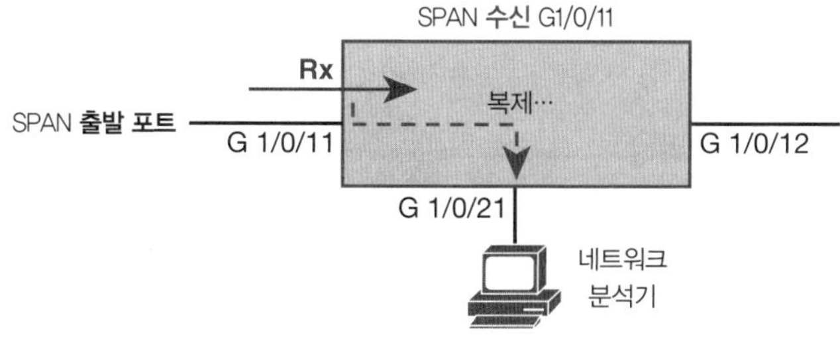

[그림 26-18] SPAN 의 구조: 수신 방향의 프레임을 위한 출발 포트 G1/0/11

26

[그림 26-18]은 수신 방향을 사용한 반대 개념을 보여준다. [그림 26-18]의 예는 같은 인터페이스에서 수신되는 트래픽(Rx)을 SPAN 기능이 모니터링한다는 점을 제외하고는 [그림 26-17]의 예와 동일하다. 이 경우, 스위치 인터페이스에서 수신되는 프레임이 SPAN 도착 포트로 전송된다.

하나의 SPAN 세션은 하나 또는 그 이상의 포트를 모니터하기 위해 설정될 수 있고, 각 포트에서 스위치 포트로부터 나가는 프레임, 스위치 포트로 받는 프레임, 또는 양방향에 대해서 모니터할 수 있다.

또한 SPAN은 VLAN 모니터링도 지원한다. 그러나 수신, 송신, 양방향에 대한 VLAN의 모니터링의 개념은 전체적으로 VLAN에 적용되지는 않는다. 대신에 VLAN에서의 SPAN 사용은 트렁크를 포함한 VLAN의 모든 포트에 SPAN을 사용한다는 것을 의미한다. 예를 들어, 스위치의 8개 포트가 VLAN 3에 속할 때, 수신한 트래픽에 대해 VLAN 3을 모니터하는 SPAN 세션은 해당 VLAN에 속한 각 포트의 수신 트래픽에 대해 8개 전체의 포트를 모니터한다. 차후에 VLAN 3에 포트가 추가되거나 삭제되면, SPAN 로직은 재설정을 필요로 하지 않고 조정할 것이다.

지금까지의 모든 예의 토폴로지는 동일한 스위치에 SPAN 출발 포트와 SPAN 도착 포트가 있는 로컬 SPAN을 보여주었다. 어떤 경우는 SPAN 트래픽을 다른 스위치에 연결된 장비로 보내야 할 필요도 있다.

시스코 스위치는 원격 목적지로 SPAN을 사용하기 위한 두 가지 방법을 제공하며, 그 사용은 스위치 사이의 네트워크 토폴로지에 의존할 수 있다. [그림 26-19]의 상단에서 볼 수 있는 RSPAN(Remote SPAN, 원격 SPAN)은 L2에서 VLAN을 통해 SPAN 트래픽을 전송한다. ERSPAN(Encapsulated RSPAN, 캡슐화된 RSPAN)은 스위치 간에 L3 스위치와 L3 전송 경로를 사용하여 SPAN 트래픽을 GRE 터널로 캡슐화하여 다른 스위치로 전송한다.

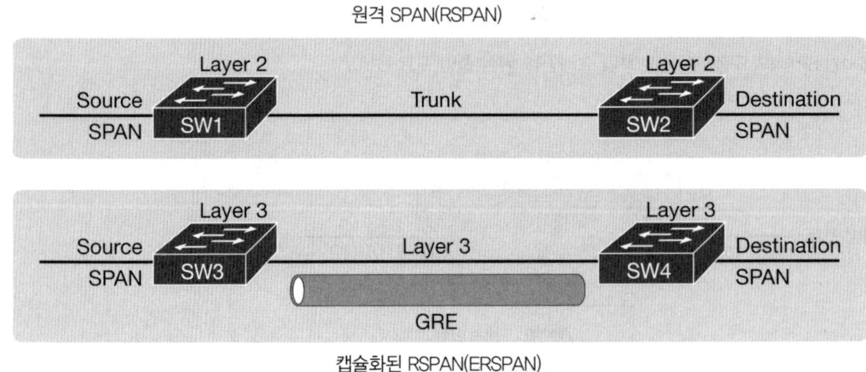

[그림 26-19] RSPAN과 ERSPAN의 정의

로컬 SPAN의 설정

로컬 SPAN은 네트워크 엔지니어로 하여금 네트워크 분석기와 같은 툴을 사용해서 문제를 해결할 수 있도록 한다. 설정의 목적은 정보의 정확한 출발지(포트 또는 VLAN, 송/수신 방향)를 정의하는 것이며, 분석기가 연결된 정확한 도착 포트를 명시하는 것이다.

IOS는 SPAN 설정을 위해 **monitor session** 글로벌 명령어 시리즈를 사용한다. SPAN은 여러 개의 모니터 세션을 정의할 수 있다. 각 모니터 세션은 동일한 종류(포트 또는 VLAN, 혼용 사용 불가)의 하나 또는 그 이상의 SPAN 출발지를 정의할 수 있고, 하나의 SPAN 도착 포트를 사용할 수 있다.

SPAN 설정은 종속성을 가지는데, 다음 목록은 가장 중요한 종속성 중 몇 가지에 대해 언급한다.

- SPAN 도착 포트는 한번에 한 SPAN 세션에만 사용될 수 있다.
- SPAN 도착 포트는 동시에 SPAN 출발 포트가 될 수는 없다.
- SPAN 도착 포트를 설정할 때, 스위치는 해당 포트를 더 이상 일반 포트로 취급하지 않는다. 이것은 스위치가 해당 포트에 대해 받은 프레임의 MAC 주소를 학습하지도 않고, MAC 테이블에 부합하는 프레임을 송신하지도 않는다는 것을 의미한다.
- SPAN 도착 포트는 한 모니터 세션에서 설정이 삭제될 수 있고(no nomitor session *number* destination interface *type number*), 다른 모니터 세션으로 추가될 수도 있다.
- 여러 개의 SPAN 출발지가 하나의 SPAN 세션에서 사용될 수 있다.
- 한 SPAN 세션은 인터페이스와 VLAN을 섞어서 출발지로 사용할 수 없다. 즉, 출발지는 모두 인터페이스가 되거나 모두 VLAN이 되어야 한다.
- 한 SPAN 세션은 방향(송신, 수신, 양방향)이 여러 조합으로 이루어진 서로 다른 SPAN 출발지를 사용할 수 있다.
- 이더채널 인터페이스는 출발 포트로 사용될 수 있다. 이더채널의 모든 포트의 프레임은 SPAN으로 보내진다.
- 트렁크는 출발 포트로 사용될 수 있다. 기본 설정에서 SPAN은 해당 트렁크의 모든 VLAN의 프레임을 포함하며, SPAN VLAN 필터링으로 포함하는 VLAN을 제한할 수 있다.

다음 목록은 시스코 스위치에서 로컬 SPAN을 설정할 때 사용되는 명령어를 설명하며, 쉬운 복습과 학습을 위해 체크리스트로 구성하였다. 출발 포트(인터페이스)를 설정하기 위해, 명령어는 하나의 인터페이스를 참조하거나 범위 안의 처음과 마지막 인터페이스 번호를 참조한다는 것을 기억하자. 그러나 명령어는 **range** 키워드를 사용하지 않는다(설명과 예는 체크리스트 참조).

단계 ① SPAN 세션을 숫자로 정의하고 하나의 SPAN 출발 인터페이스를 지정하기 위해, **monitor session** *number* **source interface** *type number* [*- last-in-range*] [**rx** | **tx** | **both**] 명령어를 글로벌 설정 모드에서 사용한다. 이 세션에서의 모든 SPAN 출발 포트를 정의할 때 이 명령어를 반복한다.

단계 ② SPAN 세션을 숫자로 정의하고 하나의 SPAN 출발 VLAN을 지정하기 위해, **monitor session** *number* **source vlan** *vlan-id* [**rx** | **tx** | **both**] 명령어를 글로벌 설정 모드에서 사용한다. 이 세션에서의 모든 SPAN 출발 VLAN을 정의할 때 이 명령어를 반복한다.

단계 ③ 모니터 세션을 위한 하나의 SPAN 도착 포트를 정의하기 위해, **monitor session** *number* **destination interface** *type number* 글로벌 명령어를 사용한다.

예를 들어 [그림 26-20]에서는 [예 26-27]에서 1과 2로 정의된 두 개의 모니터 세션의 설정에 대한 개념을 보여준다. SPAN 세션 1은 두 개의 출발 포트를 사용하고, 모니터링하는 프레임은 해당 포트들에서 받는다(세션 1은 앞서 [그림 26-16]에서 보여준 예에 해당한다). SPAN 세션 2는 VLAN 11에 속하는 각 포트에서 양방향으로 가는 프레임을 모니터링하는 개념을 보여주며, 해당 프레임의 복제는 도착 포트 G1/0/22로 간다. [예 26-16]은 해당 기능에 대한 설정을 보여준다.

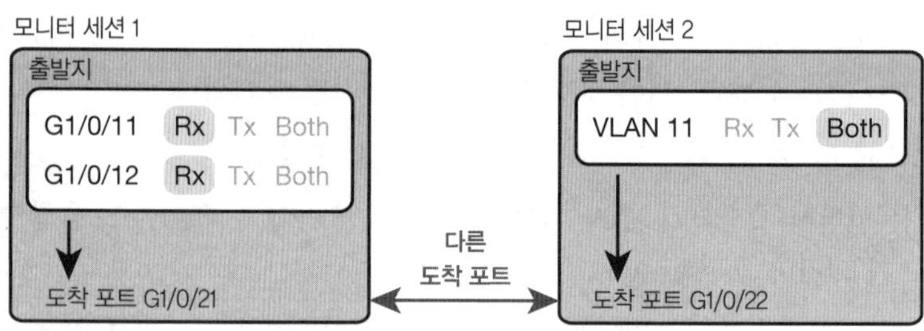

[그림 26-20] SPAN 모니터 세션: 몇 가지 종속성

```
! 모니터 세션 1
monitor session 1 source interface Gi1/0/11 - 12 rx
monitor session 1 destination interface Gi1/0/21
!
! 모니터 세션 2: 방향 설정의 디폴트 값이 both이기 때문에 명령어에 표시되지 않는다.
! command.
monitor session 2 source vlan 11
monitor session 2 destination interface Gi1/0/22
```

[예 26-16] SPAN 모니터 세션 1과 2의 설정

설정 후에 모든 네트워크 엔지니어가 해야 할 일은 포트 G1/0/21(SPAN 세션 1용) 또는 G1/0/22(SPAN 세션 2용)에 연결된 단말에서 네트워크 분석 소프트웨어를 사용하기 시작하는 것

이다. 분석기의 결과를 어떻게 사용할 것인지에 대한 세부 사항은 이 책의 범위를 벗어난다. 그러나 분석기를 사용할 때, 캡처가 동작하지 않아 캡처된 프레임이 없다면, [예 26-17]에서처럼 **show monitor session all** 명령어를 사용하여 SPAN 세션을 확인할 수 있다. 이 명령어는 각 모니터 세션의 설정을 보여주며, 설정 명령어에 들어가지 않은 다른 기본 설정을 포함한다.

```
SW11# show monitor session all
Session 1
---------
Type                      : Local Session
Source Ports              :
    RX Only               : Gi1/0/11-12
Destination Ports       : Gi1/0/21
    Encapsulation       : Native
          Ingress       : Disabled

Session 2
---------
Type                      : Local Session
Source VLANs              :
    Both                  : 11
Destination Ports       : Gi1/0/22
    Encapsulation       : Native
          Ingress       : Disabled

SW11# show monitor detail
Session 1
---------
Type                      : Local Session
Description             : -
Source Ports              :
    RX Only               : Gi1/0/11-12
    TX Only               : None
    Both                  : None
Source VLANs              :
    RX Only               : None
    TX Only               : None
    Both                  : None
! 이하 출력 생략
```

[예 26-17] [그림 26-18]의 SPAN 모니터 세션 1 설정

show monitor session 명령어의 SPAN 출발지에 관한 상세 사항에 대해서는 예 마지막에 나온 **show monitor detail**과 비교하며 좀더 주의를 기울이자. **show monitor session**의 출력 결과는 출발 포트 또는 VLAN을 보여주며, 해당 SPAN 세션에서 설정하지 않은 방향에 대한

송신 프레임, 수신 프레임 또는 양방향의 포트 및 VLAN에 대한 정보는 표시하지 않는다. **show monitor detail** 명령어는(여기서는 세션 1에 관해서만 표시되었다) 포트와 VLAN의 세 방향 전체에 관해 표시하므로, 각 포트/VLAN과 연계된 방향에 대해서 분명하게 볼 수 있다.

장애 처리를 위한 SPAN 세션 매개변수

이 절과 장을 마무리하기 위해, 잠시 SPAN이 무엇을 하는지에 관해 생각해 보자. 인터페이스 속도와 SPAN 도착 포트로 연결된 네트워크 분석기에서 이루어져야 할 일에 대해 생각해 보자. 그리고 이 질문에 관해 생각해 보자. 어느 정도의 SPAN이 과도한 것인가?

예를 들어 10개의 패스트 이더넷 포트의 수신 방향 트래픽을 수집하는 SPAN 세션에 대해 생각해 보자. 만약 도착 포트도 패스트 이더넷 포트라면, 100Mbps 이상의 트래픽이 도착 포트로 송신될 필요가 있다는 것을 쉽게 상상할 수 있는데, 왜냐하면 풀 스피드로는 100Mbps 포트 10개가 1,000Mbps(1Gbps)의 트래픽을 생성할 수 있기 때문이다.

그러면 동일한 경우에서 패킷의 양방향을 모니터링하는 것으로 변경했을 때를 생각해보자. 그러면 도착 포트로 송신되는 트래픽의 양은 배가 될 것이다.

마지막으로 네트워크 분석기가 동작하는 단말에 대해 생각해 보자. 그것이 네트워크 분석을 목적으로 만들어진 어플라이언스일 수 있고, 그렇다면 그 부하를 견딜 수 있을 것이다. 때로는 아무도 더 이상 사용하지 않고, 패킷 캡처를 위해 스위치에 연결된 7년된 노트북일 수도 있다. 그 노트북은 SPAN으로 수신되는 트래픽의 양을 감당할 수 없을 수도 있다.

이 모든 시나리오는 동일한 종류의 문제를 가져온다. 네트워크 분석기는 당신이 캡처하려고 하는 것을 캡처하지 못하며, 당신은 문제를 해결할 수 없고, 네트워크에서 무엇이 일어나고 있는지에 대한 좋은 캡처를 얻기 위한 노력을 반복하며 시간을 낭비하게 될 것이다.

SPAN 소스를 제한하기 위한 선택

유능한 엔지니어는 정말로 캡처를 해야할 것에 관한 고려 없이 모든 VLAN의 양방향에 대한 SPAN을 사용하지 않는다. 대신 어떤 것의 캡처가 필요한지, 해당 트래픽을 캡처하고 다른 트래픽은 가능한한 적게 캡처하기 위해서는 어떻게 SPAN을 써야 하는지에 관해 생각한다.

예를 들어 캡처의 목적이 스위치에서 한 VLAN의 모든 단말로 보내는 트래픽을 보는 것이라면, 해당 VLAN을 출발지로 하는 송신 방향의 SPAN 세션을 생성한다. 그러나 당신이 해당 VLAN의 12개 액세스 포트 중 3개만 신경쓴다면, 그 3개 포트를 위한 SPAN 세션을 설정하는데 시간이 걸린다.

트래픽의 방향에 관해 잘못된 선택, 즉 동작은 하지만 SPAN 도착 포트 용량을 초과하게 되는 선택을 하기도 쉽다. 예를 들면, [그림 26-21]은 **monitor session 1 source VLAN 11**

both와 같은 명령어를 사용하여 동일한 VLAN(11)에 있는 4개의 포트에 적용된 SPAN 로직을 보여준다. Tx, Rx라고 쓰여진 원은 SPAN이 송신 및 수신 트래픽을 모니터링하고 있는 장소를 가리킨다. 그리고 그림은 PC1에서 PC3로 가는 한 이더넷 프레임에 주목한다.

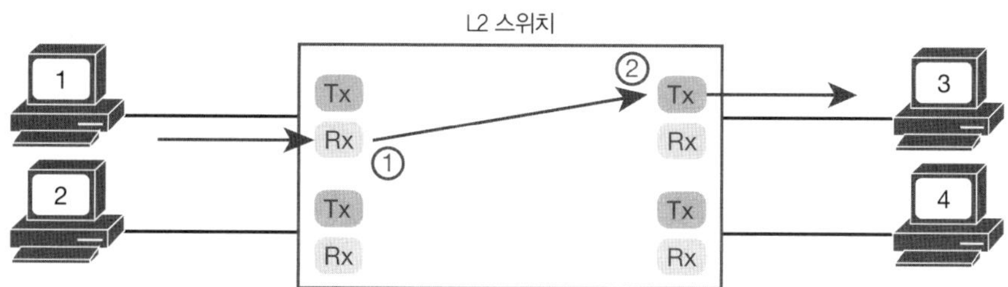

[그림 26-21] PC1에서 PC3로 가는 프레임 - SPAN은 두 번 복제함

이 VLAN에서 SPAN을 양방향에 대해 설정하는 것은 SPAN이 해당 VLAN의 각 포트에서 송신 및 수신 트래픽을 다 모니터링하고 있다는 것을 의미한다. 그림에 있는 하나의 프레임은 SPAN 모니터링에서 두 번 보이게 되며(왼쪽 포트의 송신측과 오른쪽 포트의 수신측), SPAN은 도착 포트로 이 하나의 프레임에 대한 두 개의 복제를 보내게 된다. 정리하면, 이 SPAN 세션은 SPAN 도착 포트로 필요한 많은 프레임들을 두번씩 보내게 된다.

더 효과적인 선택은 SPAN 세션에서 수신 또는 송신 방향 중 하나를 사용하는 것이다. [그림 26-22]가 그 로직을 보여주는데, Tx 원은 사라졌고, SPAN은 송신 방향으로만 적용되었다. 결과적으로 PC1에서 PC3로 가는 하나의 프레임은 SPAN 모니터링 로직에서 한번만 보이게 되고, 도착 포트로 프레임의 복제가 하나만 전송되게 된다.

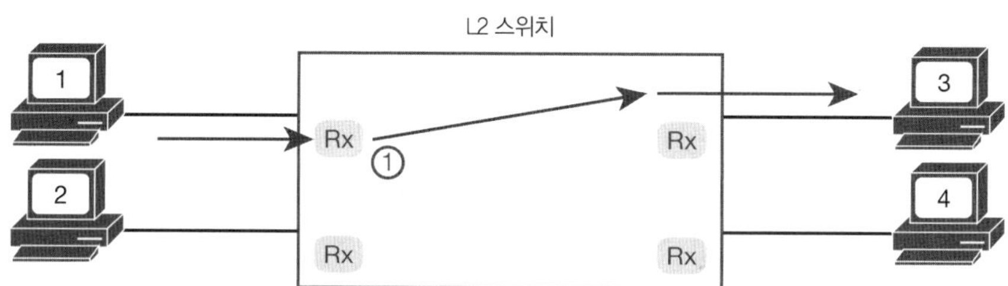

[그림 26-22] PC1에서 PC3로 가는 프레임 - SPAN은 한번 복제함

챕터 리뷰

시험에서 좋은 성적을 거두려면 핵심은 복습 세션을 반복하여 학습하는 것이다. 이 장의 내용을 책, DVD, 책의 웹 사이트에서 찾을 수 있는 툴들을 이용해서 복습하도록 하고, '당신의 학습 계획'에 따라 더 세부 내용을 확인하도록 한다. [표 26-3]에는 핵심 복습 사항이 정리되어 있다.

공부 진행 상황을 더 잘 확인하기 위해서는, 아래 표의 두 번째 칸에 완료한 날짜에 관해 기록하도록 한다.

리뷰 사항	완료 날짜	사용 자료
핵심 주제 리뷰		책, DVD/웹 사이트
핵심 용어 리뷰		책, DVD/웹 사이트
DIKTA 문항 답변		책, PCPT
랩 실습		블로그
메모리 테이블 리뷰		책, DVD/웹 사이트
설정 체크리스트 리뷰		책, DVD/웹 사이트
참조 명령어 리뷰		책

[표 26-3] 리뷰 확인

핵심 주제 리뷰

핵심 주제	설명	쪽수
그림 26-2	SNMP Get 요청 및 Get 회신 메시지 흐름	766
그림 26-3	SNMP 트랩 메시지와 SNMP 통지	767
그림 26-5	SNMP Get 및 Set과의 SNMP RO/RW 커뮤니티 사용	769
리스트	SNMPv3 보안 기능	770
그림 26-7	SNMPv3 snmp-server group 명령어의 문법과 의미	779
표 26-2	SNMPv3의 보안 레벨과 각각의 동작	777
그림 26-9	snmp-server group과 snmp-server user 명령어 간의 관련성 및 요구 사항	779
그림 26-10	SNMPv3 트랩 단말 정의, 사용자, 그룹 간의 관련성	782
그림 26-12	IP SLA ICMP 에코 동작 개념	786
예 26-14	IP SLA 동작의 성공/실패에 대한 카운터 출력 결과	789
예 26-15	ICMP 에코 동작에 관한 IP SLA 이력 결과	790
그림 26-16	도착 포트로의 프레임 복제 SPAN	793
그림 26-17	송신 방향에서의 SPAN 모니터링과 그 개념	793
리스트	SPAN 예외와 종속성	795

[표 26-4] 26장의 핵심 주제

핵심 용어

SNMP(Simple Network Management Protocol), SNMP 커뮤니티, 읽기 전용(read-only) 커뮤니티, 읽기-쓰기용(read-write) 커뮤니티, 통지 커뮤니티(notification community), SNMP Get, SNMP Set, SNMP 트랩, SNMP 알림, MIB(Management Information Base), SNMPv2c, SNMPv3, NMS(Network Management System), SNMP 매니저, SNMP 에이전트, MIB 뷰, SLA(Service Level Agreement), IP SLA(IP Service Level Agreement), IP SLA 동작, ICMP 에코 동작, IP SLA 소스, IP SLA 응답기, RTT(Round Trip Time), SPAN(Switched Port Analyzer), SPAN 출발 포트, SPAN 출발 VLAN, SPAN 도착 포트, 네트워크 분석기, 로컬 SPAN, SPAN 모니터 세션(SPAN 세션)

참조 명령어

[표 26-5]와 [표 26-6]은 이 장에서 사용된 설정과 검증에 관련한 명령어에 대한 내용이다. 리뷰를 쉽게 하기 위해, 표의 왼쪽 칸을 덮은 후 오른쪽 칸을 읽으면서 명령어에 대해서 떠올려 본다. 이 연습을 반복하면서, 오른쪽 칸을 덮고 명령어의 내용에 대해서도 떠올려 본다.

명령어	설명
SNMP 설정 명령어	
snmp-server community *communitystring* RO [ipv6 *acl-name*] [*acl-name*]	읽기를 허용하는(Get 또는 관련 메시지) SNMPv1 또는 SNMPv2c 커뮤니티 스트링 값을 설정하며, SNMP 에이전트가 다른 snmp-server 명령어에 의해 활성화되어 있지 않다면 활성화한다. 추가적으로 이 커뮤니티 값을 사용하는 SNMP 메시지에 대한 ACL 필터링을 활성화할 수 있다.
snmp-server community *communitystring* RW [ipv6 *acl-name*] [*acl-name*]	쓰기와 읽기를 둘 다 허용하는(Get과 Set 메시지) SNMPv1 또는 SNMPv2c 커뮤니티 스트링 값을 설정하며, SNMP 에이전트가 다른 snmp-server 명령어에 의해 활성화되어 있지 않다면 활성화한다. 추가적으로 이 커뮤니티 값을 사용하는 SNMP 메시지에 대한 ACL 필터링을 활성화할 수 있다.
snmp-server location *text-describing-location*	장비의 장소를 지정할 수 있는 SNMP 변수의 텍스트 값을 정의한다.
snmp-server contact *contactname*	장비 관련 질문에 대한 연락처를 지정할 수 있는 SNMP 변수의 텍스트 값을 정의한다.
snmp-server host *hostname* | *ip-address* version 2c *community-string*	SNMPv2 트랩 메시지를 송신할 하나의 SNMP 매니저(NMS)를 지정하며, 기재된 통지 커뮤니티를 사용한다.
snmp-server host *hostname* | *ip-address* informs version 2c *community-string*	SNMPv2 알림 메시지를 송신할 하나의 SNMP 매니저(NMS)를 지정하며, 기재된 통지 커뮤니티를 사용한다.
snmp-server enable traps	snmp-server host 명령어로 지정된, 모든 NMS 단말로 지원되는 모든 트랩 및 알림 메시지를 보내는 SNMP 에이전트를 활성화한다.

명령어	설명
IP SLA 설정 명령어	
ip sla *operation-number*	글로벌 설정 모드에서 IP SLA 동작(프로브)를 숫자로 지정하고, 사용자를 해당 동작을 위한 SLA 설정 모드로 이동하게 한다.
icmp-echo *address* [source-ip *address*]	IP SLA 모드에서, ICMP 에코 동작을 정의하고, ICMP 에코 목적지를 지정하며, 옵션으로 로컬 라우터의 IP 주소를 정의해서 ICMP 에코의 출발지로 사용한다.
frequency *seconds*	IP SLA 모드에서, IP SLA 동작이 얼마나 자주 수행될 것인지를 정의한다.
history filter all	IP SLA 모드에서, 설정된 프로브의 모든 이력 정보를 IOS가 보존하도록 정의한다.
history buckets-kept 6	IP SLA 모드에서, 기존 IP SLA 이력을 위해 보존하는 이력 버킷의 수를 설정한다.
history enhanced interval *seconds* buckets *number*	IP SLA 모드에서, 향상된 이력을 활성화하고 통합 주기(프로브 통계가 수집되고 통합되는 시간)를 정의하며, 통합된 통계가 보관되는 버킷의 수도 정의한다.
history lives-kept 1	IP SLA 모드에서, 동작의 이력 데이터 보관을 활성화한다(0으로 세팅하면 이력 추적을 비활성화함).
ip sla restart *op-number*	나열된 동작의 통계를 초기화하는 글로벌 설정 명령어이다.
SPAN 설정 명령어	
monitor session *number* source interface *type number* [- *last-in-range*] [rx | tx | both]	하나의 인터페이스 또는 연속된 인터페이스에 지시된 프레임의 방향에 맞춰 SPAN을 활성화하는 글로벌 설정 명령어이다.
monitor session *number* source vlan *vlan-id* [rx | tx | both]	하나의 VLAN에 속한 모든 인터페이스에 지시된 프레임의 방향에 맞춰 SPAN을 활성화하는 글로벌 설정 명령어이다.
monitor session *number* destination interface *type number*	SPAN 세션에 하나의 도착 포트를 지정하는 글로벌 설정 명령어이다.

[표 26-5] 26장에서 다룬 설정 명령어

명령어	설명
SNMP 검증 명령어	
show snmp community	snmp-server community와 함께 설정된 각 커뮤니티 설정 결과를 표시한다.
show snmp contact	snmp-server contact *text* 명령어로 설정된 연락 정보를 표시한다.
show snmp location	snmp-server location *text* 명령어로 설정된 장소 정보를 표시한다.
show snmp host	snmp-server host 명령어로 설정된 설정 정보를 표시한다.
show snmp	SNMP 에이전트의 동작을 나타내는 상태 정보, 카운터 값과 진행된 메시지의 수와 유형에 관한 결과를 표시한다.
show snmp user	정의된 SNMPv3 사용자와 설정된 값 및 기본값의 결과를 표시한다.
show snmp group	정의된 SNMPv3 사용자 그룹과 설정된 값 및 기본값의 결과를 표시한다.
IP SLA 검증 명령어	
show ip sla summary	IP SLA 출발 라우터에 설정된 IP SLA 동작에 관한 설정과 상태 정보를 표시한다.
show ip sla statistics [*op-number*]	각 IP SLA 동작(또는 기입된 동작 번호에 관한)에 관한 정보를 표시하며, 가장 최근에 시도된 동작에 관한 return code, 성공/실패 카운터도 출력 결과에 포함된다.
show ip sla history [*op-number*]	이력 버킷별의 동작 결과를 포함한 기존 IP SLA 이력 정보를 표시한다.
show ip sla enhanced-history distribution-statistics [*op-number*]	각 이력 버킷별로 계산되고 저장된 여러 동작을 바탕으로 통합된 통계를 포함하는 IP SLA의 향상된 이력 정보를 표시한다.

명령어	설명
SPAN 검증 명령어	
show monitor session [*number* | all]	기본값이 아닌 설정 상세 사항이 포함된 각 SPAN 세션의 결과를 표시한다.
show monitor detail	설정값과 기본값을 포함한 각 SPAN 세션의 결과를 표시한다.

[표 26-6] 26장에서 다룬 **show** 명령어

CHAPTER 27

클라우드 컴퓨팅

이 장은 다음 시험 주제를 다룬다.

4.0 인프라스트럭처 서비스

4.2 기업 네트워크 아키텍처에 대한 클라우드 자원의 효율성 서술

4.2.a 내부와 외부 클라우드 서비스로의 트래픽 경로

4.2.b 가상 서비스

4.2.c 기본 가상 네트워크 인프라스트럭처

클라우드 컴퓨팅은 고객에게 IT 서비스를 제공하는 접근 방법이다. 그러나 클라우드 컴퓨팅은 제품도 아니고, 제품의 조합이나 프로토콜도 아니다. 그래서 오늘날 클라우드 컴퓨팅에 대해 일반적으로 인정된 설명과 정의가 있음에도 불구하고, 클라우드 컴퓨팅 서비스라고 불리는 것이 특정 IT 서비스에 적합한 것인지 알 수 있는, 네트워킹을 넘어선 IT에 대한 넓은 지식이 필요하다.

클라우드 컴퓨팅, 또는 클라우드는 고객에게 어떻게 서비스를 제공하는지에 대한 접근 방법이다. 클라우드 컴퓨팅이 고려되고 있는 IT 서비스는 다음과 같은 특징을 가진다. 온-디맨드(on-demand) 방식으로 필요에 따라 그때그때 요청되고, 유연하거나 동적으로 규모가 커질 수 있어야 하며, 리소스 풀을 사용하고, 다양한 방식의 네트워크 접근 옵션을 가지며, 측정 가능하고 사용한 양에 따라 사용자에게 과금될 수 있다.

시험 측면에서 보면, 이 장(28장의 SDN, 프로그래머빌리티 포함)의 클라우드라는 주제는 일반적인 CCNA R&S의 주제 유형과는 동떨어져 있다. 2010년 중순부터 시스코는 시험의 핵심 내용과 관련이 없을 수 있는 기술임에도 불구하고, 시험에 최신 기술에 관한 부분을 추가하기 시작했다. 2016년(이 책의 출판 연도)에 클라우드가 인기있는 IT 기술이 되었지만, 클라우드라는 주제는 ICND2와 CCNA R&S 시험의 대부분을 차지하는 라우팅과 스위칭에 관한 핵심 주제와는 관련이 적다. 그래서 클라우드 컴퓨팅의 내용은 좀 독특한 도전이 될 수 있다.

이 장에서는 대부분의 클라우드 시험 주제에서 기술되는 클라우드 문제에 관한 일반적인 개념을 제공한다. 이를 위해 이 장에서는 서버 가상화에 관한 배경과 함께 클라우드 컴퓨팅을 정의하는 하나의 주요 절부터 시작한다. 다음에 나오는 두 번째 주요 절은 핵심 클라우드 시험 주제 중 하나인 클라우드 서비스에서 사용되는 또는 사용되지 않지만 발생하는 트래픽 패턴에 대해 다룬다. 세 번째와 마지막

주요 절에서는 가상화된 네트워크 기능에 대한 개념을 소개하며, 공공 클라우드 사업자들이, 고객이 또 다른 쪽에 서비스를 제공하는 동안 서비스를 어떻게 제공하는지에 대하여 다룬다.

QUIZ 사전 점검 퀴즈

아래의 사전 점검 퀴즈(지문 또는 PCPT 소프트웨어 사용)를 풀어보면 이 장을 읽고 이해하는 데 시간이 얼마나 걸릴 것인지 가늠할 수 있다. 정답은 퀴즈 다음 페이지 하단에 있으며, 퀴즈 정답에 대한 자세한 설명은 DVD 부록 C와 PCPT 소프트웨어에 담겨 있다.

핵심 주제	문항
클라우드 컴퓨팅의 개념	1, 2
클라우드 서비스에 도달하는 WAN 트래픽의 경로	3, 4
가상 네트워크 기능과 서비스	5

[표 27-1] 핵심 주제와 관련된 사전 점검 퀴즈 문항

1. 다음 클라우드 서비스 중 어느 것이 소프트웨어 개발에 가장 많이 사용되는가?

a. IaaS

b. PaaS

c. SaaS

d. SLBaaS

2. 다음 클라우드 서비스 중 어느 것이 당신의 고유한 소프트웨어 애플리케이션 설치를 위해 구매되고 사용될 수 있는가?

a. IaaS

b. PaaS

c. SaaS

d. SLBaaS

3. 한 기업이 공공 클라우드 서비스 사용을 계획하고 있고, 다른 WAN 옵션을 고려하고 있다. 고려 사항에는 네 가지 옵션이 있다. 만약 이 회사가 한 클라우드 사업자를 선택하고 나중에 다른 클라우드 사업자로 변경을 원한다면, 다음 중 어느 옵션이 가장 문제가 될 수 있는가?

a. 해당 클라우드 사업자로 직접 연결된 사설 WAN 연결을 사용하였을 때

b. VPN 없이 인터넷 연결을 사용하였을 때

c. 인터클라우드 익스체인지를 사용

d. VPN이 포함된 인터넷 연결을 사용하였을 때

4. 한 기업이 공공 클라우드 서비스 사용을 시작하려고 계획하고 있고, 다른 WAN 옵션을 고려하고 있다. 고려 사항에는 네 가지 옵션이 있다. 질 좋은 QoS 서비스를 제공하면서 데이터를 사설망에서 보관하고자 하면, 다음 중 어떤 옵션이 질 좋은 보안을 제공할 수 있는가? (2개를 고르시오)

a. 해당 클라우드 사업자로 직접 연결된 사설 WAN 연결을 사용하였을 때

b. VPN 없이 인터넷 연결을 사용하였을 때

c. 인터클라우드 익스체인지를 사용

d. VPN이 포함된 인터넷 연결을 사용하였을 때

5. 공공 클라우드 서비스에서의 가상 네트워크 기능에 관해 가장 잘 설명하고 있는 것은 다음 중 어떤 것인가?

a. 클라우드 사업자에 의해 설정되고 해당 고객만이 사용할 수 있도록 배치된 물리 네트워크 장비의 서브셋

b. 고객을 위해 클라우드 사업자에서 구성한 네트워크 기능, 그러나 서비스를 제공하는 서버로 고객이 직접 접근할 수는 없음

c. 고객을 위해 클라우드 사업자에서 구성한 네트워크 기능, VM으로 구성되어 고객이 직접 접근 가능하고 설정 가능함

d. 클라우드 서비스에서 VM으로 구현된 모든 네트워크 기능

핵심 주제

:: 클라우드 컴퓨팅의 개념

한 가지 관점에서 보면, 어떤 비즈니스에서든 IT의 기능은 서비스, 즉 회사 내에서 내부 고객에게 애플리케이션 서비스를 제공하는 것이다. 우리는 IT를 서버, 데이터베이스, 네트워크, 보안과 모든 관련된 하드웨어 및 소프트웨어로 생각할 수 있다. 그러나 다른 관점에서 보면, 목적은 다른 애플리케이션들을 사용하여 기업의 비즈니스를 운영할 수 있게 하는 것이고, IT의 비즈니스는 회사에 이런 애플리케이션을 제공하는 것이다.

클라우드 컴퓨팅은 몇 가지 종류의 IT 서비스를 제공하는 한 가지 접근 방법이다. 이 접근 방법은 기술보다는 서비스에 초점을 맞추고 있다. 당신이 클라우드 컴퓨팅의 진가를 알아보기 전에, 이 절에서는 가상 데이터 센터 세계의 몇 가지 개념과 용어에 대해 소개를 한다. 그 후에 클라우드 컴퓨팅에 대해 정의하고 설명한다.

서버 가상화

서버에 관해 생각할 때, 어떤 것이 떠오르는가? 빠른 CPU를 가진 데스크톱 컴퓨터인가? RAM을 많이 가진 데스크톱 컴퓨터인가? 바닥에 놓여진 하드웨어가 아니라 데이터 센터의 랙에 설치된 하드웨어인가? 당신이 서버에 관해 생각할 때, 하드웨어가 아니라 어딘가에서 VM으로 동작하고 있는 서버 OS에 관해서 생각하는가?

이 모든 대답은 어떤 관점에서 보면 정확하지만, CCNA R&S 자격증의 범위에 있는 다른 모든 내용에서처럼, 우리는 그 상세 사항에 관해 다루지 않는다. 대부분의 CCNA R&S에 관한 내용에서, 서버는 사용자가 네트워크를 통해 애플리케이션을 연결하고, 애플리케이션이 동작하는 장소이다. 이 책에서는 서버를 데스크톱 컴퓨터와 비슷하게 생긴 아이콘(서버를 위한 시스코 표준 아이콘이다)으로 표현하고 있다. 다음 주제는 몇 가지 다른 관점에서 서버가 어떤 의미를 가지는지에 관해 다룰 것이며, 클라우드 컴퓨팅에 관해 얘기할 수 있도록 준비한다.

시스코 서버 하드웨어

잠시 서버의 외관 형태(물리 서버의 모양과 크기)에 대해 생각해보자. 당신이 당신 고유의 서버를 만든다면 그건 어떤 모양일까? 얼마나 크고, 넓으며, 높을까? 만약 당신이 서버라고 불리는 장비를 본 적이 없다면, 다음 핵심 사항을 고려한다.

사전 점검 퀴즈 정답

1 B **2** A **3** A **4** A, C **5** C

- **KVM 없음:** 서버 바로 옆에서 서버를 계속 사용하는 사용자는 없다. 모든 사용자와 관리자는 네트워크를 통해 서버로 접근한다. 결과적으로, 키보드, 비디오 디스플레이, 마우스(Keyboard, Video display, Mouse, 통합하여 KVM이라 불림)를 영구적으로 사용할 필요는 없다.
- **데이터 센터에 있는 서버 랙:** 초기에 서버는 상대적으로 빠른 CPU와 대량의 RAM을 가진 컴퓨터를 의미했다. 최근에는 회사들이 한 방(데이터 센터)에 많은 서버들을 두는데, 한 가지 목적은 공간을 낭비하지 않기 위해서이다.

예를 들어, [그림 27-1]은 시스코의 서버 하드웨어의 사진을 보여준다. 당신은 시스코가 네트워크 회사라고 생각할 수도 있지만, 2010년경부터 시스코는 시스코 UCS(Unified Computing System)를 출시하며 제품 라인을 서버 시장에까지 확장했다. 이 그림은 랙 마운팅이 가능한 샤시와 서버 블레이드를 위한 슬롯을 가진 UCS B 시리즈(블레이드 서버)이다. 그림의 제품은 양옆의 구멍을 이용한 랙 마운팅이 가능하고, 여덟 개의 서버 블레이드(한 쪽에 네 개씩)가 수평으로 마운팅되어 있다. 또한 샤시의 아래쪽에 네 개의 파워 서플라이를 가진다.

[그림 27-1] 시스코 UCS 서버: B 시리즈(블레이드)

외관 형태에 상관없이, 오늘날의 서버 하드웨어는 CPU 칩과 RAM, 스토리지, NIC(Network Interface Cards) 수용이 가능하다. 그러나 서버 가상화라는 툴때문에 서버에서 동작하고 있는 OS에 대해서는 다르게 생각해야 한다.

서버 가상화 기초

서버, 즉 하드웨어를 하나의 컴퓨터라고 생각해보자. [그림 27-1]에 나온 하나의 블레이드일 수도 있고, 컴퓨터 판매점에서 산 성능 좋은 컴퓨터일 수도 있다. 전통적으로, 하나의 서버에서는 하나의 OS가 동작한다. 하드웨어는 CPU, RAM, 디스크 드라이브와 같은 몇 가지 종류의 스토리지, 하나 또는 두 개 이상의 NIC을 가진다. 그리고 하나의 OS가 서버 내의 모든 하드웨어를 위해 사용되며, 하나 또는 그 이상의 애플리케이션을 운영한다. [그림 27-2]는 이 주요 개념을 보여준다.

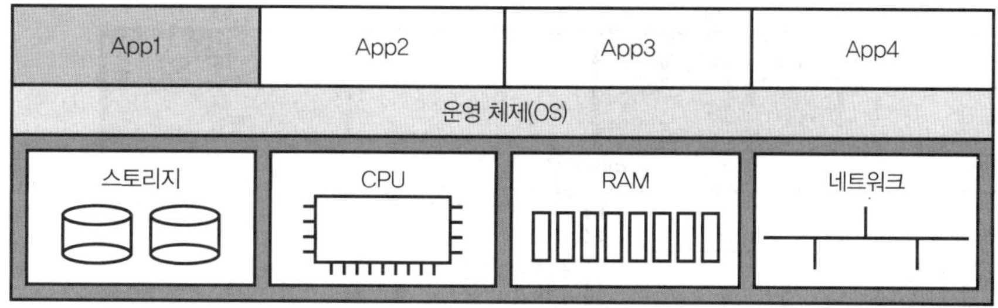

[그림 27-2] 물리 서버 모델: 물리 하드웨어, 하나의 OS, 애플리케이션

[그림 27-2]에 나온 물리 서버 모델처럼, 각 물리 서버는 서버의 모든 하드웨어를 사용하는 하나의 OS를 운영한다. 이것은 서버 가상화가 있기 전의 사실이다.

현재 대부분의 회사에서는 가상화된 데이터 센터를 만든다. 이것은 회사가 서버 하드웨어를 구매하고, 랙에 설치한 후 데이터 센터의 모든 CPU, RAM 등의 용량을 한꺼번에 처리한다는 것을 의미한다. 그러면 각 OS는 하드웨어에서 분리되고, 가상(물리에 대비되는 표현)이 된다. 우리가 일반적으로 서버로 생각해왔던 하드웨어의 각 부분은 동시에 OS를 여러 개 운영하게 되며, 각 가상 OS는 가상 머신(VM, Virtual Machine)이라 불린다.

하나의 물리적인 단말(서버)은 하나의 OS를 운영할 때 필요한 것보다 더 많은 처리 능력을 가지고 있곤 한다. 각 코어는 멀티스레딩(multithreading)이라 불리는 기능으로 여러 개의 스레드를 운영할 수 있다. 그래서 8 코어를 가진 인텔 프로세서와 멀티스레딩(일반적으로 코어당 두 개의 스레드)에 관해 읽을 때, 하나의 CPU 칩셋이 16개의 다른 프로그램을 동시에 실행할 수 있다는 것을 알 수 있다. 하이퍼바이저는 가상 CPU(vCPU)를 통해 각 가용한 스레드를 처리할 수 있고, 각 VM에 vCPU를 할당한다(이 예시에서는 16개의 vCPU 할당).

VM은 서버 하드웨어에서 OS가 분리된 것이지만, 여전히 하드웨어 위에서 실행된다. 각 VM은 필요한 최소한의 vCPU, RAM 등의 설정을 가진다. 가상 시스템은 각 VM을 특정 물리 서버에 구동하기 시작하며, 충분한 물리 서버 하드웨어 용량으로 그 단말에서 동작하는 모든 VM을 잘 운영할 수 있도록 한다. 그래서 어떤 한 시점에서부터 각 VM은 물리 서버에서 동작하며, 해당 물리 서버의 CPU, RAM, 스토리지, NIC을 사용한다. [그림 27-3]은 그 개념에 대한 그림이며, 하나의 물리 서버에서 운영되는 네 개의 분리된 VM을 나타낸다.

서버 가상화를 사용하려면, 각 물리 서버(서버 가상화 세계에서는 호스트라고 불림)는 하이퍼바이저를 사용한다. 하이퍼바이저는 각 VM에게 그 VM의 설정에 맞춰 호스트의 하드웨어(CPU, RAM 등)를 할당하고, 그것을 관리한다. 각 VM은 특정 수의 가상 CPU와 NIC, RAM, 스토리지를 사용하며 하나의 물리 서버에서 동작하는 것처럼 운영된다. 예를 들면, 하나의 VM이 4개의 CPU, 8GB RAM을 사용하도록 설정되었다면, 하이퍼바이저는 VM이 실제로 사용할 CPU와 RAM의 특정 부분을 할당한다.

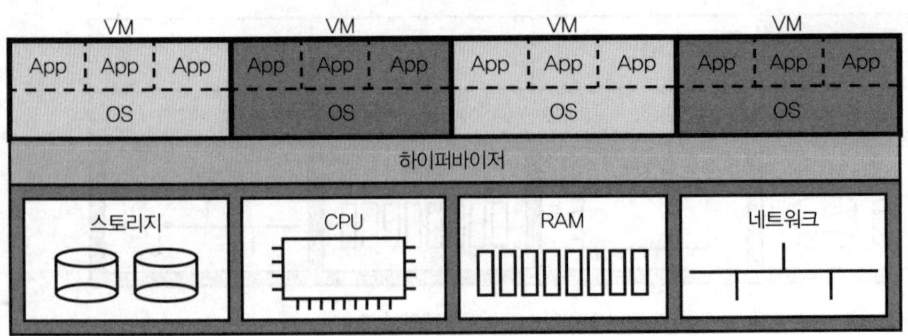

[그림 27-3] 하나의 호스트에서 동작하는 4개의 VM: 하이퍼바이저가 하드웨어를 관리

지금까지 논의된 개념을 시장으로 연결시키기 위해, 다음의 목록에서는 가상화된 데이터 센터와 연계된 몇 개의 벤더와 제품군의 이름을 열거한다.

- VMware vCenter
- Microsoft HyperV
- Citrix XenServer
- Red Hat KVM

하이퍼바이저뿐만 아니라 이 리스트에 있는 회사 및 다른 회사들은 완전한 가상 시스템을 판매하고 있다. 이 시스템은 가상화 엔지니어로 하여금 동적으로 VM을 생성하고, 구동하며, 다른 서버로 VM을 이동시키고(수동 또는 자동으로) 구동을 멈추게 한다. 예를 들면, 하드웨어 점검을 할 필요가 있을때, 가상화 엔지니어들은 점검이 이미 완료된 다른 호스트(운영 중인)로 VM을 이동시킬 수 있다.

가상화된 호스트에서의 가상 스위치를 사용한 네트워킹

서버 가상화 툴은 어떻게 VM을 네트워크에 연결시킬지에 관한 여러 가지 옵션을 제공한다. 이 책에서는 그 모든 방법을 다루지는 않지만, 클라우드 컴퓨팅에 관해서 생각할 때 몇 가지 기본 사항에 대해 아는 것은 도움이 될 것이다.

먼저, 물리 서버는 네트워크 기능을 위해 무엇을 가지고 있는가? 일반적으로 하나 또는 그 이상의 NIC을 가지며, 1Gbps 또는 요새 종종 사용되는 10Gbps이거나 빠른 속도의 40Gbps일 수도 있다.

다음은 VM에 관하여 생각해 보자. 보통 OS는 하나의 NIC 또는 그 이상을 가진다. OS를 일반적으로 운영할 때 각 VM은 최소한 한개의 NIC을 가지며, VM에 있어서 그것은 가상 NIC이다(예를 들면, VMware의 가상 시스템에서 VM의 가상 NIC은 vNIC이라는 이름을 가진다).

마지막으로 서버는 특정 네트워크에서 사용되는 물리 NIC과 VM에서 사용되는 vNIC의 개념을 조합해야 한다. 각 서버는 내부 이더넷 스위치 개념을 사용하며, 이것은 가상 스위치 또는

vSwitch라 불린다. [그림 27-4]는 각각 하나의 vNIC을 가진 4개의 VM의 예시를 보여준다. 물리 서버는 두 개의 물리 NIC을 가진다. vNIC과 물리 NIC은 내부적으로 가상 스위치에 연결된다.

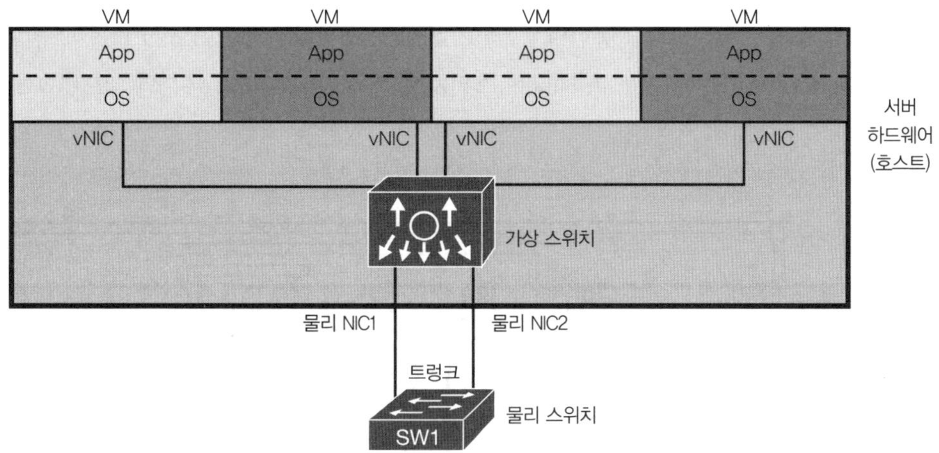

[그림 27-4] 가상 스위치에서의 가상 호스트 기본 네트워킹

흥미롭게도, vSwitch는 하이퍼바이저 제조사나 시스코에 의해 제공된다. 예를 들면, 시스코의 데이터 센터 스위치 제품군에서, 시스코 Nexus 스위치는 Nexus 1000v(v는 virtual, 즉 가상임을 나타냄)를 포함한다. 당신은 하이퍼바이저에 포함된 vSwitch를 사용하거나, Nexus 1000v(또는 유사한 제품)를 설치할 수 있다. Nexus 1000v는 시스코 Nexus 시리즈 스위치 고유의 몇 가지 기능을 지원한다(시스코 데이터 센터 스위치와 Nexus 스위치에서 사용되는 NX-OS는 CCNA, CCNP, CCIE 데이터 센터에서 다루어진다는 것을 기억하자).

[그림 27-4]에서 볼 수 있는 네트워킹의 상세 사항은 기본적인 부분만을 보여주고 있으나, 이 장의 클라우드 관련 사항에 대해 두 가지 중요한 부분이 남아있다. 먼저 데이터 센터에서의 네트워킹은 많은 옵션을 가진다. 각 VM은 자신만의 VLAN을 가지거나, 한 VLAN을 공유하거나, VM 자신으로 VLAN 트렁킹을 사용한다. 다음으로, 설정은 VM을 제어하는 동일한 가상 소프트웨어를 통해 쉽게 진행될 수 있다. 프로그래머빌리티(programmability)는 가상화 소프트웨어로 하여금 VM을 호스트(서버) 간에 이동할 수 있도록 하고, vSwitch를 다시 프로그래밍하여 VM이 동일한 네트워크 기능을 가져 운영시 문제가 없도록 한다.

물리 데이터 센터 네트워크

이 개념들을 함께 사용하기 위해, 다음은 가상화된 데이터 센터의 물리 네트워크에 어떤 일이 일어나는지를 고려한다. 각 호스트(물리 호스트)는 네트워크로의 물리적인 연결이 필요하다. [그림 27-4]에서 다시 보면, 호스트는 두 개의 물리 NIC을 가지고 있고, 데이터 센터 LAN으로 두 물리 NIC을 연결할 필요가 있다.

[그림 27-5]는 데이터 센터 LAN의 기존의 케이블링을 보여준다. 각각의 길다란 직사각형은 데이터 센터 안의 하나의 랙을 나타내며, 작은 정사각형은 NIC 포트를, 선은 케이블을 나타낸다.

때때로 각각의 호스트는 랙 상단(ToR, Top of Rack 스위치라 불림)의 두 개의 다른 스위치에 케이블이 연결되어, LAN으로의 이중화된 경로를 제공한다. 각 ToR 스위치는 디자인의 측면에서는 액세스 층의 스위치로서 작동한다. 그리고 각 ToR 스위치는 EoR(End of Row) 스위치에 연결되는데, 이 스위치는 배포(distribution) 스위치로 작동하며, 나머지 부분의 네트워크에 연결된다.

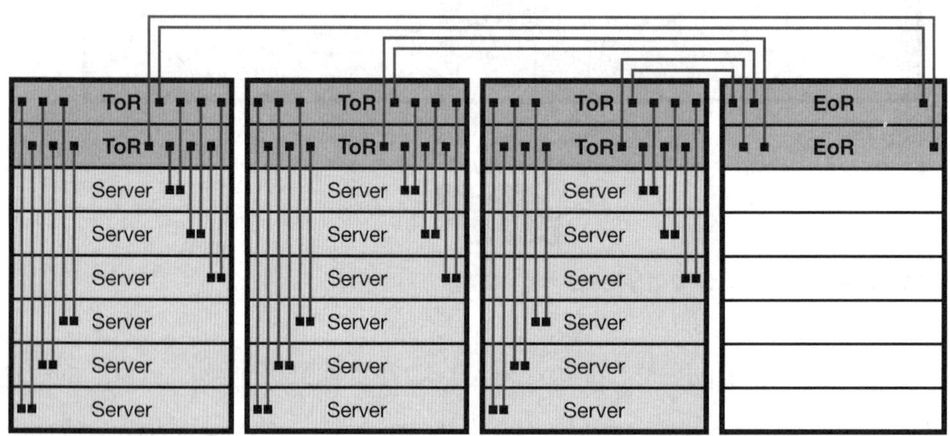

[그림 27-5] 기존 데이터 센터의 ToR(Top of Rack) 및 EoR(End or Row) 물리 스위치 토폴로지

가상화된 데이터 센터에서의 워크플로

지금까지, 이 장의 첫 부분에서는 곧 나올 클라우드 컴퓨팅의 논의에 중요한 배경 지식에 관하여 설명했다. 서버 가상화는 많은 데이터 센터의 운영에 큰 혁신을 가져왔지만, 가상화 하나만이 클라우드 컴퓨팅 환경을 만드는 것은 아니다. 클라우드 컴퓨팅에 대해 다루기 전에, 이 기본적인 기술에 관해 다루며, 가상화된(클라우드 기반이 아닌) 데이터 센터에서의 워크플로의 예시와 함께 생각해 보자.

일부 IT 스탭, 즉 서버 또는 가상화 엔지니어, 관리자라 불리는 이들은 새 호스트(서버)를 주문하고 설치한다. 그들은 요구 사항을 모아 요구된 용량에 따른 계획을 세우며 하드웨어를 찾아보고, 주문하고, 그 하드웨어를 설치한다. 그들은 긴 시간 동안 서버 관리자와 엔지니어의 역할을 해 왔으나, 이제 그들은 가상화 툴을 사용하여 일할 수 있다.

그 노력 중 가상화 부분을 위해, 가상화 엔지니어들은 가상화 툴을 설치하고 커스터마이징한다. 각 호스트의 하이퍼바이저 외에도 여러 많은 유용한 툴들이 가상화된 데이터 센터를 관리하고 제어하는 데 도움을 준다. 예를 들면, 하나의 툴은 엔지니어에게 데이터 센터의 전체적인 뷰를 보여줄 수 있는데, 동작하는 모든 VM들 및 한 데이터 센터가 VM을 운영하는 데에 많은 용량을 가지고 있는지 등에 대한 것을 보여줄 수 있다. 시간이 흐르면, 서버/가상화 엔지니어들은 새로운 물리 서버를 데이터 센터에 추가하게 되고, 새로운 물리 서버를 사용하기 위한 가상화 시스템을 설정하며, 이것이 다 잘 동작하는지를 확인한다.

지금까지 이 시나리오에서는 개발팀 팀원, 운영 스탭 등 일부 내부 고객에게 서비스를 제공하기 위한 준비가 진행되었다. 이제 고객은 '서버'를 요청한다. 사실 고객은 몇 가지 요건, 즉 특정 수의 vCPU, RAM 등을 기반으로 한 대의 VM(또는 여러 대)을 요청한다. 고객은 [그림 27-6]에서처럼 가상화/서버 엔지니어가 VM을 설치할 수 있도록 요청한다.

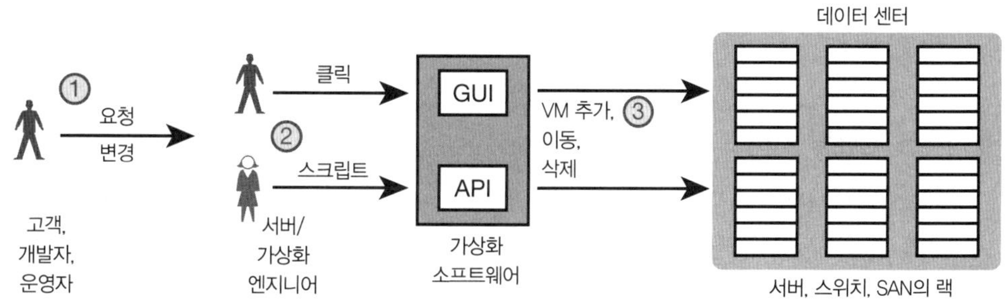

[그림 27-6] 기존 업무 흐름: 고객(사람)은 서비스를 위해 가상화(사람)에게 요청

이 그림은 고객이 요청한 후에 어떻게 진행되는지에 대한 것을 나타내며, 그 흐름은 다음과 같다.

단계 ① 개발자 또는 운영팀의 팀원과 같은 IT 그룹의 고객은 새로운 VM의 설정과 같은 일부 서비스를 원한다.

단계 ② 가상화/서버 엔지니어는 고객으로부터의 요청에 대응한다. 서버/가상화 엔지니어는 사용자 인터페이스에서 클릭하여 설정하거나, VM의 숫자가 많은 경우 스크립트라 불리는 프로그램을 실행시킴으로써 VM을 보다 더 효율적으로 생성한다.

단계 ③ 가상화 엔지니어가 클릭을 통한 설정 또는 스크립트를 사용하는 것에 관계없이, 가상화 소프트웨어는 새 VM을 생성할 수 있고 데이터 센터 안의 일부 호스트에서 그 VM들을 동작하게 할 수 있다.

[그림 27-6]에서의 과정은 잘 진행된다. 그러나 서비스 제공시의 접근 방법은 클라우드 서비스의 기본 조건을 벗어난다. 예를 들면, 클라우드 컴퓨팅은 셀프 서비스를 요구한다. 클라우드 서비스로 분류되는 워크플로에서 **단계②** 의 과정은 사람이 해당 요청을 서비스하는 것이 요구되지 않으며, 자동으로 실행되어야 한다. 클라우드 세계에서 새로운 VM이 몇개 필요하다면? 유저 인터페이스를 클릭하여 몇 개의 새 VM을 만들도록 요청하고 커피 한 잔 하러 가면, 당신의 VM은 몇 분 내에 요구에 맞춰 설정되고 시작될 것이다.

클라우드 컴퓨팅을 활성화하기 위해 지금까지 가상화 데이터 센터에서 다룬 몇 가지 핵심 포인트를 정리하자.

- OS는 OS가 운영되고 있는 하드웨어와 분리되며, OS는 VM으로서 VM이 운영될 수 있는 충분한 자원을 가진 데이터 센터의 어느 서버에서든지 동작할 수 있다.
- 가상화 소프트웨어는 VM을 자동으로 구동하고 데이터 센터의 서버 간에서 이동할 수 있도록 한다.
- 데이터 센터 네트워킹은 각 호스트(서버) 간의 가상 스위치와 가상 NIC을 포함한다.
- 데이터 센터 네트워킹은 가상화 소프트웨어에 의해 프로그램되며, 가상화 소프트웨어는 새 VM을 설정하고, 구동하며 필요에 따라 정지시키고, 네트워크 상세 사항을 자동으로 설정한다.

클라우드 컴퓨팅 서비스

클라우드 컴퓨팅은 IT 서비스를 제공하는 접근 방법이다. 클라우드 컴퓨팅은 가상화 제품과 같은 제품을 사용하지만, 클라우드 기능을 활성화하기 위해 만들어진 제품을 사용하기도 한다. 그러나 클라우드 컴퓨팅은 단순히 구축된 제품의 세트가 아니며, IT 서비스를 제공하는 방법이다. 클라우드 컴퓨팅이 무엇인가를 이해하는 것은 쉬운 일이 아니다. 다음 주제는 기본적인 사항에 대해 소개한다.

앞서 가상화에 관해 다뤄진 내용으로부터 당신은 클라우드 서비스의 한 가지 특징을 알게 되었다. 서비스를 소비하는 사람이 셀프 서비스로 준비할 수 있어야 한다. 이것은 서비스의 소비자 또는 고객이 서비스를 요청할 수 있고, 그 요청에 관해 사람이 작업 시간을 확보하고, 요청을 검토하고, 작업을 하는 등으로 인해 지연되는 시간을 기다리지 않고도 서비스를 제공 받을 수 있어야 한다는 것을 의미한다.

클라우드 서비스라 할 수 있는 서비스의 의미가 무엇인지에 대해 더 넓은 의미에서 알기 위해, 클라우드 컴퓨팅 서비스에 관한 다섯 가지 조건이 있는 다음 목록을 확인하자. 이 목록은 미국의 NIST(National Institute of Standards and Technology)에 의해 제시된 클라우드 컴퓨팅의 정의를 인용하였다.

- **온-디맨드 셀프-서비스**: IT 소비자가 서비스 사업자와의 직접적인 연락 없이, 서비스를 언제 시작하고 멈출지를 결정한다.
- **다양한 네트워크 접근**: 서비스는 많은 유형의 장비와 인터넷을 포함한 여러 종류의 네트워크를 통해 접근할 수 있어야 한다.
- **자원의 통합**: 서비스 사업자는 자원 풀(pool)을 생성하며(특정 고객만 사용하는 특정 서버를 지정하기 보다는), 소비자로부터 새로운 요청을 받으면 그 풀에 있는 자원을 동적으로 할당한다.

- **신속한 유연성:** 소비자에게, 자원 풀은 무한대처럼 보이며(빠르게 확장해, 유연하다고 불린다), 새로운 서비스에 관한 요청은 빠르게 수행된다.

측정된 서비스: 서비스 사업자는 투명성과 과금을 위해 사용량을 측정할 수 있고 소비자에게 사용량을 알릴 수 있다.

이 장의 나머지 부분을 공부할 때, 이 다섯 가지 조건에 대한 리스트를 기억하자. 이 장의 뒷부분에서는 이 리스트를 다시 참조할 것이다.

이 정의에 관해 다음의 몇 장은 클라우드 세계에서의 두 가지 축인 사설 클라우드와 공공 클라우드에 관해 다룰 것이며, NIST 정의로부터의 몇 가지 포인트에 관한 부분도 함께 설명하는 것을 목표로 한다.

사설 클라우드

[그림 27-6]에서의 가상화된 데이터 센터 워크플로(workflow) 예시를 다시 보도록 하자. 그리고 클라우드 컴퓨팅을 위한 다섯 가지의 NIST 조건에 관하여 생각해 보자. 당신이 그 항목들과 [그림 27-6]의 예시를 대조하여 학습한다면, 워크플로가 다섯 가지의 NIST 클라우드 조건 중의 몇 가지와 부합하는 것처럼 보이고, 실제로 그러하다. 특히 이 장에서 지금까지 설명했듯이, 가상화된 데이터 센터는 자원의 풀을 가지고, 동적으로 배치된다. 자원 풀이 확장되기 때문에 가상화된 데이터 센터가 유연하다고 할 수 있다. 그러나 그 프로세스는 신속하지 않을 수 있는데, 그 이유는 워크플로가 새 서비스를 시작하기 전에 사람의 체크와 자원 간의 균형, 시간을 필요로 하기 때문이다.

사설 클라우드는 회사 안에서 내부 고객에게 서비스를 생성하며, NIST 리스트의 다섯 가지 조건을 만족한다. 사설 클라우드를 만들기 위해, 기업은 때때로 IT 툴(가상화 툴과 같은)을 확장하며, 내부 워크플로 과정을 바꾸며, 추가적인 툴을 더하는 등의 작업을 한다.

몇 가지 예시에서와 같이 회사의 애플리케이션 개발자가 애플리케이션을 개발할 때 사용하는 VM을 필요로 할 때, 어떤 일이 일어나는지 생각해 보자. 사설 클라우드에서는 개발자는 그 VM들을 요청할 수 있고, 그 VM들은 자동으로 구동하고 몇 분내에 가용하게 되며, 소요되는 대부분의 시간은 VM을 구동할 때의 시간이다. 만약 개발자가 더 많은 VM을 원한다면, 그는 사설 클라우드가 충분한 용량을 가지고 있을 것이고, 새로운 요청은 여전히 빠르게 제공될 것이라고 예상할 것이다. 그리고 모든 사람들은 IT 그룹이 내부 과금을 위해 서비스 사용량을 측정할 수 있다는 것을 알아야 한다.

잠시 클라우드의 셀프 서비스에 대해 주목하자. 이를 위해, 많은 클라우드 컴퓨팅 서비스들은 클라우드 서비스 카탈로그를 사용한다. 이 카탈로그는 사용자를 위해 회사의 클라우드 인프라스트럭처로 요청될 수 있는 모든 것에 관하여 나열된 웹 애플리케이션으로서 존재한다. 사설 클라우드를 사용하기 전에, 새로운 서비스(새로운 VM과 같은)가 필요한 개발자와 운영자는 VM을 추가하기 위해 가상화 팀으로 변경 요청을 보낸다([그림 27-6] 참조). 사설 클라우드에서는 IT 서비스의(내부) 소비자, 즉 개발자, 관리자 등은 클라우드 서비스 카탈로그에서 선택할 수 있다. 그리고 만약 그 요청이 새로운 VM의 세트라면, VM은 [그림 27-7]의 **단계②** 에서 볼 수 있듯이, 사람의 개입 없이 몇 분 내에 생성되고 준비된다.

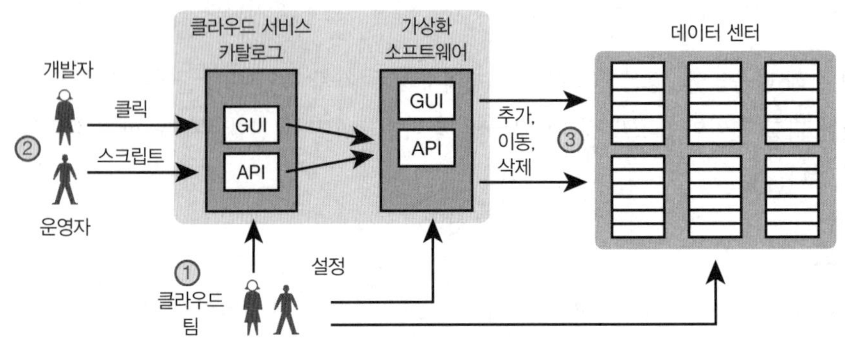

[그림 27-7] 하나의 VM을 생성하기 위한 사설 클라우드의 기본 워크플로

이 과정을 작동시키기 위해, 클라우드 팀은 가상화된 데이터 센터에 몇 가지 툴과 프로세스를 추가해야 한다. 예를 들면, 사용자 인터페이스와 가상 시스템의 API로의 접근성이 있는 코드 두 가지를 가진 클라우드 서비스 카탈로그를 생성하기 위해 소프트웨어를 설치한다. 그 서비스 카탈로그는 소비자의 요청에 반응할 수 있는데, 예를 들면 가상 소프트웨어에 API를 사용하여 VM을 생성하고 추가하며 이동시킨다. 또한 서버, 가상화, 네트워크, 스토리지 엔지니어로 구성된 클라우드 팀은 자원 풀의 구축과 테스트, 카탈로그에의 새로운 서비스 추가, 예외 처리, 모든 요청을 처리할 준비가 된 자원 풀을 확보하기 위한 용량 추가 시기를 알 수 있는 리포트 확인(측정된 서비스 요구별)에 주력한다.

특히 클라우드 모델에서 클라우드 팀은 다른 그룹에서부터의 요청, 즉 이쪽에 10개 VM을 추가하고 저쪽에 50개를 추가하는 등의 개별적인 요청과 변경 요구에 더 이상 시간을 들이지 않는다.

요약하면, 사설 클라우드에서는 몇 가지의 동일한 서비스를 제공하기 위해 방법과 툴을 바꿀 수 있다. 사설 클라우드는 '사설'이므로 한 회사가 클라우드를 만들기 위한 툴을 가지고 서비스를 사용하는 사람들을 고용한다. 한 회사 내에서도, 클라우드 컴퓨팅의 접근 방법을 사용하는 것은 IT 서비스를 구축할 때의 작업 속도를 향상시킬 수 있다.

공공 클라우드

사설 클라우드에서, 클라우드 사업자와 클라우드 사용자는 동일한 회사의 일부이다. 공공 클라우드에서는 그 반대이다. 공공 클라우드 사업자가 서비스를 제공하며, 다른 회사의 소비자에게 그 서비스를 판매한다. 사실 인터넷 서비스 사업자와 WAN 서비스 사업자가 많은 기업에 인터넷과 WAN 서비스를 판매하고 있는 것을 생각하면, 동일한 일반적인 개념이, 많은 기업에 그들의 서비스를 판매하는 공공 클라우드 사업자에게도 적용된다.

공공 클라우드에서의 워크플로는 어떤 서비스(새 VM과 같은)를 요청하는 소비자에 초점을 맞출 때, 어떤 면에서는 사설 클라우드와 비슷하다. [그림 27-8]의 오른쪽에서 볼 수 있듯이, 소비자는 새로운 서비스를 서비스 카탈로그 웹 페이지에서 요청한다. **단계②**에서 가상화 툴은 서비스를 생성하는 요청에 응답한다. 시작하게 되면, 서비스는 사용 가능한 상태가 되는데, 기업의 데이터 센터가 아닌 세계의 어딘가에 위치한 데이터 센터에서 운영되게 된다(**단계③**).

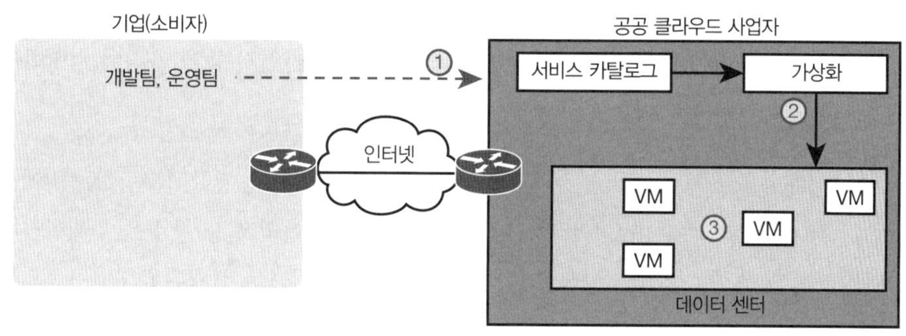

[그림 27-8] 인터넷에서의 공공 클라우드 사업자

물론 소비자는 클라우드 컴퓨팅을 가진 클라우드 사업자와 다른 네트워크에 있으며, 클라우드 사업자에게 어떻게 연결할 것인지에 관한 문제가 제기된다. 클라우드 사업자는 다양한 네트워크 옵션을 지원한다. 그들은 인터넷에 연결되어, 기업 네트워크 내부의 애플리케이션과 사용자가 클라우드 사업자의 네트워크에서 소비자가 운영하는 애플리케이션과 통신할 수 있다. 클라우드 컴퓨팅에 관한 다섯 가지 NIST 조건 중의 하나는 다양한 네트워크 접근이며, 클라우드 사업자는 소비자와 클라우드 간의 VPN(virtual private network)과 사설 WAN(wide-area network) 연결을 포함한 다른 네트워킹 옵션도 제공한다.

클라우드와 'As a Service' 모델

클라우드 컴퓨팅으로 얻는 이점은 무엇인가? 지금까지 이 장에서는 서비스로서 VM만을 보여주었다. 클라우드 컴퓨팅에서는 다양한 서비스가 있고, 현재 시장에서 보편적으로 보이는 세 가지 서비스가 있다.

먼저, 곧 나올 용어들에 관한 간단한 단어들을 보자. 클라우드 컴퓨팅의 세계는 서비스 모델에 따라 움직인다. 하드웨어 구매, 소프트웨어 구매 또는 라이센싱, 직접 설치 등을 하는 대신, 소비자는 사업자로부터 일부 서비스를 받는다.

그러나 서비스를 받는다는 개념은 서버를 구매하고 특정 소프트웨어 패키지를 설치한다는 개념보다 더 추상적이다. 그래서 클라우드 컴퓨팅에서 너무 일반적인 논의를 지속하는 대신에, 업계에서는 'as a Service'로 끝나는 다양한 용어들을 사용한다. 그리고 각 'aaS'는 다른 의미를 지닌다.

다음 주제는 세 가지의 가장 일반적인 클라우드 서비스인 Infrastructure as a Service, Software as a Service, Platform as a Service에 대해 설명한다.

IaaS

IaaS(Infrastructure as a Service)는 대부분의 사람들이 가장 이해하기 쉬운 클라우드 컴퓨팅 서비스일 것이다. 예를 들면, 당신이 컴퓨터를 쇼핑하는 시간을 생각해 보자. 당신은 사용할 OS(최신 마이크로소프트 OS나 리눅스, Mac을 고려한다면 OS X)에 대해 생각한다. CPU와 CPU 속도, 그 컴퓨터가 RAM을 얼마나 가졌는지, 디스크의 용량은 얼마인지 등을 가격에 기반하여 비교한다.

IaaS는 비슷한 개념을 가지며, 소비자는 VM의 사용에 대해 생각하게 된다. [그림 27-9]에서 볼 수 있듯이 VM(가상 CPU의 수, RAM의 양 등)을 할당하는 하드웨어의 성능/용량을 구체화하게 된다. 사용할 OS를 고를 수도 있다. 선택이 끝나면, 클라우드 사업자는 선택된 OS가 구동되는 VM을 시작한다.

> **NOTE** 가상화와 클라우드 세계에서, VM 시작은 VM 스핀 업(spinning up) 또는 VM 생성(instantiating)이라 불린다.

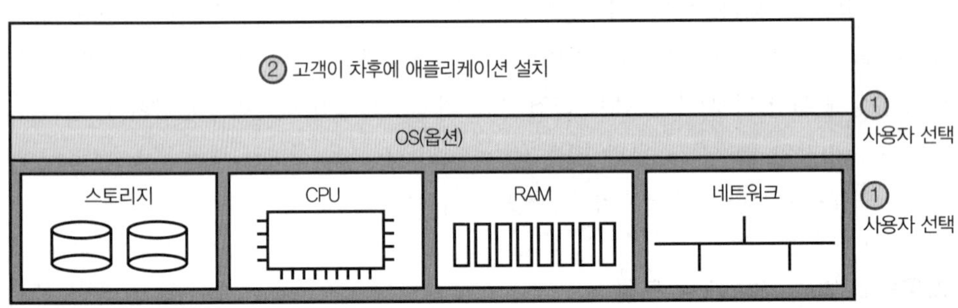

[그림 27-9] IaaS의 개념

클라우드 사업자는 소비자에게 VM의 상세 사항을 제공하여 소비자가 OS의 유저 인터페이스에 연결하고, 더 많은 소프트웨어를 설치하며, 세팅을 커스터마이징할 수 있도록 한다. 예를 들면, 소비자가 서버에 특정한 애플리케이션을 구동시키고 싶어한다고 상상해 보자. 고객이 이메일 서버로 마이크로소프트 익스체인지(Microsoft Exchange)를 사용하고 싶어하면, 그녀는 해당 VM에 연결되어 Exchange를 설치할 필요가 있다.

[그림 27-10]은 공공 클라우드 사업자인 아마존 웹 서비스(AWS)에서의 웹 페이지를 보여주며, IaaS 서비스의 일부로 VM을 생성할 수 있다. 이 스크린샷은 사용자가 'micro'라고 불리는 작은 VM을 선택했을 경우를 보여준다. 설명을 자세히 보면, 그 제목과 숫자로부터 이 VM이 하나의 vCPU와 1GB의 RAM을 가진다는 것을 알 수 있다(이 VM이 AWS의 무료 체험판으로써 사용할 수 있다는 것을 기억하자).

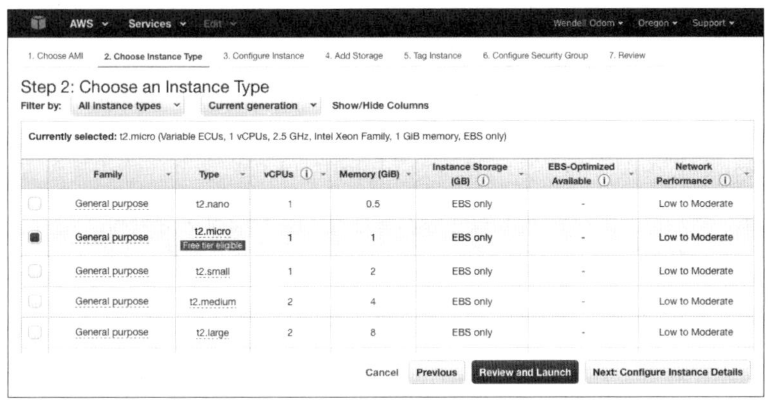

[그림 27-10] AWS 스크린샷 - 다른 CPU/RAM/OS를 사용한 VM 설정

SaaS

SaaS(Software as a Service)에서, 소비자는 동작하는 소프트웨어가 포함된 서비스를 받는다. 클라우드 사업자는 VM을 사용할 수 있고, 다수의 VM으로 서비스를 생성할 수도 있지만, 소비자로부터 보이지는 않는다. 클라우드 사업자는 소프트웨어에서 필요한 모든 것, 즉 라이센스, 설치, 지원을 제공한다. 클라우드 사업자는 애플리케이션의 성능을 모니터링한다. 그러나 사용자는 사용할 애플리케이션을 선택하고, 서비스를 위해 등록하며, 애플리케이션을 사용하기 시작한다 - 추가 설치 작업은 필요없다. [그림 27-11]은 이 주요 개념에 대해 나타내고 있다.

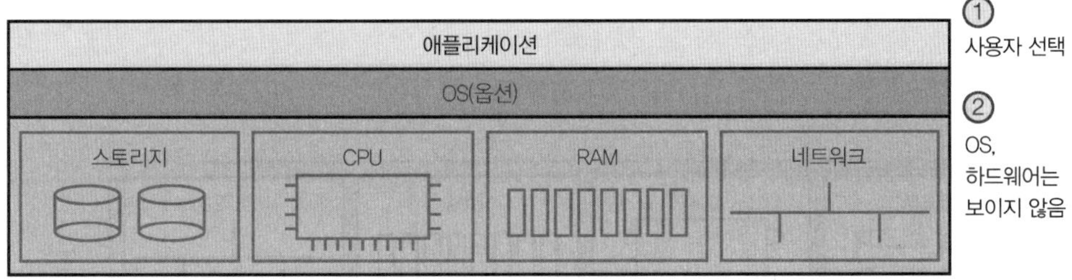

[그림 27-11] SaaS 개념도

여러 가지 공공 SaaS 제공에 관해 사용해 보거나 최소한 들어본 적은 있을 것이다. Apple iCloud, Google Drive, Dropbox, Box와 같은 파일 스토리지 서비스는 전부 SaaS로 제공된다.

대부분의 온라인상의 이메일 서비스 제공도 오늘날에는 SaaS 서비스로 간주된다. 또 다른 예시로, 마이크로소프트는 Exchange 메일 서버를 SaaS로 제공하며, 당신은 몇개의 VM과 함께 Exchange에 포함된 모든 기능이 제공되는 사설 이메일 서버를 소유할 수 있다. 하지만 그 VM 상에서 라이센스를 가지거나 설치하거나 운영할 필요는 없다.

개발 플랫폼 PaaS

PaaS(Platform as a Service)는 서비스로 미리 구축된 개발 플랫폼이다. PaaS 서비스는 몇 가지 측면에서 IaaS와 유사하다. 두 서비스 모두, 설정 가능한 양의 CPU, RAM 등의 자원과 함께 하나 또는 그 이상의 VM을 소비자에게 제공한다.

PaaS와 IaaS의 핵심적인 차이는, PaaS는 기본 OS 이외에도 더 많은 소프트웨어 툴을 포함한다는 것이다. 이 툴은 소프트웨어 개발 과정에서 소프트웨어 개발자에게 유용하게 쓰인다. 개발 과정이 완료되면, 애플리케이션은 현장으로 출시되며, 이 툴들은 애플리케이션을 운영하는 서버상에서 필요하지 않게 된다. 즉, 개발 툴은 개발 시에만 수행되는 작업에 관련이 있다.

PaaS의 제공은 개발 툴의 세트를 포함하며, 각 PaaS는 다른 조합의 툴을 제공한다. PaaS VM은 때때로 개발자가 코드를 작성하고 쉽게 테스트할 수 있게 하는 관련 툴의 세트인 통합된 개발 환경(IDE, Integrated Development Environment)을 포함한다. PaaS VM은 연속적인 통합 툴을 포함하는데, 이것은 개발자로 하여금 코드 갱신와 자동 테스트 및 더 큰 소프트웨어 프로젝트로의 통합을 가능하게 한다. 예시는 구글의 App Engine PaaS(https://cloud.google.com/appengine), 이클립스의 IDE(http://www.eclipse.org), Jenkins의 지속적인 통합 및 자동 툴(https://jenkins.io)을 포함한다.

더 나은 하나의 PaaS 서비스를 고르거나 IaaS 대신 PaaS 솔루션을 고르는 주요한 이유는 개발 툴의 혼합이다. 개발자로서의 경험 없이 어느 PaaS 서비스가 더 좋은지에 대해 논하는 것은 어려울 것이다. [그림 27-12]에서 볼 수 있듯이, 몇 가지 PaaS 서비스를 사용할 때 IaaS 툴과 유사하게 PaaS VM의 사이징에 대한 선택을 할 수 있다.

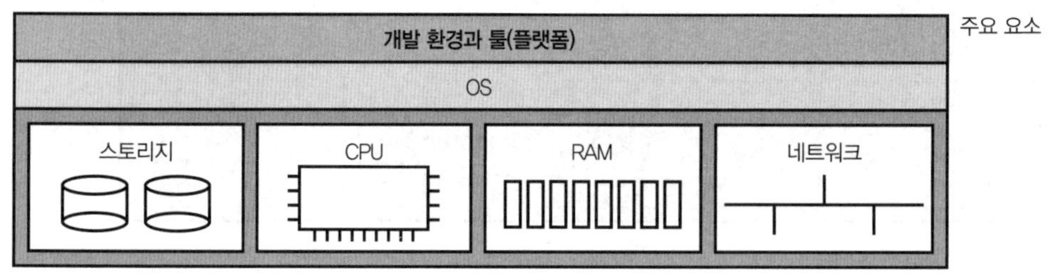

주요 요소

[그림 27-12] PaaS 개념도

⁚ 클라우드 서비스로의 WAN 트래픽 흐름

방금 완료된 이 장의 첫 주요 절에서는 클라우드 컴퓨팅에 관한 이야기를 충분히 하였으며, 지금부터는 ICND2와 CCNA R&S의 클라우드 관련 시험 주제에 관해 다룬다. 첫 절에서는 클라우드 컴퓨팅의 몇 가지 상세 사항에 대해 정의하였으며, 시험 주제를 논하기에 충분하다. 두 번째 절에서는 이 서비스에 어떻게 접근할 것인가에 관한 몇 가지 네트워킹 문제를 설명한다.

이 두 번째 주요 절에서는 공공 클라우드의 WAN 옵션들과 각각의 장단점에 주목한다. 이 절에서는 대부분 사설 클라우드는 다루지 않는데 그 이유는 사설 클라우드(기업의 내부)는 공공 클라우드에 비해 기업의 WAN이 덜 영향을 받기 때문이다. 공공 클라우드에서 클라우드 서비스는 서비스 소비자의 관점에서 보면 WAN 연결의 맞은 편에 존재하므로, 네트워크 엔지니어는 공공 클라우드 서비스를 이용할 때 어떻게 가장 좋은 WAN을 구축할 것인지에 대해 생각해야 한다.

공공 클라우드로 연결되는 기업 WAN 연결

기업과 공공 클라우드 사업자 간의 통신에 인터넷을 사용하는 것은 쉽고 편리하다. 그러나 몇 가지 단점이 있다. 첫 번째 절은 기본에 관해 설명하고, 문제점을 언급하여, 다른 WAN 연결이 선호되는지에 대한 이유를 알게 될 것이다.

인터넷을 사용하는 공공 클라우드 서비스로의 접근

클라우드 없이 네트워크를 운영하는 기업을 상상해 보자. 비즈니스 운영을 위해 사용되는 모든 애플리케이션은 기업 내부의 데이터 센터에 있는 서버 위에서 동작한다. 이 애플리케이션들이 동작하는 OS는 물리 서버 또는 가상화된 데이터 센터 안의 VM에서 직접 사용되지만, 모든 서버는 기업 내의 어딘가에 존재한다.

이제 IT 스탭이 일부 애플리케이션을 공공 클라우드 서비스로 옮기기 시작했다고 상상해 보자. 그 애플리케이션 사용자들이 해당 애플리케이션(공공 클라우드 사업자의 데이터 센터에서 운영되는)의 사용자 인터페이스로 어떻게 접근할 것인가? 당연하게도 인터넷이다. 기업과 클라우드 사업자 모두 인터넷으로 연결되기 때문에, 인터넷을 사용하는 것이 가장 쉽고 편리한 방법이다.

이번에는 몇 가지 중요한 부분을 만들기 위한 목적의 내부 애플리케이션을 공공 클라우드로 옮겨 운영할 때의 일반적인 워크플로를 생각해 보자. 먼저, [그림 27-13]은 그 예를 보여준다. 클라우드 사업자의 서비스 카탈로그는 **단계①** 에서 본 것처럼 기업 직원들이 인터넷을 통해 접근 가능하다. 예를 들면, IaaS 서비스를 위한 일부 VM처럼 원하는 서비스를 선택한 후, 클라우드 사업자(**단계②**)는 VM을 인스턴스화한다. 그림에서 단계로써 표현되지는 않았지만, VM은 이제 기업의 데이터 센터 내에서 운영되던 애플리케이션을 구동하도록 커스터마이징된다.

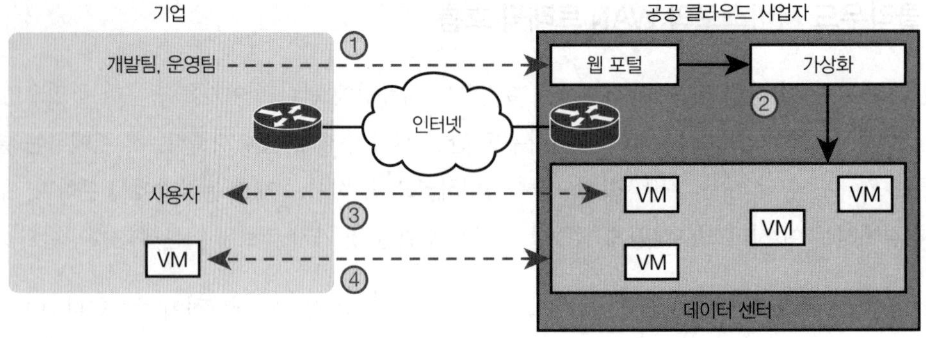

[그림 27-13] 인터넷을 사용한 공공 클라우드 서비스로의 접속

이 시점에서, 새 애플리케이션은 클라우드에서 운영되며, 해당 서비스들은 네트워크 대역폭을 필요로 할 것이다. 특히, **단계③**은 다른 애플리케이션에서 일어나는 것과 같이 애플리케이션과 사용자 간의 통신에 관하여 보여준다. 추가적으로, 대부분의 애플리케이션은 애플리케이션과 사용자 사이의 데이터보다 더 많은 데이터를 송신한다. 예를 들면, 당신은 공공 클라우드로 애플리케이션을 이동시켜도, 일부 내부와 공공 클라우드에 있는 많은 수의 애플리케이션들에 의해 사용되기 때문에 내부 서버에서 인증 서비스를 계속 사용할 수도 있다. **단계④**에서는 클라우드에 위치한 VM과 기업 내부에 위치한 VM 간의 애플리케이션 통신이 일어날 수 있다.

인터넷의 공공 클라우드 연결 시 장점 및 단점

기업에서 인터넷의 연결에 인터넷을 사용하는 것은 여러 가지 장점을 가진다. 가장 확실한 장점은 모든 기업과 클라우드 사업자는 이미 인터넷 연결이 되어 있기 때문에, 공공 클라우드 서비스를 시작하는 것이 쉽다는 점이다.

인터넷을 사용하는 것은 SaaS 서비스와 분산된 임직원을 고려하면 특히 잘 동작할 것이다. 예를 들어 당신의 영업 부서가 SaaS 기반의 고객 연락처 애플리케이션을 사용할 수 있다고 생각해 보자. 보통 영업 사원은 근무 시간의 대부분을 회사 네트워크 내에서 보내지 않는다. 그들은 거의 인터넷으로 연결할 것이고, 회사로의 연결에는 VPN을 사용한다. 공공 클라우드에 있는 애플리케이션은 이런 사용자 기반이라면 인터넷을 사용하는 것이 당연하다.

다음 목록은 공공 클라우드 서비스로의 WAN 연결로써 인터넷을 사용하는 몇 가지 좋은 이유다.

- **신속성**: 클라우드 사업자는 인터넷 연결을 지원하기 때문에 클라우드 사업자로의 사설 WAN 연결을 요청하고 기다리지 않고도, 기업은 공공 클라우드를 사용할 수 있다.
- **마이그레이션**: 모든 클라우드 사업자가 인터넷으로 연결되어 있기 때문에, 기업은 한 클라우드 사업자에서 다른 클라우드 사업자로 업무를 전환할 수 있다.
- **분산된 사용자**: 기업의 사용자는 분산되어 있고 각자의 장비에서 인터넷으로 연결되어 있다(영업용 SaaS 애플리케이션의 예처럼).

공공 클라우드의 WAN 연결로 인터넷을 사용하는 것은, 어떤 면에서는 축복이자 동시에 저주가 된다. 인터넷 사용은 당신이 공공 클라우드를 사용해서 업무를 신속하게 시작할 수 있도록 하며, 공공 클라우드 서비스 구축 전에 어떤 계획을 세우지 않아도 된다는 것을 의미한다. 최소한의 계획을 가지고, 네트워크 엔지니어는 인터넷을 사용하는 데에 있어서 몇 가지 부정적인 면을 볼 수 있는데(다른 목적으로 인터넷을 사용할 때의 몇 가지 부정적인 점과 동일), 그것은 대체 가능한 WAN 연결 사용이 필요할 수도 있다는 점이다. 공공 클라우드 접근을 위해 인터넷을 사용할 때의 부정적인 점들은 다음과 같다.

- **보안**: 인터넷은 사설 WAN 연결보다 덜 안전한데, 이것은 '중간자(man in the middle)'가 공공 클라우드를 오가는 데이터의 내용을 읽으려는 시도를 할 수 있기 때문이다.
- **용량**: 공공 클라우드로 내부 애플리케이션을 이동시키는 것은 네트워크 트래픽을 증가시키는데, 이것은 기업의 인터넷 링크가 추가적인 부담을 감당할 수 있는지에 대해 고려해야 한다는 것을 의미한다.
- **QoS(Quality of Service)**: 인터넷은 사설 WAN처럼 QoS를 제공하지 않는다. 인터넷을 사용하는 것은 높은 지연(latency), 지터, 패킷 로스에 의해 기대치에 미치지 못하는 사용자 경험을 초래할 수 있다.
- **No WAN SLA**: ISP는 일반적으로 네트워크의 모든 목적지에 대한 WAN 성능과 가용성의 SLA(Service Level Agreement)를 제공하지 않는다. WAN 서비스 사업자는 성능과 가용성에 대한 SLA를 제공한다.

이 고려할 점의 목록은 기업이 공공 클라우드 서비스로의 접근에 인터넷을 사용하면 안된다는 것을 의미하지는 않는다. 각 WAN 옵션의 장단점을 반드시 고려해야 한다는 의미이다.

공공 클라우드로의 사설 WAN과 인터넷 VPN 접근

클라우드 컴퓨팅의 NIST의 정의는 다섯 가지 주요 조건 중에 '다양한 네트워크 접근'을 명시하고 있다. 공공 클라우드의 경우, 기업의 가장 보편적인 WAN 기술을 포함한 다양한 WAN 접속 방법을 지원한다. 기본적으로 기업은 공공 클라우드 사업자로 이 책에서 소개된 WAN 기술을 사용하여 접속할 수 있다. [그림 27-14]에서는 이것을 두 개의 큰 카테고리로 나누어 소개한다.

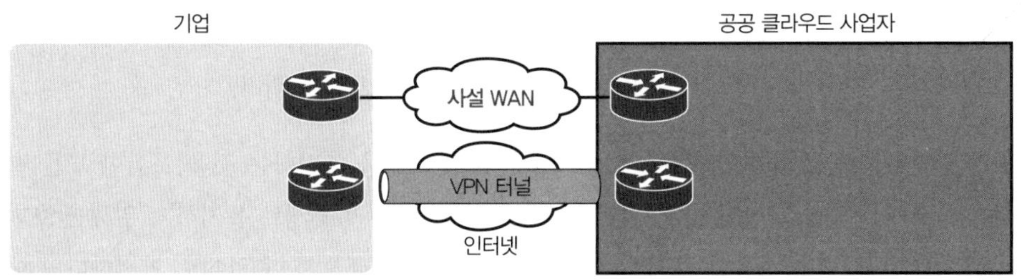

[그림 27-14] 공공 클라우드 연결에 사설 WAN 사용: 보안, QoS, 가용성, 보고

기업과 클라우드 사업자 간에 VPN 터널을 만들기 위해, 당신은 15장 '인터넷 VPN에서의 사설 WAN'에서 소개된 것과 동일한 VPN 기능을 사용할 수 있다. 클라우드 사업자는 VPN 서비스를 제공할 수 있고(클라우드 쪽의 VPN 터널은 클라우드 사업자에 의해 구현된다), 기업은 기업이 소유한 라우터 중 하나에 동일한 VPN 서비스를 설정한다. 또는 기업은 클라우드 사업자의 네트워크 내에서 기업 소유의 라우터를 사용할 수 있고(VM으로서 동작하는 가상 라우터), 그 라우터에 VPN 서비스를 설정할 수 있다. 사실 시스코에서는 그런 사용 방법을 위한 *CSR(Cloud Services Router)*을 만들었다: 라우터인데 클라우드 서비스 내에서 VM으로서 동작하는 라우터로, 클라우드 사용자에 의해 제어되며, VPN 종단을 포함한 라우터가 하는 다양한 기능을 하는 것이다(또한 VM으로서의 가상 라우터 운영과 내부 설정 관리로, 기업은 클라우드 사업자가 제공하는 유사 서비스 사용 비용의 일부를 줄일 수 있다).

사설 MPLS(Multiprotocol Label Switching) VPN 또는 이더넷 WAN 연결을 구축하기 위해, 기업은 클라우드 사업자 및 WAN 사업자와 함께 작업해야 한다. 클라우드 사업자가 사설 WAN 연결을 통해 많은 고객과 연결되어 있기 때문에, 그들은 때때로 설명서를 발행하기도 한다. 가장 기본적인 형태는 MPLS로, 기업과 클라우드 사업자는 동일한 MPLS 사업자로 연결되어, MPLS 사업자가 기업과 클라우드를 연결한다. 동일한 과정이 이더넷 WAN 서비스 쪽에서도 이루어지며, 하나 또는 그 이상의 EVC가 공공 WAN과 기업 사이에 생성된다.

NOTE 때때로, 서버/가상화 엔지니어는 WAN 연결이 L2 연결 또는 L3 연결이 필요한지, 다른 요인에 근거하여 지시를 할 것이다.

또한 사설 WAN 연결은 몇 가지 물리적인 계획을 필요로 한다. 각각의 대형 공공 클라우드 사업자는 큰 데이터 센터를 가지고 있으며, 사설 WAN 연결을 고객쪽으로 생성할 수 있도록 주요 WAN 서비스로의 미리 개설된 접속 포인트를 가지고 있다. 기업은 클라우드 사업자의 문서를 보고 사설 WAN 개설을 위한 가장 좋은 장소를 해당 사업자와 함께 선택할 수 있다(그런 장소에 관한 정보가 실린 웹 사이트를 보고 싶다면, Amazon Web Services, Google Compute Cloud, Microsoft Azure, Rackspace 등의 대형 공공 클라우드 사업자의 사이트를 참고하자).

사설 WAN을 이용한 클라우드 연결의 장점과 단점

사설 WAN은 VPN을 쓰지 않고 인터넷을 사용할 때의 몇 가지 문제점을 극복하기 때문에, 이런 문제점을 해결하고자 한다면, 몇 가지 다른 WAN 옵션을 고려하자.

먼저 보안 이슈를 고려하면, 현재의 인터넷 연결에 VPN을 추가하는 것을 포함한 모든 사설 옵션은 상당히 보안을 향상시킨다. 인터넷 VPN은 데이터를 비공개로 유지하기 위해 암호화한다. MPLS와 이더넷을 사용한 사설 WAN 연결은 전통적으로 암호화 없이도 안전하다고 여겨졌으나, 기업은 때때로 사설 WAN 연결을 통해 송신하는 데이터도 암호화해 네트워크를 더욱 안전하게 한다.

QoS에 관해서는, 인터넷 VPN 솔루션 사용은 인터넷이 QoS를 제공하지 않기 때문에 QoS를 제공하지 못한다. MPLS VPN과 이더넷 WAN과 같은 WAN 서비스는 가능하다. 18장 'Quality of Service(QoS)'에서 논의된 것과 같이, WAN 사업자는 고객으로부터 받은 프레임 및 패킷의 QoS 마킹을 보며, 그 트래픽이 서비스 사업자의 네트워크를 통과할 때 QoS를 적용한다.

용량 문제로 인해, 어떤 유형의 WAN이 사용되든지 간에 네트워크 용량 계획에 관한 우려는 존재한다. 애플리케이션을 내부 데이터 센터에서 공공 클라우드 사업자로 옮기는 모든 계획은 추가적인 고려와 계획을 필요로 한다.

당신의 예상대로, 사설 WAN을 사용할 때는 몇 가지 단점이 존재한다. 새로운 사설 WAN 연결은 시간이 걸리고, 기업이 클라우드 컴퓨팅을 시작할 때 지연을 초래한다. 사설 WAN은 일반적으로 인터넷을 사용하는 것보다 비용이 더 든다. 한 클라우드 사업자로의 WAN 연결을 사용하고(인터넷 대신), 새로운 클라우드 사업자로 이동한다면, 그것은 또 다른 사설 WAN 설치를 필요로 하고, 업무 프로젝트를 다시 지연시킬 수 있다. 인터넷 사용(VPN 사용 또는 미사용)은 이동이 훨씬 쉽지만, 다음 절에서 볼수 있듯이 타협할 수 있는 솔루션도 존재한다.

인터클라우드 익스체인지

공공 클라우드 컴퓨팅은 완전히 새로운 차원의 경쟁을 가져오는데, 이것은 클라우드 사용자가 한 클라우드 사업자에서 다른 사업자로 업무를 이동시킬 수 있기 때문이다. 업무를 이동시키는 것은 몇 가지 노력이 필요하며, 여러 가지 이유에서 그 내용은 이 책의 범위를 넘어선다(대부분의 클라우드 사업자가 서비스를 어떻게 구축하는지에 대한 상세 사항이 다르다고 설명하는 것으로 충분하다). 그러나 기업은 한 클라우드 사업자에서 다른 사업자로 업무를 이동시킬 수 있고, 비용이 덜 드는 클라우드 사업자를 찾는 등 여러 가지 이유로 새로운 사업자를 선택한다.

이제 네트워크 접속에 대해 다시 주목하자. 클라우드를 위해 사설 WAN을 사용할 때의 주요한 단점은 새로운 공공 클라우드 사업자로 이동할 때 또 다른 장벽이 추가된다는 것이다. 클라우드 서비스로의 사설 WAN 사용의 쉬운 이동을 위해 추가된 한 가지 솔루션은 인터클라우드 익스체인지(또는 간단하게 인터클라우드)라고 불리우는 솔루션이다.

일반적으로, 인터클라우드 익스체인지(Intercloud Exchanges)라는 용어는 사설 네트워크를 서비스하는 회사로 알려져 있다. 먼저, 인터클라우드 익스체인지는 한 곳에서 여러 개의 클라우드 사업자로 연결한다. 반대쪽에서 인터클라우드는 클라우드 사용자로 연결된다. [그림 27-15]는 그 개념을 보여준다.

한번 연결되면, 클라우드 사용자는 특정 클라우드 사이트로, 하나의 공공 클라우드 사업자와 커뮤니케이션하도록 설정된다. 그 후 만약 그 사용자가 다른 클라우드 사업자로 이동하고 싶을 경우에는, 그 사용자는 인터클라우드 익스체인지로의 사설 WAN을 동일하게 유지하며, 사업자에게 새로운 클라우드 사업자로의 새 사설 WAN 연결을 재설정하도록 요청한다.

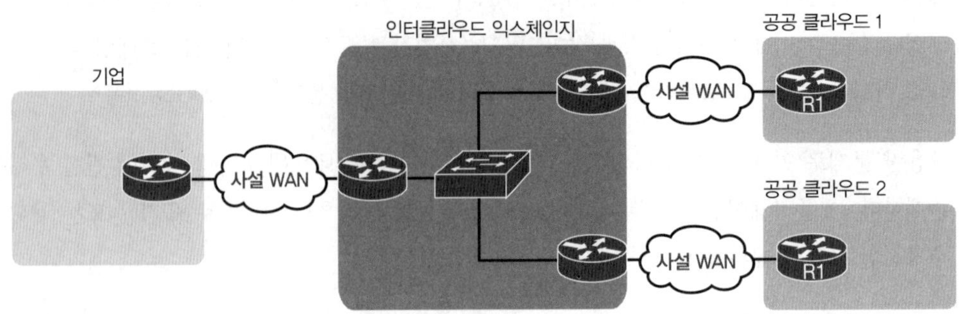

[그림 27-15] 인터클라우드 익스체인지를 통한 영구적인 사설 WAN 연결

장점과 단점에 대해서는, 인터클라우드 익스체인지를 사용함으로써 당신은 공공 클라우드로 사설 WAN 연결을 사용했을 때와 동일한 장점을 얻을 수 있으며, 새로운 클라우드 사업자로의 쉬운 이동이라는 추가적인 장점도 얻을 수 있다. 주요 단점은 인터클라우드 익스체인지의 사용이 다른 회사와의 혼합 상태를 가져온다는 것이다.

시스코가 한 클라우드 사업자로부터 다른 사업자로의 업무 이전에 관한 다른 수많은 과제 해결에 도움을 주는 관련 제품군(시스코 인터클라우드 패브릭이라 불림)을 가진다는 것을 기억하자. 시스코의 소프트웨어 툴은 인터클라우드 익스체인지 WAN 서비스를 제공하지 않으나, 다양한 WAN 접속 옵션을 가진 사설과 공공 클라우드 업무 관리에서의 많은 과제를 해결한다. http://www.cisco.com/go/intercloud에서 상세 사항을 확인하도록 하자.

공공 클라우드 WAN 옵션의 장점과 단점 정리

[표 27-2]는 학습과 참고를 위해, 클라우드 컴퓨팅의 공공 WAN 옵션의 몇 가지 핵심 장점과 단점에 대해 정리한다.

	인터넷	인터넷 VPN	MPLS VPN	이더넷 VPN	인터클라우드 익스체인지
보안	아니오	예	예	예	예
QoS	아니오	아니오	예	예	예
용량 계획 필요	예	예	예	예	예
새로운 사업자로의 이전 용이	예	예	아니오	아니오	예
신속하게 공공 클라우드 사용 시작 가능	예	예	아니오	아니오	아니오

[표 27-2] 핵심 장단점 비교

시나리오: 지사와 공공 클라우드

지금까지 공공 클라우드의 WAN 디자인에 대한 이 주요 절에서 기업은 하나의 단위로 다루어졌으나, 대부분의 기업 WAN은 많은 지점을 가지고 있다. 이 분산된 기업 지점은 공공 클라우드 WAN 디자인의 일부에 영향을 미친다. 공공 클라우드에서의 WAN 디자인 문제에 관한 다음 논의는 일반적인 본사와 지사를 가진 기업에 대한 시나리오를 다룬다.

이 절에서 사용되는 예시는 일반적인 것으로, IT 스탭에 의해 직접 지원되는 내부 이메일 서버로부터 SaaS로 제공되는 이메일로의 이전이다. 지사와 같은 기업의 원격 지점에의 영향에 주목하자.

이메일 SaaS로의 이전 시 트래픽 플로의 이동

먼저 SaaS 이전의, 즉 회사가 서버를 구매하고, 이메일 서버 소프트웨어의 라이센스를 구매하며, 내부 데이터 센터의 하드웨어와 소프트웨어를 설치하는 등의 작업을 할 때, 기업 내에서의 트래픽 플로에 관해서 생각해 보자. 회사는 [그림 27-16]에서의 지사와 같이, 수백 개 혹은 수천 개의 원격 지점을 가질 수 있다. 이메일을 확인하기 위해, 지사의 직원은 본사에 있는 이메일 서버로 패킷을 송신한다.

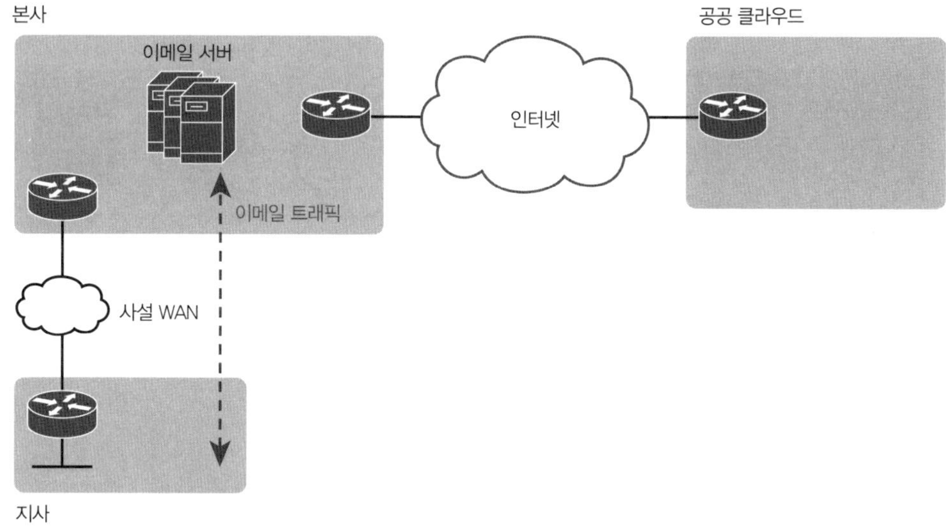

[그림 27-16] 트래픽 플로: 사설 WAN, 기업이 이메일 서버를 구축

기업은 이 오래된 모델과 새로운 SaaS 모델에서의 이메일을 위한 다른 비용에 주목한다. 예를 들면, 마이크로소프트 익스체인지(Microsoft Exchange)는 기업 이메일 서버 구축을 위한 유명한 소프트웨어 패키지이다. 마이크로소프트는 Microsoft Azure 서비스를 가진, 공공 클라우드에서의 주요한 회사이며, 익스체인지를 SaaS 서비스로써 제공한다(이 책을 쓸 때, 이 서비스는 Offce 365의 일부 또는 'Exchange Online'으로서 알려져 있었다). 그래서 기업은 이 옵션을 고려

하고 이메일 SaaS로의 이전을 선택한다.

이전 후에 이메일 서버는 SaaS 서비스로서 클라우드에서 운영된다. 기업의 IT 스탭, 즉 SaaS 서비스의 고객은 서버를 관리할 필요가 없다. SaaS 서비스에서의 몇 가지 큰 개념을 다시 생각해보면 사용자는 VM 설치나 사이징, Exchange 또는 다른 이메일 서버 소프트웨어의 설치 등에 대해 걱정할 필요가 없다. 사용자는 이 경우에 이메일 서비스를 받는다. 기업은 현재의 이메일, 연락처 등의 이전 작업을 할 필요가 있지만, 한번 이전된 이후에는 모든 사용자가 SaaS 서비스로써 클라우드에서 운영되는 이메일 서버와 통신하게 된다.

기업의 지사 사용자가 이메일을 송신 또는 수신할 때, 그 사용자와 [그림 27-17]에서의 트래픽 플로에 관하여 생각해 보자. 예를 들어, 극적인 효과를 위해 큰 첨부 파일이 있는 이메일을 생각해보자. 기업 네트워크 디자인이 지사가 본사로만 연결되어 있다면, WAN 트래픽이 순수하게 영향을 받는다.

- 모든 지사의 이메일 트래픽이 본사로 오고가기 때문에, 사설 WAN 트래픽이 전혀 감소하지 않는다.
- 지사를 오가는 내부 이메일까지도 포함된 100프로의 이메일 트래픽이 인터넷상을 흐르며, 기업의 인터넷 링크의 대역폭을 소비한다.

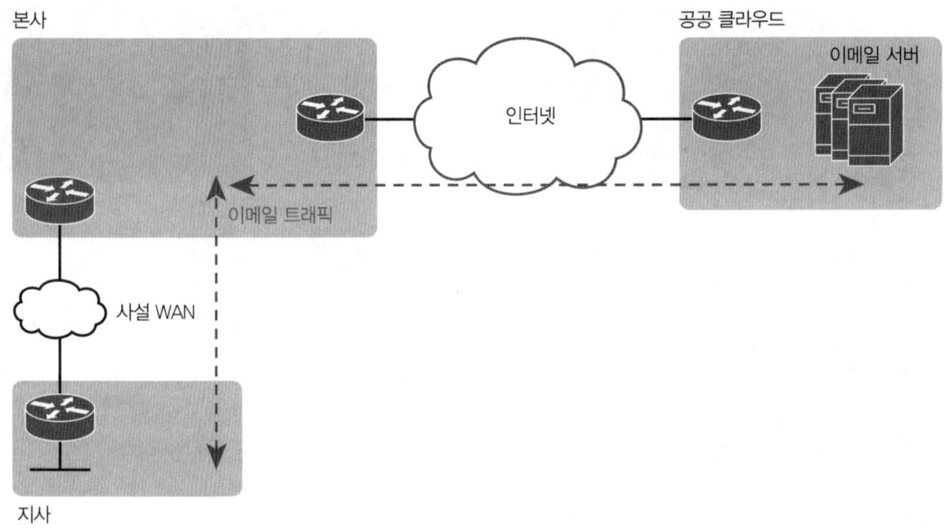

[그림 27-17] 트래픽 플로: 사설 WAN, 기업에서 이메일 서비스를 구축

요점을 확인하기 위해, 두 사용자가 같은 지사에 있다고 상상해 보자. 그들은 서로를 방 건너로 볼 수 있다. 한 명은 다른 한 명에게 파일을 공유하고 싶어하지만, 그들이 알고 있는 파일 공유의 가장 편리한 방법은 그 파일을 첨부한 이메일을 보내는 것이다. 그래서 그들 중 한 명이 다른 한 명에게 20MB의 파일을 첨부하여 이메일을 보낸다. SaaS를 사용하기 전에 본사의 이메일

서버를 사용할 때에는, 해당 이메일과 파일이 사설 WAN을 통해 이메일 서버로 전달되고 다시 두 번째 사용자의 이메일 클라이언트로 오게 된다. 이 새로운 디자인을 사용하면, 20MB의 첨부 파일이 있는 이 이메일은 사설 WAN을 통해 그리고 인터넷을 통해 이메일 서버로 전달되며, 두 번째 사용자가 그녀의 이메일을 다운로드 받을 때에는 다시 인터넷을 통해 그리고 사설 WAN을 통해 전달된다.

인터넷과 사설 WAN을 사용한 지사

본사에 인터넷 연결을 둔 기업에게 이 공공 클라우드 모델은 방금 서술한 것과 같은 문제를 야기할 수 있다. 이 특정한 과제를 처리하는 한 가지 방법은 인터넷 링크에 대한 정확한 용량을 산정하는 것이며, 또 한 가지는 공공 클라우드로의 일부 사설 WAN 연결을 위한 용량을 산정하는 것이다. 또 다른 옵션도 존재하는데, 기업 WAN을 소규모로 재설계하고, 지사에 직접 인터넷이 연결되도록 고려하는 것이다. 그러면 [그림 27-18]에서 볼 수 있듯이 이메일 트래픽을 포함한 새 SaaS 서비스로의 인터넷 트래픽이 바로 송신될 수 있고, 사설 WAN 대역폭이나 본사의 인터넷 링크 대역폭을 소비하지 않는다.

[그림 27-18]의 디자인은 일부 장점을 가진다. 트래픽은 훨씬 더 직접적으로 흐른다. 본사의 WAN 대역폭을 낭비하지 않는다. 그리고 광대역 인터넷 연결은 사설 WAN 연결에 비해 상대적으로 저렴하다.

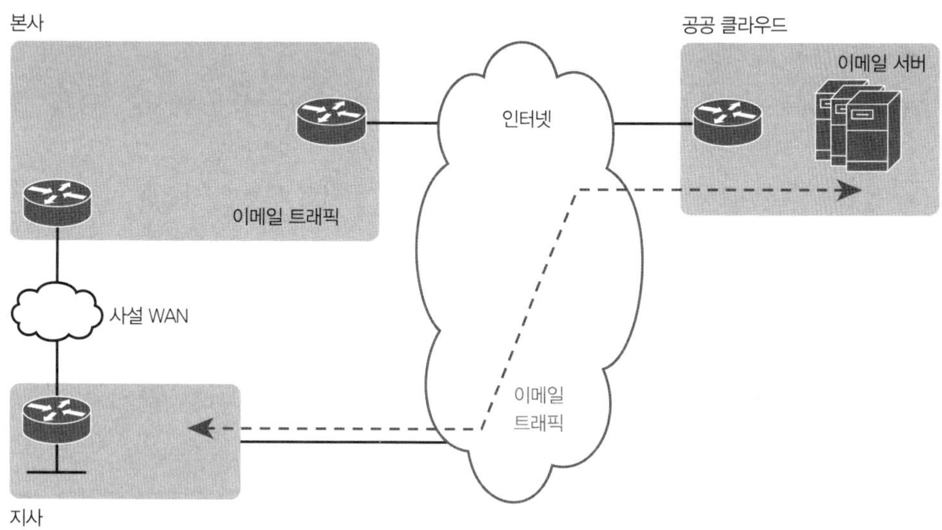

[그림 27-18] 공공 클라우드 트래픽을 위해 지사에 인터넷을 직접 연결

그러나 지사별로 인터넷 연결이 처음 이루어질 때, 새로운 인터넷 링크는 보안이 우려될 수 있다. 기업이 본사에 위치한 아주 적은 수의 인터넷 링크를 사용하는 이유 중 하나는 그 링크들에 보안에 대한 노력을 집중시키기 위해서이다. 각 지사에 인터넷 연결을 사용하는 것은 그

접근 방법을 바꾼다. 그러나 많은 기업들은 각 지사에서 인터넷을 사용할 뿐만 아니라, 15장의 '인터넷 VPN'에서 본 것과 같이 지사만의 WAN 연결에도 의존한다.

가상 네트워크 기능과 서비스

이 장에서의 세 번째이자 마지막 주요 절은 공공 클라우드 환경 내부의 네트워크 기능에서 어떤 일이 일어나는지에 대해 더 자세히 살펴본다. 특히, 이 절에서는 VNF(가상 네트워크 기능, virtual network function)의 개념에 대해 소개하며, 공공 클라우드 설치가 어떻게 라우터와 방화벽을 VM으로 구현하는지에 대해 보여준다. 이 절의 나머지 부분은 DNS, DHCP, NTP가 기업의 내부에서 공공 클라우드 서비스로 애플리케이션을 이전할 때 어떻게 동작하는지에 관한 변경 옵션에 대해 다룬다.

가상 네트워크 기능: 방화벽과 라우터

당신이 공공 클라우드 서비스를 사용할 때의 계층에 관해 자세히 보기 시작할 때, 익숙한 기능과 특성을 볼 수 있을 것이다. 공공 클라우드 사업자는 기존의 IT에서와 같은 용어를 사용하지 않을 수도 있으나, IT 업계에서 일해 왔다면 대부분의 개념이 유사하게 보일 것이다.

그 예시로, 한 기업이 IaaS 서비스를 공공 클라우드 사업자로부터 구매하는 다음의 기본 시나리오를 보자.

- 모든 사용자는 다수의 IaaS 서버를 원한다.
- 모든 VM은 동일한 애플리케이션을 운영할 것이다: 사용자는 서버 부하를 처리하기 위해 다수의 VM을 원한다.
- 동일한 애플리케이션이 구동되기 때문에, 사용자는 어떤 특정한 서버를 어느 사용자가 사용하는지에 대해서는 신경쓰지 않으며, 사용자는 클라우드 사업자에게 서버 부하 분산(SLB, Server Load Balancing)을 구현하기를 원한다.
- 사용자는 VM으로의 모든 사용자 트래픽을 위해 인터넷을 사용할 것이다.

[그림 27-19]는 사용자가 제공된 정보들과 함께 클라우드 사업자로부터 다시 받게 될 정보의 종류에 대해 보여준다. 이것은 공인 IP 주소(198.51.100.1)를 포함한다. 각 IaaS 서버는 클라우드 사업자의 사설 IPv4 주소 영역에서 각자의 사설 IP 주소를 받는다. 사업자는 SLB를 서비스로서 제공한다(SLBaaS). 그리고 현재는 그림에 표시되지 않았지만, 사업자는 몇 가지 보안과 DNS 서비스도 제공한다.

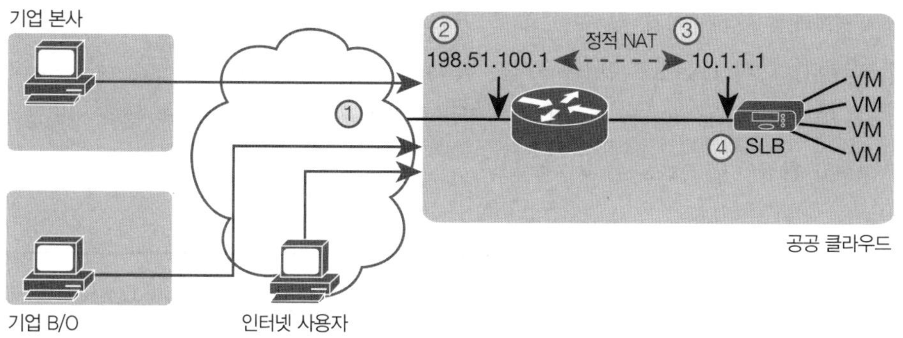

[그림 27-19] 하나의 인스턴스만을 실행하는 일반적인 기준의 공공 클라우드 기능

클라우드 사업자가 VM을 생성할때, 사용자는 그 VM에 애플리케이션을 추가하고, 그림의 왼쪽에서 볼 수 있듯이 공인 IP 주소를 사용하여 접속한다. 사용자는 인터넷을 통해 접속하며(**단계①**), 공인 IP 주소 198.51.100.1을 사용한다(**단계②**). 클라우드 사업자의 정적 NAT 기능(**단계③**)은 할당된 사설 IPv4 주소로 바꾼다. 최종적으로, (**단계④**)에서 SLB 기능이 각 유저를 VM들 중 하나로 부하 분산한다.

클라우드 사업자에 의해 제공되는 모든 서비스는 서비스이다. 사용자는 특정 유형의 서비스를 요청할 수 있고, 공인 IP 주소를 가지고 서버 부하 분산을 할 수 있다. 그러나 여기서 볼 수 있듯이, 사용자는 NAT을 실행하는 클라우드 라우터나 SLB를 실행하는 장비로는 접속할 수 없다. 사용자는 서비스를 필요로 하고, 클라우드 사업자는 서비스를 제공하며, 사용자는 서비스를 요청한다. 그리고 서비스가 동작한다.

다른 경우에, 사용자는 몇 가지 네트워크 기능을 직접 제어할 필요를 느낄 수도 있다. 예를 들면, 많은 IT 직원들은 [그림 27-19]의 디자인을 보고 방화벽은 어디에 있는지 질문할 수도 있다. 또는 당신이 라우터에서 종단되는 VPN 서비스, 아니면 DMVPN을 사용하고 싶어할 수도 있다. 사용자로서, 당신은 공공 클라우드의 자신의 영역에서 라우터, 즉 서비스가 아닌, 제어하고 설정할 수 있는 당신만의 라우터를 가지고 싶어할 수 있다. 이 경우, 클라우드 사용자는 가상 네트워크 기능을 사용할 수 있다.

가상 네트워크 기능(VNF, Virtual Network Function)은 클라우드에서 사용자가 선택할 수 있는 기존 네트워크 장비의 가상 인스턴스이다. 예를 들면 클라우드 사업자는 다른 보안 서비스를 제공하는데, 추가적으로 사용자가 클라우드에서 그들만의 방화벽을 구동할 수 있도록 제공할 수 있다. 이와 유사하게, 클라우드 사업자는 패킷을 라우팅하고 다른 일반적인 라우팅 기능을 하는데, 사용자가 라우터의 전체 제어를 원할 경우 사용자는 VM으로서 가상 라우터를 운영할 수 있다. 그런 가상 네트워킹 장비를 VNF라 한다.

[그림 27-20]은 사용자가 두 개의 VNF, 가상 방화벽과 가상 라우터를 선택했을 때의 한 테넌트(사용자)를 위한 일반적인 공공 WAN 디자인을 보여준다. 가상 방화벽은 시스코 ASAv(시

스코 ASA 방화벽의 가상 버전)가 될 수 있으며, VM으로서 동작한다. 이와 유사하게, 라우터는 시스코 라우터, 특히 IOS XE OS를 가진 시스코 라우터가 VM으로서 구동되는 시스코 CSR(Cloud Services Router)이 될 수 있다. 이 장비들은 사용자가 같은 장비의 물리 버전을 사용하는 것처럼 설정하고 사용할 수 있도록 한다.

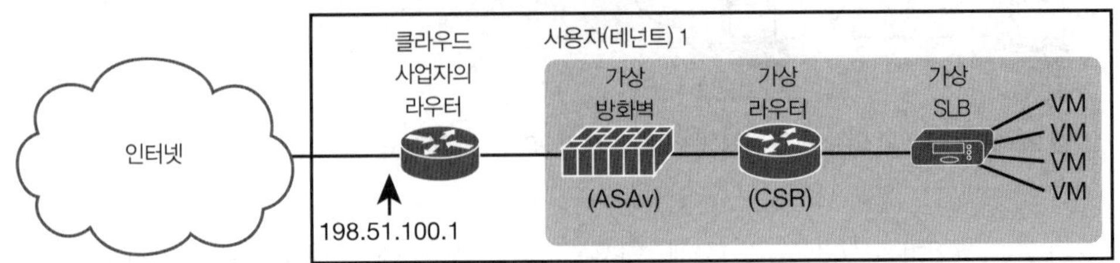

[그림 27-20] IT 스탭이 추가한 일반적인 가상 어플라이언스

언론에서 소개된 최신 네트워크 기술을 읽으면 읽을수록, 네트워크 가상 기능의 개념에 관련된 다양한 용어들을 볼 수 있을 것이고, 그것은 몇 가지 관련 용어를 익히는 데에 도움이 된다. 예를 들면, 시험 주제는 *가상 네트워크 인프라스트럭처(virtual network infrastructure)*라는 용어, 즉 소프트웨어에서 일어나는 물리적인 부분이 아니라 가상 부분에서 일어나는 라우팅, 스위칭 등의 기존의 네트워킹과 관련되는 넓은 의미의 용어와 관련이 있다. *NFV(Network Functions Virtualization)*라는 용어는 SP쪽에서 사용되던, 그들의 네트워크 내에서 어떻게 네트워크 기능을 가상화하는지에 관한 용어이다(이 용어는 ETSI(European Telco standards body, https://www.etsi.org 참조)에 의해 정의되었다). NFV에서, [그림 27-20]에서의 CSR 라우터와 같은 각 네트워크 기능은 VNF라 불린다.

DNS 서비스

공공 클라우드에 관련된 DNS 서비스를 위한 많은 옵션이 존재한다. 다음 주제에서 몇 가지 일반적인 옵션에 관해 다룬다.

먼저 이 책에서는 DNS에 관련된 내용이 굉장히 적기 때문에, [그림 27-21]에서 볼 수 있듯이 클라우드가 없는 몇 가지 DNS의 기본에 관하여 복습해 보도록 하자. 그림에서는 사용자가 웹 페이지에 가서 App1이라는 한 애플리케이션의 링크를 클릭했을 때 DNS에서 일어나는 것에 대해 보여준다. 이 시나리오에서 App1은 기업 내에서 구동된다. 즉 기존의 애플리케이션이며, 사설 혹은 공공 클라우드에서 구동되지 않는다. 그림의 동작은 다음의 단계를 거친다:

단계 ① 사용자는 App1으로의 링크를 클릭한다; 이 링크는 도메인 이름 app1.example.com을 포함한다.

단계 ② 사용자의 장비는 기업의 DNS 서버로 app1.example.com에 대한 DNS 요청을 송신한다.

단계 ③ DNS 서버는 app1.example.com과 연계된 IP 주소(10.1.1.1)를 알려준다.

단계 ④ 사용자는 10.1.1.1 주소를 사용하여 서버의 App1에 접속한다.

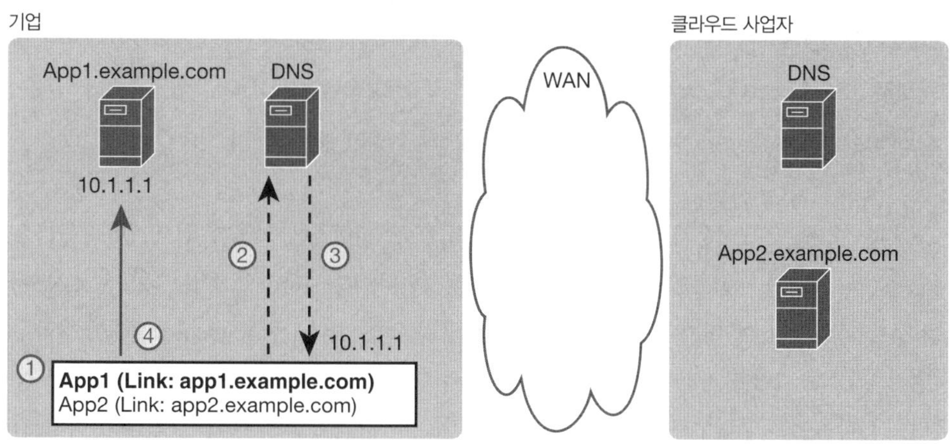

[그림 27-21] 내부 애플리케이션(App1)에 대한 DNS 요청

이번에는 기업의 IT 스탭이 다른 애플리케이션, App2를 공공 클라우드로 이전한다고 상상해보자. 공공 클라우드 사업자는 서비스가 잘 작동함으로써 모든 고객이 좋은 경험을 하길 원한다. 그래서 새로운 IaaS VM을 요청할 때, 사용자는 몇 가지 설정을 선택한다. 이 선택의 결과로 클라우드 사업자는 VM을 위한 공인 IP 주소를 할당하고, 동적으로 부합하는 이름을 생성하며, 클라우드 사업자의 DNS 서버에 그 이름과 주소에 관한 주소 기록을 추가한다. 클라우드 사업자는 이런 모든 정보(호스트네임, IP 주소 등)를 동일하게 사용자에게 제공한다.

이런 단계를 거쳐, 기업은 간단한 선택을 할 수 있다: 공공 클라우드 사업자쪽에서 운영되는 애플리케이션이 사용하는 공인 IP 주소를 자신의 DNS에 갱신하기만 하면 된다. [그림 27-22]는 기업 DNS 변경 후의 사용자 플로에 관해 보여준다.

Key Topic

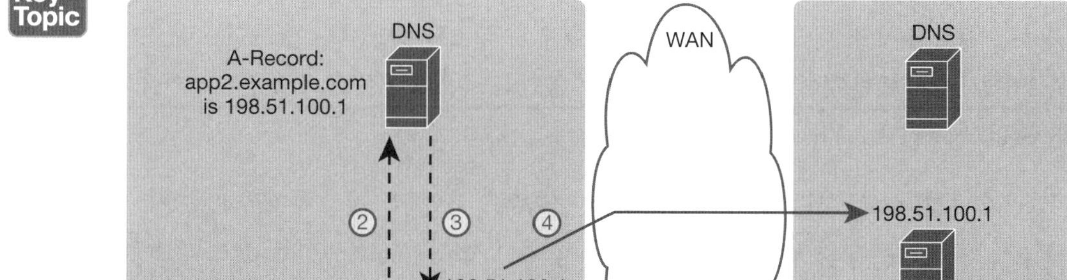

[그림 27-22] 기업의 DNS는 공공 클라우드 애플리케이션의 주소를 갱신한다.

그림에서는 다음 단계를 따른다.

단계 ① 사용자는 App2에 대한 링크를 클릭한다; 그 링크는 도메인 명 app2.example.com을 포함한다.

단계 ② 사용자의 장비는 기업의 DNS 서버로 app2.example.com에 대한 DNS 요청을 보낸다.

단계 ③ DNS는 app2.example.com에 연계된 IP 주소(198.51.100.1)를 회신한다.

단계 ④ 사용자는 주소 198.51.100.1을 사용하여 서버의 애플리케이션에 접속한다.

또 다른 옵션으로, 사용자는 클라우드 사업자의 DNS 서비스에 의존할 수도 있다. 클라우드 사업자는 각 VM에 대한 DNS 기록을 자동으로 생성한다. 이 시나리오에서는 기업의 DNS에서 app2.example.com에 대한 변경을 해야 하지만, IP 주소를 나타내는 A-record 대신에 클라우드 사업자의 DNS 서버를 가리키게 된다. 그리고 사용자의 DNS 해결 요청은 기업의 DNS로 송신되며, 그 다음에는 클라우드 사업자의 DNS, 그리고 다시 돌아오게 된다. 그러나 마지막 결과는 사용자가 IaaS 서비스에서 사용되는 것과 같은 IP 주소(이 경우 198.51.100.1)를 알 수 있게 된다는 것이다.

주소 할당 서비스와 DHCP

클라우드 사업자는 서비스에서 단말에게 IP 주소를 제공하고, 가능한 한 간단하게 자동으로 하기 위해 많은 노력을 한다. 그들은 공공 또는 사설 클라우드 서비스에서 정의된 VM이 IP 주소를 필요로 한다는 것을 알고 있다. 그래서 클라우드 사업자는 각 고객이 시간과 노력을 들여 DHCP 서버로서 VNP를 세팅하고 설정하게 하기보다는, 사용자가 주소의 몇 가지 조건을 명시하도록 한다. 예를 들어, 사용자는 클라우드 사업자가 주소를 선택하도록 할 수도 있고, 사용할 모든 IP 주소를 명시할 수도 있다. 그러면 클라우드 사업자는 그것에 맞춰 주소를 자동적으로 세팅한다.

먼저, 사용자가 인터넷을 통해 직접 애플리케이션에 도달할 수 있도록 원하는 경우를 고려해 보자. 클라우드 사업자는 공인 IP 주소를 할당할 수 있다. 그러면 클라우드 사업자는 사업자가 사용하는 사설 IP 주소 대역에 기반하여 각 VM에게 IP 주소를 할당한다. 늘 그렇듯이, [그림 27-19]에서 앞서 봤던 것처럼 클라우드 사업자는 공인 IP 주소와 사설 IP 주소 간의 변환을 위해 NAT를 사용한다.

[그림 27-23]에서는 그런 예시를 볼 수 있다. 클라우드 사업자는 사설 주소로 10.0.0.0 네트워크를 사용하며, 이 경우, 특정 테넌트(사용자)를 위한 새로운 VM에 10.2.2.0/24 서브넷의 주소를 할당한다. 아마 이 경우에는 클라우드 사업자가 DHCP를 사용할 것이고, 고객에게 VNF로서 DHCP 서버가 요구되지 않았으며, DHCP 설정도 요구되지 않고 있음을 확인하자. 이 서비스에서 공인 IP 주소는 198.51.100.1을 사용하며, 클라우드 사업자는 사용자 대신 NAT를

통해 10.0.0.0 네트워크에 있는 정확한 사설 주소로 변환한다. 설정을 위해서 고객은 클라우드 서비스 카탈로그에서 옵션을 선택하고, 사업자는 고객의 선택에 맞춰 그 주소를 정한다.

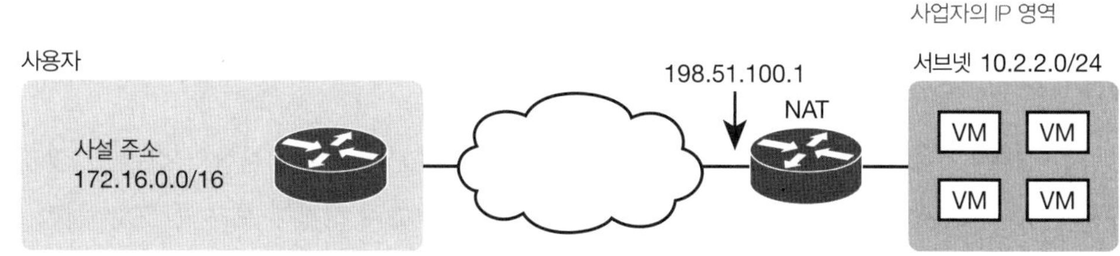

[그림 27-23] 공공 클라우드에서의 주소: IaaS VM을 위한 클라우드에서의 사설 주소

다른 클라우드 사용자는 클라우드에서 다른 네트워크 디자인 및 다른 IP 주소를 원할 수도 있다. 예를 들면, 사설 WAN에 접속할 때, 사용자는 내부의 기업 사용자만이 클라우드에서 운영되는 해당 애플리케이션에 접속할 수 있기를 바랄 수도 있다. 이 경우, 사설 주소만을 사용하고, 사용자의 IP 주소 범위로부터의 주소를 사용하는 것이 바람직할 수 있다. 이 서브넷은 다른 기업의 서브넷처럼, 기업의 나머지 부분으로 광고될 것이다.

[그림 27-24]는 그 예시를 보여준다. 이 경우 기업은 클라우드로 VPN 연결을 생성하며, 시스코 CSR(VNF로서 동작하는)에서 종단시킨다. 이 VPN 터널의 사설 주소는 사용자의 사설 IP 주소 영역인 서브넷 172.16.1.0/24로부터 주소를 사용한다. 클라우드 사업자에 의해 만들어진 VM은 서브넷 172.16.2.0/24에서 주소를 사용한다. 기업은 172.16.2.0/24 경로를 기업 내로 광고하며, 모든 사용자들이 클라우드 기반 애플리케이션에 접속할 수 있다.

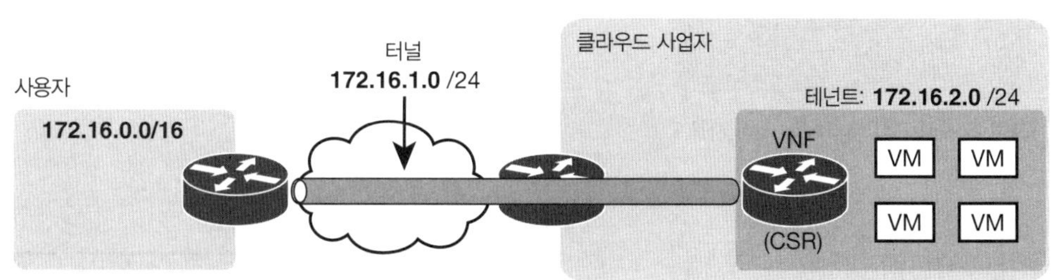

[그림 27-24] 공공 클라우드에서의 주소: IaaS VM을 위한 사용자의 사설 주소

시나리오에서는 마지막 두 기능에 대해 나타내고 있는데, 클라우드 사용자가 VNF로서 그들만의 DHCP 서비스를 운영하고 있지 않는다는 점을 확인한다. [그림 27-24]에서의 두 번째 예시에서조차 클라우드 사업자는 사용자의 주소 영역의 주소임에도 불구하고, 주소를 할당하는 서비스를 운영한다. 사용자는 클라우드 서비스 카탈로그(클라우드 사업자의 웹 페이지나 API에 있음)에서 바른 선택만 하면 된다.

> **NOTE** 만약 공공 클라우드의 IP 주소에 흥미를 느낀다면, 인터넷에서 'Amazon EC2 Instance IP Addressing'을 검색해 보길 바란다. AWS(Amazon Web Service)가 어떻게 DNS와 공인/사설 주소를 다루는지에 대한 많은 논의가 정리된 링크를 찾을 수 있을 것이다.

NTP

가상 네트워크 기능과 서비스에 대한 논의를 정리하며, CCNA R&S 시험의 절반인 ICND1에서 다뤘던 NTP(Network Time Protocol)라는 주제에 대해 다시 생각해 보자. NTP는 시간 정보를 제공하는 서버의 개념을 사용한다. NTP 단말은 NTP 메시지에서 그 정보를 받고, 서버의 시각에 맞도록 자신의 시각을 조정한다. 시간이 지나면, 단말의 시계는 서버와 같은 시간으로 동기화될 것이다.

클라우드 서비스의 VNF와 VM은 사설이든 공공이든, 그들의 시간을 기업의 다른 장비 및 서버들과 동기화시킬 필요가 있다. 그것을 위해서 VM과 VNF는 NTP 단말로서 설정될 수 있고, [그림 27-25]에서 볼 수 있듯이 기업 내의 NTP 서버를 참조한다.

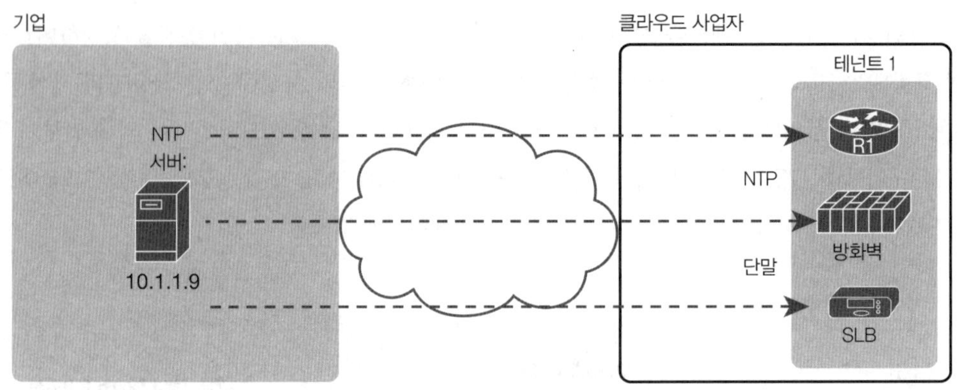

[그림 27-25] 기업 내의 NTP 서버 사용

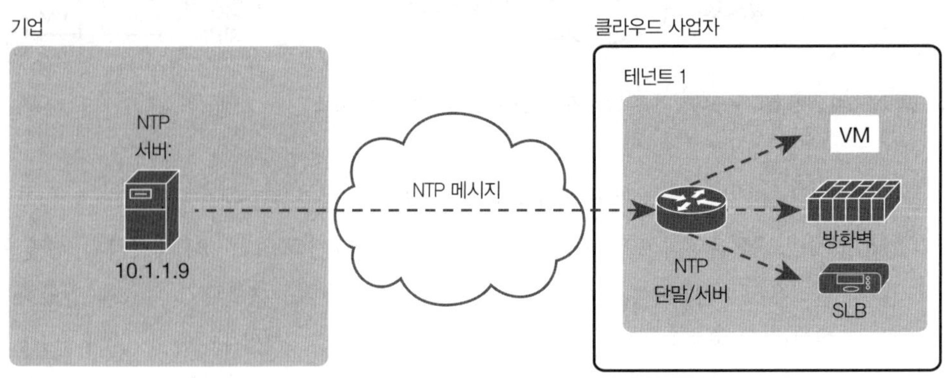

[그림 27-26] 테넌트 CSR 라우터를 NTP 단말/서버로서 사용

사용자가 라우터와 같은 클라우드 내의 VNF를 이미 사용한다면, [그림 27-26]에서처럼 그 라우터를 NTP 단말/서버 모드로 동작하도록 설정하는 것이 타당할지도 모른다. 이 예시에서는 클라우드 내에서 동작하는 CSR이 그렇게 하고 있다. CSR은 먼저 NTP 단말로서 동작하며, 시간을 기업 내의 NTP 서버와 동기화시킨다. 또한 CSR은 해당 사용자(테넌트)가 사용하는 VM과 VNF에는 서버로서 동작한다.

챕터 리뷰

시험에서 좋은 성적을 거두려면 핵심은 복습 세션을 반복하여 학습하는 것이다. 이 장의 내용을 책, DVD, 책의 웹 사이트에서 찾을 수 있는 툴들을 이용해서 복습하도록 하고, '당신의 학습 계획'에 따라 더 세부 내용을 확인하도록 한다. [표 27-3]에는 핵심 복습 사항이 정리되어 있다. 공부 진행 상황을 더 잘 확인하기 위해서 아래 표의 두 번째 칸에 완료한 날짜에 관해 기록하도록 한다.

복습 사항	완료 날짜	사용 자료
핵심 주제 리뷰		책, DVD/웹 사이트
핵심 용어 리뷰		책, DVD/웹 사이트
DIKTA 문항 답변		책, PCPT
메모리 테이블 리뷰		책, App

[표 27-3] 리뷰 확인

핵심 주제 리뷰

핵심 주제	설명	쪽수
그림 27-3	호스트 하드웨어를 할당하고 관리하는 하이퍼바이저(hypervisor)를 사용한 VM및 OS에서의 애플리케이션 구성	810
리스트	NIST 표준에 기반한 클라우드 컴퓨팅의 정의	814
그림 27-9	IaaS 서비스의 구성과 개념	818
그림 27-11	SaaS 서비스의 구성과 개념	819
그림 27-12	PaaS 서비스의 구성과 개념	820
리스트	공공 WAN 서비스 접속 시의 인터넷 사용에 관한 단점	823
표 27-2	다른 공공 클라우드 WAN 접속 옵션의 장단점 정리	826
그림 27-22	공공 클라우드 서비스에서의 DNS 사용 예시	833

[표 27-4] 27장의 핵심 주제

핵심 용어

UCS(Unified Computing System), 가상 머신(VM, virtual machine), 가상 CPU(vCPU, virtual CPU), 하이퍼바이저(hypervisor), 호스트(DC에서의 사용), 가상 NIC(vNIC, virtual NIC), 가상 스위치(vSwitch, virtual switch), 온-디맨드 셀프서비스, 자원 풀(resource pooling), 신속한 유연성(rapid elasticity), 클라우드 서비스 카탈로그, 공공 클라우드(public cloud), 사설 클라우드(private cloud), IaaS(Infrastructure as a Service), PaaS(Platform as a Service), SaaS(Software as a Service), CSR(Cloud Services Router), ASAv, 가상 네트워크 기능(VNF, virtual network function), 인터클라우드 익스체인지(intercloud exchange)

CHAPTER 28

SDN과 네트워크 프로그래머빌리티

이 장은 다음 시험 주제를 다룬다.

4.0 인프라스트럭처 서비스

4.5 APIC-EM 패스 트레이스 ACL 분석 툴을 사용한 ACL 검증

5.0 인프라스트럭처 관리

5.5 기업 네트워크 아키텍처에서의 네트워크 프로그래머빌리티 설명

5.5.a 컨트롤러의 기능

5.5.b 제어부와 전송부의 분리

5.5.c 노스바운드와 사우스바운드 API

이 책의 기술 관련 마지막 장에 온 것을 환영한다. 네트워크 프로그래머빌리티라 불리는, 어떤 이에게는 소프트웨어 정의 네트워크(Software Defined Networking)라고 불리는 이 광범위한 주제는 네트워크를 구축하는 새로운 방법이다.

CCNA R&S 자격증은 수십 년간 존재하던 모델인 네트워크를 운영하고 제어하는 기존의 모델에 대하여 가르쳐왔다. 장비가 사용하는 프로토콜을 이해하고, 프로토콜의 동작과 그것을 커스터마이징할 수 있는 명령어에 대해 이해하고, 네트워크를 구성하기 위해 장비 간의 분산된 설정을 추가하도록 한다.

네트워크 프로그래머빌리티는 새로운 운영 모델을 활성화하여 장비를 제어하는 새로운 방법의 사용으로 네트워크의 운영 모델을 바꾼다. 네트워크 프로그래머빌리티라는 용어는 네트워크의 소프트웨어 제어에 주목하여, 데이터 센터의 VM의 이동이나 트래픽 패턴의 변화 등 항상 변화하는 환경에 맞춰 네트워크가 훨씬 쉽게 변화할 수 있도록 한다. 업계 신문에서 자주 사용되는 유사한 용어인 *SDN(Software Defined Networking)*은 정적인 설정으로 제어되는 네트워크보다는 네트워크를 소프트웨어(프로그래밍)로 제어하는 개념을 강조한다.

클라우드 컴퓨팅을 다루는 이전 장에서와 같이 주제가 너무 광범위하기 때문에, 이 장에서는 네트워크 프로그래머빌리티와 SDN의 개념을 소개하는 것부터 시작한다. 고맙게도 관련된 시험 주제는 SDN의 가장 기초적인 개념에 집중된다. 이 장의 첫 번째 주요 절에서는 시험 주제에서 언급된 기본 주제, 특히 전송부와 제어부 및 컨트롤러와 관련 아키텍처에 관해 소개한다. 두 번째 절에서는 네트워크 프로그래머빌리티의 세 가지 제품의 예를 보여주는데, 이 세 가지는 네트워킹 기능 구현에 다른 방법을 사용한다. 마지막 절은 APIC-EM의 추가적인 기능에 주목한다.

QUIZ 사전 점검 퀴즈

28

아래의 사전 점검 퀴즈(지문 또는 PCPT 소프트웨어 사용)를 풀어보면 이 장을 읽고 이해하는 데 시간이 얼마나 걸릴 것인지 가늠할 수 있다. 정답은 퀴즈 다음 페이지 하단에 있으며, 퀴즈 정답에 대한 자세한 설명은 DVD 부록 C와 PCPT 소프트웨어에 담겨 있다.

핵심 주제	문항
SDN과 네트워크 프로그래머빌리티 기초	1-3
네트워크 프로그래머빌리티와 SDN의 예시	4
시스코 APIC-EM ACL 분석 애플리케이션	5

[표 28-1] 핵심 주제와 관련된 사전 점검 퀴즈 문항

1. L2 스위치가 프레임의 도착 MAC 주소를 확인하고 그 프레임을 포트 G0/1로만 전달하는 것으로 결정한다. 이 동작은 스위치의 어떤 부분에서 일어나는 동작인가?

a. 전송부(Data plane)
b. 관리부(Management plane)
c. 제어부(Control plane)
d. 테이블부(Table plane)

2. 라우터가 경로 학습을 위하여 EIGRP를 사용하고 학습한 경로를 IPv4 라우팅 테이블에 추가한다. 이 동작은 스위치의 어떤 부분에서 일어나는 동작인가?

a. 전송부(Data plane)
b. 관리부(Management plane)
c. 제어부(Control plane)
d. 테이블부(Table plane)

3. 어떤 네트워크는 스위치와 중앙 컨트롤러로 구성된 SDN 아키텍처를 사용한다. 다음 중 어느 것이 컨트롤러가 아닌 스위치에서 기대되는 기능인가?

a. 노스바운드(northbound) 인터페이스
b. 사우스바운드(southbound) 인터페이스
c. 전송부(Data plane) 기능
d. 제어부(Control plane) 기능

4. 다음 중 어느 시스코 컨트롤러가 가장 중앙 집중화된 제어부 모델을 사용하는가?

a. 시스코 오픈 SDN 컨트롤러
b. 시스코 APIC(Application Policy Infrastructure Controller)
c. 시스코 APIC-EM(APIC Enterprise Module)
d. 어떤 컨트롤러도 가장 중앙 집중화된 제어부 모델을 사용하지 않는다.

5. 단말 A와 단말 B가 두 개의 다른 서브넷에 있다. 두 개의 단말이 있는 서브넷 사이의 경로는 세 개의 다른 L3 전송 장비(라우터 및 L3 스위치)를 거친다. 네트워크 엔지니어는 APIC-EM 패스 트레이스 ACL 분석 툴을 사용하여 단말 A가 단말 B로 패킷을 보낼 때 사용된 경로를 분석한다. 이 기능의 어떤 부분이 ACL 분석 또는 툴의 ACL 트레이스에 의해 분석되었는가?

   a. 두 단말 사이에 존재하는 토폴로지의 발견
   b. 단말 A에서 B로의 경로에서 L3 전송 결정 분석
   c. 단말 A에서 B로의 경로에서 L2 전송 결정 분석
   d. 단말 A에서 B로 흐르는 패킷의 ACL 영향도 분석

28

SDN과 네트워크 프로그래머빌리티 기초

네트워크 장비는 일반적으로 이더넷 프레임과 같은 데이터 링크 프레임의 메시지 형태로 데이터를 전달한다. 당신은 CCNA R&S 시험을 준비하는 전체 과정에서 스위치와 라우터가 어떻게 전송하는지에 대해 학습해 왔다.

네트워크 프로그래머빌리티와 SDN은 이 개념을 가지고 각 부분을 분석하며, 오늘날의 요구에 맞춰 향상시킬 방법을 찾고 네트워크를 동작하게 하는 새로운 방법을 위해 이 개념을 재조합한다. 재조합이 끝나면 네트워크의 장비들은 계속 메시지를 전송하지만, 그 방법과 이유는 바뀌게 된다.

첫 번째 주요 절에서는 SDN과 네트워크 프로그래머빌리티의 주요 개념에 대해 설명한다. 기존의 네트워크 장비에 존재하는 몇 가지 요소들에 대한 분석으로 시작한다. 그리고 이 절에서는 컨트롤러라 불리는 몇 가지 중앙 집중화된 컨트롤러 소프트웨어가 네트워크의 쉬운 프로그래밍에 기반한 제어를 위한 아키텍처를 어떻게 만드는지에 대해 설명한다.

데이터, 제어, 관리부

네트워크 장비가 무엇을 하는지 잠깐 생각해보자. 라우터는 무엇을 하는가? 스위치는 무엇을 하는가?

많은 생각들이 떠오를 것이다. 예를 들면, 그들은 물리적으로 서로 케이블로 연결되거나, 무선을 사용하여 네트워크를 형성한다. 메시지를 전송한다: 스위치는 이더넷 프레임을 전송하고, 라우터는 패킷을 전송한다. 라우팅 프로토콜이 네트워크 계층의 경로를 학습하듯이, 유용한 정보 학습을 위해 여러 가지의 다른 프로토콜을 사용한다.

네트워크 장비가 하는 모든 것은 특정 부분에서의 동작으로 분류될 수 있다. 이 절에서는 네트워크 장비들이 어떻게 동작하는지에 대한 이 익숙한 사실을 가지고, 네트워크 프로그래머빌리티가 어떻게 동작하는지에 대해 가장 많이 사용되는 세 부분인 전송부, 제어부, 관리부에 대해 설명한다.

전송부(Data Plane)

전송부라는 용어는 네트워크 장비가 메시지를 전송하기 위해 수행하는 작업을 가리킨다. 다시

사전 점검 퀴즈 정답

1 A **2** C **3** C **4** A **5** A

말하면, 데이터를 수신하고, 처리하며, 그 데이터를 전달하는 모든 일(여기에서 데이터는 프레임, 패킷 또는 더 일반적인 용어로 메시지라 불리는 것들이다)이 전송부의 일부이다.

예를 들면, [그림 28-1]에서 볼 수 있듯이 라우터가 어떻게 IP 패킷을 전송하는지에 관해 생각해 보자. 잠시 L3 로직을 생각해보면, 단말은 기본 라우터 R1으로 패킷을 전송한다(단계①). R1은 수신한 패킷에 대한 몇 가지 처리를 한 후에, 전송(라우팅) 결정 후, 패킷을 전송한다(단계②). 라우터 R3와 R4도, 패킷을 수신, 처리, 전송한다(단계③, 단계④)

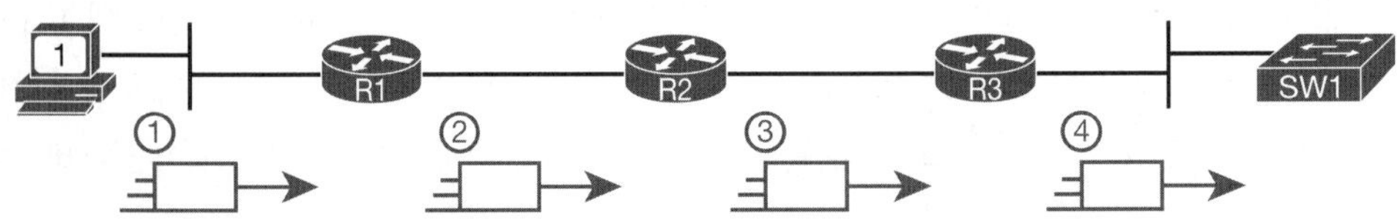

[그림 28-1] 라우터에서의 전송부 처리 기초

이제 잠시 생각의 범위를 넓혀서, 라우터 또는 스위치가 메시지를 수신, 처리, 전송 시에 하는 모든 것에 대해 생각해보자. 물론 전송 결정은 이 로직의 일부이며, 사실 전송부(Data Plane)는 때로 '*포워딩 플레인(Forwarding Plane)*'이라 불리기도 한다. 그러나 목적지 주소를 테이블과 부합시키는 것 이상을 생각해 보자. 예를 들면, 다음의 목록은 네트워크 장비가 전송부에 적합하도록 하는 몇 가지 일반적인 동작에 대해 자세히 설명한다.

- 데이터 링크 프레임 내 패킷의 캡슐 해제와 재캡슐화(라우터 및 L3 스위치)
- 802.1Q 트렁크 헤더 추가 또는 제거(라우터 및 스위치)
- 도착 MAC 주소를 MAC 주소 테이블과 비교(라우터, L3 스위치)
- 데이터 암호화 및 새 IP 헤더 추가(VPN 처리 시)
- 출발지 또는 목적지 IP 주소 변경(NAT 처리 시)
- 필터에 의한 메시지 폐기(ACL, 포트 보안)

전송부는 메시지별로 수행되는 모든 작업이 포함되기 때문에, 목록에 있는 모든 항목은 전송부를 구성한다.

제어부(Control Plane)

다음은 전송부가 제대로 동작하기 전에 필요로 하는 정보의 종류에 대하여 곰곰이 생각하는 시간을 가진다. 예를 들면, 라우터는 전송부가 패킷을 전송하기 전에 라우팅 테이블에 IP 경로를 가지고 있어야 한다. L2 스위치는 자신의 한 포트를 이용하여 목적지로 이더넷 프레임을 전송하기 전에 MAC 주소 테이블에 MAC 항목을 가지고 있어야 한다. 스위치는 전송부가 잘 동작하고 프레임 루프가 일어나지 않도록, 어떤 인터페이스가 전송에 사용될 것인지를 제한하는 STP(Spanning Tree Protocol)를 사용하여야 한다.

한 가지 관점에서 보면, 전송부에 공급된 정보는 전송부가 하는 일을 제어한다. 예를 들면, 라우팅 테이블에 경로가 실리지 않은 라우터는 패킷을 전송하지 못한다. 전송부는 바로 그 곳이며, 라우터의 전송부가 라우팅 테이블을 확인하고 부합하는 경로를 찾지 못할 때에는, 라우터는 해당 패킷을 폐기한다.

28

그러나 라우터가 몇 가지 경로를 가지면, 라우터의 전송부는 패킷을 전송할 수 있다. 라우팅 테이블의 내용은 무엇이 제어하는가? 다양한 제어부가 그것을 처리한다.

제어부라는 용어는 전송부를 제어하는 모든 동작을 가리킨다. 이 동작의 대부분은 전송부에서 사용되는 테이블, 즉 IP 라우팅 테이블, IP ARP 테이블, 스위치의 MAC 주소 테이블 등을 생성하는 것과 관련이 있다. 전송부에서 사용되는 테이블에 항목을 추가하고 삭제하며 변경하는 것으로, 제어부는 전송부가 하는 것을 제어한다. 당신은 이미 모든 IP 라우팅 프로토콜을 포함한 수많은 제어부 프로토콜에 대해 알고 있다.

기존의 네트워킹 프로토콜과 장비는 [그림 28-2]에서 볼 수 있듯이 제어부와 전송부를 분리하고 이 기능을 각각의 장치에 분산시킨다. 이 경우, 제어부 프로토콜인 OSPF는 각 라우터에서 동작한다(모든 라우터에 분산되어 있음). 각 라우터의 OSPF는 각 라우터의 IP 라우팅 테이블을 추가하고 삭제하며 변경한다. 일단 유용한 경로로 채워지면, 각 라우터에 분산되어 있는 라우터의 전송부는 아래 그림 하단의 왼쪽에서 오른쪽에 걸친 부분에서 볼 수 있듯이, 들어오는 패킷을 전송할 수 있다.

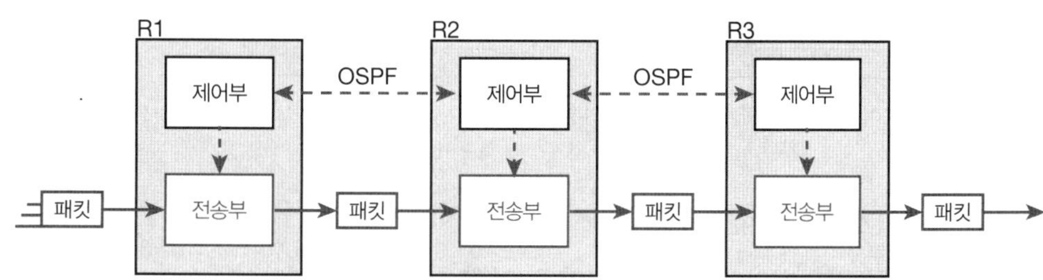

[그림 28-2] 라우터의 제어부와 전송부의 개념도

다음 목록은 많은 수의 일반적인 제어부 프로토콜을 포함한다.

- 라우팅 프로토콜(OSPF, EIGRP, RIP, BGP)
- IPv4 ARP
- IPv6 NDP
- 스위치 MAC 학습
- STP

제어부의 프로토콜과 동작 없이, 기존의 네트워크 장비의 전송부는 제대로 작동하지 못한다.

라우터는 라우팅 프로토콜로 학습한 경로 없이는 쓸모가 없다. MAC 테이블 항목 학습 없이, 스위치는 유니캐스트 메시지를 플러드하는 것으로 전달할 수는 있으나, 모든 프레임에 대해 그런 동작을 하는 것은 일반적인 스위치 동작에 비해 LAN에 굉장한 부하를 야기한다. 그래서 전송부는 유용한 정보를 제공하기 위해 제어부에 의존하게 된다.

관리부(Management Plane)

제어부는 전송부의 동작에 직접적인 영향을 주는 오버헤드 작업을 한다. 관리부도 오버헤드 작업을 하지만, 그 작업은 전송부에 직접적인 영향을 주지는 않는다. 대신, 관리부는 네트워크 엔지니어가 장비를 관리할 수 있도록 하는 프로토콜을 포함한다.

Telnet과 SSH는 가장 명백한 제어부 프로토콜 중의 두 가지다. 제어부 프로토콜과의 차이를 강조하기 위해, 두 개의 라우터에 대해 생각해보자: 하나는 Telnet과 SSH로 라우터 접근이 가능하도록 설정되었고, 하나는 그런 설정이 없다. 두 라우터는 Telnet과 SSH를 지원하든 지원하지 않든, 라우팅 프로토콜이 동작하고 패킷을 전송할 수 있다.

[그림 28-3]은 CCNA R&S 시험에서 나오는 몇 가지의 일반적인 관리부 프로토콜을 보여준다.

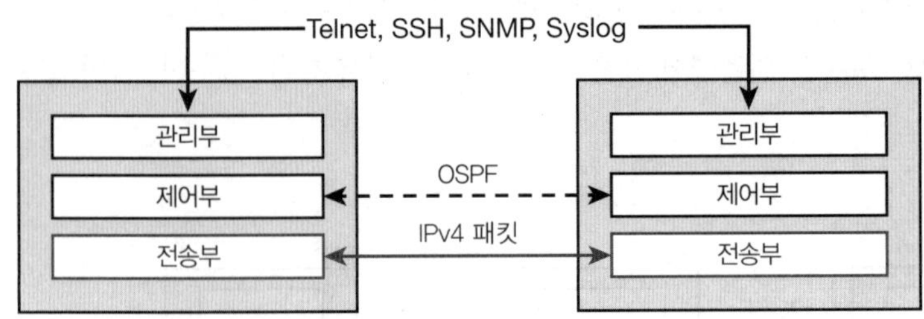

[그림 28-3] 제어부와 전송부의 설정을 위한 관리부

시스코 스위치 전송부의 내부

SDN과 네트워크 프로그래머빌리티를 더 잘 이해하기 위해, 스위치 내부에 대해 생각해보는 게 도움이 될 것이다. 다음 주제는 이를 다룬다.

LAN 스위치라 불리는 장비가 처음 만들어졌을 때부터 많은 수의 초당 프레임 전송(fps)이 필요했기 때문에, 스위치는 프레임을 전송하는 데에 특화된 하드웨어를 사용해야 했다. 스위치가 전송해야 하는 양의 프레임에 대한 감각을 얻기 위해, 이더넷 프레임의 최소 프레임 크기, 스위치의 포트 수 및 포트 속도에 대해 생각해보자. 저가형 스위치조차도 초당 수백만 개의 프레임을 전송할 수 있어야 한다. 예를 들면 스위치 제조사가 24포트를 가진 새로운 액세스 스위치에 얼마나 빠른 전송부가 필요한지를 산출하고 싶다면, 아래와 같은 계산을 할 것이다:

- 스위치는 24포트를 지닌다.
- 각 포트는 100Mbps 속도로 동작한다.

- 이 분석을 위해, 프레임의 길이는 125byte로 가정한다(계산을 쉽게 하기 위해, 각 프레임을 1,000비트 길이로 한다).
- 모든 포트에서 전이중 방식을 사용하여, 스위치가 동시에 24포트 전체에서 수신할 수 있도록 한다.
- 결과: 각 포트는 100,000fps로 수신할 것이며, 그 합계는 240만 fps이기 때문에 스위치의 전송부는 240만 fps를 처리할 수 있어야 한다.

28

240만 fps가 크게 느껴질 수도 있지만, 여기에서의 목적은 스위치 기술 분야에서 스위치의 전송부가 얼마나 빠른 속도가 필요한지에 대한 절대적인 수치를 정하는 것이 아니다. 그 대신, 1990년대 중반의 시장에 처음 소개된 것처럼, LAN 스위치는 소프트웨어에서의 일반 CPU의 처리보다 빠른 전송부가 필요하다는 것이다. 결과적으로, 하드웨어 스위치는 전송부 처리를 수행하기 위한 특수 하드웨어를 가진다.

먼저, 스위칭 로직은 소프트웨어와 CPU 내에서 이루어지는 것이 아니라, ASIC(Application-Specific Integrated Circuit)에서 이루어진다. ASIC은 네트워크 장비에서의 메시지 처리와 같은 특수 목적을 위해 만들어진 칩이다.

다음으로 ASIC은 MAC 주소 테이블의 검색 수행에 필요하며, 빠른 테이블 검색을 위해 스위치는 MAC 주소 테이블과 동일한 내용을 저장하는 특수한 유형의 메모리, 즉 TCAM(Ternary Content-Addressable Memory)을 사용한다. TCAM 메모리는 ASIC에게 테이블을 검색하도록 요청하지 않는다. 대신에 ASIC은 MAC 주소 값과 같이 검색할 필드를 TCAM에게 제공하고, TCAM은 검색 알고리즘을 구동할 필요 없이 부합하는 항목 값을 회신한다.

[그림 28-4]에서 볼 수 있듯이, 스위치는 일반적인 목적의 CPU와 RAM도 가지고 있다는 것을 기억하자. IOS는 CPU 내에서 동작하고, RAM을 사용한다. 대부분의 제어부와 관리부 기능은 IOS 내에서 동작한다. 전송부 기능(그리고 MAC학습을 위한 제어부의 기능)은 ASIC 내에서 동작한다.

Key Topic

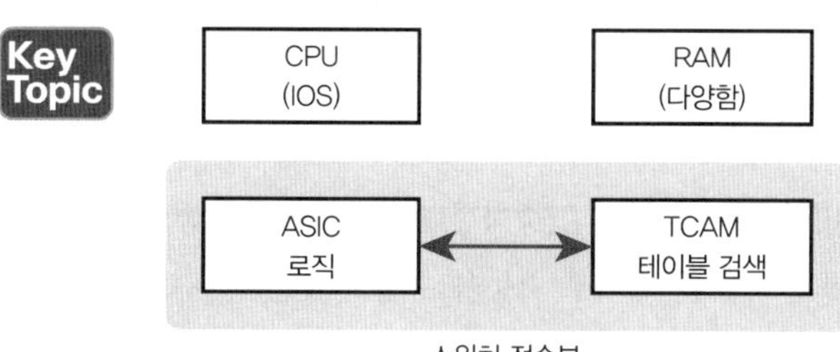

[그림 28-4] 일반적인 스위치에서의 핵심 내부 처리 포인트

일부 라우터는 스위치가 하드웨어를 사용하는 것과 동일한 이유에서, 전송부 기능을 위한 하드웨어도 사용한다는 것을 기억하자(예를 들면, 시스코 라우터의 하드웨어 전송부에 관한 흥미로운

설명인 시스코 Quantum Flow Processor에 대해 확인해 보자) 라우터의 하드웨어 전송부에 관한 개념은 스위치에서의, 전송을 목적으로 만들어진 ASIC과 빠른 테이블 검색을 위해 테이블을 저장하는 TCAM의 사용과 유사하다.

컨트롤러와 네트워크 아키텍처

네트워킹에 대한 새로운 접근법이 2010년에 등장했는데, 일부 제어부 기능을 변경하는 접근법이 등장한다. 이 접근법 중 많은 부분이 제어부의 일부를 *컨트롤러*라 불리는 중앙 집중식 애플리케이션으로 실행되는 소프트웨어로 이동시킨다. 다음 주제에서는 컨트롤러의 개념과 컨트롤러 아래의 장비 및 컨트롤러를 사용하는 모든 프로그램에 대한 인터페이스에 대해 살펴본다.

컨트롤러와 중앙 제어

대부분의 기존 제어부의 처리는 분산 아키텍처를 사용한다. 이것은 제어부가 분산되어 많은 장비에서 운영되는 것을 의미한다. 예를 들어, 각 라우터는 자체적으로 OSPF 라우팅 프로토콜 프로세스를 실행한다. 그 작업을 위해 분산된 제어부 프로세스는 라우터 간의 OSPF 프로토콜 메시지처럼 서로 간의 커뮤니케이션을 위해 메시지를 사용한다. 결과적으로 기존 네트워크는 *분산된 제어부(distributed control plane)*를 사용한다고 말할 수 있다.

STP, OSPF, EIGRP 등과 같은 오늘날의 제어부 개념을 만든 사람들은 중앙 집중식 제어부를 사용할 수 있다. 이것은 그들이 한곳에 그 로직을 두고, 한 장비 또는 서버에서 운영할 수 있다는 것을 뜻한다. 그러면 중앙 집중식 소프트웨어는 장비로부터 정보를 얻기 위해 프로토콜 메시지를 사용하며, 정보의 모든 처리를 중앙 집중화된 한 장소에서 하게 된다. 그러나 그들은 그 대신 분산 아키텍처를 선택했다.

한 네트워크에서 모든 기능을 사용하기 위해 분산과 중앙 집중 아키텍처를 사용하는 것은 장단점이 있다. 많은 제어부 기능은 그동안 분산 아키텍처에서 잘 동작해왔다. 그러나, 중앙 집중식 애플리케이션은 한 곳으로 모든 데이터를 모으기 때문에, 중앙 집중식 애플리케이션이 분산 애플리케이션보다 만들기 쉽다. 이렇게 발전하는 세상의 네트워크 프로그래머빌리티와 SDN은 때때로 중앙 집중식 제어부를 가지고 컨트롤러라 불리는 서비스를 기반으로 하는 중앙 집중 아키텍처를 사용한다.

컨트롤러 또는 SDN 컨트롤러는 네트워크 장비의 제어를 중앙 집중화한다. 어떤 제어가 중앙 집중화 되는지의 정도는 다를 수 있는데, 컨트롤러가 모든 제어부 기능을 수행할 수 있을 수도 있고, 컨트롤러가 단순히 분산된 제어부의 현재 작업을 알고 있는 정도일 수도 있다.

컨트롤러의 개념을 더 잘 이해하기 위해, 하나의 SDN 컨트롤러가 모든 중요한 제어부 기능을 중앙 집중화하고 있는 [그림 28-5]의 경우를 고려해 보자. 먼저 컨트롤러는 네트워크 안의 장비로 IP 도달이 가능한 곳에 있으면 된다. 네트워크 장비는 여전히 전송부를 가진다. 그러나 어떤 네트워크 장비도 제어부를 가지지 않는다는 점에 주목한다. [그림 28-5]에서 볼 수 있는 SDN의 형태에서는, 컨트롤러(또는 컨트롤러를 사용하는 프로그램)는 각 장비의 테이블로 전송부 항목을 직접 프로그래밍한다. 네트워크 장비는 기존의 분산 제어부 처리로 전송 테이블을 채우지 않는다.

28

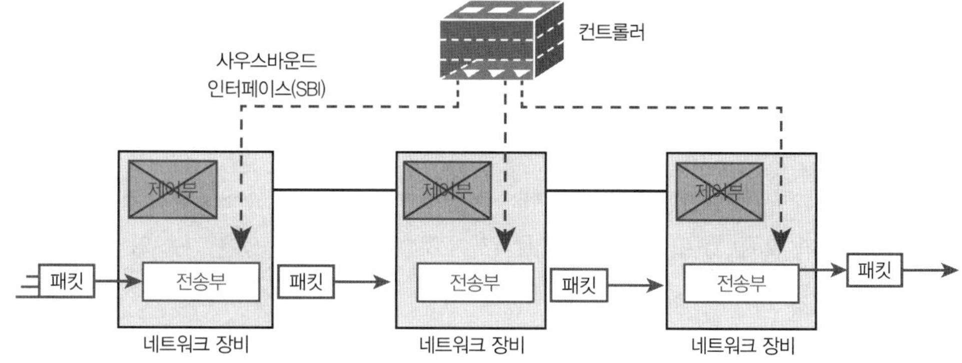

[그림 28-5] 중앙 집중식 제어부와 분산된 전송부

[그림 28-5]는 네트워크 프로그래머빌리티와 SDN의 한 모델을 보여주지만, 이것이 전부는 아니다. 이 그림은 우리에게 몇 가지의 좀더 중요한 기본 개념을 논의할 수 있는, 특히 사우스바운드 인터페이스(SBI, Southbound Interface)와 노스바운드 인터페이스(NBI, Northbound Interface)의 개념을 논의할 수 있는 좋은 배경을 제공한다.

사우스바운드 인터페이스

컨트롤러 기반의 네트워크 아키텍처에서 컨트롤러는 네트워크 장비와 커뮤니케이션할 필요가 있다. 대부분의 네트워크 도면과 아키텍처 도면에서 네트워크 장비는 [그림 28-5]에서 볼 수 있듯이 일반적으로 컨트롤러의 아래쪽에 있다. 컨트롤러와 장비들 사이에는 인터페이스가 있고, 도면상에서의 위치처럼 해당 인터페이스는 사우스바운드 인터페이스(SBI, Southbound Interface)라 알려져 있다([그림 28-5] 참조).

NOTE '인터페이스'라는 단어는 이 책에서 라우터와 스위치의 물리적인 연결을 가리키는 용도로 사용되어 왔다. 그러나 이 장의 SDN에 관한 논의에서, '인터페이스'라는 단어(SBI, NBI, API 등을 포함)는 달리 명시되지 않는 한 소프트웨어 인터페이스를 가리킨다.

SBI를 위한 몇 가지 다른 옵션이 존재한다. 전반적인 목표는 네트워크 프로그래머빌리티이기 때문에 인터페이스는 단순한 프로토콜이 아니다. SBI는 때로 컨트롤러와 장비가 통신할 수 있는 프로토콜을 포함하기도 하지만, API(Application Programming Interface)를 포함하기도 한다.

API는 한 애플리케이션(프로그램)이 다른 애플리케이션과 데이터를 교환하기 위한 방법이다. 이 개념의 설명을 위해 말을 바꾸면, API는 애플리케이션 프로그램을 위한 인터페이스이다. 프로그램은 데이터를 처리하며, API는 두 프로그램이 데이터를 교환하게 한다. 프로토콜은 종종 표준 기구의 문서로 존재하지만, API는 사용가능한 코드(함수, 변수, 데이터 구조)로 존재하며, 하나의 프로그램에서 네트워크를 통해 프로그램 간에 구조화된 데이터를 전달하고 복사하는 데 사용할 수 있다.

다시 SBI라는 용어로 돌아가자면, 그것은 프로그램(컨트롤러)과 프로그램(네트워크 장비) 간의 인터페이스이며, 두 프로그램이 통신할 수 있도록 하고, 컨트롤러가 네트워크 장비 전송부의 전송 테이블을 프로그래밍할 수 있도록 하는 게 하나의 목표이다.

네트워크 프로그래머빌리티를 가능케 하는 네트워크 아키텍처에서 SBI와 API의 가용성은 특정 아키텍처가 할 수 있는 것과 할 수 없는 것이 무엇인지에 관해 많은 것을 알려준다. 예를 들면, 어떤 컨트롤러는 하나 또는 몇개의 SBI를 특정 목적을 위해 지원하고, 다른 컨트롤러는 더 많은 SBI를 지원하여 사용할 수 있는 SBI를 선택할 수 있도록 한다. SBI의 비교는 이 장의 범위를 넘어서지만, 이에 관해 생각해보는 것은 도움이 된다. 두 번째 주요 절은 세 가지 분리된 SBI를 보여주는 세 가지 아키텍처의 예시에 관하여 소개한다:

- OpenFlow(ONF; https://www.opennetworking.org)
- OpFlex(시스코; ACI에서 사용됨)
- CLI(Telnet/SSH) 및 SNMP(시스코; APIC-EM에서 사용됨)

노스바운드 인터페이스

[그림 28-5]의 예시에 관련된 컨트롤러에 필요한 프로그래밍에 관해 생각해보자. 그림은 컨트롤러가 네트워크 장비의 전송 테이블에 엔트리를 추가할 수 있다는 사실에 주목한다. 그러나 무엇을 추가할 것인지를 컨트롤러가 어떻게 알까? 어떻게 선택할 수 있을까? 당신의 프로그램이 네트워크에 MAC 테이블 항목이나 IP 경로와 같은 것을 추가하기 전에 수집해야 할 정보는 무엇인가? 당신은 아래와 같은 것을 생각할 것이다:

- 네트워크의 모든 장비의 목록
- 각 장비의 가용성
- 각 장비의 인터페이스 및 포트
- 각 포트의 현재 상태
- 토폴로지: 어떤 장비들이 어느 장비로, 어느 인터페이스를 통해 연결되었는지
- 장비 설정: IP 주소, VLAN 등 장비에 설정된 것

컨트롤러는 중앙 집중식 제어 모델의 제어부에서 많은 작업을 필요로 한다. 이전 목록에 있는 항목과 같이, 네트워크에 필요한 모든 종류의 정보를 모은다. 컨트롤러 자체는 네트워크에 대한 이 모든 유용한 정보의 중앙 집중식 저장소를 생성할 수 있다.

컨트롤러의 노스바운드 인터페이스(NBI, Northbound Interface)는 컨트롤러를 열어 그 데이터 및 기능을 다른 프로그램에서 사용할 수 있게 하고, 빠른 개발을 위해 네트워크 프로그래머빌리티를 가능하게 한다. 프로그램은 컨트롤러에서 정보를 가져오고, 컨트롤러의 API를 사용할 수 있다. 또한 NBI는 프로그램이 컨트롤러의 능력을 사용하여 컨트롤러의 SBI가 사용하는 장치로의 플로를 프로그래밍할 수 있게 한다.

28

NBI가 어디에서 동작하는지 보려면, 먼저 컨트롤러 자체에 대해 생각해 보자. 컨트롤러는 소프트웨어이며, VM 또는 물리적인 서버와 같은 서버상에서 동작한다. 애플리케이션은 컨트롤러와 동일한 서버상에서 동작할 수 있고, API인 NBI를 사용하기 때문에 두 프로그램이 통신할 수 있다.

[그림 28-6]은 그 예시를 보여준다. 그림의 큰 상자는 컨트롤러 소프트웨어가 들어있는 시스템을 가리킨다. 이 특정 컨트롤러는 자바(Java)로 쓰여졌으며, 자바 기반의 네이티브 API를 가진다. 누구나(컨트롤러 제조사나 다른 제조사 또는 당신일 수도 있다) 이와 동일한 OS상에서 동작하고 컨트롤러의 Java API를 사용하는 애플리케이션을 작성할 수 있다. 컨트롤러와의 데이터 교환을 위해 해당 API를 사용하는 것으로 애플리케이션은 네트워크에 관한 정보를 학습할 수 있다. 애플리케이션은 네트워크의 플로를 프로그래밍할 수도 있는데, 이것은 컨트롤러에게 플로에 대한 특정 부합/동작 로직을 네트워크 장비의 전송 테이블에 추가하도록 요청하는 것을 말한다.

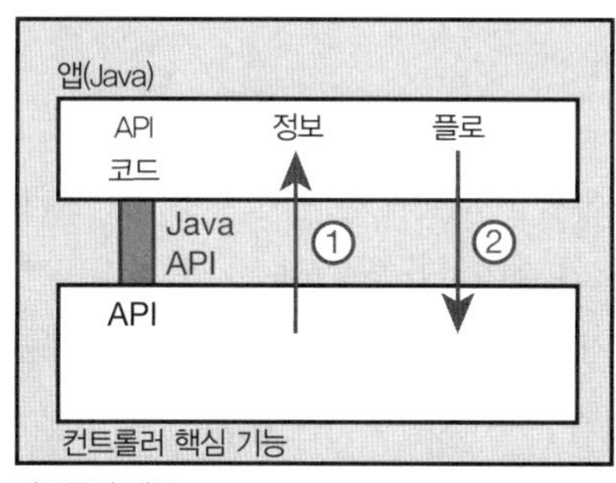

[그림 28-6] Java API: 컨트롤러와 통신하는 Java 애플리케이션

> **NOTE** 노스바운드 인터페이스(NBI)는 컨트롤러의 위쪽, 즉 지도의 북쪽에 위치해 있다는 것에서 그 이름이 유래되었다.

NBI 주제에 대한 논의를 마무리하기 전에, 컨트롤러에서 사용되는 REST API에 대해 간단히 설명하겠다. *REST(Representational State Transfer)*는 애플리케이션이 HTTP 메시지를 사용하여 API를 통해 데이터를 전송함으로써 여러 단말에 위치하도록 하는 API 유형을 말한다. [그림 28-6]과 같이 컨트롤러로써 동일 시스템에서 운영되는 애플리케이션을 지닌 SDN에서

API는 동일한 시스템에서 프로그램이 운영되고 있기 때문에 네트워크를 통해 메시지를 송신할 필요가 없다. 그러나 애플리케이션이 컨트롤러가 실행되고 있는 곳이 아닌 네트워크의 다른 시스템에서 운영되는 경우에 API는 IP 네트워크를 통해 데이터를 주고 받을 수 있는 방법이 필요하며, RESTful API는 그러한 요구를 충족시킨다.

[그림 28-7]은 REST API의 큰 개념을 보여준다. 애플리케이션은 그림 상단의 단말에서 운영되고 있다. 이 경우, **단계①** 에서는 특정 URI로 HTTP GET 요청을 보낸다. HTTP GET은 웹 페이지를 검색하는 데 사용되는 다른 HTTP GET과 같다. 그러나 URI는 웹 페이지를 위한게 아니라 컨트롤러의 객체를 식별하기 위한 것으로, 애플리케이션이 학습하고 처리하기 위한 데이터 구조를 가리킨다. 예를 들면, URI는 각 장치의 상태와 함께 특정 장비의 실제 인터페이스 목록의 객체를 식별하기 위한 것일 수도 있다.

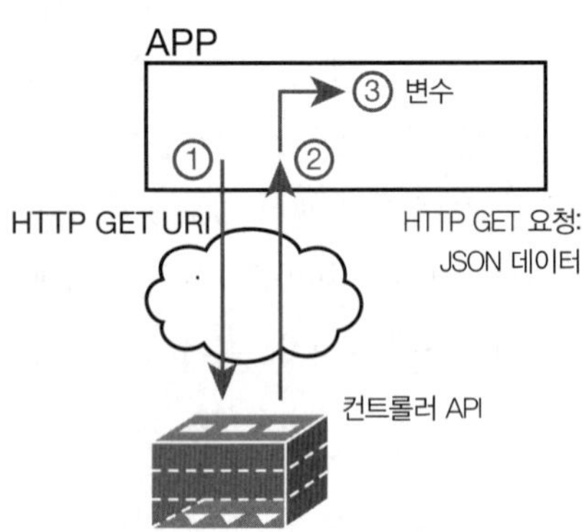

[그림 28-7] REST API를 사용한 GET의 처리 예

단계② 에서 컨트롤러는 객체와 HTTP GET 회신 메시지를 보낸다. 대부분의 REST API는 구조화된 데이터를 요청하고 받는다. 여기에는 웹 페이지의 데이터를 받는 대신, 웹 브라우저가 정보를 받는 것처럼 회신 메시지에 프로그램에서 쓰이기 쉬운 형태의 변수 이름과 값이 들어 있다. 네트워크 프로그래머빌리티에서 사용되는 데이터의 일반적인 형식은 **단계③** 에서 볼 수 있듯이 JSON(JavaScript Object Notation)과 XML(eXtensible Markup Language)이다.

SDN 아키텍처 정리

SDN과 네트워크 프로그래머빌리티는 네트워크를 구축하는 새로운 방법을 소개한다. 네트워크 장비는 존재하고, 여전히 데이터를 전송하지만, 제어부의 기능과 위치는 극적으로 바뀐다. 중앙 집중식 컨트롤러는 활동의 중심으로 작동하며, 최소한 제어부 기능의 몇 가지는 분산 모델에서 중앙 집중 모델로 이동한다.

그러나 네트워크 프로그래머빌리티와 SDN의 세계는 다양한 옵션과 솔루션을 포함한다. 몇 가지 옵션은 컨트롤러에 대부분의 제어부 기능을 넣지만, 다른 옵션은 컨트롤러에 몇 가지 기능만을 넣는다. 다음 절에서는 세 가지 다른 옵션에 대해 살펴보는데, 각 옵션은 네트워크 프로그래머빌리티와 중앙 집중식 제어의 정도에 대해 다른 접근 방식을 취한다.

네트워크 프로그래머빌리티와 SDN의 예

이 장의 세 주요 절 중 이 두 번째 절은 시스코에서 나온 세 가지의 상이한 SDN과 네트워크 프로그래머빌리티 솔루션에 대해 소개한다. 그 외의 솔루션도 물론 있다. 이 세 가지는 넓은 범위에서의 비교가 가능하기 때문에 선택된 것이다:

- 오픈 SDN 컨트롤러와 오픈플로(OpenFlow)
- 시스코 ACI(Application Centric Infrastructure)와 OpFlex
- 시스코 APIC-EM(APIC Enterprise Module)

오픈 SDN과 OpenFlow

SDN의 일반적인 형태는 ONF(Open Networking Foundation)에서 제공되었고, 오픈 SDN이라고 불린다. ONF(https://www.opennetworking.org)는 시장에서의 SDN 구축에 도움을 주는 사용자와 제조사의 컨소시엄이다. 그 작업 중 일부는 프로토콜과 SBI, NBI, 그리고 사람들이 SDN에 대한 비전을 구축하는 데 도움을 주는 모든 것을 정의한다.

SDN의 ONF 모델은 SBI로서의 오픈플로(OpenFlow)를 특징으로 한다. 오픈플로의 일부는 컨트롤러와 네트워크 장비 간에 사용되는 IP 기반의 프로토콜로 정의된다. 또한 오픈플로는 현재 스위치에서 일반적으로 사용되는 ASIC과 TCAM에 기반하여 스위치의 기능이 무엇인지에 대한 표준 개념을 정의한다(스위치가 하는 동작에 대한 표준화된 개념은 *스위치 추상화(switch abstraction)*라 불린다). 오픈플로 스위치는 L2 스위치, L3 스위치 또는 다른 방식으로 동작하며, L2/L3 스위치의 기존 모델을 넘어선 유연성을 가지고 동작한다.

오픈 SDN 모델은 대부분의 제어부 기능을 중앙 집중화하며, 네트워크는 컨트롤러와 컨트롤러의 NBI를 사용하는 모든 애플리케이션에 의해 제어된다. [그림 28-5]에서는 네트워크 장비가 제어부를 가지고 있지 않았지만, 이것이 가장 중앙 집중화된 SDN의 ONF 모델을 보여준다. 애플리케이션은 컨트롤러 플랫폼에서 지원되는 어떤 API(NBI)도 사용할 수 있다. 그러나 오픈플로를 SBI 프로토콜로 요구한다. 또 네트워크 장비는 오픈플로를 지원하는 스위치여야 한다.

ONF의 오픈 SDN 모델이 OpenFlow SBI를 가진 컨트롤러의 공통 스레드를 가지기 때문에, 컨트롤러는 네트워크에서 큰 역할을 한다. 다음 몇 장에서는 이러한 두 컨트롤러에 대해 간단한 배경을 소개한다.

OpenDaylight 컨트롤러

먼저 오픈플로의 역사를 돌아보면, 다양한 종류의 SDN 컨트롤러가 만들어졌다는 것을 알 수 있다. SDN이 개발되고 실험적인 개념이 더 많았던 반면, 몇 가지는 좀더 연구 중심이었다. 시간이 지나면서 더 많은 제조사들이 그들만의 컨트롤러를 만들기 시작했다. 그리고 이 컨트롤러들은 수많은 같은 목적을 실현하기 위해 노력하고 있기 때문에 많은 유사 기능을 가졌다.

일부 회사들은 오픈 소스 SDN 컨트롤러를 만들기 위해 함께 노력해 왔으며, 이것은 리눅스(Linux)가 수년에 걸쳐 어떻게 개발되었는지와 동일한 원리이다. 즉 충분한 제조사들이 일반적인 오픈 소스 컨트롤러에서 함께 작업한다면 모두에게 이익일 것이라는 것이다. 모든 제조사는 그들의 제품 기반으로 오픈 소스 컨트롤러를 사용할 수 있을 것이고, 각 벤더가 기본적인 기능 대신 다른 부분에 노력을 기울일 것이다. 그 결과, 2010년 중반에 *OpenDaylight SDN 컨트롤러*가 탄생하였다.

ODL(OpenDaylight)은 Linux Foundation의 프로젝트 중 하나이다. 이 사실이 합법적이라고 확신하지 못한다면, 오픈데이라이트(OpenDaylight)는 시스코를 비롯한 여러 제조사의 지원을 받고 있다는 사실을 기억하자. 많은 기업에서는 매년 상당한 금액과 인력을 투자하고 있다.

[그림 28-8]은 ODL 아키텍처의 일반화된 버전을 보여준다. 특히 컨트롤러 박스의 아랫부분에 나열된 OpenFlow, NetConf, PCEP, BGP-LS, OVSDB 등의 다양한 SBI를 확인하자. ODL 프로젝트는 오픈플로뿐만 아니라 여러 SBI를 포함한 다양한 옵션을 포함한다.

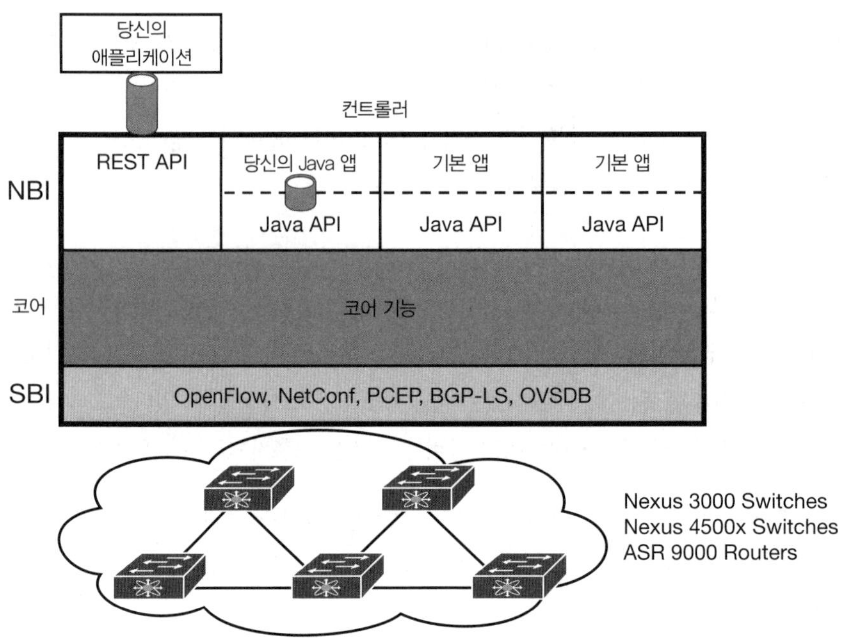

[그림 28-8] 네트워크 장비로의 NBI, 컨트롤러 내부 및 SBI 아키텍처

ODL은 많은 SBI와 많은 코어 기능 등 많은 기능을 가진다. 제조사는 ODL을 사용하여 제조사에 적합한 부분을 사용할 수 있고, 추가할 수 있으며, 상용 ODL 컨트롤러를 만들 수 있다. 이 장을 쓸 때인 2016년 초에 OpenDaylight.org 웹 사이트를 살펴보니 다음에 언급하는 시스코 오픈 SDN 컨트롤러를 포함한 15개의 상용 SDN 컨트롤러의 리스트를 볼 수 있었다.

시스코 오픈 SDN 컨트롤러

시스코의 방대한 제품 라인업과 다수의 제품 대다수는 네트워크 프로그래머빌리티와 SDN을 지원한다. 시스코 오픈 SDN 컨트롤러가 그런 제품으로, SDN 컨트롤러로 동작하며, ODL의 시스코 상용 버전이다. 시스코는 ODL 프로젝트의 의도된 모델을 따른다. 시스코와 다른 회사는 ODL 오픈 소스 프로젝트에 인력과 자금을 제공하였다. 일단 새로운 버전의 배포가 완료되면, 시스코는 해당 버전을 받아 제품의 새로운 버전을 만든다. ODL 라이센스는 모든 제조사가 오픈 소스 코드를 받아 추가 코드 및 지원 패키지로 제공할 수 있도록 한다.

무료 오픈 소스 제품과 유사한 상용 제품을 두는 것은 오픈 소스 세계에서 새로운 개념이 아니다. 사실 리눅스 OS는 동일한 모델을 따른다. 당신은 무료로 리눅스를 다운로드하여 당신의 컴퓨터에서 구동할 수 있지만, 리눅스를 현업에서 사용하는 기업은 지원 받을 수 있고 안정화된 상용 버전을 사용하길 원한다.

두 컨트롤러, 즉 ODL과 OSC를 비교하면, ODL이 더 많은 기능을 가지지만, 이것은 제조사가 자체 제공 서비스를 만드는 일반적인 진행 방법이다. ODL은 많은 참여 기업의 관심과 목표에 기반한 많은 기능이 포함된다. 각 제조사는 그들만의 상용 제품을 위해 사용, 테스트 및 지원을 위한 서브셋을 선택한다.

시스코는 오픈플로와 OSC 및 시스코 라우터와 스위치 제품군의 일부를 통해 오픈플로의 ONF 모델을 지원한다. 오늘날의 시스코 고객(출판 당시 기준)은 OSC와 시스코 Nexus 스위치의 일부 모델, 시스코 ASR 시리즈 라우터의 일부 등 오픈플로를 지원하는 라우터와 스위치를 구매할 수 있다. 그러나 시스코는 오픈플로를 지원하기 위해 전체 제품군을 마이그레이션하는 대신 네트워크의 다른 부분에 대해 SDN을 구현하고 다른 목표를 위해 SDN을 구현하는 방식을 달리하고 있다. 다음 두 주제는 그런 두 가지 모델에 대해 다룬다.

시스코 ACI(Application Centric Infrastructure)

OpenFlow의 ONF Open SDN 모델은 중앙 집중식의 소프트웨어에 장비의 전송부 전송 테이블의 직접적인 프로그래밍을 가능하게 함으로써 굉장한 힘과 유연성을 제공한다. 그러나 이 아키텍처의 최종 목적은 네트워크와 그 동작 방식을 소프트웨어로 제어할 수 있게 하는 것으로, 소프트웨어가 네트워크의 현재 상태를 기반으로 네트워크를 자동화하고 변경할 수 있도록 하는 것이다. 오픈플로를 사용한 SDN의 움직임은 이런 목표를 특별한 방법으로 충족시킨다. 그러나 오픈플로를 사용한 SDN은 네트워크 프로그래머빌리티와 자동화를 사용하는 한 가지 방법일 뿐이다.

시스코는 현대 IT 인프라스트럭처에서 같은 종류의 문제와 목표를 보고 있다. 시스코는 오픈플로의 개발을 이끌어내는 것과 동일한 문제인, 현대 IT 인프라스트럭처에 대한 동일한 문제와 목표를 검토하고 네트워크 프로그래밍 기능 제공 방법에 대한 몇 가지 결론에 도달했다. 이 솔루션 중 하나는 애플리케이션이 운영되는 데이터 센터에 주목한다. 그래서 네트워크를 먼저 생각하는 것 대신에, 이 솔루션은 애플리케이션과 애플리케이션이 필요로 하는 것과 함께 시작하였고, 애플리케이션 아키텍처에서 네트워크 개념을 구축하였다. 시스코는 네트워크 인프라스트럭처를 애플리케이션 중심으로 만들었고, 그래서 시스코 데이터 센터 SDN 솔루션의 이름이 *ACI(Application Centric Infrastructure)*가 되었다.

예를 들면, 시스코는 데이터 센터 세계를 살펴보며 많은 자동화와 제어 기능을 보았다. 27장에서 논의된 것처럼, 가상화 소프트웨어는 일상적으로 VM을 구동하고 이전하며 정지시키고, 클라우드 소프트웨어는 매우 유연한 셀프 서비스를 제공한다. 네트워크 측면에서 보면, 이 VM들 중 일부는 통신을 해야 하지만 일부는 그럴 필요가 없다. 그리고 이 VM들은 가상화와 클라우드 시스템의 필요에 기반하여 이동할 수 있으며, 스위치와 라우터에서의 다수의 물리 인터페이스별 설정에 대한 개념은 단지 좋지 않은 모델일 뿐이다.

시스코가 ACI에서 정의하는 모델은 단말(endpoint)과 정책(policy)의 개념을 사용한다. 단말은 VM(또는 하드웨어에서 직접 OS를 운영하는 기존 서버)을 의미한다. 많은 단말이 동일한 요구 사항을 가지고 있기 때문에, 당신은 그들을 *단말 그룹(endpoint group)*이라고 명명하여 한데 묶는다. 그리고 정책(policy)은 단말 그룹이 누구와 통신할지에 대해 정의한다. 예를 들면, 웹 서버의 그룹은 애플리케이션 서버 그룹과 통신할 필요가 있을 수 있다. 정책은 다른 핵심 매개변수를 정의하는데, QoS 매개변수 및 다른 서비스와 같이 단말 그룹이 서로에게 접속할 수 있을 지 아닐지를 정의한다.

이전 단락에서는 어떤 물리적 스위치 인터페이스가 어떤 VLAN에 할당되어야 하는지, 이더채널에 어떤 포트가 할당되어야 하는지에 대해 언급하지 않았으며, 네트워크에서 무엇이 일어나는지 애플리케이션 중심으로 논의되었다. 모든 단말, 정책, 관련 세부 사항이 정의되면, 컨트롤러는 전송 테이블에 있어야 하는 것을 네트워크에서 가능케 하도록 지시할 수 있고, VM의 시작, 정지, 이전 시에도 더 쉽게 대응할 수 있다.

이 모든 것을 동작할 수 있게 하기 위해, ACI는 [그림 28-9]에서 볼 수 있듯이 *APIC (Application Policy Infrastructure Controller)*이라 불리우는 중앙 집중식 컨트롤러를 사용한다. 이 경우 이름은 기능을 정의한다. 데이터 센터 인프라스트럭처를 위한 애플리케이션 정책을 생성하는 것은 컨트롤러이다. 물론 APIC은 편리한 GUI를 카지지만, 그 파워는 소프트웨어 제어, 즉 네트워크 프로그래머빌리티에서 온다. 동일한 가상화 소프트웨어, 클라우드 또는 자동화 소프트웨어, 네트워크 엔지니어에 의해 쓰여진 스크립트조차도 APIC으로 단말 그룹, 정책 등을 정의할 수 있다. 그러나 이 모든 플레이어들은 APIC에 접속함으로써 ACI 시스템에 접근하게 된다. 네트워크 엔지니어는 더 이상 각 스위치에 접속하여 CLI 명령어를 설정할 필요가 없다.

28

Key Topic

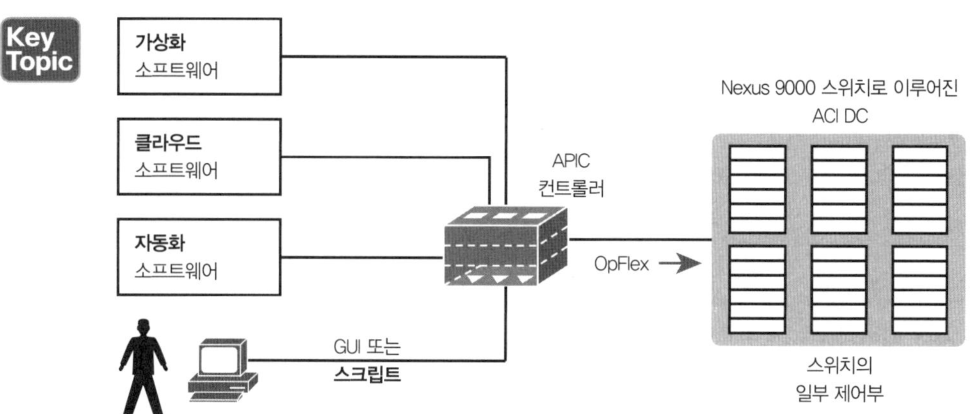

[그림 28-9] APIC을 사용한 ACI 데이터 센터 네트워크 제어

ACI는 부분적으로 중앙 집중화된 제어부와 RESTful API 및 네이티브 API, 그리고 SBI로서 OpFlex를 사용한다. NBI는 컨트롤러 외부에서 소프트웨어 제어가 가능하게 한다. 컨트롤러는 단말과 연결된 스위치와 통신하며, 해당 스위치에 정확한 플로를 생성할 것을 요청한다. 재미있게도, ACI는 부분적으로 분산된 제어부를 사용하며, 컨트롤러가 각 단말에 적용할 바람직한 정책을 스위치에 알리도록 한다. 스위치는 여전히 이런 정책을 해석하고 스위치 고유의 전송 테이블에 정확한 흐름을 추가하는 제어부 소프트웨어를 가지고 있다.

시스코 ACI에 대한 더 많은 정보는 다음 링크 http://www.cisco.com/go/aci를 참조하도록 한다.

시스코 APIC-EM(APIC Enterprise Module)

이 절에서 소개된 두 가지 솔루션은 제어부 기능의 상당 부분을 컨트롤러로 옮기고, 해당 모델을 지원하는 스위치가 필요하다. ONF의 오픈 SDN 모델은 오픈플로를 지원하는 스위치로 대부분의 제어부를 중앙 집중화한다. 시스코 ACI 솔루션은 많은 부분을 중앙 집중화하지만 모든 제어부를 중앙 집중화하지 않고, 스위치에 제어부의 일부를 남겨둔다. 그러나 이 스위치들은 ACI를 지원하는 소프트웨어를 가진 새로운 모델이다. 오픈 SDN 모델도 시스코 ACI 모델도, 이 책과 ICND1을 통해 논의된 기존 스위치와 라우터 같은 스위치 및 라우터를 사용하지는 않는다.

시스코 SDN 솔루션의 세 번째 예는 APIC-EM(APIC Enterprise Module)이라 불리며, 이 책과 ICND1 자격증 가이드를 통해 논의된 기존 스위치 및 라우터를 사용한다. 시스코는 업계에 널리 퍼진, SDN(네트워크 프로그래머빌리티) 솔루션이 모든 하드웨어를 교체한다는 가정에서 시작하는 아이디어를 거부하였다.

대신에 시스코는 가동 중인 기존 스위치와 라우터를 동일하게 유지하며, 네트워크 프로그래머빌리티의 이점을 더한 방법을 찾았다. 이 접근 방법은 시간에 따라 확실히 바뀔 수 있겠지만, 2015년 후반에 시장에 처음 소개된 방법으로, 시스코 APIC-EM은 네트워크에 이미 설치된 동일한 스위치와 라우터를 사용한 기업 SDN을 제공한다.

NOTE APIC-EM이 시스코 ACI의 컨트롤러에서 사용되는 것과 동일한 APIC이라는 약어를 사용함에도 불구하고, 어떻게 동작하는지에 대한 상세 사항은 굉장히 다르다.

시스코 제품 페이지에 따르면, APIC-EM은 기업을 위한 시스코의 SDN 제품이다. 네트워크 프로그래머빌리티를 위해, 이 솔루션은 중앙 집중식 컨트롤러를 사용한다. 그와 동시에, 이제는 익숙하게 들릴 SBI를 사용하여 시스코의 기업용 라우터와 스위치의 최신 세대를 지원한다. 몇 가지 핵심 사항을 정리해보자.

- 이 솔루션은 APIC-EM 컨트롤러를 사용한다.
- 시스코는 컨트롤러에 있는 다양한 애플리케이션을 제공하며, 일부는 컨트롤러에 의해 수집된 정보를 사용하고, 일부는 네트워크 장비의 동작을 제어한다.
- 컨트롤러는 사용하기 쉬운 API를 통해 전체 네트워크의 정보를 수집하도록 하는 RESTful 노스바운드 API를 사용한다.
- 네트워크 장비의 제어부와 전송부는 기존 장비를 지원하기 위한 방법의 일환으로 변경되지 않는다.
- SBI는 telnet, SSH, SNMP 등의 친숙한 프로토콜을 사용한다.

[그림 28-10]은 몇 가지의 APIC-EM 앱과 REST API, SBI의 항목으로 이루어진 APIC-EM 컨트롤러 아키텍처의 일반적인 모습을 보여준다.

전송부와 제어부가 변하지 않는다는 사실은 추가적인 설명이 필요하다. 먼저 APIC-EM은 시간이 지남에 따라 바뀔 수 있다. 시스코 제품 페이지에서도 더 많은 SBI의 지원이 이루어질 것이라고 언급하고 있다. 그러나 이 장이 마무리된 2016년 초반에는 APIC-EM을 사용할 때 모든 라우터와 스위치는 여전히 그들의 전송부와 제어부를 동일한 방식으로 변화 없이 사용한다. APIC-EM 컨트롤러는 테이블로의 플로를 프로그램하지도 않고, 장비의 제어부에 어떻게 동작하는지를 변경하도록 하지도 않는다. 스위치와 라우터는 어떻게 내부적으로 동작하는지에 대한 변경을 준비할 필요가 없다. 그래서 당신은 APIC-EM 컨트롤러가 무엇을 하는지 궁금해 할 것이다.

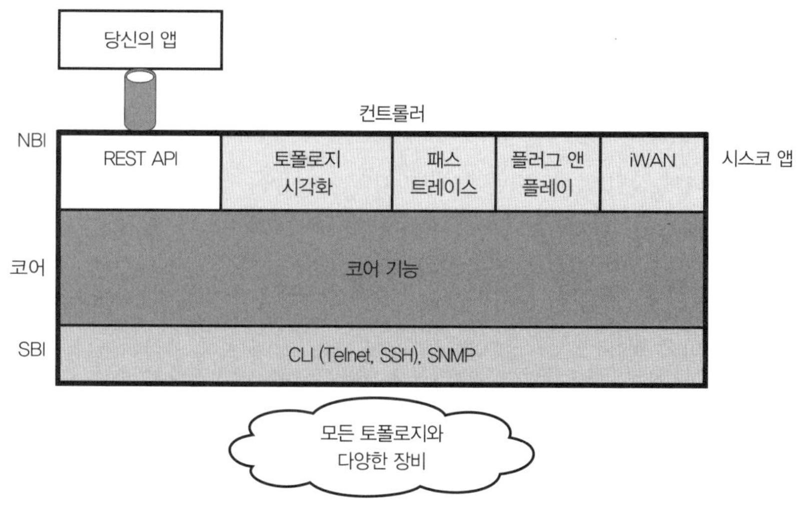

[그림 28-10] APIC-EM 컨트롤러 모델

먼저, APIC-EM은 고객을 위해 손쉬운 네트워크 자동화를 가능하게 한다. 이를 위해 APIC-EM은 SBI를 통해 네트워크의 정보를 수집한다. 이 정보는 토폴로지, 장비, 인터페이스, 동작 상태와 설정을 포함한다. 다음으로 APIC-EM은 이 정보들을 대량의 NBI API를 통해 사용가능하도록 한다. 또한 APIC-EM은 장비가 다른 OS를 사용하는 경우에도 굉장히 일관된 장비의 데이터를 생성한다.

두 번째로, APIC-EM은 장비의 설정을 바꿈으로써 장비가 어떻게 동작하는지를 변경할 수 있다. [그림 28-10]에 나열된, CLI를 포함한 SBI는 APIC-EM이 Telnet과 SSH를 사용하여 장비에 로그인할 수 있고 CLI를 사용하며 명령어를 발행할 수 있다는 것(장비 재설정 포함)을 의미한다. SNMP를 SBI로 사용하면, APIC-EM은 SNMP Set 명령어를 사용하여 네트워크 장비를 설정할 수 있다.

APIC-EM의 첫 버전에서는 중앙 집중식 컨트롤러 모델로 프로그래머빌리티를 사용하며, 이 책을 통해 소개된 것과 같은 전송부와 제어부의 개념 및 설정을 바꾸지는 않는다.

조건	오픈 SDN	ACI	APIC Enterprise
기존의 네트워크 대비 장비 제어부 작업의 변경	예	예	아니오
사람과 자동화가 네트워크를 제어하는 중앙 집중 포인트 생성	예	예	예
아키텍처가 제어부를 중앙 집중화하는 정도	대부분	일부	해당 없음[1]
사용 SBI	OpenFlow	OpFlex	CLI, SNMP
이 장에서 언급된 컨트롤러	OpenDaylight, Cisco OSC	APIC	APIC-EM
정의/소유한 조직	ONF	시스코	시스코

[1] 제어부는 네트워크 장비에 동일하게 남으며, 그런 의미에서 제어부는 전혀 중앙 집중화되지 않는다.

[표 28-2] 비교 포인트: 오픈 SDN, ACI, APIC Enterprise

세 가지 예 비교

이 절의 세 가지 SDN의 예는 학습을 위한 다양성을 제공하기 위해 선택되었다. 예를 들면, 시스코 OSC(OpenFlow 사용)와 시스코 ACI를 사용해, 네트워크 엔지니어는 이제 개별 장비가 아니라 컨트롤러를 사용하여 작업할 수 있다. 그러나 이 솔루션들은 제어부의 작업이 얼마나 중앙 집중화되어 있는가에 대한 정도가 다르다. [표 28-2]는 이 절에서 가져온 비교 포인트를 나열하여 쉽게 검토하고 학습할 수 있도록 한다.

또한 이 주제에서 벗어나기 전에, SDN에 대해 좀더 학습하는 것에 관해 언급하겠다. 시스코 DevNet(https://developer.cisco.com)은 네트워크 프로그래밍에 관심이 있는 모든 이들을 위한 사이트로, 이 절의 모든 시스코 SDN 솔루션에 대한 정보를 가진다. 또한 무료로 랩을 사용할 수도 있다. 시스코 DevNet에 무료 로그인을 하여 그곳의 컨텐츠를 반드시 확인해보길 바란다. 또한 저자는 블로그 사이트 중 하나에서 SDN에 관한 글을 가끔씩 올리곤 한다(http://www.sdnskills.com). SDN에 대해 배우려면 무엇을 공부해야 하는지에 대한 권장 사항이 있는 게시물을 찾아보자.

시스코 APIC-EM 패스 트레이스 ACL 분석 애플리케이션

이 장의 마지막 절에서는 타이밍 문제로 인해 단일 시험 주제 및 해당 시험 주제에 대해 논의하도록 구성되었다. 이 짧은 절은 이 책의 웹 사이트에 PDF로 정보를 게시할 것을 약속하며, 주제를 소개한다. 이제 당신의 호기심을 자극시켰기 때문에, 이 절에서는 먼저 패스 트레이스(Path Trace) 앱에 대해 소개하고, ACL 분석 앱과 웹 사이트의 무료 PDF에 상세 사항이 있는 이유에 대해 설명한다.

APIC-EM 패스 트레이스 앱

APIC-EM 컨트롤러는 기본 기능 세트에 애플리케이션(앱) 시리즈가 더해진 것이다. 지원 애플리케이션 목록은 점점 늘어날 것이다. 앱은 기본적으로 컨트롤러에서 구동된다. 네트워크의 어딘가에서 구동하는 게 아니라, 컨트롤러의 일부로 설치된 것이다. 사용자 인터페이스 관점에서 보면, 사용자 인터페이스의 또 다른 기능으로 보일 뿐이지만, 아키텍처적으로는 그 기반인 컨트롤러와는 분리되어 있고, 시스코의 다른 그룹에 의해 개발되었을 것이다.

APIC-EM은 다양한 앱을 지원하며, 그 목록은 시간이 지나면서 점점 확장될 것이다. 현재 당신이 APIC-EM 소프트웨어를 다운로드하면, 소프트웨어는 모든 앱을 이미 포함하고 있다. 모든 앱이 구동될 수 있다. 라이센스에 관련해서는 기본 앱이라 불리는 일부 앱은 라이센스가 필요하지 않다. APIC-EM 그 자체처럼, 무료로 사용할 수 있다. 솔루션 앱이라 불리는 다른 앱은 앱의 법적인 사용을 위해서는 라이센스 구매가 필요하다.

APIC-EM 패스 트레이스 앱은 APIC-EM 버전 1.0부터 사용 가능하다. 개념은 간단하지만, 굉장히 파워풀하고 유용한 툴이다. 이 툴은 네트워크의 다양한 장비의 전송부에서 무슨 일이 일어나는지를 예측한다. 그 처리 과정은 다음과 같이 동작한다.

28

❶ 패스 트레이스를 사용하기 전에, 디스커버리라 불리는 다른 APIC-EM 앱이 네트워크 토폴로지를 확인한다.

❷ GUI의 패스 트레이스 부분에서, 사용자는 패킷의 출발지와 목적지 주소를 입력한다.

❸ 패스 트레이스 앱은 APIC-EM에서 가져온 네트워크 장비의 정보, 즉 MAC 테이블, IP 라우팅 테이블과 장비의 다른 전송 관련 상세 사항을 점검해, 이 가상 패킷이 네트워크에 송신되면 어디로 흐르게 될지를 분석한다.

❹ 패스 트레이스 GUI는 주석과 함께 경로를, 네트워크의 지도 위에 중첩시켜 표시한다.

우리는 이것과 동일한 작업을 할 수 있었지만, 힘든 일이었다. APIC-EM의 패스 트레이스 앱은 사용자 인터페이스에서 몇번 클릭만 하면 이 작업이 이루어진다.

APIC-EM 패스 트레이스 ACL 분석 툴의 타이밍과 시험 주제

APIC-EM 앱에 대해 언급하는 한 가지 시험 주제는 'APIC-EM 패스 트레이스 ACL 분석 툴'이라는 긴 문구를 사용한다. 이 문구는 패스 트레이스 앱에서 한 단계 더 나아간 작업이 가능한 새로운 앱(APIC-EM 버전 1.0 및 1.1에서는 아직 사용 가능하지 않음)을 가리킨다.

ACL 분석 툴 앱은 패스 트레이스 앱에 의존하지만, 패스 트레이스 앱의 기능을 확장한 것이다. 패스 트레이스 앱 자체는 전송 경로의 분석에 ACL을 고려하지 않는다. 패스 트레이스는 패킷이 MAC 주소 테이블과 IP 라우팅 테이블에 기반하여 전송되는 것을 보여주며, ACL이 패킷을 폐기할 수 있다는 것은 무시한다. ACL 분석 앱은 패스 트레이스 툴에 의해 결정된 대로 선택된 경로를 확인하며, 설정된 ACL이 있는지를 확인한다. ACL 분석 앱은 출발지에서 목적지로 패킷 중 어느 것이 경로를 따라 이동하는 중에 필터링될 것인지를 분석하고 스크린에 중첩시킨 주석을 통해 특징을 묘사한다.

안타깝게도 이 책을 출판하는 도중에 APIC-EM 패스 트레이스 ACL 분석 툴에 작은 변화가 있었다. 앱은 이 책이 처음 출판을 위해 송부되기 이전에는 사용할 수 없었다. 그러나 시험 주제는 그 구체적인 특징에 대해 다룬다. APIC-EM 제품에서의 해당 기능의 출시 시기가 좀 늦었기 때문에, 이 절을 쓰는 당시에 출시 소프트웨어의 최종 버전을 사용하기가 어려웠다.

소프트웨어 기능 출시 시기가 이 책의 스케줄에 영향을 주었지만, 그것이 당신의 학습 스케줄에 영향을 주어서는 안된다. 이 한 가지 시험 주제에 관한 구체적인 사항은 아래와 같이 전달하려고 한다.

- 이 책에는 새로 책을 발행하지 않고 시간이 지남에 따라 책에 새로운 내용을 추가하는 도구로 고안된 부록 B '시험 갱신'이 있다(기본적으로 우리는 새로운 버전의 부록 B를 만들어 웹

페이지에 올리며, ciscopress.com에 책을 등록한 모든 이들에게 이메일을 송부한다).

- 새로운 APIC-EM 버전에 패스 트레이스 ACL 분석 기능이 포함되어 나오면, 스크린샷을 포함한 자료를 완성할 것이기 때문에 이것이 어떻게 작동하는지 볼 수 있다.
- 당신은 이 앱을 DevNet을 사용함으로써도 학습할 수 있다. 갱신된 부록 B의 내용은 이 새 기능에 관한 특정 시스코 DevNet 랩의 링크가 포함될 것이며, developer.cisco.com의 랩에서도 항상 볼 수 있으며, APIC-EM 1.2가 구축되어 있는 랩도 찾을 수 있을 것이다 (GUI 기반의 툴의 기능을 학습하는 데에 제일 좋은 방법이다).
- 예상했던 대로 코드를 사용할 수 있다면, 당신이 이것을 읽을 때까지 새로운 부록 B가 웹 사이트에 올라오게 될 것이다. 지금 확인해 보자. 이 책의 현재 부록 B에서 다운로드 방법에 대한 자세한 내용을 확인하자(물론 무료이다) .

챕터 리뷰

시험에서 좋은 성적을 거두려면 핵심은 복습 세션을 반복하여 학습하는 것이다. 이 장의 내용을 책, DVD, 책의 웹 사이트에서 찾을 수 있는 툴들을 이용해서 복습하도록 하고, '당신의 학습 계획'에 따라 더 세부 내용을 확인하도록 한다. [표 28-3]에는 핵심 복습 사항이 정리되어 있다. 공부 진행 상황을 더 잘 확인하기 위해서는, 아래 표의 두 번째 칸에 완료한 날짜에 관해 기록하도록 한다.

리뷰 사항	완료 날짜	사용 자료
핵심 주제 리뷰		책, DVD/웹 사이트
핵심 용어 리뷰		책, DVD/웹 사이트
DIKTA 문항 답변		책, PCPT
메모리 테이블 리뷰		책, App

[표 28-3] 리뷰 확인

핵심 주제 리뷰

핵심 주제	설명	쪽수
리스트	네트워크 장비 전송부의 동작 예	848
리스트	네트워크 장비 제어부의 동작 예	849
그림 28-4	ASIC과 TCAM이 있는 스위치 내부	851
그림 28-5	중앙 집중식 컨트롤러가 직접 장비 전송부를 프로그래밍하는 기본 SDN 아키텍처	853
단락	NBI의 역할과 목적 설명	854
그림 28-7	REST API 기본 개념	856
그림 28-9	APIC을 이용한 ACI 데이터 센터 네트워크 제어	861
그림 28-10	APIC-EM: 아키텍처, SBI, 앱의 예	863
표 28-2	오픈 SDN, 시스코 ACI, 시스코 APIC Enterprise의 비교	864

[표 28-4] 28장의 핵심 주제

핵심 용어

API(application programming interface), APIC(Application Policy Infrastructure Controller), APIC-EM(APIC Enterprise Module), ACI(Application Centric Infrastructure), 노스바운드 API, 사우스바운드 API, 제어부(control plane), 전송부(data plane), 관리부(management plane), ASIC(application-specific integrated circuit), TCAM(ternary content-addressable memory), OpenFlow, SDN(Software Defined Networking), 분산 제어부(distributed control plane), 중앙 집중식 제어부(centralized control plane), REST(Representational State Transfer), RESTful API, 노스바운드 인터페이스(NBI, Northbound Interface), 사우스바운드 인터페이스(SBI, Southbound Interface), OpenDaylight(ODL), 시스코 오픈 SDN 컨트롤러(OSC, Open SDN Controller), ONF(Open Networking Foundation)

Part Ⅶ 리뷰

[표 P7-1]의 체크리스트와 함께 파트 리뷰 과정을 추적하기 바란다. 각 과제의 상세 내용은 아래 표를 따른다.

활동	첫 번째 끝낸 날짜	두 번째 끝낸 날짜
모든 DIKTA 질문 반복		
파트 리뷰 질문 답하기		
핵심 주제 리뷰		
마인드 맵 생성		
랩 실행		

[표 P7-1] Part Ⅶ 리뷰 체크리스트

모든 DIKTA 질문 반복

이 파트의 모든 장들의 사전 점검 퀴즈를 PCPT 소프트웨어를 사용해서 답해 본다.

파트 리뷰 질문 답하기

PCPT 소프트웨어를 사용해서 책의 이 파트를 위한 파트 리뷰 질문에 답해 본다.

핵심 주제 리뷰

DVD의 핵심 주제 애플리케이션이나 웹 사이트를 사용하여 이 파트 모든 장의 핵심 주제를 복습한다.

카테고리별 명령어 마인드 맵 생성

이 책의 Part Ⅶ은 세 개의 장으로 구성되어 있다. 26장만이 새로운 CLI 명령어를 다루며, SNMP, SPAN, IP SLA로 명확하게 구성된다. 이 세 가지 주제에 대해 명령어 마인드 맵을 만들고, 각 명령어는 설정 명령어와 실행 명령어로 나누도록 한다.

용어 마인드 맵 생성

이 파트의 세 개의 장에서는 새로운 용어와 개념을 많이 소개한다. 이 세 개의 장에서 나오는 모든 용어를 기억하려고 노력하는 것은 그 자체로 유용할 것이다. [표 P7-2]에 나와 있는 것처럼, 각 장마다 하나의 마인드 맵을 만들어 보자. 마인드 맵별로, 적합하다고 생각하는 체계를 고르면 된다.

부록 E '마인드 맵 솔루션'은 마인드 맵 정답 예를 나열한다. 종이 대신 마인드 맵 소프트웨어를 선택해야 한다면, 당신은 마인드 맵 파일이 어디에 저장되어 있는지 기억해야 할 수 있다. [표 P7-2]는 이 파트 복습을 위한 마인드 맵과 그 파일 이름들이 저장된 곳을 나열한다.

맵	설명	저장한 곳
1	명령어 마인드 맵	
2	네트워크 관리 용어 마인드 맵	
3	클라우드 컴퓨팅 용어 마인드 맵	
4	네트워크 프로그래머빌리티 용어 마인드 맵	

[표 P7-2] Part VII 리뷰를 위한 마인드 맵 설정

랩 실행

당신이 선택한 랩 툴에 따라, 랩에서 해야 할 것에 대한 몇 가지 권장 사항을 소개한다.

- **피어슨 네트워크 시뮬레이터**: 피어슨 네트워크 시뮬레이터가 100-105, 200-105, 200-125 시험에 관한 업데이트가 이루어졌다면, Sim의 '장별 정렬'에서 쉽게 검색하여 모든 주제에 관한 랩을 볼 수 있을 것이다. 해당 랩을 해보도록 한다.
- **랩 설정**: 한가한 시간에, 글쓴이의 블로그에서 이 책의 랩 설정 부분을 복습하거나 반복한다. http://blog.certskills.com/ccna로 접속하여 Hands-On 〉 Config Lab으로 이동한다.
- **기타**: 다른 랩 툴을 사용한다면, 몇 가지 권장 사항이 있다. 26장의 설정을 랩에서 테스트할 수 있는데, 무료 SNMP 관리 소프트웨어를 인터넷으로 찾을 수 있다. SPAN을 테스트하기 위해서는 랩에 LAN 스위치가 있다면 무료 소프트웨어인 Wireshark network analyzer(https://www.wireshark.org)를 다운로드해 SPAN 트래픽을 캡처하는 데에 사용하도록 한다.

Part Ⅷ

최종 준비

Chapter 29: 최종 리뷰

CHAPTER 29

최종 리뷰

축하한다! 당신은 책을 다 학습하였고, 이제 시험 준비를 마칠 때가 왔다. 이 장에서는 두 가지 방법으로 당신이 시험에 응시하고 합격할 수 있도록 도울 것이다.

이 장은 시험 그 자체에 관한 언급으로 시작한다. 내용과 주제에 대해서는 이미 알고 있다. 이제 시험 중에 어떤 일이 일어나는지, 시험 응시 전의 마지막 몇 주 동안 어떤 것을 해야 하는지에 대해 생각해야 한다. 이 시점에서 당신이 해야 할 모든 일은 당신이 준비가 되어 이 많은 일을 끝낼 수 있도록 하는 것에 초점을 맞추는 것이다.

이 장의 두 번째 절에서는 ICND1, ICND2, 또는 CCNA 시험에 대한 마지막 준비를 위한 시험 준비 작업에 대해 다룰 것이다.

시험에 관한 조언

이 책의 학습을 완료하였으니, 이제 시스코 ICND1, ICND2 또는 CCNA R&S 시험에 등록하고 시험장에 가서 시험에 응시하면 된다. 그러나 시험 자체에 대해 잠깐 생각해 보면, Pearson VUE 테스트 센터에서 실제 시스코 시험의 사용자 인터페이스와 환경에 대해 많이 안다면, 특히 이것이 처음 시스코 시험이라면 준비를 잘 할 수 있을 것이다. 이 장의 두 가지 주요 절 중 첫 번째 절에서는 시스코 시험 및 시험 자체에 대한 몇 가지 조언을 제공한다.

시스코 자격 시험 사용 지침서를 사용하여 질문 유형 확인

시험에 이르기까지 몇 주 안에, 시험의 여러 유형에 대해 더 많이 생각하고 그러한 질문에 접근하는 방법에 대한 계획을 세워야 한다. 시험 문제에 대해 배우는 가장 좋은 방법 중의 하나는 시스코 자격증 시험의 사용 지침서를 활용하는 것이다.

시스코 자격증 시험 사용 지침서를 찾으려면, Cisco.com에서 'exam tutorial'을 검색한다. 사용 지침서는 시험 사용자 인터페이스의 플래시 프리젠테이션이 있는 웹 페이지 안에 있다. 사용 지침서는 실제로 시험을 보듯이 직접 제어할 수도 있다. 사용 지침서를 이용할 때 직접 제어할 수 있다는 것을 확인하고 다음을 해보도록 하자.

- 답을 클릭하지 않고 객관식의 단일 응답 문항에서 **Next**를 클릭해보고, 테스트 소프트웨어에서 응답이 너무 적음을 알려주는지 확인하자.
- 객관식의 복수 응답 문항에서 답변을 적게 선택하고 **Next**를 클릭하여 사용자 인터페이스가 어떻게 반응하는지 다시 확인하자.
- 드래그-앤-드롭 문항에서 답변을 정확한 답변 위치로 끌어온 다음, 다시 원래 위치로 끌어 보자(질문에 답변할 때 마음이 바뀌면 실제 시험에서도 이 작업을 수행할 수 있다).
- 시뮬레이션 문항에서 먼저 라우터 중 하나의 CLI(Command-Line Interface)를 사용할 수 있는지 확인하자. 이것을 수행하려면, 라우터 콘솔에 연결된 PC의 PC 아이콘을 클릭해야 한다. 콘솔 케이블은 점선으로 나타나고, 네트워크 케이블은 실선이다.
- 시뮬레이션 문항에서, 상단, 측면 및 터미널 에뮬레이터 창에서 스크롤 영역을 확인하자. 이 스크롤 막대를 사용하여 전체 질문 및 시나리오를 볼 수 있다.
- 시뮬레이션 문항에서, **Show topology**와 **Hide topology**를 클릭하여 토폴로지 창과 터미널 에뮬레이터 창 사이를 전환할 수 있는지 확인하자. 이것을 편안하게 다룰 수 있을 때까지, 내일과 그 다음날에도 다시 이것저것 클릭해보도록 하자.
- Testlet 질문에서 객관식 질문 하나에 대답하고, 두 번째 질문으로 이동해 대답한 후, 다시 첫 번째 질문으로 이동하여, Testlet 내부에서 질문 사이를 이동할 수 있음을 확인하자.
- Testlet 질문에서, **Next**를 클릭하여 시스코가 계속 진행할지 묻는 프롬프트로 사용하는 팝업 창을 확인하자(Testlet은 실제로 너무 적은 수의 답을 해도 계속 진행될 수 있기 때문에, 각 Testlet 질문은 정확한 수로 답하여야 한다) **Next**를 클릭하여 Testlet을 지나가면 이 질문에 대한 답을 변경할 수 없다.

문제의 수에 따른 시간 배분 고려

시험 당일에, 당신은 속도에 신경쓸 필요가 있다. 너무 천천히 진행하면 모든 질문에 답할 시간이 없을 수 있기 때문에 치명적일 수 있다. 따라서 서두르지 말고 모든 질문에 답할 수 있도록 충분히 빨리 진행하고 있는지를 어떻게든 알 수 있어야 한다.

시험의 사용자 인터페이스에는 카운트다운 타이머 및 질문 카운터와 같은 유용한 정보가 표시된다. 질문 카운터는 당신이 응답하는 질문에 대한 질문 번호를 표시하고, 시험에 대한 질문의 총 개수를 표시한다.

불행하게도 일부 질문은 다른 질문보다 많은 시간을 필요로 하며, 이러한 이유로 시간 추정은 어려울 수도 있다.

먼저 시험에 응시하기 전에, 시험에 나올 수 있는 질문 수의 범위만 알고 있으면 된다. 예를 들면, 시스코 웹 사이트에서는 CCNA R&S 시험의 질문 수가 50개에서 60개 정도라고 되어 있을 수 있다. 그러나 시험 시작을 클릭하여 시험이 시작되는 화면으로 이동할 때, 즉 시험을 시작할 때까지, 시험에 몇 개의 질문이 있는지는 알 수 없을 것이다.

다음의 몇 가지 질문(타임 버너(time burner)라고 함)은 답변에 더 많은 시간을 필요로 한다.

- **일반 시간 문항:** 객관식과 드래그-앤-드롭, 한 문제당 대략 1분 소요
- **타임 버너:** 시뮬레이션, Simlet, Testlet, 한 문제당 대략 6-8분 소요

한 시험에 대한 50~60개의 질문 수에서 테스트렛(Testlet) 및 심렛(Simlet) 문항에 여러 개의 객관식 질문이 포함되어 있더라도, 시험 소프트웨어는 각 테스트렛 및 심렛 질문을 질문 카운터에서 하나의 질문으로 집계한다. 예를 들어 테스트렛 질문에 4개의 객관식 질문이 포함되어 있어도, 시험 소프트웨어의 질문 카운터는 그것을 하나의 질문으로 간주한다. 따라서 시험을 시작할 때에는 50개 문항이 있다고 생각할 수 있어도, 얼마나 많은 타임 버너 질문이 있을지는 알 수 없다.

> **NOTE** 시스코는 어떤 사람은 50개 문항이 있는 시험을 보고 어떤 사람은 60개 문항이 있는 시험을 보는지에 대한 이유에 대해 언급하지 않지만, 50개 문항을 받은 사람이 더 많은 타임 버너 질문을 받아서, 두 시험이 동등하도록 하는 것이라 생각한다면 합리적이다.

당신은 시험 시간에 대한 계획과 시험에서 당신의 집중을 흐트러지지 않게 할 계획이 필요하다. 여기에 나열된 사실을 숙지하고 자신의 계획을 생각해 낼 수 있다. 좀 더 많은 가이드가 필요하다면, 다음 주제는 간단한 수학을 사용하는 시간 확인의 한 방법을 보여주어, 테스트에서 많은 시간을 소비하지 않도록 한다.

시간 체크 방법 제안

타임 버너 질문을 위한 시간에 가중치를 두는 방법으로 시간 체크를 할 때 다음과 같은 수학을 사용할 수 있다. 당신은 이 방법을 꼭 쓰지는 않아도 된다. 다만 이 수학은 전체 개수의 추가를 사용하여 단순하며, 꽤 근접한 시간 계산을 가능하게 할 것이다.

개념은 간단하다. 지금까지 사용한 시간을 계산하는 간단한 계산만 하면 된다. 다음을 참조하자.

현재까지 응답한 질문의 수 + 현재까지 응답한 타임 버너 답변당 7

이 방법으로 당신이 사용한 시간이 얼마나 되는지 타이머를 확인해 보자.

- 정확히 그 정도의 시간을, 또는 아주 조금 많은 시간을 사용했다: 당신의 시간 계산은 완벽하다.
- 시간을 덜 사용했다: 당신은 예정보다 앞서 있다.
- 눈에 띄게 더 많은 시간을 사용했다: 당신은 예정보다 뒤처졌다.

예를 들면, 이미 17개의 문제를 완료하였고 그중의 2개가 타임 버너 문항이었다면, 당신의 시간 예측은 17 + 7 + 7 = 31분이다. 실제 시간이 31분 지났거나 32분 또는 33분이라면, 예정대로 시간을 사용하고 있는 것이다. 시간을 31분보다 적게 사용했다면, 예정보다 앞서 있는 것이다.

이 공식은 굉장히 쉽다. 응답한 문항 더하기 타임 버너 응답 문항당 7을 더한 수가, 시간 계산이 정확하다면 얼마나 걸렸어야 했는지에 대한 추측이다.

NOTE 이 공식은 예측일 뿐이다. 모든 시험에서 정확한 예측 방법으로 사용될 거라는 보장은 없다.

기타 예비 시험 관련 제안

다음은 시험 당일 도착하기 전에 생각해 볼 만한 몇 가지 제안 사항이다.

- 귀마개(earplugs)를 준비하자. 시험장에서 몇 개를 구비해두고 있기도 하지만, 그것을 사용하기를 원치 않는다면 스스로 준비하도록 한다(시험장에서 전자 장치를 사용하지 못하게 하는 규칙을 준수한다면, 소음 제거용 헤드폰을 방으로 가지고 들어갈 수 없기 때문에, 소음이 적은 일회용 귀마개를 고려하거나 작은 솜을 준비하도록 하자). 시험장은 일반적으로 트레이닝 센터가 있는, 다른 응시자와도 방을 공유해야 하는 회사 건물 내의 한 방이다. 그래서 근처의 방에서의 사람들의 말소리와 다른 사무실의 소음이 들릴 수도 있고, 귀마개가 도움이 될 수 있다.
- 어떤 사람들은 시험의 첫 1분을, 실제로 시험을 시작하기 전에 참고를 위한 메모를 적는데 사용하고 싶어하기도 한다. 예를 들면, IPv4 서브넷 ID를 찾기 위한 숫자 표를 적어두고 싶을 수도 있다. 그런 계획을 가지고 있다면, 그 메모를 쓰는 연습을 하자. 각 연습 시험 전에, 실제 시험에서 하고 싶은 것과 똑같이 해당 목록을 적도록 하자.
- 정시에 도착하기 위해 서두르지 않도록, 충분한 시간을 가지고 시험장으로의 이동 계획을 세우자.
- 시험 전에 긴장하는 경향이 있다면, 각 연습 시험 전에 몇 분 동안 당신이 좋아하는 긴장을 완화시키는 테크닉을 연습해서, 쉽게 활용할 수 있도록 준비하자.

시험 당일을 위한 조언

시험을 잘 치를 수 있기를 바란다. 확실히 더 잘 준비할수록, 시험에서 더 좋은 기회가 주어진다. 이 작은 팁이 시험 당일에 최선을 다할 수 있도록 도움을 줄 수 있을 것이다.

- 늦게까지 공부하기보다는 시험 전날에는 밤에 충분한 휴식을 취한다. 특히 시험에서는 사실을 기억하는 것보다 많은 분석과 사고가 필요하기 때문에, 사고의 명확성은 하나의 추가적인 사실보다 더 중요하다.
- 귀마개를 지참하지 않았다면, 비록 그것을 사용하는 것을 상상할 수 없다고 해도 시험장 쪽에 문의해 보자. 귀마개의 사용이 얼마나 도움이 되는지 결코 당신은 모른다.

- 건물 및 시험장의 공간에는 개인적인 물건을 가져갈 수 있으나, 시험을 치를 실제 방에는 가지고 들어갈 수 없다. 그러니 가능한 한 최소한의 물건만 지참하도록 한다. 만약 서류 가방, 지갑, 전자 제품 등을 둘 수 있는 안전한 곳이 있다면, 그곳에 남겨두고 오도록 한다. 그러나 시험장에는 당신의 물건을 보관할 수 있는 장소도 반드시 있다. 간단히 말해, 덜 가지고 올수록 보관 장소에 대해 걱정할 필요가 줄어든다(예를 들면, 필자는 한 번 이상 아날로그 손목 시계를 풀라는 요청을 받았다).
- 시험장에서는 메모용으로 라미네이트 시트와 펜을 제공한다(시험장 직원은 일반적으로 시험장에서 제공한 경우에도 종이와 펜을 방으로 가져가지 못하게 한다). 필자는 항상 여분의 펜도 요청한다.
- 가능하면 방에 있는 티슈를 가지고 오도록 하는데, 이는 두 가지 이유가 있다. 하나는 시험 도중에 일어나지 않아도 되도록 하기 위해서이다. 두 번째는 라미네이트 시트를 지울 필요가 있을 때, 손보다는 티슈를 사용하는 것이 좋은데, 이것은 손에서 나오는 기름이 펜을 제대로 작동하지 못하게 할 수 있기 때문이다.
- 서둘러야 할 필요가 없도록, 여분의 시간을 두고 시험장으로 떠나도록 하자.
- 시험장으로 들어가기 전에 화장실을 확인한다. 화장실을 찾을 수 없다면 시험장에서 사용할 수 있을 것이고 시험장 직원이 시험 시작 전에 안내해 줄 것이다.
- 시험장에 갈 때 2리터짜리 카페인 음료를 마시지 않도록 한다. 시험이 시작된 후에, 당신이 화장실에 가더라도 시험장의 타이머는 멈추지 않을 것이다.
- 시험 당일에는 시험을 기다리는 동안, 미리 연습했던 마음을 집중하는 데에 도움을 주는 긴장 해소 방법을 활용하도록 하자.

불합격 시 시험 후의 한 시간 확보

어떤 사람은 한번에 시험에 합격할 것이고, 어떤 사람은 그러지 못할 것이다. 시험은 쉽지 않다. 당신이 그날 시험에 합격하지 못하면 실망하게 될 것이다. 이해할 수 있지만, 포기하는 이유가 될 수는 없다. 사실, 당신이 불합격하는 경우에 큰 이점을 주기 위해 이 짧은 주제를 추가하였다.

다음 시험에 가장 중요한 학습 시간은 시험에 실패한 직후이다.

시험을 보기 전에 실패에 대비하도록 한다. 즉, 시험에 응시한 후, 실패할 경우에 대비하여 적어도 한 시간에서 한 시간 반 정도의 시간을 확보해둔다. 그리고 아래 제안을 따르도록 하자.

- 펜과 종이를 가지고 오도록 하고, 서있거나 앉기 불편한 곳에서 메모를 해야 한다면 노트를 준비하는 편이 나을 것이다.
- 시험 직후에 메모를 할 수 있도록 펜과 종이가 어디에 있는지 확인한다. 기차나 버스를 이용할 경우 배낭에 보관하고, 자동차를 이용한다면 자동차 좌석에 보관한다.
- 핸드폰에 음성 녹음 앱을 깔아두고, 시험장을 떠날 때 앱에 녹음을 시작할 수 있도록 준비한다.
- 시험 전에 시험장 근처를 돌아보고, 어딘가 조용한 곳을 찾아 앉아서 메모를 할 수 있는

장소를 물색한다.

- 어떤 질문에서든 기억할 수 있는 것을 특별히 적어본다.
- 다른 질문에 대한 기억을 불러 일으킬 수 있기 때문에, 당신이 맞다고 생각하는 문항의 세부 사항을 적어보도록 한다.
- 기억할 수 있는 그림을 그린다.
- 가장 중요한 것은 용어, 설정 명령어, **show** 명령어, 시나리오, 토폴로지 도면 등 당신을 혼란스럽게 만든 정보를 적는 것이다.
- 기억해 낼 때는 적어도 세 번은 반복한다. 더 이상 기억하지 못하는 경우가 있을 수 있으니 다음 부분으로 돌아오는 부분에서 시작한 다음, 잠깐 중단하고, 더 많은 메모를 한다. 그리고 그것을 다시 해 본다.
- 기억이 고갈되었을 때, 책의 주요 주제를 생각하면서 한번 더 숙고하여 질문의 다른 기억을 끌어낼 수 있는지를 확인한다.

정리 후에는 시스코의 NDA(nondisclosure agreement, 비공개 계약)를 위반하게 될 수 있기 때문에, 정보를 누구와도 공유해서는 안된다. 시스코는 이러한 종류의 정보를 공개적으로 공유하는 것을 심각한 범죄로 간주하고 강력하게 금지하고 있다. 그러나 당신의 다음 시도를 위한 공부에 당신의 정보를 사용할 수는 있다. 다음 시도를 위해 공부할 때, 모르는 것을 발견하는 것은 가치가 있다는 것을 기억하자. 나머지 사항에 대해서는 이 장의 '합격 실패 후의 학습 제안'을 참조한다.

시험 검토

이 시험 검토는 이 책에서 제안한 대로 학습 계획 자료를 완성한다. 이 시점에서 당신은 책의 다른 장을 읽고 장 복습 및 파트 복습 작업을 수행하였다. 이제 이 절에서 설명된 대로, 시험을 치르기 전에 최종 학습 및 검토가 필요하다.

이 절에서는 몇 가지 새로운 활동을 제안하고 앞서 언급한 몇 가지 활동을 반복한다. 활동이 새로운 것이든 이미 알고 있는 것이든, 그 활동들은 모두 지식 격차를 메우고, 기술을 마치며, 학습 과정을 완료하는 데에 중점을 둔다. 장 복습 및 파트 복습에서 할 수 있는 일부 작업을 반복하는 동안 시험 준비가 필요하므로, 시험 검토에서 시험 문제에 답하는 데에 많은 시간을 할애해야 한다.

시험 검토는 여러 유형의 작업에 대해 제안하고 각 활동에 대한 추적표를 제공한다. 주요 카테고리는 다음과 같다.

- 모의 시험 응시
- 잘 모르는 부분 확인

- CLI에서의 기능 설정 및 검증
- 장 복습 및 파트 복습 작업 반복

모의 시험 응시

언젠가 곧, Pearson VUE 시험장에서 실제 시스코 시험에 합격해야 한다. 이제 가능한 한 실제 상황을 연습할 시간이다. Pearson IT 인증 연습 시험(PCPT)의 시험 소프트웨어를 사용하면 연습 시험을 통해 실제 Cisco 시험을 보는 것과 동일한 문제를 경험할 수 있다. 이 소프트웨어는 창에 표시된 카운트다운 타이머와 함께 여러 가지 문제를 제공한다. 문제에 답한 후에는 그 문제로 되돌아올 수 없다(시스코 시험에서는 그렇다). 시간이 끝나버리면, 대답하지 않은 문제는 오답으로 간주된다.

시간을 재며 연습 시험을 치르는 과정은 세 가지 주요 방법으로 준비하는 데 도움이 된다.

- 시간, 주의깊게 읽어야 할 필요성, 장시간 집중해야 할 필요성을 포함하여 시험 자체를 연습할 수 있다.
- 많은 질문이 포함된 네트워크 시나리오를 검토할 때, 분석 및 비판적 사고 기술을 기를 수 있다.
- 실제 시험 전에 그 주제를 공부하여 네트워크 지식의 갭을 발견할 수 있다.

VUE 시험장에서 실제 시스코 시험을 보는 것처럼 가능한 한 많이 연습 시험을 치르도록 하자. 다음 목록은 시험 일자가 끝나기 전에 할 일이 아닌, 연습 시험을 보다 의미있게 만드는 방법에 대한 조언을 제공한다.

- 90분이 제한 시간인 연습 시험을 치르는 데에 별도로 2시간을 두도록 한다.
- 실제 시험을 치르기 전에, 10분 동안 예상되는 일의 목록을 만들어 본다. 그리고 그 일들을 하고 있는 당신을 시각화한다. 각 연습 시험을 치르기 전에, 시험 시간이 시작되기 전 마지막 10분을 연습해본다(앞서 나온 '시험 당일을 위한 조언'에서 마지막 10분에 무엇을 해야 하는지에 대해 몇 가지를 제안하였다).
- VUE 시험장으로는 아무것도 가지고 들어갈 수 없으니, 연습 시험을 치르기 전에 작업 공간에서 모든 메모와 도움되는 자료들을 치우도록 한다. 빈 종이, 펜과 당신의 두뇌만을 사용할 수 있다. 계산기나 노트, 웹 브라우저 또는 컴퓨터의 앱 등을 사용하면 안된다.
- 실생활에 방해가 될 수 있겠지만, 가능하면 주위 사람들에게 당신이 연습할 시간 동안 당신을 내버려 두라고 요청한다. 방해가 되는 환경에서 연습 시험을 치뤄야 한다면, 헤드폰이나 귀마개를 착용하여 산만함을 줄일 수 있다.
- 점수를 높이기 위해 추측하지 말아라. 답에 자신이 있을 때만 응답하도록 하자. 그러면 질문에 오답을 했을 때, 나중에 공부할 때, 질문에 대해 다시 생각해 볼 수 있다.

ICND2 또는 CCNA R&S 시험 응시 연습

이 책에는 ICND2 또는 CCNA R&S 모의 시험이 함께 제공된다. 어떤 시험을 볼 것인지에 따라 PCPT 소프트웨어를 사용하여 모의 시험을 치를 때 사용할 다른 시험 데이터베이스를 선택해야 한다. ICND2 모의 시험을 보기 위해서는 PCPT에서 ICND2 시험 데이터베이스 중 하나 또는 둘 다를 선택해야 한다. CCNA R&S 200-125 시험을 치를 예정이라면, NA 시험 데이터베이스를 선택하면 된다.

29

이 책의 초반에 제공된 '학습 계획' 가이드의 조언을 따랐다면, 지금까지는 이 시험 데이터베이스에서 어떤 질문도 보지 못했을 것이다. ICND2 또는 CCNA 시험 데이터베이스를 선택한 후, 오른쪽 위의 모의 시험 옵션을 선택하고 시험을 시작하면 된다.

이 두 가지 시험 데이터베이스를 사용하여 한 번에서 세 번의 모의 시험을 치러야 한다. 이미 잘 준비되어 있는 사람들도 시간 압박과 긴 집중력의 필요성을 경험하기 위해, 최소 한 번의 모의 시험은 실시해야 한다.

[표 29-1]은 다른 모의 시험을 기록하기 위한 체크리스트를 제공한다. 날짜와 점수를 기록하는 것은 다른 작업에 도움이 되므로 참고하기 바란다. 또한 시간 기록 란에 시간 안에 시험을 완료했다면 남은 시간이 얼마나 되는지 기록한다. 시간이 모자란다면, 답하지 못한 질문이 몇 개나 되는지 기록한다.

시험	날짜	점수	시간 기록
ICND2/CCNA			
ICND2/CCNA			
ICND2/CCNA			

[표 29-1] ICND2 모의 시험 체크리스트

시험 문제에 어떻게 답변하는지에 관한 조언

휴식을 취하면서 어떤 장비에서든지 웹 브라우저를 연다. 재미난 주제에 관해서 간단한 검색을 해본다. 그리고 링크를 클릭하기 전에, 링크를 클릭한 후의 첫 5초에서 10초 사이에 시선이 어디로 가는지에 대해 생각해본다. 이제, 링크를 클릭하고 페이지를 보자. 시선이 어디로 가는가?

재미있게도, 웹 브라우저와 웹 페이지의 콘텐츠는 우리가 그 전부를 스캔할 수 있도록 훈련시켰다. 웹 페이지 디자이너는 실제로 보는 이들의 특정 스캔 패턴을 기대하는 콘텐츠를 디자인한다. 패턴에 관계없이 웹 페이지를 읽을 때 거의 아무도 순차적으로 읽지 않으며, 아무도 전체 문장을 읽지 않는다. 사람들은 흥미로운 그래픽과 큰 단어를 스캔한 다음, 눈에 띄는 항목 주위의 공간을 스캔한다.

현대 전자 문화의 많은 부분들이 일반인의 읽기 방식을 바꾸었다. 예를 들면, 많은 사람들이 문자 메시지 및 소셜 미디어를 사용하면서 자라고, 수백 또는 수천 개의 메시지를 훑어본다. 그러나 각 메시지는 전체 문장을 간신히 채운다(사실, 이전의 문장은 140자가 넘기 때문에 트위터에 맞지 않는다).

이런 일상 습관은 우리 모두가 어떻게 스크린 앞에서 읽고 생각하는지를 바꾸었다. 불행히도 컴퓨터 기반의 시험을 치르면 동일한 습관이 종종 점수에 나쁜 영향을 미친다.

웹 페이지, 문자 메시지 및 트위터를 읽는 것처럼 시험 문제를 스캔하면, 질문, 답변, 보기에서 중요한 사실을 놓치고 실수를 할 수도 있다. 요새는 많은 사람들이 놀랍도록 부자연스럽게 느끼는 부분이지만, 처음부터 시작되는 모든 단어를 읽는 것이 도움이 된다.

NOTE 많은 대학 교수, 여러 분야의 전문가 및 시스코 네트워킹 아카데미 강사와 이야기를 나누었는데, 그들은 가장 큰 시험 볼 때의 이슈가 사람들이 세부 사항을 이해할 만큼 충분히 질문을 읽지 않는다는 것임을 지속적으로 말했다.

모의 시험을 치르고 각각의 질문에 답할 때, 두 가지 전략을 고려하도록 하자. 먼저, 모의 시험 전에 문제를 어떻게 읽을 것인가에 관한 당신만의 전략에 대해 생각하자. 객관식 질문에 대한 접근 방식을 특히 의식적으로 결정하도록 한다. 두 번째로, 시험 문제를 읽는 방법에 대한 제안이 필요하다면, 다음 전략을 사용하도록 한다.

단계 ① 처음부터 끝까지 질문 자체를 철저히 읽는다.

단계 ② 모든 보기(일반적으로 명령어 출력 결과임) 또는 그림을 확인한다.

단계 ③ 답변을 확인하여 정보 유형을 찾는다(숫자인지? 용어인지? 하나의 단어인지? 문장인지?).

단계 ④ 처음부터 끝까지 철저하게 질문을 읽고, 이해했는지를 확인한다.

단계 ⑤ 필요에 따라 그림과 보기를 참조하면서 각 답변을 철저히 읽는다. 각 답변을 읽은 후, 다음 답변을 읽기 전에는:

Ⓐ 맞다면, 맞다고 선택한다.

Ⓑ 틀렸다고 생각하면, 머릿속에서 그것을 배제한다.

Ⓒ 확실하지 않으면, 맞을 가능성이 있는 것으로 기억한다.

NOTE 시스코 시험에서는 정답 수를 알려준다. 시험 소프트웨어는 답변의 개수를 바르게 알려주어, 문제를 마무리하는 데도 도움이 된다. 예를 들면, 소프트웨어 쪽에서 너무 많은 답변을 선택하지 못하도록 한다. 또한 다음 질문으로 넘어가려고 하는데 답변이 적을 경우에는, 시험 소프트웨어는 정말로 넘어가려고 하는지를 묻는다. 그리고 실제 시험에서 확신이 서지 않을 때는 정답을 추측해야 한다. 추측에 대한 불이익은 없다.

모의 시험을 읽기 접근 방법의 연습 장소로 활용하자. 다음 문제를 클릭할 때마다, 접근 방식에 따라 문제를 읽는 시도를 하자. 시간의 압박을 느낀다면, 철저하게 읽는 대신 문제를 스캔하기 때문에 놓치는 부분을 줄이거나 없애기 위한 접근 방법을 계속 연습할 수 있는 완벽한 시간이라 생각하면 된다.

다른 모의 시험 응시

29

많은 사람들이 책과 함께 제공되는 것 이외의 다른 연습 시험 및 문제를 추가한다. 솔직히 말하자면, 이 책과 함께 제공되는 질문 외에도 다른 모의 시험을 사용하는 것이 여러 가지 이유에서 좋은 생각일 수 있다. 다른 시험 문제는 다른 방식으로 다른 용어를 사용하고, 다른 주제를 강조하며, 일부 주제를 다시 생각하게 만드는 여러 가지 시나리오를 보여줄 수 있다. 시스코 프레스에서는 추가 테스트 문항이 포함된 제품을 판매한다. CCNA ICND2 200-105 Official Cert Guide Premium Edition eBook and Practice Test라는 제품은 기본적으로 이 책의 eBook 버전이다. 여기에는 이 책의 소프트카피가 포함되어 있으며, 컴퓨터와 가장 일반적인 북리더 및 태블릿으로 읽을 수 있는 형식으로 되어 있다. 이 제품에는 이 장에서 언급된 모든 질문 데이터베이스를 포함하며, 인쇄본과 함께 제공되는 DVD에서 일반적으로 얻을 수 있는 모든 내용이 포함되어 있다. 또한 이 제품에는 두 개의 ICND2 시험 데이터베이스와 두 개의 CCNA R&S 시험 데이터베이스가 추가적으로 포함되어 있다.

> **NOTE** 추가 문제 외에도, 프리미엄 에디션은 인쇄본에 있는 문제를 포함한 모든 테스트 문제에 대한 링크를 제공하며, 책의 특정 부분에 대한 추가 참조를 제공한다. 질문에 대한 설명보다 더 자세한 내용이 필요하다면, 정말 좋은 학습 도구가 될 것이다. DVD 슬리브에 있는 정품 인증 코드 카드 뒷면의 쿠폰을 사용하여 eBook 및 추가 모의 시험을 70퍼센트 할인된 가격으로 구입할 수 있으며, 프리미엄 에디션을 가장 실용적이고 비용 효율적인 방법으로 연습 문제를 더 많이 얻을 수 있다.

문제 복습을 통한 지식의 갭 확인

당신은 방금 여러 가지 모의 시험을 보았다. 아마도 많은 것을 배웠을 것이고, 몇 가지 시험 기술을 습득했으며, 네트워킹 지식과 기술이 향상되었을 것이다. 놓친 문제들을 다시 살펴본다면, 지식에서 몇 가지 갭을 발견할 수 있을 것이다.

마지막 시험 준비를 할 때 찾아야 할 가장 어려운 점 중의 하나는 지식과 기술의 차이를 발견하는 것이다. 모르는 것을 알기 위한 주제와 기술은 무엇인가? 또는 어떤 주제에 대해 알고 있다고 생각하며, 중요한 사실에 대해서 잘못 이해하고 있는가? 이 마지막 단계에서 당신의 지식 차이를 찾는 것은, 당신의 강점과 약점에 대한 직감 이상의 것을 요구한다.

다음 작업에서는 이러한 갭을 찾는 데 도움을 주기 위해 PCPT 기능을 사용한다. PCPT 소프트웨어는 각 모의 시험을 추적하고 모든 질문에 대한 답변을 기억하며, 답이 틀렸는지의 여부를 추적한다. 질문을 보고 결과 페이지를 볼 때의 결과를 보며 앞뒤로 이동할 수 있다. 지식의 차이를 찾기 위해서 다음 단계를 따르도록 한다.

단계 ① 모의 시험을 하나 선택해서 리뷰한다.

단계 ② 질문을 이해하고 만족할 때까지 각각의 잘못된 질문을 검토한다.

단계 ③ 질문에 대한 리뷰가 끝나면 질문에 표시를 해 둔다.

단계 ④ 맞추지 못했던 모든 질문을, 표시해 둘 수 있는 상태가 될 때까지 검토한다.

단계 ⑤ 다음 모의 시험으로 넘어간다.

[그림 29-1]은 모든 질문에 대한 답이 잘못 표시된 샘플 Question Review 페이지를 보여준다. 결과는 Correct 칸에 표시되는데, 여기에는 체크 표시가 없고, 이는 답이 틀렸음을 의미한다.

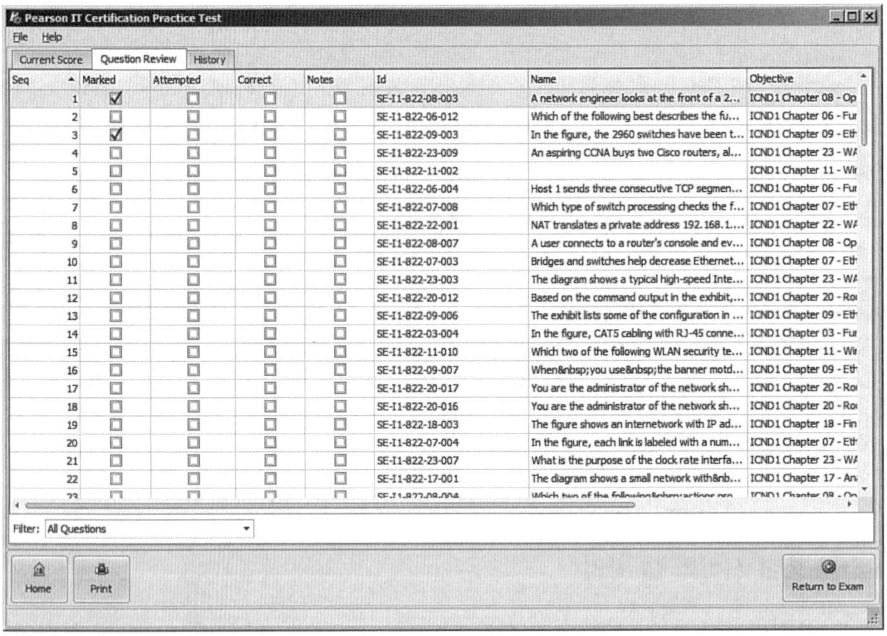

Pearson IT Certification Practice Test

File Help

Current Score | Question Review | History

Seq	Marked	Attempted	Correct	Notes	Id	Name	Objective
1	☑	☐	☐	☐	SE-I1-822-08-003	A network engineer looks at the front of a 2...	ICND1 Chapter 08 - Op
2	☐	☐	☐	☐	SE-I1-822-06-012	Which of the following best describes the fu...	ICND1 Chapter 06 - Fur
3	☑	☐	☐	☐	SE-I1-822-09-003	In the figure, the 2960 switches have been t...	ICND1 Chapter 09 - Eth
4	☐	☐	☐	☐	SE-I1-822-23-009	An aspiring CCNA buys two Cisco routers, al...	ICND1 Chapter 23 - WA
5	☐	☐	☐	☐	SE-I1-822-11-002		ICND1 Chapter 11 - Wir
6	☐	☐	☐	☐	SE-I1-822-06-004	Host 1 sends three consecutive TCP segmen...	ICND1 Chapter 06 - Fur
7	☐	☐	☐	☐	SE-I1-822-07-008	Which type of switch processing checks the f...	ICND1 Chapter 07 - Eth
8	☐	☐	☐	☐	SE-I1-822-22-001	NAT translates a private address 192.168.1....	ICND1 Chapter 22 - WA
9	☐	☐	☐	☐	SE-I1-822-08-007	A user connects to a router's console and ev...	ICND1 Chapter 08 - Op
10	☐	☐	☐	☐	SE-I1-822-07-003	Bridges and switches help decrease Ethernet...	ICND1 Chapter 07 - Eth
11	☐	☐	☐	☐	SE-I1-822-23-003	The diagram shows a typical high-speed Inte...	ICND1 Chapter 23 - WA
12	☐	☐	☐	☐	SE-I1-822-20-012	Based on the command output in the exhibit,...	ICND1 Chapter 20 - Rou
13	☐	☐	☐	☐	SE-I1-822-09-006	The exhibit lists some of the configuration in ...	ICND1 Chapter 09 - Eth
14	☐	☐	☐	☐	SE-I1-822-03-004	In the figure, CAT5 cabling with RJ-45 conne...	ICND1 Chapter 03 - Fur
15	☐	☐	☐	☐	SE-I1-822-11-010	Which two of the following WLAN security te...	ICND1 Chapter 11 - Wir
16	☐	☐	☐	☐	SE-I1-822-09-007	When you use the banner motd...	ICND1 Chapter 09 - Eth
17	☐	☐	☐	☐	SE-I1-822-20-017	You are the administrator of the network sh...	ICND1 Chapter 20 - Rou
18	☐	☐	☐	☐	SE-I1-822-20-016	You are the administrator of the network sh...	ICND1 Chapter 20 - Rou
19	☐	☐	☐	☐	SE-I1-822-18-003	The figure shows an internetwork with IP ad...	ICND1 Chapter 18 - Fin
20	☐	☐	☐	☐	SE-I1-822-07-004	In the figure, each link is labeled with a num...	ICND1 Chapter 07 - Eth
21	☐	☐	☐	☐	SE-I1-822-23-007	What is the purpose of the clock rate interfa...	ICND1 Chapter 23 - WA
22	☐	☐	☐	☐	SE-I1-822-17-001	The diagram shows a small network with&nb...	ICND1 Chapter 17 - Ana
23	☐	☐	☐	☐	SE-I1-822-08-004	Which two of the following actions pro...	ICND1 Chapter 08 - Op

Filter: All Questions

Home | Print | Return to Exam

[그림 29-1] PCPT 점수 결과 페이지

질문을 검토하고 완료로 표시하는 프로세스를 수행하기 위해, Question Review 페이지와 개별 문제 사이를 이동할 수 있다. 문제를 더블 클릭하면 그 문제로 돌아간다. 질문에서 **Grade Exam**을 클릭하면 성적 결과로 돌아가고 [그림 29-1]의 Question Review 페이지로 돌아간다. 질문 창은 [그림 29-2]에서와 같이 왼쪽 상단에 질문을 표시할 장소를 보여준다.

이전 시험에서 놓친 문제를 보기 위해 나중에 다시 돌아오고 싶다면, PCPT 홈 화면에서 시작하면 된다. 거기에서 시작 버튼을 클릭하여 새 시험을 시작하는 대신, **View Grade History** 버튼을 클릭하여 이전 시험의 결과를 보고 놓쳤던 문제를 확인하도록 한다.

[표 29-2]에서 갭 검토를 통해 진행 상황을 추적하자. PCPT는 이전의 모의 시험을 날짜와 점수로 나열하기 때문에, 표의 값을 PCPT 메뉴와 비교하여 기록하는 것이 좋을 것이다.

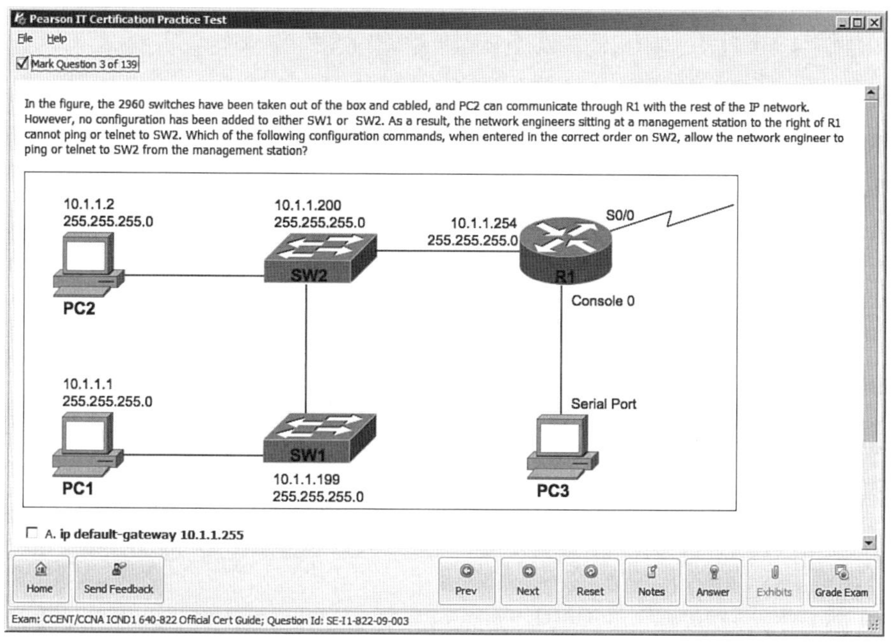

[그림 29-2] 왼쪽 상단의 마크 기능으로 질문 검토하기

시험 (ICND1, ICND2, CCNA)	원본 모의 시험 일시	시험 성적	갭 검토가 완료된 날짜

[표 29-2] 모의 시험의 갭 검토를 위한 추적 점검표

핸즈온 CLI 실습

시뮬레이션과 Simlet 문제를 잘 풀려면, 수많은 시스코 라우터 및 스위치의 명령어와 시스코 CLI에서 그 명령어를 사용하는 방법에 익숙해져야 한다. 이 책의 소개 부분에서 설명한 것처럼 시뮬레이션 문제에서는 문제를 해결하거나 작동하는 설정을 완료하기 위해 필요한 설정 명령어를 결정해야 한다. 심렛(Simlet) 문제는 먼저 CLI에서 **show** 명령어를 사용하여 소규모 네트워크의 라우터 및 스위치의 상태를 확인한 후 객관식 문제에 답해야 한다.

시험 준비를 위해서, 다음과 같은 정보를 알아야 한다.

- **CLI 검색**: 사용자, enable 및 설정 모드로 이동하는 기본 CLI 메커니즘
- **개별 설정**: 각 설정 명령어의 매개 변수의 의미
- **기능 설정**: 각 기능에 대해 필수 및 선택 사항인 설정 명령어 세트
- **설정 검증**: 설정을 직접적으로 확인하는 **show** 명령어
- **상태 검증**: 현재 상태 값을 나열하는 **show** 명령어 및 올바르지 않은 상태 값의 잘못된 설정 또는 다른 문제의 원인을 결정하는 기능

이 모든 지식과 기술을 기억하고 검토하는 데에 도움이 되도록 하기 위해, 다음 몇 페이지에 걸쳐 나오는 작업을 수행할 수 있다.

파트 리뷰의 마인드 맵 확인

파트 리뷰에서, 설정 및 검증 명령어로 여러 가지 마인드 맵을 만들었다. 특정 마인드 맵을 기억하기 위해, 각 파트의 파트 리뷰로 돌아가 보도록 하자.

랩 실습

핸즈온 CLI 기술을 연마하기 위해 선택한 방법이 무엇이든, 명령어를 연습할 수 있는 몇 가지 랩을 검토하고 수행해야 한다. 이 시점에서 시뮬레이터, 실제 장비 또는 종이로 연습을 해서라도 설정에 관한 생각을 해야 한다. 모든 랩을 반복하는 것은 비현실적일 수 있지만, 마인드 맵을 검토할 때, 주제에 관해 조금 확신할 수 없다고 느끼는 명령어 및 기능을 연습하는 것이 중요하다.

먼저, [표 29-3]에 나열된 장의 주요 구성 항목을 랩을 통해 검토하는 것이 중요하다.

주제	장	랩 검토 완료일
VLAN	1	
VLAN 트렁킹	1	
STP와 RSTP	3	
L2 이더채널, PortFast, BPDU Guard	3	
VTP	5	
OSPFv2	8	
EIGRP	10	
eBGP	12	
PPP	13	
멀티링크 PPP	13	
PPPoE	15	

주제	장	랩 검토 완료일
GRE 터널	15	
표준 ACL	16	
확장 ACL	17	
Router on a Stick	19	
SVI에서의 L3 스위칭	19	
라우티드 인터페이스와 L3 이더채널에서의 L3 스위칭	19	
HSRP	20	
IPv6 OSPF	23	
IPv6 EIGRP	24	
IPv6 ACL	25	
SNMPv2c 및 SNMPv3	26	
IP SLA 에코	26	
SPAN	26	

[표 29-3] 랩 주제 체크리스트

연습하는 가장 좋은 방법 중 하나는 다음 사이트에서 피어슨 네트워크 시뮬레이터를 사용하는 것이다.

http://www.pearsonitcertification.com/networksimulator

두 번째는, 책의 DVD 또는 웹 사이트에서 제공되는 구성 점검 목록 앱을 사용하는 것이다. 필수 설정 명령어 및 선택 설정 명령어를 모두 기억하도록 한다. 세 번째로, 저자의 블로그 사이트에 있는 Config Lab 중 일부 또는 전부를 반복하여야 한다. 시험 준비가 정말로 끝났을 때에는 노트를 많이 참고하지 않고도 이러한 랩을 할 수 있어야 한다. 모든 CCNA(ICND2) Config Lab을 시작할 수 있는 사이트는 http://blog.certskills.com/ccna이다.

시험 응시 준비가 되었는지의 여부 평가(그리고 시험 점수의 오류)

PCPT로 모의 시험을 치르면, PCPT는 300점에서 1,000점 사이의 점수를 준다. 왜냐하면 시스코에서도 300점에서 1,000점 사이의 점수를 주기 때문이다. 그러나 유사한 점은 그게 전부다.

PCPT의 경우, 점수는 기본 백분율이지만 0에서 1,000사이의 숫자로 표시된다. 예를 들면, 80퍼센트를 바르게 답했다면, 점수는 800점이다. 90퍼센트를 맞췄다면, 점수는 900점이다. 모의 시험을 시작해두고 한 문제도 답하지 않은 채 계속 클릭하여 시험을 끝내면 0점을 받는다.

그러나 시스코는 같은 방법으로 시험 점수를 매기지 않는다. 다음은 시스코의 채점 방식에 관해 알려진 것이다:

- 시스코는 300점에서 1,000점 사이의 점수를 사용한다.
- 시스코는 부분 가점을 제공하지만, 더 이상의 세부 정보는 제공하지 않는다.

그렇다면 800점 또는 900점은 실제 시스코 시험에서 무엇을 의미할까? 많은 사람들이 그 점수가 80퍼센트 또는 90퍼센트를 의미한다고 생각하지만, 우리도 알 수 없다. 시스코는 채점의 세부 사항을 밝히지 않는다. 부분 점수의 세부 사항도 밝히지 않는다. 시뮬레이션 질문이 객관식이나 단일 답변 질문보다 더 많은 점수를 받을 것이라 기대하는 것이 합리적이지만, 우리도 알 수 없다.

이 모든 사실을 언급하는 이유는 다음과 같다:

합격할 수 있을 것인지에 대해, PCPT 모의 시험 점수에 너무 의존하면 안된다. 그 점수는 일반적인 지표로, 처음에 700점을 받고 일주일 후에 900점을 받았다면, 아마 더 잘 준비된 상태가 된 것이다. 그러나 PCPT 모의 시험에서 900점을 받는다고 해서 실제 시험에서 900점을 얻는 것은 아니다. 왜냐하면 우리는 시스코가 어떻게 시험 점수를 매기는지 모르기 때문이다.

그러면, 당신이 합격할 준비가 되었는지를 평가하는 방법으로는 무엇을 사용할 수 있을까? 불행히도 그 답은 약간의 노력을 필요로 하며, 답은 시험 점수같은 간단한 숫자가 아니다. 하지만 당신의 실력을 다음과 같이 스스로 점검할 수 있다:

❶ PCPT로 시험을 치를 때, 문제와 답변에 사용된 용어를 이해해야 한다.

❷ 각 장의 핵심 주제 목록을 보고 각 주제에 대해 한두 문장으로 다른 사람에게 설명할 수 있어야 한다.

❸ 이 시점에서 100퍼센트의 정확도로 서브넷에 관한 계산을 자신있게 할 수 있어야 한다.

❹ 모든 Config Lab 또는 비슷한 수준의 랩을 수행할 수 있어야 하고, 일관성 있게 맞출 수 있도록 해야 한다.

❺ **show** 명령어가 있는 장의 경우, 책의 예에서 강조된 필드를 이해해야 하며, 해당 예를 볼 때 설정 값을 표시하는 값과 상태 정보를 표시하는 값을 알아야 한다.

❻ 다양한 장애 처리의 근본 원인을 나열하는 주요 항목의 경우, 해당 목록을 검토할 때 그 장을 자세히 살펴볼 필요 없이 목록의 각 항목에 포함된 개념을 기억하고 이해해야 한다.

합격 실패 후의 학습 제안

아무도 시험 응시 후에 실패하길 바라지 않지만, 일부는 실패할 수도 있다. 첫 번째 시도에서 ICND2 200-105 또는 CCNA R&S 200-125 시험에 합격하여도, 계속해서 시스코 자격증을 취득해 간다면, 시험을 치르는 중에 일부 시험에서는 실패할 수 있다. 시험에서 떨어졌다는 부정적인 면에 초점을 맞추려는게 아니라, 이전 시험에서 실패한 후 다음 시험을 통과할 수 있는 방법을 준비하도록 돕는 것이다. 이 절은 시험에서 실패한 이후 저자에게 연락하여 다음에 할 일에 대한 도움을 요청했던 독자들에게 지난 몇 년간 제공해왔던 조언을 모은 것이다.

가장 중요한 조언은 시스코 시험에 대한 생각을 바꾸는 것이다. 시스코 시험은 실패한 성적이 문제가 될 수 있는 고등학교나 대학 시험 같지는 않다. 그 대신 시스코 시험은 인상적인 주요 업적을 완수하는 과정과 비슷하여, 대부분의 사람들은 성취를 위해 몇 번의 시도를 필요로 한다.

예를 들어, 시스코 인증을 취득하는 것은 4시간 이내에 마라톤을 완주하는 것과 같다. 마라톤을 처음 시작하면, 끝나지 않을 수도 있고, 4시간 이내가 아닌 4시간 15분에 마칠 수도 있다. 그러나 4시간 15분만에 마라톤을 완주했다는 것은 당신이 준비가 되었고 목표에 꽤 가까이 있다는 것을 의미한다. 또는 장애물 코스를 완주하는 것과 같은 교육일 수 있다(모든 American Ninja Warrior 팬을 위해). 어쩌면 당신은 오늘 처음 세 가지 장애물을 극복했을지도 모르지만, 4미터 높이의 뒤틀린 벽 위로 올라갈 수는 없었을 것이다. 이것은 그 벽에 대한 연습을 좀더 할 필요가 있다는 것을 의미한다.

그러니 사고 방식을 바꿔야 한다. 당신은 시간 기록을 향상시키려는 마라톤 주자이거나, 장애물 코스를 완주하고자 하는 닌자 전사(Ninja Warrior)이다. 공부할 때마다 기술을 향상시킬 수 있을 것이고, 시장에서 경쟁할 수 있을 것이다.

이러한 태도와 유추를 염두에 두고, 이 절의 나머지 부분에서는 도움이 되는 구체적인 학습 단계에 대해 언급하도록 한다.

먼저 실패한 시험에 대한 메모를 학습한다(이전 절의 '불합격 시 시험 후의 한 시간 확보' 참조). 해당 정보는 다른 누구와도 공유하지 말고, 학습에 사용한다. 시험을 다시 치르기 전에, 지난 시험에서 기억할 수 있는 모든 실제 시험 문제에 답할 수 있어야 한다. 완전히 같은 질문을 다시 볼 수는 없지만, 노력에 대한 좋은 결과를 얻을 수 있을 것이다.

다음으로, 취약한 부분을 확인하는 것에 더 많은 시간을 투자하도록 한다. 이 작업을 할 때, 천천히 진행해야 하고 더욱 자신을 알아야 한다. 예를 들면, 학습 시에는 연습 문제에 답하고, 추측하면 안된다. 다음 질문을 클릭하지 말고 잠시 멈춘 후, 잘못된 답변과 정답에 대해 정말로 확신할 수 있는지 스스로에게 질문해 보자. 확신할 수 없다면, 그래도 좋다! 방금 돌아가서 더 깊이 공부할 주제를 발견한 것이다. 또는 랩 실습을 할 때, 생각 없이 노트를 참조할 수도 있기 때문에, 노트를 볼 때마다 그것이 확신하지 못하는 부분을 말해주는 것이라 생각해 보자. 그 명령을 아직 습득하지 못했다는 사실을 상기시켜줄 수 있다.

세 번째로, 시험에 사용한 시간을 생각해 보자. 시간이 모자랐었나? 너무 빨리 했는가? 너무 느렸나? 너무 느렸다면, 서브넷 계산이나 시뮬레이션, 또는 다른 것에서 속도가 느려졌는가? 그렇다면 다음 시험에서는 시간에 어떤 접근 방식을 사용하고 시간 사용을 추적할지에 대한 서면 계획을 세우도록 한다. 그리고 시간이 없었다면, 당신을 느리게 만든 것들에 대한 연습을 하도록 하자.

네 번째로, CCNA R&S 200-125 시험에 합격하지 못했다면, 두 개의 시험 과정이 아닌 단일 시험 과정에 대한 선택을 재고해보도록 한다. CCNA 시험에서의 ICND1의 주제에 관해 생각해보자. 그 주제들을 잘 알고 있는가? 그렇다면, ICND1에 합격할 준비가 된 것이다. 그러면 그 다음 단계에 가까워진 것이고, ICND2 시험에 집중할 수 있을 것이다(예를 들면, 원래 CCNA 공식 시험 가이드는 500페이지 길이였다. ICND1과 ICND2의 통합 도서는 원래의 CCNA 시험 내용의 3배에 달하는 1,600페이지가 넘는 기술 관련 장으로 인해 그 양이 늘어났다. 단지 내용이 많을 뿐이다).

기타 학습 과제

이 점을 이해하고 더 많은 것을 준비할 필요성을 느낀다면, 마지막으로 세 가지를 제안한다.

먼저, 장 리뷰 및 파트 리뷰 절은 몇 가지 유용한 학습 과제를 제공한다.

다음으로, 다른 자료를 사용해 더 많은 시험 문제를 학습하도록 한다. 이 책의 eBook 사본과 추가 PCPT 시험 문제가 포함된, 시스코 프레스 프리미엄 에디션 eBook 및 모의 시험 제품에서 더 많은 문제를 구할 수 있다. 그러나 인터넷에서 다양한 출처로부터의 문제를 검색하고 그 문제를 검토할 수도 있다.

> **NOTE** 일부 제조사는 공식 시험과 동일한 시험 문제가 포함된 모의 시험을 판매하고 있다고 주장한다. '브레인 덤프(brain dumps)'라고 불리는 이 시험 문제는 시스코 테스트 정책에 위배된다. 시스코는 그러한 도구를 사용하여 공부하는 것을 권장하지 않는다.

마지막으로, 시스코 러닝 네트워크(Cisco Learning Network)의 논의에 참가해보자. 다른 학습자들의 질문에 답하도록 해보자. 답변하는 과정을 통해 해당 주제에 대해 훨씬 더 많이 생각하게 된다. 누군가가 당신이 동의하지 않는 답변을 게시할 경우, 왜 그런지 생각하고 온라인으로 이야기해 보자. 이것은 더 많은 것을 배우고 자신감을 기를 수 있는 좋은 방법이다.

마지막 계획

당신은 시험 준비를 위해 꽤 많이 공부하고 열심히 일했으며, 시간과 돈을 투자했다. 시험을 잘 치뤄 합격하고, 자신의 지식에 대해 알고 IT 및 네트워킹 경력을 향상시킬 수 있기를 바란다.

합격한다면 축하받도록 하고, 그렇지 않다면 조언을 구하도록 하자. 시스코 러닝 네트워크는 축하 메시지를 작성하고 다음 시험의 조언을 구하기 좋은 곳이다. 저자는 개인적으로 트위터(@wendellodom)나 페이스북(https://www.facebook.com/wendellodom)을 통해 당신의 진보에 대해 듣고 싶다. 잘 하길 바라고, 책 전체에 대한 학습을 마친 것을 축하한다!

Part IX

부록

부록 A: 숫자 참조표

부록 B: CCNA ICND2 200-105 시험 업데이트

용어 사전

부록 A

숫자 참조표

이 부록은 이 책에서 사용된 숫자들을 나열하는 여러 유용한 참조표를 제공한다. 특히:

[표 A-1]: 십진수에서 이진수로 혹은 그 반대로 변환할 때 유용한 십진수-이진수 변환 참조.

10진수	2진수	10진수	2진수	10진수	2진수	10진수	2진수
0	00000000	28	0011100	56	00111000	84	01010100
1	00000001	29	00011101	57	00111001	85	01010101
2	00000010	30	00011110	58	00111010	86	01010110
3	00000011	31	00011111	59	00111011	88	01010111
4	00000100	32	00100000	60	00111100	89	01011001
5	00000101	33	00100001	61	00111101	90	01011010
6	00000110	34	00100010	62	00111110	91	01011011
7	00000111	35	00100011	63	00111111	92	01011100
8	00001000	36	00100100	64	01000000	93	01011101
9	00001001	37	00100101	65	01000001	94	01011110
10	00001010	38	00100110	66	01000010	95	01011111
11	00001011	39	00100111	67	01000011	96	01100000
12	00001100	40	00101000	68	01000100	97	01100001
13	00001101	41	00101001	69	01000101	98	01100010
14	00001110	42	00101010	70	01000110	99	01100011
15	00001111	43	00101011	71	01000111	100	01100100
16	00010000	44	00101100	72	01001000	101	01100101
17	00010001	45	00101101	73	01001001	102	01100100
18	00010010	46	00101110	74	01001010	103	01100111
19	00010011	47	00101111	75	01001011	104	01101000
20	00010100	48	00110000	76	01001100	105	01101001
21	00010101	49	00110001	77	01001101	106	01101010
22	00010110	50	00110010	78	01001110	107	01101011
23	00010111	51	00110011	79	01001111	108	01101100
24	00011000	52	00110100	80	01010000	109	01101101
25	00011001	53	00110101	81	01010001	110	01101110
26	00011010	54	00110110	82	01010010	111	01101111
27	00011011	55	00110111	83	01010011	112	01110000

10진수	2진수	10진수	2진수	10진수	2진수	10진수	2진수
113	01110001	149	10010101	185	10111001	221	11011101
114	01110010	150	10010110	186	10111010	222	11011110
115	01110011	151	10010111	187	10111011	223	11011111
116	01110100	152	10011000	188	10111100	224	11100000
117	01110101	153	10011001	189	10111101	225	11100001
118	01110110	154	10011010	190	10111110	226	11100010
119	01110111	155	10011011	191	10111111	227	11100011
120	01111000	156	10011100	192	11000000	228	11100100
121	01111001	157	10011101	193	11000001	229	11100101
122	01111010	158	10011110	194	11000010	230	11100110
123	01111011	159	10011111	195	11000011	231	11100111
124	01111100	160	10100000	196	11000100	232	11101000
125	01111101	161	10100001	197	11000101	233	11101001
126	01111110	162	10100010	198	11000110	234	11101010
127	01111111	163	10100011	199	11000111	235	11101011
128	10000000	164	10100100	200	11001000	236	11101100
129	10000001	165	10100101	201	11001001	237	11101101
130	10000010	166	10100110	202	11001010	238	11101110
131	10000011	167	10100111	203	11001011	239	11101111
132	10000100	168	10101000	204	11001100	240	11110000
133	10000101	169	10101001	205	11001101	241	11110001
134	10000110	170	10101010	206	11001110	242	11110010
135	10000111	171	10101011	207	11001111	243	11110011
136	10001000	172	10101100	208	11010000	244	11110100
137	10001001	173	10101101	209	11010001	245	11110101
138	10001010	174	10101110	210	11010010	246	11110110
139	10001011	175	10101111	211	11010011	247	11110111
140	10001100	176	10110000	212	11010100	248	11111000
141	10001101	177	10110001	213	11010101	249	11111001
142	10001110	178	10110010	214	11010110	250	11111010
143	10001111	179	10110011	215	11010111	251	11111011
144	10010000	180	10110100	216	11011000	252	11111100
145	10010001	181	10110101	217	11011001	253	11111101
146	10010010	182	10110110	218	11011010	254	11111110
147	10010011	183	10110111	219	11011011	255	11111111
148	10010100	184	10111000	220	11011100		

[표 A-1] 십진수-이진수 변환 참조, 십진수 값 0-255

[표 A-2]: 16진수에서 이진수로 변환 혹은 그 반대로 변환할 때 유용한 16진수-이진수 변환

16진수	4비트 이진수
0	0000
1	0001
2	0010
3	0011
4	0100
5	0101
6	0110
7	0111
8	1000
9	1001
A	1010
B	1011
C	1100
D	1101
E	1110
F	1111

[표 A-2] 16진수-이진수 변환

[표 A-3]: 2의 지수승, 2^1부터 2^{32}까지

X	2^X	X	2^X
1	2	17	131,072
2	4	18	262,144
3	8	19	524,288
4	16	20	1,048,576
5	32	21	2,097,152
6	64	22	4,194,304
7	128	23	8,388,608
8	256	24	16,777,216
9	512	25	33,554,432
10	1024	26	67,108,864
11	2048	27	134,217,728
12	4096	28	268,435,456
13	8192	29	536,870,912
14	16,384	30	1,073,741,824
15	32,768	31	2,147,483,648
16	65,536	32	4,294,967,296

[표 A-3] 2의 지수승

[표 A-4]: 3가지 포맷의 모든 33가지의 가능한 서브넷 마스크 표

십진(Decimal)	프리픽스	이진(Binary)
0.0.0.0	/0	00000000 00000000 00000000 00000000
128.0.0.0	/1	10000000 00000000 00000000 00000000
192.0.0.0	/2	11000000 00000000 00000000 00000000
224.0.0.0	/3	11100000 00000000 00000000 00000000
240.0.0.0	/4	11110000 00000000 00000000 00000000
248.0.0.0	/5	11111000 00000000 00000000 00000000
252.0.0.0	/6	11111100 00000000 00000000 00000000
254.0.0.0	/7	11111110 00000000 00000000 00000000
255.0.0.0	/8	11111111 00000000 00000000 00000000
255.128.0.0	/9	11111111 10000000 00000000 00000000
255.192.0.0	/10	11111111 11000000 00000000 00000000
255.224.0.0	/11	11111111 11100000 00000000 00000000
255.240.0.0	/12	11111111 11110000 00000000 00000000
255.248.0.0	/13	11111111 11111000 00000000 00000000
255.252.0.0	/14	11111111 11111100 00000000 00000000
255.254.0.0	/15	11111111 11111110 00000000 00000000
255.255.0.0	/16	11111111 11111111 00000000 00000000
255.255.128.0	/17	11111111 11111111 10000000 00000000
255.255.192.0	/18	11111111 11111111 11000000 00000000
255.255.224.0	/19	11111111 11111111 11100000 00000000
255.255.240.0	/20	11111111 11111111 11110000 00000000
255.255.248.0	/21	11111111 11111111 11111000 00000000
255.255.252.0	/22	11111111 11111111 11111100 00000000
255.255.254.0	/23	11111111 11111111 11111110 00000000
255.255.255.0	/24	11111111 11111111 11111111 00000000
255.255.255.128	/25	11111111 11111111 11111111 10000000
255.255.255.192	/26	11111111 11111111 11111111 11000000
255.255.255.224	/27	11111111 11111111 11111111 11100000
255.255.255.240	/28	11111111 11111111 11111111 11110000
255.255.255.248	/29	11111111 11111111 11111111 11111000
255.255.255.252	/30	11111111 11111111 11111111 11111100
255.255.255.254	/31	11111111 11111111 11111111 11111110
255.255.255.255	/32	11111111 11111111 11111111 11111111

[표 A-4] 모든 서브넷 마스크

부록 B

CCNA ICND2 200-105 시험 업데이트

피어슨(Pearson)은 독자 피드백을 통해 독자가 문제를 가장 많이 제기하는 주제를 파악할 수 있다. 독자를 돕기 위해, 저자는 문제가 있는 시험 주제를 명확히 하고 확장하는 새로운 자료를 만든다. 서론에서 언급했듯이 시험에 관련된 추가 내용은 책의 부록 웹 사이트에서 PDF 문서로 제공되며, 주소는 http://www.ciscopress.com/title/9781587205798이다.

이 부록은 갱신된 정보를 제공하기 위한 것이다. 시스코가 완전히 새로운 시험을 발표할 때, 변경된 사항은 일반적으로 간단한 갱신 부록에서 제공하기에는 너무 광범위하다. 이런 경우에 갱신된 내용은 새 버전의 책을 참조해야 할 수도 있다. 이 부록에서는 인쇄본에서 빠진 내용을 채워준다. 특히, 다음과 같은 내용이 포함된다:

- 이 책의 어느 곳에서도 언급하지 않은 기술적인 내용에 대해 다룬다.
- 시스코가 시간이 지남에 따라 시험에 내용을 추가할 때 새로운 주제를 다룬다.
- 시험 내용에 관련된 최신 정보를 얻을 수 있는 방법을 제시한다.

책의 제품 페이지에서 항상 최신 정보 얻기

현재 이 부록은 책이 인쇄될 당시의 최신 버전이다. 이 부록의 주된 목적은 변경된 최신 문서를 제공하는 것이기 때문에, 웹 사이트에서 최신 온라인 버전을 확인하는 것이 매우 중요하다.

단계 ① http://www.ciscopress.com/title/9781587205798을 방문한다.

단계 ② Update 탭을 클릭한다.

단계 ③ 해당 페이지에 새 부록 B의 문서가 있다면, 최신 부록 B 문서를 다운로드한다.

NOTE 다운로드된 문서에는 버전 번호가 있을 것이다. 부록 B(버전 1.0)의 인쇄본 버전과 이 부록의 최신 온라인 버전을 비교하여, 다음과 같이 하면 된다:

- 버전이 동일할 때: 웹 사이트에서 다운로드 받은 PDF 문서는 무시하도록 한다.
- 웹 사이트에 최신 버전이 있을 때: 인쇄본의 부록 B는 무시하고 다운로드 받은 최신 버전을 학습한다.

기술적인 내용

이 부록의 현재 버전 1.0에서는 추가적인 기술이 포함되어 있지 않다.

용어 사전

2-way state OSPF에서, 모든 필수 매개 변수들이 부합하고 라우터가 헬로를 이웃 라우터와 교환한 네이버 상태.

3G/4G Internet 무선 라디오 신호를 사용하여 기지국을 통해 통신하는 인터넷 액세스 기술로, 대부분의 휴대전화, 태블릿 및 기타 모바일 단말에서 사용됨.

802.1Q VLAN 트렁킹에 관한 IEEE 표준 프로토콜.

A

AAA server authentication, authorization, and accounting(AAA) server 참조.

ABR Area Border Router. OSPF를 사용하는 라우터로서 인터페이스가 다수의 OSPF 영역에 있음.

access interface VLAN 트렁킹을 사용하지 않도록 설정된, 사용자 단말에 연결된 스위치 인터페이스를 가리키는 LAN 네트워크 설계 용어.

access link(WAN) 특정 고객사에서 SP 네트워크로의 액세스를 제공하는 서비스 사업자와 고객 간의 물리적인 링크.

access rate 액세스 링크상에서 비트가 전송되는 속도.

ACI Application Centric Infrastructure 참조.

ACL Access Control List. 라우터에서의 패킷 흐름을 제어하기 위해 라우터에 설정된 목록으로, 특정 IP 주소가 들어 있는 패킷이 라우터의 특정 인터페이스를 지나가지 못하게 막을 수 있음.

adjacency table 시스코 IOS CEF에서, 라우터가 수행하는 패킷별 처리를 줄이기 위해 라우터가 패킷 전달 전에 패킷에 추가할 송신 데이터링크 헤더의 복사본을 유지하는 테이블.

administrative distance 시스코 라우터에서, 하나의 라우터가 다른 라우팅 프로토콜에 의해 해당 경로를 학습할 때, 동일 서브넷에 도달하기 위한 여러 경로 중 하나를 선택하는 방법. 낮은 값이 선호됨.

administrative mode trunking administrative mode 참조.

ADS Asymmetric Digital Subscriber Line. 다양한 DSL 기술 중 하나로, 업스트림보다 다운스트림(중앙에서 고객사로)이 더 많은 대역폭을 사용할 수 있도록 설계됨.

alternate port 802.1w RSTP에서 스위치의 루트 포트를 대체하는 포트가 되도록 하는 포트 역할로, 스위치의 루트 포트가 다운되면 대체 포트가 즉시 루트 포트의 역할을 할 수 있음.

analog modem modem 참조.

anti-replay 중간자가 합법적인 사용자처럼 보이도록, 합법적인 사용자가 보낸 패킷을 복사하고 나중에 회신하는 것을 방지함.

APIC Application Policy Infrastructure Controller 참조.

APIC-EM Application Policy Infrastructure Controller – Enterprise Module 참조.

Application Centric Infrastructure(ACI) 시스코의 데이터 센터 SDN 솔루션으로, APIC 컨트롤러가 OpFlex 프로토콜을 사용하여 네트워크의 스위치에 보내는 정책을 정의하는 개념이며, 각 스위치에 부분적으로 분산된 제어부가 전송 테이블을 만들어 컨트롤러에서 보낸 정책을 지원함. GUI, CLI, API를 지원.

Application Policy Infrastructure Controller(APIC) ACI(Application Centric Infrastructure), 스위치 및 소프트웨어를 사용하는 데이터 센터에서, 스위치가 프레임을 어디로 전송할 것인지 정의하기 위해 만드는 플로를 제어하는 컨트롤러 역할을 하는 소프트웨어.

Application Policy Infrastructure Controller – Enterprise Module(APIC-EM) 이 책의 첫 번째 출판본에 있는 시스코 장비로 구성된 기업 네트워크에서 컨트롤러 역할을 하는 소프트웨어로, 분산된 라우팅 및 스위칭 제어부는 그대로 둔 채 관리와 자동화 플랫폼처럼 동작함. 네트워크 자동화를 위한 견고한 API를 제공하고, CLI(telnet 및 SSH)와 SNMP 사우스바운드를 사용하여 기업 네트워크의 기존 라우터 및 스위치를 제어함.

application programming interface(API) 소프트웨어 구성 요소가 서로 통신할 수 있도록 하는 소프트웨어 메커니즘.

application signature NBAR(Network Based Application Recognition)를 사용하여 특정 애플리케이션의 특징을 식별할 수 있는 필드의 조합으로 이루어진 시스코에서의 정의로, NBAR는 고객이 애플리케이션을 부합시키도록 구성할 수 있고, IOS는 그 부합 항목을 정의할 수 있음.

application-specific integrated circuit(ASIC) 특정 용도 또는 애플리케이션용으로 설계된 집적회로(컴퓨터 칩)로, 범용 프로세서에서 실행되는 장치의 일부로써 소프트웨어 프로세스를 실행하는 것이 아닌, 네트워크 장비의 기능을 구현하는 데 사용됨.

AR access rate 참조.

Area Border Router ABR 참조.

ARP Address Resolution Protocol. IP 주소를 MAC 주소에 부합시키는 데 사용하는 인터넷 프로토콜. RFC826에 정의됨.

AS_Path 경로의 AS 번호를 나열하는 BGP 경로 속성(AS_Path가 검사된 라우터의 AS 번호 이외).

ASAv 시스코 하드웨어가 아닌 가상 머신으로서 구동되는 시스코 ASA 방화벽 소프트웨어 이미지로, 클라우드 서비스 또는 다른 가상화된 환경에서 사용자가 제어하는 방화벽으로 사용하기 위한 것임.

ASBR Autonomous System Border Router. OSPF를 사용하는 라우터로, 다른 곳, 일반적으로 다른 라우팅 프로토콜을 통해서 경로를 학습하며, OSPF 외부에 있는 경로를 OSPF 도메인과 교환함.

ASIC application-specific integrated circuit 참조.

Assured Forwarding(AF) 12개의 DSCP 값으로 구성된 그리드의 이름으로, DiffServ에서 정의된 홉 단위의 동작에 부합하는 그리드로 구성됨. AF는 네 개의 큐(queue) 클래스와 각 큐 클래스당 세 개의 패킷 폐기 우선순위를 정의한다. 12 DSCP 값의 이름은 AFXY(X는 큐 클래스, Y는 폐기 우선순위)로 정해진다.

authentication 컴퓨터 네트워크의 사용자 및 컴퓨터 시스템의 신원을 검증하는 기능.

authentication, authorization, and accounting(AAA) server 보안 정보를 가지고 사용자 로그인에 따른 서비스, 특히 인증(사용자가 누구인지), 인가(인증 후 해당 사용자가 무엇을 해도 되는지), 과금(사용자 추적)을 제공하는 서버.

authenticator IEEE 802.1x에서 EAPoL을 사용하여 서플리컨트(사용자 단말)로부터 신원 확인을 요청하는 LAN 스위치로, 사용자 인증을 위해 AAA 서버로 EAP 메시지를 전송한다.

autonomous system(AS) 하나의 조직에 의해 관리되는 인터네트워크.

Autonomous System Border Router ASBR 참조.

autonomous system number(ASN) 라우팅 도메인, 즉 한 기업이나 조직의 확인을 위해 BGP에서 사용되는 번호. EIGRP에서도 사용되며, EIGRP 라우팅 정보 교환 의사가 있는 라우터에서 라우팅 프로세스를 식별하는 번호임.

AutoQoS 시스코 스위치와 라우터에서 사용되며, 시스코 레퍼런스 디자인 가이드 문서에 정의되어 있는 유용한 기능과 함께 다양한 QoS 기능을 설정하는 IOS 기능.

autosummarization 하나 이상의 클래스풀 네트워크에 연결된 라우터가 전체 클래스풀 네트워크를 위해 요약된 경로를 다른 클래스풀 네트워크와 연결된 인터페이스들에게 갱신하기 위하여 광고하는 라우팅 프로토콜의 기능.

autosummary autosummarization 참조.

B

backbone area OSPFv2와 OSPFv3에서, 다른 모든 backbone area가 아닌 area가 연결되어야 하는 multiarea 안의 독특한 area이며, area 0으로 정의됨.

backup designated router 다중 접속 네트워크에 연결되어 지정 라우터(DR)의 동작을 감시하고, 실패 시 DR의 역할을 대신하는 OSPF 라우터.

backup port 802.1w RSTP에서 지정 포트(designated port)로 동작하는 한 스위치 포트의 백업 기능을 하게 하는 포트의 역할. 스위치의 지정 포트가 실패하면 스위치는 지정 포트의 역할을 즉시 백업 포트로 넘겨 사용한다.

balanced hybrid 수년 동안 EIGRP 라우팅 프로토콜의 로직을 지칭하기 위해 사용된 용어로, 오늘날은 이 로직을 고급 거리 벡터 로직으로 부른다.

bandwidth 비트가 링크를 통해 송수신되는 속도.

bandwidth profile 메트로 이더넷에서의 고객이 서비스로 송수신할 수 있는 트래픽 양의 계약적 정의. SP가 서비스와 함께 전달하는 최소 대역폭(bits/second)을 정의하는 CIR(Committed Information rate)이라 불리는 개념을 포함함.

best path selection 서로 다른 BGP 경로 속성의 비교 목록을 순서대로 처리하여 최상의 경로를 선택하도록 하는 BGP 프로세스.

BGP neighbor BGP peer의 다른 용어. 라우터에서의 BGP neighbor(peer) 관계를 형성한 다른 라우터에 대한 참조.

BGP peer BGP neighbor의 다른 용어. 라우터에서의 BGP neighbor(peer) 관계를 형성한 다른 라우터에 대한 참조.

BGP table BGP 프로세스에 의해 관리되며, BGP에 알려진 프리픽스와 경로 속성을 가진 각 라우터의 테이블.

BGP update BGP 경로 속성 및 프리픽스가 나열된 BGP 메시지.

BGP update source 라우터에서 BGP가 동작할 때, 다른 라우터와의 BGP 네이버 관계를 위해 형성된 TCP 연결에 사용되는 인터페이스 IP 주소.

blocking state 802.1D STP에서, STP 메시지의 예외와 함께 수신된 프레임이 처리되지 않고 스위치는 인터페이스로 아무런 프레임도 송신하지 않는 상태.

boot field 시스코 라우터에 있는 설정 레지스터의 하위 4비트. 부트 필드의 값은 라우터로 불러올 시스코 IOS 이미지를 찾는 위치를 알려준다.

Border Gateway Protocol(BGP) 오늘날 인터넷에서 경로 교환을 위한 기본 라우팅 프로토콜로 사용되는 외부 라우팅 프로토콜(exterior routing protocol).

BPDU Bridge Protocol Data Unit. 스패닝 트리 프로토콜 메시지의 일반적인 이름이다.

BPDU Guard 들어오는 STP BPDU 메시지를 청취하고 어떤 것이 수신된 경우 해당 인터페이스를 비활성화하는 시스코 스위치의 기능. 연결되는 단말이 하나일 것으로 예상되는 포트에 스위치가 연결되는 경우의 루프를 방지하기 위해 사용된다.

bridge ID(BID) STP와 RSTP에서 사용되는 브릿지와 스위치용의 8바이트 식별자. 2바이트의 우선순위 필드와 6바이트의 시스템 ID 필드로 구성되며, 시스템 ID 필드에는 일반적으로 MAC 주소가 들어간다.

bridge protocol data unit BPDU 참조.

broadcast address 모든 장비를 대표하는 주소로, 한 메시지를 모든 장비에게 보낼 때 사용된다. 이더넷에서는 모든 바이너리가 1인 MAC 주소 또는 FFFF.FFFF(FFFF는 16진수)이며, IPv4에서는 subnet broadcast address를 참조하도록 하자.

broadcast domain 장비들 중 한 장비에서 발생하는 브로드캐스트 프레임을 수신하는 모든 장비의 집합. 동일한 VLAN 내의 장비들은 동일한 브로드캐스트 영역에 존재한다.

broadcast subnet 클래스 A, B, C 네트워크를 서브네팅할 때, 모든 서브넷 비트 값이 1인 클래스풀 네트워크 내의 하나의 서브넷. 이 서브넷 내의 서브넷 브로드캐스트 주소는 클래스풀 네트워크의 전역 브로드캐스트 주소와 같은 값을 가진다.

C

cable Internet 일반적으로 비디오용으로 사용되는 케이블 TV(CATV) 케이블을 사용하여 데이터를 송수신하는 인터넷 접근 기술.

carrier Ethernet MEF 문서에 따르면 이전에는 메트로 이더넷이라 불렸던 용어로, 일반적으로 이더넷 링크를 고객과 SP 간의 액세스 링크로 사용하는 WAN 서비스를 의미.

central office(CO) SP가 스위칭 장비를 보유하고 있는 건물을 지칭하는 용어로, SP가 각 가정과 기업에서 해당 건물로 케이블을 연결한다.

centralized control plane 네트워크 전반에 기능을 분산시키는 대신, 제어부 기능을 중앙에 배치하여 네트워크 프로토콜 및 제품을 설계하는 방법.

Channel-group 시스코 스위치가 특정 측면에서 링크 번들을 단일 링크처럼 취급하여 사용할 때의 용어. 비슷한 용어로는 EtherChannel과 PortChannel이 있다.

CHAP Challenge Handshake Authentication Protocol. 링크의 양쪽 끝에 있는 장비가 다른 쪽 장비를 공인된 장비로 인증하기 위해 PPP에서 사용하는 보안 기능.

chassis aggregation 두 개의 분배 또는 코어 스위치를 하나로 결합하여, 두 스위치의 전송부 기능을 공유하고(액티브/액티브), 한 스위치에 제어부 기능을 중앙 집중화(액티브/스탠바이) 하여 사용하는 시스코 기술.

CIDR Classless Interdomain Routing. 글로벌 IP 주소 범위 할당을 위한 RFC 표준 도구. CIDR을 사용하면 인터넷 라우터의 라우팅 테이블 크기를 줄일 수 있으며, 이를 통해 인터넷의 급속한 성장에 대비할 수 있다. 클래스리스라는 용어는 요약된 네트워크 그룹이 IPv4 클래스풀(A, B, C 클래스) 그룹화 규칙에 따르지 않는 주소 그룹을 나타낸다.

CIDR notation prefix notation 참조.

circuit switching '호'가 성립된 시간 동안, 송신자와 수신자 단에 물리적인 회선 경로가 존재하여야만 하는 스위칭 시스템. 전화 회사 네트워크에서 주로 사용됨.

Cisco Access Control Server(ACS) AAA 서버로 동작하는 시스코 제품.

Cisco AnyConnect Secure Mobility Client 사용자 단말에, 클라이언트 소프트웨어를 사용하여 클라이언트 VPN을 생성하는 시스코 소프트웨어 제품. 일반적으로 시스코 VPN 클라이언트라고 함.

Cisco Express Forwarding(CEF) IP 라우팅 테이블 대신에 사용되는, 검색 효율이 높은 FIB(Forwarding Information Base)를 생성하여 포워딩 처리를 최적화하는 오래전부터 사용된 시스코 IOS 내부 기능으로, 다음-홉 주소에 도달하는 데 사용된 새 데이터링크 헤더를 캐시하는 인접 테이블과 함께 사용됨.

Cisco Intercloud Fabric 기업이 서로 다른 클라우드 서비스에 연결하고 서로 다른 공공 클라우드 서비스 간의 관리 및 이전을 돕는 데 도움이 되는 다양한 기능을 제공하는 시스코 소프트웨어.

Cisco Open SDN Controller(OSC) OpenDaylight 컨트롤러를 기반으로 한 시스코의 상용 SDN 컨트롤러.

Cisco Prime SNMP를 사용하고 시스코 네트워크 장비를 관리하는 데 사용할 수 있는 GUI(Graphical user interface) 소프트웨어. 시스코 Prime이라는 용어는 많은 개별 소프트웨어 제품을 아우르는 '포괄적인' 용어이다.

Cisco VPN client Cisco AnyConnect Secure Mobility Client 참조.

Class of Service(CoS) QoS 동작을 적용하기 위해 이더넷 프레임을 마킹하고 분류하기 위한 802.1Q 헤더의 3비트 필드에 대한 비공식적인 용어. PCP(Priority Code Point)의 또 다른 명칭.

Class Selector(CS) 첫 번째 3비트가 이전 IP 우선순위 필드에 사용된 8개 값과 부합하는, 8개의 식별 가능 DSCP 값을 가지기 위해 이진수 000으로 끝나는 8개의 DSCP 값의 이름.

classful addressing 서브넷된 IP 주소가 네트워크, 서브넷, 호스트의 세 부분으로 정의되는 IPv4 주소의 개념.

classful network IPv4 A, B, C 클래스 네트워크. IPv4 주소의 클래스 룰에 의해 정의된 네트워크이기 때문에 클래스풀 네트워크라 불림.

classful routing protocol 라우팅 프로토콜의 고유 특성. 라우팅 프로토콜은 라우팅 갱신에 서브넷 마스크를 전송할 필요가 없다. 프로토콜이 클래스풀 네트워크라 가정하게 되며 VLSM과 수동 경로 요약을 지원하지 않는다.

classification 네트워킹 메시지의 다양한 필드를 검사하여 특정 메시지가 사전에 결정된 그룹(클래스)에 맞는지 확인하는 프로세스

classless addressing 서브넷된 IP 주소를 프리픽스(또는 서브넷)와 호스트의 두 부분으로 정의하는 IPv4 주소 개념.

classless interdomain routing(CIDR) CIDR 참조.

classless routing 기본 경로가 사용되는 구체적인 방법을 정의하는 IPv4 전송(라우팅) 절차. 목적지 IP 주소가 어떠한 경로와도 부합하지 않는 패킷에 기본 경로를 사용.

classless routing protocol 라우팅 프로토콜의 고유 특성. 라우팅 갱신에 서브넷 마스크를 전송하여 특정 서브넷이나 네트워크의 주소에 관한 추정을 할 필요가 없게 된다. VLSM과 수동 경로 요약을 지원한다.

client VPN 한쪽의 엔드포인트가 전화기, 태블릿, PC와 같은 사용자 장치인 VPN.

clock rate 시리얼 링크가 전송 매체의 비트를 인코딩하는 속도.

clock source 동기 링크를 사용할 때 링크상의 다른 장비가 속도를 조절하는 장비.

clocking 시리얼 케이블의 별도 핀 또는 전송된 신호의 신호 전환의 일부로 케이블을 통해 신호를 공급하는 프로세스로, 수신 장비가 송신 장비와 동기화를 유지할 수 있다.

cloud services catalog 클라우드 컴퓨팅 서비스에서 가능한 서비스 목록.

Cloud Services Router(CSR) 클라우드 서비스 또는 다른 가상화된 환경에서 사용자가 제어 가능한 라우터로 사용하기 위한, 시스코 하드웨어가 아닌 가상 머신으로 실행되는 시스코 라우터 소프트웨어 이미지.

committed information rate(CIR) 캐리어/메트로 이더넷에서 SP가 특정 EVC를 통해 제공하도록 결정한 대역폭 양(일반적으로 비트/초 단위로 측정)의 개념. SP는 CIR보다 많은 비트/초를

전달할 수 있지만, CIR이 정의한 양만큼의 제공을 약속한다.

composite metric 경로에 대한 EIGRP 메트릭 계산 결과를 나타내는 EIGRP의 용어.

confidentiality(privacy) 인터넷의 중간자(man in the middle)가 데이터를 읽을 수 없게 함.

configuration revision number VTP가 VLAN 설정 데이터베이스의 버전 식별 시 사용하는 번호. 설정 데이터베이스가 변경될 때마다 스위치는 설정 수정 번호를 1씩 증가시킨다.

congestion window TCP를 사용하면 TCP 세그먼트 손실에 응답하여 윈도우를 축소하고 수신자에게 부여되는 윈도를 제한하는 각 TCP 수신기의 계산이 수행된다.

console port 컴퓨터가 터미널 에뮬레이터를 사용하고 CLI를 사용하여 라우터 및 스위치를 설정, 검증, 장애 처리를 할 수 있도록 컴퓨터와 라우터/스위치 간에 케이블을 연결할 때 사용하는 물리 소켓.

contiguous network IPv4에서, 단일 클래스풀 네트워크 내의 서브넷 간의 패킷 전송 시 그 네트워크 내의 서브넷만을 통과하여 전송하는 인터넷 디자인 방식.

control plane 네트워크의 각 메시지를 전달하는 전송부 처리를 제외한, 전송부 전송을 수행하는 장비를 직접 제어하는 네트워킹 장비 및 컨트롤러의 기능.

convergence 라우팅 프로토콜이 나쁜 경우를 제거하고 새롭고 더 나은 경로를 추가하여, 모든 최신, 최선의 경로가 라우팅 테이블에 추가된 경우의, 네트워크의 변경에 반응하는 시간.

core 컴퓨터 아키텍처에서, CPU의 명령을 실행할 수 있는 개별 프로세싱 유닛; 현대의 서버 프로세서는 일반적으로 여러 개의 코어를 가지며, 각각은 동시에 명령을 실행할 수 있다.

CSU/DSU Channel Service Unit/Data Service Unit. 통신 회사의 물리적 회선을 CPE 장비에 연결하는 장비로, 회선에서 사용되는 전압, 전류, 프레임, 커넥터를 DTE에서 지원하는 물리적 인터페이스에 맞게 조정한다.

customer edge(CE) 일반적으로 MPLS VPN 네트워크에서 SP가 사용하는 용어로, SP 네트워크에 연결되어 SP 네트워크의 가장자리에 있는 고객용 장비를 가리킨다.

customer premises equipment(CPE) 통신사가 제공하는 WAN 서비스에 연결하는 통신사 고객 사이트(기업 사이트)의 현장 장비를 가리키는 통신사 용어.

D

data integrity 패킷이 인터넷을 통과할 때 패킷이 변경되지 않았는지를 검증하는 것.

data link connection identifier(DLCI) 특정 액세스 링크에서 VC를 식별하는 프레임 릴레이 주소.

data plane 메시지 수신, 메시지 처리 및 메시지 전송 프로세스의 일부인 네트워킹 장치의 기능.

data VLAN PC 및 서버와 같이 이더넷에 연결된 일반적인 데이터 장비에서 사용되는 VLAN. 음성 VLAN과 비교하여 사용됨.

Database Description OSPF LSDB의 LSA에 대한 간단한 설명을 나열하는 OSPF 패킷 유형.

DCE Data Circuit-terminating Equipment. Data Communications Equipment라고도 함. 물리적 계층 관점에서 WAN 링크에 클록킹을 제공하는 장비로써 대개 CSU/DSU가 DCE에

해당한다. 패킷 교환 관점에서는 라우터가 연결되는 SP의 스위치가 DCE에 해당한다.

Dead Interval OSPF상에서, 각 네이버를 위하여 사용되는 타이머. 타이머에 의하여 정의된 시간 내에 네이버로부터 헬로를 받지 못하면 라우터는 실패한 것으로 간주됨.

decrypt/decryption 암호화된 데이터를 수신하여 원래의 암호화되지 않는 데이터를 추출하기 위해 처리하는 기능.

deencapsulation 네트워크를 통해 데이터를 수신하는 컴퓨터에서, 장비가 하위 계층 헤더를 해석하고 각 헤더가 끝나면 헤더를 제거하여 상위 계층의 PDU를 표시하는 프로세스.

default gateway/default router IP 호스트에서 패킷의 목적지 주소가 로컬 서브넷이 아닌 서브넷에 있을 때 호스트가 패킷을 보내는 일부 라우터의 IP 주소.

delay QoS에서 메시지가 네트워크를 통과하는 데 걸리는 시간. 지연은 단방향 지연(출발지 호스트에서 목적지 호스트로 메시지를 보내는 데 필요한 시간) 또는 양방향 지연(출발지에서 목적지 호스트로 간 다음 다시 돌아오는 데 걸리는 시간)을 가리킨다.

delivery header 데이터를 캡슐화(암호화된 페이로드 패킷)하는 데 사용되는 외부의 암호화되지 않은 IP 헤더를 가리키는 GRE 용어.

demilitarized Zone(DMZ) 기업의 인터넷 가장자리의 디자인에서 하나 이상의 서브넷은 인터넷의 사용자가 해당 서버에 대한 연결을 시작할 수 있도록 하는 서버를 배치하는 장소로 설정된다. DMZ의 장비는 일반적으로 방화벽 뒤에 있다.

denial of service(DoS) 합법적인 사용자의 네트워크 정상 사용을 거부함으로써 피해를 끼치는 모든 유형의 공격.

deny 패킷을 폐기하는 것을 의미하는 ACL 동작.

designated port STP와 RSTP 상에서 동일한 세그먼트나 충돌 영역에 있는 여러 스위치의 다중 인터페이스 중에 세그먼트로의 프레임 전송에 사용하는 인터페이스를 결정하는 포트의 역할. 세그먼트에 최저 비용의 Hello BPDU를 광고하는 스위치가 DP가 된다.

designated router OSPF의 다중 액세스 네트워크에서 네트워크에 연결된 모든 라우터 간의 OSPF 토폴로지 정보를 교환하는 일련의 절차 관리를 책임지는 역할을 하는 라우터.

DevNet 시스코의 소프트웨어 개발자를 위한 커뮤니티 및 리소스 사이트. 모두에게 열려 있으며, 많은 학습 자료가 있다.

DHCP attack DHCP 프로토콜 메시지를 이용하는 모든 공격.

DHCP Binding Table 새 DHCP 임대에 대한 메시지가 생길 때 스위치의 DHCP 스누핑 기능에 의해 작성된 테이블로, 장비의 IP 주소, MAC 주소, 스위치 포트 및 VLAN을 포함하여 합법적이고 성공적인 DHCP 임대에 관한 정보가 들어있는 테이블.

DHCP snooping 스위치가 들어오는 DHCP 메시지를 검사하고 비정상적인 메시지를 필터링하는 DHCP 공격의 일부일 수 있는 스위치 보안 기능.

dial access 데이터를 보내기 전에 연결을 설정하기 위해 장비에서 신호를 보내야 하는(전화기에서 버튼을 누르는 것과 동일함) 통신사 네트워크를 사용하는 모든 종류의 스위치 WAN 서비스를 일컫는 일반 용어.

dial pool 사용 가능한 인터페이스 관련 리소스에 대한 IOS 설정 개념. PPPoE의 경우, 다이얼러 인터페이스를 물리 이더넷 인터페이스와 연결하는 데에 사용된다

dialer interface 시스코 라우터 내부의 가상 인터페이스로, 다양한 용도로 사용되며 PPPoE가 L3 인터페이스로 작동하고 IOS에서 템플릿으로 사용되는 PPP 설정을 가지고 연계된 버추얼 액세스 인터페이스를 생성한다.

Differentiated Services(DiffServ) RFC2475에 정의된 QoS에 대한 접근 방식으로, 어떤 애플리케이션과 나머지 트래픽 유형이 각 클래스에 할당될 것인지, 각 클래스가 경로의 각 네트워킹 장치에 서로 다른 홉별 QoS를 제공하는지 분류별로 QoS를 적용하는 모델을 사용한다.

Differentiated Services Code Point(DSCP) RFC2474에 정의된 ToS 바이트의 처음 6비트로 존재하는 필드로, IP 헤더 ToS 바이트에 대한 원래 IP RFC의 정의를 재정의한다. 이 필드는 패킷에 대한 차후의 QoS 동작을 수행하기 위해 헤더의 값을 표시하는 데 사용된다.

Diffusing Update Algorithm(DUAL) 경로에 오류가 발생하고 라우터에 FS 경로가 없을 때 EIGRP에서 사용하는 수렴 알고리즘이다. DUAL이 적용될 경우 라우터는 EIGRP Query 메시지와 Reply 메시지를 보내서 루프가 없는 대체 경로를 찾는다.

Digital Subscriber Line(DSL) 제한된 거리에서 기존의 통신사 로컬 루프 구리 배선에 비해 높은 대역폭을 제공하는 공공 네트워크 기술. 일반적으로 사용자를 ISP에 연결하는 인터넷 액세스 기술로 사용된다.

Dijkstra Shortest Path First(SPF) algorithm LSDB를 분석하고 라우터에서 각 서브넷 간의 최저 비용 경로를 찾는 링크-상태(link-state) 라우팅 프로토콜에 사용되는 알고리즘의 이름.

disabled port STP에서 동작하지 않는 포트. 즉, 연결 상태 또는 up/up 인터페이스 상태가 아닌 인터페이스.

discard route 출구 인터페이스가 null0인 고정 경로로, 전송 시에 라우터가 해당 경로와 부합하는 패킷은 폐기한다.

discarding state RSTP 메시지의 예외와 함께 수신된 프레임이 처리되지 않고 스위치는 인터페이스로 아무런 프레임도 송신하지 않는 RSTP 인터페이스 상태.

discontiguous network IPv4에서, 단일 클래스풀 네트워크 내의 두 서브넷 간의 패킷 전송 시, 반드시 다른 클래스풀 네트워크의 서브넷을 통과해야 하는 인터넷 디자인.

distance vector RIP과 IGRP와 같은 내부 라우팅 프로토콜의 동작 논리. 모든 라우터가 매 갱신 때마다 전체 라우팅 테이블을 네이버로만 전송할 것을 요구하는 라우팅 알고리즘이다. 거리 벡터 라우팅 알고리즘은 라우팅 루프가 일어날 가능성이 있지만, 링크-상태 라우팅 알고리즘보다는 간단하다. 벨만-포드(Bellman-Ford) 라우팅 알고리즘이라고도 불린다.

distributed control plane 하나 또는 소수의 장치에 제어부 기능을 집중시키는 대신 각 네트워크 장비에 일부 제어부 기능을 배치하는 네트워크 프로토콜 및 제품을 설계하는 방식. 함께 동작하며 L3 경로를 학습하는 각 라우터에서의 라우팅 프로토콜 사용이 그 예다.

DNS Domain Name System. 호스트명을 연계된 IP 주소로 변환하기 위해 인터넷에서 사용되는 애플리케이션 계층 프로토콜.

DS0 디지털 신호 레벨 0. 원음이 원래 음성(PCM) 코덱을 사용하여 단일 음성 통화를 지원하는 통신사 내부의 64Kbps 회선 또는 빠른 회선 채널.

DS1 디지털 신호 레벨 1. 통신사에서의 1.544Mbps 라인으로, 각각 64Kbps의 24 DS0 채널과 8Kbps 관리 및 프레이밍 채널로 구성. T1이라고도 불린다.

DS3 디지털 신호 레벨 3. 통신사에서의 44.736Mbps 라인으로, 28 DS1 채널과 오버헤드로 구성. T3라고도 불린다.

DSL modem 전화선에 연결하고 DSL 표준을 사용하여 DSL을 사용하는 통신사와 데이터를 송수신하는 장비.

DSL Digital subscriber line. 제한된 거리에서 기존의 통신사 로컬 루프 구리 배선에 비해 높은 대역폭을 제공하는 공공 네트워크 기술. 일반적으로 사용자를 ISP에 연결하는 인터넷 액세스 기술로 사용된다.

DTE Data terminal equipment. 1계층 관점에서, DTE는 DCE가 전송한 시간을 바탕으로 시간을 동기화한다. 패킷 스위칭의 관점에서 보면, DTE는 SP의 네트워크 외부에 있는 장비로, 대개 라우터이다.

dual homed 기업이 하나의 ISP에 연결하지만, 하나의 ISP에 두 개 이상의 링크가 있는 인터넷 가장자리의 디자인.

dual multihomed 기업이 두 개 이상의 ISP에 연결하고, 각 ISP에 두 개 이상의 링크가 있는 인터넷 가장자리의 디자인.

dual stack IPv6에서 호스트 또는 라우터가 IPv4와 IPv6 모두를 수행하는 방식.

DUAL Diffusing Update Algorithm 참조.

Dynamic Multipoint VPN(DMVPN) 라우터 간에 GRE 터널을 동적으로 생성하는 시스코 라우터 기능으로, 멀티포인트 GRE 터널을 사용하여 멀티포인트 토폴로지를 생성하고, NHRP(Next Hop Resolution Protocol)를 사용하여 다른 라우터를 동적으로 검색한다.

E

EAP over LAN(EAPoL) 이더넷 캡슐화를 사용하여 LAN을 통해 EAP 메시지를 전달하는 방법에 대한 프로토콜 세부 정보. EAP 메시지가 이더넷 프레임 내부에 직접 캡슐화되어 있다.

eBGP multihop 라우터가 BGP에서 eBGP로의 연결을 위해 1(정상 값) 이외의 값으로 보낸 패킷의 TTL을 설정하여 패킷을 폐기하지 않고 피어로 전달할 수 있도록 하는 설정 기능.

EIGRP Enhanced Interior Gateway Routing Protocol. 시스코에서 개발된 IGRP의 상위 버전이다. 더 뛰어난 수렴 특징과 운영 효율성을 제공하며, 거리 벡터 프로토콜과 링크 상태 프로토콜의 장점이 결합된 프로토콜이다.

EIGRP for IPv4 classic mode IPv4에 대해 EIGRP를 설정하는 전통적인 방법으로, EIGRP 라우터 설정 모드에서 간접적으로 **network** 명령어를 사용하여 인터페이스에서 EIGRP를 사용할 수 있다.

EIGRP for IPv4 named mode 클래식 모드에 비해 IPv4에 대한 EIGRP를 설정하는 새로운 방법으로, 인터페이스 하위 명령어로 인터페이스에서 직접 EIGRP를 사용하고, EIGRP 라우터 설정 모드에서 어드레스 패밀리를 사용한다.

EIGRP for IPv6 IPv4 서브넷 대신 IPv6 프리픽스에 대한 광고 경로를 지원하는 EIGRP 버전.

E-LAN MEF(MEF.net)에서 정의한 특정 캐리어/메트로 이더넷 서비스로, LAN과 매우 유사한 서비스를 제공하며 두 개 이상의 고객 사이트가 하나의 E-LAN 서비스에 풀 메시로 연결되어 있어, E-LAN의 각 장비는 이더넷 프레임을 다른 모든 장치로 직접 보낼 수 있다.

E-Line MEF(MEF.net)에서 정의한 특정 캐리어/메트로 이더넷 서비스로, 두 장비가 이더넷 크로스오버 케이블을 사용하여 연결된 것처럼 두 고객사 장비 간에 포인트 투 포인트 토폴로지를 제공한다.

enable mode 사용자가 라우터나 스위치에서 잠재적으로 영향력 있는 명령어를 사용할 수 있는 시스코 IOS CLI의 일부로, 설정 모드로 들어가서 라우터를 재설정하는 기능을 포함한다.

encapsulation next-lower-layer 프로토콜의 헤더 뒤에 있는 상위 계층 프로토콜(경우에 따라 헤더와 트레일러 사이)의 데이터 배치. 예를 들어, IP 패킷은 이더넷을 통해 전송되기 전에 이더넷 헤더 및 트레일러에 캡슐화될 수 있다.

encoding 장비가 특정 이진 코드를 나타내기 위해 케이블을 통한 전기적 또는 광학적 신호를 변경시키는 방법. 예를 들어 모뎀은 하나의 주파수를 사용하여 1을 의미하고 다른 하나는 0을 의미함으로써 0과 1을 표현할 수 있다.

encrypt/encryption 특정 데이터를 가로채는 사람이 읽을 수 없는 형식으로 데이터를 가져와서 보낼 수 있는 기능.

encryption key 암호화 프로세스에서 사용하는 수학 공식에 대한 입력으로 사용되는 비밀 값.

End of Row(EoR) switch 여러 랙에 서버가 있고 여러 줄로 랙이 있는 기존의 데이터 센터 설계에서, 줄의 끝에 있는 랙에 배치된 스위치는 동일한 줄에 있는 모든 ToR(Top of Rack) 스위치에 케이블을 연결하여 해당 줄의 스위치에 대한 분배 스위치 역할을 할 수 있다.

EtherChannel 동일한 속도를 사용하는 동일한 두 장비 간에, 최대 8개의 병렬 이더넷 세그먼트가 존재하는 기능. L2 이더채널은 전송과 STP 논리로 단일 링크처럼 작동하고, L3 이더채널은 스위치의 L3 라우팅 로직을 사용하여 단일 링크처럼 작동한다.

Ethernet access link 이더넷을 사용하는 WAN 액세스 링크(SP와 고객 사이의 물리적 링크).

Ethernet LAN Service E-LAN의 다른 용어. E-LAN 참조.

Ethernet Line Service E-Line의 다른 용어. E-Line 참조.

Ethernet Tree Service E-Tree의 다른 용어. E-Tree 참조.

Ethernet Virtual Connection(EVC) 어떤 고객 장비가 이더넷 WAN 서비스를 통해 프레임을 서로 전송할 수 있는지를 정의하는 캐리어/메트로 이더넷의 개념. E-Line, E-LAN 및 E-Tree EVC 포함.

Ethernet WAN 고객과 서비스 사업자 간의 액세스 링크로 이더넷 링크를 사용하는 모든 WAN 서비스에 대한 일반 및 비공식 용어.

E-Tree 루트 사이트가 모든 리프에 직접 프레임을 보낼 수 있지만 리프 사이트는 루트 사이트에만 보낼 수 있는 루트 멀티포인트 서비스를 제공하는 MEF(MEF.net)에서 정의한 특정 캐리어/메트로 이더넷 서비스.

EUI-64 문자 그대로 64비트 길이의 확장된 고유 식별자에 대한 표준이다. 특히 IPv6의 경우, 48비트 MAC 주소로 시작하고 가운데에 FFFE(16진수)를 삽입하고 일곱 번째 비트를 반전하여 IPv6 주소에서 인터페이스 ID로 사용되는 64비트 식별자를 만들기 위한 규칙의 집합이다.

Expedited Forwarding(EF) 특정 DSCP 값의 이름과 DiffServ에서 정의한 홉 단위의 동작에 대한 용어. 네트워크 장비가 우선순위 큐잉와 같은 특정 홉 단위 동작을 적용해야 하는 패킷에 대해 10진수 값 46이 표시된다.

extended access list 라우터를 통해서 어떤 패킷을 폐기하고 허가하는가를 결정하기 위해, 출발지와 목적지 IP 주소와 TCP/UDP 포트, IP 패킷의 여러 부분을 비교하는 IOS **access-list** 글로벌 설정 명령어 목록.

extended ping 목적지 IP 주소 외에 여러 옵션을 넣을 수 있는 **ping** 명령어.

Extensible Authentication Protocol(EAP) IEEE 802.1x에서 사용되는 인증 프로토콜.

External BGP 다른 AS 번호의 두 라우터 간에 사용하는 BGP로, 내부 BGP(iBGP)와 다른 규칙을 사용한다.

External Border Gateway Protocol(eBGP) External BGP 참조.

exterior gateway protocol(EGP) ❶ 다른 AS 사이에서 사용하기 위한 IP 라우팅 프로토콜의 클래스 ❷ BGP보다 먼저 사용되었던 오래된(더 이상 사용되지 않는) 특정 라우팅 프로토콜

F

feasibility condition EIGRP에서 라우터가 한 서브넷에 도달하는 다음 경로를 알았을 때, 최선 경로의 메트릭이 X이면, 알려진 거리 〈 X가 경로의 실현가능한 조건이 된다.

feasible distance EIGRP에서 어떤 서브넷에 도달하는 최상 경로의 메트릭이다.

feasible successor EIGRP에서 최상 경로(석세서 경로)는 아니지만 최상 경로에 오류가 생겼을 때 루프를 일으키지 않고 즉시 사용될 수 있는 경로이다. 이러한 경로는 타당성 조건에 부합한다.

fiber Internet 광섬유 케이블링을 사용하는 인터넷 액세스 기술에 대한 일반 용어. 광 링크에서 종종 이더넷 프로토콜을 사용한다.

filter 일반적으로 출발지 주소, 목적지 주소 또는 프로토콜과 같은 특정한 특성에 대해 네트워크 트래픽을 차단하는 프로세스 및 장치. 이 프로세스는 설정된 조건에 따라 해당 트래픽을 전달할지 폐기할지 결정한다.

First Hop Redundancy Protocol(FHRP) HSRP, VRRP 및 GLBP를 포함하는 프로토콜 클래스로, 동일 서브넷에 있는 여러 중복 라우터를 단일 기본 라우터(첫 번째 홉 라우터)로 사용할 수 있다.

flash memory 읽기/쓰기가 가능한 영구 메모리의 한 유형으로 메모리에 전원이 공급되지 않

아도 내용이 유지되고 움직이는 부분이 없어 시간이 지나도 메모리에 장애가 발생할 가능성이 적다.

FlexStack 시스코의 스위치 스태킹 기술로, 최대 4개의 2960-S 또는 2960-X 모델 스위치를 결합하여 단일 논리 스위치로 작동한다.

FlexStack-Plus 시스코의 스위치 스태킹 기술로, FlexStack을 개선한 기술이며 2960-X 또는 2960-XR 모델 스위치를 최대 8개까지 조합하여 단일 논리 스위치로 사용할 수 있다.

forward 인터네트워킹 장치를 통해 최종 목적지로 프레임을 전송.

forward delay 인터페이스가 청취 상태(listening state)에 머물러 있는 시간과 학습 상태(learning state)에 소비된 시간을 지시하는 데 사용하는 15초로 기본 설정된 STP 타이머. 전달 지연 타이머라고도 한다.

forward route 한 호스트의 관점에서, 그 호스트에서 다른 여러 호스트로 패킷이 전송되는 경로.

Forwarding plane 전송부의 동의어. data plane 참조.

forwarding state 인터페이스가 STP에 의해 제한 없이 작동하는 STP 및 RSTP 포트 상태.

Frame Relay DTE 장치(일반적으로 라우터)가 프레임 릴레이 서비스에 대한 단일 물리 연결을 사용하여 다른 많은 장치로 데이터를 보낼 수 있도록 프레임 교환(패킷 교환) 서비스를 만드는 기능을 정의하는 국제 표준 데이터링크 프로토콜.

framing 2계층이 OSI 1계층을 통하여 보내진 비트들을 해석하는 관습. 예를 들어, 전기 신호가 들어와서 이진수로 변환되면, 프레이밍으로 데이터 안의 정보 필드를 알게 된다.

FTP File Transfer Protocol. 네트워크 노드 간에 파일을 전송하는 데 사용되는 TCP/IP 프로토콜 스택의 일부인 애플리케이션 프로토콜. FTP는 RFC959에 정의되어 있다.

full duplex 일반적으로, 통신하는 두 장비 간에는 동시에 데이터 송수신이 가능하다. 구체적으로 이더넷 LAN의 동시 송수신이 가능한 기능. 충돌 영역에 단 두 개의 장비만 있을 때 허용된다. CSMA/CD 충돌 검출 논리를 끔으로써 전이중이 가능해진다.

full mesh 토폴로지 관점에서 두 개 이상의 장비가 있는 토폴로지. 각 장비는 다른 모든 장비에 프레임을 보낼 수 있다.

full state OSPF에서, 두 라우터가 각자의 LSDB의 전체 내용을 교환한 이웃 상태.

full update IP 라우팅 프로토콜이 모든 알려진 경로 갱신을 나열하는 개념. partial update 참조.

fully adjacent OSPF에서, 두 개의 이웃이 Full state에 도달한 상황의 네이버 상태를 지칭.

G

Gateway Load Balancing Protocol(GLBP) 2개(또는 그 이상)의 라우터가 서브넷상의 기본 라우터로서의 역할을 공유할 수 있는 시스코 고유의 프로토콜로, 액티브/액티브 모델을 사용하며 모든 라우터가 서브넷의 일부 단말에 오프서브넷 트래픽을 전송한다.

generic routing encapsulation(GRE) RFC2784에 정의된 프로토콜로, 사이트 간 VPN 터널을

만들 때 사용되는 헤더를 정의한다. 이 프로토콜은 전달 헤더라고 불리는 표준 IP 헤더와 GRE 터널을 통해 트래픽을 생성하고 관리하는 데 사용하는 GRE 헤더 사용을 정의한다.

global routing prefix 한 조직에 할당된 글로벌 유니캐스트 주소로 구성된 IPv6 주소 블록을 정의하는 IPv6 프리픽스로, 해당 조직에서 네트워크에 사용할 글로벌 고유 IPv6 주소 블록을 가진다.

global unicast address IANA/ICANN, 다른 등록 기구 및 ISP에 등록된 공인 글로벌 고유 IP 주소의 범위에서 할당된 IPv6 유니캐스트 주소 형식.

GRE tunnel 실제로 GRE 표준을 사용하여 패킷을 캡슐화하면서 지점간 링크(터널)가 사이트 간에 존재하는 것처럼 엔드포인트가 작동하는 사이트 간 VPN의 개념.

H

HDLC High-level Data Link Control. ISO(International Organization for Standardization)에서 개발한 비트 지향의 동기식 데이터링크 계층 프로토콜이다. SDLC(synchronous data link control)에서 파생된 HDLC는 프레임 캐릭터와 체크섬을 이용해 동기 시리얼 링크의 데이터 캡슐화 방법을 명시한다.

Hello (여러 개의 정의) ❶ 네이버 관계를 발견하고, 확립하고, 유지하는 OSPF 프로토콜. ❷ 네이버 관계를 발견하고, 확립하고, 유지하는 EIGRP 프로토콜. ❸ STP에서 스패닝트리의 루트 브릿지에서 보내는 주기적인 메시지.

Hello BPDU 루트 브릿지 ID, 송신 장비의 브릿지 ID, 송신 장비의 루트에 도달하기 위한 코스트 등을 나열하는 대부분의 STP 통신에서 사용되는 STP와 RSTP 메시지.

Hello Interval OSPF와 EIGRP에서, 라우터가 얼마나 자주 헬로 메시지를 보내는지를 감지하는 인터페이스 타이머.

Hello timer STP에서 루트 스위치가 Hello BPDU를 보내는 시간 간격.

host 가상화된 서버 환경에서 여러 가상 머신을 만들기 위해 하이퍼바이저를 실행하는 하나의 물리 서버를 지칭하는 용어.

Hot Standby Router Protocol(HSRP) 2개(또는 그 이상)의 라우터가 서브넷상의 기본 라우터로서의 역할을 공유할 수 있는 시스코 고유의 프로토콜로, 액티브/스탠바이 모델을 사용하며 하나의 라우터가 기본 라우터로 작동하고 다른 라우터는 첫 번째 라우터에 장애가 발생하면 그 역할을 대신 수행하기 위해 대기한다.

HSRP active 라우터의 해당 서브넷의 호스트에 대한 오프서브넷 패킷 전달을 지원하는 HSRP(Hot Standby Router Protocol)의 상태.

HSRP standby 라우터가 해당 서브넷의 호스트에 대한 오프서브넷 패킷 전달을 지원하지 않고, 현재 활성 라우터가 해당 역할 인수 전에, 대기 중인 HSRP(Hot Standby Router Protocol)의 상태.

hub-and-spoke 토폴로지 관점에서, 다른 모든 장비로 메시지를 보낼 수 있는 장비(허브)가 있고, 허브에만 메시지를 보낼 수 있는 하나 이상의 스포크 장비가 있는 토폴로지. 포인트-투-멀티포인트라고도 불린다.

Hyperthreading 인텔의 멀티스레딩 기술의 이름.

hypervisor 서버 하드웨어에서 실행되는 소프트웨어로, CPU 코어/스레드, RAM, 디스크 및 네트워크와 같은 서버 구성요소를 서버에서 실행되는 VM에 할당하여 가상화된 서버 환경의 토대를 만든다.

I

ICMP-Echo operation 프로브 메시지가 표준 ICMP 에코 요청(즉, **ping** 명령으로 보낸 것과 동일한 메시지)인 특정 유형의 IP SLA 프로브.

ICMP Echo Reply 네트워크에서 연결 상태를 테스트하기 위해 **ping** 명령어를 수신 메시지로 사용하는 ICMP 메시지 유형. **ping** 명령어는 먼저 호스트에 ICMP 에코 요청 메시지를 보낸 후 다른 호스트에서 이 메시지를 수신한다.

ICMP Echo Request 네트워크에서 연결 상태를 테스트하기 위해 **ping** 명령어를 송신 메시지로 사용하는 ICMP 메시지 유형. **ping** 명령어는 다른 호스트가 ICMP 에코 응답 메시지로 회신할 것을 예상하며 이 메시지를 다른 호스트로 보낸다.

ICMPv6 **ping** 명령어에서 사용하는 에코 요청/회신 메시지 및 NDP(Neighbor Discovery Protocol)를 포함하여 다양한 용도로 사용되는 IPv6용 인터넷 제어 메시지 프로토콜.

IEEE 802.11 무선 랜에 대한 IEEE 기본 표준.

IEEE 802.1AD 시스코의 이더채널과 같은 기능의 IEEE 표준.

IEEE 802.1D 오리지널 STP에 대한 IEEE 표준.

IEEE 802.1Q VLAN 트렁킹 프로토콜에 대한 IEEE 표준. 802.1Q에는 VLAN 헤더가 추가되지 않는 네이티브 VLAN의 개념이 포함되며, 오리지널 프레임의 종류/길이 필드 다음에 4바이트의 VLAN 헤더가 삽입된다.

IEEE 802.1s MIST(Multiple Instances of Spanning Tree)에 대한 IEEE 표준. 다른 VLAN 사이의 트래픽 로드 밸런싱을 지원한다.

IEEE 802.1w 수렴 속도가 향상된 RSTP라 불리는 STP의 향상된 버전에 대한 IEEE 표준이다.

IEEE 802.3 이더넷과 같은 LAN에 대한 IEEE 기본 표준이다.

IGRP Interior Gateway Routing Protocol. 시스코에서 예전에 개발한 IGP로서 더 이상 지원되지 않는다.

inferior Hello STP에서 두 개 이상의 수신 Hello BPDU를 비교할 때, 다른 것보다 더 큰 루트 브릿지 ID를 가지거나, 같은 루트 브릿지 ID를 가졌어도 큰 코스트를 가진 Hello.

infinity IP 라우팅 프로토콜의 내용 중에서 라우팅 프로토콜 갱신에서 사용 불가한 경로를 표현하는 데 사용되는, 라우팅 프로토콜에 의해 정의된 한정된 메트릭 값.

Infrastructure as a Service(IaaS) 서비스가 컴퓨팅 리소스(CPU, RAM, 디스크 및 네트워크)를 정의한 가상 머신으로 구성되며, 설치된 OS와 함께 제공되거나 제공되지 않을 수 있는 클라우드 서비스.

Integrated Services(IntServ) DiffServ와는 다른 QoS 접근 방식으로, 각 플로에 대한 QoS 특성을 예약하여 플로당 QoS가 적용된다.

integrity 데이터 전송 시에 네트워크 관리자가, 정보가 전송 중에 변경되지 않았음을 확인할 수 있는 방법.

interarea prefix LSA OSPFv6에서, ABR에 의해 작성된 OSPFv2의 Type 3 요약 LSA와 유사한 유형의 LSA로, 다른 영역의 데이터베이스에서 한 영역의 IPv6 프리픽스를 설명한다.

intercloud exchange 한 클라우드 사업자에서 다른 클라우드 사업자로 마이그레이션할 때도 고객이 WAN 연결을 설치하고 유지할 수 있도록 공공 클라우드 사업자와 고객 간의 연결을 제공하는 WAN 서비스.

interface bandwidth OSPF에서 인터페이스의 기본 OSPF 코스트 메트릭 계산에 사용되는 분자로, 인터페이스 대역폭을 기준 대역폭으로 나눈 값으로 계산한다.

Internal Border Gateway Protocol(iBGP) 외부 BGP(eBGP)와 다른 규칙을 사용하여 동일한 AS 번호 내의 두 라우터 간에 BGP를 사용한다.

interior gateway protocol(IGP) 하나의 AS 내부에서 라우팅 정보를 교환하도록 설계된 라우팅 프로토콜

Internal router OSPF에서 동일한 non-backbone area에 모든 인터페이스가 있는 라우터.

Internet access technology 시리얼 링크, 프레임 릴레이, MPLS, 메트로 이더넷, DSL, 케이블 및 광 인터넷을 포함한, 고객이 ISP와 데이터를 주고받을 수 있는 ISP가 제공하는 모든 기술.

Internet edge ISP와 ISP 고객 사이에 위치하는 인터넷 토폴로지의 부분.

Internet service provider 고객에게 인터넷 서비스를 제공하는 회사 또는 조직. 통신사, WAN 서비스 사업자 및 케이블 회사의 자산을 보유하고 있을 수 있다.

Internetwork Operating System(IOS) IOS 참조.

Inter-Switch Link(ISL) 802.1Q보다 먼저 사용되던 시스코 고유의 VLAN 트렁킹 프로토콜. ISL이 정의하는 26바이트의 헤더에는 오리지널 이더넷 프레임이 캡슐화된다.

IOS 대부분의 라우터 또는 스위치 기능을 제공하는 시스코 운영체제 소프트웨어로, 하드웨어는 나머지 기능을 제공한다.

IOS feature set 특정 기능을 사용하기 위해 라우터에서 활성화할 수 있는 일련의 관련 기능. 예를 들어, 보안 기능 세트를 사용하면 라우터를 네트워크에서 방화벽처럼 작동시킬 수 있다.

IOS image IOS를 포함한 파일.

IP Control Protocol(IPCP) PPP 링크에서 송신되는 IPv4 패킷을 초기화하고 제어할 목적으로 PPP의 일부로 정의된 제어 프로토콜.

IP Precedence(IPP) IP 헤더의 ToS(Type of Service) 바이트의 원래 정의로, ToS 바이트의 처음 3비트는 QoS 동작을 적용하기 위해 IP 패킷을 마킹하는 데 사용된다.

IP Service Level Agreement(IP SLA) 네트워크 엔지니어가 프로브를 구성하고 라우터에서 프로브 메시지를 생성하고 응답을 측정한 후 장애 처리 및 보고를 위해 이러한 결과를 사용할 수 있도록 다양한 측정 프로브 유형을 정의하는 시스코 라우터의 기능.

IP SLA operation 시스코 라우터 IP SLA 기능에 의해 생성되는 테스트 유형. 이 테스트는 여러 유형의 테스트 메시지를 생성할 수 있는데, 네트워크 동작에 대한 측정을 위해 라우터로 하여금 IP SLA 기능이 특정 유형의 패킷을 보내고 응답 수신을 기다리게 한다.

IP SLA responder 라우터의 시스코 IP SLA(Service Level Agreement) 기능을 사용하여, 특정 유형의 IP SLA 프로브 메시지의 수신 및 응답을 기다리는 라우터(해당 라우터 설정 후)에서 실행되는 프로세스.

IP SLA source 라우터의 시스코 IP SLA(Service Level Agreement) 기능을 사용하여, IP SLA 프로브 메시지를 생성하도록 설정된 라우터.

IPsec IP 보안 프로토콜을 가리키는 용어로, IP 네트워크에서 VPN 서비스를 생성할 때 암호화와 인증 서비스를 제공하는 아키텍처이다.

IPv6 prefix length /x로 쓰여진 숫자로, 여기서 x는 0에서 128사이의 정수이며 IPv6 주소의 초기 비트 수를 정의하고, IPv6 서브넷 및 IPv6 ACL을 부합시키는 데에 사용된다.

ISDN Integrated Services Digital Network. 전화 회사에서 전화망으로 데이터, 음성, 영상을 전송하기 위해 사용하는 통신 프로토콜.

ISL Inter-Switch Link 참조.

ISP prefix IPv6에서 일부 인터넷 레지스트리에 의해 ISP에 할당된 주소 블록을 설명하는 접두사.

J

jitter 단일 애플리케이션 플로에서 연속적인 패킷이 경험하는 지연의 변화.

JSON(JavaScript Object Notation) API로 교환할 데이터를 프로그램과 컴퓨터에서 읽을 수 있는 형식으로 표현하고 JavaScript 언어의 일부로 정의하는 널리 사용되는 방법.

K

keepalive 라우터가 이웃 라우터에게, 첫 번째 라우터가 아직 잘 작동하고 있음을 알려주는 주기적인 메시지로 데이터링크 프로토콜의 한 기능.

keyboard, video, mouse(KVM) 서버가 원격으로 설치 및 관리되기 때문에 일반적으로 최신 서버에 포함되지 않는, 일반적인 데스크톱 컴퓨터의 세 가지 구성 요소.

KVM(Red Hat) Red Hat의 서버 가상화/하이퍼바이저 제품인 커널 기반 가상 머신(Kernal-Based Virtual Machine).

L

LACP LACP(Link Aggregation Control Protocol)는 IEEE 802.3ad 표준에 정의된 메시징 프로토콜로, 인접한 두 장비가 여러 병렬 링크를 통해 서로 연결할 수 있음을 인식하고 이더채널로 통합할 링크를 결정한다.

LAN broadcast 목적지 주소 FFFF.FFFF.FFFF로 전송된 이더넷 프레임으로, 프레임이 해당 LAN의 모든 호스트에 전달되어야 함을 의미한다.

LAPF Link Access Procedure Frame Bearer Services. 프레임 릴레이의 기본 헤더와 트레일러를 정의한다. 헤더에는 DLCI, FECN, BECN, DE 비트가 들어간다.

Layer 2 EtherChannel(L2 EtherChannel) Switched port(즉, routed port가 아닌) 역할을 하는 이더채널로, 스위치의 L2 전송 로직에 의해 사용된다. 결과적으로 L2 스위치는 스위치 MAC 주소 테이블에 L2 이더채널을 나열하고, 이러한 MAC 테이블 항목 중 하나를 기반으로 프레임을 전달할 때 스위치는 L2 이더채널의 다양한 포트에서 트래픽 균형을 조정한다.

Layer 3 EtherChannel(L3 EtherChannel) Routed port(즉, switched port가 아닌) 역할을 하는 이더채널로, 스위치의 L3 전송 로직에 의해 사용된다. 결과적으로 L3 스위치는 스위치의 IP 라우팅 테이블에 있는 다양한 경로의 L3 이더채널을 나열하고, 스위치는 L3 이더채널의 다양한 포트로 트래픽을 분산시킨다.

Layer 3 switch L3 라우팅 기능을 수행할 수 있는 LAN 스위치. 이 이름은 이 장치가 여러 OSI 계층(L2 및 L3)의 논리를 기반으로 전송 결정을 내리는 사실에서 유래되었다.

learn 스위치가 송신한 프레임에서 출발지 MAC 주소를 보고 MAC 주소를 학습하는 것을 가리킨다. MAC 주소를 알게 된 포트 번호와 함께 새로운 MAC 주소를 주소 테이블에 추가한다.

learning state STP에서 인터페이스는 프레임을 전송하지 않으나, 전송받은 프레임으로부터 MAC 주소를 알아가기 시작하는 인터페이스의 포트 상태.

leased line SP로부터 가입자의 사적인 용도로 예약된 통신 선로.

Link Control Protocol PPP 링크의 초기화와 관리를 위해 PPP의 일부로 정의된 제어 프로토콜.

link state 라우팅 프로토콜에서 사용되는 기본 알고리즘의 구분. 링크 상태 프로토콜은 최선의 경로 계산 시 필요한 링크(서브넷)와 그들의 상태(업, 다운)를 나타내는 상세 데이터베이스를 만든다.

link-local address 단일 데이터 링크의 인터페이스를 표현하는 유니캐스트 IPv6 주소. 링크-로컬 주소로 송신된 패킷은 그 링크를 건너갈 뿐 라우터의 다른 서브넷으로는 결코 전송되지 않는다. 네이버 탐색(neighbor discovery)과 같은 로컬 링크를 떠날 필요가 없는 통신에 사용.

link-state advertisement(LSA) OSPF에서 사용되며, LSDB 내부에 있으며 라우터와 링크(서브넷)를 포함한 네트워크의 여러 구성 요소를 자세히 설명하는 데이터 구조의 이름.

link-state database(LSDB) OSPF에서 사용되며, 라우터 RAM의 데이터 구조로 네트워크의 전체 토폴로지를 나타내는 전체 LSA를 포함한 여러 LSA 정보가 들어 있다.

Link-State Request 네이버 라우터에게 특정 LSA를 보내달라고 요청할 때 쓰는 OSPF 패킷.

Link-State Update 네이버 라우터에게 LSA를 보낼 때 사용하는 OSPF 패킷.

listening state 블록된 인터페이스 상태에서 전송 상태로 바뀔 때 즉시 발생하는 임시 STP 포트 상태. 스위치는 이 상태 동안 MAC 테이블 항목을 타임아웃시킨다. 인터페이스를 통해 수신된 프레임도 무시되고, 아무런 프레임도 전송될 수 없다.

local loop 전화 가입자 가정에서 전화 회사 CO에 이르는 라인.

local SPAN 모니터링하는 프레임과 SPAN 목적지 포트가 동일한 스위치에 있는 SPAN 모니터 세션.

local username 라우터 또는 스위치에 구성된 사용자 이름(암호와 일치). 라우터나 스위치에 존재하고 원격 서버에 존재하지 않으므로 로컬로 간주된다.

logical switch 스위치 스택에서, 전체 스택이 하나의 스위치로 작동한다는 점에서 전체적인 스위치 동작을 가리키는 논리 스위치라는 용어.

loss 전송되었지만 대상 호스트에 도달하지 않은 네트워크의 패킷에 대한 참조.

low latency queue 시스코 큐잉 시스템에서, 해당 큐가 패킷을 보유하고 있으면 큐 스케줄링 알고리즘이 항상 다음에 패킷을 취하는 큐. 이 스케줄링 선택은 이 큐의 패킷이 큐에서 거의 시간을 보내지 않아 낮은 지연(대기 시간) 및 낮은 지터를 달성할 수 있음을 의미한다.

Low Latency Queuing(LLQ) 대기 시간과 지터에 민감한 메시지가 항상 서비스되는 큐에 배치되어 대기 시간이 짧아, 메시지에 지터가 발생하는 시스코 라우터 및 스위치에서 사용할 수 있는 큐잉 시스템의 이름.

LSA link-state advertisement 참조.

LTE 문자 그대로 Long Term Evolution이지만, 원래의 4G 사양보다 빠른 속도를 제공하는 무선 4G 기술 유형을 나타내는 단어 자체로 사용된다.

M

Management Information Base(MIB) SNMP에 의해 정의된 데이터 구조는 트리의 나뭇잎에 해당하는 부분에 변수가 있는 계층(트리) 구조를 정의하여, SNMP 메시지가 변수를 참조할 수 있다.

management plane 장비 자체를 제어하지만, 제어부 프로토콜과 같이 장비의 전송 동작에는 영향을 주지 않는 네트워킹 장비 및 컨트롤러의 기능.

man-in-the-middle attack 침입자가 사용자와 서버 간에 전송된 메시지를 캡처하기 위해, 사용자와 일부 서버 간의 일부 장비 및 프로세스에 대한 제어권을 얻는 모든 유형의 공격.

marking 나중에 표시된 값을 기반으로 메시지를 분류하기 위해, IP 헤더의 DSCP 필드를 포함하여 다양한 네트워크 프로토콜 헤더의 작은 필드 집합 중 하나를 변경하는 프로세스.

match/action logic 네트워킹 요소에 의해 수행되는 기본 논리: 들어오는 메시지를 수신하고, 메시지의 필드를 부합시키며, 해당 부합을 기반으로 한 논리를 사용하여 메시지에 대한 조치를 취한 후 메시지를 전달한다.

MaxAge STP에서, 스위치가 루트 스위치로부터 더 이상 Hello를 받지 않을 때 STP 토폴로지의 재수렴을 실행하기 전에 얼마나 기다려야 하는지를 나타내는 타이머. MaxAge 타이머라고도 불린다.

maximum paths 시스코 IOS에서, IOS가 IP 라우팅 테이블에 동시에 추가할 단일 서브넷에 도달하는 동일한 코스트의 경로 수에 대한 참조.

metric 동일 서브넷에 도달하기 위해 대체 경로와 비교하여 얼마나 경로가 좋은지를 결정하는 수치 측정값으로, 라우팅 프로토콜에 의하여 사용됨.

Metro Ethernet 고객과 SP 간의 액세스 링크로 이더넷 링크를 사용하는 WAN 서비스에 사용된 원래 용어.

metropolitan-area network(MAN) SP가 고객 사이트와 동일하나 도시에 있는 고객 사이트를 연결하기 위해 제공하는 서비스. 도시의 대도시 지역에서 그 이름이 유래되었다.

MIB Management Information Base 참조.

MIB view 특정 SNMP 매니저에 대한 MIB의 일부 액세스를 제한하기 위해 SNMP 에이전트의 MIB 하위 집합을 식별하는 SNMPv3의 개념.

modem Modulator-demodulator. 컴퓨터가 아날로그 전화선을 사용하여 다른 컴퓨터에 데이터를 전송할 수 있도록 디지털 신호와 아날로그 신호를 변환하는 장치. 출발지에서 모뎀은 디지털 신호를 아날로그 통신 설비를 통한 전송에 적합한 형식으로 변환한다. 목적지에서 아날로그 신호는 디지털 형식으로 변환된다.

MPLS Multiprotocol Label Switching 참조.

MPLS Experimental Bits QoS 마킹에 사용되는 MPLS 라벨의 3비트 필드.

MPLS VPN 많은 고객이 동일한 MPLS 네트워크에 접속하는데, VPN 기능을 사용하는 MPLS 기술 기반 WAN 서비스는 각 고객 트래픽을 다른 사람들과 구분한다.

MTU Maximum transmission unit. 특정 인터페이스가 처리할 수 있는 최대 패킷 크기(바이트).

multiarea OSPFv2 및 OSPFv3에서 여러 영역을 사용하는 디자인.

Multichassis EtherChannel(MEC) 스위치 스택의 스위치를 이더채널의 한 엔드포인트로 사용할 수 있는 시스코 기술로, 이더채널의 링크가 스위치 스택의 다른 스위치에 연결된다.

multilayer switch L3 라우팅 기능을 수행할 수 있는 LAN 스위치. 이 이름은 이 장치가 여러 OSI 계층(L2 및 L3)의 논리를 기반으로 전송 결정을 내리는 사실에서 비롯된 것이다.

multilink interface 멀티링크 PPP가 MLPPP 구성에 사용되는 L3 인터페이스로서 생성한 가상 인터페이스

Multilink PPP(MLPPP) 두 노드 사이의 다중 링크를 관리하고, 각 프레임을 프레그멘테이션하여 여러 링크에서 데이터링크 프레임을 부하 분산하며, 각 활성 링크에 하나의 프래그먼트를 보내는 PPP 기능. 엔드포인트 장비의 L3 논리에 대한 단일 L3 인터페이스도 제공한다.

multipoint 두 개 이상의 장비가 있는 토폴로지(정확하게 두 개의 장치가 있는 포인트-투-포인트 토폴로지와 다름). 다른 내용이 없다면, multipoint라는 용어는 토폴로지의 모든 장비가 서로에게 메시지를 직접 보낼 수 있는지(완전 메시) 아닌지(부분 메시)를 정의하지 않는다.

multipoint GRE 두 개 이상의 장비가 동일한 터널에 속하고, 동일한 터널을 통해 서로 직접 패킷을 보내며, 터널에 연결된 모든 장비에 대해 하나의 서브넷을 사용하는 GRE 터널 유형.

Multiprotocol BGP(MPBGP) BGP가 MPLS 서비스를 생성할 때 사용되는, 여러 어드레스 패밀리를 지원할 수 있는 특정 BGP 확장 집합은 SP가 논리적으로 구분된 경로 광고를 유지하면서 많은 고객의 IPv4 경로를 광고하는 방법을 제공한다.

Multiprotocol Label Switching(MPLS) SP의 내부 네트워크가 대상 IP 주소가 아닌 MPLS 라벨을 기반으로 전송을 수행하면서 고객을 위한 IP 기반 서비스를 만드는 데 사용되는 WAN 기술.

multithreading 컴퓨터 아키텍처에서 메모리 읽기 및 쓰기와 같은 다양한 다른 작업을 기다리는 동안, 코어의 일반적인 유휴 시간을 활용하여 여러 프로그램 간에 개별 코어를 공유하는 것으로 프로세서 코어 사용을 최대화하는 프로세스.

N

named access list 숫자가 아닌 이름을 기반으로 하는 ACL의 다양한 구문을 인식하는 ACL.

National Institute of Standards and Technology(NIST) 클라우드 컴퓨팅 표준을 비롯하여 국가 표준을 개발하는 미국 연방 기관.

NBI Northbound API 참조.

NBMA nonbroadcast multiaccess 참조.

neighbor 라우팅 프로토콜에서 라우터가 라우팅 정보를 교환하기로 결정한 다른 라우터.

Neighbor Advertisement(NA) IPv6 NDP(Neighbor Discovery Protocol)에 의해 정의되고 다른 네이버 호스트의 MAC 주소를 선언하는 데 사용되는 메시지. 이전에 수신한 NDP NS(Neighbor Solicitation) 메시지에 대한 응답으로 전송되는 경우가 있다.

Neighbor Discovery Protocol(NDP) IPv6 프로토콜의 일부로, 동일한 서브넷(인접 라우터)에 있는 장비에 대한 정보를 검색하고 교환하는 데 사용되는 프로토콜. IPv4 ARP를 대체한다.

Neighbor Solicitation(NS) IPv6 NDP(Neighbor Discovery Protocol)에 정의된 메시지로, 네이버에게 네이버 라우터의 MAC 주소를 나열하는 NA(Neighbor Advertisement)로 회신하도록 요청하는 데 사용된다.

neighbor table OSPF 및 EIGRP에서 네이버 상태에 도달한 라우터의 목록.

network analyzer 네트워크 엔지니어를 위해 프레임 내용을 분석할 목적으로 LAN 프레임(스위치 SPAN 세션에서 지시한 프레임)을 캡처하는 네트워크 관리 소프트웨어.

Network Based Application Recognition(NBAR) L2, L3, L4 헤더를 넘어 메시지 세부 정보를 확인하고 1,000가지가 넘는 다양한 애플리케이션의 패킷 분류를 식별하는 시스코 라우터 기능.

Network Layer Reachability Information(NLRI) BGP 갱신 메시지에 포함되어 있는 주소 블록을 정의하는, 부합하는 프리픽스 길이와 프리픽스에 대한 공식적인 BGP 용어.

Network LSA OSPF에서 지정된 라우터(DR)가, DR이 LSA를 배포하는 데 도움을 주는 네트워크(서브넷)에 대해 만드는 LSA 유형.

Network Management System(NMS) SNMP 및 기타 프로토콜을 사용하여 네트워크를 관리하는 소프트웨어.

Next Hop Resolution Protocol(NHRP) 인터넷에 연결된 라우터가 서로의 공인 IP 주소를 검색하고 DMVPN에서 사용하는 사설 IP 주소를 서로에게 알리도록 하기 위해, 시스코의 DMVPN 기능에서 사용하는 IETF에 정의된 프로토콜.

Nexus 1000v 하나의 호스트(하나의 하드웨어 서버) 내에서 소프트웨어 전용 가상 스위치로 실행되는 시스코 Nexus 데이터 센터 스위치로, 해당 호스트에서 실행되는 가상 머신에 스위칭 기능을 제공한다.

NHRP client NHRP(Next Hop Resolution Protocol)를 사용할 때 NHRP 서버에 사용하는 주소를 알리며, 공인 및 사설 IP 주소를 등록하는 라우터. NHRP 클라이언트는 NHRP 서버로 클라이언트에게 다른 라우터의 공인/사설 주소 조합을 알리라고 요청한다.

NHRP server NHRP를 사용할 때, NHRP 클라이언트로부터 등록된 공인 및 사설 IP 주소 조합을 수집하고 배포하는 라우터.

NMS Network Management Station. 네트워크 관리 소프트웨어를 실행하여 네트워크 장비를 관리하는 장비. SNMP는 NMS와 관리되는 장비 간에 종종 사용되는 네트워크 관리 프로토콜이다.

nonbroadcast multiaccess(NBMA) 두 개 이상의 장치가 네트워크로 연결되지만 네트워크에서 네트워크상의 모든 장비로 브로드캐스트 프레임을 보낼 수 없는 L2 네트워크 유형의 특성.

Northbound API SDN 영역에서는 컨트롤러가 지원하는 API에 대한 참조로 외부 프로그램이 컨트롤러의 서비스에 액세스할 수 있다. 예를 들어 네트워크에 관한 정보를 제공하거나 네트워크로 프로그램 플로를 보낼 수 있다. Northbound Interface라고도 한다.

Northbound Interface Northbound API의 다른 표현. Northbound API 참조.

notification community SNMP 통지(SNMP 트랩 및 알림 요청과 같은)를 관리자에게 보내는 SNMP 에이전트가 제공해야 하는, SNMP 매니저가 정의한 SNMP 커뮤니티(암호 역할을 하는 값).

NVRAM Nonvolatile RAM. 장비의 전원이 꺼졌을 때 내용을 유지하는 RAM(Random-Access Memory) 유형.

O

ODL OpenDaylight 참조.

OID Object identifier. SNMP 데이터베이스에서 MIB 변수를 고유하게 설명하는 데 사용된다. 변수를 고유하게 식별하는 숫자로 된 문자열이며 MIB 트리 구조에 변수가 있는 위치를 설명한다.

on-demand self-service NIST에서 정의한 클라우드 컴퓨팅 서비스의 5가지 주요 속성 중 하나로, 서버 소비자가 서비스를 요청할 수 있으며 상당한 지연 없이 서비스가 만들어져서 사람의 개입을 기다리지 않아도 된다.

one-way delay 전송 장비에서 첫 번째 비트 데이터를 송신한 후 해당 데이터의 마지막 비트가 목적지 장비에 수신될 때까지 경과된 시간.

ONF Open Networking Foundation 참조.

Open Networking Foundation 시장에서 오픈 SDN의 채택을 촉진하기 위해 협력하는 SDN 사용자 및 제조사의 컨소시엄.

OpenDaylight Linux 기반의 OpenDaylight 프로젝트의 오픈소스로 만든 오픈소스 SDN 컨

트롤러. 제조사가 코드를 가져와서 SDN 컨트롤러 제품을 만들기 위한 추가 기능과 지원을 더할 수 있는 일반 SDN 컨트롤러 코드 기반을 갖기 위해 개발되었다.

OpenFlow OpenFlow 프로토콜과 추상화된 OpenFlow 가상 스위치의 개념을 정의하는 ONF(Open Networking Foundation)에서 정의한 SDN(Software Defined Networking)의 개방형 표준이다.

OpFlex 시스코 ACI 컨트롤러 및 스위치가 제어하는 스위치에서 사용되는 사우스바운드 프로토콜

OSPF Open Shortest Path First. 알려진 서브넷에 도달하기 위한 최상의 경로를 계산하기 위해 링크 상태 데이터베이스와 SPF(Shortest Path First) 알고리즘을 사용하는 링크 상태 IGP이다.

OSPF super backbone MPLS VPN 고객이 OSPF를 사용할 때, MPLS VPN 서비스가 OSPF Backbone area 0의 일부인 것처럼 작동하고 영역 0의 해당 부분을 수퍼 백본이라 부르는 방식을 나타내는 용어.

OSPF version 2 IPv6가 아닌 IPv4를 지원하고 20년 이상 널리 사용되어 온 OSPF 라우팅 프로토콜 버전.

OSPF version 3 원래 IPv6만 지원했지만 현재는 어드레스 패밀리 구성을 사용하여 IPv4도 지원하는 OSPF 라우팅 프로토콜의 버전.

out-of-band 사용자 데이터 트래픽과 동일한 네트워크 경로를 공유하지 않는 트래픽. 네트워크 관리 트래픽은 종종 OOB로 전송된다.

overlapping subnets 한 서브넷의 주소 범위가 다른 서브넷의 범위를 포함하는(잘못된) IP 서브넷 디자인.

P

packet switching 각 DTE 장비가 동일한 서비스에 연결된 다른 모든 사이트에 트래픽 전송이 가능하도록, SP의 물리적인 한 회선을 통해 연결된 WAN 서비스. SP 스위치는 패킷 헤더의 주소를 기반으로 전송 결정을 내린다.

PAgP PAgP(Port Aggregation Protocol)는 시스코가 정의한 메시징 프로토콜로, 인접한 두 장비가 여러 병렬 링크로 서로 연결되어 있음을 인식하고, 이더채널로 통합할 수 있는 링크를 결정한다.

PAP Password Authentication Protocol. PPP 피어가 서로 인증하게 만드는 PPP 인증 프로토콜로, 사용자 이름과 암호를 일반 텍스트 값으로 전송하여 사용하는 약한 인증 방법을 가진다.

partial mesh 둘 이상의 장비들이 물리적으로 통신할 수 있는 네트워크 토폴로지지만, 선택에 의하여, 망에 연결된 장비의 일부 쌍만 직접 통신이 허용된다.

partial update IP 라우팅 프로토콜을 사용하여, 모든 알려진 경로의 일부분만을 갱신하는 것. full update 참조.

path attribute BGP에서 경로를 설명하는 많은 유형의 정보 중 하나로, 경로 속성은 최상의 경로 선택과 다른 목적을 위해 사용된다.

periodic update 라우팅 프로토콜이 일정 주기를 기반으로 경로 갱신을 광고하는 개념. 전형적인 거리 벡터 라우팅 프로토콜이다.

permanent virtual circuit(PVC) 두 개의 프레임 릴레이 DTE 사이에서 사전에 설정되는 통신 경로로 프레임 릴레이 액세스 링크의 로컬 DLCI에 의해 식별되며, 전용 회선과 같은 기능을 제공하면서 각 VC에 대한 물리적인 전용선은 불필요하다.

permit 패킷이 라우터를 통과하여 전송될 수 있다는 것을 의미하는 ACL의 동작.

ping Packet Internet groper. ICMP(Internet Control Message Protocol) 에코 메시지 및 그 응답으로, ping은 종종 IP 네트워크에서 네트워크 장비의 연결 가능성을 테스트하는 데 사용된다.

Platform as a Service(PaaS) 소프트웨어 개발자가 개발 플랫폼으로 사용하고, 개발자에게 유용한 다양한 툴들이 이미 설치되어 있는 클라우드 서비스로, 개발자는 훌륭한 개발 환경을 만드는 대신 소프트웨어 개발에 집중할 수 있다.

point of presence(PoP) 각 고객 사이트에서 SP의 PoP 중 하나까지의 거리가 짧도록, 주요 도시 주변에 여러 곳에 널리 배치하여 고객과 비교적 가깝게 위치하도록 하는 SP의 설치를 가리키는 SP 관점에서 사용되는 용어.

point-to-multipoint hub-and-spoke 참조.

point-to-point 토폴로지 관점에서 서로에게 직접 메시지를 보낼 수 있는 2개의 장비만 있는 토폴로지.

point-to-point edge port 802.1w RSTP에서, 포트가 다른 스위치가 아닌 하나의 다른 장치에 연결되어 있다고 스위치가 인식하는 포트 유형.

point-to-point port 802.1w RSTP에서, 포트가 하나의 다른 장치, 특히 다른 스위치에 연결되어 있다고 스위치가 인식하는 포트 유형.

poisoned route 라우팅 프로토콜이 무한대를 나타내는 최대 메트릭을 경로에 할당하는 경로 광고로, 경로를 더 이상 사용할 수 없다는 것을 알리는 수단이다.

policing 네트워킹 장비의 처리 중 일부 지점을 통과하는 메시지의 비트 전송률을 모니터링하는 QoS 도구로, 비트 전송률이 일정 기간동안 policing rate를 초과하면, 폴리서는 초과 패킷을 폐기하여 처리 속도를 낮출 수 있다.

policing rate 폴리싱 기능을 통과하는 패킷의 비트 전송률을 폴리서가 비교하는 비트 전송률. 전송률을 초과하는 패킷에 대해서는 다른 동작을 취한다.

Port (여러 개의 정의) ❶ TCP와 UDP에서, 데이터를 주거나(출발지 포트) 받는(목적지 포트) 애플리케이션 프로세스를 유일하게 식별하는 번호. ❷ LAN 스위칭에서, 스위치 인터페이스를 가리키는 다른 용어.

PortChannel 시스코 스위치에서, 특정 측면에서 단일 링크처럼 취급되는 링크 번들을 가리키는 용어. 유사 용어로는 EtherChannel과 Channelgroup이 있다.

PortFast 인터페이스가 업 되자마자 리스닝과 러닝 상태를 뛰어넘어 포트를 STP 전송 상태로 만드는 STP 기능. 포트가 사용자 단말에 연결됨을 의미한다.

PPP over Ethernet(PPPoE) 두 장비 간에 PPP 프레임을 전달하기 위해 이더넷 프레임 내에 PPP 프레임을 캡슐화하여, 두 장비 간에 포인트 투 포인트 터널을 효과적으로 생성하는 프로토콜.

PPP Point-to-Point Protocol. 동기 회선과 비동기 회선에서 라우터와 라우터를 연결하고 호스트와 네트워크를 연결하는 데이터 링크 프로토콜.

PPPoE session 두 PPPoE 엔드포인트 간의 논리적인 연결로, 각 엔드포인트에서 PPPoE 프레임을 다른 엔드포인트로 보낼 수 있는 상태를 추적하는 데 사용된다.

prefix notation 마스크 내의 이진수 1의 개수를 십진수로 표기하는 서브넷 마스크 표기의 빠른 방법. 예를 들어, /24는 24개 이진수 1비트를 서브넷 마스크로 두고 있음을 의미한다. 이진수 1 값을 가지는 비트의 수가 프리픽스로 여겨진다.

Priority Code Point(PCP) QoS 동작을 적용하기 위해 이더넷 프레임을 마킹하고 분류하기 위한 802.1Q 헤더의 3비트 필드에 대한 공식 용어. CoS(Class of Service)라고도 한다.

priority queue 시스코의 큐잉 시스템에서의 LLQ(Low Latency Queue)의 또 다른 용어

private address 기관의 사적인 용도로 비워둔 여러 클래스 A, B와 C 네트워크들. RFC1918에 정의된 이런 주소들은 인터넷을 통하여 라우팅되지 않는다.

private cloud 동일한 회사 내부의 내부 고객에게 자체 IT 서비스를 제공하지만 클라우드 컴퓨팅으로 정의된 관행을 따르는 클라우드 컴퓨팅 서비스

private IP network 인터넷 용도로 할당되지 않을 IPv4 클래스풀 네트워크 번호들로 단일 기업 내에서 사용됨을 의미한다.

private key 공개/비밀 키 암호화에 사용되는 비밀 값. 공개키를 사용하여 복호화되는 값을 암호화하거나, 공개키로 암호화된 값을 복호화한다.

problem isolation 엔지니어가 예상되는 문제의 원인을 배제시켜 가는 장애 처리 과정. 문제의 근본 원인을 찾을 때까지 가능한 원인을 좁혀 간다.

protocol type TCP 또는 UDP와 같은 전형적인 4계층 헤더로, IP 헤더를 따라 나오는 헤더의 형식을 식별하는 IP 헤더 내의 필드. ACL은 헤더 필드 내에 특정 값을 가진 패킷을 비교하기 위하여 프로토콜 형식을 검사할 수 있다.

provider edge(PE) 일반적으로 MPLS VPN 네트워크에서 SP가 사용하는 용어로, 고객의 네트워크에 연결되어 SP 네트워크의 가장자리에 있는 PoP(Point of Presence)에 있는 SP 장비를 가리킨다.

public cloud 클라우드 사업자가가 클라우드 사용자와 다른 회사인 클라우드 컴퓨팅 서비스

public key 공개/비밀 키 암호화 시스템에서 사용되는 공개 값. 비밀 키 값을 사용해 복호화되는 값을 암호화하거나, 비밀 키 값으로 암호화된 값을 복호화한다.

PVC permanent virtual circuit 참조.

PVST+ STP 인스턴스에 대해 STP(802.1D) 프로토콜을 사용하면서 VLAN당 STP 인스턴스를 생성하는 시스코 스위치의 STP 옵션.

Q

Quality of Experience(QoE) 네트워크의 애플리케이션 사용 경험의 품질에 대한 사용자의 인식.

Quality of Service(QoS) 애플리케이션에서 보낸 메시지의 성능 또는 메시지가 겪고 있는 대역폭, 지연, 지터 또는 손실 특성에 관한 메시지.

queuing 네트워크 장비가 제한된 리소스를 기다리는 동안 메모리에 패킷을 보관하는 프로세스. 예를 들어, 짧은 시간에 너무 많은 패킷이 도착하면, 출구 인터페이스가 사용 가능하게 될 때까지 기다릴 때 사용된다.

R

RADIUS 802.1x 인증자(일반적으로 LAN 스위치)와 AAA 서버 사이의 IEEE 802.1x 메시지의 일부로 사용되는 것을 포함하여 사용자 인증에 자주 사용되는 보안 프로토콜.

RAM Random-access memory. 마이크로프로세서에 의해 읽고 쓸 수 있는 휘발성 메모리 유형.

rapid elasticity 클라우드 서비스가 새로운 서비스에 대한 요청에 신속하게 대응하는 NIST에서 정의한 클라우드 컴퓨팅 서비스의 5가지 핵심 속성 중 하나로, 클라우드 컴퓨팅 서비스가 무한한 리소스로 보일 정도로 확장된다(유연하다).

Rapid PVST+ 해당 STP 인스턴스에 대해 RSTP(802.1w) 프로토콜을 사용하면서 VLAN당 STP 인스턴스를 생성하는 시스코 스위치의 STP 옵션.

Rapid Spanning Tree Protocol(RSTP) IEEE 802.1w에 정의되어 있다. STP(802.1d)가 개선된 프로토콜로, 수렴 속도가 빨라지고 일관성이 좋아졌다.

reachability BGP에서 프리픽스/길이에 대해 광고하는 BGP의 목적에 대한 참조. 다른 라우터가 프리픽스를 광고하는 라우터를 통해 프리픽스에 도달할 수 있음을 알 수 있다.

read-only community SNMP 에이전트에서 정의된 SNMP 커뮤니티(암호 역할을 하는 값)로, 변수 값을 알기를 요청하는 메시지(SNMP Get 및 GetNext 요청)를 보내는 SNMP 관리자가 제공해야 한다.

read-write community SNMP 에이전트에서 정의된 SNMP 커뮤니티(암호 역할을 하는 값)로, 변수 값을 설정하라는 메시지(SNMP Set 요청)를 보내는 SNMP 관리자가 제공해야 한다.

Real-time Transport Protocol(RTP) 시스코 IP 전화기와 다른 시스코 UC(Unified Communication) 제품을 포함하여 많은 음성 및 비디오 애플리케이션에서 사용되는 전송 계층 프로토콜.

reference bandwidth OSPF에서 OSPF 라우팅 프로세스의 구성 가능한 값으로, 인터페이스의 기본 OSPF 코스트 메트릭을 계산할 때 OSPF에서 사용되며, 인터페이스의 대역폭을 참조 대역폭으로 나눈 값으로 계산된다.

Regional Internet Registry(RIR) 전 세계적으로 유일하게 공인된 IPv4와 IPv6 주소 공간의 할당을 책임지고 있는 다섯 개의 조직을 이르는 용어.

registry prefix ICANN에 의하여 지역 인터넷 레지스트리에 할당된 공공의 전역에 유일한 IPv6 주소 블록을 가리키는 IPv6 프리픽스.

reported distance EIGRP 라우터의 관점에서, 네이버 라우터에 의하여 계산되고 첫 라우터에게 경로 갱신이 보고된, 서브넷을 위한 메트릭.

Representational State Transfer(REST) 별도의 컴퓨터에 있는 두 개의 프로그램이 HTTP 메시지 Get, Post, Put, Delete를 사용하여 네트워크를 통한 요청 및 데이터를 이동하는 데 사용되는 메시지와 통신할 수 있게 하는 API 유형.

resource pooling NIST에서 정의한 클라우드 컴퓨팅 서비스의 5가지 핵심 속성 중 하나로, 클라우드 사업자가 자신의 자원을 큰 그룹(풀)으로 취급하며, 클라우드 관리 시스템이 고객으로부터의 셀프 서비스 요청에 따라 자원을 동적으로 할당한다.

REST Representational State Transfer 참조.

REST API REST(Representational State Transfer)를 사용하는 모든 API로, 두 프로그램이 별도의 컴퓨터에서 HTTP 메시지를 사용하여 데이터를 요청하고 전송한다는 것을 의미한다.

RESTful API API가 REST를 사용한다는 의미의 용어.

reverse route 호스트의 관점에서, 다른 호스트에서 호스트로 되돌려 보내진 패킷이 운송되는 경로.

RFC Request For Comments. TCP/IP 프로토콜에 관한 정보를 전달하기 위한 주요 수단으로 사용되는 문서. 일부 RFC는 IAB(Internet Architecture Board)에서 인터넷 표준으로 지정하고 다른 RFC는 정보용이다. RFC는 www.rfc-editor.org를 비롯한 여러 소스에서 온라인으로 제공된다.

RIP Routing Information Protocol. 거리 벡터 논리와 라우터 홉 카운트를 메트릭으로 사용하는 IGP. RIPv1은 이제 잘 사용하지 않고, VLSM을 포함해서 더 많은 기능을 지원하는 RIPv2를 주로 사용한다.

root bridge root switch 참조.

root cost 루트 스위치에 도달하는 비 루트 스위치의 STP 코스트는 프레임이 루트에 도달하기 위해 종료되는 모든 포트에 대한 모든 STP 코스트의 합계이다.

root port STP에서 최소 코스트의 Hello가 수신된 논루트(nonroot) 스위치상의 하나의 포트. 스위치는 루트 포트를 전송 상태로 놓는다.

root switch STP에서 최소 브릿지 ID를 가짐으로써 선택된 스위치. 결과적으로 주기적인 Hello BPDU(2초가 기본값)를 전송한다.

round robin 스케줄링 알고리즘이 하나의 큐를 처리한 후 다음 큐, 그 다음 큐를 차례로 처리하는 큐 스케줄링 알고리즘.

round-trip delay 전송 장비에서의 첫 번째 비트를 보낸 후 데이터의 마지막 비트가 목적지 장비에서 수신될 때까지의 경과 시간과 목적지 장비가 응답을 작성하기를 기다리는 시간, 그리고 해당 응답 메시지가 원래 보낸 장비로 다시 도착하는 시간의 합.

Round Trip Time(RTT) 원 발신자에서 수신자로 메시지가 이동하는 시간과 해당 메시지에 대한 응답 시간의 합.

routable protocol routed protocol 참조.

route redistribution 동일한 장비에서 실행되는 두 개의 라우팅 프로토콜 프로세스가 라우팅 정보를 교환하여 하나의 라우팅 프로토콜에 의해 학습된 경로가 다른 라우팅 프로토콜에 의해 광고되도록 하는 방법.

route summarization 라우터의 IP 라우팅 테이블 항목 수를 줄이기 위해 여러 경로를 하나의 경로 광고로 결합하는 프로세스.

routed port no switchport 명령어로 구성된 멀티레이어 시스코 스위치의 포트로, 스위치에서 L3 포트, 즉 라우터 인터페이스처럼 다룬다.

routed protocol 전송되는(routed) 패킷을 정의하는 IPv4와 IPv6 같은 L3 프로토콜.

Router Advertisement(RA) IPv6 NDP(Neighbor Discovery Protocol)에 의해 정의되고 라우터가 링크에서 IPv6 라우터 역할을 할 의사가 있음을 알리는 메시지이다. 이들은 이전에 수신된 RDP RS(Router Solicitation) 메시지에 응답하여 전송될 수 있다.

router ID(RID) EIGRP와 OSPF에서, 각 라우터를 유일하게 식별하는 32비트 숫자로 점이 있는 십진수로 표시된다.

router LSA OSPF에서, 라우터가 자신과 자신에 연결된 네트워크를 설명하기 위해 만드는 LSA 유형.

Router on a Stick(ROAS) 이더넷 인터페이스에서 VLAN 트렁킹을 사용하는 시스코 라우터 기능을 가리키는 용어로, 라우터는 해당 트렁크를 가진 라우터로 들어오는 패킷을 라우팅하여, 같은 트렁크의 다른 VLAN을 통해 라우터에서 패킷을 내보낸다.

Router Solicitation(RS) IPv6 NDP(Neighbor Discovery Protocol)에 정의된 메시지로 링크의 모든 라우터에 회신을 요청하고 라우터를 식별하며 기타 설정(프리픽스 및 프리픽스 길이)을 더한다.

routing protocol 라우터들이 특정 네트워크의 서브넷에 도달하는 경로에 관련된 정보를 교환하기 위한 메시지와 절차의 집합. 라우팅 프로토콜의 예는 EIGRP(Enhanced Interior Gateway Routing Protocol), OSPF(Open Shortest Path First), RIP(Routing Information Protocol) 등이 있다.

RSTP Rapid Spanning Tree Protocol 참조

S

SBI Southbound API 참조

SDM Switching Database Manager 참조

Secure Sockets Layer(SSL) 일반적으로 사용되는 웹 브라우저에 통합된 보안 프로토콜로, 브

라우저와 웹 사이트 사이의 암호화와 인증 서비스를 제공한다.

security level SNMP 에이전트가 적용한 SNMP 보안 수준(no auth, auth, priv).

segment (여러 개의 정의) ❶ TCP에서, TCP 헤더와 캡슐화된 데이터(L4PDU라고도 불림). ❷ TCP에서, TCP가 큰 크기의 데이터를 애플리케이션 계층에 TCP 세그먼트로 잘라 넘겨줄 때의 바이트의 묶음. ❸ 이더넷에서, 얼마나 많은 케이블이 사용되었는지와 관계없이, 단일 이더넷 케이블 또는 단일 충돌 영역을 의미.

serial cable 전용선 설치시 라우터를 외부 CSU/DSU에 연결하는 데 사용되는 다양한 유형의 커넥터가 있는 케이블 유형.

serial link leased line의 다른 용어.

Service Level Agreement(SLA) IP SLA(IP Service Level Agreement) 참조.

service provider 여러 고객에게 서비스를 제공하는 회사. 사설 WAN 서비스 및 인터넷 서비스 사업자를 가리키는 데 가장 자주 사용된다. Internet service provider 참조.

session key 암호화를 사용하여 데이터를 암호화하고 복호화할 때 엔드포인트에서 사용하며 일정 기간 동안 사용되는 통신의 양 당사자에게 알려진 비밀 값.

shaping 네트워킹 장비에서 나가는 메시지의 비트 전송률을 모니터링하는 QoS 도구로, 비트 전송률이 일정 기간 동안 전송 속도를 초과하면 셰이퍼가 패킷을 큐로 묶어, 전송 속도를 효과적으로 낮추어 셰이핑 속도와 부합시킨다.

shaping rate 셰이퍼가 셰이핑 기능을 통과하는 패킷의 비트 전송률을 비교하여 비율을 초과하면, 셰이퍼가 패킷의 큐잉을 허용하여 셰이퍼를 통과하는 집합 패킷의 비트 전송 속도를 느리게 하여, 셰이퍼를 통과하는 비트의 비율은 셰이핑 속도를 초과하지 않는다.

shared key 송신자와 수신자에게 모두 알려진 비밀 키.

shared port 802.1w RSTP에서 포트가 반이중을 사용한다는 사실에 의해 결정되는 포트 유형으로, LAN 허브가 생성한 공유 LAN을 의미할 수 있다.

shortest path first(SPF) algorithm 가능한 모든 경로를 찾고 각 서브넷에 대해 가장 낮은 메트릭을 가진 경로를 선택하기 위해 OSPF에서 사용하는 알고리즘.

Simple Network Management Protocol(SNMP) IP 네트워크에서 장치를 관리하기 위한 인터넷 표준 프로토콜. 주로 네트워크 관리 시스템에서 관리 주의(administrative attention)를 보증하는 조건에 대해 네트워크 연결 장치를 모니터링하는 데 사용된다.

single homed 기업이 단일 링크로 ISP에 연결하는 인터넷 가장자리의 디자인 중 하나.

single multihomed 기업이 2개 이상의 ISP에 연결되지만 각각에 단일 링크가 있는 인터넷 가장자리의 디자인 중 하나.

single point of failure 네트워크에서 단일 장치 또는 링크가 실패하면 주어진 사용자 그룹에 장애가 발생된다.

site prefix IPv6에서, 최종 사용자의 조직에 할당된 전 세계 유일의 IPv6 어드레스 블록을 나타내는 프리픽스(예를 들어, 회사 또는 정부 기관). 할당 정책은 ISP 또는 인터넷 레지스트리에서 만든다.

site-to-site VPN 두 사이트의 모든 장치가 인터넷과 같은 보안되지 않은 네트워크를 통해 안전하게 통신 할 수 있도록 하는 메커니즘으로, 각 사이트의 장치 하나가 사이트 간에 전송되는 모든 패킷에 대해 암호화/복호화 및 전달을 수행한다.

SLSM Static-length subnet mask. A, B, C 클래스 네트워크의 모든 서브넷에 대해서 동일한 서브넷 마스크를 사용한다.

SNMP Simple Network Management Protocol 참조.

SNMP agent 관리 장비에 포함되며 NMS(Network Management Station)에서 보낸 SNMP 메시지를 처리하는 소프트웨어.

SNMP community SNMP 에이전트 또는 매니저가 커뮤니티 문자열(암호)을 정의하고 다른 장치가 SNMP 메시지에서 동일한 암호 값을 전송해야 하거나 메시지가 무시되는 SNMP의 간단한 암호 메커니즘. 읽기 전용 커뮤니티, 읽기-쓰기 커뮤니티 및 통지 커뮤니티 참조.

SNMP Get message SNMP에 의해 MIB의 변수에서 읽는 데 사용됨.

SNMP Inform message 알림 메시지가 SNMP 매니저에 의해 확인되어야 할 필요가 있다는 점을 제외하고는 트랩 메시지와 같은 요청되지 않은 SNMP 메시지.

SNMP manager 일반적으로 NMS(Network Management System)에서 이 용어가 특별히 SNMP의 사용과 관리자의 일반적인 역할을 언급하는데, SNMP Get 요청으로 상태 정보를 검색하고, SNMP Set 요청으로 변수를 설정하며, SNMP 트랩 및 통지 메시지를 수신하여 SNMP 에이전트로부터 요청되지 않은 알림을 수신한다.

SNMP Set message SNMP에서 MIB의 변수값을 설정하는 데 사용된다. 이 메시지는 관리자가 SNMP를 사용하여 관리 장치를 구성하는 데 필요한 핵심 요소이다.

SNMP Trap message 관리 대상 장비에서 생성되어 SNMP 매니저로 전송되는 요청되지 않은 SNMP 메시지로 일부 이벤트 또는 측정 임계값이 통과되었기 때문에 관리자에게 정보를 제공한다.

SNMPv2c SNMP의 두 번째 버전의 변형. SNMPv2는 원래 커뮤니티를 지원하지 않았으나, SNMPv2c라는 용어는 원래 SNMPv1의 일부였던 SNMP 커뮤니티에 대한 지원이 추가된 SNMPv2를 가리키는 용어이다.

SNMPv3 SNMP의 세 번째 버전으로, SNMPv2c와 비교하여 몇 가지 보안 기능, 특히 메시지 무결성, 인증 및 암호화가 추가되었다.

Software as a Service(SaaS) 서비스가 실행되는 소프트웨어 또는 서버의 설치 및 유지 관리에 대한 세부 사항을 염려할 필요 없이 작동 중인 소프트웨어로 액세스할 수 있는 클라우드 서비스.

Software Defined Networking(SDN) 2010년 업계에 등장한 네트워킹의 한 분야로, 이전에는 네트워크 장비 내부에서 수행되던 다양한 제어부 처리를 담당하는 중앙 집중식 소프트웨어 컨트롤러의 사용이 특징적이며, 컨트롤러는 전송 테이블 항목이라 불리는, 전송테이블에 들어가는 네트워킹 요소를 제어한다.

Southbound API SDN 영역에서는 요소의 정보를 학습하고 요소의 전송 동작을 프로그래밍(제어)하기 위해 컨트롤러와 네트워크 요소 간에 사용되는 API에 대한 참조이다. 사우스바운드 인터페이스라고도 한다.

Southbound Interface Southbound API의 다른 용어. Southbound API 참조.

SPAN destination port SPAN 모니터 세션에서 동일한 SPAN 세션의 소스 포트 또는 소스 VLAN을 기반으로 복사된 프레임을 전송할 포트를 지시하는 설정.

SPAN monitor session 시스코 스위치에서 활성화된 기능으로 스위치를 통해 전송되는 프레임이 정의된 서브셋을 가로채고(SPAN 모니터 세션에서 정의된 대로) 특정 포트로 해당 프레임의 사본을 보내 네트워크 분석기 및 침입 보호 시스템과 같은 다른 도구들이 프레임을 검사할 수 있도록 한다.

SPAN session SPAN monitor session 참조.

SPAN source port SPAN 모니터 세션에서 특정 포트에서 보내거나 받은 프레임을 복사하고, 복사된 해당 프레임을 동일한 SPAN 세션에서 정의한 SPAN 목적지로 보내도록 스위치에 지시하는 설정.

SPAN source VLAN SPAN 모니터 세션에서, 해당 VLAN에서 전송된 프레임을 복사하고, 복사된 해당 프레임을 동일한 SPAN 세션에서 정의한 SPAN 목적지로 보내도록 스위치에 지시하는 설정.

Spanning Tree Protocol(STP) IEEE 표준 802.1D에 의해 정의된 프로토콜이다. 스위치와 브릿지에서 이중화 LAN을 만들 수 있으며, 일부 포트에서 트래픽을 동적으로 차단할 수 있다. 이를 통해서 브릿지와 스위치의 전송 논리에서 프레임이 LAN에서 무한대로 반복되지 않도록 할 수 있다.

split horizon 정보가 수신된 라우터의 인터페이스를 통하여 경로 정보가 다시 나가지 못하도록 하는 거리 벡터 라우팅 기술. 라우팅 루프를 방지하는 데 split horizon 갱신이 유용하다.

spurious DHCP server DHCP 프로토콜 메시지를 이용하는 공격에 대해 공격자가 사용하는 DHCP 서버

SSL Secure Sockets Layer 참조

Stack Master 스택의 모든 스위치를 대신하여 전송부, 제어부 및 관리부 처리를 수행하는 FlexStack 또는 FlexStack-Plus 스위치 스택의 스위치.

stacking cable 동일한 스위치 스택에 연결된 스위치에서 스태킹 모듈을 연결하는 데 사용되는 특수 케이블.

stacking module 시스코의 스위치 스태킹 기술인 FlexStack 및 FlexStack-Plus에서, 스택의 모든 스위치 사이에 통신 링크를 생성하여 사용자 프레임을 전달하고 스택을 관리하기 위해 서로 통신할 수 있도록 각 스위치에 필요한 하드웨어 모듈.

standard access list 어느 패킷을 폐기하거나 라우터를 통과하도록 허용하는 결정을 위하여 패킷의 출발지 IP 주소와 비교하는 IOS 글로벌 설정 명령어 목록.

stateful DHCP IPv6에서 Stateless DHCP과 비교하여 사용되는 용어. Stateful DHCP는 어떤 사용자에게 어떤 IPv6 주소가 할당되었는지(상태 정보, state information)를 관리함.

stateless address autoconfiguration(SLAAC) Stateful DHCP 서버 없이 호스트 또는 라우터에 IPv6 유니캐스트 주소를 할당할 수 있는 IPv6 기능.

stateless DHCP Stateful DHCP와 비교하여 사용되는 IPv6 용어. Stateless DHCP 서버는 IPv6 주소를 사용자에게 남기지 않는다. 대신에, DNS 서버 IP 주소와 같은 다른 유용한 정보를 제공하며, 사용자의 정보(상태 정보)를 추적할 필요가 없다.

static-length subnet mask(SLSM) SLSM 참조.

subinterface 단일 물리 인터페이스의 가상 인터페이스.

subnet 네트워크 관리자에 의해 설정된 A, B, C 클래스 네트워크의 재분할. 서브넷은 A, B, C 클래스 네트워크를 사용하면서도, 효율적인 IP 라우팅을 위해 IP 주소의 많은 그룹을 허용한다.

subnet broadcast address 각 서브넷의 특별한 주소 – 서브넷의 가장 큰 주소로 전달된 패킷은 해당 서브넷 내의 모든 호스트로 전달된다.

subnet mask IP 주소의 형식을 지정하는 32비트 수. 마스크 비트값은 1로, 호스트 비트는 0으로 표시하는 네트워크과 서브넷 비트를 결합하여 표현한다.

subnet prefix IPv4의 서브넷처럼 행동하는 각 데이터 링크에 할당된 IPv6 프리픽스.

successor EIGRP에서, 최선의 메트릭을 가지는 서브넷에 도달하는 경로로 IP 라우팅 테이블에 포함된다.

summary LSA OSPFv2에서 ABR(Area Border Router)에 의해 작성된 LSA 유형으로, 다른 영역의 데이터베이스에서 한 영역의 서브넷을 나타낸다.

summary route 하나 또는 여러 서브넷 경로를 하나의 경로로 표현하기 위한 설정 명령어로 생성된 경로로, 라우팅 테이블의 크기를 줄인다.

supplicant IEEE 802.1x에서, 802.1x 클라이언트를 사용하여 식별을 요청하는 메시지를 수신한 다음 요청 시 해당 ID를 제공하는 사용자 장비이다.

switch 프레임의 목적지 주소를 기반으로, 프레임을 필터, 전송, 플러드시키는 네트워크 장비이다. OSI 참조 모델의 데이터 링크 계층에서 동작한다.

switch abstraction 표준 프로토콜 및 표준 API를 정의하여 표준 스위치 추상화를 프로그래밍할 수 있도록 일반화된 형태로 스위치가 수행하는 기본 개념. OpenFlow 표준의 핵심 부분이다.

switch stacking 특수 스태킹 모듈을 사용하여 스위치 세트를 연결하고 각 스위치에 사용되는 제어 소프트웨어와 함께 케이블 하드웨어를 스태킹하여, 스위치가 개별 스위치가 아닌 하나의 논리 스위치로 집합적으로 작동하도록 하는 스위치 기술.

switched port 멀티레이어 시스코 스위치 또는 L2 스위치의 포트로, 스위치포트의 일반 기본 인터페이스 설정으로 구성되며, L2 포트처럼 취급되어 스위치 MAC 학습, L2 포워딩 및 STP를 수행할 수 있다.

Switched Port Analyzer(SPAN) 스위치가 전달하는 프레임의 서브셋를 모니터하고, 해당 프레임을 복사하고, 지정된 목적지 포트로 사본을 전송하도록 스위치를 설정하는 시스코 스위치 기능.

switched virtual interface(SVI) 시스코 스위치에서의 모든 VLAN 인터페이스를 가리키는 다른 용어. VLAN interface 참조.

Switching Database Manager(SDM) 스위치 전송을 메시지와 부합시키는 방법과 L2 MAC 주소 테이블 및 L3 라우팅 테이블을 저장하기 위해 TCAM 메모리를 할당하는 방법에 대해 사용자가 일부 설정(글로벌 명령어 `sdm prefer` 사용)을 재구성할 수 있게 해주는 Cisco IOS 스위치 기능의 공식 용어.

synchronous 비트 스트림에 시간 순서를 도입하는 것. 실제로 장비는 시리얼 링크 반대 방향의 장비와 같은 속도를 사용하려 하지만, 링크의 전류 상태 간의 전환을 검사해 보면, 양 단에 약간의 속도 차이가 있기 때문에, 장비는 속도를 적절히 조절하여야 한다.

syslog 네트워크 장비에서 시스템 메시지를 가져와서 데이터베이스에 저장하는 서버. syslog 서버는 이러한 시스템 메시지에 대한 보고 기능도 제공한다. 일부 syslog 서버는 전자 메일 및 페이징과 같은 특정 작업으로 시스템 메시지를 선택하여 응답할 수도 있다.

System ID Extension 원래의 16비트 STP 우선순위 필드에 적용된 서식 지정 용어로, 4비트의 우선순위 필드와 12비트의 VLAN ID 필드로 구분된다.

T

T1 통신사에서 1.544Mbps로 데이터 전송이 가능한 라인으로, 24개의 64Kbps DS0 채널과 8Kbps 오버헤드로 구성된다.

T3 통신사에서 44.736Mbps로 데이터 전송이 가능한 라인으로, 28개의 1.544Mbps DS1(T1) 채널과 오버헤드로 구성된다.

TACACS+ 시스코 라우터 및 스위치에 로그인하는 사용자를 인증하는 데 자주 사용되는, 사용자 인증, 인가 및 과금에 자주 사용되는 보안 프로토콜.

tail drop 대기열이 채워지고, 대기열에 배치해야 하는 다른 메시지가 도착하여, 네트워킹 장치가 대기열의 끝에 새로운 메시지를 추가하려고 시도하지만 대기열에 공간이 없어 발생하는 패킷 드롭.

TCAM ternary content-addressable memory 참조.

TCP synchronization 세그먼트가 동일한 정체 링크를 통과하는 여러 TCP 연결에서 발생하는 효과. TCP 연결이 윈도를 늘리고, 연결은 점점 더 많은 트래픽을 보내며, 링크는 채워지고 출력 큐도 채워지며, 테일 드롭이 발생하여 TCP 윈도가 빠르게 축소되는데, 이것은 TCP 연결에 대한 데이터 전송 속도가 느려지고 짧은 기간 동안 링크를 활용하지 못하는 결과를 초래한다. TCP 연결을 동기화하여 이 프로세스를 반복할 수 있다.

TCP window 수신자에게 얼마나 많은 데이터를 보낼 수 있게 하는지 수신자가 송신자를 관리하는 각 호스트에서 사용되는 TCP 연결의 메커니즘.

telco 전화 회사의 일반적인 약어.

ternary content-addressable memory(TCAM) 별도의 집적 회로 또는 ASIC에 내장된 물리적 메모리의 한 유형으로, 테이블을 저장한 후 키에 대해 검색할 수 있으므로 검색 시간이 빨라지고 테이블 크기가 커짐에 따라 증가하지 않는다. TCAM은 이더넷 스위치 및 고성능 라우터에서 전송 테이블을 저장하고 검색하는 수단으로 고성능 네트워킹 장치에서 광범위하게 사용된다.

time interval(shaper) 다수의 바이트가 전송될 때까지 셰이퍼가 패킷을 보내는 짧은 기간을 정의한 트래픽 셰이핑 기능에 사용되는 내부 로직의 일부로, 셰이퍼는 전송 데이터에서 정의된 비트 레이트를 평균화하기 위해 time interval의 나머지 시간 동안 송신을 중지한다.

Top of Rack(ToR) switch 여러 랙에 서버가 있고 여러 줄로 랙이 있는 기존의 데이터 센터 설계에서 해당 랙에 있는 서버(호스트)에 물리적 연결을 제공하기 위해 랙 상단에 배치한 스위치.

topology database 라우팅 프로토콜에 네트워크 토폴로지를 기술하는 구조화된 데이터. 링크 상태와 밸런싱된 하이브리드 라우팅 프로토콜은 토폴로지 테이블을 사용하며, 이를 통해 라우팅 테이블의 항목을 만든다.

traceroute 패킷이 목적지로 가는 경로를 추적하는 많은 시스템에서 사용 가능한 프로그램. 호스트 간의 라우팅 문제를 디버그하는 데 주로 사용된다.

triggered update 네트워크에 어떤 변화가 있을 때 주기적인 갱신을 기다리기 보다는 즉시 라우팅 갱신을 보내는 라우팅 프로토콜의 기능.

trunk 캠퍼스 VLAN에서, 프레임에 존재하는 VLAN을 표시하는 VLAN 헤더를 장비에서 더하여 전송하게 되는 이더넷 세그먼트.

trunk interface VLAN 트렁킹을 사용하여 작동하도록 구성된 스위치 인터페이스(802.1Q 또는 ISL).

trunking VLAN 트렁킹이라고도 불림. 시스코 ISL 프로토콜 또는 IEEE 802.1Q 프로토콜을 사용하여 멤버가 하나 이상의 스위치에 존재하는 다중 VLAN을 지원하는 방법.

trunking administrative mode 시스코 스위치 인터페이스에 설정된 구성된 트렁킹(configured trunking)으로, **switchport mode** 명령어로 설정된다.

trunking operational mode VLAN 트렁킹을 위한 시스코 스위치 인터페이스의 현재 행동.

trust boundary 출발지 장비에서 목적지 장비로 메시지가 흐르는 것을 생각할 때, 신뢰 경계(trust boundary)는 메시지가 도달하는 첫 번째 장비로, 메시지의 다양한 헤더에 있는 QoS 표시를 정확한 값으로 신뢰할 수 있으므로, 장비가 마킹을 기반으로 올바른 QoS 동작을 메시지에 적용한다.

trusted port DHCP 스누핑 기능을 사용하여 DHCP 서버에서 프레임을 수신할 수 있는 스위치 포트로, DHCP 스누핑 기능은 들어오는 모든 DHCP 메시지를 신뢰해야 한다.

tunnel interface VPN을 생성하기 위해 IP 패킷을 다른 IP 패킷으로 캡슐화하는 GRE(Generic Routing Encapsulation)를 포함하여 다양한 기능을 설정하는 데 사용되는 시스코 라우터의 가상 인터페이스.

Type of Service(ToS) IP 헤더의 원래 정의에서, IP 우선순위 필드를 포함하여 QoS 기능을 위해 예약된 바이트. ToS 바이트는 나중에 DSCP 필드를 보유하도록 재지정되었다.

U

unequal-cost load balancing 라우터가 여러 개의 동일하지 않은 코스트(동일하지 않은 메트릭) 경로를 라우팅 테이블에 추가해 동시에 같은 메트릭 경로를 사용할 수있게 하는 EIGRP 개념.

Unified Computing System(UCS) 시스코 서버 하드웨어 제품의 브랜드 명.

unique local unicast address IPv4 사설 주소를 대체하는 IPv6 유니캐스트 주소 유형.

untrusted port DHCP 스누핑으로 구성되고 DHCP 서버에서 프레임을 수신해서는 안되는 스위치 포트에 대한 설정. 이 설정은 DHCP 스누핑 설정이 모든 들어오는 메시지, 즉 다른 수신 DHCP 메시지 필터링을 유발하는 DHCP 메시지 부합 논리와 함께 DHCP 서버가 보낸 수신 메시지를 폐기하게 한다.

update timer 라우팅 프로토콜이 얼마나 자주 주기적인 라우팅 갱신을 보내야 하는지를 규정짓는 시간 간격. 거리 벡터 라우팅 프로토콜은 매 갱신 주기마다 전체 라우팅 갱신을 전송한다.

user network interface(UNI) 고객 장비가 액세스 링크를 통해 SP의 장비와 통신하는 방법에 대한 표준을 정의하는 캐리어/메트로 이더넷을 비롯한 다양한 WAN 표준에 사용되는 용어.

V

variable-length subnet mask(ing) VLSM 참조.

variance EIGRP의 라우팅 프로토콜 결정에 사용되는 값. EIGRP는 다른 경로에 대해 메트릭을 계산하는데, 계산된 메트릭 값이 드물게 같은 값을 가진다. 동일한 서브넷을 향하는 다중 경로 중 낮은 메트릭에 분산 값을 곱해준다. 결과가 다른 경로의 메트릭보다 크면, 그 경로는 '동일한(equal)' 메트릭을 가진 것으로 여겨져서, 라우팅 테이블에 다중 경로로 더해지게 된다.

virtual-access interface IOS의 PPPoE 기능에 의해 생성된 시스코 라우터 내부의 가상 인터페이스로 L2 인터페이스로 작동하며 L2 PPP 매개 변수는 연계된 다이얼러 인터페이스에 나열된 구성으로 구축된다.

virtual CPU(vCPU) 가상화된 서버 환경에서 하이퍼바이저가 가상 컴퓨터(VM)에 할당한 CPU(프로세서) 코어 또는 스레드.

virtual IP address 모든 FHRP 프로토콜에서 FHRP가 여러 라우터 간에 공유하여 해당 서브넷의 호스트에 대한 단일 기본 라우터로 표시되는 IP 주소.

virtual LAN(VLAN) 설정을 통해서 단일 브로드캐스트 도메인으로 묶인, 하나 또는 그 이상의 스위치에 연결된 장비 그룹이다. 스위치 관리자는 VLAN을 사용하여 스위치에 연결된 장비를 별도의 VLAN에 두며, 이때 스위치가 따로 필요하지 않다. 이와 같이 VLAN을 활용하면 하드웨어를 추가로 구입하지 않고도 트래픽을 분리할 수 있는 장점이 있다.

virtual MAC address(vMAC) 모든 FHRP 프로토콜에서 FHRP가 호스트에서 프레임을 수신하는 데 사용하는 MAC 주소.

virtual machine 하이퍼바이저를 사용하여 서버 하드웨어(CPU, RAM, 디스크 및 네트워크)의 서브셋을 해당 VM에 할당하는 서버 하드웨어에서 실행되는 운영 체제의 인스턴스.

virtual network function(VNF) 물리적 장치가 아닌 가상화된 시스템에서 실행되는 OS(예: VM)로 구현되는 네트워크 내에서 수행되는 모든 기능(예: 라우터, 스위치, 방화벽).

virtual NIC(vNIC) 가상화된 서버 환경에서 가상 머신이 사용하는 네트워크 인터페이스 카드(NIC)로, 동일한 호스트에서 실행되는 일부 가상 스위치(vSwitch)에 연결되며, 차례로 호스트의 물리 NIC에 연결된다.

virtual private network(VPN) 인터넷과 같은 보안되지 않은 네트워크의 양쪽에 있는 두 장비에서 구현할 때, 장비가 데이터를 안전하게 보낼 수 있도록 하는 보안 프로토콜 집합. VPN은 개인 정보 보호, 장비 인증, 리플레이 방지 서비스 및 데이터 무결성 서비스를 제공한다.

Virtual Router Redundancy Protocol(VRRP) 두 개 또는 그 이상의 라우터가 서브넷에서 기본 라우터 역할을 공유할 수 있는 TCP/IP RFC 프로토콜로, 액티브/스탠바이 모델을 사용하여, 하나의 라우터가 기본 라우터 역할을 하고, 다른 라우터가 첫 번째 라우터가 실패할 경우 해당 역할을 대신 수행하기 위해 대기한다.

virtual switch(vSwitch) 하나의 호스트(하나의 하드웨어 서버) 내에 있는 소프트웨어 전용 가상 스위치로 해당 호스트에서 실행 중인 가상 머신에 스위칭 기능을 제공한다.

VLAN virtual LAN 참조.

VLAN configuration database 시스코 스위치에서 VLAN ID와 이름이 설정되어 있는 곳이다.

VLAN interface 스위치에서 실행 중인 IOS와 스위치 내에서 지원되는 VLAN 간의 인터페이스로 사용되는 Cisco 스위치 내부의 구성 개념으로 스위치가 IP 주소를 할당하고 해당 VLAN에 IP 패킷을 보낼 수 있다.

VLAN Trunking Protocol(VTP) VLAN ID 및 VLAN 이름을 포함하여 VLAN 존재 여부에 대한 설정 정보에 관해 통신하기 위해, 시스코 스위치 간에 사용되는 시스코 고유의 메시징 프로토콜.

vlan.dat 시스코 스위치의 VLAN 설정 데이터베이스를 저장하는 기본 파일.

VLSM Variable-length subnet mask(ing). 다른 서브넷에 있는 동일한 A, B, C 클래스 네트워크 번호에 대한 여러 서브넷 마스크를 명시할 수 있다. VLSM을 사용하면 가용 주소 공간을 최적화할 수 있다.

voice VLAN IP 폰에서 사용하기 위해 정의된 VLAN. 시스코 스위치가 전화기에 음성 VLAN ID를 알리고 전화기가 802.1Q 프레임을 사용하여 전화 및 연결된 PC(데이터 VLAN을 사용하는)의 트래픽을 지원한다.

VoIP Voice over IP. 음성 트래픽을 IP 패킷 안에 넣어서 IP 네트워크상에서 전송할 수 있다.

VPN virtual private network 참조.

VPN client PC나 랩톱에 있는 소프트웨어로, 호스트는 VPN의 엔드포인트가 되는 데 필요한 프로토콜을 구현할 수 있다.

VTP VLAN Trunking Protocol 참조.

VTP client mode VTP의 세 운영 모드 중 하나로, 스위치가 다른 스위치로부터 VLAN 번호와 이름을 학습하지만, VLAN 정보로 직접 설정되지는 않는다.

VTP pruning 프레임이 네트워크의 모든 스위치로 갈 필요가 없을 때, 특정 VLAN에서의 프레임 플러딩을 막을 인터페이스를 스위치가 동적으로 선택하는 VTP 기능이다.

VTP server mode VTP의 세 운영 모드 중 하나로, 서버 모드에 있는 스위치는 VLAN을 설정할 수 있고, 변경 내용을 다른 스위치에게 알릴 수 있으며, 다른 스위치의 VLAN 변경 사항을 학습할 수 있다.

VTP synchronization VTP를 사용하는 스위치가 VTP 메시지를 교환하고 하나의 스위치가 갱신된 VLAN 설정 데이터베이스(더 높은 버전 번호를 가진)를 가지게 됨으로써 나머지 스위치가 갱신된 내용을 알게 되는 프로세스.

VTP transparent mode VTP의 세 운영 모드 중 하나로, 투명 모드(transparent mode)에 있는 스위치는 VLAN을 설정할 수 있지만 변경 사항을 다른 스위치에게 알리지 못하며, 다른 스위치의 VLAN 변경 사항을 학습하지도 않지만, VTP 서버와 클라이언트 모드로 사용되는 다른 스위치 간의 VTP 메시지는 통과시킨다.

W

WAN edge 사설 WAN 링크에 연결된, LAN 가장자리에 위치한 기업 사이트의 장비(일반적으로 라우터).

WAN link leased line의 다른 용어.

WAN service provider 고객에게 사설 WAN 서비스를 제공하는 회사. 전화 회사 또는 케이블 회사의 자산을 보유하고 있을 수 있다.

wildcard mask 시스코 IOS ACL 명령어와 OSPF, EIGRP의 **network** 명령어에서 사용되는 마스크.

wireless access point(AP) 무선 단말이 서로 및 유선 네트워크의 나머지 부분에 데이터를 전송하는 수단을 제공하는 무선 LAN 장비. 무선 액세스 포인트는 무선 LAN 및 유선 이더넷 LAN에 모두 연결된다.

write community read-write community 참조.

X

XML(eXtensible Markup Language) World Wide Web(W3C) 컨소시엄에서 정의한 대로 소프트웨어와 컴퓨터 모두에서 읽을 수 있는 방식으로 데이터를 표현하는 데 널리 사용되는 언어.

Z

zero subnet 서브넷된 모든 클래스풀 IPv4 네트워크 중에 서브넷 번호 부분이 모두 이진수 0인 하나의 서브넷. 십진수로 0인 서브넷은 클래스풀 네트워크 번호와 동일하기 때문에 쉽게 인식된다.

알파벳 색인

기호

2-way 상태(네이버 관계), 200, 689
3G 무선, 431
4G 무선, 431
802.1D STP, 56, 59
802.1Q, 11-12
  헤더, 550-551
  트렁킹, ROAS *참조*
802.1w RSTP
  정의된, 56
  포트 규칙, 57
  포트 상태, 59
802.11 헤더, 501

A

aaa 인증 로그인 기본 명령어, 158
aaa new-model 명령어, 158
AAA servers
  인증(authentication)
    설정(configuration), 157-159
    로그인 인증 규칙, 159
    로그인 과정, 156
    TACACS+/RADIUS 프로토콜, 156
  802.1x 설정, 155
  정의, 158
  활성화(enabling), 158
  username/password, 확인, 155
aaS(as a Service), 818
ABR(Area Border Router), 204, 686
  OSPF 인터페이스 areas, 확인, 227-228
  OSPFv2 multiarea 설정, 225-226
  OSPFv3 multiarea 설정, 686
액세스(접근)
  인터넷, 427
    케이블 인터넷, 429, 431
    DSL(digital subscriber lines), 428-429
    광(fiber), 431
    WANs, 427
    무선 WANs, 430-431
  IPv6 접속 제약, 754
  공공 클라우드 서비스(public cloud services)
    인터넷, 821-822
    사설 WANs, 823-825
    VPNs, 824
  IEEE 802.1x를 통한 보안, 153-155
    AAA 서버, 설정, 155
    인증 과정, 154
    EAP, 154
    802.1x로서의 스위치
      활성화(authenticators), 155
      username/password 조합, 확인, 155
access-class 명령어, 533
액세스 컨트롤 리스트(access control lists), ACLs *참조*
액세스 컨트롤 서버(ACS), 156
액세스 인터페이스, 16, 116-117
액세스 계층 스위치, 166-167
액세스 링크
  MetroE, 401
  MPLS, 416
access-list 명령어, 488, 502, 498-500, 533
  ACLs 작성, 499
  예와 논리 설명, 511
  확장 번호(extended numbered) ACL 설정 명령어, 512
  키워드
    any, 492

deny, 488-492
log, 497
permit, 489-492
tcp 키워드, 509
upd 키워드, 509
ACL로부터 주소 범위의 역엔지니어링(reverse engineering), 499-500
ACI(Application Centric Infrastructure), 855-857
ACLs(access control lists), 643
ACL 분석 툴, 859-861
분류(classification), 547
ACL 유형 비교, 485-486
확장 번호 ACLs
설정, 512-515
프로토콜, 출발지 IP, 목적지 IP에 부합, 507-508
TCP와 UDP 포트에 부합, 509-512
개요, 507
GRE 터널 이슈, 449-450
HSRP 패킷, 블로킹, 619
구현 시 고려 사항, 521-522
IPv4, 733-734
IPv6, 730-733
access-list 명령어, 구성(building), 747-748
접속 제약, 754
블로킹, 752
기능, 736
확장, 742-747
ICMPv6 NDP 메시지 필터링, 753-754
필터링 정책, 735
ICMPv6 메시지 필터링, 668-669
암묵적인(implicit) ICMPv6 NDP 메시지 필터링, 753-754
IPv4 ACL, 비교, 733-734
제한 사항, 737-738
로깅, 738
관리 제어, 754
프리픽스 길이, 737
(라우팅) 문제, 672
라우터가 생성하는 패킷, 738
표준, 설정, 738-742
테스팅, 735-736
터널된 트래픽 부합, 737
위치와 방향, 483-484
패킷 부합, 484-485
명칭 ACL
설정, 517
편집, 518-519
개요, 516-517
명칭 ACL, 516-517
개요, 507
QoS 도구, 비교, 567
SNMP 보안, 768
표준 번호 ACL
access-list 명령어, 500
명령어 구문, 488-489
설정 예, 493-496
리스트 규칙, 486-487
모든 주소에 부합, 492
정확한 IP 주소에 부합, 489-490
주소의 일부분에 부합, 489-490
개요, 486
ACL로부터 주소 범위의 역엔지니어링, 526-527
문제 해결, 497-498
확인, 497-498
와일드카드 마스크, 491-493
문제 해결, 523
네트워크에서의 ACL 동작, 523-525
라우터가 생성시킨 패킷과 ACL 상호작용, 529-530
명령어, 525-523
일반적인 구문 실수, 527
진입 ACL이 라우팅 프로토콜을 필터링하는 경우, 528-529
IP 주소의 출발지와 목적지가 뒤바뀜, 526-527
ACL 분석 도구(Analysis tool), 861-862
ACS(Access Control Server), 147
액티브 HSRP 라우터, 612
어드레스 블록(address blocks). 프리픽스(prefixes) *참조*
어드레스(addresses)
패밀리(families), 680
글로벌 유니캐스트(global unicast), 651

IPv4, 212
IPv6
호스트에 할당, 595–597
연결성(connectivity), 확인(verifying), 658–662
멀티캐스트, 751
라우터 설정, 657
정적 경로(static route) 설정, 658
유니캐스트(unicast), 651–658
링크(link), 341–342
링크-로컬(link-local), 653
MAC, 42
공공 클라우드 할당 서비스, 834–835
소스/목적지(destination), 446–447
유니크 로컬 유니캐스트, 651
인접한 네이버(adjacent neighbors), 199, 695–696
관리 거리(administrative distance), 189–190
관리상의 목적으로 셧다운된 인터페이스, 44
ADSL(비대칭(asymmetric) DSL), 429
광고(advertising)
BGP 경로, 332–333
eBPG 엔터프라이즈 공공 프리픽스, 337–338
ISP에 서브넷, 338
AF(Assured Forwarding), 553–554
에이전트(SNMP), 765
Get/Set 메시지, 766
MIB, 767, 768
NMS 폴링, 766
통지, 766–767
알고리즘
Dijkstra SPF, 180
DUAL(Diffusing Update Algorithm), 242–243, 646
IGP 라우팅 protocol algorithm, 175
SPF(Shortest Path First), 180, 186–188
STA(spanning-tree algorithm), 48
모든 IP 주소, 부합, 492
교체 포트, 57–58, 92–93
아마존 웹 서비스(AWS), 819
인터넷 번호용 미국 레지스트리(ARIN), 185
분석기(네트워크), 792
시험 문제에 답변하는 법 조언, 875–876
안티리플레이(인터넷 VPNs), 432
any 키워드, 482
모든(any/all) IP 주소, 부합, 492
APIs(application programming interfaces), 649–650
APIC(Application Policy Infrastructure Controller), 856
APIC EM(APIC Enterprise Module), 857–862
ACL 분석 툴, 861
컨트롤러, 861
랩 웹사이트, 861
패스 트레이스 ACL 분석 툴, 861–862
패스 트레이스 앱, 860
ACI(Application Centric Infrastructure), 855–857
APIC(Application Policy Infrastructure Controller), 856
애플리케이션 서명, 548
ASIC(application-specific integrated circuit), 847
아키텍처(SDN), 852
APIC-EM(APIC Enterprise Module), 857–890
컨트롤러, 861
랩 웹사이트, 861
패스 트레이스 ACL 분석 툴, 861–862
패스 트레이스 앱, 860
ACI(Application Centric Infrastructure), 855–857
비교, 859–860
오픈 SDN, 853
오픈 SDN 컨트롤러(OSC), 855
OpenDaylight(ODL), 854–855
OpenFlow, 853
Area Border 라우터, ABR *참조*
area 디자인(OSPF), 203–204
ABR, 204, 227–229
areas, 203–204
백본 areas, 204
ABR 상에서의 multiarea 설정, 686
수퍼 백본, 419

백본 라우터, 204
이점, 205
area 간(interarea) 경로, 204
내부 라우터, 204
area 내(intra-area) 경로, 204
부합, 찾기, 318-319
MPLS VPNs, 419-420
네트워크 크기, 203
문제, 202, 316-317
single-area, 202
SPF가 하는 일 줄이기, 204
세 개의 OSPF area, 204
ARIN(American Registry for Internet Numbers), 185
AS(autonomous system), 185, 332
'as a Service(-aaS)' 모델, 817
ASAv(시스코 ASA 방화벽의 가상 버전), 831-832
ASIC(application-specific integrated circuit), 847
ASNs(AS numbers), 185, 307
BGP, 333
EIGRP, 271
IPv6용, 713-714
네이버, 254, 314
AF(Assured Forwarding), 553-554
ADSL(비대칭(asymmetric) DSL)), 429
공격(attacks)
DHCP 기반, 160
유형(types), 160
auth 키워드(snmp-server group 명령어), 779
인증(authentication)
802.1x, 153
AAA 서버
설정 예, 157-159
로그인 인증 규칙, 159
로그인 과정, 156
TACACS+/RADIUS 프로토콜, 156
EIGRP 네이버, 254, 312
인터넷 VPNs, 431-432
PPP, 376-777
PPP CHAP, 376, 396
PPP PAP, 376, 396
SNMPv3, 770, 778-779
authentication ppp pap 명령어, 380
인증자로서의 스위치, 153
auto-cost reference-bandwidth 명령어, 241, 706
AS(autonomous system), 185, 332
auto-summary 명령어, 292
정의, 293
EIGRP, 269
IPv4 EIGRP, 784
오토 서머리(autosummarization), 291
클래스풀 네트워크 경계, 291-292
불연속 클래스풀 네트워크, 293-294
AWS(Amazon Web Services), 819

B

백본 areas(OSPF), 203
ABR 상에서의 multiarea 설정, 625
수퍼, 419
백본 라우터, 204
백업 DRs(BDRs), 198, 228-229
백업 포트 역할(RSTP), 60-61
백업 포트, 57, 92-93
대역폭
EIGRP
IPv6 경로를 위한, 715-716
메트릭, 257-259, 290
경로, 조정(tuning), 283
인터페이스
기본, 233
높은, 234
OSPF 비용 기반, 234-235
최소 대역폭(least-bandwidth), 257
관리, 539
MetroE, 410-411
참조, 235-236
bandwidth 명령어, 234, 395
정의, 241, 296

EIGRP, 296, 712
IPv6, 728
메트릭, 257, 290
OSPFv3 인터페이스, 706
batch 트래픽, 542
BDRs(backup DRs), 185, 211–212
벨만–포드 프로토콜(Bellman–Ford protocols). DV *참조*
BGP(best path selection), 333–334
BGP(Border Gateway Protocol), 185, 328, 331
AS, 332
AS 번호(ASNs), 332
최상 경로 선출, 333–334
설정, 340
외부. eBGP *참조*
IGPs, 비교, 332
내부(iBGP), 333
ISP 기본 경로, 학습, 352–353
네이버, 331
비활성화, 344
상태, 343
프리픽스, 332
도달 가능성(reachability), 332
경로 광고, 334–335
라우팅 테이블 분석 보고서 웹사이트, 334
테이블 엔트리, 주입(injecting), 345
ISP에 서브넷 광고하기, 349
클래스풀 네트워크 경로, 345
정적 폐기(static discard) 경로, 350–351
업데이트 메시지, 332–340
bgp 명령어, 341
BIDs(bridge IDs)
STP, 45
루트 스위치 선출, 45–46
확인, 76
시스템 ID 익스텐션, 71–72
이진수–16진수 변환, 890
이진 와일드카드 마스크, 491
블로킹 상태
인터페이스, 42–43
RSTP 포트, 93
BGP(Border Gateway Protocol). BGP *참조*
BPDU(bridge protocol data units), 45
BPDU 가드, 64
설정, 81
활성화/비활성화(enabling/disabling), 83
글로벌 셋팅, 표시, 83
확인(verifying), 82–83
지사(branch offices)와 공공 클라우드 예, 827–830
이메일 서비스 트래픽 플로, 827–829
인터넷 연결, 828–829
사설 WAN 연결, 828–829
브릿지 ID. BID *참조*
브릿지. 스위치 *참조*
브로드캐스트 스톰(broadcast storms), 40–42
새겨진(burned–in) MAC 주소, 45

C

케이블 인터넷, 429
케이블링
DTE 케이블, 368
전용회선(leased–line) WAN, 363–364
스태킹 케이블, 166
CAC(Call Admission Control) 툴, 558
캐리어 이더넷(carrier Ethernet), 403
카탈리스트 스의치 RSTP 모드, 89–90
카탈리스트 스위치 STP 모드, 89–90
CBWFQ(Class–Based Weighted Fair Queuing), 556
CCENT/CCNA ICND1 100–105 공인 학습 가이드, 298
CCNA ICND2 200–105 공인 학습 가이드 프리미엄 에디션 eBook과 연습문제(Practice Test), 977
CCNA ICND2 설정 랩 웹사이트, 891
CCNA 라우팅 & 스위칭 ICND2 공인 학습 가이드 웹사이트, 960
CCNA R&S 모의 시험, 875
CE(customer edge), 415
중앙집중식 제어부(centralized control planes), 584
CFN(Cisco Feature Navigator), 584

challenge 메시지, 376
channel-group 명령어(이더채널), 84, 96, 597
잘못된 옵션, 장애 처리, 107-109
3계층, 장애 처리, 107-109
CSU(channel service unit)/DSU(data service unit), 365-366
CHAP(Challenge-Handshake Authentication Protocol)
인증, 374, 391
설정, 378-379
확인(verifying), 379-380
샤시 통합(chassis aggregation), 169
이점, 169
디자인, 향상(improving), 169
분배/코어 스위치 고가용성, 169-170
스의치 스태킹, 168-169
CIR(committed information rate), 411, 560
시스코
ACS(Access Control Server), 156
ACI(Application Centric Infrastructure), 855-857
BPDU 가드, 64
카탈리스트 스위치 RSTP 모드, 89-92
카탈리스트 스위치 STP 모드, 89-92
DevNet, 860
CFN(Feature Navigator, 584
인터클라우드 패브릭(Intercloud Fabric), 826
NDA(nondisclosure agreement, 비공개 계약), 873
오픈 SDN 컨트롤러(OSC), 855
프라임 시리즈 관리 제품 웹 사이트, 766
서버 하드웨어, 807-808
CUCM(Unified Communication Manager, 28
시스코 ASAv(시스코 ASA 방화벽의 가상 버전), 831-832
CBWFQ(Class-Based Weighted Fair Queuing), 556
CoS(Class of Service) 필드(802.1Q 헤더), 550
CS(Class Selector), 554
클래스풀 네트워크
경계에서의 오토 서머리(autosummarization), 291-292
불연속(discontiguous), 293-294
경로, 주입(injecting), 345-349
클래스풀 라우팅 프로토콜, 188, 291
클래식 모드(EIGRP 설정), 272
분류(QoS), 545
ACLs, 548
부합, 545-546
NBAR, 547
라우터 큐잉, 545
라우터, 547
마킹(marking)으로, 547
클래스풀 라우팅 프로토콜, 188, 291
clear ip ospf process 명령어, 220, 241
일반 텍스트(clear-text)로 된 암호, 769
CLI 기술, 879-880
클라이언트 VPNs, 435-436
clock rate 명령어, 384, 395
clocking, 369
클라우드 컴퓨팅
주소 할당 서비스, 834-835
클라우드 서비스 카탈로그, 816
CSR(Cloud Services Routers), 824
DHCP 서비스, 834-836
IaaS(Infrastructure as a Service), 818-819
NTP, 836-837
PaaS(Platform as a Service), 820
사설(private), 815-816
공공, 816-817
인터넷으로 접속, 821-822
사설 VPN으로 접속, 923-924
사설 WAN으로 접속, 823-825
지사(branch offices) 예, 827-830
DNS 서비스, 832-834
이메일 서비스 트래픽 플로,827-829
인터클라우드 익스체인지(intercloud exchanges), 825-826
인터넷 연결, 828-829
사설 WAN 연결, 829-830
VNFs, 830-832
서비스, 814-815
SaaS(Software as a Service), 819-820

CSR(Cloud Services Routers), 824
코덱(codecs), 543
명령어
aaa authentication login default, 158
aaa new-model, 158
access-class, 533
access-list, 488, 499-500, 507-509, 533
any 키워드, 492
ACL 작성, 492
deny 키워드, 485, 492-493
예와 규칙 설명, 511
확장 번호 ACL 설정 명령어, 511
log 키워드, 497
permit 키워드, 485, 489, 491-492
ACL에서 주소 범위에 역 엔지니어링, 499-501
tcp 키워드, 509
upd 키워드, 509
authentication ppp pap, 380
auto-cost reference-bandwidth, 241, 706
auto-summary, 294, 296
EIGRP, 269
IPv4 EIGRP, 712
대역폭, 233, 241, 296, 395
EIGRP, 269, 711
IPv6 EIGRP, 728
EIGRP 메트릭, 257, 290
OSPFv3 인터페이스, 706
bgp, 341
channel-group(EtherChannels), 84, 96, 597
잘못된 옵션, 장애 처리, 107-109
3계층, 문제 해결, 595
clear ip ospf process, 220, 241
clock rate, 394, 395
명령어, 241
configure terminal, 21
debug, 313
debug eigrp fsm, 297
debug eigrp packets, 313, 327
debug ip ospf adj, 327
불일치된 OSPF areas, 318
OSPF 네이버(neighbors), 장애 처리 (troubleshooting), 316
debug ip ospf events, 327
debug ip ospf hello, 327
Hello/dead 타이머 불일치(mismatches), 321
OSPF 네이버, 장애 처리, 316
debug ip ospf packet, 327
debug ipv6 ospf adj, 694
debug ppp authentication, 391, 396
debug ppp negotiation, 396
debug spanning-tree events, 78, 97
default-information originate, 241, 353, 689
default-information originate always, 232
delay, 269, 296
EIGRP, 712
IPv6 EIGRP, 728
EIGRP 메트릭, 257, 290
확장(extended) IPv6 ACLs, 743
IPv6 ACLs, 739-740
deny icmp any any, 752
설명, 395
dialer pool, 458, 475
dns-server, 627
eigrp router-id, 269, 275
EIGRP, 712
IPv6 EIGRP, 728
캡슐화(encapsulation), 395, 577
encapsulation dot1q, 597
encapsulation ppp, 378, 385, 458, 475
erase startup-config, 142
frequency, 802
history buckets-kept, 802
history enhanced, 790
history enhanced interval, 802
history filter all, 802
history lives-kept, 802
hostname, 379
icmp-echo, 790
ifconfig, 624, 659, 675

interface, 17, 31, 597
interface dialer, 475
interface loopback, 211, 241
interface multilink, 396
interface multilink1, 597
interface port-channel, 597
interface range, 20
interface tunnel, 439, 475
interface vlan, 597
ip -6 neighbor show, 675
ip access-group, 494, 502, 512, 522, 533
ip access-list, 517, 534
ip access-list extended, 518
ip address, 624, 641-642
  루프백 인터페이스에서의 IP address, 211
  MLPPP, 384
  하위 인터페이스(subinterfaces), 576
ip address negotiated, 460, 475
ip domain-lookup, 628
ip hello-interval eigrp, 269, 296, 326, 712
ip helper-address, 630-631
ip hold-time eigrp, 269, 296, 326
ip mtu, 325, 700
ip name-server, 628
ip ospf, 241
ip ospf cost, 241
ip ospf dead-interval, 326
ip ospf hello-interval, 326
ip route, 354
ip routing, 597
ip sla, 802
ip sla restart, 802
ip sla schedule, 787
ipconfig, 624, 659, 675
pv6 access-list
  building, 746-747
  IPv6 ACLs, 757
ipv6 access-list deny, 747
ipv6 access-list permit, 747
ipv6 address, 656, 674
ipv6 dhcp relay destination, 674
ipv6 eigrp, 712, 728
ipv6 hello-interval eigrp, 728
ipv6 hold-time eigrp, 728
ipv6 mtu, 700
ipv6 ospf, 674, 685, 707
ipv6 ospf cost, 706
ipv6 router eigrp, 712, 728
ipv6 router ospf, 674, 685, 643
ipv6 traffic-filter, 740, 757
ipv6 unicast routing, 674
ipv6 unicast-routing, 657
mac-address, 475
maximum-paths, 236
  defined, 241, 296
  EIGRP, 269, 712
  IPv6 EIGRP, 721, 728
  EIGRP 부하 분산(load balancing), 287
  OSPFv3, 688, 706
monitor session, 795, 802
mtu, 475
name, 17, 34, 141
ndp -an, 675
네이버(neighbor), 354
네이버 shutdown, 344
netsh interface ipv6 show neighbors, 675
network
  BGP, 354
  BGP 테이블 엔트리, 주입(injecting), 345-351
  EIGRP, 271, 296
  EIGRP, 활성화(enabling), 269
  IPv4 EIGRP, 712-713
  IPv6 EIGRP 호환성(compatibility), 711-712
  OSPF single-area 설정, 212-213
  OSPFv2 인터페이스 설정, 236
  OSPFv2 multiarea 설정, 225
no auto-summary, 294
no ip access-group, 522

no ip address, 593

no ip domain-lookup, 628

no ip sla schedule 787

no neighbor shutdown, 344

no passive-인터페이스, 241, 296

no shutdown, 34, 395

IPv6 EIGRP, 728

IPv6 EIGRP 라우팅, 715

1계층 전용회선 WAN 문제, 389

OSPF 프로세스, 307

ROAS 하위 인터페이스(subinterfaces), 579

no spanning-tree portfast bpduguard default, 97

no spanning-tree portfast default, 97

no switchport

3계층 EtherChannels, 592

3계층 스위치, 597

routed 포트, 588

passive-interface, 211

정의된, 241, 326

EIGRP, 296

EIGRP 지원, 274

OSPF 인터페이스 passive로, 설정, 211

OSPFv3, 655

passive-interface default, 211, 296

permit, 516-517, 534

확장 IPv6 ACLs, 743

GRE 터널 ACLs, 450

IPv6 ACLs, 739-740

permit gre, 475

permit icmp any any router-advertisement, 753

permit icmp any any router-solicitation, 753

permit ipv6, 757

ping, 530, 627-631, 675

IPv6 호스트 연결성, 테스팅, 653

IPv6 경로, 테스팅, 660, 674

전용회선 WANs, 388

self-ping, 530-531

ping6, 675

IPv6 ACLs, 748

IPv6 연결성, 테스팅, 658

ppp authentication, 384, 396

ppp authentication chap, 379

ppp chap hostname, 475

ppp chap password, 475

ppp multilink, 350, 396

ppp multilink group, 384

ppp multilink group 1, 350

ppp pap sent-username, 380, 396

pppoe-client dial-pool-number, 457-458, 475

pppoe enable, 458, 475

remark, 517, 434

router bgp, 341

router eigrp, 269, 296, 712

router-id, 241, 674, 665

OSPFv3, 706

RIDs, defining, 211

router ospf, 211, 241

router ospf 1, 213

sdm prefer, 585

sdm prefer lanbase-routing, 597

show

IPv6 ACLs, 740-741

라우팅 프로토콜이 활성화된 인터페이스, 확인, 300

STP 상태, 66

show access-list, 518

show access-lists, 502, 525, 534, 757

show arp, 629

show controllers, 387

show controllers serial, 396

show etherchannel, 97, 597

show etherchannel 1 summary, 86

show etherchannel summary, 109, 594

show interfaces, 327, 396, 597, 625

EIGRP 네이버 요구조건, 확인, 312

MLPPP, 387

OSPF 인터페이스, 장애 처리, 316

OSPF 네이버, 장애 처리, 316

OSPFv3 인터페이스 대역폭, 703

PPP CHAP 상태, 378

PPP PAP, 377

라우티드 포트, 589
show interfaces description, 327, 396
show interfaces dialer, 463, 475
show interfaces PPP status, 378
show interfaces status
3계층 이더채널(EtherChannels), 591
라우티드 포트, 589
show interfaces switchport, 25–27, 31, 35, 119–120, 143
show interfaces trunk, 25, 32, 35, 120–121
show interfaces tunnel, 444, 475
show interfaces virtual-access, 475
show interfaces virtual-access configuration, 465
show interfaces vlan, 597
show ip access-list, 502, 519
show ip access-lists, 502, 521, 534
show ip bgp, 355
show ip bgp summary, 343, 355
show ip eigrp interfaces, 296, 327
EIGRP 가능한 인터페이스, 274–275, 301
EIGRP 네이버 요건, 검증, 327
멀티링크 인터페이스, 386
show ip eigrp interfaces detail, 274, 296
show ip eigrp neighbors, 296, 327
네이버 상태 표시, 276
네이버 확인 점검, 312–313
show ip eigrp topology, 282, 297
메트릭, 286
석세서 경로, 281
토폴로지 테이블, 279–280
show ip eigrp topology all-links, 284
show ip interface, 450, 502, 525
show ip interface brief, 396
GRE 터널s, 443
멀티링크 인터페이스s, 386
OSPF 인터페이스s, 장애 처리, 307
show ip interfaces, 313
show ip ospf, 241, 327
중복된 OSPF RIDs, 319
OSPF 네이버, 장애 처리, 316
show ip ospf database, 191, 216, 241
show ip ospf interface, 241, 327
DRs/BDRs 세부 사항, 표시, 228
Hello/dead 타이머, 불일치, 321
ABR 각 인터페이스의 OSPF areas, 227
OSPF 네이버, 장애 처리, 316
OSPFv2 인터페이스 설정, 240
passive 인터페이스, 221
show ip ospf interface brief, 222, 241, 327
ABR 각 인터페이스의 OSPF areas, 227
OSPF 활성화(OSPF-enabled) 인터페이스, 식별, 301
OSPF 네이버, 장애 처리, 316
인터페이스의 OSPF 상태, 308
OSPFv2 인터페이스 설정, 240
show ip ospf neighbor, 193, 241, 327
DRs/BDRs 세부 사항, 표시, 228
네이버, 목록(listing), 316
OSPF 프로세스, 셧다운, 324
show ip ospf neighbor interface brief, 324
show ip protocols, 241, 276, 327
EIGRP 활성화(EIGRP-enabled) 인터페이스, 271, 301
EIGRP 네이버 요건, 확인, 313
EIGRP 네이버 상태, 표시, 276
IPv4 라우팅 프로토콜, 218
OSPF 설정 오류, 309–310
OSPFv2 인터페이스 설정, 214
show ip route, 241, 297, 355, 634–635
관리 거리, 190
다이얼러 인터페이스 3계층 출처, 467
EIGRP로 학습한 경로, 보여주기, 277
OSPF에 의해 IPv4 경로 추가, 218
라우팅 테이블, 표시, 597
show ip route eigrp, 277, 297, 327
show ip route ospf, 241, 298, 635–578
show ip route static, 232
show ip sla enhanced-history distribution-statistics, 902
show ip sla history, 790, 902
show ip sla statistics, 902

show ip sla summary, 902
show ipv6 access-list, 745–746, 757
show ipv6 eigrp interfaces, 719, 728
show ipv6 eigrp interfaces detail, 728
show ipv6 eigrp neighbors, 729
show ipv6 eigrp topology, 729
show ipv6 eigrp topology | section, 729
show ipv6 interface, 674, 757
show ipv6 neighbors, 674
IPv6 ACL ICMPv6 NDP message 필터링, 750
IPv6 IPv4 replacement, 662
show ipv6 ospf, 703, 707
show ipv6 ospf database, 699, 707
show ipv6 ospf interface, 692–693, 707
show ipv6 ospf interface brief, 692, 703, 707
show ipv6 ospf neighbor, 697, 707
show ipv6 protocols, 674, 707
IPv6 EIGRP, 728
IPv6 EIGRP interfaces, 719
OSPFv3 인터페이스s, 692
show ipv6 route, 674, 707
IPv6 EIGRP, 729
IPv6 라우터 연결성, 707
show ipv6 route eigrp, 729
show ipv6 route ospf, 702, 707
show ipv6 route | section, 729
show ipv6 routers, 674, 750
show mac address-table, 116
show mac address-table dynamic, 114
show monitor detail, 798, 903
show monitor session, 797, 903
show monitor session all, 797
show ppp all, 381–382, 396
show ppp multilink, 388, 396
show pppoe session, 466, 475
show running-config, 141, 493–494, 518
show snmp, 774, 902
show snmp community, 773, 902
show snmp contact, 902
show snmp group, 781, 902
show snmp host, 773, 902
show snmp location, 902
show snmp user, 780, 902
show spanning-tree, 97
show spanning-tree bridge, 80
show spanning-tree interface, 97
show spanning-tree interface detail, 82
show spanning-tree root, 76, 80
show spanning-tree summary, 83, 97
show spanning-tree vlan, 97
show spanning-tree vlan 10, 74–75
show spanning-tree vlan 10 bridge, 76
show spanning-tree vlan 10 interface gigabitethernet0/2 state, 93
show standby, 611, 617, 621
show standby brief, 611, 621
show tcp brief, 343
show tcp summary, 355
show vlan, 35, 116, 148
show vlan brief, 20–23, 116
show vlan id, 17, 116
show vlan status, 141
show vlans, 580, 597
show vtp password, 140, 148
show vtp status, 22, 35, 139, 148
shutdown, 34, 395
IPv6 EIGRP, 728
IPv6 라우팅용 EIGRP, 715
1계층 전용회선 WAN 문제, 389
OSPF 프로세스, 323
ROAS 하위 인터페이스, 579
shutdown vlan, 141, 148
snmp-server, 770
snmp-server community, 801
snmp-server contact, 801
snmp-server enable traps, 801
snmp-server group, 776
snmp-server host, 772, 782, 801
snmp-server location, 801
snmp-server user, 779

spanning-tree, 96
spanning-tree bpduguard disable, 96
spanning-tree bpduguard enable, 73, 81, 96
spanning-tree mode, 89, 96
spanning-tree mode mst, 70
spanning-tree mode pvst, 70
spanning-tree mode rapid-pvst, 70, 91
spanning-tree pathcost method long, 51
spanning-tree portfast, 75, 81, 96
spanning-tree portfast bpduguard, 97
spanning-tree portfast default, 83, 97
spanning-tree portfast disable, 83, 97
spanning-tree vlan, 72
spanning-tree vlan 10 port-priority 104, 115
speed, 633
standby, 617, 621
standby 1 preempt, 613
standby version, 615
standby version 1 | 2, 621
switchport
3계층 스위치, 597
routed 포트, 588
switchport access vlan, 17, 20-21, 31, 34, 115, 141
switchport mode, 23, 34
switchport mode access, 17, 20, 34, 146
switchport mode dynamic auto, 34, 119
switchport mode dynamic desirable, 25
switchport mode trunk, 22, 119, 577
switchport nonegotiate, 27, 34, 119, 139
switchport trunk allowed vlan, 34, 120
switchport trunk encapsulation, 23, 34
switchport trunk native vlan, 34, 122
switchport voice vlan, 36-38, 41, 141
traceroute, 631
GRE 터널s, 443
IPv6 host connectivity, testing, 600
IPv6 네크워크 라우터 문제, 장애 처리, 672
IPv6 라우터 연결성(connectivity) 테스팅, 661, 674
traceroute6, 675
tracert, 675
tunnel destination, 446-447, 475
tunnel mode gre ip, 443, 475
tunnel mode gre multipoint, 443
tunnel source, 446, 475
undebug all, 327
username, 379, 396
분산, 288
EIGRP, 287, 647
IPv6 EIGRP, 721, 728
검증(verification) 74
vlan, 17, 21, 34, 141
vlan 10, 128
vlan 200, 144
vtp, 140
vtp domain, 141, 148
vtp mode, 34, 141, 148
vtp mode off, 22, 142, 146
vtp mode transparent, 22, 142, 146
vtp password, 141, 148
vtp pruning, 141, 148
vtp version, 148
CIR(committed information rate), 411, 560
커뮤니티(SNMP), 768-769
커뮤니티 기반 SNMP 버전 2(SNMPv2c), 770
커뮤니티 스트링(SNMP), 769
confidentiality(인터넷 VPNs), 431-432
Config Checklist app, 881
configure terminal 명령어, 21
설정(configuring)
AAA 서버, 158-160
802.1x용 AAA 서버, 154
ACLs(access control lists)
확장 번호형, 512
명칭형, 518
번호형, 516-517
표준 번호형, 493-496
BGP, 340

eBGP 네이버 비활성화, 344
eBGP 네이버 확인, 342–343
링크 주소를 이용한 eBGP 네이버 설정, 341–343
ISP 기본 경로, 학습, 352–353
테이블 엔트리, 주입, 345
TCP로 전송 메시지, 340
update 메시지, 340
BPDU 가드, 81–83
DHCP 스누핑(snooping), 162–163
EIGRP, 269
AS 번호(ASNs), 272
설정 확인 목록(checklist), 269
클래스풀 네트워크 번호, 271
클래스 모드와 네임드 모드, 272
예 네트워크, 247
확인(verification). 검증, EIGRP 설정 참조
와일드카드 마스크, 272
IPv6 EIGRP, 712–713
명령어, 713
예, 712–713
부하 분산, 716–717
경로 메트릭, 721–722
타이머, 717
이더채널(EtherChannels), 84
동적(dynamic), 87–88
수동(manual), 84–86
GRE 터널s, 441–443
HDLC, 370–373
HSRP, 609, 616–619
ICMP–Echo operations, 786–787
IGPs, 339
패시브로서의 인터페이스, 220
IPv6
라우터에서의 주소, 656–657
확장 ACLs, 742–745
호스트, 653–655
라우팅, 656–657
표준 ACLs, 738–742
정적(static) 경로, 656–657
ISL, 578
ISP 라우터, 461
3계층
이더채널(EtherChannels), 591–594
switch routed 포트, 589–591
SVI로 스위칭, 582–584
로컬 SPAN, 795–798
MLPPP, 385–375
multiarea OSPFv2, 223–230
network 명령어, 226
single–area 설정, 224–225
서브넷, 223
확인(verifying), 227–229
OSPFv2 인터페이스, 236–239
OSPFv3, 682
기본 경로(default routes), 689–690
부하 분산(load balancing), 688
multiarea 예, 683
ABR에서의 multiarea, 686
경로 선택 메트릭, 세팅, 687
single–area, 684–685
겹치는 VLSM 서브넷, 640–642
PortFast, 81–82
PPP, 376–377
CHAP, 376–377
PAP, 377–378
PPPoE, 456–457
ISP 라우타 설정 예, 461
1계층, 457–458
2계층, 458–459
요약, 460–461
확인(verification), 462–465
RIDs(OSPF), 219–220
ROAS, 576
네이티브 VLANs, 578
하위 인터페이스 번호, 577
하위 인터페이스, 생성, 577
장애 처리, 581
확인(verifying), 579
single–area OSPFv2, 215–216
IPv4 주소, 212
네트워크 명령어와의 일치, 214–215
multiarea 설정, 223–224
network 명령어, 214
organization, 211–212

passive 인터페이스, 220–221
RIDs, 219–220
확인(verifying), 215–216
와일드카드 마스크, 214
SNMPv2
Get/Set 메시지, 769–771
트랩/알림(Inform) 메시지, 772–773
verifying, 773–774
SNMPv3, 775
인증(authentication), 778–779
암호화(encryption), 778–779
그룹, 776–777
통지(notifications), 781–782
요구사항, 775
정리, 783–784
사용자, 778
검증(verifying), 780–781
STP, 69
모드, 70
옵션, 73–74
per–VLAN 포트 코스트, 73
포트 코스트, 76–77
PVST+, 71
루트 선출에 영향, 79–81
시스템 ID 확장, 71–72
토폴로지 변경, 영향, 51
verification 명령어, 74
VLANs (virtual LANs), 16–17
데이터와 음성 VLANs, 29–32
전체(full) VLAN 구성 예, 17–20
더 짧은(shorter) VLAN 구성 예, 20–21
트렁킹, 22–27
VTP
흔한 거부(common rejections), 장애 처리, 144
기본 VTP 세팅, 135
예, 136–137
새 VTP 설정 세팅, 136
계획, 135
단계, 135
설정 저장, 140–141
transparent 모드, 141
혼잡 회피(congestion avoidance), 564
TCP 윈도잉, 564–565
도구, 566
혼잡 관리(congestion management), 554
LLQ(Low Latency Queuing), 556–557
여러 개의 큐(multiple queues), 555
출력 큐잉(output queuing), 555
우선순위 결정(prioritization), 555
라운드 로빈 스케줄링, 555
전략, 558
연결(공공 클라우드 액세스)
지사(branch offices), 827
인터넷, 821–822
사설 WANs, 823–825
VPNs, 823–824
연속 네트워크(contiguous networks), 292
제어부(control planes)
중앙집중화된(centralized), 848
분산된(distributed), 848
네트워킹 장비, 843–844
CP(control protocols), 374
컨트롤러(controllers), 848
APIC–EM, 857
중앙 제어(centralized control), 848–849
NBI(노스바운드 인터페이스), 850–851
OpenDaylight SDN 컨트롤러, 854
SBI(Southbound Interfaces), 849–850
수렴(convergence)
EIGRP, 260
DUAL 프로세스, 264–265
FS(feasible successor) 경로, 282–284
석세서, 262–263
라우팅 프로토콜, 185
STP, 43–44, 107
변환
2진수–16진수, 890
10진수–2진수, 888–889
16진수–2진수, 890
코어 스위치, 169–170
CoS(Class of Service) 필드(802.1Q 헤더), 550–551
코스트(costs). 메트릭(metrics) *참조*
카운터(counters), 787–789

CP(control protocols), 375
고객 댁내 장치(CPE(customer premises equipment)), 364
CS(Class Selector), 554
CS DSCP 값, 마케팅, 554
CSRs(Cloud Services Routers), 847
CSU/DSU(channel service unit/data service unit), 365–366
CUCM(Cisco Unified Communication Manager), 28
CE(customer edge), 415

D

데이터
  애플리케이션 트래픽, 540–541
  IPv6 EIGRP 토폴로지, 723–724
  무결성(integrity), 432
  사용(MetroE), 410
    사용된 데이터(대역폭), 요금 부과, 411–412
    과잉 공급(overages), (트래픽) 제어, 412–413
데이터 센터(가상)
  네트워킹, 910
  물리적 네트워크, 911
  벤더(vendors), 910
  워크플로(workflow), 912–913
DCE(data circuit-terminating equipment), 367
데이터부(data plane)
  MAC 테이블에 미치는 이더채널 영향, 113–114
  네트워킹 디바이스, 762–763
  MAC 테이블의 STP 영향, 112–113
  들어오는 프레임의 VLAN, 115
DTE(data terminal equipment), 367–368
데이터베이스
  LSDB(링크 상태 데이터베이스), 191
    area 디자인, 205
    최상의 경로, 검색, 192
    컨텐츠, 표시, 216
    네이버 간 교환, 196–199
    LSAs(링크 상태 광고) 관계, 191
    OSPFv3, 699
  MIB, 767–770
    OIDs, 768
    변수 번호붙이기/이름, 768
    변수, 모니터링, 766
    뷰(views), 777
  토폴로지, 202
  VLAN, 139–141
데이터 회선 종단 장치(DCE(data circuit-terminating equipment)), 367
데드 주기 타이머(Dead Interval timer), 197
데드 타이머, 321–323
debug 명령어, 314
debug eigrp fsm 명령어, 313
debug eigrp packets 명령어, 327
debug ip ospf adj 명령어, 327
  OSPF areas 불일치, 318
  OSPF 네이버, 장애 처리, 316
debug ip ospf events 명령어, 327
debug ip ospf hello 명령어, 327
  Hello/dead 타이머 불일치, 322
  OSPF 네이버, 장애 처리, 316
debug ip ospf packet 명령어, 327
debug ipv6 ospf adj 명령어, 694
debug 메시지, 285
debug ppp authentication 명령어, 391, 396
debug ppp negotiation 명령어, 396
debug spanning-tree events 명령어, 78, 97
10진-2진 변환, 888–889
DDN 와일드카드 마스크(decimal wildcard masks), 491–492
default-information originate always 명령어, 232
default-information originate 명령어, 241, 353
  OSPF 기본 경로, 230
  OSPFv3, 690
기본 경로, 689–690
기본 VLANs, 17
delay 명령어, 296
  EIGRP, 269, 711
  IPv6 EIGRP, 728

EIGRP 메트릭, 256, 257, 290

지연

EIGRP

IPv6 경로, 720–721

메트릭, 257, 290

관리, 539

전달(delivery) 헤더, 439

deny 명령어, 517–520, 534

확장 IPv6 ACLs, 743

IPv6 ACLs, 739

deny icmp any any 명령어, 752

deny 키워드, 485, 492–493

종속성(SPAN), 795

description 명령어, 395

설계

샤시 통합으로 향상, 171

인터넷 엣지, 335

3계층 MetroE, 407

E-LAN 서비스, 408–409

E-Line 서비스, 407–408

E-Tree 서비스, 409–410

물리적 MetroE, 402–403

3계층 MPLS, 415

MPLS 3계층 VPNs, 417–418

OSPF area, 203

ABR, 190, 204

areas, 203–204

백본 areas, 204

백본 라우터, 204

이점, 205

area 내(interarea) 경로, 204

내부 라우터, 204

area 간(intra-area) 경로, 204

MPLS VPNs, 419–420

네트워크 크기, 203

문제, 202, 306

single-area, 202

SPF 워크로드, (시간) 줄이기, 204

three-area, 204

OSPFv3 multiarea, 683

지정 포트(designated ports). DPs *참조*

지정 라우터(designated routers). DRs *참조*

목적지(destination) 주소, 447

목적지 IP, 부합, 507–508

목적지 포트(SPAN), 792

디바이스, 네트워킹, 843

제어, 중앙집중화, 848–849

제어부, 844–845

데이터부(data plane), 843–844

관리부(management plane), 846

스위치 내부 처리, 946–947

DevNet, 960

DHCP(Dynamic Host Control Protocol)

바인딩 테이블, 164

DHCP 릴레이, 629–630

공공 클라우드 서비스, 934

스누핑

설정 세팅, 160

DHCP-기반 공격, 160–161

DHCP 바인딩 테이블, 164

작동 방식(features), 162

신뢰할 수 있는(trusted) 포트, 설정하는, 161

속도 제한, 164

규칙 요약, 164

신뢰할 수 있는/신뢰할 수 없는 포트, 161–164

스테이트풀(stateful), 667–669

장애 처리, 629–633

DHCP-기반 공격, 160–162

DHCPv6, 654

dialer 인터페이스

3계층 출처(orientation), 467

PPPoE

설정, 456–457

확인(verifying), 462–463

dialer pool 명령어, 458, 475

DHCP(Differentiated Services Code Point). DSCP *참조*

DUAL(Diffusing Update Algorithm), 264, 646

DS0(Digital Signal level 0), 367

DS1(Digital Signal level 1), 367

DS3(Digital Signal level 3), 367

디지털 가입자 회선(DSL(digital subscriber lines)), 428

다익스트라(Dijkstra) SPF 알고리즘, 193
방향(ACLs), 483-484
비활성화(disabling)
BGP 네이버, 342
BPDU 가드, 81
DTP, 119
IPv6 EIGRP 라우팅, 715
PortFast, 81
포트, 57
VLANs, 116-117
VLAN 트렁킹, 146
폐기 경로(discard routes), 350
폐기 상태(discarding state)
인터페이스, 42-44
RSTP, 58
불연속 클래스풀 네트워크, 293-295
불연속 네트워크, 293
발견(EIGRP 네이버), 254
BPDU 가드 글로벌 세팅 표시, 83
DRs/BDRs 세부 사항, 228
EIGRP
활성화된(enabled) 인터페이스, 300-301
IPv4 라우팅 테이블, 277-278
네이버 상태, 276
토폴로지 테이블, 279
LSDB 내용, 216
OSPF-enabled 인터페이스, 300-301
passive 인터페이스, 220
PortFast 글로벌 셋팅, 83
TCP 연결, 343
거리 벡터 프로토콜(distance vector protocols). DV 프로토콜 *참조*
분산 제어부(distributed control planes), 848
분산 스위치, 샤시 통합(chassis aggregation), 169-170
DMVPN(Dynamic Multipoint VPN), 451
멀티포인트 GRE 터널, 452
NHRP(Next Hop Resolution Protocol), 452-453
DNS(Domain Name System)
IPv6 네트워크 장애 처리, 663-664
공공 클라우드 서비스, 832-833
장애 처리, 627-628
dns-server 명령어, 627
down 상태(인터페이스), 389
지정 포트(DP(designated port)), LAN 세그먼트, 44, 59
결정, 50, 105-106
문제, 장애 처리, 106
지정 라우터(DR(designated router)), 198
백업(BDRs), 198
찾기, 228-229
이더넷 링크, 198-199
DROthers routers, 199
DS0(Digital Signal level 0), 367
DS1(Digital Signal level 1), 367
DS3(Digital Signal level 3), 367
DSCP(Differentiated Services Code Point), 547
필드(QoS 마킹), 552
마킹 값
AF, 553-554
CS, 555
EF, 553
DSL(digital subscriber line), 428-429
DSLAMs(DSL access multiplexers), 428
DTE(data terminal equipment), 367-368
DTP(Dynamic Trunking Protocol), 23, 119
DUAL(Diffusing Update Algorithm), 254-255, 646
듀얼 인터넷 엣지 디자인, 336
듀얼 스택
OSPFv2/OSPFv3, 679
OSPFv3 주소군, 680
전략, 656
거리 벡터 프로토콜(DV(distance vector) protocols), 186, 247
거리/벡터 정보 학습한, 249
EIGRP로, 251-252
라우트 포이즈닝(route poisoning), 250-251
스플릿 호라이즌(split horizon), 248-250

업데이트 메시지, 248
dynamic EtherChannels 설정, 87-88
Dynamic Host Control Protocol. DHCP *참조*
Dynamic Multipoint VPN. DMVPN *참조*
Dynamic Trunking Protocol(DTP), 119

E

E1, 367
E3, 367
EAP(Extensible Authentication Protocol), 154
EAPoL(EAP over LAN), 155
earplugs(귀마개) (시험), 786, 871
eBGP(External BGP), 335
인터넷 엣지, 336
디자인, 336
엔터프라이즈 공공 프리픽스 광고하기, 337-338
ISP 기본 경로, 학습, 338
네이버
설정, 341
비활성화(disabling), 344
링크 주소 사용 설정, 341
검증(verifying), 342-343
이클립스 IDE, 920
엣지 포트, 61
EF(Expedited Forwarding), 553
EF DSCP 값 마킹, 553
EF RFC(RFC 3246), 553
EGP(exterior gateway protocol), 185, 332
EIGRP(Enhanced Interior Gateway Routing Protocol), 186
IPv4 EIGRP
고급 DV 프로토콜로, 251-252
인증, 313
오토 서머리(autosummarization) 291
클래스풀 네트워크 경계, 291-292
불연속 클래스풀 네트워크, 291-292
이점, 246
설정, 269
ASNs, 272
확인 목록(checklist), 269
클래스풀 네트워크 번호들, 271
클래식 모드와 네임드 모드, 272
예 인터네트워크, 270
와일드카드 마스크, 272
수렴(convergence), 260
DUAL 프로세스, 264
FS 경로(feasible successor routes), 282-283
석세서(successors), 262-263
난점, 271
IPv6 EIGRP, 비교, 708-711
FS 경로(feasible successor routes)
수렴, 282-283
식별(identifying), 281-282
목표, 332
인터페이스
설정 문제, 305-307
식별, 301
OSPF 인터페이스, 비교, 307
장애 처리, 302-307
K-값, 313
메트릭, 256
대역폭, 290
계산, 256-258
구성 요소, 286
지연 값 설정(delay settings), 290
EIGRP 토폴로지 데이터베이스, 286
예, 257-259
FD(feasible distance), 261-262
RD(reported distance), 261-262
경로 부하 분산(route load balancing), 289
시리얼 링크 대역폭, 259-260
MPLS VPN 변경, 419
네이버, 254-255
발견(discovery), 254
요건, 311-314
상태, 311-314, 276
토폴로지 정보, 교환, 254-237
장애 처리 예, 314-316
검증, 255, 312-314
OSPF, 비교, 242
query/reply 메시지, 262

RIDs, 지정(configuring), 275
RIP 메트릭, 비교, 187
RIPv2/OSPFv2, 비교, 253
경로
결정(choosing), 254
부하 분산(load balancing), 287–288
대역폭 변경으로 조정, 283
분산(variance), 287–289
석세서 경로, 식별, 281–282
토폴로지
데이터베이스 메트릭, 286
교환, 254
테이블, 표시, 278–280
분산, 287–289
검증(verification), 272
EIGRP가 활성화된(enabled) 인터페이스, 찾기, 273–276
IPv4 라우팅 테이블, 표시, 277–278
네이버 상태, 표시, 276
IPv6 EIGRP
설정, 711
명령어, 711
예, 712–713
부하 분산, 716–717
경로 메트릭, 715–716
타이머, 717
DUAL, 711
IPv4 EIGRP, 비교, 708–711, 717
FS, 711
인터페이스, 719–721
네이버, 721–723
경로
ASNs, 714
활성화/비활성화, 715
FS, 711
석세서, 711
장애 처리, 726
검증(verifying), 725–726
토폴로지 데이터, 723–725
eigrp router-id 명령어, 269, 275, 712, 728
E-LAN(Ethernet LAN) 서비스, 405–409
E-Line(Ethernet Line) 서비스, 407–409
email, 827–829
활성화(enabling)
AAA 서버, 158
BPDU 가드, 83
EIGRP, 269
IPv6 EIGRP 라우팅, 715
IPv6 라우팅, 656
OSPF 설정 모드, 213
PortFast, 83
PPPoE, 458–459
VLANs, 116
캡슐화된 RSPAN(ERSPAN(Encapsulated RSPAN)), 794
encapsulation 명령어, 395, 794
encapsulation dot1q 명령어, 597
encapsulation ppp 명령어, 377, 385, 456, 475
암호화(encryption)
IPsec, 433–434
keys, 434
SNMPv3, 770, 775–784
터널 VPNs, 435
End-to-End QoS 네트워크 디자인, 2판(시스코 출판), 544
최종 사용자 트래픽, 측정, 785
단말(endpoints), 856
향상된 이력(enhanced history), 789
EIGRP(Enhanced Interior Gateway Routing Protocol), 186. IPv4 EIGRP; IPv6 EIGRP도 *참조*
엔터프라이즈 QoS 솔루션 레퍼런스S 네트워크 디자인 가이드, 544
엔터프라이즈, 분류 부합, 545–546
eq 21 매개변수, 510
erase startup-config 명령어, 142
ERSPAN(Encapsulated RSPAN), 794
이더채널(EtherChannels), 62–63
설정(configuring), 85
동적(dynamic), 87–88
수동(manual), 84–86
3계층
설정(configuring), 591–594
장애 처리, 595
검증, 591–594

MAC 테이블 영향, 예측, 113–114
장애 처리, 107
인터페이스 추가 전 설정 체크, 109–110
잘못된 옵션, 107–108
이더넷
802.1Q 헤더, 550–551
802.11 헤더, 551
액세스 링크, 402
캐리어, 403
IEEE 표준, 403
링크, 198
WANs, 824
이더넷 랜
서비스, 199
장애 처리, 632–633
VLANs(virtual LANs)
설정, 16–21
기본 VLANs, 17
IDs, 9
IP 전화기, 28–29
네이티브 VLANs, 12
개요, 7–9
~간 라우팅, 13–15
태깅, 9–11
트렁킹, 9–12, 21–27
이더넷 라인(E-Line) 서비스, 404–407
E-Tree(Ethernet Tree) 서비스, 406, 409
ETSI(European Telco standards body), 832
EUI-64 규칙, 656–657
EVC(Ethernet Virtual Connection), 406
정확한 IP 주소 부합, 489–490
시험
CLI 스킬, 879–880
귀마개(earplugs), 871
시험 당일을 위한 조언, 871
지식 갭(knowledge gaps), 찾기, 877–878
모의 시험
문제 답하기, 975–977
CCNA R&S, 875
확인 목록, 875
ICND2, 875
기타, 877
응시, 874–875
예비 시험 제안, 871–872
실수에 대비, 873
질문 유형, 868
평가를 통과할 준비, 881
점수, 881–882
스터디 태스크, 884
합격 실패 후 학습, 882–884
시간 예산 대 문제 수, 869
시간 체크 기술, 870
튜토리얼, 868–869
EF(Expedited Forwarding), 553
확장 IPv6 ACLs
설정, 742–745
예, 745–747
확장 번호형 IPv4 ACLs, 507
설정, 512–513
프로토콜, 소스 IP, 목적지 IP 부합, 507–508
TCP와 UDP 포트 번호 부합, 509–512
EAP(Extensible Authentication Protocol), 154
EGP(exterior gateway protocol), 185, 331
외부 BGP. eBGP *참조*

F

페이스북(웬델 오돔), 884
failed 인터페이스, 44
합격 실패, 872, 882–883
실패
CHAP 인증, 391
HSRP, 605
keepalive, 390
PAP 인증, 391
FCS(Frame Check Sequence), 262–263
FD(feasible distance), 261–262, 281
타당성 조건(feasibility conditions), 263, 284
FS(feasible successor), 711
대체 경로(FS(Feasible successor)routes), 262–263
수렴, 282–283

식별, 281-282
FHRP(First Hop Redundancy Protocol), 598
기능, 603
HSRP, 598, 605
active/passive 모델, 605
active/standby 라우터, 선택, 610-611
active/standby 규칙, 612
설정, 609
페일오버(failover), 610
그룹 번호, 610
부하 분산, 607
no preemption(선점(preemption) 없음), 612
with preemption(선점 있음), 613
장애 처리, 616
검증, 609
버전, 615
~의 필요성, 603
옵션, 604-605
광 인터넷, 431
FIFO(first-in, first-out), 504
필터링
ICMPv6 메시지, 735-736, 748-753
IPv6
ACL 정책, 735
이슈, 664
찾기
EIGRP
활성화(enabled) 인터페이스, 273-274
FS 경로, 281-282
석세서 경로, 281-282
Hello/dead 타이머 불일치, 321
OSPF area 불일치, 318-319
라우터의 최상 경로, 193
와일드카드 마스크, 491
방화벽, 831-832
FSRP(First Hop Redundancy Protocol). FHRP *참조*
FIFO(first-in, first-out), 555
FlexStack, 169
FlexStack-Plus, 169
플러딩(flooding), 182
플로(flow)
네트워킹, 542
공공 클라우드 트래픽, 927-929
전달 지연 타이머(STP), 53
전달(forwarding)
데이터. 라우팅(routing) *참조*
인터페이스 상태, 42-44
경로(paths), 777-778
전달부(forwarding plane). 데이터부(data plane) *참조*
Fractional T1, 367
Fractional T3, 367
FCS(Frame Check Sequence), 369
프레임 릴레이, 398
프레임
브로드캐스트 스톰, 40-42
정의된, 545
HDLC, 368-369
들어오는(incoming), 115
루핑(looping), 방지, 39
다중 프레임 전송, 42
PPP, 374
스위칭, 115
frequency 명령어, 802
FS(feasible successor), 711
풀 드롭(full drops), 566
풀 메시 토폴로지(MetroE), 405
풀 네이버 상태, 200, 689-690
전체 업데이트, 248, 254
전체 VLAN 설정 예, 17-20
완전히 인접한 네이버, 200, 695-696

G

GRE(generic routing encapsulation), 436
"Get IEEE 802" 프로그램, 55
Get 메시지
에이전트 정보, 770
RO/RW 커뮤니티, 769
SNMPv2 지원, 769-771

GLBP(Gateway Load Balancing Protocol), 544
글로벌 유니캐스트 주소, 652
구글 앱 엔진 PaaS, 820
GRE(generic routing encapsulation), 436
GRE 터널, 436
라우터 간, 438
구성하기(configuring), 441–443
상세 정보, 표시, 444
기능성, 테스팅, 446
대규모 환경, 451
DMVPN과 멀티포인트, 451
포인트–투–포인트(point–to–point), 436
경로(routes), 444
장애 처리, 446
ACLs, 449–450
인터페이스 상태, 446
3계층 문제, 449
소스/목적지 주소, 444
터널 목적지, 447
터널 인터페이스, 437
보안되지 않은 네크워크, 438–439
확인(verifying), 443–445
group 번호(HSRP), 611
그룹
단말(endpoint), 773
SNMPv3, 776–778
MIB 뷰, 777
보안 레벨, 777
write 뷰, 777

H

HDLC(High–level Data Link Control), 363, 369–373, 436
헤더
802.1Q, 550–551
802.11, 551
전달(delivery), 438
IP, 549–550
MPLS 레이블, 551
헬로 BPDU, 45
헬로 인터벌(Hello Interval), 194, 253
Hello 메시지(OSPF), 194–195
헬로 타이머
데드 타이머 불일치(dead timer mismatches), 장애 처리, 321–322
STP, 53
16진수–2진수 변환, 890
고가용성(high availability), 170–171
고수준 데이터 링크 조정(HDLC), 363, 369–373, 436
고속 WICs(HWICs), 365
historical success/failure 카운터(IP SLAs), 716
역사
IP SLA 데이터, 790
OSPF, 748
SNMP, 766
history buckets–kept 6 명령어, 802
history enhanced 명령어, 790
history enhanced interval 명령어, 802
history filter all 명령어, 802
history lives–kept 1 명령어, 802
홀드 간격(Hold Interval), 233
hostname 명령어, 379
호스트
IPv6, 653
연결성, 검증, 658–659
이슈, 604
설정을 받지 못함, 668–669
이름 해결 문제, 667–668
기본 라우터로의 핑 실패, 665–666
일부 호스트로만 핑이 되는 상황, 664–665
스테이트풀 DHCPv6, 654
stateless 주소
자동 설정(SLAAC), 655
경로, 392–393
서버 가상화, 808–809
IPv4 세팅 장애 처리
기본 라우터 IP 주소 세팅, 628–629
DNS 문제, 571–572
IPv4 설정이 정확히 일치하는지 확인, 624
잘못된 마스크, 625

HSRP(Hot Standby Router Protocol), 598, 606–607
active/passive 모델, 605
active/standby 라우터, 선택, 611
active/standby 규칙, 612–613
설정(configuring), 609
페일오버(failover), 607
그룹 번호, 611
부하 분산, 607
no preemption, 612
with preemption, 613
장애 처리, 616
ACL 블록 HSRP 패킷, 619
설정, 616–617
그룹 번호 불일치, 563
설정 오류 시 증상, 617–618
라우터 설정 다른 VIPs, 619
버전 불일치, 618
확인(verifying), 609
버전, 615
HSRPv2(HSRP 버전 2), 615
허브 앤 스포크(hub and spoke) 토폴로지(MetroE), 406–407
Huston, Geoff 웹사이트, 331
HWICs(High-speed WICs), 365
하이퍼바이저(hypervisors), 810, 812, 837

I

IaaS(Infrastructure as a Service), 742
IANA(Internet Assigned Numbers Authority), 185
ASNs, 할당(assigning), 185
ICMPv6 매개변수, 736
IPv6 멀티캐스트 주소 공간 레지스트리 웹사이트, 682
웹사이트, 185
iBGP(Internal BGP), 333
icmp-echo 명령어, 802
ICMP-Echo 동작(operations), 786–788
ICMP Echo probe, 785
icmp 키워드, 527
ICMPv6
Echo Request 메시지, 741
메시지, 필터링, 735–754
패킷, 부합, 743
ICND2 모의 시험. 모의 시험(practice exams) *참조*
IEEE(Institute of Electrical and Electronics Engineers) 802.1D 스패닝 트리(Spanning-Tree) 상태, 55
802.1D 표준, 55
802.1w 개정(amendment), 55
802.1x
접근, 보안, 153–154
인증자(authenticators), 154
LAN 접속, 보안, 154–155
기본 포트 코스트, 51
이더넷 표준, 366
"Get IEEE 802" 프로그램, 56
ifconfig 명령어, 568, 600, 674
IGP(interior gateway protocol), 185, 244
BGPs, 비교된, 331
classless/classful, 188
설정, 339
목표, 331
메트릭, 187–188
라우팅 프로토콜 알고리즘, 186
서브넷, 332
IGRP(Interior Gateway Routing Protocol), 187
암묵적인(implicit) 필터링, 683–684
들어오는 프레임, 115
열등한 헬로(inferior Hello), 46
인피니티(infinity), 250
알림(Inform) 메시지, 766–767
SNMPv2, 772–773
SNMPv3, 782–783
IaaS(Infrastructure as a Service), 818
BGP 테이블 엔트리 주입, 345
ISP로 서브넷 광고하기, 349
클래스풀 네트워크 경로, 345–348
정적 폐기 경로, 350–341
instantiating VMs, 742
IEEE(Institute of Electrical and Electronics Engineers). IEEE *참조*

Integrated Intermediate System to Intermediate System(IS-IS), 187
인터랙티브 데이터 애플리케이션 트래픽, 540-541
인터랙티브 보이스 트래픽, 542-543
Area 간(interarea) 경로, 229, 264, 703
클라우드 간(intercloud) 변경, 823-824
클라우드 간 패브릭, 826-827
interface 명령어, 17, 30, 597
interface dialer 명령어, 475
interface loopback 명령어, 211, 241
interface multilink 명령어, 396
interface multilink 1 명령어, 384
interface port-channel 명령어, 597
interface range 명령어, 20
interface tunnel 명령어, 439, 475
interface vlan 명령어, 597
인터페이스
ABR OSPF areas, 검증(verifying), 227-228
액세스, 115
관리상 셧다운, 44
애플리케이션 프로그래밍(APIs), 768-769
대역폭
기본, 233
EIGRP 메트릭 계산, 290
EIGRP 경로, 조정, 283
더 높은 참조(higher reference), 235
OSPF 코스트 기반, 234-235
블로킹 상태, 42
지연, 290
다이얼러
3계층 출처, 467
PPPoE, 456-457, 461-462
down 상태, 389
EIGRP
설정 문제, 305-307
활성화된, 찾기, 273-275, 300-301
OSPF 인터페이스, 비교된, 302
장애 처리, 307-310
IPv6 EIGRP, 719-721
이더채널(EtherChannels), 추가, 109-111
failed, 45
전달 상태(forwarding state), 42
LAN 속도, 539
학습 상태, 54
청취 상태, 54
루프백(loopback), 219
멀티링크, 383
NBI(Northbound), 950-952
OSPF
대역폭, 233
코스트, 셋팅, 233-234
EIGRP 인터페이스, 비교된, 307
식별(identifying), 301
패시브(passive), 211
장애 처리, 307-309
OSPFv2 설정, 236
예, 236
확인(verifying), 237-239
OSPFv3, 692
영향을 주는 경로 선택, 셋팅, 687-688
장애 처리, 682-684
확인, 692-693, 701-703
패시브
EIGRP, 275
OSPF, 219-220
OSFPv3, 624
per-VLAN STP 코스트, 73
라우티드, 588-589
라우팅 프로토콜-활성화된, 검증, 300
사우스바운드(SBIs), 849-850
상태
STP로 변경, 54-55
전달 또는 차단(blocking) 기준, 44
상태 코드, 388
하위 인터페이스, 577-579
가변 가상(switched virtual), SVI 참조, 572
터널
ACLs, 449
생성, 439
목적지, 449
3계층 이슈, 449
시리얼 링크 교체, 437
상태, 447

가상-액세스, 464
VLAN. SVIs *참조*
WANs, 539
작동중인, 44
내부(interior) **게이트웨이 프로토콜**. IGP *참조*
IGRP(Interior Gateway Routing Protocol), 187
내부 IP **라우팅 프로토콜**, 253
iBGP(internal BGP), 333
내부 처리(**스위치**), 846-848
내부 라우터, 204, 683-684
인터넷
액세스, 427
케이블 인터넷, 429
DSLs(digital subscriber lines), 428-429
광(fiber), 431
WANs, 427
무선 WANs, 430-431
엣지, eBGP와, 335
디자인, 335
엔터프라이즈 공공 프리픽스, 광고하는, 337
ISP 기본 경로, 학습, 338
공공 클라우드
접근, 821-822
컴퓨팅 지사 연결, 829
VPNs, 427
이점, 433
클라이언트, 435-436
보안, 431
사이트 대 사이트(site-to-site), 432-433
WAN 서비스로서, 427
무선, 431
IANA(Internet Assigned Numbers Authority). IANA *참조*
인터넷 서비스 프로바이더. ISPs *참조*
ISL(Inter-Switch Link), 11-12, 578
Area **간**(intra-area) **경로**, 204
ip -6 neighbor show **명령어**, 674
ip access-group **명령어**, 494, 502, 512, 522, 533
ip access-list **명령어**, 517, 534
ip access-list extended **명령어**, 518
IP ACLs(access control lists). ACLs *참조*
ip address **명령어**, 624, 641-642
루프백 인터페이스 상에서 IP 주소, 211
MLPPP, 385
하위 인터페이스, 577-578
ip address negotiated **명령어**, 459, 475
ip_address **매개변수**(network **명령어**), 213
IP **어드레싱**
변환
이진수-16진수, 890
10진수-2진수, 888-889
16진수-2진수, 890
공공 클라우드
주소 할당(assignment) 서비스, 834-835
DHCP 서비스, 834-835
ip domain-lookup **명령어**, 628
IP **헤더**, 549-550
ip hello-interval eigrp **명령어**, 269, 296, 326, 648
ip helper-address **명령어**, 630-631
ip hold-time eigrp **명령어**, 269, 296, 326
IP IGP **메트릭**, 187-189
ip mtu **명령어**, 326, 700
ip name-server **명령어**, 628
ip ospf **명령어**, 241
ip ospf cost **명령어**, 241
ip ospf dead-interval **명령어**, 326
ip ospf hello-interval **명령어**, 326
ip route **명령어**, 354
ip routing **명령어**, 597
ip sla **명령어**, 802
ip sla restart **명령어**, 802
IP SLAs(IP Service Level Agreements), 784
이력 성공/실패 카운터, 789
이력 데이터, 장애 처리로, 789-790
ICMP-에코, 786-789
동작(operations), 786
응답기(responders), 786
소스, 786
~로 장애 처리
카운터, 787-789
이력 데이터, 790

UDP 지터 프로브(Jitter probes), 785
ip sla schedule 명령어, 787
IP 전화기(VLANs), 28
데이터와 음성 VLAN 개념, 29–32
데이터와 음성 VLAN 설정과 확인, 30–32
요약, 32–33
ipconfig 명령어, 624, 659, 674
IPP(IP Precedence) 필드(QoS 마킹), 549–551
IPsec, 433–434
IPv4 라우팅
ACLs, 733–734
주소, 212, 648
EIGRP
설정, 271–272
부하 분산, 287–288
검증, 277–278
EIGRP 확인(verification), 272
EIGRP 활성화 인터페이스, 찾기, 273–275
IPv4 라우팅 테이블, 표시, 277–278
네이버 상태, 표시, 276
3계층 이더채널(EtherChannels)
설정(configuring), 591–594
장애 처리, 595
확인(verifying), 591–594
3계층 스위치 라우티드 포트, 588–591
SVI로 3계층 스위칭
설정(configuring), 582–584
문제 해결, 585–587
검증(verifying), 584
주소 부합
모든(any/all) 주소, 492
정확한 IP 주소, 489–490
주소의 일부분, 489–490
OSPF 추가, 215
QoS 마킹, 549
라우팅 프로토콜
표시(displaying), 218
장애 처리, 299–300
서브넷 마스크
잘못된 마스크, 625
VLSM(variable length subnet masking), 638
장애 처리, 629
기본 라우터 IP 주소 설정, 628
DHCP 이슈, 629–631
DNS 문제, 627–628
부정확한 주소화 계획(incorrect addressing plans), 638
IP 전달 이슈(forwarding issues), 634–636
LAN 이슈, 631–633
IPv4 셋팅 불일치, 624
잘못된 마스크, 675–676
액세스 리스트로 패킷 필터링, 643
라우터 WAN 인터페이스 상태, 643
ipv6 access-list 명령어
구축, 747–748
IPv6 ACLs, 757
ipv6 access-list deny 명령어, 747
ipv6 access-list permit 명령어, 747
ipv6 address 명령어, 657, 674
ipv6 dhcp relay destination 명령어, 674
ipv6 eigrp 명령어, 712, 728
ipv6 hello-interval eigrp 명령어, 728
ipv6 hold-time eigrp 명령어, 728
ipv6 mtu 명령어, 700
ipv6 ospf 명령어, 674, 685, 706
ipv6 ospf cost 명령어, 706
ipv6 router eigrp 명령어, 712, 728
ipv6 router ospf 명령어, 674, 685, 706
IPv6 라우팅
IPv6 ACL로 접속 제한, 754–755
ACLs, 730–733
access-list 명령어, 구축(building), 747–748
접근 제한, 755
차단(blocking), 752–753
능력(capabilities), 736–737
확장(extended), 742–743
ICMPv6 NDP 메시지 암묵적인 필터링(implicit filtering), 748–753
필터링 전략, 735
ICMPv6 메시지 필터링, 735–736
ICMPv6 NDP 메시지 암묵적인 필터링, 753
IPv4 ACL, 비교된, 733–734

한계(limitations), 737-738
로깅(logging), 738
관리 제어, 754-755
프리픽스 길이, 737-738
문제, 672
라우터가 생성하는 패킷(router originated packets), 738
표준, 설정, 738-742
테스팅, 739
터널드 트래픽 부합, 737
라우터에서의 주소 설정, 656-657
연결성, 확인, 658-659
호스트, 658-659
라우터, 660-663
EIGRP
ASNs, 714
설정, 711-715
DUAL, 711
IPv4 EIGRP, 비교된, 708-711, 718
FS, 711
인터페이스, 719-720
부하 분산, 716-717
네이버, 721-723
경로, 715-717, 725-726
석세서, 711
타이머, 717
토폴로지 데이터, 723-724
글로벌 유니캐스트 주소, 651-652
호스트 설정, 654
스테이트풀 DHCPv6, 654
스테이트리스 주소 자동 설정(SLAAC), 655-656
링크로컬 주소, 653
멀티캐스트 주소, 751
OSPF, 679-680
OSPFv3
설정, 682-683
기본 경로, 689-690
인터페이스 코스트 메트릭, 701-703
인터페이스, 692
IPv6 MTU 불일치, 699-701
IPv6 경로, 문제 해결, 704-705
부하 분산, 688-689
LSA, 698-699
LSDBs, 698-699
ABR 설정성의 multiarea, 686-687
네이버, 694
OSPFv2, 비교된, 682-683, 690-691
패시브 인터페이스, 685
RIDs, 686
경로 선택 메트릭, 687-688
single-area 설정, 684-685
인터페이스 문제 해결, 692-694
네이버 문제 해결, 685-698
인터페이스 확인, 692-693
네이버 확인, 694-695
프로토콜, 679
QoS 마킹, 550-551
라우터, 활성화, 656-657
경로
IPv6 EIGRP 메트릭, 715-716
OSPFv3 메트릭, 682, 701-703
문제 해결, 704-705
서브네팅, 651
유니크 로컬 유니캐스트 주소, 651
정적 경로 설정, 657
서브네팅, 651-652
장애 처리, 663
ACLs, 672
필터링 이슈, 664
호스트 이슈, 663
기본(default) 라우터에서 호스트 핑(host pings) 실패, 665-666
일부 경우에서만 작동하는 호스트 핑(host pings), 664-665
호스트에서 IPv6 셋팅 놓침(missing), 667-669
이름 해결 문제, 607-608
라우터 이슈, 663
라우팅, 672-673
유니캐스트 주소, 651-652
ipv6 traffic-filter 명령어, 740, 757
ipv6 unicast routing 명령어, 657, 674
IS-IS(Integrated Intermediate System to Intermediate System), 187
ISL(Inter-Switch Link), 11, 578
ISPs(Internet service providers), 427

기본 경로, 학습, 352-332
PPP로 다이얼 연결, 454
인터넷 엣지, 학습, 339
라우터 설정 예, 461
서브넷, 광고하기, 349

J

Jenkin의 지속적인 통합 및 자동화 툴, 820
지터(jitter), 관리화, 539

K

keepalive 실패, 390
키보드, 비디오 디스플레이, 또는 마우스(KVM), 808
키(암호화), 434
키워드. 명령어도 *참조*
any, 492
deny, 485, 488-492
icmp, 527
log, 497, 738
permit, 485, 488-492
tcp, 509
udp, 509
지식의 갭, 확인, 877-878
K-값(EIGRP), 314
KVM(키보드, 비디오 디스플레이 또는 마우스), 808

L

랩, 완료, 880-881
LACP(Link Aggregation Control Protocol), 87
랜(LANs), 575
정의된, 7
지정 포트(DPs), 53, 105-107
인터페이스, 529
중복
STP 없이 야기되는 문제들, 39-41
STP, 36
보안
IEEE 802.1x, 153-155
STP 보안(위험) 노출, 63-64
장애 처리, 632-633
VLAN 지원, 추가, 127
1계층
전용 회선 WANs
CSU/DSUs, 367
물리적 구성 요소, 364-365
속도, 366-367
장애 처리, 389
HDLC를 갖춘 전용 회선 WANs, 368-369
PPPoE
설정, 456-457
스위치, 12
장애 처리, 467-468
2계층
전용 회선 WANs, 389-390
HDLC를 갖춘 전용 회선, 369
MLPPP, 384
PPPoE
설정, 456
장애 처리, 467-468
3계층
GRE 터널 이슈, 449
전용 회선 WANs, 문제 해결, 392-393
MetroE 디자인, 408
E-LAN 서비스, 408-409
E-Line 서비스, 407-408
E-Tree 서비스, 409-410
MLPPP, 383-384
MPLS, 415
MPLS VPNs, 417-418
EIGRP 변화(challenges)), 421
OSPF area 설계, 419-420
PPPoE
설정, 458-459
상태, 검증, 466
장애 처리, 472
스위치, 12
이더채널, 591-594
라우티드 포트, 588-589
SVI와, 582-583

VLAN(가상 LAN) 라우팅, 15–16
LCP(Link Control Protocol), 375
학습 상태(인터페이스), 54
전용 회선 WANs, 363–364
구축, 367–368
CSU/DSU, 365
HDLC와, 368
HDLC 설정, 369
캡슐 해제/재캡슐화(e–encapsulating/ re–encapsulating) IP 패킷, 369
프레이밍(framing), 369, 374
물리적 구성 요소, 364–365
PPP와
인증, 375–376
PPP 설정, 377–378
PPP CHAP 설정, 378–379
PPP PAP 설정, 380–381
컨트롤 프로토콜, 370
프레이밍, 370
멀티링크, MLPPP 참조
PPP 기능, 374
속도, 366–367
장애 처리, 388–389
1계층 문제, 389
2계층 문제, 389–390
3계층 문제, 392–393
불일치 서브넷, 393
최소 대역폭(least–bandwidth), 257
SPAN 소스 제한(limiting), 798
LACP(Link Aggregation Control Protocol), 87
LCP(Link Control Protocol), 375–376
링크–로컬 주소, 653
링크–상태 광고, LSA *참조*
링크–상태 데이터베이스, LSDB *참조*
링크–상태 프로토콜, 186, OSPF도 *참조*
링크–상태 업데이트(LSU) 패킷, 196
링크
액세스
MetroE, 401
MPLS, 416
주소, 341–342
이더넷, 196–199
RSTP 유형, 61
시리얼
대역폭, 258–259
IP 터널로 대체, 436–437
~를 통한 IP 패킷 라우팅, 436–437
리스트 로직(IP ACLs), 486–487
리스닝 상태(인터페이스), 54
LLQ(Low Latency Queuing), 556–557
부하 분산
EIGRP, 287–288, 715–716
HSRP, 609
MLPPP, 283
OSPF, 235
OSPFv3, 688
로컬 SPAN, 설정, 795–798
위치(ACLs), 483–484
log 키워드, 497, 738
로그 메시지, 임의의(unsolicited), 310
로깅(logging) IPv6 ACLs, 738
논리 스위치, 168
로그인(AAA), 156, 159
롱텀 에볼루션(LTE), 431
루프백(loopback) 인터페이스, 219
루핑 프레임, 예방, 39
손실(loss), 관리, 549
LLQ(Low Latency Queuing), 556–557
LSAs(link–state advertisements), 196
OSPF 네이버로 교환, 196–197
이더넷 링크상에서 지정 라우터(DRs), 198–199
관리(maintenance), 197–198
플러딩(flooding), 192
LSDB 관계, 191
OSPFv3, 698
라우터, 698
LSDB(link–state database), 191
area 설계, 205
최상의 경로, 찾기, 192
내용, 표시, 216
네이버 간 교환
이더넷 링크 상의 DR, 196–199
LSAs 완전히 교환, 196–197
네이버 관리, 197–198

LSAs 관계, 191
OSPFv3, 698
LSU(Link-State Update) 패킷, 196
LTE(Long-Term Evolution), 431

M

mac-address 명령어, 475
MAC 주소
새겨진(burned-in), 45
전송(forwarding), 113
학습, 113
테이블
이더넷 영향, 예측되는, 113-114
불안정성(instability), 42
STP 영향, 예측, 112
유지 · 관리(maintenance)
EIGRP 네이버, 245
OSPF 네이버, 196
MEF(Managed Extensibility Framework), 403
MIB(Management Information Base), MIB *참조*
관리부(네트워킹 장비), 846
관리하는
대역폭, 539
지연, 539
IPv6 ACLs, 754
지터, 539
손실(loss), 539
SNMP, 765
수동 이더채널(manual EtherChannels) 설정, 84-86
마킹, 545-547
분류로(with classification), 545
DiffServ DSCP 값
AF, 553-554
CS, 554
EF, 553
이더넷 802.1Q 헤더, 550-551
이더넷 802.11 헤더, 551
IP 헤더, 549-550
MPLS Label 헤더, 551
신뢰 경계, 551-552
패킷 부합, 484-485
매개변수 부합
확장 번호 ACLs
프로토콜, 소스 IP, 목적지 IP, 507
TCP와 UDP 포트 번호, 509-510
표준 번호 ACL
모든 주소에 부합, 492
명령어 구문, 488-489
정확한 IP 주소에 부합, 489-490
주소의 일부분에 부합, 489-490
와일드카드 마스크, 491-493
MaxAge 타이머(STP), 53
maximum-paths 명령어, 236, 241, 296
EIGRP
IPv4용, 269, 712
IPv6용, 715-716, 728
부하 분산, 287
OSPFv3, 688, 706
MTU(maximum transmission unit), MTU *참조*
측정(measuring)
클라우드 컴퓨팅 서비스, 814
최종 사용자(end-user) 트래픽, 785
MEC(Multichassis EtherChannel), 171
MEF(Managed Extensibility Framework), 403
메모리(TCAM), 847
메시지
변경(challenge), 376
디버그, 285
EIGRP, 264
Get
에이전트 정보, 766
RO/RW 커뮤니티, 769
SNMPv2 지원, 772-773
ICMPv6
Echo 요청, 741
필터링, 735-737
NDP, 필터링, 748
통지, 766-767
SNMPv2, 770-775
SNMPv3, 775-778
NA(neighbor advertisement), 752

NS(neighbor solicitation), 752
OSPF 헬로, 194-195
부분 업데이트, 252
RA(router advertisement), 670, 753
RS(router solicitation), 670, 753
RSTP, 59
Set
RO/RW 커뮤니티, 769
SNMPv2 지원, 772-773
에이전트 상의 쓰기 변수, 766
SNMP 변수, 모니터링, 766
STP 헬로 BPDU, 45
트랩, 766-767
SNMPv2, 770-775
SNMPv3, 775-778
임의의(unsolicited) 로그, 310
업데이트
BGP, 332, 340
DV 라우팅 프로토콜, 246-247
EIGRP, 254-255
메트릭
BGP 최상의 경로 선택, 334-335
EIGRP, 251
대역폭, 290
계산, 256-257
구성 요소, 286
지연값 설정, 290
EIGRP 토폴로지 데이터베이스, 286
예, 257-258
FD(feasible distance), 261-262
RD(reported distance), 261-262
경로 부하 분산, 288
시리얼 링크 대역폭, 258-259
IGP, 186-187
인피니티(infinity), 250
IPv6 경로
IPv6 EIGRP, 715-716
OSPFv3 인터페이스 코스트, 687-688
OSPF, 233
인터페이스 대역폭에 기반한, 233-234
더 높은 참조 대역폭, 233
셋팅, 233
OSPFv3, 701-702
per-VLAN STP, 73
포트, 76-77
루트, 44
STP 포트, 47
MetroE(Metro Ethernet), 398-402
액세스 링크, 402
데이터 사용, 411
대역폭 사용된, 요금 부과, 411-412
트래픽(overages), 제어(controlling), 412-413
IEEE 이더넷 표준, 402
3계층 설계, 407
E-LAN 서비스, 408-409
E-Line 서비스, 407-408
E-Tree 서비스, 409
MEF, 403
물리적 설계, 402-403
서비스, 403
E-LAN, 495-406
E-Line, 404-405
E-Tree, 409-411
토폴로지
풀 메시, 405
허브 앤 스포크, 406-407
부분 메시, 406-407
포인트-투-포인트(Point-to-Point), 404-405
MIB(Management Information Base), 765-768
OIDs, 768
변수
모니터링, 768
넘버링/이름, 768
뷰, 777
마인드 맵, 복습, 880
불일치한 IPv4 셋팅, 장애 처리, 624-625
잘못된 마스크, 장애 처리, 625-626
불일치된 서브넷, 315
MLPPP(multilink PPP), 383
설정, 384-385
2계층 fragmentation balance, 383-384
3계층, 384
부하 분산, 383
검증(verifying), 385-386

monitor session 명령어, 795, 802
MIB 변수 모니터링, 768
MPBGP(Multiprotocol BGP), 419
MPLS(Multiprotocol Label Switching), 398, 413–415
    액세스 링크, 416
    Label 헤더, 551
    3계층 설계, 415
    공공 클라우드 연결, 823
    QoS, 417–418
    가상 사설 네트워크, MPLS VPN *참조*
MPLS VPNs(MPLS Virtual Private Networks), 415
    EIGRP 고려사항, 421
    3계층, 417–420
    OSPF area 설계, 419–420
MST(Multiple Spanning Tree), 70
MTU(maximum transmission unit), 257
    IPv6 불일치, 699–700
    불일치된 OSPF 셋팅, 325
mtu 명령어, 475
ABR OSPFv3 설정상의 multiarea, 686
multiarea OSPFv2 구현, 223–227
    network 명령어, 225
    single-area 설정s, 224–225
    서브넷, 223
    확인(verifying), 227–230
multiarea OSPFv3 구현, 683
멀티캐스트 주소, 751
멀티샤시 이더채널(MEC), 171
multihomed 인터넷 엣지 설계, 336
멀티레이어 스위치, 3계층, 스위치 *참조*
멀티링크 인터페이스, 383
프레임이 여러 번 전송, 42
여러 개의 큐(큐잉 시스템), 554–555
라우터 간 여러 개의 시리얼 링크, 381–382
MST(Multiple Spanning Tree), 70
멀티프로토콜 BGP(MPBGP(Multiprotocol BGP)), 419
멀티프로토콜 레이블 스위칭, MPLS *참조*
멀티스레딩(multithreading), 809

N

NA(neighbor advertisement) 메시지, 752
name 명령어, 17, 34, 141
명칭 ACLs
    설정, 516–517
    편집, 518–519
    개요, 516–517
named 모드(EIGRP 설정), 271
names(MIB 변수), 767–768
NIST(National Institute of Standards and Technology), 814
네이티브 VLANs, 12
    트렁크상의 불일치, 120
    라우터 설정, 579–581
NBAR(Network Based Application Recognition), 548
NBIs(Northbound Interfaces), 850–852
NCP(Network Control Protocols), 375
NDA(nondisclosure agreement, 비공개 계약), 832
NDP(Neighbor Discovery Protocol), 651
    IPv6 ACL를 통한 필터링 메시지, 747–753
    IPv6 ACL를 통한 implicit 필터링 메시지, 752–754
    SLAAC, 655
ndp - an 명령어, 675
neighbor 명령어, 354
neighbor shutdown 명령어, 344
네이버
    advertisement(NA) 메시지, 752
    BGP, 331
        비활성화(disabling), 344
        상태, 343
    eBGP
        설정, 342
        비활성화, 344
        링크 주소 사용, 설정, 341
        확인, 342–343
    IPv4 EIGRP, 254–255
        발견, 254
        요건, 313
        상태, 255

토폴로지 정보, 교환, 255–256
장애 처리, 314–317
점검, 254–255
IPv6 EIGRP, 720–721
요건, 721
장애 처리, 722–723
OSPF
area 불일치, 찾기, 318–319
중복된 RIDs, 319–320
Hello/dead 타이머 불일치, 321–322
Hello 메시지, 194–195
LSDB exchange, 196–197
미팅, 194
요건, 317
RIDs, 학습, 194
상태, 195–196, 199, 316
장애 처리, 316–325
OSPFv3, 694
요구 사항, 696
장애 처리, 695–696
검증, 694–695
관계, 311
네이버 요건, 311
ping이 되는 라우터, 확정(confirming), 312
라우팅 프로토콜 관계, 장애 처리, 274
solicitation (NS) 메시지, 752
상태, 690
netsh interface ipv6show neighbors 명령어, 875
시스코 NBAR(Network Based Application Recognition), 548
network 명령어, 239, 354
BGP 테이블 엔트리, 주입, 344
ISP에 대한 서브넷 광고, 349
클래스풀 네트워크 경로, 345–348
스태틱 폐기 경로, 350–351
EIGRP, 296
활성화, 269
IPv4을 위한, 715
IPv6 호환성을 위한, 712
와일드카드 마스크, 271
OSPF single-area 설정, 212–213
OSPFv2
인터페이스 설정, 236
multiarea 설정, 225
네트워크 컨트롤 프로토콜(NCP), 375
NFV(network functions virtualization), 832
NIC(network interface cards), 791, 808
NIM(Network Interface Modules), 366
네트워크 계층 도달가능성 정보(NLRI), 332
네트워크 관리 스테이션(NMS). NMS *참조*
네트워크 타임 프로토콜(NTP), 836–837
네트워크
분석기, 791
다양한 접근(broad access), 814
클래스풀
경계에서의 오토 서머리, 291–292
경로, 주입, 345–348
연속, 293
컨트롤러
중앙 제어(centralized control), 848–849
정의된, 848
노스바운드 인터페이스 (NBIs), 850–851
사우스바운드 인터페이스 (SBIs), 849–850
장비, 843
제어(control), 중앙집중화(centralizing), 848–849
제어부(control plane), 844–845
데이터부, 843–844
관리부, 846
보안. 인증(authentication), AAA 서버 참조
스위치 내부 처리, 946–947
불연속(discontiguous), 291
불연속 클래스풀, 291–292
플로(flow), 452
물리적 데이터 센터, 811–812
프로그래머빌러티, 840
APIC 엔터프라이즈 모듈(APIC-EM), 857–859
애플리케이션 중심 인프라스트럭처(ACI), 855–856
비교, 859
공공 클라우드
주소 할당 서비스, 834–836

DHCP 서비스, 834–836
DNS 서비스, 832–834
NTP, 836–837
VNFs(가상 네트워크 기능), 830–832
이중화의 필요성(redundancy needs), 601–602
트래픽
대역폭, 관리, 539
특성, 539
지연, 539
지터(jitter), 539
손실(loss), 539
유형(types), 540–542
보안되지 않은(unsecured), 438–439
virtual, 806–807, 832
VMs, 809
넥서스 1000v vSwitch, 810–811
NFV(network functions virtualization), 832
NHRP(Next Hop Resolution Protocol), 452–453
동적 맵핑, 활성화, 452–453
스포크–투–스포크(spoke–to–spoke) 통신, 453
NICs(네트워크 인터페이스 카드), 791, 808
NIMs(네트워크 인터페이스 모듈), 365
NIST(National Institute of Standards and Technology), 814
NLRI(Network Layer Reachability Information), 332
NMS(Network Management Station), 765
통지 커뮤니티 문자열, 772
SNMP, 766–767
no auto–summary 명령어, 294
no ip access–group 명령어, 522
no ip address 명령어, 593
no ip domain–lookup 명령어, 628
no ip sla schedule 1 명령어, 787
no neighbor shutdown 명령어, 344
no passive–interface 명령어, 241, 296
no shutdown 명령어, 34, 389, 395
IPv6 EIGRP, 715, 728
1계층 전용 회선 WAN 문제, 389
OSPF 프로세스, 323–324
ROAS 하위 인터페이스, 576
no spanning–tree portfast bpduguard default 명령어, 97
no spanning–tree portfast default 명령어, 97
no switchport 명령어
3계층 이더채널(EtherChannels), 592
3계층 스위치, 597
라우티드 포트, 588
NDA(nondisclosure agreement, 비공개 계약), 873
비양방향(noninteractive) 데이터 애플리케이션 트래픽, 542
비루트(nonroot) 스위치(RPs), 102–103
문제, 장애 처리, 107
타이브레이커(판단 근거, tiebreakers), 103–104
일반 시간 문항, 870
노스바운드 인터페이스(NBIs), 850–851
통지 커뮤니티 문자열, 772
통지
SNMP, 766–767
SNMPv3, 782–783
NS(neighbor solicitation) 메시지, 752
NTP(Network Time Protocol), 836–837
번호형 ACLs, 설정, 520–521
번호
AS 번호, ASNs *참조*
HSRP 그룹, 611
MIB 변수, 767–768
ROAS 하위 인터페이스, 576
일련(번호), ~를 이용한 ACL 편집, 518–519
숫자 참조표 변환
2진수–16진수, 890
10진수–2진수, 888–889
16진수–2진수, 890

O

ODL(OpenDaylight), 853–854
웬델 오돔(Odom, Wendell) 트위터/페이스북 정보, 884
OIDs(object IDs), 768

온-디맨드 셀프-서비스(클라우드 컴퓨팅), 814
단방향 지연, 540
ONF(Open Networking Foundation), 853
오픈 SDN, 853
오픈 SDN 컨트롤러(OSC), 853
오픈 최단 경로 우선(Open Shortest Path First) 프로토콜, OSPF *참조*
OpenDaylight(ODL), 853-854
오픈플로, 850, 853
연산(operations)(IP SLAs), 784-786
OpFlex, 850
OSC(Open SDN Controller), 853-854
OSPF(Open Shortest Path First), 180, 190
  area 설계, 202
    ABR, 203, 227-228
    areas, 203-204
    백본 areas, 203
    백본 라우터, 204
    이점, 205
    area 내(interarea) 경로, 204
    내부 라우터, 204
    area 간(intra-area) 경로, 204
    MPLS VPNs, 419-420
    네트워크 크기, 203
    문제, 202, 306
    single-area, 202
    SPF 워크로드, (시간) 줄이기(reducing), 204
    three-area, 204
  SPF로 최상의 경로, 계산, 200-202
  설정
    오류, 장애 처리, 309-310
    모드, 활성화, 213
  기본 경로, 230-231
  다익스트라(Dijkstra) SPF 알고리즘, 192
  EIGRP, 비교, 242
  목표, 331
  Hello/dead 타이머, 321-322
  역사, 679
  area 내(interarea) 경로, 검증, 229
  인터페이스
    코스트, 셋팅, 233-234
    EIGRP 인터페이스, 비교, 307
    확인(identifying), 301
    패시브(passive), 211
    장애 처리, 307-308
  부하 분산, 235
  LSAs, 191
  메트릭, 233
    인터페이스 대역폭 기반, 233-234
    더 높은 참조 대역폭, 235
    셋팅, 235
  불일치된 MTU 설정, 325
  네이버, 193
    area 불일치, 찾기, 318-319
    이더넷 링크 상의 DR, 198-199
    중복된 RIDs, 319-323
    Helo 메시지, 194-195
    Hello/dead 타이머 불일치, 321-322
    LSAs, 교환, 196-197
    유지(maintaining), 197-198
    미팅, 194
    요건, 311, 317
    RIDs, 학습, 194
    상태, 199-203, 316
    장애 처리, 316-318
  process-ids, 213
  프로세스, 셧팅 다운, 323-325
  RIDs
    설정, 219-220
    중복된(duplicate), 장애 처리, 319-323
  수퍼 백본, 419-420
  버전 2, OSPFv2 *참조*
OSPFv2(OSPF 버전 2), 180
  기본 경로, 230-231
  듀얼 스택, 679
  역사, 679
  인터페이스 설정
    예, 236
    검증, 237-240
  부하 분산, 235
  메트릭, 233
    인터페이스 대역폭에 기반, 234-235
    더 높은 참조 대역폭, 235
    셋팅, 235

multiarea 설정, 223–227
network 명령어, 225
single–area 설정, 224–225
서브넷, 223
검증, 227–229
OSPFv3, 비교, 681, 690–691
RIPv2/EIGRP, 비교, 253
single–area 설정, 212–213
IPv4 주소, 212
network 명령어와 부합, 214–216
multiarea 설정, 223–224
network 명령어, 213
구성(organization), 211–212
패시브 인터페이스, 220–222
RIDs, 219–220
검증, 215–217
와일드카드 마스크, 214
OSPFv3(OSPF 버전 3), 676
어드레스 패밀리 듀얼 스택, 680
설정, 681
기본 경로, 689–690
부하 분산, 688
multiarea 예, 683
ABR 상의 multiarea, 686
경로 선택 메트릭, 설정, 687
single–area, 684–685
듀얼 스택, 679
인터페이스, 691
장애 처리, 692–693
검증, 692–693
IPv6
MTU 불일치, 699–701
경로, 701–705
LSAs, 698–699
LSDBs, 698–699
네이버, 694
요건, 694–695
장애 처리, 695–696
검증, 694–695
OSPFv2, compared, 681, 690–691
패시브 인터페이스, 685
RIDs, 685
출력 큐잉, 555
트래픽 제어(overages)(MetroE 데이터 사용), 412–413
경로 겹침(overlapping routes), 장애 처리, 638–639
서브넷 중복(overlapping subnets)
VLSM 사용 시, 640–642
VLSM 미사용 시, 638–640

P

PaaS(Platform as a Service), 819–820
패킷
분류, 545
ACLs, 547
마킹으로, 547
매칭, 546–547
NBAR, 548
라우터 큐잉, 547
라우터, 547
혼잡 회피, 564
TCP 윈도잉, 564–565
툴, 566
혼잡 관리, 554
저지연 큐잉(Low Latency Queuing (LLQ)), 556–558
여러 개의 큐, 555
출력 큐잉, 555
우선순위 결정(prioritization), 555
큐잉 전략, 558
라운드로빈 스케줄링, 556
HDLC로 캡슐 해제/캡슐화, 368
정의된, 544
필터링, ACLs *참조*
ICMPv6, 743–744
마킹, 549
802.1Q 헤더, 550–551
802.11 헤더, 551
분류와 함께, 547
DiffServ DSCP AF 값, 553
DiffServ DSCP CS 값, 554
DiffServ DSCP EF 값, 553
IP 헤더, 547
MPLS 레이블 헤더, 551

신뢰 경계, 551–552
부합, 484–485
폴리싱(policing), 559
초과되는 트래픽 폐기, 559
네트워크 간 엣지, 560–561
기능, 561
트래픽 속도 대 맞춰진 폴리싱율, 560
라우터가 생성하는(router originated), 738
라우터 큐잉, 546
시리얼 링크를 통한 라우팅, 437
셰이핑, 559, 562
기능, 564
slowing 메시지, 562
시간 간격(time intervals), 563–564
TCP, 743
UDP, 743
PAgP(Port Aggregation Protocol), 87
PAP(Password Authentication Protocol)
인증, 375, 391
설정, 377–378
매개변수
ICMPv6, 736–737
ip_address, 214
wildcard_mask, 214
부분(partial) 메시 토폴로지(MetroE), 407
부분(partial) 업데이트(EIGRP), 241, 252
passive-interface 명령어, 221
defined, 241
EIGRP, 273, 296
passive로 OSPF 인터페이스, 설정, 211
OSPFv3, 685
passive-interface default 명령어, 222, 270
passive 인터페이스
EIGRP, 273
OSPF, 211, 221–223
OSPFv3, 685
암호(password) 인증 프로토콜. PAP *참조*
암호(password), 769
패스(path) 속성(BGP), 334–335
PMTUD(Path MTU Discovery), 736
경로
전달(forwarding)
APIC-EM 패스 트레이스(Path Trace) ACL 분석 툴, 861
APIC-EM 패스 트레이스 앱, 860
선택(selections), 184
PBX(private branch exchange), 28
PCP(Priority Code Point) 필드(802.1Q 헤더), 550
PE(provider edge), 415
피어슨 네트워크 시뮬레이터(the Sim), 881
피어(peers)(BGPs), 332
주기적인 업데이트(periodic updates), 248
permit 명령어, 516–518, 534
확장 IPv6 ACLs, 743
GRE 터널 ACLs, 450
IPv6 ACLs, 738–739
permit gre 명령어, 475
permit icmp any any routeradvertisement 명령어, 753
permit icmp any any router-solicitation 명령어, 753
permit ipv6 명령어, 757
permit 키워드, 485, 491–492
Per-VLAN 스패닝 트리 플러스(PVST+), 71
물리적 데이터 센터 네트워크, 811
물리적 설계(MetroE), 401–402
물리적 서버 모델, 809
ping 명령어, 529, 627–630, 674
IPv6
연결성, 테스팅, 658–659
경로, 테스팅, 674
전용회선 WANs, 364
self-ping, 530–531
ping6 명령어, 675
IPv6 ACLs, 742
IPv6 연결성, 테스팅, 660–661
pings(IPv6 호스팅)
기본 라우터로부터 실패, 665–666
이름 해결 문제, 667–668
일부 경우에만 되는, 664–665
부(planes)(네트워킹 장비)
제어, 844–845
데이터, 843–844

관리, 846
계획
EIGRP 설정, 269
VTP 설정, 135
서비스로서의 플랫폼(PaaS), 819-820
PMTUD(Path MTU Discovery), 736
포인트-투-포인트 엣지 포트, 61, 94
포인트-투-포인트 GRE 터널, 436
포인트-투-포인트 회선, 363-364
구축, 367-368
CSU/DSU, 365
HDLC로, 368
HDLC 설정, 369
IP 패킷 캡슐 해제(de-encapsulating)/캡슐화(re-encapsulating), 368
프레이밍, 369
물리적 구성 요소, 364-365
PPP로
인증, 375-376
PPP 설정, 377-378
PPP CHAP 설정, 378-379
PPP PAP 설정, 380-381
제어 프로토콜, 370
프레이밍, 370
멀티링크, MLPPP 참조
PPP 기능, 374
스피드, 366-367
장애 처리, 388-389
1계층 문제, 389
2계층 문제, 389
3계층 문제, 389-390
불일치된 서브넷, 393
이더넷을 통한 포인트-투-포인트(Point-to-Point over Ethernet), PPPoE *참조*
포인트-투-포인트 포트, 61, 94
포인트-투-포인트 프로토콜, PPP *참조*
포인트-투-포인트 토폴로지 (MetroE), 403-404
인터넷 접속 거점(points of presence) (PoP), 333, 402
정책(policies)
ACI, 855-857
필터링, 735
폴리싱(policing)
데이터 트래픽 제어(overages) (MetroE), 412
QoS, 551
초과 트래픽 폐기, 559-560
네트워크 간 엣지, 559-560
기능, 559
트래픽 전송률과 설정된 폴리싱 전송율, 559
속도(rate), 559
자원의 통합(pooling resources), 914
PoP(points of presence), 333, 403
포트 집합 프로토콜(Port Aggregation Protocol (PAgP)), 87
포트채널(PortChannels), 이더채널(Ether Channels) *참조*
PortFast, 63
설정, 81
활성화/비활성화(disabling), 83
글로벌 셋팅, 표시(displaying), 83
검증, 82-83
포트
802.1w RSTP 역할, 56
교체, 57-59, 92-93
백업, 57, 92-93
차단(blocking), 선택, 37
채널, 84
코스트
IEEE 기본, 51
STP, 51, 76-79
지정된, 44, 52, 57
비활성화된, 57
3계층 스위치 라우티드, 588-591
번호, 부합, 509-511
per-VLAN STP 코스트, 73
루트(RPs), 58
비루트 스위치, 102-103
스위치, 선택, 47-49
RSTP
백업, 60
역할, 57, 92-93
상태, 93-94
유형, 61, 92
SPAN 목적지/소스, 792

스태킹 포트, 166
상태
RSTP, 93
STP 대 RSTP, 59
스위치 루트, 선택, 47-49
trusted/untrusted, 161-163
작동 방식, 162
DHCP 스누핑, 160
2의 멱승(지수승) 참조표, 890
PPP(Point-to-Point Protocol), 373, 454
인증, 375-376
CHAP
인증, 375, 391
설정, 377-378
검증, 377-378
설정, 377-378
제어 프로토콜, 374-375
ISP로 다이얼 연결, 454
프레이밍, 374
전용회선 WANs, 373
멀티링크(MLPPP), 383
설정, 384-385
2계층 단편화 분산(fragmentation balance), 383
3계층, 392-393
부하 분산, 383
검증, 385-388
PAP
인증, 375
설정, 380-381
PPPoE 2계층 설정, 458
상태, 379
ppp authentication chap 명령어, 379
ppp authentication 명령어, 384, 396
ppp chap hostname 명령어, 475
ppp chap password 명령어, 475
ppp multilink 명령어, 385, 396
ppp multilink group 명령어, 396
ppp multilink group 1 명령어, 384
ppp pap sent-username 명령어, 380, 396
PPPoE (Point-to-Point over Ethernet), 454-456
설정, 456-457
ISP 라우터 설정 예, 461
1계층, 457-458
2계층, 458
3계층, 458-459
요약, 460-461
활성화, 458
역사, 455
장애 처리, 467-468
고객 라우터 설정, 469
다이얼러 2 상태, 469
1계층, 470-471
2계층, 472-473
3계층, 472-473
요약, 472-473
확인(verification), 461-462
다이얼러, 462
3계층 상태, 466
세션 상태, 466
virtual-access 인터페이스, 462-463
pppoe-client dial-pool number 명령어, 458, 475
pppoe enable 명령어, 458, 475
모의 시험
문제 답변, 875-871
CCNA R&S, 875
확인 목록, 875
ICND2, 875
지식 갭, 찾기, 877-878
기타, 877
점수, 881-882
응시, 874-875
선점(preemption) (HSRP 액티브/스탠바이 규칙), 612-613
예비 시험 관련 제안, 871-872
프리픽스
BGP, 331
IPv6, 652, 737
시험 준비
CLI 스킬, 879-880
시험 당일을 위한 조언, 871
지식 갭, 찾기, 877-878
모의 시험
문제 응답, 875-876
CCNA R&S, 875

확인 목록, 875
ICND2, 875
기타, 877
접수, 881–882
응시, 874–875
시험 당일 제안, 871–872
불합격에 대비, 872–873
질문 유형, 868
평가를 통과할 준비, 881
학습 임무, 884
시험 불합격 후 공부, 882–884
튜토리얼, 868–869
우선순위 결정(prioritization) (혼잡 관리), 555
우선순위 코드 포인트(Priority Code Point (PCP)) 필드 (802.1Q 헤더), 550
우선순위를 갖는 큐, 557
priv 키워드(snmp–server group 명령어), 779
PBX(private branch exchange), 28
사설 클라우드 컴퓨팅, 815–816
사설 WANs
MetroE, 401
액세스 링크, 402
데이터 사용, 410–413
E–LAN 서비스, 405–409
E–Line 서비스, 407–409
E–Tree 서비스, 403, 406–407
풀 메시 토폴로지, 405–406
허브 앤 스포크(hub and spoke) 토폴로지, 406–407
IEEE 이더넷 표준, 403
3계층 설계, 407–410
MEF, 403
부분 메시(partial mesh) 토폴로지, 406
물리 설계, 402–403
포인트–투–포인트 토폴로지, 403–404
서비스, 403
MPLS, 413–415
access links, 416
3계층 설계, 415
MPLS VPNs, 417–420
QoS, 416–417
VPNs, 415
퍼블릭 클라우드
액세싱, 823–824
지사(branch office) 통신, 826
유형, 398
프로브(probes), 786–788
process–ids(OSPF), 213
프로세스
OSPF, 멈추게 하기(shutting down), 323–325
RSTP, 60
프로그래머빌러티(네트워크), 940
APIC 엔터프라이즈 모듈 (APIC–EM), 857–859
애플리케이션 중심 인프라스럭처 (Application Centric Infrastructure (ACI)), 855–857
비교, 960
전용(proprietary) 라우팅 프로토콜, 187
프로토콜, 224
BGP, 185, 328, 331
AS, 332
ASNs, 332
최상의 경로 선택, 334–335
설정, 340
외부. eBGP 참조
IGPs, 비교, 331
내부(iBGP), 333
ISP 기본 경로, 학습, 352–353
네이버, 332–333
프리픽스, 332
도달가능성(reachability), 332
경로 광고, 332
라우팅 표 분석 리포트 웹사이트, 331
테이블 엔트리, 주입, 345–351
업데이트 메시지, 332–339
BPDUs(bridge protocol data units), 45
CHAP
인증, 375
설정, 391
검증, 377–378
제어부, 848
DHCP
바인딩 테이블(Binding Table), 164
DHCP 릴레이, 630

공공 클라우드 서비스, 835
스누핑(snooping), 162–165
다익스트라 SPF 알고리즘, 193
DTP, 119
DV(distance vector), 186, 247
거리/벡터(distance/vector)로 학습된 정보, 247
EIGRP로, 251–252
라우트 포이즈닝(route poisoning), 250–251
스플릿 호라이즌(split horizon), 248–250
업데이트 메시지, 248
EAP, 154
EAPoL, 155
eBGP, 333
인터넷 엣지, 335–338
네이버, 341–345
EGP, 185, 331
EIGRP, 187
FHRP, 598
기능, 604–605
HSRP. HSRP 참조
~용으로 필요, 603
옵션, 605
GLBP, 598
HDLC, 363, 368–372, 436
HSRP, 598, 605
active/passive 모델, 605
active/standby 라우터, 선택, 610–611
active/standby 규칙, 612
설정, 609
페일오버(failover), 606
그룹 번호, 610
부하 분산, 607
no preemption(선점(preemption)이 설정되어 있지 않음), 612
with preemption(선점(preemption)으로 설정됨), 613
장애 처리, 616
검증, 609
버전, 615
iBGP, 333
IGPs, 185, 244
BGPs, 비교, 332
classless/classful, 188
설정, 339
목표, 331
메트릭, 187–188
라우팅 프로토콜 알고리즘, 186
세브넷, 333
IGRP, 187
IPv4. IPv4 라우팅 *참조*
IPv6. IPv6 라우팅 *참조*
링크 상태(link-state), 190
관리부, 846
부합, 507–508
MPBGP, 419
NDP, 651
IPv6 ACL을 통한 필터링 메시지, 747–753
Pv6 ACL을 통한 암묵적인(implicit) 필터링 메시지, 752–754
SLAAC, 655
NHRP, 452–453
동적 맵핑, 활성화, 452
스포크–투–스포크 통신(spoke-to-spoke communication), 452
NTP, 836–837
OSPF. OSPF *참조*
OSPFv2. OSPFv2 *참조*
OSPFv3. OSPFv3 *참조*
PAgP, 87
PAP
인증, 376, 392
설정, 378–379
PPP. PPP *참조*
PPPoE, 454, 456 *참조*
설정, 456–457
활성화, 458
역사, 455
ISP 라우터 설정 예, 461
장애 처리, 467–472
확인, 461–462
RADIUS, 155–156
RIP, 187–188, 244
RIPv2, 331

EIGRP/OSPFv2, 비교된, 253
목표, 331
라우터블, 183
라우티드, 183
라우팅
관리 거리(administrative distance), 189-190
알고리즘, 186
AS, 185
오토 서머리(autosummarization), 291-292
classless/classful, 188, 291
수렴, 184
정의된, 183
DV, DV 프로토콜 참조
EGP(exterior gateway protocol), 185
기능, 183-184
IGP, 186-190
~으로 활성화된 인터페이스, 검증, 300
내부 비교, 253
IPv4, 218
링크-상태, 186
경로(path) 선택, 183
우선순위(proprietary), 187
RIPv1, 244
RIPv2, 245
경로 재분배(route redistribution), 189
장애 처리, 299-300
RSTP
교체 포트, 57-59
백업 포트 규칙, 59
시스코 카탈리스트 STP 모드, 89-90
구현하는(implementing), 88
링크 유형, 61
포트 역할, 57, 92-93
포트 상태, 59, 92-93
포트 유형, 61, 94-95
프로세스, 59
표준, 55
STP, 비교된, 56-57
RTP, 255
SNMP. SNMP *참조*
STA(spanning-tree algorithm), 45
STP. STP *참조*
TACACS+, 157
TCP
BGP 연결, 표시, 344
패킷, 743-744
포트 번호, 부합하는, 509-511
BFP 피어 간 transporting 메시지, 340
윈도잉(windowing), 564-565
UDP
지터 프로브(Jitter probes), 785-786
패킷, IPv6 ACL 매칭, 745
포트 번호, 부합, 509-512
VRRP, 598
VTP, 124, 127
자동 업데이트 능력, 124
설정, 127-129
도메인, 130-132
기능, 134
계획 설정, 135
프루닝(pruning), 133-134
요건, 132
서버, 129
표준 범위 VLANs, 128
저장(storing) 설정, 131
스위치 VLAN 데이터베이스 동기화(synchronization), 검증, 137-140
동기화(synchronization), 131
transparent 모드, 142
장애 처리, 142-143
버전, 132
VLAN 지원, 추가, 127
프로바이더 엣지(PE), 415
프루닝(VTP), 133-134
공공 클라우드 컴퓨팅, 816-817
~로 접속
인터넷, 821-823
사설 WANs, 823-825
VPNs, 823-825
주소 할당 서비스, 834-836
지사 예, 827-830
이메일 서비스 트래픽 플로, 827-829
인터넷 연결, 829
사설 WAN 연결, 829
DHCP 서비스, 835

DNS 서비스, 832-834
인터클라우드 익스체인지(intercloud exchanges), 825-826
NTP, 836-837
VNF(가상 네트워크 기능), 830-832
PVST+(Per-VLAN 스패닝 트리 플러스), 71-72

Q

QoE(Quality of Experience), 541
QoS(Quality of Service), 416, 536
대역폭, 539
분류, 545
ACLs, 547
마킹으로, 547
부합, 546-547
NBAR, 548
라우터 큐잉, 545
라우터s, 547
혼잡 회피, 564
TCP 윈도잉, 564-565
툴, 566
혼잡 관리, 554
낮은 지연 큐잉(Low Latency Queuing (LLQ)), 556-558
여러 개의 큐, 555
출력 큐잉, 555
우선순위 결정(prioritization), 555
큐잉 전략(queuing strategy), 558
라운드 로빈 스케줄링, 556
정의된, 536
지연, 539
지터, 539
손실(loss), 539
마킹, 549
분류와 함께, 547
DiffServ DSCP AF 값, 553-554
DiffServ DSCP CS 값, 554
DiffServ DSCP EF 값, 553
이더넷 802.1Q 헤더, 550-551
이더넷 802.11 헤더, 551
IP 헤더, 549-550
MPLS 레이블 헤더, 551
신뢰 경계, 551-552
MPLS, 416-417
트래픽 종류에 기반한 요구사항
데이터 애플리케이션, 541-542
비디오 애플리케이션, 542-544
음성 애플리케이션, 542-544
폴리싱, 559
초과 트래픽 폐기, 559
네트워크 간 엣지, 560-561
기능, 561
트래픽 율 대 설정된 폴리싱 율, 560
셰이핑, 559, 562
기능, 564
slowing 메시지, 562
시간 간격, 563-564
스위치/라우터s, 544
툴, 545
VoIP, 542-543
질의(query) 메시지(EIGRP), 264
문제(시험)
답변, 875-877
시간 배분, 972-973
지식 갭, 발견, 877-878
유형, 784
큐잉
혼잡 관리, 554
저지연 큐잉(Low Latency Queuing (LLQ)), 556-558
여러 개의 큐, 555
출력 큐잉, 555
우선순위 결정(prioritization), 555
라운드로빈 스케줄링, 556
전략, 558
우선순위 큐, 558
큐 고갈, 558
라우터, ~를 위한 분류, 546

R

RA(Router Advertisement), 669, 753
RADIUS 프로토콜, 156-159
신속한 유연성(rapid elasticity)(클라우드 컴퓨팅), 815

Rapid PVST+, 70
신속한 스패닝 트리 프로토콜(Rapid Spanning Tree Protocol). RSTP *참조*
속도 제한(DHCP 스누핑), 162
RD(reported distance), 261–262, 281
도달가능성(BGP), 332
읽기 전용(RO) 커뮤니티(SNMP), 769
쓰기 전용(RW) 커뮤니티(SNMP), 769
시험 응시 준비가 되었는지 평가(시험), 881
Real-time Transport Protocol(RTP), 255
재배포
  인터넷 엣지 ISP 경로, 학습, 339
  경로(MPLS VPNs), 418
중복(redundancy)
  FHRP
    개념, 605
    HSRP. HSRP 참조
    ~의 필요성(needs), 603
    옵션, 605
  LAN
    STP가 사용되지 않는 경우 발생할 수 있는 문제들, 41–42
    STP, 36
  ~의 네트워크 필요성(needs), 601
  실패의 단일 포인트, 602
참조 대역폭, 235
관계(네이버), 311
  IPv6 EIGRP, 721–722
  OSPFv3, 문제 해결, 695–698
  pinging 라우터, 확인, 312–313
  요건, 311
  상태, 690
릴레이 에이전트(DHCPv6), 654
신뢰성 있는 전송 프로토콜(Reliable Transport Protocol(RTP)), 255
remark 명령어, 517, 534
원격 SPAN(RSPAN), 794
reply 메시지(EIGRP), 264
reported distance(RD), 261–262, 280
Representational State Transfer(REST), 851
요건
  클라우드 컴퓨팅 서비스, 914
  IPv6 EIGRP 네이버, 721
  네이버, 311
    EIGRP, 313
    OSPF, 316
    OSPFv3, 694–695
  SNMPv3 설정, 753
  VTP, 129–130
리소스 풀링(resource pooling(클라우드 컴퓨팅)), 814–815
응답기(IP SLAs), 786
REST(Representation State Transfer), 851
RESTful APIs, 851
ACL로부터의 주소 범위의 역 엔지니어링, 499–501
IP 주소의 출발지/목적지 주소가 뒤바뀜, 장애 처리, 526–537
RFC 1065, 763
인터넷 프로토콜을 위한 RFC 4301 보안 아키텍처, 433
RIDs (router IDs), 194
  정의, 211
  EIGRP, 설정, 275
  OSPF, 193
    설정, 219–220
    중복, 장애 처리, 319–320
  OSPFv3, 654, 685
RIP(Routing Information Protocol), 187–188, 244
RIPv2(RIP Version 2), 245
  EIGRP/OSPFv2, 비교된, 253
  목표, 331
RO(read-only) 커뮤니티(SNMP), 769
ROAS(router-on-a-stick), 15, 572, 576
  설정, 576
  예, 577
    네이티브 VLAN, 578
    하위 인터페이스 번호, 577
    하위 인터페이스, 생성, 577–578
  장애 처리, 581–582
  검증, 579
    연결된 경로, 579
    show vlans 명령어, 581
    하위 인터페이스 상태, 579
규칙

포트
교체, 57–59
백업, 59
루트. RPs 참조
RSTP, 55, 88–89
STP, 56
루트 브릿지 IDs, 45
루투 코스트(스위치), 44
루트 포트. RPs *참조*
루트 스위치
선출, 45–47
선출에 영향, 설정, 79–80
스위치 제외(ruling out), 101–102
STP, 검증(verification), 74
장애 처리, 100–101
라운드 로빈 스케줄링(큐잉), 556
라운드 트립 지연(round-trip delay), 540
라운드 트립 타임(RTT), 788
라우터블 프로토콜, 183
라우티드 포트, 588–591
라우티드 프로토콜, 183
라우터 광고(RA) 메시지, 670, 753
router bgp 명령어, 341
router eigrp 명령어, 269, 296, 712
router-id 명령어, 241, 706
OSPFv3, 685
RIDs, 정의, 211
router-on-a-stick. ROAS *참조*
router ospf 명령어, 211, 241
router ospf 1 명령어, 213
RS(Router Solicitation), 670
라우터s. 라우팅 *참조*. **경로(routes)도** *참조*
ABR(Area Border 라우터), 204
OSPF areas 인터페이스, 검증, 227–228
OSPFv2 multiarea 설정, 227–228
광고(RA) 메시지, 670, 751
백본, 204
최상의 경로, 찾기, 192
분류(classification), 546–547
ACLs, 547
NBAR, 548
클라우드 서비스 라우터(CSRs), 824
서로 다른 VIPs 설정, 장애 처리, 619–620
데이터부 처리, 844
지정된(DRs), 198
백업(BDRs), 198
발견(discovering), 228–229
이더넷 링크, 198–199
DROthers, 199
플러딩(flooding), 192
~간 GRE 터널, 436
HSRP
active/passive 모델, 598–605
active/standby 라우터, 선택, 610–611
active/standby 규칙, 612
설정, 609
페일오버(failover), 606
그룹 번호, 610
부하 분산, 607
no preemption(선점 없음), 612
with preemption(선점 있음), 613
장애 처리, 616
검증, 609
버전, 615
IDs. RIDs *참조*
내부, 204, 684–686
IPv6
주소화(addressing) 설정, 656–657
연결성, 검증, 658–660
이슈, 664
라우팅, 활성화, 656
정적 경로 설정, 657
문제 해결, 671–672
ISP, 458
LSA, 698–699
~간 여러 개의 병렬 처리 시리얼 링크, 383
OSPF 인터페이스 코스트, 233–234
공공 클라우드 네트워크, 832
QoS, 543
큐잉
~의 분류, 546
혼잡 관리, 554–557
전략, 558

이중화된(redundant), 603. FHRP도 *참조*

ROAS, 15, 576

설정, 576–578

네이티브 VLANs, 578

하위 인터페이스, 생성, 577–578

장애 처리, 581

검증, 579

라우터 WAN 인터페이스 상태, 643

시리얼 링크를 통한 라우팅 IP 패킷, 437

solicitation(RS) 메시지, 670, 753

장애 처리

DHCP 이슈, 629–631

LAN 이슈, 631–633

VLAN 라우팅, 13–15

경로. 라우터; 라우팅도 *참조*

BGP

광고화, 332–333

최상의 경로 선택, 334–335

클래스풀 네트워크, 주입, 345–346

기본, 689–690

폐기, 350

EIGRP

선택, 254

부하 분산, 287–288

대역폭으로 튜닝, 283

분산, 287–289

IPv6 EIGRP, 725–726

타당성 조건(feasibility conditions), 263

FS (feasible successor), 282–283

수렴, 284–285

식별, 281–282

호스트, 393

area 간(interarea), 703

IPv6

IPv6 EIGRP 메트릭, 715–716

OSFPv3 메트릭, 682, 701–703

정적(static), 설정, 657

문제 해결, 704–705

ISP

기본, 학습, 352–353

인터넷 엣지, 학습, 339

OSPF

기본 경로, 230–231

area 간(interarea), 검증, 229

포이즈닝, 250–251

재분배, 188, 419

정적 폐기(static discard), 350–351

석세서, 281–282

라우팅. 라우터; 경로도 *참조*

IPv6 EIGRP, 활성화/비활성화, 715

LANs, 575

프로토콜. 라우팅 프로토콜 *참조*

장애 처리

기본 라우터 IP 주소 셋팅, 628

DHCP 이슈, 629

DNS 문제, 627

부정확한 주소화 계획, 638–643

IP 전달(forwarding) 이슈, 634

LAN 이슈, 631–633

불일치된 IPv4 셋팅, 624

잘못된 마스크, 625

라우터 WAN 인터페이스 상태, 643

VLAN. VLAN 라우팅 *참조*

라우팅 정보 프로토콜 (RIP), 187

라우팅 프로토콜

관리 거리(administrative distance), 188–189

알고리즘, 186

AS, 185

오토 서머리, 291

클래스풀 네트워크 경계, 291–292

불연속 클래스풀 네트워크, 293–394

classless/classful, 188, 291

수렴, 184

정의된, 183

DV, 186, 247

학습된 거리/벡터 정보, 247

~로서의 EIGRP, 251–252

라우트 포이즈닝, 248–250

스플릿 호라이즌, 248–250

업데이트 메시지, 248

EGP(exterior gateway protocol), 195

기능, 183–184

IGP, 185

알고리즘, 186

classless/classful, 188

메트릭, 187–188
활성화된 인터페이스, 검증, 300
내부 비교, 253
IPv4, 218
링크–상태, 186
경로 선택, 183
전용(proprietary), 187
RIPv1, 244
RIPv2, 245
경로 재분배(route redistribution), 189
장애 처리
설정 오류, 300
인터네트워크, 분석, 299
네이버 관계, 300
라우팅 테이블, 299
RPs(루트 포트), 57
비루트 스위치, 102–103
문제, 문제 공략, 104–105
판단 근거(tiebreakers), 103–104
스위치, 선택, 47–49
RS(Router Solicitation) 메시지, 670, 753
RSPAN(원격 SPAN), 794
RSTP(Rapid Spanning Tree Protocol), 55–57
교체 포트, 57–59
백업 포트 규칙, 59
시스코 카탈리스트 스위치 RSTP 모드, 88–90
구현, 88
링크 유형, 61
포트
규칙, 57, 92–93
상태, 59, 93
유형, 61, 94–95
프로세스, 59
표준, 55
STP, 비교된, 56–57
RTP(Real–time Transport Protocol), 255
RTP(Reliable Transport Protocol), 255
RTT(Round Trip Time), 788
규칙
AAA 서버 로그인 인증, 159
HSRP 액티브/스탠바이, 605
암묵적인 IPv6 ACL ICMPv6 메시지 필터링, 752–754
스위치를 제외(ruling out), 101–102
RW(read–write) 커뮤니티(SNMP), 769–770

S

SaaS(Software as a Service), 819–820
SBIs(Southbound Interfaces), 849–850
시험 채점, 881–882
sdm prefer 명령어, 595
sdm prefer lanbase–routing 명령어, 597
SDN(Software Defined Networking), 840
APIC 엔터프라이즈 모듈(APIC–EM), 857–859
애플리케이션 중심 아키텍처(ACI), 855–857
아키텍처, 852
비교, 859
컨트롤러
중앙 제어(centralized control), 848–849
노스바운드 인터페이스(NBIs), 850–852
OpenDaylight SDN 컨트롤러, 854
사우스바운드 인터페이스(SBIs), 849–850
오픈 SDN, 853
오픈 SDN 컨트롤러(OSC), 854–844
OpenDaylight(ODL), 854–855
OpenFlow, 853
Secure Shell(SSH), 846
Secure Sockets Layer(SSL), 434–435
보안
AAA 서버
설정, 157–159
로그인 인증 규칙, 159
로그인 프로세스, 156
TACACS+/RADIUS 프로토콜, 156
접근, 153
공격(attacks)
DHCP–기반의, 160–161
유형, 160

인증
802.1x, 153
AAA 서버, 155-157
인터넷 VPN, 432
SNMPv3, 769, 778-780
DHCP 스누핑
설정 셋팅, 160
DHCP-기반 공격, 160
DHCP 바인딩 테이블, 164
기능, 160
신뢰성 있는 포트, 설정, 161
속도 제약, 164
규칙 요약, 164
trusted/untrusted 포트, 161-164
암호화, 769, 778-780
IEEE 802.1x, 153-155
AAA 서버, 설정, 154
인증 프로세스, 154
EAP, 155
username/password 연결, 검증, 155
인터넷 VPNs, 432
IPsec 암호화(encryption), 433-434
SNMP, 768-770
SNMPv3, 776-779
STP, 61-62
self-ping, 530-531
전송자의 브릿지 ID, 45
전송자의 루트 코스트, 44
일련 번호, 518-519
시리얼 케이블, 385
시리얼 링크, 전용회선 WANs *참조*
서버
AAA
인증, 155-159
802.1x용 설정, 159
정의, 158
활성화, 158
username/passwords, 검증, 145
시스코 하드웨어, 807-808
정의된, 807
물리적 서버 모델, 809
가상화(virtualization), 808-809
호스트, 810
하이퍼바이저(hypervisors), 809
멀티스레딩, 809
네트워킹, 810-811
가상 데이터 센터, 811-812
VMs, 810-811
VTP, 129
service-level agreements(SLAs), 784
service providers(SPs), 398
서비스
클라우드 컴퓨팅
다양한(broad) 네트워크 서비스, 914
클라우드 서비스 카탈로그, 815-816
서비스로서의 인프라스트럭처(IaaS), 818
측정된, 914-915
주문형 셀프-서비스, 914
서비스로서의 플랫폼(PaaS), 819-820
사설, 815-816
공공, 817
신속한 유연성(rapid elasticity), 915
요건, 914-915
자원의 통합(resiurce pooling), 914
서비스로서의 소프트웨어(SaaS), 819-820
DHCP, 835
DNS, 832-834
WAN으로서의 인터넷, 427
MetroE, 462
E-LAN, 405-407
E-Line, 404-405
E-Tree, 406-407
공공 클라우드
인터넷으로 액세스, 821-822
사설 WAN으로 액세스, 823-824
VPN으로 액세스, 823-824
주소 할당, 834-836
지사 예, 827-830
클라우드 간 교환, 825-826
세션 키, 434
세션 상태(PPPoE), 466
세션(SPAN), 793-794, 798
Set 메시지
RO/RW 커뮤니티, 769
SNMPv2 지원, 769-770

에이전트 상의 변수 쓰기(writing), 766
셰이핑(Shaping)(QoS), 559, 562
기능, 564
속도, 562
slowing 메시지, 562
시간 간격(time intervals), 563-564
셰이핑으로 트래픽 제어(data overages) (MetroE), 412-413
공유된(shared) 엣지 포트, 94
공유 키, 434
공유 포트, 61, 94
공유된 세션 키, 434
shorter VLAN 설정 예, 20-21
최단 경로 우선 알고리즘. SPF *참조*
알고리즘
show access-list 명령어, 518
show access-lists 명령어, 494, 502, 525, 534, 757
show arp 명령어, 629
show 명령어
IPv6 ACLs, 740
라우팅 프로토콜-활성화된 인터페이스, 검증, 300
STP 상태, 66
show controllers 명령어, 396
show controllers serial 명령어, 396
show etherchannel 1 summary 명령어, 86
show etherchannel 명령어, 97, 597
show etherchannel summary 명령어, 313, 597
show interfaces 명령어, 313, 396, 597
EIGRP 네이버 요건, 검증, 312
MLPPP, 383
OSPF
인터페이스, 307
네이버, 316
OSPFv3 인터페이스 대역폭, 703-704
PPP CHAP 상태, 376
PPP PAP, 377
PPP 상태, 377-378
routed 포트, 589
show interfaces description 명령어, 327, 633
show interfaces dialer 명령어, 463, 475
show interfaces status 명령어
3계층 EtherChannels, 597
라우티드 포트, 589
show interfaces switchport 명령어, 25-28, 31, 41, 116-117, 141
show interfaces trunk 명령어, 25-28, 32, 35, 120-121
show interfaces tunnel 명령어, 444, 475
show interfaces virtual-access 명령어, 475
show interfaces virtual-access configuration 명령어, 475
show interfaces vlan 명령어, 597
show ip access-list 명령어, 502, 519
show ip access-lists 명령어, 494, 525, 534
show ip bgp 명령어, 355
show ip bgp summary 명령어, 345, 355
show ip eigrp interfaces 명령어, 296, 327
EIGRP-활성화된 인터페이스, 273-274, 301
EIGRP 네이버 요건, 검증, 312
멀티링크 인터페이스, 386
show ip eigrp interfaces detail 명령어, 273, 296
show ip eigrp neighbors 명령어, 296, 327
네이버 상태, 표시, 276
네이버 확인 점검, 312
show ip eigrp topology all-links 명령어, 284
show ip eigrp topology 명령어, 297
FS(feasible successor) 경로, 282
메트릭, 286
석세서 경로, 281
토폴로지 테이블, 280
show ip 인터페이스 brief 명령어, 396
GRE 터널, 444
멀티링크 인터페이스, 395
OSPF 인터페이스, 장애 처리, 310
show ip 인터페이스 명령어, 313, 494, 502, 525
show ip ospf 명령어, 241, 327
중복 OSPF RIDs, 319
OSPF 네이버, 장애 처리, 316
show ip ospf database 명령어, 191, 216, 241
show ip ospf interface brief 명령어, 222, 241, 327
ABR 인터페이스를 위한 OSPF areas, 227

OSPF-활성화된 인터페이스, 식별, 301
OSPF 네이버, 장애 처리, 316
인터페이스 상의 OSPF 상태, 307
OSPFv2 인터페이스 설정, 240
show ip ospf interface 명령어, 241, 327
DRs/BDRs 상세, 표시, 228
Hello/dead 타이머 불일치, 322
ABR 인터페이스를 위한 OSPF areas, 227
OSPF 네이버, 장애 처리, 316
OSPFv2 인터페이스 설정, 237
패시브 인터페이스, 223
show ip ospf neighbor 명령어, 195, 241, 327
DRs/BDRs 상세, 표시, 228
네이버, 리스팅, 316
OSPF 프로세스 셧다운, 325
show ip ospf neighbor interface brief 명령어, 324
show ip protocols 명령어, 241, 296, 313, 327
EIGRP-활성화된 인터페이스, 275-276, 301
EIGRP 네이버, 276, 312
IPv4 라우팅 프로토콜, 218
OSPF 설정 오류, 310
OSPFv2 인터페이스 설정, 236
show ip route 명령어, 241, 297, 355, 597
관리 거리, 190
다이얼러 인터페이스 3계층 출처(orientation), 467
EIGRP-학습된 경로, 표시, 278
OSPF에 의해 추가된 IPv4 경로, 218
라우팅 테이블, 표시, 597
show ip route eigrp 명령어, 278, 297, 327
show ip route ospf 명령어, 241, 327, 635
show ip route static 명령어, 232
show ip sla enhanced-history distribution-statistics 명령어, 802
show ip sla history 명령어, 790, 802
show ip sla statistics 명령어, 802
show ip sla summary 명령어, 802
show ipv6 access-list 명령어, 746, 757
show ipv6 eigrp interfaces 명령어, 728
show ipv6 eigrp interfaces detail 명령어, 728
show ipv6 eigrp 네이버 명령어, 728
show ipv6 eigrp topology 명령어, 728
show ipv6 eigrp topology | section 명령어, 729
show ipv6 interface 명령어, 674, 757
show ipv6 neighbors 명령어, 674
IPv6 ACL ICMPv6 NDP 메시지 필터링, 750
IPv6 IPv4 대체, 662
show ipv6 ospf 명령어, 703, 707
show ipv6 ospf database 명령어, 699, 707
show ipv6 ospf interface brief 명령어, 692, 703, 707
show ipv6 ospf interface 명령어, 692-693, 707
show ipv6 ospf neighbor 명령어, 697, 707
show ipv6 프로토콜 명령어, 674, 707
IPv6 EIGRP, 728
IPv6 EIGRP 인터페이스, 719
OSPFv3 인터페이스, 692
show ipv6 route 명령어, 674, 707
IPv6 EIGRP, 729
IPv6 라우터 연결성, 662
show ipv6 route eigrp 명령어, 729
show ipv6 route ospf 명령어, 702, 707
show ipv6 route | section 명령어, 729
show ipv6 routers 명령어, 674, 750
show mac address-table 명령어, 113
show mac address-table dynamic 명령어, 114
show monitor detail 명령어, 798, 803
show monitor session all 명령어, 797
show monitor session 명령어, 797, 803
show ppp all 명령어, 380-381, 396
show ppp multilink 명령어, 387, 396
show pppoe session 명령어, 466, 475
show running-config 명령어, 140, 493, 518
show snmp 명령어, 774, 802
show snmp community 명령어, 773, 802
show snmp contact 명령어, 802
show snmp group 명령어, 781, 802
show snmp host 명령어, 773, 802
show snmp location 명령어, 802
show snmp user 명령어, 780, 802
show spanning-tree bridge 명령어, 80

show spanning-tree 명령어, 86, 97
show spanning-tree interface 명령어, 97
show spanning-tree interface detail 명령어, 82
show spanning-tree root 명령어, 76, 81
show spanning-tree summary 명령어, 83, 97
show spanning-tree vlan 10 bridge 명령어, 76
show spanning-tree vlan 10 명령어, 74-75
show spanning-tree vlan 10 interface gigabitethernet0/2 state 명령어, 93
show spanning-tree vlan 명령어, 97
show standby brief 명령어, 609-621
show standby 명령어(HSRP), 611
    설정, 616
    상태, 612
show tcp brief 명령어, 343
show tcp summary 명령어, 355
show vlan brief 명령어, 19-21, 116
show vlan 명령어, 35, 116, 148
show vlan id 명령어, 19, 116
show vlan status 명령어, 143
show vlans 명령어, 580, 597
show vtp password 명령어, 140, 148
show vtp status 명령어, 22, 35, 138, 143, 148
shutdown 명령어, 34, 395
    IPv6 EIGRP , 715, 728
    1계층 전용회선 WAN 문제, 389
    OSPF 프로세스, 307
    ROAS 하위 인터페이스, 579-580
shutdown vlan 명령어, 141, 148
OSPF 프로세스 멈추기(shutting down), 322-324
서명(signature), 548
심(피어슨 네트워크 시뮬레이터), 881
간편 네트워크 관리 프로토콜(Simple Network Management Protocol). SNMP *참조*
single-area OSPF, 202
single-area OSPFv2 설정, 215-216
    IPv4 주소, 212
    네트워크 명령어에 부합, 214-215
    multiarea 설정, 223-224
    network 명령어, 213
    구성(organization), 211-212
    패시브 인터페이스, 220-221
    RIDs, 219
        검증, 215-216
        IPv4 라우팅 프로토콜, 218
        LSDB 컨텐츠, 표시, 216
    와일드카드 마스크, 214
single-area OSPFv3 설정, 684-685
싱글 홈 인터넷 엣지 설계(single homed Internet edge design), 335
단일 장애 포인트(single points of failure), 602
사이트-투-사이트 VPN, 432-434
SLA(service level agreement), 784
SLAAC(stateless address autoconfiguration)
    EUI-64, 656
    IPv6 settings, 656
    NDP, 655
    장애 처리, 669-670
SLBaaS(서비스로서의 SLB), 830
SNMP(Simple Network Management Protocol), 762
    에이전트, 765-766
    평문 암호(clear-text passwords), 769
    커뮤니티, 769-770
    Get 메시지
        에이전트 정보, 766
        RO/RW 커뮤니티, 769
        SNMPv2 설정, 772-773
    역사, 765
    알림(Inform) 메시지, 767, 772-773
    관리자, 772
    MIB, 767-768
    통지(notifications), 766-767
    읽기 전용(RO) 커뮤니티, 769
    읽기-쓰기(RW) 커뮤니티, 769
    보안, 768-770
    Set 메시지
        RO/RW 커뮤니티, 769
        SNMPv2 설정, 772-773
        에이전트 상의 쓰기 변수, 766
        트랩(Trap) 메시지, 766-769, 770-771
snmp-server 명령어, 770
snmp-server community 명령어, 801

snmp-server contact 명령어, 801
snmp-server enable traps 명령어, 801
snmp-server group 명령어, 776
snmp-server host 명령어, 772, 782, 801
snmp-server location 명령어, 801
snmp-server user 명령어, 779
SNMPv2
설정
Get/Set 메시지, 770-772
트랩/알림 메시지, 772-773
검증, 773-775
보안, 768
SNMPv2c(Community-based SNMP Version 2), 770
SNMPv3
설정, 775
인증, 778-780
암호화, 778-780
그룹, 776-779
통지(notifications), 781-783
요건, 775
정리(summary), 783-784
사용자, 778
검증, 780-781
그룹
MIB 뷰, 777
보안 레벨, 778
쓰기 뷰, 777
알림 메시지, 781-782
MIB 뷰, 777
보안, 768
트랩 메시지, 781-782
서비스로서의 소프트웨어(SaaS), 819-820
소프트웨어 정의된 네트워킹. SDN *참조*
솔루션 앱, 860
소스
주소, 445
IP, 부합, 507-508
IP SLA, 784
포트(SPAN), 792
SPAN, 제약(limiting), 798
사우스바운드 인터페이스(SBIs), 849-850
SPAN(Switched Port Analyzer), 791
의존성, 792
도착(destination) 포트, 792
캡슐화된 RSPAN(ERSPAN), 794
로컬, 794-798
~용 네트워크 분석기 수요, 791-793
원격(RSPAN), 794
세션, 793-794
출발(source) 포트, 792
소스, 제약, 798
트래픽 방향, 798
VLAN, 모니터링, 795
spanning-tree 알고리즘(STA), 43
spanning-tree bpduguard disable 명령어, 97
spanning-tree bpduguard enable 명령어, 81, 96
spanning-tree bpguard enable 명령어, 73
spanning-tree 명령어, 96-97
spanning-tree mode 명령어, 89, 96
spanning-tree mode mst 명령어, 70
spanning-tree mode pvst 명령어, 70
spanning-tree mode rapid-pvst 명령어, 70, 91
spanning-tree pathcost method long 명령어, 51
spanning-tree portfast bpduguard default 명령어, 97
spanning-tree portfast 명령어, 73, 81, 96
spanning-tree portfast default 명령어, 83, 97
spanning-tree portfast disable 명령어, 83, 97
스패닝 트리 프로토콜. STP *참조*
spanning-tree vlan 10 port priority 112 명령어, 104
spanning-tree vlan 명령어, 72
speed 명령어, 633
속도
LAN/WAN 인터페이스, 539
전용회선 WANs, 363
SPF(Shortest Path First) 알고리즘, 193
다익스트라 SPF, 193
OSPF 최상위 경로, 계산, 200-202
VM 스핀업(spinning up), 818
스플릿 호라이즌(DV 라우팅 프로토콜), 248-250
스누핑, 464

SP(서비스 공급자), 398
SSH(Secure Shell), 646
SSL(Secure Sockets Layer), 434-435
STA(spanning-tree algorithm), 43
스택 마스터, 168
스태킹 케이블, 166
스태킹 모듈, 166
스태킹 포트, 166
스태킹 스위치
  액세스 계층 스위치, 166-167
  장점, 165
  샤시 통합(chassis aggregation), 169-171
  FlexStack/FlexStack-Plus, 169
  하나의 논리 스위치로서 작동, 168
  스택 마스터, 168
표준(standard) ACLs, 설정, 738-739
표준 번호형(standard numbered) IPv4 ACLs, 486
  access-list 명령어, 500
  명령어 구문, 488-489
  설정 예, 493-496
  리스트 로직, 486-487
  모든 주소에 부합, 492
  정확한 IP 주소에 부합, 489-490
  주소의 하위집합에 부합, 489-490
  개요, 486
  ACL로부터 주소 범위에 역 엔지니어링, 499-500
  장애 처리, 497-498
  검증, 491-493
  와일드카드 마스크
    이진 와일드카드 마스크, 491-492
    십진 와일드카드 마스크, 489-491
표준 범위 VLAN, 128
standby 1 preempt 명령어, 613
standby 명령어, 609, 621
스탠바이 HSRP 라우터, 612
standby version 1 | 2 명령어, 621
standby version 명령어, 615
스테이트풀 DHCP, 장애 처리, 667-668
스테이트풀 DHCPv6, 654
스테이트리스 주소 자동 설정(stateless address autoconfiguration). SLAAC *참조*
상태
  변경 대처(change reactions) (STP 토폴로지), 52
  폐기(discarding), 58
  인터페이스
    STP로 변경, 54-55
    기준, 44
    전달/차단, 44
    학습, 54
    청취, 54
  네이버
    BGP, 344
    OSPF, 193-194, 196, 316
    OSPFv3, 694
    관계, 688
  포트
    RSTP, 92-93
    STP versus RSTP, 59
  ROAS 하위 인터페이스, 581
  STP, 54
  터널 인터페이스, 444
  잘못된 VLAN 트렁킹 설정, 119
정적 폐기 경로, 350-351
정적 경로(IPv6), 설정, 657
상태
  BPDU 가드 글로벌 설정, 83
  EIGRP 네이버, 254, 276
  HSRP, 611
  인터페이스 코드, 388
  포트패스트(PortFast) 글로벌 설정, 83
  PPP, 377
  PPP CHAP, 378
  PPP PAP, 380
  PPPoE
    3계층, 466
    세션, 검증, 466
  STP 검증 74-76
안정적인 상태 운영(steady-state operation) (STP), 52
STP(Spanning Tree Protocol), 39
  802.1D 표준, 39
  (STP가) 뒤에서 무엇을 하는지 요약(behind the scenes summary), 70

BID
정의된, 45
루트 스위치 선택, 45-46
시스템 ID 익스텐션, 71-72
BPDU(브릿지 프로토콜 데이터 유닛), 45
BPDU 가드
설정, 81
활성화/비활성화, 83
글로벌 설정, 표시, 83
검증, 82-83
시스코 카탈리스트 스위치 STP 모드, 89-90
설정, 70
모드, 73-74
옵션, 73
per-VLAN 포트 코스트, 73
PVST+, 71
시스템 ID 익스텐션, 71-72
수렴, 43, 107-108
이더채널(EtherChannels), 62-63
설정, 85
MAC 테이블에 미치는 이더채널 영향, 예측, 113-114
장애 처리, 107-108
전달 또는 차단 기준, 44
인터페이스 상태, 변경, 54-55
LAN 이중화(redundancy), 36-41
LAN 세그먼트 지정포트(DP), 선택, 50
프레임 루핑, 예방, 39
MAC 테이블 영향, 예측, 110
포트패스트(PortFast), 63
설정, 81
활성화/비활성화, 83
글로벌 셋팅/표시, 83
검증, 82-83
포트
차단, 선택, 39
코스트, 48, 76-78
상태, 59
목적, 42-45
역할(roles), 54
루트 선출 영향, 설정, 79-80
루트 스위치 결정, 45-47, 100-101
RSTP(Rapid STP), 55-57
교체 포트, 57-59
백업 포트 역할, 69
시스코 카탈리스트 스위치 RSTP 모드, 89-90
구현, 88
링크 유형, 61
포트 역할, 92-93
포트 상태, 93
포트 유형, 61, 94-95
프로세스, 59
표준, 55
STP, 비교된, 56-57
보안, 63
STA(spanning-tree 알고리즘), 43
상태, 52
변경에 대한 스위치 대처, 52
스위치 RPs, 선택, 47-48
판단 근거, 103-104
타이머, 53
토폴로지 영향, 52-53
장애 처리
수렴, 107
LAN 세그먼트 상의 DP, 105-106
루트 스위치 선택, 100-101
루트 스위치가 아닌 스위치의 루트 포트 결정(RP), 102-103
검증(verification), 74-76
시험 합격 실패 후 학습 제안, 882-884
시험 공부, 884
하위 인터페이스
정의된, 576
ROAS
생성, 576
번호, 577
상태, 검증, 580
서브넷 마스크
잘못된 마스크, 장애 처리, 625
VLSM(variable length subnet masking)
서브넷 겹침(overlapping subnets), 640-642
VLSM이 사용되었을 때 인식, 638
서브넷

ISP에 광고하기, 349
IGP, 332
IPv6, 651-653
불일치된
EIGRP 네이버, 312
전용회선 WAN, 394
OSPFv2 multiarea 설정, 223
서브넷 겹침
VLSM 사용 시, 640-642
VLSM 사용 안할 때, 638-640
IP 주소의 서브넷, 일치, 489-490
석세서
EIGRP
식별, 281-282
IPv4용, 282-283
IPv6용, 712
차선의(feasible)
수렴, 284-285
식별, 281-282
수퍼 백본(OSPF), 419
우수 헬로(superior Hello), 46
요청자(supplicants), 154, 155
SVIs(switched virtual interfaces), 572, 582
설정, 582
장애 처리, 585
검증, 584
스위치드 포트 분석기, SPAN *참조*
스위치
802.1x 인증자(authenticators), 154
액세스 계층, 166-167
추가, 145-146
샤시 통합(chassis aggregation), 169
이점, 169
설계, 향상, 169
분배/코어 스위치 고가용성, 169-170
스위치 스태킹, 168-169
시스코 카탈리스트
RSTP 모드, 89-90
STP 모드, 89-90
코어, 170-171
분배
설계, 향상, 171
샤시 통합으로 고가용성, 169
내부 처리, 846-847
2계층, 12-13
3계층, 12-13
라우티드 포트로, 588-589
VLAN 라우팅, 14-15
3계층 이더채널
설정, 592
장애 처리, 595
검증, 592-594
SVI가 있는 3계층
설정, 582
장애 처리, 585
검증, 584
연결, 61
논리(스위치), 168-169
루트 스위치가 아닌, 102-103
포트패스트(PortFast), 63
QoS, 543
루트
코스트, 44
선출, 45-47
선출에 영향, 설정, 79-80
스위치 제외(ruling out), 102
STP 검증, 74
장애 처리, 100-103
RPs(루트 포트), 선택, 47-49
SPAN, 791
종속성(dependencies), 795
목적지(destination) 포트, 792
캡슐화된 RSPAN(ERSPAN), 794
limiting sources, 798-799
로컬, 794-798
네트워크 분석기 수요, 791
원격(RSPAN), 794
세션, 793-794
출발지(source) 포트, 792
트래픽 방향, 798-799
VLAN, 모니터링, 794
스태킹(stacking)
액세스 계층 스위치, 166-167
이점, 165
샤시 통합, 169
FlexStack/FlexStack-Plus, 169
단일 논리 스위치로 작동, 168

스택 마스터, 168
VLAN(설정) 데이터베이스로 동기화(synchronization), 검증, 137
ToR(Top of Rack), 812
전형적인 액세스 스위칭, 165
가상 스위치(vSwitches), 810-811
음성 스위치, 28
VTP 서버로, 129
switchport access vlan 명령어, 17, 20-21, 31-34, 117, 141
switchport 명령어
3계층 스위치, 597
라우티드 포트, 588
switchport mode access 명령어, 17, 20, 31, 146
switchport mode 명령어, 23, 34
switchport mode dynamic auto 명령어, 119
switchport mode dynamic desirable 명령어, 25
switchport mode trunk 명령어, 22, 119, 577
switchport nonegotiate 명령어, 27, 34, 119, 145
switchport trunk allowed vlan 명령어, 34, 120
switchport trunk encapsulation 명령어, 23, 34
switchport trunk native vlan 명령어, 34, 122
switchport voice vlan 명령어, 30-32, 34, 141
동기화(synchronizing)
스위치, 137-138
VTP, 129-130, 140-142
시스템 ID 익스텐션(BIDs), 71-72

T

T1, 전용회선 WAN *참조*
T3, 367
TACACS+, 157
태깅(tagging) (VLAN), 9-11
테일 드롭(tail drops), 565
TCAM(ternary content-addressable memory), 847
T-캐리어 시스템, 366
TCP(Transmission Control Protocol)
BGP 연결, 표시, 344
패킷, 743-744
포트 번호, 부합, 509-512
BGP 피어 간 전송 메시지, 340
윈도잉, 564-565
tcp 키워드, 509
TCP/IP 네트워크, 765
TDM(time-division multiplexing), 367
telcos(전화 회사), 366, 428
텔넷, 846
ternary content-addressable memory (TCAM), 847
IPv6 테스팅
ACL, 745
연결성
호스트, 658-660
라우터, 660-662
three-area OSPF, 223
TID 필드(QoS 마킹), 551
판단 근거(tiebreakers) (STP), 103-105
시간 배분(time burners), 869
시분할 멀티플렉싱(TDM), 366
시간(시험)
문제 수 대비(시간 배분) 계획, 869
(시간) 체크 방법, 870
시간 간격(QoS 셰이핑), 562
타이머
IPv6 EIGRP, 717
EIGRP 네이버, 254
헬로 메시지, 197
Hello/dead 불일치, 장애 처리, 305-307
STP, 52-53
툴
APIC-EM ACL 분석, 860
APIC-EM 패스 트레이스 분석 툴, 860-862
APIC-EM 패스 트레이스 앱, 860
QoS
ACLs, 비교된, 546
분류, 545-548
혼잡 회피, 564
혼잡 관리, 554-506
마킹, 549
폴리싱(policing), 559-562

큐잉 전략, 558
셰이핑, 559–562
Top of Rack(ToR) 스위치, 812
토폴로지
EIGRP
표시, 278–281
차선의 후속 라우터 경로(feasible successor routes), 282–283
메트릭, 283
석세서 경로, 식별, 281–282
IPv6 EIGRP, 722–723
MetroE, 402
풀 메시, 405
허브 앤 스포크, 407
부분 메시(partial mesh), 407
포인트–투–포인트, 403–404
OSPF area 설계, 202
STP, 영향, 51–52
ToR(Top of Rack) 스위치, 812
ToS(Type of Service) 필드(IPv4), 549
traceroute 명령어, 631
GRE 터널, 446
IPv6
연결성, 테스팅, 658–660
네트워크 라우터 문제, 장애 처리, 672
경로, 테스팅, 674
traceroute6 명령어, 675
tracert 명령어, 675
전형적인 액세스 스위칭, 165
트래픽
대역폭, 관리화, 539
특성, 539
혼잡 회피, 564
TCP 윈도잉, 564–565
툴, 566
혼잡 관리, 554
저지연 큐잉(Low Latency Queuing (LLQ)), 556–558
다중 큐(multiple queues), 555
출력 큐잉, 555
우선순위 결정(prioritization), 555
라운드로빈 스케줄링, 556
전략, 558
지연, 관리화, 539
최종 사용자, 측정화(measuring), 785
IPv6 ACL, 737
지터, 539
손실(loss), 539
폴리싱(policing), 559
과도한 트래픽 폐기, 559
네트워크 간 엣지, 560–561
기능, 561
트래픽 속도 대 설정된 폴리싱 속도, 560
공공 클라우드 지사 이메일 서비스, 827–828
셰이핑, 559, 562
기능, 564
slowing 메시지, 562
시간 간격, 563–564
SPAN 세션, 798
유형
데이터, 541–542
비디오, 542
음성, 417, 542–543
트래픽 클래스 필드(IPv6), 550
전송 제어 프로토콜(Transmission Control Protocol), TCP *참조*
투명 모드(transparent mode) (VTP), 140
트랩 메시지, 766–767
SNMPv2, 772–773
SNMPv3, 782–783
장애 처리
CHAP 인증 실패, 391
LAN 세그먼트에서의 DPs, 105–106
IPv6 EIGRP
인터페이스, 720
네이버, 721–722
경로, 726
EIGRP 인터페이스, 302
설정 문제, 305–307
상세 작업, 302–305
EIGRP 네이버
인증 실패(failures), 305
예, 314–316
부정확한 ASN, 315–316
불일치된 서브넷(mismatched subnets), 313

확인 점검, 312–313
이더채널, 107
채널-그룹 명령어의 잘못된 옵션, 107–108
인터페이스를 추가하기 전 설정 체크, 109–110
GRE 터널s, 446
ACLs, 450
인터페이스 상태, 446
3계층 이슈, 449
출발지/목적지 주소, 446–447
터널 목적지, 447
HSRP, 616
ACL 블록 HSRP 패킷, 618
설정, 616
그룹 번호 불일치, 618
설정 시 오류 증상, 617
라우터가 서로 다른 VIPs 설정, 618
버전 불일치, 618
IP SLA가 있는
카운터, 787–789
이력 데이터, 789–790
IPv4 ACLs, 523
네트워크 상에서 ACL 동작(behavier), 523–525
라우터가 생성시킨 패킷과 ACL 상호작용, 529–531
일반적인 구문 실수, 527
진입 ACL이 라우팅 프로토콜 패킷을 필터링, 528–529
출발지/목적지 IP 주소 뒤바뀜, 526–527
문제 해결 명령어, 525–527
IPv4 라우팅
기본 라우터 IP 주소 설정, 628
DHCP 이슈, 629–631
DNS 문제, 627–628
부정확한 주소화 계획, 638–643
IP 전달 이슈, 634
LAN 이슈, 631–633
불일치된 IPv4 셋팅, 624
잘못된 마스크, 625–626
액세스 리스트로 패킷 필터링, 643
라우터 WAN 인터페이스 상태, 643
IPv6 라우팅, 660–662
ACL, 672
필터링 이슈, 664
호스트 이슈, 663
기본 라우터로부터 호스트 핑 실패, 665–666
일부 경우에만 작동하는 호스트 핑, 664–665
호스트가 IPv6 설정을 받지 못함, 668–669
이름 해결 문제, 667
라우터 이슈, 663
경로, 703–704
라우팅, 671
3계층 이더채널, 595
전용회선 WANs, 388–389
1계층 문제, 389
2계층 문제, 389
3계층 문제, 392–393
불일치 서브넷, 393
네이버, 312
OSPF
불일치된 MTU 설정, 325
프로세스, 멈추게 하기, 323–324
OSPF 인터페이스, 307–309
area 설계, 307
설정 오류, 309–310
상세, 점검, 309
임의의 로그 메시지, 310
OSPF 네이버, 316–317
area 불일치, 찾기, 318–319
중복된 RIDs, 319–321
헬로 타이머/데드 타이머 불일치, 321–322
LAN 문제, 317
네이버 상태, 316
OSPFv3
인터페이스, 691
네이버, 695–698
PAP 인증 실패, 391–392
PPPoE, 456–457
고객 라우터 설정, 469
다이얼러 2 상태, 469
1계층, 470–471
2계층, 471–472

3계층, 472–473
요약, 472–473
ROAS, 581–582
라우팅 프로토콜
설정 오류, 300
네트워크 간, 분석화, 299
네이버 관계, 300
라우팅 테이블, 299
SVI로 라우팅, 585–587
루트 포트(RP) 문제, 104
SPAN 세션, 798
표준 번호형 ACL, 486–488
STP
수렴, 107–108
LNA 세그먼트의 DP, 105–106
루트 스위치 결정, 100–101
루트 스위치가 아닌 스위치의 루트 포트(RPs), 102–103
스위치 데이터부 전송(forwarding)
MAC 테이블에서의 이더채널 영향, 113–114
MAC 테이블에서의 STP 영향, 112–113
들어오는 프레임의 VLAN, 115
VLANs
액세스 인터페이스, 116–117
프레임 스위칭 문제, 115
정의되지 않은/활성화되지 않은 VLAN, 117–118
VLAN 트렁킹
프레임 스위칭 문제, 115
네이티브 VLAN 불일치, 122
운영 상태 불일치, 118
지원하는 VLAN 목록 불일치, 120–121
VTP, 140–141
스위치 추가, 144–146
흔한 설정 거부(rejections), 144
동기화(synchronization), 143–144
트렁킹(VLAN)
802.1Q, 11–12
설정, 22–27
비활성화, 146
ISL(Inter-Switch Link), 11–12
개요, 8–9
프로토콜. VTP *참조*
장애 처리, 115–117
VLAN 태깅, 9–11
신뢰경계(QoS 마킹), 551–552
트러스티드 포트, 160
설정, 160
DHCP 스누핑, 160
tunnel destination 명령어, 446–447, 475
tunnel mode gre ip 명령어, 443, 475
tunnel mode gre multipoint 명령어, 443
tunnel source 명령어, 443, 475
터널
목적지, 449
GRE, 436
라우터 간, 436
설정, 441–443
상세, 표시, 443–444
기능성, 테스팅, 446
대규모 환경, 452
DMVPN으로 멀티포인트, 452
포인트–투–포인트, 436
경로, 445
장애 처리, 446–450
터널 인터페이스, 437
보안되지 않은 네트워크, 438–439
검증, 443–444
인터페이스
ACLs, 449–450
생성, 439
도착지, 449
3계층 이슈, 449
시리얼 링크 교체, 437
상태, 447
VPN, 431–432
튜토리얼(시험), 868–869
트위터(웬델 오돔(Wendell Odom)), 884
서비스 유형(ToS) 필드(IPv4), 549

U

UCS(Unified Computing System), 808
UDP(User Datagram Protocol)
지터 프로브(Jitter probes), 785

패킷, IPv6 ACL 부합, 743-744
포트 번호, 부합, 509-511
undebug all 명령어, 327
정의되지 않은 VLAN, 장애 처리, 116-117
동일하지 않은-코스트(unequal-cost) 부하 분산, 287-289
UNI(user network interface), 402
유니캐스트 IPv6 주소, 651-653
단일화된 컴퓨팅 시스템(Unified Computing System(UCS)), 808
유니크 로컬 유니캐스트 주소l, 651
보안되지 않은 네트워크(GRE 터널), 438-439
임의의 로그 메시지, 310
신뢰할 수 없는 포트, 160-161
udp 키워드, 508
업데이트
BGP, 331, 340
DV 프로토콜, 248
EIGRP, 254-255
전체(full), 248
부분(partial), 252
주기적인(periodic), 248
사용자 데이터그램 프로토콜(User Datagram Protocol), UDP *참조*
사용자 네트워크 인터페이스(UNI), 402
username 명령어, 379, 396
미국표준기술연구소(U.S. National Institute of Standards and Technology(NIST)), 814

V

v1default MIB 뷰, 777
변수 길이 서브넷 마스킹, VLSM *참조*
변수(MIB)
모니터링, 767-768
넘버링/이름, 768
분산(EIGRP), 288-289
variance 명령어, 296
IPv4 EIGRP, 269-270, 287, 712
IPv6 EIGRP, 716, 728
vCPU(가상 CPU), 809
벡터(DV 프로토콜), 247
검증 명령어, 74
검증
BPDU 가드, 81-84
데이터와 음성 VLANs, 28-30
eBGP 네이버, 342-343
EIGRP 설정, 271
EIGRP 활성화된 인터페이스, 검색, 273-274
IPv4 라우팅 테이블, 표시, 277-278
네이버 상태, 표시, 276
IPv6 EIGRP
인터페이스, 719
경로, 725-726
EIGRP 네이버, 254, 312-313
이더채널에 인터페이스를 추가하기 전 설정, 109-110
GRE 터널, 443-446
HDLC, 370
HSRP, 609
area 간 OSPF 경로, 229-230
IPv6 연결성, 658
호스트, 658-660
라우터, 592, 660-663
3계층 이더채널, 591-594
MLPPP, 385-387
OSPFv2 설정
인터페이스, 226-239
multiarea, 227-229
single-area, 215-219
OSPFv3
인터페이스, 682, 701-703
네이버, 694
PortFast, 81-82
PPP CHAP, 378-379
PAP, 380
PPPoE, 461
다이얼러, 462-463
3계층 상태, 466
세션 상태, 466
virtual-access 인터페이스, 462
ROAS, 578-579
라우팅 프로토콜-활성화된 인터페이스, 300

SVI로 라우팅, 584
SNMPv2 설정, 772–775
SNMPv3 설정, 780–781
표준 번호형 ACL, 498–499
STP, 71–73
VLAN 데이터베이스에 스위치 동기화, 137–140
AAA 서버 상의 username/passwords, 155
버전
HSRP, 615
OSPF, 679
VTP, 132
비디오 트래픽
QoS 요건, 543–544
셰이핑 시간 간격, 563–564
뷰(MIB), 777
가상-액세스 인터페이스, 464
가상 LAN. VLAN *참조*
가상 머신. VM *참조*
가상 네트워크 함수(VNFs), 829–832
가상 사설 LAN 서비스(VPLS), 403
가상 사설 네트워크. VPN *참조*
가상 사설 무선 서비스(VPWS), 403
가상 라우터 이중화 프로토콜(Virtual Router Redundancy Protocol(VRRP)), 598
가상화(virtualization)
ASA 방화벽(firewall)(ASAv), 832
CPU (vCPU), 809
데이터 센터
네트워킹, 810
물리적 네트워크, 811
벤더, 810
워크플로, 812–814
방화벽, 831–832
머신. VM *참조*
네트워크 함수 가상화(NFV), 832
네트워크, 810–811, 832
NICs(vNICS), 810–811
라우터(공공 클라우드 네트워크), 830–832
서버, 808–809
호스트, 809
하이퍼바이저, 809
멀티스레딩, 809
네트워킹, 810–811
가상 데이터 센터 벤더, 810
VM, 809
스위치(vSwitches), 810
VLANs(가상 LANs)
설정
데이터와 음성 VLAN, 28–30
데이터베이스, VTP 동기화, 129–132
전체 VLAN 구성 예, 17–20
개요, 16–17
더 짧은 VLAN 설정 예, 20–21
트렁킹, 22–27
데이터베이스, 스위치 동기화, 137–140
기본, 17
활성화/비활성화, 117–118
ID, 9
들어오는 프레임, 결정, 123
인터페이스. SVI *참조*
IP 전화기, 28
데이터와 음성 VLAN 개념, 28–31
데이터와 음성 VLAN 설정 및 확인, 30–32
요약, 32–33
LAN 지원, 추가, 127
트렁크의 네이비브(VLAN) 불일치, 122
트렁크에서 지원하는(VLAN) 목록 불일치, 120–121
네이티브, 12, 577–578
개요, 7–9
라우팅. VLAN 라우팅 *참조*
SPAN 모니터링, 795–796
표준 범위, 128
태깅, 9–11
장애 처리
액세스 인터페이스, 116–117
프레임 스위칭 프로세스 문제, 115
정의되지 않은/활성화되지 않은 (fined/disabled) VLAN, 116–117
트렁킹
802.1Q, 11–12
설정, 22–27
비활성화, 146

ISL(Inter-Switch Link), 11-12
개요, 9
프로토콜, VTP 참조
장애 처리, 115-122
VLAN 태깅, 9-11
vlan 10 명령어, 127
vlan 200 명령어, 144
vlan 명령어, 17, 30, 34, 141-142
VLAN 라우팅, 13-14
3계층 이더채널
설정, 592
장애 처리, 595
검증, 591-594
3계층 스위치 라우티드 포트, 15-16, 588
SVI로 3계층 스위칭
설정, 582
장애 처리, 585-587
검증, 584
ROAS, 576
설정, 576-578
장애 처리, 581
검증, 579
라우터, 13-16
VLAN 트렁킹 프로토콜, VTP *참조*
VLSM(가변 길이 서브넷 마스킹)
겹치는 서브넷, 641-642
VLSM 사용 여부 인식, 638
VMs(가상 머신), 809
ACI, 855-857
IaaS, 818
네트워킹, 811
PaaS, 819-820
SaaS, 819-820
스피닝 업(spinning up), 818
가상의 NIC(vNIC), 810
VNFs(가상의 네트워크 기능), 829-832
vNICs(가상의 NICs), 810
음성 스위치, 28
음성 트래픽, 542
QoS 요건, 543
셰이핑 시간 간격, 563
VoIP, 417
VoIP(Voice over IP), 417, 542-543
VPLS(가상 사설 LAN 서비스), 403
VPNs(가상 사설 네트워크)
클라이언트, 434-435
다이나믹 멀티포인트(DMVPN), 451
멀티포인트 GRE 터널, 451
NHRP(Next Hop Resolution Protocol), 452-453
인터넷, 427
이점, 433
보안, 431
MPLS VPNs, 413
EIGRP 고려 사항, 421
3계층, 417-419
OSPF area 설계, 419-421
공공 클라우드, 액세싱, 823-825
사이트-투-사이트, 432-434
터널, 432-434
VPWS(Virtual Private Wire Service), 403
VRRP(Virtual Router Redundancy Protocol), 598
vSwitches(가상의 스위치), 810
VTP(VLAN 트렁킹 프로토콜), 22, 124, 127
자동 업데이트 능력, 124
설정
흔한 거부, 장애 처리, 144-145
기본 VTP 설정, 135
예, 136-137
새로운 VTP 설정 셋팅, 136
계획, 135
단계, 135
저장, 131
도메인, 130-132
기능, 134
프루닝, 133-134
요건, 132
서버, 129
표준 범위 VLAN, 128
VLAN 데이터베이스에 스위치 동기화, 검증, 137-140
동기화, 131
트랜스페어런트 모드, 142
장애 처리, 142-143

스위치 추가, 145–146
설정 시 흔한 거부, 143
동기화, 142–143
버전, 132
VLAN 지원, 추가, 127
vtp 명령어, 148
vtp domain 명령어, 141, 148
vtp mode 명령어, 34, 141, 148
vtp mode off 명령어, 22, 141
vtp mode transparent 명령어, 21, 142
vtp password 명령어, 141, 148
vtp pruning 명령어, 141, 148
vtp version 명령어, 148

W – Z

WAN
이더넷, 823–824
프레임 릴레이(Frame Relay), 398
인터페이스 속도, 539
인터넷 액세스, 427
WAN으로서의 인터넷 서비스, 427
전용회선, 363–364
구성, 367–368
CSU/DSUs, 367
불일치된 서브넷, 393
물리적 구성 요소, 364–365
속도, 366
장애 처리, 388–394
HDLC 전용회선, 369
HDLC 설정, 370–373
IP 패킷 캡슐 해제(de-encapsulating)/캡슐화(re-encapsulating), 368
프레이밍, 369
PPP 전용회선
인증, 373–374
PPP 설정, 375–376
PPP CHAP 설정, 376–377
PPP PAP 설정, 380–381
프로토콜 제어, 374
프레이밍(framing), 374
멀티링크, MLPPP 참조
PPP 기능들, 373–374
MetroE, 401
액세스 링크, 402
데이터 사용, 411–413
E-LAN 서비스, 405–409
E-Line 서비스, 407–409
E-Tree 서비스, 403, 406–407
전체 메시 토폴로지, 405–506
허브 앤 스포크 토폴로지, 406–407
IEEE 이더넷 표준, 403
3계층 설계, 407–410
MEF, 403
부분 메시 토폴로지, 406
물리적 설계, 402–403
포인트-투-포인트 토폴로지, 403–404
서비스, 403
MPLS, 413–415
액세스 링크, 416
3계층 설계, 415
MPLS VPNs, 417–420
QoS, 416–417
VPNs, 415
사설
공공 클라우드 접근, 822–824
공공 클라우드 지사 연결, 829
유형, 398
공공 클라우드 연결
~로서의 인터넷, 821–823
사설 WAN, 823–825
서비스 공급자(SP), 398
무선, 430–431
WAN 인터페이스 카드(WICs), 365
WC 마스크, 와일드카드 마스크 *참조*
웹사이트
APIC-EM 분석 툴 릴리즈 코드, 857
APIC-EM 랩, 857
ARIN, 185
BGP 라우팅 테이블 분석 리포트, 332
CCNA(ICND2) Config Labs, 881
CCNA 라우팅 앤 스위칭 ICND2 공인 학습 가이드, 857
시스코
ACI, 856

APIC-EM 페이지, 857
DevNet, 857
기능 네비게이터(Feature Navigator), 584
프라임(시리즈) 관리 제품들, 766
이클립스 IDE, 820
ETSI, 832
구글 앱 엔진 PaaS, 820
IANA, 185
ICMPv6 매개변수, 736
IPv6 멀티캐스트 주소 공간 레지스트리, 751
ICMPv6 패킷, 736
젠킨스의 지속적 통합 및 자동 툴(Jenkins continuous integration and automation tool), 820
MEF, 403
OpenDaylight SDN 컨트롤러, 854
OpenFlow, 848-849
피어슨 네트워크 시뮬레이터(the Sim), 881
웬델 오돔의 SDN 기술, 857
와이어샤크 네트워크 분석기(Wireshark network analyzer), 792
가중치(weighting), 556
웬델 오돔의 SDN 기술 블로그, 857
WICs(WAN 인터페이스 카드), 365
wildcard_mask 매개변수(network 명령어), 213
와일드카드 마스크
이진수, 491
십진수, 489
EIGRP 설정, 269-270
찾기, 490
OSPF single-area 설정, 212
무선 인터넷, 431
무선 WAN, 430-431
와이어샤크 네트워크 분석기, 792
워크플로(가상화된 데이터 센터), 812-813
작동하는 인터페이스, 44
쓰기 뷰(SNMPv3 그룹), 777

시스코 네트워크 CCNA 자격증 공인 학습 가이드

CCNA 라우팅&스위칭 ICND2 200-105

2017. 11. 9. 1판 1쇄 인쇄
2017. 11. 17. 1판 1쇄 발행

저자 | 웬델 오돔(Wendell Odom)
감역 | 진강훈
번역 | 민명기, 박상우, 김나래, 이소연
펴낸이 | 이종춘
펴낸곳 | BM 주식회사 **성안당**
주소 | 04032 서울시 마포구 양화로 127 첨단빌딩 5층(출판기획 R&D 센터)
10881 경기도 파주시 문발로 112 출판문화정보산업단지(제작 및 물류)
전화 | 02) 3142-0036
031) 950-6300
팩스 | 031) 955-0510
등록 | 1973. 2. 1. 제406-2005-000046호
출판사 홈페이지 | **www.cyber.co.kr**
ISBN | 978-89-315-5481-6 (13000)
정가 | 49,000원

이 책을 만든 사람들
책임 | 최옥현
기획·진행 | 조혜란
교정·교열 | 장윤정
표지 디자인 | 박현정
본문 디자인 | 앤미디어
홍보 | 박연주
국제부 | 이선민, 조혜란, 김해영
마케팅 | 구본철, 차정욱, 나진호, 이동후, 강호묵
제작 | 김유석

이 책의 어느 부분도 저작권자나 BM 주식회사 **성안당** 발행인의 승인 문서 없이 일부 또는 전부를 사진 복사나 디스크 복사 및 기타 정보 재생 시스템을 비롯하여 현재 알려지거나 향후 발명될 어떤 전기적, 기계적 또는 다른 수단을 통해 복사하거나 재생하거나 이용할 수 없음.

■ **도서 A/S 안내**

성안당에서 발행하는 모든 도서는 저자와 출판사, 그리고 독자가 함께 만들어 나갑니다.
좋은 책을 펴내기 위해 많은 노력을 기울이고 있습니다. 혹시라도 내용상의 오류나 오탈자 등이 발견되면 "좋은 책은 나라의 보배"로서 우리 모두가 함께 만들어 간다는 마음으로 연락주시기 바랍니다. 수정 보완하여 더 나은 책이 되도록 최선을 다하겠습니다.
성안당은 늘 독자 여러분들의 소중한 의견을 기다리고 있습니다. 좋은 의견을 보내주시는 분께는 성안당 쇼핑몰의 포인트(3,000포인트)를 적립해 드립니다.
잘못 만들어진 책이나 부록 등이 파손된 경우에는 교환해 드립니다.